L'État et les relations de travail au Togo

Études africaines
Collection dirigée par Denis Pryen

Dernières parutions

Mahamadé SAVADOGO, *Philosophie de l'action collective*, 2013.
Abou KANATE, *Radiographie du droit foncier en Côte d'Ivoire*, 2013.
Abou KANATE, *Le droit de la promotion immobilière en Côte d'Ivoire*, 2013.
François LAGARDE, *Mémorialistes et témoins rwandais*, 2013.
Gilchrist Anicet NZENGUET IGUEMBA (dir.), *Hommages à Pierre N'Dombi – Université Omar Bongo (Libreville)*, 2013.
Nathalie CASANOVAS, *Une destination pour un autre tourisme pour l'Afrique de l'Ouest*, 2013.
Georgin MBENG NDEMOZOGO, *La protection animale au Gabon*, 2013.
Djibril MAMA DEBOUROU, *BiƆ GƐra, entre mythe et réalité : le sens de son combat pour la liberté (1915-1917), La guerre coloniale au Nord du Dahomey*, 2013.
Mahamadou DANDA, *Niger, une décentralisation importée. Une comparaison avec la France*, 2013.
Miki KASONGO, *Repenser l'école en Afrique entre tradition et modernité*, 2013.
Lucie Zouya MIMBANG, *L'Est-Cameroun de 1905 à 1960. De la « mise en valeur » à la marginalisation*, 2013.
Gaspard-Hubert LONSI KOKO, *Ma vision pour le Congo-Kinshasa et la région des Grands Lacs*, 2013.
Stéphanie NKOGHE (dir.), *Anthropologie de la socialisation*, 2013.
Jean-Claude KANMOGNE TAMUEDJON, *Histoire de l'art pharmaceutique latin et de la pharmacie au Cameroun*, 2013.
P. NGOMA-BINDA, *La pensée politique africaine contemporaine*, 2013.
Stéphane ESSAGA, *Droit des hydrocarbures en Afrique*, 2013.
Kouamé René ALLOU, *La bourgeoisie municipale d'Afrique romaine*, 2013.
Lambert MOSSOA, *L'appareil éducatif en Centrafrique*, 2013.
Joseph EROUMÉ, *Kadhafi, la gloire du vaincu*, 2013.
Roger MONDOUÉ et Yves-Abel NGAGNGUEM FEZE (eds), *Identités nationales, postcoloniales ou contemporaines en Afrique. Réflexion en hommage aux 50 ans de l'Union africaine*, 2013.
Patrice LIBONG BADJAN, *Réformes institutionnelles de la CEMAC. Jeu des acteurs, intérêt des États*, 2013.
Albert SANON, *Yele pe être homme, Initiations traditionnelles et éducation corporelle au Burkina Faso*, 2013.
Claudine-Augee ANGOUE, *La dialectique du politique et du religieux, Pour une anthropologie du pouvoir au Gabon*, 2013.

Élise PANIER

L'État et les relations de travail au Togo

5-7, rue de l'Ecole-Polytechnique, 75005 Paris

http://www.harmattan.fr
diffusion.harmattan@wanadoo.fr
harmattan1@wanadoo.fr

REMERCIEMENTS

Je tiens à remercier M. Philippe Auvergnon pour la direction de mon travail pendant toutes ces années. Je le remercie tout particulièrement pour le temps qu'il a consacré à mon projet et les conseils précieux qui m'ont permis de le faire progresser.

Je remercie également M. Komi Wolou pour son accueil et ses conseils lors de mes séjours à Lomé, ainsi que le doyen de la faculté de droit de Lomé, M. Akueté Santos.

J'adresse toute ma gratitude à l'Agence Universitaire de la Francophonie et à ses représentants au campus numérique de Lomé, sans lesquels mon enquête de terrain n'aurait pu être menée dans les mêmes conditions. L'aide de M. Moussa Oumarou pour la collecte de certains documents m'a été également très précieuse.

Je remercie de façon plus générale toutes les personnes que j'ai rencontrées au Togo, du sud au nord : inspecteurs du travail et magistrats, représentants syndicaux et associatifs, avocats, employeurs et travailleurs…

…ainsi que mes chers amis du Togo auxquels je dédie mon étude.

Je remercie enfin ma famille et mes amis qui ont tous contribué de près – voir de très près pour ce qui concerne mon précieux relecteur – ou de loin à l'évolution permanente et à l'aboutissement de ce travail.

SIGLES ET PRINCIPALES ABRÉVIATIONS

ADMITRA	Programme de modernisation et de renforcement de l'administration et de l'inspection du travail (BIT/Gip International)
AIDE	Programme d'Appui à l'Insertion et au Développement de l'Embauche (Togo)
AEF	Afrique Équatoriale Française
AOF	Afrique Occidentale Française
BCEAO	Banque Centrale des États de l'Afrique de l'Ouest
BM	Banque Mondiale
CCIT	Convention Collective Interprofessionnelle du Togo
CCJA	Cour Commune de Justice et d'Arbitrage
CEACR	Commission d'Experts de l'OIT pour l'Application des Conventions et Recommandations
CEDEAO	Communauté Économique des États d'Afrique de l'Ouest
CEMAC	Communauté Économique et Monétaire de l'Afrique Centrale
CGCT	Confédération général e des Cadres du Togo
CJVR	Commission Justice Vérité et Réconciliation
CNDS	Conseil National du Dialogue Social
CNP	Conseil National du Patronat
CNS	Conférence Nationale Souveraine
CNT(LS)	Conseil National du Travail (et des Lois Sociales)
CNTT	Confédération Nationale des Travailleurs du Togo
CPC	Code de procédure civile
CRADAT	Centre Régional Africain d'Administration du Travail
CSFP	Conseil Supérieur de la Fonction Publique
CSTT	Confédération Syndicale des Travailleurs du Togo
CTCHS	Comité Technique Consultatif d'Hygiène et de Sécurité
CTCSST	Comité Technique Consultatif de Sécurité et Santé au Travail
CTOM	Code du Travail des Territoires d'Outre-Mer
DB	Doing Business
DGTLS	Direction général e du Travail et des Lois Sociales
DOSI	Délégation à l'organisation du secteur informel (Togo)
DSRP	Document de Stratégie de Réduction de la Pauvreté
EDIL	École d'Initiative Locale (Togo)
ENA Togo	École Nationale d'Administration du Togo
FMI	Fonds Monétaire International
FOM	France d'Outre-Mer
FODES	Fédération des Organisations de Développement des Savanes
FUCEC	Faîtière des Unités Coopératives d'Épargne et de Crédit-Togo
GSA	Groupement des Syndicats Autonomes

HCR	Haut-Commissariat des Nations Unies pour les Réfugiés
ICAT	Institut de Conseil et d'Appui Technique (Ministère de l'agriculture)
IGTLS	Inspection Générale du Travail et des Lois Sociales
IPEC-BIT	Programme international pour l'abolition du travail des enfants
JCP G	Revue La semaine juridique, édition générale
JCP S	Revue La semaine juridique, édition sociale
MTESS	Ministère du Travail, de l'Emploi et de la Sécurité Sociale
OHADA	Organisation pour l'Harmonisation du Droit des Affaires
OIT	Organisation internationale du Travail
OMD	Objectifs du Millénaire pour le Développement
OSC	Organisations de la société civile
PAS	Plans d'Ajustements Structurels
PIDESC	Pacte International relatif aux Droits Économiques, Sociaux et Culturels
PMI/PME	Petites et Moyennes Industries / Petites et Moyennes Entreprises
PNUD	Programme des Nations Unies pour le Développement
PPTD	Programme Pays pour le Travail Décent
PRODIAF	Programme de Promotion du Dialogue Social en Afrique
QUIBB	Questionnaire Unifié des Indicateurs de Base du Bien-être
RDT	Revue de droit du travail
Rec. Penant	Revue trimestrielle de droit africain
RFDA	Revue française de droit administratif
RIDC	Revue internationale de droit comparé
RIT	Revue internationale du travail
RJPIC	Revue juridique politique, indépendance et coopération
RJS	Revue de jurisprudence sociale
RPT	Rassemblement du Peuple Togolais
RRJ	Revue de la Recherche Juridique (droit prospectif)
RSM	Rapport de Suivi Mondial (OMD)
SAZOF	Société d'Administration de la Zone Franche
SADD	Association Solidarité et Action pour le Développement Durable
SDN	Société des Nations
SSL	Revue Semaine Sociale Lamy
TPOM	Revue Droit africain du travail
UAT	Union des Assurances du Togo
UE	Union Européenne
UGSL	Union Générale des Syndicats Libres
UNSIT	Union Nationale des Syndicat Indépendants du Togo
ZFIE	Zone Franche Industrielle d'Exportation
ZFTE	Zone Franche de Transformation pour l'Exportation

INTRODUCTION GÉNÉRALE

Le Togo, pays francophone d'Afrique de l'Ouest, est, à l'instar des autres pays du continent, historiquement caractérisé par une présence européenne singulière entre le XVe et le milieu du XXe siècle. Son histoire juridique est donc liée à l'histoire politique des États européens, particulièrement de l'État français qui obtient le mandat sur le Togo après la Première Guerre Mondiale. Si cette histoire juridique comporte les traces d'une importation de modèles continentaux, l'histoire politique, sociale et économique du Togo revêt des dimensions plus complexes. Au-delà des traits communs que le droit togolais peut partager avec l'ancienne puissance coloniale, et par conséquent avec d'autres États d'Afrique subsaharienne, il est question dans notre thèse d'articuler la complexité singulière de l'histoire et du contexte contemporain du Togo à l'analyse juridique des relations de travail. Que se passe-t-il au Togo en matière de régulation des relations subordonnées de travail et comment le droit est mobilisé par les acteurs étatiques et non-étatiques, quand bien même ce droit est perçu imposé, inadéquat, ineffectif, inappliqué ou méconnu ? Il convient de revenir brièvement sur l'histoire du Togo, notamment sous l'angle du droit du travail et de l'évolution socio-économique de ce territoire, avant de présenter les termes et les angles d'approche de notre étude.

Les Portugais furent les premiers à investir le territoire de l'actuel Togo en 1471-1473 en vue de développer le commerce triangulaire mais « entre le royaume guerrier des Ashantis à l'ouest et le roi d'Abomey à l'est, le Togo constituait une sorte de « no man's land » accueillant, recevant tour à tour les réfugiés, familles des pays voisins ou guerriers en mal de conquêtes [1]». Le Togo n'échappa pas à la traite des noirs[2] malgré une rive en eau profonde et dangereuse : « le rivage forme un grand arc qui a bien quinze lieues pour les vaisseaux qui la côtoient [3]». Avant la colonisation allemande à partir de 1884, le sud était organisé en chefferies de villages. Le nord comprenait deux royaumes musulmans en plein essor et des chefferies traditionnelles. Les dynasties locales se disputaient la suprématie du commerce en jouant des rivalités entre commerçants français et anglais[4] : « l'Allemagne a la chance d'avoir pour arrière-pays le « no man's land » situé entre l'Achanti et le Dahomey. À l'ouest,

---

[1] R. Cornevin, *Le Togo, des origines à nos jours*, Académie des Sciences d'Outre-mer, 1988.

[2] Le surnom de « Zo diagné » qui signifiait « le feu est tombé à terre » était donné aux blancs. « Les montagnes surpeuplées du pays kabré alimentent jusqu'au milieu du XIXe siècle les marchands d'esclaves qui viennent (…) se ravitailler en « bois d'ébène » (*ibid.*, p. 132 et 135).

[3] O. Dapper, *Description de l'Afrique*, 1686, cité par Robert Cornevin, *ibid.*, p. 138.

[4] Les commerçants français et anglais installés depuis 1872 étaient préoccupés par la volonté de l'administrateur britannique de s'étendre à l'est pour contrôler la contrebande des autochtones. En 1881 les maisons marseillaises Regis et Fabre influencèrent certains chefs et notables locaux à demander la protection française qui fut signée à Aneho par le clan Adjigo. En représailles les rivaux Lawson firent appel aux Britanniques. C'est dans ce contexte que le navire allemand la Möwe avec Gustave Nachtigal mouilla les côtes togolaises (v. not. R. Cornevin, *ibid.*, p. 156-157).

les Anglais sont barrés par le roi du Koumassi dans leur progression vers le nord, cependant qu'à l'est les Français sont dans la même position par rapport au Dahomey[5]».

Après la signature le 5 juillet 1884 du Traité de Protectorat sur le Togo entre l'explorateur allemand Gustave Nachtigal et le chef Mlapa de Togoville, la superficie du territoire allemand atteignit 90400 km² à la suite de séries d'explorations, d'intimidations, de conquêtes et traités dans le cadre du « scramble for Africa » (la « course au clocher ») auquel l'Allemagne participa à partir de 1884[6]. Le *deutsche Kolonialgesellchaft* fut créé en 1887. La mise en valeur économique ne concernait que le sud du territoire[7], le nord étant considéré comme trop enclavé par les Allemands. De nombreux récits de voyageurs, colonisateurs, planteurs, missionnaires (chrétiens, protestants) mentionnaient une population inférieure et la nécessité de l'éduquer[8]. Comme en France, l'idée était répandue que le nègre était paresseux et qu'il fallait le forcer à travailler[9]. L'instauration d'un travail d'impôt obligatoire généra le besoin de posséder de l'argent car l'autochtone pouvait s'en acquitter en argent[10]. Si le travail obligatoire (*pfichtarbeit*) ne concernait en principe que les « tâches d'intérêt public[11] », certains relèvent que « le développement de la "colonie modèle" du Togo et de Lomé fut le résultat du travail forcé. C'est grâce à celui-ci que furent construits les routes, les ponts, les voies ferrées, les postes et télégraphes, les stations de chemin de fer et le wharf de Lomé, les maisons de repos et les hôtels pour Européens et commerçants africains, le palais du gouverneur à Lomé et les

---

[5] *Ibid.*, p. 161.

[6] Traduction de l'expression anglaise *steeple-chase* qui a été utilisée avant 1884. « Les quatre coureurs étaient la France, Léopold, l'Allemagne et l'Angleterre » (H. Brunschwig, « Scramble et Course au Clocher », *Journal of African History*, 1971, p. 139).

[7] Le développement économique était basé sur l'introduction de plantes nouvelles (teck et coton robuste) et le développement de voies de communication (voies ferrées et *wharf* inauguré en 1904 à Lomé).

[8] « La formation au travail est une exigence qui doit être exigée sans merci pour des raisons matérielles et éthiques » (Waldemar Schütze, *Couleur contre blanc en Afrique*, 1906), cité par U. Schuerkens, *Du Togo allemand aux Togo et Ghana indépendants : changement social sous régime colonial*, L'Harmattan, 2001, p. 50.

[9] Pendant la colonisation allemande, les porteurs de matériel ou d'armes étaient payés en fonction des distances. Les chefs traditionnels avaient la charge de l'organisation de l'entretien des routes qui était un travail obligatoire et non payé. Dans le sud, les chefs traditionnels recrutaient les travailleurs pour les chemins de fer et étaient payés en fonction des mètres accomplis. Au centre, les travailleurs du nord étaient recrutés pour le travail obligatoire. Un contrat de travail de six mois était conclu pour chaque groupe de cinquante travailleurs et l'employeur retenait un tiers du salaire jusqu'à la fin du contrat pour s'assurer du maintien du travailleur. Des populations telles que les Ewés ou les Akposso fuyaient ce travail (*ibid.*, p. 56-59).

[10] À partir de 1910, dans la région de Lomé et d'Aneho, existait principalement l'impôt en argent (*ibid.*, p. 58).

[11] R. Cornevin, *op. cit.*, p. 218.

"châteaux" des chefs de circonscription[12] ». Une ordonnance du 6 août 1889 encadrait par ailleurs le système, « ingénieux » pour certains[13], de pécule du travailleur. La période de l'occupation allemande fut également celle de la généralisation du travail domestique[14]. À l'issue de la Première Guerre Mondiale, un accord de partage des terres entre français et anglais fut conclu durant la conférence d'Atakpamé et établi en fonction des positions des troupes. Les limites définitives furent arrêtées dans la déclaration commune de Londres du 10 juillet 1919. Le partage de l'ancien territoire allemand entre la France et l'Angleterre fut repris dans le Traité de Versailles puis la Convention de Genève du 20 juillet 1922, « sans tenir compte des réalités ethniques[15] ».

Aux termes de l'article 22 du Pacte de la Société des Nations (SDN) de 1919, l'État Français fut mandaté par la SDN pour la gestion de l'ancien territoire allemand. Cela induisait en principe l'exercice d'un contrôle annuel de la commission permanente des mandats à Genève et la possibilité pour les Togolais d'adresser des pétitions. L'État français disposait néanmoins de toute liberté d'organisation politique[16]. S'il fit appel au concours de quelques autochtones, principalement au sud, peu d'autorité fut laissée aux chefs coutumiers[17]. Au plan économique, c'est le secteur agricole qui retient toute l'attention[18] ; au plan du travail, les rapports adressés à la SDN entre 1923 et 1925

---

[12] T. Von Trotha, « Sociologie politique d'une capitale coloniale », in N. Gayibor, Y. Marguerat et K. Nyassogbo (dir.), *Le centenaire de Lomé, capitale du Togo (1897-1997)*, Actes du colloque de Lomé (3-6 mars 1997), Lomé, Presses de l'UB, 1998, p. 79-94.

[13] Cela consistait en une retenue de 5 marks sur le salaire qui était déposée à la banque impériale (R. Cornevin, *op. cit.*, p. 219).

[14] « Selon les standards de la société coloniale, les magistrats débutants, par exemple, devaient avoir un cuisinier (qu'il fallait souvent partager avec un collègue), deux valets personnels, un blanchisseur et un garçon d'écurie, si l'on s'était risqué à posséder des chevaux. À cela s'ajoutait un "boy", mis généralement par le gouvernement à la disposition de deux appartements » (T. Von Trotha, *op. cit.*).

[15] Le mouvement pour la réunification des Ewé sera par la suite déterminant et amorcera l'Indépendance (J.-C. Pauvert, « L'évolution politique des Ewé », *Cahiers d'études africaines*, 1960, n° 2, pp. 161-192).

[16] Le régime de mandat de classe B prévu par le paragraphe 5 de l'article 22 du Pacte de la SDN se justifiait par le fait que « le degré de développement où se trouvent d'autres peuples, spécialement ceux de l'Afrique centrale, exige que le Mandataire y assume l'administration du territoire à des conditions qui, avec la prohibition d'abus, tels que la traite des esclaves, le trafic des armes et celui de l'alcool garantiront la liberté de conscience et de religion, sans autres limitations que celles que peut imposer le maintien de l'ordre public et des bonnes mœurs, et l'interdiction d'établir des fortifications ou des bases militaires ou navales et de donner aux indigènes une instruction militaire, si ce n'est pour la police ou la défense du territoire et qui assureront également aux autres Membres de la Société (des Nations) des conditions d'égalité pour les échanges et le commerce ».

[17] Des conseils de notables furent créés par un arrêté du 17 février 1922 et le commandement autochtone fut encadré par un arrêté du 6 mai 1936 attribuant au village le statut « d'unité administrative indigène ».

[18] Cf. Décret du 9 novembre 1933 relatif aux sociétés indigènes de prévoyance en Afrique occidentale française et l'affaire Vézia (Conseil d'État, 20 décembre 1935) concernant une action pour excès de pouvoir contre notamment la disposition du décret de 1933 qui prévoyait que la

montrent une forte différenciation entre le nord et le sud du territoire. La mentalité avait « incontestablement évolué » au sud tandis que le nord n'était pas encore disposé à bénéficier d'une législation sociale. Une « politique d'association » était mise en place au sud. Au nord, c'est une « politique d'apprivoisement (...), on les traite comme les grands enfants qu'ils sont[19]. » On considère que « le travail anoblit l'homme ; il élève sa personnalité, a-t-on dit ; jamais la justesse de ce précepte n'a été mieux vérifiée qu'en Afrique tropicale où l'indigène est directement intéressé à aider par son labeur à l'essor économique de son pays[20]. » Les chiffres de cette période montrent que le salariat était embryonnaire[21] et que les travailleurs privilégiaient les contrats de courte durée afin de disposer du temps nécessaire à leurs cultures vivrières pour lesquelles ils travaillaient dans un cadre familial et dans leur intérêt exclusif. Le travail salarié de la population autochtone du Togo était régi par des décrets de 1922 et 1923 et un arrêté du 29 décembre 1922 qui spécifiaient des obligations de l'employeur[22], notamment en matière de santé et sécurité. Des conseils d'arbitrage pouvaient être créés sur proposition des chefs de circonscription pour le règlement des différends du travail[23]. Le début de la règlementation française du travail semblait accorder une certaine protection aux salariés[24] mais ces dispositions n'étaient en réalité pas appliquées. Par ailleurs, la pratique du pécule était ressentie comme vexatoire[25]. En outre, avec la crise des années 1930, l'administration coloniale décida d'interrompre le recrutement sous contrat et par conséquent le régime de protection y afférent. Les entreprises privées en profitèrent pour réduire les rémunérations jusqu'à 75 % pour les ouvriers et augmenter la durée du travail. Quant au régime des

---

colonie pouvait exproprier pour rétrocéder les biens immeubles nécessaires au fonctionnement des sociétés indigènes de prévoyance.

[19] Rapport SDN, 1923 : « il s'agit de gens trop pauvres pour se nourrir, trop mal nourris pour travailler, trop incapables pour gagner davantage » (cité par K. Barandao, « Mutations socioprofessionnelles au Togo sous administration française (1922-1958) », in *Entreprises et entrepreneurs en Afrique au XIXe et XXe siècle*, T.1, L'Harmattan, 1983, p. 227).

[20] *Ibid.* Rapport cité également par Ulrike Schuerkens, *op. cit.*, p. 123.

[21] L'administration et ses différents services employaient en 1923 environ 1000 manœuvres et 70 ouvriers. Entre 1925 et 1938, le personnel autochtone des exploitations privées, agricoles et industrielles, resta stabilisé autour du nombre de 520 salariés même s'il était relevé une augmentation dans la catégorie des employés. Le nombre de salariés dans les maisons de commerce ne connut qu'une relative augmentation durant cette période passant de 782 à 1013 (U. Schuerkens, *op. cit.*, p. 126 et s.).

[22] Les contrats signés devaient recevoir le visa de l'administration française, le livret de travail fut introduit et l'employeur devait fournir un logement convenable (*ibid.*, p. 123 et 138-139).

[23] Ils se composaient notamment d'un « colon assesseur titulaire », d'un « colon assesseur suppléant », d'un assesseur autochtone titulaire et d'un assesseur autochtone suppléant (*ibid.*, p. 140).

[24] Des arrêtés sur les congés, sur les primes de travail, sur les indemnités de logement sont adoptés en 1925. d'autres sur les primes de kilométrage pour les travailleurs du chemin de fer et du wharf, sur une indemnité de charges familiales et une indemnité de cherté de la vie et sur les heures supplémentaires sont pris en 1926 (*ibid.*, p. 142).

[25] Rapport de la mission d'inspection Casaux de 1932-1933 (K. Barandao, *op. cit.*, p. 242).

prestations obligatoires pendant le mandat, il était au départ régi par un arrêté du 23 novembre 1920. Il apparaît que, avec des variantes selon les régions, les Togolais soumis à ces prestations de nature fiscale[26] privilégiaient le « rachat » en argent[27] : « le travail fiscal fut donc remplacé par l'impôt en argent[28]. » Quant au travail obligatoire, il ne devait concerner que des travaux accomplis à des fins publiques car le régime du mandat international interdisait en principe le recours au travail forcé en dehors de ce cas[29].

Au lendemain de la seconde guerre mondiale, alors que la communauté internationale entrait dans une phase de remise en cause du régime de dépendance, l'État français réaffirmait explicitement son refus d'aller vers l'indépendance de ses territoires[30]. Parallèlement à cette nouvelle politique française dite « d'intégration dans l'Union Française », la Charte des Nations Unies adoptée à San Francisco le 26 juin 1945 institua le régime international de la tutelle. La tutelle des Nations Unies sur les territoires non indépendants avait pour ambition de favoriser progressivement la capacité des populations de s'administrer elles-mêmes. Les avantages de ce régime reposaient sur le contrôle plus strict du Conseil de tutelle et de l'Assemblée générale des Nations Unies de l'application du régime international par l'État français. Un décret français du 25 octobre 1946 institua l'assemblée territoriale du Togo. Le commandement autochtone fut réorganisé[31] de sorte que le mode de désignation des chefs traditionnels soit réellement fondé sur la « coutume »

---

[26] Lors des discussions sur la convention internationale sur le travail forcé de 1930, l'État français insistait sur le fait que « les prestations ne doivent pas être considérées comme du travail forcé mais simplement comme une mesure fiscale ». Cette approche est reprise dans le décret du 21 août 1930 sur le « travail public obligatoire » adopté en réaction à la convention internationale. Néanmoins, les instructions ministérielles pour l'adoption d'arrêtés locaux assimilent le « travail public obligatoire » aux prestations obligatoires en nature, rachetables en argent (A. Rameau, *Le régime du travail indigène dans les colonies françaises d'exploitation (1900-1940)*, Mémoire de Master 2 Recherche en Histoire du droit et des institutions, Bordeaux IV, 2009, p. 134).

[27] Ces prestations étaient en principe destinées à l'accomplissement de travaux d'intérêt général. En 1926, seulement 2 % des contribuables avaient préféré l'exécution en nature (U. Schuerkens, *op. cit.*, p. 125-126).

[28] *Ibid.*

[29] Le décret français du 21 août 1930 sur le travail public obligatoire instituant un régime de transition vers le travail libre généralisait le principe à toutes les possessions françaises.

[30] « Les fins de l'œuvre de civilisation accomplie par la France dans les colonies écartent toute idée d'autonomie, toute possibilité d'évolution hors du bloc français de l'Empire ; la constitution éventuelle, même lointaine, de self-government dans les colonies est à écarter » (Commissariat aux colonies, La Conférence africaine française, Brazzaville, 30 janvier 1944 – 8 février 1944, Henoyx ; cité par S. Y. G. Gbedemah, « L'échec de la politique française d'intégration au Togo sous tutelle (1946-1960) », in N. L. Gayibor (dir.), *Les Togolais face à la colonisation*, Presses de l'Université du Bénin à Lomé, 1994, p. 111).

[31] Arrêté du 16 mars 1945 puis arrêté du 2 décembre 1949. Le Togo comme le Cameroun furent assimilés dans la pratique aux territoires d'Outre-mer et intégrés dans l'Union française malgré des revendications des populations contre cette gouvernance globale. Sur quelques points cependant, à la différence des territoires sous tutelle britannique, le Togo bénéficiait d'un régime spécifique : une certaine autonomie financière et, sur le plan foncier, le domaine privé n'appartenait pas à l'État français.

locale et que l'administration française se contente d'entériner la nomination. Les accords internationaux exigeaient en effet de « respecter scrupuleusement les coutumes locales[32] ». À côté des tribunaux civils du premier et deuxième degré, furent créés des tribunaux coutumiers dont relevaient les autochtones[33]. S'agissant de la politique du travail, la période de tutelle, entre 1946 et la fin des années 1950, fut caractérisée par l'adoption d'une législation sociale et le développement du syndicalisme. En 1946, la loi interdisant le travail forcé fut enfin promulguée[34] et l'inspection territoriale du travail fut mise en place au Togo[35]. Par ailleurs, les syndicats, pour la plupart affiliés à la CGT, s'implantaient au Togo[36]. L'adoption du code du travail des territoires d'Outre-mer (CTOM)[37], promulgué au Togo le 24 décembre 1952, faisait partie des revendications syndicales de l'époque. Des grèves et la menace de leur multiplication incitèrent en effet les pouvoirs publics, avec l'aval du patronat, à entamer un processus législatif[38]. Le mouvement syndical se développa particulièrement avec la grève générale de 48 heures en 1948[39] et se politisa à partir des années 1950 pour devenir un mouvement dénonçant les méfaits de la colonisation. À l'occasion d'une grande grève du 12 juin 1957, l'Union des Syndicats Confédérés du Togo (USCT) demanda la dissolution de l'assemblée territoriale en place. La lutte politique au Togo sous tutelle internationale avait

---

[32] « L'évolution constatée (sur la dot) est en effet inévitable au contact des apports occidentaux mais elle s'opère en assurant un enrichissement par l'exemple tout en sauvegardant l'originalité propre des traditions autochtones » (Rapport annuel 1950. Cité par U. Schuerkens, *op. cit.*, p. 173).

[33] Les chefs de canton, de village et les notables détenaient un pouvoir de conciliation avec l'assistance d'assesseurs. Ils étaient rémunérés et l'appel était possible devant les tribunaux de cercle. Lorsqu'un conflit de coutumes était perceptible, la compétence revenait en revanche aux tribunaux de premier degré (Cf. E. Le Roy, *Les africains et l'institution de la Justice, entre mimétismes et métissages*, Dalloz, 2004)

[34] L'OIT et la SDN remettaient en cause le travail forcé depuis la fin des années 1920. Sans le condamner totalement, le travail forcé devait être limité. La France ne ratifia la Convention n° 29 de l'OIT de 1930 qu'en 1937 (décret du 24 juin) et n'interdit le travail forcé qu'en 1946 (loi Houphouët-Boigny du 6 avril 1946). Des décrets du 22 décembre 1945 et du 20 février 1946 abolissent par ailleurs l'indigénat. La liberté de réunion et la liberté d'association sont affirmées par décrets la même année.

[35] Un décret du 17 août 1944 applicable au Togo en 1946 régissait le service des inspecteurs du travail aux colonies. Une commission consultative (3 représentants employeurs et travailleurs) donnait son avis.

[36] L'administration française attribuait des financements publics pour la venue de délégués syndicaux européens (Comité d'Études et de Recherche pour l'Action Syndicale (CERAS-CSTT), *La vie syndicale au Togo : des origines à nos jours*, Togo, 1999).

[37] Loi n° 52-1322 du 15 décembre 1952. Par la suite, un décret n° 55-567 du 20 mai 1955 modifia les règles du règlement des conflits et une loi du 27 mars 1956 généralisa les congés payés de un jour et demi par mois.

[38] Après le projet Moutet de 1946, Joseph Dumas introduisit un nouveau projet et le processus dura quatre ans.

[39] Les revendications portaient sur les classifications, les salaires et les allocations familiales. « Le salaire minimum de base du manœuvre non spécialisé est fixé en fonction du minimum vital, c'est-à-dire la nourriture de base de l'autochtone et de ses besoins minima » (Rapport annuel 1949, cité par K. Barandao, *op. cit.*, p. 241). Quatre grèves eurent ensuite lieu en 1949.

à ce moment pris les traits d'une lutte pour l'indépendance[40]. À l'issue des élections générales du 27 avril 1958 organisées sous supervision onusienne, Paulin Akouete, alors secrétaire général de l'USCT accepta d'occuper le poste de ministre du Travail. Le nouveau premier ministre Sylvanus Olympio engagea les négociations avec la France pour préparer la proclamation de la République togolaise. Les lois du 23 avril 1960 portant organisation des institutions et définissant l'emblème national, l'hymne national et la devise « travail – liberté – patrie » entrèrent en vigueur le 27 avril 1960.

Depuis l'Indépendance du Togo, les régimes institutionnels et politiques se sont succédés et, finalement, ressemblés. L'instabilité politique est une donnée permanente de l'histoire de l'État indépendant du Togo. Nous reviendrons rapidement sur les différentes phases de cette histoire politique, pour présenter ensuite les aspects socio-économiques et les évolutions du droit du travail qui l'ont accompagnée, avant de dresser un état des lieux de la situation contemporaine.

La Première République du Togo fut traduite en droit par deux textes constitutionnels successifs[41] et en pratique par un régime de parti unique[42]. Le 13 janvier 1963, la Première République fut renversée par l'armée et Sylvanus Olympio fut assassiné par des militaires démobilisés de l'armée coloniale française[43]. La Constitution de la Seconde République fut promulguée le 11 mai 1963. À la tête du nouvel État se trouvaient un président et un vice président élus en même temps. Le Parlement était représenté par une seule chambre, l'Assemblée Nationale, et l'indépendance judiciaire était affirmée. L'instabilité du pouvoir politique, en particulier la mésentente entre Nicolas Grunitzky du nord et Alain Meatchi du sud sur leurs attributions respectives à la tête de l'État, empêcha la réconciliation souhaitée entre le nord et le sud, divisés depuis la colonisation allemande. Un nouveau renversement militaire du régime eut

---

[40] Le paysage politique comprenait d'un côté, le CUT soutenu par le Mouvement de la Jeunesse togolaise (JUVENTO), et de l'autre, le Parti Togolais du Progrès (PTP) créé en 1946 et l'Union des chef s et des Populations du Nord (UCPN) que les autorités françaises avaient mis en place. Sur le PTP : « l'action d'opposition et l'excès des réclamations d'une partie de la population poussée à abuser des droits et de la liberté qu'on lui alloue, suscitent d'eux-mêmes la formation d'un groupement progressiste qui s'applique à la recherche d'un climat sain, favorable à une évolution raisonnable » (Rapport annuel à l'Assemblée de l'ONU sur l'administration du Togo, 1947, cité par S. Y. G. Gbedemah, *op. cit.*).

[41] La loi constitutionnelle du 23 avril 1960 s'inspirait de la Constitution française de 1946 : un exécutif bicéphale et la responsabilité du Gouvernement. La Constitution du 9 avril 1961 institua ensuite un régime « simpliste » en vertu duquel le chef de l'État était en même temps le chef du Gouvernement (M. K. Tchodié, *Essai sur l'évolution du présidentialisme en Afrique Noire francophone : l'exemple togolais,* Thèse de doctorat en droit, Caen, 1993).

[42] Olympio s'attacha à éliminer toute forme d'expression d'opposition (K. Toulabor, *Le Togo sous Eyadema,* Karthala, 1986, p. 21 s.).

[43] Ils se seraient vus refuser toute participation à l'organisation d'une armée togolaise. Les hypothèses sur ce coup d'État furent nombreuses et non élucidées (W. Ogma, *L'édification de la Nation togolaise,* L'Harmattan, 1978, p. 107). Komi Toulabor parle de mythification des causes de l'assassinat par Eyadema (K. Toulabor, *op. cit.*, p. 32).

lieu le 13 janvier 1967[44]. Le lieutenant-colonel Eyadema, chef d'état major des forces armées togolaises déclara : « ...estimant la situation grave et dans le but de défendre l'intégralité de la nation togolaise, ainsi que la protection des personnes et des biens, décidons ce qui suit : l'Armée nationale togolaise prend la responsabilité des pouvoirs civils, politiques et militaires sur toute l'étendue du territoire[45] ». Aussitôt, l'Assemblée Nationale fut dissoute et la Constitution suspendue. Les partis politiques furent supprimés et la justice fut mise sous la tutelle de l'exécutif et la direction du chef de l'État. Les militaires rejetaient toute forme de compétition, de débat ou de compromis[46]. Pour mener sa « politique d'union nationale », le général Eyadema décida le 30 août 1969 de créer le parti unique du Rassemblement du Peuple Togolais (RPT). Un référendum populaire fut organisé le 9 janvier 1972[47].

Une nouvelle Constitution ne fut adoptée que le 30 décembre 1979 par référendum et promulguée le 9 janvier 1980. L'année 1980 marqua aussi le retour en scène de l'Assemblée Nationale composée de 67 députés élus pour cinq ans. C'est pourtant à compter de cette période que débutèrent les graves troubles politiques, que le climat « paisible[48] » évolua. Les premières mesures pour l'assainissement des finances publiques et pour la stimulation des productions et exportations des produits agricoles furent conclues avec le Fonds Monétaire International (FMI) et la Banque Mondiale en 1982. Les manifestations antigouvernementales qui se multipliaient furent violemment réprimées[49], notamment celle du 5 octobre 1990 à Lomé suite à un jugement de jeunes, accusés d'avoir distribué des tracts politiques. Les milices et armées du parti au pouvoir étaient en conflit avec les partisans de l'opposition politique, les lycéens et étudiants[50]. Ce mouvement politique fut accompagné d'un mouvement syndical important. En avril 1991, la Confédération Nationale des

---

[44] Ceci intervint suite à la décision du président de supprimer la vice-présidence des textes de la Constitution et à la répression des ministres mécontents de cette décision.

[45] Radio-Lomé (cité par W. Ogma, *op. cit.*, p. 124).

[46] Au Togo, le choix de faire des économies engendra un gouvernement peu fourni, entre 12 et 18 ministres, tandis que dans d'autres pays africains existaient des organes militaires collégiaux comme le CMRPN en Haute-Volta en 1980 ou au Mali et Niger.

[47] La réussite de la stratégie d'unité auprès des peuples durant cette période n'est pas affirmée dans le même sens selon les sources. Certains parlent d'une politique de mise en avant de l'ethnie kabye du nord, tandis que d'autres parlent d'un soutien populaire global (Voir G. Labarthe, *Le Togo, de l'esclavage au libéralisme mafieux*, Agone, 2005 et W. Ogma, *op. cit.*).

[48] P. Gervais-Lambony, « Tempos loméens, 1990-2005 », in P. Gervais-Lambony et G. K. Nyassogbo (dir.), *Lomé, dynamiques d'une ville africaine*, Karthala, 2007, p. 171.

[49] « La violence des militaires contre les citadins a été omniprésente, la violence à caractère politique et ethnique entre loméens a explosé par périodes, la violence enfin dans les rapports quotidiens est à plus long terme » (*ibid.*).

[50] « La grande différence entre la situation du Togo et celle qu'avait vécue le Bénin, l'année précédente, tenait au rôle de l'armée : les soldats béninois n'avaient pas combattu le peuple, ceux du Togo si. Que ce soit sur ordre d'Eyadema ou de leur propre initiative, ils n'hésitaient pas à tirer. [...] L'armée se conduisait en troupe d'occupation » (J. de Menthon , *À la rencontre du Togo*, L'Harmattan, Paris, 1993, p. 182).

Travailleurs Togolais (CNTT) informa, « comme un coup de butoir, de sa désolidarisation du RPT[51] ». Les syndicats de base saisirent cette occasion pour se réunir et constituer ou reconstituer des centrales syndicales[52]. Dans ce contexte s'ouvrit la Conférence Nationale Souveraine (CNS) le 8 juillet 1991 qui aboutit, selon Fabien Eboussi Boulaga, à un « impudent défoulement et téméraire déballage » dont le « sens est en suspens[53] ». Le général Eyadema et les militaires menaient en effet une lutte contre la transition démocratique. Le collectif des syndicats indépendants (CSI), avec l'appui du collectif de l'opposition démocratique (COD II), lancèrent un appel à un mouvement de grève générale le 16 novembre 1992[54]. Après plus de neuf mois de grève, des négociations et accords bancals, sans réels compromis[55], permirent la reprise du travail le 2 août 1993[56] et la tenue d'élections le 25 août 1993 auxquelles l'opposition ne participa pas[57].

Toutes les élections qui suivirent furent entachées de fraudes et boycottées par l'opposition[58]. Une révision de la Constitution du 14 octobre 1992[59] permit au président en place de briguer un nouveau mandat à l'issue des élections de 2003. Le décès du général Eyadema en février 2005 interrompit ce mandat dont

---

[51] Comité d'Études et de Recherche pour l'Action Syndicale (CERAS-CSTT), *op. cit.*

[52] La CSTT (9 mai 1991), la CGCT (4 juillet 1992), l'UNSIT, la CNTT, le GSA, le FOT et l'UTT.

[53] F. Eboussi Boulaga, *Les conférences nationales en Afrique Noire. Une affaire à suivre*, Karthala, 1993. Les assises togolaises ont duré 52 jours : plus que la CNS du Bénin (10 jours), moins que celle du Niger (90 jours) et que celle du Congo (une centaine de jours).

[54] Cette grève fut massivement suivie. Des meetings et des émissions d'une radio pirate installée au Ghana entourèrent ce mouvement de grève. Elle engendra également des contre-manifestations telles que celle des conducteurs et propriétaires de taxis (SYLICONTO) ou la marche des travailleurs du Comité National de Concertation pour la reprise du travail (CNCRT), soutiens au Gouvernement (M. K. Tchodié, *op. cit.*).

[55] L'accélération de l'aboutissement des pourparlers qui était en cours a certainement été favorisée par le drame du 25 janvier 1993. Ce jour-là, des forces de l'ordre tirèrent dans la foule, aux yeux des ministres français et allemand de la coopération, Marcel Debarges et Helmut Schäfer. Selon certaines sources, l'exode des populations vers le Ghana, le Bénin ou le Burkina Faso devint massif en 1993 après la nuit du 31 janvier durant laquelle militaires et policiers envahirent la ville de Lomé pillant et assassinant la population hostile (F. Eboussi Boulaga, *op. cit.*).

[56] À la conclusion de l'accord d'Ouagadougou (« Ouaga III ») signé le 11 juillet 1993 qui définit les conditions d'organisation du scrutin ainsi que les mesures de sécurité pendant le processus électoral étaient présents B. M. Barqué représentant la Mouvance présidentielle, L. M. Gnininvi représentant le COD II et les témoins étaient le président du Burkina, les ambassadeurs d'Allemagne, de France et des États-Unis.

[57] Eyadema fut élu avec 94,6 % des suffrages. Le taux de participation fut de 36,16%. Malgré des échos d'une bavure politico-militaire (la mort à la gendarmerie de Blitta, de jeunes militants du parti d'opposition CAR), les résultats furent officiellement proclamés en septembre, résultats dont la France et les États-Unis « prirent acte ».

[58] Les élections législatives de février 1994 furent favorables à l'opposition mais le Premier ministre Edem Kodjo qui en était issu fut poussé à démissionner et remplacé par Kutsé du RPT en 1996. À l'occasion des élections présidentielles du 21 juin 1998, les membres de la CENI (Commission électorale nationale indépendante) démissionnèrent et les militaires prirent leurs places. Seuls le RPT et des partis plus ou moins proches participèrent aux législatives du 21 mars 1999 ce qui aboutit à l'attribution de 79 sièges sur 81 au RPT.

[59] Loi n° 2002-029 du 31 décembre 2002.

la suite fut confiée par l'armée, contrairement aux prévisions de la Constitution togolaise, à son fils Faure Gnassingbé[60]. Cela engendra notamment des mouvements de rue, des menaces de sanctions internationales de la part de la Communauté Economique des États de l'Afrique de l'Ouest (CEDEAO), de l'Union Africaine (UA) et de l'Organisation des Nations Unies (ONU) et le maintien des suspensions de coopération avec l'Union Européenne (UE). Les élections du 24 avril 2005, entachées d'irrégularités manifestes, conduisirent à l'élection de Faure Gnassingbé. Les violences lors de ce scrutin causèrent le décès de 400 à 500 personnes[61]. Selon le Haut Commissariat des Nations Unies pour les Réfugiés (HCR), l'exode vers le Ghana ou le Bénin provoqué par la contestation du scrutin a concerné au moins 18500 personnes[62].

Si la communauté internationale s'est satisfaite des élections législatives de 2007[63] et de celles présidentielles de 2010 « sans violences », leurs résultats n'attestent pas tout à fait d'une re-légitimation des pouvoirs en place. Ils traduisent plutôt leur détermination malgré leur responsabilité dans plus de quarante ans de troubles sociopolitiques[64]. Le rapport final de la Commission Justice Vérité et Réconciliation (CJVR) installée par l'État togolais en mai 2009[65] n'a que relativement levé le voile sur les violences perpétrées au Togo pendant ces quarante années[66]. Les droits fondamentaux des togolais, en particulier la liberté et le droit d'expression, semblent encore aujourd'hui fragiles[67], plus de dix ans après l'avènement du pluralisme politique et syndical.

---

[60] Certains parlent de « coup d'État constitutionnel » (Association Survie, *Avril 2005. Le choix volé des Togolais*, L'Harmattan, 2005).

[61] ONU, Rapport du haut commissariat aux droits de l'homme des nations unies sur les violences au Togo lors des élections présidentielles, 26 septembre 2005. Selon les sources de l'association Survie (*op. cit.*), entre le 5 février 2005 et le 5 mai 2005, on dénombre 811 décès et 4508 blessés.

[62] HCR, Communiqué publié le 3 mai 2005.

[63] Les élections législatives de 2007 ont en effet permis une reprise des coopérations suspendues depuis les années 1990 avec l'Union Européenne, les bailleurs de fonds internationaux et partenaires bilatéraux.

[64] Sur les irrégularités constatées par la mission d'observation de l'Union Européenne lors du scrutin de 2010, voir par exemple : http://www.afriscoop.net/journal/spip.php?article1668

[65] Décret du 25 février 2009.

[66] « Les populations qui étaient très enthousiastes au début ont commencé à déchanter dès que le chef de l'État a nommé les commissaires de la CJVR. La nomination de Mgr Nicodème Barrigah, évêque d'Atakpamé, à la tête de la commission a reçu l'adhésion ; en revanche celles de Mme Kissem Tchangaï-Walla, d'Agboli Agokoli IV et d'Ogamo Bagna, dignitaires du RPT, étaient apparues comme la volonté du régime de contrôler la commission » (Fulbert Atisso, « La CJVR : le rendez-vous manqué », La Nouvelle, 24 avril 2012).

[67] Sur la répression le 30 octobre 2010 d'une marche pacifique organisée par les organisations de défense des droits de l'homme : v. http://www.fidh.org/Repression-d-une-marche-de. Voir aussi le rapport des organisations de la société civile et syndicale du Togo, *Une politique d'apaisement face aux contestations socio-économiques et politiques*, Togo, 2012, p. 27. L'arrestation d'une cinquantaine de personnes lors des manifestations pacifiques des 12 et 13 juin 2012 a conduit à la démission du premier ministre Gilbert Fossoun Houngbo.

Sur le plan économique, il est courant de penser que la grève illimitée a provoqué les difficultés qui caractérisent la situation contemporaine du Togo. La durée de cette grève a en effet abouti à une paralysie totale du pays. Plus globalement, l'insécurité et les violences qui ont entouré la crise politique ont provoqué une fuite des investissements et une levée des coopérations étrangères. En même temps, la politique des Plans d'Ajustement Structurel (PAS) a exigé le désengagement de l'État dans le domaine économique, l'efficacité et l'efficience des administrations publiques, le tout sous pression de la dette et des évolutions économiques mondiales.

Jusqu'à la crise des années 1990, l'État consolide sa mainmise sur tous les domaines de la vie du pays. Eyadema choisit au départ de mener une politique économique de capitalisme « encadré », c'est-à-dire sous l'entière tutelle de l'État[68]. La conjoncture économique est assez favorable à cette époque du fait du renchérissement du cours des matières premières[69]. On compte à la fin des années 1970 soixante-douze entreprises industrielles dans des secteurs très variés, dont cinquante-huit sont basées à Lomé[70]. La conjoncture favorable permet l'adoption d'une politique de grands travaux. Un plan quinquennal prévoit même des projets d'adduction d'eau potable et d'incitation au travail agricole. Le général Eyadema mène de multiples projets économiques en portant une attention particulière à l'industrie du tourisme[71]. Même les sociétés d'apparence privées sont en réalité contrôlées par l'État[72]. Les investissements ont donc été très importants jusqu'aux années 1990 mais la main d'œuvre employée a été minime. Des indexations de salaires sont pratiquées mais l'évolution du coût de la vie n'est jamais rattrapée. Aucunes négociations ne précèdent ces décisions puisque le syndicalisme figure parmi les « ailes marchantes » du RPT[73] et s'insère donc « sans réticence dans le courant

---

[68] La Compagnie des Mines du Bénin est nationalisée en 1974 et devient l'Office Togolais des Phosphates.

[69] De multiples entreprises sont créées durant ces années telles que le domaine industriel vers Lama Kara, les Huileries togolaises, les cimenteries du Togo (Cimtogo), la raffinerie de pétrole (Société Togolaise d'Hydrocarbures), l'acierie électrique SNS, Togo Tex à Lama-Kara etc. L'État devient un promoteur d'industrie lourde avec près de 35 milliards de FCFA d'investissement.

[70] A. Schwartz, « L'entreprise industrielle togolaise en 1980, un contre-plaidoyer pour une industrialisation de l'Afrique à l'échelle nationale », in *Entreprises et Entrepreneurs en Afrique*, Tome II, L'Harmattan, 1983, p. 493.

[71] Le général Eyadéma s'était lancé dans de nombreuses initiatives économiques aux coûts surélevés : industrie lourde avec l'aciérie électrique, la raffinerie de pétrole qui fut en réalité seulement un dépôt et la cimenterie, usine textile de Kara qui n'a jamais fonctionné, construction de prestigieux hôtels, grosses commandes de machines et matériel agricoles (Cf. G. Labarthe, *op. cit.*).

[72] « L'État est producteur, banquier, commerçant, industriel, prestataire de services… » (M. Devey, « Bilan des privatisations en Afrique : l'exemple des pays de la zone franc », *Marché tropicaux*, 1996, p. 1907, cité par J.-M. Ela, *Travail et entreprise en Afrique, les fondements sociaux de la réussite économique*, Karthala, 2006, p. 73.

[73] À côté de l'Union nationale des femmes du Togo (UNFT), de la Jeunesse du RPT (JRPT) et de l'Union nationale des chefs traditionnels du Togo (UNCTT).

d'allégeance au chef charismatique[74] ». Les premières difficultés économiques apparaissent en particulier du fait de certains projets économiques disproportionnés et non rentables[75]. La politique des PAS débutée dans les années 1980 et poursuivie pendant les années de crise a aussi contribué aux difficultés ; le désengagement de l'État des opérations économiques s'est réalisé de façon brutale, sans bénéfices publics et sans politique sociale pour les nombreux travailleurs « remerciés ».

Le rôle des contrepouvoirs, des personnalités incarnant ces contrepouvoirs ou de la communauté internationale a été irrégulier dans l'évolution de la protection sociale des togolais[76]. Le Togo figure parmi les Pays les Moins Avancés (PMA). La population togolaise est face à des défis considérables puisque sa vulnérabilité sur le plan social et économique tend à s'accroître du fait des changements climatiques[77]. Le secteur primaire occupe 70 % de la population active du Togo et, entre l'enquête QUIBB (questionnaire unifié des indicateurs de base du bien-être) menée en 2006[78] et 2009, l'incidence de la pauvreté n'a fait qu'augmenter. En 2006, la pauvreté est estimée à 61,7 % de la population totale et à 74,3 % en milieu rural[79]. En 2009, « l'incidence de la pauvreté a du évoluer avec une montée de la pauvreté monétaire d'une

[74] Le secrétaire général remerciait le président . Il le remercia notamment pour le code du travail adopté par ordonnance du 8 mai 1974 qui contenait quelques rares nouveautés par rapport au CTOM de 1952 : par exemple, il fut inséré à l'objet des syndicats professionnels la défense d'intérêts « artisanaux », la possibilité de retenue des cotisations syndicales sur le salaire, l'établissement du règlement intérieur par accord entre l'employeur et les délégués du personnel, la règle du rattrapage en fin de contrat d'apprentissage des absences supérieures à 15 jours fut supprimée et le nombre d'assesseurs employeurs et salariés au Tribunal du travail passa de deux à un de chaque côté. Cette période compta également la création de l'inspection du travail par décret n° 69-25 du 14 janvier 1969 et la Convention collective interprofessionnelle du Togo (CCIT) du 1er mai 1978.

[75] Les coûts surabondants ont provoqué une faillite d'État. Par exemple, après la nationalisation de la CTMB, l'usine Togofruit est créée mais n'a jamais vraiment fonctionné, à l'instar de la société Togograin ou de l'huilerie d'Alokoegbe, le marché de Lomé 2 est construit mais n'attire aucun commerçant, les machines agricoles importées de Chine ne fonctionnent pas.

[76] Pendant le régime de parti unique sont adoptées la réforme de l'administration du travail en 1968, le décret sur les congés payés en 1969, le décret de 1970 supprimant les zones de salaire et augmentant le SMIG, l'ordonnance de 1973 instituant le code de sécurité sociale, l'ordonnance de 1974 portant code du travail et la CCIT de 1978. La plupart des ratifications des conventions de l'OIT ont eu lieu entre 1982 et 1984. Après l'avènement du pluralisme syndical, peu de réformes et de négociations collectives seront menées.

[77] Les populations togolaises sont durement touchées par la sécheresse, la désertification, les inondations répétitives provoquant de nombreux décès et l'élévation du niveau de la mer (Voir Plan d'action national d'adaptation aux changements climatiques (PANA) réalisé avec le soutien du PNUD en septembre 2009).

[78] Cette enquête de 2006 fixe le seuil de pauvreté du Togo à 242 094 FCFA par an et par adulte suivant les besoins alimentaires et non alimentaires.

[79] Selon les résultats du recensement de la population togolaise réalisé en 2010, le Togo compte 6 191 155 habitants. Le taux annuel moyen de croissance démographique entre 1981 et 2010 est de 2,84 %. 62,3 % de la population vit en milieu rural. En 2011, le Togo se situait à la 162e place au rang mondial sur 187 pays en matière d'IDH (après le Sénégal à la 166e place et avant le Bénin à la 167e ou le Burkina Faso à la 181e).

manière générale suite à la forte hausse des prix, en 2008, de plus de 8,4 % en moyenne ; la croissance n'ayant pas été suffisamment forte pour engendrer une augmentation des revenus des ménages afin qu'ils puissent compenser la hausse des prix »[80]. Malgré que le Togo soit bon élève s'agissant des objectifs 2 et 6 du millénaire concernant la scolarisation au primaire et la lutte contre le VIH Sida, le chômage, la pauvreté et le sous-emploi sont des problèmes majeurs[81] : « l'emploi public continue alors de symboliser en quelque sorte l'emploi décent, mais les jeunes sont les plus exclus à cause de la mise en œuvre depuis la fin des années 80 de plusieurs programmes de stabilisation des finances publiques et d'ajustement structurel. L'emploi privé formel qui aurait pu constituer une alternative, demeure encore bloqué[82] ». Le secteur industriel est en effet peu développé au Togo[83]. Le secteur secondaire est constitué d'une majorité de PMI/PME, de quelques industries importantes d'extraction minière (phosphates, calcaire, clinker) et de quelques grandes unités de transformation industrielle (brasserie, boulangerie, huileries, savonneries, cimenteries…) majoritairement installées dans la région maritime. Seules la région des Plateaux et la région de la Kara ont un tissu industriel[84]. La zone franche créée en 1989 en vue d'attirer les investisseurs peine en outre à véritablement constituer un levier attractif[85]. Le secteur tertiaire au Togo se compose principalement de l'activité bancaire régulée par la Banque Centrale des États d'Afrique de l'Ouest (BCEAO)[86], des structures de collecte et d'épargne[87], de compagnies d'assurance, de l'activité portuaire et des télécommunications. Le secteur du tourisme qui constituait un poste prioritaire dans les années 1980 est « au ralenti ». Se pose en conséquence indéniablement le problème d'un déséquilibre entre l'offre et la demande

---

[80] DSRP -C Togo, 2009-2011, version finale, p. 9.

[81] « De 1992 à 2007, le PIB du pays, en valeurs monétaires constantes, passe de 843 milliards de FCFA à 1.297 milliards de FCFA. Il a ainsi été multiplié par un facteur de 1,54 sur 15 années soit un taux moyen annuel de croissance réel de 2,9%. Au cours de la même période, le PIB par habitant passe de 202.213 FCFA à 196.938 FCFA, ce qui correspond à un taux de croissance moyen annuel de l'ordre de -0,18% » (A. K. Atti, *Projet de politique nationale du travail au Togo*, 3e Draft, Togo/OIT, novembre 2010, p. 7).

[82] E. A. Amouzou, *Étude sur la situation de l'emploi des jeunes au Togo*, Rapport définitif, MTESS/PNUD, Togo, 2008, p. 16.

[83] L'agriculture (60% de la population active) réalise 36% du Produit National Brut (*ibid.*, p. 35).

[84] La première compte une petite féculerie, une unité de transformation du soja, une unité d'égrenage du coton et une sucrerie et la seconde une brasserie, une usine de textile et une unité d'égrenage du coton. Les autres régions comptent plutôt des petites unités artisanales de transformation d'huile, de fromage, de savons ou de boissons locales (Carte de potentialités d'emploi des jeunes et des femmes dans les préfectures et sous-préfectures du Togo, DPNE/PNUD, Togo, 2010, p. 27 s. et 61 s.).

[85] Sur la zone franche, voir infra Partie I, Titre 2, Chapitre 2.

[86] Il y a L'UTB, la BTD, la BTCI, l'Ecobank, la SIAB, la Financial Bank, la BIAO, la BRS, la BSIC, la Banque Populaire, la Banque Atlantique dont les succursales sont concentrées à Lomé (E. A. Amouzou, *op. cit.*, p. 35).

[87] Notamment les Systèmes de Financement Décentralisés (SFD) lancés au Togo en 1969 par la *World Council of Credit Union* (*ibid*, p. 36).

d'emploi[88]. Le secteur dénommé informel se développe considérablement au Togo, en milieu urbain comme rural : il occupe plus de 80 % de la population en comptant le secteur agricole[89].

De multiples projets de développement sont en cours, parallèlement aux réformes institutionnelles et juridiques. Il s'agit aussi bien pour l'État d'assainir ses institutions et de viser la transparence du fonctionnement de ses organes, de continuer à se désengager de la vie économique du pays, d'assurer un dialogue avec les composantes de la société civile, d'engager des politiques d'insertion pour les jeunes et d'améliorer l'accès à la santé et à l'eau[90]. De nombreux programmes et plateformes pluriannuels, sectoriels ou plurisectoriels, financés par l'aide internationale s'inscrivent dans ces ambitions à visée sociopolitique et socio-économique[91]. Or, à l'image pour certains de l'échec des politiques conditionnelles de développement des années 1980 et 1990[92], le consensus entre impératifs économiques et impératifs sociaux inhérent au discours contemporain du développement se traduit par certaines difficultés et paradoxes en pratique[93]. Les priorités politiques se « désagrègent » dans les documents stratégiques de ces programmes qui traduisent ce consensus en reprenant ses contradictions.

---

[88] La direction de la politique nationale de l'emploi (DPNE) comptabilisait en effet 43 764 demandes pour 7 726 offres en 2008 et 41 976 demandes pour 7 847 offres en 2009.

[89] V. not. Stratégie intérimaire de réduction de la pauvreté, Togo, 2008, p. 46 et DSRP -C, Togo, 2009, p. 69.

[90] V. notamment les documents stratégiques suivants : le DSRP-C du Togo pour 2009-2011, le plan cadre des Nations Unies pour l'aide au développement au Togo (UNDAF-PNUD) pour 2008-2012, le PPTD 2010-2015 dans le cadre du BIT

[91] V. notamment le programme de coopération bilatérale entre le ministère du travail, de l'emploi et de la sécurité sociale au Togo et GIP International et le ministère français en charge du travail et de l'emploi. La bonne gouvernance est une ambition affichée concernant l'action « appui à la politique RH de L'ANPE».

[92] M. M. Koné, *L'échec du développement en Afrique, une responsabilité à partager. Le cas du Mali,* Mémoire de recherche en sociologie, Uqam, Québec, 2000. Sur un budget du programme de travaux public (PNUD) détourné pour servir au recrutement des jeunes déscolarisés dans l'agriculture, v. E.. Amouzou, *op. cit.* p. 14.

[93] V. R. Meier et M. Raffinot, « S'approprier les politiques de développement : nouvelle mode ou vieille rengaine ? Une analyse à partir des expériences du Burkina Faso et du Rwanda », *Tiers-Monde,* 2005, n° 183, p. 625. B. Hamouda, *L'Afrique, l'OMC et le développement,* Maisonneuve et Larose, 2005. J-P Cling, F. De Vreyer, M. Razafindrakoto et F. Roubaud, « La croissance ne suffit pas pour réduire la pauvreté », *Revue française d'économie,* 2004, p. 137. Sur la Banque Mondiale : Y. Leroy, « Un rapport de plus critiquant l'inefficacité économique du droit du travail », *JCP S,* 2010, n° 12, p. 5. B. Du Marais, *Des indicateurs pour mesurer le droit ? Les limites méthodologiques des rapports Doing Business,* La documentation française, 2006. Sur l'OIT: R.C. Drouin et I. Duplessis, « La régulation internationale du travail de 1998 à 2008 : un Eldorado normatif ou un désert interprétatif ? », *Lex electronica,* 2009, n° 14. T. Cayet, « Le planning comme organisation du travail ? Une interrogation sur les études économiques du BIT dans les années 30 », in Lespinet-Moret, I. Viet, V. (Dir.), *Organisation internationale du travail, Origine-Développement-Avenir,* Presses Universitaires de Rennes, 2011, p. 79. C. Maurel, « OIT et responsabilité sociale des sociétés transnationales depuis 1970 », in Lespinet-Moret I. Viet V. (Dir.), *ibid.,* p. 179.

La difficile visibilité des améliorations sociales et économiques issues des différents programmes de développement peut être vue comme la résultante d'un contexte africain caractérisé par une diversité de « dichotomies » ou oppositions. L'histoire coloniale du Togo justifie qu'on y relève une dualité entre société traditionnelle et modernité, entre influences endogènes et mainmise exogène, entre État moderne et systèmes institutionnels « autochtones »[94]. L'approche duale des sociétés africaines est néanmoins largement mise en cause : « les conflits actuels ne proviennent pas d'une distorsion originelle entre l'État et la société, mais de l'osmose entre l'une et l'autre[95] ». Il est nécessaire de revenir sur certains dualismes qui, critiqués de longue date[96], habitent encore plus ou moins les appréhensions, en particulier juridiques, de l'Afrique subsaharienne.

Les « dichotomies », dualismes ou dualités propres à l'explication des contextes sociaux africains tiennent de l'histoire des présences occidentales sur ce territoire, particulièrement de l'histoire récente du colonialisme européen[97]. Or, c'est moins une frontière qu'une tension ou un paradoxe qui est à relever entre une forme d'indifférence aux appareils d'État calqués sur les anciennes colonies et les « torsions » de ces appareils d'État à des fins diverses ou, plus généralement selon Achille Mbembe, entre « *dédoublement stérile* et *réitération sèche* d'une part et de l'autre, *prolifération indéfinie* »[98]. Les frontières entre le traditionnel et le moderne, le précolonial et le postcolonial, des endogénéités et des exogénéités, l'anétatisme et l'État, l'informel et le formel ou l'inadapté et l'adapté sont de plus en plus estompées et remises en cause explicitement[99] ou

[94] Sur la politique de nomenclature des savoirs locaux de la Banque Mondiale, voir A. Agrawal, « Classification des savoirs autochtones : la dimension politique », *Revue Internationale des Sciences Sociales*, n° 173, 2002, p. 325 : « En dernière analyse, c'est une relation particulière entre le développement, la science et le pouvoir qui sous-tend ce qu'il y a de paradoxal dans la « scientisation » des savoirs autochtones ».

[95] J.-F. Bayart, « L'Afrique dans le monde, une histoire d'extraversion », *African Affairs*, 2000.

[96] « Nous avons, fréquemment, insisté sur cette nécessité en montrant combien le sociologue était tenu d'envisager la société coloniale et la société colonisée en des perspectives réciproques » (G. Balandier, « La situation coloniale : approche théorique », *Cahiers internationaux de sociologie*, 1951, p. 44).

[97] G. Balandier regrettait en 1951 à propos des études anthropologiques sur la colonisation : « il leur manque de se référer à l'économie coloniale, la situation coloniale, d'avoir le sens d'une réciprocité de perspectives existant entre société colonisée et société coloniale ; les travaux inspirés par Malinowski présentent ces défauts au maximum en évoquant seulement le résultat du « contact » entre « institutions » de même nature, en ne dépassant guère la simple description des transformations et l'énumération des problèmes ».

[98] A. Mbembe, *Sortir de la grande nuit. Essai sur l'Afrique décolonisée*, La découverte, 2010, p. 12.

[99] M. Tshiyembe critique les analyses dualistes animées par un « paradigme du vide » (M. Tshiyembe, « L'État en Afrique : crise du modèle importé et retour aux réalités. Essai sur la théorie de l'État multinational », in *État, société et pouvoir à l'aube du XXIe siècle : mélanges en l'honneur de François Borella*, PU de Nancy, 1999. p. 485). « Le danger quand on parle de la culture africaine, c'est d'être porté à la sacralisation des traditions » (M. Kamto, cité par L. Gaba, *L'État de droit, la démocratie et le développement en Afrique subsaharienne*, L'Harmattan, 2000). Voir également le récent article de l'historien du droit J.-L. Halperin qui rappelle combien le droit coutumier a été inventé

implicitement[100]. C'est peut-être parce qu'elles demeurent aux sources d'un imaginaire sur l'Afrique[101] que les chercheurs, même lorsqu'ils les réfutent, doivent s'en faire les commentateurs[102]. La vacuité des distinctions est particulièrement démontrée par l'exposé de dynamiques plus complexes, dans le souci d'aborder le paramètre de l'histoire de l'Afrique « dans l'entre-deux de la contemporanéité[103] ». En ce qui concerne l'État moderne africain par exemple, « ce qu'il convient d'étudier aujourd'hui dans la plupart des pays du continent, c'est moins les lieux où sa puissance se manifeste que les lieux où il est présent mais non responsable. (...) C'est parce qu'il y a complexité que l'avenir est possible. Seule la complexité est féconde[104] ». Cette « intrication » se traduit notamment par les expressions d'enchevêtrement[105], de dynamiques[106], de

concomitamment à l'expérience coloniale (« La détermination du champ juridique à la lumière de travaux récent d'histoire du droit », *Droit et Société*, 2012, n° 81, p. 405) : « la cristallisation des coutumes résulte de « facteurs » externes et non d'une obscure fermentation à l'intérieur de sociétés fermées sur elles-mêmes ».

[100] Babacar Sall, sur l'anétatisme par exemple, parle d'un « encerclement de l'État par la tribu » ou de « perte de substance sociale » de l'État. Il parle toutefois d'anétatisme relativisé car l'État « continue de survivre comme nœud de pouvoir élémentaire d'un vaste système relationnel où les formes sociales, culturelles et religieuses sont prééminentes » (B. Sall, « Anétatisme et modes sociaux de recours », in *L'État en Afrique : indigénisations et modernités*, Colloque organisé à Paris les 18 et 19 mai 1995, Cahiers du GEMDEV, n° 24, 1996, p. 169).

[101] Un exemple réside dans le discours de Dakar prononcé en 2007 par le président Sarkozy. Voir également E. Le Roy, « Gouvernance et décentralisation ou le dilemme de la légitimité dans la réforme de l'État africain de la fin du XXe siècle », 1996, *ibid.* p. 92 : l'État est doublement étranger dans les sociétés africaines car encore associé à un extérieur et source d'agression (des explications plus instrumentalisées que substantielles, une logique fonctionnelle plutôt qu'institutionnelle).

[102] A. Ba Konaré (dir.), *Petit précis de remise à niveau sur l'histoire africaine à l'usage du président Sarkozy*, La Découverte, 2009. Laurent Gaba met en garde contre les « approches manichéennes des sociétés africaines » (L. Gaba, *L'État de droit, la démocratie et le développement économique en Afrique subsaharienne*, L'Harmattan, 2000, p. 59). Une multitude de pouvoirs sont juxtaposés à l'État importé ou imposé (S. Mappa, *Pouvoirs traditionnels et pouvoirs d'État en Afrique : l'illusion universaliste*, Karthala, 1998).

[103] E. Le Roy, Contribution à la refondation de la politique judiciaire en Afrique francophone à partir d'exemples maliens et centrafricains, Afrika Spectrum, n° 32, 1997, p. 311.

[104] B. Husson, « La problématique : entre indigénités et modernités », in *L'État en Afrique : indigénisations et modernités*, Cahiers du GEMDEV, 1996, *op. cit.*, p. 17.

[105] W. Capeller (« Droits infligés et chantiers de survivances, de quel lieu parle-t-on ? », in W. Capeller et T. Kitamura (dir.), *Une introduction aux cultures juridiques non occidentales*, Bruylant, 1998, p. 13), chercheuse en sciences politiques, parle d'un « enchevêtrement complexe entre cultures juridiques dominantes et dominées ».

[106] M. Lakroum regrette l'absence d'étude de la portée et des réalités de l'émergence de classes (M. Lakroum, « Le travail en Afrique peut-il être un objet d'étude scientifique ? », in H. d'Almeida-Topor, M. Lakroum, G. Spittler (dir.), *Le travail en Afrique noire : représentations et pratiques à l'époque contemporaine*, Karthala, 2003, p. 43).

« mélanges confus[107] », de « configurations changeantes[108] », de « multidimensionnalité[109] » et de droit « mixte » ou « métisse[110] ».

Pour certains, la production étatique ne reflète « pas de véritable dynamique de création endogène de droits », ceci s'expliquant par « l'émergence d'un État moderne sans les ressources et moyens structurels d'assumer ses compétences[111] ». Cette entreprise de modernisation apparaît légitime uniquement par « positionnement par rapport à l'environnement pertinent international et non local[112] ». Ce « *critère diachronique* » est néanmoins insuffisant[113]. En effet, s'agissant des études sur les systèmes juridiques africains, on note que celles particulièrement référées à l'ordre juridique de tradition continentale[114] comme celles les plus axées sur l'imposition « instrumentale » du droit d'inspiration occidentale parlent peu ou prou de cohabitation entre différents systèmes de normes[115]. L'approche du droit par le pluralisme soulève en outre la question centrale de la légitimité du droit « importé », au-delà de son « étrangeté »[116]. Wanda Capeller propose dans un écrit qu'au terme d'acculturation soit substituée l'idée de « transculturation » juridique car la théorie occidentale du droit est « le vecteur le plus puissant du transfert des connaissances juridiques et le masque le plus efficace du

---

[107] R. Delavignette, cité par D. Darbon, « L'État prédateur », *Politique africaine*, 1990, p. 37.

[108] M. Diouf, « Successions légales et transitions politiques en Afrique », in *L'État en Afrique : indigénisations et modernités*, Cahiers du GEMDEV, 1996, *op. cit.*, p. 80.

[109] J.-F. Bayart, A. Mbembe, C. Toulabor, *La politique par le bas en Afrique Noire*, Karthala, préface, 2008.

[110] E. Le Roy, *op. cit.*, p. 311.

[111] D. Darbon, « Un royaume divisé contre lui-même... : la régulation défaillante de la production du droit dans les États d'Afrique Noire », in D. Darbon et J. du Bois de Gaudusson (dir.), *La création du droit en Afrique*, Karthala, 1997, p. 101.

[112] *Ibid.*

[113] N. Rouland, *L'anthropologie juridique*, PUF, 1995.

[114] P.F. Gonidec (*Droit d'outre-mer*, Tome II, Montchrestien, 1960) précisait que « chaque fois que nous l'avons pu, nous avons recherché sous ce qui n'est parfois que le bois mort des textes la réalité vivante ». En 1984, il pense que la modernité est plus complexe que l'alternative entre une démarche créative endogène d'adaptation et ce qui se fait à l'extérieur. Parler de mimétisme ou de suivisme est « excessif » (P.F. Gonidec, « Réflexion sur l'État et le droit en Afrique », *Rec. Penant*, 1984, n° 783, p. 22). Selon D. Abarchi, « tout ce que le droit a de contraignant s'adoucit par le jeu des mécanismes inhérents aux sociétés » mais il ne faut pas penser que toute loi occidentale se situe en porte-à-faux (D. Abarchi, « Problématique des réformes législatives en Afrique : le mimétisme juridique comme méthode de construction du Droit », *Rec. Penant*, 2003, n° 842, p. 88).

[115] C. Ntampaka observe des pratiques conjointes malgré que « des éléments culturels restent statiques (...) » (C. Ntampaka, *Introduction aux systèmes juridiques africains*, PU de Namur, 2004, p. 169). P. Sack distingue « six espèces représentatives de droit » : occidental (*common law* et *civil law*), socialiste, musulman, hindou, chinois et africain (P. Sack, « Le droit, perspectives occidentales et non occidentales », in *Une introduction aux cultures juridiques non occidentales*, 1998, *op. cit.*, p. 225). Dans le même ouvrage, S. Roberts (« Nature de l'ordre juridique en Afrique », *ibid.*, p. 179) parle d'une « tradition inventée » et d'une « survie atténuée » des systèmes.

[116] Les droits africains dominés résistent à l'envahissement du droit dominant, la *lex extranea* qui, « ayant le support étatique, triomphe sur le plan juridique formel » (R. Degni Ségui, *op. cit.*, p. 453).

fonctionnement réel du droit positif et de ses implications politiques[117] ». Elle reprend l'expression de « localismes globalisés » d'Étienne Le Roy[118]. À l'instar de ce que l'on relève dans les autres sciences humaines et sociales, la problématique de l'intrication du droit et du social dans les études juridiques[119] sous-entend donc un dépassement des dualismes. Or, les ressources conceptuelles habituellement convoquées en droit que sont l'effectivité, le pluralisme ou l'informel sont-elles suffisamment pertinentes ?

Nous préfèrerons les notions de production et de mobilisation à celles d'effectivité et d'ineffectivité dont la définition est incertaine[120] et dont l'utilisation risque la tautologie[121], voire, à l'inverse, la réduction[122]. La dimension sociopolitique n'est jamais expressément traitée mais constitue une problématique sous-jacente à celle de l'effectivité qui n'est alors « plus lue en termes de dysfonctionnement. Elle apparaît à l'inverse comme un phénomène structurel, expression des systèmes de domination socio-économiques globaux[123] ». Olivier Playoust emploie dans ce sens l'expression d'« effectivité aléatoire des règles »[124] qui rappelle celle d' « effectivité relative » du Professeur Antoine Jeammaud[125]. Les termes proches d'efficacité (évaluation)[126] ou d'efficience (coûts)[127] seront également peu employés. Ils le seront, le cas

---

[117] W. Capeller, *op. cit.*, p. 13.

[118] E. Le Roy, *op. cit.*, p. 311.

[119] V. par exemple, P. Auvergnon, S. Laviolette et M. Oumarou, « Des fonctions et limites des administrations du travail en Afrique subsaharienne : actualité de la Convention n° 150 de l'OIT », *RIT*, 2011, vol. 150, n° 1 et 2, p. 89. N. Dagui, « Un exemple de difficultés de mise en œuvre et d'éventuelle adaptation des législations modernes en Afrique noire : le congé pour évènements familiaux », *RJPIC*, 1988, p. 98.

[120] V. par exemple P. Auvergnon (dir.), L'effectivité du droit du travail, à quelles conditions ?, PU de Bordeaux, 2008. Y. Leroy, L'effectivité du droit au travers d'un questionnement en droit du travail, Thèse de droit privé, Université de Nancy 2, 2008, p. 92 et s. Sur l'angle des lacunes du droit, de la « praticabilité », de la connaissance et conscience, de l'approche culturaliste ou de l'« agir et non-agir » des instances de contrôle, v. P. Lascoumes et E. Serverin, « Théories et pratiques de l'effectivité du droit », *Droit et Société*, 1986, n° 2, p. 127.

[121] Il existe différents types d'ineffectivité : d'origine législative, d'origine judiciaire et d'origine administrative (A. Souhair, *La réception du droit français du travail au Maroc*, Thèse de doctorat en « droit social », Université Bordeaux I, 1986, p. 299 s.).

[122] Selon le professeur A. Jeammaud, soit l'effectivité constitue un rapport quantitatif de conformité des données du monde social aux modèles que constituent les règles, soit il s'agit de la recherche de la qualité d'un système de droit à travers l'analyse du degré de conformité (A. Jeammaud, « La règle de droit comme modèle », *op. cit.*).

[123] P. Lascoumes et E. Serverin, *op. cit.*

[124] O. Playoust, Normativité et légitimité du droit, RRJ, 1993, n° 1, p. 193.

[125] A. Jeammaud, La règle de droit comme modèle, *op. cit.*

[126] « Dans ce cas, on s'interroge sur la légitimité et la validité non en rapport avec la source mais en rapport avec les résultats sociaux. Il s'agit de clore le débat sur l'effectivité pour que le droit accepte l'évaluation. L'association effectivité/efficacité manifeste l'apparition d'une forme nouvelle de réalisation sociale du droit » (P. Lascoumes et E. Serverin, *op. cit.*).

[127] L'efficience englobe les coûts de l'atteinte des objectifs officiels ou officieux assignés à la règle (F. Rangeon, « Réflexions sur l'effectivité du droit », in D. Lochack (Dir.), *Les usages sociaux du droit*, PUF, 1989, p. 126).

échéant, dans une perspective critique, c'est-à-dire non comme éléments de « définition » du droit mais dans leur sens commun ou leur « *illusion nominaliste*[128] » : « si les textes législatifs peuvent être associés à des finalités qu'ils ont vocation à servir, ces finalités sont le plus souvent plaquées par l'observateur ou l'analyste à partir de jugement de justification des mesures de politiques publiques qu'énoncées par les dispositifs juridiques eux-mêmes[129] ». L'emploi du substantif « effectif » sera en définitive à rattacher au sens large de mise en pratique d'une règle au regard de l'effet suggéré[130]. L'efficacité et l'efficience seront davantage sous-tendues par l'idée d'objectifs inavoués ou imprévus : « il faut partir de ce qui existe, ce qui est officiel et ne fonctionne pas toujours comme prévu, et ce qui est officieux, informel ou clandestin mais qui rend tel ou tel service compatible avec les exigences de l'État de droit. Ceci doit conduire à faire un bilan des coûts et des avantages et inconvénients que la communauté peut en tirer[131] ». Plutôt que d'employer les notions de la « famille » du mot effet[132], nous emprunterons donc les termes de production et de mobilisation qui permettent de lier le droit à sa « praticabilité[133] ».

S'agissant du pluralisme, prendre le « droit formel » comme point central de notre étude ne suppose pas de nier que les systèmes normatifs sont pluriels mais vise au contraire à essayer de donner une visibilité sociale au droit d'inspiration occidentale. L'approche du pluralisme se veut dans cette perspective plus large que celle qui prévaut en droit, quand bien même il s'agit d'étudier le système juridique officiel. Il est question par là d'éviter d'approcher ce droit au prisme de l'opposition exogénéité/endogénéité en le plaçant à la marge des normativités sociales qui l'entourent. Nous renvoyons à la démarche d'André-Jean Arnaud qui interroge, sous le concept de polycentricité, la place de l'État dans la normativité. Il envisage trois possibilités d'un droit étatique *relayé, suppléé* ou *supplanté*[134].

---

[128] L. Casaux-Labrunée, A. Jeammaud, T. Kirat, « Évaluer le code du travail ? Évaluer le droit du travail ? », *RDT*, 2009, p. 421.

[129] *Ibid.*

[130] L'effectivité est le « degré de réalisation, dans les pratiques sociales, des règles énoncées par le droit » (P. Lascoumes, *Dictionnaire encyclopédique de sociologie et de théorie droit*, LGDJ, 1993, p. 42). L'effectivité est la mesure des écarts entre le droit et son application (F. Rangeon, *op. cit.*). Voir aussi V. Champeil-Desplats, « Effectivité et droits de l'homme : une approche théorique », in V. Champeil-Desplats et D. Lochak (dir.), *À la recherche de l'effectivité des droits de l'homme*, Presses universitaires de Paris 10, 2008, p. 11).

[131] E. Le Roy, *Les africains et l'institution de la justice, op. cit.*, p. 261.

[132] « La distinction conceptuellement nette, entre l'effectivité et l'efficacité pourra être brouillée par une tendance à parler d'effectivité ou d'ineffectivité (...) » (A. Jeammaud, « Le concept d'effectivité du droit », in P. Auvergnon (dir.), *L'effectivité du droit du travail. À quelles conditions ?*, PU Bordeaux, 2008, p. 33).

[133] R. Savatier, « Les creux du droit positif au rythme des métamorphoses d'une civilisation », in *Le problème des lacunes en droit*, Bruxelles, 1986, p. 521.

[134] A.-J. Arnaud, *Critique de la raison juridique. Tome 2. Gouvernants sans frontières, entre mondialisation et post-mondialisation*, LGDJ, 2003, p. 183. V. aussi le concept de « dysnomie » (J. Dubois, *La relation au droit de jeunes travailleurs, De la dysnomie à la maîtrise citoyenne du pluralisme juridique. Une*

Ces considérations nous amènent enfin à vouloir éviter une analyse au prisme de la distinction entre le secteur informel et le secteur formel de l'économie au Togo. Cette distinction sous-entend en droit du travail de considérer que le secteur informel ignore le salariat au sens juridique du terme de contrat de travail, ou que, inversement, le champ d'application du droit du travail ne contient pas le secteur informel[135]. On emploiera les termes entre guillemets ou précédé de « dit » ou « supposé » en considération de la définition impossible[136] et de la délimitation délicate de cette dualité. La différentiation entre le travail dans le secteur informel et le travail dit « coutumier » est parfois confuse[137]. Est-ce que la perception selon laquelle le travail coutumier consiste plus en un « échange de services » qu'en une « vente de la force de travail », l'argent individuel n'étant qu'un « petit plaisir[138] », vaut en partie pour l'économie dite « informelle » ? Le secteur « informel » est en outre parfois subdivisé[139]. Il prend différentes colorations[140] ou bien ses qualificatifs sont multipliés[141]. Les

---

anthropologie du rapport à la loi des résidents d'un foyer en région parisienne, Thèse en droit, Université Paris 1, 2001) et d'inter-normativité (J-G Belley (dir.), *Le droit soluble. Contributions québécoises à l'étude de l'internormativité,* LGDJ, 1996).

135 Certains parlent de « discrimination légale » car les secteurs traditionnel et urbain non structuré « ne sont pas soumis au code » (A. Katou-Kouami, *Étude critique du droit togolais des conditions de travail,* Thèse de doctorat en droit, Bordeaux IV, 1996, p. 7). La question se pose de savoir si le droit du travail régional de l'OHADA prendra en compte les diverses formes de travail de l'informel et permettra de mettre la « libéralisation du commerce au service de la justice sociale » (A. Nononsi, « Les mutations de l'État postcolonial et l'évolution du droit du travail en Afrique francophone : de la protection des travailleurs aux droits de l'homme au travail », *Rec. Penant,* n° 871, 2010, p. 221). Voir également C. Maldonado, « *Entre l'illusion de la normalisation et le laisser-faire. Vers la légalisation du secteur informel ?* », *RIT,* n° 6, 1985.

136 La définition internationale élaborée par l'OIT (*Statistics of employment in the informal sector,* rapport 15e CIST, 19-28 janvier 1993) se fonde sur un système de critères alternatifs choisi pour « des raisons opérationnelles » et « selon les circonstances nationales ». Le secteur informel peut comprendre « les entreprises familiales ou "entreprises informelles de personnes travaillant pour leur propre compte » qui emploient ou n'emploient pas de travailleurs familiaux ou salariés occasionnels. Il peut s'agir de toutes les entreprises ou seulement celles qui ne sont pas enregistrées, des micro-entreprises familiales ou entreprises d'employeurs informels. L'emploi informel englobe, quelle que soit l'entité, le travailleur indépendant, l'employeur travaillant pour son propre compte, le membre d'une coopérative informelle, les travailleurs dans le cadre familial et le salarié embauché dans un emploi informel (*Directives concernant une définition statistique de l'emploi informel,* approuvées par la 17e CIST en 2003).

137 V. par exemple A. E. Lam, *Les pratiques informelles en Afrique sub-saharienne : contribution à une théorie juridique de l'informel,* Thèse de doctorat en droit, Perpignan, 2006, p. 249 à 252 et J.-L. Daza, *Économie informelle, travail non déclaré et administration du travail,* BIT, 2005.

138 O. Koné, *Contribution à l'étude d'un droit du travail adapté à l'Afrique subsaharienne francophone à travers l'exemple des pays d'Afrique de l'Ouest,* Thèse de doctorat en droit, Toulouse, 2010, p. 250 s.

139 L'emploi informel est voulu ou non voulu, inférieur et supérieur (G. S. Fields, « La modélisation du marché du travail et le secteur informel urbain : la théorique et l'empirique », in D. Turnham, B. Salomé, A. Schwartz (dir.), *Nouvelles approches du secteur informel,* OCDE, 1990, p. 53). P. Hugon (« Approches pour l'étude du secteur informel (dans le contexte africain) », in D. Turnham, B. Salomé, A. Schwartz (dir.), *ibid.,* p. 81) parle du *middle sector* de Sullivan, Mac Gee et Steel puis la distinction entre secteur irrégulier et secteur régulier.

140 Il est rose, noir ou gris (J.-P. Gourévitch, *L'économie informelle. De la faillite de l'État à l'explosion des trafics,* Le pré aux clercs, 2002).

« relations de travail » recouvriront donc l'idée d'un travail subordonné, ou plus largement d'un travail pour autrui[142]. Le code du travail togolais, à l'instar du projet d'acte uniforme de l'OHADA, contient d'ailleurs le terme de « travailleur » et non celui de « salarié ». L'idée est au demeurant de ne pas sous-estimer les paradoxes qui peuvent, par exemple, ressortir d'une confrontation de pratiques au sein de la zone franche industrielle, par essence formelle, et celles dans certains ateliers ou boutiques « dits informels ». L'idée d'une moindre logique entrepreneuriale est d'ailleurs largement mise en cause par les études qui mettent en évidence les stratégies commerciales et les réseaux au sein desquelles elles se déploient[143]. Même si l'économiste Philippe Hugon pensait en 1983 que les petites unités de production marchande n'étaient « pas de vraies entreprises[144] », il n'affirmait pas moins que « la prolifération du secteur informel ne peut se comprendre en dehors des relations avec les structures capitalistes et étatiques[145] ». On sait par exemple que les revendeuses de tissu de la ville de Lomé, les *nana benz,* ont vu leur succès économique découler de leur inscription dans des stratégies diverses et du bénéfice, « curieux » pour certains, d'avantages fiscaux pour les plus fortunées[146].

Pour ces trois raisons, nous préférons l'emploi des notions de production et de mobilisation. L'analyse dynamique du droit que suggèrent ces termes implique de délimiter le droit et l'État qui seront respectivement l'objet et l'angle d'approche de notre étude. Le droit du travail objet de notre étude sera délimité de façon assez « formelle » tandis que l'État au sein de la régulation

---

[141] Le secteur est inorganisé (S. Sakthivel, P. Joddar, « Unorganized Sector Workforce in India : trends, patterns and social security coverage », *Economic and political weekly,* n° 21, 2006), non structuré, non reconnu. V. aussi J. Charmes, *Secteur informel, emploi informel, économie non observée: méthodes de mesure et d'estimation appliquées aux économies en transition. L'exemple de la Moldavie,* Centre d'Economie et d'Ethique pour l'Environnement et le Développement, Paris, 2004.

[142] Il s'agit ainsi de la relation de travail au sens de la Recommandation n° 198 de l'OIT (2006) sur la relation de travail en vue de l'élaboration des politiques publiques sur le travail. L'expression n'englobe donc pas la fonction publique. La Recommandation propose plusieurs objectifs et critères permettant aux États de délimiter et actualiser le champ de la protection par le droit du travail : prise en compte des travailleurs vulnérables, subordination juridique et/ou dépendance économique, primauté des faits (contrôle, discipline, intégration dans la structure, outil, rémunération etc.), présomptions générales ou sectorielles. Nous verrons qu'une approche large du lien de subordination ressort de la pratique des inspecteurs du travail et juges (V. not. infra Partie II, Titre 2, Chapitre 1, Section 2, §1, A).

[143] J.-F.. Steck, « Activités commerciales, dynamiques urbaines et encadrement de l'informel à Lomé : principales questions », in P. Gervais-Lambony (dir.), *Lomé. Dynamiques d'une ville africaine,* Karthala, 2007, p. 97.

[144] Certains pensent que le secteur informel ne joue qu'un rôle de « régulateur social et économique » tout en relevant paradoxalement le « peu de logique entrepreneuriale dans l'informel » (Y.-A. Fauré et P. Labazee, *Petits patrons africains : entre l'assistance et le marché,* Karthala, 2000).

[145] P. Hugon, « Essai de typologie des entreprises africaines », in *Entreprises et entrepreneurs en Afrique,* 1983, *op. cit.,* p. 61.

[146] V. par exemple M. A. Aduqyon et A. Kponton, « Place des revendeuses de tissus dans l'économie togolaise », in *Entreprises et entrepreneurs en Afrique,* Tome 2, L'Harmattan, *op. cit.,* p. 385 et R. Cordonnier, « Les revendeuses de tissu de la ville de Lomé (Togo) », in *Femmes africaines et commerce*, L'Harmattan, 1987.

des relations de travail sera approché dans une double acception. Parler de délimitation du droit plutôt que de définition implique d'aborder la littérature abondante sur la définition de la règle ou de la norme juridique. Nous verrons en outre que le terme de délimitation, s'agissant de l'État, se justifie par l'enjeu d' « intelligibilisation » ou de justification porté par la recherche historique d'une définition du concept d'État.

Nous poursuivrons cette introduction en faisant un retour sommaire sur l'abondante réflexion théorique autour de la définition de la règle juridique à travers deux tensions concomitantes qui la nourrissent selon nous. La première concerne le moment auquel l'attribut de définition de la règle de droit est placé et la seconde tient à la question de savoir si le critère qui fait le caractère juridique de la règle est à rechercher intrinsèquement ou extrinsèquement à cette règle. Selon cette approche, règle de droit et normes juridiques se distingueraient peut-être en vertu de caractéristiques temporelle et matérielle propres.

La première tension que l'on peut déceler dans les contributions à la recherche d'une définition de la règle juridique, d'une clairvoyance du critère qui permet de lui donner l'attribut de juridicité qui la distingue d'autres normes telles que celles morales ou d'éthique, a trait selon nous au moment auquel cet attribut se place. Selon l'approche relativement classique de la règle juridique en tant que règle prescriptive ou susceptible d'être sanctionnée (le droit-sanction), ce critère est placé en aval de l'édiction de la règle dont la juridicité ne se révèlera que par la réalisation du risque de sanction qui la fonde, ou la considération de ce risque futur. Le concept de « force normative » peut être rapproché de cette acception d'une juridicité conditionnée par l'exercice futur d'une force, c'est-à-dire par la concrétisation d'un pouvoir ou par l'adhésion au principe de cette force probable[147] au travers des « croyances collectives qui entourent le droit[148]». Les théories, parmi lesquelles figure l'approche kelsénienne, qui fondent la juridicité de la règle sur le caractère de l'encadrement de sa validité se placent relativement en amont de l'existence matérielle de cette règle même. C'est parce qu'une règle antérieure, elle-même juridique, prévoit et encadre l'édiction d'une règle que cette dernière aura le caractère de règle juridique. L'attribut de la compétence de l'organe d'édiction de la règle renvoie aussi à une antériorité[149].

---

[147] C. Thibierge (dir.), *La force normative, naissance d'un concept*, LGDJ, 2009. Voir en particulier la contribution de C. Groulier, « La distinction de la force contraignante et de la force obligatoire des normes juridiques. Pour une approche duale de la force normative », p. 199.

[148] V. Champeil-desplats, « N'est pas normatif qui peut. L'exigence de normativité dans la jurisprudence du Conseil constitutionnel », in *La normativité*, Etudes réunies et présentées par Jacques Chevallier, *Nouveaux cahiers du conseil constitutionnel*, 2006, n° 21, p. 63.

[149] « Dans les deux cas, la validité va dépendre de l'intégration de la norme dans un système ; plus exactement de sa production en conformité avec les exigences du système concerné » (E. Millard, « Qu'est-ce qu'une norme juridique ? », *ibid.*, p. 59). Cela renvoie à la définition donnée par Hart selon laquelle il y a des règles primaires (de comportement) qui existent dans n'importe quel

Associée à cette tension temporelle, figure la tension entre une caractéristique intrinsèque et une caractéristique extrinsèque au droit. Soit la règle renferme une caractéristique en elle-même qui permet d'en déduire la juridicité : elle énonce les conséquences de sa non-application ou elle prescrit formellement et de façon générale et impersonnelle des interdits, des possibles ou des comportements. Au plan du caractère extrinsèque figure la qualité de l'auteur ou du « sanctionnateur » de la règle : la règle et la sanction émanent premièrement de la puissance publique, de l'État[150]. Cette considération ne résiste pas aux évolutions du droit, en particulier à la diversification des modes de règlement des conflits. Cela nous amène vers une acception plus récente qui consiste à rechercher la juridicité de la règle dans ses effets sociaux, donc extrinsèquement là aussi à sa matérialité. Cette « révélation[151] » sociale peut tout autant tenir de la force « symbolique » générée par la norme juridique (adhésion, consensus, acceptation sur le fondement de l'idée de justice) que des modalités selon lesquelles elle est appliquée ou non et interprétée librement ou selon la méthode herméneutique[152].

Malgré l'intérêt que suscitent les différentes contributions à la recherche du critère distinctif du droit, elles ne sont peut-être pas efficaces pour tenter de définir la règle ou norme juridique. On relève en effet que tous les critères mis en évidence s'imbriquent nécessairement les uns aux autres. Par ailleurs, chaque acception ne permet pas d'extraire la règle ou norme juridique des autres règles ou normes. Elle reste confondue, juxtaposée ou chevauchée avec d'autres systèmes de normes. C'est pourquoi certains s'interrogent sur l'utilité même de définir la règle ou norme dite juridique[153]. Ne serait-il pas plus pertinent de considérer la règle de droit comme un objet que toute analyse doit prendre soin de délimiter ? Notre choix de délimitation de ce qui sera compris comme règle juridique est motivé par les enjeux recherchés de notre analyse, à savoir comment cette règle juridique est fabriquée et comment elle est mobilisée, selon quelles modalités, par qui et pour quels effets[154]. Ainsi, nous

---

système de normes et des règles secondaires (habilitation, adjudication, procédurales…) dont l'existence confère aux règles primaires le caractère juridique.

[150] P. Amselek, « Une fausse idée claire : la hiérarchie des normes juridiques », *Droit prospectif*, 2007, p. 557.

[151] « On a pensé sans doute que ce dogme constitutionnel excluait, à priori, toute mesure de l'action du pouvoir, en matière de révélation du droit, et l'on a considéré en outre, que, dans notre état politique et social, le législateur entendait se réserver, à lui seul, le monopole de toute innovation juridique » (F. Gény, *Méthode d'interprétation et sources en droit privé positif*, Tome 1, LGDJ, 1919, p. 113).

[152] Sur l'interprétation et l'école de la libre recherche (François Gény et Vander Eycken), v. B. Frydman, *Le sens des lois, histoire de l'interprétation et de la raison juridique*, Bruylant, 2011, p. 471-504.

[153] Sur cette question, voir par exemple D. de Béchillon, *Qu'est-ce qu'une règle de droit ?*, Odile Jacob, 1997, p. 9-14 et sur la norme juridique car tenue pour juridique, *ibid.*, p. 250-254.

[154] « La définition du droit choisie dépend donc de ce que l'on veut savoir, de la réalité à considérer » (G. Hesseling et B. Oomen, « La redécouverte du droit : le trajet parcouru », in G. Hesseling et B. Oomen (dir.), *Le droit en Afrique, expériences locales et droit étatique au Mali*, Karthala, 2005, p. 5.

nous placerons dans une certaine proximité avec notamment deux auteurs, éloignés en termes de géographie, d'époque et de discipline, selon lesquels c'est le type de technique ou de support et ses présupposés qui permettent d'extraire – sans nécessairement le définir en tant que tel – le Droit des autres règles. Le canadien Daniel Mockle pense ainsi que la règle juridique est indéfinissable et que ce qui caractérise la règle est le mécanisme de son édiction et de sa signification[155]. Jellinek, au début du XXe siècle, à propos de la distinction du droit des autres puissances normatives, pensait que « seule la forme des règles donne un *criterium* sûr à la distinction ». Jellinek parlait d' « idée de droit » plutôt que de définition du droit[156]. Cela rejoint en partie le Professeur Jean-Bernard Auby selon qui les règles qui composent la nouvelle « législation déclamatoire » sont « de véritables normes juridiques de par la nature de leur support[157] ».

Ce que nous désignerons par « droit du travail togolais » regroupera donc la Constitution, les lois, les textes règlementaires d'application et les conventions collectives[158]. La jurisprudence, le contrat de travail et les normes unilatérales seront davantage analysés en termes de réception du droit. La réception, si elle est nécessairement productive de norme[159], sera plutôt abordée au plan de l'application ou interprétation[160] et de la complémentarité du droit qu'on a circonscrit. C'est donc en tant qu'il est censé constituer un instrument et un modèle invocable par ses destinataires, ainsi qu'une ressource pour le jugement, que nous aborderons le droit du travail[161]. En partant des présupposés juridiques associés à « ce droit-là », l'enjeu est d'analyser les types de rationalité[162] et de légitimité portés par lui au Togo, au travers notamment de son rôle dans les mobilisations normatives des acteurs, selon qu'ils sont étatiques ou non. D'où, en dernière analyse, l'étude des « inventions de

---

155 D. Mockle, « Deux variations sur le thème des normes », *Les cahiers du droit*, Montréal, 1997, p. 437.

156 G. Jellinek, *L'État moderne et son droit* (1900), éditions Panthéons-Assas, 2005.

157 J.-B. Auby, « Prescription juridique et production juridique », in F. Chazel et J. Commailles (dir.), *Normes et régulation sociale*, LGDJ, 1991, p. 159.

158 Les normes internationales du travail ratifiées par le Togo seront analysées en termes d'influences probables même si ces dispositions sont en principe directement applicables au Togo qui est un pays dit moniste.

159 La réception est souvent présentée comme un enjeu important de la recherche en droit mais jamais véritablement partie prenante de sa définition. V. G. Ripert et la réception « par crainte ou assentiment » (G. Ripert, *Les forces créatrices du droit*, LGDJ, 1955), F. Gény et la « mise en valeur », G Lyon-Caen pour une « théorie de la réception », D. Darbon et l'expression de « production par réception ».

160 Voir sur la distinction de Hart entre « cas centraux » et « cas limites » (*The concept of law*) et « le faux problème de l'interprétation », B. Frydman, *op. cit.*, p. 577 s. Ce modèle normativiste a été notamment critiqué par Dworkin qui y voit un décisionnisme incomplet.

161 A. Jeammaud, « La règle de droit comme modèle », *op. cit.*

162 A. Brimo, « Structuralisme et rationalisation du droit », *Archives de Philosophie du droit*, n° 23, 1978, p. 189. L'auteur décompose la rationalité entre « organique, formelle ou matérielle ».

règles »[163] en ce sens que des instruments ou modèles sont révélés dans le système de droit du travail togolais, par-delà de ce que l'on a coutume de valider comme règles juridiques de droit positif applicables devant une juridiction d'un État. Le caractère légitime du droit appliqué ressort singulièrement établi au Togo[164].

Cette délimitation du droit objet de notre recherche sous-entend enfin que l'État soit partie intégrante de nos développements[165]. Nous aborderons l'État selon deux acceptions de sa manifestation dans la société : en tant qu'ordre supérieur pourvu du monopole de la puissance publique et en tant que système complexe de pouvoirs, dans la mesure où le pouvoir, « sous quelque forme qu'il soit constitué, réside toujours en dernière analyse dans un homme ou une réunion d'hommes[166] ». Les théories sur la personnification de l'État, sur l'autolimitation, sur l'identité de l'État et du droit ou sur l'idée d'un État au service de la nation et d'un État émanation ou représentant du peuple ont toujours été relativisées[167] et le sont *a fortiori* aujourd'hui[168]. Il demeure néanmoins qu'à l'État continue d'être attachée l'idée d'ordre souverain responsable et garant d'une sorte de « contrat social »[169]. L'appel à l'État et au

---

[163] Selon J.-L. Halperin, « l'idée d'invention du droit suppose aussi une réversibilité historique, l'existence de moyens de destruction des règles et même des ordres juridiques » (J.-L. Halperin, « Le droit et ses histoires », *Droit et Société*, 2010, n° 75, p. 295).

[164] Notion polysémique, la légitimité renvoie en termes juridiques à la « justification » du droit ou de l'acte et à la validité du droit (La racine grecque commune « lex » des termes de légitimité et de légalité renvoie à l'acception classique kelsenienne ou weberienne de la légitimité (légitimité procédurale et rationalité bureaucratique, voir S. Goyard-Fabre, *Dictionnaire de la culture juridique*, PUF, 2003) et de l'exercice du pouvoir normatif. La légitimité peut être formelle, fonctionnelle, matérielle ou organique en droit. Elle renvoie en outre à la nature de ce qui est fondé « en justice, en équité » (Petit Larousse 2004). S. Goyard Fabre (*ibid.*) distingue la légitimité juridique, politique et morale. La légitimité peut être une adéquation possible entre vérité juridique et vérité matérielle (O. Playoust, *op. cit.*) ou entre types de domination (P. Raynaud, « Critique de la légitimité légale-rationnelle », in *Le droit dérobé*, 2007). Elle est classiquement consubstantielle en droit moderne à la cohérence, à la rationalité et tend à devenir, sous l'égide des mutations contemporaines du droit, inhérente à la recherche de valeurs communes justificatrices, d'éthiques universelles consensuelles (F. Moderne, « Légitimité des principes généraux et théorie du droit », *RFDA*, 1999, p. 722).

[165] « Le Droit se définit avant tout dans l'État, par rapport à lui, et il y a là une raison nécessaire et suffisante pour attacher la plus grande importance à cet espace d'observation particulier » (D. De Béchillon, *Qu'est-ce qu'une règle de droit, op. cit.*, p. 95). « Le droit suppose l'État, et réciproquement » (L. Assier-Andrieu, *Le droit dans les sociétés humaines*, Nathan, 1996, p. 423 cité par D. Mockle, *op. cit.*). V. aussi D. Mockle, *La Gouvernance, le droit et l'État*, Bruylant, 2007, p. 95.

[166] F. Gény, *op. cit.*, p. 116

[167] « On a beau affirmer que la volonté étatique ne peut jamais être divisée : dans la réalité il n'en est rien » (L. Duguit, *L'État, les Gouvernants et les agents*, écrit en 1903, éd. Dalloz 2005, p. 381).

[168] L'État n'est plus saisi comme forme, on parlera dorénavant d'autorités publiques (J.-C. Thoenig, « Vues rétrospectives sur l'État et le juridique », in F. Chazel, J. Commaille (dir.), *Normes juridiques et régulation sociale*, LGDJ 1991, p. 171. Voir aussi J. Chevallier, sur « la reconfiguration des appareils d'État », en particulier sur l'État « démythifié », « banalisé » ou « polycentrique » et « segmenté » (*L'État postmoderne*, LGDJ, 2008, p. 19-99, spéc. 69-80, 84-87 et 92-97).

[169] Un dossier hors-série du Nouvel Observateur de juillet 2010 porte sur l'actualité de Rousseau.

droit malgré de nombreuses remises en cause de sa légitimité[170] est une manifestation de la continuation de la croyance en, ou du dogme de, l'État au service de la nation[171]. Nous rejoignons donc encore Daniel Mockle lorsqu'il rejette l'idée d'un paradoxe, d'une contradiction ou d'une dichotomie inconciliable entre une appréhension symbolique et une approche pragmatique de l'État. L'État nietzschéen « le plus froid des monstres froids[172] » sous-entend d'ailleurs une dialectique entre composants réels des Institutions de l'État et le rôle qu'on attribue à « l'État-institution ». La question contemporaine de la légitimité des représentants de l'État est nécessairement sous-tendue par une acception de la mission assignée à l'État[173].

Cette dialectique qui sous-tend l'État sera prise en compte dans notre recherche qui tentera de saisir ses implications dans la régulation des relations de travail. L'État sera recherché à la fois dans sa manifestation en tant qu'entité supérieure pourvue de la puissance publique et en tant que composition d'organes regroupant les représentants de cette puissance publique. En somme, l'État sera compris comme *l'État d'en haut* et *l'État d'en bas*[174] ou similairement à la distinction de Duguit entre *gouvernants primaires* et *agents*[175]. C'est particulièrement la tension entre la fonction de représentation et l'exercice de

---

[170] Voir la multiplication des adjectifs substantifs de l'État, particulièrement depuis son universalisation ou exportation. Pour l'Afrique, l'État est « rhizome » (J-F Bayart, *L'État en Afrique, la politique du ventre*, Fayard, 1996, p. 270), « néopatrimonial », « faible mais pas mou », « prédateur » (D. Darbon, « L'État prédateur », *Politique Africaine*, 1990, p. 37), « multinational » ou « de violence » (F. Eboussi Boulaga, *Les Conférences nationales en Afrique Noire. Une affaire à suivre*, Karthala, 1993, p. 91 s.).

[171] M. Hauriou dans sa théorie de l'État a pris soin de tenter de faire le lien entre la permanence des institutions et l'incorporation sociale de l'idée directrice de l'État qui ne se confond pas avec son but ou sa fonction. Il parle de crise lorsque l'idée directrice passe, « par l'intermédiaire de manifestations de communions », à l'état subjectif dans les volontés conscientes. La continuité subjective de l'idée directrice (personnification morale) peut être « tirée de l'action du pouvoir inclus dans tous les actes de volonté consciente où l'idée directrice est passée à l'état subjectif » (M. Hauriou, « Aux sources du droit. Le pouvoir, l'ordre et la liberté », *Cahiers de la Nouvelle Journée*, 1933, n° 23, (réimprimé à Caen, Bibliothèque de philosophie politique et juridique, 1986, pp. 89-128).

[172] « L'uniformité s'étend et le nivellement se fait dans la médiocrité ». Ainsi parlait Zarathoustra : l'État est le symptôme le plus patent de la maladie du néant qui mine l'occident (S. Goyard-Fabre, « Nietzsche, critique de l'État moderne », *Archives de philosophie du droit*, 1976, p. 75).

[173] Cette mission de l'État semble se complexifier dans l'ordre normatif international et l'exigence sociale de légitimité s'amplifie par l'intermédiaire du développement des NTIC. L'État est responsable dans l'ordre international et interne, quand bien même il apparaît, particulièrement pour les États africains, en situation de dépendance (J.-F. Bayart, « L'Afrique dans le monde, une histoire d'extraversion », *African Affairs*, 2000, p. 217).

[174] « L'idée qui demeure est que l'État est à la fois totalement absent et omniprésent. Tout comme les sociétés et les cultures locales, l'État est en haut et en bas. Il n'existe que par sa dissolution dans les société, de la même façon que celles-ci ne peuvent exister que par rapport à lui » (D. Darbon, *op. cit.*, p. 37).

[175] L. Duguit, *L'État, les gouvernants et les agents*, 1903, édité chez Dalloz en 2005.

cette représentation qui sera mise en avant[176] : « si en toile de fond, sommeille la question de la place du droit étatique dans l'édiction de la régulation sociale, c'est ici un état des lieux raisonné de la production de normativité juridique que l'on souhaite dresser, afin de s'intéresser sur les chances d'un fonctionnement concomitant d'autorités variées et dispersées[177] ». Denys de Béchillon, non sans reconnaître la possibilité de l'existence d'un « Droit sans l'État », pense en ce sens pertinent l'espace d'observation qu'est l'État car la « définition » du droit s'inscrit nécessairement « par rapport à lui[178] ». Cet espace d'observation est *a fortiori* pertinent dans un jeune État d'Afrique de l'Ouest où pour certains « le progrès doit être attendu des initiatives de l'État plus que de celles des particuliers[179] » mais où les jeux de pouvoirs qui sous-tendent le contexte sociopolitique et socio-économique conduisent au délitement de la conscience politique des populations et aux difficultés d'intériorisation de l'idée directrice de la personne morale comme *corpus*[180]. Des expressions en langues locales signifiant qu' « il est licite de manger la chose de l'État » (*Fiohawo to ye wo du na*)[181] en sont révélatrices. L'enquête de terrain est donc apparue nécessaire afin de déceler la pluralité des manifestations de l'État en matière de régulation des relations de travail. La justification de la méthode de l'enquête dans le cadre d'une recherche en droit implique de relater brièvement les réflexions épistémologiques sur la science du droit pour tenter de mettre en exergue l'absence d'incompatibilité entre le travail de « doctrine » et l' « observation » des acteurs sociaux.

---

[176] L. Duguit pense la distinction entre agents et gouvernants toutefois critiquable sur le plan de l'idée d'unité de la volonté de l'État. Si le représentant est celui qui veut au lieu et place de la Nation (actes d'exécution), il ne possède pas moins une « compétence de vouloir » donc contrôlée et surveillée (*ibid.*, p. 381).

[177] A.-J. Arnaud, *op. cit.*, p. 188.

[178] D. de Béchillon, *op. cit.*, p. 95

[179] R. David (*Les grands systèmes de droit contemporain*, 1e éd., 1964) cité par F. M. Sawadogo et P. Meyer, « Droit, État et sociétés, le cas du Burkina Faso », *Revue de droit international et de droit comparé*, 1987, p. 235. Pour certains, l'attribut de souveraineté manque aux États africains. Telle que redoutée par les figures politiques panafricaines des indépendances, la réalité politique africaine peine à se rendre visible dans les négociations internationales. D'où les réflexions intellectuelles sur la construction d'une entité politique panafricaine. Dans cet idéal s'inscrivait l'idée de l'Union africaine (V. par exemple A. Mbembe, *Sortir de la grande nuit, op. cit.*)

[180] Selon M. Hauriou, la personne morale parfaite est l'organisation formelle de la responsabilité des organes envers le groupe. L'intériorisation morale suppose « la participation des membres du groupe au sentiment de responsabilité » (M. Hauriou, « La liberté politique et la personnalité morale de l'État », *RTD civ.*, 1923, p. 329). Voir aussi la définition de l'institution donnée par Hauriou dans la deuxième édition de son *Précis de Droit constitutionnel* édité en 1929 : « La forme de l'institution, qui est son élément durable, consiste en un système d'équilibres de pouvoirs et de consentements construit autour d'une idée ».

[181] J.-F. Bayart, K. Toulabor, A. Mbembe, *Le Politique par le bas en Afrique Noire, op. cit.*, p. 97. Voir également P.F. Gonidec, « L'État de droit en Afrique, le sens des mots », *RJPIC*, 1998, n° 52, p. 3.

La question de savoir si la science du droit telle qu'elle est enseignée dans les facultés de droit peut être qualifiée de science sociale n'a cessé d'être posée[182]. Mais la voie intermédiaire préconisée par le Professeur Jacques Lenoble entre « la recherche fondationnelle de la loi parfaite » et la « dénonciation de l'idéal au nom des exigences de rationalité[183] » – c'est-à-dire entre le présupposé rationnel abstrait et la critique formaliste tout aussi abstraite – n'a guère été trouvée malgré les tentations nombreuses des juristes d'aller vers des approches comparatives, interdisciplinaires ou vers la statistique sociale[184]. Bien que les réflexions épistémologiques concernant la recherche sur le droit réitèrent peu ou prou une barrière disciplinaire[185] ou la distinction entre la science du droit et les sciences auxiliaires sur le droit, on peut supposer qu'aucune incompatibilité n'existe entre une « technique » juridique qui est le propre de l'activité « de doctrine » et le souci de saisine des réalités sociales des destinataires du droit. François Gény écrivait en ce sens que « tout l'échafaudage des conceptions et constructions, dressé à priori, reste sans valeur absolue et permanente, au point de vue de la mise en valeur du droit, seul objet de l'activité propre du juriste positif. Et, c'est ce que notre science traditionnelle a trop souvent oublié[186] ». C'est ce que Jean Carbonnier a défendu au travers de sa « sociologie sans rigueur » et de ses manuels de droit civil. Plus récemment, Gérard Lyon-Caen pensait que les juristes de droit du travail pourraient être les « possesseurs des clefs d'un nouvel hermétisme » que constituerait une « théorie de la réception[187] ».

---

[182] En réalité ce n'est pas une science mais une technologie car la science consiste en l'étude de phénomènes (P. Amselek, « Théorie du droit et politique », *Archives de philosophie du droit*, 1982, p. 411). « Ce qui peut émerger de la vie à travers les recueils de jurisprudence, ce n'est pas seulement la pratique judiciaire et les procès (la pratique judiciaire filtre et déforme l'expérience) – c'est aussi l'application non contentieuse des normes, la résistance ou l'indifférence qui les accueille dans le milieu social » (J. Carbonnier, « La méthode sociologique dans les études de droit contemporain », in *Méthode sociologique et droit*, annales de la faculté de Strasbourg, Dalloz, 1958, p. 191). « C'est cependant dans l'exercice de sa tâche que le juriste est appelé à devenir sociologue. Comme en toute matière vivante, il y a échanges réciproques » (R. Batiffol, *ibid.*, p. 185).

[183] J. Lenoble, « Idéal de la raison et raison procédurale », in J. Boulad-Ayoub (J.), Melkevik (B.) et Robert (P.), (dir.), *L'amour des lois : La crise de la loi moderne dans les sociétés démocratiques*, L'Harmattan/Presses de l'Université de Laval, 1996, p. 258.

[184] Entre de multiples exemples, v. J. El Ahdab, « Les parachutes dorés et autres indemnités conventionnelles de départ des dirigeants : approche pluridisciplinaire et comparée », *Revue des sociétés*, 2004, n° 1, p. 18. N. Maggi-Germain et M. Correia, « L'évolution de la formation professionnelle continue : regards juridique et sociologique », *Dr. Soc.*, 2001, p. 830. M.-A. Frison-Roche, « L'utilisation de l'outil sociologique dans l'élaboration de la jurisprudence », Revue de la Recherche juridique, *Droits*, 1993, p. 1271. P. Rosenblatt, « Regard d'un sociologue sur les transfigurations du travail », *SSL*, 2011, n° 1494, p. 7.

[185] Voir par exemple le dossier, « Droit et Science du droit, le regard des juristes », *Droit et Société*, 2010, n° 75.

[186] F. Gény, *op. cit.*, p. 134.

[187] Elle consisterait à chercher à la fois ce que l'auteur a voulu dire, ce qui se dit dans le texte et sa cohérence et ce que le destinataire veut y trouver (G. Lyon-Caen, « Le langage en droit du travail », in Nicolas Molfessis (dir.), *Les mots de la loi*, Economica, 1999, p. 1).

Si « la pensée juridique moderne est restée attachée à une « auto-compréhension « formaliste » de la rationalité[188] », l'étude technique du droit qui consiste à rechercher *a posteriori* de l'énonciation la logique juridique qui permet d'insérer l'énoncé dans l'ordonnancement des règles et concepts juridiques en vigueur, cache nécessairement l'idée d'un droit potentiellement mobilisable, d'un droit qui sera (re)mis en action à l'occasion de litiges. Une certaine logique d'anticipation habite donc la doctrine du droit quand bien même les attributs de rigidité ou de fixité sont les premiers visibles. Un sociologue ou politologue pourra être à la fois effrayé et passionné par le « chaos d'idées claires[189] » d'une conférence de juristes dont l'objet est de rechercher, dans l'étroit cadre des concepts juridiques « fondationnels » de la science du droit, une légitimation juridique d'énoncés législatifs, règlementaires ou jurisprudentiels à première vue contraires à l'idée de droit, aux droits fondamentaux, voire au droit de l'Union Européenne. L'activité du juriste positiviste de tradition juridique continentale consiste donc à « décoder » la norme selon une dialectique de prédétermination/surdétermination « dans le cadre d'un système de contrôle (...). Le sens de la norme n'est défini que par référence à elle-même et jamais en considération d'autres éléments que des éléments de droit strict »[190]. Cette rationalité et abstraction qui habitent la science juridique ne sont pas pour autant déconnectées des réalités sociales dans lesquelles (ou au vue desquelles) le producteur de la règle juridique entend signifier des modèles normatifs ; c'est-à-dire des « qualifications » de situations sociales sous-entendant une garantie, donc une « obligatoriété[191] ». En effet, la doctrine, si beaucoup y décèlent une tentative ambivalente et critiquable d'objectivation rationnelle, donc non scientifique, d'une production éminemment politique, ne construit autre chose que de l' « interprétation » à visée pratique[192]. François Gény écrivait que « le droit dépourvu de la puissance

---

188 J. Lenoble, *op. cit.*, p. 258. Voir aussi A. Jeammaud, « La part de la recherche dans l'enseignement du droit », Colloque « L'enseignement du droit » de 2009, *Jurisprudence*, Janvier 2010.

189 P. Glenn, « La tradition juridique nationale », *RIDC*, n° 2, 2003, p. 263.

190 G. Timsit, « Sept propositions (plus une) pour une définition systémale du droit », *Droits*, 1989, n° 10, p. 93.

191 La spécificité de la normativité juridique « ne se trouve pas dans la forme particulière ni dans la substance de la norme » mais dans cette « obligatoriété » liée à sa fonction. Le droit mou jouirait ainsi d'une force référentielle laissée à l'appréciation de ses destinataires, libres de se lier au modèle proposé ou de ne pas en tenir compte (C. Groulier, *op. cit.*, p. 199).

192 De nombreuses articles s'interrogent sur les enjeux et perspectives d'évolutions juridiques (Cf. par ex. J.-F. Akandji-Kombé, « Question prioritaire de constitutionnalité et droit social. Premier bilan et perspectives », *RDT*, 2010, n° 11, p. 628. « Codification : bilan et perspectives », *JCP G*, 2012, p. 117. M-C Amauger-Lattes, « Pénurie des médecins du travail et visites médicales obligatoires. Quelles responsabilités ? Quelles perspectives ? », *Dr. Soc.*, 2011, p. 351. F. Géa, A. Fabre, T. Meiers, « Le nouveau dispositif en faveur de l'insertion durable des séniors dans l'emploi : enjeux et perspectives », *RDT*, 2009, n° 11, p. 651. A. Mazeaud, « Un nouveau droit de la formation du contrat de travail dans la perspective de la modernisation du marché du travail ? », *Dr. Soc.*, 2008, p. 626. F. Verdun, « Les enjeux de l'affrontement du juge et du législateur sur le droit de la durée du travail », *JCP E*, 2012, p. 41. O. Romeu, « Risques psychosociaux : un enjeu de l'emploi durable », *SSL*, 2012, n° 1523, p. 31).

de fait indispensable pour le mettre à effet n'est qu'un idéal sans vie, une entité de l'esprit étrangère à l'ordre réel du monde[193] ».

La multitude d'études sur le concept d'effectivité, sur la force de la norme juridique ou sur les usages sociaux du droit reflète d'ailleurs une certaine interrogation sur la complexité des sociétés contemporaines, une prise en compte des environnements du droit[194]. L'importance des réflexions juridiques sur la *soft law* à l'aune des définitions classiques du droit fournit également des indices d'une mise en question des paradigmes ou de la *matrice disciplinaire*[195] de la science du droit. La principale difficulté d'un aboutissement épistémologique de cette mise en question réside néanmoins dans l'articulation du savoir technique des juristes avec des savoirs d'autres sciences sociales, entre le « point de vue interne » et le « point de vue externe », renvoyant selon certains à une dichotomie entre une approche essentialiste et une approche utilitariste[196]. L'activité de la doctrine du droit en tant que recherche en perspective n'exclut néanmoins pas que le champ de cette analyse « prédictive[197] » puisse être élargi au-delà des instances traditionnellement perçues comme détentrice du « monopole de la juridicité[198] ». La science du droit ne sortirait-elle pas d'un paradoxe qui l'habite plus ou moins en redonnant du sens à la définition classiquement admise de la règle de droit en tant que modèle de comportement de dimension impérative[199] ? C'est ce que visent les analyses en termes

---

[193] *Justice et force*, études Capitant, 1938, cité par G. Ripert, *op. cit.*, p. 79 s.

[194] « Penser la force normative *du droit* donne à penser *les forces* avec lesquelles le droit interagit et se combine. Ainsi, le concept forgé par nos recherches suggère aux juristes de ne pas trop cloisonner leur science. Cette posture confirme sans doute la voie ouverte par ceux qui avaient su mettre en évidence l'intérêt de ces dialogues interdisciplinaires. Les juristes gagnent en effet à côtoyer les autres disciplines, en veillant toutefois à ne pas perdre de vue leur objet. Tel est sans doute le défi d'une théorie non plus « pure » mais « ouverte » du droit » (F. Brunet et C. Groulier, « Forces normatives et droit : perspectives épistémologiques », Présentation de l'ouvrage de C. Thiéberge (dir.), *op. cit.*).

[195] N.-E. Belabbas, « Les paradigmes et la pensée juridique », in D. Rousseau (dir.), *Le droit dérobé*, Actes du colloque de Montpellier, Montchrétiens, 2003, p. 47.

[196] L. Israël, « Question(s) de méthodes. Se saisir du droit en sociologue », *Droit et Société*, n° 69-70, 2008, p. 381.

[197] M. Troper, « La doctrine et le positivisme », in CURAPP, *Les usages sociaux du droit*, PUF, 1989, p. 286.

[198] Une remise en cause « cette fiction du monopole de la juridicité (qui) reste opératoire » est-elle possible ? (J. Favre, « La pensée juridique est-elle nécessairement une pensée de l'État ? », in D. Rousseau (dir.), *Le droit dérobé*, Actes du colloque de Montpellier, Montchrétiens, 2003, p. 97. Selon D Mockle (*op. cit.*), la juridicité est le mécanisme de signification. On édicte une norme dans l'objectif de signifier. V. Champeil-Desplats (*op. cit.*) pense qu'un critère de la juridicité peut être la normativité. Voir également l'idée d'une « juridicité extralégale » mobilisable en justice (P. Ancel et C. Didry, « L'abus de droit : une notion sans histoire ? », in P. Ancel et al. (dir.), *L'abus de droit – comparaison franco-suisses*, Publications de l'Université de Saint-Etienne, 2001, p. 51.

[199] L'ancienne formule de Jellineck (1900, *op. cit.*) selon laquelle « c'est donc moins dans la contrainte que dans la garantie dont la contrainte est une forme particulière que se trouve le caractère essentiel de l'idée du droit » peut être lue, sous l'influence de D. de Béchillon (*op. cit.*, p. 181-218), comme caractérisant la dimension impérative inhérente au droit. Quand bien même il critique le concept d'impérativisme, C. Groulier (*op. cit.*, p. 99) à travers la combinaison qu'il propose entre force

d'approche interne et d'approche externe du droit où est posé le principe d'un « point de vue externe modéré » susceptible de saisir à la fois le droit et les pratiques sociales dans leur « dynamique interactive[200] ».

Une réflexion épistémologique et méthodologique paraît être un préalable d'autant plus intéressant qu'il s'agit d'étudier le système juridique d'un contexte africain dont on connaît les approches dualistes précédemment abordées. L'enjeu est alors pour l'étude juridique de ne pas s'enfermer dans une dogmatique juridique trop formelle, tout en ne s'aventurant pas sur le terrain risqué d'un relativisme « excessif »[201]. La question méthodologique de la réhabilitation de l'acteur au centre du processus juridique, de la production à la mobilisation de la règle de droit, se pose particulièrement dans ce contexte. La question est d'autant plus intéressante au Togo que les présupposés classiques sur la source de droit et sa validité sont mis en cause, en même temps que la valeur positive ou la juridicité d'une règle sont admises en pratique. Qu'est-ce qui caractérise le « jeu des lois[202] » togolaises ? « La pluralité des champs dans lesquels est assuré le contrôle du décodage des normes offre alors, par la multiplicité des sens qu'il autorise selon que l'instance de lecture de la norme se réfère à l'un ou l'autre des champs, une possibilité de « jeu » dans le système et redonne à l'instance de lecture une marge de discrétionalité là où sa marge avait été réduite par la prédétermination à laquelle elle avait été soumise[203] ».

L'enquête de terrain peut dans cette perspective être un outil pertinent pour l'analyse d'un système juridique, parallèlement à la compilation des sources documentaires que sont les textes juridiques officiels étatiques et conventionnels, les décisions jurisprudentielles, les thèses, mémoires et manuels[204]. La rencontre des acteurs institutionnels et sociaux producteurs et destinataires[205] des règles de droit étudiées permet une confrontation entre

---

contraignante (force du modèle) et force obligatoire (force de référence de la norme), n'aborde finalement autre chose que cette dimension impérative du droit.

[200] J. Commaille, « La sociologie et les sens du droit, définir le droit », *Droits*, n° 1, 1989, p. 24.

[201] V. sur le risque d'historicisme et d' « abus de contexte » d'A.-J. Arnaud, N. Belabbas, « Les paradigmes et la pensée juridique », in D. Rousseau (dir.), Le droit dérobé, Actes du colloque de Montpellier, Montchrétiens, 2003, p. 47.

[202] E. Le Roy, *Le jeu des lois*, LGDJ, 1999.

[203] G. Timsit, *op. cit.*

[204] « L'enquête deviendra le moyen privilégié de connaissance de l'état des mœurs et des opinions jusqu'à prendre place à côté des commentaires doctrinaux et jurisprudentiels parmi les techniques du droit » (P. Lascoumes et E. Serverin, *op. cit.*, p. 127).

[205] Un séjour de recherche de quatre mois (novembre 2008- mars 2009) nous a permis de réaliser 90 entretiens parmi lesquels quelques-uns, mais peu, non enregistrés. Nous ne comptons pas ici les notes issues d'entretiens « informels ». 62 entretiens ont été réalisés à Lomé et 28 à l'intérieur du pays. Nous avons pu rencontrer de nombreux représentants de l'administration du travail (directeurs, chefs de services, inspecteurs du travail à Lomé et à l'intérieur du pays), des agents de la SAZOF pour la zone franche, des magistrats, des représentants des six centrales syndicales existantes au Togo que sont la CNTT, la CSTT, l'UGSL, la CGCT, l'UNSIT et le GSA, des employeurs et travailleurs de différents secteurs, des représentants d'associations et avocats. Un séjour en septembre 2011 nous a permis de revoir certaines de ces personnes. Quelques observations

l'interprétation juridique des « sources de droit » et l'appréhension sociale de celles-ci. Partant d'un système de droit préétabli, impliquant des qualifications juridiques et des effets supposés, en passant par ses interprétations jurisprudentielles, l'enquête de terrain permet de mettre en exergue, non pas l'inadaptation ou l'adaptation du droit, l'effectivité ou l'ineffectivité de ses énoncés, mais une mesure des « (a-) potentialités sociales » d'un ordre juridique tel qu'il est donné. C'est ce que Christoph Eberhard préconise lorsqu'il écrit que « plutôt que sous l'angle de la transposition de la pyramide de l'État de droit, il conviendrait de réfléchir aujourd'hui en Afrique aux conditions d'émergence d' « état de Droit » (...) qui nécessiteraient des articulations entre la pyramide étatique et les réseaux sociaux qui restent les véritables acteurs juridiques[206] ». Dans un État togolais caractérisé par des dysfonctionnements institutionnels indéniables et des productions juridiques officielles « discontinues », le droit du travail doit être perçu comme un « complexe indissociable de discours, de pratiques et de représentations, de normes[207] ».

L'idée est, au demeurant, de s'interroger sur l' « évolution »[208] du droit du travail au Togo : un droit simplifié pour les acteurs sociaux du secteur dit informel ? Un droit repensé en substance et à l'aune de ses réseaux divers d'application[209] ? Un droit précédé d'une réflexion sur la sécurité juridique au Togo et l'intégration régionale en Afrique à l'heure du processus de l'OHADA ? Ainsi, c'est la singularité et les paradoxes d'un contexte national que nous tenterons de mettre en avant ici, en considération de l'*affrontement* contemporain de « plusieurs visions concurrentes de la construction progressive d'un droit mondial ou global[210] » et de l'urgence sociale que caractérise la situation socio-économique du Togo. Par conséquent, l'aspect de droit comparé de notre étude ne se résumera pas à une confrontation avec le

---

participantes ont été possibles : audiences du Tribunal du travail, conciliations ou visites d'entreprise avec des inspecteurs du travail, portes ouvertes de la zone franche, formations de délégués du personnel et élections professionnelles.

[206] C. Eberhard, *Le droit au miroir des cultures. Pour une autre mondialisation*, LGDJ, 2010, p. 70. Nous mettrons l'accent sur ces articulations sans néanmoins totalement partager l'acception de l'auteur de « l'abîme qui existe entre un droit officiel proclamé mais complètement ineffectif et les attentes et les besoins des populations africaines ». Ce qui transparaît de l'étude des relations de travail est en effet une certaine absence des soubassements institutionnels (légitimité, contrôle et garanties) que suppose traditionnellement la construction d'un droit par l'État mais aussi des acceptions singulières de ce creuset par les acteurs.

[207] M. Mebenga, « Itinéraire de l'histoire du droit et des institutions au Cameroun », in C. Kuyu (dir.), *À la recherche du droit africain du 21e siècle*, Connaissances et savoirs, 2005, p. 47.

[208] Deux courants de modèles s'affronteraient aujourd'hui : « un courant herméneutique de la mondialisation du droit qui met en avant l' « harmonisation » progressive des règles et des ordres juridiques (...), notamment par le dialogue des cultures juridiques et des juges et la traduction des concepts, ou, dans une version plus politique, par un accord, ou au moins un « consensus par recoupement » (Rawls) et « un autre modèle d'uniformisation par la normalisation technique et le *benchmarking* » (B. Frydman, *op. cit.*, p.15-16).

[209] Sur un droit dialogique, une autolégislation articulant singulièrement « autonomie privée » et « autonomie publique » (V. J. Habermas, *Droit et démocratie, entre faits et normes*, Gallimard, 1997).

[210] B. Frydman, *op. cit.*, p. 15.

droit positif contemporain de l'ancien administrateur français. La comparaison se voudra plutôt historique et supranationale. La comparaison s'inscrira particulièrement dans le contexte international du Togo en tant que PMA et membre de l'OHADA. La comparaison avec d'autres droits nationaux concernera donc presque exclusivement les droits nationaux en vigueur dans l'espace de l'OHADA.

Nous aborderons dans une première partie la production du droit des relations de travail en distinguant le « droit d'origine étatique » et le « droit sous contrôle étatique ». Il s'agira d'analyser ses contenus et articulations logiques à l'aune de son histoire et des modalités de sa fabrication : concertations, justifications officielles, procédures, enjeux affirmés ou critiques exprimées. Partant d'un état des lieux assez exhaustif et critique du droit du travail en vigueur au Togo, il sera question, dans la seconde partie, de rechercher comment le droit du travail est mobilisé en pratique, en tant qu'ordre à part entière ou selon les domaines qu'il régit. Nous nous attacherons à présenter les formes de sélection qui sont mises en exergue par l' « action du droit », contentieuse ou non, pour en arriver aux diversités de réception du droit togolais des relations de travail.

PARTIE I – LA PRODUCTION DU DROIT DES RELATIONS DE TRAVAIL

L'analyse de la production du droit des relations travail a pour ambition d'être relativement exhaustive. Par production, nous en entendons l'existence de sources de droit du travail mais aussi leur inscription « historique » dans des processus d'édiction selon des formes et modalités prévues ou imprévues par le droit lui-même. Cette inscription justifie des comparaisons entre les sources à la fois au plan historique et au plan d'autres droits nationaux, en particuliers les droits nationaux des États parties de l'OHADA. Le droit des relations de travail compris comme un ordre juridique implique par ailleurs que la diversité des sources soit prise en compte et que l'omniprésence-absence étatique singulière qui le caractérise soit analysée.

La production du droit des relations de travail englobera donc les formes par lesquelles le droit est édicté, les modalités d'ordre exogène et/ou endogène de sa rédaction, les justifications officielles ou non officielles qui le sous-tendent et les analyses de ses « destinataires », en particulier des praticiens de droit du travail. Nous aborderons ces différentes dimensions et dynamiques dans le cadre de deux titres traitant respectivement du droit d'origine étatique (Titre 1) et du droit « sous contrôle » étatique (Titre 2).

TITRE I – LE DROIT D'ORIGINE ÉTATIQUE

L'État a la compétence d'élaborer des lois et règlementations qui constituent classiquement le droit issu de l'œuvre étatique et adopté en son nom. Une particularité de l'articulation de ces deux sources d'origine étatique est le rôle de relai que peut détenir la seconde en vertu de la première. Ceci ressort le plus souvent de l'appel explicite de la loi à ce relai de précision règlementaire. La combinaison de ces deux sources est une donnée importante de droit du travail. Comment l'État togolais mène-t-il cette mission normative en droit du travail et quels en sont les résultats ?

Les pouvoirs publics décident en 2006 de procéder à la réforme du droit du travail jusqu'alors fondé sur une ancienne ordonnance de 1974. Le processus législatif aboutit à la loi n° 2006-010 du 13 décembre 2006 instituant un nouveau code du travail togolais. Si la participation d'acteurs multiples étatiques ou non étatiques a pu accompagner ce processus, la réforme n'illustre pas moins une volonté des autorités gouvernementales. L'État doit relayer cette nouvelle loi à travers son pouvoir règlementaire. La nouvelle loi préconise en effet de nouveaux textes d'application pour la complétude du droit du travail.

La période à laquelle nous nous situons pour tenter d'analyser les mécanismes et enjeux de la production du droit du travail par l'État togolais présente l'intérêt de constituer une charnière. En effet, les représentants de l'administration du travail, magistrats et syndicalistes se maintiennent dans une acception de nouveauté pour aborder la loi n° 2006-010 du 13 décembre 2006. Le processus de réforme de l'ancien code du travail issu de l'ordonnance présidentielle n° 16 du 8 mai 1974 est en effet présenté comme une longue gestation entamée en 1995 et soldée par un échec en 1997[211]. En 2009, plus de deux ans après sa promulgation, le code du travail togolais se maintient dans un caractère de nouveauté, caractère appuyé par la rareté des contentieux judiciaires renvoyant à son application. Ainsi, ce texte est l'objet de réflexions et formations en vue d'en établir les innovations au regard de ses enjeux pour le Togo. Le caractère nouveau de ce texte de 2006 peut aussi s'expliquer par l'attente à cette époque des textes règlementaires programmés dans ses dispositions. L'activité règlementaire préconisée par ce texte tarde à être enclenchée, ce qui contribue à un éparpillement des sources gouvernementales de droit du travail disponibles au Togo. Nous proposons une analyse des enjeux du nouveau code du travail (chapitre 1). Nous aborderons ensuite l'activité moins certaine de l'État togolais qu'est la production des textes règlementaires d'application de la loi (chapitre 2).

---

[211] Rapport général du séminaire de formation sur les enjeux du nouveau code du travail et de l'acte uniforme de l'OHADA portant droit du travail, Chambre du Commerce et de l'Industrie du Togo, 24-26 avril 2007.

Chapitre 1 – LES ENJEUX DU NOUVEAU CODE DU TRAVAIL

Les acteurs institutionnels et syndicaux mentionnent diversement les causes du ré-enclenchement du processus législatif en 2006 : la pression internationale des bailleurs de fonds, celle de l'OIT pour le respect des normes internationales du travail, la dynamique contextuelle du projet d'acte uniforme OHADA ou la seule nécessité d'actualisation et d'amélioration d'une norme ancienne adoptée en période non pluraliste[212]. Les projets de 1995 dits « Bétania 1 et 2 » ont été parrainés par la Banque Mondiale tandis que le concours du BIT est davantage mis en avant en 2006[213]. Le souci de prise en compte des normes de l'OIT est complété par celui de tenir compte de l'influence des « mutations de l'économie mondiale et des contraintes du développement national (qui) exigent que le monde du travail togolais devienne plus flexible afin de s'adapter aux évolutions profondes d'un monde de plus en plus intégré[214] ».

L'ordre international économique et social dans le champ mondial et régional serait donc un déterminant de cette réforme. Nous nous proposons d'en rechercher la teneur réelle à travers l'analyse de l'évolution des dispositions du code du travail, ce qui mettra en exergue un souci finalement relatif de l'ordre international (section 1). Les explications de la réforme prennent aussi appui sur des ressorts propres à l'État togolais[215]. Des ambitions internes sont avancées

---

[212] Le directeur général du Travail résume ces innovations en trois points : « c'est 1. La réaffirmation des principes et droits fondamentaux au travail, 2. Une meilleure protection des travailleurs et 3. La flexibilité de l'emploi » (Cf. Entretien avec le directeur général du Travail, Lomé, 14 novembre 2008).

[213] Cf. Propos un consultant national du BIT et universitaire, relatés dans le Rapport général du séminaire de formation sur les enjeux du nouveau code du travail et de l'acte uniforme de l'OHADA portant droit du travail, Chambre de Commerce et d'Industrie, Togo, 24-26 avril 2007, *op. cit.*, p. 4.

[214] Propos du conseiller technique représentant du ministère du Travail relatés dans le « Rapport général du séminaire de formation sur les enjeux du nouveau code du travail et de l'acte uniforme de l'OHADA portant droit du travail », 24-26 avril 2007, *ibid.* p. 3.

[215] On retrouve le souci de l'ordre international et national dans les présentations des acteurs : « souci de respecter les textes de normes internationales élaborées par l'OIT», il « devait être lié à l'amélioration des conditions de travail », on constate « qu'il y a des améliorations surtout au niveau du travail des femmes », ou « il y a quelques améliorations par rapport à celui antérieur, surtout le contenu des pouvoirs donnés à l'inspecteur du travail », « par exemple, sur la question de la durée du préavis de grève », ou parce que « mieux vaut ce nouveau code qui a été fait donc il y a quand même des innovations », ou encore « le nouveau code est mieux parce qu'il y a un certain nombre de dispositions qui n'étaient pas là. Il y a par exemple l'ANPE ». Cela peut tenir aussi au fait que l'« on a introduit le harcèlement, l'État n'a plu le monopole de l'emploi, qu'avant on parlait de DP et maintenant il y a les DS. Il y a maintenant des notions de discrimination qui sont introduites dans le Code, le travail forcé, le travail des enfants, la définition de la discrimination… disons que les principes et droits fondamentaux de l'homme au travail de l'OIT ont été introduits dans le code » (Cf. Entretiens avec un inspecteur du travail, zone Lomé nord (Lomé, 15 novembre 2008), avec le directeur régional du travail de Kara (6 décembre 2008), avec le président du Tribunal du travail (Lomé, 16 décembre 2008), avec des représentants syndicaux de l'UNSIT à Sokodé (région des Savanes, 19 janvier 2009), avec le secrétaire général de la centrale CGCT (Lomé, 19 décembre 2008 et 7 janvier 2009), avec le président du Tribunal de Sokodé (région centrale, 19 janvier 2009), avec le secrétaire préfectoral de la CSTT à Kara (3 décembre 2008) et avec le directeur de cabinet du

pour expliquer cette réforme présentée comme le résultat d'une large concertation de tous les acteurs intéressés. Ces ambitions partiraient du constat des difficultés d'application du droit du travail sous l'empire de l'ordonnance de 1974[216]. Des acteurs étatiques ou non étatiques du monde du travail togolais mentionnent la nécessité d'une nouvelle cohérence pour une meilleure application de cet outil juridique dans son champ d'application (section 2).

Section 1 – Un souci relatif de conformité à l'ordre international

La réforme du code de 1974 est présentée sous l'angle de la nécessité d'une meilleure prise en compte des impératifs d'ordre international. Ces impératifs découlent du droit international du travail qui doit être mieux accueilli dans les productions législatives étatiques (§1) et de l'organisation économique mondialisée nécessitant de nouvelles régulations du travail subordonné (§2).

§1 – L'influence du droit international du travail

L'influence du droit international du travail sur la réforme législative de 2006 ne serait pas seulement issue des normes de l'Organisation internationale du Travail (OIT) mais tiendrait aussi à l'avancée du projet de régionalisation du droit du travail dans le cadre de l'OHADA. Ainsi, le nouveau code du travail de 2006 s'inscrirait dans l'objectif d'une meilleure prise en compte des dispositions de l'OIT (A) et du projet d'acte uniforme de l'OHADA portant droit du travail, dans sa version datant de 2006 (B).

A. La prise en compte des normes de l'OIT

Un consultant national auprès du Bureau international du Travail (BIT) présenté évoque l'appui de « l'assistance technique du BIT pour mettre en harmonie la législation du travail avec les normes internationales du travail[217] ». L'analyse du souci de prise en compte des normes de l'OIT au sein de l'évolution des dispositions du code du travail comprend celle de la réception des normes internationales en vigueur au Togo. Il s'agit des conventions ratifiées par le Togo et des principes et droits fondamentaux issus de la Déclaration de 1998 (1). Cette recherche doit être complétée par celle de l'éventualité d'une prise en compte d'autres normes de l'OIT pourtant non ratifiées (2).

---

ministère de la justice, ancien directeur des ressources humaines et enseignant de droit privé à l'université, droit du travail dans les écoles de BTS (Lomé, 15 décembre 2008).

[216] Le code du travail en vigueur jusqu'en 2006 est issu de l'ordonnance présidentielle n° 16 du 8 mai 1974 (JOT 10 mai 1974, numéro spécial).

[217] Rapport général, Chambre de Commerce et d'Industrie du Togo, *op. cit.*

1. L'intégration améliorée des dispositions en vigueur

Le nouveau code de 2006 compterait des dispositions attestant d'une volonté d'intégrer davantage les normes internationales ratifiées et de favoriser le respect des principes et droits fondamentaux issus de la Déclaration de 1998. Le nouveau code du travail permet-il meilleure réception juridique des engagements internationaux « contractés » par le Togo ? Nous rechercherons au sein de l'évolutivité des articles du code du travail si ce souci existe formellement. Nous tenterons de voir dans quelle mesure il ressort des nouveautés légales de 2006. Car la volonté des autorités publiques togolaises est contrecarrée par le constat d'un nombre de ratifications réduit. En 2009, le Togo n'a ratifié que vingt conventions internationales de l'OIT dont deux ont été dénoncées[218]. Une grande partie de ces ratifications ont eu lieu sur la lancée de l'indépendance. Dix conventions de l'OIT ont été ratifiées le 7 juin 1960[219]. Une loi du 8 novembre 1983 a consacré la ratification de cinq conventions supplémentaires[220]. Les trois conventions restantes ont été respectivement ratifiées en 1984, 1999 et 2000[221]. Le Togo se situe largement en dessous de la moyenne du nombre de ratifications des dix-sept États membres de l'espace OHADA. La moyenne du nombre de conventions ratifiées dans ces dix-sept États est de trente-et-un en 2009[222]. Le Togo n'est pas le pire élève dans ce domaine mais se situe en avant-dernière position avant la Guinée Equatoriale comptant quatorze ratifications de conventions internationales. Nous ne prendrons pas ici en considération les conventions en vigueur depuis mars 2012 suite à un même type de ratification « en bloc »[223] qui fait passer le nombre total de conventions applicables à vingt-trois[224].

---

[218] Les Conventions n° 5 (1919) et n° 33 (1932) sur l'âge minimum du fait de la ratification de la Convention n° 138.

[219] Convention n° 4 sur le travail de nuit des femmes (1919), Convention n° 6 sur le travail de nuit des enfants dans l'industrie (1919), Convention n° 11 sur le droit d'association dans l'agriculture (1921), Convention n° 13 Convention sur la céruse, peinture (1921), Convention n° 14 sur le repos hebdomadaire dans l'industrie (1921), Convention n° 26 sur les méthodes de fixation des salaires minima (1928), Convention n° 29 sur le travail forcé (1930), Convention n° 41 (révisée) du travail de nuit des femmes (1934), Convention n° 87 sur la liberté syndicale et la protection du droit syndical (1948) et la Convention n° 95 sur la protection du salaire (1949).

[220] Convention n° 98 sur le droit d'organisation et de négociation collective (1949), Convention n° 100 sur l'égalité de rémunération (1951), Convention n° 111 concernant la discrimination dans l'emploi et la profession (1958), Convention n° 143 sur les travailleurs migrants (1975), Convention n° 144 sur les consultations tripartites relatives aux normes internationales du travail (1976).

[221] Convention n° 138 sur l'âge minimum (1973), Convention n° 105 sur l'abolition du travail forcé (1957) et la Convention n° 182 sur les pires formes de travail des enfants (1999).

[222] Ceci découle d'informations recueillies et à jour disponibles sur la base de données du BIT « APPLIS ». Attention, un constat différent peut être tiré de l'utilisation de la base de données « NATLEX » proposée via le site de l'OIT. Cette base de données contient des informations largement dépassées aujourd'hui.

[223] Cinq conventions sont en vigueur depuis le 30 mars 2012 : Convention n° 81 sur l'inspection du travail (1947), Convention n° 122 sur la politique de l'emploi (1964), Convention n° 129 sur l'inspection du travail dans le secteur agricole (1969), Convention n° 150 sur l'administration du

Malgré ce constat de faible considération officielle de l'activité normative de l'OIT, quelques évolutions textuelles de 2006 permettent de déduire une volonté de meilleure réception formelle des principes et droits issus des normes internationales en vigueur. On note l'accent mis sur les normes fondamentales (a). Des évolutions textuelles soulèvent toutefois l'interrogation de la compatibilité avec les normes internationales du travail en vigueur (b).

a. Un cantonnement aux normes fondamentales

Les conventions ratifiées qui nous paraissent recevoir une meilleure affirmation juridique sont celles auxquelles la Déclaration de 1998 de l'OIT sur les droits fondamentaux au travail renvoie[225]. Depuis 1998, les États membres « même lorsqu'ils n'ont pas ratifié les conventions en question, ont l'obligation, du seul fait de leur appartenance à l'Organisation, de respecter, promouvoir et réaliser, de bonne foi et conformément à la Constitution, les principes concernant les droits fondamentaux qui sont l'objet desdites conventions, à savoir : la liberté d'association et la reconnaissance effective du droit de négociation collective ; l'élimination de toute forme de travail forcé ou obligatoire ; l'abolition effective du travail des enfants ; l'élimination de la discrimination en matière d'emploi et de profession[226] ». Les normes internationales évoquées par la Déclaration de 1998 sont les Conventions n° 87 et 98, 29 et 105, 138 et 182, 100 et 111 désormais dénommées « conventions fondamentales ». Le Togo les a toutes ratifiées et nous notons que des nouveautés textuelles du code de 2006 touchent en effet aux enfants, à la discrimination – dont l'égalité homme-femme – ainsi qu'à la notion de travail forcé[227].

Les dispositions générales introductives du nouveau code du travail se sont enrichies de deux articles. L'article 3 interdit toute discrimination directe ou indirecte en matière d'emploi. Son alinéa 2 définit la discrimination et son alinéa 3 pose la nullité de toute disposition écrite instituant une discrimination.

---

travail (1978) et la Convention n° 187 sur le cadre promotionnel pour la sécurité et la santé au travail (2006).

[224] Le Togo figure désormais avant La République du Congo, le Tchad et la Guinée Equatoriale en termes de nombre de ratifications. La moyenne du nombre de ratifications dans ces États est de 35 en 2012. S'agissant du nombre de conventions internationales applicables (non dénoncées ou mises de côté), la moyenne est de trente conventions : huit pays sont en deçà. Le Togo figure en 14e position sur 17 (Sources : nouvelle base de données « NORMLEX » du site internet de l'OIT).

[225] Le passage de la prescription de l'action en paiement du salaire de 2 à 5 ans (article 135) aurait pu faire penser que le législateur togolais ait souhaité rendre son droit plus conforme à la Convention n° 95 de 1949 sur la protection du salaire ratifiée le 7 juin 1960. Or, cette norme internationale ne donne aucune directive s'agissant de la prescription salariale.

[226] Déclaration de la Conférence Internationale du Travail du 19 juin 1998, http://www.ilo.org/declaration/thedeclaration/textdeclaration/lang--fr/index.htm

[227] Le consultant national auprès du BIT mentionne l'intervention du PAMODEC (Programme pour la mise en œuvre de la Déclaration) dans le processus de rédaction du code de 2006 via le parrainage de la commission chargée d'examiner le projet (Rapport CCI, 2007, *op. cit.*). Ce parrainage laisse envisager une appréhension particulière des normes internationales de l'OIT.

L'article 4 nouveau touche à l'interdiction du travail forcé ou obligatoire. Une définition de cette notion est donnée et le principe d'interdiction est altéré par quelques cas dérogatoires. Cet article 4 reprend assez similairement les prévisions des Conventions 29 et 105[228]. Le code de 1974 ne comprenait pas ces textes de portée générale qui sont pénalement sanctionnés par l'article 301 du nouveau Code. L'ancien texte ne comprenait pas non plus le terme « discrimination » au 7° du premier alinéa de son article 71 établissant l'objet des dispositions obligatoires dans les conventions collectives susceptibles d'extension. Le 7° du nouvel article 103 qui est son équivalent en 2006 appréhende aussi plus largement le principe « à travail égal, salaire égal » sous couvert de la discrimination. Le sexe et l'âge n'en sont plus les seuls motifs explicitement affirmés. La section sur la conclusion et l'exécution du contrat de travail individuel ne comptait pas d'article similaire au nouvel article 39 qui rappelle l'interdiction de la discrimination pour les procédures de recrutement, de discipline et de licenciement. Ce même article ajoute le cas de « l'exercice normal du droit de grève » et réaffirme la conséquence de la nullité. Ainsi, l'appréhension formelle de la notion de discrimination est indéniablement élargie au sein de la nouvelle loi dans le sens de la Convention n° 111.

L'article 88 de l'ancien code du travail contenait le principe de l'égalité salariale. Il disposait qu' « à conditions égales de travail, de qualification professionnelle et de rendement, le salaire est égal pour tous les travailleurs quels que soit leur nationalité, leur sexe, leur âge et leur statut ». L'alinéa 1er de l'article 118 du nouveau code qui est l'équivalent de cette disposition est pratiquement identique sauf en ce qu'il substitue la formule « à conditions de travail égales » par celle « pour un même travail ou un travail de valeur égale ». La suite de cet article insiste particulièrement sur l'égalité homme-femme dans l'esprit de la Convention n° 100 sur l'égalité de rémunération[229]. Cette insistance et le choix des notions renvoient au souci de correspondance avec cette convention fondamentale. Si certains constatent une « meilleure protection du travail des femmes »[230], il apparaît que la distinction de genre dans le nouveau code est davantage marquée par l'affirmation de l'égalitarisme[231].

---

[228] Service militaire, obligations civiques des citoyens, conséquences d'une condamnation prononcée par décision judiciaire et en cas de force majeure.

[229] En vertu de l'article 2 1. de cette Convention, chaque membre doit « assurer l'application à tous les travailleurs du principe de l'égalité de rémunération entre la main d'œuvre masculine et la main d'œuvre féminine pour un travail de valeur égale ».

[230] Rapport, CCI Togo, 2007, *op. cit.*

[231] Une autre illustration peut être le nouvel article 147 qui remplace l'article 111 du code du travail de 1974. Ce dernier renvoyait au pouvoir règlementaire le soin de fixer une liste des travaux interdits aux femmes. Désormais, l'arrêté préconisé par l'article 147 doit se limiter aux femmes enceintes pour la détermination de travaux interdits. Les formateurs de délégués du personnel y voient la suppression pure et simple de « la liste de travaux interdits aux femmes » (Cf. Séminaire de formation des délégués du personnel de la société nouvelle des phosphates du Togo, Agbodrafo (région maritime), 19-21 novembre 2008). Notons que cette liste n'a finalement jamais existé du fait de l'absence de l'existence de cet arrêté en application du code de 1974. La modification des

La réforme a particulièrement traité de la question du travail des enfants. Le nouvel article 151 affirme explicitement l' « interdiction des pires formes de travail des enfants » conformément à la Convention n° 182 de l'OIT. Les définitions de ces pires formes au sein de la norme internationale sont reprises. Le législateur renvoie à un arrêté après avis du Conseil National du Travail (CNT) pour la détermination des travaux « susceptibles de nuire à la santé, à la sécurité ou à la moralité de l'enfant[232] ». L'âge légal de travail est désormais fixé à quinze ans par l'article 150, sous réserve de dérogations prévues par arrêté après avis du CNT. Le passage de quatorze à quinze ans renvoie aux prescriptions de la Convention n° 138 sur l'âge minimum. Il doit normalement correspondre à celui où s'arrête la scolarité obligatoire et être supérieur à quinze ans[233]. L'article 145 du nouveau code fixe le principe de l'interdiction du travail de nuit pour « les jeunes travailleurs de moins de dix-huit ans »[234] conformément au principe issu de la Convention n° 6 sur le travail de nuit des enfants dans l'industrie, ratifiée par le Togo. La Convention n° 90 sur le travail de nuit des enfants dans les établissements industriels qui révise cette Convention n° 6 n'est pas en vigueur au Togo. Le thème du travail des enfants semble donc avoir été majeur dans le cadre de cette réforme qui établit un dispositif juridique plus complet pour la protection des enfants. La procédure d'autorisation de l'embauche d'un enfant de moins de dix-huit ans et l'affirmation de la pénalisation de l'exercice de pires formes du travail des enfants paraissent gager d'une volonté d'un contrôle renforcé. Néanmoins, le silence du code sur l'apprentissage qui représente une modalité majeure du travail des enfants au Togo ne relativise-t-il pas l'ampleur supposée de cette préoccupation ? Le code se contente de renvoyer aux divers textes togolais en vigueur à ce sujet qui, s'ils existent effectivement, sont multiples et difficiles

dispositions sur le travail de nuit révèle en outre une distanciation du législateur par rapport à la Convention n° 89 ratifiée par le Togo dont l'article 3 préconise un principe de l'interdiction du travail de nuit des femmes.

232 Cette définition d'une pire forme de travail des enfants est établie par l'article 3 d) de la Convention n° 182. Son article 4 précise que ces types de travail « doivent être déterminés par la législation nationale ou l'autorité compétente, après consultation des organisations d'employeurs et de travailleurs intéressées en prenant en considération les normes internationales pertinentes, et en particulier les paragraphes 3 et 4 de la recommandation sur les pires formes de travail des enfants, 1999 ». Le Gouvernement togolais a adopté l'arrêté du 12 novembre 2007 qui détermine les travaux interdits aux enfants conformément à l'article 151 du nouveau code du travail (V. infra Partie I, Titre 1, Chapitre 2, Section 2, § 1).

233 L'article 151 ajoute en son premier alinéa que « les enfants de plus de quinze ans peuvent effectuer des travaux légers » dès lors qu'une déclaration préalable est faite à l'inspecteur du travail qui notifie son désaccord dans les huit jours.

234 Notons l'emploi ici de la notion de « jeune travailleur » et non de celle d'enfant qui est toute personne de moins de dix-huit ans au sens de la convention 182 de l'OIT tandis que l'article 151 mentionne les « enfants de plus de quinze ans » pour en limiter la nature de leurs travaux.

d'accès[235]. En tout état de cause, il demeure une prise en compte évidente en 2006 de la problématique internationale d'actualité de l'enfance au travail[236].

S'agissant de la liberté syndicale, le rapport de 2007 mentionne un « retour au régime de déclaration des syndicats consacré par le nouveau code[237] » dans le sens des prévisions de la Convention n° 87 ratifiée par le Togo. Cependant, les modalités déclaratives d'un syndicat n'ont guère changé entre 1974 et 2006. L'article 10 du nouveau code se contente d'ajouter des mentions obligatoires de la nationalité, du domicile, de l'âge, de la qualité et profession de ceux qui, à un titre quelconque, sont chargés de l'administration ou de la direction[238]. Le dépôt continue de devoir se faire en quatre exemplaires. Un changement réside néanmoins dans le fait que ce dépôt doit désormais avoir lieu à la mairie ou au siège de la préfecture, contre la remise d'un accusé de réception[239]. Le nouveau code togolais reprend la condition de nationalité togolaise pour l'administration et la direction d'un syndicat mais l'atténue en précisant sa possibilité pour les travailleurs migrants régulièrement établis sur le territoire[240]. La suite de la lecture comparative du chapitre sur la constitution et la dissolution des syndicats professionnels n'appelle pas d'autres relevés en termes de liberté syndicale en dehors de la suppression du système de *check off*[241]. Les évolutions au sein de ce chapitre peuvent même soulever l'interrogation du caractère plus favorable des nouvelles dispositions au regard du principe fondamental de la liberté syndicale. Par exemple, l'article 10 du code de 1974 qui prévoyait la liberté de se retirer d'un syndicat à tout instant « nonobstant toute clause contraire » est remplacé par le nouvel article 15 qui prévoit que cette liberté de retrait s'exerce « en se conformant aux dispositions statutaires et règlementaires ». L'article 16 du nouveau code ajoute l'obligation pour tout syndicat d'avoir un siège. Ces évolutions peuvent trouver leur justification dans l'ordonnancement syndical complexe du Togo, caractérisé par la multiplication des syndicats professionnels de base de champ national ou local et composés de

---

[235] Sur le droit togolais de l'apprentissage, voir infra Partie I, Titre 1, Chapitre 2, Section 2, §1, A, 2.

[236] En janvier 2009, le programme international pour l'abolition du travail des enfants IPEC-BIT donnait lieu à une cérémonie de lancement à Sokodé de la coordination des organisations étatiques ou non pour mener cette politique à l'intérieur du pays. Voir aussi, Intensifier la lutte contre le travail des enfants, Rapport du directeur général, BIT, 2010.

[237] Rapport, CCI Togo, 2007, *op. cit.*

[238] L'article 5 du code du travail de 1974 n'imposait que la mention des noms « à peine de nullité ».

[239] Avant, le code précisait que le récépissé devait être délivré dans le délai de trois mois et que le défaut de cette délivrance valait existence légale. La délivrance de ce récépissé était en outre possible par toute autre circonscription d'établissement.

[240] Article 11 du code du travail de 2006.

[241] L'article 4 alinéa 3 du code du travail de 1974 dispose en effet que « des retenues de cotisations syndicales peuvent être opérées sur les salaires après consentement par écrit des travailleurs ». Une ordonnance n° 77-5 du 4 mars 1977 supprime la condition du consentement et pose l'obligation générale du système de check off en faveur de la centrale syndicale unique, la CNTT. Cette ordonnance est abrogée par l'acte n°14 de la conférence nationale souveraine du 26 août 1991. L'alinéa 3 de l'article 4 du code du travail de 1974 reste néanmoins en vigueur. Le code de 2006 ne contient plus cette disposition.

travailleurs du secteur « formel » et/ou du secteur dit « informel ». La complexité de l'implantation syndicale contribuerait à quelques difficultés de correspondance relatées par certains agents de l'administration du travail. Néanmoins, ces nouvelles précisions peuvent créer le sentiment d'un léger recul sur le plan de la liberté syndicale eu égard à certaines pressions politiques évoquées par quelques représentants syndicaux[242]. La suppression de l'affirmation de la reconnaissance implicite de l'existence du syndicat en l'absence de remise du récépissé alors que les administrations fonctionnent difficilement, ainsi que les obligations formelles et informatives nouvelles dans le contexte sociopolitique instable contribuent selon nous à créer ce sentiment au regard du principe fondamental. En effet, la Convention n° 87 sur la liberté syndicale affirme le droit de constituer et de s'affilier à un syndicat sans autorisation préalable et enjoint les autorités publiques à ne pratiquer aucune intervention de nature à compromettre cette liberté ainsi qu'à être attentives à ce que la législation nationale ne porte atteinte ni ne soit appliquée de sorte qu'elle porte atteinte aux garanties prévues par la convention[243]. D'autres indices de possible recul au regard des normes internationales de l'OIT peuvent-ils être révélés par la réforme de 2006[244] ?

b. Des indices de régressions juridiques

Beaucoup de commentateurs[245] du nouveau code présentent l'introduction de l'article 13 en vertu duquel « tout(e) employé(e) exerçant une activité professionnelle peut, sans l'autorisation de son (sa) conjoint(e), adhérer à un syndicat » comme une consécration majeure empreinte de progrès[246]. Néanmoins, le code de 1974 ne contenait aucune prescription dans ce sens. La seule restriction à la liberté d'adhérer que l'on relève dans l'ancien texte tient aux mineurs âgés de 16 ans et plus[247]. En revanche, le CTOM de 1952 disposait en son article 7 que « les femmes mariées exerçant une profession ou un métier

---

[242] Un représentant de la centrale UNSIT explique l'absence de plaque sur la devanture du siège de l'organisation pour éviter les problèmes de pression (Cf. Entretien avec le secrétaire général de la centrale UNSIT, Lomé, 23 décembre 2008).

[243] Voir notamment article 2 et article 8 2. de la Convention n° 87.

[244] Sur l'instrumentalisation du droit et l'idée de l'adhésion instrumentale aux textes internationaux par souci de visibilité internationale, v. par exemple P. F. Nkot, *Usages politiques du droit en Afrique, cas du Cameroun*, Bruylant, 2005. Le professeur Dominique Darbon au sujet de la construction du droit parle de « positionnement par rapport à l'environnement pertinent international et non local » (D. Darbon, « Un royaume divisé contre lui-même, la régulation défaillante de la production du droit dans les États d'Afrique Noire », in M. Alliot, E. Le Roy (dir.), *Juridicités*, Karthala, 2006, p. 101).

[245] Cf. Séminaire de formation des délégués du personnel de la société nouvelle des phosphates du Togo, Agbodrafo (région maritime), 19-21 novembre 2008 et Tableau comparatif entre les deux codes de 1974 et 2006 remis par un juriste consultat universitaire pour la réforme.

[246] Notamment dans l'esprit de la Convention n° 87 de 1948 sur la liberté syndicale et la protection du droit syndical ratifiée par le Togo dont les articles 2 et 3 mettent en garde contre toute mesure étatique qui entraverait la liberté de constituer ou d'adhérer librement à l'organisation de son choix.

[247] La condition de non opposition du père, mère ou tuteur est maintenue à l'article 12 du code du travail de 2006.

peuvent, sans l'autorisation de leur mari, adhérer aux syndicats professionnels et participer à leur administration ou à leur direction ». Ainsi, la condition d'autorisation pour la femme avait disparu des textes depuis longtemps. L'œuvre législative de 2006 peut donc manifester selon nous une forme de régression derrière l'affirmation d'une égalité.

Il est intéressant de relever la représentation d'une évolution des mœurs produite au travers de cet article tandis que l'analyse purement formelle révèle une disposition inutile, voire susceptible de générer des effets pervers. Les commentateurs déduisent-ils la position inférieure de la femme vis-à-vis de son conjoint de l'introduction de cet article en 2006 ? Ou bien le législateur de 2006 a-t-il voulu réaffirmer le principe d'égalité pour faire face à une domination maritale d'usage ? Ou tout simplement, le rédacteur s'est-il malencontreusement inspiré d'une source trop ancienne ? Toujours est-il que ces contradictions interrogent les mécanismes de production de la loi[248]. La création par ce texte d'une conviction générale selon laquelle une femme devait jusqu'en 2006 être autorisée pour adhérer syndicalement est révélatrice d'une forme de production idéologique par le droit. Gérard Lyon-Caen parle pertinemment d'une « communication multiforme qui s'établit entre les messages de la loi et ses divers destinataires[249] ». La disposition sur l'autorisation maritale révèle un double-sens de cette communication selon que la justification de la disposition s'établisse en amont ou en aval de sa fabrication.

2. L'influence possible de normes internationales non ratifiées

Le législateur togolais a apporté quelques nouveautés aux dispositions relatives au salaire. L'alinéa 2 de l'article 121 du nouveau code attire particulièrement l'attention. Il invite le pouvoir règlementaire à prendre en compte certains critères pour la détermination des salaires minimums togolais : les besoins des travailleurs et de leur famille, le niveau général des salaires, le

---

[248] Si nous pensons que cette nouveauté résulte probablement d'une combinaison entre référence maladroite au CTOM et souci du principe fondamental d'égalité, elle peut aussi renvoyer aux problématiques de l'analyse juridique en Afrique que sont l'influence persistante du droit du travail colonial et les modalités modernes du maintien d'un transfert de modèles juridiques. Geneviève Koubi fournit une analyse de l'évolution des études sur le droit en Afrique. Elle pense que « le droit postcolonial qui, affecté par l'emprise de la référence au droit colonial, tente de relier les diverses composantes sociales pour introduire une inférence problématique de la notion d'État de droit ». Elle ajoute que les études sur le droit en Afrique montrent de façon plurielle que, « soit le discours juridique n'assure pas les correspondances minimales entre réalités culturelles et options théoriques, soit il traduit une volonté étatique de ne pas répondre aux demandes implicites ou expresses de la société civile, soit il fait preuve de son incapacité d'y accéder, à moins que tout simplement il désigne l'espace-temps d'une réflexion préalable ». Elle pense que la réflexion s'engage finalement « rarement sur la création (…) des normes juridiques » (G. Koubi, « Normes administratives et normes sociales en Afrique – au prisme de la revue juridique et politique indépendance et coopération (1980-1995) », *RJPIC*, n° 49, 1995, p. 213).

[249] G. Lyon-Caen, « Le langage en droit du travail », in Nicolas Molfessis (dir.), *Les mots de la loi*, Economica, 1999, p. 1.

coût de la vie et ses fluctuations, les prestations de sécurité sociale, les facteurs d'ordre économique et les exigences du développement, de la productivité et du marché de l'emploi. Cette nouveauté aurait pu être rattachée à la Convention n° 26 sur les méthodes de fixation des salaires, ratifiée par le Togo. Or, ce texte international – limité aux entreprises industrielles – affirme une liberté de l'État membre pour la détermination de sa méthode de fixation des salaires minimums. Cette convention enjoint seulement à l'État de consulter les partenaires sociaux et de mettre en place un système approprié de contrôle et de sanctions. La nouvelle disposition de l'article 121 renvoie plutôt à la Convention n° 131 de 1970 sur la fixation des salaires minima non ratifiée par le Togo. En effet, l'article 3 de cette convention invite l'État membre à prendre en considération autant que cela lui est possible les besoins des travailleurs et de leur famille au regard du niveau général des salaires, du coût de la vie, des prestations de sécurité sociale et du niveau de vie comparé d'autres groupes sociaux. Les facteurs d'ordre économique pouvant être considérés sont l'exigence de développement, de productivité et de maintien d'un haut niveau d'emploi. La similarité entre les formules des deux dispositions est révélatrice d'une influence. Comment le législateur togolais en est arrivé à prendre appui sur cette norme internationale ? S'en est-il directement référé à la source internationale ou est-ce le résultat indirect d'autres influences ?[250]

Le législateur a créé un chapitre traitant du travail des personnes handicapées qui se compose des articles 152 et 153. Cette innovation peut être rattachée à la Convention n° 159 de 1983 sur la réadaptation professionnelle et l'emploi des personnes handicapées qui invite les États membres à prévoir des mesures pour la promotion de l'emploi des personnes handicapées[251]. Le législateur togolais donne cependant une définition différente de la notion de personne handicapée. L'article 152 définit la personne handicapée par les attributs de son handicap – déficience motrice, sensorielle ou mentale, congénitale ou acquise – et par l'effet de l'incapacité pour cette personne d'assurer par elle-même tout ou partie des nécessités d'une vie individuelle ou sociale normale et d'avoir des

---

[250] L'appui technique du BIT a pu être déterminant. Le projet d'acte OHADA de 2006 ne contient pas de telles prescriptions sur le salaire de même que le nouveau projet issu d'une rencontre ministérielle en septembre 2010. Aucun des codes nationaux du travail en vigueur dans l'espace de l'OHADA n'entre dans ces précisions pour la détermination des salaires minima. Le code du travail ivoirien ne contient quant à lui aucune mention de l'existence d'un salaire minimum garanti déterminé par le pouvoir règlementaire.

[251] Le « but de la réadaptation professionnelle est de permettre aux personnes handicapées d'obtenir et de conserver un emploi convenable, de progresser professionnellement et, partant, de faciliter leur insertion ou réinsertion dans la société ». (...) Tout membre devra, conformément aux conditions et à la pratique nationale et en fonction de ses possibilités, formuler, mettre en œuvre et revoir périodiquement une politique nationale concernant la réadaptation professionnelle et l'emploi des personnes handicapées » notamment en vue de « promouvoir les possibilités d'emploi des personnes handicapées sur la marché libre du travail ». Le membre devra notamment se fonder sur le « principe de l'égalité des chances entre les travailleurs handicapés et les travailleurs en général » (Convention n° 159 de l'OIT, 1983).

possibilités réduites de jouir des mêmes droits et faire face aux mêmes obligations que ses concitoyens de même sexe et âge. La convention de l'OIT définit la personne handicapée au travers des incidences sur son emploi : personne dont « les perspectives de trouver et de conserver un emploi convenable ainsi que de progresser professionnellement sont sensiblement réduites à la suite d'un handicap physique ou mental dument reconnu ». Cette définition établie en 1983 se situe dans le courant en vigueur à l'Organisation Mondiale de la Santé (OMS) à cette époque qui considérait à part entière l'état de handicap et l'effet de ce handicap. La définition du législateur togolais intègre quant à lui les concepts de déficience, d'incapacité et de désavantage social mesurable, ce qui le positionne davantage dans le compromis réalisé à partir de 1997 entre le courant « anthropologique »[252] et le courant « médical » de Philip Wood[253] qui s'opposaient dans les années 1980. L'OIT adopte en 1983 une approche pathologique du handicap dans le contexte du travail tandis que l'approche togolaise récente relève davantage de l'appréhension contemporaine de la notion de handicap en tant que rencontre entre une déficience et une situation de vie quotidienne. Les effets sociaux sont partie prenante de la définition[254].

L'article 153 renvoie à un décret le soin de préciser les conditions de travail de ces personnes. Malgré l'apport d'une définition de la personne handicapée, peu de précisions sur les conditions particulières de travail de ces personnes sont fournies par la loi. Néanmoins, le chapitre qui suit les articles 152 et 153 assimile les enfants et les personnes handicapées pour préciser deux particularités de leur emploi : le repos journalier de douze heures consécutives et le droit pour l'inspecteur d'exiger un examen médical pour vérifier l'adéquation entre le travail et les capacités de la personne. La loi interdit ensuite le maintien dans un emploi reconnu au-dessus des capacités et oblige à un effort d'affectation à un emploi convenable ou au licenciement. L'influence de la Convention n° 159 qui

---

[252] Ce courant définit le handicap « comme la résultante de la confrontation d'un être humain avec ses capacités et de son environnement avec ses exigences ». Il pense la création par la société de « situations de handicap » (V. P. Fougeyrollas, « Pour une révision de la classification internationale des déficiences, incapacités et handicaps de l'OMS. Mieux définir c'est mieux comprendre pour agir », Communication présentée à une réunion d'experts, *ONU/Décennie des personnes handicapées*, Helsinki, Finlande, du 7 au 11 mai 1990).

[253] Le « système de Wood » a influencé la première classification expérimentale de l'OMS requalifiée « classification des désavantages » et critiquée de ce fait.

[254] L'article 2 de la loi française du 11 février 2005 institue une définition du handicap ressemblante à celle du nouveau code togolais : « constitue un handicap, au sens de la présente loi, toute limitation d'activité ou restriction de participation à la vie en société subie dans son environnement par une personne en raison d'une altération substantielle, durable ou définitive d'une ou plusieurs fonctions physiques, sensorielles, mentales, cognitives ou psychiques, d'un polyhandicap ou d'un trouble de santé invalidant ». Cela renvoie aussi à la nouvelle classification internationale du fonctionnement, du handicap et de la santé (CIF) de l'OMS de 2001.

s'inscrit dans une perspective d'ouverture de l'accès à l'emploi pour les personnes handicapées apparaît en définitive assez limitée[255].

Un nouveau chapitre sur le placement est introduit dans le code du travail. Il consacre l'institution de l'Agence Nationale pour l'Emploi (ANPE) qui se substitue à l'ancien « service de la main d'œuvre et de l'emploi[256] ». Les attributions qui étaient dévolues à ce service sont reprises mais enrichies d'une mission de mettre en place une réelle politique de l'emploi et de lutte contre le chômage. Cette agence aura notamment pour rôle d'orienter vers la formation professionnelle ainsi que de participer à celle-ci dans les entreprises. Cette nouvelle disposition renvoie à la Convention n° 142 de 1975 sur la mise en valeur des ressources humaines qui invite les États membres à « adopter et développer des politiques et des programmes complets et concertés d'orientation et de formation professionnelle en établissant, en particulier grâce aux services publics de l'emploi, une relation étroite entre l'orientation et la formation professionnelles et l'emploi[257] ». La consécration par l'article 196 alinéa 2 de la possibilité de créer des bureaux de placement payants peut renvoyer à plusieurs sources internationales. La dernière en date est la Convention n° 181 de 1997 sur les agences d'emploi privées mais le vocabulaire employé par le législateur de 2006 nous dirige plutôt vers l'ancienne Convention n° 96 révisée de 1949 sur les bureaux de placement payants. Or, l'objet de cette convention était de pousser progressivement les membres à supprimer ces bureaux payants et à mettre en place un service public de l'emploi. Ainsi, le législateur togolais, malgré ce choix sémantique, se situe en réalité dans la dynamique actuelle de la libéralisation du placement, encadrée par la Convention n° 181 dont l'influence directe demeure cependant difficilement perceptible[258].

Des rapprochements avec des normes internationales du travail de l'OIT non ratifiées sont donc possibles mais restent souvent incertains : soit que la convention internationale soit elle-même très générale, soit que le lien

[255] La notion d'effort d'adaptation n'entre que très relativement dans l'objectif d'égalité promu par la convention de l'OIT. En outre, l'article 5 de cette convention demande aux État la mise en place d'une réflexion tripartite sur cette question tandis que le législateur togolais renvoie à un décret ministériel sans consultation préalable.

[256] Article 158 du code du travail de 1974.

[257] Article 1er de la Convention n° 142. On pourrait aussi évoquer la Convention n° 122 de 1964 sur la politique de l'emploi ratifiée par le Togo depuis mars 2012 qui invite en termes très généraux les États à œuvrer vers l'objectif d'un plein emploi productif. La recommandation n° 083 rattachée à la convention prévoit la mission d'information et d'orientation des travailleurs vers les emplois disponibles.

[258] Cette convention ne compte que vingt-trois ratifications dont aucune par un État membre de l'OHADA. Le législateur se contente de mentionner la possibilité légale d'ouvrir ces bureaux sans en préciser les différentes modalités alors que l'article 1er de la convention prévoit la mise en relation d'un employeur et d'un travailleur ou l'embauche de travailleurs pour les mettre à disposition et invite les État membres à instituer des garanties en matière de droit syndical, de discrimination, de contrôle de ces agences etc.

d'influence soit relativisé par des choix rédactionnels et des objectifs distanciés de la norme internationale. Les derniers thèmes abordés peuvent en outre renvoyer à d'autres sources internationales d'influence que sont le projet de droit du travail OHADA ou l'ordre économique international qui sont aussi présentés comme des fondements de la réforme de 2006. Si le souci affirmé de meilleure intégration des normes internationales du travail de l'OIT est corroboré par quelques constats normatifs, il est néanmoins relativisé par leur faiblesse quantitative et leur résultat rédactionnel[259]. Il convient donc d'explorer les autres justifications ou légitimations d'ordre international, à commencer – pour rester dans le champ du droit international du travail – par celle prenant appui sur le contexte d'élaboration d'un droit du travail régional dans le cadre de l'OHADA.

B. L'impact d'un projet d'acte uniforme OHADA

L'intitulé du séminaire organisé en 2007 par le Conseil National du Patronat (CNP) togolais dans le cadre de la présentation du nouveau code du travail interpelle : « formation sur les enjeux du nouveau code du travail et de l'acte uniforme de l'OHADA portant droit du travail[260] ». Un amalgame est curieusement fait par les organisateurs de cette formation entre la nouvelle loi et le contexte de l'OHADA. L'acte uniforme portant droit du travail n'existant pas à ce jour, il apparaît quelque peu douteux de procéder à des formations juridiques sur son fondement[261] (1). Néanmoins, cette affirmation d'une influence certaine prenant appui sur l'avant-projet d'acte uniforme de l'OHADA, dans la version en circulation en 2006, nous pousse à en rechercher des indices au sein du nouveau code du travail de 2006 (2).

1. Le référentiel discutable de l'OHADA

Le renvoi explicite à l'influence du contexte de l'OHADA apparaît douteux en ce que l'acte uniforme de droit du travail n'était pas acquis en 2006 et demeurait un projet susceptible d'évoluer (a). Le maintien dans ce statut de projet est appuyé par les difficultés théoriques et pratiques de l'appréhension du droit du travail au plan régional dans le cadre de l'existant institutionnel et juridique de l'OHADA (b).

---

[259] Le Togo n'a de plus, à l époque, pas ratifié les normes prioritaires de l'OIT censées constituer des « normes conditions » à la mise en œuvres de la déclaration de 1998 : Convention n° 81 sur l'inspection du travail, n° 129 sur l'inspection du travail dans le domaine agricole, n° 144 sur la consultation tripartite et n° 122 sur la politique de l'emploi. Depuis mars 2012, les conventions n° 81, 129 et 122 sont en vigueur.

[260] Rapport, CCI, 2007, *op. cit.*

[261] « Le projet OHADA n'est pas assez vulgarisé. Moi qui suis ici, je ne sais pas si le droit du travail OHADA est appliqué ici au Togo. Je ne sais pas si notre pays l'a rendu obligatoire ou si c'est rentré dans la norme. Nous n'avons jamais eu de réunion, le DG sait peut-être » (Cf. Entretiens avec un inspecteur du travail, directeur des normes et des relations de travail, Lomé, 26 novembre 2008 et 12 février 2009).

a. L'inexistence de l'acte uniforme portant droit du travail

La question de l'inclusion du droit du travail dans la catégorie du droit des affaires alimentait les discussions entre chefs d'État lors du sommet France-Afrique de Libreville les 5 et 6 octobre 1992 à l'occasion duquel est entériné le projet d'harmonisation décidé par les ministres de l'Economie et des Finances de la zone franc en 1991 à Ouagadougou. Le Traité fondateur de l'OHADA est adopté à Port-Louis (Ile Maurice) le 17 octobre 1993 par quatorze chefs d'État. L'article 2 définissant les domaines du droit des affaires y mentionne expressément le droit du travail. Neuf matières composent ainsi le droit des affaires de l'OHADA mais seules huit d'entre elles sont traitées dans les neuf actes uniformes en vigueur à ce jour[262]. La liste ainsi établie est une liste ouverte dans laquelle le Conseil des ministres peut décider à l'unanimité d'y inclure toute autre matière dans le respect de l'objet du Traité et de son article 8 qui précise les modalités de l'adoption des actes uniformes. L'inclusion d'une matière doit découler de l'unanimité des représentants des États parties présents et votants. Le choix est toutefois fait de stipuler expressément la branche du droit du travail dès 1993 malgré quelques controverses à ce sujet.

L'unanimité des ministres de la justice et des finances requise au Conseil pour l'introduction postérieure d'une nouvelle matière a pu susciter le sentiment d'une barrière difficilement franchissable par la suite. Le règlement initial de la question de l'inclusion de la branche de droit du travail dans le champ du droit des affaires de l'espace OHADA n'a néanmoins pas permis d'en arriver à l'élaboration d'un droit régional du travail entrant directement en vigueur sur le territoire des membres. En 2012, la dernière version du projet d'acte uniforme portant sur le droit du travail issue de la réunion plénière des commissions nationales OHADA du 27 septembre au 2 octobre 2010 à Lomé est toujours en suspens. Des réticences politiques s'ajoutent en effet aux nombreuses difficultés théoriques et pratiques de l'OHADA, particulièrement en matière de droit du travail.

---

262 Relevons ici le commentaire original de cet article par M. B. Gueye et S. N. Tall (*OHADA, Traités et actes uniformes commentés et annotés*, Juriscope, 2008, p. 24 et 25). Ils indiquent que « cet article procède à l'énumération des huit matières qui entrent dans le champ du droit des affaires du Traité de Port-Louis. Ces auteurs n'évoquent pas le droit du travail. Les matières sont les suivantes : « l'ensemble des règles relatives au droit des sociétés et au statut juridique des commerçants, au recouvrement des créances, aux sûretés et aux voies d'exécution, au régime du redressement des entreprises et de la liquidation judiciaire, au droit de l'arbitrage, au droit du travail, au droit comptable, au droit de la vente et des transports ».

*b. Le droit du travail au sein des difficultés théoriques et pratiques de l'*OHADA

Les dix-sept États membres[263] n'ont pas réussi à mettre sur pied un projet qui puisse emporter un acte collectif d'abandon de souveraineté. Plusieurs justifications de ce blocage peuvent être avancées. Sur le plan du droit national du travail en tant que variable d'incitation à l'investissement, il est possible d'envisager que des États souhaitent garder une maîtrise « individuelle » de l'évolution de leurs droits du travail. Si certains codes en vigueur présentent des souplesses supérieures à d'autres, un alignement vers le haut ne peut être qu'objet de vifs débats. Le jeu des lobbys est certainement important sur ces points[264]. Dans un sens opposé, il n'est pas certain que des organisations syndicales nationales, représentées au sein des commissions nationales, acceptent facilement un alignement juridique vers le bas. À côté de ces difficultés politiques existent de nombreuses zones d'interrogation relatives à la configuration diversifiée de l'espace OHADA, au contrôle du respect de l'acte uniforme, en particulier à l'accès au juge, et à l'appropriation par les États des dispositions supplétives du projet d'acte uniforme.

L'espace de l'OHADA a la particularité de compter des États dispersés entre l'Afrique Occidentale et l'Afrique Centrale. Le professeur Joseph Issa-Sayegh parle de « sous-zones[265] » au sein desquelles la présence d'un État de langue lusophone, d'un de langue hispanophone, d'un État de langue partiellement anglophone ainsi que d'un État d'influence islamique rend les perspectives d'harmonisation plus délicates. Car le point commun d'appartenir à la zone franc ne semble que très relativement déterminant dans la construction d'une norme sociale commune[266]. Cette « problématique linguistique » devant s'amplifier avec l'adhésion probable de nouveaux États, la Conférence des chef s d'États et de Gouvernements réunie à Québec le 17 octobre 2008 pour procéder à la révision du Traité institue un compromis sur ce point. Le nouvel article 42 du Traité dispose désormais que « les langues de travail de l'OHADA sont : le Français, l'Anglais, l'Espagnol et le Portugais » et de préciser qu' « en cas de divergence entre les divergentes traductions, la version française fait

[263] Bénin, Burkina Faso, Cameroun, Centrafrique, Comores, Congo, Côte d'Ivoire, Gabon, Guinée, Guinée-Bissau, Guinée Equatoriale, Mali, Niger, République Démocratique du Congo (RDC), Sénégal, Tchad, Togo. Sao Tomé et Principe a annoncé son adhésion prochaine. Madagascar et le Ghana manifestent un intérêt dans ce sens.

[264] S. Ousmanou, « Projet d'acte uniforme portant droit du travail. Pour un droit au service de l'Entreprise, précieux creuset d'intérêts catégoriels », *Le bulletin du Gicam*, n° 26, 2004.

[265] J. Issa-Sayegh, « Questions impertinentes sur la création d'un droit social régional dans les États africains de la Zone Franc », *Revue Afrilex*, 2000.

[266] V. par exemple L. Benkemoun, « Quelques réflexions sur l'OHADA 10 ans après le Traité de Port-Louis », *Rec. Penant*, 2003, n° 843 p. 133 ; L. Benkemoun, « Acculturation du droit européen en Afrique : processus exogène de création du droit dans l'espace OHADA », in J.-S. Berge et I. Omarjee (dir.), *Le droit européen et la création du droit*, Dossier, *Petites Affiches*, 2008, n° 20, p. 5 ; C. Moore Dickerson, « Le droit de l'OHADA dans les États anglophones et ses problématiques linguistiques », *RIDC*, n° 1, 2008, p. 7.

foi ». La rédaction de cette nouvelle disposition ouvre à des interprétations ambigües. Il ressort en réalité que la langue de travail demeure le français – qui est à ce jour la langue officielle dans la majorité des pays de l'espace OHADA – tandis qu'est officialisée l'entreprise de traduction qui se faisait peut-être avant cette révision du Traité. La France, contributrice la plus active dans cette aventure, souhaite-t-elle en maîtriser l'évolution[267] ? Par-delà la langue pourrait se poser la question de l'articulation de ce droit harmonisé avec d'autres sources normatives régionales en matière sociale, sachant que les États membres appartiennent à diverses organisations d'intégration régionale[268].

Dans le but « d'offrir aux investisseurs, aussi bien domestiques qu'internationaux, un espace de sécurité juridique et judiciaire[269] », la question se pose de savoir comment la Cour Commune de Justice et d'Arbitrage (CCJA) pourra connaître des recours pour le respect d'un droit uniformisé qui contiendra nécessairement des dispositions supplétives ainsi que des renvois aux interventions des États[270]. Les actes uniformes en vigueur aujourd'hui présentent ces types de prescriptions qui, dans le cadre de la pluralité des sources qui caractérise le droit du travail, contribueront aux difficultés d'articulation qu'un tel projet fait présumer[271].

Comment les justiciables, qui sont le plus souvent des travailleurs en cette matière, pourront être garantis d'une justice régionale uniformisée ? Les États

---

[267] L'État français a contribué à la mise en place de l'organisation régionale à hauteur de 4 milliards de FCFA dont 2 versés dès 1998 (A. Mouloul, *Comprendre l'Organisation pour l'Harmonisation en Afrique du Droit des Affaires (OHADA)*, 2e édition, OHADA, 2008, p. 48). La Belgique a contribué à hauteur d'un million de dollars US soit environ 460 millions de FCFA selon le cours actuel des devises. Le PNUD a également versé un million de dollars US pour l'assistance technique. L'Union Européenne a versé 1 milliard de FCFA au titre du financement d'activités spécifiques des institutions de l'OHADA.

[268] La CEEAC (Communauté économique des États de l'Afrique centrale), l'UDEAC (Union douanière des États de l'Afrique centrale), la CEA (Communauté économique africaine), la CEDEAO (Communauté économique des États d'Afrique de l'Ouest), l'UEMOA (Union économique et monétaire ouest africaine) ou la CEMAC. L'OCAM a disparu mais les conventions signées sont en vigueur. Par exemple la convention générale relative à la situation des personnes et aux conditions d'établissement traitant du droit pour tout ressortissant d'un État signataire de bénéficier de la législation dans un autre État signataire dans les mêmes conditions que les nationaux ou la convention générale de sécurité sociale.

[269] « Atelier de validation du projet d'étude sur l'harmonisation des législations sociales (droit du travail et sécurité sociale) dans l'espace OHADA », OHADA Cipres, Université d'Abomey Calavi, 23 février 2011. Le préambule du Traité portant révision du Traité relatif à l'harmonisation du droit des affaires en Afrique signé à Port-Louis le 17 octobre 1993 contient l'objectif de « renforcer la sécurité juridique et judiciaire dans l'espace de l'OHADA de nature à garantir un climat de confiance concourant à faire de l'Afrique un pôle de développement » (Québec, 17 octobre 2008).

[270] La CCJA dans un avis du 30 avril 2001 sollicité par la Côte d'Ivoire a affirmé la suprématie des actes uniformes sur les dispositions de droit interne sans pour autant clarifier le point de leur abrogation.

[271] « Les nouveaux textes n'anéantissent pas systématiquement les dispositifs antérieurs, du fait que leur taux de couverture des matières traitées est le plus souvent moindre. Ils doivent être lus comme s'emboîtant dans les dispositifs législatifs préexistants, en effaçant les dispositions contraires et elles seulement » (P. Tiger, *Le droit des affaires en Afrique : OHADA*, PUF, 1999).

sont-ils disposés à déléguer le pouvoir du règlement de ces contentieux à la CCJA ? Un fonctionnement judiciaire propre à l'OHADA est institué aux articles 13 à 20 du Traité constitutif. La concession de souveraineté qui découle de ces articles a éveillé un commentaire doctrinal abondant. Certains qualifient cette organisation judiciaire régionale d'audace « unique au monde[272] ». L'article 13 consacre la compétence des juridictions nationales en première instance et en appel. Cette disposition attribue donc au juge national la fonction de juge de droit commun de l'OHADA. Ceci n'appelle guère de développements dans la mesure où les actes OHADA étant directement applicables sur le territoire des États membres, il va de soi que le juge national a mission d'en assurer l'application[273]. La combinaison de cette prescription avec l'article 14 crée en revanche la perception d'une éviction totale des cours suprêmes en matière de droit OHADA[274]. L'article 20 recouvre en effet les arrêts de la CCJA de l'autorité de chose jugée et leur attribue force exécutoire. Face à ces dispositions, les analyses doctrinales se sont partagées entre celles qualifiant la création d'un troisième degré de juridiction avec remise en cause du rôle traditionnel de la Cour Suprême nationale et celles relativisant ce bouleversement par le relevé du maintien des compétences des juges du fond et la conservation de la matière pénale et des procédures d'exécution dans le champ des souverainetés nationales[275].

Une illustration « pratique » de ces difficultés théoriques peut être ici proposée. Des magistrats nationaux ont interprété ces nouvelles donnes judiciaires à l'aune de leurs constitutions. L'avis de la Cour Suprême du Congo Brazzaville du 1er septembre 1998[276] fait encourir la non-conformité des articles 14, 15, 16, 18, 20 et 25 du Traité constitutif de l'OHADA au motif que la fonction de juger, quel que soit l'organe national concerné, « est une fonction constitutionnelle en même temps qu'elle est l'expression de la souveraineté et de l'indépendance nationales » en vertu des articles 71 et 72 de l'Acte Fondamental congolais du 24 octobre 1997. La Cour en déduit également que « le pouvoir de rendre exécutoire sur le territoire national une décision

---

[272] L. Benkemoun, *op. cit.*, p. 133.

[273] L'article 14 du Traité lui donne la possibilité de solliciter l'avis consultatif de la CCJA.

[274] Article 14 alinéa 3, 4 et 5 : « Saisie par la voie du recours en cassation, la cour se prononce sur les décisions rendues par les juridictions d'appel des États Parties dans toutes les affaires soulevant des questions relatives à l'application des Actes uniformes et des règlements prévus au présent Traité à l'exception des décisions appliquant des sanctions pénales. Elle se prononce dans les mêmes conditions sur les décisions non susceptibles d'appel rendues par toute juridiction des États parties dans les mêmes contentieux. En cas de cassation, elle évoque et statue sur le fond ».

[275] V. not. G. Kenfack Douajni, « L'abandon de souveraineté dans le Traité de l'Organisation pour l'Harmonisation du droit des affaires en Afrique », *Rec. Penant*, 1999, n° 830, p. 125 ; C. Sietchoua Djuitchoko, « Les sources du droit de l'OHADA », *Rec. Penant*, 2003, n° 843, p. 110 ; E. Assepo Assi, « La Cour Commune de Justice et d'arbitrage de l'OHADA : un troisième degré de juridiction ? », *RIDC* , 2005, n°4, p. 943 ; L. Benkemoun, 2003, *op. cit.*

[276] Le garde des sceaux avait saisi la Cour Suprême en tant que juge constitutionnel pour avis au sujet du projet de loi autorisant la ratification du Traité constitutif de l'OHADA (*Rec. Penant*, 2002, p. 116).

juridictionnelle rendue par une juridiction étrangère ou une sentence arbitrale appartient aux seules juridictions nationales et procède également de la souveraineté et de l'indépendance nationale[277] ». Les magistrats de la Cour Suprême du Congo Brazzaville préconisent la révision de l'acte fondamental. Ils relèvent dans ce sens que cet acte fondamental ne contient aucune prescription quant aux modalités de sa révision. Le Conseil des ministres du Congo Brazzaville souhaitant la concrétisation rapide de la qualité de membre de l'OHADA décide, malgré la position de la Cour Suprême, de ratifier le traité le 30 octobre 1998. Car l'analyse de la Cour Suprême, pertinente sur la forme et le principe de l'articulation des dispositions, poussait l'analyse peut-être un peu loin sur le plan de la concession de souveraineté nationale. Les ministres congolais ont choisi de laisser sommeiller cette contradiction « non insurmontable ». Ne risque-t-elle pas en revanche d'être source d'insécurité en pratique si d'autres magistrats revendiquent un même « nationalisme judiciaire »[278] ? Le Conseil Constitutionnel du Sénégal le 16 décembre 1993[279] et la Cour Constitutionnelle du Bénin le 30 juin 1994 n'ont quant à eux pas choisi cette voie de la remise en cause[280].

Ces illustrations montrent que les problématiques d'ordre théorique et sémantique cachent des risques pratiques étant donné l'espace concerné et les représentations nationales ou individuelles de la justice et de son indépendance. En vertu du Traité, la CCJA s'insère dans les dispositifs juridictionnels nationaux. Le choix de l'impact normatif de sa jurisprudence pourrait dépendre de l'interprétation de la valeur supérieure, inférieure ou égalitaire du Traité par rapport aux lois constitutionnelles des États sous réserve du soulèvement de ces problématiques. La sécurité et l'harmonisation juridique par la Justice régionale ne pourraient-elles pas être relativisées par ce système ? Le choix d'un organe judiciaire régional de substitution dont les interlocuteurs de droit sont les

---

[277] La Constitution du Togo contient de semblables dispositions : l'article 113 alinéa 2 dispose que « les juges ne sont soumis dans l'exercice de leurs fonctions qu'à l'autorité de la loi », l'article 120 qualifie « la Cour Suprême de Haute juridiction de l'État en matières judiciaire et administrative » et l'article 124 précise que la chambre judiciaire de « la Cour Suprême a compétence pour connaître des pourvois en cassation contre les décisions rendues en dernier ressort par les juridictions civiles, commerciales, sociales et pénales ».

[278] V. le commentaire M. Placide Moumoudou selon qui il n'existe pas de contradictions textuelles au motif que l'indépendance de la Justice n'empêche pas les « immixtions horizontales ». Il ne s'interroge pas sur l'indépendance des magistrats de la CCJA élus par le Conseil des ministres de l'OHADA (articles 31 et s. T), *Rec. Penant*, 2002, *op. cit.*, p.120).

[279] V. *Rec. Penant*, 1998, p. 225.

[280] Seuls ces trois États ont mis en œuvre le contrôle de constitutionnalité des transferts de légitimité issu des engagements internationaux tel qu'il est prévu dans la plupart des constitutions des États membres. Le raisonnement tenu par les juges constitutionnels du Bénin interpelle sur cette notion de souveraineté nationale en ce qu'il justifie la compatibilité du Traité par la prévision constitutionnelle du pouvoir présidentiel de négocier et ratifier les Traités. Le président est-il perçu comme la figure du pouvoir de l'État souverain ? (B. Boumakani, « Le juge interne et le droit OHADA », *Rec. Penant*, 2002, p. 133). On peut reprendre ici le formule selon laquelle « l'abandon de souveraineté est un acte de souveraineté » (G. K. Douajni, *op. cit.*, p. 125).

personnes et non les institutions publiques et dont les arrêts de cassation ne nécessitent pas d'être corroborés par les juridictions nationales n'est-il pas vecteur d'insécurité juridique ? Dans les contextes judiciaires et administratifs des États membres, n'aurait-il pas mieux valu une organisation judiciaire plus fondée sur des réseaux informatifs et interprétatifs solides[281] ? La critique de cette organisation judiciaire régionale pourrait être atténuée par l'idée d'une accélération des procédures par l'éviction de l'étape du pourvoi en cassation devant les juridictions nationales. Ceci est important dans la perspective du contentieux de droit du travail qui a souvent un caractère alimentaire. Mais comment les justiciables trouveront la possibilité de se rendre au siège de la CCJA à Abidjan[282] ? L'article 19 du règlement de procédure de la CCJA prévoit en revanche que la Cour peut décider de se réunir en d'autres lieux sous réserve de l'accord préalable de l'État concerné. De tels déplacements seront-ils générés par des litiges en matière de droit du travail[283] ?

Les critiques et interrogations sur le système judiciaire de l'OHADA s'amplifient dès lors qu'il s'agit de l'uniformisation du droit du travail qui est caractérisé par la pluralité de ses sources et de leurs champs d'application, par des relations de subordination entre les justiciables, par l'implication des partenaires sociaux et les difficultés d'exécution des décisions de justice[284]. Les commentateurs de l'article 14 du Traité constitutif[285] précisent en outre que « beaucoup d'arrêts d'irrecevabilité ont été rendus (notamment) parce que le conseil du requérant a omis d'annexer au recours en cassation certains documents prévus par l'article 28 du Règlement de procédure ». Qu'en serait-il en matière de litiges de droit du travail ? La procédure orale envisagée par exception à la procédure écrite aux articles 34 à 38 du Règlement de procédure de la CCJA serait-elle adéquate en cette matière ? Qu'en serait-il de l'application

---

[281] Les commentateurs du Traité signalent sur ce point la rareté de l'utilisation par les magistrats nationaux de la possibilité de saisine de la CCJA dans sa fonction consultative qui s'expliquerait par la méconnaissance de cette possibilité et par l'absence de prévisions sur ses effets (B. Gueye et S. Nourou Tall, *op. cit.*, p. 39).

[282] L'article 19 du règlement de procédure de la CCJA du 18 avril 1996 n'institue aucun système d'aide juridictionnelle régional.

[283] Florent Lager évoque le paiement de 20 000 FCFA au greffier pour tout recours devant la CCJA (F. Lager, « Le projet d'acte uniforme OHADA droit du travail du 24 novembre 2006 permettra-t-il de faire rentrer l'économie informelle dans le secteur formel ? », *Rec. Penant*, 2009, n° 866, p. 85).

[284] « On peut souhaiter un droit du travail régional mais je trouve qu'ils ne s'y prennent pas bien. (...) Je trouve qu'appliquer un droit uniforme n'est pas une bonne chose. Si on veut tendre vers un organe supranational, comme Barroso là, qui règlemente l'espace économique européen, tant mieux ! Qu'on donne les moyens pour que les textes entrent en vigueur dans les droits internes. Moi je ne sens pas ça avec le droit Ohada, c'est le droit togolais que j'applique » (Cf. Entretien avec un inspecteur du travail, directeur des normes et des relations de travail, Lomé, 26 novembre 2008 et 12 février 2009). Une école régionale de la magistrature (l'ERSUMA) ayant son siège à Cotonou (Bénin) doit former les magistrats et auxiliaires de Justice au droit uniforme de l'OHADA. Florent Lager (*Rec. Penant*, 2009, op. cit.) évoque le caractère payant de ces formations ainsi que de maigres promotions d'élèves (neuf depuis 2008).

[285] B. Gueye et S. Nourou Tall, *op. cit.* p. 37.

de l'acte uniforme du 11 mars 1999 relatif au droit de l'arbitrage dont l'article 2 ouvre la possibilité de recourir à l'arbitrage dans les matières non commerciales et dont l'article 14 autorise les parties à organiser elles-mêmes la procédure d'arbitrage ?

La branche du droit du travail est inscrite au programme d'harmonisation depuis 1999. Un avant-projet d'acte a été élaboré par Madame Couty Fall en 2003. Désignée pour la rédaction du projet, elle en a présenté le contenu lors de réunions régionales exceptionnellement élargies aux organisations d'employeurs et de travailleurs. Chaque délégation nationale présente à ces réunions illustrerait le tripartisme qui symbolise le droit du travail. De nombreux observateurs ont également assistés à ces réunions et débats : la « Coopération française, PNUD, Bureau international du Travail (BIT), l'UNIDA, la Conférence interafricaine de la Prévoyance sociale (CIPRES), les banques centrales (BCEAO, BEAC), l'UEMOA, la CEMAC, l'Union Européenne et JURISCOPE[286] ». Or, les amendements et débats sur cet avant-projet de 500 articles qualifié à l'époque d'« excellent texte » par certains[287] n'ont pas permis d'aboutir jusqu'à ce jour à un texte commun. L'avant-projet d'actualité au moment de l'adoption du nouveau code du travail togolais est constitué par la version du 24 novembre 2006[288]. Est-ce cette proximité temporelle qui pousse certains à présenter cet avant-projet comme déterminant de cette réforme ? Ou est-ce seulement la dynamique politique nationale d'acceptation du transfert de souveraineté dans cette matière de droit des affaires qui nourrit ce rapprochement ? Nous allons tenter de repérer les liens d'influence possibles dans les dispositions du nouveau code du travail togolais.

2. La mesure de l'influence de l'avant-projet de 2006

La comparaison des évolutions du nouveau code du travail avec le contenu de du projet d'acte de 2006 permettra de dresser un inventaire des éventuelles influences des travaux de l'OHADA sur le législateur. Nous précisons « éventuelles » car, nous l'avons déjà souligné, il est délicat d'avancer des certitudes sur les sources d'inspiration du rédacteur[289]. Nous relèverons que des

---

[286] Voire par exemple les articles en ligne : http://www.ohada.com/infohada_detail.php?article=349# et http://www.ohada.com/infohada_detail.php?article=385#

[287] M. Kirsch, « Un évènement capital pour le droit du travail en Afrique : l'examen d'un avant projet d'acte uniforme de l'organisation pour l'harmonisation du droit des affaires en Afrique (OHADA) », *TPOM*, juillet/août 2003, n° 927-928, p. 121.

[288] La Réunion plénière des Commissions nationales OHADA pour l'examen de cet APA qui s'est déroulée à Lomé du 27 septembre au 2 octobre 2010 a abouti à un nouveau projet de 284 articles qui doit être transmis au Secrétaire général de l'OHADA (M. Koléka Boutora-Takpa. Lettre d'information OHADA du 13 octobre 2010 disponible sur http://www.ohada.com/newsletter.php?news=13102010-1026#).

[289] Voir E. Le Roy sur la notion de système chez Gérard Timsit pour le cadre de l'analyse de la production du droit. Cette notion permet d'interroger les liens de son « exogenèse » avec l'unité de ses centres de production et de ses logiques (E. Le Roy, « Autonomie du droit, hétéronomie de la juridicité, généralité du phénomène et spécificité de ses ajustements », Contribution au séminaire

influences sont probables mais restent timides dans leur teneur (a). Cette tentative d'inventaire permettra en outre d'avancer des hypothèses de rejets de certaines règles envisagées sur le plan régional et de s'interroger sur les raisons de ces rejets (b)[290].

a. Des influences probables mais timides

Le projet d'acte de novembre 2006 comprend 299 articles qui se répartissent en dix titres tandis que le code de décembre 2006 compte 308 articles pour onze titres. Entre 2003 et 2006, le projet d'acte a fait l'objet d'un toilettage conséquent. Si l'option de simplification « évite ainsi le travers d'une énumération très détaillée cherchant à règlementer toutes les situations particulières », elle illustre aussi la délicatesse de l'entreprise d'uniformisation et la « supplétivité » comme méthodologie inévitable[291]. Le législateur togolais ne reprend pas l'organisation thématique préconisée dans l'avant-projet. Malgré l'ambition d'une réaffirmation des droits fondamentaux de l'homme au travail, la loi de 2006 n'attribue aucun titre spécifique à cette notion[292]. L'ancienne nomenclature qui place la question syndicale en première position est maintenue. Ce choix peut découler du caractère fondamental et constitutionnel de la liberté syndicale ou de l'histoire du droit du travail africain parti de l'encadrement des organisations collectives de travailleurs[293]. Ou bien l'État togolais souhaite maintenir une vitrine juridique visible dans un contexte d'exercice instable et complexe de l'activité syndicale. La question du salaire semble devoir bénéficier selon le législateur togolais d'un traitement particulier. Elle est évacuée des dispositions sur les conditions de travail à la différence de l'avant-projet dans lequel le salaire en est une des composantes.

---

international « *Le nuove ambizioni del sapere del guirista : l'antropologia giuridica e la traduttorologia giuridica* », Roma, Accademia Nazionale dei Lincei, 2008).

[290] Cela rejoint le positionnement de W. Capeller (« Droits infligés et « chantiers de survivances », de quel lieu parle-t-on ? », in W. Capeller et T. Kitamura (dir.), *Une introduction aux cultures juridiques non occidentales*, Bruylant, 1998, p. 13) sur l'analyse contemporaine de l'acculturation juridique en Afrique. Le phénomène d'acculturation devrait être aujourd'hui appréhendé dans sa dimension d'accueil d'influences extérieures plus que dans son acception d'exogénéité de la production normative.

[291] V. F. Lager, *op. cit.* ; J.-M. Béraud, *Étude préalable à l'adoption d'un Acte uniforme en Droit du Travail dans le cadre de l'Organisation pour l'Harmonisation en Afrique du Droit des Affaires (OHADA)*, OIT, 2003, p. 14.

[292] Le titre 1 du projet de novembre 2006 s'intitule « dispositions générales et droits fondamentaux ». Le nouveau projet issu de la réunion plénière des commissions nationales OHADA du 27 septembre au 2 octobre 2010 maintient cette notion dans l'énoncé de son titre 1 qui est désormais : « champ d'application et droits fondamentaux ». Ce nouveau titre 1 se démembre désormais en deux chapitre dont un spécifique aux droits fondamentaux.

[293] « De nouvelles collectivités s'organisent « où le travailleur puise la conscience de ses possibilités et de ses droits ». La constitution d'un salariat rend inéluctable l'édiction d'une règlementation moderne » (P.F. Gonidec, *Droit du travail des Territoires d'Outre Mer*, LGDJ, 1958, p. 44). La codification des lois ouvrières pour la métropole plaçait les groupements professionnels au livre III aux termes de la loi du 25 février 1927

La loi togolaise contient dans ses dispositions générales l'interdiction du travail forcé ou obligatoire. La définition générale et le principe d'interdiction du travail forcé ou obligatoire est identique à celle de l'article 3 du texte en projet de 2006. La définition est celle qui découle de l'article 2 de la Convention n° 29 de l'OIT. Le travail forcé ou obligatoire était traité par la loi coloniale en 1952 en tant qu'interdiction absolue, supprimée du code du travail de 1974. En 2006, le code togolais pose à nouveau le principe de l'interdiction et ajoute dans cette disposition générale le caractère pénal de la violation de cette interdiction[294]. Le projet OHADA de 2006 précise également la sanction pénale attachée à cette violation en son article 283. Le législateur togolais va plus loin qu'en 1952 en posant expressément les cas pour lesquels la réquisition de travailleurs ne constitue pas un travail forcé ou obligatoire[295] dans le sens des dispositions de la Convention n° 29. Le législateur choisit néanmoins de ne pas mentionner l'option d) de l'article 2 de cette norme internationale en vertu duquel les « menus travaux de village exécutés dans l'intérêt direct de la collectivité (…) » ne sont pas considérés comme travail forcé. Cette disposition internationale assimile ces travaux particuliers à « des obligations civiques normales ». Le législateur togolais a peut-être considéré inutile de la reprendre puisqu'il mentionne déjà que la notion de travail forcé ne concerne pas « tout travail ou service d'intérêt général faisant partie des obligations civiques des citoyens, telles qu'elles sont définies par les lois et règlements ». Cet extrait montre en outre que le droit togolais reprend mais reformule l'article 2 b) de la Convention n° 29 qui exclut « tout travail ou service faisant partie des obligations civiques normales des citoyens d'un pays se gouvernant pleinement lui-même[296] ». Ces exclusions explicites de la notion de travail forcé ne sont pas contenues dans le projet d'acte de 2006 dont l'influence semble limitée à la réaffirmation de l'interdiction générale dans le code du travail togolais. Le législateur togolais choisit en effet l'option de la précision à la différence du projet d'acte OHADA de 2006, ce qui minimise encore davantage l'influence[297].

---

[294] Amende de 100 000 à 1 million de FCFA et emprisonnement de 3 à 6 mois (article 301 du code du travail de 2006). Si les dispositions générales des Codes de l'espace OHADA contiennent ce principe d'interdiction et la reprise de la définition, ils n'y joignent pas pour la plupart le principe de la sanction pénale. Seul le code ivoirien de 1995 pose la pénalisation de cette interdiction au sein de ses dispositions générales.

[295] Source de débats en 1952, certains députés craignaient qu'une telle disposition puisse créer un climat psychologique fâcheux et notaient que les militaires et travailleurs des prisons disposaient d'une règlementation tandis qu'en cas de certaines calamités « les hommes d'outre-mer étant spontanés », il serait désobligeant d'instituer une obligation juridique (P. Huguet, *Code du Travail d'Outre-Mer, texte et commentaires*, Librairie du Recueil Sirey, 1953, p. 6).

[296] Cette disposition est reprise mot à mot dans le nouveau projet d'acte de 2010.

[297] Sur ce point, il apparaît même que le rapport d'influence est inversé aujourd'hui ; car le projet OHADA d'octobre 2010 remédie à l'aspect lacunaire de sa disposition de 2006. Son nouvel article 3 reprend pratiquement mot pour mot la Convention n° 29 de l'OIT sauf en ce qu'il procède à la « modernisation » de l'exception rattachée à une condamnation issue d'une décision judiciaire. Le nouveau projet régional intègre identiquement les menus travaux de village. Ainsi, cette version reprend pratiquement la norme internationale. Ce choix méthodologique semble être lié au fait que

Parmi les nouveautés du code de 2006 dans la dynamique de l'OHADA, il pourrait être avancé la fixation à 15 ans de l'âge minimum légal de travail. L'article 5 de la version de 2006[298] du projet pose en effet cette règle mais la soumet à la « réserve des dérogations résultant des conventions internationales ratifiées par les États parties ». Cette précision renvoie à la Convention n° 138 de l'OIT sur l'âge minimum qui est établi à quinze ans en laissant la possibilité en son article 2 4. pour les Membres dont « l'économie et les institutions scolaires ne pas assez développées » de « spécifier en une première étape un âge minimum de quatorze ans ». Le choix du passage de quatorze à quinze ans par le législateur togolais ne peut en outre s'être fait sous l'influence de l'avant-projet de l'OHADA qui ne prétend pas se substituer aux choix de ratification offerts par la Convention n° 138. L'influence OHADA sur ce point en résulte limitée.

L'affirmation du principe de non discrimination dans les dispositions générales et introductives du nouveau code du travail togolais rappelle aussi la version de 2006 du projet d'acte OHADA. Mais l'influence peut être plurielle car elle en appelle aussi aux principes et droits fondamentaux de l'OIT. La consécration du principe de non discrimination peut révéler une influence du projet OHADA mais les similarités sont moins substantielles que formelles. En effet, l'article 3 du nouveau code du travail apporte une définition plus complète de la discrimination. Le projet d'acte uniforme de 2006 se contente d'interdire « toute discrimination en matière d'emploi et de conditions de travail fondée notamment sur la race, la couleur, le sexe, la religion, l'opinion politique, l'ascendance nationale ou l'origine sociale ». Le législateur togolais démembre quant à lui la notion de discrimination entre celle directe et celle indirecte. Il la définit comme toute « distinction, exclusion ou préférence (...) qui a pour effet de réduire ou d'altérer l'égalité de chance ou de traitement en matière d'emploi et de profession ». Il pose la nullité de plein droit de toute discrimination formalisée dans un écrit. Enfin, la disposition du Togo ajoute l'appartenance ethnique, l'opinion philosophique, le statut juridique ainsi que l'état de santé ou de handicap parmi les raisons possibles de la discrimination. Ainsi, l'affirmation générale du principe constitue ici aussi le seul point de

---

les droits nationaux concernés présentent de nombreuses disparités sur cette question. Par exemple, les codes béninois, ivoirien et nigérien ne mentionnent pas les circonstances exclues de la notion de travail forcé. Le code burkinabé de 2008 énumère des exemples concrets de recours au travail forcé interdit : par exemple, « méthode de mobilisation et d'utilisation de la main-d'œuvre à des fins politiques » et « mesure de discipline au travail ». Certains droits mentionnent des travaux communautaires, communaux ou villageois. Le code malien mentionne par exemple les travaux pour la collectivité à la condition de l'acceptation des membres. Le droit comorien ne mentionne pas le cas du prononcé judiciaire d'une condamnation pénale.

[298] Article 4 de la version de 2010.

convergence possible entre le nouveau code de 2006 et la version de l'époque du projet d'acte OHADA[299].

D'autres points de convergence entre le projet d'acte uniforme de 2006 et le nouveau code togolais peuvent être évoqués. Par exemple, l'article 43 du code de 2006 pose la règle générale de l'écrit pour le contrat de travail à durée déterminée[300], l'article 143 consacre le travail à temps partiel dans l'esprit de l'article 25 du projet d'acte. Néanmoins, la loi togolaise est très concise sur la question du temps partiel. Elle place cette notion à l'article 143 situé dans le chapitre sur la durée du travail et se contente d'affirmer la règle de l'écrit et la notion d'heures complémentaires. Elle renvoie à un arrêté ultérieur pour les autres modalités[301]. Est-ce que le législateur togolais a inséré l'article 76 sur la modification du contrat de travail en vue de se rapprocher du projet d'article 36 de l'OHADA ? Le code de 1974 ne contenait aucune mention ayant trait à la notion de modification substantielle, seule la modification dans la situation juridique de l'employeur apparaissait. Désormais, l'article 76 mentionne l'obligation de notification écrite par la partie qui envisage une « modification de caractère individuel apportée à l'un des éléments du contrat ». Si cette modification est substantielle et qu'elle est refusée, la rupture du contrat sera imputable à la partie qui en a pris l'initiative. Cette innovation peut être rapprochée de l'article 36 du projet OHADA de 2006 mais l'analyse comparative révèle une limite à ce rattachement. Le projet précise et encadre l'hypothèse du relevé de l'abus dans cette rupture contractuelle. Pour qualifier l'abus, le magistrat doit rechercher si l'intérêt de l'entreprise justifiait la modification. Ce critère inséré dans le projet n'est pas présent dans le code togolais qui se contente d'affirmer l'imputabilité de la rupture en cas de modification substantielle.

Le chômage technique apparaît dans la législation du travail à l'article 56 au sein de la section sur la suspension du contrat de travail. L'avant-projet de 2006 en traite dans une section particulière constituée du seul article 35 qui préfère l'expression « chômage technique et économique » et mentionne la nécessité de l'avis de l'inspecteur du travail. On retrouve cet élément procédural à l'article 56 du code togolais qui attribue néanmoins un pouvoir de d'appréciation de l'inspecteur quant au bien-fondé de la mesure de chômage technique. Ainsi, le législateur togolais ne paraît pas souhaiter accorder à la subjectivité de

---

299 Le projet de 2010 reste peu descriptif en comparaison avec le code togolais. Néanmoins, son nouvel article 6 s'est enrichi des exemples de l'ethnie et de l'appartenance syndicale comme fondements de discrimination. Il ne contient plus en revanche celui de l'origine sociale. Il contient désormais le cas particulier de la maladie qui était distinctement traité dans l'ancien projet.

300 La règle générale de l'article 37 qui rend obligatoire la notification de l'engagement pour tout travailleur dans les 15 jours institue une règle générale « relativisée » d'écrit absente du projet OHADA.

301 L'avant-projet d'acte de 2006 y consacre une sous-section entière et établit des règles chiffrées pour sa qualification et celle des heures dites complémentaires. Le principe de l'accord du salarié et celui de l'égalité de traitement sont en outre mentionnés.

l'employeur la place qui découlerait de la disposition assez libérale de l'avant-projet. Ceci ressort également des définitions de la notion de chômage technique. L'avant-projet se contente d'évoquer des « causes conjoncturelles, économiques ou accidentelles » tandis que le droit togolais insiste sur la gravité de ses effets[302]. Si le projet OHADA mentionne l'avis obligatoire des délégués du personnel lorsqu'ils existent, il demeure néanmoins assez concis, ceci d'autant que le renvoi qu'il fait à la règlementation étatique ne concernerait que la fixation des durées et modalités d'indemnisation[303].

Un document de synthèse des innovations de 2006 présente le nouvel article 136 modifiant l'ancien article 103 comme le résultat de la volonté « d'assurer une harmonie avec les termes du code OHADA[304] ». Cet article encadre les modalités de retenue sur les salaires. Des prélèvements obligatoires, des remboursements de sommes versées en vertu d'une cession de salaire régulièrement consentie et des consignations prévues par des contrats ou conventions sont autorisés. En dehors de ces cas, les retenues ne peuvent découler que d'une saisie-attribution des créances, par cession volontaire souscrite sous contrôle de l'inspecteur du travail ou du président du tribunal en cas de remboursement d'avances et en cas d'institution légale ou règlementaire de sociétés de secours mutuel emportant cotisation du travailleur. Les acomptes ne sont pas des avances. L'harmonie recherchée avec le dispositif OHADA apparaît assez relative car si l'article 130 du projet révèle un encadrement de la libre disposition du salaire, il est à noter qu'il va moins loin que le législateur togolais : le projet évacue l'intervention éventuelle de l'inspecteur du travail comme le code togolais supprime la substitution éventuelle d'autorités administratives. Le projet envisage expressément la possibilité de retenue de salaire au titre du prélèvement obligatoire des cotisations syndicales, système banni du nouveau code de 2006[305]. Ainsi, le rapprochement entre les deux textes s'agissant des retenues sur le salaire est ici aussi bien difficile.

Ces quelques exemples d'une éventuelle filiation entre le projet de l'OHADA et le nouveau code du travail togolais en montrent la relativité[306]. Beaucoup de

---

[302] Le fonctionnement de l'entreprise doit être rendu économiquement ou matériellement impossible.

[303] Le droit togolais va plus loin en envisageant la possibilité d'une suspension partielle sous ce motif, limite sa durée à deux mois, libère le travailleur des obligations liées à la procédure de démission mais aucune règle sur l'indemnisation n'est précisée.

[304] Tableau comparatif remis par un juriste consultant universitaire, *op. cit.*

[305] Il est en outre étonnant de voir apparaître le système du *check off* qui, avec le développement des pluralismes syndicaux fut très souvent supprimé. Sur ce point, Jean-Marc Béraud (OIT, *op. cit.*) préconisait d'ailleurs en 2003 « qu'il pourrait donc être envisagé soit d'interdire le précompte des cotisations, soit de ne rien prévoir dans l'acte uniforme, ce qui permettrait le maintien des législations nationales dans la mesure où elles sont en conformité sur ce point avec les conventions de l'OIT». L'article 128 du projet de 2010 maintient cette possibilité de retenue des cotisations syndicales.

[306] Il aurait été possible d'envisager la consécration par le législateur du licenciement irrégulier ou du préavis de grève. S'agissant du préavis de grève, l'article 270 nouveau pose l'obligation du dépôt

nouveautés de 2006 sont en outre rattachables à des dispositions du projet d'acte qui renvoient elles-mêmes aux conventions internationales du travail et aux règlementations des États membres de l'OHADA[307]. La poursuite de l'analyse comparative ne permettrait-elle pas de mettre davantage en lumière quelques contradictions entre les deux textes, contradictions qui pourraient signifier des marques de rejet chez le législateur de certains positionnements normatifs révélés par le projet de l'OHADA ?

b. Des contradictions avec le projet de l'OHADA

Le législateur togolais a allongé le titre premier du code du travail mais la définition du travailleur de l'article 2 est inchangée par rapport à celle qui résultait des codes de 1952 et 1974. Cette définition du travailleur est reprise dans l'article 2 de l'avant-projet de 2006 : le travailleur est, « quels que soient son sexe et sa nationalité, toute personne qui s'est engagée à mettre son activité professionnelle, moyennant rémunération, sous la direction et l'autorité d'une autre personne, physique ou morale, publique ou privée, appelée employeur[308] ». On peut être quelque peu surpris d'une analyse de cet article affirmant que la définition du travailleur ambitionnée par le projet illustrerait une manifestation de vouloir considérer et prendre en compte le secteur informel[309]. Le projet de 2006 manifeste en réalité la reprise des dispositions de la majorité des codes nationaux des États parties au Traité de l'OHADA[310]. Si cette définition du travailleur permet l'hypothèse d'une ouverture aux travailleurs du secteur « informel », le lien d'influence entre l'OHADA et le législateur national est inversé. Le projet de droit OHADA n'a fait que reprendre la définition du travailleur telle que constituée depuis le CTOM de 1952.

---

d'un préavis de 5 jours notifié par l'organisation syndicale à l'employeur et à l'inspecteur du travail. Or, l'article 244 du projet de 2006 pose une durée de préavis de 20 jours et envisage l'absence d'organisation syndicale à l'origine du mouvement ce qui place les dispositions en contradiction. Pour l'introduction du licenciement irrégulier, l'article 60 du nouveau code togolais n'insère pas le cas du licenciement pendant le congé et fixe le montant l'indemnisation à ce titre à six mois maximum de salaire contre deux mois dans le projet.

[307] On peut penser ici à l'introduction des nouveaux délégués syndicaux, au passage du mandat des délégués du personnel de un à deux ans ou à l'obligation du règlement intérieur dans les entreprises de plus de 11 travailleurs au lieu de 20.

[308] L'article 2 du nouveau projet de 2010 reprend la même définition en supprimant l'expression « quels que soient son sexe et sa nationalité ».

[309] « L'article 2 du projet de 2006 nous paraît résumer la volonté des rédacteurs de l'Acte uniforme. Ils ont visiblement souhaité que ce dernier s'applique à l'ensemble des travailleurs sans distinction du secteur formel et informel puisque le travailleur est défini, indépendamment de son sexe et de sa nationalité comme *toute personne qui s'est engagée à mettre son activité professionnelle, moyennant rémunération, sous la direction et l'autorité d'une autre personne physique ou morale, publique ou privée, appelée employeur.* L'alinéa 2 de cet article mérite d'être remarqué car il précise que *pour la détermination de la qualité de travailleur, il ne sera tenu compte ni du statut juridique de l'employeur, ni de celui du travailleur.* Cette dernière disposition nous paraît se référer indifféremment au secteur formel ou informel » (F. Lager, *op. cit.*, p. 85).

[310] L'article L1 du code malien (L1) ajoute « laïque ou religieuse » pour la personne de l'employeur

Le législateur de 2006 a choisi de maintenir la disposition générale selon laquelle la nouvelle loi prime sur toutes les dispositions sauf les clauses des contrats et conventions plus favorables au travailleur[311]. Le projet d'acte de novembre 2006 reprend le principe dit d'« ordre public social » pour déterminer les conditions de l'application du texte. Il s'agit des articles 295 et 298 séparés par l'article 296 qui affirme l'abrogation de « toutes les dispositions relatives aux matières que l'acte concerne dans les États Parties » et l'article 297 sur les modalités normatives d'application de l'acte. L'article 295 concerne l'articulation de l'acte avec les dispositions des contrats individuels en cours tandis que l'article 298 concerne son articulation avec les dispositions des conventions et accords collectifs. Pour les contrats comme pour les conventions et accords, se maintiennent les clauses qui ne sont pas contraires à l'acte ainsi que celles qui y sont plus favorables. Pour l'articulation de l'acte et des dispositions nationales existantes, le projet retient l'ordre public social auquel il ajoute le critère de la non-contradiction. Ces précisions ne risquent-elles pas d'amoindrir l'efficacité du futur texte ? Elles laissent présager quelques difficultés d'interprétation des règles applicables en cas de conflit de textes.

Le législateur togolais crée un chapitre IV consacré au règlement intérieur dans le titre sur le contrat de travail tandis que l'ancien code n'en faisait état que dans l'article 31 de la section « de la conclusion et de l'exécution du contrat ». Notons que le projet d'acte traite du règlement intérieur au sein d'un chapitre IV dans le titre sur les conditions de travail. Sur le fond, la loi ne reprend pas le contenu du règlement intérieur tel que préconisé par le projet OHADA de 2006. L'article 87 du nouveau code limite le contenu du règlement intérieur aux règles relatives à l'organisation technique du travail, à la discipline et aux prescriptions relatives à l'hygiène, la sécurité et la santé tandis que l'avant-projet y ajoute les modalités de paiement du salaire et ignore l'hygiène. L'ajout des modalités de versement des rétributions aux travailleurs au sein des dispositions du règlement intérieur pourrait relever selon nous d'une transformation des règles présentes dans les codes du travail africains telles que celle de l'article 127 du code togolais. Il concerne les obligations de versement régulier du salaire et évoque l'existence d'usages de professions pouvant fonder des dérogations par arrêté. Le projet OHADA de 2006

[311] Article 5 du code du travail de 2006 (article 2 al. 3 du code du travail de 1974 et 1 dernier alinéa du CTOM). Le code du Bénin y ajoute les décisions unilatérales de l'employeur en son article 7 tandis que l'article 13 du code gabonais ajoute la notion d'usages. L'article 12 de ce même code spécifie la prévalence de l'interprétation la plus favorable en cas de doute sur l'application d'une norme légale, règlementaire ou conventionnelle. Le droit ivoirien contient un article 6 similaire qui suit celui affirmant le caractère d'ordre public du droit du travail et reprend les décisions unilatérales et la notion d'usages. D'autres codes comme ceux du Niger ou des Comores parlent d'avantages en général.

substituerait-il les renvois aux règlementations étatiques par celui aux libertés d'organisations patronales[312] ?

Le législateur togolais consacre en 2006 le harcèlement au travail. Le nouvel article 40 s'insère dans le chapitre sur la formation et l'exécution du contrat tandis qu'il est traité à l'article 12 du projet de 2006, à la fin du premier titre. Cet article pose le principe de l'interdiction de « tout harcèlement moral ou sexuel au travail résultant de conduites abusives et répétées de toute origine ». L'article 11 qui le précède interdit la « violence » définie comme « une situation de fait où un travailleur est persécuté, menacé ou agressé moralement ou physiquement à l'occasion de l'exécution du contrat de travail ». L'articulation de ces deux dispositions pose la question de savoir si le harcèlement moral et/ou sexuel constituerait une forme de violence dont le caractère répété lui attribuerait cette qualification particulière ou si les deux notions se confondent[313]. Le législateur togolais ne s'est pas engagé sur ces distinctions et n'a en outre pas tenté de considérer l'aspect psychique de la notion de harcèlement. Seul le harcèlement sexuel est traité, défini et sanctionné par le code togolais[314]. Ceci ne manifeste-t-il pas la marque d'une représentation particulière de la notion de violence en vigueur au Togo ? L'aspect psychologique de cette dernière en tant que contributive d'une dégradation de la santé peut-il être à ce jour explicitement traité ? Il ne s'agit pas de porter l'affirmation d'une violence psychologique non vécue par les travailleurs togolais mais plutôt d'une violence non conscientisée en termes de responsabilités[315]. La plupart des législations nationales de seconde génération ne mentionne pas le « harcèlement »[316]. Le terme même de « harcèlement » pose

---

[312] L'article 110 du projet de 2010 est identique : « son contenu est exclusivement limité aux règles relatives à l'organisation technique du travail, à la discipline, aux prescriptions concernant la santé et la sécurité au travail et aux modalités de paiement du salaire. Toute autre clause, notamment celle relative à la fixation de la rémunération, est nulle de plein droit ».

[313] Un seul article 288 selon lequel toute personne qui « intentionnellement est l'auteur de violence au travail ou à l'occasion du travail » encourt une sanction pénale permettrait d'interpréter une équivalence des notions car il ressort l'idée d'un traitement indifférencié de ces deux circonstances. Le projet d'acte OHADA de 2010 reprend de façon identique dans son article 8 l'interdiction des deux formes de harcèlement ainsi que celle de la violence.

[314] En vertu de l'article 40, « aucun salarié ne peut être sanctionné ni licencié pour avoir subi ou refusé de subir les agissements de harcèlement d'un employeur, de son représentant ou de toute autre personne qui, abusant de l'autorité que lui confèrent ses fonctions, a donné des ordres, proféré des menaces, imposé des contraintes ou exercé des pressions de toute nature sur ce salarié dans le but d'obtenir des faveurs de nature sexuelle à son profit ou au profit d'un tiers ». Son article 301 prévoit une sanction pénale.

[315] Des décisions de justice prennent parfois en compte la dimension morale des litiges. Cela ressort de l'évaluation de « dommages tant matériels que moral » (Trib. Trav., n° 017/07 du 13 février 2007, inédit). Un jugement n° 117/2008 du 17 juin 2008 (inédit) mentionne des agissements dans un « but purement malicieux ». Il arrive aussi que le requérant invoque le harcèlement (Trib. Trav., n° 131/06 du 3 octobre 2006, inédit). Un arrêt de la Chambre sociale de la Cour d'appel rendu en 2008 (extraits, inédit) prononce la réparation du préjudice moral « justifiée par la brutalité de la mesure ».

[316] Les codes du travail adoptés dans les années 1990 sont en effet muets sur cette question. Seul le droit gabonais invite en 1994 les négociateurs des conventions collectives à prévoir des mesures de

quelques problématiques de qualification[317]. Il est donc difficile d'imaginer quelle serait l'approche des inspecteurs ou juges pour son aspect moral. La plupart des agents de l'administration du travail soulignent la dimension culturelle de la difficulté d'application de la notion de harcèlement ainsi que leur préférence pour des règlements amiables de tels conflits. Notons d'ailleurs que le Professeur Jean-Marc Béraud[318] relevait principalement la prise en compte du harcèlement sexuel pour n'évoquer le harcèlement moral que sous la problématique du VIH-Sida.

La dynamique OHADA met en avant la question du VIH-Sida. Il est intéressant de relever l'absence totale de prise en compte explicite de cette maladie dans les dispositions du code togolais de 2006. L'article 10 du projet de 2006 – comme l'article 6 de la version de 2010 – présente la discrimination envers un travailleur atteint d'une « maladie grave, notamment le VIH-Sida, mais présentant les aptitudes professionnelles requises pour occuper un emploi ». Le législateur togolais ne choisit pas d'appréhender explicitement ce cas de maladie[319]. Est-ce par rejet de l'omniprésence de ce fléau dans les discours sur la condition africaine, par logique de considération égalitaire de toutes les maladies graves ou par renvoi implicite à la législation particulière de 2005[320] sur le VIH-Sida dont les articles 27 à 30 traitent de la protection des travailleurs[321] ?

Une disposition originale du projet OHADA réside dans son article 4 qui institue un droit à l'expression : « les employeurs, les travailleurs et leurs représentants jouissent d'un droit à l'expression sur le contenu, les conditions d'exercice et l'organisation du travail ». L'originalité de ce texte tient du questionnement qu'il éveille quant à la nécessité et aux motivations de cette affirmation. L'article L5 du code du travail malien dispose aussi de ce droit mais d'une façon beaucoup plus réduite : « dans les entreprises, les travailleurs

---

protection contre le harcèlement sexuel. Le code du Burkina Faso issu de la loi n° 033-2004/AN du 14 septembre 2004 faisait obligation à l'employeur d' « interdire toute forme de violence physique ou psychique ou tout autre abus en raison des relations de travail, notamment le harcèlement sexuel ». Le nouveau code burkinabé issu de la loi 028-2008/AN du 13 mai 2008 dispose de façon similaire en son article 36 en obligeant l'employeur à interdire « toute forme de violence physique ou morale, ou tout autre abus, notamment le harcèlement sexuel ».

[317] « Les problèmes de harcèlement c'est complexe et c'est difficile à qualifier. C'est pareil à Lomé. Dans notre culture, nous n'avons pas eu cette façon de dire clairement les choses. Et souvent quand on dit que ça nous est arrivé, on trouve ça comme normal, c'est banalisé (…) » (Cf. Entretien avec la directrice régionale du travail à Atakpamé, région des Plateaux, 15 janvier 2009).

[318] J.-M. Béraud, *op. cit.*

[319] L'article 3 du code du travail de 2006 sur la discrimination se contente de mentionner la cause éventuelle de « l'état de santé ou de handicap ».

[320] Loi n° 2005-012 portant protection des personnes en matière de VIH-Sida.

[321] Le code du Burkina Faso de 2008 attribue quant à lui une place importante à la question du VIH-Sida. Ce cas particulier est mentionné dans les articles 38, 71, 257 et 261 relatifs à la discrimination, aux exemples de licenciements abusifs, aux attributions des services de santé et à l'interdiction de tout test de dépistage. Le législateur burkinabé s'est peut-être inspiré en 2008 du projet de l'OHADA mais est allé beaucoup plus loin dans la considération particulière de la maladie du VIH-Sida.

bénéficient d'un droit à l'expression sur le contenu, les conditions d'exercice et l'organisation du travail à travers les institutions représentatives de travailleurs ». Cette disposition limite en réalité la liberté d'expression dans l'entreprise au droit de la représentation collective. La disposition du projet d'acte de l'OHADA rappelle davantage les dispositions du code du travail français issues de la loi Auroux du 4 août 1982 qui distinguent l'expression directe et collective du droit de la représentation[322]. Comparativement, le projet d'acte donne une définition très large sans préciser les modalités de mise en œuvre du droit individuel ou les garanties contre d'éventuelles mesures disciplinaires. L'ambition du projet est-elle de contrecarrer l'unique disposition africaine qui encadre strictement, voire neutralise en partie, son exercice ou d'ouvrir vers des créations nationales de ce type à l'image du droit d'expression directe et collective français[323] ? Le législateur togolais en 2006, comme le législateur burkinabé en 2008, ne choisissent pas cette voie de l' « affirmation – restriction » qui constitue une modalité parfois critiquée de la production du droit[324].

Les exemples de non prise en compte du projet de l'OHADA par le législateur togolais pourraient être multipliées : éviction de la disposition spécifique sur la discrimination syndicale[325], absence de dispositions sur les modalités de calcul des dommages et intérêts en cas de licenciement abusif[326], fixation de la durée du CDD à quatre ans « tout renouvellement compris » contre deux ans renouvelable une fois, absence de précision sur le délai de carence, maintien du

---

322 La loi Auroux du 4 août 1982 crée le « droit d'expression des salariés ». Une loi du 26 juillet 1983 puis la loi du 3 janvier 1986, et enfin l'ordonnance de 2007 modifient les dispositions. « Les salariés bénéficient d'un droit à l'expression directe et collective sur le contenu, les conditions d'exercice et l'organisation de leur travail ». L'expression directe et collective des salariés « a pour objet de définir les actions à mettre en œuvre pour améliorer leurs conditions de travail, l'organisation de l'activité et la qualité de la production dans l'unité de travail à laquelle ils appartiennent et dans l'entreprise ». L'exercice de ce droit ne peut motiver une sanction ou un licenciement et doit être mis en œuvre sur les lieux et pendant le temps de travail selon des modalités définies par accord dans les entreprises comportant une ou plusieurs sections syndicales (articles L 2281-1 à L2281-12 du code du travail français).

323 M. Kirsch présente en 2003 une disposition proche de la version française du droit d'expression : un « droit à l'expression directe et collective » en vertu duquel les « avis que les travailleurs, quelle que soit leur place dans la hiérarchie professionnelle, émettent dans l'exercice du droit d'expression, ne peuvent motiver une sanction » (M. Kirsch, *TPOM*, *op. cit.*, p. 121).

324 La création en France de ce droit d'expression comme « droit individuel d'exercice collectif » révèlerait une extension de la place du salarié individu et de son droit à la participation. Certains voient dans la modalité collective obligatoire de l'exercice de ce droit une garantie de « liberté de propos assurée par la présence des camarades du travail » (J. Pélissier, A. Jeammaud, A. Supiot, *Droit du travail*, 21e édition, Dalloz, 2002, p. 998). Néanmoins, la formulation de ce droit a pu conduire à des restrictions regrettables par les magistrats. Par exemple, au sujet de propos tenus hors de l'entreprise (Cour de cassation, Soc. 16 mars 1993, Dr. Soc., 1994, p. 42) ou au sujet d'une lettre adressée à l'employeur (Cour de cassation, Soc. 28 avril 1994, Bull. Civ., n° 159), la Cour de Cassation a considéré qu'il y avait abus de la liberté d'expression du salarié.

325 Article 198 du projet d'acte de 2006 et 196 du projet de 2010.

326 Article 47 alinéa 6 du projet de 2006 et 46 alinéa 6 du projet de 2010 : un mois maximum par année d'ancienneté et au minimum de trois mois.

visa de l'inspection du travail pour les CDD de plus d'un mois, pas de reprise de la possibilité pour la femme enceinte de proposer de maintenir son travail durant son congé de maternité, des délais différents, pas de consécration du principe de la rupture amiable du contrat avec possibilité de transaction, ni de l'entretien préalable au licenciement[327] ainsi que de la formation professionnelle continue etc. Le législateur togolais ne consacre également pas le travail temporaire dans le cadre des entreprises d'intérim et maintient la notion de « tâcheronnat » que le projet OHADA de 2006 dénomme « sous-entreprise ». Le code togolais[328] conserve le libre choix de recourir à la procédure de règlement amiable d'un litige individuel devant l'inspecteur du travail avant de saisir le tribunal à la différence du projet d'acte de 2006 qui en fait un préalable obligatoire[329].

Malgré l'affirmation d'une volonté d'ancrage dans le dynamisme actuel de l'OHADA, le code du travail adopté au Togo révèle de nombreuses contradictions avec les ambitions normatives de l'OHADA pour le droit du travail africain. Nous avons tenté de saisir les possibles fondements de ces disparités relevées. Il en ressort qu'elles se classifient difficilement dans l'une ou l'autre approche possible du droit du travail dans le contexte de l'économie de marché que sont la libéralisation et la flexibilisation du droit ou le rôle protecteur du droit du travail en contexte libéral. Certains campements ou choix de positionnement peuvent manifester une volonté de maintien d'un contrôle et interventionnisme étatiques voire un rejet de certaines normes libérales tandis que d'autres donnent l'impression d'une évacuation de certaines normes ou précisions protectrices. Ainsi, le législateur togolais semble-t-il partagé entre flexibilisation et contrôle de la relation de travail bien qu'une affirmation clairement exprimée au sujet des ambitions de ce nouveau code togolais de 2006 soit celle d'une prise en compte des objectifs de développement économique dans le contexte international de la globalisation. Si nous notons que le droit togolais ne s'adonne que timidement à reprendre le projet d'acte uniforme de 2006 qui s'inscrit dans cette dynamique[330], d'autres modalités de prise en compte de la mondialisation de l'économie ont pu animer le législateur de 2006[331].

---

[327] L'obligation de la notification de la lettre de licenciement à l'inspection du travail est toutefois maintenue.

[328] Articles 225 à 229 du code du travail de 2006 (Article 193 du code du travail de 1974).

[329] Article 226 du projet de 2006 et de 2010.

[330] A. Nononsi évoque sur le projet OHADA un possible vecteur pour l' « efficacité économique du droit du travail » et la « protection des droits fondamentaux » (A. Nononsi, « Les mutations de l'État postcolonial et l'évolution du droit du travail en Afrique francophone : de la protection des travailleurs aux droits de l'homme au travail », *Rec. Penant*, 2010, n° 871, p. 221).

[331] « Le ministre du Travail a fait noter que les mutations de l'économie mondiale et les contraintes du développement national exigent que le monde du travail togolais devienne plus flexible afin de s'adapter aux évolutions profondes d'un monde de plus en plus intégré » (Compte-rendu, CCI Togo, 2007, *op. cit.*).

§2 – La volonté d'intégration de la mondialisation de l'économie

Certains acteurs togolais associent les concepts de flexibilité, liberté et efficacité économique pour justifier la réforme de 2006[332]. Le processus de 2006 aurait été animé par la nécessité d'une adaptation au contexte économique international. Cette explication nous renvoie au discours international qui porte sur la mesure de l'efficacité économique – ou de l'attractivité – des droits nationaux et notamment des droits du travail. Tentons de rechercher si un objectif d'efficacité économique du droit du travail se vérifie au sein de la réforme de 2006 (A). Le discours international contemporain de l'efficacité économique du droit est socialement accompagné par celui des objectifs mondiaux du millénaire (OMD). Ce programme international constitue un fondement récurrent de mobilisation des autorités et des acteurs de la société civile au Togo. Ce cadre de lutte pour la réduction de la pauvreté impliquant « une attention particulière portée aux personnes les plus vulnérables » justifierait la prise en compte des personnes handicapées dans le code du travail[333] ce qui nous appelle à envisager d'autres indices éventuels de prise en compte de ce discours dans la réforme de 2006[334] (B).

A. La recherche d'un droit du travail efficace

Avant de rechercher des indices de sa formalisation au sein de l'évolution du droit togolais du travail en 2006 (2), il convient de présenter la teneur actuelle du discours sur l'efficacité du droit du travail pris en tant que paramètre de réussite économique étatique, nationale et internationale (1).

1. Le discours contemporain sur l'efficacité

La dimension économique de l'analyse du droit, notamment du droit du travail, occupe une place considérable dans la recherche scientifique au moins depuis les années 1960 sous l'impulsion de l'École de Chicago, en particulier de la publication de *The Problem of social coast* de Ronald Coase en 1960[335]. Cette

---

[332] Le compte-rendu du séminaire du CNP (*ibid.*) relate le propos du vice-président du CNP selon qui « le nouveau code du travail (a) mis à la disposition du monde du travail un cadre moderne et efficace de gestion des relations de travail ».

[333] Tableau comparatif remis par un juriste et consultant universitaire, *op. cit.*

[334] Un document cadre de politique de l'emploi de 2004 relève par exemple que « dans le code du travail, les seules références à l'emploi sont relatives au placement, à l'embauche, au contrat de travail et à l'autorisation préalable à l'embauche des travailleurs étrangers. Cette dernière disposition marque une « certaine rigidité » du marché du travail togolais ». Il est ajouté les problématiques du dialogue social et de la formation professionnelle (*Document cadre de politique de l'emploi et de réduction de la pauvreté au Togo*, BIT/Rép.Togo, 2004).

[335] Il recevra le Prix Nobel d'économie en 1991. C'est particulièrement avec les écoles de pensée économique « Law and economics » et « l'économie néo-institutionnelle » des années 1960 que l'analyse du droit au travers de la recherche de l'efficacité économique de celui-ci a émergé. Ces écoles partent des effets du droit sur l'économie pour affirmer au départ l'inutilité du droit au

dimension est rendue pratiquement systématique dans le contexte de la libéralisation économique internationale et se traduit notamment par le développement des concepts de régulation, de gouvernance ou d'efficacité. L'accélération des échanges et la modernisation technique bouleversent la valeur du travail au sein des enjeux économiques. La teneur de la dimension économique et les modalités de son appréhension au sein du droit du travail ont évolué en même temps que la place de la valeur du travail au sein des paramètres de la réussite économique s'est accrue[336]. Cette évolution se traduit aujourd'hui par les nombreuses controverses analytiques autour de l'efficacité économique du droit. La Banque Mondiale alimente ce débat par la mise en œuvre de son programme *Doing Business* et les rapports officiels qui en découlent[337].

Pour certains, l'échec ou la « désillusion » face aux résultats des politiques d'ajustement structurel (PAS) dans les années 1980 serait à la source d'un glissement des réflexions sur les liens de causalité entre droit et croissance économique[338]. Il apparaît même que les PAS seraient pratiquement un « ancêtre » de la politique *Doing Business*. Les ambitions des PAS rappellent celles véhiculées aujourd'hui par le biais des rapports *Doing Business*. Leurs objet et objectif ne sont pas sensiblement différents de ceux des premiers PAS . L'objet est constitué par l'État et son rôle normatif au plan économique. L'objectif est de promouvoir la libre organisation privée pour un développement économique efficient dans le contexte de compétition internationale. La problématique de la place de l'État dans le fonctionnement des marchés en activité sur son territoire continue donc d'être le filigrane des discours des institutions économiques et financières internationales. L'initiative *Doing Business* n'appréhende plus le problème de la place de l'État en termes

---

regard de l'équilibre général du marché, et pour développer ensuite les approches utilitaristes du droit.

336 Les études sur le lien entre la mondialisation et le droit du travail commencent par le constat d'une menace de la mondialisation économique sur ce droit. Elles sont complétées par la recherche sur les capacités du droit du travail à s'adapter aux contraintes de cette évolution libérale, créant les constats connus de la « dérèglementation » (V. par exemple A. Supiot, « Dérèglementation des relations de travail et autorèglementation de l'entreprise », *Dr. Soc.*, 1989, p. 195 et le thème « Dimension sociale de la mondialisation de l'économie » du *Bulletin de droit comparé du travail et de la sécurité sociale*, 1996. V. aussi M.-A. Moreau, G. Trudeau, « Le droit du travail face à la mondialisation de l'économie », *Relations industrielles*, 1998, n° 1, p. 55 ; O. Mongin, *L'après 89 : les nouveaux langages du politique*, Hachette Littérature, 1998 ; Y. Moulier Boustang, M. Chemillier-Gendreau (dir.), *Le droit dans la mondialisation : une perspective critique*, Congrès Marx International 1998, PUF, 2001 et S. Deakin, *Social rights in a globalized economy*, Oxford university press, 2005, p. 25).

337 Jacques Barthélémy et Gilbert Cette se font les relais en France de cette politique de *Benchmarking* par la constitution d'un rapport centré sur la performativité du dispositif juridique français dont la toile de fond est celle de la simplification du droit du travail français, pour une meilleure effectivité et sécurité (J. Barthélémy et G. Cette, *Refondation du droit social : concilier protection des travailleurs et efficacité économique*, Conseil d'Analyse Economique, La documentation française, 2010).

338 B. du Marais (dir.), *Des indicateurs pour mesurer le droit ? Les limites méthodologiques des rapports Doing Business*, La documentation française, 2006, p. 21.

d'immixtion institutionnelle et de coût de cette immixtion[339] mais en termes d'organisation juridique formelle de cette immixtion et du coût de cette organisation. Cela traduit l'évolution des courants de l'analyse économique du droit, c'est-à-dire le passage du paradigme du marché et de son équilibre général à la recherche sur le droit comme contributeur ou moyen[340]. Le programme *Doing Business* illustre une forme d'universalisation pratique de la réflexion économique sur le droit au travers d'une approche règlementariste plus qu'institutionnaliste de l'État. « La règle juridique, d'inopérante devient déterminante[341] ».

Chaque année depuis 2003, la Société Financière Internationale (SFI) du groupe Banque Mondiale (BM) dirigée par les économistes M. Klein et S. Djankov publie un rapport *Doing Business* dont l'objet général est d'évaluer les États pour les classifier dans l'ordre économique international selon la mesure de « la facilité à faire des affaires ». Ces rapports constituent des bases de données qui mettent en concurrence les États et peuvent servir à conditionner le rôle de bailleur de fonds que joue la BM[342]. Le seul fondement des données juridiques nationales, cantonnées au droit formel produit par l'État, anime la critique juridique adressée à ces experts économistes[343]. L'ambition de la BM de

---

[339] « Les principales mesures d'ajustement structurel ont consisté concrètement à la réduction des effectifs des fonctionnaires de l'État et au gel du recrutement dans la fonction publique, au blocage des avancements des salaires des fonctionnaires de l'État, à la réduction des dépenses publiques, à l'accroissement des recettes budgétaires et à la privatisation » (Document cadre, BIT/Togo, 2004, *op. cit.*).

[340] Le rapport *Doing Business* de 2009 présente le « palmarès de réformes » des 181 États concernés (p.2). L'Azerbaïdjan est félicité car « les modifications apportées au code du travail ont assoupli la règlementation du travail en autorisant les contrats à durée déterminée pour les emplois permanents, en assouplissant les restrictions relatives aux heures de travail et en éliminant l'obligation de réaffecter le personnel licencié pour raison économique ». Par ailleurs, l'année 2007-2008 a enregistré le plus grand nombre de réformes sur le continent africain ; ils « sont conscients que l'augmentation de l'activité économique dans le secteur formel, grâce à la création d'entreprises et d'emplois, est la meilleure façon de réduire la pauvreté ». Le communiqué de presse de Nadine Ghannam qui présente le rapport 2010 est intitulé « Doing Business, nouveau record en matière de réformes des règlementations des affaires par les gouvernements ». Selon le rapport de 2012, « trente-six pays d'Afrique subsaharienne sur 46 ont rendu leur règlementation des affaires plus favorable aux entreprises locales en 2010-2011, un record depuis 2005. C'est une bonne nouvelle pour la région, où les formalités de création et d'exploitation d'entreprises coûtent plus cher et sont plus complexes que partout ailleurs dans le monde ».

[341] B. Frydman, *Le sens des lois, histoire de l'interprétation et de la raison juridique*, Bruylant, 2011, p. 515.

[342] « Les auteurs de *Doing Business* se défendaient de proposer un guide d'investissement en admettant avec lucidité qu'ils ne savaient rien sur la réalité des systèmes qu'ils se proposaient de noter. En réalité c'est une gigantesque hypocrisie. Le classement est de plus en plus utilisé par la Banque mondiale mais aussi par les acteurs économiques, type agences de notation » (« Le rapport Doing business in 2010 ravive la concurrence des systèmes juridiques, Entretien avec J.-M. Baïssus et A. Raynouard », *Les petites affiches*, 2009, n° 197, p. 5).

[343] Il s'agit d'une tentative de rationalisation économique du droit que la complexité de ses constructions, enjeux et effets rendent impossible (J. Affichard, A. Lyon-Caen et S. Vernac, « De l'analyse économique à l'évaluation du droit du travail, quelques leçons d'un programme de recherche », *RDT*, 2009, p. 631). Ces auteurs critiquent la conception « mécaniste » des effets de la règle de droit qui ressort de ces analyses. En outre, des économistes s'attachent à démontrer la

fournir un rapport comparatif dans le champ international étatique de l'élaboration du droit n'a pu qu'empêcher une analyse complète et contextualisée des 181 dispositifs nationaux abordés[344]. La méthodologie de type « taylorienne » *time and motion* dans ce cadre a fondé des choix analytiques arbitraires. Le résultat en est que les rapports *Doing business* procèdent à une évaluation du droit tel qu'il ressort des textes officiels. La prise en compte de son application est très marginale, « c'est en définitive toute la problématique de la sécurité juridique qui est passée sous silence[345] ». Cette élévation critique contre ces rapports a-t-elle fondé Nadine Ghanam dans son communiqué de presse sur le rapport de 2010 à préciser que « *Doing Business* ne mesure pas tous les aspects de l'environnement des affaires qui importent aux entreprises et aux investisseurs. Ainsi, à titre d'exemple, il ne mesure pas la sécurité, la stabilité macroéconomique, la corruption, le niveau de compétences de la main-d'œuvre ni la solidité du système financier dans les pays évalués[346] » ? Cette auto-critique d'ambition légitimatrice ne contribue-t-elle pas plutôt à amplifier le scepticisme quant à la « légitimité axiologique » de ce discours contemporain de l'efficacité économique[347] ? Ceci renvoie à la formule de M. Michel Alliot : « dis-moi comment tu penses le monde, je te dirai comment tu penses le droit ».

Si l'indicateur de droit du travail dénommé « embauche des travailleurs[348] » a disparu des rapports officiels en 2011, la mise à disposition *via* internet de

faiblesse des indicateurs utilisés, de la méthode employée et des conclusions tirées dans le cadre de ce programme. Une analyse de l'efficacité du droit devrait combiner l'évaluation *ex-ante* consistant en la mesure des coûts de transaction potentiels générés par le système juridique et l'évaluation *ex-post* des effets réels de ce système mais la constitution des dix indicateurs *Doing Business* font apparaître des confusions du fait de la combinaison de données de structure, de résultat ou de l'ordre de la pure perception qui rendent l'objet du programme insaisissable (V. B. du Marais (dir.), *op. cit.*, p.60 et s).

344 181 pays sont classifiés les uns par rapport aux autres selon la « facilité de faire des affaires » (Rapport *DB*, 2009, p. 19).

345 B. du Marais (dir.), *op. cit.*, p. 63. Néanmoins, la sécurité juridique semble être un justificatif important de l'élaboration de ces classifications de droits. Elle sert d' « arme rhétorique » à la critique des règlementations (Y. Leroy, « Un rapport de plus critiquant l'inefficacité économique du droit du travail… », *JCP S*, 2010, n° 12, p. 5).

346 Au fil de leur élaboration, les rapports de la BM ont atténué le point des *legal origins* central à l'époque du lancement du programme mais sujet à de multiples critiques. L'éviction de l'analyse des fonctionnements judiciaires propres aux États de tradition de *common law* rendait le présupposé de grande souplesse très critiquable, ceci d'autant dans le contexte économique de crise.

347 Jacques Barthélemy et Gilbert Cette affirment dans leur rapport « jumeau » à l'échelle française (*op. cit.*, p. 14) qu'il existerait un sentiment d'insécurité chez les employés précaires ou en CDI du secteur privé qui augmenterait avec le niveau de protection de l'emploi et d'en tirer l'enseignement qu'une forte protection de l'emploi pourrait au-delà des incidences macro-économique contribuer au renforcement du sentiment d'insécurité des salariés (V. Y. Leroy, *op. cit.*, p. 5).

348 Avant, cet indicateur était nommé « recrutement et licenciement des employés » qui comprenait trois sous-indicateurs : « rigidité du travail » qui se démembre en trois indices de mesure qui sont la difficulté de recruter, la rigidité des horaires et la difficulté à licencier, les « coûts de recrutement » et les « coûts de licenciement ». Ainsi, les « coûts de recrutement » sont devenus les « difficultés de recrutement ».

données actualisées sur l'embauche des travailleurs[349] et la poursuite de travaux pour « compléter l'évaluation du coût qu'implique la législation du travail pour les employeurs[350] » tempèrent considérablement cette évolution et justifie de présenter cet indicateur tel qu'en vigueur au moment de la réforme du code du travail togolais. Quatre sous-indicateurs, représentant chacun un quart pour l'établissement du classement, sont pris en compte. Il s'agit de l'indice de difficulté de recruter, de l'indice de difficulté de licencier, de l'indice de rigidité des horaires et de celui du coût du licenciement. Le rapport de 2009 maintient le présupposé selon lequel la possibilité de licencier sans motifs induit des effets nécessairement positifs sur l'entreprise. Peu de recherche sur le lien entre cette facilité de licencier et le contentieux qui en découle, ni sur le lien entre la protection procédurale et la productivité du travail n'est associée à cet indicateur malgré des débats récurrents d'économistes sur ces questions[351]. En outre, la mesure du coût économique des règlementations du travail est induite sans appréhension des interactions de normes entre elles ou avec les politiques plus générales sur l'emploi dans ces pays. L'introduction aux résultats de cet indicateur pour 2009 présente positivement le concept danois de « flexicurité » sans pour autant que le consensus entre protection ou sécurité de l'emploi et flexibilisation ne constitue un fondement d'analyse des autres systèmes nationaux[352]. Les économistes qui se penchent sur la mesure du coût des droits du travail tentent ces combinaisons complexes pour aboutir à une nomenclature des flexibilités : la méthodologie de la BM se contenterait de mesurer la « flexibilité numérique externe » en omettant les flexibilités fonctionnelles et internes[353].

L'introduction au résultat de l'indicateur du droit du travail présente en outre deux corrélations discutables : la première est que la lecture de l'évolution du

---

[349] BM, *DB workers* (2012). Analyse de l'indice « *employing workers* », Banque Mondiale, en ligne : http://francais.doingbusiness.org/data/exploretopics/employing-workers

[350] Rapport *DB*, 2012, *op. cit.*, p. 23.

[351] Le rapport publié en 2009 affirme sans démonstration précise que « les réformes visant à introduire plus de flexibilité dans la règlementation du travail peuvent aussi faire augmenter la production industrielle et contribuer à réduire le chômage dans les villes ». Ainsi ne sait-on pas s'il est question de productivité du travail ou simplement de potentialité d'installations industrielles plus nombreuses (Rapport *DB*, 2009, *op. cit.*, p.20).

[352] La conclusion de la présentation de cet indicateur admet que « la flexibilité excessive pose un autre problème, à savoir, la crainte des employés déjà embauchés de perdre leur emploi et de se retrouver dépourvus de protection sociale. Une solution consiste à accorder une assurance-chômage plutôt qu'une indemnité de licenciement. Les exemples de l'Autriche, de Saint-Kitts-Et-Nevis, de l'Italie et de la Corée sont donnés. Par exemple, en Corée, « les employeurs adoptant le nouveau régime de cotisation verseront un mois de salaire par an sur le compte de retraite privée de chaque employé ».

[353] Il existe un débat actif sur la flexibilité du marché du travail (V. J. Berg et S. Cazes, « Comparer les droits du travail nationaux : les limites des indicateurs Doing Business », *RDT*, 2008 p. 265 ; O. Blanchard et J. Tirole, *Protection de l'emploi et procédures de licenciement*, La documentation française, 2003 ; P. Cahuc et F. Kramarz, *De la précarité à la mobilité : vers une sécurité sociale professionnelle*, La documentation française, 2004).

droit officiel suffit à mesurer la contrainte générée par le droit et la seconde, qui porte particulièrement sur les pays en développement, est que la rigidité de la règlementation du travail cause l'amplification du secteur informel[354]. Le résultat avancé dans le cadre de cet indicateur est un conglomérat de présentations de mesures nationales et d'analyses variées, entrecoupées de quelques passages de re-légitimation de la méthode[355]. Sur la « performativité règlementaire » des États, on note que la BM est favorable aux réformes qui limitent l'intervention des pouvoirs publics. Le Burkina Faso est félicité pour avoir libéralisé la fixation du jour de repos hebdomadaire. Sur un plan substantiel, la facilitation du recours au CDD est une marque positive de flexibilisation[356]. Sur le licenciement, le rapport relate positivement les cas suivants : l'Azerbaïdjan qui supprime la condition de l'impossibilité du reclassement en cas de licenciement économique et assouplit les conditions de préavis, le Burkina Faso qui supprime la prise en compte de l'ancienneté des travailleurs en cas de motif économique, le Mozambique qui fait passer la durée de préavis de 90 à 30 jours de même que la Slovénie où cette durée passe de 75 à 60 jours, l'Argentine qui a réduit les indemnités de licenciement du travailleur ayant acquis vingt ans d'ancienneté. Les réformes qui diminue les restrictions au travail de nuit (Azerbaïdjan), qui libéralisent le décompte des heures travaillées en laissant la liberté de répartir ces heures sur une période de quatre semaines (République Tchèque), qui réduisent les restrictions au travail en fin de semaine (Projet de l'Ex-République yougoslave de Macédoine) sont présentées comme bénéfiques à l'assouplissement du droit du travail. Les réformes en Asie de l'Est et Pacifique aboutissent à des résultats plus « mitigés ». Le rapport mentionne la mise en place de nouvelles règles sur l'ordre des licenciements économiques en Chine qui « rend l'ajustement plus difficile pour les employeurs ». La législation des Fidji a renforcé la protection

---

[354] Le paragraphe sur l'indicateur de droit du travail débute par la présentation d'un cas pratique qui combine ces deux présupposés : « Aïssa, une styliste accomplie, est propriétaire d'une entreprise de fabrication de tissus du Sénégal tissés à la main qu'elle vend à des marques de renommée internationale telles qu'Hermès et Christian Lacroix. La demande n'a cessé d'augmenter, à tel point qu'Aïssa devra quadrupler la production pour y répondre. Chose qui paraît risquée. Et si la demande diminue ? Le cas échéant, il serait difficile de réduire les effectifs. « Les employés peuvent vous poursuivre en justice et vous accuser de licenciement illégal », explique Aïssa. « Vous devez leur adresser une correspondance et un long processus s'ensuit ». Le rapport prend les exemples du Venezuela et de la Bolivie qui font partie des cinq pays où l'économie informelle est la plus élevée (41% et 43% du PIB) pour aborder la rigidité de leur législation du travail qui proscrit le licenciement économique. Le paragraphe suivant présente la situation difficile de ces travailleurs en l'absence de toute protection sociale pour faire le lien avec le taux de chômage faible de l'Indonésie. La notion de coût de la norme est dans ce raisonnement très ambigüe, voire imperceptible.

[355] Les « notes statistiques » précisent que les indicateurs utilisés ne renvoient qu'à quatre conventions de l'OIT mais que l'initiative souscrit de principe à toutes les normes de cette organisation malgré que le rapport n'en recherche pas les ratifications par les États.

[356] Le Burkina Faso va dans ce sens et *a fortiori* l'Azerbaïdjan qui ne limite plus du tout le recours à ces contrats. Le Mozambique, la Slovénie ou encore la République Tchèque ont aussi libéralisé le recours au CDD.

contre les discriminations tout en privilégiant la médiation plutôt que le recours contentieux pour la résolution des litiges mais « réduit la flexibilité des heures de travail en imposant la limite de 48 heures sur une semaine de six jours[357] ».

Si la synthèse de 2012 des comparaisons en matière d'embauche des travailleurs révèle une recherche plus approfondie d'une corrélation entre flexibilité et sécurité[358], la méthodologie et ses présupposés n'en demeurent pas moins critiquables[359]. Tous les rapports renvoient finalement aux discours connus sur les rigidités du droit du travail contre l'efficacité du monde des affaires. Malgré un mode de formalisation original, on retrouve les aspects classiques de la problématique économique appliquée au droit du travail que sont la flexibilité, la souplesse, la sécurité et la liberté contractuelle, approchée au travers du discours sur la réciprocité des contraintes et la nécessité d'une sécurisation juridique. La focalisation sur le pouvoir règlementaire de l'État paraît donc poursuivre l'idée de la transformation de son rôle normatif, transformation qui doit passer de la régulation proprement dite à l'organisation de la libéralisation des rapports individuels et collectifs de travail[360]. Si les aspects connus de la dérèglementation découlent de l'interprétation des résultats de ces rapports, la méthodologie empruntée révèle une représentation du droit sans considération des complexités de ses attributs qui ouvre le risque d'une réflexion juridique de plus en plus enfermée dans « la vassalité du discours économique[361] ».

Aux termes du rapport de 2009, alors que la synthèse de 2012 sur l'embauche des travailleurs ne contient aucune référence à cette région, « l'Afrique possède toujours les règlementations les plus rigides. Le coût du licenciement d'un

---

[357] Rapport *DB*, 2009, *op. cit.* p. 21.

[358] "Kosovo adopted a new labor code in November 2010. Among other changes, the new law reduced the allowed overtime from 20 hours a week to 8, and from 40 hours a month to 32, while increasing the premium for overtime from 20% to 30%. The law also increased the minimum number of hours of rest between workdays from 10 hours to 12, and the premium for night work from 20% to 30%". (Synthèse *Employing Workers, Doing Business,* Banque Mondiale, 2012, consultable en ligne).

[359] "The first group consists of 42 economies (23% of the total) that on the basis of ILO Convention 132 can be considered to have excessive flexibility, with average paid annual leave of less than 15 working days. The second group, consisting of 87 economies (47.5%), applies regulations consistent with relevant ILO conventions, with average paid annual leave of between 15 and 21 working days. The third group, 43 economies (23.5%), mandates average paid annual leave of between 22 and 26 working days. The last group, 11 economies (6%) with the most rigid regulations, mandates more than 26 working days of paid annual leave. There were no changes in the number of economies in any of these groups in the past year" (*Ibid.*).

[360] Les politiques de dérèglementation ou délégalisation « n'ont jamais conduit à une réduction quantitative du nombre de règles ». « Dérèglementer, ce n'est donc pas cesser de règlementer c'est choisir de règlementer différemment » (A. Supiot, « Dérèglementation des relations de travail et autorèglementation de l'entreprise », *Dr. Soc.*, 1989, *op. cit.*, p. 194).

[361] V. par exemple M.-A. Frison-Roche, « L'idée de mesurer l'efficacité économique du droit », in G. Canivet, M.-A. Frison Roche et M. Klein (dir.), *Mesurer l'efficacité économique du droit*, LGDJ, 2005, p. 19 ; B. Oppétit, « Développement économique et développement juridique », in *Études à la mémoire d'Alain Sayag*, Litec, 1997, p. 71.

salarié[362] ayant 20 ans d'ancienneté correspond à plus de 3 ans de salaire en Sierra Leone et à plus de 8 ans au Zimbabwe. C'est aussi en Afrique que l'on trouve les pays comptant le nombre le plus élevé de jours de congé payé obligatoire : « l'Érythrée avec 34 jours, l'Éthiopie 33 et le Cameroun 32 ». Le Togo passe en 2012 de la 159e à la 162e position sur le plan général de la « facilité de faire des affaires » alors qu' « un nombre record de gouvernements d'Afrique subsaharienne ont modifié l'environnement règlementaire de leur économie pour faciliter la création et l'exploitation des entreprises locales. Dans une région où le cadre règlementaire faisait l'objet d'assez peu d'attention il y a huit ans à peine, 36 économies sur 46 ont mis en œuvre entre juin 2010 et mai 2011 des réformes règlementaires destinées à faciliter l'activité économique, soit 78 % des économies de la région, contre une moyenne de 56 % pendant les six années précédentes ». Il se situerait donc toujours parmi les États où la création d'entreprise est le plus difficile car trop règlementée, malgré que le rapport de 2009 ait mentionné l'aspect positif de la réforme de 2006 en termes de flexibilisation des normes de travail[363]. Ceci nous fonde à rechercher dans les nouveautés du code du travail de 2006 les indices de l'intégration textuelle du discours sur l'efficacité tel qu'il ressort du programme *Doing Business*. Nous questionnerons d'éventuelles contre-influences dans le contexte particulier togolais.

2. La réforme togolaise sous l'angle de l'efficacité

Une marque de flexibilisation du droit du travail figurerait dans le passage de la durée du contrat à durée déterminée (CDD) de deux à quatre ans. Cette évolution fait apparaître une volonté d'offrir plus de souplesse aux employeurs. Le nouvel article 43 selon lequel le CDD peut être conclu pour une durée maximum de quatre ans « tout renouvellement compris » remplace l'ancien article 27. Or, si la durée augmente en 2006, la précision sur le renouvellement « au singulier » et l'inclusion d'une définition du CDD par son objet ne seraient-elles pas la marque d'une restriction des flexibilités offertes en 1974 ? Car l'ancien article 27 se contentait d'affirmer que « lorsque le contrat est conclu pour une durée déterminée, celle-ci ne peut excéder deux ans ». L'article 26 de l'ordonnance de 1974 précisait en outre que les contrats conclus sous une forme écrite étaient « exempts de tout droit d'enregistrement ou timbre ». Cette précision est supprimée en 2006 et le nouvel article 44 prévoit que tout CDD d'une durée supérieure à un mois doit être, « après visite médicale, constaté par écrit » et « visé par le directeur général du travail ». De plus, si la loi de 2006 réaffirme la liberté des parties d'adopter la forme du contrat qui leur

[362] Ce coût est calculé en semaines de salaires. Il est nul au Danemark, États-Unis, Irak ou Afghanistan.

[363] « La Lettonie et le Togo ont allongé la durée maximum, ce qui permet aux employeurs et aux employés d'adapter les dispositions contractuelles à leurs besoins » (Rapport DB, 2009, *op. cit.*, p. 23).

convient[364], la disposition de l'article 37 selon laquelle « en l'absence de contrat écrit, l'engagement du travailleur devra lui être notifié dans les quinze jours qui suivent » n'institue-t-elle pas une généralisation de l'écrit ? L'affirmation dans ce même article que « dans tous les cas, la preuve de l'existence du contrat peut être rapportée par tous moyens » tempère néanmoins cette impression.

Le nouvel article 49 affirme la liberté du nombre de renouvellements des CDD à terme imprécis sans modification de leur nature. Les CDD « peuvent comporter un terme imprécis lorsqu'ils sont conclu pour le remplacement d'un travailleur temporairement absent, pour la durée d'une saison, pour un surcroît occasionnel de travail ou une activité inhabituelle de l'entreprise[365] ». Cette disposition ouvre largement les cas de liberté de renouvellement[366]. L'influence du discours libéral actuel demeure toutefois atténuée au regard de l'ampleur de la flexibilité qui était offerte par le silence de l'ordonnance de 1974. Par exemple, l'article 62 qui énumère les causes de rupture du CDD et comporte la possibilité d'un accord écrit des parties, supprime la liberté contractuelle de fixation des possibilités de rupture unilatérale du CDD envisagée par l'ancien article 37. L'article 143 du nouveau code consacre le travail à temps partiel et les heures complémentaires. Il renvoie néanmoins à l'adoption d'un arrêté ministériel sans avis du Conseil National du Travail pour la fixation des conditions et limites de l'utilisation du temps partiel. La liberté n'est donc pas offerte aux partenaires sociaux d'encadrer ce type d'organisation temporelle. Le nouveau dispositif légal sur la durée du contrat de travail peut révéler en définitive une relativité de la volonté législative de faciliter la libéralisation des organisations entrepreneuriales bien que l'on relève l'absence de toute prévision sur l'indemnisation du travailleur précaire[367].

Des nouveautés substantielles allégeant les obligations juridiques patronales peuvent être abordées sous l'ambition de la performativité économique du droit du travail togolais. Ce type de nouveauté rappelle en effet les présentations

---

[364] Article 36 du code du travail de 2006. Le principe de l'écrit obligatoire pour tout CDD posé à l'article 43 ne concerne pas les travailleurs occasionnels engagés à l'heure ou à la journée.

[365] Article 48 du code du travail de 2006.

[366] C'est l'analyse qui est faite par M. Philippe Auvergnon à propos de la disposition similaire du projet d'acte uniforme de l'OHADA : « on voit ici que très paradoxalement, le choix a été fait d'exclure d'une règle à priori limitatrice de précarité nombre de travailleurs engagés dans des cas de recours traditionnels au CDD » (P. Auvergnon, « Des esprits présents dans le projet d'acte uniforme OHADA portant droit du travail », in *L'esprit du droit africain*, Mélanges en l'honneur de P.-G. Pougoué, LGDJ, à paraître).

[367] C'est une tendance que l'on relève dans les codes de deuxième génération d'autres pays de la sous-région. Le code burkinabé, par exemple, dont l'encadrement du CDD est largement plus libéral (pas de visa, limitation à deux ans mais renouvellement illimité de tout CDD sous réserve d'abus, en cas de rupture avant terme sauf accord ou force majeure l'indemnisation correspond au préjudice subi et non au montant des salaires qui restaient à courir etc.) institue cette prime de précarité équivalente à l'indemnité de licenciement. Le législateur burkinabé se place donc davantage au sein du discours économique actuel sur la sécurisation. Le projet d'acte OHADA de 2010 dispose que « les conditions d'emploi et la prise en charge sociale des travailleurs susmentionnés et les modalités d'application du présent article sont fixées par l'État Partie ».

éparses du rapport *Doing Business* de 2009 sur le temps de travail et le rapport de M. Barthélemy et M. Cette sur la représentation collective dans l'entreprise. Nous pouvons mentionner l'affirmation de la rémunération des heures de nuit au taux normal sous réserve de conventions collectives[368], la restriction de la possibilité de prolongation de trois semaines du congé maternité à la cause attenant à la santé de l'enfant[369], la suppression de la possibilité offerte au travailleur de procéder à la déclaration d'un accident ou d'une maladie professionnelle sous réserve d'un délai de prescription de deux ans[370], la suppression de l'ancienne obligation légale pour les entreprises de plus de 1000 travailleurs de disposer en permanence d'un médecin et infirmier et pour celles de plus de 100 d'un infirmier permanent[371], la suppression des visites médicales « chaque matin » pour les travailleurs et membres de leur famille dans les entreprises ou établissements éloignés du domicile du travailleur[372]. Ajoutons l'appréhension légale des cas de licenciement économique jusque là traités par la Convention Collective Interprofessionnelle du Togo (CCIT) de 1978 et les conventions sectorielles. La loi réduit considérablement la durée de la priorité de réembauchage en la fixant à six mois contre deux ans en vertu de la CCIT. Le passage du mandat des délégués du personnel de un à deux ans allège en outre les obligations électorales des employeurs[373]. Mais l'institution des délégués syndicaux aux articles 218 à 222 et celle « d'un comité de sécurité et de santé au travail dans tous les établissements ou entreprises » par l'article 174 amplifie et complexifie la représentation collective du personnel dans les entreprises.

La direction prise par le législateur vers un assouplissement du cadre juridique de la gestion patronale est relativisée par le constat de quelques modifications ou maintiens de dispositions. D'autres exemples à contre-courant de cette ambition législative peuvent être relevés. L'article 144 supprime les possibilités de variations horaires du travail de nuit en fonction de la saison qui étaient offertes par l'article 109 du code de 1974. L'employeur continue de contribuer au financement du congé maternité bien que cette modalité d'indemnisation ait pu être critiquée dans le cadre du projet de l'OHADA[374]. L'article 151 impose à l'employeur de déclarer l'embauche d'un enfant de plus

---

368 Article 146 du code du travail de 2006.

369 Article 148 du code du travail de 2006. L'ancien article 112 évoquait simplement la « raison de santé ».

370 Article 172 du code du travail de 2006. Article 132 du code du travail de 1974.

371 Article 134 du code du travail de 1974.

372 Article 179 du code du travail de 2006. Article 137 du code du travail de 1974.

373 Article 212 du code du travail de 2006. Article 175 du code du travail de 1974.

374 Article 149 du code du travail de 2006. Article 112 du code du travail de 1974. « Aux termes de la convention (n° 3) sur la protection de la maternité, certes non ratifiée par la majorité des États Membres, l'indemnisation du congé ne doit pas être supportée par l'employeur de la salariée. La dernière convention relative à la protection de la maternité, la convention (n° 183), quoique prévoyant des exceptions, tend également au même résultat. La mesure vise à ne pas pénaliser l'emploi des femmes en âge de procréer, ou à ne pas inciter les employeurs à licencier les femmes au début de leur grossesse » (J.-M. Béraud, *op. cit.*, p. 58).

de 15 ans et de ne lui fournir que des travaux légers, l'article 160 impose le versement de l'allocation de congé avant le départ du travailleur alors que les conventions collectives laissaient le choix du moment de ce versement. Le délai de prescription pour « faire valoir auprès de son ancien employeur des droits en matière de congés, de voyages et de transports » passe de deux ans à cinq ans[375].

Si les rapports *Doing Business* ne semblent pas prendre en compte le droit conventionnel du travail, nous avons mentionné qu'ils y renvoient indirectement. L'ouverture de la négociation collective est en effet appelée par la dérégulation préconisée[376]. La flexibilisation des normes du travail a pour corollaire la libéralisation de la construction de ces normes. Elle passe par la promotion d'une libre négociation en substitution à l'interventionnisme étatique[377]. Cet interventionnisme étatique peut résulter d'un contrôle trop contraignant des libertés de gestion patronale ou d'un renvoi trop conséquent au pouvoir règlementaire. Sur le plan des attributions générales du corps des inspecteurs du travail, quelques modifications textuelles peuvent manifester un affaiblissement de la teneur « répressive » de leurs attributions. Le nouveau code du travail supprime l'ancien article 144 en vertu duquel les inspecteurs se voyaient reconnaître une liberté générale pour « l'initiative de leurs tournées et de leurs enquêtes dans le cadre de la législation du travail en vigueur ». En cas de constat de la commission d'une infraction, la possibilité qui leur était reconnue de saisir directement le tribunal compétent est supprimée. Ils doivent désormais nécessairement en passer par la procédure de mise en demeure avant de pouvoir dresser un procès-verbal et le transmettre au parquet[378]. Les passages obligés par l'inspection du travail sont pour beaucoup maintenus. L'obligation d'information résultant de l'envoi de la copie de toute notification d'un licenciement[379] et de la communication par l'entrepreneur des contrats qu'il passe avec des tâcherons[380] n'est pas supprimée. L'obligation de solliciter le visa de l'inspecteur du travail pour tout CDD de plus d'un mois et pour tout règlement intérieur de l'entreprise caractérise le maintien d'un contrôle en amont de l'inspection du travail. La loi affirme en outre explicitement le paiement de frais d'étude à l'administration du travail pour l'obtention du visa

---

[375] Article 166 du code du travail de 2006. Article 126 du code du travail de 1974.

[376] Le questionnaire adressé aux « collaborateurs » nationaux pour la publication du rapport 2010 contient d'ailleurs une rubrique « collective bargaining ». Trois questions auxquelles il peut être répondu par oui ou non le composent : *1. Do collective agreements at a national, industry (e.g. textile, manufacturing, metal, etc.) or manufacturing-level (i.e. only applicable to manufacturing) apply to more than 50% of the manufacturing sector? 2. Do these collective agreements apply to firms that were not a party to the agreement? 3. Please provide the name of the collective agreement that applies to the largest amount of workers in the manufacturing sector.*

[377] Sur le droit étatique moderne relayé, suppléé, voire supplanté, voir A.-J. Arnaud, *Critique de la raison juridique 2. Gouvernants sans frontières, entre mondialisation et post-mondialisation*, LGDJ, 2003.

[378] Article 187 du code du travail de 2006. Article 150 du code du travail de 1974.

[379] Article 65 du code du travail de 2006. Article 34 du code du travail de 1974.

[380] Article 82 du code du travail de 2006.

pour le règlement intérieur. Ces formalismes ne peuvent-ils pas s'analyser comme la persistance d'une « rigidité » du droit du travail contre l'esprit de la mondialisation économique[381] ?

Quelques dispositions nouvelles indiquent une diminution des renvois aux règlementations étatiques pour davantage d'appels à la négociation collective. L'article 142 renvoie à la négociation collective le soin de déterminer les modalités de rémunération des heures supplémentaires tandis que l'ancien article 108 prévoyait un arrêté ministériel. L'article 121 limite le pouvoir règlementaire ministériel quant à la détermination des salaires. Seule la fixation du montant du salaire minimum interprofessionnel garanti est concernée alors que l'ancien article 91 l'élargissait aux différentes catégories professionnelles en l'absence de convention collective. Pour le tâcheronnat, l'ancien code renvoyait à un arrêté pour la détermination d'autres règles que celles légales. Ce renvoi est supprimé en 2006. Dans le même ordre d'idée, le renvoi fait par l'ancien article 179 à un décret pour préciser les règles relatives aux missions des DP est tout simplement supprimé de l'article 216 correspondant. S'ils existent, les exemples demeurent relativement modestes face au relevé de soixante-sept renvois explicites à l'apport de précisions par arrêté et à une quinzaine par décrets. Ces textes nécessitent néanmoins presque toujours la sollicitation de l'avis des partenaires sociaux dans le cadre institutionnalisé du dialogue social. Dans la dynamique d'une promotion du dialogue – de facilitation de celui-ci – il convient de mentionner l'article 94 consacrant l'attribution aux seuls délégués du personnel des compétences de négociation pour la conclusion d'accords d'établissement. Il remplace la formule un peu alambiquée de l'ancien article 81 qui mentionnait les « représentants de syndicats les plus représentatifs du personnel de l'établissement ». Ainsi, le processus de négociation est-il encouragé dans ce cadre « géographique » où la délégation du personnel est jusqu'à présent pratiquement la seule représentation collective implantée. Si une voie est tracée vers la promotion du dialogue et de la négociation en tant que principe de concertation en droit du travail, le changement est assez relatif dans la mesure où le « principe de faveur » et son parallèle que constitue l' « ordre public social » ne sont guère tempérés par la réforme de 2006. La faveur pour une « autorégulation » encadrée n'est donc pas grandement perceptible[382].

Enfin, la problématique de l'emploi et de la formation professionnelle qui accompagne le discours actuel sur l'efficacité économique du droit du travail à travers l'idée de sécurisation a mobilisé le législateur en 2006. L'État est appelé à promouvoir la notion de formation professionnelle continue pour la protection de l'emploi et la mobilité professionnelle. Les ambitions en ce sens

---

[381] Le droit du travail burkinabé salué dans le rapport *Doing Business* de 2009 supprime le visa de l'administration du travail auparavant obligatoire pour tout CDD de plus de trois mois.

[382] La règle de droit forgée par l'accord serait plus efficace économiquement et pertinente socialement (B. Teyssié, « À propos de la pertinence économique du droit du travail », in Mesurer *l'efficacité économique du droit*, LGDJ 2005, *op. cit.* p. 67).

tournent autour des concepts d'emploi et d'employabilité de meilleure mode aujourd'hui. Cette politique d'emploi se manifeste juridiquement par la facilitation du recrutement, un service public du chômage efficace et des mécanismes de formation pour l'adaptation professionnelle aux évolutions des marchés. Le nouveau code de 2006 fait un pas considérable dans ce sens à travers l'affirmation de la libéralisation de l'embauche. L'ancien monopole étatique du service de placement prend fin. L'article 196 affirme désormais qu'à côté d'une mission de service public de la nouvelle « Agence Nationale Pour l'Emploi » (ANPE), les opérations de placement peuvent être assurées par des offices ou bureaux de placement payant. La lecture des dispositions légales qui suivent cette affirmation relativise néanmoins la libéralisation affirmée du placement. *A contrario* des réformes du droit du travail burkinabé de 2004 et 2008, le législateur togolais manifeste une volonté implicite de continuation du contrôle étatique. En effet, les bureaux privés de placement et les employeurs souhaitant embaucher directement doivent s'assurer de l'inscription du demandeur auprès du service public de l'emploi[383]. S'ajoute pour les employeurs l'obligation légale de déclarer toute embauche dans les huit jours auprès de la nouvelle ANPE et de la tenir informée chaque semestre de la situation de son personnel[384]. Il apparaît que l'ancien service dit de « la main d'œuvre et de l'emploi » dans sa tâche de réceptionner les offres et demandes d'emploi et d'établir les dossiers des travailleurs serait indirectement maintenu[385] nonobstant la suppression officielle du monopole de placement de l'ancien article 161[386]. Le nouvel article 208 maintient d'ailleurs le dossier du travailleur conservé au service de l'emploi. L'affirmation de la libéralisation est en définitive fortement tempérée. Notons néanmoins que cette problématique de la place étatique dans l'activité de placement n'est pas propre au Togo. Si certains droits étatiques vont dans le sens d'une libéralisation depuis les années 1990, le travail temporaire étant parfois officialisé, des contradictions dans leurs dispositions sont aussi décelables[387].

---

[383] Article 196 alinéa 3 et 199 alinéa 1er du code du travail de 2006.

[384] Article 199 alinéas 2 et 3 du code du travail de 2006.

[385] Article 158 du code du travail de 1974.

[386] L'article 178 CTOM de 1952 instituait un monopole public toutefois allégé par la possibilité syndicale de mener des activités de placement.

[387] Un monopole étatique de placement demeure dans les législations du Cameroun, du Tchad, du Gabon et du Sénégal. Néanmoins, la loi tchadienne affirme une liberté de l'employeur et du travailleur de se lier sous réserve de « régularisation ». Le droit sénégalais consacre la possibilité de créer des entreprises de travail temporaire malgré l'obligation de communiquer tout emploi vacant au service de l'emploi ainsi que de posséder une carte d'enregistrement en tant que demandeur d'emploi. Le Niger libéralise le placement en reconnaissant les offices privés et le travail temporaire mais maintient ces mêmes obligations formelles ; tout comme le Bénin malgré l'affirmation d'un principe général de liberté de s'engager dans une relation de travail. Seul le droit ivoirien semble assez cohérent sur ce point en se contentant de reconnaître la liberté des modalités de recrutement ainsi que le travail temporaire. Le droit de la RDC est quant à lui particulier car ne contient aucun chapitre consacré à ces questions : le placement serait une attribution de l'inspection du travail malgré l'existence d'un Office National de l'Emploi. Des « secrétariats sociaux » peuvent toutefois

La valorisation de la formation professionnelle a été timide en 2006. Un accent est mis sur l'aspect de formation professionnelle dans les attributions de la nouvelle ANPE en tant que relai de la politique togolaise de l'emploi. L'article 202 lui donne notamment pour mission d'« orienter les demandeurs d'emploi vers les centres de formation professionnelle et de participer à la formation en entreprise des travailleurs, à leur recyclage et éventuellement à leur reconversion professionnelle ». L'ancien service de la main d'œuvre ne détenait pas cette attribution. L'article 210 5° charge en outre le nouveau Conseil National du Dialogue Social (CNDS) de porter une réflexion sur les politiques en matière de formation professionnelle. Le Conseil National du Travail et des Lois Sociales (CNTLS) n'était pas invité à réfléchir sur ces questions par l'article 169 du code de 1974. Seules ces deux évolutions permettent de faire état de l'affirmation d'une politique de formation professionnelle[388]. Le cadre de l'entreprise n'est pas légalement concerné par sa mise en œuvre. À la différence de droits nationaux d'autres États africains, il n'encadre aucunement le stage en entreprise ainsi que la « formation professionnelle continue ». Le projet d'acte OHADA de 2010 met un accent sur ce point en définissant l'objet de la formation professionnelle qui est d'assurer une adaptation aux « changements des techniques et des conditions de travail » tout en favorisant « la promotion sociale » et en appelle à l'État pour l'organisation de la participation de tous les acteurs. Les droits nationaux du champ de l'OHADA présentent de nombreuses disparités sur ces questions. Les disparités entre ces droits tiennent de l'affirmation ou non d'un principe de la formation professionnelle au-delà du contrat d'apprentissage, de la distinction ou non entre formation professionnelle et formation continue ou encore des acteurs en charge de la mise en pratique de cette question. Le rôle ou l'obligation de l'entreprise sont rarement abordés[389]. Enfin, la plupart de ces dispositions renvoient à des textes

---

être mandatés par les employeurs pour effectuer toutes les formalités rattachées à l'embauche d'un travailleur sous réserve d'un agrément en ce sens. L'article 252 de l'APA de l'OHADA de 2006 (article 250 du projet de 2010) ne s'engage pas vers le traitement de ce thème mais préfère renvoyer à l'État partie le soin d'organiser le placement.

388 Entre 1974 et 2006, l'invitation des partenaires sociaux au traitement de cette question n'a guère évolué. Ce thème est une possibilité offerte dans le cadre des branches d'activité pour la conclusion de conventions collectives susceptibles d'extension. Articles 104 du code du travail de 2006 et 71 du code du travail de 1974.

389 Si la notion de « formation professionnelle » est systématique pour le cas de l'apprentissage, elle est aléatoire dans le reste des dispositifs nationaux. Dans certains droits, un rôle à jouer de l'employeur se déduit seulement de l'affirmation de l'interdiction de la discrimination dans la formation professionnelle (Bénin, Côte d'Ivoire et Comores par exemple). Aucun code du travail n'évoque le rôle d'un organisme public spécifique à l'emploi sauf le Conseil National de l'Emploi et de la Formation au Burkina, ce rôle de promotion est le plus souvent celui de l'inspection du travail (Cameroun, Bénin, Tchad ou Niger), parfois complété par celui de l'organe national tripartite (Cameroun, Bénin et Comores) ou des organisations syndicales (Tchad, Niger, Gabon). Le Niger et le Gabon affirment le souci de créer un concours des divers acteurs publics ou privés (notamment les collectivités locales pour le Niger) tandis que la RDC mentionne un rôle à jouer de la délégation du personnel. L'obligation de négociation sur la formation se relève dans les droits du Bénin, Niger

règlementaires, peu de dispositions substantielles sont à noter. Le code togolais se situe néanmoins parmi les droits les plus silencieux sur ce point. Il ne s'engage pas, peut-être de façon assez « réaliste »[390], vers un principe de la continuité de la formation du travailleur dans la perspective de son évolution professionnelle et n'entre pas dans l'explicitation de la politique de formation. Il ne renvoie d'ailleurs à aucun texte règlementaire pour des précisions. Il en ressort ainsi une adéquation très relative de la réforme de 2006 avec l'évolution globale de l'appréhension économique de la notion de formation professionnelle.

Enfin, le législateur insère des questions élémentaires et classiques dans le cadre du lien entre l'économique et le droit du travail que sont celles du chômage technique et du licenciement pour motif économique. Pour la première, nous avons évoqué qu'une « rigidité » du traitement juridique se perçoit[391]. S'agissant du licenciement pour motif économique, le législateur comble un vide légal. La Convention Collective Interprofessionnelle (CCIT) de 1978 en traitait malgré un renvoi explicite en son sein à la « loi ». Le rédacteur des nouvelles dispositions renforce l'intervention de l'inspection du travail par rapport aux dispositions conventionnelles et allonge le délai avant de procéder au(x) licenciement(s) de quinze à vingt-et-un jours. Enfin, sur le motif, la cause économique de ce licenciement doit être constituée par des difficultés ou des mutations technologiques. La CCIT se contentait des seules « diminution d'activité » ou « réorganisation interne » sans imposer de causalités. Le législateur apparaît donc durcir le droit du licenciement économique. Les modalités de l'intervention de l'inspecteur du travail dans la procédure font en outre planer le doute sur sa valeur ou non d'autorisation administrative telle qu'elle existerait encore en Guinée Equatoriale, Guinée Bissau, au Gabon et au Congo[392]. L'article 74 alinéa 2 précise en effet que l'inspecteur du travail, « en cas de désaccord », vérifierait « le bien-fondé du motif économique invoqué, en fonction du marché du travail et de la conjoncture économique » et ce, en ayant le pouvoir d'interroger les parties ou autorités de son choix et de commettre des experts. La mesure du pouvoir que le législateur a voulu conférer à l'inspecteur du travail dans ce domaine est difficile mais l'évolution générale de 2006 sur le

---

et des Comores pour les conventions de branche. Les droits maliens et sénégalais en font une possibilité du contrat individuel de travail.

La formation professionnelle continue a plusieurs dénominations : on parle de formation, perfectionnement et reconversion au Gabon qui évoque vaguement une taxe patronale de formation, de perfectionnement continu au Bénin, d'orientation professionnelle au Burkina Faso ou encore de « promotion du travailleur » au Tchad.

Dans un esprit plus substantiel se positionnent les lois du Niger (la formation professionnelle initiale et continue constitue un droit) et du Mali (possibilité de conclure un « contrat de qualification »).

[390] M. Philippe Auvergnon parle d'un droit « virtuel » à la formation professionnelle (« Des esprits présents dans le projet d'acte uniforme OHADA portant droit du travail », *op. cit.*, à paraître).

[391] Voir supra Partie I, Titre 1, Chapitre 1, Section 1, §1, B, 2, a.

[392] J.-M. Béraud, *op. cit.*, p. 31.

licenciement pour motif économique laisse supposer une réticence du législateur à sa libéralisation[393].

Ce dernier point nous maintient dans la relativité de la formalisation des ambitions au plan de l'intégration des théories économiques libérales sur la performativité du droit du travail. Si des relevés en ce sens sont possibles, un certain conservatisme législatif demeure malgré tout sous-jacent. Les réticences législatives peuvent-elles être rattachées à une prise de conscience du contexte d'application où cohabitent une économie formalisée difficilement contrôlée et une « informalité » précaire majoritaire ? Citons en ce sens une appréhension économique circonstanciée originale du droit par un conseiller de la Cour d'appel de Lomé en 2008 pour refuser la légitimité d'une lettre de licenciement : « attendu que ces arguments sont spécieux et ridicules pour une société de taille de l'appelante en ce 21e siècle où le monde est devenu un village planétaire avec les moyens de communication très développés[394] ». Le législateur a-t-il procédé à une forme de mesure réaliste de l'accueil de ces influences d'ordre exogène sous le masque de l'affirmation explicite de cet objectif économique ?

L'introduction au rapport *Doing Business* de 2009 fait le lien explicite entre les ambitions du programme et la question de la pauvreté : « une question plus importante est de savoir s'il existe un lien entre les thèmes couverts par *Doing Business* et le développement et la réduction de la pauvreté ». L'emploi de la forme interrogative révèle-t-elle une précaution prise par les auteurs pour s'engager sur cette voie[395] ? Car la méthodologie utilisée par *Doing Business* est indéniablement distanciée du discours social mondial actuel des Objectifs du Millénaire (OMD)[396]. Ces OMD se fondent en outre sur la responsabilisation de

---

[393] Ce constat n'est pas spécifique au Togo. D'autres droits peuvent faire intervenir le ministre en personne (Cameroun, Burkina Faso), voire instituer des organes spécifiques de traitement d'un tel licenciement (Congo), *ibid.*

[394] Extrait d'un arrêt de 2008, inédit. Il rejoint un exemple jurisprudentiel de positionnement économique sur le Contrat Nouvelle Embauche donné par J. Affichard, A. Lyon-Caen et S. Vernac (*op. cit.*, p. 631) : « il est pour le moins paradoxal d'encourager les embauches en facilitant les licenciements » (CA de Paris 6 juillet 2007).

[395] Le document cite « l'étude intitulée la parole est aux pauvres » de la BM : « tous ceux interrogés, hommes et femmes, comptaient sur les revenus tirés de leur propre entreprise ou sur leur emploi rémunéré ». Le lien entre la pauvreté et l'ambition du programme de la BM est fait : « à cet égard, *Doing Business* considère qu'une bonne règlementation est essentielle pour l'inclusion sociale ». En dehors de l'introduction, ni la pauvreté, ni les droits de l'homme, ni le thème de la démocratie ne sont néanmoins envisagés au sein des 209 pages qui le composent.

[396] Le programme *Doing Business* fonde ses résultats sur des hypothèses de départ. Pour l'indicateur « embauche des travailleurs » appliqué pour 2009, le salarié est de sexe masculin et a 42 ans. Il est employé à plein temps depuis 20 ans et ne fait pas partie des cadres. Il touche, pendant toute la durée de son contrat de travail, un salaire, auquel s'ajoutent des avantages, égal au salaire moyen du pays. Il est un citoyen jouissant de tous ses droits qui « appartient à la race et à la religion de la majorité de la population nationale ». Il n'est pas syndiqué, sauf si c'est obligatoire. L'entreprise est une société à responsabilité limitée qui exerce ses activités dans la plus grande ville économique du pays et détenue à 100 % par des ressortissants de ce pays. Elle emploie 201 salariés. Elle est soumise aux conventions collectives en vigueur et se conforme à toutes les lois et règlementations. La méthodologie a été « améliorée » pour le rapport de 2010 : « les hypothèses de l'étude de cas

tous les acteurs tandis que le programme *Doing Business* est cantonné au paramètre de la règlementation étatique. Les OMD – par le biais notamment des Documents de Stratégie de Lutte contre la Pauvreté (DSRP) du FMI et de la BM – mobilisent considérablement les acteurs de la société civile togolaise. Ils font davantage le lien entre l'économie libérale mondiale, le développement économique national et ses paramètres institutionnels, normatifs, structurels et sociaux.

B. Le discours d'accompagnement de la libéralisation

Le programme des Nations Unies démarré en 2000 à l'occasion du « Sommet du Millénaire » dresse le bilan socialement négatif de l'évolution économique mondiale. Le discours des OMD absorbe pratiquement aujourd'hui le programme des Documents de Stratégie de Lutte contre la Pauvreté (DSRP) initié en 1999 par les institutions de Bretton Woods[397]. Les DSRP ont marqué le retour de la pauvreté au sein des politiques de développement après l'approche structurelle du consensus de Washington des années 1980. Un débat existe sur la corrélation entre ces deux projets, du fait notamment des différences temporelles de leurs ambitions et du caractère plus contraignant de l'approche des DSRP [398]. La question de l'intégration des OMD au support du DSRP est aujourd'hui posée[399]. Les DSRP qui servent la conditionnalité de l'aide concessionnelle et de l'allègement de la dette intègrent depuis quelques années les cibles des OMD qui apparaissent constituer aujourd'hui le discours mondial

---

normalisée ont été modifiées pour faire référence à une petite ou moyenne entreprise de 60 employés au lieu de 201. (…) En outre, le calcul du taux du salaire minimum a été modifié de sorte qu'une économie ne bénéficie pas dans la notation de la baisse du salaire minimum à moins de 1,25 dollar par jour, ajusté pour la parité du pouvoir d'achat. (…) Enfin, le calcul du coût de licenciement pour fermeture de poste a été ajusté afin que, indemnités de licenciement ou protection de chômage en dessous d'un certain seuil ne signifie pas un meilleur score pour une économie ».

397 Les syndicats et les documents de stratégie pour la réduction de la pauvreté, Éducation ouvrière, 2004 n° 134-135. Depuis 2003, le PNUD, en partenariat avec Afristat, a élaboré un cadre technique commun à l'attention des pays francophones du sud du Sahara pour le suivi des deux programmes.

398 Certains critiquent en effet le maintien inavoué de la politique d'ajustement structurel des années 1980, les DSRP des institutions de *Bretton Woods* poursuivant le seul souci de leur re-légitimation (V. A. Rosanvallon, *La gestion des opérations d'aide au développement. Entre critiques et réalisme*, L'Harmattan, 2011 ; J.-M. Severino et O. Ray, *Le grand basculement, la question sociale à l'échelle mondiale*, Odile Jacob, 2011 ; B. Hamouda, *L'Afrique, l'OMC et le développement*, Maisonneuve et Larose, 2005).

399 Certains souhaiteraient que les cibles des OMD subsument complètement celles établies dans le cadre des DSRP afin de les faire passer d'« objectifs souhaitables » à des « objectifs de politiques contraignants » (A. Rhazaoui, « Les objectifs du millénaire pour le développement : défis et opportunités pour l'Afrique », in A. Rhazaoui, L-J Grégoire et S. Mellali (dir.), *L'Afrique et les objectifs du millénaire pour le développement*, Economica, 2005, p. 1). D'autres voient une complémentarité entre les programmes DSRP , OMD et NEPAD. « Tous les contrats souscrits (dans ces cadres) doivent être coiffés, coordonnés par des institutions de gouvernance qui les fassent respecter par tous les partenaires, du local au mondial, en passant par le régional » (M. Kassé, « Le Nepad et l'initiative du millénaire pour le développement en Afrique », in A. Rhazaoui, L-J Grégoire, S. Mellali, 2005, *ibid.*, p. 429).

général du développement. Il convient d'en présenter le contenu et ses aspects de droit du travail (1). Divers documents programmatiques togolais se réfèrent aux OMD . Ils dressent un état des lieux et définissent des axes de stratégie de lutte contre la pauvreté dans le sens des thématiques des OMD . En outre, la réforme togolaise de 2006 intègrerait le traitement particulier du travail des personnes handicapées pour tenir compte des OMD [400]. Ceci nous pousse à rechercher les marques de ces ambitions au sein du nouveau code pour une visibilité de la réception du discours des OMD au Togo (2).

1. Le discours des Objectifs du Millénaire pour le Développement

Les huit Objectifs du Millénaire pour le Développement à atteindre d'ici 2015 sont adoptés en 2000. Le rapport du Millénaire issu de cette réunion en appelle au « réseau » qui doit être constitué par les représentants de la Banque Mondiale et de l'OIT dans la réalisation de ces objectifs[401]. Les organisations politiques internationales mobilisées dans un groupe spécifique de pilotage pour la réalisation des OMD en Afrique sont la Banque africaine de développement, le groupe de la Banque islamique de développement, le groupe de la Banque Mondiale, la Commission européenne, la Commission de l'Union africaine, le FMI et l'OCDE. Les présidents de ces organisations s'accordent pour affirmer en introduction de leurs recommandations de 2008 : « nous sommes convaincus que les recommandations que nous formulons dans ce document permettront, si elles sont scrupuleusement suivies, d'obtenir des résultats substantiels et vérifiables. Les pays africains seront alors en mesure d'atteindre les OMD et de jeter les bases d'une croissance économique vigoureuse[402] ».

Les OMD sont au nombre de huit. 18 cibles et 48 indicateurs de suivi des progrès accompagnent ces objectifs. 1. Réduire l'extrême pauvreté et la faim. Trois cibles sont définies : réduire de moitié d'ici 2015 la proportion des personnes dont le revenu est inférieur à 1 dollar par jour ; assurer le plein emploi et la possibilité pour chacun, y compris les femmes et les jeunes, de trouver un travail décent et productif ; réduire de moitié la population qui souffre de la faim[403]. 2. Assurer l'éduction primaire pour tous 3. Promouvoir l'égalité des sexes et promouvoir l'autonomisation de la femme. L'unique cible est d' « éliminer les disparités entre les sexes dans les enseignements primaire et secondaire d'ici à 2005, si possible, et à tous les niveaux de l'enseignement en

[400] Tableau récapitulatif, *op. cit.*

[401] Plan Cadre des Nations Unies pour l'aide au Développement au Togo, *Relever le défi des OMD* , UNDAF 2008-2012. Organe d'examen des politiques commerciales de l'OMC, Rapport sur les politiques commerciales du Togo, 2006. L'emploi et les Objectifs du millénaire : s'affranchir de la pauvreté par le travail, in *Travail, le magazine de l'OIT*, n° 55, 2005.

[402] Réaliser les objectifs du Millénaire pour le développement en Afrique, Recommandations du groupe de pilotage pour la réalisation des objectifs du Millénaire pour le développement en Afrique, juin 2008.

[403] Voir en ligne : http://www.un.org/fr/millenniumgoals/poverty.shtml. Il est intéressant de relever que le tableau récapitulatif des OMD fourni en annexe de l'ouvrage coordonné par messieurs A. Rhazaoui, L-J Grégoire, S. Mellali, (*op. cit.*, p. 575) ne mentionne pas la cible sur l'emploi décent.

2015 au plus tard[404] » 4. Réduire la mortalité infantile 5. Promouvoir la santé maternelle 6. Lutter contre le VIH sida, paludisme etc. 7. Préserver l'environnement 8. Mettre en place un partenariat pour le développement (notamment bonne gouvernance, prévisibilité...)[405]. La dimension « droit du travail » est présente au sein des modalités de marche vers l'accomplissement du premier objectif. La stratégie OMD apparaît vouloir qu'au-delà de la réduction de l'extrême pauvreté et de la faim, l'ambition du plein emploi et le droit pour tous d'occuper un emploi décent soit la condition de la réalisation de cet objectif. Si le travail subordonné ne fait pas expressément partie des cibles des autres objectifs, sa dimension est malgré tout rattachable à celui pour l'égalité des sexes et l'autonomisation de la femme[406] ainsi qu'au thème général de la santé.

Chaque année, un Rapport de Suivi Mondial (RSM) fait le bilan des accomplissements dans ce sens et des ambitions à poursuivre. En 2009, le rapport mentionne l'effet néfaste de la crise mondiale, crise qui paralyserait l'évolution de la marche vers les OMD dont la réalisation est prévue pour 2015. Si ce rapport fait état de progrès quant à « la gravité de la pauvreté », les « turbulences économiques poussent des dizaines de millions de personnes dans des emplois précaires » et fait présager une ré-augmentation de la pauvreté « extrême »[407]. En outre, il apparaît au vue du rapport de 2009 que l'Afrique se situe à contre-courant puisque les statistiques montrent que les personnes extrêmement pauvres ont augmenté de 100 millions entre 1995 et 2005. Le ratio emploi/population est le plus élevé en Afrique (74%) où subsiste la plus grande part de la pauvreté mondiale. La faible productivité du travail est présentée comme un vecteur de ce constat car elle engendre la faiblesse des rémunérations. L'augmentation de la précarisation du travail est également présentée comme une source de cette augmentation statistique. La flambée des prix des denrées aggrave la pauvreté et freine en conséquence la lutte contre la faim. « La baisse des prix des produits alimentaires au niveau international au cours du deuxième semestre 2008 ne s'est pas traduite par des prix plus abordables pour la plupart des habitants de la planète ». La proportion de la population qui a faim a aussi augmenté en 2008[408]. Le RSM de 2012 qui est centré

---

[404] http://www.un.org/fr/millenniumgoals/gender.shtml

[405] Disponible par exemple sur http://www.undp.org/french/mdg/

[406] Un indicateur pour la mesure de la réalisation de cet objectif est le « pourcentage des femmes salariées dans le secteur non agricole » (V. A. Rhazaoui, L.-J. Grégoire, S. Mellali, *op. cit.*, annexe, p. 575).

[407] La gravité de la pauvreté se mesure selon la proportion des personnes vivant avec moins de 1,25 dollars par jour. Entre 1990 et 2005, le nombre de personnes vivant sous ce seuil est passé de 1,8 milliards à 1,4 milliards. Mais ce rapport présage, du fait de la crise, une augmentation entre 55 et 90 millions de personnes en situation d'extrême pauvreté. Voir également l'article publié le 15 février 2011 dans Le Monde : Prix alimentaires : 44 millions de personnes ont basculé dans l'extrême pauvreté (en ligne sur http://www.lemonde.fr/)

[408] Rapport de Suivi Mondial, UN, 2009, p. 4.

sur le thème de la nourriture contient des données difficilement interprétables sur la pauvreté[409].

Malgré la permanence de constats alarmants, quelques initiatives éparses offriraient la possibilité de porter un regard positif sur le long terme[410]. L'insertion de ces initiatives dans des résultats quantitatifs globalement négatifs pose néanmoins la question de l'effet réel de ces initiatives[411]. L'impact de ce discours des OMD dont la généralité de l'ambition est louable doit être interrogé. S'il est certain qu'il contribue à l'équilibre politiquement nécessaire des discours sur le plan international, quels sont ses effets concrets en dehors de l'alerte de l'opinion internationale[412] ? Un sentiment d'impasse est suggéré par la permanence d'une dépendance de l'atteinte de ces objectifs dans les pays en développement aux volontés des bailleurs de fonds et partenaires au développement[413]. Les États développés impliqués dans ce programme n'apparaissent qu'au titre de l'objectif 8 pour la mise en place d'un partenariat mondial pour le développement. Cet objectif distinct paraît recouvrir finalement l'ensemble du programme[414]. La réalisation complète de ce programme impliquerait un profond renouveau des politiques nationales commerciales et sociales ainsi qu'un rapport de force revisité entre les parties

---

409 Les comparaisons se font principalement entre les années 1990 et 2005 ou 2008. Il est donc difficile de savoir ce qu'il en est d'une année sur l'autre : « *Less than half the population of Sub-Saharan Africa was living below $1.25 a day in 2008. Fortyseven and a half percent lived below this poverty line in 2008, as compared with 56.5 percent in 1990, a 9 percentage point drop* » (RSM, UN, 2012, p. 3 et 14-15). Le rapport mentionne toutefois l'effet négatif de la hausse des prix des denrées alimentaires.

410 Des « guides de bonnes pratiques » sont établis pour chaque objectif. Pour l'objectif n°1, des programmes nationaux de subvention des engrais ont permis une augmentation des exportations agricoles (Malawi et Ghana), des programmes nationaux de prêts sans intérêts remboursables à la prochaine récolte sont mis en place (Bangladesh, Nigeria) et le PNUD a fourni une aide technique pour la mise en place d'une plate-forme éthiopienne de commerce agricole (http://www.un.org/fr/millenniumgoals/pdf/factgoal1.pdf). Le site officiel du PNUD offre aussi une base de données des progrès réalisés par pays dans la perspective de 2015 (http://www.undp.org/french/mdg/countryreports.shtml).

411 En 2005, des auteurs relevaient « des efforts importants engagés en matière de croissance et de réformes économiques et sociale » mais, si les taux de croissance s'améliorent, ce n'est pas suffisant. L'inégalité de redistribution des revenus aggrave la pauvreté ainsi que la fragilité des secteurs agricoles ou encore la faible diversification des secteurs productifs (A. Rhazaoui, *op. cit.*, p. 24 et s).

412 Pour certains, l'initiative des DSRP a eu pour but de re-légitimer des institutions financières internationales très critiquées par la société civile internationale (C. Kwaku, 2004, *op. cit.*, p.1).

413 Les pays développés sont sollicités. La France manifeste « un grand intérêt (...) porté à la croissance économique et à l'appui a la formulation des Cadres Stratégiques de Lutte contre la Pauvreté (CSLP). La France consacre également près de 350 millions d'euros par an pour lutter contre la malnutrition et soutient activement la création d'emplois et de revenus au sein du secteur agricole ainsi que l'amélioration des services sociaux de base dont la santé et l'éducation ». Elle « s'est engagée à porter progressivement le niveau de son APD à 0,5 % du RNB en 2007, puis à 0,7% en 2012 ». *"Canada has also opened its markets to imports from the world's poorest countries, (...) and was the first country to pass legislation to allow the manufacture of essential drugs at lower prices for countries in need"* (http://www.undp.org/canada/mdg.shtml).

414 « L'objectif 8, qui appelle à un partenariat planétaire, constitue la base de l'accord proposé entre pays riches et pays pauvres » (A. Rhazaoui, *op. cit.*, p. 2). Les avancées positives de la France au titre de l'objectif n° 7 sur l'environnement sont présentées en termes de financements.

du monde. Un espoir en ce sens est exprimé dans le RSM de 2009 qui espère un nouvel équilibre commercial à l'issue des accords de Doha. Or, on sait que ces accords peinent à être concrétisés dans le contexte économique actuel[415]. Enfin, l'ampleur programmatique des OMD ne contribue-t-elle pas à l'évincement de certaines des questions qu'elle y insère ? La création d'une approche quantitative des maux de la planète n'empêcherait-elle pas d'en considérer efficacement les causalités ? Par exemple, les rapports annuels établissent un état des lieux pour chaque objectif en y distinguant les différentes cibles. La cible du travail décent pour l'objectif 2. n'est jamais spécialement abordée dans les rapports en dehors du constat de la précarisation du travail. Ceci est aussi vrai dans le paragraphe sur la pauvreté et la faim au sein de l'étude de 2007 pour la réalisation des OMD au Togo[416].

Le contenu de ce discours international du millénaire interroge la réalité de ses ambitions et de ses effets bien qu'il mette à disposition des ressources statistiques importantes. La démarche nous paraît mêler des problématiques hautement hiérarchisables que sont l'accès à l'eau, l'environnement, le VIH-Sida, le travail décent ou l'emploi. Ce discours général sur le développement interroge en outre l'impact de sa véhiculation. Ne sert-il pas indirectement l'établissement de seuils de « tolérabilité » des diverses problématiques abordées[417] ? L'atteinte de ces objectifs en 2015 est loin d'être acquise car la « stratégie multidimensionnelle » qu'elle implique peut sembler irréaliste dans le contexte global contemporain[418]. Ceci nous fonde à rechercher les modalités de l'appropriation de ce discours et ses résultats à travers l'exemple du Togo où nous notons une complémentarité contemporaine des deux discours de dimension sociale que sont les OMD et les droits de l'homme[419]. Une critique

---

[415] J. E. Stiglitz et A. Charlton, *Pour un commerce mondial plus juste*, Oxford University Press, 2005.

[416] Stratégie Nationale de Développement à long terme, basée sur les OMD , PNUD-Togo, 2007, p. 26.

[417] L'Afrique fait l'objet d'un chapitre VII au sein de la Déclaration de 2000. Il présente ses besoins spécifiques et en appelle à la communauté des bailleurs. Mais les « taux moyens de performance (communément utilisés pour les OMD) cachent souvent d'importantes disparités entre les différents groupes d'une même société ou région du pays » (*ibid*. p. 3).

[418] *Ibid*. p. 243. La Déclaration du Millénaire issue du sommet de 2000 soulève la dimension stratégique complexe de ces ambitions (Résolution A/55/L2) : des valeurs de principe, la paix et le désarmement, le respect de l'intégralité des droits de l'homme, la démocratie et gouvernance, la promotion et protection intégrale des droits civils, politiques, économiques, sociaux et culturels, la protection des groupes vulnérables etc. Dix ans après, la Déclaration de l'Assemblée générale des Nations Unies de septembre 2010 intitulée « Tenir les promesses : unis pour atteindre les objectifs du millénaire pour le développement » (Résolution A/65/L1) est établie selon un ordonnancement similaire. Le constat demeure globalement négatif malgré quelques progrès. « Les disparités entre pays développés et pays en développement et les inégalités entre riches et pauvres, ainsi qu'entre populations rurales et urbaines, entre autres, sont toujours très accusées et doivent être atténuées ». La communauté des chefs d'État s'engage à promouvoir la marche vers le développement, « chaque pays étant responsable au premier chef de son développement ». Le développement agricole continue d'être particulièrement pointé dans le cadre d'une croissance économique et d'un développement durable « soutenus, partagés et équitables ».

[419] Un relai régional africain pour la réalisation des OMD est constitué par le NEPAD (nouveau partenariat pour le développement en Afrique) dans le cadre de l'Union Africaine. Il encourage les

adressée au discours actuel du développement qui place la pauvreté au centre est l'insuffisance du raisonnement en termes de droit au profit d'objectifs quantifiés atteignables par le biais de la croissance économique[420]. Nous remarquons dans ce sens que la société civile togolaise semble préférer raisonner en termes d'« effectivité des droits ».

2. La réception du discours au Togo

Plusieurs documents stratégiques permettent d'étudier la réception du discours actuel sur le développement : un « document cadre de politique de l'emploi et de lutte contre la pauvreté » établi en 2004 avec le soutien du BIT, le rapport de l'enquête 1-2-3 « Gouvernance, Démocratie et lutte contre la pauvreté au Togo : le point de vue de la population de la capitale » de 2005 dans le cadre d'un projet de l'OCDE , le *draft* officiel de la stratégie de 2007, la stratégie intérimaire de la réduction de la pauvreté adoptée en mars 2008 par le Conseil des ministres et la « version préliminaire » du document de stratégie de lutte contre la pauvreté complet (DSRP-C) 2009-2011[421]. Il convient d'analyser la réception générale du discours des OMD à travers ces documents officiels (a) avant d'en rechercher les possibles influences dans la réforme du droit du travail en 2006 (b).

a. Les stratégies de lutte contre la pauvreté et les OMD

L'élaboration des documents de stratégie par le Togo aurait favorisé la reprise d'une coopération financière entre le Togo et certains bailleurs de fonds dont le FMI[422]. Le projet de DSRP-C pour 2009-2011 est présenté comme « le résultat d'un

---

États à établir des stratégies dans le cadre de la politique de réduction de la pauvreté auxquelles sont insérés les OMD .

420 C. Kwaku Akpokavie (*op. cit.*) soulève cette question de la substance d'un développement sans effectivité de protection du contre-pouvoir appelé à y participer. Dans la résolution A/65/L1 de 2010 (*op. cit.*) de l'assemblée générale des Nations Unies, on relève en effet que les axes pertinents pour l'atteinte de l'objectif n° 1 reprennent la cible du travail pour tous et décent à laquelle sont ajoutés une protection sociale complète, l'accès aux services essentiels et au crédit pour tous. L'attachement aux valeurs des droits de l'homme est réaffirmé au début du document puis la notion de « droit » n'est guère employée.

421 Documents communiqués par la Direction général e du Travail du Togo. Le Togo a adopté des rapports nationaux sur les OMD en 2003, 2004 et en 2007. Le dernier rapport national OMD a été validé en avril 2010. (http://planification.gouv.tg/index.php?option=com_content&view=article&id=28:rapportomd&catid=1:cat1&Itemid=48). Les autorités publiques rencontrées ne nous ont pas communiqué ces documents. Nous disposons de la stratégie nationale sur les OMD réalisée en 2007 avec le soutien du PNUD que nous avons déjà citée.

422 On peut lire effectivement en préface du document cadre de politique de l'emploi de 2004 : « à l'instar de nombre de pays africains, le Togo est soumis à l'élaboration d'un « Document de stratégie pour la réduction de la pauvreté (DSRP)». Ce document est de plus en plus considéré par les bailleurs de fonds comme le principal instrument de planification, pour programmer l'assistance des organismes donateurs aux pays en voie développement, dans un cadre bilatéral ou multilatéral ». La stratégie intérimaire de 2008 précise que « la conclusion avec le Fonds Monétaire International (FMI) d'un programme de référence couvrant la période d'octobre 2006 à juin 2007, a

exercice participatif de planification stratégique auquel ont participé toutes les composantes de la société togolaise et qui a bénéficié d'un engagement soutenu des Partenaires Techniques et Financiers ». Neuf réunions au niveau national et régional puis la tenue d'un forum national de lancement ont accompagné l'élaboration de ce document. L'introduction au document de stratégie 2009-2011 présente son ambition d'être un « document complet qui approfondisse le diagnostic de la situation économique et sociale et propose des mesures plus précises et plus hiérarchisées en termes de priorités afin de faciliter leur mise en œuvre. (...) Les piliers stratégiques et les domaines d'intervention prioritaires retenus s'inscrivent dans la Stratégie Nationale de Développement à long terme basée sur les Objectifs du Millénaire pour le Développement (OMD), dans les orientations du projet de société du chef de l'État ainsi que dans le Programme du Gouvernement adopté par l'Assemblée Nationale le 16 septembre 2008 ».

Parmi les objectifs mis en avant, la promotion de la bonne gouvernance politique et économique arrive en première position puis la relance économique via la promotion du développement durable. La dimension travail ressort de l'axe du « développement des secteurs sociaux, des ressources humaines et de l'emploi » à l'intérieur duquel l'accent est mis sur l'éducation, la santé et l'état nutritionnel. Le rapport donne une place conséquente à l'approche quantitative et qualitative de la pauvreté au Togo[423]. Un paragraphe est consacré à l'approche de la pauvreté telle que perçue par les ménages togolais[424]. Ils y associent généralement les critères de l'insuffisance de revenus, de non accès à l'eau potable et aux soins ainsi que les troubles sociopolitiques. Les axes togolais officiels contre la pauvreté mettent au premier plan l'assainissement de l'intervention publique *via* des réformes administratives, l'utilisation efficace de l'argent public notamment pour l'aménagement du territoire, un développement de la citoyenneté à travers la concertation, un assainissement du secteur financier et des restructurations des entreprises de fonds publics. Des réformes de dimension économique sont envisagées : l'encouragement du secteur privé et sa dynamisation par la zone franche, une ouverture aux crédits pour tous les acteurs voire l'organisation des systèmes informels de micro-finance. L'axe emploi arrive presque en dernier. Il est évoqué le renforcement du « cadre institutionnel » tandis que c'est le « cadre juridique et institutionnel »

ouvert la perspective de négociations prochaines pour une Facilité pour la Réduction de la Pauvreté et la Croissance (FRPC) ».

423 Cette dernière peut être monétaire : ses déterminants principaux sont le milieu de résidence, la taille du ménage, l'état de santé des membres et les facteurs de production du ménage d'une part, et le niveau d'instruction, la catégorie socio professionnelle, le sexe, l'âge et la situation matrimoniale du chef de ménage d'autre part. La pauvreté non monétaire se mesure à travers l'éducation, la santé, l'eau selon l'indicateur de la desserte (non du parcours) et de l'assainissement (Document de stratégie de lutte contre la pauvreté complet 2009-2011 (DSRP -C), version préliminaire, Togo, 2009, p. 11-29).

424 *Ibid.*, p. 33-34. On retrouve ces approches dans un document antérieur : « Gouvernance, Démocratie et lutte contre la pauvreté au Togo : le point de vue de la population de la capitale », rapport de l'enquête 1-2-3, *Projet Metagora de l'OCDE*, Togo, 2005, p. 13-26.

qui est visé en matière de santé et d'environnement des affaires. L'ambition en matière d'emploi est d'améliorer les revenus en passant par la promotion de l'auto-emploi, l'accès des femmes aux emplois décents et l'amélioration des conditions du secteur informel. En dernier lieu arrive l'affirmation de l'importance de la formation et de la recherche.

La stratégie pour la réduction de la pauvreté dans l'ambition des OMD paraît nécessiter un dispositif national important au sein duquel le droit des relations de travail doit être précédé d'une volonté politique conséquente de création des conditions de son effectivité. Si le document entre dans le détail de régulations commerciales, l'objectif du « travail décent » est moins facilement planifiable. Un mérite du dispositif DSRP-OMD est-il de mettre en face de la difficulté d'ordre politique soulevée par l'affirmation de ces grands objectifs quantitatifs ? La pluralité des acteurs institutionnels internationaux, régionaux et nationaux, publics et privés, impliqués dans les OMD et dans les nombreux démembrements programmatiques sur le développement ne joue-t-elle pas contre une stratégie réellement articulée et politiquement assumée pour ces objectifs ? Le bilan négatif qui se dresse en 2010 n'est-il pas la marque de quelques incohérences dans ces programmes dont le mot d'ordre de la libéralisation, flexibilisation et ouverture paraît cohabiter difficilement avec la réduction effective de la pauvreté[425] ?

L'État est la première cible de ces objectifs en tant que cadre géographique des statistiques et des programmes stratégiques mais la responsabilisation de son rôle en tant qu'acteur dans leur réalisation n'est pas clairement envisagée. Ceci est aussi vrai au sein des documents nationaux de stratégie qui relatent les difficultés sociopolitiques et leurs effets négatifs qui perdurent[426]. La hiérarchie des axes stratégiques togolais est inchangée. La priorité doit être l'assainissement politique, la transparence économique et l'efficience des aménagements structurels de base et de l'administration publique[427]. Des

---

425 Certains économistes ne nient pas la nécessité de la croissance économique mais souhaitent l'établissement d'une grille d'analyse qui tienne compte de l'enjeu de la redistribution et de son inégalité dans le processus de réduction de la pauvreté. C'est le courant « *growth with equity is good for the poor* ». L'inégalité doit également s'analyser au plan macroéconomique. Beaucoup critiquent le maintien indirect des avantages comparatifs à travers l'agriculture qui restreint cette croissance sur le long terme (V. par ex. H. B. Hamouda, *L'Afrique, l'OMC et le développement, Maisonneuve et Larose,* 2005 ; P. Delleur, « Commerce, croissance et réduction de la pauvreté », *Politique étrangère,* 2005, n° 2, p. 373 ; J-P Cling, P. De Vreyer, M. Razafindrakoto, F. Roubaud, « La croissance ne suffit pas pour réduire la pauvreté », *Revue française d'économie,* 2004, n° 3, p. 137-187 ; R. Meier, M. Raffinot, « S'approprier les politique de développement : nouvelle mode ou vieille rengaine ? Une analyse à partir des expériences du Burkina Faso et du Rwanda », *Tiers-Monde,* 2005 n°183, p. 625).

426 V. par exemple, l'introduction et la conclusion de la Stratégie OMD au Togo, 2007, *op. cit.*, p. 14 et 90.

427 M. Mwamadzingo fournit quelques exemples d'expériences africaines des DSRP . Les axes togolais sont identiques à ceux explicités dans le DSRP du Niger. Le programme kenyan pour le redressement économique 2003-2007 insère à ces priorités celle d'une stabilité macroéconomique et d'une éducation améliorée ainsi que la création de 500 000 emplois. L'Ouganda parle de « hausser les revenus » et améliorer la « qualité de vie ». Les OSC de ces pays critiquent des processus de

actions du Gouvernement dans ce sens sont mentionnées dans le DSRP-C 2009-2011 dont les effets ne sont néanmoins pas présentés. Des initiatives pour une meilleure gouvernance politique ont eu lieu : la mise en place de la commission vérité et réconciliation, un « projet de statut politique de l'opposition », un « gouvernement de l'union nationale issu d'élections législatives anticipées ». Or, l'actualité politique montre un climat politique pluraliste toujours en tension. Le rapport mentionne le lancement du programme de modernisation de la justice qui a en effet conduit à la mise en ligne d'une base de données juridique qui présente certains défauts. Le rapport mentionne la privatisation de la société des phosphates dont les mécanismes de mise en œuvre a suscité de nombreux conflits sociaux et notamment le licenciement de dix délégués du personnel grévistes.

Nous évoquions en introduction à ce paragraphe la perception d'un glissement – si ce n'est une absorption – du discours social mondial des droits de l'homme vers celui des OMD[428]. Le discours quantitatif des OMD implique et responsabilise toutes les parties dans ce processus du millénaire à la différence de l'approche par le droit qui place davantage l'État au cœur de l'enjeu de l'effectivité. Le programme des Nations Unies met l'accent sur la participation des acteurs de la société civile (AOS) à leur réalisation[429]. Nous relevons au Togo que ces acteurs, syndicats, ONG ou associations, semblent préférer le référentiel des droits civils, politiques, économiques, sociaux et culturels au sens des droits de l'homme à celui des OMD pour aborder le problème de la pauvreté[430]. Sur le thème de la condition des travailleurs, ces acteurs renvoient le plus souvent au

consultation inadaptés pour une réelle contribution à l'élaboration de ces cadres stratégiques. Les OSC de Zambie hésitantes à participer aux DSRP ont créé un réseau de la société civile pour la réduction de la pauvreté en mettant en œuvre leur propre processus consultatif ce qui a valu des tensions avec le gouvernement et la création d'un rapport intitulé « DSRP alternatif ». Mais c'est un autre projet de DSRP qui a été soumis aux IFI par le gouvernement (M. Mwamadzingo, « Les DSRP africains – les syndicats dialoguent avec la Banque mondiale et le FMI » , *Education ouvrière*, 2004, *op. cit.*, p. 21).

428 Les déclarations du millénaire mentionnent les droits de l'homme et le principe de leur inaliénabilité ainsi que les droits économiques, sociaux, culturels, civils et économiques. On pourrait les qualifier de « déclarations préalables de considérations ». C'est en effet une sémantique de « la considération » qui est employée dans ces déclarations : « nous nous efforcerons », de « promouvoir », « chercher à assurer », « lutter contre » etc.

429 L'ONU organise un « Millenium forum UN » du 22 au 26 mai 2000 consistant en la consultation des AOS sur les OMD : « nous demandons à la société civile, c'est-à-dire aux organisations non gouvernementales, aux associations bénévoles et aux fondations, au secteur privé et aux autres parties prenantes concernées, aux échelons local, national, régional et mondial, d'accroître sa contribution à l'effort de développement des pays » (Déclaration de 2010, *op. cit.*). La problématique posée par cette participation au niveau national est que la confrontation entre la société civile et le Gouvernement est souvent stérile (V. Rhazaoui, *op. cit.* p. 327-334).

430 Le DSRP-C 2009-2011 (*op. cit.*), sur le sentiment de pauvreté, mentionne d'ailleurs que celle-ci est décrite par les ménages à travers les sentiments d'absence de démocratie, de déficits de l'administration. Sont en outre pointés les problèmes de liberté politique, de liberté de la presse et d'expression, d'égalité devant la loi et de libres élections.

Pacte international relatif aux droits économiques, sociaux et culturels (PIDESC) dont les articles 7 et 8 énumèrent ceux de la personne du travailleur[431].

Un rapport d'étude-action de 2005 sur « la promotion des droits économiques sociaux et culturels des travailleurs/travailleuses du Togo » diligentée par l'association togolaise Solidarité et Action pour le développement durable (SADD) et réalisée par des consultants du cabinet Dynamique sociale (DYS) précise que « la problématique des droits économiques, sociaux et culturels ne se pose pas en terme de codification ». Ainsi, selon ces acteurs de la société civile avant l'adoption du nouveau code du travail, le problème du travail ne doit pas être posé dans l'immédiat en termes de reconnaissance formelle des droits du travailleur au Togo. Le travail décent doit plutôt s'accomplir par la connaissance approfondie et l'effectivité de ces droits. Ce rapport mentionne en outre le constat, sur un échantillon de 237 personnes interrogées, d'une bonne connaissance générale des DESC mais le relevé de conditions de travail hautement précaires ou précarisantes. Ce document aborde tous les moments de la relation de travail, l'évolution professionnelle et le sentiment de sécurité au travail sur un plan physique et psychologique.

D'un point de vue officiel, le Document cadre de politique de l'emploi et de lutte contre la pauvreté de septembre 2004[432] met l'accent sur la problématique du travail. Il mentionne « la rigidité et l'inadéquation de la législation du travail à promouvoir des emplois productifs, dans un monde en pleine mutation » comme l'une des causes des contre-performances du Togo en matière de développement et de progrès social[433]. Il mentionne l'exemple d'une rigidité de la législation du travail qu'est l'autorisation préalable pour l'embauche d'un étranger[434]. Sur un plan structurel le document met l'accent sur la nécessité d'un dialogue social tripartite effectif. Ce texte de 2004 envisage explicitement la révision du code du travail « pour le débarrasser de toute pesanteur constituant un frein à la création d'activités génératrices d'emplois ». Le document cadre de 2004 mentionne également des objectifs de meilleure structuration du secteur

---

431 Ce pacte conclu en 1976 contient en effet le « droit qu'a toute personne de jouir de conditions de travail justes et favorables (...) par la rémunération » qui procure « une existence décente pour le travailleur et sa famille, la sécurité et l'hygiène (...), le repos les loisirs (...) ». Il précise le droit à la liberté syndicale et celui de faire grève. Jusqu'en 2008, aucun mécanisme de contrôle n'était rattaché à ce document à la différence du Pacte international sur les droits civils et politiques (PIDCP) en vertu duquel une procédure de plainte pouvait être enclenchée. Un protocole facultatif au PIDESC établissant une procédure de communication et de réclamations auprès du comité des DESC est finalement adopté en 2008. Son entrée en vigueur dépend de la ratification de ce protocole qui ne concerne aujourd'hui que l'Equateur. (V. O. de Schutter, « Le protocole facultatif au Pacte international relatif aux droits économiques, sociaux et culturels », CRIDHO *working paper*, Université catholique de Louvain, 2005, en ligne : http://www.fidh.org/IMG/pdf/PIDESC_Protocole.pdf)

432 Document cadre de politique de l'emploi et de lutte contre la pauvreté, 2004, *op. cit.*

433 L'introduction et la conclusion se réfèrent aux DSRP et à l'objectif mondial à l'échéance 2015 (*ibid.*).

434 Le code de 2006 maintient cette autorisation d'embauchage en son article 46.

rural, de promotion du secteur informel et de la formation professionnelle notamment la promotion de l'apprentissage dual dans le secteur artisanal. Il ajoute que la réforme du droit du travail doit s'accompagner de celle du code des investissements. Il conclut que « le travail décent est le moyen le plus sûr de sortir de la pauvreté[435] ». La réforme du code du travail en 2006 s'intégrerait donc dans la stratégie nationale de lutte contre la pauvreté en vue de la réalisation des OMD. La diversité des axes de 2004 soulève toutefois l'interrogation de l'utilisation des canaux de droit du travail dans la perspective de réduction de la pauvreté.

b. La dimension OMD-DSRP du nouveau code du travail

Il convient de rechercher les signes d'un éventuel souci des OMD dans l'évolution du droit du travail togolais en 2006. Si l'insertion des personnes handicapées est explicement justifiée par ce souci, elle est davantage appuyée sur les « déclarations de considérations » que sur les cibles quantifiables[436]. Nous relevons néanmoins quelques évolutions textuelles qui rappellent les cibles OMD. Ces relevés demeurent néanmoins modestes, ceci d'autant que nous les avons pour la plupart abordés dans d'autres champs explicatifs possibles, et souvent relativisées dans ces champs.

La restriction au cas des femmes enceintes de la détermination règlementaire de travaux interdits aux femmes, l'insertion du harcèlement sexuel, celle d'un comité de santé et de sécurité, la création d'un organisme de mise en œuvre d'une politique de l'emploi et la libéralisation de l'embauche sont des points rattachables aux objectifs 1 (pauvreté et faim) et 3 (égalité et autonomisation de la femme). La formation professionnelle peut y être ajoutée sur le plan du travail décent en référence aux conclusions des stratégies nationales de réduction de la pauvreté. D'autres choix normatifs se positionnent à contre-courant du mot d'ordre des OMD de lutte contre la pauvreté. Le choix de ne pas traiter de la majoration des heures supplémentaires, des mécanismes d'indemnisation du chômage technique et de l'indemnité de licenciement malgré la tendance des droits de l'espace OHADA en ce sens en est un exemple. Celui de ne pas insérer le principe de l'indemnité de précarité qui existe dans beaucoup de ces droits nationaux peut être ajouté.

---

[435] Le rapport de 2004 (*op. cit.*, p. 41) contient la citation suivante : si l'on veut « réellement être en mesure de réduire l'incidence de la misère de moitié d'ici à 2015, il faut redoubler d'efforts, aux niveaux local, national, régional et international, pour placer la création d'emplois en plus grand nombre et de meilleure qualité, au cœur des stratégies de développement » (S'affranchir de la pauvreté par le travail, rapport du directeur général du BIT, Conférence internationale du Travail, 91e session, 2003). Les autres documents qui établissent un tableau des indicateurs OMD au Togo oublient la cible « emploi et emploi décent » de l'axe « réduction de la pauvreté et de la faim ».

[436] Tableau récapitulatif et comparatif, *op. cit.*

La nouvelle disposition qui impose une prise en compte de la pauvreté réelle pour la fixation des minimas de salaires[437] semble s'inscrire dans le cadre des OMD. Mais son effet est à questionner du fait de l'initiative gouvernementale en 2008 dénoncée par les représentants syndicaux togolais. Ces derniers critiquent l'établissement discrétionnaire et inattendu d'un nouveau SMIG par l'arrêté n°009/MTSS/DGTLS du 13 août 2008 portant révision des salaires minimums garantis et dont le montant est inférieur à celui préconisé par les partenaires sociaux. Ils affirment ne pas avoir été consultés ni même informés de cette nouveauté avant son entrée en vigueur. Le SMIG mensuel togolais passe officiellement de 13757 FCFA à 28000 FCFA. Le taux horaire est ainsi établi à 161,54 FCFA[438]. Il en résulte malgré tout un passage officiel de « en-dessous » à « au-dessus » du seuil de pauvreté internationalement établi à 1,25 dollar US par jour[439].

Nous avons montré le caractère délicat de l'entreprise visant à corréler les ambitions internationales affirmées des pouvoirs politiques togolais et les résultats substantiels de l'évolution légale opérée en 2006. Partie des diverses justifications, l'entrée dans le détail des évolutions du droit du travail entre 1974 et 2006 – par la comparaison de ces normes entre elles, avec celles supranationales poursuivies par le législateur en lien avec des démarches similaires d'États voisins - nous permet de formuler l'extrême relativité des ambitions affichées de la réforme de 2006 dans l'ordre international. Il en résulte selon nous que cette réforme est peut-être seulement subsumée dans l'internationalité des discours normatifs.

L'analyse des influences internationales affirmées à propos de la réforme de 2006 nous amène au constat d'une distanciation entre les discours de justification et le contenu nouveau du droit du travail togolais. Ce constat interroge les modalités étatiques de mise en œuvre des processus de réforme dans un contexte où l'intervention supranationale tend à devenir pratiquement illisible[440]. Cela nous amène à rechercher les ressorts plus endogènes des

---

437 Article 121 du code du travail de 2006 : « il doit être tenu compte notamment des besoins des travailleurs et de leur famille, du niveau général des salaires dans le pays, du coût de la vie et ses fluctuations, des prestations de sécurité sociale (…) ».

438 Le Protocole d'accord issu du « Dialogue social » de 2006 contient les engagements 69 et 70 pour l'établissement d'une étude sur le panier de la ménagère, le SMIG et le SMAG en préalable à la fixation d'un nouveau SMIG. Des représentants syndicaux nous confiaient que l'Intersyndicale s'était mise d'accord pour une revalorisation à 35000 FCFA au moins. Le SMIG règlementaire est d'ailleurs aujourd'hui remis en cause par la grille salariale adoptée par les partenaires sociaux à l'occasion de la signature de la nouvelle convention collective interprofessionnelle du Togo (CCIT) le 20 décembre 2011. Le minimum conventionnel est fixé à 35000 FCFA.

439 1,25 USD équivaut à 610,47 FCFA. Le nouveau SMIG togolais de 28000 FCFA équivaut à 55,10 USD, soit environ 42 euros. Ainsi, le nouveau SMIG renvoie à un taux journalier d'environ 920 FCFA, soit 1,81 USD.

440 V. par exemple J.-M. Sévérino et O. Ray, *Le grand basculement, la question sociale à l'échelle mondiale*, Odile Jacob, 2011, p. 189 et s. Ces auteurs parlent d'un « émiettement institutionnel », d'un risque de « sac à nœuds emmêlés » par les tentatives de construction de ponts entre les organisations. Le

évolutions de 2006. En plus du souci de recoller aux impératifs internationaux, le législateur de 2006 aurait été poussé par le constat national d'un droit du travail dépassé et inapproprié dont résulterait la difficulté de son application. Si le manuel de droit du travail écrit par un ancien inspecteur du travail togolais et édité en 2008 n'évoque pas ces justifications d'ordre interne[441], le souci d'amélioration d'un droit dépassé, incomplet et d'application délicate est avancé par les autorités ministérielles ainsi que par l'universitaire consultant national présenté comme un participant essentiel à la rédaction du nouveau code. Nous continuons donc l'analyse de la réforme législative dans le cadre national des ambitions affirmées. Certains récuseront la pertinence de cet angle d'analyse du fait qu'une part de mystère est toujours inhérente à la production normative et que la technicité juridique est la propriété des experts. Mais cette poursuite des buts affirmés du législateur permet de visibiliser sa méthode et de relativiser la construction savante que peut représenter le droit formalisé. Nous rejoignons en cela Georges Ripert qui revendiquait la pertinence d'une « génétique des lois[442] » pour tenter d'y déceler les réalités de ses enjeux à la fois politiques et empiriques.

Section 2 – Un objectif de meilleure application du droit du travail

La réforme législative de 2006 était souhaitée par les partenaires sociaux. Ce souhait est mentionné dans le protocole d'accord issu du « Dialogue Social » tripartite de cette même année[443]. On a pu faire état en ce sens d'une concertation continue entre acteurs sociaux et État[444]. Le directeur général du Travail de Lomé présente le processus comme suit : « pour élaborer le projet, d'abord il y a eu une grande réunion avec tous les acteurs, le patronat et les syndicats, pour déblayer le terrain et déterminer les grandes orientations qui

---

nombre d'organisations internationales dans le monde est passé de 70 avant la seconde guerre mondiale et à plus de 1000 aujourd'hui. L'ONU compte une centaine de structures.

441 La « grande avancée » de la réforme tient à « la notion de flexibilité du travail », à « la réduction de la rigidité du marché du travail » notamment avec l'allongement de la durée des CDD , à la suppression du monopole du placement et à la précision des règles du chômage technique (D. Yabre, *op. cit.*, p. 10).

442 La loi « est, en réalité, revêtue de toutes les passions humaines. L'analyse de ces passions est nécessaire pour comprendre le sens profond d'une loi » (G. Ripert, *Les forces créatrices du droit*, LGDJ, 1955, p. 80).

443 Engagement n° 49 du Protocole d'Accord entre le Gouvernement, le CNP et les organisations syndicales de travailleurs de mai 2006 : « accélérer le processus d'adoption du code du travail ».

444 « Le nouveau code a été conçu avec les partenaires sociaux, c'était tripartite. (...) J'ai eu les restitutions des négociations. Je ne sais pas si des universitaires ont participé » (Cf. Entretien avec le secrétaire préfectoral de la CSTT à Kara, région de la Kara, 3 décembre 2008). « Il y a eu une phase de validation durant laquelle chacun venait défendre ses amendements » (Cf. Entretien avec le secrétaire général de la centrale UNSIT, Lomé, 23 décembre 2008). « Nous y avons travaillé et nous nous sommes assurés qu'il soit en conformité avec les règles de l'OIT» (Cf. Entretien avec un membre personne ressource du CNP et conseiller du groupement togolais des PME/PMI (GTPME/PMI), 13 février 2009).

doivent nous permettre d'avoir notre nouveau Code. Donc après ça il y a eu des comités qui ont été mis en place, pour finaliser le texte, préparer les projets, et c'est quand ça, ça a été fini là que le texte a été envoyé au CNTLS qui l'a validé. Et c'est après ça que ça a été adopté en Conseil des ministres, et envoyé au Parlement pour adoption[445] ». Le ministre du Travail confirme ces termes en élargissant le champ des acteurs intervenus sur le projet[446]. Ces propos laissent penser qu'un large dialogue social a accompagné la rédaction d'un texte devant favoriser la prise en compte des difficultés locales à des fins de meilleure application du droit. Certains mentionnent cependant quelques dysfonctionnements dans le processus consultatif[447], ce qui rejoint l'évocation par les pouvoirs publics de réunions du CNTLS non encore opérationnel en 2006.

Le consultant ayant participé au processus de réforme affirme clairement l'objectif d'amélioration des dispositions (§1). Le nouveau code suscite malgré tout des insatisfactions chez les agents chargés de son application (§2).

§1 – Une recherche d'amélioration des dispositions

Une amélioration de certaines dispositions de droit du travail est reconnue par les agents de l'administration du travail et les magistrats. Des dispositions du code du travail ont été modifiées pour l'apport de précisions techniques (A) et des lacunes substantielles et procédurales ont pu être résorbées (B).

A. Un apport de précisions techniques

L'apport de précisions techniques au sein du code du travail togolais ressort de la tentative de rendre plus logique l'articulation des dispositions du Code, entre elles et avec les autres sources de droit du travail (1). La marque définitionnelle indéniable du nouveau code tend à éclaircir quelques notions juridiques jusqu'alors non précisées (2).

1. Le rétablissement d'une articulation logique

Le nouveau code de 2006 remédie à des incohérences qui résultaient soit de l'articulation des dispositions du code de 1974 entre elles, soit de l'articulation

---

445 Cf. Entretien avec le directeur général du Travail, Lomé, 14 novembre 2008.

446 « Pas que les syndicats. Les universitaires, de manière directe ou indirecte. Certains font partie de différentes commissions interministérielles, soit à titre de consultants ou autres » (Cf. Entretien avec le ministre du Travail, Lomé, 16 février 2009).

447 Le secrétaire général de la centrale UNSIT dénonce le procédé employé par les pouvoirs publics qui a consisté en la convocation de la centrale aux réunions de concertation sans communication préalable des avant-projets et des amendements des partenaires au dialogue. Il salue le rôle important des représentants du BIT pour tenter de rétablir l'égalité participative. Le secrétaire général de la centrale CGCT relativise quant à lui l'ampleur de la relecture de l'ancien projet des années 1990. Il regrette l'absence d'un comité permanent travaillant sur le projet et la tenue de séances de travail tripartites éparses et ponctuelles. Enfin, des agents de l'inspection du travail regrettent de ne pas avoir pas été questionnés sur leurs difficultés de terrain.

du code avec les autres sources de droit du travail. Ces apports de logique nous sont contés ou résultent de notre analyse. Quelques contradictions anciennes ont pu ainsi être résolues grâce à la réforme de 2006.

Explicitement présenté par un consultant universitaire ayant participé au projet législatif[448], il semblerait que le passage de l'âge minimum de 14 à 15 ans ait été motivé par le constat d'une contradiction entre l'ancien code et la Constitution togolaise qui fixe l'âge de la scolarité obligatoire à 15 ans[449]. Par ailleurs, le nouveau code du travail ne contient plus le détail de la régulation de l'apprentissage tel qu'il résultait des anciens articles 48 à 59 bis. Le législateur prend acte des textes existants sur l'apprentissage et adoptés postérieurement à 1974[450]. En effet, par-delà divers textes règlementaires, une loi n° 83-20 du 20 juin 1983 complétée par la loi n° 88-16 porte « adaptation et rénovation de l'apprentissage ». Le rédacteur du code de 2006 contribuerait donc à rendre plus lisible l'articulation des dispositions sur l'apprentissage au Togo. Ceci est d'autant plus justifié qu'un projet d'actualité en 2009 est l'adoption d'un code de l'apprentissage dont une ébauche est élaborée par la direction générale du travail.

Une prise d'acte des incohérences d'articulation peut également découler de renvois explicites au relai conventionnel en remplacement ou complément de celui règlementaire qui, dans beaucoup de cas, n'a jamais été réel. Par exemple, l'article 126 alinéa 2 renvoie désormais aux conventions collectives ou à défaut à un arrêté pour la fixation des modalités de calcul de la fourniture de denrées pour le cas du travailleur déplacé en vertu de l'article 119. Effectivement, les conventions collectives, CCIT et conventions sectorielles, se sont attachées à préciser cela. Le législateur reprend la fixation du maxima de six mois de la durée l'engagement à l'essai mais choisit de renvoyer aux conventions collectives pour des précisions en cette matière[451]. En effet, les conventions collectives en vigueur se sont approprié cette matière. Malgré le constat d'un législateur toujours muet quant aux règles sur la discipline dans l'entreprise, l'évocation du support conventionnel de ces règles à l'article 60 alinéa 2 peut être un indice d'une volonté d'articulation éclaircie des normes. Un dernier exemple possible est celui du délai de préavis en cas de rupture du contrat de travail. L'alinéa 2 du nouvel article 65[452] affirme que ses conditions et durées sont déterminées par les conventions collectives. La réserve de leur absence et l'éventuel relai règlementaire en ce cas sont supprimés. Le champ territorial et

---

[448] Tableau récapitulatif et comparatif, *op. cit.*

[449] En effet, la norme internationale de l'OIT sur l'âge minimum enjoint qu'il corresponde à l'âge de la scolarité obligatoire. Néanmoins elle permet aux États dont le système scolaire est lacunaire de le baisser à 14 ans.

[450] Article 93 du code du travail de 2006 : « les conditions relatives à la conclusion et à l'exécution du contrat d'apprentissage sont déterminées par la législation en vigueur en la matière ».

[451] Article 51 alinéa 2 du code du travail de 2006. L'ancien article 30 du code de 1974 ne mentionnait pas ce renvoi.

[452] Article 34 du code du travail de 1974.

matériel « total » de la CCIT contribue en effet à la rendre applicable dans tous les secteurs d'activité. Dans un esprit similaire, nous pouvons noter l'ajout des conventions collectives dans le panel des sources auxquelles le règlement intérieur ne peut déroger[453].

Ce dernier point nous permet de passer aux indices d'une volonté de rétablissement de la cohérence interne du code du travail. Dans le code de 1974, le règlement intérieur faisait l'objet d'un long article 31 inséré à la section traitant de la conclusion et de l'exécution du contrat de travail. Il se positionnait entre l'essai et l'interdiction d'infliger des amendes suivie de la clause de non-concurrence. Désormais un chapitre IV traite spécialement du règlement intérieur. Il se compose des articles 87 à 91. Notons que les deux derniers concernent également l'interdiction de l'amende ainsi que le cas de la clause de non-concurrence. Le rédacteur a-t-il été face à la difficulté de positionner ces articles qui concernent des clauses dont le support possible est varié ? Ce rétablissement logique peut être aussi taxé de relativité dans la mesure où le titre III qui contient ce chapitre concerne le contrat de travail. Il est suivi du chapitre sur le contrat d'apprentissage avant le commencement d'un titre IV sur la négociation collective.

Dans cette dynamique d'un outil d'utilisation facilitée de par son organisation interne, notons qu'en 1974, la loi ouvrait la possibilité du règlement des litiges individuels devant l'inspecteur du travail. Néanmoins le détail de cette procédure était entièrement précisé dans l'article 193 de l'ancien code au sein de la procédure judiciaire. Ainsi pouvait-il être difficile de trouver ce fondement de l'intervention de l'inspecteur. Désormais, le législateur fait la distinction entre « la procédure de règlement amiable » et la « procédure de règlement devant les tribunaux » au sein du titre IX du code en vigueur. Un autre exemple réside dans le déplacement de la disposition sur le certificat de travail. Elle constituait en 1974 le dernier article 74 de la section traitant de la suspension du contrat de travail. Elle prend désormais place à la fin de la sous-section 2 de la section sur la résiliation du contrat[454]. Il est peut-être néanmoins regrettable de l'avoir placée dans le cadre de la résiliation du CDI alors qu'elle pouvait se joindre aux dispositions générales sur la rupture contractuelle. Citons enfin le traitement de l'engagement à l'essai qui constitue une sous-section III de la section sur la conclusion et l'exécution du contrat tandis que l'ancien code le mentionnait dans les articles 29 et 30 parmi ceux composant cette même section, ce qui pouvait aboutir au manque de visibilité des règles ainsi établies. D'ailleurs, nous lisons dans le tableau récapitulatif des évolutions du code dressé par un universitaire consultant du BIT[455] que les nouveaux articles 51 et 52 n'avaient pas d'équivalents dans le dispositif de 1974 et qu'ils viennent « corriger des erreurs que les employeurs commettent, volontairement ou non,

[453] Article 31 du code du travail de 1974. Article 88 du code du travail de 2006.

[454] Article 78 du code du travail de 2006.

[455] Tableau récapitulatif et comparatif, *op. cit.*

en traitant des travailleurs à l'essai comme s'il s'agissait d'étudiants stagiaires ». En créant un intitulé spécifique à l'engagement à l'essai, le législateur fait ressortir des règles que beaucoup n'avaient pas relevées dans l'ancien code du travail.

Ces quelques exemples illustrent une certaine volonté de facilitation de l'utilisation du code du travail en tant qu'outil juridique. L'effacement des incohérences de renvoi aux sources règlementaires inexistantes, le déplacement de certains articles dans des parties appropriées et la mise en exergue de certains thèmes antérieurement invisibilisés montrent que le rédacteur a tenté – malgré quelques déceptions possibles – de rendre meilleur l'ordonnancement du code du travail. Cet ordonnancement corrigé est complété par l'insertion de définitions juridiques qui complète la démarche de facilitation de l'utilisation du code du travail dans un contexte où la jurisprudence est difficilement véhiculée.

2. La marque définitionnelle du nouveau code

Par ailleurs, le législateur a pris soin d'apporter des définitions juridiques à des notions antérieurement mentionnées mais non étayées. Ces nouvelles précisions pourraient être le gage d'un traitement judiciaire et administratif harmonisé de certains mécanismes. Le consultant universitaire[456] justifie ce travail définitionnel par le souci de l'apport d'une meilleure compréhension des notions. Le nouveau code contient ainsi des dispositions qui s'attachent à définir la période d'essai, le contrat de travail, le litige individuel, le conflit collectif, le salaire ou encore la suspension du contrat de travail.

Le nouvel article 51 qui se substitue à l'ancien article 29 dispose que la période d'essai a pour objet l'appréciation réciproque de la compatibilité entre l'emploi et la personne recrutée. Il est intéressant de noter que le législateur va loin dans cette réciprocité de l'appréciation en affirmant l'idée d'une communauté de décision entre l'employeur et le travailleur pour l'établissement d'une période d'essai[457]. L'article 34 du nouveau code du travail donne par ailleurs une définition du contrat individuel de travail qui n'était pas présente dans l'ancien code du travail. L'universitaire consultant salue cette introduction qui pourra « permettre une meilleure compréhension ». Les trois éléments classiquement énumérés pour la qualification du contrat de travail sont formellement repris : contrat par lequel le travailleur s'engage à mettre son activité professionnelle sous la direction et l'autorité de l'employeur personne physique ou morale moyennant une rémunération appelée salaire[458]. Néanmoins, le caractère novateur de cette disposition est interrogeable car cet article 34 reprend en définitive l'explicitation de la relation de travail présente à l'article 2 du nouveau comme de l'ancien code du travail. Cette disposition donne une définition de la personne du travailleur dans laquelle les mêmes critères sont présents malgré l'absence du terme de contrat. D'ailleurs, le directeur général adjoint du travail à Lomé se réfère à cet article 2 pour délimiter son champ de compétence[459]. Nous notons en outre dans le « guide juridique du travailleur togolais », réalisé en juin 2008 par un consultant indépendant sur demande de l'association SADD, qu'une confusion est faite sur

---

[456] *Ibid.*

[457] « Il y a engagement à l'essai lorsque l'employeur et le travailleur, en vue de conclure un contrat définitif, décident au préalable d'apprécier notamment (...) ». Un juge pourrait-il élargir ceci à la décision d'un renouvellement ? L'article 13.4 du code du travail ivoirien est davantage logique en précisant que les parties « décident de soumettre leur relation professionnelle à une période d'essai ou de la renouveler ». Les articles 28 1) du code camerounais, 19 du code béninois, 41 du code burkinabé, 53 du code tchadien, 39 du code comorien et L. 36 du code sénégalais sont similaires à la nouvelle disposition togolaise, à la différence des Codes gabonais, malien, nigérien et congolais (RDC). L'article 17 de l'avant-projet OHADA de 2006, à l'instar des articles 15 à 17 du projet de 2010, ne reprend pas l'idée d'une commune décision.

[458] Les magistrats de Lomé reprennent la notion de lien de subordination et M. Dago Yabre (2008, *op. cit.*, p.47) en fait « le véritable critère du contrat de travail ».

[459] Cf. Entretien avec le directeur général adjoint du Travail, Lomé, 26 novembre 2008.

le caractère innovant de la définition du contrat. Le commentateur salue le législateur de 2006 pour son choix de définir le contrat de travail en se basant sur la définition du travailleur de l'article 2 qui existait pourtant dès 1952. Le projet d'acte OHADA de 2006 maintenait ce choix issu de l'époque coloniale en se contentant de reprendre la définition du travailleur telle qu'elle découle de la plupart des articles 2 des codes africains concernés[460]. Le projet d'octobre 2010 illustre le souci de cadrer juridiquement la notion de contrat de travail. Ce projet se contente cependant d'ajouter un article 10 qui précise que « le contrat de travail est la convention qui lie un employeur et un travailleur selon la définition donnée par l'article 2 du présent Acte uniforme ». Sur les types de contrat de travail, nous pouvons mentionner un éclaircissement de l'article 27 du code du travail de 1974 dont la rédaction établissait une distinction ambigüe entre le CDI et le CDD. Cet article formulait le principe de l'interdiction de l'engagement à vie par l'expression d'un engagement « qu'à temps ou pour un ouvrage déterminé ». Il est supprimé. Le nouvel article 38 établit clairement les deux options temporelles du contrat de travail : 1. « soit à temps ou pour un ouvrage déterminé », 2. « soit pour une durée indéterminée ».

La définition de la suspension du contrat de travail de l'article 54 du code de 2006 est introduite « pour en faciliter la compréhension[461] ». La suspension du contrat de travail a lieu chaque fois que « dans le cadre d'un contrat en cours, le salarié est fondé à ne pas fournir sa prestation de travail, ou l'employeur, à s'abstenir de donner un travail à exécuter ». Cette définition générale rattachant un critère de légitimité à la notion de suspension du contrat de travail pourrait-elle fonder certains magistrats à sortir de la liste des motifs de suspension établie aux articles suivants ? La question se poserait néanmoins des conséquences d'un tel élargissement dans la mesure où le nouveau code ne rattache aucune règle générale à la nouvelle définition. Le code tchadien qui contient la même définition en son article 103 prend soin d'y rattacher des règles aux articles 104 à 106. Ils précisent que « la suspension du contrat de travail ne confère par elle-même aucune garantie supplémentaire de stabilité d'emploi par rapport à celles dont le salarié bénéficie lorsque son contrat est normalement exécuté », qu'elle ne produit pas d'effet sur l'ancienneté du travailleur, n'octroie pas de rémunérations supplémentaires et maintient des

[460] Seuls les Codes du travail de Côte d'Ivoire, des Comores et du Sénégal ne définissent que le travailleur. La double définition est présente dans le droit du travail du Burkina Faso (article 29), du Bénin (article 9), du Cameroun (articles 1.2 et 23.1), du Gabon (article 1 alinéa 2 et 18), du Mali (articles L1 et L13) et du Niger (articles 2 et 37 qui ne reprend pas la notion d'autorité). Trois Codes présentent quelques originalités. L'article 3 du code tchadien définit le travailleur, l'article 4 définit l'employeur et l'article 48 définit le contrat de travail au travers de l'engagement de l'employeur à fournir un emploi. Le code de la RDC contient un chapitre IV « des définitions » dont l'article 7 présente notamment a) le travailleur, b) l'employeur et c) le contrat de travail. L'article 6 1. du code de la Guinée Équatoriale définit le contrat de travail sans préciser le lien de subordination : *« acuerdo in virtud del cual una persona conviene en prestar sus servicios a otra, natural o jurídica, mediante el pago de una remuneración ».*

[461] Tableau récapitulatif et comparatif, *op. cit.*

obligations découlant de l'existence du contrat comme par exemple le secret professionnel ou la fourniture éventuelle d'un logement[462]. Le projet d'acte de l'OHADA de 2010, à l'instar du projet de 2006, ne contient aucune définition et se contente d'établir la liste des différents cas de suspension dans la mouvance de la plupart des droits nationaux de la zone.

Une définition du salaire est introduite à l'article 117 dans le même souci de compréhension. Cet article dispose que par salaire, « il faut entendre, quels qu'en soient la dénomination ou le mode de calcul, le salaire de base ou minimum et tous autres avantages payés directement ou indirectement, en espèce ou en nature, par l'employeur au travailleur, en raison de l'emploi de ce dernier, et fixés par les dispositions conventionnelles ou règlementaires ». L'article 113 du projet d'acte de l'OHADA de 2006 donnait une définition différente du salaire : « rémunération ou les gains susceptibles d'être évalués en espèces et fixés, soit par accord des parties, soit par des dispositions règlementaires ou conventionnelles qui sont dues en vertu d'un contrat de travail par l'employeur à un travailleur, en contrepartie de la prestation de travail ». La définition togolaise du salaire est plus large, ce qui pourrait sous-entendre son applicabilité aux relations de travail dans le secteur dit « informel ». Toujours est-il que le législateur a pris acte d'une absence définitionnelle lacunaire en comparaison avec les autres codes nationaux africains[463]. Le nouveau projet d'acte OHADA de 2010 modifie la définition du salaire. Son article 113 dispose que « le salaire recouvre, quels qu'en soient la dénomination et le mode de calcul, les sommes ou les prestations en nature susceptibles d'être évaluées en espèces dues par l'employeur en contrepartie de la prestation de travail ». La notion de « gains » est remplacée par celle de prestations en nature. Le nouveau projet relativise la liberté contractuelle qui découlait du texte de 2006 en précisant que « le salaire est déterminé par l'accord des parties dans le respect des conventions collectives et de la loi ».

L'introduction des définitions du litige individuel et du conflit collectif servirait aussi à clarifier ces notions pour en permettre une meilleure

---

462 L'article 35 du code gabonais donne aussi une définition de la suspension mais aucun critère de qualification n'en découle. C'est l'interruption momentanée de toutes ou partie des obligations contractuelles.

463 En dehors des codes malien, sénégalais et comorien, la plupart des droits nationaux contiennent une définition différente du salaire ou de la rémunération. Le code du Burkina Faso est un peu original en ce qu'il définit le salaire en tant que prestation due par l'employeur. Il comporte le salaire de base et les accessoires du salaire. L'article 202 de ce Code, comme l'article 18 alinéa 2 du code gabonais, n'envisage que les paiements en espèces. Le code tchadien définit quant à lui la notion de rémunération comme comprenant le salaire de base et tous les autres avantages. L'article 31.1 du code ivoirien et l'article 147 du code nigérien utilisent indistinctement les notions de salaire et de rémunération. La définition de l'article 55 du code de Guinée équatoriale est identique à celle du projet OHADA de 2006 mais comprend le paiement des périodes de repos décomptées comme du travail. L'article 7 h) du code congolais (RDC) définit la rémunération et donne des exemples de sa composition.

compréhension[464]. L'article 224 définit le litige individuel comme celui opposant un travailleur à son employeur en cours d'emploi ou à l'occasion de la rupture du contrat de travail tandis que le conflit collectif « oppose une collectivité de salariés organisés ou non en groupement professionnel à un employeur ou à un groupe d'employeurs » en vertu de l'article 256. Cet article insiste ensuite sur « la nature collective de l'intérêt en jeu ». La combinaison de ces deux définitions ne pourrait-elle pas aboutir au rejet de certains litiges par les magistrats du travail au motif de l'introduction de l'instance par un groupe de travailleurs malgré leurs intérêts individuels[465] ? La seule définition du conflit collectif n'aurait-elle pas pu suffire à délimiter la frontière entre les deux types de litige ? La source d'inspiration du rédacteur de 2006 est difficile à cerner car peu de droits nationaux concernés par l'OHADA n'actent de ces deux définitions[466] et les projets de 2006 et 2010 préfèrent l'unique définition du conflit collectif[467]. Malgré l'éclaircissement que peut apporter l'introduction de ces définitions juridique, le risque pratique n'est-il pas la mise dans l'impasse de certains destinataires du droit du travail si les inspecteurs ou magistrats les interprètent strictement ?

L'éclaircissement qui constitue un des objets de toute définition est une innovation indéniable du code de 2006. Rattacher des critères à une notion ne peut que contribuer à en éclaircir ses frontières et contenus. Néanmoins, sur le point de la compréhension qui est l'objectif plusieurs fois formulé par le professeur consultant universitaire, nous nous permettons de relever sa dimension subjective. Sur cette ambition, une relativisation de l'apport est possible car l'interprétation de ces nouvelles définitions qui n'énoncent pas les situations qui y sont ou non rattachables pourrait diverger selon que l'on se positionne du côté de la relation entre les parties au contrat de travail ou de

---

464 Tableau récapitulatif et comparatif, *op. cit.*

465 Les audiences du Tribunal du travail auxquelles nous avons pu assister comptaient parfois des affaires engagées par plusieurs travailleurs. À l'audience du 10 février 2009, par exemple, une affaire concerne la requête de cent personnes contre la Caisse Nationale de Sécurité Sociale du Togo. Lors de l'audience du 6 janvier 2009, une affaire concerne le licenciement de deux salariés après une mise à pieds. En outre un jugement rendu le 20 février 2007 (inédit) concerne le licenciement de cinq agents de sécurité après des réclamations formulées par ces derniers pour l'amélioration de leurs conditions de travail.

466 Seuls les Codes du Bénin (articles 297 et 252) et du Burkina Faso (articles 319 et 367) instituent les deux définitions. Le droit burkinabé précise que le différend individuel peut être porté par plusieurs salariés s'il a pour objet la reconnaissance d'un droit individuel. Les droits camerounais (article 157), tchadien (article 443) malien (article L218) et congolais (article 303) ne contiennent qu'une définition du conflit collectif. Le droit tchadien qualifie de conflit collectif celui risquant de naître dans l'entreprise au sujet des conditions de travail. Le droit congolais donne compétence aux tribunaux du travail en matière de conflits collectifs après conciliation et médiation. Les Codes ivoirien, gabonais, nigérien, comorien et sénégalais ne contiennent aucune définition.

467 C'est en 2006 le conflit opposant un ou plusieurs employeurs à un groupe organisé ou non de travailleurs pour la défense d'un intérêt collectif. Le dernier projet de 2010 modifie cette prévision large en restreignant l'objet du conflit : soit il porte sur le respect d'une règle de droit, soit il poursuit un « intérêt professionnel à caractère économique ou social ».

l'application du droit du travail par les agents compétents. Nous avons relevé à plusieurs reprises certaines réserves quant à ces innovations qui tiennent au risque de situations inclassifiables de par des définitions restrictives, ou de bourrages situationnels de par des définitions élargies. Si la marque définitionnelle du code de 2006 est incontestable, les enjeux et effets de celle-ci sont questionnables sur certains aspects.

Ajoutons ici, malgré le caractère plus substantiel de cette innovation, le changement opéré sur la définition de l'objet du syndicat. Le consultant universitaire y associe un souci d'objectivation de l'objet du syndicat pour une meilleure appréhension de cette organisation[468]. Si nous pensons effectivement que la délimitation de ces structures parmi d'autres est éclaircie, l'objectivité qui serait établie nous paraît difficile à établir. Le nouvel article 7 supprime l'expression d'origine coloniale de « l'étude et la défense des intérêts économiques, industriels, commerciaux, agricoles et artisanaux ». Elle est remplacée par une définition d'empreinte plus sociale qui est « l'étude et la défense des droits, ainsi que des intérêts matériels, sociaux et moraux d'ordre professionnel, tant collectifs qu'individuels des salariés et des professions visés par leurs statuts ». Cette nouvelle définition de l'objet du syndicat recadre substantiellement le syndicalisme qui a une assise politiquement et économiquement ambigüe au Togo. L'amalgame de l'intérêt salarial et patronal est moins marqué. Cependant, la rédaction de l'article 7 peut créer l'impression d'une réduction de la notion de syndicat aux seules organisations de travailleurs malgré que l'article qui le précède stipule le caractère patronal possible du syndicat[469]. Cela fait perdre en cohérence la modification substantielle ainsi introduite.

B. Des modifications procédurales et substantielles

Au-delà du souci relevé du législateur de donner à l'outil du code du travail un ordre mieux articulé et une sémantique plus explicitée pour davantage de logique, le nouveau code du travail contient quelques innovations de fond dont le ressort endogène peut constituer une justification. Ces apports peuvent s'analyser comme des prises en compte de volontés ou pratiques d'acteurs locaux. Ils peuvent également manifester un souci de résoudre des impasses de ces derniers lors de l'application de l'ancien code du travail. Ces modifications peuvent se distinguer selon qu'elles viennent combler certains vides juridiques (1) ou qu'elles ajoutent de nouvelles normes (2).

---

[468] Tableau récapitulatif et comparatif, *op. cit.*

[469] Des droits nationaux de l'espace OHADA, comme le Tchad, tranchent explicitement sur le seul caractère salarial du syndicat tandis que d'autres sont explicites sur la dualité syndicale tels que le droit ivoirien. La plupart mentionnent la notion de « membres » à laquelle le projet d'acte OHADA, à l'instar du droit togolais, préfère l'expression plus large des « personnes visées dans les statuts ».

1. Le comblement de vides juridiques

Le code du travail de 1974 était muet sur plusieurs points. Le législateur de 2006 montre une volonté d'établir les conséquences qui manquaient à l'affirmation de certains dispositifs (a). Certaines nouveautés inexistantes dans le code de 1974 peuvent s'interpréter par la volonté de prendre acte de quelques réalités avérées (b).

a. La précision des conséquences de certains dispositifs

Parmi les vides de l'ancien code du travail était celui du traitement conséquentiel de certaines affirmations légales. Le relevé de ces vides peut résulter de l'absence du traitement de certaines suites procédurales nécessaires. Il ressort aussi de l'absence des déductions attendues de quelques affirmations notionnelles légales.

Le nouvel article 215 maintient le principe de la protection du délégué du personnel caractérisé par l'intervention de l'inspection du travail[470]. Il énumère désormais les voies de recours ouvertes contre la décision d'accord ou de refus d'autorisation par ce dernier du licenciement du délégué du personnel. Il est donc précisé que le caractère administratif de la décision implique que l'autorité compétente pour connaître de sa contestation soit le ministre du travail sur recours hiérarchique dans un délai de quinze jours. Le législateur togolais aurait pu s'inspirer du projet OHADA de 2006 qui fixe le délai de trente jours pour le rendu de la décision ministérielle. Il choisit d'imposer un délai inférieur de vingt jours au ministre pour rendre sa décision. La nouvelle disposition ajoute qu'un recours pour excès de pouvoir est ensuite ouvert dans les « délais, formes et conditions prévues par la procédure en vigueur ». Au-delà de cette précision procédurale, cet article 215 pose les conséquences du principe même de la protection du délégué du personnel. Son alinéa 3 consacre la nullité d'un licenciement prononcé malgré le refus de l'inspecteur du travail. Il l'élargit aux cas de licenciement sans demande préalable d'autorisation et d'annulation par le ministre de l'autorisation de l'inspecteur du travail et en pose les conséquences dans ses alinéas 6 et 7. Le délégué « est réintégré d'office avec paiement d'une indemnité égale aux salaires qu'il aurait perçus s'il avait travaillé »[471]. La disposition envisage enfin le cas de l'employeur qui ne réintègre pas le délégué « quinze jours après la notification du refus ». Il devra dans ce cas verser une indemnité égale à un mois de salaire par année de présence dans la limite de six mois[472]. Cette indemnité ne se substitue pas à la

---

[470] Article 178 du code du travail de 1974 identique à l'article 167 du CTOM de 1952.

[471] Le droit béninois prévoit dans ce cas le paiement d'une indemnité égale à douze mois de salaire.

[472] Une réserve a été émise par les États parties de l'OHADA s'agissant de l'absence de cette prévision dans le projet d'acte de 2010. Il est proposé qu' « en cas de refus de réintégrer le délégué du personnel, l'employeur soit condamné au paiement de dommages et intérêts » (Rapport de synthèse des travaux de la réunion des commissions nationales, 27 septembre -2 octobre 2010, p. 7). L'utilité d'une telle précision peut toutefois soulever débat puisque un tel refus sera analysé en licenciement injustifié au regard de l'obligation de réintégration.

nullité du licenciement. Bien que la rédaction de cette dernière précision ouvre le questionnement de son application aux cas d'absence de demande ou d'annulation d'autorisation et que le nouvel article n'aille pas jusqu'à préciser les conditions d'un recours pour excès de pouvoir, un vide légal certain est comblé par ces nouveautés[473]. Les codes camerounais, béninois, tchadien, ivoirien, malien, nigérien et comorien[474] ne mentionnent pas les modalités de contestation de la décision de l'inspecteur du travail. Dans cette dynamique de précision procédurale, nous pouvons mentionner l'ajout au sein de l'article 266[475] de la compétence du Tribunal de première instance sur requête du ministre chargé du travail pour l'appréciation du caractère illicite du déclenchement d'une grève ou d'un lock-out et pour en fixer les conséquences pour l'employeur et le travailleur.

Dans la dynamique de la prise en compte d'un vide autour d'une affirmation légale, l'exemple de la liberté de rupture du contrat de travail pendant la période d'essai peut être apporté. En effet, l'ancienne législation évoquait l'essai sans tirer les conséquences de sa distinction temporelle dans le déroulement du contrat de travail. L'article 64 du nouveau code remédie à ce constat en précisant le principe de liberté de rupture de la période d'essai[476]. Il mentionne en outre la possibilité d'abus sous réserve de l'appréciation du juge compétent. Certaines circonstances sont ajoutées dans la liste légale des cas de suspensions du contrat de travail. La loi s'attribuant rôle de définir cette notion juridique et d'en établir les possibles manifestations, il était en effet surprenant de n'y voir mentionner le cas du congé payé. L'article 55 ajoute cette circonstance en son point 9[477].

L'approfondissement des notions de grève et de lockout servira de transition vers le paragraphe suivant car la démarche législative pourrait aussi être analysée sous le souci empirique d'établir un cadre juridique nécessaire à des circonstances souvent perçues comme des impossibilités légales. Les termes de grève et lockout étaient jusqu'alors simplement évoqués pour spécifier les circonstances et conséquences de leur illicéité. L'article 220 du code de 1974 interdisait toute grève ou lockout avant épuisement des procédures de conciliation et d'arbitrage ou en violation d'un accord ou d'une sentence arbitrale. Son dernier alinéa disposait que « la grève déclenchée après formation de l'opposition à la sentence arbitrale n'entraîne pas la rupture du contrat de

---

473 Nous le verrons, une règlementation coloniale et la CCIT de 1978 comblaient partiellement ce vide mais les décisions de justice n'en ont pas tiré les conséquences.

474 Ce droit est particulier dans la mesure où c'est le Tribunal du travail qui est compétent pour autoriser le licenciement.

475 Article 220 du code du travail de 1974.

476 Ce principe était jusqu'alors principalement contenu dans les dispositions conventionnelles.

477 Le point 11 de cet article est aussi nouveau en ce qu'il évoque les cas de l'exercice d'un mandat politique ou syndical par un travailleur lorsque le mandat est incompatible avec l'exercice d'une activité professionnelle « rémunérée ». Ce dernier point relèverait peut-être davantage d'une nouveauté substantielle dans le sens de certaines réalités.

travail ». Le nouveau code de 2006 contient une disposition similaire à l'ancien article 220 mais restreint néanmoins le champ de l'interdiction du déclenchement d'une grève ou d'un lockout. Cette interdiction est limitée au cas de la violation d'un accord ou d'une sentence arbitrale. Les conséquences de cette violation sont identiques à celles de 1974. Si l'on note un évincement du critère temporel du déclenchement dans cet article 266, le nouvel article 267 jette le trouble en reprenant la formule selon laquelle « la grève déclenchée après formation de l'opposition à la sentence arbitrale n'entraîne pas rupture du contrat de travail » ce qui reviendrait à dire *a contrario* qu'une grève déclenchée avant épuisement des procédures est interdite. Après cet article qui conclut la section sur le règlement des conflits collectifs suit une nouvelle section « De la grève et du lock-out ».

Le rédacteur a pris le soin de définir la notion de grève et d'appuyer le principe du droit de grève pour la défense d'un intérêt professionnel. Le nouvel article 270 précise la procédure à suivre pour la licéité de la grève. Un préavis de cinq jours ouvrables doit être notifié à l'employeur et à l'inspecteur du travail « par l'organisation syndicale ayant pris l'initiative de la grève ». Il doit comporter les raisons, les revendications et l'indication éventuelle d'une procédure conventionnelle de négociation en cours. Les articles suivants imposent la tenue de négociations pendant le préavis ainsi que l'établissement du service minimum par accord ou à défaut par décision de l'inspecteur du travail. Il précise que l'absence du travailleur réquisitionné constitue une faute lourde. L'article 272 traite de la cessation de travail qui doit se dérouler dans le respect de la liberté de travail des non grévistes et ne pas porter physiquement atteinte aux biens et aux personnes. L'employeur a l'obligation de prendre des mesures de sécurité et l'inspecteur de transmettre le dossier au directeur général du travail. Les articles 273 et 274 abordent la notion de services essentiels dont une liste des emplois doit être dressée par décret. Puis, les articles 275 et suivants mentionnent l'obligation de négociations sous l'autorité d'une personne désignée par le ministre du travail ou d'un médiateur. Il affirme le principe de la suspension pacifique du contrat de travail et la compétence du Tribunal du travail en référé pour toute contestation relative à l'exercice de la grève. L'article 280 insiste enfin à nouveau sur l'interdiction d' « actes de violence ou d'intimidation ou d'occupation violente ou intimidatrice des lieux de travail ou de leurs abords immédiats sous peine des sanctions de licenciement sans préavis ni indemnités ». Le dernier article 281 de la sous-section institue l'obligation de la reprise du travail dans les 48 heures en cas de grève illicite sous peine de sanctions disciplinaires.

Quel bilan tirer de l'introduction de ce dispositif et de son articulation avec les dispositions sur le règlement des conflits collectifs ? Il est indéniable qu'un vide juridique est comblé de par l'insertion de la notion de grève dans un cadre de droits et obligations. Néanmoins, les modalités textuelles de cet encadrement ouvrent de nombreux questionnements et remarques. Comment s'articulent la procédure de règlement des conflits collectifs avec celui de la grève ? L'exercice du droit de grève a-t-il *in fine* changé puisque l'article 267 sur le principe de licéité de la grève déclenchée après opposition demeure ? Comment s'insère alors le dispositif procédural de la grève au sein de celui de la résolution des conflits ? Ou bien ces deux procédures sont-elles imperméables ?[478] Quant aux remarques, il est intéressant de relever une insistance législative sur certains points. La sous-section traitant de la grève contient trois articles dispersés qui abordent le caractère nécessairement pacifique du fait de grève et un article de chaque sous-section définit les modalités de négociation[479]. Enfin l'évocation rébarbative du service minimum ouvre le questionnement de la volonté législative sous-jacente. S'agit-il de laisser une liberté de choix patronal ou de préférer sa restriction aux cas entrant dans la notion « services essentiels » ainsi qu'aux cas dans lesquels les difficultés générées sur la population rendent l'activité indispensable ? Le comblement d'un vide est effectivement tenté mais servira-t-il la résorption des difficultés rencontrées sur le terrain par les acteurs dans le règlement de ces conflits ?

b. La consécration légale de certaines réalités

L'ajout de modalités pratiques dans des procédures particulières peut découler d'une prise d'acte de difficultés constatées au sein de l'administration togolaise du travail qui soit est submergée, soit tourne pratiquement au ralenti. Le législateur a pris soin, de par l'article 262, de préciser le délai d'introduction du recours juridictionnel en cassation contre une sentence arbitrale intervenue à l'occasion d'un conflit collectif et ayant acquis force obligatoire. Dans cette dynamique, le code du travail de 2006 impose un délai de quinze jours à l'inspecteur du travail pour la convocation des parties dans le cadre du règlement amiable d'un différend individuel. Il s'agit de l'article 226 du nouveau code du travail qui remplace l'alinéa 3 de l'ancien article 193. Néanmoins, la comparaison de ces deux articles révèle la suppression de la précision selon laquelle la saisine de l'inspection du travail en cas de litige suspend la prescription de l'action en paiement du salaire jusqu'à la date du procès-verbal de l'inspecteur du travail. Le consultant de l'Université[480] ne relève pas cette modification qui pourrait tenir à la prise en compte de l'inutilité pratique de la précision ou de la volonté de sécuriser les employeurs dans la prévision des actions possibles des travailleurs.

Une autre nouveauté de 2006 est présentée comme venant contrecarrer des confusions qui découlaient des circonstances dans lesquelles des femmes enceintes accouchaient à une date postérieure à celle initialement prévue. L'alinéa 3 de l'article 148 précise désormais que « la durée du congé à prendre

---

[478] Sur les interprétations divergentes des agents de l'administration du travail, voir infra Partie II, Titre 1, Chapitre 2, Section 1, §2, A, 1.

[479] L'un évoque le transfert du dossier au directeur général du travail, l'autre une décision ministérielle ou un accord des parties pour la procédure de médiation.

[480] Tableau récapitulatif et comparatif, *op. cit.*

obligatoirement après l'accouchement ne sera pas déduite », ceci « pour résoudre les problèmes qui se posent souvent entre employeurs et femmes salariées lorsque la date présumée de la délivrance n'a pas été respectée »[481]. Selon le consultant universitaire, l'introduction de l'obligation pour tout syndicat de mentionner l'adresse de son siège à l'article 16 du nouveau code permettrait aussi de résorber quelques difficultés de correspondance liées à la méconnaissance des locaux syndicaux. La disposition de l'article 6 en vertu de laquelle « peuvent également librement constituer des syndicats, les exploitants indépendants, même s'ils n'emploient pas de personnel » viendrait consacrer la réalité du syndicalisme au Togo dans le secteur dit « informel » [482].

Deux autres nouveautés pourraient rentrer selon notre interprétation dans cet esprit d'appréhension juridique de certaines réalités pratiques. L'article 265 du nouveau code du travail préconise l'adoption d'un arrêté interministériel pour l'établissement de règles relatives notamment au remboursement des frais et pertes occasionnés par la procédure d'arbitrage en matière de conflit collectif pour les membres du conseil. Il nous semble que cette introduction va dans le sens du problème rapporté des coûts individuels de participation aux divers organismes de consultation ou de gestion des conflits qui serait une des causes de leurs dysfonctionnements. Ce nouvel article peut être rapproché du changement de formule opéré au sein de l'article 238 alinéa 2[483] qui rendrait systématique et non plus seulement probable l'allocation d'indemnités de séjour et de déplacement aux assesseurs du Tribunal du travail.

Plus marquante est l'introduction de dispositifs entièrement inexistants dans l'ancien code du travail, introduction saluée de par la nécessité pressante ressentie d'établir un encadrement sur ces points. Ainsi, le chômage technique et le licenciement pour motif économique sont insérés dans la loi. Ces deux circonstances sont présentées par les acteurs comme étant constitutives de multiples difficultés de résolution du fait du silence juridique sur ces questions. Leur consécration légale doit mettre fin à leur pratique qui se faisait « à tort et à travers[484] ».

Le licenciement pour motif économique est désormais envisagé par les articles 72 à 75 du code. La réforme permet de clarifier la procédure et certaines délimitations. L'article 72 prend soin de définir la notion et pose le principe de la notification du projet à l'inspecteur du travail. Le licenciement pour motif économique est celui « effectué par un employeur pour un ou plusieurs motifs non inhérents à la personne du salarié, résultant d'une suppression ou transformation d'emploi consécutives notamment à des difficultés économiques ou à des mutations technologiques ». La transition avec l'article suivant qui

---

[481] *Ibid.* M. Dago Yabre salue cet alinéa qui « résout déjà beaucoup de problèmes » (*op. cit.* p.71).

[482] Tableau récapitulatif et comparatif, tableau, *ibid.*

[483] Article 191 du code du travail de 1974. Le président du Tribunal du travail exprime ce problème de la venue et motivation des assesseurs (Cf. Entretien du 4 décembre 2008).

[484] Tableau récapitulatif et comparatif, *op. cit.*

introduit l'encadrement procédural de ce type de licenciement se fait néanmoins maladroitement par une forme d'amalgame entre le licenciement pour motif économique et le licenciement collectif. « Dans tous les cas, les parties se concertent pour tenter d'éviter, par des mesures négociées, le licenciement collectif ou d'en atténuer les conséquences[485] ». Ceci d'autant que l'article 73 brouille quelque peu les pistes en commençant par établir les critères pour la détermination de l'ordre des licenciements « lorsque ce licenciement est inévitable ». L'obligation d'information et de consultation écrite des représentants du personnel et le principe du privilège de la négociation sont mentionnés dans les alinéas qui suivent. Ce n'est qu'à l'article 74 que les modalités de l'intervention de l'inspection du travail sont inscrites. Celle-ci peut n'être qu'informative en cas d'accord des parties dès lors que l'inspection reçoit les documents issus des négociations. Elle peut devenir inquisitive en cas de désaccord. Un délai de 21 jours est institué à compter de la notification du projet avant la prise de la mesure par l'employeur. Le législateur omet de préciser les conséquences de l'enquête éventuellement menée par l'inspecteur du travail.

Des règles légales existent donc désormais pour encadrer la procédure de licenciement pour motif économique. La loi affirme utilement le principe de consultation et de négociation obligatoire sur ce point. Néanmoins, quelques frustrations peuvent découler de ce traitement légal de par le brouillement qu'il crée entre les situations de licenciement individuel et de licenciement collectif. L'article 75 qui conclut sur ce type de licenciement précise que le droit à la priorité de réembauchage s'applique sans qu' « aucune distinction ne [puisse] être faite, selon que le licenciement est individuel ou collectif[486] ». Il demeure qu'un vide légal est comblé et une forme de consécration de la préférence pour la notion de licenciement pour motif économique qui résultait de la jurisprudence[487]. La réforme permet en outre de clarifier la frontière entre la

---

[485] La CCIT de 1978 était d'ailleurs critiquée du fait de parler de licenciement collectif plutôt que du motif économique. Le manuel togolais de 2008 (D. Yabre, *op. cit.*, p. 110) emploie l'expression « licenciement collectif pour motifs économiques ».

[486] Le projet d'acte OHADA de 2006 fait une distinction procédurale entre les deux possibilités à la différence des codes du Cameroun, Bénin, Tchad et Comores. Les délais sont réduits en cas de licenciement individuel pour motif économique. Au Gabon, l'autorisation de l'inspecteur et la procédure de consultation est obligatoire que le licenciement soit individuel ou collectif tandis qu'en Côte d'Ivoire on parle de licenciement pour motif économique de plus de un salarié. En France, si le licenciement est individuel, seul l'entretien préalable est obligatoire et le délai de prise de décision allongé. Le projet OHADA de 2010 établit une distinction similaire entre le licenciement individuel et collectif. Néanmoins, l'article qui précise la procédure ne contient plus l'obligation de notifier à l'inspecteur le projet de licenciement, amendé par les observations des délégués du personnel. Les projets de 2006 et 2010 affirment tous deux l'inapplication de la procédure en cas de « protocole amiable de départ librement négocié entre l'employeur et le travailleur ». Cette précision n'existe pas dans les droits nationaux des pays concernés.

[487] Cf. par exemple Trib. Trav., Lomé, n° 087/06 du 26 juillet 2006 et Cour d'appel de Lomé, ch. soc., n° 03/07 du 4 janvier 2007 (inédits).

modification dans la situation juridique[488] et le motif économique de licenciement. La définition légale du licenciement pour motif économique ne reprend pas les prévisions de l'article 21 de la CCIT qui prévoyait la circonstance de la réorganisation interne et avait pu soulever certains contentieux[489].

Le chômage technique est aussi consacré dans le nouveau code du travail : « le chômage technique a été pratiqué à tort et à travers ; d'où la nécessité de le règlementer afin d'en permettre un usage plus rationnel et d'éviter les tensions sociales dans les entreprises[490] ». Les articles 56 et 57 encadrent strictement la mesure de chômage technique. Cette rigueur résulte du critère de gravité qui doit caractériser les difficultés, de l'affirmation de la prononciation de l'inspecteur du travail sur le bien-fondé de la mesure et de la limitation temporelle de la mesure à deux mois tout renouvellement compris. Le travailleur dispose de la liberté de quitter son emploi durant cette période mais rien n'est précisé quant au paiement éventuel d'une compensation salariale[491]. Ainsi, à contre-courant du projet de l'OHADA[492] et d'autres droits nationaux des États membres, la garantie sociale d'une compensation pécuniaire n'est pas légalement évoquée. L'aspect pratiquement procédural de l'appréhension légale de la problématique du chômage technique et le critère de la gravité laisse craindre une disposition peu mobilisée. L'institution de ce critère de gravité témoigne peut-être néanmoins d'une volonté de freiner des mesures abusivement prises en pratique[493].

Enfin, une légère nouveauté peut illustrer une prise d'acte d'une pratique entrepreneuriale. Elle peut illustrer le comblement d'un vide légal sur ce point précis ou l'apport d'une précision substantielle. La loi impose désormais que le versement de l'allocation de congé payé s'effectue « avant le départ en congé[494] ». Cette nouveauté légale rappelle des pratiques d'entreprises établies du fait que le travailleur nécessite le plus souvent un déplacement coûteux pour

---

488 Article 71 du code du travail 2006 identique à l'article 42 du code du travail de 1974.

489 Cour Suprême du Togo, 17 janvier 2008 (inédit).

490 Tableau récapitulatif et comparatif, *op. cit.*

491 Alors que le manuel togolais semble faire de cette compensation salariale une obligation patronale devant figurer dans la décision définitive. « Les difficultés économiques ou financières (...) doivent être graves et il devra être indiqué dans la décision à prendre par l'employeur, la durée et les compensations salariales proposées » (D. Yabré, 2008 *op. cit.*, p. 76).

492 Le projet de 2010, comme celui de 2006, ne contient qu'un seul article sur ce point qui témoigne d'une plus grande souplesse. « L'employeur peut mettre en chômage tout ou partie de son personnel pour des causes conjoncturelles, économiques ou accidentelles, après consultation des délégués du personnel, s'il en existe, et après avis de l'Inspecteur du travail. Le contrat de travail est suspendu durant le chômage technique ou économique ». Il renvoie le soin aux États de préciser sa durée et l'indemnisation des travailleurs.

493 Sur la notion de chômage technique, nous pensons qu'il aurait pu être intéressant, dans l'idée d'une prise en compte des pratiques des acteurs, d'y insérer celle courante dans le commerce qui consiste à fermer l'établissement chaque fois que l'employeur s'absente.

494 Article 160 du code du travail de 2006. Article 120 du code du travail de 1974. Quelques conventions collectives sectorielles s'étaient chargées de préciser les modalités de versement de l'allocation (voir infra Partie I, Titre 2, Chapitre 1, Section 2, §2, B, 1, b).

se rendre auprès de sa famille pendant son congé. Ainsi, les praticiens saluent pour la plupart l'entreprise législative de comblement de certains vides. Ils se satisfont également de nouvelles précisions substantielles, non pas qu'elles comblent un vide, mais qu'elles offrent une base juridique intéressante pour l'encadrement des relations de travail togolaises.

2. Des nouveautés substantielles saluées

Des acteurs de la pratique juridique dans le domaine du droit du travail se félicitent de quelques introductions législatives qui manifesteraient la volonté d'un progrès social amplifié. Des exemples de cette possible ambition législative résident dans la consécration de l'interdiction de la double sanction en matière disciplinaire[495], l'affirmation d'une liberté de création d'œuvres sociales d'entreprise par l'article 141, la mention du harcèlement au travail ou le traitement particulier de la discrimination. L'élargissement de l'obligation de l'établissement d'un règlement intérieur des entreprises de plus de vingt travailleurs à celles de onze travailleurs est aussi une marque positive du nouveau Code[496]. Des interlocuteurs, au sujet du passage de la durée du mandat du délégué du personnel de un an à deux ans, explicitent cette innovation comme issue d'une demande des organisations syndicales en ce sens. Ceci serait aussi vrai pour la consécration de la délégation syndicale au sein de l'entreprise, une réalité perceptible sur le terrain[497]. De plus, « les pénalités ont changé pour certaines en teneur. Leur nombre est plus important compte tenu des modifications et innovations intervenues[498] ».

Un autre mécanisme emporte l'adhésion des inspecteurs et magistrats du travail, soit qu'il permette l'indemnisation systématique et facilitée de l'irrespect courant des règles procédurales en matière de licenciement, soit qu'il ouvre la possibilité pour l'employeur de justifier de sa légitimité de licencier malgré une négligence formelle. L'introduction de la notion de licenciement irrégulier parallèlement à celle existante et d'interprétation variable de licenciement abusif emporte ainsi la caution des praticiens[499]. Il est de plus à

---

[495] Elle est insérée à l'article 90 qui condamne les sanctions pécuniaires et auquel est rattachée la sanction pénale prévue à l'article 294 du nouveau code (Articles 32 et 226 du code de 1974).

[496] Article 87 du code du travail de 2006. Article 31 du code du travail de 1974.

[497] Tableau récapitulatif et comparatif, *op. cit.* « *L'UNSIT a toujours élu des DS dans les entreprises où il existe une convention sectorielle, notamment dans le commerce* » (Cf. Entretien avec le secrétaire général de la centrale UNSIT, Lomé, 23 décembre 2008).

[498] Tableau récapitulatif et comparatif, *op. cit.*

[499] « C'est à la faveur de ce nouveau code de 2006, le législateur togolais parle de licenciement irrégulier, ça veut dire qu'on offre quand même une occasion aux employeurs de démontrer par des preuves qu'il y a réellement licenciement, auquel cas on pourra aboutir à un licenciement légitime mais irrégulier en la forme » (Cf. Entretien avec le président du Tribunal du travail, Lomé, 16 décembre 2008). Le directeur régional du travail de Dapaong (région des Savanes, entretien du 22 janvier 2009) y voit une facilitation du traitement par l'inspecteur du travail dans la mesure où l'abus n'est plus à rechercher. « Avant c'était lourdement sanctionné car c'était confondu avec le licenciement abusif, maintenant les dommages et intérêts sont plafonnés » (Cf. Entretien avec le président de la Chambre sociale de la Cour d'appel, Lomé, 3 février 2009).

penser qu'une précaution sémantique suivra cette nouveauté légale au sein des décisions judiciaires. Les juges avaient en effet jusqu'alors tendance à utiliser l'expression « rupture du contrat irrégulière » pour qualifier l'illégitimité d'un licenciement[500].

Serait également innovante et salutaire l'introduction de l'article 175 qui instituerait l'obligation de mise en place d'un service de santé dans les entreprises[501]. Or, cet article avait son équivalent en l'article 134 du chapitre sur le service médical du travail dans le code de 1974. Le premier alinéa pose le principe similaire de l'obligation d'assurer un service médical. Seule la dénomination de ce service change. Le nouveau code parle de « service de sécurité et de santé » tandis que l'ancien code mentionnait un « service médical ou sanitaire ». La nouveauté en matière de santé et de sécurité résulte plutôt du nouvel article 174 du code du travail qui dispose qu' « il est institué un comité de sécurité et de santé au travail dans tous les établissements ou entreprises »[502] qui paraît remplacer une lettre circulaire du 21 août 1996, seul texte concernant jusqu'alors ce type d'institution dans l'entreprise[503]. Un arrêté doit déterminer notamment sa composition et les conditions de sa mise en place. Le second alinéa de l'article 175 sur le service de santé renvoie aussi à l'adoption d'arrêtés pour la définition de cette obligation. Or une marque de régression peut être tirée de la différence du type d'arrêté envisagé. En 1974, le principe était que les arrêtés devaient être élaborés par le ministre du travail après avis du Comité technique consultatif, l'organisme national tripartite normalement compétent sur ces questions, tandis que le nouvel article 175 mentionne des « arrêtés conjoints du ministre chargé du travail et du ministre chargé de la santé ». Si la nouvelle disposition prend acte des nouvelles appréhensions de la santé au travail en faisant référence au « milieu du travail » ou à « la prévention », nous pensons que le texte présente d'autres signes possibles de recul : la suppression de la prise en compte des membres de la famille des travailleurs pour le classement des entreprises au sein des différentes catégories de service obligatoire de santé et la suppression des obligations légales substantielles qui

---

[500] Trib. Trav. Lomé, n° 08, 16 octobre 2007 (inédit).

[501] Tableau récapitulatif et comparatif, *op. cit.*

[502] Le tableau (*ibid.*) renseigne sur cette nouveauté d'une volonté législative de combler un vide juridique « relatif à l'inexistence de base juridique régissant les comités d'hygiène et de sécurité qui prennent la dénomination de comités de sécurité et de santé ». Or, il apparaît que ces comités n'ont jamais vraiment existé dans les faits (Cf. Entretien avec le directeur de cabinet du ministère de la justice, ancien directeur des ressources humaines et enseignant de droit privé à l'université, droit du travail dans les écoles de BTS, Lomé, 15 décembre 2008). Un inspecteur du travail d'Atakpamé (région des Plateaux, entretien du 15 janvier 2009) doute du caractère innovant de cette disposition : « s'agissant des comités d'hygiène et de sécurité, c'était prévu par l'ancien code du travail et il faut aussi un service médical ou un service inter entreprise ».

[503] Lettre circulaire du ministre de l'emploi, du travail et de la fonction publique du 21 août 1996 « de la création, du fonctionnement et de la composition des Comités d'Hygiène et de Sécurité des Entreprises ».

auraient pu permettre de contrecarrer une éventuelle démission règlementaire de l'État[504].

L'enthousiasme sur le thème de la santé au regard de l'évolution légale formelle de 2006 confirme le caractère relatif des ambitions affirmées au sujet du nouveau code du travail. On relève dans ce sens que les acteurs concernés par le droit du travail togolais sont tiraillés entre un sentiment de progrès juridique et quelques regrets. Cette réforme suscite en effet la discussion sur le résultat formel et les effets probables de son contenu.

§2 – Une réforme aux résultats discutés

Tout au long de la présentation des évolutions juridiques formelles engagées par la réforme togolaise du 13 décembre 2006 sous l'angle des ambitions affichées pour la justification de cette réforme, nous avons pu pointer quelques incompréhensions et relativités. Il convient de conclure ce chapitre par la présentation des interprétations mitigées des acteurs locaux au sujet de cette loi nouvelle. Des regrets ou perceptions négatives sont décelables dans leurs propos. Il en ressort des sentiments d'insuffisance de la réforme en termes d'opportunité de modernisation juridique et d'appréhension des réalités togolaises (A). On relève également des insatisfactions quant aux effets possibles de quelques nouveautés (B).

A. Des opportunités non saisies

Des critiques adressées à la réforme de 2006 touchent à l'insuffisance de la prise en compte du contexte juridique contemporain et de ses évolutions (1) et au regret de n'avoir pas saisi quelques réalités qui méritaient de l'être (2).

1. Des opportunités de « meilleure contemporanéité » juridique

Nous préférons la notion de contemporanéité à celle de modernité car le « moderne » dans l'appréhension de l'Afrique est sujet à connotations péjoratives[505]. Nous nous attacherons ici à présenter à travers les discours critiques de quelques acteurs, le relevé d'un sentiment de recollage inabouti aux évolutions connues dans le contexte international, régional et européen – pour ne pas dire français – en matière de droit du travail. Nous y ajouterons des

[504] L'ancien article 134 posait que toute entreprise de cent travailleurs devait s'assurer le service permanent d'au moins un infirmier et que toute entreprise de mille travailleurs devait disposer en permanence d'au moins un médecin diplômé d'État et un ou plusieurs infirmiers.

[505] Le dualisme moderne/traditionnel est autant critiqué s'agissant de l'analyse politique de l'État, de l'approche du droit africain que de l'exposé des économies africaines. Voir par exemple N. Rouland qui pense que le critère ainsi établi « ne peut fonder que des approximations » (N. Rouland, Anthropologie juridique, PUF, 1995, *op. cit.*, p. 49). Sur l'historicité des concepts de tradition ou d'ethnicité, voir par exemple, D. Konaté, *op. cit.*, p. 95.

constats de notre investigation qui peuvent rejoindre cette question d'un possible rejet de quelques contemporanéités juridiques.

Au sein de l'administration du travail, des agents de l'inspection regrettent que le législateur n'ait pas saisi l'occasion de la réforme pour revoir le statut de l'inspecteur au regard du droit de l'OIT sur ce point[506]. La plupart des inspecteurs du travail pensent en effet qu'ils ne disposent pas d'un statut assez spécifique pour mener à bien les missions qui leur sont confiées[507]. Ainsi, certains auraient souhaité que le nouveau code du travail aille dans le sens de cette spécificité statutaire. Similairement à l'ancien article 147, le nouvel article 182 alinéa 2 préconise pourtant l'adoption future d'un décret fixant le « statut particulier de ces fonctionnaires qui doivent bénéficier des moyens matériels et de ressources financières nécessaires à leur indépendance et à l'exercice de leurs fonctions ». Néanmoins, le sentiment d'insatisfaction résulte de la non-appropriation légale de ce statut préconisé. D'autres regrettent que soit plus visiblement consacrée leur intervention dans la résolution des conflits individuels qui selon eux ne devrait pas être de leur ressort au regard du droit international du travail. Le directeur du travail de Dapaong aurait quant à lui souhaité une répartition géographique nouvelle de l'inspection du travail avec la création de bureaux préfectoraux[508]. Or, le législateur a supprimé l'ancien article 145 qui consacrait la circonscription régionale comme cadre d'implantation des services de l'inspection du travail. Aucun nouveau découpage géographique de ce service n'y est cependant substitué dans la loi[509]. La tenue d'un séminaire d'une semaine à Atakpamé au mois de juillet 2008 organisé par le directeur général du travail pour réfléchir aux problématiques de l'administration du travail est relatée par ces inspecteurs du travail. Ce séminaire suscite l'espérance d'un changement effectif à venir[510].

Certains regrettent l'absence de l'introduction de la prime de précarité qui est, dans la plupart des droits nationaux ayant consacré et flexibilisé la dualité entre le CDD et le CDI, versée à la fin de la relation temporaire de travail[511]. Il est

---

506 Cf. Entretien avec le directeur régional du travail de Kara (6 décembre 2008) et avec l'inspecteur du travail de Kara, région de la Kara (2 décembre 2008).

507 « Il faudrait un statut particulier de l'inspecteur. Mais je crois que c'est en train de se faire. Nous avons un plan stratégique qui a été élaboré, nous avons soulevé les problèmes de l'administration du travail. Le plan est étalé sur cinq ans » (Cf. Entretien avec un inspecteur du travail, zone Lomé ouest, 23 décembre 2008).

508 Ce problème est aussi soulevé par le directeur du dialogue social à Lomé anciennement inspecteur à l'intérieur du pays (Cf. Entretien avec un inspecteur du travail, directeur du dialogue social, Lomé, 23 décembre 2008).

509 C'est en effet un décret n° 2008/090/PR du 29 juillet 2008 portant organisation des départements ministériels qui prévoit les directions régionales du travail et inspections préfectorales du travail et des lois sociales (sur la règlementation, voir notre chapitre suivant).

510 Ce changement s'est amorcé à partir de 2010. Quelques inspections préfectorales du travail ont été mises en place et le Togo a ratifié en mars 2012 les Conventions n° 81, n° 129 et n° 150 de l'OIT sur l'inspection et l'administration du travail.

511 Le projet d'acte uniforme OHADA de 2010 ne prévoit pas de prime de précarité en cas de cessation d'un contrat de travail précaire.

intéressant de constater ici qu'un représentant du Conseil National du Patronat regrette que le législateur n'ait pu prendre cette voie alors que « *ça se fait ailleurs* ». Selon lui, elle aurait été envisagée mais non adoptée à cause des charges que cela aurait fait peser sur les employeurs[512]. Ce même représentant du CNP évoque l'absence de consécration du « travail temporaire » ou « intérimaire » qui semble se développer au Togo. Il présente le fonctionnement du passage par les « boîtes intérim ». Un représentant des ressources humaines d'une société étrangère de sidérurgie installée à Lomé avoue en effet faire de plus en plus souvent appel à des « temporaires des agences intérim » qui se chargent elles-mêmes des procédures de recrutement[513]. Ce dernier pense que l'administration du travail ne serait pas prête à s'engager sur les questions de responsabilité entre l'entreprise utilisatrice et celle de travail temporaire. Il soulève aussi l'ambigüité de la notion de travail temporaire au regard de l'histoire des relations de travail au Togo. L'introduction du travailleur intérimaire risquerait de créer quelques confusions[514].

Le manuel de droit du travail édité en 2008 par un ancien inspecteur du travail ne s'attarde pas sur les notions de prime de précarité ou de travail intérimaire mais pointe l'absence d'une consécration en 2006 de l'institution représentative du comité d'entreprise : « le comité d'entreprise est une importante institution au sein de l'entreprise. Malheureusement, l'actuel code n'en parle pas, tout comme le précédent[515] ». Il exprime son regret en référence au droit colonial issu du CTOM de 1952 et aux codes du travail de la sous-région. Or, le CTOM de 1952 n'instituait que la délégation du personnel en vertu de ses articles 164 à 169 tandis que l'on peut lire dans un ouvrage daté de 2006[516] que cette représentation n'existerait juridiquement qu'au Congo, au Gabon et en Mauritanie. L'auteur du manuel togolais insiste sur la pertinence du rôle économique joué par le comité d'entreprise et de la personnalité juridique qu'il détient généralement. Notons en outre que les représentants d'employeurs

---

[512] Cf. Entretien avec un membre personne ressource du CNP et conseiller du groupement togolais des PME/PMI (GTPME/PMI), 13 février 2009. E. Kakomkaté regrette quant à lui qu'« aucune disposition ne règle l'après terme du CDD au sens d'indemnisation de la précarité du travailleur » (E. Kakomkaté, *L'emploi précaire au Togo*, Mémoire de 3e cycle ENA/AT, Togo, 2008, p. 58).

[513] Cf. Entretien avec le directeur des ressources humaines d'une société industrielle du secteur métallurgique, Lomé, 12 janvier 2009. Le gérant d'une agence de recrutement et membre du CNP fait état de l'existence d' « une boite qui s'appelle ETT, emploi et travail temporaire qui est dans la zone temporaire. Il y a aussi consult service synergie qui a aussi des personnes à Ecobank et moi Conseils Réunis, j'ai aussi un gars à la poste. Je compte développer l'activité » (Cf. Entretien avec un membre personne ressource du CNP et conseiller du groupement togolais des PME/PMI (GTPME/PMI), 13 février 2009).

[514] Sur les notions de temporaires, occasionnels et journaliers, voir not. infra Partie II, Titre 1, Chapitre 1, Section 2, §1, A, 1 et Partie II, Titre 2, Chapitre 2, Section 2, A, 2.

[515] D. Yabre, 2008, *op. cit.*, p. 206 et 207.

[516] H-J T. Fombeno, *L'action des syndicats professionnels en Afrique noire francophone*, L'Harmattan, 2006, p. 57-66.

réunis au séminaire de formation sur les enjeux du nouveau code se sont aussi interrogés sur la non retenue des comités d'entreprise au sein de la réforme[517].

Dans cet esprit et à l'issue de l'analyse comparative entre les droits nationaux de l'espace OHADA et des projets d'acte uniforme de 2006 et 2010, nous nous permettons d'ajouter ici l'absence de consécration d'une règle particulière de preuve en matière de droit du travail qui consiste à faire bénéficier le salarié du doute en cas d'insuffisance de preuve et à en faire partager le « fardeau » à l'employeur. Sur l'appréhension légale de la délégation du personnel, le rédacteur ne s'est pas saisi de l'extension de la protection légale aux anciens délégués et aux candidats aux élections pendant une durée déterminée, de la détermination des heures de délégation ou de la procédure électorale, à la différence des codes du travail de l'espace de l'OHADA[518]. Enfin, la totalité de ces codes impose un délai de décision de l'inspecteur pour l'autorisation de licenciement et pose le principe de l'autorisation implicite en cas d'absence de réponse à la différence du code togolais.

Dans le sens de ce constat de l'absence d'appropriation législative de certains thèmes ou dispositifs récurrents en matière de « droit du travail africain » qui évolue à la fois sous le joug de son historicité coloniale et de ses influences internationales contemporaines, nous pouvons mentionner l'inexistence d'un traitement légal des questions et procédures disciplinaires et de démission. Le législateur togolais est resté silencieux sur la discipline, relativement similairement avec de nombreux législateurs de la sous-région[519]. Quelques uns ont néanmoins pris soin d'apporter des précisions sur la procédure disciplinaire[520]. Le thème de la démission, sur lequel le législateur togolais est resté muet, fait l'objet de plus grandes disparités dans ces droits nationaux et en

---

[517] Rapport général du séminaire, CCI Togo, 2007, *op. cit.*, p. 5. Le projet d'acte de l'OHADA de 2006, à l'instar de celui de 2010, ne choisit pas la voie d'une consécration du comité d'entreprise mais se cantonne à la délégation du personnel et au comité d'hygiène et de sécurité. Seul l'article 200 du code nigérien de 1996, qui précise que les représentants du personnel sont légalement les délégués du personnel et les délégués syndicaux, ouvre la possibilité d'instaurer d'autres institutions représentatives par accord ou convention collective, « des comités d'entreprise ou d'établissement notamment ». Le droit gabonais institue des « comités permanents de concertation économique et sociale » obligatoirement mis en place dans « les entreprises commerciales, industrielles, forestières, agricoles et minières employant habituellement au moins 50 salariés ».

[518] Seul le code du travail malien ne fixe pas le nombre d'heures de délégation.

[519] Le nouveau code togolais ressemble en définitive aux droits béninois, burkinabé, nigérien et sénégalais en ce qu'il se cantonne au renvoi au socle du règlement intérieur pour les questions disciplinaires. Le projet d'acte OHADA (2006 et 2010) est identique sauf en ce qu'il limite la durée de la mise à pied disciplinaire. Pour le reste, il renvoie à l'État partie. Le droit camerounais encadre également la durée de mise à pied.

[520] Le droit comorien comporte une procédure obligatoire dans le cas précis de la mise à pied. Le droit tchadien institue quant à lui une procédure disciplinaire qui compte notamment l'entretien préalable et la notification à l'inspecteur du travail ainsi que le cas spécifique du travailleur illettré. Enfin, le droit de la RDC énumère les sanctions autorisées en matière disciplinaire. La plupart des droits évoqués insistent sur les cas de faute lourde sans la définir ainsi que sur l'interdiction d'infliger des amendes à laquelle le droit comorien ajoute celle d'exiger des dédommagements quelconques.

lien avec le projet OHADA[521]. Il aurait peut-être été opportun pour le législateur togolais d'encadrer ces deux thématiques à l'occasion de la réforme de 2006 et eu égard au fait qu'elles sont des sources importantes de litiges du travail au Togo[522].

2. Des opportunités de saisie des réalités sociales

Quelques exemples d'opportunités dont le législateur aurait pu se saisir en vertu des problématiques auxquelles les agents de l'administration du travail et magistrats sont confrontés dans l'exercice quotidien de leurs activités ont été relatés.

Sur le plan des relations contractuelles de travail, certains inspecteurs auraient souhaité que le législateur apporte des précisions sur le statut du travailleur saisonnier qui concerne une majorité des travailleurs dans les sociétés agro-industrielles du Togo. Des campagnes de recrutement font souvent intervenir les agents de l'inspection du travail qui disent se retrouver face à un problème de vide juridique sur ce statut : « sur le travail saisonnier, le code ne s'est pas penché sur cette question donc il y a de l'exploitation à ce niveau. Les saisonniers ne sont pas pris en compte » [523]. Un représentant du CNP à Lomé fait l'assimilation entre le CDD et le « saisonnier » pour la détermination juridique du déroulement de leur contrat tandis que les agents en poste à l'intérieur du pays où le travail saisonnier est le plus fréquent auraient souhaité des dispositions spécifiques sur ces contrats. Un effet pratique de ce silence juridique est la représentation d'un vide juridique chez ces agents qui restreint l'exercice d'un contrôle. Dans la même optique de savoir s'il aurait été opportun de saisir juridiquement les diversités de relations de travail, certains agents regrettent la non-appréhension précise dans le nouveau code de la situation des travailleurs que l'on dénomme « les temporaires[524] ». Pour ce qui concerne l'apprenti, un regret est exprimé par certains inspecteurs de Lomé ou de

---

[521] Le silence du législateur togolais s'apparente à celui des législateurs camerounais, béninois, ivoirien, congolais, comorien et sénégalais. Les droits burkinabé et gabonais mentionnent expressément sa notification écrite. Le droit tchadien comporte l'obligation de notification et de respect d'un préavis tout comme le projet de l'OHADA. Les droits gabonais, malien et guinéen (équatorial) se contentent d'étendre la disposition sur le préavis aux cas de démission. Les droits gabonais et malien prévoient le versement d'une indemnité pour services rendus au bénéfice du travailleur démissionnaire. Le code du travail nigérien comprend un article sur l'abus de démissionner et la preuve à la charge de l'employeur pour le démontrer. Sur la définition de la démission, seul le droit gabonais affirme l'impossible présomption de démission en son article 61. Le projet d'acte OHADA précise que la démission se manifeste par une volonté expresse et non équivoque.

[522] Voir infra Partie II, Titre 1, Chapitre 1, Section 1, §2, B. Le législateur tchadien a-t-il pris acte de certaines réalités pour l'introduction d'une disposition sur le licenciement que l'on a coutume d'appeler « déguisé » au Togo ? Le code de Guinée équatoriale contient également la circonstance de *despido indirecto*.

[523] Cf. Entretien avec un inspecteur du travail à Atakpamé, région des Plateaux, 15 janvier 2009.

[524] C'est par exemple soulevé par le directeur régional et l'inspecteur du travail de Kara (entretiens des 6 et 2 décembre 2008).

l'intérieur du pays du choix du législateur de ne pas en redéfinir les règles. Enfin, le directeur régional du travail de Kara mentionne une pratique des compagnies d'assurance qui devrait selon lui faire l'objet de certaines règles malgré qu'elle ne lui semble pas entrer dans la qualification du contrat de travail. Ces compagnies font appel à de jeunes diplômés au chômage pour qu'ils démarchent des sociétés ou personnes privées pour souscrire à un contrat d'assurance.

Nous relevons néanmoins que le législateur a tout de même manifesté une légère considération de cette acception de la relation de travail dont découle en pratique une pluralité de statuts de travail. Il mentionne expressément l'exemple du travail « saisonnier » et le cas des « travailleurs occasionnels engagés à l'heure ou à la journée » tandis que l'ancien code ne contenait aucunement ces notions. Néanmoins, les sentiments de déception découlent du rôle d'exemple que constituent ces mentions au sein de la dichotomie classique entre le CDD et le CDI. Le législateur a préféré tenter d'éclairer cette dualité en s'inspirant de la définition de l'objet du CDD telle que nous la connaissons en France. Les dispositions en vertu desquelles le CDD ne peut avoir « ni pour objet, ni pour effet de pourvoir durablement à un emploi lié à l'activité normale de l'entreprise » et peut « comporter un terme imprécis lorsqu'ils sont conclus pour assurer le remplacement d'un travailleur temporairement absent, pour la durée d'une saison, pour un surcroît occasionnel de travail ou une activité inhabituelle de l'entreprise » ne semblent pas constituer des encadrements pertinents pour les agents. Pour finir sur l'appréhension des types de relations individuelles de travail, il est courant d'entendre au sujet des travailleurs du secteur dit informel que les personnes travaillant pour le compte d'une autre sont des « *aides* » qui ne recouvrent pas forcément tous les critères du contrat de travail. Le législateur aurait-il pu se saisir de cette réalité ?

D'autres problématiques éparses sont relatées par des agents, employeurs ou travailleurs. Sur la période d'essai et son corolaire de la liberté de rupture, certains représentants d'employeurs s'interrogent sur la portée des appréciations et félicitations verbales adressées aux travailleurs durant cette période[525]. Le rédacteur du manuel de droit du travail togolais évoque une dualité temporelle de ce que l'on dénomme l'essai. Il y aurait « l'essai professionnel facultatif » durant lequel le travailleur n'est pas encore embauché et « l'essai proprement dit, qui constitue une première phase du contrat de travail ». L'essai facultatif serait constitué par le test immédiat avant l'embauche proprement dite. L'auteur évoque-t-il ici une pratique établie au Togo[526] ? Une question qui apparaît récurrente au sein des services de l'inspection du travail

[525] Rapport général du séminaire, CCIT Togo, 2007, *op. cit.*, p. 5.

[526] D. Yabre, 2008, *op. cit.* p.61. Cette précision rappelle une pratique de travail bénévole relatée au sujet des boutiques commerciales (Cf. Entretien avec le représentant syndical CNTT des commerçants de Dapaong, région des savanes, 24 janvier 2009).

est constituée par la problématique de la femme en congé maternité qui donne naissance à un enfant mort-né[527].

Nous avons relevé que le législateur de 2006 ne s'est pas engagé sur la voie de la consécration de l' « intérim » en son sens contemporain. Serait-ce du à l'appellation par ce terme du phénomène de remplacement d'un travailleur par un travailleur de position hiérarchique inférieure[528] ? Enfin, malgré la consécration législative en 2006 de la notion générale d' « œuvres sociales d'entreprise », le législateur n'est pas allé plus loin et renvoie à un futur arrêté qui n'a pas encore été adopté en 2012[529]. Aurait-il pu par exemple s'approprier la pratique courante des « cantines d'entreprises » dont les modalités d'organisation posent parfois quelques difficultés ? Quelques réalités socio-économiques ou socioculturelles des relations de travail auraient-elles pu être saisies par le législateur en 2006 pour pallier des problématiques qui se posent aux partenaires sociaux qui se sentent dépourvus de bases légales assez précises ? Ces acteurs éprouvent d'autres déceptions liées au sentiment de l'inachèvement juridique de certains dispositifs. Cet inachèvement contribue à susciter de nouveaux questionnements ou à créer la perception d'une régression juridique en termes de progrès social.

B. Des solutions insatisfaisantes

L'analyse souvent mitigée de divers acteurs à propos du nouveau code du travail tient également à l'idée que certaines nouvelles dispositions sont porteuses à l'avenir de nouveaux problèmes (1) ou constituent des régressions (2).

1. Un risque d'apport de nouveaux problèmes

Les innovations du nouveau code de 2006 ouvrent parfois le questionnement de leur application concrète. Nous mentionnerons trois exemples de ces problématiques risquant d'être créées par les modalités de l'affirmation légale

---

527 Cf. par exemple entretien avec un inspecteur du travail, chef de la zone est de Lomé, Lomé, 9 janvier 2009. Le manuel de droit du travail affirme la règle selon laquelle « la femme a droit, sur présentation du certificat médical, au congé postérieur à la délivrance qui est de six semaine. Il n'y a donc pas de différence entre l'accouchement d'un mort-né et l'accouchement d'un enfant né viable » (D. Yabre, 2008, *op. cit.* p. 71).

528 Les délégués du personnel s'interrogent sur les responsabilités en cas d' « intérim ». Les formateurs répondent que « sur l'intérim, pas de réponse c'est la pratique. Le représentant de la direction de l'entreprise spécifiant qu' « il y a une procédure, c'est constaté par une note de service qui indique la durée. L'intérimaire assure la bonne marche. Mais en cas de problème c'est au cas par cas » en précisant que sur la responsabilité « il suffit de remonter la hiérarchie » (Séminaire de formation des délégués du personnel d'une société minière, Agbodrafo (région maritime), 19 20 et 21 novembre 2008).

529 Le chapitre IV du titre V sur le salaire s'intitule « des œuvres sociales d'entreprises ». Son article 141 ouvre la possibilité de création de services sociaux « notamment des mutuelles, des coopératives, des cantines, des crèches (…) sans que cette liste soit limitative » dans les conditions fixées par arrêté.

nouvelle : la consécration du harcèlement, l'institution des délégués syndicaux et le nouvel encadrement juridique de la grève.

La consécration légale du harcèlement sexuel constitue unanimement une avancée juridique considérable. Néanmoins, la problématique de la preuve spécialement appliquée au contexte togolais et aux représentations de la relation subordonnée dans ce contexte est avancée. La preuve d'agissements de harcèlement est délicate à apporter[530] et la qualification en harcèlement en résulte difficile selon quelques inspecteurs du travail. Ceci est amplifié par l'idée selon laquelle seul le juge détient la compétence pour qualifier le harcèlement[531] tandis que les parties refusent généralement d'en arriver au procès dans ce type de conflit[532]. Un contentieux sous l'angle du harcèlement sexuel serait selon certains difficilement engageable dans la mesure où ce type d'agissements est le plus souvent révélé après la consommation de la rupture. En outre, les inspecteurs du travail expriment un conflit difficilement traitable au sein des juridictions car la victime comme l'employeur préfère un règlement à huis-clôt de ce type d'affaire. Un magistrat mentionne deux affaires de harcèlement pour lesquelles il aurait rendu un jugement en l'absence de l'employeur à l'audience[533]. Un inspecteur du travail de Kara évoque quant à lui ses recherches infructueuses sur le harcèlement au Tribunal du travail de Lomé. Si la problématique de la preuve en matière de faits de harcèlement n'est pas une donnée proprement africaine celle-ci pourrait-elle être atténuée par l'institution de règles spécifiques en matière de preuve[534] ? Ceci d'autant que la conscientisation de la punissabilité des faits de harcèlement n'est pas acquise

---

530 « Elle a dit ensuite qu'elle avait été licenciée parce qu'elle ne répondait pas à ses avances. Mais l'employeur s'en est sorti » (Cf. Entretien avec un avocat, Lomé, 16 février 2009).

531 « La loi ne dit rien par rapport à cela. (…) Et nous disons à l'employeur qu'il ne doit pas harceler ses travailleurs car s'ils vont au tribunal, il devra payer des dommages et intérêts. Le tribunal est seul compétent » (Cf. Entretien collectif avec des jeunes inspecteurs du travail, Lomé, 16 décembre 2008).

532 « Les affaires de harcèlement c'est très rare, car les gens n'ont pas cette culture là. Une seule fois, une dame jeune, est venue... depuis mes 22 ans de carrière. (…) Mais elle peut aller au tribunal pour dire que c'est un licenciement abusif et réclamer des dommages et intérêts. Ça s'est fini par un licenciement négocié » (Cf. Entretien avec un inspecteur du travail, chef de la zone est de Lomé, Lomé, 9 janvier 2009). « Mais ce n'est pas dit, c'est sous-entendu, donc nous ne souhaitons pas rentrer dans ce débat à partir du moment où le salarié ne pose pas le problème en ces termes, ni l'employeur » (Cf. Entretien avec un inspecteur du travail de Sokodé, région centrale, 20 janvier 2009).

533 « Et souvent quand on dit que ça nous est arrivé, on trouve ça comme normal, c'est banalisé. Même l'employeur va jusqu'à nier les faits donc les femmes sont découragées. Au cours des visites j'ai vu beaucoup de cas de harcèlement mais c'est difficile de prendre des mesures » (Cf. Entretien avec la directrice régionale du travail à Atakpamé, région des Plateaux, 15 janvier 2009).

534 L'alinéa 3 de l'article 40 met plutôt en garde les travailleurs qui feraient un usage abusif de la procédure de plainte sous couvert du harcèlement. Ils encourent « des dommages et intérêts et des sanctions pénales ».

dans le contexte togolais d'insécurité sociale[535]. Le questionnement de la révélation judiciaire du harcèlement découle de cette consécration législative. Le professeur consultant dans le processus de réforme présente les nouvelles dispositions sur le harcèlement comme un préalable définitionnel nécessaire pour une incrimination à venir[536].

La dualisation légale de la représentation du personnel dans les entreprises suscite aussi quelques questionnements pratiques. La loi consacre l'institution du délégué syndical en se contentant de préciser que le délégué du personnel peut se faire assister d'un délégué syndical et que ces deux représentants bénéficient de la même protection. L'absence d'autres dispositions sur le champ des entreprises concernées par l'obligation et sur les attributions de ces nouveaux délégués engendre des interrogations sur la détermination de la frontière entre ces deux acteurs dans l'entreprise. En l'absence de l'arrêté préconisé par l'article 222 du code du travail, les acteurs tentent d'interpréter cette distinction consacrée. Pour certains, l'existence des délégués syndicaux a prévalu à leur consécration légale particulièrement dans les sociétés dites « d'État » ou celles disposant d'un syndicat propre. Cela aboutirait finalement dans les faits à une confusion des deux représentants sous le vocable couramment utilisé de délégué du personnel[537]. Comment alors rendre effective la nouvelle dualité légale ? La concision de la consécration pousse quelques acteurs à tenter d'expliciter la frontière. Pour certains, le délégué syndical ne représenterait que les intérêts de son syndicat au sein de l'entreprise. Sa mission de défense ne toucherait alors qu'aux seuls travailleurs affiliés au même syndicat de base[538]. Un responsable des ressources humaines mentionne en outre la compétence de ces délégués syndicaux pour la négociation des accords collectifs[539]. D'autres font état d'une similarité des rôles joués par les deux représentations dont la différence tiendrait de la légitimité de leur rôle au sein

---

[535] Il est intéressant de noter que l'auteur du manuel de 2008 n'évoque pas la question du harcèlement malgré qu'il contient un long paragraphe consacré au travail des femmes (D. Yabre, *op. cit.*, p.153 à 157).

[536] K. Amoudkpo, Tableau comparatif, *op. cit.*

[537] Un représentant syndical de la société cotonnière du Togo illustre d'ailleurs cette confusion en précisant que « nous avons les nouveau délégués du personnel sinon les délégués syndicaux ils sont déjà là » (Cf. Entretien avec un représentant syndical CNTT de la société cotonnière du Togo, 20 janvier 2009). Le chef du personnel d'un Hôtel parapublic à Kara (Cf. Entretien du 2 décembre 2008) affirme que le personnel est pour la majeure partie affilié au syndicat des employés des hôtels, bars et restaurants issu de la centrale CNTT, que « les représentants du personnel sont ceux qui appartiennent à des syndicats ». Il ajoute que « les délégués syndicaux, les DP, ils représentent juste les gens de l'hôtel » tandis que l'inspecteur du travail de Kara au sujet de cet hôtel raconte que « lors de l'élection des DP à l'hôtel Kara, j'ai demandé quels sont les syndiqués, les représentants syndicaux de la structure, il n'y en avait aucun » (cf. Entretien du 2 décembre 2008).

[538] « Le DS est un peu comme un étranger dans l'entreprise c'est à dire qu'il n'est pas élu dans l'entreprise mais nommé ou élu par les syndicats » (Cf. Entretien avec le secrétaire général de la centrale UNSIT, Lomé, 23 décembre 2008).

[539] Cf. Entretien avec le DRH d'une société industrielle du secteur métallurgique, Lomé, 12 janvier 2009.

de l'entreprise[540]. Ainsi, certains évoquent la « complémentarité » de ces deux institutions tandis que d'autres font état d'un risque de « concurrence »[541]. Cette problématique de concurrence est illustrée par le propos d'un directeur des ressources humaines d'une entreprise du secteur de la métallurgie à Lomé qui avoue préférer travailler avec les délégués syndicaux ou le syndicat directement. Le secrétaire général de l'UNSIT parle de l' « amalgame normatif » qui est fait entre le délégué du personnel et le délégué syndical. L'interprétation par les acteurs de la frontière consacrée entre ces deux représentations dans l'entreprise en résulte donc délicate[542]. Le consultant universitaire en appelle d'ailleurs à l'arrêté futur pour que le délégué syndical « s'intègre harmonieusement dans l'organisation générale des autres institutions qui existent[543] ».

Un autre exemple de divergences interprétatives créées par une innovation de 2006 est celui de la création de la sous-section consacrée à l'exercice du droit de grève. À la question de savoir comment est accueillie cette nouveauté, nous avons été surpris des divergences d'opinions quant au caractère innovant ou non de ces nouveaux articles. Des diverses explications proposées, il ressort une dualité d'interprétation sur l'articulation de la section sur le règlement des conflits collectifs avec les nouvelles dispositions sur la grève[544]. Soit les deux procédures sont détachables, l'une ou l'autre pouvant être engagée au choix des parties, soit aucun changement n'est consacré par la nouvelle législation. L'explication du nouveau droit de la grève apportée par le manuel de 2008 est aussi révélatrice des troubles causés par les modalités rédactionnelles du nouveau Code. Il choisit de subdiviser son paragraphe sur les conflits collectifs en deux parties : l'une traitant de la grève et l'autre du *lock-out*. À l'issue du premier paragraphe, il ressort finalement que seul le dépôt légal du préavis – à la condition de la seule mise en marche des procédés de règlement – suffise juridiquement au déclenchement d'une grève licite. Il présente ensuite indistinctement la possibilité de médiation, les tentatives de conciliation par l'inspecteur du travail et le directeur général du travail et l' « ultime étape » de l'arbitrage alors que ces différents procédés de règlement figurent variablement dans les deux dispositifs[545]. Entre avancée ou stagnation juridique,

---

[540] « Disons qu'en droit, les DP et DS ont les mêmes droits, la même protection » (Cf. Entretien avec le secrétaire général de la centrale UNSIT, Lomé, 23 décembre 2008).

[541] Cf. Entretien avec un inspecteur du travail, chef de la zone est de Lomé, Lomé, 9 janvier 2009.

[542] Ceci ressort du manuel de M. D. Yabre (op. cit. p. 208-209) qui cumule toutes les interprétations de la frontière en se perdant entre similarité, complémentarité et clivage d'intérêts.

[543] Tableau récapitulatif et comparatif, *op. cit.* Lors d'une formation, un délégué du personnel pose la question de cette frontière à laquelle l'inspecteur formateur répond : « on aura les réponses à l'avenir, il faut attendre l'arrêté » (Séminaire de formation des délégués du personnel de la société nouvelle des phosphates du Togo, Agbodrafo (région maritime), 19 20 et 21 novembre 2008). L'arrêté prévu par l'article 222 du code du travail ne fait pas partie des douze arrêtés d'application du code de 2006 adoptés au mois de juillet 2010.

[544] Voir infra Partie II, Titre 1, Chapitre 2, Section 1, §2, A.

[545] D. Yabre, *op. cit.*, p.118 à 132.

l'interprétation plurielle de ces nouvelles dispositions crée le sentiment d'un risque d'effets diversifiés de la loi dans la pratique. La création du nouveau chapitre sur la grève n'incarne-t-elle pas au final une forme de recul juridique du droit de grève ?

2. Des constats de reculs

Les perceptions de recul relevées chez certains acteurs sont liées à l'idée selon laquelle la réforme devait se donner pour ambition d'améliorer les conditions du travail au Togo ou tout du moins ne pas les rendre plus précaires. La principale critique dans ce sens touche au choix législatif de faire passer la durée du CDD de deux ans à quatre ans. Il s'agit en effet de l'innovation légale la plus largement conscientisée chez les différents acteurs sociaux. Une lacune présentée de la disposition est constituée par le manque de clarté de l'expression « tout renouvellement compris » en lien avec les pratiques révélées de renouvellements successifs de CDD[546]. Une autre critique s'élève chez certains praticiens qui décèlent dans cette nouveauté une voie élargie de précarisation du travailleur[547]. Le manque de clarté quant au renouvellement contribuerait d'ailleurs à cette précarisation car les employeurs pourraient cumuler plusieurs contrats « jusqu'à ce que les quatre ans soient épongés[548] ». Ainsi, ce passage de deux à quatre ans pour la durée maximale du CDD est-il considéré pour beaucoup comme un signe d'une dégradation des conditions d'emploi des travailleurs togolais. L'auteur du manuel de 2008 exprime ce constat. Selon l'auteur, le législateur « aurait pu fixer le quantum du CDD à un an ou deux ans renouvelable dans la limite de quatre ans par exemple ou limiter le nombre de renouvellement (…) afin d'éviter que des employeurs et recours à un CDD de 3 mois, qu'ils peuvent renouveler treize fois, dans la limite des quatre ans

[546] « On avait même proposé dans les projets quatre ans renouvelables une fois ! Je faisais partie de ceux qui proposaient de garder deux ans renouvelables une fois. Maintenant on dit quatre ans tout renouvellement compris. Donc vous pouvez à présent conclure directement un CDD de quatre ans, du premier coup » (Cf. Entretien avec le secrétaire général de la centrale UNSIT, Lomé, 23 décembre 2008). « Avant c'était les CDD renouvelables une fois mais il y a eu beaucoup d'interprétations. Y en a qui disait que c'est un an renouvelable une fois, d'autres trois, dans ce cas ça passe à un CDI automatiquement. On se perd là-dedans » (Cf. Entretien avec le DRH d'une société industrielle du secteur métallurgique, Lomé, 12 janvier 2009).

[547] « La durée passe à 4 ans alors qu'on parle de la précarité. C'était mieux deux ans avec l'ancien code. Ça précarise l'emploi » (Cf. Entretien avec l'inspecteur du travail de Kara, région de la Kara, 2 décembre 2008). « Dans un pays où il y a des problèmes d'emploi, on donne la possibilité aux employeurs de précariser la situation du travailleur pendant quatre ans » (Cf. Entretien avec un inspecteur du travail à Atakpamé, région des Plateaux, 15 janvier 2009). « Je n'ai pas suivi les débats pour voir si c'est une proposition des employeurs. Moi je trouve ça un peu trop long » (Cf. Entretien avec le président de la Chambre sociale de la Cour d'appel, Lomé, 3 février 2009). « Ce n'est plus deux ans mais c'est quatre ans renouvellement compris. Je ne sais pas si c'est une avancée » (Cf. Entretien avec le directeur de cabinet du ministère de la justice, ancien directeur des ressources humaines et enseignant de droit du travail dans les écoles de BTS, Lomé, 15 décembre 2008).

[548] Cf. Entretien avec l'inspecteur du travail de Kara, région de la Kara, 2 décembre 2008.

prévus ! ». Cette disposition caractérise donc presque unanimement une évolution « en défaveur des travailleurs[549] ».

Sous cet aspect de régression est aussi dénoncée l'appropriation législative de la fixation de la durée de priorité de réembauchage suite à un licenciement pour motif économique. Cette durée était de deux ans aux termes des dispositions conventionnelles tandis que le code du travail la fixe désormais à six mois[550]. La non-redéfinition légale des règles encadrant l'apprentissage est parfois perçue comme un facteur de porte ouverte à beaucoup d'abus. Le directeur régional du travail de Sokode estime pour sa part que l'obligation d'établir un règlement intérieur sous le contrôle de l'inspecteur du travail devrait s'appliquer à toutes les entreprises, que le passage du seuil de vingt salariés à celui de onze n'est donc pas constitutif d'une avancée majeure[551].

Ainsi, des critiques s'élèvent à l'encontre de la démarche législative qui affichait pourtant l'ambition de l'amélioration de l'application des règles de droit du travail. L'interprétation de l'amélioration est variable. Elle doit comprendre pour certains la marque d'une contribution à des conditions de travail meilleures. Le bilan de l'amélioration du droit du travail en tant qu'outil pour l'efficacité et la cohérence de son application est aussi dressé avec relativité. Si les regards portés sur cette réforme de 2006 sont partiellement déçus, l'attente de l'adoption des textes d'application du code du travail suscite l'espérance d'un éclaircissement des zones d'ombre présentées.

---

[549] D. Yabre, *op. cit.*, p. 59. M. E. Kakomkate (*op. cit.*, p. 58) dénonce un CDD à « durée indéfinie » pendant quatre ans.

[550] Cf. Entretien avec un inspecteur du travail de Sokodé (région centrale, 20 janvier 2009) et avec un inspecteur du travail à Atakpamé (région des Plateaux, 15 janvier 2009). Voir aussi A. Komadjro, La situation juridique et sociale du salarié licencié, Mémoire de 3e cycle ENA/AT, Togo, 2008, p. 29 et s.

[551] Cf. Entretien avec le directeur régional du travail de Sokodé, région centrale, 20 janvier 2009.

Chapitre 2 – LE RECOURS VARIABLE AUX OUTILS RÈGLEMENTAIRES

L'article 84 de la Constitution togolaise détermine les thèmes qui sont du domaine de la loi. « Le droit du travail, le droit syndical et des institutions sociales » font partie de ce domaine légal[552]. L'article 85 établit la frontière thématique entre la loi et le règlement : « les matières autres que celles qui sont du domaine de la loi ont un caractère règlementaire ». Cette formulation pourrait s'interpréter comme impliquant que le règlement n'est pas un outil préconisé pour régir les relations de travail au Togo[553]. Or, nous avons relevé de multiples renvois à des textes règlementaires dans le code du travail. L'outil règlementaire est une donnée historique indéniable de la construction du droit du travail dans les États africains sous colonisation française. Il est au départ l'outil exclusif de l'élaboration de normes spécifiques aux territoires colonisés. Puis, le CTOM issu de la loi de décembre 1952 renvoie à l'adoption de nombreux textes règlementaires territoriaux pour son application. L'activité règlementaire est importante dans les années 1950. Ces nombreux textes territoriaux restent applicables dans les États devenus indépendants jusqu'à ce que les nouveaux gouvernements s'emparent de cette tâche normative. Les autorités compétentes, en particulier les ministres successifs chargés du travail[554], se sont saisies de cette attribution de façon très variable dans le domaine du droit du travail depuis l'Indépendance du Togo. Ce n'est qu'à partir de la fin de l'année 2009, et davantage au milieu de l'année 2010, que les autorités togolaises ont adopté une partie des textes règlementaires d'application prévus par le code du travail de 2006. Certaines thématiques concernées étaient jusqu'alors encore règlementées par des textes des années 1950. D'autres avaient pu faire l'objet de plusieurs règlementations avant puis sous l'égide du code du travail de 1974.

La règlementation est une donnée juridique importante du droit du travail togolais. Nous pensons que pour bien saisir les enjeux de cette source étatique, il convient de distinguer l'analyse de l'intervention règlementaire dans le temps (section 1) de celle de l'intervention règlementaire thématique (section 2).

---

[552] La loi organique que cet article envisage en vue d'apporter des précisions sur ce domaine n'a pas été adoptée. D'autres thèmes énumérés par l'article 84 pourraient nous intéresser dans le champ du droit du travail: le système d'établissement de la liste des journées fériées, chômées et payées - les nationalisations d'entreprises et les transferts de propriété d'entreprises du secteur public au secteur privé - la santé et la population - « l'organisation de la protection ».

[553] L'article 37 de la Constitution française, qui dispose que « les matières autres que celles qui sont du domaine de la loi ont un caractère règlementaire » pourrait s'interpréter similairement mais elle s'attache à démembrer le domaine de la loi selon qu'elle « fixe les règles concernant » ou « détermine les principes fondamentaux » dans tel ou tel domaine, notamment celui du droit du travail, du droit syndical et de la sécurité sociale.

[554] La compétence règlementaire est, en vertu de l'article 79 de la Constitution togolaise, partagée entre le président de la République qui est le signataire des décrets délibérés en Conseil des ministres et le Premier ministre qui doit assurer l'exécution des lois. Le Premier ministre peut déléguer cette mission aux ministres de son gouvernement.

Section 1 – L'intervention règlementaire dans le temps

Pendant la colonisation française, les autorités habilitées à établir les règlementations applicables dans les territoires d'outre-mer (TOM) ont été multiples. La déconcentration ou décentralisation administrative opérée diversement selon les périodes et lieux de la colonisation a pu contribuer à une déconcentration ou décentralisation de la production des normes du travail au sein des TOM. Jusqu'en 1952, seul l'outil règlementaire sert à l'encadrement juridique du travail dans les territoires colonisés. Le droit colonial – qui devient une branche à part entière du droit français – est ainsi composé d'une somme considérable de textes émanant de diverses autorités étatiques. Ce n'est qu'à compter du CTOM de 1952 qu'une articulation entre une loi générale et le règlement particulier se met en place dans les TOM. Une somme considérable d'arrêtés d'application territoriaux est adoptée en vertu de cette nouvelle articulation. Le territoire du Togo est ainsi doté de nombreux textes particuliers devant servir à réguler les relations de travail subordonnées dans cette zone géographique. Cette abondance ancienne (§1) n'a pas été reconduite par l'État togolais indépendant. L'activité règlementaire des autorités compétentes togolaises nettement inférieure à celle de l'époque coloniale soulève le questionnement d'un rejet contemporain de cette méthodologie normative (§2).

§1 – Le constat d'une abondance ancienne

Pendant l'époque d'administration française, les textes règlementaires constituent le relai certain de la politique normative de la France en matière d'exécution du travail dans les colonies (A). Or, la pluralité des territoires colonisés et l'organisation administrative de cet espace pose la question de savoir si l'autorité propre à chaque territoire s'est appropriée l'élaboration des textes règlementaires. La règlementation coloniale applicable au Togo était-elle spécifique par rapport aux autres règlementations de droit du travail (B) ?

A. Un relai juridique certain à l'époque coloniale

La règlementation est au départ l'outil normatif exclusif de l'application de la politique française dans les territoires d'outre-mer (1). Elle devient un relai juridique d'application de la loi à partir de 1952 (2).

1. Le relai politique exclusif avant 1952

Entre les années 1920 et 1952, la règlementation ne se constitue pas en relai d'une norme supérieure mais en relai d'une politique générale. Le support exclusif du traitement de la matière « droit du travail » avant 1952 est la règlementation. Elle est à la fois issue des autorités installées en métropole et de celles déconcentrées dans les territoires coloniaux. La notion de centralisation du pouvoir règlementaire peut recouvrir deux aspects dans le contexte de la colonisation. Le premier touche à la qualité du détenteur du pouvoir d'édicter la norme. Il peut appartenir aux autorités centrales de la République française ou à celles délocalisées dans les territoires coloniaux que sont les chefs de territoires ou gouverneurs locaux. Le second aspect tient à la détermination du champ géographique de l'exercice de ce pouvoir. L'appréhension juridique des territoires colonisés peut être triple : soit ces territoires sont traités distinctement les uns des autres, soit ils sont considérés comme une globalité colonisée, soit ils sont assimilés normativement à celui de la Métropole.

Jusqu'à la 4e République française, le pouvoir de décréter appartient au président de la République. Ce pouvoir règlementaire s'exerce particulièrement pour les TOM. qui comptent divers groupes ou territoires. Chacune des quatre lois de 1910, 1912, 1924 et 1927 qui composent le code du travail métropolitain de l'époque contient un article précisant que le président de la République peut, par décret, déterminer les conditions d'application de ces textes aux colonies[555]. Le pouvoir politique français préfère néanmoins élaborer des règlementations particulières aux TOM indépendamment des lois métropolitaines. Un droit règlementaire pluriel est créé. Si une centralisation de l'élaboration de ce droit est notable à cette période, une forme d'éparpillement de ses formes et/ou contenus juridiques l'accompagne[556]. Les colonies sont soumises à un « régime de décrets » qui « accentue plus encore et favorise l'émergence d'un droit spécial, dont les particularités sont toujours plus nombreuses et plus saillantes[557] ». La prolifération règlementaire est telle que certains y décèlent une obscurité et un enchevêtrement, vecteurs de contradictions[558]. Des règlementations instituent le visa administratif sur les contrats de travail de plus de six mois, établissent des règles de santé et de sécurité des travailleurs indigènes ou créent la possibilité d'instituer des conseils d'arbitrage pour le règlement des différends. Quelques dispositions sur les conditions de travail

---

555 P.F. Gonidec, *Droit du travail des territoires d'outre-mer*, LGDJ, 1958, p. 46.

556 Des décrets présidentiels du 22 octobre 1925 pour l'A.O.F., du 4 mai 1922 pour l'A.E.F., du 22 septembre 1925 pour Madagascar, du 4 août 1922 pour le Cameroun et du 29 décembre 1922 pour le Togo encadrent les relations de travail (P. F. Gonidec, *op. cit.*, 1958, p. 45). Le Togo et le Cameroun sont parfois insérés à l'A.O.F. en distinction d'avec l'A.E.F. Un décret de 1922 concernant le contrat de travail, la condition des travailleurs, les conseils d'arbitrage, l'hygiène, les soins médicaux, la surveillance administrative et les pénalités concernerait toutefois l'A.E.F., Le Togo et Madagascar. (V. *Encyclopédie juridique de l'Afrique*, T.8, 1982, p. 33 et s.). Un arrêté n° 80 du 29 décembre 1922 du ministre des Colonies A. Sarrault régule le recours au travail des indigènes sur le territoire du Togo. Divers arrêtés sur les congés, sur les primes de travail, sur les indemnités de logement en 1925 et sur les primes de kilométrage pour les travailleurs du chemin de fer et du wharf, sur une indemnité de charges familiales et une indemnité de cherté de la vie, sur les heures supplémentaires en 1926 concernent exclusivement le Togo (U. Shuerkens, *Du Togo allemand aux Togo et Ghana indépendants : changement social sous régime colonial*, L'Harmattan, 2001).

557 Propos de P. Matter, Procureur général de la Cour de cassation, Préface au *Traité de droit colonial* de P. Dareste, Paris, 1931, cité par O. Le Cour Grandmaison, « Droits de l'Homme, loi(s) et Colonies », in *Les colonies, la loi, les juristes*, Revue *Droits*, n° 43, PUF, 2006, p. 141-163.

558 R. Doucet, *Commentaires sur la colonisation*, Larose, 1926, cité par O. Le Cour Grandmaison, *ibid.*

continuent par ailleurs d'être établies par les gouverneurs locaux[559]. Le droit règlementaire s'élabore ainsi à toutes les échelles territoriales, temporelles et de pouvoir, contribuant à cet obscurcissement. Ce droit règlementaire pluriel encadre en outre à la fois le « travail libre » et le « travail forcé ».

Certains voient dans le régime des décrets l'illustration positive de l'adaptation de la régulation aux spécificités des territoires colonisés. D'autres y voient plus négativement la construction d'un droit sans principes immanents. Seule une politique générale d'assujettissement – donc de discrimination – serait poursuivie par les acteurs centraux de l'État. Les règlementations spéciales aux colonies sont multipliées et sont justifiées des autorités politiques par le biais du discours critique de l'assimilation[560] ou par le résultat des travaux « scientifiques » de l'époque constatant une citoyenneté impossible des populations colonisées. Il est intéressant de relever qu'à l'époque, les juristes et politiciens présentent ces dispositions discriminatoires sans honte ni double discours[561]. Les manuels ou thèses de doctorat tentent en outre de démontrer les bienfaits d'un traitement juridique spécifique en assumant pleinement sa contradiction avec les principes républicains[562].

Les règlementations sur la relation contractuelle de travail sont en réalité supplantées par les problématiques de main d'œuvre[563]. Les dispositions qui encadrent les différents régimes de travail forcé sont finalement les plus sollicitées. Elles régulent formellement les mécanismes de réquisition dans l'intérêt privé et/ou général et les régimes de prestations en nature assimilés à l'impôt[564]. Au Togo, le régime de ces prestations découle d'un arrêté du 23 novembre 1920 en vertu duquel la population autochtone masculine doit travailler douze jours par an. Il institue en outre la possibilité pour le groupe ou l'individu de s'acquitter de cette prestation par le paiement d'une somme de 7,5 francs ou par la remise de produits de même valeur aux chefs de circonscription. En 1922 et 1923, ce régime évolue et le nombre de jours de travail passe à quatre pour les régions les plus démunies. Une majorité des

---

559 P.F. Gonidec, *op. cit.*, p. 46.

560 H. Solus de la Faculté de droit de Poitiers publie un ouvrage dans ce sens : *Traité de la condition des indigènes en droit privé*, Paris, Recueil Sirey, 1927. P. Monnet, dans sa thèse de droit, tente de démontrer que « les conditions économiques et sociales y étant par trop différentes, et si (la législation du travail en vigueur dans la métropole) pouvait convenir, avec quelques modifications, à nos colonies de peuplement, elle était, en tout cas, inapplicable telle quelle à nos colonies d'exploitation » (*La législation du travail dans les colonies françaises*, Paris, Jouve, 1925. Cité par A. Rameau, *Le régime du travail indigène dans les colonies françaises d'exploitation (1900-1940)*, Mémoire de Master 2 Recherche en Histoire du droit et des institutions, Bordeaux IV, 2009, p. 16).

561 Ibid.

562 L. Bouillier, *De l'obligation au travail pour les indigènes des colonies d'exploitation*, thèse de doctorat de sciences politiques et économiques, Paris, 1923 (*Ibid.*, p. 26).

563 Les effectifs de travailleurs salariés auraient diminué sur la période comprise entre 1924 et 1937 sauf pour le cas de la catégorie des employés dont le nombre est évalué à 390 en 1937. Entre 1924 et 1937, le nombre d'ouvriers ou manœuvre n'augmenterait que de 50 et celui des chauffeurs de 15 (U. Schuerkens, *op. cit.*, p. 132-133).

564 L. Bouillier, 1923 (cité par A. Rameau, *op. cit.*, p. 38 s.).

autochtones préfère le rachat de la prestation à son exécution en nature[565]. Le régime du mandat international auquel le Togo est alors soumis n'interdit pas l'utilisation du travail forcé « pour les travaux et services publics essentiels ». En effet, des arrêtés de 1923 et 1924 punissent au Togo « l'insoumission aux réquisitions de l'administration pour travaux publics essentiels[566] ».

Cette œuvre politique assumée dure jusqu'à ce que le poids de l'action internationale dénonciatrice[567] et de l'opinion générale n'amène les pouvoirs français à un rééquilibrage des discours, à de nouvelles « métaphores[568] ». L'État français ne ratifie pas la Convention n° 29 de l'OIT du 28 juin 1930 qui vise la suppression progressive des pratiques de travail forcé ou obligatoire bien qu'elle permette aux États membres, pendant une période transitoire, d'utiliser le travail forcé ou obligatoire « pour des fins publiques et à titre exceptionnel[569] ». L'État français adoucit néanmoins son discours par l'adoption du décret du 21 août 1930 qui recadre le régime du travail forcé. Il est désormais officiellement dénommé « travail obligatoire » et l'intérêt public demeure sa justification.

Au moment du Front Populaire, le pouvoir central définit des règlementations plus protectrices mais elles ne concernent pratiquement que le territoire de l'Afrique Occidentale Française (A.O.F.)[570]. Un décret du 19 septembre 1936 rapproche le territoire togolais à celui de l' A.O.F. dont le Gouverneur général devient aussi Commissaire de la République du Togo. Après la seconde guerre mondiale, alors que la communauté internationale s'interroge sur le concept même de la colonisation et institue en ce sens le régime de la tutelle pour les territoires du Togo et du Cameroun[571], la France réaffirme, lors de la Conférence de Brazzaville en 1944, son intention de maintenir son espace colonisé. Le concept d' « union » accompagne désormais la politique coloniale française. Une recentralisation partielle de la règlementation du travail en découle. Les TOM africains sont appréhendés en

---

565 Le rapport SDN de 1926 estime que 89 % de la population rachète la prestation. U. Shuerkens, *op. cit.* p. 125.

566 P.F. Gonidec, *op. cit.*, p. 30.

567 *Ibid.*, p. 32 à 36.

568 B. Fall, *Le travail forcé en Afrique Occidentale française*, Karthala, 1993, p. 147.

569 La ratification de la Convention n'aura lieu que le 23 juin 1937 mais ses effets seront suspendus par un décret de 1939 sur l'organisation de la France pour le temps de la guerre. Des doctorants en droit continuent dans ces années 1930 à vanter les pertinences de ce système de régulation du travail sous le concept d'adaptation (R. Mercier, *Le travail obligatoire dans les colonies françaises*, Vesoul, 1933).

570 Sont adoptés le décret du 20 mars 1937 sur l'usage de la convention collective dans les professions industrielles et commerciales et l'institution des DP élus dans les établissement de plus de 10 salariés, le décret du 18 septembre 1936 sur le travail des femmes et des enfants et celui du 11 mars 1937 qui rend applicable à l'A.O.F. les dispositions métropolitaines relatives au syndicat. Pour le Cameroun, un décret du 17 novembre 1937 reprendrait et améliorerait les dispositions d'anciens décrets de 1922, 1925 et 1935.

571 Le régime de mandat après la première guerre marquait plutôt l'internationalisation du fait colonial. Sur l'anticolonialisme, v. P.F. Gonidec, *op. cit.* p. 37 et s.

tant qu'un ensemble pour l'adoption de plusieurs règlementations : un décret du 7 août 1944[572] transposant les dispositions du code métropolitain sur les syndicats aux territoires de l' A.O.F., de l'A.E.F., du Cameroun, du Togo et de la Côte française des Somalis, un décret du 17 août 1944[573] créant un corps de contrôle indépendant[574] et un décret du 18 juin 1945 instituant un code du travail unique pour les travailleurs autochtones d'Afrique Noire. Ce dernier texte est remplacé par un décret du 17 octobre 1947 dit le code *Moutet*[575]. L'application de ce texte, dont une particularité est d'appréhender tous les TOM excepté l'Indochine, sera suspendue par un décret du 25 novembre 1947[576].

La Constitution française de 1946 consacre le principe de la citoyenneté de tous les ressortissants de l'Union Française en ses articles 80 et 81[577]. La loi fondamentale institue néanmoins un ordonnancement spécifique des normes applicables dans les TOM L'article 72 attribue le pouvoir législatif au Parlement pour la détermination des lois criminelles, des régimes de libertés publiques et de l'organisation administrative et politique. Il précise que dans les autres matières, la loi française ne s'applique que si elle contient une disposition expresse en ce sens ou si un décret en étend l'application après avis de l'assemblée de l'Union Française. Le dernier alinéa pose le principe, en vigueur jusqu'alors, selon lequel le président de la République a compétence au sein du Conseil des ministres après avis de l'assemblée de l'Union pour prendre des dispositions particulières à chaque territoire[578]. Le processus d'élaboration et d'adoption d'une loi générale du travail applicable aux TOM s'engage néanmoins. Plusieurs propositions et projets de loi de droit du travail sont déposés entre 1947 et 1950. L'adoption de la loi n° 52-1322 du 15 décembre 1952 instituant le code du travail des TOM (CTOM) institue un nouvel ordonnancement des normes du travail dans ces territoires. Elle en appelle aux représentants gouvernementaux locaux[579] pour préciser les modalités d'application de certaines de ses dispositions. Ces autorités élaboreront en effet un nombre considérable de règlementations d'application.

---

[572] JORF 17 août 1944 p. 720.

[573] JO du 22 août 1944, p. 738.

[574] L'article 8 de ce décret précise que les services du travail aux colonies sont chargés de la préparation des textes locaux se rapportant à la règlementation du travail et à la protection de la main d'œuvre.

[575] JO du 20 octobre 1947, p. 10402. L'article 2 précise que sous la réserve de l'application des dispositions spécifiques ainsi établies, le contrat de travail dans ces territoires « obéit aux règles du droit commun ».

[576] JO du 11 janvier 1948.

[577] L'article 80 qui affirme la qualité de citoyen reconnue aux ressortissants des T.O.M. précise que « des lois particulières établiront les conditions dans lesquelles ils exercent leurs droits de citoyens »

[578] Un avis du Conseil d'État du 13 août 1947 précise que les décrets particuliers pour des territoires ou groupes sont également de la compétence du président .

[579] L'article 76 de la Constitution de 1946 définit ces représentants : « Le représentant du Gouvernement dans chaque territoire ou groupe de territoires est le dépositaire des pouvoirs de la République. Il est le chef de l'administration du territoire. Il est responsable de ses actes devant le Gouvernement ».

2. Le relai juridique véritable après 1952

La question du degré de précision de la loi s'est posée lors des débats sur le projet de code du travail applicable aux TOM. Les représentants patronaux auraient souhaité une loi cantonnée à l'énonciation de règles et principes généraux soumis à des adaptations règlementaires locales. D'autres pensaient la nécessité de poser des règles précises pour l'efficacité du dispositif[580]. Un compromis est réalisé avec la loi de décembre 1952. Quelques thématiques font l'objet d'une précision légale tandis que d'autres doivent être règlementairement complétées. Par exemple, l'encadrement légal de la grève, de la négociation collective ou de l'apprentissage est assez précis tandis que d'autres dispositions, comme l'essai, le préavis, la durée du travail renvoient à des règlementations particulières. Le CTOM de 1952 prévoit l'adoption avant le 16 décembre 1953 de six décrets, trois arrêtés ministériels et vingt-huit arrêtés territoriaux. Le champ géographique de ces arrêtés varie : il peut s'agir « du groupe de territoires, de territoire non groupé ou sous tutelle »[581] ou de chaque territoire, partie ou non d'un groupe[582]. En imaginant que chaque territoire pris séparément – c'est-à-dire indépendamment du groupe dans lequel il s'insère – se soit vu doté de chaque texte d'application prévu par le CTOM de 1952, cinq cent trente-deux textes au maximum auraient du voir le jour dans les années 1950.

En 1958, pas moins de mille cinq cent arrêtés « gubernatoriaux » sont dénombrés[583]. Louis Paul Aujoulat, dans sa préface à l'ouvrage de Pierre Chauleur[584], prévient le lecteur de cette ampleur règlementaire : « ceux qui redoutaient un texte trop « métropolitain » se sentiront rassurés en lisant cet ouvrage ». Pierre François Gonidec[585] évoque quant à lui une recentralisation « parfaite » de la production règlementaire locale à cette époque. Il mentionne un envoi important de circulaires par le ministère de la France d'Outre-mer et une détention réelle du pouvoir règlementaire par les Hauts-commissaires et non par les chefs de groupes ou de territoires. La réalité de la décentralisation règlementaire prévue par la loi de 1952 est donc questionnée. Les textes territoriaux des années 1950 illustrent-ils une recherche d'adaptations de la loi

---

[580] P. Chauleur, *Le régime du travail dans les territoires d'outre-mer*, Encyclopédie d'outre-mer, 1956, *op. cit.* et P.F. Gonidec, 1958, *op. cit.*

[581] Cette expression signifie qu'un arrêté d'application doit être élaboré pour l'A.O.F., l'A.E.F., le Cameroun, le Togo, les Somalis, Madagascar, les Comores, la Nouvelle-Calédonie, l'Océanie et St-Pierre et Miquelon. C'est par exemple ce que prévoit l'article 35 du CTOM pour la détermination des modalités de communication, de dépôt et d'affichage du règlement intérieur.

[582] Le chef de chaque territoire composant l'A.O.F. et l'A.E.F. doit alors en principe adopter un arrêté spécifique. C'est par exemple ce que prévoit l'article 38 du CTOM pour la détermination des conditions et de la durée du préavis.

[583] P.F. Gonidec, *op. cit.*, p. 53.

[584] P. Chauleur, *op. cit.*, préface.

[585] P.F. Gonidec, *op. cit.*, p.111

de 1952 ou le résultat de ces textes révèle-t-il finalement une homogénéisation parfaite des règles de droit du travail ?

Le CTOM de 1952 prévoit des règlementations obligatoires dans vingt-sept de ses articles. Six articles proposent des aménagements règlementaires éventuels. Des questions, telles que le syndicalisme, les clauses conventionnelles ou la procédure de règlement des différends collectifs, n'en appellent pas à des précisions règlementaires territoriales. Les autorités compétentes sont variables. L'arrêté prévu doit le plus souvent être adopté soit par les « chefs de groupe de territoires, de territoire non groupé ou sous tutelle », soit par « les chefs de territoire ». Ainsi, selon son objet, la règlementation doit être déterminée à une échelle territoriale plus ou moins étendue[586]. On a pu constater que quelques superpositions de règlementations territoriales se sont parfois produites sans prévisions légales en ce sens. Une même thématique a pu par exemple aboutir à des règlementations à l'échelle à la fois fédérale et territoriale pour ce qui concerne l'A.O.F. et l'A.E.F. C'est le cas du traitement de la question du travail des femmes et des enfants en application des articles 115 et 118 du CTOM, l'un prévoyant l'intervention du « chef de groupe » et l'autre celle du « chef de territoire ». Des arrêtés locaux ont rassemblé le travail des femmes et le travail des enfants. L'article 164 du CTOM sur les délégués du personnel prévoit l'intervention règlementaire à l'échelle du groupe de territoires, des territoires non groupés ou sous tutelle. Il est intéressant de relever que l'A.O.F. a été en effet dotée d'un arrêté unique du 4 septembre 1953 tandis que l'A.E.F. s'est vue régie à la fois par les arrêtés généraux des 9 décembre 1953 et 27 février 1954 et par des arrêtés territoriaux pour le Moyen-Congo, le Gabon, l'Oubangui-Chari et le Tchad[587].

Le pouvoir central détient dans certains cas la compétence pour élaborer la règlementation d'application. Des décrets présidentiels sur propositions ministérielles après avis du chef de territoire peuvent élargir la liste des clauses conventionnelles obligatoires prévues par l'article 74 du CTOM . Un décret présidentiel doit aussi déterminer les portions de salaires soumises à prélèvements et les taux y afférent en vertu de l'article 108. Cette disposition n'exige néanmoins pas l'avis du chef de territoire et de la « commission

---

[586] Par exemple, les règles entourant les formes et modalités d'établissement des contrats de travail et de l'engagement à l'essai en vertu de l'article 34 ou bien les modalités de communication, de dépôt, d'affichage du règlement intérieur ainsi que le nombre de travailleurs au-dessus duquel il est obligatoire en vertu de l'article 35 doivent s'établir au niveau fédéral. L'article 38 prévoit l'éventuelle intervention règlementaire à l'échelle de chaque territoire fédéré ou non pour la fixation des conditions et durées du préavis. L'article 54 prévoit en outre que les règles entourant l'apprentissage sont adoptées à cette même échelle locale. Ceci est également vrai pour les règles sur le salaire en vertu de l'article 95. Pour la régulation particulière éventuelle d'une profession en l'absence de convention collective (article 77) ou la détermination des modalités de la consultation prévue par l'article 79 en matière de négociations collectives, la loi semble laisser le choix aux autorités territoriales de choisir l'autorité territoriale pertinente : « chef de territoire ou de groupe de territoires ».

[587] P. Chauleur, *op. cit.*, p. 518.

consultative du travail du ministre de la France d'Outre-mer (FOM) ». Le dernier alinéa de l'article 95 du CTOM préconise l'adoption d'un arrêté du ministre de la FOM après avis des chefs de territoire pour fixer les taux des indemnités salariales « hors de la limite du groupe de territoires, du territoire non groupé ou sous tutelle ». Un transfert de compétence vers le pouvoir central est aussi affirmé pour la détermination du droit de bénéficier du congé de l'article 122 « hors de la limite du groupe de territoires, du territoire non groupé ou sous tutelle[588] ». Enfin, l'organisation du service de l'inspection du travail dans les TOM et son fonctionnement sont également à la charge du pouvoir règlementaire ministériel après avis des chefs de territoires en vertu des articles 147 et 148 du CTOM. Cette recentralisation règlementaire sur certains points peut illustrer une certaine méfiance à l'égard de l'appropriation du pouvoir des chefs territoriaux.

Dans l'exercice de leur compétence règlementaire, les chefs de territoire ou de groupe de territoires sont soumis à des modalités procédurales variées. Selon les cas, ils doivent consulter la « commission consultative du travail » et/ou l' « assemblée locale », voire soumettre leur projet à l'approbation du ministre de la FOM [589]. Dans la majorité des cas, les arrêtés territoriaux doivent avoir été accompagnés de la sollicitation de l'avis d'un organisme consultatif[590]. Le CTOM de 1952 contient un chapitre sur les organismes consultatifs. Un conseil supérieur du travail dont les représentants des travailleurs et employeurs sont nommés par arrêté ministériel est institué auprès du ministre de la FOM en vertu de l'article 161[591]. L'article 162 précise l'organisation et les attributions des commissions consultatives du travail « auprès des inspecteurs généraux et inspecteurs territoriaux du travail et des lois sociales outre-mer qui en assurent la présidence[592] ». Les conditions de nomination des membres, du nombre de représentants des travailleurs et des employeurs, de la durée de leur mandat et du montant de leurs indemnités ont été déterminés par des arrêtés du chef de groupe de territoires, de territoire non groupé ou sous tutelle adoptés dans le

---

588 « Le droit de jouissance du congé est acquis après une durée de service effectif : (...) c) déterminée par arrêté du ministre de la FOM (...) dans les cas visés à l'article 95 3 ».

589 Par exemple les arrêtés des articles 34 et 35 déterminant les modalités et formes du contrat de travail et de l'engagement à l'essai et les conditions entourant le règlement intérieur d'entreprise doivent être approuvés par le ministre de la FOM de même que les dérogations aux règles sur la durée du travail prévues par l'article 112. Les mesures transitoires pour l'attribution du congé et des frais de déplacement répondent aussi à cette règle en vertu de l'article 132.

590 Ce n'est pas le cas par exemple pour la détermination des travaux ou entreprises interdits aux « jeunes gens » en vertu de l'article 118 alinéa 2 et celle de la composition de la commission mixte en vue de la conclusion d'une convention collective de travail en application de l'article 73.

591 S'agit-il de la « commission consultative du travail du ministre de la FOM » évoquée par l'article 108 qui traite des retenues sur salaires ?

592 L'article 147 du CTOM fixe l'organisation de l'inspection du travail outre-mer : « des inspections générales, des inspections territoriales (...) qui relèvent de l'inspection générale du ministère de la FOM (...) sous le couvert du chef de territoire ou du groupe de territoires ».

courant de l'année de l'année 1953[593]. Tous les territoires relevant ou non d'une fédération se sont donc vus officiellement dotés de commissions consultatives territoriales[594]. Les nombres de représentants sont variables d'un territoire à l'autre. Au Togo, la commission consultative est composée de cinq représentants des travailleurs et cinq représentants des employeurs[595]. Pour ce qui touche à la santé et à la sécurité des travailleurs, les chefs de groupe ou de territoire doivent soumettre leurs projets règlementaires aux « comités techniques consultatifs » institués par l'article 133 du CTOM. Ainsi ces commissions et comités ont-ils pu être sollicités à l'occasion de l'adoption des multiples arrêtés territoriaux d'application du CTOM[596].

L'étude de certains textes territoriaux révèle des interventions du pouvoir central malgré l'absence de dispositions en ce sens dans la loi. Par exemple, l'autorité compétente du Cameroun s'est inspirée d'une proposition de l'inspecteur général du travail et des lois sociales basé en France pour l'édiction de l'arrêté n° 981 du 27 février 1957 concernant le travail des femmes et des enfants[597]. Des arrêtés adoptés en A.O.F. ou en A.E.F. référencent des actes ministériels d'influence. Il peut s'agir de « dépêches ministérielles » ou de circulaires[598]. L'absence de telles mentions en introduction des règlementations d'autres territoires pose la question de la destination de ces actes centraux. Les marges de manœuvre des autorités des territoires de l'A.O.F. et de l'A.E.F. ont-elles été plus restreintes qu'ailleurs ? La comparaison de quelques règlementations nous conduira à penser une destination plutôt générale de ces actes centraux *via* les inspections territoriales du travail. Les personnalités décisionnelles expressément mentionnées sont variables et parfois révélatrices d'un pouvoir central interventionniste[599]. En découle une diversité des acteurs

---

593 Arrêtés du 31 mars 1953 et du 6 mai 1953 pour l'A.O.F., des 16 mars et 9 juillet 1953 pour l'A.E.F., des 27 avril 1953 et 16 juin 1954 pour le Cameroun, du 4 mai 1953 pour le Togo, du 1er avril 1953 pour Madagascar, du 21 avril 1953 pour les Somalis, du 8 juillet 1953 pour les Comores.

594 Pour l'A.O.F. et l'A.E.F., ces arrêtés d'application ont créé des commissions fédérales. Madagascar dispose même d'une commission centrale et de commissions provinciales (P. Chauleur, *op. cit.* p. 510).

595 Le Cameroun prévoit quinze représentants de chaque partie, la Guinée dix, le Niger six (*ibid.*).

596 La consultation de quelques journaux officiels révèle en effet fréquemment la mention « vu l'avis de la commission consultative du travail » ou du « comité technique consultatif », pour le cas par exemple des précisions sur le service médical d'entreprise.

597 JO C du 17 mars 1954 – annexe.

598 Par exemple l'arrêté n° 3844/A.E.F. évoque la circulaire IGTLS n° 653 du 23 septembre 1953, l'arrêté n° 6554 IGTLS/A.O.F. créant un registre dit « registre d'employeur » mentionne « la dépêche ministérielle n° 1290 IGT/2 du 21 juillet 1953 ». Des dépêches sont mentionnées par les arrêtés n° 6595 IGTLS/A.O.F. concernant les délégués du personnel et n° 6483 IGTLS/A.O.F. fixant les modalités du contrat de travail et de l'engagement à l'essai.

599 Pour l'A.O.F. le Haut Commissaire est rejoint par le Gouverneur général et le Commandeur de légion d'honneur. On retrouve par exemple la mention de ces interventions en introduction des arrêtés n° 6554 IGTLS/A.O.F. sur le registre d'employeur et n° 3946 IGTLS/A.O.F.du 2 juin 1953 portant autorisation de dérogation à la durée légale de travail. Pour Madagascar, il s'agit de l'Inspecteur général de la FOM rejoint par le Haut Commissaire de la République Française. Cela

étatiques territoriaux ou centraux habilités officiellement ou non. Les arrêtés pour le Togo mentionnent la signature du Commissaire de la République L. Péchoux ou, s'il est « en tournée », celle de son représentant le « secrétaire général chargé de l'expédition des affaires[600] ». Impulsée par la loi de 1952, la production normative délocalisée, d'ambition en théorie adaptatrice, s'est exercée sous un contrôle central plus ou moins marqué. L'exercice de ce contrôle, d'effet probablement homogénéisant, a pu dépendre des modalités de l'appropriation de cette production par les autorités habilitées.

Dans les cas où l'intervention règlementaire n'est qu'une possibilité offerte par la loi, les administrateurs locaux s'en sont saisis. C'est le cas par exemple de l'article 29 du CTOM qui donne la possibilité aux chefs de territoire d'établir des limitations ou interdictions exceptionnelles d'embauchage pour des considérations d'ordre économique ou social dans des régions données[601]. Une masse considérable d'arrêtés locaux de cette époque concerne l'établissement de dérogations à la durée du travail prévu par les alinéas 4 et 5 de l'article 112 du CTOM [602]. Des règlementations territoriales spécifient les « prolongations permanentes de plein droit » ou « heures d'équivalence » comme cela se fait en territoire métropolitain ; par exemple, le chef territorial de la Côte d'Ivoire a règlementé cette question par l'adoption de 46 arrêtés, le Dahomey 28, le Sénégal 38 et le Soudan 32[603]. La comparaison de ces règlementations met en exergue des similitudes d'approche mais aussi quelques différences substantielles[604].

L'analyse des textes territoriaux démontrent l'existence d'encadrements variables de certaines thématiques de droit du travail. Par exemple, dans les arrêtés relatifs aux formes et modalités du contrat de travail et de l'engagement

---

concerne par exemple les arrêtés n° 124 IGT sur les dérogations à la durée du travail et n° 1036 IGT (JO M, p. 1155) sur les délégués du personnel.

600 Ces mentions sont issues d'un recueil des textes règlementaires adoptés dans les années 1950 au Togo et disponible à la Direction général e du Travail de Lomé.

601 Des règlementations ont été adoptées pour le Cameroun, l'Oubangui-Chari, le Gabon et le Moyen-Congo (P. Chauleur, *op. cit.*, p. 219).

602 Ainsi, des dérogations permanentes de plein droit permettent d'allonger la durée de la journée de travail. Les variations d'un territoire à l'autre sur ce point tiennent moins au nombre d'heures de prolongation qu'aux activités concernées. Par exemple, seul le Cameroun prévoit la prolongation pour l'ouvrier préposé aux appareils acétylènes. Parfois la dérogation est établie par semaine plutôt que par jour. Par exemple, le Cameroun prévoit six heures par semaine et les Somalis une heure par semaine pour le cas des ouvriers attelés au nettoyage et entretien des machines pendant l'arrêt de la production contre une heure par jour dans les autres territoires.

603 P. Chauleur, *op. cit.*, p. 372

604 Des similitudes sont perceptibles pour certaines catégories de travailleurs telles que les gardiens, le personnel d'accueil et de comptoir, les pharmacies de détail mais quelques différences sont toutefois existantes. Par exemple, la Mauritanie ne prévoit pas d'équivalence pour les magasins et salons de coiffure à la différence des autres territoires. La Haute-Volta ignore le métier de cuisinier pour les débits de boisson, hôtels et restaurants. Madagascar ne prévoit que quatre équivalences à 45 heures contre en moyenne six dans les autres territoires (*ibid.*, p. 373 et consultation des arrêtés n° 3946 IGTLS/A.O.F. du 2 juin 1953 et n° 124 IGT de Madagascar).

à l'essai, des accents différents sont mis sur les clauses obligatoires et facultatives du contrat de travail. La règlementation de l'A.O.F. est plus précise sur les clauses concernant le lieu de travail[605]. Seuls les textes de Madagascar et des Comores imposent la rédaction du contrat en français et en dialecte malgache et comorien[606]. Quelques territoires se sont parfois engagés dans la détermination de règles précises comme la détermination des indemnités en cas de suspension du contrat de travail. Les arrêtés locaux ont donc pu contribuer à la fabrication de droits territoriaux diversifiés articulant des particularités locales et des volontés centrales[607]. Si les modalités et autorités parties prenantes à leur élaboration permettent de relativiser la réalité de la territorialisation de la règlementation prévue par le CTOM de 1952, l'activité massive des agents territoriaux sur le plan règlementaire et le constat de quelques originalités territoriales nous poussent à rechercher les spécificités de cette règlementation coloniale applicable au territoire du Togo.

B. Une règlementation importante spécifique au Togo

La « délocalisation » de l'édiction des règlementations dans les territoires coloniaux peut être relativisé à travers le constat d'un pouvoir des chefs de territoire en réalité « vidé de sa substance[608] ». Ce constat peut être relativisé pour les territoires du Togo et du Cameroun[609] qui ont la particularité, du fait des statuts internationaux de mandat et de tutelle qui les ont concernés, d'avoir été soumis à une organisation administrative plus décentralisée. Les régimes particuliers d'administration coloniale du Togo doivent être présentés (1) pour peut-être mieux comprendre la spécificité possible de la règlementation d'application du CTOM adoptée pour ce territoire (2).

1. Les régimes particuliers de mandat et de tutelle

Le mandat décidé pour le territoire du Togo par l'article 22 du Traité de Versailles fixe des objectifs visant l'intérêt des populations et leur autonomisation. La France est tenue d'adresser des rapports annuels sur les modalités de la mise en œuvre de ces objectifs. La métropole conserve néanmoins la liberté de choix de l'organisation politique et administrative du territoire togolais. C'est dans ce cadre qu'elle procède à des rapprochements administratifs de ses territoires sous mandats avec ceux du Dahomey et de l'A.O.F. en 1934 et 1936.

---

[605] P. Chauleur, *op. cit.*, p. 229. L'arrêté n°6483 IGTLS/A.O.F. qui établit ces règles est cependant introduit par la mention « Vu dépêche ministérielle 1433 IGT/ 25 août 1953 » sans toutefois préciser l'approbation ministérielle en principe requise sur ces points.

[606] P. Chauleur, *ibid.*, p. 229.

[607] La circulaire ministérielle n° 19CT/T du 27 juillet 1953 sur les clauses obligatoires et facultatives du contrat de travail a-t-elle favorisé l'émergence de règlementations aux contenus à la fois similaires et différenciés ?

[608] P. F. Gonidec et M. Kirsch, *op. cit.*, p. 112.

[609] *Ibid.*

Les rapports adressés à la SDN à l'époque du mandat évoquent la mise en œuvre d'une politique d'association discriminatoire entre le nord et le sud du territoire sur le plan de la règlementation du travail[610]. La France s'y félicite d'une augmentation du personnel autochtone au sud. Il est mentionné une augmentation du nombre d'employés dans les années 1920 et 1930 et l'émergence d'une « classe moyenne » au sud est même relatée[611]. Le régime des prestations est à cette époque régi par un arrêté du 23 novembre 1920 modifié en 1922 et 1923[612]. Le mandat sur le Togo prohibe le travail forcé sauf pour l'exécution de travaux ou services publics mais le travail salarié reste tout de même embryonnaire au Togo. Il est encadré par des règlementations spécifiques. Un décret du 19 décembre 1922 règlemente le « recours au travail des indigènes » : le contrat de travail, les conseils d'arbitrage et les pénalités. Ce texte ne s'applique pas aux travailleurs occasionnels et domestiques ainsi qu'à ceux engagés pour une durée inférieure à quinze jours par mois ou à trois mois. Le texte de 1922 ne concerne en outre que les contrats d'une durée inférieure à deux ans. Ils doivent être écrits et contenir des clauses obligatoires ainsi que le visa du chef de la subdivision administrative. Le décret donne compétence au Commissaire de la République pour l'ajout d'autres clauses obligatoires[613].

Au lendemain de la seconde guerre mondiale, la Charte de San Francisco institue le nouveau régime international de la tutelle. Cet accord est ratifié par l'Assemblée général e des Nations Unies le 13 décembre 1946. Le régime de tutelle comporte de sensibles différences avec le mandat car des objectifs politiques sont assignés à la France. Le contrôle international de la politique coloniale française est renforcé. L'idée politique est de favoriser l'évolution progressive des populations vers la capacité de s'administrer elles-mêmes en tenant compte des conditions particulières des territoires et des aspirations librement exprimées par les populations. Il s'agit d'œuvrer au développement du sentiment d'indépendance des peuples et d'encourager le respect des droits de l'homme et des libertés fondamentales sans distinction de race, religion ou sexe. La surveillance du Conseil de tutelle est renforcée. Une nouvelle organisation politique et administrative togolaise découle de ce statut international. Un décret du 25 octobre 1946 dote le Togo d'une assemblée territoriale qui a de nombreux pouvoirs et se compose d'une majorité de

---

610 U. Schuerkens, *op. cit.*, p. 88.

611 Ulrike Schuerkens cite dans ce sens le rapport SDN pour 1923 et le rapport SDN pour 1924 qui constate que de plus en plus d'autochtones essaient de « vivre à l'européenne » (*ibid.* p. 123 et 126). L'augmentation des effectifs salariés pendant cette période serait en partie causée par la diminution des salaires dans les années 1930 (*ibid.*, p. 138).

612 Des arrêtés de 1923 et 1924 punissent l'insoumission aux réquisitions de l'administration pour travaux essentiels au Togo et au Cameroun.

613 Des arrêtés particuliers sont en effet adoptés entre 1925 et 1926 par le Gouverneur Montagné. Ces textes auraient connu peu d'effets au moment de leur adoption jusqu'en 1928. De plus, le personnel permanent reste minoritaire (K. Barandao, « Mutations socioprofessionnelles au Togo sous administration française (1922-1958) », in *Entreprises et entrepreneurs en Afrique au XIXe et XXe siècle*, T.1, L'Harmattan, 1983, p. 227).

togolais[614]. Un arrêté du 16 mars 1945 complété par celui du 2 décembre 1949 organise le commandement autochtone. Les modalités de désignation des chefs traditionnels doivent répondre à la coutume locale, l'administration ne faisant désormais qu'entériner la nomination. Malgré la conservation d'une mainmise du Commissaire de la République, des pouvoirs de décision appartiennent aux assemblées des territoires sous tutelle. Une forme de gouvernement local permet une gestion entièrement décentralisée de certains domaines tels que l'autonomie financière ou le domaine privé du territoire. Les autorités françaises appliquent une politique de « *self-government* » dans le cadre de l'Union Française. Cette gestion politique est néanmoins critiquée par le conseil de tutelle en ce qu'elle illustre la réticence française envers l'objectif d'indépendance que le régime international véhicule[615].

Le CTOM est promulgué le 24 décembre 1952 au Togo. Avant la promulgation de ce cadre général, le service de l'inspection du travail, régi par les arrêtés du commissaire de la République du 18 août 1946 et du 21 mars 1947, se charge de la régulation du travail sous les avis de la commission consultative qui fonctionne à ses côtés. La promulgation de la loi de 1952 transforme cette inspection générale en plusieurs inspections du travail et des lois sociales dans les circonscriptions du territoire. Chaque localité doit en assurer les coûts financiers.

En tant que territoire sous tutelle, Le Togo détient des compétences règlementaires spécifiques : les autorités territoriales du Togo peuvent déterminer d'autres conditions d'application que celles préconisées par le CTOM[616]. L'analyse comparative des activités règlementaires des différents territoires de l'Union Française nous pousse néanmoins à penser que ces autorités se sont globalement cantonnées aux prévisions de la loi de 1952. Certains ouvrages font même penser qu'une particularité togolaise ait pu résider dans une carence de règlementation sur plusieurs points[617]. Ces cas sont cependant assez marginaux étant donnée l'ampleur de l'activité règlementaire au Togo à cette époque. Quel est le bilan au Togo de l'activité règlementaire menée dans le cadre de la nouvelle loi de 1952 ? Cette loi est intervenue dans un objectif de « processus de cadrage » des relations de travail de plus en plus nombreuses et conflictuelles[618]. La particularité du contexte togolais, qui est

---

614 Les assemblées locales instituées dans les autres territoires dépendants ne possèdent que voix consultative (P.F. Gonidec, *op. cit.*, p. 112).

615 La République autonome du Togo déclaré « *Territoire Pilote* » sera proclamée le 4 septembre 1956 par la France. L'État français conserve toutefois la gestion des domaines du contentieux administratif, de la justice officielle, des forces armées, des relations extérieures et de la monnaie.

616 Les autorités du Cameroun peuvent quant à elles modifier la loi elle-même au titre de ce statut international.

617 Il ressort par exemple de l'ouvrage de Pierre Chauleur (*op. cit.*, p. 307, 324-325, 349, 442-455) qu'aucun arrêté togolais n'a existé à la fin des années 1950 concernant la fourniture du logement, la périodicité du paiement du salaire, l'économat, l'hygiène et la sécurité ou le dossier du travailleur.

618 F. Cooper, *Décolonisation et travail en Afrique, l'Afrique britannique et française, 1935-1960*, Karthala, 2004, p. 269. En 1952, il existe au Togo 35 syndicats professionnels. Leur activité s'est développée

illustrée par l'exercice d'une politique coloniale sous contrôle international ayant favorisé une gestion institutionnelle davantage autonomisée et une règlementation du travail obligatoire moins contraignante, est-elle accompagnée par une élaboration territoriale singulière des règlementations d'application du code de 1952 ?

2. La règlementation d'application du CTOM au Togo

La spécificité éventuelle du droit règlementaire du travail au Togo sera principalement recherchée dans son contenu. L'ampleur de l'activité règlementaire au Togo est révélée par le nombre de sources règlementaires publiées au journal officiel propre à ce territoire dans les années 1950. La particularité formelle des règlementations d'application du CTOM de 1952 est certaine et n'appelle pas d'autres développements. Pour bien saisir les modalités d'une élaboration éventuellement singulière de ces textes par les autorités compétentes au Togo, nous pensons pertinent de rapprocher leurs contenus à ceux applicables dans d'autres territoires concernés par le CTOM de 1952. Nous nous fonderons principalement sur les exemples qui révèlent une approche assez libérale de l'autorité territoriale du Togo (a) et une diversification singulière des statuts (b).

a. Une approche assez libérale

L'arrêté n° 275-54 du 19 mars 1954[619] d'application de l'article 34 du CTOM qui précise notamment les formes et modalités du contrat de travail tire son aspect libéral de l'ouverture possible du contenu du contrat de travail. Les clauses obligatoires dans tout engagement, sauf celles précises qui se rapportent à la fourniture du logement par l'employeur[620], ne présentent pas de grande particularité au regard des autres règlementations territoriales. À l'instar de ces règlementations, le principe légal du libre choix de la forme du contrat est repris dans l'article 1er du texte règlementaire[621] tandis qu'est posée l'applicabilité des dispositions écrites obligatoires à tout engagement. La liste de l'arrêté du Togo est ouverte. L'article 2 sur les clauses obligatoires conclut :

---

depuis la première grève générale de 48 heures en 1948. Les revendications portent sur les classifications, les salaires, les allocations familiales. Ils envoient des pétitions à la SDN. Quatre grèves ont lieu en 1949 et aboutissent à des concessions : hausse des salaires de 11%, allocations familiales, des primes. À partir des années 1950, le mouvement syndical se politise pour devenir un mouvement global dénonçant les méfaits de la colonisation malgré que la France tente une canalisation de ce constat en finançant la venue de venue de délégués syndicaux européens (C.S.T.T., par le Comité d'Etudes et de Recherche pour l'Action Syndicale (CERAS), *La vie syndicale au Togo : des origines à nos jours*, Togo, 1999).

619 JOT du 20 mars 1954.

620 Les conditions d'hygiène, le mobilier essentiel compte tenu du nombre de personnes logées avec le travailleur et mentionnées au contrat.

621 L'arrêté n° 5471 du 7 novembre 1953 pour le Cameroun fait de même (JOC du 11 novembre p. 1839 : arrêté pris après avis de la commission consultative du travail, de l'assemblée territoriale du Cameroun et approbation n° 2049/IGT2 du ministre de la France d'Outre Mer).

« 12° éventuellement les clauses particulières convenues entre les parties[622] ». Le texte togolais apparaît assez libéral sur le point du salaire : il n'évoque nullement la question des heures supplémentaires, des primes, de l'indemnité de licenciement ou encore de la prise en charge de la santé du travailleur. L'autorité règlementaire du Togo ne s'est pas saisie de ces aspects de la relation de travail à la différence d'autres territoires. Si la spécificité du contenu de la règlementation applicable au Togo n'est pas flagrante et pourrait davantage tenir du contenu original de textes d'autres territoires[623], une certaine conception libérale ressort de l'acception du contrat de travail.

Le même constat d'approche assez libérale au Togo ressort de la règlementation sur la période d'essai. L'article 6 de l'arrêté n° 275-54 pour le Togo reprend l'obligation de stipuler l'essai par écrit[624]. L'article 7 dispose que la durée de l'essai « est égale à la durée du préavis » et précise que cette durée peut être plus longue « pour tenir compte de la technique et des usages de la profession » et « pour les travailleurs débutant dans l'établissement et qui n'ont jamais travaillé dans un autre établissement[625] ». L'équivalence à la durée du préavis fait supposer une assez grande variabilité des durées d'essai. La possibilité d'allongement sans précision de sa durée gage d'une certaine appréhension libérale de la part du pouvoir règlementaire togolais. Dans cet esprit, à l'instar des règlementations applicables en A.O.F. et au Cameroun, l'arrêté togolais mentionne la possibilité de stipuler un préavis en cas de rupture de l'essai. La possibilité de déterminer un préavis de rupture de la

---

622 La règlementation pour le Cameroun prend soin de lister les clauses éventuelles et facultatives du contrat : par exemple sur les modalités et taux des heures supplémentaires, le travail de nuit, le taux de primes d'assiduité ou d'ancienneté, le taux de l'indemnité de licenciement, la prise en charge par l'employeur de la santé du travailleur, avantages en nature, avantages familiaux etc.

623 L'arrêté n° 6483 IGTLS/A.O.F. du 31 août 1953 pour l'A.O.F. (JO 5 septembre 1953) se rapproche du texte togolais. Les clauses obligatoires sont assez identiques. Il rappelle similairement le principe de la liberté de forme et l'exception de l'article 32 du CTOM sur le CDD de plus de trois mois. Les clauses obligatoires ne s'appliquent *in fine* qu'à ce type de contrat. L'intervention administrative par l'obligation du visa de l'autorité compétente en vertu de l'article 32 du CTOM est aussi rappelée. L'autorité qui vise le contrat doit donner « connaissance au travailleur de l'essentiel des textes règlementaires ou conventions collectives, lorsque le contrat y fait simplement référence ». Cette prescription règlementaire s'ajoute aux obligations légales de l'article 32 du CTOM, par exemple de donner « aux parties, lecture et, éventuellement, traduction du contrat » et de « recueillir l'avis de l'inspection du travail et des lois sociales ». Cette dernière obligation et le silence des textes règlementaires laissent ouverte la question de l'acteur territorial visé par l'expression « autorité compétente ».

624 L'article 33 du CTOM pose en effet le principe : « quand il y a engagement à l'essai, il doit être expressément stipulé au contrat ».

625 La règlementation n° 64-83 pour l'A.O.F. fait aussi correspondre la durée de l'essai à celle du préavis de licenciement sous réserve d'usages ou techniques particuliers. L'arrêté n° 54/71 pour le Cameroun pose les durées de six mois maximum pour les travailleurs déplacés, de trois mois en cas de CDI ou de CDD de plus d'un an et d'un mois pour tous les autres. Ce texte est assez original en ce qu'il rappelle l'unicité du renouvellement de la période d'essai et précise qu'il doit être justifié par l'objet de l'essai. Ce texte ajoute qu'il est possible de stipuler le renouvellement dans une clause du contrat de travail. Dans ce cas, l'employeur doit seulement aviser le travailleur de sa volonté de renouveler.

période d'essai offerte par ces textes règlementaires a pu être préconisée par le ministre de la FOM qui a consulté le Conseil d'État en 1953 sur le point de savoir si le préavis devait être ou non obligatoire en cas de rupture de période d'essai[626].

L'article 101 renvoie le soin aux règlementations locales de définir la « contexture du bulletin individuel de paie ». Pour le Togo, il s'agit de l'arrêté n° 192 du 3 mars 1954 dont une spécificité tiendrait aussi au caractère libéral de ses dispositions[627]. Cet aspect libéral découle de la liberté de choix de la forme du bulletin qui est laissée aux employeurs dès lors que les rubriques obligatoires sont mentionnées[628]. L'article 2 du texte togolais offre le choix à l'employeur entre un bordereau, une fiche, une enveloppe contenant la paye ou un carnet de salaire. Il doit indiquer les noms et adresses de l'employeur et du travailleur, la date du paiement et la période de travail correspondant, l'emploi, la classification, le salaire en espèce et en nature, les primes, les indemnités, les heures supplémentaires, les retenues et le total de la rémunération nette. Aucune signature n'est exigée et ce bulletin n'est pas obligatoire en cas d'engagement pour quelques heures, une journée ou « occupation de courte durée[629] ». L'arrêté togolais est cependant moins libéral que d'autres règlementations en ce qu'il oblige les employeurs de personnel domestique à la délivrance du bulletin de paye[630].

L'arrêté n° 193-54/ITLS du 3 mars 1954 qui crée le registre d'employeur prévu par l'article 171 du CTOM contient des dispositions identiques à celles de l'arrêté n° 6554 IGTLS/AOF du 3 septembre 1953 applicable sur le territoire de l'A.O.F. s'agissant de la forme et du contenu des trois fascicules composant le registre[631]. Une différence réside cependant dans la précision du cas où les décisions sur l'engagement et la rémunération du personnel d'une entreprise composée de plusieurs établissements sont toutes prises par le directeur de l'entreprise. Un

---

[626] CE, avis n° 261460, 16 juin 1953 : le préavis n'est pas obligatoire mais peut être prévu au contrat.

[627] P. Chauleur (*op. cit.*, p. 327) évoque un texte règlementaire assez libéral en Haute-Volta et au Togo.

[628] *Ibid.*

[629] La règlementation togolaise s'apparente celle de Madagascar (26 octobre 1953, JOM du 13 novembre 1953) mais ne reprend pas la dispense en cas de versement du salaire, sur demande du travailleur, à une périodicité différente. Le texte du Cameroun établirait quant à lui de multiples mentions obligatoires comme celle des taux de rémunération et la distinction entre la rémunération brute et nette. Sur la contexture du bulletin de paye, certains territoires ont adopté plusieurs règlementations. Le gouverneur du Sénégal aurait adopté successivement les arrêtés du 31 août 1953, du 29 décembre 1953 et du 18 janvier 1956. Le représentant au Cameroun adopte un arrêté le 18 mai 1953 puis le 12 décembre de la même année (P-F Gonidec, *op. cit.* p. 601).

[630] À l'exception du cas des travailleurs domestiques, l'arrêté togolais est pratiquement identique au texte applicable à Madagascar. Ce texte contient des dispositions similaires concernant le « registre de paiements » et les « dérogations et tolérances » à ces obligations. Il mentionne aussi la dispense de registre pour les employeurs de personnel domestique. La délivrance d'un bulletin de paye est facultative à la différence du texte togolais.

[631] Le Gouverneur Louis Péchoux du Togo aurait-il consulté « la dépêche ministérielle n°1290 IGT/2 du 21 juillet 1953 » référencée en introduction de l'arrêté de l'A.O.F. ?

seul registre peut alors être tenu sur autorisation de l'inspecteur du travail[632] ce qui gage d'une prise en considération de certaines pratiques centralisées de gestion du personnel. Le caractère libéral du droit togolais sur le registre d'employeur tient aussi à l'élargissement de la dérogation à la tenue de ce registre, déterminée par un arrêté distinct[633]. Il permet une dispense générale de la tenue du deuxième fascicule pour les employeurs n'embauchant pas plus de dix travailleurs. D'autres règlementations territoriales sont plus précises et posent généralement un seuil de cinq travailleurs pour cette dispense[634].

L'arrêté n° 277-54/ITLS du 19 mars 1954 fixe les « modalités de règlement intérieur d'entreprise » en application de l'article 35 du CTOM de 1952 qui en appelle à l'intervention règlementaire pour déterminer le seuil d'effectif au-dessus duquel le règlement intérieur est obligatoire et les modalités de sa communication, de son dépôt et affichage[635]. Le texte togolais pose le seuil général de 20 travailleurs « habituels » pour la mise en place du règlement. L'effectif requis passe à 50 pour les entreprises agricoles. Sur la communication du règlement intérieur, l'arrêté pose le principe de sa rédaction en français mais ajoute qu' « il peut, à la demande du délégué du personnel, être traduit dans les dialectes locaux »[636]. L'arrêté précise aussi les formes et délais de consultation des délégués du personnel et de communication du texte à l'inspecteur du

---

[632] L'arrêté n° 2118/IGT pour Madagascar (JO M, p. 2185) est ressemblant. Il ne se réfère pas à la dépêche précitée. Cette règlementation préfère la notion de « partie » à celle de « fascicule » pour la distinction des trois volets du registre. Les règles de forme et de contenus sont identiques. Le texte présente la spécificité de préciser l'obligation de disposer d'un registre par établissement. Il précise la notion d'établissement par des illustrations concrètes : par exemple, un chantier employant plus de vingt-cinq personnes pour une durée de six mois.

[633] P. Chauleur (*op. cit.* p. 538) évoque en effet un arrêté n° 195-54 du 3 mars 1954 au sujet du registre d'employeur au Togo mais ne mentionne pas le texte n° 193-54 de même date que nous avons présenté.

[634] À Madagascar, les employeurs engageant des gens de maison et les entreprises de moins de cinq travailleurs, sur autorisation de l'inspecteur, sont dispensés de tenir ce registre. Les travailleurs occasionnels payés à la fin de la journée ou à l'heure ne sont pas obligatoirement inscrits sur le registre. Pour l'A.O.F., les dérogations concernent les employeurs qui n'emploient que des gens de maison. Les entreprises agricoles qui ne comptent pas plus de dix travailleurs permanents, à la condition qu'elles n'embauchent pas de femmes ou d'enfants de moins de dix-huit ans, sont dispensées des fascicules 1 et 2. L'employeur doit adresser une demande expresse écrite ou verbale en ce sens à l'inspecteur du travail. Enfin, les manœuvres embauchés à l'heure ou à la journée et payés à la fin du travail, au plus tard en fin de journée, ne sont pas obligatoirement inscrits. L'A.E.F. fixe la limite de cinq travailleurs dans l'industrie et dix travailleurs dans l'agriculture, à la condition de ne pas embaucher de femmes et d'enfants. Au Cameroun, cette condition concerne l'embauche à titre permanent (*ibid.*).

[635] Selon P.F. Gonidec, les règlementations locales auraient généralement repris les dispositions du code métropolitain de l'époque (*op. cit.*, p. 119).

[636] Certaines autorités règlementaires locales ont ainsi trouvé pertinent de compléter l'obligation légale d'affichage du règlement. Cette disposition rappelle la règlementation de Madagascar qui ajoute une prescription intéressante : l'employeur qui embauche une personne illettrée doit lui lire ou faire lire par un membre de son personnel et, les cas échéants, traduire les dispositions.

travail avant le dépôt et la publication du règlement intérieur[637]. Le texte togolais, dans une dynamique une fois encore assez libérale, s'en tient au contrôle sans évoquer de formalisation obligatoire tandis que d'autres règlementations insèrent l'obligation du visa[638].

b. *Une diversification singulière des statuts*

Bien que l'article 38 du CTOM en appelle de préférence à l'intervention conventionnelle pour la fixation du préavis de rupture du contrat, tous les territoires se sont dotés d'une règlementation à ce sujet. Elle n'est adoptée que le 17 novembre 1955 au Togo[639] et illustre une appréhension relativement singulière de la disposition légale selon laquelle il faut tenir compte notamment de la durée du contrat de travail et des catégories professionnelles. Cet arrêté pose un délai de huit jours pour les manœuvres ordinaires ou spécialisés, les ouvriers ordinaires payés à l'heure, à la journée, à la semaine ou quinzaine, le personnel domestique, le personnel des débits de boissons, restaurants et hôtels payés au mois. Les conducteurs de véhicules quelle que soit la fréquence de rémunération bénéficient d'un jour de préavis par mois de service dans la limite de trente jours. Il est fixé à un mois pour tous les autres travailleurs rémunérés au mois. La règlementation du Togo est ressemblante à celle de l'A.O.F. mais plus ou moins différente de celles des autres territoires aux termes desquelles le type du contrat peut tenir à sa forme et/ou à sa temporalité et l'appréhension du travail domestique est plus ou moins distinguée du travail en général[640]. Des directives ministérielles indicatives préconisant l'établissement de six catégories de travailleurs selon leur statut temporel et leur qualification auraient été proposées pour la mise en application de l'article 38[641]. Cet ordonnancement semble avoir été largement remanié par les règlementations territoriales[642]. Celle

---

[637] Le texte règlementaire dispose que l'inspecteur « requiert le retrait ou la modification des dispositions contraires aux lois et règlements ». Tente-t-il d'adoucir le pouvoir d'immixtion de l'inspecteur préconisé par la loi de 1952 en vertu de laquelle l'inspecteur « peut exiger » ce retrait ou cette modification ?

[638] P. F. Gonidec et M. Kirsch, *Droit du travail des territoires d'Outre-Mer*, LGDJ, 1958, p. 121 s. Il apparaît aux termes des manuels de droit du travail colonial que les règlementations d'application sur le règlement intérieur aient été assez variées. Le délai d'entrée en vigueur du règlement a été diversement établi : il est de quinze jours minimum au Togo et de trois jours aux Comores. La règle de l'affichage est accusée de ne pas être pertinente dans le contexte concerné. Or, certains textes, dont celui du Togo, ont pris soin d'établir des règles de communication et traduction orale.

[639] Arrêté n° 919-55 (JOT du 16 décembre 1955) tandis que les autres territoires s'y sont penchés entre 1953 et 1954 à l'exception du Gabon.

[640] P. Chauleur, *op. cit.*, p. 238 s.

[641] P.F. Gonidec, *op. cit.*, p. 224.

[642] L'arrêté du 28 mai 1953 pour le Cameroun ajoute la distinction entre les titulaires d'un contrat écrit et les travailleurs sans contrats, les titulaires de contrats écrits étant classifiés selon la durée de service et les travailleurs sans contrats selon les intervalles de leur rémunération. Le Moyen-Congo et le Tchad considèrent aussi la forme écrite ou non. Le préavis peut atteindre deux mois au Cameroun. En A.E.F., l'arrêté n° 2919 du 14 décembre 1955 pour le Gabon exclut la période d'engagement à l'essai et les contrats de moins de trois mois du bénéfice d'un préavis. Le délai varie ensuite entre une heure et trois mois selon le métier, le mode de rémunération et l'origine du

applicable au Togo révèle un attachement au statut temporel plus qu'à la forme du contrat et la différence de traitement dépend à la fois de la qualification professionnelle et de la fonction occupée.

L'arrêté n° 321-54/ITLS du 2 avril 1954 porte application de l'article 164 du CTOM relatif aux délégués du personnel. Des similarités notables avec la règlementation de l'A.O.F.[643] sont perceptibles, ce qui peut soulever la question de l'influence d'une dépêche ministérielle n° 1289 IGT/2 du 21 juillet 1953 mentionnée dans l'arrêté de l'A.O.F. Quelques différences[644] ressortent toutefois de leur comparaison dont l'une tient au souci de la prise en compte des différents types de travailleurs. L'effectif à prendre en compte pour l'institution des délégués du personnel doit compter les travailleurs saisonniers qui reviennent régulièrement et effectuent des périodes de travail atteignant six mois dans l'année ainsi que les gérants ou représentants liés par un contrat[645]. L'arrêté togolais précise que les travailleurs à domicile effectuant des travaux pour un ou plusieurs établissements sont comptabilisés. Ce texte détermine quatre collèges électoraux : ouvriers, employés, agents de maîtrise et assimilés et ingénieurs et chefs de services[646]. Le nombre de délégués du personnel varie de un à neuf ou plus par tranche d'effectif[647]. Quelques différences entre les

---

travailleur. Les personnes recrutées hors du Gabon et hors de l'A.E.F. bénéficient d'un préavis de trois mois. Une règlementation basée sur la qualification professionnelle est adoptée pour Madagascar et les Somalis. Le préavis varie entre deux heures et six mois selon cinq catégories, dont les cadres supérieurs, à la différence des autres règlementations territoriales.

643 Arrêté du 4 septembre 1953 (JO A.O.F. du 12 septembre 1953, p. 1542). Les modalités d'intervention des organisations syndicales et de l'inspecteur dans la répartition des collèges, la fréquence annuelle des élections, les modalités et délais d'organisation du scrutin, les règles quantitatives pour la validité du premier tour ainsi que le principe de la responsabilité du chef d'établissement sont identiques. C'est aussi le cas s'agissant des quinze heures de délégation, du droit de disposer d'un local, du droit d'affichage, de la réunion mensuelle, du droit de rencontrer à leur demande le chef d'établissement ou, en cas de Société Anonyme, le conseil d'administration et du droit de se faire assister par un représentant syndical. Ces dispositions se retrouvent dans le texte de Madagascar qui impose toutefois de solliciter le visa du chef d'établissement avant tout affichage, ignore le local et précise la faculté des travailleurs à présenter eux-mêmes leurs réclamations.

644 Les dispositions togolaises sont assez similaires à l'arrêté n° 1036 IGT du 19 mai 1954 pour Madagascar mais les seuils d'effectifs sont différents : seuil minimum de 21 travailleurs pour les entreprises commerciales et industrielles et de 50 travailleurs permanents pour les entreprises agricoles. Ces mêmes seuils d'effectif sont applicables en A.E.F. L'âge d'éligibilité aux fonctions de délégué du personnel est fixé à vingt-et-un ans pour le Togo contre dix-huit ans généralement dans les autres territoires.

645 L'arrêté de Madagascar ne reprend pas ces deux catégories et se cantonne aux apprentis, travailleurs à l'essai, travailleurs engagés ou rémunérés à l'heure ou la journée pour totaliser une durée de service de six mois.

646 Pour l'A.O.F. ou Madagascar, deux collèges sont constitués au sein desquels les différentes classifications se répartissent en accord avec les organisations syndicales ou, à défaut d'accord, par décision de l'inspecteur.

647 Entre 11 et 25 : un délégué titulaire et un délégué suppléant. Entre 26 et 50 : deux titulaires et deux suppléants. Entre 51 et 100 : trois titulaires et trois suppléants. Entre 101 et 250 : cinq titulaires et cinq suppléants. Entre 251 et 500 : 7 titulaires et 7 suppléants. Entre 501 et 1000 : neuf titulaires et

textes territoriaux ressortent ainsi de l'appréhension du travailleur à domicile et de la fixation du nombre de collèges en fonction de la classification professionnelle.

L'article 115 du CTOM prévoit que des arrêtés « fixent la nature des travaux interdits aux femmes et femmes enceintes » et l'article 118 qu'un arrêté détermine la dérogation possible à l'âge minimum de travail « compte tenu des circonstances locales ou des tâches » à accomplir. Ce même article dispose qu'un arrêté du chef de territoire « fixe la nature des travaux et les catégories d'entreprises interdits aux jeunes gens et l'âge limite auquel s'applique cette interdiction ». Ces deux articles du CTOM ont le plus souvent fait l'objet d'arrêtés territoriaux uniques traitant des deux catégories particulières de travailleurs que sont les femmes et les enfants. Pour le Togo, il s'agit de l'arrêté n° 884-55 du 28 octobre 1955[648] relatif au travail des femmes et des enfants[649]. Pierre François Gonidec évoque une circulaire du ministre de la FOM en date du 30 mars 1954 admettant, contre l'avis du Conseil supérieur du travail qui souhaitait une interdiction absolue, à l'exception des travaux légers du secteur de l'agriculture, le travail des enfants âgés de 12 à 15 ans. Les textes locaux se sont donc attelés à autoriser le travail des enfants de plus de douze ans pour des « emplois de marmiton, d'aide-cuisinier, de gardiens d'enfants ». Quelques différences ressortent des règlementations territoriales[650]. Le poids maximum de charges par transport sur wagonnets est par exemple fixé à 600 kg au Togo contre 500 kg dans les autres territoires[651]. Le travail des « jeunes gens » est distingué du travail des enfants dans le texte togolais. Les arrêtés n° 15/MTAS6FP du 6 décembre 1958 relatif au travail des enfants et n° 14/MTAS-FP du 6 décembre 1958 relatif au travail des femmes ont en principe abrogé le texte général de 1955, ce qui illustre la volonté de différencier les catégories spécifiques de travailleurs que sont les femmes et les enfants.

Ces quelques exemples ouvrent le constat d'une originalité finalement assez relative de la règlementation territoriale du Togo. Des spécificités relevées sont

---

neuf suppléants. Un titulaire et un suppléant s'ajoute ensuite par tranche supplémentaire de 500 travailleurs.

648 JOT du 25 novembre 1955.

649 Ce texte s'apparenterait, pour le cas des femmes, à ceux pris pour Madagascar et l'A.O.F..

650 Des règlementations ont pu être plus protectrices. L'autorité compétente du Cameroun adopte l'arrêté n° 981 du 27 février 1957 (JOC du 17 mars 1957, qui mentionne une proposition de l'inspecteur général du travail et des lois sociales) relatif au travail des femmes et des enfants. Une disposition rappelle la définition de l'enfant et pose de façon générale l'interdiction de tout travail excédant les forces de l'enfant et de la femme. Il n'envisage pas la dérogation à l'interdiction du travail des femmes et enfants les jours de fête légale à la différence du texte togolais. Les modalités de preuve de l'âge d'un enfant sont différemment déterminées. Le Gabon admet la preuve par déclaration de l'intéressé appuyée sur un témoignage. Au Moyen Congo, en Oubangui-Chari et au Tchad, un certificat médical peut suffire tandis qu'il est généralement exigé un acte de naissance ou l'extrait d'un jugement supplétif (P. Chauleur, *op. cit.*, p. 402).

651 Les travaux dangereux ou insalubres et les travaux de caractère immoral sont identiquement déterminés (*ibid.*, p. 398).

parfois communes à d'autres règlementations territoriales, ce qui fait supposer l'exercice d'une influence générale – sous la forme probable de choix optionnels laissés aux gouverneurs territoriaux – du pouvoir central sur les autorités locales. La spécificité de l'appropriation de ce pouvoir règlementaire par les autorités du Togo tient parfois de celle plus originale des autorités d'autres territoires. Des spécificités de fond ont toutefois pu attirer notre attention. Elles peuvent soulever l'interrogation des initiatives règlementaires du représentant de la FOM localisé sur le territoire du Togo et de l'influence éventuelle de l'assemblée territoriale. Si les nuances relevées sont souvent enserrées dans des contextures similaires d'un territoire à l'autre, on a pu y relever un aspect assez libéral de la règlementation togolaise ou encore des différences d'approche de certains types de travailleurs.

Pratiquement tous les aspects de la relation subordonnée de travail sont formellement règlementés au Togo à partir des années 1950. Ce constat d'abondance ancienne présente l'intérêt que beaucoup d'acteurs du Togo s'y réfèrent encore dans les années 2000. Les gouvernements successifs de l'État togolais devenu indépendant le 27 avril 1960 n'ont en effet pas manifesté autant d'égard envers l'outil règlementaire. Jusqu'en 1974, le CTOM de 1952 continue d'être la norme officielle du travail, ce qui justifie l'applicabilité des règlementations adoptées en vertu de ce texte. Le code du travail de 1974 comme le nouveau code de 2006 établissent une nouvelle articulation officielle entre la « loi »[652] et la règlementation gouvernementale qui supposait l'engagement de processus d'élaboration de nouveaux règlements d'application. L'activité règlementaire en matière de droit du travail a été en réalité très irrégulière. Les textes d'application du code de 1974 n'ont pas, pour la majorité d'entre eux, été adoptés malgré la prévision de 48 textes gouvernementaux. La similitude des renvois aux règlementations entre le CTOM de 1952 et le code de 1974 peut être l'explication d'une perception d'inutilité de produire de nouvelles règlementations[653]. Le code de 2006 prévoit 49 textes règlementaires dont 35 arrêtés. 24 de ces arrêtés requièrent un avis consultatif, soit du Conseil National du Travail (CNT), soit du Comité technique consultatif de santé et de sécurité. Ces institutions ont aussi été préconisées par le code de 1974. Les difficultés de leur mise en place ont en partie pu contribuer au rejet contemporain de l'élaboration d'une règlementation renouvelée.

---

652 La notion est mise entre guillemets car le premier code de l'État togolais de 1974 est issu d'une ordonnance présidentielle.

653 Les différences de renvoi sont peu nombreuses. L'arrêté prévu par l'article 133 qui doit fixer le détail de l'équipement en médicaments et secours n'était pas programmé en 1952, de même que celui de nomination du chef du service de la main d'œuvre de l'article 159. À l'inverse, l'article 167 du code de 1974 ne reprend pas le renvoi à des arrêtés pour déterminer les modalités de déclaration du travailleur au service de la main d'œuvre.

§2 – L'hypothèse d'un rejet contemporain

Après l'Indépendance, l'activité règlementaire du Gouvernement existe mais son ampleur quantitative est très inférieure à celle des années 1950. L'outil de la règlementation comme modalité de précision de la règle légale est pratiquement abandonné par les autorités togolaises[654]. Ce n'est qu'entre 2009 et 2011 que les autorités togolaises ont pris des mesures pour l'élaboration de règlementations prévues dans le code du travail de 2006. Quelles peuvent être les causes de cette faible activité règlementaire après l'indépendance ? L'évolution des institutions politiques togolaises doit être abordée car les difficultés et instabilités qui la caractérisent peuvent constituer une explication de cette démission du pouvoir règlementaire (A). Il convient également de s'interroger sur l'éventualité d'un rejet de la méthode règlementaire pour des motifs moins politiques. L'idée d'une faible utilité de la norme règlementaire est en effet perceptible (B).

A. L'impact de l'instabilité politique

Le Togo se caractérise par une continuité des difficultés politiques entrecoupée de périodes de crise grave. La permanence de l'instabilité contribue au trouble, voire à l'impossibilité, d'une construction institutionnelle fonctionnelle (1). Les difficultés organisationnelles qui en résultent continuent de contribuer à la longueur des processus décisionnels en matière de droit du travail (2).

1. Les troubles politiques incessants

L'activité règlementaire caractérise le pouvoir gouvernemental de l'État. Les membres de l'exécutif ont la charge de s'en acquitter seuls ou *via* les administrations centrales qu'ils dirigent. Ces pouvoirs se sont timidement approprié cette compétence en matière de règlementation du travail au Togo, théâtre de troubles politiques incessants. Ceci a été d'autant plus difficile que cette branche du droit requiert en théorie un dialogue institutionnalisé entre l'État et les partenaires sociaux.

Les premières lois constitutionnelles du Togo devant illustrer l'institution d'un régime togolais parlementariste ont en réalité consacré le présidentialisme. Le pouvoir exécutif est concentré entre les mains du président de la République. La Constitution du 9 avril 1961 institue une forme de régime

---

[654] En se référant à la rubrique droit du travail de la base de données de la justice togolaise créée en 2009 qui offre une liste des textes officiels des années 1960 à 2006, on dénombre 28 arrêtés et 48 décrets adoptés. L'activité règlementaire togolaise se résumerait donc entre 1960 et 2006 à 56 textes adoptés, soit une moyenne annuelle à peine supérieure à un texte règlementaire en matière de droit du travail. Jusqu'en 2009, cette moyenne n'a guère évolué. Voir en ligne : http://www.legitogo.gouv.tg/.

« simpliste »[655]. Le président Sylvanus Olympio met en œuvre une politique autoritaire dont une marque réside dans l'utilisation de l'allocution comme mode principal d'expression publique. Il décide le 13 janvier 1962 de dissoudre les partis de l'opposition nés avant ou après l'Indépendance. Il mène une politique de reniement des rapports entre la France et le Togo en choisissant de privilégier d'autres partenaires tels que l'Allemagne ou les États-Unis. Le 13 janvier 1963, cette Première République est renversée par l'armée. Sylvanus Olympio est assassiné. Le coup d'État est perpétré par des militaires[656]. Nicolas Grunitzsky originaire du Nord et Antoine Meatchi du Sud reviennent de leur exil pour élaborer la Constitution de la Seconde République. Elle est promulguée le 11 mai 1963 et combine davantage le présidentialisme et le parlementarisme. Le Parlement se compose de l'unique chambre de l'Assemblée Nationale. Un président et un vice président sont élus en même temps à la tête de l'État. Les membres du gouvernement sont originaires du nord et du sud du pays, à l'image de l'objectif politique avoué de réconcilier les deux régions devenues antagonistes sous l'effet de politiques coloniales discriminatoires. Mais la volonté de réconcilier le nord et le sud du pays n'a pas prospéré. Le président Nicolas Grunitzky et le vice-président Antoine Meatchi se querellent sans cesse sur le partage des compétences du sommet de l'État. Ce contexte politique instable sert de prétexte à un nouveau coup d'État le 13 janvier 1967.

Les premières périodes républicaines sont marquées par le conflit politique ; la lutte pour le pouvoir a pour effet important l'étouffement du mouvement syndical[657]. L'activité normative de l'État se résume en définitive à cette période à la vaine tentative d'institution du régime républicain. Le lieutenant-colonel Eyadema, chef d'état-major des Forces armées togolaises en prend acte le 13 janvier 1967 par une déclaration radiophonique justifiant la prise de pouvoir par l'armée[658]. L'ordonnance n° 1 du 14 janvier 1967 dissout l'Assemblée nationale et suspend la Constitution. Une ordonnance n° 15 du 14 avril 1967 consacre le régime militaire. Le chef d'état-major Eyadema s'autoproclame président de la République et un gouvernement reçoit la mission d'accomplir

---

[655] Le chef de l'État est en même temps chef du Gouvernement. La séparation des pouvoirs n'existe pas car le président peut dissoudre l'Assemblée Nationale sans que lui-même ne puisse être responsabilisé de la politique qu'il mène (M. K. Tchodie, *Essai sur l'évolution du présidentialisme en Afrique Noire francophone : l'exemple togolais,* Thèse de doctorat, Université de Caen, 1993).

[656] W. O. Yagla, *L'édification de la nation togolaise. Naissance d'une conscience nationale dans un pays africain,* L'Harmattan, 1978, p. 107 s.

[657] En 1964, l'UNTT (Union nationale des travailleurs du Togo) organise un congrès au cours duquel elle appelle la CTTC (Centrale togolaise des travailleurs croyants) à établir une plateforme commune de doléances pour le défilé du 1er mai 1964. Cette manifestation sera dispersée par les militaires. De multiples arrestations ont lieu sous le prétexte du risque de destruction du domicile du président Grunitzky. Les activités syndicales ne reprennent qu'en 1966 (C.S.T.T., par le Comité d'Etudes et de Recherche pour l'Action Syndicale (CERAS), *La vie syndicale au Togo : des origines à nos jours,* Togo, 1999, *op. cit.*).

[658] Radio-Lomé, 13 janvier 1967 (cité par W. O. Yagla, *op. cit.*, p. 124).

l'unité nationale. Le décret présidentiel du 13 mai 1967 dissout les partis politiques. Le pouvoir est structurellement simplifié, le chef de l'État en dirige chaque aspect. L'adhésion populaire à ce discours de la réconciliation est diversement présentée : tantôt l'adhésion est générale, tantôt elle diverge selon les origines ethniques des populations. La période de gouvernement de fait est caractérisée par l'omniprésence étatique dans tous les domaines de la vie du Togo. Si l'on attache au pouvoir règlementaire la propriété de l'exécutif étatique, on pourrait traduire cette période par le constat d'un pouvoir règlementaire effectif, pour ne pas dire excessif.

Le parti unique du Rassemblement du Peuple Togolais (RPT) est constitué au terme d'un congrès du 28 au 30 novembre 1969. À l'issue d'une réunion du comité central du parti élargie au conseil des ministres du 4 décembre 1972, l'État somme par communiqué radiophonique les centrales syndicales de s'organiser en vue de la création d'une centrale unique. Le congrès constitutif de la Confédération Nationale des Travailleurs du Togo (CNTT), avec à sa tête Nangbob Barnabo, a lieu du 5 au 8 janvier 1973. Cette décision est officiellement justifiée par le modèle *Trade Unionisme* du syndicalisme de participation responsable[659]. Quelques mesures sont prises sur le plan du droit social. L'ordonnance n° 39 du 12 novembre 1973 institue un code national de la sécurité sociale. Un nouveau code du travail est adopté par ordonnance du 8 mai 1974, après qu'un décret n° 69-25 du 14 janvier 1969 ait créé l'inspection du travail. La Convention Collective Interprofessionnelle du Togo (CCIT) entre en vigueur le 1er mai 1978. L'outil règlementaire est en définitive l'outil normatif exclusif à l'époque. Le partage du pouvoir institutionnel et la hiérarchie des sources du droit sont des théories politiques mises de côté[660]. Mais les actes règlementaires d'application des textes présidentiels sont rares.

Le général Eyadema constitutionnalise son régime présidentialiste monopartite en 1979. La Constitution est adoptée par référendum le 30 décembre 1979 et promulguée le 9 janvier 1980. Elle marque le retour en scène de l'Assemblée Nationale qui se compose de 67 députés élus pour cinq ans. Elle implique donc une re-hiérarchisation des normes togolaises. Les faits révèlent néanmoins une continuation de la politique présidentialiste du général qui met au second plan les questions sociales. La troisième République togolaise coïncide en outre avec le début des difficultés économiques du Togo. Une des causalités de ces difficultés est le surcoût des politiques économiques

---

659 J.-M. Derrien, *Conditions de travail et sous-développement : les industries alimentaires au Sénégal et au Togo*, CNRS, 1981, p. 261.

660 La structure judiciaire est mise sous tutelle de l'exécutif. Le chef d'État dirige le Conseil supérieur de la Magistrature. Une ordonnance du 7 septembre 1978 réforme l'organisation judiciaire. Le Conseil supérieur de la magistrature et la chambre constitutionnelle de la Cour Suprême sont supprimés. La juridiction d'exception qu'est la Cour de sûreté de l'État siège deux fois en 1970. Eyadema, « guide togolais », nomme aux emplois civils et militaires. Les ministres n'agissent que par délégation de pouvoirs. Le directeur de cabinet du président joue un rôle important comme c'est le cas au Zaïre ou au Cameroun (V. M.K. Tchodie, 1993, *op. cit.*).

présidentielles menées entre les années 1960 et 1980. L'arrivée des premiers plans d'ajustement structurel (PAS) aggrave la faillite de l'État. Un décret de 1980 crée le Conseil National du Travail et des Lois Sociales (CNTLS) de l'article 169 du code du travail de 1974. L'absence d'adoption de l'arrêté prévu pour l'application de ce décret contribue à maintenir cet organisme consultatif dans la léthargie. Dans les années 1990, le climat « paisible »[661] du régime militaire monopartite va sérieusement se brouiller. La violence quotidienne générée par le régime du général jusqu'alors assez passivement subie commence à être dénoncée après la chute du mur de Berlin[662]. De graves et longues difficultés politiques vont suivre cet « éveil politique » populaire, contribuant à maintenir le pouvoir règlementaire dans l'apathie.

Un mouvement étudiant d'octobre 1990 va être rejoint par un réveil syndical conséquent. En avril 1991, la Confédération Nationale des Travailleurs du Togo (CNTT) se désolidarise du RPT[663]. Les syndicats de base saisissent cette occasion pour se réunir et constituer - ou reconstituer - des centrales syndicales diverses : la Confédération Syndicale des Travailleurs du Togo (CSTT), la Confédération général e des Cadres du Togo (CGCT), l' Union Nationale des Syndicat Indépendants du Togo (UNSIT), la Confédération Nationale des Travailleurs du Togo (CNTT), le Groupement des Syndicats Autonomes (GSA), Force Ouvrière du Togo (FOT) et l'Union des Travailleurs du Togo (UTT). La Conférence Nationale Souveraine (CNS) débute le 8 juillet 1991 dans ce contexte et durera 52 jours[664]. Le général Eyadema n'est cependant pas prêt à déléguer sa gestion de l'État et une grève générale illimitée débute le 16 novembre 1992[665]. Les évènements tragiques survenus à la fin du mois de janvier 1993 font basculer les revendications de ce mouvement que les autorités ne manquent pas de réprimer sous le qualificatif d'« illégal ». Malgré les critiques des accords signés à Ouagadougou, la reprise du travail a lieu le 2 août 1993. L'opposition politique décide de boycotter les élections présidentielles du 25 août 1993. Ceci permet au général Eyadema de s'estimer élu à 94,6 % des suffrages[666]. Ces

[661] P. Gervais-Lambony, « Tempos loméens, 1990-2005 », in P. Gervais-Lambony, G et K. Nyassogbo (dir.), *Lomé, dynamiques d'une ville africaine*, Karthala, 2007, p. 171.

[662] « La violence des militaires contre les citadins a été omniprésente, la violence à caractère politique et ethnique entre loméens a explosé par périodes, la violence enfin dans les rapports quotidiens est à plus long terme » (*ibid.*, p. 172).

[663] Comité d'étude et de recherche pour l'action syndicale (CERAS), La vie syndicale au Togo : des origines à nos jours, CSTT, 1999, *op. cit.*, p. 44.

[664] La CNS du Bénin ne dure que 10 jours, celle du Niger 90 jours et celle du Congo une centaine de jours (Voir F. E. Boulaga, *Les conférences nationales en Afrique Noire. Une affaire à suivre,* Karthala, 1993).

[665] Des meetings et des émissions d'une radio pirate installée au Ghana suivent ce mouvement de grève. Cette grève engendre des contre-manifestations telles que celle des conducteurs et propriétaires de taxis (SYLICONTO) ou la marche des travailleurs du Comité National de Concertation pour la reprise du travail (CNCRT), soutien au Gouvernement. Il apparaît également que la centrale UGSL est alors créée afin de contrecarrer ce mouvement (M. K. Tchodie, *op. cit.*).

[666] Des représentants français participent à l'observation de ces élections. Diverses stratégies aboutissent à l'absence de multipartisme des candidats. Le taux global de participation serait de

élections marquent, dans la contradiction la plus absolue, le début de l'ère dite « pluraliste ». Cette nouvelle ère togolaise continuera d'être caractérisée par l'inorganisation politico-institutionnelle et l'utilisation de la coercition par le parti au pouvoir. La Constitution du 14 octobre 1992 est révisée en 2002 pour permettre la continuation de l'œuvre dynastique du général Eyadema, succédé en 2005 par son fils Faure Gnassingbé au terme d'un conflit social violent.

De fait, les oppositions politiques sont rendues inefficaces. La main mise du RPT sur le pouvoir étatique, et les représentations de ce pouvoir que cela a pu générer, rendent difficile la structuration des institutions de l'État. Ce contexte conduit à un État non pas règlementairement absent, mais règlementairement désintéressé d'une grande partie des domaines de la vie sociale des togolais. Le constat demeure par la suite. La crise des années 1990 dont les répercussions économiques sont considérables n'a constitué qu'un changement très relatif de l'organisation politique togolaise. Cette organisation paraît au final simplement dédoublée entre une organisation de fait et une organisation officielle. L'appropriation étatique du domaine juridique des relations de travail demeure très mince. Il découle de ce climat instable une organisation administrative et institutionnelle difficile à saisir. Elle ne permet pas d'appréhender les attributs et marges de manœuvre des organes qui sont créés et qui demeurent le plus souvent inexistants dans les faits. Comment un pouvoir obnubilé par la thématique du pouvoir – et les contre-pouvoirs qui sont soit étranglés soit obnubilés aussi par ce jeu de pouvoir – peuvent-il se pencher sur des règlementations particulières ? Il y a là la raison profonde de la démission contemporaine qui, combinée aux impératifs d'ordre international et aux problématiques de la dette, implique une hiérarchisation des actions étatiques au sein de laquelle la question du travail subordonné ne peut qu'être en partie évincée. Des réformes structurelles et institutionnelles doivent en outre précéder pour arrimer l'adoption des règlementations particulières de droit du travail. Ces réformes peinent néanmoins à permettre la visibilité et la compréhension du schéma organisationnel togolais.

2. La permanence de l'inorganisation institutionnelle

Les dispositions de 1952 qui renvoyaient à des précisions règlementaires sont pratiquement toutes renouvelées[667]. Cette intervention est néanmoins

---

36,16%. Malgré des échos importants d'une bavure politico-militaire sur la mort à la gendarmerie de Blitta de jeunes militants appartenant au parti d'opposition du CAR, les résultats de l'élection sont officiellement proclamés en septembre 1993. La France et les États-Unis « prennent acte » des résultats.

[667] Quelques différences sont à noter tout de même. L'article 109 du code de 1974 renvoie à un seul arrêté pour les dérogations à la durée du travail et les modalités d'heures supplémentaires « en cas de travaux urgents ». Cette précision n'était pas apportée en 1952. Les modalités de déclaration des accidents du travail ou maladies professionnelles répondent à la « législation relative aux accidents et maladies professionnelles » en vertu de l'article 132 du code de 1974 tandis que l'article 137 de 1952 préconisait des arrêtés territoriaux. En effet, une loi n° 63-28 du 17 janvier 1964 institue un régime de prévention et de réparation des accidents du travail et des maladies professionnelles. Les

reformulée pour coller à la nouvelle souveraineté de l'État togolais. Ainsi, les arrêtés d'application du code du travail de 1974 sont de la compétence du ministre du travail qui doit le plus souvent solliciter l'avis du Conseil National du Travail et des Lois Sociales (CNTLS) qui est remplacé par le Comité Technique Consultatif d'Hygiène et de Sécurité (CTCHS) pour les règlementations relatives à la santé et sécurité dans l'entreprise. Ces organismes sont institués par ce même code qui prévoit des précisions règlementaires sur leur composition. Vingt-trois arrêtés doivent être adoptés sous l'avis du CNTLS et sept nécessitent la sollicitation du CTCHS. L'inorganisation institutionnelle tient de l'intermittente visibilité de ces organismes consultatifs tripartites créés par la loi togolaise (a), ce qui a conduit à l'utilisation de couloirs « informels » de concertation (b) et contribué à l'imprévisibilité du dialogue social.

a. L'intermittente visibilité des organismes légaux de dialogue social

Les organismes consultatifs n'ont jamais été réunis en tant que tels dans les années qui ont suivi leur création officielle. Le décret prévu par l'article 172 du code du travail de 1974 pour la fixation des modalités d'organisation et de fonctionnement du CNTLS n'est adopté que le 22 avril 1980. Il restera lettre morte en l'absence de l'arrêté qui devait préciser la composition de l'organisme. Le décret n° 2001-143 du 4 mars 2001 portant organisation et fonctionnement du CNTLS abroge celui de 1980. Il prévoit que dix-sept membres composent le CNTLS[668]. Ils doivent être nommés pour trois ans par un arrêté du ministre du Travail. L'arrêté de nomination est cette fois-ci adopté en 2002[669]. Le Secrétaire général de l'UNSIT mentionne l'illégalité de cet arrêté tel qu'adopté à l'époque. La nomination de six représentants des travailleurs contre les prévisions du décret aurait conduit à des plaintes syndicales et à la permanence de l'ineffectivité de cet organisme[670]. Cet organisme consultatif ne s'était encore

---

articles 31 et suivants du code de la Sécurité Sociale institué par l'ordonnance n° 39 du 12 novembre 1973 traitent également des risques professionnels. Ils abordent aussi les modalités et formes de déclaration d'accidents du travail. L'ordonnance de 1974 ne renvoie pas la question des congés à un texte règlementaire malgré un renvoi à des arrêtés en 1952 et l'adoption d'un décret en 1970 sur ce point. Enfin l'article 133 du code de 1974 inexistant en 1952 renvoie à un arrêté après avis du comité pour la précision de l'équipement en médicaments et trousses de secours. Cet article est néanmoins rébarbatif si l'on se réfère à l'article 140 prévoyant, à l'identique de l'article 144 du CTOM de 1952, un arrêté sur l'installation et l'approvisionnement en médicaments et accessoires des infirmeries, salles de pansements et boîtes de secours dans les entreprises.

[668] Il s'agit du ministre du Travail, du directeur général du Travail et des lois sociales, de représentants ministères de l'économie et des finances, de la santé, des affaires sociales, de l'éducation nationale et l'enseignement technique, cinq représentants titulaires employeurs, trois représentants titulaires travailleurs du secteur privé et trois du secteur public et le même nombre de suppléants.

669 T. Abi, *Le dialogue social au Togo : étude nationale*, Programme PRODIAF/BIT, Dakar, Première édition, 2004. Ni le décret de 2001, ni l'arrêté de 2002 ne figure dans la base de données de la justice togolaise (http://www.legitogo.gouv.tg/).

[670] « On avait même envoyé des plaintes au BIT. (…) Après cela on s'est arrangé pour que notre centrale n'ait pas de poste de titulaires mais que de suppléants. Donc le CNT n'a jamais fonctionné et il ne fonctionne toujours pas car le texte est caduc, il faut le remettre en place. Il faut ressortir des

jamais réuni en 2003[671]. Ce constat s'applique *a fortiori* pour les commissions consultatives régionales du travail prévues par l'article 172 du code de 1974. Enfin, l'arrêté devant fixer la composition et le fonctionnement du Comité Technique Consultatif d'Hygiène et de Sécurité n'a également pas vu le jour[672]. Ce n'est qu'en mai 2011 que son équivalent, le Comité Technique Consultatif de Sécurité et Santé au Travail (CTCSST) prévu par l'article 168 du code du travail de 2006, a été officiellement créé[673]. Le « conseil supérieur de la formation professionnelle » institué par un arrêté n° 23 du 14 juillet 1986 auprès du ministre de l'enseignement technique et de la formation professionnelle correspond-il à la « commission nationale d'orientation et de formation professionnelle des travailleurs (...) auprès du ministre du travail » de l'article 174 du code du travail de 1974 ? Quelques indices formels donnent à penser qu'il s'est réuni à l'occasion de l'élaboration de règlementations sur l'apprentissage[674].

Le code du travail de 2006 revoie l'organisation du dialogue social au Togo. Il complexifie la structuration juridique de ce dialogue en instituant un organe supérieur au sein duquel seraient distingués le secteur de la fonction publique et le secteur privé. Le Conseil Supérieur de la Fonction Publique (CSFP) et le Conseil National du Travail (CNT) sont les composantes du nouveau Conseil National du Dialogue Social (CNDS). La question se pose de savoir quelle pertinence cette structuration officielle peut avoir dans les faits qui ont révélé l'inexistence des anciennes structures du dialogue social. Un décret n° 2007-012 du 13 mars 2007 fixe les modalités d'organisation et de fonctionnement du nouveau CNDS. Il doit se composer de 32 membres : dix représentants des pouvoirs publics, dix représentants des organisations d'employeurs les plus représentatives et douze représentants des organisations de travailleurs les plus représentatives. Ces membres doivent être nommés pour quatre ans par décret en Conseil des ministres. Le décret du 13 mars 2007 distingue des membres es-qualité et des membres intuitu personae, ceci signifiant que les premiers le sont de par leur statut. Ces membres es-qualité sont le ou les ministre(s) du travail, de l'emploi et de la fonction publique et le ministre des finances. S'ajoutent le président, le vice-président et le secrétaire général du Conseil National du Patronat (CNP) et les présidents des commissions des affaires sociales et de la

---

arrêtés prévus pas le code du travail » (Cf. Entretien avec le secrétaire général de la centrale syndicale UNSIT, Lomé, 23 décembre 2008).

671 K. Sangbana et N. Lécuyer, Mémorandum technique au gouvernement du Togo sur le renforcement de l'administration du travail, BIT IFP/DIALOGUE, 2003.

672 L'arrêté n° 11-86 du 20 juin 1986 portant organisation des prestations médico-sanitaires dans les entreprises n'évoque aucune consultation d'ordre tripartite malgré la prévision de l'article 134 du code de 1974.

673 Arrêté n° 008/2011/MTESS/CAB/DGTLS du 26 mai 2011 portant composition et fonctionnement du CTCSST (JO de la République du Togo, 17 juin 2011, p. 14).

674 Des indices d'assises de ce conseil ressortent de la formule « le conseil supérieur de la formation professionnelle entendu » en introduction des arrêtés n° 13, 14 et 15 du 25 avril 1989 fixant les frais, la durée et les conditions de l'apprentissage selon les différents corps de métier.

promotion de l'emploi de ce même CNP ainsi que tous les secrétaires généraux des centrales syndicales les plus représentatives. L'apport de ces précisions sont-elles à la source de réunions effectives du CNDS malgré l'absence du décret de nomination de ses membres à cette époque[675] ? L'organe du CNDS aurait donc préexisté à l'adoption du décret de nomination de ses membres.

La question se pose en outre de l'opérationnalité de ses deux composantes que sont l'ancien CNTLS et le CSFP[676]. Le secrétaire du CNDS mentionne qu'un arrêté de janvier 2009 aurait procédé à la nomination des membres de la sous-structure du CNT dont une réunion à venir concernerait les projets de textes d'application du nouveau code[677]. Si nous n'avons pu disposer du texte règlementaire qui nommerait les membres du CNTLS[678], nous avons été mis en possession de 14 règlementations d'application du code de 2006 adoptées en bloc le 30 juillet 2010 et sur lesquelles on peut lire effectivement « après avis du conseil national du travail et des lois sociales ». La question se pose néanmoins de savoir si ces réunions se sont tenues spontanément ou en application de l'arrêté précité indisponible dans la base officielle de données juridiques. Un amalgame entre l'effectivité du dialogue social et l'effectivité des structures de l'organisation de celui-ci ressort[679]. Il peut contribuer à la difficulté de s'engager sur un processus règlementaire. La multiplicité des « couloirs de consultation » qui est révélée n'engendre-t-elle pas l'imprévisibilité des attributions des acteurs dans ces consultations, donc leur « inefficacité » ?

---

675 « Le CNDS oui il s'est réuni. Dans nos textes, nous disons diplomatiquement que c'est une instance qui a de la peine à prendre sa vitesse de croisière. Il faut décoder : ça veut dire que ça ne fonctionne pas. On se réunit quelque part dans une salle au palais des congrès mais ça ne va pas donc on nous a déménagés. L'autre jour pour boucler, tiédir un peu je pense la vigueur des membres, même au niveau des employeurs, on nous a trouvé tout ce qu'on ne voulait pas nous donner pour l'année 2007. Ils nous ont bombardés avec 600 000 F comme ça, par membre du CNDS » (Cf. Entretien avec le secrétaire général de la centrale UNSIT, Lomé, 23 décembre 2008). « Il y a eu une réunion il y a deux semaines sur la représentativité des organisations syndicale mais ce n'était pas dans le cadre du CNDS. (...) Donc quand il y a des questions urgentes, ils procèdent à des consultations, je ne dirais pas informelles mais plus ouvertes. Donc on dit « les partenaires sociaux ont été consultés », on vise le texte par cette formule consacrée » (Cf. Entretien avec deux représentants du Conseil National du Patronat (CNP), Lomé, 14 janvier 2009).

676 « Le CNT est donc toujours compétent dans le domaine privé et un comité pour la fonction publique. Ce serait donc des organes du dialogue social pour préparer les réunions du CNDS. Il fallait donc qu'ils soient complètement en place avant de parler du CNDS. Car il y a des questions techniques » (Cf. Entretien avec l'ancien conseiller spécial du président du CNP, membre du GTPME et chef d'entreprise de services en matière de ressources humaines, Lomé, 9 février 2009).

677 Le directeur du dialogue social de la DGTLS évoque quant à lui une existence théorique du CNTLS dont le mandat des membres a expiré (Cf. Entretien avec un inspecteur du travail, directeur du dialogue social, Lomé, 23 décembre 2008).

678 Le code du travail parle du CNT tandis que le texte règlementaire comporte l'ancienne dénomination en CNTLS.

679 La question de la validité et de la légitimité des normes issues d'un tel dialogue social pourrait être posée eu égard à l'idée qu'au droit est inhérent une tension entre validité et factualité. Factualité et validité ne s'imbriqueraient-ils pas totalement dans le contexte étatique togolais ? (Voir J. Habermas, *Droit et démocratie. Entre faits et normes*, Gallimard (trad. française), 1997, not. p. 15 à 55).

b. Des couloirs « informels » de concertation

Nous avons mentionné des règlementations prises dans l'objectif de structurer le dialogue social nécessaire à l'adoption des textes d'application. Ceci pose la question des volontés étatiques quant à l'existence de ces organismes, donc à l'effectivité de l'exercice de leurs attributions. Le texte de 1980 sur le CNTLS est adopté en contexte de syndicat unique, « aile marchante » du RPT, ce qui laisse présager d'un texte règlementaire pour le moins inutile. Les troubles des années 1990 n'ont pas favorisé l'émergence d'un pluralisme syndical ordonné. C'est plutôt un syndicalisme inégalitaire et conflictuel qui émerge.

L'Intersyndicale du Togo (ISTT), qui regroupe cinq des six centrales syndicales du Togo est créée le 1er septembre 2005. Cette création présente à la fois des avantages et des inconvénients. Un inconvénient serait qu'elle contribue à un engluement des capacités de mobilisation, l'avantage étant qu'elle constitue une seule interlocutrice face au Gouvernement. Ce rapprochement structurel syndical a permis la tenue du premier Dialogue Social Tripartite du Togo du 30 janvier au 7 avril 2006. L'ISTT reste néanmoins de l'ordre de l'organisation spontanée car n'existe pas en tant que structure devant influer sur la composition des organismes du dialogue social. Ce sont les centrales syndicales qui sont déterminantes de cette composition[680]. Les difficultés de mise en place des structures institutionnelles prévues par le code de 1974 combinées au constat de l'emprunt d'autres voies de concertation contribuent ainsi à l'invisibilité des processus. Le désengagement des autorités sur la voie de l'établissement des règlementations de détails en découle certainement[681].

Les propos des acteurs révèlent l'incertitude des cadres dans lesquels ils participent à ces réunions. Pour certains, ces réunions s'ancrent dans le système institutionnalisé tandis que d'autres y voient des modalités improvisées. Enfin, la focalisation sur le CNDS qui n'est pas l'organe consultatif appelé à intervenir pour l'adoption des règlementations d'application du droit du travail continuerait l'inexistence de fait du CNTLS. Un règlement intérieur du CNDS est adopté le 19 juillet 2007 en application du décret du 13 mars 2007. Il rappelle en son article 9 la distinction entre la qualité de membre de cette structure et celle de membre du CNTLS ou du CSFP. Néanmoins, le directeur du dialogue social de

---

680 Cette appréhension rend délicate la répartition des sièges entre des centrales syndicales qui parviennent difficilement à parler d'une même voix. C'est la raison pour laquelle la question de la représentativité est délicate au Togo et peine à être traitée. Les représentations syndicales lors du dialogue tripartite de 2006 sont révélatrices. Les centrales syndicales CGCT, CSTT, CNTT et UGSL sont chacune représentées par trois membres tandis que le GSA compte quatre représentants et l'UNSIT deux. Le GSA et l'UNSIT sont les centrales syndicales comptant le moins d'adhérents. En face de ces dix-huit représentants des travailleurs se tenaient dix représentants du Gouvernement et dix représentants du CNP.

681 « Mais c'est du bon sens je dirais puisqu'on n'a pas installé, il n'y a pas d'argent donc on fait des consultations. Ça marche ! » (Cf. Entretien avec deux représentants du Conseil National du Patronat (CNP), Lomé, 14 janvier 2009).

la direction générale du Travail et des Lois Sociales (DGTLS) informe de l'unicité du secrétariat permanent de ces deux structures[682]. Ce secrétariat est en réalité composé d'un seul homme, nommé secrétaire permanent du CNTLS par arrêté n° 134/MFPTE du 8 février 2002. Il assure depuis 2006 le secrétariat du nouveau CNDS[683]. Le secrétaire précise que le CNDS doit tenir deux sessions annuelles mais relate la tenue de réunions extraordinaires de cet organe sur le problème de la vie chère[684]. Il évoque des réunions de concertation sur la question de la représentativité dans l'attente d'une réunion plus décisionnelle dans le cadre officiel du CNDS tout en rappelant que ce dernier « n'a pas à se prononcer sur les projets de loi et textes applicables ».

La représentativité syndicale a en effet fait l'objet de plusieurs textes règlementaires en 2009 dont l'un contient à la fois la mention des « rapports de concertation avec les organisations de travailleurs », des « comptes-rendus des réunions de concertations tripartites » et de l' « avis du conseil national du travail et des lois sociales[685] ». Deux de ces textes ont pour objet d'instituer une « cellule nationale de la Représentativité » qui vient selon nous complexifier la structuration du dialogue social togolais[686]. Tous les quatre ans, l'État établira, par le biais de la cellule de la représentativité, un classement de représentativité « sur les plans national, régional, préfectoral et au niveau des branches d'activité et des entreprises ». Au-delà du questionnement de ces textes en lien avec les réalités syndicales togolaises, ce dispositif présage d'un lourd processus. La cellule est-elle en place et opérationnelle ? Quinze membres la

[682] En effet le décret de 2007 sur le CNDS précise en son article 10 que le secrétariat du CNDS est assuré par le secrétariat permanent du CNTLS en collaboration avec la direction générale de la fonction publique

[683] « Je suis admis à la retraite mais comme on avait besoin de quelqu'un pour le dialogue social qui a de l'expérience en la matière. J'ai été rapporteur du dialogue social qui a abouti à la mise en place du CNDS et on m'a demandé de rester pour appuyer cet organe avant de partir. C'est pourquoi je suis là. Je gère deux structures » (Cf. Entretien avec le secrétaire permanent du CNTLS et CNDS, ancien directeur du service dialogue social de l'administration du travail, Lomé, 3 février 2009).

[684] « Il y a eu des réunions, nous avons prévu par exemple deux sessions chaque année. (…) Jusqu'alors nous n'avons même pas encore assis une méthode de travail. Le Gouvernement ne fait que convoquer, inviter les membres du CNDS, juste quand il veut faire quelque chose il veut qu'on le parraine, je m'excuse le terme mais c'est ça. Ils demandent qu'en pensez-vous et le temps qu'on dise « je pense que » le décret est déjà sorti. (…) Je prends par exemple les 5000 F d'indemnité de déplacement versés sur chaque salaire de ceux qui sont dans le secteur public, nous avons demandé quelque chose mais ce n'est pas sorti. On nous a dit oui c'est accepté et maintenant on nous dit non c'est accordé pour cinq mois. Et à partir de janvier 2009, on va remplacer ça par 10% de l'IRPP. Alors que pour certains, les agents temporaires ou permanents, dont l'IRPP (impôt sur le revenu) est de 250 FCFA, ça veut dire que les 10% représente 25 FCFA » (Cf. Entretiens avec le secrétaire général de la centrale CGCT, Lomé, 19 décembre 2008 et 7 janvier 2009).

[685] Arrêté n° 019/MTESS/DGTLS du 10 décembre 2009 fixant les critères de représentativité.

[686] L'arrêté n° 007/MTESS/CAB/DGTLS du 8 juillet 2010 porte nomination des membres de cette cellule créée huit mois auparavant par l'arrêté n° 020/MTESS/DGTLS du 10 décembre 2009. Le même jour est adopté l'arrêté n° 019/MTESS/DGTLS qui fixe les critères de représentativité des organisations syndicales de travailleurs en application de l'article 26 du code du travail. Ce texte fixe le critère unique du résultat des élections des délégués du personnel. Seules les organisations qui obtiennent au minimum 25% des suffrages sont représentatives.

composent dont sept représentants du Gouvernement, deux représentants du patronat et six représentants des centrales syndicales. Comment cette cellule, dont l'impartialité est douteuse[687], sera à même de d'assurer techniquement « la collecte, le dépouillement, le décompte et l'acheminement des suffrages »[688] ? Cette création officielle ne risque-t-elle pas d'aboutir à des processus plus informels pour la détermination des organisations syndicales représentatives[689] ? En effet, notre participation à des élections professionnelles dans ce cadre en septembre 2011 a révélé une certaine réticence à la présentation de listes syndicales[690].

Le dialogue social au Togo se caractérise par la complexité de ses mécanismes de mise en marche et la visibilité difficile des cadres de concertation qui le composent. L'activité règlementaire gouvernementale en matière de droit du travail semble d'ailleurs avoir été pratiquement focalisée sur cette problématique structurelle jusqu'en 2010. L'année 2010 marque en effet la relance de l'élaboration des règlementations d'application du code du travail en veilleuse depuis les années 1960. Au mois de février 2009, la majorité des interlocuteurs s'accordent pour affirmer qu'un processus dans ce sens est en marche. Certains précisent qu'un consultant national représentant du PNUD doit se charger de rédiger les projets de règlementations. Le cahier des charges de ce dernier consisterait en l'élaboration de la totalité des textes d'application prévus par le code du travail de 2006[691]. Le secrétaire permanent du CNDS et du CNTLS affirme en 2009 que ce consultant national n'a pas encore pris ses fonctions officielles et ajoute qu'il détient un document contenant des projets de règlementation dont il ignore le rédacteur[692].

---

687 Les ministères représentés sont le ministère chargé du travail, le ministère chargé de la fonction publique, le ministère chargé de l'administration territoriale, le ministère de la sécurité et de la protection civile et le ministère de l'économie et des finances. Le ministère chargé de la formation professionnelle n'est pas présent.

688 Article 8 de l'arrêté n° 019/MTESS/DGTLS du 10 décembre 2009.

689 En janvier 2011, un inspecteur du travail de Lomé présente l'avancement du projet : « la cellule de la représentativité est effectivement opérationnelle puisque les membres sont déjà formés. Son rôle c'est de superviser et gérer les opérations électorales. Elle est comme une commission électorale. Concernant les élections pour la représentativité, nous avons opté pour le mode indirect. Autrement dit, nous allons nous reposer sur les élections de délégués de personnel dans les entreprises pour déterminer le syndicat le plus représentatif. (...) Tous les résultats seront centralisés au niveau de la cellule de la représentativité qui est à composition tripartite pour déterminer le syndicat qui a le plus grand nombre de délégués au plan national, régional et même par secteur » (Email d'information reçu le 14 janvier 2011).

690 Cf. Participation aux élections professionnelles dans le secteur de l'hôtellerie (177 salariés), Lomé, 27 septembre 2011 et dans le secteur de l'import-export (36 salariés votants), Lomé, 23 septembre 2011.

691 « Le ministère avec l'accord du PNUD avait lancé un appel à candidature pour le recrutement d'un consultant national, un inspecteur du travail de niveau bac + 6 plus particulièrement. Il devait se charger de la rédaction de ces arrêtés d'application » (Cf. Entretien avec un inspecteur du travail de Sokodé, région centrale, 20 janvier 2009).

692 Cf. Entretien avec le secrétaire permanent du CNTLS et CNDS, ancien directeur du service dialogue social de l'administration du travail, Lomé, 3 février 2009.

La structuration du processus d'adoption des textes règlementaires préconisés par le code du travail de 2006 est difficile à percevoir. La sortie effective de la léthargie structurelle est longue et les voies de consultation tendent à demeurer insaisissables. Malgré l'adoption en juillet 2010 de 14 arrêtés d'application du nouveau code de 2006 qui prévoit 50 textes règlementaires, la lenteur, le flou et le résultat du processus[693] interrogent sur la considération de l'utilité de ces précisions formelles dans le contexte togolais.

B. L'idée d'une faible utilité

Entre 1952 et 2006, rares sont les textes règlementaires qui apportent des précisions sur le déroulement des relations individuelles et collectives de travail dans le cadre des dispositions légales[694]. Sous l'égide du code du travail de 2006, jusqu'en 2010[695], seuls l'arrêté du 12 novembre 2007 qui détermine les travaux interdits aux enfants en vertu de l'article 151 du code du travail et l'arrêté n° 009/MTSS/DGTLS du 13 août 2008 qui porte révision des salaires minimums garantis apportent des précisions sur les modalités de déroulement des relations de travail. L'analyse des propos et pratiques des acteurs du monde du travail nous amène à l'hypothèse de l'inutilité de ces textes règlementaires en droit du travail togolais comme un facteur de la démission règlementaire de l'État. La construction de cette perception d'inutilité est-elle fondée sur des problématiques pratiques ou théoriques[696] ? Dans un contexte économique caractérisé par l'ampleur du phénomène dit de l' « informalité », il est intéressant de rechercher les fondements possibles de l'idée d'inutilité de la règlementation d'application[697]. La faible utilité de la règlementation découle

---

[693] L'adoption en bloc de règlementations aux thématiques variées et sur lesquelles la mention de la consultation du CNTLS est systématique alors que la disposition légale ne prévoit pas toujours cette consultation contribue à alimenter cette impression de flou organisationnel de l'État et du dialogue social togolais.

[694] Nous pouvons mentionner le décret présidentiel n° 69-112 du 28 mai 1969 qui détermine le régime des congés payés pour tous les travailleurs compris dans le champ d'application du code du travail, le décret n° 70-164 du 2 octobre 1970 en application de l'article 134 du CTOM qui fixe les mesures générales d'hygiène et de sécurité applicables aux travailleurs des établissements de toute nature et l'arrêté n°11/MSPASCF du 20 juin 1986 qui porte organisation des prestations médico-sanitaires dans les entreprises.

[695] Un arrêté n° 021/MTESS/DGTLS du 10 décembre 2009 porte institution des délégués du personnel dans les entreprises du secteur privé et parapublic.

[696] À l'heure où le débat sur la simplification du droit est toujours ouvert par la doctrine juridique européenne et plus particulièrement française sous la critique de l'« inflation » législative et règlementaire, la faible activité règlementaire de l'État togolais peut-elle constituer une illustration de cette discussion ? Voir notamment *Droit et Inflation*, Conseil de l'Europe, Strasbourg, 1986. D. Gutmann, « L'objectif de simplification du langage législatif », in N. Molfessis (Dir.), *Les mots de la loi*, Economica, 1999, p. 73, N. Bouchama, *La recodification du droit du travail*, Thèse pour le doctorat en droit, Bordeaux IV, 2007.

[697] L'idée d'inutilité est diversement traduite par la préférence pour un droit concis et simple, la suffisance des prévisions légales, l'adéquation des textes adoptés dans les années 1950, les conventions collectives plus pertinentes, l'inaccessibilité pratique aux textes précis ou l'absence du

tout d'abord du constat de son absence de mobilisation par les praticiens (1) et, ensuite, des évidentes différences d'attente de précisions d'origine règlementaire (2).

1. L'absence d'utilisation de la norme règlementaire

Beaucoup d'agents de l'administration du travail ou de magistrats avouent une certaine inutilisation des textes règlementaires de droit du travail. Leurs principaux outils sont le code et la Convention Collective Interprofessionnelle du Togo (CCIT). Le président du Tribunal du travail à Lomé invoque l'habitude. Il précise que « [son] outil le plus souvent c'est le code du travail et lorsque les parties viennent et qu'elles veulent soulever l'application d'un texte qu'on n'a pas l'habitude d'utiliser, elles font l'effort de produire[698] ». Il fait néanmoins référence aux textes épars en matière d'apprentissage desquels il retire une règle générale d'obligation pour le maître de « chercher périodiquement quelque chose à l'apprenti[699] ». Il ajoute qu'en matière de litiges du travail, les précisions règlementaires telles que les heures supplémentaires ou plus généralement la durée du travail ne sont pas l'objet de demandes. Ainsi, au-delà de la nouveauté du code qui fonde ce magistrat à se positionner dans une attente de ses textes d'application, il estime que ces précisions, si elles étaient adoptées, seraient difficilement invoquées devant sa juridiction. Les contentieux qui se présentent à lui peuvent être judiciairement réglés par le biais des normes générales que sont le code et la CCIT. Néanmoins, le second magistrat en poste au Tribunal du travail estime nécessaire de réviser ces textes « annexes » pour l' « accompagnement » du nouveau code. Il dit appliquer pour le moment « les anciens textes qui ne sont pas contraires au nouveau code, car le nouveau code est clair ![700] » Ces dernières affirmations laissent supposer que ce dernier ne se cantonne pas nécessairement aux textes d'ordre général à la différence de son homologue.

Un aveu d'inutilisation des règlementations ressort des propos et de l'observation des inspecteurs du travail au Togo. L'inspecteur du travail de Sokode, au nord du pays, affirme explicitement que dans son service, ils ne sont « pas tellement proches des petits détails », que la CCIT de 1978 suffit à la résolution des problèmes qui se présentent[701]. La plupart des inspecteurs du travail et de leurs supérieurs interrogés sur les sources de droit du travail ne mentionnent pas la règlementation sauf en cas d'interrogation explicite sur ce point. Les textes particuliers cités par quelques inspecteurs lors d'entretiens sont le plus souvent les sources conventionnelles sectorielles. Notre participation à quelques conciliations a révélé un traitement dans l'urgence et

---

temps de référencement à ces textes particuliers donc l'urgence caractéristique de la méthodologie de résolution des conflits sociaux au Togo.

[698] Cf. Entretien avec le président du Tribunal du travail, Lomé, 16 décembre 2008.

[699] *Ibid.*

[700] Cf. Entretien avec le deuxième magistrat du Tribunal du travail, Lomé, 3 février 2009.

[701] Cf. Entretien avec un inspecteur du travail de Sokodé, région centrale, 20 janvier 2009.

une priorité pour l'entente rapide entre les parties. Les textes mentionnés à ces occasions sont le code du travail et la CCIT. Ainsi, une inutilisation de la règlementation est à relever. Un avocat de Lomé mentionne d'ailleurs que le nouveau code et la CCIT sont « les deux textes fondamentaux pour trancher le fond du litige[702] ». Néanmoins, l'inutilisation des dispositions particulières ne peut suffire à déduire l'inutilité de ces précisions. Car une tension est perceptible dans les propos des agents et magistrats entre la nécessité formelle de l'adoption des textes d'application du nouveau code et la représentation d'un contexte défavorable à leur effectivité. De façon générale, et quelque peu paradoxale, la précision de la loi est positivement perçue par ces agents.

2. Les différences d'attente de précisions règlementaires

Selon que les inspecteurs du travail ou autres acteurs du monde du travail s'appuient ou non sur le code du travail de 2006, ils mentionnent la faiblesse quantitative ou non des textes règlementaires d'application. Un flou juridique généralisé découle des approches individuelles de l'existence et de la disponibilité de ces sources. L'inspecteur du travail de Kara, l'inspecteur du travail de Sokodé ainsi qu'un représentant de l'UNSIT s'accordent pour exposer le peu d'arrêtés d'application du code du travail de 2006[703]. Le directeur du travail de Dapaong, à la frontière nord du Togo, pose implicitement la question de l'utilité de ces arrêtés car il considère sur ce point que « pratiquement toutes les dispositions sont en vigueur » sauf quelques exceptions. Il donne l'exemple de « l'article 207 sur le registre d'employeur, il y a beaucoup de précisions à apporter et jusqu'alors il n'y a rien là-dessus[704] ». L'inspecteur du travail de Kara, au sud de Dapaong, informe quant à lui de l'existence d'arrêtés sur le registre d'employeur, sur le « registre de paie », sur le bulletin de paye ou encore sur le règlement intérieur, ce qui corrobore les propos de son supérieur hiérarchique selon qui, « les arrêtés, il y en a beaucoup. (...) C'est-à-dire que nous continuons à utiliser les textes d'application de l'ancien code[705] ». Le directeur général et le directeur général adjoint du travail à Lomé affirment en effet l'applicabilité des arrêtés adoptés depuis les années 1950 dans l'attente des nouveaux[706]. Ils mentionnent tous deux l'exemple des textes sur les heures

---

[702] Cf. Entretien avec un avocat, Lomé, 9 janvier 2009.

[703] Cf. Entretien avec l'inspecteur du travail de Kara (région de la Kara, 2 décembre 2008), l'entretien avec un inspecteur du travail de Sokodé (région centrale, 20 janvier 2009) et les entretiens avec le secrétaire général de la fédération de l'enseignement de l'UNSIT (Lomé, 30 décembre 2008 et 6 janvier 2009).

[704] Il pense que l'absence de texte sur ce point est due à la nécessité d'une décision conjointe du ministre du travail et du ministre des finances (Cf. Entretien avec le directeur régional du travail de Dapaong, région des Savanes, 22 janvier 2009).

[705] Cf. Entretiens avec l'inspecteur du travail de Kara (région de la Kara, 2 décembre 2008) et avec le directeur régional du travail de Kara (région de la Kara, 6 décembre 2008).

[706] Cf. Entretiens avec le directeur général du Travail (Lomé, 14 novembre 2008) et le directeur général-adjoint (Lomé, 26 novembre 2008). Le secrétaire général de la fédération de l'enseignement de l'UNSIT est du même avis (Cf. Entretiens du 30 décembre 2008 et 6 janvier 2009 à Lomé).

d'équivalence. Un représentant syndical de la CSTT s'interroge quant à lui sur les thèmes nécessitant ou non des précisions, il donne l'exemple de la profession de « taxi moto[707] ». Un représentant de l'UNSIT pense l'inutilité d'un texte sur la représentativité syndicale, la représentativité ne pouvant selon lui être déterminée qu'au travers de l'organisation d'élections sociales. L'apport de précisions ne serait également pas nécessaire selon lui pour les questions du droit de grève et de l'âge minimum du travail des enfants[708]. Il pense toutefois que le cas des domestiques nécessiterait un texte spécifique et évoque un arrêté sur les délégués du personnel adopté en application du code de 1974. Par-delà son analyse de la nécessité ou non de précisions, ce syndicaliste paraît être partiellement informé du bloc règlementaire existant au Togo[709].

Ces différents propos rejoignent le constat dressé par un membre du CNP du manque de visibilité de ces textes. Il pense qu'un recensement devrait être fait pour mesurer les lacunes règlementaires au regard du code de 2006[710]. L'éparpillement temporel et formel des règlementations du travail peut être à la source de la diversité des référencements juridiques des acteurs. L'« individuation » des approches ressort des volontés et démarches de chacun dans le sens d'une connaissance de ces textes. La transmission des dispositions règlementaires, anciennes comme nouvelles, ne paraît pas en effet s'effectuer selon un réseau de communication institutionnel prédéfini[711]. Les propos des acteurs sont en outre souvent empreints de suppositions d'existence ou d'inexistence selon les thématiques, ce qui corrobore l'utilité réduite de ces règlementations dans le cadre de la régulation quotidienne des relations de travail par les acteurs, qu'ils soient magistrats, inspecteurs, représentants syndicaux et employeurs[712].

Une demande unanime de précisions de la loi existe toutefois. Pour chaque interlocuteur, il est des points qui demanderaient quelques précisions pour leur

---

707 Cf. Entretiens avec le secrétaire général adjoint et le conseiller juridique de la centrale CSTT, Lomé, 25 et 28 novembre 2008.

708 Cf. Entretien avec le secrétaire général de la centrale UNSIT, Lomé, 23 décembre 2008.

709 Des arrêtés des années 1950 règlementent le travail des domestiques et l'institution des délégués du personnel dans l'entreprise. Il méconnaît l'un des premiers arrêtés adoptés en application du code de 2006 sur le travail des enfants.

710 Cf. Entretien avec l'ancien conseiller spécial du président du CNP, membre du GTPME et chef d'entreprise de services en matière de ressources humaines, Lomé, 9 février 2009.

711 Un inspecteur du travail de Sokodé (région centrale, 20 janvier 2009) dit qu'en cas de nouveau texte officiel, il devrait le recevoir à son service tandis qu'un inspecteur du travail de Kara (région de la Kara, 2 décembre 2008) dit avoir lui-même constitué une compilation de ces textes à la Direction de Lomé pour l'apporter dans son service. Un inspecteur du travail de la zone Lomé-nord (Lomé, 15 novembre 2008) évoque le travail de collecte d'un ancien inspecteur du travail non poursuivi après son décès. Un employeur d'origine européenne (Kara, 3 décembre 2008) regrette pour sa part de n'avoir pas été informé d'une modification des taux de cotisation à la sécurité sociale.

712 Le DRH d'une société étrangère de sidérurgie mentionne en effet qu'au niveau de son service, ces types de textes ne trouvent pas tellement à être utilisés (Cf. Entretien avec le DRH d'une société industrielle du secteur métallurgique (acier), Lomé, 12 janvier 2009).

compréhension et application. Ces points varient selon les personnes. L'inspecteur du travail de Kara mentionne une lacune de textes pour ce qui concerne l'apprentissage malgré qu'il pense qu'il serait déjà souhaitable d'appliquer le peu de textes qui existent[713]. Le directeur du travail de Kara souhaiterait quant à lui qu'un arrêté revisite les attributions de l'inspection du travail pour une suppression de son activité en matière de résolution des litiges[714]. Le directeur régional de Dapaong mentionne l'article 207 du code du travail qui concerne le registre d'employeur sur lequel il y aurait beaucoup de précisions à apporter. Il ajoute une perception de vide juridique en matière d'amendes ou de transactions en cas d'infraction à la législation, puis mentionne l'incertitude du statut de « journalier[715] ». Dans cet ordre d'idée, la directrice régionale du travail d'Atakpamé prend l'exemple particulier de la nouvelle durée de quatre ans du CDD. Elle pense que quelques précisions sur les renouvellements devraient être apportées[716]. Les inspecteurs du travail de ce même service en appellent quant à eux à un encadrement précis du travail saisonnier[717].

Les inspecteurs du travail de Lomé mettent en avant une demande de précisions d'ordre plus structurel. Seul le chef de la zone-est de Lomé évoque sur le fond le décomptage de la durée du congé pour allaitement[718]. Le directeur général-adjoint du travail pense nécessaire la continuation règlementaire de la mise en place de la nouvelle Agence Nationale pour l'Emploi (ANPE)[719]. Le directeur du dialogue social mentionne l'urgence d'un nouveau texte de nomination des membres du CNTLS[720]. Un inspecteur du travail de Lomé présente l'actualité d'un projet de texte relatif à la représentativité syndicale[721]. Les magistrats de Lomé posent aussi ces problématiques structurelles. Il est fait référence à la caducité de l'arrêté de nomination des assesseurs auprès du Tribunal du travail. Le président de la Chambre sociale de la Cour d'appel de Lomé évoque des difficultés quant à déterminer son pouvoir d'investigation en matière de licenciement pour motif économique[722]. Ceci rejoint les propos tenus par un directeur de service de l'administration du travail au sujet de la procédure de transaction en matière d'infraction qui est « seulement intégrée

---

713 Cf. Entretien avec l'inspecteur du travail de Kara, région de la Kara, 2 décembre 2008.

714 Cf. Entretien avec le directeur régional du travail de Kara, région de la Kara, 6 décembre 2008.

715 Cf. Entretien avec le directeur régional du travail de Dapaong, région des Savanes, 22 janvier 2009.

716 Cf. Entretiens avec la Directrice régionale du travail à Atakpamé, région des Plateaux, 15 janvier 2009.

717 Cf. Entretien avec un inspecteur du travail à Atakpamé, région des Plateaux, 15 janvier 2009.

718 Cf. Entretien avec un inspecteur du travail, chef de la zone est de Lomé, Lomé, 9 janvier 2009.

719 Cf. Entretien avec le directeur général-adjoint du travail, Lomé, 26 novembre 2008.

720 Cf. Entretien avec un inspecteur du travail, directeur du dialogue social, Lomé, 23 décembre 2008.

721 Cf. Entretien avec un inspecteur du travail, directeur des normes et des relations de travail, Lomé, 26 novembre 2008 et 12 février 2009.

722 Cf. Entretien avec le président de la Chambre sociale de la Cour d'appel, Lomé, 3 février 2009.

dans le code[723] ». Il existe ainsi une différenciation des problématiques selon que l'on est en poste à Lomé ou à l'intérieur du pays. Ceci peut s'expliquer au regard de la différence de ressources documentaires disponibles entre les différents services. Le partage des mêmes locaux par la DGTLS et les inspecteurs du travail à Lomé contribue au non isolement des agents à la différence des bureaux installés à l'intérieur du pays qui fonctionnent relativement en vase clos.

Quelques demandes d'intervention règlementaire sont aussi à relever chez les représentants syndicaux. Le Secrétaire général de l'UNSIT pense que le vieil arrêté sur les délégués du personnel est inutilisable. Ce dernier se dit « ahuri » de constater l'absence de textes particuliers relatifs aux domestiques[724]. Un représentant de la centrale CSTT insiste sur la particularité de la profession de « taxi-moto » qui s'exerce selon trois modalités qu'il conviendrait d'encadrer par arrêté[725]. Un représentant de la CNTT au sein de la société cotonnière du Togo à Atakpamé pose le problème de la prime d'ancienneté et de la définition du travailleur cadre[726]. Du côté patronal, seul le chef du personnel d'un hôtel à Kara mentionne un problème de précision quant à savoir à partir de quel moment la modification du contrat de travail est « substantielle »[727].

Une unanimité d'appel à précisions ressort de la pluralité des discours. Les demandes en ce sens ne s'ancrent pas nécessairement dans les prévisions légales mais ressortent plutôt des constats de chacun sur le terrain. Ainsi, le constat de l'inutilité ne peut être pleinement fait malgré le relevé de référentiels règlementaires variés et parfois éloignés des prévisions légales et règlementations existantes. La variabilité des références aux règlementations soulève la question de l'accès et de l'accessibilité de ces textes. L'abondance ancienne, la démission contemporaine et la reprise partielle en 2010 de l'activité règlementaire ont en effet généré un bloc règlementaire difficile à recenser sur le plan thématique.

Section 2 – L'intervention règlementaire thématique

Après avoir présenté l'irrégularité dans le temps de l'élaboration de la règlementation destinée à préciser les dispositions légales, il convient de se pencher sur le contenu thématique de cette règlementation. Nous l'avons

---

723 Cf. Entretien avec le directeur régional du travail de Dapaong, région des Savanes, 22 janvier 2009.

724 Cf. Entretien avec le Secrétaire général de la centrale syndicale UNSIT, Lomé, 23 décembre 2008.

725 Le conducteur de taxi-moto est généralement soit propriétaire, soit locataire, soit sous contrat « *work and pay* » dont la frontière avec le salariat est poreuse (Cf. Entretiens avec le secrétaire général adjoint et le conseiller juridique de la centrale CSTT, Lomé, 25 et 28 novembre 2008), voir notamment infra Partie II, Titre 2, Chapitre 1, section 2, §1, A.

726 Cf. Entretien avec un délégué du personnel CNTT et responsable de la coopérative d'un société cotonnière à Atakpamé, région des Plateaux, 16 janvier 2009.

727 Cf. Entretien avec le chef du personnel d'un hôtel de statut parapublic, Kara, 2 décembre 2008.

évoqué, l'irrégularité de la production règlementaire a contribué à brouiller sa visibilité. De quoi est constitué le bloc règlementaire en vigueur au Togo (§1) ? Des problèmes d'articulation avec d'autres sources ajoutent aux incertitudes sur les règlementations réellement disponibles au Togo (§2).

§1 – Le contenu du bloc règlementaire de droit positif

L'adoption le 30 juillet 2010 des textes règlementaires d'application de quatorze articles du code du travail de 2006[728] paraît devoir préciser les frontières du bloc règlementaire en vigueur en se substituant aux règlementations adoptées dans les années 1950 portant sur les mêmes questions. L'activité règlementaire de 2010 n'a cependant pas embrassé toutes les prévisions légales. La détermination des textes applicables demeure difficile (A). La méthodologie règlementaire de l'État togolais oblige par ailleurs à s'interroger sur le « déphasage » éventuel des dispositions règlementaires en vigueur (B).

A. Des difficultés de détermination des textes applicables

Dans son chapitre sur les sources, le manuel de droit du travail togolais édité en 2008 informe que « la plupart des textes d'application qui existent actuellement sont pris dans le cadre des codes du travail de 1952 et 1974 »[729]. La présence d'anciens textes règlementaires en vigueur au Togo rend effectivement difficile l'inventaire du bloc règlementaire de droit positif (1). Un second constat est que certains thèmes ont davantage mobilisé – voir sur-mobilisé – les gouvernements togolais (2).

---

[728] Quatorze arrêtés sont adoptés le 30 juillet 2010 : n° 010/MTESS/CAB/DGTLS sur la forme de déclaration périodique du personnel (article 199), n° 011/MTESS/DGTLS déterminant les modalités de consultation en cas d'extension d'une convention collective (article 109), n° 012/MTESS/CAB/DGTLS fixant la contexture du bulletin individuel de paie (article 129), n° 013/MTESS/CAB/DGTLS fixant les conditions et limites des heures complémentaires en cas de temps partiel (article 143), n° 016/MTESS/CAB/DGTLS sur le dépôt, la publication et l'adhésion aux conventions collectives (article 100), n° 017/MTESS/CAB/DGTLS sur le règlement intérieur (article 89), n° 018/MTESS/CAB/DGTLS sur le régime de dérogation de l'article 142 (temps de travail), n° 019/MTESS/DGTLS portant dérogation à l'article 145 du code du travail sur le travail de nuit des jeunes de moins de dix-huit ans, n° 020/MTESS/DGTLS fixant la nature des travaux interdits aux femmes enceintes (article 147), n° 021/MTESS/CAB/DGTLS sur le registre d'employeur (article 207), n° 022/MTESS/CAB/DGTLS sur la déclaration d'entreprise ou d'établissement (article 206), l'arrêté portant dérogation au bénéfice normal du repos hebdomadaire du dimanche et des jours fériés (article 156), l'arrêté fixant les indemnités de déplacement et de séjour des assesseurs du Tribunal du travail (article 238) et l'arrêté relatif au remboursement des frais occasionnés par la procédure de conciliation et d'arbitrage (article 265). Un arrêté n° 002/MTESS/CAB/DGTLS du 21 janvier 2010 porte règlementation du travail temporaire alors que les dispositions sur le « placement payant » prévoient un décret en conseil des ministres (articles 195 et suivants).

[729] D. Yabre, *op. cit.*, p. 10.

1. Une tentative d'inventaire des textes applicables

Peu de dispositions abrogatoires précises existent au sein des normes légales et règlementaires togolaises. Seul l'article 21 de l'arrêté n° 1464/MTEFP/DGTLS du 12 novembre 2007 déterminant les travaux interdits aux enfants en application du point 4 de l'article 151 code du travail sur les pires formes de travail des enfants abroge expressément « toutes les dispositions antérieures contraires (...) notamment celles de l'arrêté n° 15/MTAS-FP de 1958 relatif au travail des enfants ». On en déduit que l'arrêté n° 93/MTAS/FP du 31 mars 1961 rapportant l'arrêté précité de 1958 portant dérogation à l'âge d'admission à l'emploi doit être considéré comme abrogé[730]. L'arrêté du 30 juillet 2010 qui fixe les dérogations à l'interdiction du travail de nuit des enfants en vertu de l'article 145 du code de 2006 ne contient pas d'abrogation de ce type. Il ne détermine pas de cas précis de dérogations tel que le faisait le texte de 1958 mais charge seulement l'inspecteur du travail d'accorder des autorisations individuelles « dans l'intérêt de l'art, de la science ou de l'enseignement (...) après consultation des organisations d'employeurs et de travailleurs intéressées ». L'abrogation explicite permet de penser que l'autorité règlementaire a souhaité substituer les textes de 2007 et 2010 aux anciennes règlementations multiples sur la thématique du travail des enfants[731].

En l'absence d'autres abrogations de ce type, le critère de détermination de la valeur de droit positif des textes règlementaires disponibles au Togo est incertain. Les règlementations adoptées en juillet 2010 contiennent toutes la formule selon laquelle « sont abrogées toutes dispositions antérieures contraires à celles du présent arrêté ». Selon l'auteur du manuel togolais de droit du travail, la valeur de droit positif des anciens textes règlementaires devrait se déduire de l'existence ou non de textes plus récents[732]. L'exemple est donné de l'arrêté de 1953 sur les équivalences considéré applicable du fait de « l'absence de nouveaux textes ». Si c'est la position générale adoptée dans l'ouvrage

---

[730] Le manuel édité en 2008 (*ibid.*, p.161) se réfère à ce texte pour présenter les travaux interdits aux enfants. Le moment de sa rédaction a probablement précédé celui de l'adoption de l'arrêté de novembre 2007. Le contenu général de l'arrêté de 1961 apparaît en déphasage avec l'évolution juridique sur le travail des enfants bien que la réalité du travail des enfants aujourd'hui au Togo pourrait, pour certains, justifier l'interrogation de la pertinence de certaines de ses dispositions telles que celles limitant, par exemple les travaux domestiques les jours de classe.

[731] Arrêté n° 884-55/ITLS du 28 octobre 1955 relatif au travail des femmes et des enfants, arrêté n° 15/MTAS6FP du 6 décembre 1958 relatif au travail des enfants ou l'arrêté n° 93-MTAS-FP 31 mars 1961 rapportant l'arrêté n° 16-MTAS-FP du 6 décembre 1958.

[732] Pour la présentation des règles applicables en droit du travail, l'ouvrage mentionne l'arrêté n° 612-53 du « 22 août 1953 » en réalité daté du 25 août qui détermine le régime des dérogations aux règles sur la durée du travail de « l'article 142 du code du travail » de 2006, l'arrêté du 2 avril 1954 sur les délégués du personnel, les arrêtés de 1954 relatifs au règlement intérieur et au bulletin de paye, l'arrêté n° 281-54/ITLS du 19 mars 1954 qui organise le comité technique consultatif et l'arrêté n° 280-54/ITLS du 19 mars 1954 qui fixe les conditions de dépôt, publication et traduction des conventions collectives. Il mentionne aussi l'arrêté 14/MTAS-FP du 6 décembre 1958 sur le travail des femmes et l'arrêté 613-53/IT du 24 août 1953 qui fixait anciennement les zones de salaire (D. Yabre, *op. cit.*, p. 100, 137, 153, 210, 240 et 172).

juridique[733], le législateur de 2006 ne semble pourtant pas avoir souhaité que les règlementations de l'époque coloniale demeurent dans le droit positif. L'article 305 du code du travail de 2006 abroge implicitement toutes ces anciennes dispositions règlementaires en posant l'applicabilité des textes règlementaires pris en vertu de l'ordonnance du 8 mai 1974 « dans toutes celles de leurs dispositions qui ne sont pas contraires au [nouveau] code ». Or, les représentants de l'administration du travail affirment la continuité des textes plus anciens sous ces mêmes conditions[734]. Malgré un constat de vétusté, les acteurs de la société civile pensent aussi que les textes anciens demeurent applicables[735].

On se réfèrerait donc en pratique à un « bloc règlementaire » différent ou ne correspondant pas exactement au « bloc règlementaire » manifestement de droit positif. Un certain réalisme habite la position des acteurs togolais puisque si la loi paraît claire, elle n'abroge explicitement aucun texte et s'en réfère à une règlementation d'application du code de 1974 qui, nous l'avons présenté, n'a globalement pas vu le jour. En outre, la formulation de la disposition de 2006 sous-entend une recherche sur le fond dont il est difficile d'imaginer la réalisation concrète. La formule de la disposition transitoire de l'article 305 du code du travail de 2006 selon laquelle « les textes règlementaires pris en application de l'ordonnance [n° 16 du 8 mai 1974 portant code du travail] demeurent toutefois en vigueur dans toutes celles de leurs dispositions qui ne sont pas contraires au présent code » impliquerait en effet que la détermination du bloc règlementaire de droit positif ne tienne compte ni des dates, ni des objets des différents textes mais d'une mesure de leur contradiction avec la source légale. Comment établir des critères objectifs pour cette mesure ? L'évolution légale de 2006 et celle règlementaire de 2010 permettent certes d'estimer inapplicables quelques règlementations anciennes. Cela est plus difficile pour d'autres règlementations.

L'adoption en 2010 de quatorze textes pourrait faciliter la tâche si l'on s'en tient au critère temporel pour déterminer le bloc règlementaire de droit positif. Peuvent alors en être sortis l'arrêté du 19 mars 1954 concernant les modalités de dépôt et publication du règlement intérieur, l'arrêté du 19 mars 1954 sur le dépôt, la publication et la traduction des conventions collectives, l'arrêté du 3 mars 1954 sur la contexture du bulletin de paye et le registre des paiements, l'arrêté n° 278-54 19 mars 1954 sur les modalités d'application du repos

---

[733] *Ibid.*, p. 100.

[734] Cf. Entretien avec le directeur général du travail, Lomé, 14 novembre 2008.

[735] Ceci ressort d'un guide juridique qu'une association (SADD) a établi pour le bénéfice des travailleurs en vue de la connaissance des règles qui les régissent. Malgré l'appel à de nouvelles règlementations, ce guide prend soin de dresser la liste des décrets et arrêtés pris depuis 1945 qui ont trait au déroulement de la relation de travail. Les règlementations qui fixent l'organisation syndicale ou celle du dialogue social ne sont pas mentionnées dans ce guide alors que ces thématiques ont particulièrement mobilisé le pouvoir règlementaire après l'indépendance (A.T. Agbagla, *Guide juridique du travailleur togolais*, SADD-WSM, Togo, 2008).

hebdomadaire l'arrêté n° 193-54/ITLS du 3 mars 1954 créant le « registre d'employeur », l'arrêté n° 834-54/ITLS du 2 septembre 1954 relatif à la déclaration des entreprises à l'inspection du travail et l'arrêté n° 503/DG/TMOSS/MTFP du 26 mars 1980 déterminant les modalités de consultation des organisations professionnelles et de toutes personnes intéressées par l'extension d'une convention collective. Ces questions font désormais l'objet d'arrêtés en date du 30 juillet 2010. Un arrêté de cette même date détermine les travaux interdits aux femmes enceintes en application de l'article 147 du code du travail ; ceci donne à penser que l'arrêté n° 14/MTAS-FP du 6 décembre 1958 relatif au travail des femmes n'est plus applicable. L'arrêté n° 021/MTESS/DGTLS du 10 décembre 2009 « portant institution des délégués du personnel dans les entreprises du secteur privé et parapublic » ferait sortir du bloc règlementaire l'ancien arrêté n° 321-54/ITLS du 2 avril 1954. Parmi ces textes règlementaires, ceux qui viennent préciser des dispositions légales jusqu'alors absentes des différents codes du travail applicables au Togo ne posent pas de difficultés[736]. Une grande partie de ces nouvelles prévisions légales n'ont toutefois pas encore donné lieu à l'adoption des arrêtés d'application[737] alors que les dispositions prévoyant l'adoption d'un texte règlementaire reconduites depuis 1952 ont toutes été dotées d'un texte au moins[738].

La teneur de la réforme du code du travail en 2006 amène de plus à estimer éliminées quelques règlementations anciennes lorsque le législateur a supprimé le renvoi à une règlementation d'application. On peut par exemple penser que l'arrêté n° 275-54/ITLS du 19 mars 1954 fixant les formes et modalités d'établissement du contrat de travail et de l'engagement à l'essai ainsi que l'arrêté n° 919-55 du 17 novembre 1955 concernant le préavis de rupture du contrat sont abrogés puisque le code du travail de 2006 en appelle désormais aux conventions collectives pour l'encadrement précis de ces aspects des

---

[736] Il s'agit des indemnités dues aux assesseurs du Tribunal du travail en application de l'article 238, des modalités de déclaration par les entreprises de leur personnel auprès de la nouvelle ANPE en application de l'article 199, des modalités et le paiement des heures complémentaires dans le cadre du travail à temps partiel de l'article 143. On peut ajouter l'article 196 alinéa 4 sur le placement payant qui a pu fonder l'arrêté du 21 janvier 2010 sur le travail temporaire.

[737] On peut citer l'article 141 qui prévoit qu'un arrêté fixera les conditions de création de services sociaux dans les entreprises, l'article 153 sur le travail des personnes handicapées, l'article 157 qui prévoit qu'un décret détermine la liste et le régime des jours fériés, l'article 187 pour les modalités du règlement à l'issue d'une transaction en cas d'infraction, l'article 194 sur le médecin inspecteur (le code du travail de 1974 prévoyait la création d'une « inspection médicale du travail » en son article 157) et l'article 222 pour la précision de l'implantation des délégués syndicaux dans l'entreprise. L'arrêté conjoint prévu par l'article 47 qui doit déterminer le montant de la taxe à la charge de l'employeur qui sollicite l'autorisation d'embauchage d'un travailleur étranger ou le visa de l'administration sur un CDD est en cours d'adoption.

[738] Les dispositions non couvertes par une règlementation sont celles qui n'offrent qu'une possibilité de règlementer. C'est le cas par exemple s'agissant de la possibilité de déroger aux règles du versement périodique du salaire (articles 127 du code du travail de 2006, 96 du code de 1974 et 100 du CTOM).

relations de travail[739]. L'article 95 du CTOM de 1952 préconisait des interventions règlementaires pour déterminer l'indemnité de logement, en cas d'impossibilité pour l'employeur de fournir un logement, et les modalités de fourniture et de remboursement d'une ration journalière de nourriture. Un arrêté 613-53 du 24 août 1953[740] détermine en effet les retenues sur le salaire au titre de la fourniture de la ration journalière. L'article 119 du code du travail de 2006 dispose dans une optique similaire que « dans le cas où le travailleur ne peut, par ses propres moyens, obtenir pour lui et sa famille un ravitaillement régulier en denrées alimentaires de première nécessité, l'employeur est tenu de lui assurer ». Aucun renvoi à des précisions règlementaires n'est ajouté. Le texte de 1953 est-il rendu caduc par la généralisation légale de l'obligation de l'employeur d'assurer la fourniture de denrées alimentaires en dehors de tout remboursement ? Le décret présidentiel n° 69-112 du 28 mai 1969 déterminant le régime des congés payés pour tous les travailleurs compris dans le champ d'application du code du travail pose le même problème. Les articles 158 et suivants du code de 2006 déterminent désormais les règles qui encadrent les congés payés. Elles sont applicables « sauf dispositions plus favorables des conventions collectives ou du contrat de travail », ce qui permet de considérer que l'ancien décret est inapplicable. Dans ce constat, on peut ranger l'arrêté n° 460-55 du 4 mai 1955[741] d'application de l'article 88 du CTOM qui détermine les organismes compétents pour recevoir des dépôts en cautionnement. L'article 84 du code du travail de 2006 en appelle désormais à un décret pour la détermination de ces organismes[742].

La valeur de droit positif est plus difficile à établir là où les prévisions légales se sont maintenues au fil des différents codes du travail. L'arrêté n° 747-54/ITLS du 26 juillet 1954 fixant les conditions d'emploi du personnel domestique en l'absence de convention collective peut-il par exemple être appliqué en attendant que la convention collective des gens de maison en projet aboutisse ? L'article 108 du code du travail de 2006 maintient en effet la possibilité, « à défaut ou en attendant l'établissement d'une convention collective, de règlementer les conditions du travail pour une profession déterminée ». Le décret n° 55-972 du 16 juillet 1955[743] pris en application de l'article 108 du CTOM pour la détermination des portions de salaire pouvant être soumises à prélèvement n'a jamais été remplacé malgré les prévisions similaires de décrets dans les articles 104 du code de 1974 et 137 du code de 2006. Le comité technique consultatif de santé et de sécurité pour lequel les articles 128 du code de 1974 et 168 du code de 2006 en appellent à des règlementations est jusqu'en

---

[739] Articles 51 à 53 du code du travail de 1974 et 65 du code du travail de 2006.

[740] JOT du 25 août 1953.

[741] JOT du 16 mai 1955.

[742] Le doute est permis ici car les organismes préconisés en 1955 que sont les banques ou, selon le montant du cautionnement, la caisse des dépôts et consignations sont toujours existants au Togo.

[743] JORF du 21 juillet 1955, p 7282.

mai 2011 l'objet du seul arrêté n° 281-54/ITLS du 19 mars 1954[744]. Le décret du 29 décembre 1955, à l'époque publié au journal officiel de la République française, définissant le statut particulier des inspecteurs du travail des TOM est-il applicable dans l'attente du décret prévu sur ce point par l'article 182 du code de 2006[745] ?

Dans un registre moins ancien, le décret n° 70-164 du 2 octobre 1970 fixant les « mesures générales d'hygiène et de sécurité applicables aux travailleurs des établissements de toute nature en application de l'article 134 du CTOM » n'a été substitué par aucun des textes règlementaires prévus par les articles 129 du code de 1974 et 169 du code de 2006[746]. C'est aussi le cas de l'arrêté n° 11/MSPASCF du 20 juin 1986 portant organisation des prestations médico-sanitaires dans les entreprises en vertu des articles 134, 136 et 137 du code de 1974. Ces textes sont donc les seules sources règlementaires disponibles sur les questions d'hygiène, de santé et de sécurité au travail jusqu'à l'adoption de l'arrêté n° 009/2011/MTESS/DGTLS du 26 mai 2011 d'application de l'article 174 du code du travail relatif au comité de sécurité et de santé au travail[747].

Il est en outre difficile d'entrevoir une hiérarchie des priorités du pouvoir règlementaire sur le plan thématique depuis l'indépendance, et plus particulièrement depuis 1974, tant les thèmes qui ne sont pas règlementairement traités après 1974 ou après 2006 sont variés. D'un point de vue institutionnel, on remarque que l'adoption du texte sur le nouveau Conseil National du Dialogue Social (CNDS) ne s'est pas concommitamment accompagnée de ceux sur les autres organismes de dialogue social. L'organisation de l'administration du travail a fait l'objet de réformes juridiques mais le statut particulier des inspecteurs peine à être adopté. Le travail des femmes et des enfants a été traité mais pas celui des personnes handicapées. Les unions syndicales avaient été encadrées bien avant l'institution des critères de la représentativité syndicale. Le décret sur les jours fériés n'est pas encore

---

744 L'auteur du manuel de 2008 en présente la composition, les attributions et modalités de fonctionnement en vertu de cet arrêté (D. Yabre, *op. cit.* p. 210 s.). Un arrêté 008/2011/MTESS/CAB/DGTLS du 26 mai 2011 (JOT du 17 juin 2011) fixe la composition et les modalités de fonctionnement de l'organisme.

745 L'article 147 du code de 1974 prévoyait ce décret qui n'a cependant pas vu le jour.

746 Ces articles préconisent néanmoins une double intervention règlementaire sur ce point : un décret après avis du comité technique pour les mesures générales et un arrêté après avis du même comité pour les conditions particulières. L'article 134 du CTOM qui ne programmait pour sa part que des interventions par arrêtés pour la fixation des conditions particulières. L'autorité étatique à l'époque a semblé considérer qu'il était pertinent d'établir un cadre plus général.

747 Une circulaire ministérielle du 21 août 1996 s'était chargée de créer l'obligation de mettre en place des comités de sécurité et de santé au sein des entreprises en l'absence de toute prévision légale. L'article 174 « légalise » l'obligation de mettre en place un comité de santé et sécurité dans tout établissement et en appelle à un texte règlementaire d'application. En l'absence du texte règlementaire d'application, Dago Yabre considérait la circulaire applicable tout en critiquant la méthode normative utilisée (D. Yabre, *op. cit.*, p. 213 et 214). Le nouveau texte règlementaire de 2011 prévoit que le comité est obligatoire dans les établissements d'au moins « vingt-cinq salariés, temporaires et occasionnels compris » contre trente selon l'ancienne circulaire.

adopté tandis que l'arrêté sur la durée du travail est en vigueur. Les conditions d'hygiène et de sécurité au travail demeurent régies par un ancien texte alors qu'un arrêté récent encadre les « comités de santé et de sécurité » dans les entreprises. Une priorité paraît toutefois être accordée à la fixation des taxes incombant aux employeurs pour le service de l'inspection du travail. La détermination des indemnités allouées aux assesseurs du Tribunal du travail témoigne peut-être davantage d'une volonté de meilleure application du droit. Or, l'arrêté de nomination des assesseurs n'a pas été réactualisé depuis très longtemps. La même remarque pourrait être faite s'agissant des précisions sur les délégués syndicaux ainsi que des arrêtés de nomination des membres du Conseil National du Travail et des Lois Sociales (CNTLS) ou du médecin inspecteur non encore révisés. Ce manque de lisibilité d'une politique règlementaire est aussi révélé par le constat de thèmes sur-règlementés, sur-règlementation qui contribue aux difficultés d'établir les règlementations en vigueur au Togo.

2. Le constat de thèmes sur-règlementés : l'exemple de l'apprentissage

L'apprentissage constitue l'exemple même d'une activité règlementaire abondante dans les années suivant l'indépendance[748]. Le pouvoir règlementaire, à l'instar d'ailleurs du pouvoir législatif, s'est considérablement mobilisé sur la question du contrat d'apprentissage au Togo. Les difficultés générées par la sur-règlementation de l'apprentissage tiennent de la pluralité inarticulée des sources du droit de l'apprentissage (a) et des contradictions entre leurs contenus (b).

a. La pluralité des sources

Dans l'ordre chronologique après le code de 1974 qui contenait les précisions sur le contrat d'apprentissage, la loi n° 83-20 du 20 juin 1983 portant adaptation et rénovation de l'apprentissage modifiée en certaines de ses dispositions par la loi n° 88-16 du 23 novembre 1988 puis le décret n° 2003-238/PR du 26 septembre 2003 relatif à l'apprentissage sont venus encadrer de façon générale le contrat d'apprentissage. Les autres textes de nature règlementaire adoptés sur l'apprentissage sont l'arrêté n° 89/013/METFP du 25 avril 1989 fixant les conditions de travail des apprentis et la forme du contrat d'apprentissage, l'arrêté n° 89/014/METFP du 25 avril 1989 fixant la durée de l'apprentissage selon les différents corps de métiers, l'arrêté n° 89/013/METFP du 25 avril fixant les conditions de travail des apprentis et la forme du contrat d'apprentissage, l'arrêté n° 89/015/METFP du 25 avril 1989 fixant les droits et frais divers relatifs au contrat d'apprentissage, un arrêté n° 2005/100/METFP du 11 avril 2005 fixant les frais d'apprentissage selon les différents corps de métiers, un arrêté n° 2005/101/METFP/MTAL du 11 avril 2005 portant attribution de l'organisation

---

[748] Nous aurions aussi pu aborder le travail des enfants qui a fait l'objet de plusieurs règlementations.

des examens de fin d'apprentissage et un arrêté n° 2005/102/METFP/MTAL fixant la durée de l'apprentissage selon les différents corps de métiers.

L'articulation pourrait paraître à priori logique entre les sources de différents niveaux. Les arrêtés du 25 avril 1989 viendraient préciser les règles contenues dans la loi de 1988 et les arrêtés du 11 avril 2005 complèteraient le décret adopté en 2003. Cela reviendrait à penser que le bloc applicable à l'apprentissage soit le plus récent des deux. Or, la plupart des dispositions transitoires de ces textes n'abrogent pas explicitement des sources antérieures à l'exception de l'article 39 de la loi de 1983 qui précise que « les dispositions de la présente loi remplacent le chapitre du code intitulé "de l'apprentissage" ». Cet article reprend ensuite la formule de tous les autres textes cités selon laquelle « les dispositions antérieures contraires (...) sont abrogées ». Il ressort donc que seules les dispositions de 1974 peuvent être rayées du dispositif sans vérification de fond[749].

Des textes de loi non spécifiques à l'apprentissage contiennent aussi quelques dispositions à ce sujet. Une loi n° 2002-016 du 30 avril 2002 portant « orientation de l'enseignement technique et de la formation professionnelle » contient une section sur la « formation professionnelle initiale par alternance » dont les articles 19 à 25 traitent particulièrement de l'apprentissage. Enfin, le code de l'enfant de 2007 contient deux articles relatifs à l'apprentissage. Ce texte de loi indique que « les conditions générales de l'apprentissage sont définies par décret en conseil des ministres », en contradiction avec le code du travail de 2006 en vertu duquel « les conditions relatives à l'exécution et à la conclusion du contrat d'apprentissage sont déterminées par la législation en vigueur en la matière ».

L'organisation structurelle de l'apprentissage a aussi considérablement mobilisé le pouvoir règlementaire. La faible visibilité et capacité des structures de formation rattachées à l'État a contribué à une réappropriation de la régulation de l'apprentissage par les organisations de la société civile[750]. Cette interférence des acteurs gestionnaires de l'apprentissage peut expliquer en partie cette forte mobilisation règlementaire. En principe, chaque région du Togo doit disposer d'une chambre régionale des métiers qui défend les intérêts des artisans. Elle a notamment en charge « d'organiser l'apprentissage[751] ». L'arrêté n° 2005-101 du 11 avril 2005 donne compétence aux chambres régionales pour organiser les examens de fin d'apprentissage « en attendant la mise en place du dispositif ». L'article 3 de cet arrêté évoque la collaboration

[749] Nous le verrons, la vérification du contenu de ces dispositions questionne néanmoins la pertinence de cette abrogation explicite dans l'attente de la concrétisation du projet de code de l'apprentissage en réflexion à la direction du travail qui reprend quelques principes de 1974.

[750] Voir infra Partie II, Titre 2, Chapitre 2, Section 1, §2, B.

[751] Loi n° 98-011 du 11 juin 1998.

avec les syndicats des artisans et les associations professionnelles[752]. Un arrêté n° 2004/004/METFP porte nomination des membres d'une « commission interministérielle en vue de la mise en application du décret de 2003 relatif à l'apprentissage » dont neuf sont issus des organisations professionnelles. Un arrêté 2006/009/METFP/MCIA du 21 avril 2006 crée une « commission technique interministérielle d'organisation des examens d'apprentissage des différents corps de métiers » sous la « présidence du directeur des examens, concours et certifications du ministère de l'enseignement technique et de la formation professionnelle ». Ce texte mentionne que deux représentants des syndicats des corps de métiers de la couture et de la coiffure y siègent à « titre transitoire ». Un arrêté interministériel n° 2008/007 du 29 février 2008 attribue « exclusivement » compétence à la Direction des examens, concours et certification pour l'organisation de « l'examen du certificat de fin d'apprentissage (CFA)[753] ». Le directeur doit tout de même maintenir une collaboration avec les corps de métiers pour la réussite de l'organisation de l'examen. Le décret de 2003 mentionne que les structures de formation « sont créées par l'État » au niveau régional et/ou préfectoral dont un arrêté doit déterminer les dénominations.

La pluralité indéniable des sources sur l'apprentissage, qui se compose d'une pluralité à la fois temporelle et thématique de supports juridiques, met en exergue l'interrogation de leur articulation. La formule transitoire du décret général de 2003 – décret qui devait certainement se substituer aux anciennes dispositions légales de 1983 et 1988 – reprise dans les divers arrêtés nous pousse à confronter les contenus de ces textes pour tenter de délimiter les normes officielles applicables en matière d'apprentissage. La recherche des dispositions pertinentes et « non contraires » les unes par rapport aux autres, met en relief quelques contradictions.

---

[752] En 2004, seules les villes de Kara, Atakpamé et Lomé disposaient d'une chambre des métiers opérationnelle. Des conflits entre les organisations professionnelles et ces structures ont conduit à la tenue d'une séance de travail entre les présidents des chambres, des syndicats et leurs ministres de tutelle concluant à la mise en place d'une commission mixte tripartite pour établir les modalités de gestion du dispositif d'apprentissage géré jusqu'à présent par les syndicats. En 2008, « des efforts ont été faits, certes par le ministère de l'Enseignement Technique et de la Formation Professionnelle pour entre autres renforcer les capacités des Centres Régionaux d' Enseignement Technique et de Formation Professionnelle, des Lycées d'Enseignement Technique et Professionnel, du Centre National d'Apprentissage et de Perfectionnement Professionnel, la création des Chambres Régionales des métiers mais d'énormes défis restent encore à relever » (E. Aziagbédé Amouzou, *Étude sur la situation de l'emploi des jeunes au Togo*, Rapport définitif, MTESS/PNUD, 2008, p. 65).

[753] Un communiqué du ministère des enseignements primaire et secondaire, de l'enseignement technique, de la formation professionnelle et de l'alphabétisation du 4 mars 2008 informe par les médias de l'ouverture des inscriptions à l'examen de CFA et précise les conditions et lieux de dépôt exclusifs des candidatures et rappelle « aux parents et aux apprentis que seul le CFA créé et reconnu par l'État est délivré par le ministère ».

b. Les contradictions entre sources

La première contradiction tient aux modalités de conclusion du contrat d'apprentissage. La loi générale de 2002 précise en son article 20 que le contrat d'apprentissage est conclu entre l'entreprise d'accueil ou le patron de l'atelier et l'apprenti « ou » son représentant légal tandis que le décret de 2003, comme les textes généraux antérieurs, mentionnent la signature du maître d'apprentissage, de l'apprenti « et » de son père ou, à défaut de sa mère ou de son représentant légal[754]. Dans la mesure où il est délicat qu'un décret abroge une loi, comment déterminer la disposition en vigueur ? Est-ce qu'un choix optionnel de la participation ou non du représentant légal au contrat d'apprentissage peut être tiré de cette contradiction ?

Certaines conditions d'exécution du contrat ont été reprises au fil des textes. D'autres dispositions non reprises pourraient cependant être pertinentes. Les conditions de l'exécution du contrat d'apprentissage sont assez identiquement fixées par l'arrêté de 1989 et le décret de 2003[755]. L'article 22 de la loi de 2002 mentionne la possibilité, en cas d'apprentissage effectué dans une entreprise, de prévoir une indemnité au bénéfice de l'apprenant. Cette indemnité peut être fixée par le contrat de travail ou les conventions collectives et n'est pas soumise à cotisations sociales. Cette éventualité n'est présente dans aucun autre texte général ou particulier en vigueur[756]. Seul l'arrêté n° 89/013/METFP du 25 avril 1989 précise que le droit au congé de l'apprenti est identique à celui de tout travailleur et que les dispositions légales sur la maternité s'appliquent aux apprenties. Il précise aussi que le report du congé annuel ne peut aboutir à plus de 15 mois d'apprentissage avant le départ de l'apprenti, que la journée de travail ne peut débuter avant 7h00 et se terminer après 19h00 et que la rupture du contrat d'apprentissage dans les trois premiers mois ne donne pas lieu à

---

754 Le projet de code de l'apprentissage de 2008 n'a pas tranché sur ce point en mentionnant un contrat conclu entre le maître, « l'apprenti et/ou son représentant légal ».

755 Aucun apprenti ne peut en principe être employé avant l'âge de 15 ans qui correspond à la fin de la scolarité obligatoire mais il peut être avancé à 14 ans si l'enfant a abandonné le système scolaire ou n'en a jamais bénéficié. Dans ce cas, le maître doit lui permettre de se former en « alphabétisation fonctionnelle ». La durée hebdomadaire de travail de l'apprenti est de 40 heures dans lesquelles les heures de cours théoriques sont comprises. L'apprenti a le droit à la protection sociale. Le contrat d'apprentissage peut être prorogé en cas d'échec à l'examen. Il peut être librement résilié dans les trois mois après le début de l'apprentissage, par accord des parties ou par décision administrative ou judiciaire en cas de faute grave, manquements répétés ou inaptitude. L'obligation de traiter l'apprenti en bon père de famille, de prévenir sa famille en cas de problème, de n'avoir pas commis d'infraction contre les mœurs, d'être majeur et d'inscrire l'apprenti dans un centre de formation est reprise dans les textes. La forme et le contenu du contrat ainsi que les documents à joindre sont identiques. Le certificat médical est désormais obligatoire tandis que la loi de 1983 précisait « dans la mesure du possible ». Le décret de 2003 ajoute le visa de l'inspecteur et du directeur de l'enseignement technique.

756 L'article 49 du code du travail de 1974 prévoyait qu'un arrêté « fixe le taux minimal de rémunération des apprentis sur tout le territoire national ». Il n'a jamais été adopté. Le projet de code de 2008 mentionne l'engagement du maître au « versement d'une rétribution ».

indemnisation sauf en cas d'abus[757]. Certaines dispositions de la fin des années 1980 ont été reprises par le décret de 2003 mais d'autres précisions de l'arrêté n° 89/013/METFP pourraient cependant être pertinentes en l'absence de leur remplacement. Par exemple, la disposition en vertu de laquelle la durée de l'apprentissage peut être réduite d'un à six mois selon la formation acquise au préalable par l'apprenti ou celle sur la prorogation d'un an, prévues par l'arrêté n° 89/014/METFP, pourraient être mobilisables malgré le silence de l'arrêté n° 2005/102/METFP/MTAL sur ces points.

La détermination des corps de métiers d'apprentissage a évolué d'une manière étonnante au regard du contexte togolais. La règlementation de 1989 établissait sept corps de métiers qui renvoyaient à soixante-dix spécialités. Les règlementations de 2005 distinguent quant à elles trente-deux corps de métiers correspondant à des anciennes spécialités. Il en ressort, par exemple, que les métiers de pâtissier, boucher, cuisinier, serveur, serrurier, blanchisseur ou chauffeur ne sont plus référencés. Or, l'apprentissage dans ces domaines reste indiscutable dans les faits à ce jour. Si les durées d'apprentissage globalement comprises entre deux et quatre ans n'ont pas tellement changé entre 1989 et 2005, les frais à la charge de l'apprenti ont considérablement augmenté[758]. Quelles règles appliquer à ces métiers supprimés de la liste ? La fixation de frais d'inscription dans un centre d'apprentissage, de frais de signature du contrat et de frais d'inscription à l'examen ne va-t-elle pas à l'encontre des obligations du maître envers l'apprenti dont celle de l'inscrire dans un centre d'apprentissage et aux examens de fin d'apprentissage[759] ? L'ancienne codification mentionnait l'absence de tout droit de timbre ou d'enregistrement du contrat d'apprentissage. Son article 57 interdisait en outre tout payement en nature ou en espèce au maître d'apprentissage au début et à la fin du contrat.

L'articulation des textes n'est pas aisée pour ce qui concerne la prise en compte des pratiques cérémoniales et des frais d'apprentissage d'usage dans les ateliers. La loi de 1983 assouplissait l'interdiction des cérémonies de début et de fin d'apprentissage en précisant que « dans les régions rurales où c'est d'usage courant », les frais de cérémonies sont à la charge de l'apprenti. Le texte précisait que le montant devait être déterminé par arrêté et limité à 5000 FCFA par cérémonie. L'arrêté de 1989 s'est en effet chargé de règlementer ces frais.

---

757 La sanction de l'abus était prévue de façon générale par l'article 59 bis du code de 1974. Elle est reprise de la sorte dans le projet de code de l'apprentissage de 2008.

758 L'arrêté n° 2005/100 précise pour chaque corps de métier les frais de signature du contrat, d'inscription, d'assurance, de formation et d'examen. Le coût de l'apprentissage varie entre 57000 FCFA pour la boulangerie et 100 000 FCFA pour l'électronique, le froid industriel et ménager, la carrosserie et peinture automobile. La formation dans le corps de métier de « tradithérapie » ajouté en 2005 coûte 67000 FCFA. En 1989, les coûts totaux comprenant les frais de cérémonie de début, les frais de cérémonie de fin et les droits d'apprentissage oscillaient entre 18000 et 30000 FCFA.

759 Un arrêté n° 2003/001/METFP/SG du 22 janvier 2003 fixe en effet les droits d'inscription aux examens officiels de l'enseignement technique et de la formation professionnelle. Ils s'élèvent à 7000 FCFA pour l'obtention du CAP ou du CQP et doivent être versés à la comptabilité de la direction des examens, concours et certifications.

Comment articuler ces deux sources avec l'arrêté de 2005 qui se contente de préciser que « l'organisation d'une fête de libération ou de remise de diplôme » est laissée à la convenance des parents de l'apprenti ? Car la pratique des cérémonies de libération aux frais de l'apprenti et de sa famille comme condition de remise du diplôme est patente au Togo, que l'on se trouve dans des zones rurales ou urbaines[760]. L'ancienne limitation règlementaire nous paraît plus pertinente que l'affirmation d'un choix des parents de l'apprenti qui sont souvent contraints de suivre les règles en vigueur dans les associations professionnelles ou syndicats concernés.

Les règlementations ont institué plusieurs organes de contrôle dont la réalité fonctionnelle paraît très incertaine. La loi de 1983 crée un corps « d'inspecteurs-conseils de l'apprentissage » qu'un décret est appelé à organiser. Ils deviennent des « conseillers d'apprentissage relevant du ministère chargé de la formation professionnelle » en vertu de la loi de 2002. L'article 28 du décret de 2003 leur réattribue l'appellation d' « inspecteurs-conseils » de l'apprentissage et de la formation professionnelle[761]. L'article 29 du décret de 2003 prévoit un arrêté pour l'organisation et le fonctionnement de cette structure de contrôle. En définitive, il apparaît que les inspecteurs du travail sont la seule structure étatique de contrôle existante à ce jour[762].

Les contradictions révélées par l'analyse des textes relatifs à l'apprentissage montrent la relativité de l'impact de la mobilisation du pouvoir règlementaire sur ce thème. Cette relativité de l'impact d'une considération étatique pourtant certaine est aussi illustrée par la permanence d'une mobilisation associative importante sur le thème du droit de l'apprentissage[763]. Le projet d'un code de l'apprentissage rompant avec l'illisibilité du droit étatique en est aussi une image. Notons en outre que le pouvoir règlementaire n'a par exemple jamais adopté les textes règlementaires préconisés par la législation pour limiter la proportion d'apprentis dans les entreprises, en probable considération des problèmes sociaux qu'une telle limitation risquerait de provoquer[764]. Il n'est

---

760 V. par exemple S. Kagnigha, *Les droits fondamentaux dans les relations de travail au Togo*, Mémoire de 3e cycle ENA/AT, Togo, 2008 et E. Aziagbédé Amouzou, *op. cit.* et infra Partie II, Titre 2, Chapitre 2, Section 1, §1, B.

761 Cet article se réfère explicitement à l'article 60 de la loi de 2002 pour aborder ces acteurs. Or, le pouvoir règlementaire se fourvoie un peu dans son référentiel puisque cet article 60 fait la distinction : « les inspecteurs et les conseillers d'apprentissage sont nommés par arrêté ». La notion d'inspecteur renvoyant aux inspecteurs de l'enseignement technique et de la formation professionnelle chargé plus largement du suivi des enseignements dans le cadre de la formation professionnelle de l'article 54 de la loi.

762 Le Tribunal du travail est aussi compétent pour la résolution des litiges d'apprentissage mais ces affaires sont rares (Cf. Entretien avec le président du Tribunal du travail, Lomé, 16 décembre 2008).

763 Voir par exemple le Document de plaidoyer pour un apprentissage à visage humain réalisé par les associations SADD, ATDPDH, ATDH et JOC, Togo, 20 juin 2008.

764 L'apprentissage absorbe une proportion considérable de la population active et constitue la part majoritaire du résultat financier d'un grand nombre des ateliers concernés, en particulier dans le domaine de la coiffure, couture et mécanique.

pour autant pas évident de trancher la question de savoir si les règlementations qui tentent de saisir la réalité de l'apprentissage au Togo sont davantage en phase que certaines des dispositions protectrices envisagées dans le projet de code de l'apprentissage[765].

B. Un contenu partiellement déphasé des règlements

Le déphasage correspond en langage familier à ce « qui a perdu contact avec la réalité ». La malléabilité des frontières de sa définition justifie son utilisation à ce stade de notre analyse. En anthropologie du droit ou sociologie du droit, la notion de déphasage peut renvoyer à celles d'inadaptation ou d'acculturation du droit. La notion de déphasage est pour nous pertinente car elle permet de mettre en partie de côté l'interrogation de l'effectivité, le plus souvent sous-jacente à l'analyse de l'adaptation ou de l'acculturation du droit[766]. Dans la perspective de l'étude des constructions juridiques formelles au Togo, la prise en compte de la réalité sociétale tient davantage aux chances d'application du dispositif juridique officiel et à sa pertinence au regard tout autant des normes internationales et de l'évolution des représentations contemporaines, que de ses effets possibles dans le contexte socio-économique[767]. La construction du droit colonial du travail des années 1950 recèle ces deux paramètres de prise en compte de la réalité : le contexte de contestation de la discrimination juridique en œuvre dans les colonies au regard du droit métropolitain et de la communauté internationale combiné aux représentations françaises du contexte particulier colonisé. Le contenu de ce droit formel permettrait de penser un relatif « phasage » de son élaboration bien que les réalités laborieuses de l'époque révèlent que la contrainte du travail obligatoire perdurait parfois et que le salariat demeurait quantitativement faible.

---

765 Le projet de code pose le principe général de la rétribution de l'apprenti tandis que la loi de 2002 qui l'envisageait maintenait la dualité de l'apprentissage togolais en distinguant l'apprentissage dans les ateliers et celui dans les entreprises.

766 Le pluralisme juridique analysé sur les terrains africains place le plus souvent la norme d'origine étatique en position minoritaire au sein du « système » de droit. La méthodologie qui lie ineffectivité et inadaptabilité du droit institue un critère selon nous insuffisant pour saisir les enjeux et demandes envers le droit (V. N. Rouland, *Anthropologie juridique*, PUF, 1995, *op. cit.*, p. 93), bien que l'on s'accorde à constater la défaillance étatique sur le point de l'effectivité du droit.

767 L'« État mou » conduit à l'émergence certaine de « droits de la pratique » au sens où Etienne Le Roy l'entend, desquels il nous paraît trop rapide d'en tirer l'impertinence du droit étatique en tant que « simple instrument de légitimation » calqué sur les théories juridiques contemporaines occidentales (D. Darbon, « Un royaume divisé contre lui-même... La régulation défaillante de la production du droit dans les États d'Afrique Noire », in D. Darbon, J. Du Bois De Gaudusson (dir.), *La création du droit en Afrique*, Karthala, 1997, p. 101). La mise en relation des acteurs producteurs, transmetteurs et récepteurs du droit formalisé (F. Gény, 1919, *op. cit*) nous amène à la relativisation de cette « importation de forme mimétique » qui, si elle s'avérait effectivement, ne recèlerait pas autant d'incohérences juridiques. L'inadaptabilité du droit tient alors moins à une problématique d'ordre culturel, que de celle des représentations sur cette culture africaine. G. Hesseling et E. Le Roy font la distinction entre l'effectivité de la production et l'effectivité du droit (G. Hesseling et E. Le Roy, « Le droit et ses pratiques », *Politique Africaine*, 1990, p. 2).

Des dispositions règlementaires anciennes non remplacées jusqu'à ce jour au Togo sont en déphasage dans le contexte contemporain du Togo (1). La méthodologie de l'adoption en bloc de quatorze arrêtés en juillet 2010 nous pousse en outre à comparer ces nouveaux textes avec ceux auparavant applicables pour s'interroger sur l'éventualité d'un déphasage de certaines de ces nouvelles règlementations, voire d'une pertinence supérieure des dispositions anciennes remplacées (2).

1. Des dispositions anciennes en déphasage

Nous avons pu l'évoquer au travers des dispositions transitoires de la plupart des règlementations de droit du travail, il apparaît que pratiquement toutes les dispositions anciennes puissent constituer une ressource invocable sous réserve de l'absence de contrariété avec des règlementations plus récentes. Sans rentrer dans l'interprétation délicate des formules transitoires choisies par les autorités togolaises, nous nous cantonnerons aux thématiques qui ont continué à n'être abordées que par d'anciennes règlementations. Le déphasage de ces anciens textes ressort à la fois de l'intervention de l'Indépendance du Togo qui a suscité une réorganisation institutionnelle certaine (a) et d'évolutions juridiques substantielles liées à l'évolution juridique des rapports de travail (b).

a. Le contexte post-indépendance

L'appui sur d'anciens textes règlementaires comme seules ressources disponibles nécessite quelques torsions contextuelles pour justifier leur pertinence. Dago Yabre s'appuie en 2008 sur l'arrêté de 1954 pour présenter le comité consultatif en matière de santé et de sécurité[768]. Ce texte règlementaire institue cet organisme tripartite auprès de l'inspecteur du travail et des lois sociales. L'auteur précise sur ce point qu'aujourd'hui cet « inspecteur » correspond au « directeur général du travail ». Or, l'article 168 du code de 2006 dispose en réalité que ce comité est « institué auprès du ministre chargé du travail et présidé par le directeur général du travail ». L'auteur du manuel reprend la composition de ce comité : le président n'est plus l'inspecteur mais le directeur général du travail, « le directeur du service de santé », « le directeur des travaux publics », « le chef du service des mines », « le médecin inspecteur du travail, s'il en existe », « quatre représentants des employeurs et quatre représentants des travailleurs, nommés par le ministre en charge du travail sur proposition des organisations professionnelles les plus représentatives ». Est-ce que ces fonctions existent en 2008[769] ? Le chiffre de quatre représentants des

---

[768] D. Yabre, *op. cit.* p. 211. Il s'agit de l'arrêté n° 281/54/ITLS du 19 mars 1954.

[769] Si l'on se réfère au décret 2008-09/PR portant organisation des départements ministériels qui « définit l'organisation des départements ministériels et fixe les institutions et organismes qui leur sont rattachés », il est possible de s'interroger sur le point de savoir si le « directeur du service de santé » de l'arrêté correspond au « directeur général de la santé », directeur « des soins de santé primaire », directeur « des pharmacies, laboratoires et équipements techniques » du ministère de la santé ou au directeur « de la santé et de la sécurité au travail » du ministère du travail et de la sécurité sociale. Le « chef du service des mines » peut-il correspondre au chef de la « direction

travailleurs apparaît peu pertinent au regard des six centrales syndicales actuelles, toutes considérées représentatives au niveau national. Le déphasage de cet ancien arrêté est évident en ce qu'il renvoie à une organisation institutionnelle et syndicale qui ne correspond pas à celle des années qui ont suivi l'Indépendance du Togo. L'État togolais s'est attaché à réorganiser l'administration du travail territorialement incarnée à l'époque coloniale par l'« inspection du travail ». Ce vieux texte colonial permet donc difficilement d'envisager la nomination des membres de cet organisme, donc son opérationnalité, même si ses attributions au regard de la règlementation ancienne rappellent les termes de l'article 168 du code de 2006. Le nouvel arrêté du 26 mai 2011[770] se contente désormais de lister les « représentants » de différents ministères et organismes publics[771]. Le comité ne se compose néanmoins que de deux représentants des organisations de travailleurs.

Nous avons évoqué le fait que des inspecteurs du travail en poste à Lomé regrettent qu'aucune loi n'établisse pour eux un statut particulier. L'article 182 du code de 2006 mentionne qu'un « décret en conseil des ministres fixe le statut particulier de ces fonctionnaires qui doivent bénéficier des moyens matériels et de ressources financières nécessaires à leur indépendance et à l'exercice de leur fonction ». Est-ce que le décret du 29 décembre 1955 fixant le statut des « inspecteurs généraux et inspecteurs du travail et des lois sociales »[772], adopté pour l'ensemble des TOM à l'époque, serait une ressource utile pour la protection de ces agents ? Les dispositions règlementaires qui fixent l'organisation par échelons et grades de l'inspection du travail dans les TOM ainsi que les modalités du recrutement de ces agents, leur nombre et avancement sont en déphasage certain. L'organisation actuelle de l'administration du travail togolaise est davantage simplifiée. Chaque dénomination correspond à un positionnement hiérarchique : directeur général, directeur général adjoint, directeur de service, directeur régional ou chef de zone, inspecteur et contrôleur. Les inspecteurs et contrôleurs sont en principe formés à l'école nationale de l'administration (ENA) du Togo mais les modalités de leur recrutement sont aléatoires. Certains inspecteurs du travail en poste ne sont pas passés par cette école. Il serait donc utile d'adopter un nouveau texte car celui de 1955 est totalement dépassé sur ce point dans le contexte togolais. Le déroulement de la carrière de ces agents ne répond aujourd'hui à aucune

---

générale des mines et de la géologie », ou au service central du ministère des mines, de l'énergie et de l'eau ? Quelle personnalité du ministère des travaux publics, des transports, de l'urbanisme et de l'habitat correspond le mieux au « directeur des travaux public » ?

[770] Arrêté n° 008/2011/MTESS/CAB/DGTLS portant composition et fonctionnement du comité technique consultatif de sécurité et santé au travail (CTCSST), JORT du 17 juin 2011, p. 14.

[771] Il s'agit d'un représentant par ministère en charge du travail, de la santé, de l'industrie, de l'environnement, de l'agriculture, des travaux publics, des transports, des mines, de l'économie et des finances et de la fonction publique. Y siègent un représentant de la CNSS, un représentant de la SAZOF et deux représentants du CNP.

[772] JORF du 30 décembre 1955, p. 12765.

règlementation formelle. Ces derniers souhaiteraient en outre qu'il soit ajouté dans ce statut des dispositions de garanties de liberté et de facilitation d'exercice de leur tâche pour une meilleure garantie de l'exercice de leurs attributions dans l'esprit des conventions n° 81 sur l'inspection du travail et n° 150 sur l'administration du travail de l'OIT ratifiées par le Togo en 2012.

b. L'évolution juridique des rapports de travail

Pour illustrer le déphasage d'anciennes règlementations lié à l'évolution juridique des rapports de travail, nous prendrons l'exemple des conditions de travail du personnel domestique. Ce sujet constitue un thème récurrent de mobilisation des instances de l'OIT, notamment dans la recherche d'outils normatifs pour le secteur dit « informel »[773]. Dans un registre moins ancien, le décret n° 70-164 du 2 octobre 1970 fixant les « mesures générales d'hygiène et de sécurité » constituera la deuxième illustration du déphasage de certaines règlementations du fait d'un manque indéniable de contemporanéité juridique.

Selon une « Étude sur la situation des travailleurs/travailleuses de maison au Togo[774] », on dénombrerait environ 211 000 travailleurs domestiques au Togo en 2008. Cette étude montre l'hétérogénéité de la notion de travail domestique. Les auteurs ne se satisfont pas de la définition proposée au niveau international par la convention n° 177 de 1996 sur le travail à domicile. La notion de travailleur domestique peut recouvrir plusieurs types de relation de travail et de tâche à accomplir. Sa distinction avec les « gens de maison » n'est pas toujours aisée. Le directeur du dialogue social de l'administration du travail exclut ces derniers du salariat[775]. Il estime nécessaire de préciser les types de travaux concernés étant donné la variété des relations de travail possibles selon le type d'employeur, d'habitat ou d'accueil de l'employé[776]. Pour cet agent de l'administration du travail, le personnel domestique devrait disposer d'un droit particulier qui soit à la fois souple sur les conditions de travail telles que les

---

[773] « Le colloque [interrégional tripartite sur l'économie informelle : permettre la transition vers la formalisation (Genève, novembre 2007)] a lancé un appel pressant en faveur d'une action normative concernant les travailleurs domestiques ». Des politiques de l'emploi pour la justice sociale et une mondialisation équitable, rapport sur l'emploi au titre de la question récurrente, CIT, 2010, 99e session, p. 153. Le rapport IV pour la 100e session de la CIT de juin 2011 est en effet consacré au « travail décent pour les domestiques ». Le projet de convention internationale qu'il contient tend à garantir l'équivalence de droit du travail pour ce type de travailleur.

[774] F. Komlavi et G. Agbo, Étude sur la situation des travailleurs/travailleuses de maison au Togo, SADD-WSM, Togo, 2008.

[775] Cf. Entretien avec un inspecteur du travail, directeur du dialogue social, Lomé, 23 décembre 2008.

[776] « Il faut refaire la nomenclature des emplois parce que par exemple ils n'ont pas parlé des gardiens qui sont du personnel domestique, des jardiniers etc. Ce n'est pas seulement les cuisiniers, les boys et bonnes. (…) Les gardiens, les chauffeurs font partie du personnel domestique. Ça dépend, c'est si c'est un chauffeur au domicile » (Cf. Entretien avec un inspecteur du travail, directeur du dialogue social, Lomé, 23 décembre 2008). Le président de la Chambre sociale de la Cour d'appel de Lomé pense que les employés des bars et maquis sont des gens de maison (Cf. Entretien, Lomé, 3 février 2009).

horaires mais aussi protecteur. Il faudrait selon lui définir précisément les modalités et contenus de la fourniture éventuelle de logement ou de nourriture lorsqu'elle est prise en compte dans le versement du salaire. Il pense qu'un contrat écrit précis serait une garantie contre des abus et qu'il serait pertinent de rappeler que les règles du code du travail les concernent aussi. La nouvelle Convention n° 189 de l'OIT va dans ce sens en ce qu'elle précise les clauses informatives du travailleur à domicile sur les conditions de son travail[777].

L'arrêté togolais de 1954 relatif à cette catégorie de travailleurs présente un déphasage partiel au regard de ces différentes approches contemporaines. L'article 2 de l'arrêté n° 747-54/ITLS du 26 juillet 1954 « fixant les conditions d'emploi du personnel domestique en l'absence de convention collective » définit l'employé de maison comme « tout salarié attaché au service d'un foyer, quel que soit le mode et la périodicité de la rétribution, et occupé aux travaux de maison d'une façon habituelle par un ou plusieurs employeurs ne poursuivant pas de fins lucratives » dans l'utilisation de ces travaux. Le premier article de ce texte pose l'obligation de l'employé « d'accomplir tous les travaux exigés » par « la famille au service de laquelle il s'est engagé suivant les termes généraux du contrat de travail et les usages du lieu ». Le texte dispose qu' « il importe que les conditions d'emploi soient toujours établies sans équivoque » et qu' « en cas d'engagement à durée déterminée, un contrat écrit n'est pas nécessaire ». Le « cuisinier » et le « boy » sont les seuls types d'employés pour lesquels le texte de 1954 détermine une classification et une rémunération minimale. Ce texte de 1954 n'apporte pas de précisions sur les modalités de paiement en nature de ce personnel. L'arrêté de 1954 se cantonne en définitive à établir quelques règles dérogatoires propres au personnel domestique dont un exemple significatif est le licenciement sans préavis en cas de faute, peu importe son degré de gravité. L'arrêté mentionne l'application de quelques éléments seulement du droit du travail : le congé maladie, les congés payés et l'indemnité éventuelle de déplacement[778]. Le déphasage du texte de 1954 est certain dans le contexte togolais où le travail du personnel domestique appelle davantage à des

---

[777] Les conditions du logement et de nourriture sont notamment mentionnées (CIT, 100e session 2011, rapport IV et article 7 h).

[778] Ce texte fixe la période d'essai à 15 jours. La possibilité de rompre la relation est soumise au respect d'un préavis de 8 jours qui, s'il n'est pas exécuté, est remplacé par le versement d'une indemnité sauf en cas de faute. L'arrêté reprend la règle d'équivalence de 56 heures pour les gens de maison mais précise que compte tenu de « l'usage consacré par la coutume qui accorde au personnel domestique un repos quotidien entre 14 heures et 18 heures », (...) le repos de nuit entre deux journées en principe de 9 heures pourra être exceptionnellement baissé ». L'employé de maison a droit à un repos hebdomadaire de 24 heures en principe le dimanche. Il peut toutefois être pris en deux demi-journées au cours de la semaine. L'absence de repos au cours d'une semaine avec compensation est déterminée d'accord parties. Les congés sont en principe pris chaque année mais peuvent être, d'accord parties, calculés sur une période maximum de 30 mois. Le cuisinier ou le boy qui est licencié après deux ans au moins de service et sans avoir commis de faute lourde a le droit à une indemnité de licenciement égale à 20% du salaire mensuel.

garanties de qualité qu'à l'établissement de règles discriminatoires[779]. Il s'inscrit en outre dans le débat contemporain, tant chez les agents de l'inspection du travail qu'à l'OIT, sur le consensus possible entre un droit spécifique et un droit protecteur[780].

Le déphasage du décret n° 70-164 du 2 octobre 1970 fixant les « mesures générales d'hygiène et de sécurité » encore en vigueur au Togo découle davantage d'une non-contemporanéité juridique et technique de ses dispositions. Quelques articles comportent une certaine technicité en ce qu'ils précisent des dispositifs de sécurité à mettre en place au niveau de différents types de machines et lieux de travail. Il établit en outre quelques règles relatives à l'hygiène des lieux de travail. Peu de précisions numériques sont néanmoins fournies et le mécanisme de contrôle de ces dispositions est globalement imprécis. Il ressort de ce texte que cette tâche incombe globalement à l'inspecteur du travail. Le décret précise que la compétence de mise en demeure en cas d'infraction est aussi attribuée aux chefs de circonscriptions administratives « en qualité de suppléants légaux des inspecteurs du travail »[781]. Le chapitre IV du décret touche aux « mesures de prévention contre les accidents ». Son contenu est peu détaillé et se cantonne à des dispositions matérielles qui ne paraissent pas couvrir l'ensemble des risques d'accidents. La teneur en prévention semble limitée en ce qu'aucune obligation d'informations et prescriptions n'est mise à la charge du chef d'établissement. L'absence de toute mention de l'existence d'agents spécialisés dans le contrôle de ces mesures, tels que des médecins du travail, rend ce texte peu pertinent. La thématique de l'hygiène est traitée par le décret de 1970 mais le peu de précisions rend obsolète toute perspective réelle d'application et de contrôle[782].

---

[779] « Il faut définir tout cela avec des rémunérations fixes. Il faut voir aussi comment le domestique mange, ce qu'il mange et comment il dort. S'il faut dormir après tout le monde à 23h et se réveiller avant tout le monde à 3h. Il faut les avancements, l'ancienneté tout ça. Est-ce que les patrons vont accepter cela. Donc il faut voir ce qui est faisable, ce qui est acceptable, en tenant compte de notre contexte » (Cf. Entretien avec un inspecteur du travail, directeur du dialogue social, Lomé, 23 décembre 2008). Cf. aussi entretiens avec le président du Tribunal du travail (Lomé, 16 décembre 2008) et avec le directeur régional du travail de Dapaong (région des Savanes, 22 janvier 2009).

[780] La nouvelle Convention n° 189 de l'OIT sur les travailleuses et travailleurs domestiques adoptée en 2011 vise une approche juridique à la fois spécifique et égalitaire de ces travailleurs. Des mesures visant à garantir les droits fondamentaux, des conditions d'emploi équitables et décentes, à imposer un contrat écrit, à adopter une limitation à la rémunération en nature doivent être envisagées. Une égalité de traitement en matière de repos doit être recherchée « compte-tenu des caractéristiques particulières du travail domestique ».

[781] Cette disposition pourrait être mobilisable pour renforcer les capacités des agents de l'inspection du travail qui sont peu nombreux et ne disposent pas forcément des moyens de déplacement pour effectuer les contrôles.

[782] Par exemple, s'il est précisé que l'employeur doit mettre à disposition des cabinets d'aisance, avec une séparation entre les hommes et les femmes, le nombre et le volume de cette obligation ne sont précisés que pour les femmes. Le Port Autonome de Lomé ne compterait qu'un seul équipement de cette nature pour l'ensemble des dockers et ne comporterait aucun endroit du type vestiaire. Le texte de 1970 est en effet ambigu sur cette obligation : « les chefs d'établissements mettront des lavabos, lorsqu'il y aura lieu, des vestiaires à la disposition de leur personnel » (B. Y.

Différents types de machines ou substances utilisées en milieu de travail sont mentionnées dans ce décret mais leurs caractéristiques techniques et leurs modalités d'homologation au Togo sont floues. Il est en effet constant qu'une majeure partie de ces machines a déjà servi avant d'arriver sur le territoire du Togo. Soit la machine est homologuée à l'étranger, soit c'est un arrêté ministériel qui doit en décider. Les mesures de protection individuelle ne sont pratiquement pas précisées dans ce texte ainsi que les actions de sensibilisation à ces mesures. Si ce décret est le support unique des règles substantielles relatives à l'hygiène, la santé et la sécurité au travail, il apparaît être un outil peu favorable à l'exercice du contrôle qu'il appelle et peu adapté aux évolutions technologiques attachées au monde industriel[783].

Après ce décret général, un arrêté n° 11-86 du 20 juin 1986 est venu remplacer l'arrêté colonial sur les prestations médico-sanitaires dans l'entreprise[784]. Ce texte oblige tout établissement « sans exception » à mettre en place un service médical « avec ou non présence d'un médecin compétent en médecine du travail, hygiène et sécurité ». On découvre dans ce texte le principe selon lequel un médecin n'a pas le droit d'exercer ses attributions dans plus de deux entreprises et que le « service médical interentreprises n'est pas admis » alors que cette possibilité est mentionnée dans les textes règlementaires relatifs à l'organisme de dialogue social en matière d'hygiène et de sécurité et aux comités de santé et de sécurité dans les entreprises. Enfin, ce texte fait obligation pour tout établissement de comprendre trois salles distinctes destinées à la santé des travailleurs et de faire procéder pour tout travailleur à une visite médicale d'embauche qui serait effectuée par le service national de la médecine du travail[785]. Le certain irréalisme qui habite ces dispositions cache un déphasage certain de ce texte ambitieux de 1986, à l'heure où des actions de solidarité internationale mettent en place des camions itinérants de médecine du travail. Le rapport du compte-rendu des états généraux de la santé et sécurité au travail tenus au mois de janvier 2008 pose la nécessité d'une réflexion prioritaire sur les acteurs et le rôle de l'État. L'appréhension juridique

---

Fantowou, La gestion des risques professionnels dans la manutention au Port Autonome de Lomé. Le cas des dockers, Mémoire de 3e cycle ENA/AT, Togo, 2008).

783 Le Sénégal a dans cette optique adopté en bloc le 15 novembre 2006 des décrets particuliers : sur les chantiers temporaires et mobiles, sur la circulation de véhicules ou d'engins dans les entreprises, sur la prévention de facteurs physiques d'ambiance, sur les moyens juridiques d'intervention de l'inspecteur du travail, sur les prescriptions minimales sur les risques chimiques, sur la médecine du travail, les comité d'hygiène et de sécurité.

784 Le Sénégal continue de s'en référer aux textes coloniaux sur ce point.

785 « Longtemps laissé pour compte, le secteur de la sécurité et santé au travail se réorganise peu à peu ces trois dernières années. Le ministère en charge de la Sécurité sociale entreprend de remettre au goût du jour la Direction de la Sécurité et santé au travail (les autorités comptent la rendre opérationnelle à court terme) et le Service national de la médecine du travail. « Notre objectif est que les lieux de travail au Togo soient sûrs et sains », indique M. Broohm. (...) L'État va se doter d'une politique claire de prévention basée sur une cartographie nationale des risques » (V. http://www.presidencetogo.com/index.php?option=com_content&task=view&id=143&Itemid=53).

des questions de santé, sécurité et hygiène sur les lieux de travail doit en outre être renouvelée : prise en compte de l'environnement, du secteur dit informel, du stress au travail et de l'absence d'assurance maladie[786]. Aussi, le travail en amont qui doit porter sur la construction juridique d'une efficacité structurelle pour la connaissance du risque lié au travail et la recherche d'outils pertinents de gestion de ce risque[787] rend-t-il les dispositions de 1970 complétées par l'arrêté de 1986 pour le moins inappropriées.

2. Des règlementations nouvelles peu pertinentes

Le pouvoir règlementaire a élaboré et adopté certains textes d'application du code de 2006. Ces textes manifestent-ils une prise en considération du contexte juridique national et international et de l'évolution des problématiques contemporaines liées aux rapports de travail du Togo ? Nous avons relevé que les renvois légaux aux règlementations ont concerné des thèmes assez similaires depuis 1952. Aussi, certains contenus des nouveaux textes règlementaires rappellent les anciennes dispositions, ce qui nous conduit à comparer ces textes dans la perspective de mesurer la persistance possible d'un déphasage règlementaire. On peut souligner dans ce sens une insistance règlementaire sur l'intervention étatique dans la relation subordonnée de travail (a) et quelques indices de régression juridique (b).

a. L'insistance sur l'intervention étatique

Le nouvel arrêté du 30 juillet 2010 déterminant le régime de dérogations à la durée du travail prévu à l'article 142 du code du travail reprend globalement les dispositions de l'arrêté n° 612-53/IT du 22 août 1953. Certaines modifications questionnent toutefois l'enjeu normatif de la nouvelle règlementation qui semble durcir certaines conditions du dispositif du temps de travail togolais. Le texte reconduit l'obligation pour l'employeur d'informer l'inspecteur du travail sur la nature des travaux, les horaires envisagés et le nombre de travailleurs concernés pour l'exécution des prolongations journalières. L'arrêté de juillet 2010 comprend un chapitre 3 sur les heures supplémentaires. Il précise les cas et les limites de l'utilisation des heures supplémentaires assez similairement aux dispositions de l'arrêté n° 612-53/IT du 22 août 1953[788]. L'article 8 du nouvel

[786] Rapport du compte-rendu des états généraux de la santé et sécurité au travail de janvier 2008.

[787] Les normes internationales de l'OIT insistent depuis les années 1980 sur la nécessité d'une politique nationale et l'aspect préventif et informationnel que doit recouvrir la gestion de la santé et sécurité au travail : Convention n° 187 de 2006 sur le cadre promotionnel pour la santé et sécurité au travail, Convention n° 161 de 1985 sur les services de santé au travail, Convention n° 155 de 1981 sur la sécurité et la santé des travailleurs et son protocole de 2002. V. aussi A. Katou-Kouami, *Étude critique du droit togolais des conditions de travail,* Thèse pour le doctorat en droit, Bordeaux IV, 1996.

[788] L'arrêté colonial n° 614-53/IT du 24 août 1953 règlementant les heures supplémentaires et les modalités de leur rémunération qui complétait l'arrêté n° 612-53/IT précité n'a pas été une source d'inspiration du pouvoir règlementaire, dans le respect de l'article 142 du code de 2006 qui préconise que les taux de rémunération de ces heures sont désormais du domaine des conventions collectives.

arrêté reprend l'article 7 3° de l'arrêté n° 612-53/AT du 24 août 1953 : « des heures supplémentaires peuvent être autorisées en cas de travaux urgents et exceptionnels ou saisonniers ou justifiés soit par un surcroît extraordinaire de travail, soit par pénurie de la main d'œuvre, en vue de maintenir ou d'accroître la production ». L'arrêté de 2010 reconduit la règle selon laquelle ces « travaux donneront lieu à des heures supplémentaires effectuées dans la limite de vingt heures par semaine ». La définition des heures supplémentaires par leur contexte particulier et l'objet de leur exécution est inchangée. Le principe général de l'autorisation tel qu'il découle de l'article 8 du nouvel arrêté est toutefois en contradiction avec la règle de l'article 9, reprise du texte de 1953, selon laquelle l'autorisation n'est nécessaire qu'au-delà de huit heures supplémentaires par semaine[789]. Le nouvel arrêté ajoute des délais de réponse de l'inspecteur et des organisations syndicales[790].

Si cette nouveauté paraît pertinente au regard de l'exceptionnalité qui doit caractériser les heures supplémentaires, la question se pose des conséquences du non respect de ce délai par l'inspecteur du travail[791]. Une ambiguïté du texte tient également à l'incertitude de l'intervention des organisations syndicales dans le contrôle des heures supplémentaires[792]. Le recours aux heures supplémentaires tel que strictement encadré contrarie ici aussi la volonté du législateur d'assouplir le droit du travail togolais. Enfin, les dispositions de l'arrêté de 2010 relatives aux heures de récupération en cas d'interruption collective de travail impliquent que l'employeur est désormais tenu d'informer l'inspecteur du travail de chaque récupération tandis qu'il avait auparavant le choix entre la tenue d'un registre précis ou l'information de l'inspecteur. On pourrait ajouter ici les interrogations que peut soulever l'adoption de l'arrêté n° 009/2011/MTESS du 26 mai 2011 fixant les modalités d'organisation et de fonctionnement du comité de santé et de sécurité au travail (CSST), pris en application de l'article 174 du code du travail de 2006. Au-delà de sa composition qui paraît difficile à respecter dans certaines entités économiques

---

[789] L'article 9 de l'arrêté de 2010 dispose qu' « elles peuvent être exécutées jusqu'à concurrence de huit heures par semaine sur avis adressé à l'inspecteur du travail et des lois sociales (…). Au-delà de huit heures par semaine, l'exécution des heures supplémentaires est subordonnée à l'autorisation préalable de l'inspecteur du travail et des lois sociales du ressort qui demandera l'avis des organisations syndicales intéressées ».

[790] Il actualise aussi les recours possibles contre ces décisions. L'ancien texte ne précisait que la possibilité, en cas d'opposition des organisations syndicales, de soumettre le litige au chef de Territoire.

[791] Cette création d'un délai peut être rapprochée de l'article 17 de l'arrêté de mai 2011 sur la mise en place du comité de santé et de sécurité dans les entreprises qui précise que l'inspecteur du travail dispose « de quinze jours pour délivrer l'attestation de mise en place du CSST ».

[792] Elles « doivent donner leur avis dans les 48 heures ; si elles n'ont pas répondu dans ce délai, elles sont censées être favorables (…). En cas d'opposition de la part des organisations syndicales, le litige est soumis au président du Tribunal du travail qui décide si l'autorisation sollicitée doit être accordée ou non ».

du Togo[793], le texte prévoit que sa mise en place donne lieu à la communication de la liste des membres à l'inspecteur du travail qui dispose ensuite de quinze jours pour délivrer une attestation de mise en place du CSST.

La multiplication des correspondances obligatoires à charge de l'employeur est-elle pertinente au regard du contexte administratif togolais ? L'efficacité de ces obligations en termes d'exercice du contrôle par l'inspecteur du travail n'est pas certaine[794]. Au-delà du fait qu'elles s'inscrivent à contre-courant du discours sur la dérèglementation ou flexibilisation[795], les obligations procédurales paraissent le plus souvent contreproductives car dépendantes des volontés patronales dans le contexte du Togo. Le rédacteur du nouvel arrêté n'a pas repris la possibilité pour les entreprises qui justifient l'impossibilité de mettre en œuvre les dispositions ayant trait à la durée du travail, aux heures supplémentaires ou à la récupération d'adresser une demande de délai avec l'établissement de mesures particulières pour la mise en application progressive de la règlementation. Cette disposition aurait pu être pertinente au regard du constat d'inapplication des règles sur la durée du travail. La pratique de l'accompagnement et de l'octroi de délais par les inspecteurs du travail est en effet révélée en pratique[796]. Une prévision juridique de cette possibilité serait-elle pertinente pour en rationaliser la pratique ?

L'arrêté n° 321-54/ITLS 2 avril 1954[797] pris en application de l'article 164 du CTOM déterminant les modalités d'organisation et de fonctionnement de la délégation du personnel dans l'entreprise est remplacé par l'arrêté n° 021 du 10 décembre 2009. Ce nouveau texte n'est pas sensiblement différent de l'ancien mais consacre la présence systématique de l'inspecteur du travail. Le nouvel article 19 précise que « tout le processus se déroule sous la supervision de l'inspecteur du travail et des lois sociales du lieu du ressort ou de son représentant qui authentifie le procès verbal par sa signature ». Si le caractère pertinent de cette règle peut être tiré de pratiques relevées dans certaines entreprises, elle interroge au regard du personnel disponible pour accomplir

---

[793] Le CSST devra comprendre notamment « l'ingénieur de sécurité ou à défaut le responsable chargé des questions de sécurité » dans l'établissement ou l'entreprise, « le médecin du service de sécurité et santé au travail autonome ou interentreprise » et le « conseiller social de l'entreprise ».

[794] L'arrêté du 30 juillet 2010 relatif au bulletin individuel de salaire réitère l'intervention de l'inspecteur du travail pour l'autorisation de dérogation à l'obligation de la remise du bulletin. Le code du travail de 2006 préconise en effet cette intervention administrative mais l'autorité règlementaire n'a pas apporté de précisions. L'arrêté de 1954 mentionnait les cas et procédés d'octroi de dérogations et « tolérances » et en limitait la durée.

[795] Le pouvoir règlementaire a maintenu les autres dispositions de 1953 sur les heures supplémentaires : la durée de six mois maximum de l'autorisation de l'inspecteur, l'inapplication aux travailleurs embauchés temporairement pour faire face à un surcroît extraordinaire de travail, l'interdiction de licencier « pour manque de travail ou compression d'effectif » le personnel qui a exécuté des heures supplémentaires dans le mois suivant le dernier jour d'exécution de ces heures.

[796] Voir infra Partie II, Titre 2, Chapitre 1, Section 2.

[797] JOT du 16 avril 1954.

cette tâche[798] et sur l'impartialité de ces agents lors des processus électoraux. L'intervention possible de l'inspecteur du travail est maintenue s'agissant de déroger aux conditions d'électorat et d'éligibilité dans le cas où celles-ci entraîneraient une réduction du nombre des travailleurs électeurs et éligibles à moins du quart de l'effectif[799]. Le nouvel arrêté sur la délégation du personnel est d'interprétation ambivalente. Tandis qu'une nouveauté s'intègre bien dans l'ambition du respect de la liberté syndicale, nous verrons qu'il en contient une autre qui supprime un élément du dialogue dans l'entreprise.

b. L'impression de régression juridique

Les nouvelles règlementations d'application contiennent quelques dispositions qui éveillent l'impression d'un recul du droit du travail pris dans son sens de droit de garanties de protection des travailleurs. Des évolutions règlementaires peuvent ainsi laisser transparaitre l'affaiblissement du droit syndical, le pouvoir décisionnel concentré entre les mains de l'employeur, la rigueur disproportionnée des conditions de travail, des discriminations juridiques entre travailleurs, ou encore une prise en compte ambivalente de l'évolution du droit du travail en lien avec l'évolution des techniques.

L'arrêté n° 021 du 10 décembre 2009 sur la délégation du personnel est d'interprétation ambivalente car il contient à la fois des dispositions favorables à la garantie de la représentation collective dans l'entreprise et des dispositions remettant en cause le dialogue social dans l'entreprise. Concernant l'organisation des élections professionnelles dans l'entreprise, l'autorité règlementaire de 2009 supprime le principe de concertation entre le chef d'établissement et les organisations syndicales, si elles existent, en vue de décider du jour, du lieu et des heures d'ouverture du scrutin. Le chef d'établissement détermine désormais seul ces aspects électoraux. Le nouvel arrêté retire toutefois de façon heureuse la précision ancienne d'absence de droit au versement de leur rémunération pour les délégués suppléants assistant les titulaires lors de réunions[800]. Bien qu'il maintienne la condition de demande préalable d'audience qui « doit rester compatible avec le respect des prérogatives du chef d'établissement », le texte de 2009 affirme que l'employeur

---

[798] Cette question se pose *a fortiori* au vue de la nouvelle règlementation sur la représentativité qui laisse présager que des élections professionnelles auront lieu en même temps tous les quatre ans (arrêté n° 019/MTESS/DGTLS du 10 décembre 2009).

[799] Cette disposition - qui pouvait se justifier à l'époque coloniale durant laquelle l'âge d'admission au travail était inférieur et le CDD n'était pas juridiquement limité - implique la possibilité d'entreprises qui embauchent majoritairement des travailleurs de moins de 18 ans, des travailleurs journaliers et temporaires ou des membres de la famille du chef d'entreprise.

[800] Quelques dispositions du texte règlementaire togolais rappellent celles légales de droit français. Si l'article L.2315-1 du code du travail français emploie aussi la notion générale de « délégué du personnel » pour établir le droit au crédit d'heures, son article L.2315-11 en vertu duquel « le temps passé par les délégués du personnel, titulaires ou suppléants, aux réunions (...) est rémunéré comme temps de travail » précise utilement que « ce temps n'est pas déduit du crédit d'heures dont disposent les délégués du personnel titulaires ».

ne peut s'opposer à l'assistance des délégués par des représentants syndicaux. L'article 8 du nouvel arrêté dispose de façon générale que « les délégués sont élus sur les listes établies par les organisations syndicales présentes ou représentées au sein de chaque établissement pour chaque catégorie de personnel ». Cette nouvelle rédaction implique que seules les organisations syndicales sont habilitées à présenter des candidats[801] et contrarie les dispositions de l'arrêté relatives au deuxième tour du scrutin. La notion de représentativité est abandonnée, ce qui peut être justifié par l'institution, par arrêté adopté le même jour, du critère unique fondé sur les élections professionnelles tous les quatre ans. L'abandon par l'autorité règlementaire de l'éventualité d'une absence syndicale dans certains établissements au premier tour est contredit par l'article 11 du texte qui envisage la carence d' « organisations syndicales présentes ou représentées au sein de l'établissement ou du collège » constatée par l'inspecteur du travail[802]. Enfin, l'arrêté de 2009 reformule de façon à la réduire la présomption de contrat de travail des gérants et représentants de l'entreprise en vue du calcul de l'effectif de l'entreprise[803]. La démarche règlementaire de 2009 met en exergue une ambivalence des objectifs recherchés. Des indices tels que la suppression de la concertation collective ou les contradictions entre articles semblent traduire un recul tandis que d'autres paraissent illustrer un souci d'égalisation et de garanties.

Le nouvel arrêté du 30 juillet 2010 qui détermine le régime de dérogations à la durée du travail, reprenant un peu différemment les dispositions de l'arrêté n° 612-53/IT du 22 août 1953, est aussi d'interprétation difficile. L'ancien article 3 qui instituait une durée hebdomadaire de 42 heures en moyenne sur douze mois dans les entreprises fonctionnant en continu le jour et la nuit n'a pas été repris en 2010 ce qui peut gager d'une volonté de supprimer l'inégalité qui pouvait en découler. Le nouvel arrêté reprend les hypothèses d'équivalences de 1953 « en raison du caractère intermittent du travail ». Elles sont néanmoins complétées par de nouveaux cas : les gardiens de jour ou de nuit sont ajoutés au personnel domestique et au personnel des hôtels-restaurants, en dehors des cuisiniers, s'agissant de l'équivalence de 56 heures. Une équivalence de 48 heures est créée pour les chauffeurs affectés au transport du personnel d'une entreprise, le personnel bagagiste, d'accueil ou manutentionnaire d'escale dans le transport aérien et les chauffeurs de car de tourisme. L'ajout d'équivalences en 2010 pour le gardiennage ou la conduite du personnel d'une entreprise peut être perçu comme un signe de maintien d'une rigueur de ces travaux dont l'aspect intermittent justifie aujourd'hui difficilement la dérogation. Ceci est

---

801 L'ancienne disposition précisait que « les délégués sont élus sur des listes établies par les organisations syndicales les plus représentatives, s'il en existe au sein de chaque établissement ».

802 Le texte colonial prévoit ce constat de carence en cas d'absence d' « organisation syndicale suffisamment représentative de l'établissement ou du collège ».

803 Les gérants ou représentants comptabilisés sont ceux « liés par un contrat de travail ». L'ancien texte précisait que l'effectif comprenait les « gérants ou représentants liés par un contrat de travail (même conclu) sous une appellation inexacte ».

aussi vrai pour la reprise règlementaire de la possibilité d'une présence continue d'un gardien six jours sur sept[804]. Quant aux prolongations journalières, l'arrêté de 2010 reprend les trois types de dérogation possibles : les prolongations permanentes qui donnent lieu au paiement normal des heures effectuées en plus[805], celles qui ne sont pas comptabilisées en sus de la durée légale de 40 heures[806] et les prolongations temporaires rémunérées au tarif normal. Le peu de règles de compensation est maintenu[807].

Le choix de l'autorité règlementaire de reprendre l'ancien texte en y ajoutant des équivalences questionnables au regard de certaines réalités plutôt que de s'appuyer sur ce qui se fait ailleurs, par exemple pour les personnels hospitaliers et des centres médicaux-sociaux est assez étonnant. Le rédacteur a-t-il pensé plus en phase de supprimer les « jours de fêtes légales, religieuses ou coutumières et autres évènements locaux » des exemples d'interruptions collectives de travail permettant la pratique des « heures de récupération » ? Il peut toutefois en résulter le résultat regrettable qui consisterait pour l'employeur, ne pouvant plus appliquer de récupération dans ce cas, à refuser systématiquement des autorisations d'absence pour participer à des évènements locaux qui ont une certaine importance dans les différentes régions du Togo.

La comparaison entre l'ancienne règlementation et celle très récente sur le « registre d'employeur » révèle également l'éventualité d'un déphasage plus important des dispositions nouvelles. La méthode règlementaire a aussi consisté en une reprise différenciée du texte anciennement applicable[808]. Tout employeur du territoire togolais doit « tenir à jour, au lieu du principal établissement, un registre dit « registre d'employeur » comprenant trois

---

804 La Recommandation de l'OIT n° 116 de 1962 enjoint les États membres d'essayer de tendre vers l'application généralisée de la règle des 40 heures posée par la Convention n° 47 de 1935. Elle recommande tout du moins de faire passer les durées officielles de plus de 48 heures en-deçà. Il aurait peut-être été pertinent de revoir les équivalences de 56 heures applicables au Togo.

805 L'arrêté de 2010 est rédigé de façon identique à celui de 1953. Les prolongations entre 30 minutes et 2 heures par jour dans des cas particuliers tels que le chargement ou déchargement des « wagons, bateaux, avions ou camions pour le respect des délais de rigueur, l'entretien et le nettoyage des machines pendant la période d'arrêt de la production, le surveillant ou chef d'équipe dont le remplaçant n'est pas arrivé à temps sont identiques.

806 Le texte de 2010 supprime la règle selon laquelle elles « sont exclusivement applicables aux hommes adultes ».

807 Seul le cas où des ouvriers sont employés les jours de chômage normal dans la limite de huit heures donne lieu à repos compensateur.

808 L'article 3 de cet arrêté ajoute la mention obligatoire des « références du livret individuel ou la carte de travail » de chaque travailleur et supprime le délai d'un mois pour porter toute modification de la situation du travailleur sur sa feuille nominative. Cela doit être fait « immédiatement ». Cette condition d'immédiateté nous paraît peu en phase avec les modalités de gestion de ce type de fascicule dans certaines entreprises. L'immédiateté est en outre difficilement mesurable et soulève la question de sa sanction prévue aux articles 289, 290 et 294 du code du travail. L'ancien texte règlementaire rappelait les sanctions pénales prévues par le CTOM de 1952 en les précisant au regard de l'arrêté. Il aurait été intéressant d'apporter ces éclaircissements dans le nouveau texte.

fascicules ». L'arrêté n° 193-54/ITLS du 3 mars 1954 mentionnait le « lieu d'exploitation » dont l'interprétation pouvait être difficile. Néanmoins, cette modification crée une contradiction avec l'article 6 du nouvel arrêté qui reprend le principe de 1954 selon lequel un registre d'employeur est tenu au siège de chaque établissement d'une même entreprise. La dérogation au principe est modifiée de sorte qu'elle devient selon nous impertinente au regard de la géographie de l'activité économique au Togo et de l'évolution des techniques informatiques de gestion du personnel[809]. L'ancien texte selon lequel le chef d'entreprise peut tenir un seul registre « lorsque l'engagement du personnel, la fixation du salaire et les avancements de catégories sont décidés et effectués uniquement par le directeur de l'entreprise » n'aurait-il pas pu être reformulé en considération de la modernisation des outils de gestion du personnel[810] ? La nouvelle règlementation réitère les exemptions d'inscription au registre pour les manœuvres ou travailleurs occasionnels rémunérés en fin de journée et l'absence d'obligation de tenir un registre pour les personnes qui n'utilisent que les services de gens de maison. Cette disposition aurait pu être évincée au regard de la discrimination qu'elle organise.

La disparition de l'obligation de traduction dans l'arrêté n° 016 du 30 juillet 2010 qui fixe les « conditions de dépôt, de publication et d'adhésion aux conventions collectives » en application de l'article 100 du code du travail qui remplace en théorie l'arrêté n° 280-54 du 19 mars 1954 peut paraître regrettable. Les modalités de dépôt et précisions sur l'affichage ne changent pas. Seul le nombre d'exemplaires remis au secrétariat ou greffe du tribunal passe à cinq contre trois selon les prévisions anciennes. L'ancien article 10 en vertu duquel « des traductions verbales dans une autre langue que la langue française ou dans un dialecte parlé dans le territoire pourront être données à toute personne intéressée qui en fera la demande soit à l'inspecteur du travail et des lois sociales, soit au secrétariat ou greffe du tribunal où le dépôt a été effectué » n'est pas reconduit dans le nouveau texte. La disposition abrogatoire de l'arrêté de 2010 permet de penser la pertinence possible de cette disposition au Togo[811]. Cela suppose cependant que l'ancien texte soit invoqué à l'appui d'une action

[809] « Le chef d'entreprise ou son représentant, peut, avec l'accord de l'inspecteur du travail et des lois sociales du ressort, tenir le registre pour l'ensemble des établissements situés dans la même localité ou région ». Les entreprises de plusieurs établissements ont le plus souvent leur siège et/ou principal établissement à Lomé, capitale du Togo. Il est en outre assez rare qu'une même région ou localité de l'intérieur compte plusieurs établissements d'une même entreprise.

[810] L'article 207 du code de 2006 prend acte de ces possibilités en disposant que les deux premiers fascicules, « en raison de l'importance de l'effectif et de la taille de l'entreprise » peuvent, « après autorisation du directeur général du travail et des lois sociales, être remplacés par un listing informatisé du personnel avec tous les renseignements qu'ils contiennent ». Ce même article préconise que la règlementation établisse des exemptions à l'obligation de tenir ce registre en raison de la faible importance de certaines entreprises.

[811] Voir M. Tshiyembe, « L'État en Afrique : crise du modèle importé et retour aux réalités. Essai sur la théorie de l'État multinational », in État société et pouvoir à l'aube du XXIe siècle : mélanges en l'honneur de François Borella, PU de Nancy, 1999. p. 485.

en justice dénonçant l'absence de réponse à une demande de traduction écrite ou orale.

Un arrêté du 30 juillet 2010 fixant « la contexture du bulletin individuel de paye » en application de l'article 129 du code du travail reprend pratiquement l'ancien texte n° 192-54/ITLS du 3 mars 1954, ce qui l'éloigne considérablement de la réforme légale de 2006. L'article 2 de l'ancien texte qui posait la liberté de choix de la forme du document tout en précisant les modalités possibles n'est pas repris[812]. Le nouveau texte ajoute la rubrique des « autres revenus » qui renvoie à la possibilité de rémunérations au rendement en sus du salaire de base, du « total des rémunérations brutes » et des « retenues légales » dans le contenu obligatoire. La fonction informative et la valeur probatoire du bulletin de salaire auraient pu être davantage étayées en 2010 par l'ajout de quelques rubriques pertinentes. L'arrêté de 2010 reprend les anciennes dispositions règlementaires sur le remboursement de cessions consenties de sorte qu'un déphasage certain au regard de la réforme du code en 2006 est créé[813]. Nous relevons en effet que ce texte est rédigé dans une certaine distanciation avec les sources légales en vigueur[814].

Un constat similaire ressort de l'arrêté n° 017/MTESS/CAB/DGTLS du 30 juillet 2010 qui fixe « les modalités de communication, de dépôt et d'affichage du règlement intérieur » en application de l'article 89 du code du travail. S'il rappelle l'arrêté n° 277-54/ITLS du 19 mars 1954 sur plusieurs points[815],

---

812 Sont conservées l'absence d'exigence de signature et la rédaction en vue d'une « écriture indéniable ».

813 Il reprend les éventuels remboursements de cessions consenties dans le cadre des dispositions règlementaires prévues par le code du travail. L'arrêté de 1954 précisait qu'il s'agissait de l'article 95 du CTOM tandis que le nouvel arrêté n'informe pas de la disposition du code de 2006. L'article 119 du code de 2006 correspondrait à l'article 95 de 1952. Or, il ressort de leur comparaison que les diverses modalités de cessions de fournitures pouvant conduire à un remboursement du travailleur ne sont pas reprises dans la loi. L'obligation d'assurer de la nourriture en cas d'impossibilité du travailleur n'est pas complétée par son éventuel remboursement. C'est aussi le cas du logement qui, lorsqu'il est obligatoirement assuré par l'employeur, donne lieu à sa fourniture en nature ou à une indemnité de logement. L'article 95 préconisait que le pouvoir règlementaire détermine précisément ces obligations de l'employeur et fixe différentes modalités et taux de remboursement selon les cas.

814 La dernière section du texte colonial qui précisait les modalités de tenue chronologique d'un registre des paiements n'est pas reprise dans l'arrêté de 2010. Or, le code de 2006 prévoit que « mention sera faite par l'employeur du paiement du salaire sur un registre tenu à cette fin ». Les anciennes dispositions qui ne paraissent pas contraires demeurent-elles alors dans le bloc règlementaire pertinent ? Soit les modalités de tenue de ce registre sont désormais libéralisées, soit le législateur s'est maintenu dans l'esprit de l'ancienne règlementation.

815 Le nouveau texte allonge le délai dans lequel les délégués du personnel doivent transmettre leurs observations sur le projet de règlement intérieur. Ce délai passe de huit jours à quinze jours. En l'absence de réponse dans ce délai, le texte précise que cela équivaut à acceptation. Cette précision est-elle utile puisqu'il s'agit d'un simple avis ? (D. Yabre, *op. cit.* p. 44). L'article 7 de la nouvelle règlementation pose les conséquences d'une absence de réponse de l'inspecteur du travail dans le délai de 30 jours suivant sa communication. Le visa est alors implicitement accordé au texte et l'employeur peut directement procéder à son enregistrement auprès du greffe du tribunal. Le texte règlementaire reprend la possibilité légale pour l'inspecteur du travail d'exiger le retrait de certaines clauses sans toutefois y attacher des modalités procédurales particulières. Les modalités

l'autorité règlementaire a dépassé cette ancienne règlementation ainsi que les prévisions légales sur le texte d'application. Il contient en effet une disposition critiquable en vertu de laquelle « l'ensemble du personnel de l'entreprise est assujetti à ce règlement intérieur » bien que « l'effectif (...) n'inclut ni les travailleurs journaliers, ni les travailleurs à temps partiel, ni les travailleurs temporaires ».

Un déphasage des nouvelles règlementations du Togo peut être constaté au regard des diversités de démarches de l'autorité compétente : la méthodologie d'inspiration des anciens textes applicables, discutable en tant que telle, sous-tend parfois une appropriation susceptible de rendre l'ancienne règlementation finalement plus compréhensible. Cette appropriation contribue parfois à une impression de régression des termes du droit du travail au regard des principes contemporains de non-discrimination, d'égalité et de liberté qui doivent l'animer. Elle s'éloigne parfois des enjeux libéraux clairement affirmés par les pouvoirs publics au sujet de la réforme du code du travail en 2006. De plus, l'autorité règlementaire se délie parfois totalement du support du code du travail de 2006 qui circonscrit en principe l'objet de son intervention. L'arrêté n° 002/MTESS/CAB/DGTLS du 21 janvier 2010 portant règlementation du travail temporaire en est une illustration : le travail temporaire au sens « moderne » est imprévu dans le Code, la nouvelle règlementation pose de façon critiquable le principe de l'égalité de traitement des travailleurs en mission[816] et contient de nombreuses conditions procédurales. En sus d'une certaine impression de déphasage s'ajoutent donc des problèmes d'interrelations entre sources de droit du travail.

§2 – Des problèmes d'interrelation entre sources

Abordés en filigrane dans le paragraphe précédent, nous conclurons ce chapitre sur l'intervention règlementaire de l'État par quelques exemples d'articulations difficiles entre les diverses sources de droit du travail. Les thématiques règlementairement traitées le sont aussi parfois dans la loi ou dans les conventions collectives. Des dispositions règlementaires anciennes mais aussi nouvelles entretiennent des relations troubles avec le niveau légal (A) et interfèrent avec les conventions collectives en vigueur (B).

---

de communication du règlement intérieur aux travailleurs ne sont pas davantage développées. Il s'agit toujours simplement d'« un document écrit, obligatoirement en français » qui doit être affiché dans l'entreprise.

[816] Le texte règlementaire affirme expressément l'égalité de salaire, le droit au congé payé et l'obligation de « prendre les dispositions nécessaires pour l'affiliation du travailleur au régime de sécurité sociale ». Qu'en est-il pour le reste des dispositions du code du travail ? Sur les interrogations en matière de travail précaire, voir infra Partie II, Titre 2, Chapitre 2, Section 2, §1, A.

A. Des relations troubles avec le niveau légal

Les difficultés de la mise en relation du bloc règlementaire avec la norme légale de droit du travail sont de deux ordres. Sur le plan de l'articulation de ces sources, nous relevons que le pouvoir règlementaire soit peine à s'approprier toutes les prévisions légales, soit s'approprie de façon originale certaines d'entre elles. L'asymétrie entre les renvois légaux et la règlementation peut poser quelques difficultés d'interprétation (1), qui sont amplifiées par des contradictions de fond entre ces deux niveaux de sources de droit (2).

1. L'asymétrie entre les renvois légaux et la règlementation

L'asymétrie entre les renvois légaux et la règlementation est de deux ordres. D'une part, elle peut ressortir des modalités dissymétriques d'appropriation des termes de l'appel légal à l'intervention règlementaire (a). D'autre part, elle découle de la valeur de droit positif de règlementations ou lois anciennes qui s'articulent alors difficilement avec la réforme du code du travail en 2006. L'asymétrie peut alors tenir de l'existence de précisions règlementaires malgré l'absence de renvoi légal ou de l'incompatibilité entre la source citée dans le code et celle(s) effectivement existante(s). Il en ressort des renvois légaux incertains à la règlementation (b).

a. Des appropriations règlementaires dissymétriques

À l'analyse de la nouvelle règlementation portant sur le règlement intérieur de l'entreprise, nous avons relevé que le pouvoir règlementaire sort du champ que la loi attribue à la règlementation. Devant en principe préciser « les modalités de publication, de communication et d'affichage du règlement intérieur », l'arrêté du 30 juillet 2010 va plus loin au point de générer quelques contradictions avec la source légale et en son propre sein. Le rédacteur de ce texte a souhaité éclaircir l'obligation de l'article 87 du code de 2006 en vertu de laquelle le règlement intérieur « est obligatoire dans les établissements ou entreprises où travaillent au moins onze salariés ». Il crée une règle gênante car discriminatoire de calcul de l'effectif de l'entreprise et assombrit les notions d'entreprise et d'établissement[817]. Ce texte nous paraît restrictif bien que l'ambition ait pu être de définir utilement ces entités. L'enchaînement des expressions selon lesquelles une entreprise « peut comprendre plusieurs établissements » et « un établissement donné peut relever ou non d'une même entreprise » suivie de l'article 9 de l'arrêté aux termes duquel « dans les entreprises comportant plusieurs établissements, il peut être établi, pour chaque

---

[817] L'article 1er reformule la règle légale : le règlement intérieur « est obligatoire dans toute entreprise employant habituellement au moins 11 travailleurs ». Il ne reprend pas le terme d'établissement et tente de définir la notion d'entreprise en son article 2 : « l'entreprise désigne toute organisation économique, quelle que soit sa forme juridique, constituée pour une activité de production, de distribution ou de fourniture de services ».

établissement ou partie d'établissement, un règlement intérieur comportant des dispositions particulières[818] » contrarie cette utilité. Nous pensons que l'autorité règlementaire a inutilement voire contre-productivement outrepassé les prévisions légales sur son intervention. Ceci ressort aussi de la reprise règlementaire reformulée de l'article 87 du code du travail sur le contenu obligatoire du règlement[819]. Le relai règlementaire dépasse les frontières thématiques établies par le code du travail alors que nous avons relevé dans le paragraphe précédent quelques insuffisances des précisions apportées sur la communication et l'affichage du règlement intérieur.

Dans d'autres cas, la règlementation d'application paraît ne pas aller aussi loin que ce que la loi présupposait. Nous avons indiqué l'arrêté n° 010/MTESS/CAB/DGTLS du 30 juillet 2010 sur la forme de la déclaration périodique de l'employeur à la nouvelle ANPE en application de l'article 199 du code du travail aux termes duquel « tout employeur est tenu de fournir à l'ANPE, une déclaration périodique de la situation de son personnel au moins une fois par semestre, à l'aide des imprimés qui lui sont préalablement adressés (...). La forme de la déclaration périodique (est) définie par arrêté du ministre chargé du travail, après avis du CNT ». Au-delà du fait que l'ANPE n'est pas encore opérationnelle lorsque l'arrêté d'application de ce texte sort[820], l'autorité règlementaire a dépassé considérablement l'objet pour lequel elle intervenait tout en restant lacunaire sur cet objet. L'arrêté d'application est très succinct sur ce point, reprenant simplement les dispositions légales posant la périodicité du semestre et se contentant d'affirmer l'existence d'imprimés mis à disposition. Ce texte crée cependant l'obligation pour l'entreprise de déclarer au niveau de l'ANPE toute modification dans sa situation d'ordre économique. Cette prescription sort considérablement des prévisions légales[821].

---

[818] Il est ainsi possible de partitionner un établissement alors que l'article 1er du texte semblait vouloir limiter l'adoption du règlement intérieur au seul cadre de l'entreprise.

[819] Il reprend l'expression d' « organisation technique du travail » qui était peut-être celle qui appelait quelques précisions. Sur les règles relatives à la discipline, le texte précise que le règlement pose notamment « la nature et l'échelle des sanctions que peut prendre l'employeur », il remplace les « prescriptions concernant l'hygiène, la sécurité et santé au travail » par les « mesures d'application de la règlementation » en cette matière. Le rédacteur est allé chercher le contenu du dernier alinéa de l'article 127 du code que la disposition légale évoque pour l'ajouter à la liste des clauses. Or l'arrêté rend-il la clause fixant les « heures auxquelles les travailleurs absents le jour de paie peuvent retirer leur salaire » obligatoire tandis que la loi ne le dit pas expressément ?

[820] Les agents de l'administration sont partagés sur l'adoption du décret prévu par l'article 205. Le directeur général du Travail mentionne son existence tandis qu'un autre agent dit que seul l'arrêté précité est adopté : « pour l'ANPE qui est déjà opérationnelle, c'est le code du travail qui l'a créée et le seul texte dont il a fait l'objet est l'arrêté n° 010/MTESS/CAB/DGTLS définissant la forme de la déclaration périodique de la situation du personnel des établissements ou entreprises » (Email d'informations du 29 novembre 2010).

[821] Il est intéressant de relever dans l'arrêté du 30 juillet 2010 portant modalités d'application de l'article 206 relatif à la déclaration d'entreprise ou d'établissement un article similaire à celui contenu dans l'arrêté sur la déclaration périodique à l'ANPE. Ainsi, toute entreprise ou établissement doit déclarer les modifications d'ordre économique de son activité à la fois à l'ANPE et à l'inspecteur

L'arrêté n° 013/MTESS/CAB/DGTLS du 30 juillet 2010 qui fixe les conditions et limites pour l'accomplissement des heures complémentaires en cas de travail à temps partiel en application de l'article 143 du code du travail paraît aussi lacunaire au regard des précisions de la loi. Il définit le travailleur à temps partiel et limite l'accomplissement des heures complémentaires[822]. L'arrêté aurait peut-être pu utilement aborder les conditions de la rémunération de ces heures complémentaires et de l'obligation ou non de les accomplir[823].

L'arrêté de juillet 2010 déterminant « les modalités de consultation des organisations professionnelles et de toutes personnes intéressées par l'extension d'une convention collective en application de l'article 109 du code du travail » combine les deux dissymétries. Il va au-delà de la seule détermination de ces modalités de consultation en précisant qu'un projet d'extension fait l'objet d'un avis publié dans la partie non officielle du journal officiel. Il paraît aussi se positionner en-deçà de ce qu'on pouvait attendre de son adoption en instituant une « individualisation » de la consultation des organisations et personnes intéressées. Les effets de cette consultation sont dépendants de chaque volonté d'adresser leurs observations à la DGTLS dans le respect de certains délais. Les conséquences de cette consultation ne sont pas du tout abordées[824].

b. Des renvois légaux incertains à la règlementation

La valeur de droit positif d'anciennes règlementations génère d'autres types d'asymétrie avec le code du travail de 2006 qui, sur certaines thématiques, a modifié l'ordonnancement juridique antérieurement prévu. Comme en 1974, le code du travail de 2006 encadre les modalités du bénéfice des congés payés et

---

du travail. Or, les listes de ces modifications divergent selon l'arrêté. Il apparaît qu'en cas de fusion d'établissements ou d'entreprises et de transfert d'un établissement de l'entreprise, il suffit d'en informer l'ANPE. Néanmoins, l'ANPE peut ne pas être informée de la fermeture définitive de l'entreprise ou de l'établissement ou de la reprise d'activité après une cessation. L'arrêté sur la déclaration présente en outre le même aspect succinct. Il reprend l'obligation explicitée dans l'article 206 du code du travail et dispose pour conclure que « la déclaration est expédiée ou remise à l'inspecteur du travail du ressort contre récépissé ». Or, il apparaît que le code du travail va lui-même plus loin. La sanction de l'inobservation de cette obligation peut être la fermeture temporaire de l'entreprise ou établissement pendant un mois maximum. De plus, la loi prévoit que les arrêtés d'application déterminent le délai dans lequel les entreprises existantes devront procéder à cette déclaration mais l'arrêté de juillet 2010 n'a pas précisé cela.

[822] L'employeur peut demander à ce travailleur d'effectuer des heures complémentaires dans la limite d'un dixième de la durée de travail prévue au contrat et seulement si cette possibilité est prévue dans ce contrat. Si un « accord de branche étendu » ou un accord d'entreprise le prévoit, elles peuvent atteindre le tiers de l'horaire contractuel. Dans tous les cas, ces heures complémentaires ne peuvent avoir pour effet de porter la durée du travail au niveau de la durée légale ou conventionnelle.

[823] Le texte parle d' « accord de branche étendu », ce qui n'est pas une appellation courante en droit de la négociation collective et dans la pratique au Togo. Cet arrêté rappelle les dispositions des articles L3123-17 à L3123-20 du code du travail français qui ont pu constituer une source d'inspiration, quoique très limitée.

[824] Ce texte crée l'impression que l'extension est une propriété de l'autorité règlementaire alors que la loi envisage aussi l'initiative des organisations syndicales.

se contente d'émettre la réserve de « conventions collectives plus favorables ». Or, un décret de 1969 règlemente également les congés payés et nous avons vu que ses dispositions transitoires permettent d'envisager sa valeur totale ou partielle de droit positif. Sur certains aspects, la complétude de la loi permet de dire qu'il n'y a pas lieu à se référer à ce décret. Le code de 2006 est même plus complet puisqu'il précise que les « permissions exceptionnelles qui auront été accordées au travailleur à l'occasion d'évènements familiaux » ne sont pas décomptées, « dans la limite de dix jours », pour le calcul du droit aux congés. Sur deux autres points néanmoins, c'est le décret qui paraît plus précis. Il précise qu'il convient d'arrondir au résultat au-dessus si le calcul du nombre de jours de congés n'aboutit pas à un nombre entier et conclut par l'affirmation générale du droit au congé pour les jeunes travailleurs, les apprentis, les femmes ayant ou non des enfants à charge[825].

L'article 172 du code du travail pose le délai de 48 heures ouvrables pour l'employeur en vue de la déclaration de tout accident du travail ou maladie professionnelle constatée dans l'entreprise. Il précise que « les modalités de cette déclaration sont fixées par la législation en vigueur sur les accidents du travail et maladies professionnelles ». Or, celle « législation » est à la fois plurielle et incomplète. Les textes traitant particulièrement de ces circonstances sont le décret n° 57-245 du 24 février 1957 sur la réparation des accidents du travail modifié par celui du 23 juillet 1957 puis l'ordonnance du 24 septembre 1958. Une loi n° 63-28 du 17 janvier 1964 institue un régime de prévention et de réparation des accidents du travail et des maladies professionnelles. En outre, l'ordonnance n° 39/73 modifiée par la loi n° 2001-012 du 29 novembre 2001, instituant un code de sécurité sociale, traite de ces questions. L'article 33 de ce code de sécurité sociale en appelle à un arrêté sur proposition du Conseil d'administration de la Caisse Nationale de Sécurité Sociale pour déterminer la forme et les modalités de la déclaration qui n'a jamais vu le jour. Ceci permet de penser que les modalités précisées dans la loi de 1964 sont applicables[826]. Le code du travail évoque la « législation » qui prévoit elle-même des règlementations dont les thématiques sont finalement traitées dans la législation. Par exemple, la loi de 1964 prévoyait que la règlementation devait définir précisément les modalités d'indemnisation qui sont finalement contenues dans le code de la sécurité sociale. Ces deux textes donnent des

[825] L'auteur du manuel de droit du travail de 2008 n'évoque pas ce décret mais mentionne l'applicabilité du décret n° 57-86 du 26 juillet 1957 qui accorde deux jours de congés supplémentaires par enfant âgé de moins de 15 ans aux femmes salariées de moins de 21 ans à partir du premier enfant et aux femmes de plus de 21 ans à partir du quatrième (D. Yabre, *op. cit.*, p. 151).

[826] A. Katou-Kouami considérait en 1996 que ce texte était désuet du fait de l'adoption de l'ordonnance de 1973. Il regrettait d'ailleurs que l'ordonnance ne reprenne pas les dispositions relatives à la prévention (Etude critique du droit togolais des conditions de travail, Thèse pour le doctorat en droit, Bordeaux IV, 1996, *op. cit.*, p. 36).

définitions différentes de l'accident du travail[827]. Malgré le silence sur la maladie professionnelle, la loi de 1964 ne paraît pas désuète puisqu'elle est l'unique support de précisions sur la procédure de déclaration et d'enquête en cas d'accident du travail. L'asymétrie est certaine dans ce cas puisqu'aucune règlementation appelée par les textes de valeur légale n'a été prise. Nous avons en outre évoqué les contradictions de fond entre les sources légales de 1964 et 1973-2001, qui se révèlent également entre loi et règlementation.

2. Les mises en relation gênantes

Certaines dispositions règlementaires en vigueur au Togo s'inscrivent parfois en contradiction avec les prescriptions contenues dans le code du travail. Les interrogations sur l'exercice du pouvoir règlementaire et les enjeux qui l'animent s'en trouvent pour le moins multipliées. La problématique des légitimités des intervenants dans le processus règlementaire – donc celle de l'efficacité de l'aide technique éventuelle – et celle de l'effectivité des prescriptions procédurales particulières en matière de règlementation de droit du travail sont mises en exergue. Il est permis de douter de la rigueur de l'engagement des processus règlementaires et de la légitimité « technique » des personnalités appelées à élaborer ces textes. La teneur des implications syndicales est en outre quelque peu mystérieuse.

Nous avons évoqué l'arrêté du 30 juillet 2010 sur le règlement intérieur et son asymétrie avec le renvoi de la loi sur ce point. Rappelons les contradictions qui ressortent du traitement règlementaire des notions d'« effectif » et d'« établissement ». L'article 87 du code pose la règle générale selon laquelle le « règlement intérieur est obligatoire dans les établissements ou entreprises où travaillent au moins onze salariés ». Peu de précisions légales sont données sur les méthodes de calcul de l'effectif ou la distinction entre les notions d'établissement et d'entreprise. La lecture du texte règlementaire révèle une confusion sur les notions d'entreprise et d'établissement. La distinction des entités opérée par la règlementation assombrit plus qu'elle n'éclaircit la loi. L'arrêté contient en outre la définition de l'effectif selon laquelle il « n'inclut ni les travailleurs journaliers, ni les travailleurs à temps partiel, ni les travailleurs temporaires ». Cette définition est pour le moins contradictoire avec la nouvelle durée de quatre ans du CDD et l'article 3 du code du travail sur le principe de

[827] Le texte de 1964 n'inclut pas l'accident de trajet entre le lieu de prise de repas et le lieu de travail. L'article 49 du nouveau code de la sécurité sociale de 2011 réintègre cette possibilité (loi n° 2011-6, JOT du 21 février 2011, p. 11). Le texte de 1964 contient en outre une disposition qui élargit le champ d'application des mécanismes juridiques aux membres de sociétés coopératives ouvrières, aux gérants de SARL sous réserve de leur capital social, aux présidents directeurs ou directeurs généraux de SA, aux élèves d'établissement de l'enseignement technique et les apprentis. L'article 3 du nouveau code de la sécurité sociale élargit le champ d'application aux « travailleurs de l'économie informelle » pour les branches des pensions et des allocations familiales.

non discrimination[828]. La confrontation de cet arrêté avec celui de 2009 sur les délégués du personnel ajoute à ces contradictions. Si les sujets des deux textes sont distincts, il apparaît délicat, pour la recherche d'un droit cohérent, de différencier si largement les définitions de notions identiques[829]. Il est à penser qu'une indication légale sur ces notions serait opportun afin d'éviter la multiplication des interprétations[830].

La confrontation des dispositions de l'arrêté de 2009 et du code de 2006 sur les délégués du personnel, nous l'avons évoqué, soulève quelques difficultés. Au-delà des contradictions, peut être soulevée l'interrogation de la complémentarité, voire de la suppléance de la norme règlementaire. Auquel cas la gêne produite par la confrontation des textes résulte de la discontinuité des prévisions. Dans une démarche inversée, n'est-il pas regrettable que l'arrêté de 2009 ne se soit pas chargé de préciser les attributions des délégués du personnel, à l'instar de prévisions en ce sens de l'article 179 du code de 1974, quitte à réintégrer la compétence de ces représentants en matière d'hygiène et de sécurité supprimée par la réforme de 2006[831] ? Si l'autorité règlementaire s'est octroyée la charge d'apporter des précisions là où la loi délimitait précisément l'objet de son intervention, elle n'a pas pris la mesure de la généralité du renvoi formulé par l'article 212 selon lequel un arrêté « fixe les conditions d'organisation et les modalités de fonctionnement de l'institution ». L'arrêté de 2009 s'est néanmoins attaché à reprendre les règles, jusqu'alors conventionnelles, qui étendent la protection contre le licenciement aux candidats et anciens délégués du personnel. Doit-on considérer qu'il y a là contradiction avec la loi qui précise les modalités de cette protection tout en se cantonnant aux délégués du personnel en place, ou plutôt suppléance de la loi par la norme règlementaire ?

---

828 Cette disposition discriminatoire va en outre contre les réalités qui révèlent que les « temporaires » constituent souvent la majeure partie du personnel des entreprises « structurées » et que les apprentis sont parfois la seule main d'œuvre de l'entreprise.

829 Les modalités de calcul de l'effectif pour la mise en place des délégués du personnel sont différentes. Dans le cadre des délégués du personnel : l'effectif comprend les travailleurs permanents mais aussi les apprentis, les travailleurs engagés à l'essai, les travailleurs engagés ou rémunérés à l'heure ou à la journée dès lors qu'ils comptabilisent 6 mois de travail dans l'année, les travailleurs saisonniers réguliers sous la même condition et les gérants ou représentants et « un établissement donné relève toujours d'une entreprise ».

830 La précision de ces notions était également appréhendée sous diverses thématiques à l'époque coloniale. À Madagascar par exemple, l'établissement est défini dans l'arrêté n° 2118 IGT (JO p. 2185) à propos du registre d'employeur et l'arrêté n° 1036 (IGT, IG FOM et Haut commissaire. Avis commission consultative du travail, JO p1155) à propos des délégués du personnel. Les textes pour le Cameroun et l'A.O.F. étaient similaires sur la notion d'effectif au texte togolais sauf en ce qu'ils ajoutaient l'indifférence de la condition de l'inscription des travailleurs sur le registre d'employeur.

831 Le code du travail de 1974 prévoyait en son article 179 qu'un décret particulier vienne préciser les modalités de la mise en œuvre des missions du délégué : présentation des réclamations, saisine de l'inspecteur du travail de plaintes ou réclamations, veille à l'application des dispositions sur l'hygiène et la sécurité, propositions à l'employeur pour l'amélioration de la sécurité, de l'hygiène ou du rendement. L'article 216 du code de 2006 reprend cette liste à l'exception des attributions relatives aux normes d'hygiène et de sécurité.

B. Des interférences avec le champ conventionnel

L'absence du relai règlementaire après 1974 a pu pousser les partenaires sociaux à définir quelques modalités d'application des dispositions codifiées. Des interférences sont à noter dans l'articulation entre le droit du travail de source règlementaire et celui de source conventionnelle. On se réfèrera principalement à la Convention Collective Interprofessionnelle du Togo (CCIT) de 1978 dans la mesure où l'architecture des autres textes conventionnels en vigueur est à peu près similaire et où leur présentation sera approfondie dans le chapitre suivant. Certaines interférences liées aux différences d'énoncés entre ces deux sources du droit créent des contradictions. D'autres interférences interrogent davantage la possibilité d'une complémentarité entre sources. Sur quelques thématiques, ces deux effets d'interférence peuvent cohabiter.

Une contradiction peut être tirée de la confrontation des règles conventionnelles et règlementaires sur la récupération des heures de travail non effectuées. La CCIT paraît à la fois plus libérale et plus restrictive que l'arrêté de juillet 2010 sur le temps de travail. La CCIT pose de façon générale que les heures récupérables sont celles non effectuées en-deçà de la durée légale de travail et s'imposent au travailleur tandis que l'arrêté n'envisage la récupération d'heures perdues, sous réserve de l'autorisation de l'inspecteur, qu' « en cas d'interruption collective de travail résultant de causes accidentelles ou de force majeure » ou de cycles particuliers de production. La journée de travail peut dans ces cas d'interruption collective être prolongée « à titre de récupération ». La CCIT est néanmoins restrictive en ce qu'elle limite cette récupération aux heures perdues en-deçà de la durée légale de travail[832].

Sur la question des heures supplémentaires, si l'articulation entre la CCIT et la règlementation est *a priori* respectée puisque la CCIT se contente pratiquement de préciser les taux de majoration en cohérence avec la prévision règlementaire d'un domaine réservé aux partenaires sociaux, quelques éléments de comparaison attirent toutefois l'attention. D'une part, la CCIT définit les heures supplémentaires comme celles effectuées au-delà de la durée légale de 40 heures sans prendre en compte les multiples dérogations en vigueur. En outre, la CCIT contient quelques règles propres : elle affirme en son article 29 que le paiement de ces heures se fait « dans la mesure du possible » dans le courant du mois qui suit le moment de leur exécution. Son article 36 établit que les « heures supplémentaires règlementaires autorisées (...) ont le même caractère obligatoire que les heures légales de travail ». Elle traite particulièrement des entreprises qui fonctionnent en continu selon une organisation en « quarts » : en

---

[832] Cette contradiction est néanmoins atténuée par sa révélation au sein même de la CCIT qui après la règle générale, traite de l'interruption collective du travail pour préciser que les « récupérations des heures perdues sont effectuées conformément à la règlementation en vigueur ». M. Dago Yabre affirme d'ailleurs – et critique – cette règle de l'interruption collective qui était contenue dans l'article 9 de l'arrêté colonial de 1953 (*op. cit.*, p. 140).

compensation du repos hebdomadaire légal obligatoire, l'ouvrier qui a accompli exceptionnellement dans la semaine sept « quart » d'au moins six heures de travail consécutif, reçoit une rémunération supplémentaire égale à 60% de son salaire normal pour la durée d'un quart de travail. Comment appréhender cette dérogation dans le cadre des normes étatiques en vigueur ? Ces entreprises peuvent effectivement entrer dans la catégorie des « industries dans lesquelles toute interruption de travail entraînerait la perte ou la dépréciation du produit en cours de fabrication » de l'arrêté du 30 juillet 2010 sur le repos hebdomadaire. Au vu des nouveaux arrêtés sur les dérogations à la durée du travail et à la règle du repos hebdomadaire le dimanche, la question peut se poser de savoir si l'employeur est juridiquement tenu d'accomplir les formalités auprès de l'inspecteur avant de mettre en place le fonctionnement dérogatoire envisagé au niveau conventionnel[833] auquel cas la règlementation complèterait un vide conventionnel.

Les conventions collectives se sont attachées à préciser quelques modalités d'organisation de la délégation du personnel dans l'entreprise[834]. Si le nouvel arrêté de 2009 a utilement repris la règle conventionnelle d'extension de la protection du délégué et l'interdiction d'affectation du délégué contre son gré loin du collège qui l'a élu[835], d'autres dispositions conventionnelles n'ont pas subi le même sort. L'autorité règlementaire qui semble avoir pris appui sur ces sources professionnelles a-t-elle considéré inutile de les prendre en compte dans ce cas ? Si la comparaison des deux textes sur le thème des délégués du personnel recèle quelques contradictions, des potentialités de complémentarité sont aussi interprétables.

L'alinéa 2 de l'article 45 de la CCIT qui étend l'obligation d'organiser des élections « lorsque plusieurs établissements d'une entreprise situés dans une même localité et dans un rayon de 20 km, ne comportent pas, pris séparément, le nombre règlementaire de travailleurs (...), les effectifs de ces établissements seront totalisés en vue de la constitution d'un collège électoral, qui élira son ou

---

833 Il est intéressant d'ajouter ici l'interférence entre ces nouvelles normes règlementaires et la convention collective des industries hôtelières et de la restauration sur ce point. La convention sectorielle détermine une règle d'équivalence avantageuse pour le travailleur à celle qui ressort du nouvel arrêté. Cette équivalence est fixée à « 45 heures pour les cuisiniers et 48 heures pour les autres départements ». Comment appréhender les « autres départements » en rapport avec les dérogations règlementaires ? L'arrêté de juillet 2010 pose l'équivalence de 56 heures pour le « personnel des hôtels et restaurants à l'exception des cuisiniers ». Les partenaires sociaux du Togo qui s'apprêtent à redéfinir les dispositions conventionnelles pour un alignement avec le nouveau code de 2006. Il est à penser qu'ils s'aligneront sur la nouvelle règlementation et que les modalités d'application en seront peut-être rendues difficiles.

834 Jusqu'au code de 2006, seules les sources conventionnelles posaient la nullité du licenciement d'un délégué du personnel sans respect de la procédure légale. Le nouveau code a repris cette nullité sans néanmoins la généraliser.

835 Cette reprise règlementaire n'est pas faite à l'identique. L'article 47 de la CCIT dispose que le délégué « ne peut être déplacé de son établissement contre son gré pendant la durée de son mandat, sauf appréciation de l'inspecteur du travail du ressort ».

ses délégués » n'est pas intégrée au texte règlementaire. La norme conventionnelle détermine différemment les heures de liberté offertes au délégué du personnel. Elle les fixe à « 30 minutes par jour soit 15 heures par mois » tandis que la règlementation dispose que « le chef d'entreprise est tenu de laisser aux délégués du personnel, dans les limites d'une durée qui ne peut excéder 15 heures par mois, le temps nécessaire à l'exercice de leurs fonctions ». La CCIT semble imposer une répartition journalière restrictive tandis que l'arrêté semble laisser aux acteurs le choix de la répartition d'une durée de « liberté » pouvant être inférieure à 15 heures par mois[836]. La CCIT précise l'imputation des heures de liberté du délégué sur son horaire normal de travail tandis que l'arrêté précise seulement que ce temps est payé comme temps de travail et rémunéré au taux normal même s'il est pris en dehors de la durée légale de travail ou équivalente. La norme règlementaire semble moins favorable que celle conventionnelle et dénature quelque peu le droit à la représentation collective dans l'entreprise en principe intégrée au cadre professionnel[837].

L'exemple de la convention collective des industries de l'hôtellerie et de la restauration révisée en 2003 est ici intéressant pour illustrer la contradiction possible entre le droit conventionnel et règlementaire. Son article 10 détermine le nombre de délégués du personnel titulaires et suppléants par tranche d'effectif[838] ; son article 11 précise le déroulement du scrutin qui est simplifié au regard des prévisions de la règlementation[839]. La mission de contrôle en matière d'hygiène et de sécurité et de propositions sur le thème des accidents du travail et maladies professionnelles est explicitée. Cette convention sectorielle reprend l'obligation règlementaire de mettre un local à la disposition des délégués à la différence de la CCIT. Dans les entreprises de l'hôtellerie et de la restauration, l'employeur doit équiper ce local du « mobilier nécessaire pour leurs réunions ». Il est néanmoins surprenant de relever des conditions plus strictes de l'éligibilité d'un travailleur. L'arrêté de 2009 comme celui de 1954 exige que le candidat, de plus de 21 ans ayant travaillé au moins douze mois dans l'entreprise, sache « s'exprimer en français » alors que l'article 11 alinéa 4 de la

---

[836] Le manuel de Dago Yabre parle d'un crédit d'heure mensuel qui « est de 30 minutes par jour, soit quinze heures par mois » (*op. cit.*, p.106).

[837] L'article 48 de la CCIT peut toutefois paraître également gênant dans l'éventualité de ses effets. Il dispose que « la compétence du délégué s'étend à l'ensemble du collège qui l'a élu » et ajoute que « pour les questions d'ordre général intéressant l'ensemble du personnel, cette compétence s'étend à tout l'établissement ». Or, la loi comme la règlementation, déterminent les attributions des délégués du personnel sans s'en référer aux intérêts du collège électoral dont ils sont issus. N'y a-t-il pas contradiction avec les compétences générales d'ordre économique et social que l'article 216 du code de 2006 leur attribue ?

[838] Cette convention reprend les nombres contenus dans l'arrêté de 2009.

[839] Deux collèges électoraux sont prévus contre cinq dans l'arrêté, il n'est pas précisé que les listes électorales sont « établies par les organisations syndicales les plus représentatives s'il en existe » et que la carence est constatée par l'inspecteur sur ce point. Les délais de prévenance du jour de l'élection et des listes de candidats sont identiques ainsi que les règles de vote. La règle du scrutin de liste à deux tours, dont le premier est réservé aux listes syndicales, n'est pas mentionnée et les partenaires sociaux ne se sont pas saisis des règles de calcul et d'attribution des sièges.

convention sectorielle préconise que le candidat sache « lire et écrire en français ».

L'article 36 de la CCIT comporte deux alinéas relatifs au règlement intérieur de l'entreprise. Si l'on met de côté la définition problématique de l'établissement, il transparaît plus une complémentarité qu'une contrariété entre norme conventionnelle et norme règlementaire de 2010. L'article 36 de la CCIT dispose que « les jours et horaires de travail sont fixés par le règlement intérieur de l'établissement (...) compte tenu des particularités de la profession ». La CCIT ajoute dans cet article, normalement consacré à la durée du travail, que « toute modification du règlement intérieur donnera lieu à consultation préalable des délégués du personnel et sera transmise à l'inspection du travail du ressort avant la mise en application ». Il peut en être déduit que la CCIT apporte ici quelques compléments aux normes règlementaires ; en effet, elle éclaire ainsi peut-être la notion d' « organisation technique du travail » contenue dans la règlementation et comble un silence règlementaire sur la procédure de révision du règlement intérieur[840].

L'adoption en bloc de quelques règlementations en 2010 permet difficilement de dégager une politique claire : mise en place prioritaire d'organismes étatiques ou tripartites ? Souci de la hiérarchie et cohérence des normes ? Volonté de sécurisation juridique ? Facilitation de l'utilisation de l'outil juridique ? Influence du projet de l'OHADA ? Le constat de distorsions et contradictions entre ces textes ainsi qu'avec les autres niveaux de sources de droit du travail interroge l'impact de cette initiative règlementaire dans un contexte d'effectivité faible du droit. Il est à douter de l'appropriation par les acteurs de ce « bloc règlementaire » en gestation dont la compréhension est difficile. Les nouvelles règlementations ne risquent-elles pas d'être mises de côté au profit d'une continuité de référence au code du travail et à la CCIT ? Le résultat de l'exercice discontinu du pouvoir règlementaire interroge par ailleurs la politique règlementaire[841]. Le travail règlementaire commencé en 2010 doit-il être en partie attribué aux partenaires sociaux en principe consultés dans le cadre du dialogue social ? Le « mystère » qui entoure l'implication réelle des partenaires sociaux dans l'exercice du pouvoir règlementaire est aussi révélé par la négociation collective au Togo. La mesure et l'analyse de la distance entre l'implication *de jure* et l'immixtion *de facto* de l'État dans la négociation collective est en effet tout aussi délicate.

---

840 Les conventions collectives contiennent quelques dispositions sur la discipline qui peuvent aussi éclairer quant à « la discipline et notamment la nature et l'échelle des sanctions » de l'arrêté de 2010. Néanmoins, les conventions ne s'en réfèrent pas au support du règlement intérieur sur ce point et vont plus loin en définissant l'échelle des fautes disciplinaires dont elles donnent des exemples.

841 V. par exemple sur l'instabilité politique et le droit du travail, S. Kagnighan, Les droits fondamentaux dans les relations de travail au Togo, Mémoire de 3e cycle AT, ENA Togo, 2008.

TITRE II – LE DROIT SOUS CONTRÔLE ÉTATIQUE

L'analyse de la production du droit du travail d'origine étatique doit être complétée par celle de la production du droit du travail d'origine diversifiée. Ce droit formel n'est plus porté – ou solennisé – par le sceau exclusif de l'autorité étatique mais reste soumis à un contrôle de l'État. Ces autres sources de droit du travail sont généralement fondées sur la représentation d'une meilleure adaptabilité donc efficacité des règles élaborées dans des espaces plus proches des acteurs sociaux et du monde économique. Ce droit du travail « de proximité » a la particularité d'être doublement présent au Togo.

Il l'est tout d'abord au travers des conventions collectives qui résultent en principe de la mise en œuvre du droit étatique de la négociation collective. La production de ces normes n'est théoriquement plus portée mais encadrée par l'État. Ces normes conventionnelles s'insèrent en principe dans la catégorie des « sources professionnelles » de droit du travail qui regroupe les conventions et accords collectifs de travail, les usages et le règlement intérieur d'entreprise. Or, l'omniprésence étatique qui caractérise le droit élaboré par les partenaires sociaux au Togo nous pousse à considérer distinctement les « sources conventionnelles » – en référence à la dénomination de leur support – et les « sources professionnelles ou privées ». L'intervention première de l'État dans la « fabrication » des normes conventionnelles tient à l'organisation juridique des modalités de cette fabrication. Le droit de la négociation collective est donc à ce titre un indicateur important pour l'analyse des sources conventionnelles de droit du travail[842]. Au Togo comme ailleurs, la loi et la règlementation se chargent de cette prédétermination procédurale. Ce droit de la négociation collective est d'autant plus intéressant qu'il organise en outre les modalités de l'implication de différents acteurs étatiques dans cette négociation. Or au Togo, l'analyse du droit conventionnel du travail révèle que les acteurs et modalités de cette immixtion sont variables. L'omniprésence étatique prévue par le droit n'est pas contredite mais « révélée » différemment[843]. L'État « participe à la construction du droit conventionnel puisqu'il est souvent l'arbitre, l'animateur[844] ».

Une autre forme de construction d'un droit du travail « de proximité » concerne le dispositif de la Zone Franche Industrielle pour l'Exportation (ZFIE) du Togo. Dans cet espace du territoire togolais, la classique hiérarchie des normes en matière de droit du travail a été mise de côté. La branche de droit du travail est insérée au sein du dispositif général d'origine étatique créant et organisant la ZFIE. C'est une norme originale et exclusive du travail qui a été

---

842 E. Panier, Le droit du travail et la « langue de bois », mémoire de DEA, Toulouse, 2006.

843 F. Gény, Méthode d'interprétation et sources en droit privé positif, Tome premier, LGDJ, 1919, p. 113.

844 J.-P. Akumbu M'Oluna, Libres propos sur les réformes juridiques au Gabon. Dans le tourbillon de la mondialisation, L'Harmattan 2008, *op. cit.*, p. 72.

impulsée par l'État puis relayée par une norme conventionnelle « atypique ». Si la loi sur la zone franche dispose désormais que le code du travail est applicable en zone franche, les autres dispositions règlementaires et conventionnelles participant de la création d'un droit spécifique ne sont pas encore remplacées, d'où l'intérêt de présenter le droit du travail de la zone franche du Togo tel qu'il s'est maintenu pendant plus de 20 ans.

Nous analyserons donc successivement les manifestations et enjeux de l'omniprésence étatique qui caractérise la négociation collective au Togo (Chapitre 1) pour aborder les modalités de l'impulsion originale par l'État togolais d'un droit particulier du travail en zone franche (Chapitre 2).

Chapitre 1 – L'OMNIPRÉSENCE DE L'ÉTAT DANS LA NÉGOCIATION COLLECTIVE

L'omniprésence étatique dans le processus d'élaboration des sources conventionnelles de droit du travail ressort des prévisions normatives sur la négociation collective (section 1). L'analyse de ces prévisions et de leur mise en œuvre pousse à interroger l'ambition de dynamisation que l'immixtion étatique paraît poursuivre (section 2).

Section 1 – Les prévisions normatives sur la négociation collective

Nous appelons prévisions les indices qui permettent d'entrevoir les règles qui encadrent la négociation collective. Le choix d'utiliser l'attribut de normativité est justifié par la pluralité des indices formels de ces prévisions. La dépendance à l'État du droit conventionnel ressort affirmée de ces prévisions normatives (§1) malgré les incertitudes qui entourent le droit étatique de la négociation collective (§2).

§1 – Une dépendance affirmée du droit conventionnel

L'affirmation d'une dépendance à l'État de l'élaboration du droit conventionnel du travail ressort en premier lieu des prévisions légales sur la négociation collective. Le code du travail togolais organise en effet un « contrôle » étatique de la mise en œuvre de la négociation collective (A). La dépendance à l'État est aussi illustrée par les indices formalisés des conventions collectives en vigueur au Togo. Ces indices confirment le « contrôle » étatique sur le droit conventionnel togolais (B).

A. La prévision légale d'un contrôle étatique

Le principe et la mesure du « contrôle » étatique de la négociation collective sont discutés à l'époque coloniale (1). Le CTOM de 1952 se positionne à mi-chemin entre liberté et contrôle. Ce compromis sera pratiquement repris par le législateur en 1974 puis reformulé au sein du code de 2006. Le contrôle étatique est donc confirmé après l'Indépendance (2).

1. Un contrôle étatique discuté en période coloniale

Le décret du 20 mars 1937 qui consacre pour la première fois le droit de la négociation collective dans les TOM ne concerne au départ que les professions industrielles, commerciales et le domaine des transports[845]. Sont néanmoins

[845] En métropole, le droit de la négociation collective est introduit en 1919. La loi du 24 juin 1936 va compléter considérablement le dispositif. Le contenu des conventions collectives est précisé, le principe de faveur est introduit ainsi que la procédure d'extension.

dénombrées en 1948 sur le territoire de l'A.O.F. pas moins de 152 conventions collectives qui concernent les travailleurs africains. La plupart d'entre elles sont étendues par arrêtés[846]. Les ouvrages de droit colonial présentent un droit assez libéral à cette époque ; ils donnent toutefois peu d'informations relatives au territoire du Togo[847] où la négociation collective s'est plutôt développée à partir des années 1950[848].

Le projet de décret Moutet de 1947 introduit l'agrément obligatoire du Gouverneur général après avis de la commission consultative du travail sous « l'influence du dirigisme de l'État en matière économique et sociale » à l'époque[849]. Lors des discussions sur le projet de CTOM, l'Assemblée de l'Union Française hésite sur le maintien de cet agrément tandis que les autorités gouvernementales défendent la pertinence de cette formalité dans le contexte africain[850]. Les députés des TOM sont « animés d'une méfiance instinctive envers l'administration » malgré des arguments soucieux de l'équilibre des forces de négociation de la part de ses représentants. C'est le principe de la liberté de discussion qui sera adopté en Conseil de la République et à l'Assemblée Nationale en seconde lecture, sous l'influence de la loi métropolitaine de 1950[851].

L'agrément systématique par l'autorité administrative est abandonné en 1952. L'intervention publique ne paraît donc toucher qu'au dépôt de la convention auprès des instances étatiques et à sa traduction par l'inspecteur du travail, sous réserve d'une demande en ce sens[852]. L'intervention étatique doit donc en principe se situer en aval des négociations selon les dispositions générales.

---

846 P. F. Gonidec, *op. cit.* p. 169 et s. Des conventions collectives différentes régissaient les conditions de travail des populations européennes et africaines. Selon l'auteur, la plupart des conventions s'attachaient à préciser les distinctions de statut des travailleurs africains : les permanents et les temporaires.

847 *Ibid.* L'ouvrage de Pierre Chauleur ne contient aucune information sur les sources conventionnelles des différents territoires (P. Chauleur, *op. cit.*, p. 280).

848 Sont conclues la Convention collective du commerce du 27 mai 1957 étendue par arrêté du 5 janvier 1966, la Convention collective du bâtiment et des travaux publics étendue par arrêté du 5 janvier 1966, la Convention collective ferroviaire du Togo du 14 octobre 1954, la Convention collective des auxiliaires de transport du Togo du 29 juillet 1958 et la Convention des industries du 28 décembre 1963. Le Togo se situe ainsi parmi les États d'Afrique subsaharienne les moins mobilisateurs de la négociation collective (M. Kirsch, *Le droit du travail africain*, T. 1, Travail et profession d'outre-mer, 1975, p. 305-306). Martin Kirsch, ne s'en réfère qu'à des jurisprudences sénégalaises des années 1950-1960 pour présenter les problématiques d'application dans le temps des sources conventionnelles, notamment au regard de la théorie des avantages acquis (*ibid.*, p. 233 et s.). En 1958, l'ouvrage de P.F. Gonidec et M. Kirsch n'aborde pas le Togo dans son énumération des conventions collectives des années 1950 (P. F. Gonidec et M. Kirsch, *op. cit.*, p. 168 à 170).

849 P.F. Gonidec, *op. cit.* p. 136. L'influence de la loi du 23 décembre 1946 applicable en Métropole est perceptible.

850 « Les avantages de l'agrément sont précisément de permettre la généralisation des conventions (…) » face au « défaut d'unification des règles de travail, le faible nombre des travailleurs atteints par les conventions en raison du faible développement des organisations syndicales » (*ibid.*, p. 137).

851 La loi du 11 février 1950 modifie la loi du 23 décembre 1946 en mettant fin au contrôle étatique.

852 Cette possibilité est créée par les arrêtés locaux d'application qui établissent les modalités de dépôt, de publication et traduction. Une circulaire modèle de 1955 a inspiré ces textes.

L'immixtion de l'État pendant la négociation n'est prévue que pour le cas particulier de l'extension de la convention collective. L'acteur étatique est en outre saisi en cas de différends entre les parties à la négociation. Aucune obligation de contenu, en dehors du cas des conventions de branche susceptibles d'extension, n'est créée. On note également un élargissement des acteurs de la négociation collective « ordinaire » par rapport au droit métropolitain. La négociation est possible pour tout groupement professionnel sauf si elle a lieu dans le cadre de l'entreprise[853].

Si le droit de la négociation collective de 1952 est relativement libéral, il marque toutefois la réintroduction légale de l'acteur étatique dans la procédure de négociation des conventions susceptibles d'extension. La différenciation qui est faite dans la loi entre la convention ordinaire, la procédure de conclusion d'une convention en vue de son extension et la procédure d'extension est à l'époque vectrice de flou d'analyse. Le CTOM « s'est arrêté à mi-chemin entre ces deux conceptions : l'une autoritaire, l'autre libérale[854] ». L'autorité habilitée à procéder à l'extension de la convention doit tout d'abord veiller à mettre en œuvre la procédure de négociation en commission mixte. La loi précise que cette autorité « doit »[855] exclure, après avis motivé de la Commission consultative du travail, les dispositions qui seraient en contradiction avec les textes législatifs et règlementaires en vigueur. Elle exerce donc un contrôle de légalité. Elle a en outre la faculté, dans les mêmes conditions, d' « extraire de la convention collective, sans en modifier l'économie, les clauses qui ne répondraient pas à la situation de la branche d'activité dans le champ d'application considéré. Ici, (elle) exerce un contrôle d'opportunité (...). La convention étendue est une codécision, œuvre commune de la profession et de l'administration[856] ».

En cas de conflits nés des discussions en vue de conclure une convention collective, l'inspecteur du travail peut être amené à tenter de concilier les parties mais « ne peut imposer une solution. Il agit par persuasion[857] ». En cas d'échec, la procédure de règlement des conflits collectifs doit être enclenchée. Le CTOM prévoit enfin l'intervention étatique possible par la voie du pouvoir règlementaire. Si un accord ne peut être trouvé, l'article 78 prévoit qu'un arrêté puisse venir règlementer les conditions de travail d'une profession déterminée.

---

[853] Le CTOM de 1952 reprend l'expression métropolitaine de « syndicats les plus représentatifs du personnel » s'agissant des accords d'entreprise ou d'établissement. V. P. F. Gonidec et M. Kirsch, *op. cit.* p.140-142 et 150.

[854] P. F. Gonidec et M. Kirsch, *ibid.* p. 149.

[855] En droit métropolitain, l'autorité étatique « peut ».

[856] P. F. Gonidec et M. Kirsch, *op. cit.*, p. 149.

[857] *Ibid.*, p. 151.

Cette disposition est adoptée sans discussions à l'époque sous le constat d'une faible implantation syndicale[858].

Le résultat quantitatif et qualitatif de la mise en œuvre de ce droit de la négociation collective de 1952 sera assez décevant. Une inégalité territoriale d'appropriation du droit de la négociation collective ressort de ce bilan. Aucune norme conventionnelle n'est répertoriée pour le Togo par Pierre François Gonidec et Martin Kirsch en 1958[859]. Sur le plan du contenu, les conventions collectives ont pu améliorer les dispositions de la loi dans certains domaines mais on constate une tendance au renvoi aux « lois et règlementations en vigueur ». La perspective conventionnelle d'amélioration de la condition des travailleurs par l'introduction du principe de faveur sera peu mobilisée[860]. La mise en œuvre du droit de la négociation collective demeurera par la suite timide au Togo. Si le droit contemporain de la négociation collective rappelle les termes choisis par le législateur de 1952, la réforme du code du travail de 2006 révèle une amplification de la prévision du « contrôle » étatique.

2. Un contrôle étatique confirmé après l'Indépendance

Le titre IV du code du travail de 2006 présente des similitudes avec le chapitre IV du CTOM de 1952. La reprise du droit colonial a cependant été moins mimétique qu'en 1974 et ce, en particulier sur le plan de l'intervention étatique dans la négociation collective. Le compromis entre un droit libéral et un droit d'encadrement demeure perceptible mais s'est déplacé dans le sens de la restriction[861]. Le renforcement des prévisions d'immixtion de l'État au sein d'un ordonnancement conventionnel identique à celui de 1952, contribue en outre à la difficulté de saisir les articulations entre les différents types de conventions collectives.

Un exemple important d'augmentation de la présence étatique est celui de l'insertion d'un nouvel alinéa à l'article 100 du code du travail relatif à la forme et au dépôt de la convention collective ordinaire : « avant le dépôt, les parties

---

[858] Quelques modifications ont été apportées au projet du Gouvernement par le Conseil de la République : le champ du contenu de ces arrêtés locaux est élargi tandis que la réserve de l'approbation du ministre de la FOM est supprimée.

[859] Madagascar aurait connu la négociation de trois conventions collectives contre une dizaine par exemple au Cameroun (P. F. Gonidec et M. Kirsch, *op. cit.*, p. 165).

[860] L'article 68 alinéa 2 du CTOM dispose que « la convention peut mentionner des dispositions plus favorables aux travailleurs que celles des lois et règlements en vigueur ». L'article 75 alinéa 2 précise que les conventions collectives conclues sur un plan inférieur à d'autres conventions peuvent prévoir « des dispositions nouvelles et des clauses plus favorables aux travailleurs ». L'article 80 alinéa 3 qui concerne l'accord d'établissement contient la même formule (P. F. Gonidec et M. Kirsch, *op. cit.*, p. 166 et 167).

[861] La définition de la convention collective « ordinaire » est plus restrictive. Elle détermine les conditions auxquelles seront conclus les contrats individuels de travail, fixe les droits et les devoirs des parties et uniformise les conditions de travail. Néanmoins, la suppression de l'alinéa colonial imposant des dispositions plus favorables aux travailleurs que celles des lois et règlements illustre une relative libéralisation. La création d'un monopole des délégués du personnel dans le cadre de l'entreprise ou de l'établissement peut aussi être interrogée sous cet angle.

contractantes doivent communiquer la convention à l'inspecteur du travail et des lois sociales du ressort qui exige le retrait ou la modification des clauses contraires à l'ordre public ». L'autorité étatique peut intervenir à double titre : en tant que juge de l'opportunité des prévisions conventionnelles mais aussi en tant que rédacteur de ces dispositions. La mention de « l'ordre public » est assez ambigüe. Le législateur a-t-il souhaité renvoyer à tout le droit étatique du travail, à une partie seulement de ce droit ou a-t-il voulu dépasser la frontière de cette branche du droit[862] ? L'article 67 du code de 1974 qui contenait de façon similaire cette disposition[863] utilisait l'expression plus claire, mais aussi d'interprétation plus restrictive, des « lois et règlements en vigueur ». Un pouvoir considérable de modification des termes de la négociation est détenu par l'inspecteur du travail. Il intervient sans sollicitation préalable des organisations ou personnes signataires. Cette affirmation par les législateurs de 1974 et 2006 est interrogeable en ce qu'elle institue une différence de degré de contrôle étatique entre la convention collective dite « ordinaire » et la convention collective susceptible d'être étendue. Il ressort en effet de l'articulation des dispositions du code du travail que l'intervention étatique dans le cadre de l'extension est davantage sous-tendue par l'idée de collaboration tripartite que par celle de contrôle.

Les législateurs de 1974 et de 2006 ont maintenu la différenciation juridique entre la convention collective ordinaire et la convention collective susceptible d'extension. Les critères de cette différenciation sont assez incertains aux termes des dispositions légales. La double appréhension de l'extension au sein du droit de la négociation collective nous apparaît vectrice d'incertitudes au regard de sa mise en œuvre concrète et des règles sur la convention collective dite « ordinaire[864] ». Pour pouvoir être étendue, une convention collective doit avoir été conclue en vue de son extension règlementaire. En définitive, une convention collective ordinaire qui concerne une branche d'activité ne peut en

---

[862] Le droit du travail détient en théorie la caractéristique d'être un droit d'ordre public. En droit civil, l'ordre public renvoie aux règles obligatoires qui s'imposent pour des raisons impératives de protection, de sécurité ou de moralité et desquelles on ne peut disposer librement. Mais l'ordre public est spécifique en droit du travail. L'ordre public social a la particularité de hiérarchiser par degré d'importance les dispositions d'ordre public qui sont classifiées selon l'absoluité ou non de l'in-dérogeabilité. L'appropriation contractuelle de ce droit d'ordre public n'est pas inhibée et l'est de moins en moins. V. par exemple, F. Gaudu, « L'ordre public en droit du travail », in *Etudes offertes à Jacques Ghestin*, LGDJ, 2001, p. 363 et F. Canut, *L'ordre public en droit du travail*, LGDJ, 2007.

[863] L'ordonnance de 1974 a renforcé le contrôle étatique sur la négociation collective. Néanmoins, l'article 67 de l'époque mentionne que l'inspecteur du travail « peut exiger » tandis que la disposition de 2006 transforme la possibilité en automatisme.

[864] L'article 101 du code de 2006 précise que toutes les parties signataires ou les personnes qui sont membres d'une organisation signataire sont soumises aux dispositions de la convention collective « ordinaire ». Tout employeur ou organisation peut décider d'adhérer par la suite à cette norme. La disposition précise ensuite que tout établissement compris dans le champ d'application de la convention collective doit s'y conformer sauf en cas de dispositions plus favorables découlant des « contrats individuels ou d'équipe ». Cette disposition engloberait-elle finalement tous les employeurs du champ de la convention qu'ils soient ou non signataires ?

tant que telle être étendue. C'est ce qui ressort du chapitre « de la convention collective susceptible d'extension » dont l'article 102 dispose qu'« à la demande de l'une des organisations syndicales ou de l'un des groupements intéressés, considérés comme les plus représentatifs, ou de sa propre initiative, le ministre du travail provoque par arrêté la réunion d'une commission mixte en vue de la conclusion d'une convention collective de travail dans une branche d'activité déterminée sur un plan national, régional ou local ». Dans un schéma inverse, toute convention collective de branche devrait être négociée selon cette procédure particulière, qui implique un arrêté ministériel de réunion, dans l'éventualité qu'on veuille l'étendre[865].

Si le législateur togolais de 1974 a quelque peu modifié les modalités de l'intervention administrative dans le cadre de l'extension, la différenciation juridique entre la convention ordinaire et la convention susceptible d'extension demeure selon nous incomplète. Depuis 1974, le code du travail renvoie à un arrêté le soin de déterminer la composition paritaire de la commission mixte qui doit être convoquée par arrêté ministériel. Il attribue la présidence de cette commission à l'inspecteur du travail à la différence du texte de 1952. Les enjeux de cette présence institutionnelle au sein de la commission de négociation ne sont pas davantage précisés dans la loi, à la différence des dispositions du chapitre sur la convention collective ordinaire. En outre, l'entrée en vigueur des conventions collectives susceptibles d'extension n'est pas abordée au sein du chapitre qui les concerne. Il est à penser qu'il faille soit s'en référer aux dispositions du chapitre précédent si l'extension par arrêté n'est pas enclenchée, soit directement au chapitre suivant sur la procédure d'extension.

Le chapitre sur la procédure d'extension est similaire à celui de 1952. Sur demande des organisations syndicales ou à l'initiative du ministre chargé du travail, les dispositions des conventions conclues en vue d'être étendues peuvent être rendues obligatoires pour tous les travailleurs et employeurs du champ professionnel et territorial de la convention. Le ministre prend alors un arrêté après avis du Conseil National du Travail (CNT). Le contrôle de légalité ou d'opportunité au regard de la branche d'activité concernée qui était offert au chef de territoire en 1952 est repris dans les codes de 1974 et 2006. Le ministre chargé du travail doit solliciter l'avis du CNT avant d'exiger l'exclusion de l'extension des dispositions « qui seraient en contradiction avec les textes législatifs et règlementaires en vigueur[866] ».

L'évolution du droit étatique de la négociation collective permet de relever un renforcement du contrôle étatique de la négociation collective. La permanence de la présence étatique dans le processus conventionnel et la teneur du rôle de l'acteur étatique compétent illustrent une omniprésence de l'État dans la négociation. Ceci est corroboré par la présentation du droit de la négociation

---

[865] Cette procédure est reprise par les dispositions du projet d'acte OHADA de 2010 (articles 207 et 208).

[866] Article 106 alinéa 4 du code du travail de 2006.

collective au sein du manuel de droit du travail édité en 2008[867]. L'auteur prend néanmoins une distance par rapport au droit étatique de la négociation collective pour présenter l'immixtion de l'acteur étatique. Il tend par ailleurs à considérer l'omniprésence étatique comme contraire à la loi : « en principe, les pouvoirs publics ne doivent pas s'immiscer dans la négociation ou dans l'élaboration d'une convention collective ordinaire. (...) Dans la réalité, aucune convention ne peut être conclue sans la participation, même indirecte de l'État (...)[868] ». En effet, les indices formels de l'intervention étatique au sein des processus d'adoption des conventions collectives en vigueur au Togo dont nous disposons permettent de douter de la corrélation entre ces processus et les prévisions légales sur le droit de la négociation collective.

B. Les formalisations de l'encadrement étatique

Il est difficile de percevoir clairement les procédures mises en œuvre pour l'adoption des quelques conventions en vigueur au Togo. Nous nous appuierons sur les indices en notre possession qui témoignent d'une présence étatique. Il existe peu de conventions collectives au Togo. La convention nationale « sectorielle » constitue le format conventionnel majoritaire au Togo et le cadre de l'entreprise est rarement sollicité[869]. L'inventaire de neuf conventions collectives en vigueur peut être dressé : la convention collective interprofessionnelle du Togo (CCIT) signée le 20 décembre 2011 qui remplace celle du 1er mai 1978[870], la convention collective des travaux publics et du bâtiment de 1958, la convention collective des banques, assurances et établissements financiers du 30 mars 1979, renégociée et signée le 30 avril 2002, et modifiée le 21 décembre 2006, la convention collective des industries du Togo du 3 mai 1983, la convention collective du commerce du 1er juillet 1980, renégociée et signée le 25 avril 1991, la convention collective du transport et

---

[867] D. Yabre, *op. cit.*, p. 240 à 252.

[868] *Ibid.*, p. 244. L'État togolais n'a pas ratifié la Convention n° 154 de l'OIT sur la négociation collective. Cette norme internationale contient un article 6 qui peut rappeler la procédure de commission mixte : la négociation peut éventuellement être organisée dans le cadre de mécanismes ou institutions de conciliation et/ou d'arbitrage « auxquels les parties à la négociation collective participent volontairement » mais le pouvoir discrétionnaire laissé au ministre chargé du travail fait douter de la volonté de permettre ce libre choix et cette initiative.

[869] En dehors de l'évocation par le directeur général du Travail de sa participation à des négociations d'entreprise concernant deux multinationales ou de celle par un représentant de la CSTT de l'accompagnement de travailleurs en vue d'aboutir à un accord d'établissement dans le domaine du ciment, les références à des accords d'établissements au sens de la loi sont rares (Cf. Entretien avec le directeur général du Travail, Lomé, 14 novembre 2008 et entretien avec le secrétaire général adjoint et le conseiller juridique de la centrale CSTT, Lomé, 25 et 28 novembre 2008).

[870] La nouvelle CCIT serait entrée en vigueur le 6 janvier 2012. Ne possédant l'arrêté attestant de cette entrée en vigueur, nos développements seront principalement fondés sur la CCIT de 1978. Les différences entre les deux textes sont en outre relativement minimes. Nous les signalerons pour chaque référence à la CCIT de 1978.

transit maritime du 21 mai 1991, la convention collective des industries hôtelières et de la restauration du Togo du 30 avril 1991, renégociée et signée le 19 décembre 2003[871], la convention collective de l'industrie du pétrole du Togo signée le 4 août 2006 et la convention collective des transporteurs d'hydrocarbures du 22 août 2008. Nous disposons de sources contradictoires quant aux dates de conclusion et de renégociation des conventions sectorielles[872].

La négociation de la CCIT de 1978 a été précédée d'un arrêté n° 33/MJ/FP/DGTMOSS du 18 avril 1977[873] créant une « commission mixte paritaire en vue de la conclusion d'une convention collective nationale interprofessionnelle ». Cette règlementation mentionne une présidence de cette commission « par un inspecteur du travail et des lois sociales ». Six représentants titulaires et six représentants suppléants sont désignés du côté employeur et du côté travailleur. En période de syndicat unique, il est compréhensible que seul le secteur économique de chacun de ces représentants soit mentionné[874]. Cette négociation aurait été suivie d'un arrêté d'extension n° 223/DGTMOSS/MTFP du 11 février 1981[875] qui n'est pas mentionné dans la base de données de la justice togolaise. Cette base de données ne contient en outre aucun indice sur le processus de renégociation de la nouvelle CCIT du 20 décembre 2011 dont les mentions font douter de la mise en œuvre de l'alinéa 2 de l'article 102 du code du travail de 2006[876]. Un représentant syndical

---

871 L'auteur du manuel dit que cette convention ne serait entrée en vigueur qu'à compter du 26 octobre 2006 « selon la volonté des parties » (D. Yabre, *op. cit.* p. 243). Or ce texte, dont l'article 3 b) reprend la règle du jour qui suit le dépôt du texte, contient le sceau du Tribunal du travail de Lomé daté du 29 janvier 2004. Cette « volonté des parties » n'est pas formalisée dans le texte.

872 La convention collective des banques, établissements financiers et assurances aurait été premièrement signée en 1979, selon D. Yabre, tandis qu'un mémoire de troisième cycle de formation d'inspection du travail, rédigé la même année, l'estime conclue en mai 1992. Il est en outre difficile de déterminer qui a raison de ces deux auteurs qui mentionnent les dates du 4 août 2006 et du 27 septembre 2000 pour la convention collective de l'industrie du pétrole (D. Yabre, 2008, *ibid.*, p. 243 et K. M. Viagbo, 2008, *op. cit.*, p. 27).

873 JORT du 16 mai 1977, p. 258.

874 Des travailleurs de l'entreprise Bata (Un décret du 26 mars 1968 (JORT 16 avril 1968 p. 20) porte agrément de cette SA de fabrication de chaussures au capital à l'époque de 25 millions de FCFA. Elle reçoit le titre d'entreprise prioritaire et les machines et matériels nécessaires à l'usine sont admis en franchise des droits et taxes d'entrée), de l'UDECTO (Union d'entreprises de construction du Togo) qui est un groupe d'entreprises implanté dans des États d'Afrique occidentale et centrale dont le siège social est à Lomé, de la SNCDV (Société navale chargeurs Delmas-Vieljeux (Voir J. Suret-Canale, *Afrique et capitaux*, Tome 1, Arbre Verdoyant, 1987, p. 145 s. et les *Cahiers d'outre mer*, avril-septembre 2004, p. 233, (disponible sur www.revues.org), de l'UTB, de la SGGG et de la Cie FAO sont présents.

875 Y. Lare, *Liberté syndicale et problématique de la représentativité des organisations syndicales au Togo*, Mémoire de 3e cycle ENA/AT, Togo, 2008, p. 18.

876 Le texte de la Convention contient l'indice d'une participation d'un représentant de chaque centrale syndicale, soit six représentants des travailleurs, de quatre représentants du CNP. Aucune présidence n'est mentionnée tandis qu'il apparaît que le texte a été « vu » par le directeur général du travail, « approuvé » par le ministre du travail, de l'emploi et de la sécurité sociale, et « validé » par le président du CNDS.

mentionne toutefois l'adoption d'un arrêté d'extension. Seule la CCIT de 1978 paraît donc avoir été élaborée et conclue selon les prévisions légales applicables sur la convention collective susceptible d'extension.

La recherche d'autres arrêtés de convocation d'une commission mixte ou d'extension d'une convention est restée infructueuse pour ce qui concerne les conventions sectorielles en vigueur au Togo. Il se pourrait néanmoins que la convocation étatique, bien que non règlementaire, soit un préalable automatique dans les faits. Selon un représentant du Conseil National du Patronat (CNP) du Togo, « il y a une procédure de déclenchement des négociations. C'est la partie la plus diligente, et ensuite le ministre met en place le comité pour la conclusion[877] ». D'autres interlocuteurs évoquent une convocation étatique sans toutefois s'en référer à la mise en place d'un organe collégial ou à l'intervention ministérielle. Le directeur régional du travail de Dapaong pense par exemple que « généralement l'initiative vient des travailleurs qui veulent améliorer leurs conditions de travail. Ils font une demande à l'employeur et déposent à l'inspecteur qui va convoquer[878] ». Les hauts-représentants de l'administration du travail sont plus évasifs sur la procédure de négociation collective. Le ministre du travail, après avoir rappelé le rôle d'incitation de l'administration du travail, fait la distinction suivante : « dans les entreprises c'est bilatéral et au niveau national c'est tripartite. Les conventions interprofessionnelles c'est plus vaste[879] ». Le directeur général du Travail et son adjoint évoquent simplement un rôle de leurs services dans les négociations collectives[880]. Si les propos diffèrent, il en ressort une présence certaine d'acteurs étatiques dans l'enclenchement et le déroulement du processus conventionnel.

Si le rôle étatique de déclencheur du processus conventionnel dans le cadre des conventions nationales sectorielles du Togo est assez incertain, quelques indices formels permettent néanmoins d'apercevoir la présence étatique dans le déroulement et l'accomplissement des négociations. Le contrôle étatique des termes de la négociation sectorielle semble systématique. Chaque convention sectorielle contient deux signatures : celle du directeur général du travail et des lois sociales précédée de la mention « vu » et celle du ministre chargé du travail

---

[877] Cf. Entretien avec deux représentants du Conseil National du Patronat (CNP), Lomé, 14 janvier 2009.

[878] Cf. Entretien avec le directeur régional du travail de Dapaong, région des Savanes, 22 janvier 2009. Le directeur régional de Kara précise que « les conventions collectives se négocient toujours entre une organisation syndicale ou un regroupement des organisations syndicales des travailleurs et des employeurs. Il y a un inspecteur. La convention collective des transporteurs pétroliers, ils sont venus négocier tout ça là à la direction générale en présence de l'inspecteur de la zone » (Cf. Entretien avec le directeur régional du travail de Kara, région de la Kara, 6 décembre 2008).

[879] Cf. Entretien avec le ministre du Travail, Lomé, 16 février 2009.

[880] Cf. Entretiens avec directeur général du Travail (Lomé, 14 novembre 2008) et le directeur général adjoint du Travail (Lomé, 26 novembre 2008).

précédée de la mention « approuvé »[881]. La mention du directeur général du Travail rappelle l'obligation de communiquer la convention « ordinaire » à l'inspecteur du travail en vertu de l'article 100 alinéa 2 du code du travail. L'approbation ministérielle renvoie quant à elle indirectement à la procédure règlementaire en cas de convention « susceptible d'extension ».

Un contrôle des clauses conventionnelles est évoqué par certains acteurs[882] tandis que d'autres propos laissent davantage présager un rôle de médiateur du représentant de l'administration[883]. La classification des sources conventionnelles en vigueur au Togo au sein des prévisions légales est rendue difficile de par l'incertitude des modalités de leur élaboration, et notamment des modalités de l'intervention étatique dans le processus de leur adoption. Ceci renforce les interrogations que nous avons évoquées en filigrane au sujet des frontières établies par le code du travail entre les différents types de sources conventionnelles. Le droit conventionnel dans son ensemble résulte en définitive entouré d'incertitudes, tant sur le plan du cadre juridique de son élaboration que sur celui de sa mise en œuvre.

§2 – Des incertitudes autour du droit conventionnel

Les normes conventionnelles en vigueur au Togo appellent plusieurs interrogations. Les premières interrogations tiennent du droit lui-même de la négociation collective dont l'analyse révèle son incomplétude (A). Ces premières interrogations participent à soulever le questionnement de la mise en œuvre de ce droit d'origine étatique dont le résultat révèle une typologie originale du droit conventionnel togolais (B).

---

[881] Un projet pour l'enseignement privé laïc prévoit l'approbation du ministre chargé de l'enseignement primaire, secondaire et technique. La convention collective des travailleurs du transport et transit maritime du 21 mai 1991 ne contient pas de précisions sur les négociateurs et signataires mais le barème des salaires est précisé sous l'en-tête du ministère et de la Direction générale du travail.

[882] « Ils ont mis des choses qu'on a enlevé » (Cf. Entretien avec le directeur général du Travail, Lomé, 14 novembre 2008). Le directeur du dialogue social de l'administration évoque son travail sur un projet de convention collective pour le personnel domestique pour lequel il craint que l'es employeurs ne suivent pas (Cf. Entretien avec un inspecteur du travail, directeur du dialogue social, Lomé, 23 décembre 2008).

[883] « Tous ces processus sont accompagnés par l'administration du travail. Le cas échéant nous-mêmes intervenons pour arbitrer » (Cf. Entretien avec le ministre du Travail, Lomé, 16 février 2009). « Il intervient quand même pour concilier les points de vue des deux parties » (Cf. Entretien avec le directeur régional du travail de Kara, région de la Kara, 6 décembre 2008). « Nous faisons appel à l'inspection du travail pour nous aider » (Cf. Entretien avec le secrétaire des industries de l'agro-alimentation de la fédération de l'alimentation et de l'agriculture de la centrale CSTT, Lomé, 19 décembre 2008). « L'État ne participe pas dans les négociations, il arrive que s'il y a blocage. Ils discutent entre eux, et après l'État valide. C'est le consensus aussi, il n'y a pas de vote mais l'État peut aider au consensus, c'est les inspecteurs » (Cf. Entretien avec un membre conseiller du groupement togolais des PME (GTPME) membre du CNP, 13 février 2009).

A. L'incomplétude du droit de la négociation collective

Le droit positif de la négociation collective présente quelques particularités gênantes pour sa compréhension. Le code du travail de 2006 propose trois catégories conventionnelles qui sont encadrées de façon quelque peu imprécise (1). Des « vides » du droit étatique de la négociation collective ajoutent à la difficulté de saisir la différenciation entre les trois types de normes conventionnelles (2).

1. Les imprécisions du droit légal

La réforme du code du travail en 2006 a conduit à un nouvel ordonnancement du chapitre légal consacré à la négociation. Le code du travail ne contient plus de dispositions générales sur la négociation collective. Chaque catégorie d'accord et de convention collectifs donne lieu à un chapitre spécifique. Le code de 1974 contenait une section première intitulée « de la nature et de la validité de la convention collective de travail » laissant supposer une applicabilité générale de ses dispositions. Les catégories conventionnelles sont désormais différemment ordonnancées : le premier chapitre concerne les « accords d'établissement ou d'entreprise », le deuxième porte sur « la convention collective ordinaire » et le troisième sur « la convention collective susceptible d'extension ».

Le statut de la convention « ordinaire » est flou. Le plan du chapitre du code de 1974 permettait de considérer comme générales, c'est-à-dire applicables à toute négociation quel qu'en soit son cadre ou son objet, la règle relative à la langue d'écriture de la convention, celle sur la transmission à l'inspecteur du travail et la prévision d'un arrêté pour déterminer les conditions de dépôt et de publication. Désormais, ces règles n'habitent que le chapitre central sur la négociation dite « ordinaire ». Ce réaménagement formel des règles sur la négociation collective rend les frontières incertaines entre les différents types de négociation. Ceci est d'autant plus flou que le législateur renforce l'intervention de l'État au sein de ce chapitre central. L'articulation entre ce chapitre et celui sur la négociation susceptible d'extension contient donc désormais quelques contradictions. Le législateur de 2006 paraît avoir souhaité que ces trois types de négociation constituent des chapitres à part entière dont chacun semble néanmoins incomplet.

Ceci ressort par exemple des prévisions légales sur le principe de l'ordre public social. Le code de 2006 ne reprend pas dans le chapitre sur la convention « ordinaire » l'alinéa de l'ancien article 64 en vertu duquel « la convention peut contenir des dispositions plus favorables aux travailleurs que celles des lois et règlements en vigueur (et) ne peut déroger aux dispositions d'ordre public (des) lois et règlements ». Néanmoins, le principe réapparaît partiellement aux termes de l'article 101 alinéa 3 qui reprend l'ancien article 68 alinéa 3 : « les dispositions de cette convention s'imposent, sauf dispositions plus favorables aux travailleurs, aux rapports nés des contrats individuels ou d'équipe ». Le principe selon lequel les clauses d'une convention collective de niveau local « peuvent prévoir des dispositions nouvelles et des clauses plus favorables aux travailleurs » est maintenu dans la partie sur la convention susceptible d'extension. Le principe est aussi repris s'agissant des accords d'entreprise ou d'établissement. Le législateur supprime néanmoins la possibilité de créer des dispositions nouvelles dans ce cadre de négociation. Si la convention collective « ordinaire » doit être perçue comme le cadre général de principe de la négociation collective, le constat est que la notion d'ordre public social et son corollaire qui est le principe de faveur, sont abandonnés par le législateur dans ce chapitre. S'il s'agit d'un type particulier de convention collective, ces principes deviennent des règles spécifiques à chaque cadre de négociation.

Le droit de la négociation collective tel que repris dans le code du travail de 2006 complexifie plus qu'il n'éclaircit l'ordonnancement conventionnel issu du code de 1952. Il aurait peut-être été intéressant de s'inspirer davantage du projet d'acte uniforme de l'OHADA de 2006 en vertu duquel « pour pouvoir être étendus, la convention de branche, l'accord professionnel ou interprofessionnel, leurs avenants et leurs annexes doivent avoir été négociés et conclus en Commission Mixte composée des représentants des organisations d'employeurs et des syndicats de travailleurs les plus représentatifs dans le champ d'application considéré ». Cette formulation, reprise dans le projet d'acte de 2010, explicite l'articulation des modes de négociation bien qu'elle demeure ambiguë quant à l'opportunité d'engager des négociations hors commission mixte. Aux termes du projet OHADA, il appartient aux acteurs privés de la négociation d'anticiper l'extension éventuelle de la norme conventionnelle et de saisir l'autorité ministérielle en ce sens. Dans une meilleure logique, certains législateurs nationaux de l'espace de l'OHADA ont préféré supprimer purement et simplement la procédure de négociation d'une convention susceptible d'extension tandis que d'autres l'ont généralisée à tous les processus de négociation, extensible ou non[884]. Quoique discutables sur le plan de la liberté de négociation, ces choix simplifient considérablement la détermination de l'ordonnancement légal de la négociation collective.

Le législateur de 2006 n'est pas allé au bout d'une de ses innovations. Les accords d'établissement ou d'entreprise doivent désormais se négocier « entre, d'une part, un employeur et, d'autre part les délégués du personnel » mais l'article 111 du code de 2006, identique à l'ancien article 78, dispose que « les groupements capables d'ester en justice, liés par une convention collective de travail ou un accord d'établissement peuvent, en leur propre nom, intenter une action en dommages-intérêts contre tous groupements, contre leurs propres membres ou contre toutes les personnes liées par la convention qui violeraient à

---

[884] Le droit camerounais a simplement supprimé cette modalité de négociation, se cantonnant à la procédure d'extension tandis que les codes du Burkina Faso, du Bénin ou du Tchad ont généralisé la procédure de commission mixte.

leur égard les engagements contractés ». Cette disposition s'articule difficilement avec les nouveaux acteurs compétents dans le cadre de l'entreprise et de l'établissement. Il aurait peut-être été plus logique, à l'instar du législateur de 1974[885], que le législateur renvoie explicitement à l'article 112 qui ouvre une action judiciaire au bénéfice des « personnes liées par une convention collective[886] ».

Le respect du droit togolais de la négociation collective est aussi rendu difficile par l'incertitude sur les règles entourant le dépôt et la publication des conventions collectives. L'article 100 du chapitre 2 sur « la convention collective ordinaire » prévoit que « des arrêtés après avis du Conseil National du Travail, fixent les conditions dans lesquelles sont déposées et publiées les conventions collectives ainsi que les conditions dans lesquelles s'effectuent les adhésions ». L'article précise aussi la langue française d'écriture de la convention, l'obligation de signatures, de communication à l'inspecteur et le principe d'applicabilité le jour qui suit son dépôt. La nouvelle codification soulève la question de l'applicabilité de ces règles aux accords d'entreprise ou d'établissement et aux conventions susceptibles d'extension. L'article 95 alinéa 4 du code de 2006 prend le soin de lister les dispositions applicables dans le cadre de l'entreprise ou de l'établissement. Or, l'article 100 n'est pas compris dans l'énumération. Est-ce une erreur rédactionnelle malencontreusement commise ou est-ce délibéré ? On note en effet que l'article 81 alinéa 5 de l'ancien code du travail instituait une liste similaire des dispositions légales applicables aux « accords collectifs d'établissements ». Ce texte prenait le soin de mentionner l'article 67 correspondant au nouvel article 100[887]. Quant à la convention collective susceptible d'extension, les dispositions légales ne fournissent aucun indice sur les modalités de son dépôt et de sa publication.

2. Les insuffisances de l'encadrement juridique

L'encadrement juridique togolais de la négociation collective présente quelques insuffisances, notamment au regard de la tendance contemporaine à vouloir favoriser l'outil de la négociation collective pour la régulation des relations de travail. Certains silences du législateur font en effet douter de sa volonté de favoriser l'amplification de l'utilisation de la négociation collective par les partenaires sociaux. D'autres insuffisances plus techniques contribuent

---

[885] L'ancien article 81 prévoyait l'applicabilité de l'article 79 identique à l'article 112 du code de 2006.

[886] Le législateur de 2006 est aussi ambigu quant à la représentativité des acteurs de la négociation. Si l'on considère que la convention collective ordinaire est un type particulier de convention, c'est-à-dire non soumis à la procédure de négociation dans l'éventualité de l'extension, les acteurs syndicaux habilités à s'engager dans ce cadre qui est national, régional, local ou limité à un ou plusieurs établissements n'ont pas à répondre de leur représentativité dans ce cadre. L'ancienne codification attribuait davantage d'importance à cette condition de représentativité. La volonté législative de 2006 est incertaine sur ce point.

[887] Ce texte contenait cependant étrangement le renvoi à l'article 69 sur la procédure de négociation d'une convention susceptible d'extension. L'article 95 du nouveau code renvoie quant à lui à l'article 109 sur la consultation préalable à tout arrêté d'extension ou de retrait d'extension.

au constat d'un droit incertain, donc difficilement applicable, de la négociation collective[888].

Jusqu'à l'adoption de l'arrêté n° 016/MTESS/CAB/DGTLS sur le dépôt, la publication et l'adhésion aux conventions collectives du 30 juillet 2010, l'arrêté colonial n° 280-54 du 19 mars 1954 était applicable. Face à cette absence d'une règlementation actualisée, nous remarquons que les partenaires sociaux ont pris soin d'apporter des précisions au sein même des normes conventionnelles. La CCIT et la majorité des conventions collectives sectorielles[889] contiennent une courte disposition en vertu de laquelle la convention « entrera en vigueur à partir du jour qui suit son dépôt pour enregistrement au secrétariat du tribunal du travail par la partie la plus diligente[890] ». Les partenaires sociaux s'étant contenté de préciser le lieu de dépôt, l'arrêté colonial est demeuré la source applicable sur les autres points jusqu'en 2010. La nouvelle règlementation a globalement repris l'ancien texte en y augmentant le nombre d'exemplaires à déposer au secrétariat ou greffe du tribunal du travail ou à défaut, du tribunal civil du lieu de la conclusion de la convention. L'autorité règlementaire choisit en 2010 de maintenir le principe du dépôt par les signataires eux-mêmes auprès du tribunal, à la différence de ce qui se fait ailleurs[891]. Le tribunal doit transmettre le texte de la convention collective au directeur général du Travail et des Lois Sociales. Ce texte règlementaire est utile car précise expressément que ces conditions de dépôt et de publication sont applicables aux normes conventionnelles conclues dans le cadre de l'établissement. Il précise la règle particulière de publication d'une convention collective étendue. L'article 10 de l'arrêté de 2010 en vertu duquel « les conditions de forme, de dépôt et de publicité prévues pour les conventions non étendues sont valables pour les accords d'établissement » laisse supposer que ces règles concernent également les conventions collectives conclues au sein d'une commission mixte et non encore étendues.

---

[888] Sur le droit de la négociation collective au Burkina Faso, voir P. Kiemde, *Droit du travail et de la sécurité sociale*, Précis de droit burkinabé, 2006, p. 346 et s.

[889] Seules l'ancienne convention des BTP et la convention de l'industrie du pétrole ne comprennent pas cette précision.

[890] Certaines dispositions précisent que le tribunal dont il est question se situe à Lomé. C'est le cas de la nouvelle CCIT de décembre 2011. L'article 61 de la convention collective du commerce du Togo prévoyait que la convention entre en vigueur précisément le 1er mai 1991. Les indices présents sur le texte de cette convention montrent que son dépôt n'a eu lieu au tribunal que le 6 août 1991.

[891] Notons que dans plusieurs droits nationaux de l'espace de l'OHADA, l'autorité habilitée à recevoir le dépôt et à transmettre l'information sur la norme conventionnelle n'est autre que l'autorité gouvernementale. Au Cameroun, la publication est faite « à la diligence du ministre du travail » qui peut exiger le retrait de certaines clauses. Le dépôt est effectué au ministère chargé du travail au Bénin, au ministre du travail au Tchad et au Mali. Le droit malien pose en outre l'obligation du visa du ministre chargé du travail. En RDC, c'est l'inspecteur du travail qui, après avoir apposé son visa, se charge de déposer le texte conventionnel auprès de l'administration judiciaire. Les dispositions sur le dépôt et la publication des normes conventionnelles sont contenues dans les dispositions codifiées de ces droits nationaux à la différence du droit togolais.

Le droit étatique de la négociation collective a le défaut de n'instituer aucune obligation de négociation. Aucun champ géographique ou thématique ne doit être obligatoirement couvert par une norme conventionnelle. Si les syndicats disposent d'un droit à l'initiative pour le déclenchement du processus de négociation, la loi n'établit pas l'obligation de négocier pour l'autre partie. Aucune obligation de contenu de la négociation, sauf en ce qui concerne les conventions collectives susceptibles d'extension, n'est en outre précisée. En dehors de la prévision des formes et périodes de leur dénonciation et renouvellement, les conventions collectives non susceptibles d'extension sont librement élaborées sous réserve des règles sur les dispositions plus favorables ou dérogatoires. La définition de la convention collective ordinaire donne toutefois des indices sur son contenu : elle a « pour objet de déterminer les conditions auxquelles seront conclus les contrats individuels de travail, de fixer les droits et les devoirs des parties et d'uniformiser les conditions de travail ». Bien que relativement large, cette définition pourrait être interprétée comme une censure implicite des dispositions relatives aux conditions d'exécution des relations collectives de travail. Le contenu des accords d'établissement ou d'entreprise est variable selon que l'entreprise ou l'établissement est soumis ou non à une convention collective de cadre géographique supérieur. Dans ce cas, l'accord adapte cette norme aux conditions particulières de l'entreprise ou de l'établissement, ce qui présuppose qu'il reprenne globalement les thématiques de la norme supérieure. Si l'entité économique n'est soumise à aucune norme conventionnelle supérieure, l'accord ne peut porter que sur la fixation des salaires et des accessoires de salaires. La CCIT du Togo ayant un champ d'application « total », cette disposition semble relativement inutile.

Seules les conventions susceptibles d'extension sont soumises à une obligation précise de contenu. L'article 103 du code du travail impose que ce type de convention aborde le libre exercice du droit syndical, les catégories professionnelles et les salaires applicables, les modalités d'exécution et taux de rémunération du travail de nuit et des jours non ouvrables et les taux des heures supplémentaires, la durée de la période d'essai et du préavis, les délégués du personnel, la procédure de révision, modification et dénonciation de la convention collective, les modalités d'application du principe « à travail égal, salaire égal » sans discrimination et les congés payés. L'article suivant donne des exemples d'autres thèmes de négociation possibles tels que les primes et indemnités diverses, les conditions d'embauchage et de licenciement, les services sociaux et médico-sociaux ou l'institution de procédures d'arbitrage en cas de conflits collectifs[892]. L'ampleur des obligations et possibilités

[892] L'article 116 du code burkinabé de 2008 généralise les clauses obligatoires à tous les types de convention collective. La liste de ces clauses ressemble à celle du droit togolais. Elle est néanmoins plus longue. Quelques indemnités sont ajoutées ainsi que les thématiques de la formation professionnelle continue et du chômage technique. Il est intéressant de mentionner ici le code du travail de la RDC qui fait passer ces clauses au rang de thématiques facultatives tandis que celles obligatoires touchent principalement aux relations collectives : règlement des conflits collectifs,

thématiques peut être négativement interprétée étant donné la longueur des discussions qu'elle sous-entend, le risque étant que les dispositions conventionnelles qui en résultent soient peu précises.

Enfin, aucune obligation temporelle de révision des sources conventionnelles n'est établie par la loi. Les partenaires sociaux se sont chargés de définir les modalités de cette révision sans toutefois en exiger une périodicité. La typologie contemporaine du droit conventionnel togolais révèle en effet que les conventions collectives en vigueur au Togo, parfois conclues depuis plusieurs décennies, ont été peu renégociées. Cette typologie est en outre originale si l'on se réfère au droit légal de la négociation collective que nous avons abordé et dont il ressort difficile de déterminer une classification juridique claire. En effet, la classification des conventions collectives en vigueur au Togo est difficile, pour ne pas dire impossible, au regard de ce droit étatique de la négociation collective.

B. La typologie originale des conventions collectives togolaises

Nous avons présenté un droit togolais de la négociation collective obscur quant à l'ordonnancement des sources conventionnelles qu'il entend établir. Le résultat de la mise en œuvre du droit de la négociation collective est à l'image de ce droit obscur. La typologie relativement simple des sources conventionnelles en vigueur au Togo n'en n'est pas moins originale. L'incertitude des modalités de conclusion qui ont précédé leur entrée en vigueur rend délicate la qualification juridique des conventions collectives en vigueur au Togo dont la majorité est conclue dans le champ géographique national (1). Si quelques acteurs s'accordent à établir la rareté des processus de négociation d'accords d'entreprise ou d'établissement au sens de la loi, certains attribuent néanmoins ce qualificatif à d'autres normes particulières. Il en résulte une confusion sur les normes d'entreprise (2).

1. Le privilège du champ géographique national

Les conventions collectives de champ national sont les sources majoritairement mentionnées par les acteurs du monde du travail togolais. Les autres possibilités envisagées par le code du travail que sont les conventions régionales ou locales n'ont pas été saisies par la négociation collective du Togo. Deux types de conventions nationales peuvent être distinguées pour tenter de saisir leurs particularités au regard du droit « officiel » de la négociation collective : la convention collective interprofessionnelle du Togo (CCIT) conclue en 1978 (a) et les conventions collectives dites « sectorielles » (b).

---

modalité de versement des cotisations syndicales et le chômage technique. Le projet d'acte OHADA de 2010 reprend assez similairement les listes du code du travail togolais. Il ajoute le mode de calcul des indemnités de licenciement et de services rendu parmi les dispositions obligatoires.

a. La Convention Collective Interprofessionnelle du Togo

Une donnée commune aux États d'Afrique noire francophone est l'adoption de conventions collectives nationales interprofessionnelles dans les années 1970 et au début des années 1980[893]. La floraison de ce type de convention collective pousse la doctrine à interroger sa qualification juridique au regard des droits nationaux de la négociation collective[894]. Henri-Joël Tagum Fombeno qualifie ce phénomène de « remarquable » dans les premières décennies d'indépendance. Une « forme nouvelle et atypique de convention », calquée sur le modèle de la convention extensible, est créée de par le champ général qu'elle recouvre. L'élaboration de ces conventions nationales interprofessionnelles s'est faite en dehors de tout cadre juridique pertinent selon cet auteur[895]. Ce constat pousse en effet certains à voir dans ces normes conventionnelles de champ d'application « total », des sources atypiques de droit du travail[896]. D'autres auteurs intègrent plus facilement ce type de norme conventionnelle au sein de la catégorie de la convention étendue en évoquant néanmoins les possibles illégalités du processus d'adoption et d'extension[897]. La CCIT de 1978 a en ce sens été étendue « à toutes les branches d'activité » par un arrêté n° 223/MTFP du 11 février 1981[898]. Ce texte est toutefois absent de la rubrique droit du travail de la base de données de la justice togolaise. Certains auteurs assimilent ces normes générales à de véritables normes règlementaires ou lois du travail[899]. L'assimilation de cette norme conventionnelle à une véritable loi est intéressante lorsque l'on appréhende son articulation avec les autres sources conventionnelles de champ sectoriel. Nous notons en effet que la CCIT institue un ordonnancement spécifique des sources conventionnelles, alimentant l'interrogation sur les fondements et l'articulation des conventions collectives. Si les analyses doctrinales sur la convention collective nationale interprofessionnelle en tant que norme « atypique » font le constat de l'illégalité totale ou partielle de son processus d'élaboration, la validité juridique de ce

---

[893] Ce type de norme conventionnelle est par exemple adopté en 1969 au Tchad, en 1973 au Niger en 1974 au Bénin 1974 (« convention collective générale applicable aux entreprises du secteur privé ») et au Burkina Faso, en 1977 en Côte d'Ivoire et en 1982 au Sénégal.

[894] V. par exemple P.-G. Pougoué, « Le difficile enracinement de la négociation collective », *Bulletin de droit comparé du travail et de la sécurité sociale*, 1999, p. 198.

[895] H.-J. T. Fombeno, *L'action des syndicats professionnels en Afrique noire francophone*, L'Harmattan, 2006, p. 34.

[896] L'auteur d'un précis de droit du travail burkinabé mentionne cette catégorie originale de convention collective en expliquant qu'elle emprunte « la forme et la procédure des conventions extensibles » en l'absence d'une règlementation particulière (P. Kiemde, *op. cit.*, p. 339 et s.).

[897] M. Samb, *Les conventions collectives nationales et interprofessionnelles en Afrique Noire francophone*, Thèse de doctorat, Université Cheikh Anta Diop, 1989, p. 27-28.

[898] D. Yabre, *op. cit.*, p. 242.

[899] « Si des conventions régionales, locales, par profession ou par entreprise peuvent être conclues à condition d'être conformes aux conventions collective interprofessionnelles, cela revient à faire de celles-ci de véritables textes à caractère général et permanent conclus pour une durée indéterminée, les rapprochant des lois et règlements, contrariant ainsi considérablement le droit à la Négociation Collective » (J. Issa-Sayegh, *Encyclopédie juridique de l'Afrique*, T.8, p. 56).

support conventionnel n'est aucunement mise en question en pratique. L'intérêt doctrinal porté à ces normes conventionnelles originales paraît d'ailleurs tenir à leur indéniable « force normative » dont le fondement leur semble intrinsèque.

L'intérêt selon nous de considérer particulièrement cette norme ne réside pas fondamentalement dans sa qualification *sui generis* ou non. Pour ce qui concerne la CCIT de 1978, appliquée jusqu'en janvier 2012, nous avons d'ailleurs relevé plusieurs indices d'ancrage dans la catégorie légale de convention étendue[900]. La « force normative » de ce texte est intéressante à analyser car la CCIT constitue, au côté du code du travail, la source principale de référence des acteurs du monde du travail togolais. Elle équivaut pratiquement à la loi dans la hiérarchie des normes de droit du travail togolais. Cette convention est pourtant ancienne, assez concise et rappelle l'époque du syndicat unique. Cette norme a cependant utilement complété le code du travail en vigueur à l'époque. Les thèmes obligatoires de négociation dans le cadre de la convention susceptible d'extension sont presque tous spécifiés dans la CCIT. Elle est la seule source de droit du travail à l'époque qui précise de façon générale le calcul de l'indemnité de licenciement, la notion de « licenciement collectif », l'indemnisation du travailleur malade, la discipline ou encore l'indemnité de départ à la retraite. Malgré l'adoption postérieure de conventions sectorielles de champ national, la CCIT est demeurée la source principalement et souvent exclusivement mentionnée et utilisée par les acteurs jusqu'à la conclusion d'une nouvelle CCIT en décembre 2011. Est-ce son champ d'application total qui séduit les praticiens de droit du travail dans l'exercice de leur mission ? Est-ce du à l'accessibilité moins facile des sources inférieures ? Est-ce par habitude ou par considération d'une meilleure pertinence de la CCIT au regard des autres normes conventionnelles ?

Le législateur togolais n'a pas suivi la voie prise par certains droits nationaux de l'espace de l'OHADA consistant à insérer la catégorie de la CCIT dans le dispositif juridique qui encadre la négociation collective[901]. Le souci de la validité procédurale ne prévaut pas à la production d'effets de cette source du droit. La « force normative » de la CCIT du Togo découle du jeu qui « tire sa complexité du va-et-vient entre « forces créatrices » et « forces réceptrices » du droit (...) aux antipodes de la linéarité du droit tel que la pensée juridique

---

[900] Ces indices sont toutefois moins visibles pour ce qui concerne la nouvelle CCIT signée le 20 décembre 2011 : nombre inégal de représentants des travailleurs, des employeurs et pas de mention de présidence d'un inspecteur du travail et pas d'arrêté de nomination d'une commission mixte dans la base de données de la justice togolaise.

[901] Le droit tchadien a consacré la terminologie d'usage au sujet des conventions collective. Si tous les secteurs économiques sont compris dans le champ d'application de la norme négociée, elle prend l'appellation de convention générale. Les conventions de branches ne peuvent exister que dans le champ national. L'article 344 du code tchadien prévoit la convocation d'une commission mixte dans le cas des conventions de branche et interprofessionnelles. Le législateur togolais ne s'est en outre pas inspiré du projet d'acte OHADA de 2006 qui disposait qu' « en fonction de son cadre de conclusion, la convention ou l'accord collectif est dit d'établissement, d'entreprise, de branche ou interprofessionnel ».

moderne nous l'avait légué[902] ». Notons à titre d'illustration que les partenaires sociaux ont réformé le SMIG règlementaire à l'occasion de la négociation de la nouvelle CCIT en décembre 2011. Le champ d'application total de cette source conventionnelle pose en outre la question de l'objet du droit conventionnel : complète-t-il, supplante-t-il ou adapte-t-il la norme étatique ? On remarque en outre que la CCIT de 1978, conclue en période de syndicat unique et aile marchante du parti au pouvoir, s'est maintenue comme source fondamentale de régulation des relations de travail malgré le retour au pluralisme syndical à partir des années 1990. Les conventions collectives nationales sectorielles ont d'ailleurs pratiquement toutes été calquées sur le modèle de la CCIT bien que nous ayons relevé l'absence d'indice d'extension règlementaire de ces textes[903]. La validité juridique des conventions sectorielles paraît aussi indépendante de l'ancrage légal du processus mis en œuvre pour leur conclusion[904].

b. Les conventions sectorielles nationales

Le deuxième type majoritaire de norme conventionnelle au Togo est la convention nationale de branche communément dénommée « convention sectorielle ». La qualification juridique de ces sources est difficile. L'absence de preuve de réunion d'une commission mixte permet de les faire entrer dans le champ des conventions ordinaires tandis que leur structure et quelques propos d'acteurs appuient leur qualification de convention susceptible d'extension. Seule la convention collective des bâtiments et des travaux publics de 1958 a été étendue par arrêté en 1966. La convention collective des banques, assurances et établissements financiers est signée le 30 mars 1979, la convention collective du commerce le 1er juillet 1980, la convention collective des industries du Togo le 3 mai 1983, la convention collective des industries hôtelières et de la restauration du Togo le 30 avril 1991, la convention collective des industries du pétrole de 2000, la convention collective du transport et transit maritime le 21 mai 1991 et la convention collective des transporteurs d'hydrocarbures en août 2008. Parmi les conventions d'origine assez ancienne, seule la convention collective du secteur des banques et assurances a fait l'objet de deux révisions le 30 avril 2002 et le 21 décembre 2006. La convention du secteur hôtelier a été renégociée en 2003 et la convention collective du commerce demeure dans sa version révisée du 25 avril 1991.

Les conventions collectives sectorielles ont toutes un champ d'application national et témoignent toutes d'une conception large de la profession. Ce constat soulève deux interrogations : celles du très possible concours de

---

902 A.-J. Arnaud, « La force normative, pierre angulaire d'une intelligence juridique », in C. Thibierge (dir.), *La force normative, naissance d'un concept*, LGDJ, 2009, p. 13.

903 La nouvelle CCIT de décembre 2011 est également relativement identique à l'ancienne CCIT.

904 Parler de valeur normative de ces sources peut être pertinent ici car elle se distingue du critère de juridicité qui accompagne généralement la définition du droit. Or, ces normes sectorielles nationales peu sollicitées en pratiques n'en sont pas moins acquises comme du droit positif (A.-J. Arnaud, in C. Thibierge (dir.), *op. cit.*, p. 13).

conventions sectorielles et de leur objet d'adaptation dans le secteur d'activité concerné. On note une appréhension assez large de la branche d'activité concernée. Cela peut justifier l'appellation d'usage de « convention sectorielle ». En effet, la branche d'activité regroupe normalement des unités de production homogènes tandis que le secteur d'activité peut regrouper des entreprises de fabrication, de commerce ou de service qui ont la même activité principale[905]. Il est intéressant de mentionner ici un décret camerounais n° 93/PM du 15 juillet 1993 qui dresse la nomenclature des branches d'activité du secteur privé et public. Si cette initiative peut contribuer à limiter les perspectives de négociation collective, elle donne des indices intéressants aux partenaires sociaux dans le contexte national. L'appréhension large du secteur d'activité au Togo soulève la question du concours possible entre ces normes conventionnelles. Certains travailleurs togolais risquent en effet de dépendre de plusieurs conventions en vigueur au Togo. La conclusion récente d'une convention des industries du pétrole pose la question de son chevauchement avec la convention plus ancienne des industries. En outre, il est permis de penser que la convention collective des industries puisse se trouver en concours avec la convention collective du transport d'hydrocarbures[906]. Le projet suivi par la Direction général e du Travail de conclusion d'une convention collective des « gens de maison » risque-t-il, s'il aboutit, de créer de nouvelles « superpositions » ? Le cadre géographique national de ces négociations sectorielles interroge en outre sur la prise en compte de tous les éléments d'ordre économique et technique que peut nécessiter une négociation particulière. On peut douter, dans le contexte togolais, du rôle d'adaptation des règles de droit du travail aux différents secteurs d'activité concernés.

L'analyse des périodes de négociation des différentes conventions sectorielles soulève l'interrogation de leurs enjeux. Les conventions sectorielles des banques, assurances et établissements financiers, du commerce et des industries ont été signées en période de syndicat unique. Ceci fait soupçonner l'absence du compromis que suppose le recours à la technique de la négociation. Si la convention collective du secteur des banques et assurances a été révisée dans

---

[905] Voir par exemple, MEEDDAT, Bilan social du TRV, août 2008, p.78. En ligne : http://www.developpement-durable.gouv.fr/IMG/spipdgmt/pdf/Notion_de_branche_et_de_secteur_mesure_de_l_activite_par_l_APE_cle74df57.pdf

[906] C'est la problématique du concours de conventions collectives qui s'est notamment posé à la doctrine et au juge français en vertu du principe de faveur. Le problème juridique qui se pose alors est de savoir comment déterminer la norme la plus favorable au travailleur : avantage par avantage, selon l'objet et la cause, par ensemble d'avantages, appréciation objective ou subjective, selon, l'intérêt particulier du travailleur ou celui de l'ensemble des travailleurs couverts par les normes en concours (*in concreto* ou *in abstracto*) ou appréciation selon l'ensemble de la norme comme tout indivisible poursuivant un but général ? V. par exemple, A. Foko, »La négociation collective en droit du travail : contribution à l'analyse prospective des normes applicables à la veille de l'adoption d'un nouvel acte uniforme par l'OHADA », *Droit prospectif*, 2007, p. 1029 et J. Le Goff, *Droit du travail et société*, Tome 2, Presses Universitaires de Rennes, 2002, p. 431 et s.

les années 2000, la révision de la convention collective du commerce date du 25 avril 1991, c'est-à-dire d'une période de graves troubles politiques. C'est à ce moment que le syndicat unique de la CNTT annonce son détachement du parti au pouvoir, avant la tenue de la conférence nationale souveraine et la reconstruction d'un pluralisme syndical. La convention collective des industries hôtelières et de la restauration du Togo et la convention collective du transport et transit maritime ont été signées dans ce même contexte. La convention de l'hôtellerie et restauration a été néanmoins révisée en 2003. Il peut être en outre surprenant de noter l'absence d'une corrélation entre ce que l'on a appelé la « démocratisation » et l'engagement de négociations sur initiative syndicale. Depuis lors, seul le secteur des hydrocarbures a été doté d'une norme conventionnelle.

Le large champ des conventions existantes au Togo et la rareté de l'engagement de nouvelles négociations constituent-ils les effets d'une réalité syndicale complexe maintenue dans une relation ambiguë avec le pouvoir politique ? Le maintien juridique de l'immixtion étatique dans le processus de négociation peut aussi expliquer la timidité de l'utilisation de cette voie par les acteurs sociaux. Si l'initiative syndicale est légalement prévue, nous avons relevé l'absence d'une disposition qui garantisse la mise en œuvre « effective » de ce droit. Un projet de convention collective pour le secteur de l'enseignement privé laïc nous a été remis par un représentant de la centrale syndicale UNSIT[907]. L'aboutissement d'un tel projet semble tributaire des volontés des chefs des établissements concernés et du soutien étatique en ce sens. La première condition sera peut-être difficile à obtenir car l'on sait les conditions de travail des enseignants du secteur privé[908]. La seconde saurait-elle aboutir dans un contexte de méfiance étatique envers cette organisation syndicale ? Si la pression de l'État sur cette organisation syndicale nous est contée[909], son secrétaire général ne relate pas moins l'invitation de l'autorité étatique à certaines réunions de la centrale[910]. Le syndicalisme semble difficilement pouvoir œuvrer sans la considération du pouvoir politique.

---

[907] « J'ai fait un mémo sur cette question que j'ai laissé au directeur du travail et des lois sociales qui m'a dit de lui faire un mémo. Il m'a dit aussi de lui faire un projet de convention collective pour négocier rapidement. (…) Donc nous avons aujourd'hui un avant-projet de convention à laquelle il restera à ajouter une grille salariale » (Cf. Entretiens avec le secrétaire général de la fédération de l'enseignement de l'UNSIT, Lomé, 30 décembre 2008 et 6 janvier 2009).

[908] R. Y. Afantcho Biakou, Situation des enseignants du primaire confessionnel et laïc du Togo, étude pour l'association SADD, 2006. Cette situation est confirmée par le secrétaire général de la fédération de l'enseignement de l'UNSIT (Lomé, entretiens du 30 décembre 2008 et 6 janvier 2009).

[909] « Le côté positif est que ensemble, face au gouvernement, si l'UGSL, CNTT, l'UNSIT, CGCT, CSTT sont d'accord, ils bougent. Mais il y a des organisations là-dedans, qui ont l'oreille, la bouche, ce que vous voulait, d'hommes politiques de l'ancien régime ou du régime, et qui de manière technique gênent les choses » (Cf. Entretien avec le secrétaire général de la centrale UNSIT, Lomé, 23 décembre 2008).

[910] Le secrétaire général de l'UNSIT informe que le ministre du Travail est venu procéder à l'ouverture du congrès annuel de la centrale (Cf. Entretien avec le secrétaire général de la centrale

Le législateur de 2006 a montré la volonté de l'État de se maintenir dans une logique de participation. Malgré l'absence de traces de convocation officielle des commissions mixtes en préalable à la conclusion des quelques conventions sectorielles en vigueur, des indices montrent un acteur étatique omniprésent et un aboutissement du processus de négociation tributaire de cette présence. De plus, le droit du travail n'impose guère d'obligations patronales dans le sens du renforcement de la concertation dans le cadre de l'entreprise. Nous avons mentionné l'absence d'obligations légales de négocier ou de répondre à une demande de négociations. L'enclenchement et l'aboutissement d'un processus de négociation dans l'entreprise est donc aussi tributaire de la volonté des employeurs. Ce pouvoir décisionnel patronal contribue probablement au constat de rareté de la négociation collective dans le cadre des entreprises. L'exercice et la perception de ce pouvoir expliquent peut-être en partie la confusion perceptible sur les notions de collectif et de norme au sein de l'entreprise.

2. La confusion sur les normes d'entreprises

Bien qu'un constat assez unanime fasse état de la rareté de la conclusion d'accords d'entreprise au sens du code du travail, il ressort des propos de diverses personnes que les notions de normes d'entreprise et de négociation sont parfois confondues. Certains acteurs mentionnent l'inexistence d'accords collectifs dans les entreprises en général[911] et d'autres pensent que l'adoption de ces normes est réservée aux grandes entreprises[912]. Pour certains, il existe une permanence des rapports de négociation dans l'entreprise, quand bien même il n'y a pas d'accord formel. De façon générale, on semble recourir aux notions d'accord et de négociation dans un sens différent et en tout cas plus large que

---

UNSIT, Lomé, 23 décembre 2008). Nous avons aussi pu remarquer sa présence lors d'une réunion d'une fédération de la centrale CSTT.

911 « Il n'y a pas de convention collective dans ces entreprises, il y a seulement la convention collective des industries » (Cf. Entretien avec le secrétaire des industries de l'agro-alimentation de la fédération de l'alimentation et de l'agriculture de la centrale CSTT, Lomé, 19 décembre 2008). « Au Togo je n'ai jamais vu d'accords d'entreprises ou d'établissements, seules les conventions collectives » (Cf. Entretien avec le directeur régional du travail de Kara, région de la Kara, 6 décembre 2008). « Moi ici ce que je reçois c'est les règlements intérieurs, les CDD » (Cf. Entretien avec l'inspecteur du travail de Kara, région de la Kara, 2 décembre 2008). « Depuis que nous sommes arrivés, nous n'en avons jamais vu. Ça ne se pratique pas au Togo » (Cf entretien collectif avec des jeunes inspecteurs du travail, Lomé, 16 décembre 2008).

912 « Bon les accords d'entreprises c'est surtout au niveau de la société aéroportuaire de Lomé Tokoin, il y a aussi certains établissements comme la GETMA (société portuaire). Il y a des accords d'établissement dans le secteur bancaire également. Dans le secteur des assurances. Surtout dans les grosses entreprises » (Cf. Entretien avec le directeur général adjoint du Travail, Lomé, 26 novembre 2008). « Dans des entreprises comme les banques, ça marche » (Cf. Entretien avec deux représentants du Conseil National du Patronat (CNP), Lomé, 14 janvier 2009). « Il y a des accords d'établissement dans les entreprises. C'était deux grandes entreprises même...des multinationales » (Cf. Entretien avec le directeur général du travail, Lomé, 14 novembre 2008). « Par exemple au Port, à Cimtogo, à Fanmilk...» (Cf. Entretien avec le secrétaire général adjoint et le conseiller juridique de la centrale CSTT, Lomé, 25 et 28 novembre 2008).

celui qu'elles ont en droit. De fait, les normes assimilées à des accords, au sens général, sont nombreuses dans l'entreprise (a). Ceci paraît révéler une relation originale de concertation entre la direction de l'entreprise et les représentants des travailleurs, voire avec les agents de l'administration du travail (b).

a. La pluralité des normes dans l'entreprise

Les entretiens réalisés auprès de différents acteurs sociaux du Togo mettent en exergue une approche particulière de l'accord dans le cadre de l'entreprise. Quelques uns confondent l'accord avec les différents processus de concertation dans l'entreprise tandis que d'autres explicitent des pratiques étrangères au cadre juridique de l'accord d'établissement. Cette considération élargie nous renvoie au constat « qu'il n'y a pas une nature « préexistante » de la négociation collective[913] ». L'approche statique de la négociation collective « axée uniquement sur la convention collective de travail » doit être abandonnée « au profit d'une approche dynamique[914] ». Cette analyse distanciée du droit officiel de la négociation collective est *a fortiori* pertinente dans le cas du Togo où l'on a décelé la difficulté de rapprocher les sources conventionnelles nationales des différents chapitres du code du travail, et où le dialogue social s'exerce par le biais de voies « informelles ». Ces modalités de discussion seraient aussi en œuvre au sein des entreprises[915].

Quelques acteurs établissent des corrélations entre la négociation collective et d'autres normes formalisées dans le cadre de l'entreprise dont les objets ne paraissent pas sensiblement différents de ceux des conventions collectives. Néanmoins, la part de l'implication des travailleurs dans l'adoption de ces normes professionnelles semble assez réduite. Pour certains, au regard de l'obligation de consulter les délégués du personnel, le règlement intérieur se

---

[913] N. Aliprantis, « La nature et les agents de la négociation collective (Evolutions caractéristiques dans les pays européens occidentaux) », *RIDC*, n° 4, 1979, p. 779.

[914] *Ibid.*

[915] « Disons que nous n'avons pas d'accords formels. Chaque année on négocie des choses qui rentrent dans les acquis » (Cf. Entretien avec le DRH d'une société industrielle du secteur métallurgique, Lomé, 12 janvier 2009). « Ils ont une sorte d'accord salarial, validé par le CA. Ça sert un peu comme un accord collectif, ils ont fait un mélange entre la convention des industries et le statut de la fonction publique. Au port aussi, ils ont les statuts du personnel, c'est un genre de convention collective (...) » (Cf. entretien avec le directeur général adjoint du Travail, Lomé, 26 novembre 2008). « On a des accords qui ne sont pas aussi formalisés mais c'est quand même des accords...vous allez voir peut-être une seule feuille sur quelques éléments...ça existe. Dans beaucoup d'entreprises même » (Cf. Entretien avec le directeur général du Travail, Lomé, 14 novembre 2008). « À partir du moment où à Kara il y a des entreprises, c'est qu'il y a des accords entre les employeurs et les travailleurs. S'il y a un mouvement des hommes ça veut dire qu'il y a eu un accord » (Cf. Entretien avec le secrétaire préfectoral de la CSTT à Kara, région de la Kara, 3 décembre 2008). « Il y a peut-être certaines entreprises qui ont des statuts. (...) Quand les délégués du personnel ont été mis au courant et qu'ils ont donné leur point de vue, on peut considérer ça comme un accord » (Cf. Entretien collectif avec des jeunes inspecteurs du travail, Lomé, 16 décembre 2008).

situerait à mi chemin entre l'accord collectif et la décision unilatérale[916] tandis que pour d'autres, le règlement intérieur n'est que l'expression de la volonté patronale[917]. Le « statut salarial » de l'entreprise est parfois assimilé à une forme d'accord entre les travailleurs et l'employeur. Pour d'autres interlocuteurs, ce type de norme serait juridiquement réservé au secteur parapublic[918].

Le fonctionnement de la concertation dans les sociétés dites « paraétatiques[919] », c'est-à-dire les entreprises publiques ou semi-publiques, s'avère singulier et étranger au cadre juridique de l'accord collectif. Les relations syndicales dans ces entreprises rappellent la politique dite de participation responsable du général Eyadema pendant la période de parti unique. Ces entreprises comptent le plus souvent un seul syndicat d'entreprise. Le secrétaire général de la centrale syndicale à laquelle ce syndicat est affilié entretient généralement une relation de proximité avec la direction de l'entreprise. Il lui est parfois enjoint par la direction d'intervenir pour régler quelques difficultés de relations salariales. Le rapport de concertation dans ces entreprises paraît pourtant peu animé par la recherche du compromis via une négociation. On attend d'un côté et on souhaite de l'autre, le plus souvent, plutôt une forme de collaboration.

Une illustration originale de l'amalgame possible entre l'accord d'entreprise et le règlement d'entreprise peut être donnée avec l'« accord du SYNBANK »[920]. L'existence de cet accord met en relief la particularité des représentations de la

---

[916] « Le règlement intérieur c'est aussi une convention mais nous n'en avons pas, ça fait partie de nos revendications. Car le code du travail insiste, c'est obligatoire ! Mais comme on est dans un pays politique, c'est difficile... » (Cf. Entretien avec un délégué du personnel CNTT et responsable de la coopérative de la société cotonnière à Atakpamé, région des Plateaux, 16 janvier 2009). « C'est différent du RI aussi, car là c'est discuté avec les DP » (Cf. Entretien avec l'ancien conseiller spécial du président du CNP, membre du GTPME et chef d'entreprise de services en matière de ressources humaines, Lomé, 9 février 2009).

[917] « Il y a des règlements intérieurs mais qui sont conçus sans demander l'avis des représentants des travailleurs. (...) C'est taillé à la volonté de l'employeur, il n'y a pas eu de proposition de l'élaborer ensemble. C'est unilatéral » (Cf. Entretien avec le secrétaire des industries de l'agro-alimentation de la fédération de l'alimentation et de l'agriculture de la centrale CSTT, Lomé, 19 décembre 2008).

[918] Cf. Entretien avec l'ancien conseiller spécial du président du CNP, membre du GTPME et chef d'entreprise de services en matière de ressources humaines, Lomé, 9 février 2009.

[919] « Ici nous avons plusieurs sociétés paraétatiques par exemple la brasserie, Sotoco, Togotélécom... » (Cf. Entretien avec le secrétaire préfectoral de la CSTT à Kara, 3 décembre 2008). « Maintenant il y en a d'autres personnes, ceux qui travaillent dans les institutions étatiques de droit privé sont considérés comme des parapublics. (...)Vous prenez une société d'État, par exemple la Compagnie électrique du Togo, emploie des travailleurs qui sont régis par le code du travail. On les appelle les parapublics. Ou soit, il y a une part étatique et une privée » (Cf. Entretien avec l'inspecteur du travail de Kara, 2 décembre 2008). « Ce personnel est paraétatique comme moi. Tous ceux qui y travaillent. Nous ne sommes pas privés mais pas de la fonction publique » (Cf. Entretien avec le chef du personnel d'un hôtel de statut « parapublic », Kara, 2 décembre 2008).

[920] « Les accords d'entreprise on n'en connaît pas beaucoup, c'est la faible capacité des syndicats. C'est plutôt par secteur, pas des conventions d'entreprises mais des conventions de branche...dans les banques... le Synbank par exemple » (Cf. Entretien avec le directeur de cabinet du ministère de la justice, ancien directeur des ressources humaines et enseignant de droit privé à l'université, droit du travail dans les écoles de BTS, Lomé, 15 décembre 2008).

relation entre les employeurs et les travailleurs. Elle met aussi en exergue celle des modalités de l'implication syndicale dans la régulation des relations de travail. Cet « accord du SYNBANK » correspond-t-il au « règlement intérieur du SYNBANK » explicitement mentionné par le conseiller de la Chambre sociale de la Cour d'appel de Lomé, dans son arrêt n° 04/07 du 1er février 2007[921] ? Le SYNBANK est le « syndicat des employés et cadres des banques et assurances ». Ce syndicat « indépendant » du Togo aurait élaboré un règlement intérieur auquel les sociétés bancaires et compagnies d'assurances sont libres d'adhérer. C'est le cas de la société d'assurances en cause dans l'affaire judiciaire précitée. La confusion de dénomination de la norme formelle instituée par l'organisation du SYNBANK insinue une modalité originale de dialogue dans cette structure syndicale. Les « antagonistes sociaux »[922] classiquement acteurs de ce dialogue semblent, soit inversés dans leur rapport de force, soit – et cette hypothèse est davantage plausible – constitués en partenaires d'intérêts communs. Car dans quel autre contexte – et sous quel contenu normatif – des établissements bancaires ou d'assurances adhéreraient à un texte normatif d'origine salariale ?

b. Les paradoxes de la concertation

Il existe dans les entreprises une crise de confiance des travailleurs envers leurs délégués du personnel. Les paramètres de cette crise de confiance sont ambivalents. Elle peut tenir soit de l'incapacité – voire de l'impossibilité concrète – de se poser en contre-pouvoir face aux dirigeants de l'entreprise, soit d'accords informels de partenariat révélant une forme de clientélisme professionnel. Le législateur togolais a en 2006 transféré aux délégués du personnel la compétence de négociation dans le cadre de l'entreprise sans néanmoins conférer la valeur de droit au principe fondamental de négociation collective[923]. Que ces représentants du personnel soient affiliés ou non à une organisation syndicale, leurs moyens d'action sont limités. L'employeur détient la liberté d'accepter ou de refuser toute proposition de négociation. Si la peur de l'agitation sociale peut entraîner quelques avancées sociales, cette peur de l'instabilité produit parfois des relations clientélistes efficaces dans le contexte togolais contemporain d'autoritarisme et de pauvreté. Ce contexte est aussi marqué par l'insuffisance des réseaux d'information des travailleurs et de leurs représentants. Ils méconnaissent la plupart du temps le droit du travail et singulièrement le droit de la représentation collective. Des séminaires sont toutefois organisés par les organisations syndicales ou la direction de l'entreprise elle-même qui convie alors ces organisations syndicales. Des

[921] Inédit.

[922] N. Aliprantis, *op. cit.*, p. 779.

[923] N. Aliprantis (*ibid.*) s'interroge sur l'entrave au principe de liberté que peut constituer la construction juridique dans certains pays européens d'un droit à la négociation collective. Dans le contexte togolais, ne serait-il pas pertinent d'attacher ce type de garantie au principe de liberté ? Quelle liberté ne nécessite pas à ce jour de garanties constitutives de droits ? Les rédacteurs du projet OHADA n'ont pas choisi cette voie, aucune obligation de négocier n'est prévue en même temps que le contenu obligatoire des conventions susceptibles d'extension est augmenté.

formations spécifiques aux « techniques de négociations » sont relatées[924]. Les propos d'une directrice de service de l'administration du travail font cependant douter d'un engagement en ce sens des inspecteurs du travail et d'une motivation des représentants eux-mêmes pour l'acquisition de ces « techniques »[925].

Les inspecteurs du travail sollicités pour la tenue d'un séminaire de formation des délégués du personnel d'une société minière insistent sur la démarche préalable des travailleurs de collecte d'informations dans la perspective d'une négociation. Ils indiquent aux délégués le type d'information à se procurer selon le cadre de la négociation, de sorte à constituer un « dossier de négociation » composé d'éléments objectifs. Les inspecteurs conçoivent la difficulté qui peut se poser quant aux moyens d'obtention de ces informations. Par exemple, ils admettent que le bilan d'exercice de l'entreprise est « difficile d'accès » mais qu' « il faut s'organiser pour l'obtenir ». Si les négociations doivent porter sur les salaires, les représentants habilités à négocier doivent effectuer des recherches sur « les indices de salaire réel même s'ils ne sont pas bien calculés au Togo » et comparer les indices des prix avec le salaire par année[926].

Les formateurs de ce séminaire donnent une définition de l'outil de la négociation collective et des pistes de stratégie à mettre en œuvre. La négociation est un outil de « stabilisation des rapports professionnels », il s'agit de « partager, donner et recevoir ». Ils distinguent deux types de stratégie : « gagnant-gagnant » ou « gagnant-perdant ». Ils pensent que le mieux est de s'inscrire dans une démarche de « persuasion avec arguments ». Un représentant syndical de la centrale CGCT, personne ressource de ce séminaire de formation, appuie les propos des formateurs. Il distingue deux types de procédure : la négociation de fond et la négociation « sur position ». Il met en garde sur le danger de la seconde stratégie[927]. L'intervention de l'inspecteur dans les négociations est évoquée : il peut être appelé pour des conseils car l'échange peut devenir parfois « houleux ». L'absence d'un « droit à » la

---

924 « Nous avons par exemple déjà fait un séminaire sur les techniques de négociation collective, les conflits collectifs. Montrer quelles sont les étapes à respecter : les négociations, le préavis… Si on ne respecte pas, nous devons payer à l'employeur, lui peut aussi passer par le lockout pour préserver son bien » (Cf. Entretien avec le secrétaire préfectoral de la CSTT à Kara, région de la Kara, 3 décembre 2008).

925 La directrice régionale du travail d'Atakpamé (région des Plateaux, entretien du 15 janvier 2009) précise que lorsque des délégués du personnel viennent rechercher des conseils elle « les dirige à l'Editogo » où l'on peut acheter le code du travail et la CCIT ou leur conseille « certains documents élaborés par des inspecteurs qui se vendent à la direction générale ». Il est à douter d'un tel investissement financier des délégués.

926 Séminaire de formation des délégués du personnel et personnel de l'encadrement d'une société minière, « responsabilités du travailleur dans son environnement professionnel », Agbodrafo (région maritime), 19-21 novembre 2008. Le thème n° 8 porte sur la prévention des conflits (techniques de négociation sociale, gestion des conflits managériale ou classique).

927 *Ibid.*

négociation, le rôle de pacification qu'elle doit jouer et la responsabilisation des représentants dans l'acquisition des savoirs et dans les techniques de négociation utilisées sont autant d'éléments qui peuvent expliquer la rareté de l'engagement et/ou de l'aboutissement du processus dans le cadre de l'entreprise. L'accord d'entreprise est présenté comme le moyen d'aborder les problèmes particuliers non réglés par la loi. On comprend bien qu'en méconnaissance de cette loi, d'autres types de modalités « formelles » ou « informelles » viennent se substituer à la négociation collective.

Les ressorts de la rareté de ces processus de négociation dans l'entreprise sont pluriels et concernent toutes les catégories d'acteurs du monde du travail. La suspicion généralisée envers la relation au « pouvoir », l'individualisation des intérêts en contexte économique difficile, l'État à la fois invisible et omniprésent et le sentiment de peur sont autant de paramètres sociopolitiques contemporains qui contribuent aux impasses du dialogue social[928]. La dualité de conception du syndicalisme – syndicalisme partenaire/syndicalisme de revendication – en œuvre au Togo ne favorise pas l'essor d'une syndicalisation efficace.

L' « antagonisme social » est parfois en œuvre au sein même de la confédération syndicale qui devrait en principe représenter les parties faibles dans le jeu économique. L'essor d'un syndicalisme de l' « informalité » aurait pu jouer en faveur d'un renouveau du concept de représentation syndicale au travers de l'idée d'un dépassement du seul lien salarial, sûrement intéressant en contexte de crise économique et de chômage. Néanmoins, nous constatons au Togo une représentation syndicale inégale de l'économie dite « informelle » car les membres de ces syndicats sont d'origine exclusivement patronale. Un paradoxe de ces structures syndicales du secteur « informel » ressort de leur rattachement aux confédérations syndicales de défense des travailleurs et du rôle de gestionnaire de leur activité économique que joue parfois ces confédérations[929]. Ce syndicalisme de l' « informalité » s'intéresse très peu à la condition sociale du travailleur subordonné, du fait qu'il réunit patrons et subordonnés autour de questions plus générales telles que les prix ou la pauvreté. Il n'est pas rare que les fédérations syndicales sectorielles regroupent elles-mêmes des employeurs de l' « informel » et des salariés du « formel ».

Un autre paradoxe intéressant est la valorisation affirmée des voies du dialogue malgré la conscience de contre-pouvoirs limités. Pour certains,

---

[928] « Il faudrait qu'on ait notre siège, nos documents, nos outils de communication. Nous n'avons que le téléphone et parfois on reçoit par courrier notre régie syndicale, la gazette. Et nous-mêmes, est-ce que dans nos formations syndicales, sur nos lieux de travail, est-ce qu'on a ce document pour nous former ? Aucun effort n'est fait, non seulement au niveau de la structure syndicale mais aussi de l'administration du travail, pour enseigner ces droits et devoirs » (Cf. Entretien collectif avec des représentants syndicaux de l'UNSIT à Sokodé, région des Savanes, 19 janvier 2009).

[929] La confédération syndicale UGSL organise par exemple une activité de taxis urbains en concluant des contrats de type « *work and* pay » avec ses membres. Un système de hiérarchie, une surveillance et une discipline composent cette organisation économique.

l'évitement du conflit ne peut être que le fait d'un dialogue. La négociation serait en définitive un jeu permanent des relations de travail. Un représentant syndical considère que le fait qu'il existe des relations subordonnées de travail signifie qu'il y a nécessairement des accords entre les travailleurs et les chefs d'entreprise[930]. Les intervenants au séminaire de formation des délégués du personnel du secteur minier affirment dans cet esprit que « toute la vie est négociation »[931]. Le délégué du personnel est en effet généralement sollicité pour la communication auprès de la direction, il est même parfois le canal obligatoire de cette communication. Cette négociation revêt néanmoins une consonance de réclamation. La notion de négociation prend ici son sens péjoratif parfois d'usage. La revendication d'ordre collectif n'est généralement pas l'objet de ces types d'intervention de la délégation du personnel. Il s'agit souvent de demandes ponctuelles et/ou individuelles de « coups de pouce » auprès de la direction[932].

La conclusion principale est ici que la négociation collective au sens juridique et son aboutissement formalisé sont rarement mis en œuvre dans le cadre de l'entreprise mais que d'autres voies de discussion sont associées à la notion de négociation. Le rapport de force et la représentation syndicale dans le cadre de l'entreprise sont établis dans l'ambiguïté d'un rapport à un pouvoir de décision presque « légitimement » monopolisé par la direction[933]. L'ancienne politique de la participation responsable paraît perdurer dans les relations entre « partenaires sociaux » togolais et contribuer au maintien de pratiques clientélistes.

---

930 « À partir du moment où à Kara il y a des entreprises, c'est qu'il y a des accords entre les employeurs et les travailleurs » (Cf. Entretien avec le secrétaire préfectoral de la CSTT à Kara, région de la Kara, 3 décembre 2008).

931 Séminaire de formation des délégués du personnel et personnel de l'encadrement d'une société minière, « responsabilités du travailleur dans son environnement professionnel », Agbodrafo (région maritime), 19-21 novembre 2008.

932 Un article présentant les rapports professionnels en œuvre dans une grande société implantée à Dakar (Sénégal) rappelle les multiples courroies de parole entre travailleurs et direction au Togo. Les conditions de travail et de vie de certains travailleurs empêchent un positionnement commun et prospectif de la collectivité en tant que telle (B. Diouf, « Syndicalisme, vie associative et identités ouvrières : exemple de Dakar-Marine », in R. Cabanes, J. Copans, M. Selim (dir.), *Salariés et entreprises dans les pays du Sud, contribution à une anthropologie politique*, Karthala, 1995, p. 185).

933 Paul Kiemde, sur le cas du Burkina Faso, pointe également l'ambigüité du rôle de l'État comme facteur de la rareté des processus de négociation. Il pense que les acteurs concernés préfèrent se positionner dans une sollicitation directe de l'État en vue de l'obtention de données favorables (P. Kiemde, *op. cit.* p. 344 et 345). Voir également P.-G. Pougoué, « Le difficile enracinement de la négociation collective », *Bulletin de droit comparé du travail et de la sécurité sociale*, 1999, p. 198 et l'article de P. Auvergnon (« Des esprits présents dans le projet d'acte uniforme OHADA portant droit du travail », in *L'esprit du droit africain*, Mélanges en l'honneur de P.-G. Pougoué, LGDJ, *op. cit.*, à paraître) aux termes duquel la combinaison entre un droit disciplinaire peu contraignant pour l'employeur et une représentation du personnel intégrée (c'est-à-dire la préférence pour la délégation élue plutôt que la présence syndicale dans l'entreprise) serait des signes de « déférences à l'esprit communautaire ».

Ce qui se passe dans l'entreprise peut être la reproduction de ce qui se passe au plan politique à l'échelle nationale du syndicalisme togolais. Le souvenir du syndicat unique et la fragilité des voies libérales d'information et d'expression permettent le maintien de la pénétration du pouvoir politique qui caractérise quelques syndicalismes africains[934]. Les rapports clientélistes suspects ne sont pas absents des contextes des pays occidentaux[935] mais l'interpénétration de l'acteur syndical et de l'État dans ces rapports est exprimée au Togo de la manière la plus explicite et presque assumée[936]. En outre, le pluralisme syndical a amplifié cette tendance par la mise en concurrence politique des syndicats. La permanence de l'ingérence étatique combinée aux difficultés d'accès aux connaissances juridiques et économiques favorise l'inachèvement ou l'issue dramatique de quelques tentatives d'implication des travailleurs dans les processus de prises de décision[937]. Les incertitudes autour du droit de la négociation collective, les pratiques syndicales et les réalités sociopolitiques multiplient les acceptions de l'intervention étatique dans la négociation. Elle peut refléter l'idée d'une volonté de contrôle des acteurs sociaux ou le risque de clientélisme, et être en même temps justifiée par le souci de l'incitation et de la protection des acteurs sociaux dans ce contexte. C'est cette recherche de dynamisation qui est souvent avancée par les agents de l'État pour justifier cette immixtion.

---

[934] V. par exemple H.-J. Tagum Fombeno, *op. cit.* P.-G. Pougoué, « Nouveaux enjeux du droit du travail en Afrique Noire francophone et dynamique syndicale », in *Droit syndical et droits de l'homme à l'aube du XXIe siècle,* Mélanges en l'honneur du Professeur Jean-Maurice Verdier, Dalloz, 2001, p. 127. M. Kamto, « Les rapports État - société civile en Afrique », *RJPIC,* 1994, p. 285. G. Muhirwa, *Les syndicalismes et ses incidences socio-politiques en Afrique, le cas de l'UNTZa,* Université nationale du Zaïre, PU du Zaïre, 1982.

[935] P. Tafani, « Du clientélisme politique », *revue du Mauss,* dossier « Malaise dans la démocratie », 2005, n° 25, p. 259.

[936] Babacar Diouf attribue le dénominatif de « fonctionnaires » aux personnalités permanentes des bureaux syndicaux confédéraux du Sénégal. Il définit le syndicat comme un réseau de promotion catégorielle. Du statut d'ouvrier et délégué du personnel, la mise en œuvre d'une stratégie individuelle promotionnelle peut aboutir à terme à la détention d'un poste de responsabilité au sein de la centrale puis de l'administration étatique (B. Diouf, 1995, *op. cit.*, p.185).

[937] Le processus de privatisation d'une importante société minière a été accompagné d'une concurrence des organisations syndicales implantées. Le résultat en a été un conflit social dont les parties antagonistes ont dépassé le seul rapport salarial. Tandis que trois syndicats se sont attelés à dénoncer la longueur de la procédure et l'injustice du plan social projeté, un syndicat revendiquait un nouveau système de classification professionnelle. Il en est résulté une absence de transparence dans la gestion de la restructuration et de nombreux licenciements pour faute lourde. Cela rejoint l'analyse de P. Kiemde (*op. cit.*, p. 346) au sujet du syndicalisme burkinabé : « cette situation est un avantage pour l'employeur quand il peut en réalité concéder plus que ce qui est demandé, mais un inconvénient quand le personnel n'est pas convaincu de l'existence de difficultés réelles : la négociation tourne au dialogue de sourds et, dans un contexte de pluralisme syndical, à la surenchère de revendications ou à la raideur, chaque organisation de travailleurs voulant apparaître comme celui qui a obtenu le maximum ou celui qui ne fait pas de concession au capital ».

Section 2 – La dynamisation incertaine de la négociation collective

L'éloignement entre les prévisions légales et les indices de l'omniprésence étatique dans la négociation collective rendent obscurs les enjeux de cette omniprésence. Une tentative de lecture de cette obscurité peut être faite à travers les présentations par les acteurs sociaux des pratiques et enjeux de la présence étatique dans les processus de négociation (§1). L'analyse du droit du travail contenu dans les conventions collectives en vigueur révèle en outre des résultats dont le caractère décevant complète cette lecture (§2).

§1 – Les pratiques et enjeux de la présence étatique

Si le code du travail organise l'immixtion des acteurs de l'État dans la mise en œuvre du droit de la négociation collective, les procédés d'intervention des agents de l'administration du travail sont en réalité bien plus multiples (A). Les justifications de la permanence de l'État dans le processus conventionnel sont variables et diversement considérées par les acteurs du monde du travail (B).

A. Des procédés multiples

Pour une présentation claire de ces procédés dont la diversité tient à la fois à la personnalité étatique présente et aux modalités de son intervention, il convient de présenter ces procédés selon le moment de la négociation collective. L'État peut jouer un rôle en amont et en aval de la négociation (1). Il est aussi souvent présent pendant la discussion (2).

1. L'État en amont et en aval de la négociation

L'autorité étatique est parfois appelée à procéder elle-même au déclenchement du processus de négociation (a). Il ressort en outre des conventions en vigueur, du droit et des propos recueillis que l'État intervient dans la validation du texte issu des négociations (b).

a. Le déclenchement des négociations

L'État en tant que déclencheur du processus de négociation est limitativement prévu par le droit étatique de la négociation. Il est plus largement révélé en pratique. En vertu du code du travail de 2006, l'acteur étatique appelé à pouvoir jouer un rôle décisionnel dans le déclenchement de négociations collectives est le ministre en charge du travail. Il convoque la commission mixte paritaire en cas de négociation d'une convention susceptible d'extension. Un représentant du Conseil National du Patronat (CNP), sans s'en référer à l'acte règlementaire légalement requis, pense cette convocation ministérielle systématique dans le cadre de la branche professionnelle[938]. De fait, le ministre du travail aurait donc

---

[938] Cf. Entretien avec un membre du groupement togolais des PME et PMI (GTPME/PMI) membre du CNP, 13 février 2009.

provoqué et convoqué les négociations sectorielles[939]. Si ce représentant du patronat insiste sur le fait que le ministre se contente de convoquer sans pouvoir s'immiscer dans les négociations, il informe qu'il doit lui remettre un « *draft* » rédigé par ses soins et concernant le secteur des professions juridiques. Une double intervention ministérielle en amont pourrait ainsi exister en pratique : la désignation d'une personnalité pour la rédaction d'un projet avant la convocation des acteurs de la négociation. Le ministre peut en outre être appelé à déclencher des négociations dans le cadre d'entreprises. Un représentant de la CSTT évoque dans ce sens un projet de négociation dans une cimenterie de Lomé et la saisine par ses soins de l'autorité ministérielle en vue d'amener la direction de l'entreprise à accepter l'ouverture des négociations[940].

La personnalité étatique appelée à intervenir dans le déclenchement du processus de négociation n'est pas systématiquement le ministre. L'idée d'une double intervention dans le déclenchement des négociations ressort aussi des cas où un autre agent de l'État coordonne ce déclenchement. La variation de cette autorité étatique dépend du choix de sollicitation par l'une des parties à la négociation. Par exemple, un délégué du personnel a formulé une demande d'ouverture de négociations auprès de la direction de l'entreprise dont il a adressé une copie à l'inspecteur du travail[941]. Un représentant syndical d'une fédération de l'enseignement indique que le directeur général du Travail lui a demandé « de lui faire un projet de convention collective pour négocier rapidement »[942]. Un directeur régional du travail reprend cette idée de double intervention en amont : « généralement l'initiative vient des travailleurs qui veulent améliorer leurs conditions de travail. Ils font une demande à l'employeur et dépose à l'inspecteur qui va convoquer. Les travailleurs font une proposition de convention, un projet[943] ». Des directeurs de service de l'administration du travail à Lomé mentionnent leur implication dans ce type de préalable. Le directeur général du Travail évoque la volonté de son administration d'aller vers une convention collective dans le secteur du gardiennage. Il dit attendre le projet de texte qu'il a demandé à une organisation de lui soumettre avant de « convoquer les parties pour commencer les négociations[944] ». Le directeur du dialogue social de l'administration du travail parle d'un projet de convention pour les domestiques : « je crois que

---

939 Nous avons mentionné nos incertitudes sur le point de savoir si les conventions collectives sectorielles du Togo ont été négociées sous cette procédure mais avons indiqué quelques indices formels de cette présence ministérielle.

940 Cf. Entretien avec le secrétaire général adjoint et le conseiller juridique de la centrale CSTT, Lomé, 25 et 28 novembre 2008.

941 Cf. Entretien avec un délégué du personnel CNTT et responsable de la coopérative de la société cotonnière du Togo à Atakpamé, région des Plateaux, 16 janvier 2009.

942 Cf. Entretiens avec le secrétaire général de la fédération de l'enseignement de l'UNSIT, Lomé, 30 décembre 2008 et 6 janvier 2009.

943 Cf. Entretien avec le directeur régional du travail de Dapaong, région des Savanes, 22 janvier 2009.

944 Cf. Entretien avec le directeur général du Travail, Lomé, 14 novembre 2008.

c'est une association qui l'a écrit, le directeur général nous l'a envoyé. Nous avons vu ensemble s'il fallait le faire sous forme de convention plus détaillée. On est en train de réfléchir[945] ».

Il apparaît donc que l'autorité étatique, le ministre ou tout autre agent de l'administration du travail, peut intervenir en préalable à l'ouverture de discussions quel que soit le cadre des négociations envisagées. Cette intervention peut tenir de l'auto-saisine de l'autorité ou d'une sollicitation par une organisation. La personnalité intervenante est en général issue du sommet de la hiérarchie de l'administration centrale du travail. L'État paraît donc pouvoir jouer un rôle de garant de l'enclenchement effectif de négociations sociales[946].

Ces pratiques illustrent un « besoin d'État » ou une prise d'acte de la concentration du pouvoir et de son autorité[947]. Or, un paradoxe peut résider dans une forme d'immobilisme ou d'impuissance de l'administration face à des demandes salariales d'ouverture de négociations. Ainsi, le conseiller juridique de la centrale syndicale CSTT mentionne un blocage politique à la source de l'absence du déclenchement des négociations dans une entreprise de Lomé. Un délégué du personnel adhérent de la CNTT de la société cotonnière du Togo dit qu'une demande de négociations auprès de la direction et de l'inspection n'a donné lieu à aucune réponse depuis « très longtemps[948] ». Des représentants syndicaux de la centrale CGCT disent avoir proposé une renégociation de la convention collective du commerce et être dans l'attente d'une réponse.

Si la récurrence de la sollicitation de l'administration en vue d'amorcer des négociations témoigne d'une dynamisation étatique des processus conventionnels, quelques statismes et mécanismes relativisent ses effets. Nous avons mis l'accent sur le double objet possible de l'intervention étatique en amont du déclenchement des discussions : la demande de rédaction d'un projet puis la convocation. L'efficacité de ces modalités est interrogeable. Dans quel délai le projet ainsi demandé est-il rédigé ? Cette demande de rédaction ne pousse-t-elle pas à l'abandon de quelques projets ? La question se pose en outre

---

945 Cf. Entretien avec un inspecteur du travail, directeur du dialogue social, Lomé, 23 décembre 2008.

946 Cela refléterait une absence de considération d'un enjeu politique partisan, soulevée par G. Hesseling et E. Le Roy, « Le droit et ses pratiques », *Politique Africaine*, 1990, p. 2. Ces auteurs s'en réfèrent d'autre part à P. Legendre : « le droit, en tant qu'ensemble textuel procédant d'une légalité, c'est-à-dire d'une généalogie de l'autorité, se trouve placé du côté du « comme si », de ce côté-ci de la frontière ». Cette citation nous renvoie à l'originalité du droit conventionnel togolais qui ne procède pas de sa légalité mais de l'aboutissement du processus de production.

947 V. B. Husson, « La problématique : entre indigénités et modernités » et E. Leroy, « Gouvernance et décentralisation ou le dilemme de la légitimité dans la réforme de l'État africain de la fin du XX° siècle », in *L'État en Afrique : indigénisations et modernités*, contributions du colloque organisé à Paris les 18 et 19 mai 1995, Cahiers du GEMDEV, n° 24, Paris, 1996, p. 17 et p. 92.

948 « Donc nous prévoyons d'aller voir l'inspection pour leur dire que nos revendications, nos doléances... » (Cf. Entretien avec un délégué du personnel CNTT et responsable de la coopérative de la société cotonnière à Atakpamé, région des Plateaux, 16 janvier 2009).

de savoir quelle mainmise l'administration détient-elle sur ces projets qui peuvent concerner des secteurs d'activité qui lui échappent. Enfin, dans le contexte de difficile accès aux informations, ces projets sont-ils des bases solides pour le démarrage de discussions ? L'idée d'élaboration unilatérale de projets de textes conventionnels paraît en partie contrevenir au principe fondamental de liberté de négociation. Ne serait-il pas plus pertinent que chaque partie liste des thématiques, au besoin sous les conseils de l'administration, qui soient discutées collectivement ? Cette modalité préalable ressemble en effet à une procédure de validation en amont de la négociation.

b. La validation du texte issu des négociations

La validation du texte par l'État dépend du champ de son contrôle des dispositions des textes conventionnels. Au plan légal, la délimitation de ce contrôle est incertaine. Il est en principe circonscrit aux conventions collectives ordinaires et étendues. L'intervention étatique en aval des négociations collectives est en effet prévue au chapitre sur la convention collective ordinaire, ce qui semble exclure ce type de contrôle en matière d'accords collectifs d'entreprises et de conventions collectives susceptibles d'extension. La présence étatique au sein de la commission mixte en vue de la négociation rend en effet sans objet ce type de contrôle. Ce n'est qu'au moment de la mise en œuvre de la procédure d'extension que le ministre chargé du travail intervient en vue d'« exclure de l'extension, après avis du Conseil National du Travail, les dispositions qui seraient en contradiction avec les textes législatifs et règlementaires en vigueur ». En cas de convention ordinaire, l'inspecteur « exige le retrait ou la modification des clauses contraires à l'ordre public ». Une interprétation de cette différence légale peut être l'exercice d'un contrôle plus strict des clauses d'une convention en voie d'extension car la notion d' « ordre public » peut ne pas englober la totalité des « textes législatifs et règlementaires en vigueur ». Il est néanmoins difficile de percevoir ce à quoi le législateur a souhaité faire référence en apportant cette modification des termes du contrôle étatique en 2006[949]. L'auteur du manuel de droit du travail togolais y décèle plutôt un élargissement du champ du contrôle : « les dispositions d'ordre public, qu'on trouve dans la loi et les contrats de travail, garantissent aux travailleurs des avantages minimums, lesquels ne peuvent être supprimés ou réduits. (…) La notion d'ordre public interdit surtout à la convention collective d'entrer en contradiction avec des principes fondamentaux d'ordre constitutionnel ou des règles impératives débordant le domaine du droit du travail[950] ». Cette interprétation dépasse la singularité classiquement attachée à la notion d'ordre public en droit du travail. Il a été néanmoins longtemps acquis que la totalité du droit du travail d'origine étatique présente un caractère d'ordre public ; cet ordre public de droit du travail se démembrant selon son

[949] L'ancien article 67 énonçait également le retrait des dispositions contraires aux « lois et règlements ».

[950] D. Yabre, 2008, *op. cit.* p. 245.

absoluté ou non pour déterminer les possibilités de dérogations conventionnelles. Traditionnellement, le caractère impératif de certaines dispositions empêche d'en disposer tandis que d'autres se voient appliquer le principe de l' « ordre public social »[951]. Les prévisions différentes du législateur de 2006 en matière de contrôle de la légalité et de capacité à supprimer des dispositions apparemment *contra legem* suscitent des interprétations divergentes et rendent donc incertaine l'étendue du contrôle administratif.

L'autorité étatique exerce en pratique un contrôle des conventions collectives dont il convient de présenter les contours. Les frontières du contrôle dépassent parfois la seule recherche de la légalité des dispositions conventionnelles. Seul le directeur général du Travail emploie la notion d'ordre public pour expliquer le contrôle qu'il effectue sur les conventions. Il s'en réfère à la singularité de l'ordre public en matière de droit du travail dit l'« ordre public social ». Il donne quelques exemples de révision de clauses conventionnelles sous l'autorité administrative. Ces exemples mettent en lumière une recherche au-delà de la seule légalité – ou compatibilité – des dispositions conventionnelles. Son contrôle aurait pour objet de « clarifier le jeu » lorsqu'il relève des dispositions « floues » ou « des dispositions parfois sujettes à conflit après[952] ». Une forme de contrôle de normativité serait pratiquée dans le cadre des négociations sectorielles. L'autorité rechercherait la « portée normative » du texte à travers la clarté et la cohérence de son contenu, et de l'éventualité de sa mobilisation[953]. Si le directeur général-adjoint du travail paraît se cantonner à une surveillance de la légalité[954], les propos du directeur du dialogue social de l'administration du travail corroborent l'existence de ce souci de l'application des conventions collectives. Il présente des erreurs qu'il a constatées dans un projet de convention du personnel domestique : un embrassement incomplet des « conditions de travail », un projet de barème de salaires auquel « il manque des choses » et « une nomenclature des emplois à refaire » pour une définition

---

[951] V. par exemple F. Gaudu, « L'ordre public en droit du travail », in *Études offertes à Jacques Ghestin*, LGDJ-Montchrétien, 2001, p. 363.

[952] Cf. Entretien avec le directeur général du Travail, Lomé, 14 novembre 2008.

[953] Cela nous renvoie à la jurisprudence Conseil Constitutionnel français « Avenir de l'école » du 21 avril 2005 dans laquelle est déclarée inconstitutionnelle une disposition « dépourvue de toute portée normative » mais refuse d'en censurer d'autres au motif que leur « portée normative incertaine » ne le justifie pas. Jusqu'alors, le Conseil n'avait pas abouti à la censure d'une disposition sur des fondements de normativité, de clarté ou de sécurité. Or, le distinguo qu'il formule aboutit à une perception réductrice de la règle de droit en ce que les magistrats semblent rattacher sa définition à son impérativité. Si une gradation de la normativité de la loi peut être décelée dans l'analyse du Conseil Constitutionnel français, il nous semble également qu'il évince en même temps la pluralité des enjeux normatifs des énoncés (v. F. Brunet, « La force normative de la loi d'après la jurisprudence constitutionnelle », in Catherine Thibierge (dir.), 2009, *op. cit.* p. 403).

[954] « Les accords d'entreprises les règlements intérieurs, nous exigeons qu'on enlève certaines dispositions qui ne sont pas conformes à la loi » (Cf. Entretien avec le directeur général adjoint du Travail, Lomé, 26 novembre 2008).

large du « personnel domestique[955] ». L'autorité étatique anticiperait donc les impacts des dispositions par un contrôle sur l'opportunité des thèmes et contenus de la négociation. Si cette donnée du contrôle étatique relativise la liberté légale de choix des champs thématiques en matière de négociation collective « ordinaire », elle peut illustrer un souci de sécurisation juridique des destinataires des conventions collectives.

Le moment de ces contrôles administratifs semble variable. Il ne paraît pas toujours se situer en aval d'une négociation formalisée par la signature des parties en présence. Les propos de divers agents permettent de placer ce contrôle au sein même du processus de négociation, sous l'idée d'un accompagnement administratif à sa formalisation. Un contrôle de l'inspection du travail est en effet relaté au sujet de négociations dans le cadre d'une entreprise malgré l'absence de prévisions légales en ce sens[956]. L'inspecteur du travail de Kara évoque sa participation en tant que « stagiaire » auprès d'un chef inspecteur de Lomé à des négociations collectives au sein d'une industrie de Lomé. Le chef inspecteur aurait alors contrôlé les clauses et signalé ce qui n'allait pas[957]. Au niveau sectoriel, il est difficile de déterminer si cette intervention de l'administration se situe pendant ou à l'issue des négociations. Les propos créent l'impression que ce contrôle étatique s'exerce tout au long du processus, sous la forme d'un accompagnement. Si un objectif de dynamisation et de conformité légale des négociations pourrait justifier une présence étatique extralégale, cette présence tient surtout à la volonté de la hiérarchie administrative ou à la demande de garanties des partenaires sociaux.

2. La présence étatique en cours de négociation

Les paramètres de la présence étatique au cours des discussions en vue de la conclusion d'une convention collective sont multiples. Bien qu'elle soit systématique, le degré et les modalités de l'implication administrative dépendent du contexte des négociations concernées. L'acteur étatique assurant le suivi des discussions peut être un inspecteur du travail ou le ministre lui-même.

Cette présence étatique peut être physique ou passer par des communications écrites. Le directeur régional du travail de Kara dit avoir suivi les négociations de la convention collective du secteur du transport des hydrocarbures. Ces négociations ont eu lieu dans les locaux de la Direction général e du Travail et des Lois Sociales à Lomé en présence d'un chef inspecteur de zone à Lomé. L'intervention de ce dernier aurait eu pour objet de « concilier les points de vue

---

[955] Cf. Entretien avec un inspecteur du travail, directeur du dialogue social, Lomé, 23 décembre 2008.

[956] « Je crois que la dernière (…) c'est en 2007, où il devait y avoir des accords d'établissement dans certaines entreprises donc ils nous ont fait appel parce que il y avait des problèmes d'incompréhension par rapport à certains éléments et on a du les aider » (Cf. Entretien avec le directeur général du Travail, Lomé, 14 novembre 2008).

[957] Cf. Entretien avec l'inspecteur du travail de Kara, région de la Kara, 2 décembre 2008.

des deux parties ». Il mentionne la longueur de ces négociations entrecoupées de plusieurs reports[958]. Cet interlocuteur pense qu'un inspecteur du travail est présent à toute négociation collective pour jouer le rôle de modérateur et de conciliateur. En dehors de la présence physique d'un agent de l'inspection du travail, nous avons évoqué la mise en place d'une communication écrite entre l'administration et les partenaires sociaux. Il est néanmoins délicat de percevoir précisément le moment de ces échanges d'écritures, c'est-à-dire de savoir si les partenaires sociaux sont alors en cours de discussions ou si cela doit plutôt s'analyser en un processus « informel » préalable à l'enclenchement des négociations[959].

La position hiérarchique de l'acteur étatique présent pendant le processus diverge selon les contextes. Le directeur général du Travail indique avoir assisté à des négociations dans le cadre d'entreprises multinationales tandis que la convention sectorielle des transporteurs d'hydrocarbures aurait été conclue en présence d'un inspecteur du travail chef de zone. L'inspecteur du travail de Kara précise le contrôle par son « chef » de négociations dans une société industrielle de Lomé. Ce dernier mentionne ensuite, au sujet de la convention des transporteurs d'hydrocarbures, que « ce sont les amis qui ont participé », c'est-à-dire d'autres jeunes inspecteurs du travail affectés à Lomé. Plusieurs représentants du service de l'inspection du travail auraient donc été présents au cours du processus dans ce secteur. Quant au projet en 2009 d'une convention collective pour le personnel domestique, l'inspecteur du travail directeur du service du dialogue social dit avoir été sollicité par le directeur général du Travail pour l'étude du texte proposé par les parties. Il n'est cependant pas informé de la provenance organisationnelle de ces parties. Il pense que « des associations de promotion de droits de l'homme, apprentis, domestiques » travaillent aussi sur le projet de texte. Ce dernier informe d'un travail en cours concernant « les avocats et leurs employés[960] ». Il ajoute être en contact avec des employeurs de ce secteur qui s'apprêtent à le saisir pour une aide à la négociation.

La variabilité des canaux et objets de la participation de l'État dans les différents cadres de négociation collective fait supposer un aboutissement aléatoire des processus de discussion. Il peut être omniprésent dans la

---

958 « Au début il y a eu quand même du remue-ménage sur beaucoup de choses. Il y a eu aussi un peu de mauvaise foi de la part des employeurs mais finalement ils sont arrivés à un terrain d'entente » (Cf. Entretien avec le directeur régional du travail de Kara, région de la Kara, 6 décembre 2008).

959 « Mais autre part il y avait un syndicat des agents de maison, qui a été créé et une association professionnelle des patrons des agents de maison, donc les deux organisations ont entamé des négociations pour s'entendre sur les conditions de travail donc ils ont eu texte consensuel qu'ils m'ont envoyé, donc on est en train d'étudier » (Cf. Entretien avec le directeur général du Travail, Lomé, 14 novembre 2008).

960 Cf. Entretien avec un inspecteur du travail, directeur du dialogue social, Lomé, 23 décembre 2008.

discussion pour veiller à la légalité des dispositions envisagées, pour se poser en médiateur, en gestionnaire du risque de conflit, voire en force de persuasion dans certains cas. Le directeur du dialogue social dit par exemple être en train de réfléchir sur l'acceptation du nouveau SMIG et de la déclaration à la sécurité sociale par les employeurs de personnel domestique[961]. Si la présence étatique semble systématique en cas de négociations collectives sectorielles ou d'entreprises, nous relevons tout de même des indices d' « inaction » étatique en certaines circonstances. Par exemple, l'administration aurait été saisie de volontés syndicales sur des projets de négociation ou de renégociation sans que des effets s'en suivent. Ce serait le cas pour le secteur de l'enseignement privé, des professions judiciaires et du commerce[962]. Des demandes syndicales ou salariales adressées au service de l'administration du travail mettent donc un certain temps, voire plusieurs années pour le cas des enseignants du privé et du public, à donner lieu à des négociations[963].

Des inspecteurs du travail en poste à l'intérieur du pays offrent même le récit de leur immobilisme. La plus grosse société de leur compétence, du secteur agroalimentaire et d'origine asiatique, recrute de nombreux saisonniers chaque année. Les inspecteurs sont prévenus de la campagne de recrutement à laquelle ils viennent assister. Ils sont également présents lorsque les saisonniers négocient leurs conditions de leur travail avant le commencement ou au cours de la campagne saisonnière. Des personnes recrutées plus au nord du pays

---

961 « Mais compte tenu de la spécificité du travail domestique, il faut élaborer une convention se basant sur les grandes lignes du code mais en l'adaptant ». (Cf. Entretien avec un inspecteur du travail, directeur du dialogue social, Lomé, 23 décembre 2008).

962 Le second magistrat du Tribunal du travail de Lomé dit être informé d'une demande actuelle pour une convention du secteur de l'enseignement privé : « le directeur du travail nous avait dit que ce serait bientôt fait » (Cf. Entretien avec le deuxième magistrat du Tribunal du travail, Lomé, 3 février 2009). Un représentant de la centrale syndicale de l'UNSIT évoque en effet ce projet qu'il nous a par ailleurs remis (Cf. Entretiens avec le secrétaire général de la fédération de l'enseignement de l'UNSIT, Lomé, 30 décembre 2008 et 6 janvier 2009). La renégociation de la convention du commerce aurait été proposée par la CGCT (Cf. Entretiens avec le secrétaire général de la centrale CGCT, Lomé, 19 décembre 2008 et 7 janvier 2009). Sur les professions judiciaires, un lien indirect peut être fait la mention du projet par un représentant de l'administration du travail et l'appel à des négociations rapides « pour les employés de cabinets juridiques » par le secrétaire général de l'UNSIT (Cf. Entretien avec le secrétaire général de la centrale UNSIT, Lomé, 23 décembre 2008).

963 La relativisation de l'ambition de dynamisation de la négociation est aussi appuyée par l'immobilisme de l'État en tant qu'employeur, donc partie à la négociation collective. Le personnel infirmier des établissements hospitaliers a déclenché une action collective en 2008 suite à leur information du résultat de discussions menées entre la CNTT et l'État sur les primes des aides-soignants : « ils ont négocié avec l'État mais ils n'étaient pas satisfaits car la prime de contagion passait de 5000 à 7000 alors que dans les pays voisins comme au Bénin, ça dépasse 50000 » (Cf. Entretien avec le secrétaire préfectoral de la CSTT à Kara, région de la Kara, 3 décembre 2008). L'insatisfaction générée par ce résultat a conduit à l'organisation d'une « réunion élargie » à tout le personnel à Atakpamé : « il y a eu des négociations directes avec le ministre de la santé et les gars ont obtenu. Ça ça va faire école, et c'est possible que l'ISTT soit mise au rencard et que les organisations prennent leur indépendance » (Cf. Entretien avec le secrétaire général de la centrale UNSIT, Lomé, 23 décembre 2008). Le mémorandum qui s'en est suivi n'aurait toutefois pas été honoré, générant un nouveau mécontentement collectif en septembre 2010.

auraient tenté sans succès d'obtenir des conditions particulières de travail puis auraient quitté l'entreprise à cause de la pénibilité du travail. Ces agents semblent assister aux pourparlers sans s'y immiscer bien qu'ils pensent que de nombreux abus existent dans le traitement du travail saisonnier au sein de cette entreprise. Cet immobilisme de ces agents inspecteurs travail tient-il de l'importance politique de cette société ou de leur perception de la liberté de négociation et de choix patronal[964] ?

Ainsi, toute l'ambiguïté de l'intervention étatique dans les négociations collectives en matière de droit du travail réside dans la pluralité de ses méthodologies d'immixtion et de ses justifications possibles. Selon le contexte politique et syndical, quel que soit leur cadre géographique et économique, on relève des négociations abouties ou non amorcées. Les initiatives syndicales semblent moins favorables au déclenchement effectif du processus que les saisines patronales. Toutefois, et c'est le cas dans le dernier exemple mentionné ci-dessus, une implantation forte d'un syndicat « unique » dans l'entreprise constitue un vecteur d'inertie, ou de sentiment d'impuissance, des agents de l'inspection du travail. Enfin, les modalités de dialogue des parties à la négociation paraissent largement tributaires des initiatives et perceptions du représentant de l'État. Les agents de l'État présentent en effet très diversement les objets de leur intervention dans ces processus.

B. Des justifications variables

L' « utilité » de l'intervention étatique dans les processus de négociation collective apparaît ambivalente[965]. Cette intervention peut avoir l'ambition positive d'accompagner les parties antagonistes (1). La relation entre le syndicalisme et le pouvoir politique au Togo induit toutefois un risque d'atteinte à la liberté de négociation collective (2).

1. L'affirmation d'un accompagnement nécessaire

L'intervention de l'agent de l'État en tant qu'accompagnateur des acteurs sociaux est globalement positive et nécessaire selon les inspecteurs et autres agents de l'administration du travail. Elle l'est au regard de l'antagonisme et de l'inégalité des parties à la négociation mais aussi au regard des difficultés d'accès à l'information juridique au Togo. L'État joue un rôle de « pacificateur »,

---

[964] Discussion avec les inspecteurs après l'entretien avec le chef du personnel d'une entreprise agro-industrielle en leur présence et en présence de deux délégués du personnel, région des Plateaux, 16 janvier 2009.

[965] « En principe, les pouvoirs publics ne doivent pas s'immiscer dans la négociation ou dans l'élaboration d'une convention collective ordinaire. Les parties à la négociation choisissent librement le moment et le lieu où elles désirent entrer en contact. Dans la réalité, aucune convention collective ne peut être conclue sans la participation, même indirecte de l'État, car, au-delà de son rôle pacificateur, il est le garant de son application » (D. Yabre, *op. cit.* p. 244). Voir aussi P.-G. Pougoué, « Le difficile enracinement de la négociation collective », *Bulletin de droit comparé du travail et de la sécurité sociale*, Comptrasec, 1999, p. 198.

il veille à ce que la « législation impérative soit observée » et à ce que le résultat des négociations ne puisse « être de nature à menacer la paix sociale[966] ». Le directeur du dialogue social de la direction générale du Travail informe qu'« un projet de texte prévoit que la direction du dialogue social et des relations professionnelles est chargée de l'animation entre les pouvoirs publics et les organisations d'employeurs et de travailleurs, des négociations relatives aux conventions et accords collectifs, de la gestion des conflits majeurs du monde du travail, des études et enquêtes sur le climat social, de la gestion des secrétariats des organes du dialogue social et de coopération tripartite. La direction comprend donc deux divisions : la division gestion des conflits et la division des accords et conventions collectives[967] ». La division des accords et conventions collectives devrait donc avoir pour mission de dynamiser, mais aussi de « stimuler » les processus conventionnels. Nous avons en effet relevé des interventions préalables pouvant poursuivre cette ambition de remédier à la faible utilisation l'outil normatif de la négociation collective depuis les années 1960 : « l'on doit stimuler la culture de la négociation dans les branches où les conventions existent en vue de les adapter constamment à l'évolution. (…) Il est important de stimuler la négociation des conventions collectives dans les secteurs qui en sont dépourvus. (…) Il est important de mentionner aussi que l'évolution de la société togolaise et la révolution technologique ont entraîné la prolifération de nouveaux emplois dans lesquels il faut stimuler la négociation de conventions collectives[968] ». Cette implication de l'État dans la relance de la négociation collective en droit du travail a été aussi préconisée pendant le « Dialogue Social Tripartite » de 2006[969].

La nécessité de l'accompagnement tient aussi au souci de la légalité au regard du constat de méconnaissance des textes par les acteurs sociaux. La mention « vu » du directeur général du Travail sur les conventions collectives en vigueur fait en effet supposer ce contrôle de légalité. Le souci de la légalité est aussi avancé s'agissant de la présence d'un inspecteur du travail pendant les discussions. Le directeur général du Travail mentionne la problématique de la méconnaissance juridique des parties. Cette problématique est avancée pour tous les acteurs, quelle que soit leur provenance ; travailleur ou employeur,

---

966 D. Yabre, *op. cit.*, p. 244.

967 Cf. Entretien avec un inspecteur du travail, directeur du dialogue social, Lomé, 23 décembre 2008. Un décret 2008-090 PR du 29 juillet 2008 portant organisation des départements ministériels (JORT 30 juillet 2008, n° spécial) prévoit en effet la création de cette direction. Nous n'avons néanmoins pas pu nous procurer l'éventuel arrêté pris pour son application.

968 K. M. Viagbo, *Contribution à l'analyse du dialogue social au Togo,* Mémoire de 3e cycle, ENA/AT, Togo, 2008, p. 51.

969 Il est toutefois intéressant de noter que c'est le terme de « dialogue social » et non pas de négociation collective qui est employé dans le protocole d'accord. La responsabilité de l'État dans l'enclenchement de ce dialogue est importante : organiser des « états généraux » dans certaines professions, « impliquer davantage les partenaires sociaux » (Protocole d'accord entre le Gouvernement, le Conseil National du Patronat et les organisations syndicales de travailleurs, 2006).

syndicat ou non, du secteur « structuré » ou pas[970]. Le souci de la légalité est parfois accompagné de celui de la cohérence et complétude du texte conventionnel dans la perspective de son application effective.

Cet accompagnement technique dans le souci du respect du droit du travail est complété par l'accompagnement au consensus. Il est aussi sous-tendu par la problématique de la méconnaissance du droit qui revêt deux dimensions. Il y a la méconnaissance des contenus du droit positif du travail mais aussi la méconnaissance par les acteurs sociaux de leur rôle à cet égard. Cette dernière dimension liée à certaines réalités sociopolitiques semble justifier le rôle de médiation et/ou de conciliation que l'inspecteur du travail serait amené à jouer dans des circonstances de négociation. Le directeur régional du travail de Dapaong mentionne explicitement la médiation de l'inspecteur, le directeur général du Travail parle de difficultés à conclure des négociations et le directeur régional de Kara évoque le risque de manipulations des employeurs dans le cadre de l'entreprise. Ce dernier précise que l'inspecteur « intervient quand même pour concilier les points de vue des deux parties[971] ». Les notions de médiation et de conciliation paraissent indistinctement employées par ces acteurs[972].

---

[970] « Les acteurs ne maîtrisent pas très bien leurs obligations, leur droits » (Cf. Entretien avec le directeur général du Travail, Lomé, 14 novembre 2008). « Il y en a même qui disent qu'il n'y a pas d'heures supplémentaires, que même lorsqu'elles sont effectuées, elles ne doivent pas être payées » (Cf. Entretien avec le directeur général adjoint du Travail, Lomé, 26 novembre 2008). « Les syndicats varient ; Il y en a qui sont très politisés, on a l'impression qu'ils sont là pour détruire le travail de leurs collègues. Mais il y en a qui travaillent aussi. Certains cherchent à maitriser le droit social, ils vont beaucoup aux séminaires, à l'étranger, donnent beaucoup de documents sur le droit. Il y en a aussi qui ne cherchent pas » (Cf. Entretien avec la directrice régionale du travail à Atakpamé, région des Plateaux, 15 janvier 2009).

[971] Cf. Entretien avec le directeur régional du travail de Kara, région de la Kara, 6 décembre 2008.

[972] Les notions de médiation et de conciliation sont pratiquement similaires et en principe indépendantes des aspects proprement juridiques de la situation en cause. Leur distinction tiendrait à la place du tiers amené à rapprocher les deux points de vue en présence (ou en conflit car les recherches juridiques sur ces modes d'intervention s'insèrent le plus souvent dans l'étude des modes alternatifs de règlement des conflits, voir not. S. du Bled et R. de Quenaudon, « Modes alternatifs de règlement des conflits (collectifs) du travail : généralités », in M. Rigaux et P. Humblet (dir.), *Conciliation, médiation et arbitrage. Vers une régulation européenne des modes alternatifs de règlement des conflits*, Bruylant, 2011, p. 3-25). Selon le vocabulaire juridique de Cornu, le médiateur peut proposer mais n'est pas investi d'une « obligation » de forcer les parties à se rapprocher, à la différence du conciliateur. L'approche socio-juridique de la médiation voit la médiation comme un processus qui n'est pas forcément lié à une situation conflictuelle et binaire. Il s'agit aussi d'un mode de création de lien social : « alors que concilier consiste à rapprocher des intérêts privés, réaliser une médiation c'est faire ressortir l'intérêt commun des parties (...). Ce juste milieu constitue alors la loi des parties qui se doit d'être conforme à l'ordre public » (J.-P. Tricoit, *La médiation dans les relations de travail*, Thèse de doctorat, LGDJ, 2008, p. 16-17). La recherche de consensus participatif des parties (*ibid.*, p. 28) et de l'apaisement des troubles relationnels (*ibid.*, p. 415-423), l'absence d'obligation de résultat et l'idée d'un résultat conforme à l'ordre public composent le processus de médiation. Si l'on retrouve ces différents aspects, l'ambiguïté du rôle du « tiers » étatique entre forçage ou accompagnement du lien social rend difficile un rangement des

L'acteur étatique jouerait donc en réalité un rôle actif dans la consolidation de l'accord entre les parties, au-delà d'une simple veille à l'adéquation entre les sources de droit du travail. Malgré une unanimité des agents sur l'accompagnement nécessaire, il ressort de cette présentation une pluralité de modes et degrés d'immixtion des représentants de l'État dans la négociation collective. Cette pluralité met en exergue une possible ambivalence des effets de l'implication de l'acteur étatique dans les négociations. Si la volonté de débloquer des impasses ou de favoriser le consensus est intéressante en contexte de méconnaissance juridique et d'absence d'obligations patronales en matière de négociation, des résultats et effets négatifs sont toutefois envisageables, notamment au regard des ambigüités du contexte sociopolitique.

2. L'atteinte possible à la liberté de négociation

En principe cantonné au dialogue social national, un tripartisme permanent ressort des diverses pratiques de mise en œuvre du droit de la négociation collective. Le caractère aléatoire des enjeux de l'implication étatique dans les processus conventionnels génère l'impression d'une liberté de négociation collective en réalité « sous haute surveillance »[973]. Un projet de texte relatif à la direction du dialogue social de l'administration du travail énoncerait que son rôle est « l'animation entre les pouvoirs publics et les organisations d'employeurs et de travailleurs[974] ». Le dialogue social national qui s'exerce en principe dans le cadre des structures instituées à cet effet, paraît plus largement appréhendé dans ce projet d'arrêté qui s'écarte des cadres de concertation prévus par le code du travail togolais. Il apparaît au vue du droit de la négociation collective et *a fortiori* au vue de son interprétation par les acteurs sociaux togolais, que l'État paraît être partie prenante de tous les processus de négociation qui aboutissent à une convention : dans le champ sectoriel et national mais aussi dans certaines entreprises. Un représentant syndical de la CSTT place en effet l'État au cœur de la négociation collective et pratiquement en tant qu'une des parties à la négociation[975].

Si la présence étatique dans les processus conventionnels peut contribuer à un climat social apaisé ou du moins pacifié et constituer une garantie de légalité, l'entrave à la liberté de négociation et aux effets escomptés de ce mécanisme

---

processus de négociation entre médiation et conciliation dans la mesure où en principe le « non-pouvoir » est « au cœur de la médiation » (J.-F. Six et V. Mussaud, *Médiation*, Seuil, 2002, p. 33).

[973] P.-G. Pougoué, « Nouveaux enjeux du droit du travail en Afrique Noire francophone et dynamique syndicale », in *Droit syndical et droits de l'homme à l'aube du XXIe siècle*, Mélanges en l'honneur du Professeur Jean-Maurice Verdier, Dalloz, 2001, p. 127.

[974] Cité par un inspecteur du travail, directeur du dialogue social (Cf. Entretien à Lomé, 23 décembre 2008).

[975] « Pas une commission en tant que telle. Il y a les représentants du syndicat, les représentants de l'employeur et les représentants de l'État. C'est un inspecteur du travail qui représente l'État. (…) Pendant la négociation, on peut rire avec l'employeur ou le gouvernement mais je campe sur ma position » (Cf. Entretien avec le secrétaire général adjoint et conseiller juridique de la centrale CSTT, Lomé, 25 et 28 novembre 2008).

normatif doit être questionnée étant donné la pluralité des voies d'immixtion de l'État dans les relations collectives de travail. Nous avons relevé qu'il est fréquent que les chefs d'entreprise en appellent à la présence de cette autorité publique. Les enjeux poursuivis de ces sollicitations sont-ils la garantie de la liberté de discussion ou son entrave au moyen de la présence d'un représentant de l'autorité étatique, qu'elle soit impuissante ou non ? Nous avons effectivement relevé que les sollicitations d'une centrale syndicale telle que l'UNSIT restent le plus souvent sans suites.

Une illustration d'une substitution possible de l'enjeu social par l'enjeu politique de l'intervention étatique ressort de l'analyse des organisations syndicales signataires des différentes conventions sectorielles en vigueur. Si les six centrales syndicales du Togo sont considérées représentatives au plan national, nous remarquons des abonnés présents et des abonnés absents au sein des signataires des conventions sectorielles nationales. Il n'est pas surprenant que seule la centrale CNTT soit signataire des conventions conclues avant la transition de 1991. Les conventions sectorielles du transport maritime et transit de mai 1991 et du commerce d'août 1991 contiennent le même schéma de signatures : le secrétaire général de la CNTT, le secrétaire général chargé du secteur privé et le syndicat de base rattaché à la CNTT. L'annonce de la centrale unique de se détacher du pouvoir politique a eu lieu en avril 1991, soit tout juste avant la signature de ces conventions et en période de troubles politiques graves. La CNTT, l'UGSL et la CSTT sont les centrales les plus représentées dans les signatures apposées sur les conventions sectorielles conclues postérieurement, sauf sur la convention collective du transport d'hydrocarbures d'août 2008 qui ne contient que des signatures de représentants de l'ancienne centrale unique. Si le nouveau « pluralisme syndical » est officiellement reconnu, comme en attestent le « Dialogue Social Tripartite » de 2006 ou les arrêtés de mise en place des organismes consultatifs, l'immersion de ce pluralisme dans la négociation collective semble encore timide. Est-ce que ce pluralisme syndical se maintient dans la « version faible » que Norbert Rouland qualifie en repérant des autonomies en réalité régulées ou tolérées[976] ?

Les centrales syndicales que sont la CNTT, l'UGSL et la CSTT sont souvent accusées d'entretenir des relations de coopération avec le pouvoir politique et économique. La centrale UGSL aurait été créée par le chef de l'État pendant la grève illimitée pour contrecarrer le mouvement collectif en place. Les propos de certains représentants de cette centrale laissent en effet entendre une étroite coopération avec – sinon un fort respect pour – le président et son gouvernement[977]. La CNTT, en tant qu'ancienne centrale unique, est souvent

---

[976] N. Rouland, *Aux confins du droit, anthropologie juridique de la modernité,* Paris, O. Jacob, 1991, p. 132.

[977] « L'avantage au Togo c'est que nous les Togolais nous faisons beaucoup de négociations, c'est ça qui fait la force et on se comprend. Donc à tous les niveaux il y a toujours des négociations. Et si ça se perturbe un peu, nous menaçons, on va prendre la rue ou quelque chose comme ça, et on ne l'a

soupçonnée d'être au service du parti politique au pouvoir. Enfin, l'ancien secrétaire général de la CSTT a été nommé ministre du travail après des élections législatives controversées. Le secrétaire général de la CGCT confie aussi quelques « mutations » professionnelles de cette nature dans les rangs de son syndicat[978]. L'aspect négatif de ce type de nomination d'acteurs issus de la société civile au sein des instances gouvernementales n'est pas inhérent au transfert de compétence lui-même mais tient des suspicions nécessairement générées par ce transfert. Les mécanismes de corruption et de clientélisme qui ont accompagné la construction de l'État togolais et continuent d'en gangréner les institutions publiques font perdurer des représentations négatives du rôle de l'organisation syndicale au Togo[979].

Le fonctionnement concret du pluralisme syndical est en réalité empreint de multiples ambivalences, à l'image des controverses sur l'exercice du pluralisme politique consacré dans la Constitution du Togo. Les organisations syndicales ne sont pas dépourvues de marges de manœuvre mais leur part d'influence sur les décisions des pouvoirs publics est aléatoire et dépendante de ses enjeux politique et économique. Ceci peut expliquer la sélectivité relevée des participants aux négociations collectives dans des secteurs économiques importants, l'interdiction d'une manifestation de quelques centrales syndicales, l'implication de toutes les organisations pour l'élaboration d'un document programmatique non « impératif », l'adhésion étatique au travail d'une centrale syndicale dans le secteur agricole ou les déclarations unanimes sur le travail des enfants. De la même façon, si la floraison de partis politiques togolais indique qu'un multipartisme existe en effet, l'action de ces partis est régulée par le jeu de l'autorité de l'État et selon le degré de nuisance au parti au pouvoir.

jamais fait on arrive toujours à se comprendre. Le chef d'État est très ouvert » (Cf. Entretien avec le secrétaire général de la centrale UGSL, Lomé, 29 décembre 2008). « La centrale était régulièrement soutenue par le pouvoir en place. À un moment donné, la communauté internationale a exigé de donner sa chance à toutes les centrales syndicales donc l'État a commencé à relâcher ses engagements pour notre centrale » (Cf. Entretien avec le secrétaire préfectorale de l'UGSL à Kara, région de la Kara, 3 décembre 2008). « Si on avait gardé la centrale unique pour faire face aux employeurs ça aurait été mieux. (…) Nous voulons amener le gouvernement à discuter pour trouver des solutions » (Cf. Entretien avec un représentant de la CNTT à Lomé, Lomé, 2 février 2009).

[978] « Le premier secrétaire général c'est le petit frère de l'ancien ministre de la communication (si j'ai bonne mémoire). L'ancien est aussi est devenu ministre c'est pourquoi il a quitté. Il a été ministre de l'éducation nationale et ministre de l'enseignement technique et de la formation professionnelle. Celui qui est décédé n'a pas fait longtemps au ministère, deux ou trois ans pas plus » (Cf. Entretiens avec le secrétaire général de la centrale CGCT, Lomé, 19 décembre 2008 et 7 janvier 2009). « Je ne peux pas comprendre par exemple qu'on augmente le prix du pétrole et que ce ne soit pas le ministre du commerce qui vient expliquer aux travailleurs la décision mais de voir une centrale venir à la télévision expliquer la justesse de la décision » (Cf. Entretien avec le secrétaire général de la centrale UNSIT, Lomé, 23 décembre 2008).

[979] Dès les prémisses de l'Indépendance du Togo, ce type de transfert fut critiqué par des représentants syndicaux. À l'issue des élections générales du 27 avril 1958 organisées sous supervision onusienne, Paulin Akouete, alors secrétaire général de l'USCT accepta en effet, contre l'avis de ses camarades syndicaux qui espéraient le voir siéger au Parlement, d'occuper le poste de ministre du travail.

Lorsqu'un représentant d'un parti d'opposition gagne les rangs du Gouvernement, le même sentiment de suspicion est généré et relayé par les médias. Les actualités togolaises ne manquent pas en outre de relater des faits d'entraves politiques aux actions revendicatives, sur le plan syndical, médiatique ou politique[980].

Selon un auteur camerounais, l'histoire de l'émergence du syndicalisme et la permanence de la crise économique et politique n'offrent que deux options possibles de lien entre syndicalisme et pouvoir politique : « soit l'intégration pure et simple du syndicalisme à l'appareil politique, soit une indépendance théorique assortie d'une collaboration qui dissimule mal une soumission du syndicalisme au pouvoir[981] ». Le paysage syndical togolais illustre cette interrogation de l'autonomie et de l'indépendance syndicale. La perduration de la concentration du pouvoir et les difficultés économiques contribuent à un clientélisme perçu « normatif » qui entrave la mission de défense des travailleurs. Elle contribue en outre à rendre invisible toute utilisation de marges de manœuvre, si restreintes soient-elles, dans le sens de la mission sociale du syndicat. Si la problématique du lien entre le politique et le syndicalisme n'est pas le propre des pays d'Afrique subsaharienne – elle est même selon nous inhérente à l'action syndicale, et en ce sens problématique partout – l'histoire de la construction du syndicat en Afrique a permis des relations ambiguës à l'appareil d'État qui continuent d'être questionnées à ce jour. La part importante du secteur de l'économie dite informelle dans la représentation syndicale togolaise contribue probablement au brouillement des priorités d'action et des acteurs impliqués dans ces actions. Cette donnée est de plus illustrative du rapport permanent et prioritaire du syndicalisme à l'État. Le syndicalisme de l'économie dite « informelle » a en effet pour objet d'être dans un rapport constant avec les pouvoirs publics.

Ce rapport syndical au politique suscite en outre des réalités contradictoires. Si le contexte politique togolais favorise indéniablement la restriction des moyens d'action syndicale, on relève parfois un effacement de l'agent représantant l'État face au pouvoir de l'acteur syndical. Ce constat nous apparaît assez récurrent dans le cadre du syndicalisme d'entreprise. Cette pratique de représentation collective est une donnée des entreprises dites « parapubliques » et de quelques sociétés privées de grande taille. Par exemple, la CNTT a le monopole syndical au sein de la société cotonnière du Togo, au sein

---

[980] Voir en ligne par exemple : http://www.mo5-togo.com/actualites/2473-marche-du-frac-le-parti-des-travailleurs-condamne-la-repression.html?d74cce44e121977e49863bb5e892f512=61bbf3eaa9f1579e0ac39a6cea966bca ; http://www.mo5-togo.com/actualites/2468-frac-des-forces-de-lordre-et-des-miliciens-en-armes-autour-de-la-maison-de-jean-pierre-fabre.html ; http://www.mo5-togo.com/actualites/2463-projet-de-loi-bodjona-me-degli-compte-sur-la-bonne-foi-de-pascal-bodjona.html ; http://www.mo5-togo.com/droits-de-lhomme/2300-radios-fermees-sos-journalistes-en-danger-adresse-une-petition-de-4193-signatures-a-faure.html

[981] J. E. Ekwala, *Les syndicats au Cameroun : genèse, crises et mutations*, L'Harmattan, 2009, p. 126.

d'un établissement hôtelier parapublic de Kara ou encore au sein d'une industrie agroalimentaire d'appartenance asiatique à Atakpamé. Un représentant de la fédération des industries de l'agro-alimentation de la centrale CSTT informe de l'absence de « syndicats concurrents » dans les usines concernées[982]. Le directeur des ressources humaines d'une société de métallurgie précise que « le personnel a été approché par deux centrales, la CNTT et la CSTT. Ils ont évalué l'approche des deux et ont opté pour la CSTT[983] ».

Dans les « entreprises à syndicat unique », l'autorité de l'agent étatique est parfois supplantée par celle de l'acteur syndical. Si les inspecteurs du travail d'Atakpamé font part des violations nombreuses du droit du travail au sein de la société agro-industrielle implantée dans leur circonscription, ils écoutent sans réagir un délégué du personnel exposant son impossibilité d'utiliser ses heures de délégation[984]. Les inspecteurs mentionnent par ailleurs l'illégalité de l'appel au secrétaire général de la CNTT pour résoudre un problème de mise à pied d'un délégué du personnel[985]. Un inspecteur du travail de Lomé est conscient d'une forme de concurrence entre l'administration publique et le syndicat. Il relate notamment les suites de sa décision d'autoriser le licenciement d'un délégué du personnel qui avait effectué des retraits d'argent sur des comptes bancaires de clients. Sa décision a suscité la consternation de son syndicat de provenance et l'accusation de coopération patronale dans les médias[986]. L'autorité ministérielle a été saisie de l'annulation de la décision de l'inspecteur.

Par positionnement de dénigrement ou par « subrogation » de l'autorité de « l'État d'en bas », l'organisation syndicale est parfois déterminante de la gestion des relations entre employeurs et travailleurs, voire entre inspecteurs du travail et employeurs. L'acteur syndical semble immergé dans la contradiction de l'État togolais entre une affirmation de valeurs républicaines et l' « informalité » des réseaux d'influences dans les prises de décision. Le sentiment de suspicion accompagne ainsi l'appréhension du syndicat togolais de la même façon qu'il est inhérent aux rapports entre administrés-administration, travailleurs-syndicats ou syndicat-administration. Entre soumission, liberté sous contrôle ou collaboration, par résilience, souci de pouvoir ou encore clientélisme, les ambiguïtés de l'activité syndicale au Togo[987]

---

982 Cf. Entretien avec le secrétaire des industries de l'agro-alimentation de la fédération de l'alimentation et de l'agriculture de la centrale CSTT, Lomé, 19 décembre 2008.

983 Cf. Entretien avec le DRH d'une société industrielle du secteur métallurgique, Lomé, 12 janvier 2009.

984 Cf. Entretien avec le chef du personnel d'une entreprise agro-industrielle en présence de deux inspecteurs du travail d'Atakpamé et deux délégués du personnel, région des plateaux, 16 janvier 2009.

985 Cf. Entretien avec le chef du personnel d'une entreprise agro-industrielle en présence de deux inspecteurs du travail d'Atakpamé et deux délégués du personnel, région des plateaux, 16 janvier 2009.

986 Cf. Entretien avec un inspecteur du travail, zone Lomé ouest, 23 décembre 2008.

987 Un auteur burkinabé résume une période de la vie syndicale dans son pays : « l'équilibre précaire qui a caractérisé jusqu'à aujourd'hui la gestion du pays est largement du à la nature des relations

ont certainement contribué aux résultats décevants de la négociation collective, sur le plan quantitatif comme qualitatif.

§2 – Les résultats décevants de la négociation collective

Le résultat décevant de la mise en œuvre du droit de la négociation collective transparaît, sur un plan quantitatif, à l'état des lieux des normes conventionnelles en vigueur au Togo (A). L'analyse du contenu des textes conventionnels permet d'en tirer, au plan qualitatif, un bilan mitigé (B).

A. L'état des lieux des normes conventionnelles

La plupart des acteurs s'accordent pour constater l'insuffisance du droit d'origine professionnelle (1). Pourtant eux-mêmes manifestent une certaine indifférence en pratique aux conventions collectives en vigueur, en y faisant référence de façon très aléatoire (2).

1. Le constat partagé de l'insuffisance de droit conventionnel

Le droit conventionnel togolais ne se compose que d'une dizaine de textes formalisés. S'il s'agit d'un maigre résultat quantitatif, aucune relation subordonnée de travail n'est en principe dépourvue de droit d'origine conventionnelle. Les conventions collectives nationales en vigueur sont, rappelons-le, la Convention Collective Interprofessionnelle du Togo (CCIT)[988], la convention collective des travaux publics et du bâtiment de 1958, la convention collective des banques, assurances et établissements financiers du 30 mars 1979, renégociée et signée le 30 avril 2002, et modifiée le 21 décembre 2006, la convention collective des industries du Togo du 3 mai 1983, la convention collective du commerce du 1er juillet 1980, renégociée et signée le 25 avril 1991, la convention collective des industries hôtelières et de la restauration du Togo du 30 avril 1991, renégociée et signée le 19 décembre 2003, la convention collective de l'industrie du pétrole du Togo signée le 4 août 2006, la convention

existant entre les différents gouvernements et les syndicats. Il s'agit de relations subtiles reposant sur une certaine réciprocité, un certain compromis, et qui sont complétés par les liens unissant chacun des deux pouvoirs au reste de la population ». Au-delà des différences indéniables de transitions politiques et d'institution du pluralisme entre ces deux États, cet extrait illustre la difficulté d'analyser les interrelations entre les deux entités que sont l'État et le syndicat qui ne répondent pas à aux formes juridiquement préétablies et s'exercent dans un climat d'omniprésence présidentielle (C. Kabeya Muase, Syndicalisme *et démocratie en Afrique noire, l'expérience du Burkina Faso*, Karthala, 1989, p. 168 et s). Un auteur camerounais pense que l'évolution du mouvement syndical est alimentée par les périodes de crise qui sont parfois l'alibi d'une « résurgence de volonté d'indépendance » donc de tentatives d'actions dans ce sens (J. E. Ekwala, 2009, *op. cit.*, p. 127). L'exemple de la dévaluation du franc CFA donné par Gérard Fonteneau qui relate des constitutions de fronts intersyndicaux dans les États concernés peut être aussi cité (G. Fonteneau, *Histoire du syndicalisme en Afrique*, Couleur livres/Karthala, 2004, p. 102).

988 Nous nous baserons principalement dans nos développements sur la CCIT du 1er mai 1978. La nouvelle CCIT du 20 décembre 2011 sera présentée dans les notes afférentes à ce paragraphe.

collective du transport et transit maritime du 21 mai 1991, et la convention collective des transporteurs d'hydrocarbures d'août 2008. Peu de secteurs d'activité ont donné lieu à l'élaboration d'une norme formelle spécifique[989] mais notons que le champ « total » de la CCIT fait que tout travailleur subordonné du Togo est juridiquement couvert par des dispositions conventionnelles[990].

Les différents acteurs du monde du travail togolais s'accordent toutefois pour relever l'insuffisance des activités économiques concernées[991] bien que quelques projets de négociations, nous l'avons vu, soient en cours. Une contradiction existe néanmoins entre cette affirmation unanime et le relatif immobilisme des acteurs compétents en matière de négociation collective. Les organisations patronales togolaises témoignent par exemple d'une réticence à l'idée de régulation collective dans les entreprises[992]. Le rôle de dynamisation de l'État est, nous l'avons soulevé, peu véritable. Enfin, les organisations syndicales paraissent agir de façon ambivalente et disposer de peu de ressources pour une action dans ce sens. Mise à part la renégociation de la CCIT en 2011, aucun processus n'a été engagé ou n'a abouti au niveau sectoriel depuis les négociations dans le secteur des hydrocarbures en 2008. L'idée d'une norme conventionnelle constitutive d'un « droit de proximité » et d'un droit du travail protecteur du travailleur paraissent relativement mobilisées dans les processus de concertation entre les partenaires sociaux. La réaction de l'administration du travail sollicitée pour des précisions au sujet de l'augmentation du SMIG

---

989 Au Cameroun, un décret du 17 janvier 1969 institue une commission nationale des conventions collectives et des salaires (CNPCCS). Une classification professionnelle nationale type est élaborée par cette commission selon les différents secteurs d'activité. Par exemple, le secteur primaire comprend l'agriculture, l'élevage, les forêts, la chasse, le piégeage et la pêche (J. E. Ekwala, *op. cit.*, p. 115 et s).

990 Ce n'est pas le cas en France. Un rapport rendu public en 2009 (rapporteur Marc Biehler, inspecteur général à l'IGAS) donne des chiffres sur la négociation collective française : « Selon les chiffres du ministère du Travail, 86,5% des salariés sont couverts par des conventions collectives. Mais ce taux élevé doit être relativisé ». La relativité de ce taux tient à quelques vétustés conventionnelles relevées par l'auteur : il fait la distinction entre les conventions collectives au nombre de 687 et les « conventions vivantes » estimées à 330 (J-F. Poisson, Rapport sur la négociation collective et les branches professionnelles, La documentation française, 2009).

991 « Il y a par exemple le secteur des employés de cabinets juridiques, les avocats, les huissiers, les commissaires priseurs qui ont des employés. Le secteur de l'enseignement privé » (Cf. Entretien avec le secrétaire général de la centrale UNSIT, Lomé, 23 décembre 2008). « Il y a le secteur enseignement privé qui n'est pas règlementé alors que ces établissements pullulent. Il y a le domaine aussi des gens de maisons » (Cf. Entretien avec le directeur régional du travail de Kara, région de la Kara, 6 décembre 2008). « Les restaurateurs aussi, est-ce qu'ils en ont ? Je ne crois pas » (Cf. Entretien avec le président du Tribunal du travail, Lomé, 16 décembre 2008). « Pour les secteurs qui n'ont pas de convention de branche, est-ce qu'il y a les salaires minima par catégories ? Ça n'existe pas partout » (Cf. Entretien avec le directeur de cabinet du ministère de la justice, ancien directeur des ressources humaines et enseignant de droit privé à l'université, droit du travail dans les écoles de BTS, Lomé, 15 décembre 2008). « Il y a certains secteurs qui n'en ont pas comme la santé par exemple, les sociétés de gardiennage » (Cf. Entretien avec un inspecteur du travail à Atakpamé, région des Plateaux, 15 janvier 2009).

992 Un représentant du CNP nous informe que l'un des plus hauts dirigeants de cette organisation se refuse à mettre en place la délégation du personnel dans son entreprise (Cf. Entretien avec deux représentants du Conseil National du Patronat (CNP), Lomé, 14 janvier 2009).

décrétée en 2008 l'illustre : « on devait donc encourager la renégociation et revoir les grilles, il n'y a pas eu ce travail[993] ».

Le constat d'insuffisance des conventions collectives togolaises est aussi lié à l'irrégularité temporelle des négociations collectives et en particulier à la rareté des processus de renégociation des conventions existantes[994]. De ce constat découle donc l'exceptionnalité des initiatives syndicales, étatiques ou patronales en vue de réadapter les dispositions conventionnelles aux évolutions de l'économie togolaise ou des différents secteurs d'activité concernés. La procédure de révision similairement établie par les dispositions conventionnelles en vigueur n'a pas été mobilisée par les partenaires sociaux. Elles prévoient qu'une des parties à la convention peut, à tout moment, prendre l'initiative du processus de renégociation par l'envoi d'une lettre recommandée à chaque autre partie signataire. Ces dispositions n'instituent néanmoins aucune obligation d'actualisation des conventions collectives. En l'absence d'obligation légale, portant par exemple sur les salaires, le résultat est que peu de conventions nationales ont été retouchées depuis la date de leur signature[995]. Ainsi, les grilles salariales applicables sont-elles, depuis 2008, en contradiction avec le droit règlementaire. Ces grilles sont en outre, parfois depuis plusieurs décennies, en contradiction avec l'évolution du coût de la vie et celle des activités économiques[996].

Quelques conventions sectorielles font figure d'exception mais la forte irrégularité temporelle de leur révision confirme le constat d'une démission générale des acteurs de la négociation. La convention collective du secteur

---

[993] Cf. Entretien avec un inspecteur du travail à Atakpamé, région des Plateaux, 15 janvier 2009. « Qu'est-ce qu'on doit faire à ceux qui étaient déjà à 28000 ? (…) Je me suis rapproché de mon directeur, il m'a dit qu'il faut d'abord relever seulement ceux qui sont en dessous et que pour le reste on verra après, que les syndicats vont négocier. Et le syndicaliste demandait comment faire ça ? » (Cf. Entretien avec un inspecteur du travail, chef de la zone est de Lomé, Lomé, 9 janvier 2009). « Il y a quelques semaines nous étions avec notre ministre pour lui demander que cela soit appliqué » (Cf. Entretien avec un délégué du personnel CNTT et responsable de la coopérative de la société cotonnière du Togo à Atakpamé, région des Plateaux, 16 janvier 2009).

[994] « Ils sont affiliés à tel ou tel parti politique donc ils ne font pas le travail qui leur revient, en l'occurrence les négociations collectives par exemple, les conventions collectives qui existent actuellement sont vieilles, il faut réactualiser, renégocier » (Cf. Entretien avec le directeur régional du travail de Kara, région de la Kara, 6 décembre 2008). « Il y a des conventions collectives qui marchent qui sont renouvelées régulièrement. (…) Les industries ont une convention qui date du temps préhistorique, de même que les BTP, les mines » (Cf. Entretien avec le secrétaire général de la centrale UNSIT, Lomé, 23 décembre 2008).

[995] Le code du travail togolais en appelle aux partenaires sociaux pour déterminer ce type d'obligation à la différence de la loi française qui précise les obligations de négociation annuelle, triennale ou quinquennale dans le cadre de la branche d'activité (articles L2241-1 et suivants du code du travail français). L'article 99 alinéa 4 du code du travail togolais dispose que « la convention collective doit prévoir dans quelles formes et à quelle époque elle pourra être dénoncée, renouvelée ou révisée ». Le projet de l'OHADA, à l'instar de la majorité des codes du travail nationaux de l'espace concerné, reprend cette formule dans sa version de 2010.

[996] Voir par exemple, *Le Togo, entre la crise et la relance*, Rapport des organisations de la société civile et des organisations syndicales, Togo, 2010.

bancaire et financier a été retouchée à trois reprises. Sa dernière modification date de 2006. La convention du secteur de l'hôtellerie et de la restauration a été révisée en 2003. Les parties à la négociation dans ce secteur ont de plus choisi d'attacher une durée déterminée de cinq ans à cette convention collective. Ce choix illustre-t-il l'expression d'une nécessité de révision dans le temps de cette convention ou plutôt – étant donné le choix de la durée de cinq ans – une conception souple de cette nécessité ? L'article 99 alinéa 2 du code du travail prévoit que « la convention à durée déterminée qui arrive à expiration continue à produire ses effets comme une convention collective à durée indéterminée ». Cette prévision s'applique dans le secteur de l'hôtellerie et restauration puisque, plus de cinq ans après sa révision, aucunes négociations n'ont eu lieu.

En l'absence d'une révision étatique substantielle des SMIG et SMAG pendant des dizaines d'années, les organisations syndicales et agents étatiques sont restés relativement inactifs pendant de nombreuses années face à un salaire minimum officiel des plus bas[997]. Les salaires conventionnellement, et anciennement établis, ont donc permis le maintien d'un niveau de vie très bas des travailleurs classés dans les catégories et échelons professionnels inférieurs. Ces travailleurs pouvaient en effet, et ce en toute conformité juridique, être rémunérés par un salaire mensuel de 15 136 FCFA dans les industries, de 18 000 FCFA dans le secteur du transport maritime et du transit ou de 21 694 FCFA dans le commerce[998]. Malgré le passage du SMIG mensuel officiel à 28 000 FCFA par décret en 2008, les partenaires sociaux s'attèlent difficilement à la tâche de révision des grilles salariales. L'impulsion de l'administration dans ce sens est presque inexistante voire contredite par l'octroi de divers délais pour son application effective aux salariés. Les inspecteurs du travail critiquent les organisations syndicales qui devraient selon eux se saisir de la réforme pour négocier. De leur côté, la plupart des organisations syndicales saluent le principe du relèvement mais s'attachent à en déplorer le montant. En définitive, aucune négociation salariale n'a été entamée entre 2008 et 2010 sur le fondement du texte règlementaire qui a été « abrogé » de fait par la nouvelle CCIT signée en décembre 2011 instituant un salaire minimum de 35 000 FCFA.

La supériorité ou « suprématie » de la CCIT dans la hiérarchie des normes justifierait en partie cet immobilisme au niveau des secteurs économiques

---

997 « Une augmentation des salaires de seulement 5 % en 2006, puis de 3 % en 2007, soit un total de 8 %, selon les autorités togolaises, a été réalisée. Aux autres réalisations, il faut ajouter : un relèvement du SMIG et du Salaire minimum agricole garanti (SMAG) de 13 750 à 28 000 FCFA » (Rapport des organisations de la société civile et des organisations syndicales, février 2010, *op. cit.* p. 30).

998 Telle que révisée en 2003, la convention de l'hôtellerie restauration fixe le salaire minimum à 25 139 FCFA tandis que les conventions collectives de l'industrie du pétrole et du transport d'hydrocarbures conclues en 2006 et 2008 ont établi des minimums respectivement de 78 120 et 55 000 FCFA. Dans le cadre de l'industrie du pétrole, les tâches raccordées à la première catégorie de travailleurs rappellent celles explicitées dans la convention des industries ou dans celle des industries hôtelières et de la restauration. Il s'agit des agents d'exécution tels que les « manœuvres, commis ou garçons de course ».

depuis le relèvement règlementaire du SMIG togolais. L'idée générale est en effet avancée qu'il convient que la CCIT soit révisée préalablement à l'enclenchement de processus dans les cadres sectoriels. Or, la CCIT n'établissait jusqu'en 2011 ni classification professionnelle, ni grille de salaires. Cette approche par la hiérarchie des sources conventionnelles, qui rappelle l'idée suggérée dans la lettre même de la CCIT de 1978, reprise en 2011, selon laquelle des « conventions annexes » déterminent les classifications et salaires minimum, explique la lenteur du processus de révision. Un inspecteur du travail de Lomé informe du commencement à la fin de l'année 2010 de la renégociation de la CCIT, impliquant le « *gel* » des renégociations des conventions sectorielles et la « *suspension* » des projets en cours de conventions sectorielles[999].

Une contradiction est donc à relever entre la critique généralisée de l'insuffisance, sur le plan temporel et sectoriel, de conventions collectives et le constat d'un relatif immobilisme des partenaires sociaux. Par ailleurs, l'expression de l'insuffisance de droits conventionnels pour la régulation des relations de travail est rendue équivoque par le constat parallèle d'une utilité relative des sources conventionnelles en vigueur.

2. La référence aléatoire au droit conventionnel

Le caractère très aléatoire des références au droit conventionnel ressort notamment des contradictions pouvant être relevées entre la teneur des prescriptions normatives et les propos des acteurs concernant le droit conventionnel (a). L'indifférence du juge à l'égard des dispositions conventionnelles contribue elle-même au caractère aléatoire de la référence à cette source de droit (b).

a. La connaissance relative du bloc conventionnel en vigueur

La comparaison des ressources documentaires qui contiennent une nomenclature du droit conventionnel en vigueur au Togo révèle parfois des contradictions. Les agents de l'administration du travail, représentants syndicaux ou magistrats interrogés sur le droit conventionnel en vigueur manifestent aussi quelques doutes sur la composition de cette source de droit du travail. En découle une individualisation de l'appréhension de ce bloc conventionnel. Cette individualisation corrèle avec celle de la mobilisation de ce droit. L'application des conventions collectives de champ sectoriel dépend de son invocation par les travailleurs ou les employeurs car les praticiens tendent à s'en référer principalement, et presque exclusivement, à la CCIT[1000].

---

[999] Email d'information du 7 janvier 2011.

[1000] « La fonction essentielle de la CCNI est de poser des normes qui ajoutent à ce régime légal, un minimum conventionnel irréductible, une véritable charte professionnelle qui s'insère dans le statut minimum interprofessionnel garanti (…) » (M. Samb, *Les conventions collectives nationales et interprofessionnelles en Afrique Noire francophone*, Thèse de doctorat, Université Cheikh Anta Diop, 1989, p. 82).

À Lomé comme à l'intérieur du pays, les présentations du droit conventionnel en vigueur sont diverses. Le président du Tribunal du travail de Lomé n'est pas certain des secteurs d'activité spécifiquement couverts par une convention collective nationale. Il se rappelle de celle des industries pétrolières à laquelle il a été confronté mais s'interroge sur les « restaurateurs, (...) banques et assureurs » et dit qu'ils devraient « en principe » disposer de ce type de norme[1001]. Un entretien collectif mené avec plusieurs jeunes inspecteurs du travail en poste à Lomé fait ressortir une connaissance aléatoire de ces sources[1002]. Le directeur général du Travail donne quant à lui une liste assez complète des conventions sectorielles tout en pensant en oublier[1003]. Le directeur général-adjoint du travail ainsi que la plupart des chefs de services font aussi état d'une dizaine de conventions collectives. À l'extérieur de Lomé, le directeur régional de Dapaong ne cite explicitement que le secteur bancaire mais parle de la catégorie des « conventions sectorielles[1004] ». L'inspecteur du travail de Kara est de son côté plus flou. Il évoque le secteur du transport d'hydrocarbures et des banques pour ajouter le cas des journalistes[1005]. L'inspecteur du travail en poste à Sokodé insiste sur la convention collective du commerce : « dès lors qu'il y a des banques, on se dit qu'ils appliquent la convention du commerce. Les pétroliers, ils ont une convention collective aussi je crois depuis récemment, ou à défaut ils appliquent la convention de commerce ». Il ajoute « le secteur du bois[1006] ». Au niveau syndical, un représentant de l'UNSIT ajoute « les travailleurs des bars et restaurants » aux secteurs qui nécessiteraient une norme conventionnelle particulière[1007]. Le secrétaire général de la centrale UGSL parle des « pétroliers » puis avoue qu'il « n'ose pas s'aventurer » à tenter de lister les secteurs d'activité couverts[1008].

La diversité des appréhensions des conventions collectives sectorielles disponibles au Togo permet de penser leur connaissance aléatoire car en partie dépendante des occasions de leur application concrète. Cette diversité renvoie également à l'irrégularité des négociations collectives et à l'ancienneté de

---

1001 Cf. Entretien avec le président du Tribunal du travail, Lomé, 16 décembre 2008. Le président du tribunal de Sokodé, en principe incompétent pour connaître des litiges en droit du travail, précise qu'il « utilise aussi les conventions collectives » (Cf. Entretien avec le président du tribunal de Sokodé, région des Savanes, 19 janvier 2009).

1002 Cf. Entretien collectif avec des jeunes inspecteurs du travail, Lomé, 16 décembre 2008.

1003 « On a une convention pour les secteurs banque et assurance, on a une convention pour les industries de pétrole, on a une convention pour le commerce, on a une convention pour les TP, les BTP, on a une convention pour les transports d'hydrocarbures, on a une convention pour les bars restaurants et hôtellerie, je n'ai pas tout en tête mais voilà » (Cf. Entretien avec le directeur général du Travail, Lomé, 14 novembre 2008).

1004 Cf. Entretien avec le directeur régional du travail de Dapaong, région des Savanes, 22 janvier 2009.

1005 Cf. Entretien avec l'inspecteur du travail de Kara, région de la Kara, 2 décembre 2008.

1006 Cf. Entretien avec un inspecteur du travail de Sokodé, 20 janvier 2009.

1007 Cf. Entretiens avec le secrétaire général de la fédération de l'enseignement de l'UNSIT, Lomé, 30 décembre 2008 et 6 janvier 2009.

1008 Cf. Entretien avec le secrétaire général de la centrale UGSL, Lomé, 29 décembre 2008.

quelques de conventions sectorielles. On relève en effet la mention presque unanime de la convention collective du secteur pétrolier de 2008. La proximité dans le temps de ces négociations qui se sont tenues dans les locaux de la direction générale du Travail et des Lois Sociales peut le justifier. La faible accessibilité des conventions collectives en vigueur au Togo est donc mise en avant et l'accès facilité à la CCIT peut expliquer une préférence pour la référence à cette source de champ d'application général. En effet, les décisions de justice qui contiennent la mention d'une source de droit conventionnel s'appuient généralement sur la CCIT de 1978.

b. L'indifférence du juge à l'égard des dispositions conventionnelles

Une serveuse embauchée en 1998 et licenciée en 2004 porte son affaire en justice. Le Tribunal considère, par jugement n° 048/2006 du 25 avril 2006, que le licenciement est abusif du fait de l'insuffisance et de l'imprécision de sa motivation. La requérante rémunérée à 14 500 FCFA par mois demande à ce que l'indemnité de préavis soit fixée conformément à la grille salariale contenue dans la convention collective des industries hôtelières et de la restauration[1009]. Le juge se fonde sur les bulletins de salaire qui mentionnent la somme de 14 500 FCFA pour décider que « seul ledit salaire servira de base de calcul de ses droits ». Il conclut : « attendu qu'ayant perçu le salaire convenu durant son séjour dans l'entreprise requise, elle ne saurait réclamer un quelconque complément de salaire ». Le magistrat semble considérer que l' « accord » entre les parties prévaut sur la norme conventionnelle sectorielle.

Le juge du Tribunal du travail ne précise pas toujours la convention sur laquelle il s'appuie. Un jugement n° 068/08 du 1er avril 2008 fait référence à l'article 16 de la convention collective du commerce relatif à la lettre de licenciement. Une cuisinière rémunérée 35 000 FCFA par mois par une société de transformation industrielle souhaite voir son employeur condamné pour licenciement abusif. Ce dernier plaide la démission de son employée. La requérante se fonde sur la procédure de l'article 16 de la convention collective du commerce alors que le Tribunal s'appuie quant à lui sur l'article 65 du code du travail et « 22 de la convention collective » pour qualifier la rupture de licenciement[1010]. Le jugement conclut que l'employeur a rompu le contrat de travail « sans respecter la procédure prescrite par l'article 16 de la convention collective ». Il est sous-entendu ici – puisque la requérante s'y réfère – qu'il s'agit de la convention collective du commerce mais la question peut se poser de savoir si le magistrat ne s'appuie finalement pas sur la CCIT dont l'article 16

[1009] Elle réclame le versement de 23 942 FCFA au titre du préavis. Ce montant ne correspond pas tout à fait à la grille salariale de la convention citée dont le minimum conventionnel est fixé à 25 139 FCFA. La requérante se fonde peut-être sur la grille salariale d'avant la renégociation de 2003.

[1010] L'article 22 de la convention du commerce, comme l'article 22 de la CCNI, détermine les conséquences du licenciement.

est identique à l'article 16 de la convention du commerce[1011]. Il est en outre intéressant de relever que l'avocat de la requérante préfère le fondement de la convention du commerce alors que l'entreprise en cause est une industrie. Une explication pourrait être l'aspect moins favorable de l'indemnité de licenciement prévue par la convention collective des industries.

Certains arrêts se fondent expressément sur la CCIT et une convention sectorielle bien qu'elles contiennent des dispositions identiques. Un arrêt n° 19/2007 de la Chambre sociale de la Cour d'appel de Lomé du 8 novembre 2007[1012] concerne l'application de l'article 21 de la CCIT auquel est expressément ajouté l'article 29 de la convention collective des industries du Togo. Ces dispositions encadrent les « licenciements collectifs ». Le conseiller de la Chambre sociale affirme l'applicabilité de ces dispositions au licenciement individuel pour motif économique dont il s'agit en l'espèce. L'arrêt n° 21 rendu par la Chambre judiciaire de la Cour Suprême du Togo le 19 juin 2008[1013] utilise le fondement des articles 56 de la CCIT et « 26 paragraphe 3 et 4 de la convention collective des Banques du Togo » qui concernent la discipline. Après avoir précisé que ces deux articles « comportent des dispositions similaires », le texte de l'arrêt rappelle que « la violation caractérisée d'une prescription concernant l'exécution du service et régulièrement portée à la connaissance du personnel » est constitutive d'une faute lourde d'ordre professionnel en vertu de l'article 56 de la CCIT. Cette formulation est aussi contenue à l'article 26 de la convention collective des banques que le magistrat n'a pas jugé utile de reprendre. Il est intéressant de remarquer que face à cette similitude de dispositions, le magistrat préfère le plus souvent s'en référer à la source plus générale que constitue la CCIT. La valeur supérieure de la CCIT, en tant qu'équivalente à une véritable loi[1014], est illustrée par ces décisions de justice.

Au regard des propos du président du Tribunal du travail selon lesquels il appartient aux parties qui souhaitent l'application d'une norme particulière de l'invoquer, il est délicat de déterminer si ces quelques références aux sources sectorielles ont dépendu de l'avocat d'une des parties au litige. Par exemple, un arrêt n° 04/2007 de la Chambre sociale de la Cour d'appel de Lomé du 1er février 2007 dont l'espèce concerne la mise en cause d'une compagnie d'assurances s'appuie sur la CCIT plutôt que sur la convention sectorielle des banques, établissements financiers et assurances du Togo. L'article 17 de la CCIT est explicitement cité pour la détermination de l'indemnité compensatrice de préavis. L'arrêt établit divers autres montants tels que l'indemnité de licenciement, l'indemnité de transport et la prime de 13e mois *prorata temporis*

[1011] La seule différence entre ces deux articles est la précision par celui issu de la convention du commerce selon laquelle la « notification effective » de la lettre de licenciement constitue le point de départ du délai de préavis.

[1012] Inédit.

[1013] Inédit.

[1014] M. Samb, *op. cit.*

qui rappellent en partie les articles 22 et 53 de la CCIT. Aucune disposition de la CCIT n'oblige toutefois au paiement de la prime de 13e mois à la différence de l'article 44 de la convention sectorielle qui en prévoit le bénéfice pour tout agent. Le travailleur partie au litige a moins de cinq ans d'ancienneté ce qui signifie qu'aucune différence d'indemnisation du licenciement aurait été possible par l'application de l'article 26 alinéa 3 de la convention applicables aux banques et établissements financiers. Cependant, l'article 37 de cette convention qui accorde « à tous les travailleurs (...) une indemnité forfaitaire dite de transport leur permettant de se déplacer de leur domicile au lieu de travail » n'est pas cité[1015]. Le magistrat s'appuie plutôt sur une lettre d'embauche, une décision patronale et les bulletins de salaires pour déterminer le bien-fondé et le montant du rappel de prime de transport invoqué par le travailleur. Ce dernier ne semble pas non plus s'appuyer sur la convention sectorielle qui prévoit d'autres primes à caractère général[1016].

Enfin, s'agissant de la négociation dans le cadre de l'entreprise, on peut relever un arrêt n° 23/2007 de la Chambre sociale de la Cour d'appel de Lomé du 8 novembre 2007 qui fait prévaloir l'article 21 de la CCIT relatif au licenciement « collectif » sur les dispositions d'un « protocole d'accord » conclu entre l'employeur, les représentants syndicaux et ceux du personnel » en présence des intéressés eux-mêmes et de l'inspecteur du travail. Cet accord, qualifié de « convention de résiliation » par le défendeur, consiste en un départ anticipé à la retraite de plusieurs travailleurs contre indemnisation. Le conseiller rejette cette « loi des parties » au motif du non respect de la procédure établie par la CCIT du Togo. Ce raisonnement judiciaire se situe à contre-courant de celui relevé au sein d'un jugement précité du Tribunal du travail et d'un arrêt n° 19/08 rendu par la Cour d'appel de Lomé le 8 mai 2008[1017] qui donne priorité à un « accord de volonté entre l'employeur et l'employé », adopté en vertu d'une note de service de la direction d'une entreprise industrielle, « qui constitue la loi des parties aux termes de l'article 1134 du code civil[1018] ».

[1015] Néanmoins, son montant ne figure pas en « annexe IV de la convention sur les primes diverses ».

[1016] En outre, l'application de la convention sectorielle par la société en cause n'est pas certaine. Le salaire de 347618 FCFA du responsable de recouvrement classé par le juge dans la catégorie des cadre correspondrait alors à celui le plus élevé aux termes de l'avenant de 2006 à la convention des banques, soit classe VIII et échelon B.

[1017] Inédit. La composition de la chambre sociale ce jour-là est la mêmes que celle ayant statué pour l'arrêt précité.

[1018] L'ancien travailleur se fonde sur l'article 59 de la CCIT pour se voir accorder l'indemnité de départ à la retraite. Cet article – comme l'article 77 de la convention collective des industries du Togo qui devrait s'appliquer au cas d'espèce – dispose que cette indemnité est calculée en pourcentage de l'indemnité de licenciement prévue par la norme conventionnelle. Par exemple, pour un travailleur âgé de 50 ans ayant plus de quinze ans d'ancienneté, cette indemnité sera équivalente à 80 % de l'indemnité de licenciement. Les prétentions de l'ancien employé ne font pas état de l'application de ces dispositions. Elles sont le résultat du seul calcul de l'indemnité de licenciement en application de l'article 22 de la CCIT. Il s'agit probablement d'une erreur de l'avocat

Le positionnement judiciaire sur l'articulation des sources conventionnelles entre elles ou avec les dispositions normatives unilatérales ou contractuelles adoptées dans le cadre de l'entreprise est en définitive aléatoire. Deux tendances contradictoires ressortent de la jurisprudence : la référence à la CCIT en préférence aux dispositions conventionnelles sectorielles et la prévalence des dispositions non collectives propres à l'entreprise sur les sources conventionnelles. L'utilité relative du droit conventionnel peut donc tout à la fois s'expliquer par la similarité des dispositions entre la CCIT et les conventions collectives de champ d'application inférieur, une considération spécifique du consentement et du pouvoir de gestion dans la relation de travail ou la non-invocation des sources pertinentes par les parties au litige. Nous notons en outre que s'il arrive au magistrat de s'en référer explicitement à une convention collective sectorielle, il ne prend pas toujours appui sur la substance de toutes ses dispositions. Ces différents relevés nous poussent donc à analyser le bilan de l'apport du droit conventionnel sur un plan plus substantiel.

B. Le bilan mitigé de l'apport conventionnel

Il convient de conclure l'étude du droit conventionnel togolais par la mesure de son apport au droit étatique du travail et par l'analyse de l'articulation des dispositions qui le composent afin de tenter de saisir les enjeux de processus de négociation empreints d'ambigüités, voire d'illégalités[1019]. Bien que le droit conventionnel complète le code du travail (1), l'analyse de ses diverses composantes révèle un enjeu relatif de la négociation au niveau des secteurs d'activité (2).

1. La CCIT complémentaire de la loi

Le contenu de la CCIT[1020] reflète l'ambition de mettre en place un socle général complémentaire du code du travail. Des créations conventionnelles révèlent indéniablement une recherche d'amélioration du sort du travailleur (a) tandis que d'autres dispositions soulèvent l'interrogation de l'effet de leur articulation avec le code du travail (b).

---

du salarié qui applique toutefois les taux de la CCIT et non ceux moins avantageux de la convention des industries.

[1019] Dans ses travaux préparatoires à l'adoption de la Convention n° 151 de l'OIT sur la négociation collective dans le secteur public, la commission de la fonction publique donne une définition : « la négociation comporte toute forme de discussion, formelle ou officieuse, destinée à aboutir à un accord ».

[1020] Nous parlerons dans ce paragraphe de la CCIT de 1978 étant donné le caractère récent de sa refonte. Les renvois comparatifs à la nouvelle CCIT seront faits principalement en notes de bas de page.

a. Des ajouts favorables

Le droit conventionnel de la fin de l'époque coloniale était accusé d'une tendance à simplement renvoyer à la loi et aux règlementations étatiques[1021]. Certaines dispositions de la CCIT contiennent ce type de renvoi mais la tendance est faible au regard de la substance générale du texte. Seul l'article 57 sur le règlement des conflits collectifs dispose exclusivement du renvoi au code du travail[1022]. L'article 39 qui aborde « le travail des femmes et des jeunes » procède de cette manière[1023], alors que l'article 71 du code du travail de 1974, applicable à l'époque, insérait cette thématique parmi les clauses facultatives des conventions collectives susceptibles d'extension. L'article 25 de la CCIT[1024] qui prend en compte l'obligation légale d'aborder conventionnellement « les modalités d'application du principe « à travail égal, salaire égal » pour les femmes et les jeunes », élargit le principe « pour tous les travailleurs, quels que soit leur origine, leur sexe, leur âge et leur statut » bien qu'elle n'en précise pas les « modalités ».

Le plan thématique de la CCIT reprend assez fidèlement l'article 71 du code du travail de 1974 qui précisait les clauses obligatoirement contenues et celles facultativement ajoutées dans les conventions collectives susceptibles d'extension[1025]. Si la CCIT ne reprend pas la totalité des prévisions de cet article[1026], elle contient des dispositions non prévues dans ses énumérations. Certaines de ces créations renvoient parfois à d'autres dispositions légales qui prévoient la possibilité de précisions conventionnelles sur des points particuliers. D'autres sont totalement imprévues par les articles du code du travail. Le droit de la CCIT embrasse en définitive la totalité du droit du travail.

[1021] Il l'explique par la longueur des discussions et les conflits préalables à l'adoption d'une convention du fait de la « condition misérable du travailleur d'Outre-Mer » qui n'est pas prêt à faire des concessions, du problème de la force des syndicats et des employeurs critiques à l'égard du CTOM (P. F. Gonidec et M. Kirsch, *op. cit.*, p. 166 et s.).

[1022] Article 59 de la CCIT de 2011. L'article 60 est ajouté : il pose l'interdiction de procéder à des « recrutements de travailleurs occasionnels pour suppléer le personnel régulièrement en grève conformément aux dispositions de l'article 270 du code du travail sans l'accord préalable de l'inspecteur du travail ».

[1023] Cet article a été supprimé en 2011.

[1024] Article 25 de la CCIT de 2011.

[1025] La CCIT traite en effet de la révision, modification et dénonciation de la convention, du libre exercice du droit syndical, des taux de rémunération du travail de nuit et des jours non ouvrables, des taux de rémunération des heures supplémentaires, de la période d'essai, de la durée du préavis de licenciement, des congés payés et des délégués du personnel. La CCIT de 1978 aborde en outre la plupart des thématiques optionnelles : embauche et réembauche (n° 8), le travail par roulement (n°14), les primes d'ancienneté et d'assiduité (n° 1), les indemnités de déplacement (n° 3), les primes de panier (n° 5), les services sociaux ou encore le conflit collectif (n° 15).

[1026] Les conditions de rémunération au rendement, la prime d'assiduité, « la majoration pour travaux pénibles et insalubres », « l'emploi à temps réduit de certaines catégories de personnel et les conditions de leur rémunération », des procédures conventionnelles d'arbitrage pour la résolution des conflits collectifs n'ont pas été abordés dans la CCIT.

La relation de travail y est encadrée dans son acception tant individuelle que collective, de sa formation à sa rupture.

La CCIT de 1978 n'institue pas de grille salariale applicable aux travailleurs togolais mais complète considérablement le droit étatique relatif au salaire. Selon Moussa Samb en 1989, « la fonction essentielle de la CCIT est de poser des normes qui ajoutent à ce régime légal, un minimum conventionnel irréductible ». Il pensait que, s'agissant de la CCNI du Sénégal, « son apport au régime légal, si minime soit-il, présente un intérêt considérable, car elle institue un SMIG conventionnel applicable dans la plupart des branches d'activité »[1027]. La CCIT de 1978 se contente en son article 60, à l'instar de la CCNI du Gabon, de prévoir la possibilité de conclure des « conventions annexes » au niveau des branches professionnelles pour « trouver une solution aux problèmes non réglés par le texte général de la présente convention ». Son article 25 précise que « le barème des salaires des travailleurs est fixé par avenants à la présente convention » qui n'ont semble-t-il pas été préparés par la suite. La nouvelle CCIT contient désormais une classification professionnelle assez précise et un barème de salaire qui varie entre 35 000 et 229 000 FCFA. Si la CCIT n'a pas institué de classification professionnelle et de grille salariale, elle a tout de même considérablement complété la thématique du salaire en précisant l'encadrement des heures supplémentaires ou en instituant des primes diverses. Elle fixe utilement des taux de majoration des heures supplémentaires de jour ou de nuit[1028]. Ces taux augmentent en moyenne de 10 % par rapport à ceux institués par l'arrêté n° 614-53/IT du 24 août 1953. L'article 29 de la CCIT supprime en outre la distinction des entreprises agricoles et ajoute la catégorie les heures effectuées un jour férié. Son article 29 établit les modalités de calcul du taux horaire de travail en partant du salaire de base du travailleur. Ce salaire de base est défini comme celui correspondant à la catégorie du poste occupé, éventuellement majoré. Si la formulation de cet alinéa est peu claire, elle implique une primauté de la classification sur les convenances des parties au contrat. Enfin, un dernier alinéa précise le moment opportun du paiement de ces heures supplémentaires. Ce dernier point complète utilement le dispositif malgré la formule peu contraignante qu'est « dans la mesure du possible ».

En corrélation avec les clauses facultatives énumérées par l'article 71 et d'autres articles particuliers du code de 1974[1029], la négociation collective a pris

[1027] M. Samb, *op. cit.* p. 82 et 103.

[1028] Il s'agit d'une des clauses obligatoires énumérées par l'article 71 du code de 1974 bien que l'article 108 en appelait plutôt à un arrêté sur ce point. L'article 142 du code de 2006 a pris soin de rétablir l'articulation des sources sur le temps de travail. Les taux de majoration sont renvoyés à la négociation. L'article 9 de l'arrêté d'application de 2010 renvoie désormais également aux conventions collectives.

[1029] Ces articles en appellent sur ces points à l'intervention règlementaire « à défaut » de conventions collectives.

soin de préciser « les indemnités de déplacement[1030] », le logement[1031], le transport du travailleur[1032], les primes de panier et d'ancienneté[1033]. Le « transport » du travailleur est plus généralement abordé aux termes de la CCIT. L'article 121 du code de 1974, à l'instar de l'article 161 du code du travail de 2006, associe à la notion de « transport » la seule circonstance du travailleur recruté hors du Togo, pour lequel l'employeur doit s'acquitter des frais de déplacement de lui-même, de sa famille et de ses bagages au début et à la fin de son contrat ainsi qu'à l'occasion de son congé annuel. La CCIT institue quant à elle un droit à la prise en charge du transport quotidien des travailleurs. Les articles 51 à 53 posent cette obligation patronale dès lors que le lieu de résidence et le lieu de travail sont distancés de plus de 3 km. L'employeur fournit cette prestation de transport en nature, ou à défaut, sous la forme d'une indemnité dont les modalités de calcul ne sont pas précisées.

La CCIT s'attache à compléter les dispositions légales relatives aux « conditions d'embauchage et de licenciement ». L'article 71 du code de 1974 mentionnait en effet cette thématique dans la liste des clauses conventionnelles facultatives. Les négociateurs de la CCIT s'en sont saisis et se sont particulièrement souciés de la question de l'emploi dans l'entreprise. L'article 7 de la CCIT dispose que « l'engagement individuel des travailleurs a lieu par écrit conformément aux dispositions légales et règlementaires en vigueur ». Si une incohérence avec le code du travail de 1974 en vertu duquel « l'existence du contrat de travail est constatée (...) dans les formes qu'il convient aux parties contractantes d'adopter » peut être avancée, elle est relativisée par la prévision légale d'une règlementation étatique pour déterminer les « formes et modalités d'établissement du contrat de travail »[1034]. Le code de 2006 a « légalisé » la formalisation générale de l'engagement en posant l'obligation de sa notification. En vertu de la CCIT, cet engagement doit être formalisé dans une lettre ou tout autre document en tenant lieu et mentionner l'identité du travailleur, la date d'engagement, la classification professionnelle, le salaire de base convenu et la durée. Moussa Samb pensait cette obligation utile pour pallier les difficultés de la preuve[1035]. D'autres dispositions ont pour objet l'évolution professionnelle et la garantie d'emploi du travailleur. L'article 8 de la CCIT oblige l'employeur à tenir le personnel « informé par voie d'affichage, des emplois vacants, des conditions à remplir pour les occuper, et des catégories professionnelles dans

---

[1030] L'article 71 du code du travail de 1974 emploie le pluriel bien que l'article 90 de ce même code renvoie aux conventions collectives ou au contrat l'encadrement de l' « indemnité de déplacement » qu'il institue et doit être allouée dans la circonstance d'un déplacement occasionnel du travailleur.

[1031] Article 89 du code du travail de 1974.

[1032] Article 121 du code du travail de 1974.

[1033] Article 71 du code du travail de 1974.

[1034] Une règlementation de l'époque coloniale a en effet établi les clauses devant figurer dans tout engagement (voir sur la règlementation supra Partie I, Titre 1, Chapitre 2).

[1035] Selon cet auteur, l'obligation conventionnelle de la lettre d'embauchage se serait inspirée des conventions collectives conclues en période coloniale (M. Samb, *op. cit.*, p. 85).

lesquels ils sont classés »[1036]. Cette disposition qui restreint la liberté patronale peut favoriser la promotion dans l'emploi du personnel de l'entreprise[1037]. L'article 26 de la CCIT[1038] sur la promotion professionnelle dispose en effet que les employeurs, en cas de vacances ou de création de postes, feront appel de préférence aux salariés travaillant dans l'entreprise et présentant la qualification professionnelle requise ou ayant une pratique professionnelle équivalente ». Il prend soin de préciser les conditions de la période d'essai dans ce cas pour garantir le travailleur contre le risque de perte de son ancien emploi[1039]. La mobilité professionnelle des travailleurs est aussi abordée à l'article 12 sur le changement d'emploi, la mutation provisoire dans une catégorie inférieure et l' « intérim » d'un emploi de niveau supérieur. Il institue une garantie de maintien de salaire en cas de rétrogradation provisoire, la consultation des délégués du personnel si elle devient définitive, la limitation de durée de l'intérim d'un emploi supérieur sans élévation du salaire et l'obligation de reclassement en cas de dépassement des délais[1040].

L'institution de garanties procédurales protectrices ressort aussi du traitement conventionnel de la discipline dans l'entreprise et de l'encadrement du licenciement collectif qui étaient des thèmes absents du code de 1974. L'article 56 de la CCIT institue une procédure disciplinaire qui permet un droit de défense du travailleur. Quelle que soit la sanction envisagée, elle doit être prononcée par écrit « après que le travailleur, assisté éventuellement de son délégué du personnel, aura fourni ses explications écrites ou verbales »[1041]. L'employeur doit adresser ampliation de cette décision à l'inspecteur du travail. L'article 56 de la CCIT énumère les sanctions applicables au personnel de l'entreprise ou de l'établissement[1042]. Enfin, il est apporté des précisions sur la notion de faute lourde. Elle n'est pas définie mais des exemples de sa caractérisation sont donnés. La faute lourde en droit togolais n'est pas sous-tendue par une volonté de nuire. Elle est très largement considérée puisque le « refus d'exécuter un travail entrant dans le cadre des activités normales relevant de l'emploi » constitue un exemple de faute lourde[1043]. Si l'on peut

---

1036 Article 8 alinéa 3 de la CCIT de 2011.

1037 *Ibid.*

1038 Cet article est identique à l'article 26 de la CCIT de 2011.

1039 L'article 13 de la CCNI du Sénégal est assez similaire sauf en ce qu'il mentionne l'obligation de l'employeur de consulter les délégués du personnel sur les emplois vacants et à créer avant de faire appel de préférence aux travailleurs « désireux d'améliorer leur classement hiérarchique ».

1040 L'article 12 de la CCIT de 2011 contient les mêmes dispositions.

1041 Notons ici que ce droit à l'explication du salarié ne concerne en France que les cas où la sanction envisagée n'aurait pas d'incidence sur la présence, la fonction, la carrière ou la rémunération du salarié (article L1332-2 du code du travail français).

1042 Ces sanctions sont l'avertissement avec inscription au dossier, la mise à pied de un à huit jours avec privation de salaire, le licenciement avec préavis et le licenciement sans préavis en cas de faute lourde.

1043 Si le juge français forme sa conviction sur la justification et la proportionnalité de la sanction au regard des faits reprochés (L1333-1 du code du travail français), la loi française définit très regretter que le droit conventionnel n'aille pas vers la précision des conséquences de l'irrespect de la procédure, il n'en demeure pas moins un encadrement utile limitant le pouvoir disciplinaire de l'employeur. Les partenaires sociaux ont de plus pris soin en 2011 d'ajouter un délai de deux mois maximum « à compter de l'établissement de la preuve de la faute » pour infliger une sanction[1044].

Les précisions sur le « licenciement collectif » s'inscrivent dans ce même souci de garanties procédurales restreignant la liberté de gestion patronale malgré la formule libérale du premier alinéa de l'article 21 de la CCIT de 1978. Une diminution d'activité ou une réorganisation interne peuvent fonder un « licenciement collectif » pour lequel l'employeur « doit se conformer à la procédure légale en vigueur »[1045]. C'est en réalité cette disposition conventionnelle qui a premièrement institué la procédure obligatoire en matière de licenciement pour motif économique. L'article 21 de la CCIT de 2011 se conforme à la définition légale de 2006, moins libérale, du licenciement pour motif économique mais reprend la procédure de la disposition de 1978. L'employeur doit établir l'ordre des licenciements dans chaque catégorie professionnelle ou service en tenant compte des qualifications professionnelles, de l'ancienneté et des charges de famille. Il doit informer les représentants du personnel de son projet. Ces derniers l'examinent et envoient leurs suggestions par écrit. L'ordre des licenciements, l'avis des représentants du personnel et un « rapport motivé de l'employeur » sont notifiés à l'inspection du travail. L'employeur doit attendre quinze jours avant de prendre une décision définitive. Ce délai est passé à vingt-et-un jours en 2011. Les personnes licenciées bénéficient d'une « priorité de réengagement à qualification professionnelle similaire » pendant deux ans[1046]. Bien que relativement détaillée,

---

largement la faute professionnelle en ce que c'est la considération de l'employeur qui prévaut à son constat (L1331-1 du code du travail français).

[1044] Article 58 de la CCIT de 2011.

[1045] Or le CTOM de 1952 comme le code de 1974 ont été silencieux sur ce point. L'évènement économique dans l'entreprise n'y était abordé qu'au travers du principe de continuation des contrats de travail en cours en cas de modification dans la situation juridique de l'employeur par succession, vente, fusion, transformation de fonds de commerce ou apport en société : « leur résiliation ne peut intervenir que dans les formes et aux conditions prévues par la présence section » (article 46 du CTOM de 1952, 42 du code de 1974 et 71 du code de 2006).

[1046] Le code du travail de 2006 précise désormais la notion et la procédure de licenciement pour motif économique. La cause économique est restrictivement définie : il doit s'agir de difficultés ou de mutations technologiques. L'impératif de négociation est davantage appuyé. L'inspecteur du travail détient un pouvoir d'intervention en cas de désaccord. Les critères de l'ordre des licenciements sont identiquement définis. Globalement le dispositif du code du travail paraît plus protecteur sauf en ce que la priorité de réembauchage y est fixée à six mois. Mentionnons ici que les partenaires sociaux ont « campé sur leur position » à ce sujet en 2011 puisqu'ils ont repris la durée de deux ans. Le débat sur la recherche de la disposition plus favorable peut néanmoins être ouvert car le code de 2006 ne reprend pas la qualification professionnelle similaire que la CCIT attache à la priorité de réengagement.

cette disposition conventionnelle a constitué une garantie utile que le juge togolais n'a pas manqué d'interpréter.

Dans ce cadre des relations collectives de travail, notamment du droit de la représentation collective dans l'entreprise, la CCIT institue quelques garanties de « liberté ». Elle crée l'obligation pour l'employeur de mettre un panneau d'affichage à disposition pour les communications syndicales et celles des délégués du personnel[1047]. Son article 36 complète les règles légales sur le règlement intérieur en posant que « toute modification du règlement intérieur donnera lieu à consultation préalable des délégués du personnel et sera transmise à l'inspection du travail du ressort avant la mise en application ». Il est regrettable de remarquer que la CCIT de 2011 ne contient plus cette précision en son article 40 dans le silence de la loi. L'obligation de procéder à l'élection de délégués du personnel est étendue au cadre de l'entreprise de plusieurs établissements situés dans un même rayon de 20 km qui ne comportent pas, pris séparément, le nombre requis de travailleurs[1048]. La protection des délégués du personnel contre le licenciement est étendue aux candidats et anciens élus pendant une durée de six mois. La CCIT prend soin de mettre en garde contre le risque de clientélisation de la relation entre le délégué du personnel et l'employeur[1049] et contre celui de discrimination dans l'entreprise[1050]. La CCIT a utilement précisé l'enjeu de la protection particulière du délégué du personnel contre le licenciement[1051]. Son article 46, équivalent à l'article 51 de 2011, affirme en effet qu'« est nul et de nul effet tout licenciement intervenu contrairement aux dispositions de l'article 178, même dans le cas de fermeture de l'établissement ou de licenciement collectif » et que le travailleur continue « à exercer ses fonctions de délégué jusqu'à décision éventuelle de la juridiction compétente ».

Une volonté de complétude et de sécurisation juridique du travailleur abordé en tant que partie faible à la relation de travail est indéniablement illustrée par ces exemples auxquels auraient pu être ajoutés ceux de la rupture du contrat de

---

[1047] L'article 6 de la CCIT de 1978 est pratiquement identique à sa version de 2011. Les partenaires sociaux ont repris le pouvoir de contrôle de l'employeur sur l'utilisation des panneaux d'affichage en ajoutant une possibilité de saisine de l'inspecteur du travail en cas de « désaccord sur le caractère professionnel ou de polémique du document à afficher ».

[1048] Article 49 de la CCIT de 2011. La CCNI du Tchad est plus restrictive car ces établissements doivent être distanciés de 5 km.

[1049] Plus de l'ordre du symbolique que du pratique – quoiqu'une action judiciaire pour discrimination sous couvert de cette disposition ne paraisse pas impossible en matière contentieuse – l'article 47 alinéa 1er dispose que « le délégué ne peut jouir d'un traitement de faveur. Il ne peut prétendre à un changement d'emploi en invoquant la qualité de délégué » (article 52 CCIT de 2011).

[1050] L'article 47 précise qu'il ne peut être déplacé de son établissement contre son gré pendant la durée de son mandat et que « l'exercice de ses fonctions ne peut être une entrave à son avancement professionnel régulier ou à l'amélioration de sa rémunération » (article 52 CCIT de 2011).

[1051] L'ancien code du travail n'abordait pas les conséquences de la méconnaissance de la procédure spécifique de son article 178. L'article 215 alinéa 6 du code du travail de 2006 précise désormais ces conséquences.

travail du fait du décès du travailleur, de la fixation avantageuse de l'indemnisation du travailleur malade[1052], du départ à la retraite, de la prise en charge des soins médicaux et des frais d'hospitalisation. La CCIT se charge en effet de tenter de pallier les insuffisances de la sécurité sociale du Togo : elle institue un calcul de l'indemnité de départ à la retraite et pose des obligations en matière de santé « en attendant la mise en place dans un délai d'un an d'une institution mutuelle, de prévoyance maladie »[1053]. L'employeur se porte caution en cas d'hospitalisation du travailleur ou d'un membre de sa famille et prend en charge certains risques à hauteur de 50 %. La CCIT dispose par ailleurs favorablement que les « permissions exceptionnelles » sont « non déductibles du congé annuel et (n'entraînent) aucune réduction de salaire »[1054]. Un souci de prise en compte de la vie familiale du travailleur est perceptible à travers le traitement du cas de décès du travailleur, la détermination des motifs de permissions exceptionnelles ou encore les obligations en matière de santé, de transport ou de logement. On remarque toutefois que les partenaires sociaux ont opéré une modification en 2011 s'agissant de la définition de la famille du travailleur pouvant bénéficier du logement en cas de déplacement. Ils suppriment le cas des enfants « vivant habituellement » avec le travailleur mais élargissent à « le ou les conjoints » de celui-ci. Par-delà ses apports, d'autres dispositions de la CCIT soulèvent certaines incertitudes sur le caractère complémentaire, valide et favorable du droit conventionnel par rapport à la loi.

b. Des articulations interrogeables

Quelques créations issues de l'appropriation par les partenaires sociaux de certaines prévisions légales sont d'interprétation difficile en ce qu'elles combinent parfois l'apport de précisions, la suppression d'avantages légaux et la création de nouveaux avantages ou de nouvelles restrictions.

La durée de la période d'essai fait partie des clauses obligatoires de la convention collective susceptible d'extension. L'article 9 de la CCIT détermine la durée de cette période d'essai qui varie entre un et six mois en fonction de la catégorie professionnelle du travailleur ou des modalités de versement de son

---

[1052] L'article 44 du code de 1974 repris identiquement par l'article 58 du code de 2006 établissent l'indemnisation de la suspension du contrat de travail notamment pendant la maladie non professionnelle. L'article 14 de la CCIT de 1978 contient une indemnisation plus favorable et la nouvelle CCIT de 2011 établit une indemnisation encore plus favorable. Les articles 15 de ces deux textes prévoient en outre la garantie du salaire en cas d'accident du travail et de maladie professionnelle à travers un mécanisme de prise en charge commune par l'employeur et la CNSS.

[1053] La CCIT de 2011 ne contient plus le délai d'un an d'attente de « la mise en place d'une institution d'assurance santé ».

[1054] L'article 117 du code de 1974 repris par l'article 158 du code du travail de 2006 en appelle à cette appropriation conventionnelle favorable en précisant que « dans la limite de dix jours par an et en l'absence de dispositions conventionnelles plus favorables, ne peuvent être déduites du congé acquis, les permissions exceptionnelles qui auront été accordées au travailleurs à l'occasion d'évènement familiaux touchant directement son foyer ».

salaire[1055]. La CCIT contient par ailleurs des dispositions sur l'essai dont l'articulation avec les prévisions légales peut soulever certaines difficultés. Alors que la loi en fait une possibilité contractuelle, il est prévu dans la CCIT que « tout travailleur recruté est soumis à une période d'essai ». Les partenaires sociaux ont repris cette formulation en 2011 en prenant soin d'ajouter la définition de l'objet de la période d'essai selon l'intérêt du travailleur[1056]. La CCIT rend donc la période d'essai systématique pour tout contrat de travail sans étayer toutefois les prévisions légales sur son caractère nécessairement écrit. L'article 9 alinéa 6 de la CCIT précise que « les parties ont la faculté réciproque de rompre le contrat sans préavis ni indemnité, sauf celle relative au congé payé »[1057]. Les dispositions conventionnelles ajoutent par ailleurs des conditions procédurales à la poursuite du contrat de travail après la période d'essai qui semblent contradictoires avec la prévision légale selon laquelle « si le travailleur est maintenu en service à l'expiration de la période d'essai, les parties sont définitivement liées par un contrat de travail ». Selon la CCIT, à la fin de la période d'essai, « lorsque l'engagement est confirmé, il doit être constaté par un écrit établi en deux exemplaires et signés par chacune des parties »[1058]. Avant la fin de la période d'essai, le travailleur devra, « pour être définitivement engagé et sur demande de l'employeur, produire un extrait de casier judiciaire (...), une déclaration de résidence habituelle, son acte de naissance ou toute pièce en tenant lieu et éventuellement ses certificats d'emplois antérieurs ». De plus, « tout travailleur est soumis à un examen d'aptitude physique »[1059]. Si l'écrit est un moyen de protéger la situation du travailleur contre l'abus, sa négligence dans les faits peut jouer contre ce travailleur sur qui pèse une charge importante de la preuve en droit du travail togolais. L'ajout d'obligations procédurales après l'essai peut donc s'analyser comme contraire à la loi.

En voulant rétablir une cohérence entre la loi et la CCIT, les partenaires sociaux ont créé un certain trouble s'agissant de la modification du contrat de travail, dite « modification aux clauses du contrat » dans la norme conventionnelle. L'imputabilité de la rupture du contrat à l'employeur en cas de refus de la modification « apportée à l'un des éléments du contrat » était jusqu'alors subordonnée dans la loi à son caractère substantiel et dans la convention à une « diminution des avantages ». Par souci de cohérence, le

---

1055 L'article 9 de la nouvelle CCIT contient les mêmes durées : un mois renouvelable une fois pour les ouvriers, employés et assimilés, trois mois renouvelable une fois pour les agents de maîtrise, techniciens et assimilés, six mois non renouvelable pour les cadres et assimilés, huit jours renouvelable une fois pour les « travailleurs payés à l'heure ».

1056 Comme dans le CTOM de 1952, l'essai y est envisagé comme une possibilité. Il intègre le contrat de travail. C'est aussi le cas du code de 2006 qui a même pris soin de définir son objet selon l'intérêt du travailleur. L'arrêté n° 275-54/ITLS du 19 mars 1954 prévoyait même un préavis de rupture de période d'essai.

1057 Le code de 1974 n'avait pas précisé cela. Le nouveau code de 2006 a pris soin de rétablir cette logique en son sein.

1058 En vertu de l'article 10 de la nouvelle CCIT, le nombre d'exemplaires passe à trois.

1059 Ces dispositions n'ont pas été modifiées en 2011.

nouvel article 11 dispose désormais que « toute modification substantielle de caractère individuel apportée à l'un des éléments du contrat » doit faire l'objet d'une « entente ». Il précise certains de ces éléments : « la rémunération, le lieu de travail et le contenu du poste ». Or, au lieu de reprendre la disposition légale sur les effets d'un refus, la disposition conventionnelle reprend l'ancien alinéa conventionnel selon lequel lorsque la modification doit entraîner une diminution des avantages et qu'elle n'est pas acceptée, « elle équivaut à un licenciement du fait de l'employeur ». Le résultat est que la loi prévoit la notification de toute modification d'un élément du contrat et l'acceptation nécessaire si elle est substantielle. La CCIT évacue l'obligation de notification et subordonne l'acceptation au caractère substantiel et défavorable de la modification.

Le traitement du thème des congés payés est une autre illustration des contradictions qui peuvent exister dans le droit conventionnel entre l'apport et l'absence de précisions utiles au regard des prévisions légales. Le thème des congés payés figure parmi ceux obligatoirement abordés dans la convention collective susceptible d'extension. L'article 117 du code du travail de 1974[1060] disposait que « sauf dispositions plus favorables des conventions collectives ou du contrat individuel de travail, le travailleur acquiert droit au congé payé, à la charge de l'employeur, à raison de deux jours et demi par mois de service effectif ». La loi dispose que ce droit est acquis après une période d'un an de service effectif mais que sa jouissance effective peut être reportée d' « accord parties » d'une durée maximum d'un an[1061]. Les articles 40 et 41 de la CCIT complètent les dispositions légales. L'article 40 allonge la liste des périodes de suspension considérées comme temps de travail effectif : stage professionnel, voyages d'études, séminaires syndicaux et permissions d'absence exceptionnelle. L'organisation du départ en congé est précisée. La date de départ doit être déterminée « d'accord-parties » et ne peut par la suite être avancée ou retardée de plus de trois mois. L'ordre des départs, « fixé par l'employeur en tenant compte si possible du désir du travailleur (...) », est communiqué à chaque travailleur et affiché dans les bureaux, ateliers et chantiers. Cette précision d'un pouvoir unilatéral de l'employeur entre en contradiction avec l'affirmation préalable d'un « accord-parties ». L'article 18 de la CCIT envisage utilement la circonstance où l'employeur ou le travailleur désire mettre fin au contrat de travail avant le départ en congé programmé du travailleur[1062]. Si la CCIT complète utilement les dispositions d'origine légale sur le congé payé, elle ne s'approprie pas la possibilité légale du report d'un an et

---

[1060] Repris par l'article 158 du code du travail de 2006.

[1061] Un décret présidentiel de 1969 a aussi règlementé le régime des congés payé. L'article 158 du nouveau code du travail prévoit la possibilité d'en jouir sous la même condition d'accord dès six mois de service effectif.

[1062] La notification doit avoir lieu au minimum quinze jours avant son départ. À défaut, son indemnité représentative de préavis est majorée.

ni le calcul de l'allocation[1063]. Si elle élargit favorablement les temps pris en compte pour la détermination du droit au congé, elle est ambigüe sur la détermination des pouvoirs d'organisation du bénéfice du congé. Ajoutons en outre la « consécration » conventionnelle en 2011 de la pratique du rappel pendant les congés « pour raison de service »[1064] imprévu par le code du travail de 2006.

L'enjeu des définitions des différents « statuts de travail » apportées par la CCIT est aussi questionnable[1065]. Les interrogations sur ces notions peuvent toutefois être atténuées par la disposition de l'alinéa 4 de l'article 8 de la CCIT, repris à l'alinéa 2 du même article de la nouvelle convention, selon laquelle « les travailleurs peuvent être recrutés à titre permanent ou à durée déterminée conformément aux dispositions du code du travail ». Si les spécifications conventionnelles sur les « statuts de travail peuvent refléter une prise en compte de certaines réalités du travail dans les entreprises du Togo, l'articulation entre les définitions et les prévisions du code du travail de 2006 peut être problématique. La contradiction qui peut ressortir de cette articulation n'est peut-être pas gênante en théorie puisqu'il en ressort des dispositions conventionnelles, selon nous, plus avantageuses pour le travailleur[1066]. L'affirmation conventionnelle de ces statuts sans autres précisions sur le régime juridique applicable aux temporaires, occasionnels et journaliers peut toutefois contribuer à générer quelques effets pervers ou discriminatoires en pratique.

L'impact du rappel conventionnel des « fondamentaux » sur l'hygiène et la sécurité soulève également quelques questions. La pluralité des normes disponibles relatives à l'hygiène et à la sécurité ne rend-elle pas les dispositions de la CCIT inutiles ? La question se pose en outre de savoir si les

[1063] L'article 44 C de la CCIT de 2011 reprend l'article 40 c) de la CCIT de 1978 selon lequel « l'allocation-congé est calculée conformément aux dispositions légales et règlementaires en vigueur » et « sont exclues du calcul de l'allocation-congés les primes de rendement et les indemnités constituant un remboursement de frais professionnels ».

[1064] Article 44 de la CCIT de 2011. La convention sectorielle des industries du pétrole, à l'instar de celle des banques, établissements financiers et d'assurance, contenait déjà cette prévision. Les dispositions de ces conventions passent du rang de moins favorable à celui de plus favorable que la CCIT dans la mesure où le rappel doit avoir un « caractère exceptionnel » ou est justifié par des « raisons sérieuses » et où le salarié a droit à l'allocation de congés et au salaire.

[1065] La CCNI du Sénégal étendue par arrêté du 21 mars 1983 dont la nomenclature est similaire à celle du Togo s'en tient à la différenciation entre CDI et CDD en précisant la présomption de CDI lorsqu'il n'y a pas d'écrit.

[1066] En effet, la CCIT généralise l'obligation de la lettre d'engagement à tous ces statuts tandis que l'article 49 du code de 2006 dispose que « les CDD sont conclus par écrit sauf pour ceux employant des travailleurs occasionnels engagés à l'heure ou à la journée et payés à la fin de la journée ou de la semaine ou de la quinzaine ». La CCIT définit le travailleur temporaire ou occasionnel comme « celui qui est recruté pour faire face à un surcroît de travail ou à des travaux urgents », son contrat cesse à la fin de ces travaux. Or, la loi autorise le renouvellement sans limite du CDD à terme imprécis, il n'est pas inenvisageable qu'en cas de conflit de normes, une requalification en CDI d'un contrat de « temporaire ou occasionnel » puisse être décidé en cas de poursuite de l'activité.

« considérations générales » des articles 42 et 43 de la CCIT[1067] ne risquent pas de contribuer à un cantonnement à l'application d'une modicité des règles existantes sur l'hygiène et la sécurité. Il semble que ces dispositions ont été insérées pour appuyer l'importance de ce thème de droit du travail : « les parties signataires (...) affirment leur volonté de tout mettre en œuvre pour assurer dans les meilleures conditions l'hygiène et la sécurité du travail dans les établissements ». Les quelques règles rappelées par l'article 42 de la CCIT de 1978, reprises à l'article 46 de la CCIT de 2011, ne sont en outre pas inspirées du code du travail qui s'attache à renvoyer à la règlementation et à préciser l'importance du rôle de l'inspection du travail dans le contrôle. La disposition conventionnelle pose plutôt une responsabilisation du travailleur dans la prévention des accidents du travail à travers le port du matériel de protection individuelle et la séparation des installations sanitaires pour les hommes et femmes. Elle prévoit aussi l'organisation de services médicaux « conformément à la loi ».

L'utilité de l'appréhension conventionnelle peut être aussi mise en cause au sujet de l'appropriation des dispositions légales sur l'interdiction de concurrence du travailleur. Il a été procédé à une reformulation de l'article 33 du code de 1974 qui génère des difficultés d'interprétation. Alors que la loi contient le principe de la nullité de plein droit de la clause de non-concurrence, la CCIT mentionne un principe de « dévolution » de toute l'activité professionnelle du travailleur à l'employeur. Ce principe peut être atténué par stipulation au contrat de travail ou par « autorisation particulière écrite de son employeur ». Si le résultat peut paraître identique, la restriction à la liberté du travailleur de disposer de sa force de travail est plus durement exprimée. D'une liberté légale d'exercer toute activité en dehors de son temps de travail dès lors qu'elle n'est pas susceptible de concurrencer ou nuire à l'entreprise[1068], on passe à l'interdiction d'exercer même en dehors des heures de travail une activité professionnelle susceptible de concurrencer ou nuire à l'entreprise. Cette formulation générale a été reprise à l'article 57 de la CCIT de 2011 sous l'intitulé curieux de « clause de non concurrence ». La CCIT affirme de plus l'interdiction de divulguer et d'utiliser à des fins personnelles ou pour le compte d'un tiers des renseignements et techniques acquises au service de l'employeur.

Le rôle de la CCIT dans son rapport à la loi est ainsi parfois obscur. La CCIT s'inscrit dans une recherche intéressante de complémentarité et d'amélioration de la loi. Cela ressort de l'apport de précisions procédurales et substantielles ou de la dérogation *in melius* à la loi. La mise en œuvre de l'ordre public social se

---

[1067] Ces dispositions sont identiques aux articles 46 et 47 de la CCIT de 2011. Cette dernière ajoute toutefois, s'agissant de l'obligation de prélèvement des cotisations sociales par l'employeur, l'interdiction de conclure toute transaction sur cette question.

[1068] L'article 91 du code de 2006 a repris cette restriction : « il peut, sauf convention contraire, exercer toute activité à caractère professionnel non susceptible de concurrencer l'entreprise ou de nuire à la bonne exécution des services convenus ».

relativise cependant à l'analyse de quelques unes de ses dispositions dont il est difficile de dire si elles sont « illégales » ou si elles pourraient constituer des « dérogations dans le silence de la loi ». S'agissant de la nouvelle convention, quelques créations en 2011 telles que la formation professionnelle « dans toute la mesure du possible » ou l'interdiction d'embauche pendant la grève « régulière » paraissent globalement favorables. La création toutefois, en 2011 aussi, du « dédit de formation » ou du rappel pendant le congé est plus qu'interrogeable. La relative prise en compte par les partenaires sociaux des dispositions légales qui encadrent le conflit de normes ressort également du caractère incertainement favorable des conventions collectives sectorielles.

2. Le caractère incertainement favorable du cadre sectoriel

L'articulation entre les sources conventionnelles est encadrée par quelques dispositions du code du travail mais aussi au sein des termes mêmes de la CCIT relatifs à l'adoption de normes conventionnelles de rang inférieur. La CCIT se positionne en socle inviolable et d'influence mais ne contient pas l'idée de dérogation *in melius*[1069], au contraire des prévisions du code du travail[1070]. En effet, il ressort de l'analyse des conventions collectives sectorielles qu'elles ont en partie été calquées sur le modèle de la CCIT en tant que socle de référence (a) ; mais, leur considération de l'ordre public, qu'il soit « absolu » ou « social », se révèle incertaine (b).

a. La CCIT, socle de référence

La majorité des conventions collectives nationales sectorielles est basée sur l'architecture de la CCIT de 1978 et beaucoup de leurs dispositions sont identiques à celles de la CCIT. La plus illustrative est la convention collective du commerce dont le plan et la numérotation des articles sont pratiquement la copie conforme de la CCIT. Certaines conventions se contentent seulement de replacer le traitement de la délégation du personnel au sein de la partie sur la liberté syndicale dans l'entreprise. C'est par exemple le cas de la convention collective des banques et établissements financiers. Les chapitres de ces

---

[1069] Son article 60 prévoit l'adoption d' « annexes (...) élaborées pour les diverses branches professionnelles poursuivant des activités connexes pour déterminer leur conditions particulières d'emploi et trouver une solution aux problèmes non réglés ». Le principe de faveur n'est pas explicité mais la formulation du texte laisse tout de même présager le rôle de socle minimal intangible de la CCIT.

[1070] L'article 105 du code du travail de 2006 dispose que « dans le cas où une convention collective concernant une branche d'activité déterminée a été conclue sur le plan national, les conventions collectives conclues au plan régional ou local adaptent cette convention. (...) Elles peuvent prévoir des dispositions nouvelles et des clauses plus favorables au travailleur ». Une interprétation de ce texte nous pousse à penser son applicabilité à l'articulation entre la CCIT et les conventions sectorielles malgré la similitude de leur champ d'application géographique. Si l'article 100 alinéa 2 qui mentionne que l'inspecteur du travail « exige le retrait ou la modification des clauses contraires à l'ordre public » est peu précis, les articles du code qui envisagent des dispositions conventionnelles sur des points particuliers mentionnent le plus souvent la condition du plus favorable.

conventions sur la liberté syndicale reprennent fidèlement toutes les dispositions de la CCIT à ce sujet.

La thématique de la rémunération a été généralement plus favorablement encadrée par les conventions sectorielles. L'apport le plus visible des conventions collectives sectorielles ressort de l'institution de classifications professionnelles et de grilles salariales. Une volonté d'amélioration des avantages du travailleur sur le plan salarial ressort globalement des dispositions sectorielles relatives au salaire, aux modalités de rémunération et primes diverses. La liste des primes et indemnités est le plus souvent allongée. Certaines conventions fixent même forfaitairement leur montant. Cela s'inscrit en adéquation avec l'article 34 de la CCIT qui en appelle aux « conventions annexes » pour fixer « par branche d'activités, par entreprise ou établissement, les diverses indemnités et primes (...) ».

Des conventions sectorielles modifient favorablement les règles qui encadrent les primes déjà précisées au niveau interprofessionnel. Par exemple, l'article 53 C de la convention collective du commerce de 1991 instaure l'obligation de versement d'une aide au déplacement de 3000 FCFA pour tous les travailleurs de la 1e à la 7e catégorie. L'article 53 de la convention des travailleurs du transport maritime et du transit substitue la méthode de calcul de la CCIT pour la détermination des indemnités de déplacement occasionnel[1071] par une indemnité forfaitaire qui varie entre 1000 et 5000 FCFA. Selon la grille salariale attachée à cette convention à l'époque et le SMIG alors en vigueur, ces dispositions s'avéraient plus avantageuses[1072]. Alors que la CCIT prévoit que l'indemnisation du déplacement des cadres et assimilés se fait par remboursement sur présentation de factures, la convention sectorielle dispose que « les cadres et assimilés bénéficient des mêmes montants pour l'indemnisation ». Si cette disposition est empreinte d'un souci d'égalité de traitement, il n'est pas certain qu'elle ait un effet plus avantageux pour le travailleur concerné[1073]. L'article 43 de la convention collective de l'hôtellerie restauration, à l'instar de la convention des banques, établissements financiers

---

1071 Selon l'article 31 de la CCIT, cette indemnité est égale à trois fois le taux horaire de base lorsqu'un repas principal doit être pris en dehors du lieu d'emploi, cinq fois ce taux lorsque cela concerne deux repas principaux et dix fois lorsque s'y ajoute l'obligation de couchage en dehors du lieu d'emploi habituel.

1072 Si l'on applique le calcul du taux horaire au nouveau SMIG de 28000 FCFA, cette indemnité varie entre 485 FCFA et 1615 FCFA aux termes de la CCIT pour les travailleurs au SMIG. Malgré une grille salariale dépassée, la convention du transit demeure plus avantageuse pour les catégories inférieures.

1073 Selon la grille de cette convention, le cadre de l'échelon le moins élevé, pourrait prétendre dans ces circonstances à une indemnité entre 2797 et 9325 FCFA d'indemnité de déplacement occasionnel en application des modes de calcul de l'article 31 de la CCIT. La convention sectorielle est plus avantageuse pour les agents d'exécution de la 1e à la 6e catégorie et moins avantageuse pour les autres. La source conventionnelle la plus avantageuse peut en outre varier selon la circonstance du déplacement : la sectorielle peut l'emporter s'il s'agit de la prise d'un seul repas tandis que la CCIT est plus avantageuse en cas de couchage pour une même catégorie.

et assurances du Togo, a sur ce point repris le mode de calcul de la CCIT en augmentant les taux, ce qui rend la comparaison plus facile. La prime d'ancienneté est plus favorablement déterminée par la convention collective des banques. L'indemnité de départ à la retraite de la convention collective de l'industrie du pétrole est plus avantageuse que celle présentée dans la CCIT.

La créativité conventionnelle a été considérable sur le plan des primes et indemnités. Chaque convention sectorielle a son dispositif de primes et indemnités[1074]. La totalité des conventions collectives sectorielles institue la prime du 13e mois. La convention collective du commerce contient la prime de salissure, la prime de caisse (7500 à 15000 FCFA) et une « prime aux agents de maîtrise ». Cette dernière s'apparente à l'« indemnité de fonction ou de responsabilité » aux chefs et sous-chefs de services de la convention collective des banques. Des primes sur le bilan de l'entreprise sont instituées par la convention collective de l'hôtellerie et restauration pour tout travailleur de plus d'un an d'ancienneté, par la convention collective des banques et la convention du transport d'hydrocarbures (prime de chiffre d'affaires de 1,5 % mensuel) et la convention des industries. La prime ou indemnité de dépaysement se retrouve dans les conventions de l'industrie et de l'industrie du pétrole. La « manière de servir » du travailleur peut fonder le bénéfice d'une « gratification ou prime de gestion » dans le secteur bancaire et de l'industrie du pétrole.

Les partenaires sociaux des divers secteurs économiques ont été aussi imaginatifs en matière de création d'obligations sociales de l'entreprise. Les dispositions sur ces obligations sociales expriment une représentation paternaliste de l'entreprise au Togo ou témoignent d'une véritable connaissance des difficultés socio-économiques des travailleurs. Certaines de ces dispositions suggèrent que l'entreprise pallie les carences d'aides publiques, en particulier en matière d'aide en cas de décès du travailleur en activité ou admis à la retraite, d'aides à la rentrée scolaire, ainsi que s'agissant du départ à la retraite du travailleur. La convention collective de l'hôtellerie restauration prévoit la prise en charge de frais pharmaceutiques à travers la création d'un « fonds de solidarité ». Selon son article 45, l'employeur « est tenu de nourrir gratuitement son personnel lorsqu'il est présent au travail au moment des repas, dans les limites d'un repas par jour pour les employés effectuant 8 heures consécutives et deux repas par jour pour les employés effectuant huit heures intermittentes dites à coupure ». À défaut de fourniture en nature, une indemnité établie d'accord-parties entre l'employeur et les délégués du personnel est versée aux

---

1074 Certaines d'entre elles sont originales. Par exemple, dans le secteur bancaire, tous les travailleurs sont soumis à une majoration de salaire pour diplômes, les caissiers et trieurs ont droit à une prime de manipulation et les démarcheurs bénéficient d'une indemnité vestimentaire et de chaussures. L'annexe de cette convention mentionne une « prime de compensation » de 5000 FCFA dont l'objet n'est pas mentionné. La prime de manipulation existe aussi dans le secteur des industries pétrolières. La convention de ce secteur institue en outre une « prime de risque de travail au dépôt ». La convention des industries du Togo mentionne que la « prime de salissure » est versée en espèce ou en nature.

travailleurs. Cette convention généralise à tout travailleur le bénéfice d'une indemnité de transport, peu importe la distance qui sépare le lieu de résidence du lieu de travail. La convention collective des industries du pétrole fait de même et fixe un montant variant de 40 000 à 150 000 FCFA selon la catégorie professionnelle. Des prêts d'équipement ou pour la construction du logement du travailleur, une « prime de vacances », une cantine ou bibliothèque d'entreprise sont parfois prévus. S'agissant de la formation du travailleur, l'article 60 de la convention collective du commerce prévoit que « dans l'attente de la création d'un centre de formation, l'employeur devrait apporter à tout agent désireux de suivre une formation professionnelle entrant dans le cadre des besoins de la Direction, sa participation aux frais de perfectionnement ».

Sur d'autres points de la CCIT, des dispositions sectorielles manifestent un souci de sécurisation juridique et de garantie d'emploi du travailleur. Les conventions sectorielles reprennent le principe de l'engagement par écrit. La systématicité de la période d'essai n'est pas reconduite par la convention collective des industries du Togo de 1983. Les conventions collectives de l'industrie et de l'hôtellerie restauration ne reprennent pas les conditions de forme de la confirmation de l'engagement à l'issue de l'essai. Il en découle une possible volonté d'intégration plus explicite de l'essai au contrat de travail initial favorisant la preuve de l'existence de la relation salariale[1075]. La convention collective des industries du Togo est la seule qui appréhende le contrat d'apprentissage. De façon très favorable au regard des textes étatiques existants, son article 33 précise les taux de rémunération des apprentis dans les industries. Une obligation de rémunération de l'apprenti existe donc en droit dans le secteur industriel[1076]. Les distinctions entre les statuts de temporaire, d'occasionnel ou de journalier ne sont pas reprises dans les conventions des industries et de l'hôtellerie restauration.

Concernant la suspension du contrat de travail, quelques dispositions sont plus favorables que celles de la CCIT. Par exemple, la convention collective des banques, celle de l'industrie du pétrole et la convention collective des industries établissent une indemnisation plus avantageuse en cas de maladie non professionnelle[1077]. Sur les permissions exceptionnelles d'absence, les

---

[1075] Il est intéressant de noter la différence d'époques d'adoption de ces deux textes. Un projet en cours en 2009 pour le secteur de l'enseignement privé laïc, établi par des représentants syndicaux, manifeste d'une interprétation encore délicate de cette période d'essai. Ce projet spécifie que l'engagement définitif du travailleur fait l'objet d'un contrat de travail signé par les deux parties et déposé à l'inspection du travail et des lois sociales. Le manuel de droit du travail de 2008 parle de l'essai sous les expressions « contrat à l'essai » et « mise à l'épreuve préalable à la conclusion du contrat » (D. Yabre, *op. cit.*, p. 59). Cela rappelle la formulation d'un manuel des années 1960 selon laquelle le contrat à l'essai est un « contrat provisoire » conclu par écrit (J. Grosdidier de Matons, *Droit du travail africain*, CEDA Abidjan, 1969, p. 61).

[1076] Ils passent d'un sixième du SMIG en première année à la moitié en troisième année.

[1077] Par exemple, le travailleur qui compte entre un et cinq ans d'ancienneté a droit à deux mois de salaire entier et quatre mois de demi-salaire dans le secteur bancaire, un mois de salaire entier et conventions collectives sectorielles diffèrent le plus souvent dans un sens favorable. Par exemple, la convention de l'hôtellerie restauration ne reprend pas la règle de l'autorisation écrite patronale. Le travailleur doit seulement prévenir l'employeur au moins 48 heures à l'avance, sauf cas de force majeure. La circonstance des funérailles du conjoint, d'un ascendant ou descendant en ligne directe est ajoutée à la liste des causes de permission. En cas de décès de son frère ou de sa sœur, le travailleur bénéficie de trois jours de suspension contre deux selon la CCIT. La convention du secteur des banques prévoit une durée plus favorable de cinq jours en cas de mariage ou du décès des parents, du conjoint ou d'un descendant. Cette convention crée en son article 51 un « congé pour maladie des enfants, ascendants ou conjoints (...) sous réserve de vérifications d'usage ». Il s'agit de « congés avec demi-solde d'une durée n'excédant pas un mois, avec possibilité de renouvellement, pour soigner leurs enfants, ascendants ou conjoints malades ». La convention des industries reprend les règles de la CCIT et ajoute en son article 20 que les absences exceptionnelles de courte durée justifiées par un évènement grave et fortuit dûment constaté intéressant le foyer du travailleur, tel que par exemple un incendie, un décès, accident ou maladie grave du conjoint, n'entraînent pas la rupture du contrat de travail mais seulement sa suspension dès lors que l'employeur en a été avisé au plus tard dans les 48 heures.

En matière de congés payés, les négociateurs ont globalement repris favorablement les règles de la CCIT. La règle de durée de 2,5 jours de congés payés par mois de service effectif est globalement reprise en référence à la loi, parfois reformulée en celle de 30 jours par an. La convention collective de l'industrie du pétrole dispose qu'il s'agit de 2,5 jours « ouvrables » par mois ce qui peut être interprété favorablement. La convention collective des industries ajoute un jour de congé pour les titulaires de la « médaille d'honneur » et reprend la possibilité légale du report du congé qu'elle restreint à la seule condition de volonté du travailleur. La convention collective des banques et celle des industries ajoutent un principe de libre choix du moment du versement de l'allocation de congés[1078]. La convention collective des industries du pétrole prévoit qu'une « prime de vacances » de 50 % du salaire mensuel est versée au moment du départ.

Les règles sur la rupture du contrat, en particulier celles concernant la durée du préavis et le temps de liberté pendant ce préavis pour rechercher un nouvel emploi en cas de licenciement, sont identiquement reprises dans les conventions collectives sectorielles. Seules deux conventions apportent des

---

quatre mois de demi-salaire dans le secteur des industries, contre un mois de salaire entier et trois mois de demi-salaire aux termes de la CCIT de 1978 et de 2011.

[1078] Aux termes la convention des banques, le travailleur peut faire la demande d'un versement avant le départ. Cette précision est empreinte d'un certain réalisme repris en tant qu'obligation légale dans le code du travail de 2006. Le départ en congé implique souvent des frais de transport et d'envoi de biens vers les membres de la famille habitant la campagne.

garanties supérieures. La convention collective des banques, établissements financiers et assurances ainsi que celle de l'industrie du pétrole fixent des taux supérieurs pour le calcul de l'indemnité de licenciement[1079]. Si toutes les conventions sectorielles ont repris l'encadrement du cas du travailleur décedé, la plupart d'entre elles en ont quelque peu modifié les termes. Les articles 31 de la convention des industries, 28 de celle des banques et établissements financiers, 23 de la convention du commerce, 19 de celle du transport d'hydrocarbures, 34 de celle de l'hôtellerie restauration et 34 de la convention de l'industrie du pétrole substituent la condition de l'ancienneté d'un an du travailleur décédé à celle du décès intervenu dans l'entreprise pour l'octroi aux héritiers en ligne directe d'une indemnité équivalente à l'indemnité de licenciement. À ce dispositif ont été le plus souvent ajoutées des modalités d'aide financière aux funérailles pour la famille du travailleur[1080].

Sur le plan de la représentation collective dans l'entreprise, les négociations dans les différents secteurs d'activité ont généralement repris le contenu de la CCIT. La convention des industries du Togo contient toutefois deux articles plus favorables. Le dernier alinéa de son article 71 dispose que toute demande d'audience écrite ou verbale adressée par un délégué du personnel à l'employeur doit être acceptée. L'article 74 précise la possibilité pour les délégués du personnel de se faire assister par un représentant de son organisation syndicale soit à l'occasion « de sa visite à la direction de son établissement, soit à l'occasion des visites de l'inspecteur du travail ». La convention collective de l'hôtellerie et de la restauration est en outre très originale sur la représentation collective car contient un dispositif assez complet de la mise en place des délégués du personnel dans l'entreprise, à la différence des autres sources conventionnelles calquées sur la CCIT[1081]. Cette convention

---

1079 Ces taux sont, selon l'ancienneté du travailleur, de 35 %, 45 % et 60 % dans le secteur bancaire et de 45 %, 55 % et 80 % pour le secteur pétrolier. La CCIT de 1978 les établissait à 35% du salaire mensuel moyen par année de présence pour les cinq premières années, 40% de la 6e à la 10e année et 50 % au-delà de la 10e, qui passe à 60 % aux termes de l'article 22 de la CCIT de 2011.

1080 Les conventions des industries et de l'hôtellerie instituent une aide sociale à charge de l'entreprise au bénéfice des héritiers en ligne directe. Elle est fixée respectivement à trois mois de salaire et à 100 000 FCFA. Les négociateurs de branche sont allés plus loin en envisageant la participation de l'employeur aux frais d'inhumation : soit sous réserve de la demande des héritiers et de l'acceptation patronale selon la convention des industries, soit que ce concours financier soit « souhaité » selon la convention de l'hôtellerie ou soit qu'il s'agisse d'un « don symbolique » (convention du transport maritime) ou d'une obligation forfaitaire fixée à 40 0000 FCFA par la convention des banques ou à 80 000 dans le commerce. Enfin, certaines conventions établissent une extension de cette participation financière au cas du décès d'un travailleur retraité. C'est le cas de la convention de l'hôtellerie, de celle des banques (200 000 FCFA), de celle des industries du pétrole (300 000 FCFA) et de celle du commerce (50 000 FCFA).

1081 Le déroulement du scrutin y est partiellement précisé ainsi que le nombre de ces représentants. La convention prévoit la constitution de deux collèges tandis que les dispositions règlementaires anciennes et nouvelles en déterminent quatre. Cette convention précise en outre les attributions de ces représentants. Elle établit une compétence explicite en matière d'hygiène et de sécurité en termes de contrôle du respect des dispositions applicables et de formulation de propositions en cas collective s'éloigne considérablement du cadre d'inspiration que constitue la CCIT ainsi que des règles étatiques relatives à la représentation collective, thème généralement qualifié d'ordre public absolu. Cette convention collective est en outre très surprenante – certains diraient « en avance »[1082] – dans la mesure où elle consacre son article 7 au « délégué syndical ». L'alinéa 1er offre la possibilité aux organisations syndicales signataires de la convention de nommer un délégué syndical dans tous les établissements qui occupent au moins cinquante salariés. Ce représentant est élu « par la section syndicale de l'établissement » parmi les travailleurs de cet établissement. Cet article ne prend en revanche pas place dans le titre III sur la « représentation du personnel ». La CCIT de 2011, qui a pris soin de mentionner le délégué syndical institué par le code du travail de 2006, se contente, de façon bien moins étayée, de préciser qu'il « fonctionne suivant les dispositions du code du travail[1083] » alors que rien n'est précisé au plan légal.

Malgré une relative « créativité » thématique et la rareté d'indices de prise en compte de données propres au secteur économique concerné, quelques exemples illustrent une possible volonté des partenaires sociaux d'améliorer la protection du travailleur[1084]. Qu'il s'agisse d'aspects purement quantitatifs ou de considérations plus procédurales et définitionnelles, une recherche d'adaptation dans un sens favorable est à relever. Or, quelques dispositions sectorielles s'inscrivent à contre-courant de cet enjeu protecteur, ce qui interroge encore une fois la considération par les partenaires sociaux de l'ordre public en droit du travail.

b. La considération incertaine de l'ordre public

L'ordre public propre au droit du travail se décompose entre l'ordre public absolu et l'ordre public relatif ou social. Certaines dispositions contenues dans les conventions collectives sectorielles apparaissent à cet égard critiquables.

L'ordre public absolu représente en principe les règles qui débordent le cadre du droit du travail, « échappant par leur nature aux rapports conventionnels[1085] ». On y associe généralement le droit pénal du travail qui sanctionne l'atteinte à la société prise dans son ensemble par la violation de règles de droit du travail. La détermination des compétences et interventions de

---

d'accident ou maladie professionnels. Elle impose à l'employeur de mettre un local équipé du mobilier nécessaire à la disposition des délégués du personnel.

[1082] La consécration légale du « délégué syndical » en 2006 a suscité plusieurs commentaires dont l'affirmation d'une existence de cette institution dans les faits.

[1083] Article 50 de la CCIT de 2011.

[1084] La convention collective de l'hôtellerie restauration pose des heures d'équivalence plus favorables que celles établies par les dispositions règlementaires de 1953 reprises en 2010. Le personnel autre que les cuisiniers est soumis à une équivalence conventionnelle de 48 heures contre celle règlementaire de 56 heures. L'aspect favorable de cette convention sectorielle est en partie contredit par la mention d'une limitation hebdomadaire de quinze heures supplémentaires contre huit selon les dispositions règlementaires.

[1085] Conseil d'État français, avis du 22 mars 1973 (V. Dr. Soc., 1973, p. 514).

l'administration étatique entre aussi dans cet ordre public absolu, de même que l'organisation de la représentation collective dans l'entreprise. L'idée d'ordre public absolu insusceptible d'appropriation privée, qu'elle soit ou non avantageuse pour le travailleur, semble parfois remise en cause au Togo. Ainsi, une ingérence conventionnelle dans la détermination des compétences des agents de l'État, impulsée par la CCIT, est largement confirmée par les conventions sectorielles. Par exemple, certaines dispositions sur l'engagement individuel du travailleur contiennent l'obligation d'aviser l'inspecteur du travail. La convention collective des banques ajoute l'obligation d'adresser une copie de la lettre d'engagement à l'inspecteur du travail. Dans le cadre de la procédure disciplinaire, l'employeur doit aviser ou non l'inspecteur du travail selon le secteur d'activité concerné. Seules les conventions collectives des industries et du commerce reprennent la règle générale de la CCIT qui impose à l'employeur d'adresser ampliation de la décision à l'inspection du travail quelle que soit la sanction prononcée. La convention collective des industries pétrolières, à l'instar de la convention de l'hôtellerie et de la restauration, limite cette obligation aux cas de sanctions entraînant le licenciement, ce qui replace l'intervention administrative en cohérence avec l'article 65 du code du travail sur le licenciement[1086]. Au moment de la conclusion de ces conventions collectives, le droit étatique ne prévoyait pas de procédure spécifique pour le licenciement pour motif économique. Les partenaires sociaux ont-ils dépassé leurs compétences juridiques en instituant une procédure prévoyant l'intervention de l'inspecteur du travail ? Ces dispositions conventionnelles ne prévoient pas expressément d'intervention décisionnelle de cet agent ce qui permet de relativiser l'atteinte portée à l'ordre public absolu dans ces domaines où la loi était ou est silencieuse. Notons ici que la CCIT de 2011 remet en cause cette relativité puisque son article 60 pose le principe de l'interdiction d'embaucher en cas de grève régulière « sans l'accord préalable de l'inspecteur du travail du ressort »[1087].

L'atteinte au principe de l'ordre public social est plus difficile à établir[1088]. La mise en œuvre du principe de faveur en cas de conflit de normes a suscité de nombreux débats doctrinaux et des constructions jurisprudentielles en France. En effet, la définition de la notion d'« avantage » est différente selon qu'elle est associée aux qualificatifs d'« acquis », d'« individuels » ou de « collectifs » et

[1086] La convention collective du bâtiment et des travaux publics conclue en 1958 disposait également de l'obligation d'adresser ampliation de la décision, pour toute sanction, à l'inspecteur du travail malgré le silence du CTOM sur ce point.

[1087] L'alinéa qui suit cette précision est toutefois ambigu en termes de portée : « dans tous les cas, le recours aux travailleurs occasionnels ne peut avoir pour effet la continuation de la production ».

[1088] Dans l'avis précité de 1973, le Conseil d'État français précise que « les dispositions législatives ou règlementaires prises dans le domaine (du droit du travail) présentent un caractère d'ordre public en tant qu'elles garantissent aux travailleurs des avantages minimaux, lesquels ne peuvent, en aucun cas, être supprimés ou réduits, mais ne font pas obstacle à ce que ces garanties ou avantages soient accrus ou à ce que des garanties ou avantages non prévus par les dispositions législatives ou règlementaires soient institués par voie conventionnelle » (V. *Dr. Soc.*, 1973, p. 514).

selon qu'elle est appréhendée dans une considération généraliste ou non de la norme conventionnelle. Le résultat ne sera en outre pas le même selon que l'on applique un principe de cumul ou de non cumul des avantages[1089]. Bien que cette circonstance d'un conflit de normes à traiter par le juge ou l'inspecteur du travail soit des plus rares au Togo, il apparaît intéressant de mentionner l'existence de dispositions conventionnelles potentiellement contraires à l'ordre public social.

Ainsi peut-on s'interroger, en matière de discipline, sur la suppression au niveau sectoriel des garanties procédurales prévues par la CCIT ; ceci libéralise sans conteste le pouvoir disciplinaire de l'employeur et donc désavantage le travailleur. À titre indicatif, la convention collective des industries hôtelières et de la restauration prévoit que la phase de recueil des explications du travailleur, assisté ou non, ne concerne que les cas de mise à pied ou de licenciement. L'obligation de notification écrite est absente de cette convention. La convention collective des industries du pétrole institue la notification écrite obligatoire pour le seul cas de la sanction entraînant le licenciement. La convention collective du transport d'hydrocarbures supprime toute procédure disciplinaire mais réduit la durée maximale de mise à pied à cinq jours contre huit en vertu de la CCIT de 1978 et des autres conventions. De plus, elle impose que cette mise à pied n'intervienne que si la faute a préalablement fait l'objet d'un « blâme » et établit une liste de seulement trois circonstances justifiant le licenciement « sans indemnités ». Cette réappropriation d'apparence favorable du droit disciplinaire est contredite, non seulement par l'absence de prévisions procédurales, mais aussi par la création d'une disposition en vertu de laquelle « toute absence irrégulière de plus de cinq jours peut entraîner la rupture du contrat de travail si le salarié ne fournit pas une justification écrite valable avec preuve à l'appui ».

Les conventions collectives ont généralement repris les précisions sur les « statuts temporels de travail » mais l'une d'entre elle s'en éloigne considérablement. La convention collective du transit et transport maritime distingue le stagiaire, le travailleur temporaire et le travailleur occasionnel. L'apport de la définition du stagiaire est peut-être intéressant car la durée est limitée à trois mois renouvelable une fois et la possibilité de lui verser une indemnité est évoquée. Ce n'est pas le cas du travailleur temporaire et du travailleur occasionnel. Le travailleur temporaire est celui qui est lié par contrat d'une durée maximale de six mois et fixée à l'avance qui, « à l'issue de cette période, ne pourra prétendre à une embauche » et « perçoit une rémunération mensuelle sur une base fixée d'accord partie ». Le travailleur occasionnel est sous contrat écrit ou verbal « établi en commun accord avec l'employeur ». La fin de ce contrat peut être subordonnée à la réalisation de la tâche à accomplir.

[1089] V. par exemple, S. Béal et A. Ferreira, « La comparaison entre deux conventions ou accords collectifs applicables dans l'entreprise », *JCP S*, 2005, n° 26-27, p. 15 ; G. Borenfreund et M-A. Souriac (dir.), « Droit des relations professionnelles », *RDT*, 2009, p. 114.

Les contrats de ces travailleurs occasionnels « ne sont pas cumulatifs ». Ces précisions conventionnelles adoptées en 1991 sont intéressantes au regard des réalités salariales dans quelques organisations au Togo mais profondément discriminantes au regard de l'ordre public social de droit du travail. Si l'on pouvait regretter une absence, aux termes de la CCIT et d'autres conventions, de précisions des conséquences de l'explicitation de ces « statuts temporels de travail », celles apportées pour le secteur du transit et du transport maritime permettent de relativiser ce silence, eu égard aux règles encadrant la distinction entre le CDI et le CDD.

De façon tout à fait explicite, cette convention collective du transit et transport maritime réduit les taux de l'indemnité de licenciement. Le rôle de plancher de la CCIT est tout simplement ignoré ici[1090]. Les conventions de l'industrie du pétrole et des banques envisagent la possibilité du rappel d'un travailleur parti en congé « dès lors que la bonne marche de l'entreprise ou de l'un de ses services l'exigera pour des raisons sérieuses ». Dans ce cas, l'agent rappelé conserve le bénéfice de son allocation de congé et perçoit son salaire dès son retour. Il peut en outre bénéficier pour son congé suivant d'une prolongation égale au nombre de jours perdus. Malgré ces quelques garanties, le caractère défavorable de cette prévision, en comparaison avec les autres sources de droit du travail, est indéniable. Il n'est cependant pas certain que les travailleurs y décèlent ce même aspect négatif en pratique dans la mesure où le résultat financier est plus favorable en cas de rappel pendant les congés. Par ailleurs, la nouvelle CCIT de décembre 2011 élargit de façon défavorable aux autres secteurs économiques la possibilité du rappel pendant les congés payés[1091]. S'agissant des permissions exceptionnelles d'absence, la convention collective du secteur bancaire pose l'obligation de demande « écrite » pour toute autorisation exceptionnelle d'absence, ce qui restreint le droit de pouvoir bénéficier de ces autorisations d'absence. La convention collective des industries pétrolières réduit pour sa part le délai de production des justificatifs d'une demande d'autorisation d'absence.

Certaines appropriations sectorielles sont difficiles à positionner sur le plan du caractère plus ou moins favorable pour le travailleur. L'article 10 de la convention collective des industries ramène la « priorité d'embauche » de deux ans à un an, dans la même catégorie d'emploi, en cas de licenciement pour motif de suppression ou de « compression de personnel ». Il ajoute que cette priorité joue pendant encore un an, sans condition de similarité de catégorie d'emploi et sous réserve d' « essai professionnel » ou de « stage probatoire ». Il résulte difficile de mesurer si les chances de réembauche sont favorisées ou bien

---

[1090] Les taux sont fixés à 30 %, 37 % et 43 % contre 35 %, 40 % et 50 % aux termes de la CCI. Un projet de convention pour l'enseignement privé en cours en 2009 prévoit étrangement un taux inférieur de 45 % pour la dernière tranche d'ancienneté.

[1091] Les partenaires sociaux ont été d'inspiration bien plus libérale en ne reprenant pas la condition des « raisons sérieuses » (v. supra Partie I, Titre 2, Chapitre 1, Section 2, §2, B, 1, b).

réduites. Certaines conventions collectives augmentent les clauses obligatoires de l'engagement écrit du travailleur. Cela ne paraît pas aller contre le travailleur. Néanmoins, sur le plan de l'emploi et du litige, ces précisions pourraient jouer défavorablement. La question se pose aussi s'agissant de la convention collective de l'hôtellerie et de la restauration qui fait glisser l'obligation d'écrit et de mentions obligatoires de l'engagement vers le contrat.

Quelques dispositions sectorielles révèlent par ailleurs que les partenaires sociaux ont parfois repris des articles de la CCIT malgré leurs contradictions : c'est le cas de la fourniture du logement en cas de déplacement occasionnel, de l'interdiction de concurrence ou de la modification du contrat de travail. Certaines conventions collectives abordent le cas particulier de la femme enceinte de telle sorte que des effets discriminatoires sont envisageables. L'absence d'appropriation de quelques thématiques comme la démission, la rupture des contrats à durée déterminée ou l'apprentissage relativise aussi l'enjeu de complémentarité.

Si les partenaires sociaux font preuve d'une appropriation certaine au regard de l'ordre public classiquement admis en droit du travail, cette appropriation est doublement relativisée : par un difficile dépassement de l'architecture de la CCIT d'une part, et par l'aspect défavorable de certaines « innovations » conventionnelles d'autre part. Seule la plus récente des conventions sectorielles qu'est la convention collective du transport d'hydrocarbures a procédé à un dépassement d'architecture, mais en procédant par éviction de tout aspect des relations collectives de travail. L'architecture et un nombre important de dispositions restent en outre inchangés à l'issue des renégociations de la CCIT en 2011.

L'analyse de l'élaboration et du contenu des textes conventionnels conduit donc à conclure à l'existence d'un droit de la négociation collective sous contrôle étatique mais exorbitant du droit étatique. Les conventions collectives en vigueur au Togo oscillent, indépendamment des caractéristiques des unes et des autres, entre l'ambition d'améliorer le sort du travailleur et celle d'adapter le droit légal, y compris dans certains cas de façon contraire aux principes juridiques. Le calquage sur le modèle de la CCIT montre en outre que c'est moins un « droit de proximité »[1092] tel que le suggère les prévisions légales sur le champ géographique et professionnel de la négociation collective, qu'un « droit accidentel » qui est constitué par les dispositions sectorielles. La référence aux dispositions légales sur l'articulation des sources conventionnelles et aux contenus des sources de rang « supérieur » semble en effet aléatoire. C'est dans un ordre d'idées similaire que nous allons aborder le deuxième exemple togolais d'instauration d'un droit du travail « sous contrôle

---

1092 Sur la fonction d'adaptation du droit conventionnel. V. par exemple, A. Supiot, *Homo juridicus, essai sur la fonction anthropologique du droit*, Seuil, 2005, p. 200. M.-A. Souriac, G. Borenfreund, « La négociation collective entre désillusion et illusions », in *Mélanges en l'honneur du professeur Jean-MauriceVerdier*, Dalloz, 2001, p. 181.

étatique ». Ce droit du travail particulier, dont le champ d'application n'est plus géographique ou sectoriel, mais justifié par le statut juridique et administratif des entreprises admises en zone franche, a été instauré sous l'impulsion de l'État.

Chapitre 2 – L'INSTAURATION PAR L'ÉTAT D'UN DROIT DE ZONE FRANCHE

L'implantation des premières zones franches commerciales n'est pas l'apanage des économies les moins développées et non plus celle du phénomène de globalisation. Les zones franches ont d'abord été créées dans un souci de facilitation du transit des marchandises. Elles ont donc constitué au départ des espaces affranchis de droits de douane et de taxes, situés à proximité des voies stratégiques de communication, équipés pour favoriser le déchargement et l'attente de la réexportation de marchandises[1093]. Le concept de zone franche a, par la suite, été réinventé pour accompagner les stratégies de développement économique dans le contexte d'accroissement de la libéralisation des échanges. L'expérience de zone franche commerciale s'est sophistiquée avec l'intégration de quelques activités de conditionnement ou d'assemblage des marchandises en transit. Les zones franches d'exportation ont quant à elles consisté à mettre en place des espaces propices à l'investissement industriel dans une stratégie de substitution aux importations. Les zones franches urbaines ou d'entreprises ont quant à elles visé à dynamiser des espaces urbains économiquement dépeuplés dans certains pays occidentaux. Elles s'apparentent aux zones économiques spéciales qui sont parfois d'immenses territoires pouvant englober des villes entières[1094]. Si les zones franches ont pu constituer un véritable levier de développement d'économies de pays émergents[1095], le résultat de la floraison du modèle dans les pays les moins avancés, à partir des années 1990, reste plus mitigé.

La zone franche est aujourd'hui un phénomène mondial concernant toutes les catégories de pays. Elle donne lieu à une pluralité de constructions juridiques[1096] créatrices d'espaces « émancipés » de la conception uniforme et statique de l'État. Les modalités de l'amplification du phénomène de la zone franche illustrent en outre l'évolution de l'organisation institutionnelle internationale caractérisée par la multiplication des coopérations supra-étatiques[1097]. La

---

1093 Voir par exemple Hambourg en Allemagne ou Jurong à Singapour.

1094 Il en existe en Inde, Iran, Jordanie, Lettonie, Philippines, Pologne, Russie ou Ukraine.

1095 La spécialisation industrielle ou la diversification des exportations, la favorisation de la sous-traitance locale donc le bénéfice des entreprises locales sont autant de méthodes de politique économique qui placent les zones franches chinoises ou encore coréennes parmi les plus reconnues.

1096 Les concepts et formules de zone franche sont multiples : zones franches commerciales portuaires ou aéroportuaires, zones franches de proximité, zones d'entreprises dans les pays développés ou zones bancaires, zones économiques spéciales, zones franches industrielles (de transformation) pour l'exportation, zones touristiques etc.

1097 La concurrence générée par cette floraison de zones de droit dérogatoire a pu engendrer le développement de coopérations internationales non étatiques. On peut citer l'Agence Mondiale des zones franches installée à Genève et certaines associations sous-régionales ou un projet de création d'une association ouest africaine, interlocutrice solide auprès de la CEDEAO et de l'UEMOA. « À mesure que les pratiques douanières et règlementaires évoluent vers une plus grande liberté et une flexibilité accrue, les zones franches, tout en continuant à opérer, sont de moins en moins construction de frontières juridiques internes aux États paraît constituer une forme d'alternative contemporaine aux effets nationaux de la libéralisation. Ces dispositifs juridiques illustrent en outre un aspect du droit étatique et de ses enjeux sur la définition classique du droit et, par conséquent, sur le pouvoir de l'État[1098].

Les zones franches et points francs[1099] du Togo s'insèrent donc dans un phénomène d'une ampleur considérable[1100]. Le Togo figure parmi les premiers États d'Afrique subsaharienne qui se sont dotés de zones franches d'exportations (ZFE)[1101]. Le coup d'envoi d'implantation des zones franches industrielles d'exportation (ZFIE) en Afrique subsaharienne est donné par Maurice en 1970, suivie du Sénégal en 1974[1102]. Le Libéria s'inspirera rapidement en 1976 de ces normes d'incitation à l'investissement[1103]. La floraison de zones franches à partir des années 1980 est suscitée par l'essor des activités exportatrices de la zone franche mauricienne[1104]. La zone franche de

---

considérées comme des enclaves franches » (P. Lorot, T. Schwob, *Les zones franches dans le monde, Notes et études documentaires*, La documentation française, 1987, n° 4829, 1987, p. 47).

1098 La réinvention de l'État, signe de l'évolution de la normativité, passe notamment par l'idée de « restaurer l'efficacité de l'État en le modernisant mais aussi « de le rendre plus « modeste » (Crozier M.) et d'éviter qu'à cause de son poids, de ses dimensions, de son arrogance, sa voix n'en vienne à couvrir celle des autres interlocuteurs associés à la réflexion sur le devenir du corps social » (G. Timsit, « Normativité et régulation » in, *La normativité*, Etudes réunies et présentées par Jacques Chevallier, Nouveaux cahiers du conseil constitutionnel, 2006, n° 21, p. 56).

1099 Cette formule a été impulsée par les *maquiladoras* mexicaines (« Amérique Latine, Timide apparition de dispositions sociales dans les législations sur les zones franches », *Bulletin d'informations sociales*, 1992, p. 359).

1100 Il existerait 1735 zones franches dans 133 pays (F. Bost (dir.), *Atlas mondial des zones franches*, CNRS/La Documentation française, 2010, p. 21). Un document de travail de l'OIT mentionne le chiffre de 3500 zones franches en 2008 (W. Milberg et M. Amengal, *Développement économique et conditions de travail dans les zones franches : un examen des tendances*, document de travail, OIT, 2008). L'Europe occidentale compte 41 zones franches en 2009. Quatre zones franches industrielles et de services sont dénombrées en Espagne et la zone franche emblématique de Shannon en Irlande est reconvertie en zone franche commerciale et industrielle en 1958. Un règlement communautaire n° 993/2001 (JO des CE n° L141 du 25 mai 2001) assouplit le régime des « zones franches communautaires ». La France compte à ce jour deux zones franches dont l'une est située sur le terminal du Verdon (Estuaire de la Gironde, 1999) et l'autre en Guyane. La France compte également plusieurs zones franches urbaines issues du Pacte de Relance de la Ville du 14 novembre 1996. On trouve de nombreuses « *foreign trade zones* » aux États-Unis (D. Stambrook, *Comparaison des programmes et politiques visant les zones franches (ZF) du Canada et des États-Unis*, Rapport commandé par Transports Canada – Projet de portes d'entrée à valeur ajoutée, 2009 ; G. Saint-Onge, *Commerce international et zones franches américaines*, Agence d'Arc, 1990). On parle de zones économiques spéciales en Chine et plus généralement de ZFE en Asie (R. Maex, *Les entreprises multinationales et l'emploi dans les zones franches d'exportation des pays d'Asie*, document de travail n° 26, BIT, 1984 ; D. Bräutigam et T. Xiaoyang, « Shenzen africain : les zones économiques spéciales de la Chine en Afrique », *Outre Terre*, 2011, n° 30, p. 133).

1101 Le Libéria s'est vu doté d'une zone franche commerciale en 1948 qui n'a suscité aucun émule.

1102 Le régime sénégalais de zone franche est abrogé depuis 1996.

1103 Les stratégies de développement de l'époque sont en effet davantage tournées vers l'exportation des matières premières non transformées dont les cours chutent considérablement..

1104 F. Bost (dir.), *op. cit.*, p. 165.

transformation pour l'exportation (ZFTE) du Togo de 1989 est précédée de Djibouti en 1980 et de la République démocratique du Congo en 1981. Elle est créée la même année que celles du Cap-Vert et de Madagascar. Puis le Cameroun[1105] et le Kenya en 1990 ; le Mali et le Nigeria en 1991 ; le Burundi en 1992 ; le Mozambique en 1993 ; le Soudan en 1994 ; le Ghana, le Malawi et le Zimbabwe en 1995 ; la Namibie, l'Afrique du Sud et la Centrafrique en 1996 ; le Gabon et la Zambie en 2001 ; la Gambie, la Mauritanie et la Tanzanie en 2002 ; Sao Tomé en 2003 ; la Côte d'Ivoire et le Rwanda en 2004 ; le Bénin en 2005 et l'Ouganda en 2006 ont mis en place des ZFIE ou *Export Processing Zones* (*EPZ*) aussi dénommées « zones franches industrielles et de services ». La floraison est spectaculaire en Afrique subsaharienne qui « a donc largement rattrapé son retard, du moins sur le papier, en déclinant le concept sous toutes ses formes » [1106] : ports francs, industries exportatrices, zones franches dédiées au NTIC en Côte d'Ivoire ou à Maurice, concept de points francs etc.

La floraison de l'implantation de zones franches dans les États d'Afrique subsaharienne s'est accompagnée d'une mise en concurrence des dispositifs juridiques dont la comparaison révèle donc certains traits communs[1107]. L'État togolais va combiner les particularités des différents modèles de zone franche existants : port franc, zones franches délimitées et points francs, activités industrielles et de services, avantages fiscaux et matériels de tous ordres. Le régime juridique applicable à la zone franche du Togo constitue un exemple assez emblématique. Le dispositif de ZFTE[1108] au Togo a été accompagné de grands espoirs et soutiens financiers ; il constitue encore aujourd'hui un exemple souvent cité pour présenter les modalités juridiques et aménagements spatiaux de la création des zones franches en Afrique subsaharienne[1109]. Parmi les originalités du régime juridique de la ZFTE du Togo figure celle de l'intégration de la branche du droit du travail au sein du dispositif

[1105] Abrogé depuis 2002 selon F. Bost (*ibid.*), une loi de 2004 porte abrogation du dispositif mis en place au Cameroun en 1990. Une disposition transitoire précise le maintien du statut des entreprises admises à en bénéficier en attendant l'adoption d'un nouveau dispositif dans un délai de cinq ans. Une ordonnance de 2009 réaffirme cette abrogation et pose un nouveau délai de cinq ans.

[1106] F. Bost (dir.), *op. cit.*, p. 166.

[1107] « L'examen détaillé des lois relatives aux zones franches montre cependant une grande uniformisation des textes et des avantages concédés au cours des années 1980-2000, en contradiction avec le discours commun sur la surenchère systématique entre les pays. Il faut y voir l'influence directe des grands organismes de développement, tel que l'ONUDI ou la Banque mondiale, qui financent les études préparatoires et de faisabilité » (F. Bost, « Entre le local et le global : le cas de la zone franche de Lomé », in P. Gervais-Lambony (dir.), *Lomé. Dynamiques d'une ville africaine*, Karthala, 2007, p. 121).

[1108] Nous emploierons le terme zone franche, ZFIE ou ZFTE pour désigner indifféremment les différentes localisations des activités bénéficiaires au Togo.

[1109] Il est l'exemple utilisé par F. Bost pour illustrer les interrelations entre l'État d'accueil et le reste du territoire, les avantages offerts aux investisseurs et les aménagements infrastructurels des ZFIE en Afrique subsaharienne (F. Bost, (dir.), *op. cit.*, p. 14 et 18).

dérogatoire[1110] (section 1). Cette intégration d'origine étatique a pu justifier la prise en charge conventionnelle de la dérogation en matière de droit du travail (section 2).

Section 1 – Un dispositif dérogatoire intégrant le droit du travail

« Le dispositif togolais a très clairement décliné le concept (de zone franche) sous ses différentes facettes afin de maximiser l'attractivité du pays en la matière[1111] ». L'État a défini un cadre juridique général d'incitation à l'investissement applicable en certains espaces de son territoire national (§1). Au sein de ce cadre général « classique » a été intégré un « droit du travail allégé » (§2).

§1 – Le cadre général d'incitation à l'investissement

La loi n° 89-14 du 18 septembre 1989 portant statut de la « zone franche de transformation pour l'exportation » a fait l'objet d'une réforme législative du 24 juin 2011[1112] qui, en l'absence du texte règlementaire d'application, ne modifie pas sensiblement le cadre général d'incitation à l'investissement. Le décret présidentiel n° 90/40 du 4 avril 1990 qui apporte des précisions à la loi de 1989 est toujours en vigueur. Le cadre général comprend l'ensemble des dispositions qui visent à créer un environnement juridique favorable à l'activité économique en tant que telle. Cet ensemble comporte deux types de règles ; celles qui réduisent l'encadrement juridique de l'activité de transformation industrielle ou de services des entreprises à vocation exportatrice admises au statut de la zone franche (A) et celles instituant des avantages et tarifs incitatifs réservés à ces entreprises (B).

1110 Le régime dérogatoire de zone franche est en principe globalement orienté vers le droit des affaires bien qu'il soit d'une teneur hybride. Le droit des affaires comprend selon nous les branches du droit qui entourent l'activité commerciale : le droit commercial représenterait son pan privé et le droit fiscal et douanier son pan public. Il devrait se contenter selon nous d'organiser l'activité économique au regard de l'État et de la concurrence dans lesquels elle s'exerce : démarches administratives, fiscalité, droits de douane, infrastructures, respect de l'environnement etc. Le rapprochement du droit du travail de la branche du droit des affaires est récente et fortement sous-entendue par le projet d'acte OHADA et les politiques internationales du développement. Les difficultés qui entourent l'adoption du projet d'acte OHADA illustrent néanmoins les difficultés d'approcher économiquement le droit du travail tant les enjeux et acteurs qu'il recouvre sont diversifiés.

1111 F. Bost, 2010, *op. cit.*, p. 187.

1112 Loi n° 2011-018 du 24 juin 2011 portant statut de la zone franche industrielle. Son article 37 dispose que « des textes d'application précisent, en tant que besoin, les dispositions de la présente loi » et son article 39 d'ajouter que « sont abrogées toutes les dispositions antérieures contraires à la présente loi ». L'absence de précision sur les textes étatiques effectivement abrogés par la loi permet de penser une articulation toujours possible entre l'ancien et le nouveau dispositif.

A. Le sous-encadrement juridique global

Ce que nous dénommons « sous-encadrement » consiste en la diminution ou suppression d'obligations juridiques auxquelles sont, en principe, soumises toutes personnes ou entités privées économiques s'établissant sur le territoire de l'État. La zone franche du Togo est dénommée, dans le langage courant togolais, « zone non douanière » ; elle a la particularité de rendre caduque la classique délimitation territoriale de l'État[1113]. Le dispositif togolais qui mêle les possibilités d'installation dans les zones clôturées, en points francs et en « promoteurs de zones »[1114] institue une « frontière » finalement presque exclusivement juridique entre les opérateurs économiques[1115]. Le statut juridique particulier signifie principalement le bénéfice d'exonérations ou de réductions fiscales (1) et douanières (2).

1. Les mesures d'ordre fiscal

Les exonérations et réductions fiscales que l'État du Togo accorde aux entreprises agréées au statut de la zone franche sont considérables. Ces exonérations et réductions sont en principe temporaires[1116] et précisément fixées. Or, une disposition législative de 1989, reprise par l'article 23 de la loi de juin 2011 pousse toutefois à s'interroger sur l'intérêt de présenter ces avantages. En effet, l'article 21 de la loi de 1989 précise que les entreprises agréées au statut « sont exonérées de tous droits, impôts et taxes qui ne sont pas expressément

---

[1113] Ce qui se passe avec l'implantation des zones franches est une forme de « re-frontiarisation » de l'État, les frontières étant premièrement caractérisées par l'application d'un droit d'entrée et de sortie. La malléabilité des frontières qui se développe avec la libéralisation économique et génère des ordres juridiques supra-étatiques est parallèlement illustrée par l'institution de zones franches, territoires intra-étatiques émancipés du cadre commun de l'État (V. not. P. Lorot, T. Shwob, *op. cit.*, p. 11).

[1114] On parle désormais de « développeur de zone » dont la définition est donnée par l'article 2 de la loi de 2011 : « personne morale, privée, publique ou parapublique, ayant aménagé et équipé une parcelle de terrain de sa propriété ou prise en location, et qui exploite ce terrain comme zone franche après autorisation du ministre chargé de la zone franche ». Il peut donc s'agir, pour toute personne, de mettre son terrain personnel à la disposition des investisseurs agréés.

[1115] Au départ, l'idée est de créer des territoires fermés et contrôlés dans lesquels l'activité des entreprises agréées est concentrée avant exportation. La loi togolaise de 1989 offre le choix aux entreprises de s'installer dans ces espaces qui sont au nombre de trois au Togo (la plus importante se situe au Port de Lomé recouvrant une superficie de 72 hectares, une autre investit les alentours de l'aéroport international de Lomé et la dernière inaugurée en 2003 couvre une zone du nord du pays) ou d'opter, en vertu de l'article 4 de la loi de 1989, pour la formule du « point franc » qui offre la plus grande latitude d'installation géographique, au plus près des matières que les industries souhaitent transformer.

[1116] Certains avantages ou exonérations varient parfois dans le temps pour venir progressivement rattraper le droit commun de l'État. D'autres sont parfois accordés pour toute la durée de l'activité de l'investisseur.

visés aux articles 19 et 20 »[1117]. Cela semble signifier que, d'une part, les investisseurs bénéficient des nombreux avantages fiscaux établis par ces deux articles et que, d'autre part, le reste du dispositif étatique de droit fiscal leur est inapplicable. Le décret de 1990 n'apporte guère de précision sur cette articulation, sous-entendue par l'article 21 de la loi, entre le droit fiscal propre à la zone franche et le droit fiscal commun applicable aux entreprises du « territoire douanier ».

Si certaines modifications des avantages fiscaux ont été formulées dans la loi de juin 2011, ces avantages restent globalement identiques. Les avantages fiscaux des articles 19 et 20 de la loi de 1989 consistent en l'exonération pendant dix ans du paiement de l'impôt sur les sociétés suivi de sa stabilisation au taux favorable de 15 %[1118], l'exonération pour les actionnaires non nationaux du paiement de l'impôt sur les dividendes pendant dix ans[1119], l'établissement d'un taux réduit de 2 % pendant toute la durée de l'exploitation pour le paiement de la taxe sur les salaires[1120] et l'exonération de la taxe générale sur les affaires applicable sur les travaux ou services réalisés pour l'entreprise de zone franche[1121]. La loi de juin 2011 y ajoute une exonération de la taxe professionnelle et de la taxe foncière pendant cinq ans suivie d'une stabilisation de son taux à 5 % de la sixième à la vingtième année et à 15 % à partir de la 21e année[1122]. La réforme de 2011 différencie des zones géographiques d'implantation des entreprises de la zone franche qui sont distinctement traitées sur le plan fiscal. Les entreprises des zones II à V, c'est-à-dire toutes les régions

---

1117 L'article 23 de la loi de juin 2011 est de rédaction identique : « les entreprises installées en zone franche sont exonérées de tous droits, impôts et taxes qui ne sont pas expressément visés aux articles 20, 21 et 22 ci-dessus ».

1118 Les entreprises bénéficient désormais d'une stabilisation de l'impôt sur les sociétés au taux de 0 % pendant cinq ans, de 8 % de la 6e à la 10e année, de 10 % de la 11e à la 20e et de 20 % à partir de la 21e année. Aux termes de la loi de finances pour 2010, le taux de l'impôt sur les sociétés est de 27 % dans le secteur industriel et de 30 % pour les autres sociétés.

1119 L'exonération est désormais d'une durée de cinq ans suivie d'un abaissement de 50 % de son montant de la 6e à la 10e année avant l'application du droit commun à partir de la 11e année.

1120 Cet avantage est maintenu en 2011.

1121 Le régime de cette taxe n'est plus précisé par la loi de 2011. Il reste toutefois encadré par l'article 15 du code général des investissements en vertu duquel certaines entreprises de transformation de matières premières et installées dans les régions autres que Lomé, bénéficient de l'exonération de la taxe générale sur les affaires sur les matériels et équipements importés destinés à l'exploitation de son activité économique.

1122 L'article 253 du code général des impôts du Togo pose le principe de l'absence d'exonération possible, même temporaire, pour les terrains à usage commercial ou industriel. Le taux de cette taxe pour les propriétés bâties, dont l'assiette est déterminée en rapport à la valeur locative du terrain, est établi à 15 % par l'article 261 du code général des impôts. S'agissant de la taxe professionnelle, le site officiel de la direction générale des impôts du Togo nous renseigne dans un document en ligne que cette taxe professionnelle était auparavant aménagée pour les entreprises agréées au statut de la zone franche ; 5 % de la 2e à la 5e année, 10 % de la 6e à la 10e, 15 % de la 11e à la 20e et droit commun à partir de la 21e année. Cela signifie que le régime a été favorablement modifié en 2011.

autres que la région maritime, bénéficient d'avantages supérieurs[1123]. En considérant que la totalité du code général des impôts togolais est, en dehors de ces cas précis, dépourvu d'application aux investisseurs concernés, nous pouvons ajouter le taux zéro pour l'impôt minimum forfaitaire normalement dépendant du chiffre d'affaire réalisé par l'entreprise ou encore pour la taxe sur la valeur ajoutée (TVA) normalement établie à 18 %[1124].

L'article 68 du décret de 1990 disposant que « les dividendes distribués par une entreprise de zone franche sont exonérés de l'impôt sur le revenu des personnes physiques pendant les dix premières années, lorsque le bénéficiaire n'est pas de nationalité togolaise » nous paraît intéressant car l'entité bénéficiaire du régime glisse de l'entreprise vers la personne physique liée à cette entreprise. En général, les dispositifs juridiques prennent en compte les dividendes de l'entreprise relativement à la fiscalité de cette entreprise et non à celle du bénéficiaire du reversement de ces dividendes[1125]. La considération du personnel expatrié de l'entreprise tient généralement à la facilitation des procédures liées à son embauche et au libre rapatriement des salaires qu'il perçoit. Dans ce cas, la déclaration de revenus se faisant ailleurs que dans l'État d'accueil, l'insoumission aux impôts sur le revenu devient logique. Dans le cas des actionnaires étrangers, la discrimination au regard de la nationalité paraît plus gênante si ces derniers résident sur le territoire national. Pourquoi ne pas considérer que le togolais qui participe, par la détention d'actions d'une entreprise de la zone franche, puisse aussi bénéficier d'une telle exonération en adéquation avec le dispositif propre à la zone franche ?

Les régimes fiscaux institués dans le cadre d'autres zones franches d'Afrique subsaharienne telles que celles du Bénin, Ghana, Sénégal, Cameroun, Madagascar, Maurice, Mozambique, Namibie ou Zimbabwe sont globalement similaires à celui du Togo sans toutefois le rattraper sur le plan du « manque à gagner » de l'État[1126]. Le caractère dérisoire de la contribution des investisseurs

---

1123 ; Par exemple, un taux de 1 % de la taxe sur les salaires pendant sept ans en zone II et dix ans pour les zones III à V (article 22 de la loi de juin 2011).

1124 A. E. Agbodji (dir.), *Politique industrielle de zone franche au Togo et effets sur le revenu des ménages pauvres, une approche basée sur le modèle d'équilibre général calculable,* Réseau Politiques économiques et Pauvreté, 2004.

1125 Par exemple, le dispositif malgache précise que les entreprises sont soumises à un impôt sur les dividendes au taux fixe de 10 % et les entreprises franches d'exportation sénégalaises sont exonérées « de l'impôt sur le revenu des valeurs mobilières prélevé par l'entreprise sur les dividendes distribués » en vertu du décret de 1996.

1126 Par exemple, les entreprises franches d'exportation (EFE) du Sénégal étaient soumises à un impôt sur les bénéfices établi au taux de 15 % et ne spécifie que le libre transfert des dividendes. À Madagascar, l'exonération de l'impôt sur les bénéfices ne dure que pendant deux ans pour les entreprises industrielles et pendant cinq ans pour les entreprises de services puis le taux se stabilise à 10 %. La loi malgache plafonne sans exonérer l'impôt sur les revenus des salariés expatriés. Le régime béninois issu de la loi n° 2005/16 du 8 septembre 2005 établit des durées similaires voir plus longue de l'exonération de l'impôt sur les bénéfices qui est en revanche établi à 20 % par la suite. L'impôt sur les salaires est de 4 % pendant cinq ans, contre 2 % tout le temps au Togo. Le régime malien de 1995 exonère les entreprises de zone franche, « au titre de leurs activités (…) de tous au fonctionnement de l'État, c'est-à-dire aux finances de ses institutions et services, illustre la mise en place d'un « paradis économique[1127] » au sein duquel l'État tend à devenir simplement « bailleur » de ses espaces territoriaux. La frontière juridique établie entre la zone franche et le reste du territoire ne paraît pas propice à favoriser les acteurs économiques de la zone douanière. La discrimination qui caractérise quelques dispositions du régime incitatif fiscal paraît même pouvoir générer quelques contraintes. Les mesures douanières complètent considérablement le catalogue des avantages consentis par l'État togolais, voire alimentent la discrimination économique que ce système juridique peut générer, en contradiction avec les perspectives de développement national poursuivies officiellement par l'implantation de la zone franche.

2. Les mesures douanières

Le régime douanier particulier constitue la justification phare de la mise en place de zones franches au sein de territoires nationaux. L'implantation des ZFIE complète notamment les organisations économiques régionales qui instituent des frontières supra-étatiques au sein desquelles le jeu économique et la circulation des capitaux s'opèrent librement. Le triptyque État-territoire-frontière devient de moins en moins saisissable[1128] mais de plus en plus utilisé par les pouvoirs publics nationaux. L'ambivalence du concept de la ZFIE peut être découverte à travers sa double analyse possible. Le sous-encadrement juridique, en particulier l'exonération douanière, renvoie à l'idéologie libérale qui habite le système capitaliste contemporain. Ce type de construction « infra-étatique » est toutefois empreint d'une certaine forme de protectionnisme étatique au regard de ce contexte économique.

Le droit étatique libère presque totalement l'investisseur de toute contribution en échange de l'implantation d'une activité économique s'inscrivant, en principe, dans une perspective d'exportation hors du Togo. L'entreprise admise au statut de zone franche est libre des mouvements de capitaux, de dividendes, de marchandises qu'elle souhaite mettre en œuvre pour la productivité de son investissement. Elle est exonérée de tous les droits et taxes à l'exportation de

---

impôts, droits et taxes à caractère fiscal, parafiscal et douanier pendant trente ans ». En revanche, leur personnel étranger est soumis à un régime forfaitaire de l'impôt sur le revenu fixé à 15 % (V. F. Bost (dir.), *op. cit.* et des ressources juridiques électroniques : les sites généraux http://www.izf.net ou http://www.droit-afrique.com, et particuliers comme http://www.a-zfibenin.com pour le Bénin.

[1127] Cf. Entretien avec le secrétaire général adjoint et le conseiller juridique de la centrale CSTT, Lomé, 25 et 28 novembre 2008.

[1128] Une certaine dépolarisation de la matérialité de l'État est perceptible à travers cette construction juridique de la ZFIE car si le déplacement des lieux de décision ou de pouvoir ainsi que la transformation des composantes organisationnelles de l'État sont des phénomènes étudiés en lien avec la modernité, ils le sont en principe sous le le rapport aux frontières matérielles de l'État (M. Tshiyembe, l'État en Afrique : crise du modèle importé et retour aux réalités. Essai sur la théorie de l'État multinational, in État société et pouvoir à l'aube du XXIe siècle : mélanges en l'honneur de François Borella, PU de Nancy, 1999. p. 485).

produits fabriqués en zone franche. Cette exonération totale concerne également les droits de douane à l'importation. L'article 19 de la loi de 1989 établit l'exonération « du droit fiscal d'entrée, de la taxe générale sur les affaires, de la taxe statistique sur le matériel d'équipement, y compris sur le mobilier de bureau, les pièces de rechange, les matières premières, les produits semi-finis et les produits consommables nécessaires à l'installation et au fonctionnement de l'entreprise ». Ces droits et taxes sont réduits de 50 % pour les véhicules utilitaires. Ces avantages sont repris dans l'article 20 de la loi de juin 2011[1129]. Dans cette idée d'allègement le plus total des conditions de circulation des flux économiques matériels ou immatériels s'inscrit également l'absence de quotas à l'exportation vers les États-Unis ainsi que le libre rapatriement des capitaux et marchandises.

Le dispositif juridique douanier change en ce qui concerne la circulation entre le territoire national et la zone franche. Une semi barrière douanière est créée à l'intérieur de l'État. Les entreprises de la zone franche ont la liberté de s'approvisionner et de fixer les prix en cas d' « importation » depuis le reste du territoire togolais. Toutefois, l'exportation depuis la zone franche vers le reste du territoire est soumise au régime douanier de droit commun. Les ventes réalisées par les entreprises installées sur le territoire douanier à destination des entreprises de la zone franche « sont considérées au titre de la règlementation douanière, comme des exportations »[1130]. Les entreprises admises au régime de zone franche doivent en principe destiner leur production à l'exportation en dehors du Togo. Elles peuvent néanmoins écouler, sur autorisation, au maximum 30 % de cette production sur le marché national[1131]. Sous l'influence de l'OMC[1132], la règle est que cette « exportation » est soumise aux droits et taxes du régime commun « quelle que soit l'origine des matières premières ». L'écoulement de ces 30 % de marchandises ou services est désormais autorisé par la Société d'Administration de la Zone Franche (SAZOF) tandis qu'il nécessitait jusqu'alors un « arrêté conjoint du ministre des Finances, du ministre chargé de l'Industrie et du ministre du Commerce »[1133] pour chaque entreprise en faisant la demande. Ces arrêtés rappelaient chaque fois la règle selon laquelle « les droits et taxes douaniers (...) sont acquittés conformément au tarif douanier en vigueur » [1134].

[1129] À l'expression assez précise d'exonération « du droit fiscal d'entrée, de la taxe générale sur les affaires, de la taxe statistique sur le matériel d'équipement » est substituée celle plus générale d' « exonération de tous droits et taxes de douane » sur les matériels énumérés.

[1130] Article 27 de la loi de 1989 repris à l'article 29 de la loi de juin 2011.

[1131] Cette limite était fixée à 20 % avant l'adoption de la loi de juin 2011.

[1132] F. Bost, « Entre le local et le global : le cas de la zone franche de Lomé », in P. Gervais-Lambony (dir.), *Lomé. Dynamiques d'une ville africaine*, Karthala, 2007, p. 121.

[1133] Article 26 de la loi de 1989.

[1134] Cf. Par exemple un arrêté interministériel n° 5 du 3 avril 1996 pour la société Cotonfil SA et n° 6 du 3 avril 1996 pour la société Eclat SARL (libanaise). JOT 16 avril 1996, p. 297-298.

Le principe est en définitive que l'investisseur n'a pas vocation à développer des relations commerciales internes à l'État qui l'accueille géographiquement, en échange de quoi l'investisseur est exonéré de participation à la vie économique de cet État. Cette imperméabilité suggérée par le dispositif de la zone franche a été toutefois atténuée par une disposition du décret de 1990 qui paraît faciliter l'implication d'un acteur économique du « territoire douanier ». L'importateur national de produits fabriqués en zone franche peut être partiellement exonéré des droits et taxes du régime de droit commun si les produits dont il s'agit ont été « obtenus dans la zone franche à partir des matières premières locales ou originaires des États membres de la CEDEAO ». Ils « ne sont soumis qu'à la taxe générale sur les affaires (TGA) au taux correspondant à leur catégorie, à l'exception de tous les autres droits et taxes douanières » dès lors que ces matières premières représentent « au moins 60 % en quantité ou 40 % en valeur de l'ensemble des matières premières utilisées »[1135]. En deçà, les produits sont assujettis à tous les droits et taxes en vigueur sur le territoire douanier ! Or, la question se pose de l'articulation de cette apparente concession consentie par l'État aux acteurs économiques nationaux avec l'article 28 de la loi de juin 2011 ; celui-ci précise bien qu'en cas d'exportation de la zone franche vers le territoire douanier, « les droits et taxes de douane sont dus sur le produit mis à la consommation, quelle que soit l'origine des matières premières mises en œuvre, au tarif douanier en vigueur ».

Placé au rang de tous les espoirs au moment de son adoption[1136] et source d'inspiration de nombreux dispositifs juridiques créés par la suite[1137], le régime fiscal et douanier tel qu'établi par les textes applicables en zone franche togolaise a produit quelques effets pervers. L'imperméabilité juridiquement instituée entre le territoire de zone franche et le reste du territoire national a eu pour effet, dans un contexte institutionnel instable, d'accentuer l' « informalité » des relations commerciales entre les deux espaces. Certains produits s'écoulent sur le territoire national en violation du dispositif, c'est-à-dire en l'absence des taxations préconisées pour ces mouvements d'échanges[1138]. Ce constat peut illustrer une réactivité logique de la part des acteurs économiques du Togo, qu'il s'agisse des entrepreneurs désavantagés du territoire douanier ou des entreprises bénéficiaires du territoire non douanier.

B. Des avantages et tarifs réservés

Le dispositif juridique togolais institue divers autres avantages et tarifs réservés aux entreprises de la zone franche. Elles bénéficient d'une gestion

---

1135 Article 59 du décret de 1990.

1136 F. Bost (dir.), *op. cit.*, p. 187.

1137 Cf. Entretien avec le conseiller juridique et le directeur de l'emploi de la société d'administration de la zone franche (SAZOF), Lomé, 9 janvier 2009.

1138 Il s'avère que l'obligation de destiner la production à hauteur de 100%, ou 80% (70 % depuis 2011) exceptionnellement, au marché extérieur n'est pas effective (K. Ekeuh, *op. cit.*, p. 334).

administrative simplifiée (1) et d'une mise à disposition des moyens propres à favoriser au moindre coût leur confort matériel (2).

1. Des procédures administratives simplifiées

Que ce soit avant ou après l'obtention de l'agrément en vue de s'installer en zone franche, l'investisseur dispose d'un guichet unique administratif dénommé la Société d'Administration de la Zone Franche (SAZOF) qui est un organisme semi-public[1139]. Si la décision d'accorder ou non l'agrément reste de compétence exclusivement étatique, la SAZOF joue probablement un rôle déterminant dans cette prise de décision[1140]. Une fois cet agrément obtenu, la SAZOF devient l'unique gestionnaire de l'installation de l'entreprise sur le territoire togolais[1141]. L'État met toutefois une partie de ses administrations centrales (service des douanes et de la police) à la disposition de la zone franche en vue du contrôle et du maintien de l'ordre[1142]. L'article 53 du décret de 1990 évoque en outre la possibilité, pour des besoins de rapidité, que les agents des douanes se rendent directement au lieu de fabrication pour l'accomplissement des formalités d'exportation.

Les conditions préalables à l'obtention de l'agrément auxquelles les entreprises doivent répondre sont assez souples[1143]. Le champ des activités admises au statut de la zone franche est large : entreprises à forte intensité de main-d'œuvre, entreprises à technologie de pointe, entreprises axées sur l'utilisation des matières premières locales, entreprises de transformation de produits miniers, entreprises pratiquant la sous-traitance internationale, entreprises produisant des intrants pour d'autres entreprises de la zone franche, entreprises de services, « notamment les holdings, entreprises de maintenance industrielle, services de support (...) dont l'activité complète et facilite celle des entreprises agréées »[1144] et « technopôles axés sur la recherche, l'innovation

---

[1139] L'institution de guichets uniques a accompagné la plupart des régimes nationaux de zone franche en Afrique subsaharienne. Ils ont des statuts divers qui oscillent entre le public et le privé selon les États.

[1140] Le dispositif prévoit l'implication de la SAZOF dans la procédure. En 2011, le pouvoir d'autoriser les entreprises à écouler une partie de leur production sur le territoire national est transféré à cet organisme.

[1141] Le nouveau code togolais des investissements adopté en janvier 2012 prévoit que la SAZOF soit dissoute et remplacée par l'Agence de Promotion des Investissements et de la Zone Franche (API-ZF). Le décret préconisé n'est pas encore adopté.

[1142] « Les services publics nécessaires au fonctionnement de la ZFTE, notamment les Douanes et la Police, sont représentés en permanence dans la Zone ». Le décret de 1990 précise qu'un bureau des douanes est créé dans chaque zone et précise que les « entreprises franches font leurs formalités d'exportation au bureau des douanes de domiciliation ».

[1143] Le droit togolais de la zone franche s'est en effet voulu « attrape-tout » (F. Bost (dir.), *op. cit.*, p.188).

[1144] L'article 10 de la loi de 1989 précisait le cas des assurances et banques au titre des entreprises de services. Ces exemples ont été supprimés de l'article 6 de la loi de 2011 tandis que celui des holdings a été ajouté.

technologique et tournés vers l'exportation »[1145]. La loi exclut toute possibilité d'agrément pour les entreprises d'exploitation minière, les entreprises d'égrenage du coton, les sociétés de commerce international et de courtage ainsi que les entreprises de télécommunication[1146]. En sus du secteur d'activité[1147], l'entreprise qui prétend à ce statut doit garantir l'exportation de la totalité de la production sous réserve de la dérogation de 30 % et « réserver en priorité les emplois permanents aux nationaux[1148] ».

Un souci de rapidité et de facilité ressort de la procédure d'octroi de l'agrément. Elle se compose de deux phases : l'agrément provisoire et la confirmation de l'agrément après enregistrement ou immatriculation de l'entreprise[1149]. La SAZOF délivre le formulaire de constitution du « dossier de requête d'agrément ». Dès dépôt du dossier complet de demande d'agrément, un délai de trente jours ouvrables court pour la délivrance d'un agrément provisoire par le ministre chargé de la zone franche, délai pendant lequel une « enquête de moralité » est réalisée. Le « comité permanent d'agrément des entreprises exportatrices », dirigé par le directeur général de la SAZOF et composé de cinq membres dont trois représentant l'État, chargé d'instruire le dossier, n'est pas repris dans la loi de juin 2011[1150]. L'article 27 du décret de 1990 continue toutefois de préciser, sans contradiction avec l'alinéa 2 de l'article 17 de la loi de 2011[1151], que la SAZOF transmet le dossier de demande avec son avis motivé au ministre chargé de l'industrie. La compétence décisionnaire en

---

1145 C'est une nouveauté de la réforme de 2011.

1146 Article 7 de la loi de 2011. L'ancienne disposition excluait les sociétés de commerce international et de courtage, les entreprises de stockage, d'emballage et de reconditionnement.

1147 Les activités admises ou non en zone franche sont assez similaires dans les pays d'Afrique subsaharienne. Quelques dispositifs sont plus exigeants sur les conditions d'activité : les entreprises doivent fait utiliser la matière première locale et de s'établir au lieu d'origine de cette matière au Cameroun. Le Mozambique exige un investissement minimum de $50 000. Le Ghana oblige les entreprises à consacrer 1 % de leur chiffre d'affaire annuel à la formation du personnel.

1148 Article 8 de la loi de 2011. L'ancienne disposition ne précisait pas le caractère permanent de l'emploi.

1149 L'article 10 de la loi de 2011 est plus clairement rédigé que l'ancien article 14 de la loi de 1989. Il y a les entreprises provisoirement agréées qui doivent « se constituer selon les textes en vigueur et disposer d'une organisation comptable » avant que la confirmation de l'agrément puisse être notifiée. La rédaction de l'ancienne disposition faisait supposer que l'immatriculation ou l'enregistrement devait se faire dès sollicitation du statut d'entreprise de zone franche.

1150 Le décret n° 94/011 du 16 mars 1994 (JOT, 17 mars 1994, p. 2) portant création de la SAZOF informait de la nomination du directeur général par le conseil d'administration (CA) de la SAZOF conformément à la loi du 4 décembre 1990 relative à la constitution des sociétés d'économie mixte. En vertu de cette loi du 4 décembre 1990 portant réforme du cadre institutionnel et juridique des entreprises publiques (JOT 5 décembre 1990, p. 18), le CA est composé de 3 à 12 membres choisis par l'assemblée générale parmi les actionnaires. Ce CA nomme le directeur général à la majorité des voix des membres présents (articles 16 et 19).

1151 « L'agrément définitif, dénommé « certificat d'entreprise exportatrice », est délivré par arrêté du ministre chargé de la zone franche sur rapport de la SAZOF ».

matière d'octroi de l'agrément est en définitive partagée entre l'État et la SAZOF malgré la forme règlementaire de son officialisation[1152].

La SAZOF joue ensuite le rôle de guichet unique pour toute procédure d'ordre administratif[1153]. La SAZOF est l'organisme auquel sont destinées les quelques obligations contributives ou procédurales des entreprises. Chaque entreprise de la zone franche s'acquitte d'une redevance annuelle versée à un fonds de la SAZOF[1154]. Si l'investisseur opte pour le statut d'« entreprise franche », c'est-à-dire ne s'installe pas dans une zone géographique fermée, il se soumet à l'obligation de verser à la SAZOF pour le compte de l'administration des douanes une contribution égale au montant du salaire annuel d'un agent des douanes selon l'article 24 du décret de 1990. La loi de 2011 généralise cette obligation sans reprendre son mode de calcul[1155]. La réforme de 2011 intègre en outre « le respect des règles relatives à la protection de l'environnement » parmi les obligations des entreprises de la zone franche. Pendant l'exploitation de l'entreprise, l'investisseur se soumet à quelques obligations administratives dont le contrôle revient à la SAZOF. Il s'agit de l'établissement et de la mise à disposition de documents d'informations statistiques, de l'obligation de faciliter les « inspections et contrôles périodiques » qui visent « la protection de l'environnement (...), le respect par les entreprises agréées des programmes de production (...) et la protection du marché national contre l'afflux des produits non autorisés ». Au-delà de cette attribution de surveillance et de contrôle, la SAZOF se charge de l'organisation de toutes démarches telles que l'obtention de terrains à la vente ou à la location et la réalisation de travaux de voiries et de divers réseaux d'approvisionnement.

2. Un confort matériel favorisé

La facilitation de l'accès aux besoins matériels qui ne peuvent être acquis ou ne peuvent provenir que du territoire « douanier » est un avantage supplémentaire consenti par l'État togolais. Le dispositif juridique instaure des tarifs et libertés d'accès exorbitants du droit commun qui encadre la fourniture

---

1152 La suppression de la disposition légale sur la forme collégiale et la composition de l'organe d'instruction du dossier peut même insinuer une possible diminution de la représentation étatique dans ce préalable d'instruction.

1153 La SAZOF est composée d'une direction des services techniques, d'une direction de l'emploi et des lois sociales, d'une direction du guichet unique et des relations publiques et d'un service juridique (E. M. Boyodi, *La règlementation du travail en zone franche industrielle du Togo : bilan et perspective*, Mémoire de 3e cycle AT, ENA Togo, 2008, p. 10).

1154 Ce fonds lui sert, en vertu du décret de 1990, à financer ses programmes d'investissement, de formation et de perfectionnement et améliorer l'efficacité des services rendus aux zones et entreprises agréées. L'objet d'amélioration des services publics et de financement de la formation professionnelle était précisé dans la loi de 1989, précision non reprise en 2011. La loi de 2011 précise, à la différence de celle de 1989 qui prévoyait un décret, que le montant de la redevance est fixé par décision du conseil d'administration de la SAZOF.

1155 Article 13 de la loi de 2011 : « les entreprises agréées au statut de zone franche sont également soumises au versement d'une contribution mensuelle pour le compte de l'administration des douanes » dont le montant est déterminé par arrêté conjoint.

de services. Cette singularité du régime togolais de zone franche[1156] semble faire glisser la « discrimination » juridique des acteurs économiques vers les personnes physiques.

Le droit de la zone franche offre aux entreprises la liberté totale d'approvisionnement en ressources énergétiques et en équipement télécommunicationnel ou, en cas d'utilisation des services publics gérés par l'État, le bénéfice de tarifs avantageux. L'article 21 de la loi de 1989 précise ainsi, à l'instar de l'article 24 de la loi de juin 2011, que ces entreprises peuvent « bénéficier d'un tarif préférentiel sur les prestations portuaires, peuvent acquérir leur propre réseau de télécommunication, bénéficient des tarifs les plus favorables de l'OPTT, ont la liberté de produire de l'énergie pour leur consommation exclusive et bénéficient des tarifs les plus favorables sur l'énergie produite par les services publics »[1157]. Les tarifs préférentiels sur l'eau, l'électricité, le téléphone et les coûts de manutention consistent en une réduction de 50 %[1158]. Dans cet ordre d'idée, la valeur locative du terrain est diminuée[1159]. L'entreprise bénéficie enfin de taux moins élevés de cotisations sociales et est libre de choisir de cotiser pour la branche des prestations familiales à la Caisse Nationale de Sécurité Sociale (CNSS) du Togo[1160].

Les avantages offerts aux investisseurs sont donc considérables. Qu'il s'agisse de leurs besoins en intrants depuis des marchés étrangers ou de ceux en matières premières ou en prestations de service locales, tout est juridiquement organisé pour que leur obtention soit facilitée à moindre coût. L'absence de bénéfice palpable au profit de la « collectivité » et l'éviction explicite des acteurs de l'économie nationale[1161] permettent de mettre en doute l'intérêt propre à l'État de cette construction juridique. Son bien-fondé est d'autant plus questionnable qu'une discrimination entre les populations résidant au Togo semble sous-tendre ces nombreux avantages matériels.

[1156] Ces avantages tarifaires ne sont pas systématiquement intégrés dans les dispositifs juridiques de zone franche d'exportation institués en Afrique subsaharienne. Par exemple, le Ghana, le Sénégal, le Mali et Madagascar n'offrent pas de tarifs préférentiels. Le Bénin n'institue pas ce type de tarifs mais affirme la liberté pour les entreprises de se constituer leur propre réseau énergétique et de télécommunication.

[1157] L'article 40 du décret de 1990 renvoie à l'adoption d'un arrêté conjoint pour la fixation de ces tarifs préférentiels.

[1158] Arrêté interministériel n° 003/MEPT/MCT/MISE du 1er mars 1991.

[1159] La valeur locative du terrain est de 300 FCFA le mètre carré par an (A. E. Agbodji, 2006, *op.cit*).

[1160] Le taux global de cotisation à la CNSS est de 14,5 % contre 20,5 % en régime de droit commun (*ibid*).

[1161] Le statut de zone franche ne concerne pas uniquement les IDE mais la part d'investissements étrangers est importante malgré une représentation togolaise à 28 %. 19,7 % des investissements sont français, 18 % libanais, 6,5 % italiens, 6,5 % sud-coréens et 21,3 % d'autres provenances étrangères. Des investissements en provenance des États-Unis, éligible depuis 2008 à l'*African Growth and Opportunity Act*, sont programmés (F. Bost (dir.), *op. cit.*, p. 188). Il aurait peut-être été intéressant d'obliger ces investisseurs privilégiés à faire appel prioritairement aux entreprises du Togo pour certaines prestations. Les EFE du Sénégal sont par exemple exonérées de droits de douane si elles achètent des marchandises sur le territoire national.

Les avantages sur le plan des services et de leurs tarifs font glisser le champ de la discrimination juridique de la seule activité économique vers les populations elles-mêmes. Si le dispositif togolais de zone franche contrarie nécessairement en tant que tel l'article 1er de la loi fondamentale du Togo en vertu duquel « la république togolaise (...) est une et indivisible », l'ancrage de son principe d'exorbitance dans le jeu de la libéralisation est un rempart à sa remise en cause juridique sur le plan du droit à l'investissement et à l'activité économique. Dès lors que le dispositif ne touche qu'aux rapports entre les opérateurs économiques étrangers ou togolais et l'État, les effets de la discrimination du dispositif peuvent être relativisés. La justification d'un accès prioritaire et avantageux pour les investisseurs aux ressources en eau, énergie et télécommunication dans un pays figurant parmi les PMA paraît moins évidente sur le plan économique. Si, au regard d'une « notion d'égalité aussi floue qu'idéologiquement forte[1162] », le dispositif général d'incitation à l'investissement peut difficilement être mis en cause en vertu de la loi fondamentale du Togo, quelques dispositions instituant une discrimination à l'égard des personnes physiques[1163] en matière d'accès aux services ne pourraient-elles pas être écartées sur le fondement de la Constitution ?

Selon deux études sur la ZFIE du Togo, « s'inscrivant dans la logique de créations d'emplois et de croissance économique, la Zone Franche devait contribuer à résoudre les problèmes qui accablaient les populations[1164] » et permettre « au secteur industriel du pays d'accéder à de nouvelles formes de technologies et de connaissances techniques[1165] ». L'impact positif de la création d'une zone franche au Togo devait être, selon les pouvoirs publics, la création de 100 000 emplois formels au profit des togolais[1166]. Est-ce pour cela que le législateur, relayé par le pouvoir règlementaire, a inséré le droit du travail

---

[1162] J. Pélissier, G. Auzero et E. Dockès, *Précis de droit du travail*, Dalloz, 2010, p. 44.

[1163] Si les constitutions africaines sont pour certains techniquement en avance sur la France quant à l'accessibilité des citoyens à la norme fondamentale (S. Bollé, La réforme française des institutions : un modèle pour l'Afrique ?, Revue Politeia, n° 15, 2009, p. 519), la saisine de la Cour Constitutionnelle du Togo est limitée aux dispositions légales, ce qui peut être un obstacle étant donné les précisions contenues dans le décret de 1990. Le contrôle préalable de constitutionnalité de la loi et la procédure d'exception d'inconstitutionnalité sont les deux voies possibles, en vertu de l'article 104 de la Constitution, en vue de l'abrogation totale ou partielle de dispositions légales. L'article 112 sur l'indépendance du pouvoir judiciaire précise qu'il n'est soumis « qu'à l'autorité de la loi » et « est garant des libertés individuelles et des droits fondamentaux des citoyens ».

[1164] J. E. Amegnignon, *Études syndicales sur les zones franches : cas de la zone franche du Togo*, Togo/CSI, 2010, p. 2.

[1165] A. Sikpa et E. Sitti, *Développement de la zone franche et promotion des investissements*, CNP Togo, 2000, p. 4.

[1166] « Au 31 décembre 1999, la Zone Franche Togolaise compte 41 entreprises en activité qui ont créé 6 139 emplois et distribué une masse salariale de plus de 7 milliards F CFA ». Les objectifs ont ensuite été revus avec la fixation d'un chiffre de 12000 à atteindre à l'horizon 2005 (*ibid.*, p. 6 et 22). Ils seraient passé à 10 000 à l'horizon 2013 (Cf. Entretien avec le conseiller juridique et le directeur de l'emploi de la société d'administration de la zone franche (SAZOF), Lomé, 9 janvier 2009).

parmi les avantages consentis à ces entreprises[1167] ? L'État togolais a imaginé une « loi des trois D » (dérèglementation, défiscalisation et débureaucratisation)[1168] englobant le droit du travail[1169]. Malgré une validité juridique en question[1170], ce droit du travail allégé a été « accepté » pendant plus de vingt ans.

§2 – La création d'un droit du travail allégé

La loi, relayée par la règlementation, affirme jusqu'en 2011 que l'employeur de la zone franche n'est soumis qu'à une application partielle du droit du travail togolais (A). Le dispositif va ensuite plus loin en instituant des règles substantielles particulières relatives à la résolution des différends de travail (B).

A. L'affirmation d'une application partielle

La loi et le décret d'application composant l'encadrement juridique de la zone franche ont organisé une application partielle du droit du travail national. Le législateur de 1989 invite à la sélection au sein du droit du travail. Cette invitation légale (1) sera confirmée par le décret de 1990 qui précise la dualité de droit du travail selon que l'on se trouve sur le territoire douanier ou sur le territoire non douanier (2).

1. L'invitation légale

Seules deux dispositions de la loi de 1989, une « prescriptive » et l'autre incitative, illustrent l'objectif politique – l'intérêt national principal – de la mise en place d'une zone franche au Togo qui est de favoriser la création d'emplois au bénéfice de la population active du Togo. L'article 11 de la loi de 1989 dispose que les entreprises admises à candidater au statut de zone franche doivent « réserver en priorité les emplois aux nationaux togolais ». La force

---

[1167] Peu de dispositifs nationaux insèrent un droit du travail exorbitant parmi les avantages octroyés aux entreprises (W. Milberg, M. Armengual, *Développement économique et conditions de travail dans les zones franches d'exportation : un examen des tendances*, document de travail, OIT, Genève, 2008, p. 38).

[1168] L'urbaniste britannique Peter Hall préconisait l'atténuation de garanties sociales dont celle du droit syndical mais la réforme anglaise de 1980 n'intègre pas ce paramètre. Les « zones d'emplois » belges consacrent un droit du travail assoupli mais seulement pour les salariés étrangers. Des zones d'entreprises nord-américaines offrent une réduction d'impôts aux « salariés désavantagés » (sur les zones d'entreprises des années 1980, P. Lorot, T. Shwob, *op. cit.*, p. 85 et s).

[1169] Certains ont vu dans ce régime singulier de zone franche du Togo « le projet le plus avancé » (J-P Barbier, J-B Véron, *Les zones franches industrielles d'exportation, Haïti Maurice Sénégal Tunisie*, Karthala, 1991)

[1170] Pourtant, le directeur général de l'OIT présente une évolution juridique dans la zone franche zimbabwéenne par ces termes : « à l'origine, ces zones n'étaient pas couvertes par la loi sur les relations professionnelles de 1985 mais, à la suite des protestations des syndicats et devant les préoccupations exprimées par l'OIT, des négociations tripartites ont permis d'aboutir à l'élargissement du champ d'application des dispositions clés de la législation du travail à ces zones » (Rapport du directeur général, CIT, 88e session, BIT, 2000).

contraignante de cette disposition paraît néanmoins relative puisque le terme de priorité est flou et qu'aucune sanction n'est prévue. Par ailleurs, certaines dispositions facilitent l'embauche du personnel expatrié. Ses termes relèvent plus de la recommandation que de la stricte prescription[1171]. Cela explique peut-être que le législateur a pensé influencer la réalisation de l'objectif d'emploi en insérant le droit du travail parmi les avantages énumérés à l'article 21 de la loi de 1989. Il est en effet précisé en cinquième point du catalogue d'avantages que constitue cet article que les entreprises « ont la liberté d'embauche et de licenciement du personnel togolais ou expatrié sous réserve des dispositions de l'article 11 ».

En dehors de cette invitation légale au non-respect des règles de droit commun du travail relatives à l'embauche et au licenciement des travailleurs, aucune autre référence à la régulation des relations de travail n'est faite. Cet allègement adossé à la précision des règles de droit du travail demeurant applicables aux employeurs aurait été nécessaire à la compréhension de la démarche législative car l'embauche et le licenciement peuvent être interprétés aussi bien restrictivement que largement. Est-ce que l'exonération des règles relatives à l'embauche comprend celle des règles sur le recrutement, sur la période d'essai, sur la forme du contrat de travail ou encore la visite médicale pour tout CDD de plus d'un mois ? L'éviction des règles sur le licenciement signifie-t-elle que le motif de licenciement est entièrement libéralisé, que l'indemnité de licenciement n'est plus due quelle que soit l'ancienneté ou encore que la priorité de réembauche n'a plus cours en cas de licenciement pour motif économique ? L'incertitude du champ couvert par l'unique article légal aurait également pu être relativisée par l'affirmation d'un corps de contrôle compétent en matière de relations de travail, en sus des services de douane et de police mis à disposition en zone franche.

L'affirmation dans la loi de l'éviction partielle des règles de droit du travail présente une certaine contradiction avec les ambitions sociales et économiques poursuivies par la création de la ZFIE. L'unique disposition légale s'articule en effet difficilement avec la formule du préambule de la loi de 1989 selon laquelle la zone franche « constitue un instrument de promotion du développement économique, pour autant qu'elle (...) offre des possibilités de création d'emplois locaux permanents ». Le préambule exprime en outre la perspective, fondamentale sur le plan du développement national, de permettre aux togolais « d'accéder à des nouvelles formes de technologies et de connaissances techniques ». L'article 15 de la loi de 1989 fait dans ce sens obligation aux entreprises de verser une redevance à la SAZOF en vue d'alimenter un fonds servant notamment à « financer la formation professionnelle ». Or, les activités industrielles favorisées par le dispositif de la zone franche présagent d'une

---

1171 La disposition de la loi de juin 2011 qui reprend cet objectif est encore plus critiquable puisqu'il est précisé que ce sont les « emplois permanents » qui doivent être réservés en priorité aux togolais. Or, il est courant que l'emploi de personnes expatriées soit de nature temporaire.

création d'emplois majoritairement peu qualifiés et les avantages juridiques consentis pour l'embauche du personnel expatrié font supposer une réservation des emplois supérieurs à celui-ci[1172] ; le transfert de connaissances et de techniques ainsi que de la « création d'emplois locaux permanents » sont difficilement « pensables » au regard de l'invitation à la flexibilité de l'article 21 de la loi de 1989.

La contradiction entre les objectifs affirmés de développement économique et social et le contenu formel de la loi instituant cet espace ultra-libéralisé – ou ultra-protégé – est confirmée par le bilan quantitatif de vingt années d'existence de la ZFIE. Une part importante des investisseurs candidats au régime de la zone franche est d'origine togolaise mais la majorité des entreprises agréées sont des PMI et PME[1173]. Les entreprises de zone franche comptabilisaient en 2009 environ 8500 « emplois déclarés réservés aux travailleurs togolais »[1174]. Les statistiques emplois de la SAZOF au 31 décembre 2010 établissent un total de 10516 emplois nationaux dont 2761 inscrits à la Caisse Nationale de Sécurité Sociale, soit un taux d'immatriculation de 26 %[1175]. Parallèlement à une augmentation assez constante des effectifs salariés de la zone franche, l'emploi dans le « territoire national » n'a cessé de diminuer pendant ces vingt années[1176]. Cela illustre l'échec de l'ambition de relance de l'économie nationale par le biais de la construction d'un espace « infra-étatique » qui n'a créé aucun nouveau débouché sur le marché national. Le bilan de l'inefficacité de la zone franche est en partie attribué à son dispositif juridique qui participe à la multiplication de phénomènes regrettables[1177].

1172 La répartition du personnel de la zone franche au 31 décembre 2010 montre que sur 10516 emplois nationaux, 5716 sont de nature temporaire, soit 54 %. La zone franche emploie 4800 togolais de façon permanente dont 2725 ouvriers qualifiés (57 %), 967 ouvriers semi-qualifiés (20 %) et 438 ouvriers non qualifiés (9 %). La part d'ouvriers dans les emplois permanents est de 86 % (Données remises par la Direction de l'emploi de la SAZOF).

1173 La zone franche représentait en 2004, des investissements de 83,88 milliards de Francs CFA, les exportations atteignaient 97 milliards de F CFA soit 24 % des exportations totales. Quatre entreprises (Wacem, Sopic, Amina, Nina) étaient responsables de 80 % du montant de ces exportations (A. E. Agbodji, 2004, *op. cit.*, p. 2).

1174 F. Bost (dir.), *op. cit.* En 1999, 4279 personnes sont employées dont 126 expatriées et 1800 sous-traitantes (F. Bost, Les zones franches en Afrique subsaharienne, CFCE (Centre Français du Commerce Extérieur), 2000).

1175 Source : SAZOF, septembre 2011.

1176 Il s'avère néanmoins que la productivité du travail est globalement inférieure à celle mesurable hors de la zone franche. En revanche, le gain de productivité globale des entreprises de zone franche est plus élevé (A. E. Agboji, *Règlementation du secteur industriel et performances productives : application économétrique à l'industrie manufacturière du Togo*, Thèse de doctorat, Dakar, 2006).

1177 Le phénomène des « entreprises hirondelles » (entreprises qui, à la fin de la période d'agrément, modifie leur dénomination en vue de ne pas retomber sous le régime juridique commun) et des fermetures multiples et rapides d'entreprises ont été favorisés la mauvaise gestion des infrastructures, l'instabilité politique et le déficit de cohésion au sein de la SAZOF (F. Bost, Les zones franches en Afrique subsaharienne, CFCE, 2000, *op. cit.*, K. Ekeuh, *op. cit.*, p. 334, A. O. Agbodji, *op. cit.*). En 1999, 143 projets étaient agréés par la SAZOF mais 37 seulement en activité (F. Bost, *ibid.*).

L'invitation légale togolaise à la liberté de gestion des besoins salariaux de l'entreprise est originale au regard des dispositifs de zone franche applicables dans la sous-région et, plus généralement, en Afrique subsaharienne. Ces derniers ne contiennent pas ou très peu cette modalité d'intégration du droit du travail parmi les avantages classiquement consentis aux entreprises exportatrices[1178]. Malgré le soutien international considérable[1179] apporté au projet à l'époque, la loi de 1989 a, en définitive, peu servi de modèle dans la floraison de ces « paradis économiques ». Le droit du travail dans ces dispositifs est le plus souvent cantonné à l'affirmation d'une liberté de fixation des salaires[1180] et/ou à celle de l'obligation de respecter le droit commun du travail[1181]. L'État togolais a choisi la voie d'une maximisation des garanties officielles accordées aux investisseurs. Cette voie est confirmée par l'adoption du texte règlementaire d'application de la loi de 1989 ; le décret n° 90/40 du 4 avril 1990 consacre avec précision la dualité de droit du travail sur le territoire du Togo. En l'absence d'adoption du texte d'application de la nouvelle loi de juin 2011, ce décret est applicable dans ses dispositions « non contraires » à la nouvelle loi. Si des dispositions du décret sont nécessairement contraires à l'article 30 de la loi n° 2011-018 du 24 juin 2011 selon lequel « les dispositions du code du travail s'appliquent aux entreprises agréées au statut de zone franche », il convient de présenter ce texte puisqu'un accord collectif l'a ensuite « adapté ». Ces dispositions règlementaires et conventionnelles sont considérées applicables dans l'attente de nouveaux dispositifs et en considération de l'espace particulier que constitue la zone franche.

[1178] En l'absence de précisions, le coût salarial constitue malgré tout un « point fort » au Ghana, à Madagascar, en Namibie et au Mozambique (F. Bost, Les zones franches en Afrique subsaharienne, CFCE, 2000, *op. cit.*). Les EFE du Sénégal ont la liberté de recruter leur personnel sénégalais ou expatrié.

[1179] Le projet s'est réalisé avec le soutien des organismes publics américains que sont *l'Overseas Private Investment Corporation* (OPIC) et l'Agence des États-Unis pour le Développement International (USAID). Le Programme des Nations Unies pour le Développement Industriel (PNUD/ONUDI) a également soutenu le projet. L'État français s'est ensuite joint à ce mouvement incitatif et le président américain G. Bush en personne aurait adressé « un message de remerciement au chef de l'État » togolais pour « continuer l'étude de faisabilité sur l'établissement d'une zone franche industrielle au Togo » (Togo-Presse, n° 2954 du 2 août 1989).

[1180] Avant que le régime soit suspendu, le dispositif camerounais de 1990 précisait la non-sujétion au barème des salaires.

[1181] La loi béninoise n° 2005-16 du 8 septembre 2005 qui encadre le régime de la zone franche mentionne l'application du droit commun du travail et rappellent le respect des règles de licenciement. Le régime malien de 1991, confirmé en 2005, qui s'insère dans le code des investissements ne mentionne aucunement le droit du travail. Il est précisé l'administration centrale malienne du travail participe à l'instruction des demandes d'agrément. Le régime malgache issu d'une loi de 1989 modifiée en 1991 dispose que « toute liberté est accordée à l'entreprise bénéficiant du régime de zone franche pour la gestion de son personnel dans le cadre du code de travail et du code de prévoyance sociale ainsi que des dispositions particulières de la présente loi ». Le Ghana oblige les entreprises à consacrer 1 % de leur chiffre d'affaire à la formation du personnel.

2. La consécration règlementaire

En vertu du décret n° 90/40 du 4 avril 1990 adopté sur rapport conjoint des ministres du Plan et des Mines, de l'Industrie et des sociétés d'État, du Commerce et des Transports, le régime de droit du travail applicable aux entreprises de la zone franche est constitué d'une partie limitée du droit commun du travail. En l'absence de consultation ou participation d'un représentant de l'administration centrale du travail compétente pour l'application de ce droit commun, des autorités gouvernementales ont élaboré un chapitre définissant le « régime de l'emploi et de la main d'œuvre » en zone franche. Ce chapitre est non moins générateur d'incertitudes que l'unique disposition de la loi de 1989. Trois dispositions règlementaires énoncent successivement les thèmes pour lesquels le droit commun doit s'appliquer, le domaine de la liberté de négociation entre l'employeur et le travailleur et les thématiques pour lesquelles le droit commun du travail est évincé. La frontière entre le droit commun du travail et le droit du travail de la zone franche est rendue incertaine.

L'article 33 du décret établit une liste des champs thématiques pour lesquels le droit commun doit s'appliquer : « les dispositions règlementaires relatives au contrat de travail, au salaire, au contrat d'apprentissage, à l'hygiène et à la sécurité, aux économats et aux œuvres sociales d'entreprises ainsi qu'aux services médicaux du travail prévues par le code du travail s'appliquent aux entreprises bénéficiaires du régime de la zone franche ». La généralité des termes de cet article est rassurante au regard de l'invitation légale. On constate néanmoins l'absence de considération explicite des relations collectives de travail. En outre, le renvoi aux dispositions relatives « au contrat de travail » apparaît d'interprétation difficile.

L'article 34 apporte des (im)précisions. Il reprend la disposition de la loi de 1989 en substituant à la formule « liberté d'embauche et de licenciement », celle selon laquelle les « conditions de travail se négocient librement entre employeurs et employés sous réserve du respect des droits des travailleurs internationalement reconnus ». L'autorité règlementaire semble avoir souhaité limiter la liberté contractuelle annoncée par la loi. L'interprétation de la combinaison de cet article avec l'article 33 du décret fait penser que les règles relatives à la formation et à la résiliation du contrat de travail ont force obligatoire dans l'espace de la zone franche. Bien que la liberté accordée ici demeure considérable, puisqu'elle s'impose en lieu et place des règles relatives aux durées du travail, aux repos, aux congés, aux suspensions du contrat de travail, aux salaires ou encore à la santé, le renvoi aux « droits internationalement reconnus » suggère un rempart juridique contre les possibilités d'abus offertes le dispositif[1182].

[1182] La mention des « droits internationalement reconnus » semble plutôt porter la marque d'une volonté de légitimation internationale de l'œuvre règlementaire. L'expression de « droits

L'article 35 vient néanmoins obscurcir la frontière entre la part de droit commun du travail applicable et celle évincée. Cet article procède à l'élimination de quelques pans de droit commun du travail en contradiction avec les deux articles qui le précèdent. Les « procédures et formalités » prévues par le droit commun du travail ne sont pas applicables dans les entreprises de la zone franche pour tout ce qui concerne le recrutement, le licenciement individuel et collectif, les contentieux individuels et collectifs ainsi que la classification professionnelle. L'élimination de l'aspect procédural du droit du travail qui encadre ces thématiques équivaut, selon nous, à celle de règles substantielles dans la mesure où la procéduralisation participe fondamentalement de la garantie de l'application de ces règles. En outre, cet article contredit en partie l'article 33 qui établit l'applicabilité du droit commun notamment en ce qui concerne le contrat de travail, le salaire ou le contrat d'apprentissage. Evincer les procédures et formalités concernant le recrutement n'équivaut-il pas à évincer une grande partie des dispositions « relatives au contrat de travail » ? *A fortiori*, l'élimination des procédures et formalités de licenciement ne cache-t-elle pas une volonté d'évitement de la vérification du respect du droit du travail ayant le plus souvent lieu *a posteriori* ? Il peut en tous cas paraître difficile d'exercer un contrôle sur des faits juridiques non soumis à des règles procédurales.

Les articles 33 à 35 du décret de 1990 complètent considérablement l'invitation légale de 1989. Elle n'est pas remise en cause mais précisée, dans un souci probable d'instauration d'un socle minimum de droit du travail propre à la zone franche. Le résultat formel fait toutefois relativiser l'idée d'un socle inviolable car le décret de 1990 paraît inviter les employeurs à procéder par « piochage » dans le droit commun du travail togolais. L'invitation à un tel « piochage normatif » apparaît large du fait du silence règlementaire sur l'aspect collectif des relations de travail et sur le contrôle du respect du droit du travail en zone franche. Le risque social de la dérèglementation opérée par l'État semble favorisé par l'absence de prévisions d'une représentation collective des travailleurs[1183]. La création règlementaire d'un droit exorbitant en matière de résolution des différends va-t-elle dans ce sens ?

---

internationalement reconnus » très large paraît dépasser les seules normes internationales en vigueur au Togo, c'est-à-dire les accords et conventions insérés dans le bloc de constitutionnalité togolais et les normes de l'OIT ratifiées par le Togo. Cette expression ouverte offre indéniablement quelques perspectives de censure juridictionnelle du dispositif exorbitant de droit du travail.

[1183] Un article concernant les zones franches industrielles implantées en Amérique Latine salue une tendance au début des années 1990 à insérer la teneur des droits sociaux des États dans les dispositifs de zone franche car « entre la protection légale dont bénéficient théoriquement les droits syndicaux et la pratique, le gouffre est immense ». L'auteur présente de nouvelles mesures de droit du travail parmi lesquelles celles du Panama en 1991 qui dispensent d'obligation de négociation collective pendant cinq ans ou facilitent les licenciements. Le Pérou institue également un régime allégé de droit du travail en libéralisant le recours aux contrats temporaires et la détermination des conditions de travail. La Colombie, le Venezuela et l'Équateur ont plutôt procédé par réaffirmation du champ d'application total du droit du travail (*Bulletin d'informations sociales*, 1992, *op. cit.*).

B. Une règlementation de la résolution des différends

L'immixtion des administrations judiciaire et du travail dans la zone franche togolaise a été rendue impossible sous couvert de l'annonce règlementaire de leur remplacement. Les dispositions règlementaires applicables aux entreprises de la zone franche préconisent un effacement général de l'autorité de l'État en matière de résolution des litiges du travail (1). La substitution de l'État par la SAZOF est confirmée par la règlementation mettant en place cet organisme (2).

1. L'annonce de l'effacement de l'État

En adéquation avec le dispositif incitatif général, la SAZOF doit se substituer aux administrations compétentes en matière de régulation des relations de travail. Le décret de 1990 dispose en ses articles 8 et 9 que la SAZOF « exerce notamment, le contrôle, l'inspection, la supervision de zones ou d'entreprises agréées au statut de zone franche » et « procède par voie de conciliation au règlement des contentieux individuels et collectifs intervenus dans les zones franches ». L'interprétation de cette disposition est délicate sur le point de savoir si le domaine entier du droit du travail est inséré dans le champ des compétences générales de la SAZOF en termes de contrôle[1184]. Toujours est-il qu'en vertu de l'article 37 du décret, « tout différend de travail né dans une entreprise de zone franche est soumis à un règlement à l'amiable, entre les parties. Si le différend persiste, la partie la plus diligente saisit la SAZOF en vue d'un règlement définitif ». La précision du recours à la SAZOF comme phase postérieure à la tentative de règlement amiable et comme unique voie d'accès à la fin du conflit, laisse donc présager une volonté de l'État de s'effacer totalement du règlement des différends entre les employeurs et travailleurs de la zone franche et donc d'une grande part du contrôle du respect des règles de droit du travail.

La constitutionnalité de cette règlementation est interrogeable en ce qu'elle suggère l'éviction des instances judiciaires togolaises en matière de droit du travail. Le pouvoir règlementaire peut-il instituer un droit de l' « organisation judiciaire » spécifique et contraire à la loi portant code du travail ? Si les perspectives de censure totale ou partielle des dispositions règlementaires instituant un droit du travail exorbitant sont nombreuses sur le fond, les instances judiciaires ne se sont pas saisies de la problématique de la légalité et de la constitutionnalité du dispositif. L'article 84 de la Constitution du Togo précise que le domaine de la loi recouvre notamment « l'organisation des tribunaux judiciaires et administratifs et la procédure devant ces juridictions », « l'organisation générale de l'administration » et le droit du travail. La

---

[1184] L'article 38 concerne les travailleurs étrangers en zone franche. La SAZOF se substitue aux autorités consulaires et de l'administration du travail. Les demandes de permis de séjour lui sont directement adressées. La SAZOF « délivre le visa du contrat de travail et le permis de séjour jusqu'à l'issue de la 5e année à partir de laquelle l'entreprise ne reçoit plus que 20 % de travailleurs de nationalité étrangère des effectifs globaux et par catégorie professionnelle ».

procédure de l'article 86, en vertu duquel le Gouvernement peut demander à l'Assemblée Nationale de prendre par ordonnance, sous réserve de l'avis de la Cour Constitutionnelle, des mesures qui sont normalement du domaine de la loi, n'a pas été mobilisée en 1990. La Cour Constitutionnelle en tant qu' « organe régulateur du fonctionnement des institutions et de l'activité des pouvoirs publics[1185] » n'a pas été sollicitée sur ce décret, conformément à la loi fondamentale du Togo qui restreint au domaine de la loi l'exercice du contrôle de constitutionnalité *a priori* et *a posteriori*. Le fait que cette substitution implicite de la SAZOF au juge soit contenue dans une source règlementaire empêche, de plus, la mise en œuvre la procédure d'exception d'inconstitutionnalité de l'article 104 alinéa 5[1186]. En outre, l'origine légale du dispositif risque, si le juge judiciaire est amené à déterminer, en vertu de son contrôle de légalité, la norme applicable à une question relative au travail, de le confronter à une forme de problématique de la « loi écran »[1187].

L'imprécision de la formule de « règlement définitif » des conflits par la SAZOF et celle de l'unique disposition du décret de 1990 sur le règlement des contentieux du travail pouvaient toutefois ouvrir à des appropriations par les agents des administrations du travail et judiciaire ou à l'apport de précisions juridiques intégrant ces fonctionnaires dans l'organigramme ou l'organisation de la SAZOF. Or, les autorités ministérielles de l'État togolais n'ont pris en compte ni la contradiction à la Constitution présentée ci-dessus, ni les risques de profusion d'affaires judiciaires sur ce fondement, notamment en vertu de l'article 19 aux termes duquel « toute personne a droit en toute matière à ce que sa cause soit entendue et tranchée équitablement dans un délai raisonnable par une juridiction indépendante et impartiale », puisqu'un décret n° 94-011/PR du 16 mars 1994 portant création de la SAZOF est venu confirmer la disparition des instances judiciaires et administratives compétentes en matière de droit du travail.

2. La confirmation de la disparition de l'État

Le décret n° 94-011/PR du 16 mars 1994 portant création de la SAZOF confirme la substitution de cette société d'économie mixte à l'administration togolaise classiquement compétente en matière de droit du travail. L'article 2 du décret

---

[1185] Article 99 de la Constitution du Togo.

[1186] « Au cours d'une instance judiciaire, toute personne physique ou morale peut, « in limine litis », devant les cours et tribunaux, soulever l'exception d'inconstitutionnalité d'une loi (...). Un texte déclaré inconstitutionnel (...) doit être retiré de l'ordonnancement juridique ».

[1187] Sur le cas des constitutions africaines qui reconnaissent l'exercice d'un contrôle de constitutionnalité des actes règlementaires, comme par exemple le cas du Bénin, Burundi, du Gabon, du Niger et de Madagascar, le problème de la loi écran peut parfois se poser (M.-M. Mborantsuo, *La contribution des Cours constitutionnelles à l'État de droit en Afrique*, Economica, 2007, p. 145 et s). Nous pensons que les juges judiciaires qui exercent un contrôle indirect, sans effet d'annulation de la norme mais par effet de sélection de la norme applicable dans la hiérarchie des sources, sont susceptibles de restreindre leur contrôle de légalité sous l'effet de la présence d'une telle « loi écran ».

de 1994 qui précise les attributions de la SAZOF mentionne notamment le « suivi des conditions générales de travail, de l'hygiène et de la sécurité du travail et l'organisation de conciliations en matière de différends individuels et collectifs de travail ». La SAZOF doit également assurer le « contrôle et (...) l'inspection des entreprises agréées au statut de zone franche ». Peu de précisions sont apportées sur l'objet de ce contrôle et l'organisation des services compétents dans le domaine des relations de travail et, en particulier, en matière de litiges.

Les informations sur la composition de la SAZOF apportées par le décret de 1994 ne concernent que son statut de société d'économie mixte. La répartition du capital de cette société fait supposer que l'État est globalement minoritaire bien qu'elle soit majoritairement possédée par des sociétés dites d'État ou « paraétatiques ». Le secteur privé détient 40 % du capital de la SAZOF. L'État en tant que tel détient 30 % du capital tandis que le Port, la SALT (Société aéroportuaire de Lomé Tokoin, société d'économie mixte détenue à 65 % par l'État), et la SNI (Société nationale d'investissement détenue à 20 % par l'État) détiennent chacun 10 %. Ce décret mentionne trois partenaires publics de la SAZOF : « la tutelle technique de la SAZOF est exercée par le ministre chargé de l'industrie » qui, « en collaboration avec le ministre chargé de l'économie et des finances et le ministre chargé du commerce, apporte son concours à la SAZOF dans la recherche et la mise en œuvre des mesures propres à assurer le développement et la promotion des zones franches ». L'article 11 du décret de 1994 prévoit l'adoption des statuts de la SAZOF sans toutefois préciser s'ils devront établir l'organisation interne de la société. Si la substitution des services centraux de l'État par la société d'économie mixte est confirmée, le décret de 1994 laisse ouverte la possibilité d'une concertation ou coordination avec l'administration du travail et les instances judiciaires en principe ineffaçables de l'ordonnancement juridique en matière de droit du travail. L'aspect « multiforme[1188] » de la SAZOF soulève en effet la question de l'efficacité de son intervention dans ses différents domaines de compétence ainsi que celle de l'accès à ses services aux travailleurs de la zone franche.

L'articulation et la substance des sources composant le dispositif étatique sur la zone franche ouvre donc à diverses interrogations, notamment à propos de la légitimité d'une telle création juridique exorbitante et contraire au bloc de constitutionnalité en vigueur au Togo. L'incomplétude du droit de la zone franche aurait pu inciter les instances judiciaires, au regard du « droit internationalement reconnu » et de la norme fondamentale du Togo, à réintégrer à ce dispositif certains traits du droit commun du travail. Les magistrats togolais ne se sont pas engagés sur cette voie. Ils ont globalement attendu qu'un texte de loi les réhabilite formellement pour connaître des litiges de travail en zone franche.

1188 A. Sikpa, E. Sitti, *Développement de la zone franche et promotion des investissements*, Rapport ministère de l'industrie, du commerce et du développement de la zone franche, Togo, 2000.

Les contradictions tirées de la classique hiérarchie des sources du droit, et notamment du caractère suprême de la norme constitutionnelle, auraient pu être soulevées à l'occasion de litiges entre employeurs et travailleurs de la zone franche. Mais, l'imperméabilité de cette dernière semble avoir pleinement fonctionné. Un jugement n° 031/2001 du 20 mars 2001[1189] a déclaré irrecevable la requête d'un chauffeur salarié d'une société de la zone franche ayant saisi la juridiction sociale en vue de voir déclaré abusif son licenciement verbal. La direction de la société opposait l'incompétence de la juridiction, « dès lors que la loi a aménagé une procédure de règlements de litiges propre entre les entreprises admises en zone franche et leurs employés » ; elle a obtenu gain de cause sur le fondement du « caractère obligatoire » des procédures spécifiques contenues dans la loi de 1989, le décret de 1990 et l'accord collectif de 1996. Aucune information n'est disponible quant à l'exercice éventuel d'un recours contre cette décision de première instance. La recherche infructueuse d'autres jugements, d'arrêts de la Cour d'appel ou de la Cour Suprême mettant en cause un employeur de la zone franche conduit au constat de l'absence de contentieux résolus par les instances judiciaires en matière sociale. Les « virtualités »[1190] attachées au pouvoir législatif et règlementaire ont contribué à l'effet durable de la déclaration ou représentation d'incompétence de la juridiction sociale[1191], malgré la confirmation par certains magistrats de l'illégalité de cette atteinte portée à l'accès au juge[1192]. Après vingt ans de diffusion de cette représentation et « avec la nouvelle dynamique enclenchée au sein de la zone franche », il semblerait que des procès mettant en cause des employeurs de la zone franche soient en cours en matière sociale[1193].

La force normative des dispositions de droit du travail spécifiques à la zone franche a été déduite pendant une vingtaine d'années de la seule existence de règles étatiques propres à ce cadre, peu importante la hiérarchie des normes en vigueur au sein des frontières de l'État. On retrouve au travers de la décision judiciaire précitée et des analyses des magistrats, la mise en avant d'une juridicité « émancipée du « droit »[1194] », dont le critère n'est pas dépendant d'un

---

[1189] Inédit.

[1190] M.-M. Mborantsuo, *op. cit.*, p. 143.

[1191] Le visa des trois sources du droit du travail applicables en zone franche illustre ces virtualités puisque seuls le décret de façon imprécise et l'accord collectif de 1996 (voir supra Section 2 de ce chapitre) contiennent effectivement le détail et l'affirmation du caractère impératif et exclusif de la procédure de résolution des litiges.

[1192] Cf. Entretien avec le président du Tribunal du travail, Lomé, 16 décembre 2008. « C'est en cours, je n'ai pas encore décidé. Le défendeur demande que le tribunal se déclare incompétent. Nous avons mis l'affaire en délibéré. Le juge statue d'abord sur l'exception d'incompétence avant de statuer au fond » (Cf. Entretien avec un magistrat du Tribunal du travail, Lomé, 3 février 2009).

[1193] *Togo, zones franches, droits des travailleurs et stratégies syndicales*, document de travail, CSI/BIT Actrav, document de travail, 2012, p. 22.

[1194] N. Gasfia, H. Lamine, S. Liwerant, « Trois voix sur la juridicité », in C. Ebherard, G. Chrétien-Vernicos, *La quête anthropologique du droit, autour de la démarche d'Étienne Le Roy*, Karthala, 2006, p. 547.

légalisme hiérarchisé ou de règles de validité mais d'une représentation singulière de la généalogie de la norme juridique[1195]. Le positionnement des juges met en exergue une légitimité du support de l'énoncé en préférence à celle de l'énoncé lui-même pour déterminer la « juridicisation » ou « déjuridicisation » d'une règle de droit[1196]. La généalogie du pouvoir prend le pas sur la généalogie juridique[1197]. La représentation du pouvoir au nom duquel des textes juridiques entrent en vigueur[1198] semble déterminante de l'oubli judiciaire des règles sur l'articulation des sources de droit. En effet, dans le cas précisément togolais, la représentation du pouvoir et la pression exercée par lui, ou la seule peur de la pression exercée par lui, sont les fondements avoués ou inavoués de l'absence d'initiatives concrètes, malgré des positionnements théoriques relativement clairs[1199]. La distinction État de droit/État de non-droit[1200] serait donc une piste d'explication théorique de cette approche judiciaire du droit de la zone franche. Or, les incohérences, incomplétudes et

---

[1195] Sur le concept de « droit positif », Paul Amselek écrit : « l'élément de contrainte le plus déterminant (…) se situe non pas intrinsèquement au niveau des normes elles-mêmes, mais au niveau précisément de leur édiction ou position » (P. Amselek, « Autopsie de la contrainte associée aux normes juridiques », in Thibierge (C.), (dir.), *op. cit.*, p. 3). Guy Canivet établit la liste des considérations que le juge doit mettre en corrélation pour déterminer le lien entre la positivité et la juridicité de la norme parmi lesquelles figurent la « situation de la règle dans le temps et dans l'espace, (la) valeur dans l'ordre juridique international, supranational, national, (l')effet direct, vertical ou horizontal, champ d'application général ou spécial, portée générale etc. » (G. Canivet, « Le juge et la force normative », in C. Thibierge (dir.), *op. cit.*, p. 23).

[1196] N. Gasfia, H. Lamine, S. Liwerant, *op. cit.*, p. 547.

[1197] « La norme plus générale et plus abstraite s'applique à la production de la norme plus concrète et plus particulière en lui donnant sa validité, mais c'est la norme la plus concrète qui s'applique au cas (…). Dans des sociétés inscrites dans « la » mondialisation où le « droit » se technicise de plus en plus, où son « enseignement » devient donc de moins en moins humaniste et historique et de plus en plus procédural et statistique, les nouvelles générations de juristes perdent le sens de la filiation de leurs pratiques avec des références » généalogiques que Pierre Legendre, par exemple, tente de sauver de l'oubli » (E. Le Roy, « Autonomie du droit, hétéronomie de la juridicité, généralité du phénomène et spécificité de ses ajustements », Séminaire international, 2008, *op. cit.*).

[1198] Les normes juridiques découlent d' « actes d'autorité, émanant d'autorités ou dirigeants publics et consistant à mettre en vigueur des règles de conduite dans la société humaine à la tête de laquelle ils se trouvent placés » (P. Amselek, « Autopsie de la contrainte associée aux normes juridiques », in C. Thibierge (dir.), *op. cit.*, p. 3). La part de domination inhérente au pouvoir tel qu'il s'exerce ou paraît s'exercer au Togo inhibe la mobilité normalement sous-jacente à ce pouvoir omniprésent (I. Dore, « La force normative du pouvoir étatique dans la philosophie de M. Foucault », in C. Thibierge, *ibid.*, p. 57).

[1199] « Sur la zone franche je sais qu'il y avait une procédure qui interdisait le recours au tribunal. Est-ce que c'était une erreur ? » (Cf. Entretien avec le président de la Chambre sociale de la Cour d'Appel, Lomé, 3 février 2009). « Les textes de la zone franche sont en contradiction avec le code du travail et la Constitution et les conventions ratifiées...c'est ça le problème » (Cf. Entretien avec le président du Tribunal du travail, Lomé, 16 décembre 2008). « Certains évoquent l'exception d'incompétence. On évoque l'exception d'inconstitutionnalité pour pouvoir prononcer la condamnation » (Cf. Entretien avec le deuxième magistrat du Tribunal du travail, Lomé, 3 février 2009).

[1200] Laurent Gaba pense que la notion d'État de droit est devenue une « contrainte axiologique », un paradigme à l'échelle internationale (L. Gaba, *L'État de droit, la démocratie et le développement en Afrique subsaharienne*, L'Harmattan, 2000).

incertitudes de la formulation étatique d'un droit du travail allégé et partiellement exorbitant de zone franche ont conduit les destinataires de ce droit que sont les employeurs, les travailleurs et agents de la SAZOF à imaginer un support conventionnel complémentaire constitué par l'« accord sur les relations de travail entre employeurs et travailleurs en zone franche » du 1er juin 1996. On retrouve la singulière approche de la validité[1201] du droit du travail dans cette norme conventionnelle atypique. Si cette prise en charge a pu être suscitée par l'obscurité de la délimitation de la part applicable du droit commun du travail, elle a aussi consisté à confirmer l'éviction, suggérée par l'État, du pouvoir judiciaire et de l'autorité administrative de la régulation du travail subordonné en zone franche.

Section 2 – Une prise en charge conventionnelle de la dérogation

Un accord collectif signé « entre les entreprises agréées au statut de zone franche représentées par leurs responsables et les travailleurs des entreprises agréées au statut de zone franche, représentés par les délégués du personnel »[1202], composé de 177 articles, « règle les rapports de travail entre employeurs et travailleurs des entreprises agréées au statut de zone franche[1203] ». Cet accord collectif fait supposer la volonté d'une « re-régulation » globale des relations de travail au sein de la zone franche (§1). Le texte conventionnel garde néanmoins la marque, dans la continuité du dispositif étatique, d'une déficience de contrôle et de contrepouvoirs (§2).

§1 – Une re-régulation des relations de travail

L'ampleur de l'embrassement conventionnel des thématiques de droit du travail permet d'y voir une réponse au risque de dérégulation absolue des relations de travail dans la zone franche (A). Des originalités de l'approche conventionnelle démontrent en outre que les rédacteurs ont cherché à construire un droit substantiel partiellement alternatif au droit commun du travail (B).

1201 « Les sociétés ne sont pas concernées mais se contentent de faire avec. Comme elles le font depuis toujours, elles n'inscrivent pas leurs stratégies dans l'État mais par rapport à lui » (D. Darbon, « L'État prédateur », *Politique Africaine*, 1990, p. 37). « Tandis que la validité est une question qui relève de la théorie générale du droit, la recherche sur l'efficacité ou sur l'inefficacité d'une norme est une recherche historico-sociologique » : la validité pose un « problème ontologique », l'efficacité pose un « problème phénoménologique » (V. Champeil-Desplats, *op. cit.*, p. 11).

1202 Le document contient 30 signatures de chefs d'entreprises dont celui de la « SAZOF SA » et 26 signatures de délégués du personnel. Soit les travailleurs de trois entreprises, dont la SAZOF, n'ont pas été représentés, soit les représentants de ces entreprises n'ont pas signé.

1203 Article 1er de l'accord.

A. Une réponse au risque de dérégulation absolue

L'idée d'une recherche de réponse négociée face au risque de dérégulation absolue ressort de l'analyse de la diversité des participants à la négociation collective (1). Elle est complétée par le constat de la « totalité » des thèmes couverts par l'accord collectif qui en est issu (2).

1. Les participants à la négociation

Le texte conventionnel de 1996 contient deux pages différentes de signatures et de visas. L'une porte les signatures individuelles des représentants employeurs et délégués du personnel de trente entreprises de zone franche, dont la « SAZOF SA ». Ce sont seulement les signatures d'un ou deux représentants de chaque partie aux négociations qui sont contenues dans la seconde liste : le président du comité des délégués du personnel des entreprises agréées, le président du comité de l'association des entreprises agréées et le secrétaire général de ce comité. Le visa de la SAZOF est apposé, ce qui la fait alors sortir du rang des parties aux négociations. Enfin, un inspecteur du travail et un représentant du ministère du travail ont « approuvé » le texte final. L'accord a été déposé le 17 juin 1996 au « greffe du tribunal de première instance de première classe de Lomé, tenant lieu de tribunal de commerce, (...) conformément à la loi », ce qui est étonnant au regard de l'invitation des représentants de l'administration du travail à signer et à vérifier le texte qui aurait du, en vertu des dispositions règlementaires sur le dépôt et la publication des conventions collectives[1204], être déposé au Tribunal du travail de Lomé.

La participation des travailleurs aux négociations est rendue incertaine du fait qu'il est possible que seul le « président du comité des délégués du personnel » ait été consulté sur le projet et convié aux discussions bien que chaque délégué du personnel ait signé le texte. La question se pose alors de la possibilité pour le délégué seul d'exercer un contre-pouvoir face à deux représentants des entreprises et à un représentant de la SAZOF. Le comité des délégués du personnel est, selon les explications du conseiller juridique de la SAZOF, une émanation de l'implantation des délégués du personnel dans les entreprises. Les membres de ce comité interlocuteur de la SAZOF sont élus par les délégués et non directement par les travailleurs[1205]. Si l'accord de 1996 comporte des précisions sur les modalités d'institution des représentants délégués du

1204 L'arrêté applicable de 1954, pratiquement repris en 2010, mentionne le dépôt au tribunal du travail ou, à défaut de ce tribunal, au tribunal civil du lieu de conclusion de la convention. Or, la négociation s'étant déroulée à Lomé, il est étonnant que le dépôt ne se soit pas fait au tribunal du travail.

1205 « Ils sont élus par tous les délégués de la zone franche. C'est avec eux qu'on travaille, on fait des réunions, chaque entreprise envoie deux délégués. La configuration en fait c'est ça : vous avez l'ASOZOF (l'association des sociétés de la zone franche) les patrons, les chefs d'entreprises. En face vous avez le comité des délégués du personnel qui eux aussi ont leurs patrons élus » (Cf. Entretien avec le conseiller juridique et le directeur de l'emploi de la SAZOF, Lomé, 9 janvier 2009).

personnel dans les entreprises de la zone franche, il n'est fait aucune mention de ce « comité des délégués »[1206].

L'absence d'indices de mise en œuvre du droit commun de la négociation collective et le silence du décret de 1990 en matière de relations collectives de travail font soupçonner une main mise des employeurs et de la SAZOF[1207] sur les « négociations » de 1996. L'imprécision de l'allègement règlementaire du droit du travail et l'absence de substitution des thèmes exclus du champ des obligations des employeurs peut expliquer la volonté de ces derniers de sécuriser le cadre juridique afin d'éviter certains conflits, voire certaines pratiques normatives concurrentielles. Il y a, en effet, une différence entre dérégulation et dérèglementation en matière économique. La dérégulation est subordonnée à la formalisation de garanties. Les entrepreneurs ont pu souhaiter que les conditions de travail des salariés soient ré-encadrées dans un souci d'éviter des revendications : « cette convention collective fut décidée pour qu'on ne bloque pas les entreprises[1208] ».

Le conseiller juridique de la SAZOF précise que « l'accord est inspiré par les conventions collectives de l'industrie et bien sûr par le code du travail » et « contient des principes forts[1209] ». La participation d'un inspecteur du travail et d'un représentant du ministère du travail témoignent en effet d'une volonté possible d'élaborer un droit conventionnel respectueux de l'acception protectrice classique du droit du travail. Ré-instituer des règles là où le pouvoir étatique s'est contenté de les exclure constitue un objectif louable au regard des droits et principes fondamentaux du travail. Ainsi en est-il des précisions sur la santé, le repos, la limitation du temps de travail, la suspension du contrat, le versement et la prédétermination du salaire. Face au risque de dérégulation absolue qui se solderait, sur un plan social, par l'incertitude permanente sur l'emploi et, sur un plan patronal, par l'incertitude sur les limites du possible en matière salariale, c'est une globalité de droits du travail qui est abordée dans le texte conventionnel, peu important sa dénomination d' « accord collectif » plutôt que celle de « convention ».

2. La « totalité » des thèmes couverts par la re-régulation

La re-régulation du droit du travail tient à la fois à la réintroduction de pans de droit du travail que le décret de 1990 évinçait, à la prise en charge des thèmes pour lesquels le décret précisait le maintien des dispositions de droit commun et à l'insertion de ceux incertains aux termes de ce décret. Quatre titres

---

1206 « Il y a un problème de perception des délégués en zone franche [qui] n'informent pas les ouvriers qui sont souvent illettrés » (Cf. Entretien informel avec une employée de la direction de l'emploi SAZOF, Lomé, 26 décembre 2008).

1207 « C'est la SAZOF qui a parrainé le projet. On a réuni les deux parties, la SAZOF recueillait les avis de chacun » (Cf. Entretien avec le conseiller juridique et le directeur de la SAZOF, Lomé, 9 janvier 2009).

1208 *Ibid.*

1209 *Ibid.*

composent le droit conventionnel spécial de la zone franche : « généralités », « contrat de travail », « statut du travailleur » et « dispositions finales ». L'accord collectif contredit le décret de 1990 tant sur le plan des normes procédurales que sur celui des normes substantielles. L'article 1er de l'accord prend d'ailleurs partiellement acte de ces contradictions en explicitant la prévalence de la norme conventionnelle sur les dispositions du décret : « cet accord rend nul et de nul effet, toute mesure de nature à créer dans une entreprise des relations de travail en dessous de celles fixées ci-après, sous prétexte de la prise en considération de l'article 34 du décret n° 90/40 du 4 avril 1990[1210] ».

La dimension procédurale du titre sur le contrat de travail contredit quelques unes des prévisions règlementaires. La précision de « formalités relatives au contrat » contrecarre en effet les termes de l'article 35 du décret qui consacrent l'insoumission des entreprises aux procédures et formalités de recrutement. Une re-procéduralisation du droit du travail découle également du chapitre consacré à la rupture du contrat de travail dont l'article 43 traite des « formalités préalables » et l'article 52 d' « obligation pour l'employeur ». L'article 35 du décret de 1990 qui libéralisait totalement le droit du licenciement paraît donc supplanté par les dispositions conventionnelles.

D'un point de vue substantiel, l'accord collectif éclaircit – quoiqu'en la rendant presque caduque – la frontière que le droit d'origine étatique instituait entre le droit commun et le droit spécifique du travail. Des thématiques rendues invisibles par les termes du dispositif légal et règlementaire et des aspects de droit du travail difficilement positionnables de part et d'autre de la frontière sont reprécisés. Par exemple, la suspension du contrat de travail, la discipline, le règlement intérieur sont abordés et encadrés par l'accord collectif. C'est aussi le cas des règles sur le salaire qui normalement encadrées par le droit commun en vertu de l'article 33 du décret de 1990, devenaient librement convenues aux termes de l'article 34 et exclusives des classifications professionnelles de droit commun en vertu de l'article 35. Les articles 104 à 130 et l'annexe 1 bis de l'accord se substituent à ces dispositions règlementaires.

Les conditions de travail librement convenues en vertu du décret de 1990 et les relations collectives non précisées dans ce décret sont encadrées par l'accord collectif. Des règles relatives à la durée du travail, aux heures supplémentaires, au temps partiel, au travail de nuit, au repos hebdomadaire et aux congés payés sont par exemple instituées. Le titre III de l'accord intitulé « statut du travailleur » vise les « libertés des travailleurs et pouvoirs de l'employeur », les conditions de travail, la rémunération du travailleur, les litiges du travail et la représentation des travailleurs dans l'entreprise. Une dimension collective de la relation de travail, que l'autorité règlementaire de 1990 avait omis de prendre

[1210] « Les conditions de travail se négocient librement entre employeur et employé sous réserve du respect des droits des travailleurs internationalement reconnus ».

en compte, est réintroduite. La mise en place de « panneaux d'affichage », d'un « droit d'expression des travailleurs », de règles de « fonctionnement de groupes d'expression » et d'une « représentation des travailleurs » rétablit la prise en compte des travailleurs en tant que collectivité.

Ce dernier exemple montre qu'au-delà d'une re-régulation du travail subordonné au sein de la zone franche, les négociateurs ont cherché des alternatives aux prévisions étatiques en comblant certains vides et en réinventant certaines prévisions de droit commun du travail. L'absence totale de dispositions sur la négociation collective ou le syndicat et la mention originale de « groupes d'expression » illustre cette dimension alternative des négociations de 1996. Ce caractère alternatif peut également ressortir du choix de consacrer les articles 95 à 103 du texte à l'hygiène et à la sécurité alors que l'article 33 du décret de 1990 précise que « les dispositions règlementaires relatives (...) à l'hygiène et à la sécurité (...) ainsi qu'aux services médicaux prévues par le code du travail s'appliquent aux entreprises bénéficiaires du régime de la zone franche ». Les négociateurs ont néanmoins préféré rester silencieux sur le thème de l'apprentissage, appartenant aussi à la liste de l'article 33 du décret, bien que la convention collective des industries du Togo y consacre des dispositions substantielles précises et particulières[1211]. S'agissant des « économats et œuvres sociales d'entreprises » pour lesquels l'article 33 du décret de 1990 prévoit également l'application du droit commun, on remarque que l'accord collectif de 1996 ressemble considérablement à la CCIT de 1978[1212].

La totalité de l'appréhension conventionnelle des dimensions classiques de droit du travail ne fait aucun doute. La diversité des fondements possibles de cette re-régulation – légaux, règlementaires ou conventionnels, de droit commun ou non – et la corrélation plus ou moins perceptible avec la dérèglementation annoncée par le dispositif étatique de la zone franche donnent un résultat conventionnel très original, hybride, illustrant une approche non pas totalement mais partiellement alternative des règles de droit du travail.

B. Une approche globale partiellement alternative

L'analyse du contenu de la re-régulation du droit du travail opérée par les négociateurs de l'accord collectif de 1996 fait ressortir une approche oscillant entre réintroduction de dispositions de droit du travail applicables sur le « territoire national protégé » du Togo (1) et réécriture de certaines dispositions de ce droit commun (2).

[1211] Puisque le conseiller juridique de la SAZOF mentionne la convention collective des industries du Togo en tant que source d'inspiration, il aurait été intéressant de retrouver dans l'accord de 1996 la règle de cette convention sectorielle qui prévoit la rémunération de l'apprenti.

[1212] À l'instar de la CCIT, l'accord n'aborde pas le cas des économats, précise les règles relatives au transport, au déplacement et au logement du travailleur. L'accord institue une obligation de mise en place d'une cantine et d'organisation d'une fête annuelle.

1. La réintroduction sélective de règles du territoire douanier

Les termes de l'accord collectif de 1996 n'illustrent pas l'ambition de la substitution totale de cet outil juridique particulier aux autres supports formels de droit du travail togolais. La méthodologie utilisée pour réintroduire sélectivement du droit commun du travail en zone franche interroge en conséquence l'éventualité de sa contre-productivité – ou de ses « inconséquences[1213] » – sur le plan de la visibilité du droit applicable en zone franche. Si l'accord cache une volonté certaine de réintégration de quelques règles du territoire douanier, il ne reprend pas toujours substantiellement ces règles. Plusieurs méthodes sont utilisées pour réintroduire du droit commun du travail : le renvoi à une source générale de droit commun ou la reprise en substance d'une disposition de droit commun. Il ressort globalement de l'analyse de l'accord de 1996 que le code du travail en vigueur à l'époque et la CCIT de 1978 ont été les sources principales d'inspiration des négociateurs. Certaines dispositions rappellent toutefois davantage des conventions collectives sectorielles en vigueur sur le « territoire douanier ».

Parmi des dispositions conventionnelles qui se contentent de renvoyer à une source formelle en vigueur sur le territoire national, figure par exemple l'article 20 alinéa 3 de l'accord en vertu duquel « le renouvellement de la période d'essai se fera dans les conditions fixées par l'article 29 du code du travail ». Or, cet article 29 est plutôt lacunaire sur le renouvellement de la période d'essai[1214] dont les règles sont principalement contenues dans les textes règlementaires d'application. Cela revient à considérer qu'il faudrait se référer aussi à ces dispositions. L'article 56 de l'accord sur le règlement intérieur contient un alinéa selon lequel le règlement intérieur « est établi par accord conclu entre le chef d'entreprise et les délégués du personnel, conformément à l'article 31 du code du travail[1215] ». L'accord collectif se fonde expressément sur l'article 43 du code du travail qui détermine la durée maximale du congé maladie pour préciser la limitation de la durée de l'intérim du travailleur, au sens de l'exercice d'un autre emploi. L'article 32 mentionne que, « sous réserve des dispositions de l'article 44 du code du travail », les indemnisations définies par l'accord auxquelles le travailleur peut prétendre au titre de la suspension de son contrat pour maladie représentent « le maximum des sommes auxquelles pourra prétendre le travailleur quels que soient le nombre et la durée de ses absences ». L'utilité du renvoi explicite à l'article 44 du code du travail est questionnable puisque cet article du code ne contient pas de telle limitation au

---

[1213] Certains qualifient ainsi la cohabitation de dispositions conventionnelles qui renvoient au droit commun avec celles qui paraissent s'y substituer (A. Aglamey-Pap, *La situation des travailleurs de la zone franche du Togo*, SADD-WSM Togo, juin 2008, p. 16).

[1214] Seule l'unicité de ce renouvellement est légalement posée.

[1215] L'utilité de cette mention de l'article du code du travail de 1974 sera interrogée infra au regard du contenu de cet article qui diffère considérablement du droit commun qu'il mentionne.

droit de bénéficier d'une indemnisation en cas de maladie[1216]. L'article 94 de l'accord précise que les conditions particulières de travail des femmes « sont réglées conformément à la loi », ce qui paraît signifier que la femme enceinte salariée d'une entreprise de la zone franche peut librement quitter son emploi sans préavis. L'accord dispose que « les accidents du travail et maladies professionnelles relèvent des dispositions législatives, règlementaires ou contractuelles en vigueur » et que l'employeur qui envisage de procéder à des licenciements collectifs « doit se conformer à la procédure légale en vigueur ». Cette procédure légale n'existant pas au sein du code du travail de l'époque, les dispositions de l'accord de 1996 s'inspirent en réalité de l'article 21 de la CCIT.

Dans d'autres thématiques, la réintroduction de dispositions du code du travail se déduit de la seule teneur des règles contenues dans l'accord collectif. La limitation de l'objet possible du recours au CDD de l'article 16 de l'accord rappelle les dispositions du code du travail ; mais, la relation d'influence n'est pas totalement avérée puisque cet accord a été signé sous l'égide du code du travail de 1974 qui ne contenait pas de liste limitative des objets du recours au CDD. C'est similairement au code du travail de 2006 que l'accord applicable en zone franche énumère ces objets : remplacement, surcroît exceptionnel et temporaire d'activités, tâche occasionnelle et recrutements saisonniers. L'accord collectif n'envisage néanmoins que la survenance du terme pour définir la « cessation du CDD » à la différence des anciennes et nouvelles dispositions légales. La condition de forme écrite du CDD est posée à l'article 19 de l'accord. La durée maximale de deux ans du CDD de l'article 17 de l'accord rappelle l'article 27 de l'ancien code du travail. L'article 22 de l'accord relatif à la clause de non-concurrence est identique à l'article 33 du code du travail de 1974[1217]. Le maximum de six mois de la période d'essai et de la durée du congé maladie renvoie également aux dispositions du code du travail de l'époque. L'obligation de délivrance du certificat de travail peut être ajoutée à ces exemples.

Les dispositions révélant la reprise de règles contenues dans les sources conventionnelles, ne témoignent pas moins d'une volonté de réintroduction du droit commun du Togo. La reprise de règles issues du droit conventionnel du travail en vigueur au Togo témoigne aussi d'une démarche de sélectivité. La CCIT qui semble être la source d'inspiration principale s'efface parfois devant la prise en compte de conventions collectives sectorielles. Cette sélectivité est interrogeable sur le plan des effets recherchés puisqu'il ressort de certains choix que des dispositions sectorielles moins favorables sont parfois préférées à celles de la CCIT.

[1216] Il faut peut-être l'analyser comme une réintégration de la règle de cet article 44 en vertu de laquelle, « dans le cas d'une année civile », les cinq premiers jours d'absence pour maladie sont intégralement rémunérés.

[1217] La rédaction est équivalente sauf en ce que le dernier alinéa de l'article de l'accord ajoute « il est également interdit au travailleur de divulguer des renseignements acquis au service de l'employeur ». Le champ de cette obligation semble équivaloir au cas où la clause de non-concurrence est valable : démission ou faute lourde du travailleur.

La CCIT de 1978 est le support conventionnel de droit commun le plus utilisé par les négociateurs. L'accord collectif de 1996 précise les règles d'indemnisation du travailleur malade tel que le faisait l'article 44 de l'ancien code mais les modalités de calcul de cette indemnisation sont calquées sur celles plus avantageuses de l'article 14 de la convention interprofessionnelle[1218]. Les durées de suspension du contrat au titre des permissions exceptionnelles de l'article 30 de l'accord sur le « congé pour convenance personnelle » sont aussi identiques à celles de la CCIT[1219]. Les articles 115 et 117 de l'accord sur l'indemnité de transport et la fourniture de logement dans les cas de travailleurs appelés à exécuter leur contrat de travail en dehors de leur lieu de résidence sont une copie conforme des articles 35 et 51 à 53 de la CCIT. Les règles sur la durée du préavis de licenciement et le droit de s'absenter pour rechercher un emploi de l'article 45 de l'accord de 1996 sont aussi identiques à celles établies par la CCIT et les conventions sectorielles[1220]. L'extension de la protection du délégué du personnel contre le licenciement aux anciens mandatés telle qu'elle a été prévue par la CCIT de 1978 est reprise au sein des dispositions applicables en zone franche. Toute la disposition de la CCIT n'est toutefois pas réintégrée puisque les candidats aux élections ne sont pas protégés contre le licenciement en zone franche. Les taux de rémunération des heures supplémentaires établis par l'article 120 de l'accord collectif sont identiques à ceux de la CCIT bien que les conventions sectorielles soient, par la suite, venues les améliorer. La reprise de l'article 21 de la CCIT relatif au « licenciement collectif » par l'article 49 de l'accord de zone franche n'est pas totalement identique. La procédure de licenciement ne change pas mais les délais de prise de décision de l'employeur et de priorité de réembauchage sont raccourcis[1221].

L'analyse du dernier exemple peut faire supposer que les rédacteurs de l'accord de 1996 ont souhaité prendre appui sur des dispositions de sources conventionnelles sectorielles moins favorables que celles contenues dans la CCIT. Un exemple réside dans la fixation du taux de l'indemnité de licenciement. L'article 50 de l'accord applicable en zone franche établit des taux de calcul identiques à ceux contenus dans la convention collective des

---

[1218] Si la convention des industries avait été effectivement une source d'inspiration, ces règles d'indemnisation auraient été plus avantageuses pour le travailleur ayant acquis entre un an et cinq ans d'ancienneté.

[1219] Le travailleur bénéficie d'un jour supplémentaire en cas de naissance au foyer. La règle générale de la convention des industries selon laquelle le contrat est seulement suspendu en cas d'évènement grave et fortuit dûment constaté intéressant le foyer du travailleur, tel que par exemple un incendie, un décès, accident ou maladie grave du conjoint n'a pas été non plus considérée.

[1220] La durée de préavis est de 15 jours pour les travailleurs permanents payés à l'heure, d'un mois pour les travailleurs payés au mois, de trois mois pour les agents de maîtrise, cadres et assimilés. Pendant le préavis le travailleur peut s'absenter deux jours par semaine pour la recherche d'un nouvel emploi.

[1221] L'accord fixe le délai de prise de décision à 10 jours et la priorité de réembauche à un an. La CCIT fixe ces durées respectivement à 15 jours et deux ans. La convention du commerce à 21 jours et deux ans.

industries, soit 30% par année d'ancienneté jusqu'à cinq ans, 35 % entre cinq et dix ans et 40 % au-delà de la 10e année d'ancienneté, moins favorables que ceux de la CCIT de 1978[1222]. Dans cet ordre d'idée, peut être mentionné l'alinéa 2 de l'article 91 de l'accord en vertu duquel « lorsque le travailleur a présenté sa demande en temps opportun, il doit être avisé de sa date de départ en congés un mois ou quinze jours en avance ». Cette règle renvoie à l'article 62 de la convention collective des industries alors que la CCIT n'institue pas d'obligation pour le travailleur de formuler une demande préalable en vue de jouir de ses congés payés[1223]. L'alinéa 5 de l'article 92 de l'accord de 1996 en vertu duquel « le rappel d'un agent en congés ne pourra intervenir que lorsque la bonne marche de l'entreprise ou de l'un de ses services l'exigera pour des raisons sérieuses » renvoie à la convention collective applicable à l'époque aux banques, établissements financiers et assurances du Togo[1224].

Les exemples de préférence pour des dispositions conventionnelles de rang inférieur à la CCIT font ressortir une démarche probable de recherche, au sein des textes de référence du territoire douanier, du « moins-disant » social[1225]. La réintroduction de dispositions du droit commun du travail révèle ainsi une démarche sélective au sein de la pluralité des composants de ce droit commun. Les exemples relatés montrent en outre la mise en œuvre d'une sélectivité au sein même des thématiques reprises dans l'accord collectif. Les reprises ou renvois ne concernent parfois qu'un point procédural ou substantiel de la thématique. La part du droit commun réintégré en zone franche est donc nécessairement complétée par des dispositions réécrites par les négociateurs de l'accord de 1996.

2. La réécriture ambivalente de règles du territoire douanier

Quelques dispositions conventionnelles ont pour originalité de prendre en considération des domaines ignorés par le droit commun ou de compléter des dispositions imprécises de ce droit commun. Si quelques innovations normatives paraissent louables sur le plan de la protection et de la sécurité

[1222] Les taux de la CCIT qui sont établis selon les mêmes durées d'ancienneté à 35, 40 et 50 % ont été repris ou revalorisés dans d'autres conventions sectorielles telles que celle applicable dans le secteur bancaire.

[1223] Selon la CCIT, la date de départ en congés est fixée d'un commun accord. En application de l'article 40b, un ordre de départ doit être communiqué au moins quinze jours avant la date fixée et être affiché. Elle est fixée par l'employeur en tenant compte si possible du désir du travailleur, sauf congé général pour fermeture de l'entreprise.

[1224] Elles précisent de façon tout aussi identique que dans ce cas, l'agent rappelé conservera le bénéfice de son allocation de congé et percevra à nouveau son salaire dès son retour. Le rappel du travailleur parti en congé est un peu différemment organisé par la convention collective des industries du pétrole et, désormais, par la CCIT de décembre 2011.

[1225] À l'exception des montants d'indemnisation du travailleur malade pour lesquels le code du travail en vigueur à l'époque était moins généreux. L'ajout au traitement du décès du travailleur la rupture du contrat de la disposition selon laquelle « l'employeur accepte de faire un don symbolique de participation aux frais d'inhumation » qui existe dans des dispositions sectorielles mais non dans la CCIT est aussi une exception.

juridique des travailleurs (a), d'autres créations juridiques sont toutefois plus discutables (b).

a. Des innovations normatives louables

L'analyse comparative des sources togolaises de droit du travail met en exergue la démarche juridique innovante des rédacteurs de l'accord de 1996. Si quelques dispositions paraissent simplement inscrites dans l'objectif d'apporter des précisions au regard du droit commun du travail togolais, d'autres créations contenues dans cet accord révèlent la prise en considération d'autres sources juridiques. La zone franche se voulant une contribution, dans une logique de libéralisation, à l'ancrage du Togo dans l'environnement économique international, les rédacteurs ont cherché à prendre appui sur des sources juridiques diversifiées et exogènes à l'État togolais. Les sources d'inspiration de cette production de droit du travail ont pu être le droit du travail français, connu pour constituer une forme de « modèle importé[1226] » pour les États anciennement administrés par la France, le droit du travail d'autres pays de la sous-région et les évolutions de droit international du travail.

L'exemple le plus significatif de la possible influence du droit du travail français tient à l'originalité du droit disciplinaire de l'accord collectif de la zone franche. À l'instar du code du travail togolais, l'accord collectif sur les relations de travail en zone franche précise que le règlement intérieur fixe notamment les règles générales et permanentes relatives à la discipline, la nature, l'échelle des sanctions et les droits de défense des travailleurs. L'article 60 de l'accord donne une définition générale de la faute disciplinaire[1227] à la différence des conventions collectives du territoire douanier qui ne contiennent pas l'idée de hiérarchie des fautes professionnelles et se contentent de donner des exemples de faute lourde. L'article 61 de l'accord précise utilement que les fautes disciplinaires se prescrivent dans un délai de deux mois à compter du jour où l'employeur en a connaissance. La sanction disciplinaire est définie par l'article 62 similairement au code du travail français : « toute mesure, autre que les observations verbales, prise par l'employeur à la suite d'un agissement ou d'une omission du travailleur, considérés par lui comme fautifs, que cette mesure soit de nature à affecter immédiatement ou non la présence du travailleur dans l'entreprise, sa fonction, sa carrière ou sa rémunération[1228] ». L'accord collectif rappelle l'interdiction des sanctions pécuniaires, auxquelles il assimile

---

[1226] V. par exemple, P. Auvergnon, « Modèles et transferts normatifs en droit du travail de pays africains », *Bulletin du Comptrasec*, Bordeaux, 2005, p. 117.

[1227] « La faute disciplinaire suppose la violation injustifiée d'une obligation professionnelle. Les comportements fautifs du travailleur ne peuvent être sanctionnés disciplinairement, s'ils ne sont pas relatifs à l'exécution de la prestation de travail ».

[1228] L'article 62 est identique à l'article L. 1331-1 du code du travail français mais ajoute l'acte « d'omission ». L'article 66 de l'accord sur l' « amnistie des sanctions » reprend l'article L. 1332-5 du code du travail français.

utilement la diminution de salaire, ainsi que les règles sur le cumul des sanctions. Son article 65 précise que « la sanction doit être proportionnée à la gravité de la faute commise ». Ces précisions sur le droit disciplinaire sont innovantes au regard du droit issu des conventions collectives togolaises dont une interprétation est que tout comportement fautif peut être constitutif d'une faute lourde. L'institution d'un délai de prescription est un rempart au libre exercice du pouvoir disciplinaire de l'employeur[1229].

La différenciation entre le licenciement pour motif personnel et le licenciement pour motif économique, la prise en considération des difficultés économiques passagères de l'entreprise, l'encadrement original du licenciement individuel ou l'institution de règles sur la démission sont des innovations de l'accord de 1996. L'article 41 de l'accord précise qu'un motif personnel ou un motif économique peut justifier un licenciement individuel ou collectif alors que, sous l'égide du silence du code de 1974, les conventions collectives employaient la notion de « licenciement collectif » pour désigner le licenciement intervenu pour motif économique. L'article 36 de l'accord de zone franche traite de la « mise à pied économique ou chômage partiel », thème absent du droit commun togolais de l'époque. La procédure de licenciement individuel instituée par l'accord collectif de 1996 est originale au regard du droit commun puisqu'une obligation de convoquer le ou les travailleur(s) concerné(s) à un entretien en présence des délégués du personnel est créée[1230]. Néanmoins, on ne retrouve pas dans l'accord l'expression de « cause réelle et sérieuse » ou de « motif légitime » sous-entendue par l'affirmation en droit commun togolais de l'octroi de dommages et intérêts en cas de rupture abusive. L'accord collectif de 1996 établit, à l'instar de certains droits nationaux de la sous-région[1231], une liste des motifs personnels du licenciement : « la faute, la maladie prolongée, l'inaptitude physique, l'insuffisance professionnelle, l'attitude du travailleur vis-à-vis de son travail, de ses collègues ou de son supérieur ». La précision de règles de forme entourant la démission du travailleur, absentes du droit du territoire national mais qu'on retrouve dans certains droits nationaux de l'espace OHADA[1232], s'insère dans cette dynamique de réintroduction de règles

---

1229 Ce n'est qu'avec la nouvelle CCIT de 2011 que ce délai a été instauré sur le territoire douanier.

1230 Cette convocation préalable bien connue en droit français est aussi stipulée dans le projet d'acte uniforme de l'OHADA dont la première rédaction est intervenue postérieurement à la signature de l'accord de la zone franche. Elle peut être exprimée dans quelques droits nationaux de la sous-région comme par exemple au Niger. Seule la formalité de notification écrite avec précision du motif est obligatoire sur le territoire douanier du Togo.

1231 Article 45 du code béninois : « le motif du licenciement peut tenir à la personne du salarié, qu'il s'agisse de son état de santé, de son inaptitude à tenir l'emploi, de son insuffisance professionnelle ou de sa conduite fautive. Le licenciement est alors qualifié de licenciement pour motif personnel ». L'article 50 du code gabonais contient une liste restrictive : « le motif personnel peut tenir à l'inaptitude physique ou professionnelle du salarié, ou à son comportement fautif ».

1232 Le droit français impose le respect d'un préavis et la possibilité d'abus de la part du travailleur. Le projet d'acte OHADA prévoit ces précisions ainsi que la notification écrite. Les droits burkinabé et gabonais prévoient cette notification écrite.

substantielles et procédurales en matière de rupture du contrat de travail. L'article 39 de l'accord collectif qui précise que le travailleur peut mettre fin, à n'importe quel moment, au contrat qui le lie à un employeur dès lors qu'il le notifie par lettre recommandée, sous-entend en outre une volonté de consacrer une large liberté de démissionner.

L'accord collectif de 1996 contrecarre largement la prévision règlementaire d'une libre négociation des conditions de travail en encadrant assez précisément la durée du travail. Les durées de 40 heures par semaine et de 10 heures par jour sont le principe. Un contingent annuel de 130 heures supplémentaires par an « dites libres » est institué par l'article 78. Cette notion de contingent est exorbitante du droit commun du travail et rappelle quelques dispositions de droit français[1233]. La règle numérique de 130 heures paraît plus favorable que la limitation hebdomadaire de 8 heures de l'arrêté togolais du 30 juillet 2010[1234]. La notion de travail à temps partiel est aussi développée dans l'accord sous l'influence possible notamment du droit international du travail[1235]. L'employeur ne peut pas « l'imposer à un travailleur déterminé » et le contrat de travail à temps partiel doit être écrit et précis[1236]. L'accord contient en outre l'article 148 qui institue l'obligation de « comités d'hygiène, de sécurité et des conditions de travail » au sein des entreprises de la zone franche qui comptent plus de 50 travailleurs alors que le droit commun togolais est à l'époque « en retard » sur cette institution représentative[1237]. Les modalités de leur mise en place sont toutefois peu précisées, en dehors de la prévision selon laquelle les représentants « sont désignés par un collège formé des membres élus des délégués du personnel ».

Ces quelques exemples doivent être complétés par des créations juridiques non précisément rattachables à une influence formelle endogène ou exogène mais qui poursuivent l'idée de sécurisation juridique du travailleur dans l'exécution de son contrat de travail et au regard de son emploi. Le chapitre sur la formation professionnelle institue un « droit à la formation professionnelle ». Dès son embauche, le « manœuvre » bénéficie d'une « formation qualifiante »

1233 Article L. 3121-11 du code du travail français qui renvoie à un décret.

1234 Néanmoins, cet arrêté impose des motifs précis prévalant à l'utilisation des heures supplémentaires : travaux urgents et exceptionnels ou saisonniers ou justifiés soit par un surcroît extraordinaire de travail, soit par pénurie de la main-d'œuvre, en vue de maintenir ou d'accroître la production. Ces précisions ne paraissent pas outre mesure restrictives à l'égard de l'employeur.

1235 Convention OIT n° 175 sur le travail à temps partiel de 1994.

1236 Le temps partiel a été intégré au droit commun togolais aux termes de la réforme de 2006 du code du travail et d'un arrêté d'application de juillet 2010.

1237 La circulaire ministérielle togolaise de 1996 créant juridiquement cette institution représentative du personnel n'a pas été suivie d'effets. Cette création renvoie à la Convention OIT n° 155 de 1981 sur la santé et la sécurité. Le code béninois prévoit cette représentation dans les entreprises de plus de 30 travailleurs et le code nigérien institue des « comités de santé et de sécurité » dans celles de plus de 50 travailleurs. Les droits burkinabé et comorien sont moins « impératifs » : le code du Burkina Faso mentionne ce comité sans en préciser l'institution obligatoire et le code comorien précise qu'ils doivent être mis en place « dans la mesure du possible ».

de six mois maximum à l'issue de laquelle il devient « spécialisé ». L'article 12 institue le droit à une formation professionnelle continue, financée par l'employeur dans le cadre d'un plan de formation. Enfin, le travailleur qui a plus de deux ans d'ancienneté a le droit de jouir d'un congé-formation. L'accord impose la formalisation écrite avec mentions obligatoires pour toute conclusion d'un contrat de travail et précise que la preuve du contrat de travail ne dépend pas de ce document écrit. L'article 18 de l'accord dispose que le CDD qui se poursuit après le terme « se transforme *ipso facto* en CDI ». La période d'essai du CDD est précisée à la différence du droit commun togolais. La mise à pied économique ou le chômage partiel ne peuvent être imposés au travailleur. Diverses primes sont instituées et l'employeur doit aider financièrement le travailleur hospitalisé.

Si tous ces exemples caractérisent une re-régulation louable au regard du risque social de la dérégulation absolue sous-entendue par le dispositif étatique sur la zone franche, il est toutefois surprenant, au regard des multiples sources d'inspiration des négociateurs, de noter quelques silences. L'accord mentionne de façon générale l'application de la loi aux « conditions particulières » de travail des femmes. Le congé de maternité n'est pas précisé alors que l'accord évoque le droit au repos de la « femme en couches »[1238]. Ceci est d'autant plus surprenant que la proportion de femmes dans les entreprises de zone franche est élevée[1239]. Les articles qui prennent soin d'encadrer l'institution des délégués du personnel ne comportent aucune règle relative à l'organisation, au déroulement et au résultat du scrutin. En dehors de la mention d'un « protocole électoral » préalable et du risque de « délit d'entrave », rien n'est établi quant à l'éligibilité, la présentation de listes ou le vote à bulletin secret. En outre, on note l'absence de toute référence au principe de non-discrimination ou à celui d'égalité salariale entre les femmes et les hommes. Il est de plus assez étonnant que l'accord n'établisse pas, à la différence du droit conventionnel togolais, une limitation de la durée de la mise à pied disciplinaire[1240]. À ces silences s'ajoutent quelques appropriations juridiques paraissant davantage poursuivre la sécurisation juridique de l'investisseur que celle du travailleur.

[1238] La manière dont est précisé le repos de la femme en couches est regrettable. Il en découle délicat de savoir le délai pendant lequel la femme bénéficie de ce repos d'une heure par jour qui renvoie au repos pour allaitement du droit commun. Ce repos journalier pour allaitement est en principe de 12 mois. La précision du droit pour la femme en couches de bénéficier du repos les jours fériés est pour le moins étrange au regard de la disposition générale selon laquelle « les femmes ne peuvent être employées les jours fériés ».

[1239] Si cette proportion est peu élevée au regard des constats statistiques faits dans les zones franches d'autres États, il n'en demeure pas moins qu'elle représente une part importante du personnel employé dans les entreprises implantées au Togo. Les femmes représentent en 2007 environ 32 % des travailleurs togolais de la zone franche (E. M. Boyodi, *op. cit*).

[1240] L'article 69 de l'accord, sur la procédure normale, établit une liste de sanctions possibles qui peuvent être « un blâme, une mise à pied, une mutation ou une rétrogradation ».

b. Des innovations juridiques critiquables

Quelques précisions substantielles ou procédurales de l'accord collectif de 1996 paraissent vider de sens l'affirmation du droit qu'elles encadrent. En outre, certaines formulations juridiques créant certains dispositifs remettent en cause l'utilité d'autres dispositifs de l'accord. Il ressort enfin de l'ensemble du texte de l'accord l'impression de la création d'un droit formel dont l'application est rendue assez explicitement dépendante de sa connaissance précise par le travailleur ou des volontés patronales.

Les règles relatives au bénéfice des congés payés, aux permissions exceptionnelles et au décès du travailleur instituent des droits dont le bénéfice effectif dépend de la demande du travailleur parfois suivie de l'acceptation de l'employeur. L'article 91 institue une règle procédurale qui implique que le travailleur présente une demande préalable en vue du bénéfice effectif de ses congés : « lorsque le travailleur a présenté sa demande de congés en temps opportun, il doit être avisé de la date de son départ (...). La permission exceptionnelle pour convenance personnelle est accordée par « autorisation écrite ». Le travailleur doit, à son retour, « aviser l'employeur de sa reprise du travail ». La disposition selon laquelle l'employeur, en cas de décès du travailleur, « accepte de faire un don symbolique » suppose en outre que les ayant-droits du travailleur en fassent la demande.

Les dispositions sur les formalités obligatoires après la rupture d'un contrat de travail s'imposent quant à elles au travailleur. À la différence de certaines dispositions conventionnelles en vigueur sur le « territoire douanier », le travailleur n'a pas besoin de formuler une demande en vue d'obtenir un certificat de travail. L'employeur est tenu, en vertu des articles 52 et 53 de l'accord collectif de 1996 de délivrer ce certificat qui « contient exclusivement la date d'entrée et de sortie, la nature de l'emploi ou, le cas échéant, des emplois successivement occupés (...) » et dans lequel « les mentions défavorables qui peuvent nuire au travailleur sont interdites ». L'article qui suit institue l'obligation de délivrer un « reçu pour solde de tout compte, en tous les cas, en l'absence de tout lien de subordination vis-à-vis de l'employeur ». Un alinéa ajoute que « ce reçu n'a d'effet libératoire pour l'employeur qu'à l'égard des éléments de rémunération, salaires et indemnités dont le paiement a été envisagé au moment du règlement des comptes ». La mesure de l'effet libératoire de la remise de ce document est rendue difficile ; l'impression est créée d'une marge de manœuvre réduite du travailleur qui souhaiterait contester les conséquences de son licenciement.

La formulation de certains énoncés qui s'inscrivent au sein d'un dispositif dont l'objet est d'affirmer un droit d'expression et de participation du travailleur remet en cause les possibilités de réalisation de ce droit. L'article 104 dispose par exemple qu' « il appartient aux parties de choisir, lors de la conclusion du contrat de travail, le mode de rémunération en fonction de la nature de la prestation de travail (...) ». L'article 124 vient toutefois relativiser cette idée de contractualisation du mode de rémunération en indiquant que l'employeur « est en droit de proposer une modification du salaire sous la seule réserve de la discrimination ». Cela ressort également de l'article 25 sur la « révision du contrat » : l'employeur convoque le travailleur qui donne son « acceptation de principe ». La même remarque peut être faite sur l'entretien préalable au licenciement. Si le principe voudrait qu'il serve à la défense du travailleur, ou tout du moins à l'expression d'une défense par le travailleur contre ce licenciement, l'article 43 de l'accord précise qu'à l'occasion de cet entretien, le travailleur « se voit notifier la raison qui motive le licenciement »[1241]. La concomitance de l'entretien et de la notification du licenciement suggérée par ce texte remet en cause l'exercice réel d'un droit d'expression du salarié.

Comment appréhender en outre l'articulation entre une disposition qui détermine des règles avec une autre qui affirme qu'elles n'en sont pas ? Par exemple, si l'accord détermine un encadrement de la durée du travail et du repos, l'interprétation de l'alinéa 2 de l'article 77 en vertu duquel « la durée légale ne constitue ni un maximum, ni un minimum » est difficile. Les règles qui entourent le licenciement soulèvent cette même interrogation. L'employeur semble totalement libre de licencier dès lors que la procédure est respectée. Aucune illégitimité du motif de licenciement n'est envisagée, de même qu'aucun abus ou contrôle de cet abus n'est prévu. Cette remarque peut aussi ressortir de l'interprétation de l'article qui concerne le règlement intérieur de l'entreprise. L'adoption de ce dernier doit impliquer les délégués du personnel. L'alinéa 4 de l'article 56 de l'accord assimile même le règlement intérieur à un « accord conclu entre le chef d'entreprise et les délégués du personnel ». Toutefois, l'absence d'obligation d'établir ce document révèle le caractère facultatif de l'édiction de cette norme professionnelle donc un choix discrétionnaire de l'employeur sur ce point. L'article 57 ajoute à l'ambigüité du caractère obligatoire ou non du règlement intérieur en spécifiant que « l'employeur peut prendre des mesures qui portent prescriptions générales et permanentes sous forme de notes de service, circulaires, ou directives d'entreprises » dont l'élaboration doit aussi impliquer les délégués du personnel.

Les règles sur le droit disciplinaire sont tout aussi ambiguës. Il en ressort que les rédacteurs de l'accord ont pu s'inspirer du droit français tout en le vidant de sa logique. L'institution conventionnelle d'une double procédure disciplinaire illustre très visiblement cette influence. Les articles 68 et 69 de l'accord instituent respectivement une procédure simplifiée et une procédure normale de prononcé d'une sanction disciplinaire. L'article 68 de l'accord dispose que

---

[1241] Nous pourrions ajouter ici la disposition relative au à la mise à pied économique ou au chômage technique en vertu de laquelle le travailleur doit donner son accord. L'effet de son accord est qu' « en principe, il n'y a pas droit à rémunération » et l'effet de son refus est le licenciement dont l'encadrement est peu contraignant.

« lorsque l'employeur envisage de prononcer une sanction qui a ou non une incidence immédiate sur la présence du travailleur dans l'entreprise, sa fonction, sa carrière ou sa rémunération, il est seulement tenu d'informer celui-ci, par écrit, des griefs formulés contre lui au moment où il lui inflige la sanction ». La procédure normale, au titre de l'article 69 de l'accord, rétablit les droits de la défense du travailleur qui est convoqué à un entretien, assisté d'un délégué du personnel lorsque l'employeur « envisage de prononcer un blâme, une mise à pied, une mutation ou une rétrogradation ». La rédaction de ces articles aboutit à une appropriation inversée du droit français puisqu'aux termes de l'accord, seules les sanctions sans incidence sur la présence du travailleur dans l'entreprise justifient la mise en œuvre de la « procédure normale » tandis que toutes les sanctions quelle que soit l'incidence sur l'emploi du salarié peuvent lui être notifiées sans entretien préalable[1242].

L'enjeu de la création d'un droit d'expression des travailleurs qui s'exerce dans le cadre de « groupes d'expression » est également questionnable. Le chapitre sur le « statut du travailleur » contient cinq articles sur le droit d'expression des travailleurs. L'article 71 établit les différentes modalités de son exercice : individuellement « sans passer par des représentants élus », « à l'intérieur d'un groupe » ou « à la base de débats portant sur les conditions de travail ». L'article 72 vient cependant préciser que les modalités d'exercice de ce droit sont « définies par un accord d'expression ». Ces accords « indiquent le niveau, le mode d'organisation, la fréquence et la durée des réunions permettant l'expression des travailleurs (...), précisent (...) les modes de transmission (...) des demandes et propositions des travailleurs à l'employeur (...), [et organisent] le droit d'expression du personnel d'encadrement ayant des responsabilités hiérarchique ». En l'absence de cet accord d'expression, la consultation des représentants du personnel a lieu une fois par an. Ce dispositif sur l'expression dans l'entreprise laisse entrevoir une perspective normative pour le moins défavorable à l'exercice effectif de la liberté d'expression des travailleurs. Les composantes de ce droit formel d'expression font soupçonner une volonté implicite de restriction des voies d'expression dans l'entreprise[1243].

1242 L'article L1332-2 du code français s'inscrit dans un tout autre esprit puisque la procédure simplifiée est possible lorsque la sanction constitue un avertissement ou n'a pas d'incidence, immédiate ou non, sur la présence, la fonction, la carrière ou la rémunération du salarié. Le remaniement de ce texte via l'expression « sanction qui a ou non une incidence immédiate » sur la présence, la fonction etc. renverse le sens justificateur du dédoublement de procédure.

1243 Le droit des salariés à « l'expression directe et collective sur le contenu, les conditions d'exercice et l'organisation de leur travail » de l'article L. 2281-1 du code du travail français, institué par une loi Auroux de 1982, a suscité quelques controverses à l'époque quant à ses effets non seulement pour l'entreprise mais aussi pour les représentants syndicaux et les salariés eux-mêmes. Il est à ce jour bien distingué de la liberté d'expression de l'article 10 de la CEDH et L. 1121-1 du code du travail. L'arrêt de la chambre sociale de la Cour de Cassation du 8 décembre 2009 (pourvoi n° 08.17-191) précise bien que le droit d'expression s'exerce collectivement. Il demeure toutefois des confusions dans les formulations jurisprudentielles de l'abus de la liberté d'expression face au peu de vitalité du droit individuel d'expression collective de l'article L. 2281-1 (V. par exemple J.

Elle ressort d'ailleurs en partie de l'article 59 de l'accord sur la mise à disposition de panneaux d'affichage sur lesquels « toute communication affichée devra être signée nominativement » et « devra avoir un objet exclusivement professionnel et aucun caractère de polémique »[1244].

L'analyse de la re-régulation des relations subordonnées de travail opérée dans l'accord collectif met en relief une ambivalence des objectifs de cette entreprise juridique. La réintroduction de dispositions de droit commun, la re-procéduralisation et quelques précisions substantielles sont des initiatives louables au regard de ce qu'annonçait le droit étatique de la zone franche. La méthodologie de réappropriation dont résulte une partie du droit du travail particulier applicable en territoire non douanier a néanmoins consisté à amoindrir la protection des salariés. La validité de ce support conventionnel « atypique » n'a également pas été remise en question. Ce texte confirme en outre la déficience de contrôle et de contrepouvoir suggérée par le droit étatique.

§2 – Une déficience de contrôle et de contrepouvoir

L'accord collectif de 1996 s'inscrit dans la droite ligne du dispositif étatique sur la zone franche qui sous-entend le remplacement de l'État par la SAZOF et l'éviction de la liberté syndicale et du droit de grève en zone franche. Les dispositions de l'accord confirment la substitution de l'inspecteur du travail et du juge (A). La reprise par l'accord du silence étatique sur la représentation syndicale et la grève a contribué à leur interdiction de fait pendant vingt ans (B).

A. La substitution de l'inspecteur et du juge

Les rédacteurs de l'accord collectif de 1996 ont veillé, dans la réintroduction de quelques dispositions du droit commun du travail, à ce que l'administration centrale du travail normalement compétente soit remplacée par le service de la SAZOF. Les attributions administratives concernant le suivi et le contrôle des relations subordonnées de travail sont toutes transférées à la SAZOF (1). L'accord collectif complète la procédure dérogatoire règlementaire de résolution des différends individuels et collectifs en consacrant l'incompétence des instances administratives et judiciaires, donc la dévolution totale à la SAZOF de la résolution des différends du travail (2).

Pélissier, G. Auzero, E. Dockès, *Droit du travail*, Précis Dalloz, 2010, p. 948, M. Kocher, « Méfiez-vous de vos @mis », *RDT*, 2011, p. 39 et J.-M. Chonnier, « Internet et le droit d'expression des salariés », *SSL*, 2011, n° 1507).

[1244] « Elle sera affichée par les soins des délégués du personnel, après communication d'un exemplaire à l'employeur ».

1. Le transfert du suivi et du contrôle

Le terme de « transfert » illustre la méthodologie conventionnelle qui a consisté à doter la SAZOF des compétences normalement attribuées aux services de l'administration du travail. Il convient de présenter la création d'un service spécifique de l'emploi et du travail au sein de la SAZOF (a) avant d'analyser la similarité des attributions de ce service avec celles de l'inspection du travail en territoire douanier (b).

a. Un service de l'emploi et du travail propre à la SAZOF

L'accord collectif de 1996 utilise le terme générique de « SAZOF » pour dénommer l'organisme destinataire des formalités obligatoires des employeurs ou l'entité appelée à intervenir dans telle ou telle circonstance ayant trait aux relations subordonnées de travail. Les trois textes que sont la loi de 1989, le décret de 1990 et celui de 1994 ne précisent pas l'organisation de ce guichet unique « multiforme[1245] ». Le décret de 1994 portant création de la SAZOF prévoit seulement que des « statuts de la SAZOF » soient adoptés conformément à la loi sur les sociétés anonymes. Ne disposant pas de ce document ni de données sur la date éventuelle de son adoption, nous prenons appui sur les informations disponibles sur le site internet officiel de la zone franche du Togo[1246] ainsi que dans les documents élaborés au Togo au sujet des conditions de travail dans la zone franche[1247]. Les entretiens avec des représentants de ces services corroborent globalement ces informations[1248]. Parmi les différents départements qui composent la SAZOF, « la direction de l'emploi et des relations sociales » est compétente en matière de droit du travail. Cette direction est divisée, selon le site officiel de la SAZOF, entre « le service de l'Emploi, le service du Travail et le service de la Santé et Sécurité au Travail ».

Les attributions de ces trois services sont précisées sur le site officiel de la zone franche. La direction de l'emploi et des relations sociales de la SAZOF y apparaît substituée à l'administration du travail. Aucune collaboration entre ces deux entités n'est perceptible[1249]. Le service de l'emploi « tient une statistique des demandes d'emploi et des qualifications et met en contact les deux parties (...). Il fait aussi le suivi de l'embauche ou du rejet des licenciements ». Le service du travail « contrôle les conditions générales du travail au sein des

---

[1245] A. Sikpa, E. Sitti, Togo, *op. cit.*, 2000.

[1246] http://zonefranchetogo.tg

[1247] Nous nous réfèrerons notamment à deux études de 2008 (E. M. Boyodi, ENA Togo, 2008, *op. cit.* A. Aglamey-Pap, WSM-SADD, Lomé, 2008, *op. cit.*).

[1248] Cf. Entretiens avec le conseiller juridique et le directeur de l'emploi de la société d'administration de la zone franche (SAZOF) (Lomé, 9 janvier 2009), avec le directeur de l'emploi de la SAZOF (Lomé, 11 février 2009) et entretien informel avec une employée du service de l'emploi et des relations sociales de la SAZOF (Lomé, 26 décembre 2008). Nous complèterons avec les informations recueillies au cours d'un entretien avec le nouveau directeur de l'emploi de la SAZOF en septembre 2011.

[1249] http://zonefranchetogo.tg/fr/index.php?idr=1&&ida=84&&p=article

entreprises de zone franche. Il fait le suivi de la classification catégorielle, assiste et conseille les sociétés ». Il « contrôle également les règlements intérieurs ou aide à leur élaboration. Il organise les élections des délégués du personnel et les forme à bien jouer leur rôle. Il veille également à l'application du code du travail et surtout de l'accord du 1er juin et s'assure qu'un bon climat social règne dans les entreprises en effectuant des visites surprises. Aujourd'hui, c'est ce service qui contrôle l'application des augmentations des salaires ». Le service de santé « assiste et conseille les dirigeants de société sur les risques professionnels liés à leur secteur d'activité et les mesures adéquates à prendre pour minimiser ces risques. Il analyse les rapports annuels sur la santé et la sécurité au sein des sociétés de la Zone Franche. Il veille également à l'installation des comités de santé et sécurité dans les sociétés ».

Le remplacement de l'administration du travail du territoire douanier par le département propre à la SAZOF est globalement confirmé par les inspecteurs du travail[1250] tandis que les agents de la SAZOF, à l'instar de certains chefs de service de l'administration centrale du travail, la tempèrent par l'affirmation de l'existence d'une collaboration. Il apparaît en effet que des mécanismes d'association entre la direction de l'emploi de la SAZOF et un consultant inspecteur du travail désigné comme tel se soient mis en place à partir de 2008-2009[1251]. Ces mécanismes sont diversement présentés. Le directeur général du Travail de la zone douanière affirme que ses services restent en principe compétents en matière de santé et de sécurité et qu'il arrive, « sporadiquement », qu'ils interviennent sur d'autres problèmes[1252]. L'inspecteur du travail qui a été désigné comme interlocuteur de la SAZOF dit en revanche n'avoir jamais visité d'entreprise de zone franche et intervenir si le directeur de l'emploi de la SAZOF le contacte[1253]. Les agents de la SAZOF

1250 « Nous on n'a pas accès à la zone franche. C'est la SAZOF qui s'en occupe. Il faut respecter les institutions de l'État » (Cf. Entretien avec un inspecteur du travail, zone Lomé nord, Lomé, 15 novembre 2008). « La loi nous a exclus (…) » (Cf. Entretien collectif avec des jeunes inspecteurs du travail, Lomé, 16 décembre 2008). « C'est un décret ou arrêté qui prévoit que l'inspection n'a pas de droit de visite dans cette zone de même que le règlement des conflits » (Cf. Entretien avec un inspecteur du travail, chef de la zone est de Lomé, Lomé, 9 janvier 2009).

1251 « Nous sommes en collaboration permanente, ils nous délèguent un inspecteur du travail qui travaille avec nous. Il vient ou on le sollicite, ça dépend pour quoi » (Cf. Entretien avec le conseiller juridique et le directeur de l'emploi de la société d'administration de la zone franche (SAZOF), Lomé, 9 janvier 2009). « Un inspecteur, directeur des études recherches et statistiques, a été désigné pour être le correspondant de la SAZOF » (Cf. Entretien informel avec une employée du service de l'emploi et des relations sociales de la SAZOF, Lomé, 26 décembre 2008).

1252 « Nous allons en zone franche que par rapport à certaines attributions clé. Pour les aspects santé sécurité au travail, nous sommes encore compétents. Mais pour les autres aspects…contrats de travail, on n'est pas compétents (…). Parfois, quand les problèmes dépassent la structure chargée de gérer la ZFIE, ils nous font appeler pour venir régler leurs problèmes » (Cf. Entretien avec le directeur général du Travail, Lomé, 14 novembre 2008).

1253 « On m'appelle parfois pour y aller. Par exemple pour donner un point de vue » (Cf. Entretiens avec un inspecteur du travail, directeur des normes et des relations de travail, Lomé, 26 novembre 2008 et 12 février 2009).

présentent une collaboration plus large. Le conseiller juridique de la SAZOF et le directeur de l'emploi évoquent même un réseau de contrôle des contrats de travail qui passeraient automatiquement par l'administration centrale du travail[1254]. Ces agents se fondent sur leur « respect des textes » pour expliciter cette collaboration en matière de contrats de travail. Admettent-ils donc implicitement que les dispositions du droit commun ont une valeur normative supérieure à celles des textes spécifiques à la zone franche qui programment l'incompétence de l'administration centrale du travail ?

Les mécanismes de collaboration présentés ci-dessus sous-entendent toutefois l'institution d'une forme de hiérarchie entre l'intervention de la SAZOF et celle de la DGTLS. Ils doivent être relativisés à l'aune de la considération générale d'incompétence chez les inspecteurs du travail. L'explication par ces derniers de la cause de leur incompétence varie néanmoins. Certains la justifient exclusivement par le droit particulier de la zone franche qui se substitue au droit commun tandis que d'autres agents insèrent cette explication parmi d'autres. La prise en compte des pouvoirs qui sont à la source du projet de zone franche a joué un rôle dans le rejet de demandes émanant de travailleurs de la zone franche[1255]. L'effectivité de la substitution de l'inspection du travail par la SAZOF paraît découler d'une diversité de représentations qui génère une « force normative » particulière des textes spécifiques de la zone franche, indifférente à la validité juridique des modalités de leur adoption et des dispositions qui les composent.

Selon une étude réalisée en 2008 dans le cadre de la formation en administration du travail de l'ENA du Togo, l'organisation d'une collaboration entre la SAZOF et un inspecteur du travail du territoire douanier ressortirait de « l'article 8 du statut de la zone franche » qui renvoie en fait à l'article 8 du décret de 1990[1256]. Une étude réalisée la même année par une association de Lomé dénonce quant à elle l'illégalité de la compétence de la SAZOF en matière de relations de travail au regard de l'article 7 de la loi de 1989 qui délimite les attributions de la SAZOF[1257]. Cette recherche de compatibilité ne semble pas avoir

---

[1254] « Les contrats sont envoyés à la SAZOF et après à l'inspection du travail et ils sont vérifiés par le directeur général de l'administration du travail. Ils sont visés par lui » (Cf. Entretien avec le conseiller juridique et le directeur de l'emploi de la société d'administration de la zone franche (SAZOF), Lomé, 9 janvier 2009).

[1255] « Si vous vous sentez d'aller vous vous exposez quand même à des réprimandes, non pas des réprimandes mais c'est à vos risques et périls parce que c'est un ministre (...). Vous n'êtes pas autorisé à aller dans la zone. Des salariés viennent et quand on leur demande d'aller à la SAZOF, puisque c'est la SAZOF, pour que le problème soit résolu, ils partent avec un désespoir » (Cf. Entretien avec le directeur régional du travail de Kara, région de la Kara, 6 décembre 2008).

[1256] Cet article dispose que la SAZOF « exerce notamment le contrôle, l'inspection, la supervision de zones ou d'entreprises agréées au statut de zone franche » et « assure également en rapport avec les organismes du secteur public ou privé l'accomplissement de toutes les formalités permettant (...) toutes activités jugées nécessaires au bon fonctionnement des ZFIE » (E. M. Boyodi, *op.cit,*. p. 17).

[1257] Il s'agit de l'identification et définition des zones, la recherche des promoteurs de zones, la réalisation des infrastructures de base jusqu'au périmètre des zones, l'accomplissement des animé les négociateurs de l'accord collectif de 1996 qui ont pris soin de totalement substituer le service étatique de l'inspection du travail par la SAZOF. Les rédacteurs du texte se sont simplement contentés de reprendre pratiquement les attributions du droit commun en remplaçant l'autorité compétente par le terme générique « SAZOF ».

b. Des attributions similaires à l'inspection

L'accord collectif de 1996 reprend une partie importante des interventions de l'inspection du travail telles que formulées au sein des codes du travail de 1974 et de 2006. Le remplacement de l'inspection du travail par la SAZOF ainsi que quelques différences rédactionnelles tempèrent néanmoins cette marque de « rigidité » du droit conventionnel de 1996. Le droit commun du travail togolais détient la particularité de programmer une immixtion importante du service de l'inspection du travail dans la formation et le déroulement des relations contractuelles de travail. Nous avons présenté cet attribut au travers de la réforme du code du travail de 2006, des arrêtés d'application de juillet 2010, des modalités d'intervention étatique dans la négociation collective et de quelques créations conventionnelles d'un contrôle étatique. Une critique de l'ampleur des formalités ou sollicitations obligatoires auprès de l'inspection du travail peut être formulée sous couvert de celle de la rigidité du droit du travail en inadéquation avec les exigences contemporaines de souplesse. Ces prévisions soulèvent également, au regard du contexte socio-économique, la question de leur efficacité en matière de contrôle du respect du droit du travail. Il peut être assez surprenant, au vue du libéralisme économique qu'incarne la zone franche et de la souplesse officiellement recherchée, de remarquer que l'accord collectif applicable à la zone franche reprend ces prévisions.

La « SAZOF » est diversement compétente pour suivre et contrôler les relations de travail en œuvre dans les entreprises de la zone franche. À l'instar de l'inspection du travail du territoire douanier, la SAZOF reçoit les lettres de notification de licenciement et de sanctions disciplinaires ainsi que l'ordre des licenciements pour motif économique. Elle donne son avis sur les règlements intérieurs[1258], aide à l'organisation des élections professionnelles et accorde les autorisations d'heures supplémentaires[1259] ou de licenciement d'un représentant du personnel[1260]. De plus, la SAZOF désigne le médecin compétent pour donner son avis en vue du remplacement définitif d'un travailleur malade[1261] et doit être consultée sur tout projet de mise en chômage partiel[1262]. La SAZOF, « le

formalités administratives pour les promoteurs de zones et les entreprises, la coordination des différentes zones, l'instruction et l'analyse des dossiers d'agrément. « Elle n'est habilitée ni à créer, ni à gérer une zone franche » (A. Aglamey-Pap, SADD-WSM Togo, *op. cit.*, p. 17).

[1258] Article 58 de l'accord.

[1259] Article 78 de l'accord.

[1260] Article 157 de l'accord.

[1261] Article 31 de l'accord.

[1262] Article 37 de l'accord.

médecin de l'entreprise et les délégués du personnel « concourent à l'hygiène et à la sécurité dans l'entreprise »[1263]. Avec le comité d'hygiène, de sécurité et des conditions de travail, la SAZOF assure « le contrôle de l'application de la règlementation dans ces deux domaines[1264] ». La SAZOF constate l'infraction du délit d'entrave à l'élection des délégués du personnel et met en demeure l'employeur[1265]. La SAZOF doit être saisie par l'employeur qui entend interdire l'affichage par les délégués du personnel de communications destinées aux travailleurs[1266]. Les prévisions d'intervention de la SAZOF sont donc importantes. Son intervention prescriptive est souvent obligatoire et touche à la fois à la relation individuelle de travail, aux conditions de travail ainsi qu'aux relations collectives.

Une relativisation de l'impression de rigidité du droit conventionnel de zone franche ressort toutefois de la non-reprise de certaines compétences de l'inspection du travail du territoire national, de la reformulation de certains enjeux de l'intervention de l'autorité compétente ainsi que de l'absence de prévisions sur le contrôle inopiné des entreprises par cette autorité. Aucun envoi ni contrôle des contrats de travail n'est prévu par l'accord tandis que le droit commun institue le visa obligatoire pour tout CDD de plus d'un mois. L'avis de la SAZOF sur le règlement intérieur ne lie pas l'employeur alors que le code du travail prévoit la possibilité pour l'inspecteur du travail, avant d'apposer son visa, d'exiger le retrait de certaines clauses. En cas de licenciement collectif pour motif économique, l'accord n'envisage pas l'intervention de la SAZOF en cas de désaccord entre l'employeur et les délégués du personnel. L'accord collectif de 1996 mentionne la compétence de la SAZOF pour mettre en demeure l'employeur qui contrevient à l'institution des délégués du personnel dans son entreprise mais cette attribution de contrôle, de mise en demeure et de constat d'infraction n'est pas reprise pour d'autres thématiques.

À côté de ces attributions mentionnées dans l'accord collectif de 1996, les représentants de la SAZOF affirment qu'ils vérifient les contrats de travail[1267] et « contrôlent » des lettres de licenciement[1268]. Cette forme de « transfert » de compétence illustré par la similarité entre les prévisions du droit commun et celles de l'accord collectif est complétée par une véritable « dévolution » en matière de résolution des différends du travail.

1263 Article 95 de l'accord.

1264 Article 102 de l'accord.

1265 Article 150 de l'accord.

1266 Article 168 de l'accord.

1267 « Les contrats sont envoyés ici. Dans ce contrat déjà on précise la durée du CDD et on ne peut pas aller au-delà, sinon c'est un CDI » (Cf. Entretien avec le conseiller juridique et le directeur de l'emploi de la SAZOF, Lomé, 9 janvier 2009).

1268 « Il y a une procédure dans la convention collective. L'employeur doit nous prévenir par écrit et on vérifie. Si ce n'est pas fait, on regarde quand même si c'est valable » (Cf. Entretien avec le directeur de l'emploi de la SAZOF, Lomé, 11 février 2009).

2. La dévolution de la résolution des différends du travail

L'accord collectif de 1996 confirme pleinement et précise considérablement la disparition des instances judiciaires du règlement des litiges du travail tant individuels que collectifs dès lors qu'ils sont nés au sein d'une entreprise agréée au régime de zone franche. L'emploi de la notion de dévolution permet de mettre en évidence la continuation conventionnelle de l'alternative au recours à l'organisation judiciaire étatique. De suggérée par la règlementation, cette alternative devient exclusive aux termes du texte conventionnel. Un chapitre est consacré à la résolution des différends individuels et collectifs de travail. Aucune définition distinctive de ces litiges de travail n'est instituée puisque la procédure de règlement est unique. L'article 131 de l'accord pose le principe du règlement à l'amiable entre les parties. L'accord précise ensuite l'intervention de la SAZOF en vue d'une conciliation puis institue un ultime recours devant le Conseil d'Interprétation et de Conciliation (CIC), instance collégiale qu'il crée au travers de ses articles 136 à 138. La sémantique judiciaire employée dans ce chapitre cache néanmoins difficilement quelques lacunes des prévisions de l'accord sur la procédure de règlement des différends.

L'accord reprend doublement la formule règlementaire selon laquelle le règlement des conflits de travail par la SAZOF a un caractère « définitif ». Il précise différents paliers et modalités d'intervention du guichet unique. Les articles 131 et 132 de l'accord contiennent tout deux l'affirmation de l'exclusivité de la résolution des contentieux à l'intérieur du périmètre de la zone franche ; « la partie la plus diligente saisit la SAZOF en vue d'un règlement définitif » et « le règlement définitif de tout différend de travail, individuel ou collectif, né dans une entreprise de zone franche, se fait par voie de conciliation ». Si l'article 133 qui détermine la procédure à suivre tempère l'attribut définitif du règlement auprès de la SAZOF par la formule « en premier ressort », les articles 131 à 133 laissent plutôt entrevoir une confusion, sinon un amalgame, entre la « SAZOF » et l'instance collégiale du « CIC» (conseil d'interprétation et de conciliation). L'assimilation de ces deux entités, *via* l'affirmation de l'exclusivité de la SAZOF dans le règlement des litiges, met en avant l'idée d'un CIC considéré comme une émanation de la SAZOF, ou tout du moins d'un CIC sous contrôle de la SAZOF.

La SAZOF est saisie pour tenter de concilier les parties au litige[1269]. Il appartient à l'employeur ou au travailleur de saisir la SAZOF. L'accord apporte peu de précisions sur le déroulement de la conciliation. Seuls l'enclenchement et l'aboutissement de la procédure sont encadrés. « La demande suspend, à sa date de réception, le délai de prescription jusqu'à la clôture de la tentative de conciliation ». L'article 134 dispose en effet que « l'action en règlement d'un litige du travail se prescrit par douze mois à compter de la date de survenance

[1269] Cette saisine est conditionnée par l'échec de la tentative d'un règlement amiable entre employeur et travailleur(s).

de l'évènement litigieux ». L'effet normatif possible de cette disposition peut être regrettable étant donné le principe de l'accord collectif selon lequel le litige fait avant tout l'objet d'une tentative amiable et bilatérale. L'accord ne prévoit pour ce préalable aucune procédure ou tierce personne intervenante permettant d'envisager la matérialisation de l'échec et de la durée de cette tentative. En cas de conflit collectif, il est à penser qu'une telle négociation puisse durer un certain temps et rendre, en cas d'échec, le délai forclos pour la saisine de la SAZOF. L'appréciation de la forclusion ou non du délai paraît en outre appartenir à la SAZOF selon l'interprétation qui sera faite du lien de causalité entre un « évènement litigieux » et le litige proprement dit. Si la SAZOF accueille la demande et que la conciliation aboutit, « les parties se conforment à la décision, en vertu d'un procès-verbal du règlement à l'amiable dressé à cet effet ». En cas d'échec, « la partie la plus diligente saisit le Conseil d'Interprétation et de Conciliation (CIC) en dernier ressort pour un règlement définitif ».

C'est l'accord collectif de 1996 qui institue cet organe de résolution des différends dont la particularité est d'être composé d'une représentation des parties aux litiges et de la SAZOF. La différenciation entre la composition générale de cet organe et celle restreinte en cas de litige ferait supposer que son rôle n'est pas cantonné à la résolution des différends. Le CIC est en principe composé d'« au minimum vingt conseillers représentant de manière égale les employeurs et les travailleurs » élus tous les deux ans sur des listes électorales « dressées à partir de documents fournis à la SAZOF par les entreprises ». Les qualités de candidat et d'électeur au CIC ne sont pas précisées. Le scrutin a lieu à la SAZOF pendant le temps de travail et sans perte de salaire. Sa présidence est assurée par la SAZOF et un secrétariat « l'assiste dans ses attributions ». Aux termes de l'accord, ces attributions sont en réalité cantonnées à la résolution des conflits puisqu'aucune autre disposition de l'accord ne prévoit l'intervention de cet organe. L'article 136 alinéa 8 de l'accord de 1996 indique en effet restrictivement qu'il « règle les différends par voie de conciliation ». Ceci est corroboré par l'article 138 en vertu duquel sa compétence « s'étend à tous les différends individuels et collectifs nés du contrat de travail » mais ne comprend pas « les litiges nés de l'application de la législation de sécurité sociale ». Cet organe collégial semble donc siéger exclusivement en formation restreinte puisque, à l'instance, « le Conseil est composé de deux conseillers employeurs, de deux conseillers travailleurs et d'un membre de la SAZOF », en vertu de l'article 144 de l'accord. Les agents de la direction de l'emploi de la SAZOF confirment le principe de tripartisme de cet organe mais sont évasifs, voire silencieux, sur sa composition, son rôle et sur la procédure de sa saisine[1270].

[1270] Le conseiller juridique de la SAZOF mentionne une compétence « pour tout problème qui ne peut être réglé par la SAZOF » tandis que le directeur de l'emploi se cantonne à l'évocation de sa composition tripartite : « les chefs d'entreprises, les délégués et la SAZOF » (Entretiens à Lomé des 9 janvier et 11 février 2009).

La procédure devant le CIC est précisée par les articles 140 à 146 de l'accord collectif. La rédaction de ces dispositions soulève quelques incertitudes, notamment sur le point du droit de défense des parties en conflit. En vertu de l'article 139 de l'accord, le CIC est saisi par une demande écrite ou verbale adressée à la SAZOF qui « convoque le défendeur devant le bureau de conciliation et en avise le demandeur. La convocation vaut citation en conciliation ». Seul un « motif légitime souverainement apprécié par le CIC » peut justifier l'absence d'une des parties à l'instance. L'article 140 sur la représentation des parties dispose que l' « assistance » est incompatible avec la « fonction de conseiller ». Pour l'assistance, les travailleurs peuvent faire « appel à un travailleur ou un employeur de la même branche » et les employeurs peuvent s'adresser « à un membre de leur entreprise ». Si les parties au litige ont le droit de se faire accompagner à l'instance, elles ne jouissent pas selon la lettre de l'accord d'un droit de se faire représenter. Le rôle du « conseiller rapporteur » issu du CIC et présent à l'instance est ambigu sur le point de savoir s'il est chargé d'instruire l'affaire ou de seulement la renvoyer à l'instance. Pendant l'instance, qui est unique, « chaque partie a la faculté d'exposer ses prétentions verbalement ». La décision du CIC est rendue à la majorité des voix et notifiée par le secrétariat. Le Conseil peut prendre des mesures provisoires « immédiatement exécutoires et non susceptibles de recours ». L'article 145 de l'accord mentionne la loi n° 89-14 du 18 septembre 1989 et « l'article 37 du décret d'application de ladite loi » à l'appui de l'affirmation selon laquelle « le règlement est effectué en dernier ressort sans voies de recours ». L'article 146 précise en effet que la décision du CIC est constatée par un procès-verbal de conciliation « qui s'impose aux deux parties ».

Les termes du chapitre sur la résolution des conflits mettent en exergue deux récurrences : l'insistance sur l'exclusivité de cette procédure particulière de règlement des contentieux[1271] et le caractère déterminant de la SAZOF dans la mise en œuvre et l'aboutissement de la procédure. La « sémantique » judiciaire de ce chapitre paraît participer toutefois d'une volonté d'attacher quelques garanties juridiques à cette procédure exorbitante. L'article 135 de l'accord précise par exemple que « la procédure devant les deux institutions (SAZOF et le CIC) est gratuite ». Nous avons aussi évoqué la règle sur l'assistance et celle sur le prononcé de mesures exécutoires telles que « l'octroi d'une provision sur les créances du travailleur portant sur le salaire ». Quelques incertitudes et lacunes ressortent néanmoins de l'encadrement conventionnel de cette procédure. Il manque en effet dans ces dispositions la transparence, l'égalité d'accès à l'instance et les garanties de représentation contenues dans le droit commun de la procédure judiciaire.

Les lacunes de ce droit spécial de résolution des différends tiennent de l'absence d'un droit de défense du travailleur, de l'imprécision des instances à

[1271] Les expressions diverses de cette exclusivité ressortent de six dispositions de ce chapitre.

saisir et de la partialité probable du CIC. Le droit de défense du travailleur semble largement occulté par la formulation de l'article 140 de l'accord aux termes duquel l'idée de représentation est exclue. En outre, si la notion d'assistance est abordée pour le dernier recours possible devant le CIC, cette possibilité est absente des dispositions sur le règlement amiable entre les parties et sur la phase de conciliation à la SAZOF. L'indifférenciation conventionnelle entre le litige individuel et collectif pose la question de la représentation des travailleurs pris en tant que collectivité. Les instances compétentes que sont la « SAZOF » et le « CIC» sont peu explicitée, ce qui rend leur visibilité « institutionnelle » réduite et présuppose une difficulté de leur saisine. Les précisions sur la composition « tripartite » du CIC mettent en exergue le risque de partialité de cet organe de résolution des différends. L'omniprésence de la SAZOF et l'incertitude sur l'origine et les modalités de désignation des représentants des travailleurs font douter de toute équité dans le traitement des conflits[1272]. Enfin et surtout, l'accord affirme l'exclusivité de cette procédure que l'on aurait pu potentiellement considérer comme alternative aux dispositions d'origine étatique. L'affirmation explicite de l'absence de toute possibilité de recours après la « décision » du CIC constitue une entrave considérable au « droit de saisir les juridictions nationales compétentes de tout acte violant les droits fondamentaux qui lui sont reconnus et garantis par les conventions, les lois, les règlements et coutumes en vigueur[1273] » et au droit pour toute personne « à un recours effectif devant les juridictions nationales compétentes contre les actes violant les droits fondamentaux qui lui sont reconnus par la Constitution ou par la loi[1274] ».

Cette entrave au droit d'accès au juge a été effective jusqu'à son atténuation à partir de 2008 et la réforme du dispositif légal de zone franche en 2011. La médiatisation croissante des effets négatifs du dispositif de droit du travail spécifique à la zone franche, l'implication du BIT et des organisations de la société civile togolaise, la libéralisation de la communication et de l'information grâce aux TIC ont favorisé les prises d'initiative. Si certains pensent que la réforme de la loi applicable en zone franche intervenue le 24 juin 2011 « abroge de facto, les accords de travail du 1er juin 1996 qui règlementaient les relations

[1272] Deux procès-verbaux d'audience devant le CIC renseignent sur la composition du CIC. Pour une affaire (25 janvier 2011), il se compose du directeur de l'emploi de la SAZOF, de quatre « délégués », on suppose du personnel, « membres du CIC », de deux représentants de chefs d'entreprise, entreprises autres que celle contre laquelle les plaignants ont formé leur action. Pour l'autre affaire (1er décembre 2010), le CIC est composé du directeur de l'emploi de la SAZOF, de trois représentants employeurs (un membre de l'ASOZOF, deux directeurs généraux : un membre du CIC et l'employeur mis en cause), le président du comité des délégués de la zone franche, membre du CIC et un autre membre du CIC dont on ne connaît l'appartenance. Les plaignants sont représentés par six travailleurs. Ainsi, la parité entre employeur et représentants du personnel semble aléatoire.

[1273] Article 7 1.a. de la Charte Africaine des droits de l'homme et des peuples de 1981.

[1274] Article 8 de la Déclaration universelle des droits de l'Homme de 1948.

de travail dans le secteur de la zone franche[1275] », le directeur de l'emploi affirme en septembre 2011 que l'accord reste applicable et que ce n'est pas une complète réintégration des entreprises de zone franche dans le champ du droit commun du travail qui a été affirmée[1276]. Cela est en partie confirmé par deux procès-verbaux rendus par le CIC alors que la réforme était sur le point d'être adoptée[1277]. C'est une compilation du droit dérogatoire et du droit commun qui s'appliquerait donc, sur le fondement de la réforme. La SAZOF, le CIC et les magistrats sont les acteurs compétents pour connaître des conflits sociaux de zone franche. Les procès-verbaux issus du CIC seraient « validés » par le Tribunal du travail[1278].

Le président du Tribunal du travail de Lomé[1279] et d'autres magistrats de droit du travail[1280] qui affirmaient déjà en 2008[1281] être compétents pour connaître des litiges de la zone franche envisageaient cette possibilité de partage des compétences avec le CIC. Une différence de point de vue entre eux résidait toutefois sur le point de savoir quel droit du travail appliquer au fond du litige concernant une entreprise de zone franche. Le président du Tribunal du travail envisageait des mécanismes de collaboration entre la SAZOF et sa

---

[1275] *Togo : deux ans après le scrutin présidentiel de 2010, une politique d'apaisement face aux contestations socio-économiques et politiques*, Rapport des organisations de la société civile et syndicales du Togo, 2012, p. 35.

[1276] Les articles 31 et 32 de la loi n° 2011-018 du 24 juin 2011 sur la formation professionnelle et la priorité d'emploi aux togolais prévoient des « textes d'application » et le directeur de l'emploi de la SAZOF évoque le projet d'une renégociation de l'accord sous forme de convention collective (avec l'intervention d'un consultant). L'application de l'accord en attendant et un mécanisme de collaboration entre son service et ceux de la médecine du travail, de la caisse de sécurité sociale, de la Direction général e du Travail et du Tribunal du travail sont mentionnés par le représentant de la SAZOF Cf. Entretien avec le directeur de l'emploi de la SAZOF, Lomé, 15 septembre 2011).

[1277] Un « procès-verbal de non-conciliation » du CIC du 1er décembre 2010 fait en effet penser que l'affaire doit être portée devant les tribunaux. Les délibérations des membres du CIC au sujet du caractère illicite d'un mouvement de grève et du caractère légitime du licenciement de plusieurs salariés n'aboutissent pas à l'unanimité des membres du CIC qui rédigent un PV de non conciliation « à toutes fins utiles ». Un procès verbal dit « de conciliation » du 25 janvier 2011 est en réalité une décision concernant un litige individuel relatif au licenciement disciplinaire verbal d'un travailleur victime d'un accident du travail, non déclaré à la CNSS, qui a tenté de saisir le Tribunal du travail. Le CIC « demande à l'employeur de payer les droits de licenciement (au travailleur) en plus des 5 % d'IPP et une prime de séparation de deux mois de salaire ». Pour la première affaire, le Tribunal n'a pas été saisi mais le règlement du litige s'est poursuivi en interne. Les travailleurs licenciés seraient en cours de réintégration (Cf Entretien avec le directeur de l'emploi de la SAZOF, Lomé, 15 septembre 2011). En 2012, une douzaine de travailleurs sur les 120 promis auraient été réintégrés (Rapport des organisations de la société civile et syndicales du Togo, 2012, *op. cit.*, p. 40).

[1278] Cf Entretien avec le directeur de l'emploi de la SAZOF, Lomé, 15 septembre 2011.

[1279] « Dans l'ordonnancement juridique des choses, ce décret n'a aucune valeur par rapport à tout ça. Donc le fait de dire que la zone franche doit être placée hors les juridictions, c'est un faux problème » (Cf. Entretien avec le président du Tribunal du travail, Lomé, 16 décembre 2008).

[1280] Cf. Entretiens avec le président de la Chambre sociale de la Cour d'appel (Lomé, 3 février 2009) et avec le deuxième magistrat du Tribunal du travail (Lomé, 3 février 2009).

[1281] Selon le nouveau directeur de l'emploi de la SAZOF, des discussions avec les juges auraient eu lieu en 2004 face au problème d'une opinion générale de plus en plus dénonciatrice. Cf Entretien avec le directeur de l'emploi de la SAZOF, Lomé, 15 septembre 2011.

juridiction[1282] ; le droit exorbitant de résolution des différends de la zone franche devenant donc un préalable et non plus une procédure exclusive. Le président du Tribunal du travail affirmait néanmoins son intention d'appliquer dans ce cas le droit commun du travail[1283] contrairement à un autre magistrat en poste au Tribunal du travail soucieux de vérifier selon les « textes de zone franche[1284] ». Ces approches divergentes mettent en relief les difficultés de saisir les fondements et justifications de la force normative du droit du travail propre à la zone franche. Les représentations de la zone franche, de la SAZOF et de ses liens avec le pouvoir politique, laissent subsister la considération d'une étanchéité juridique de cet espace de l'État togolais. Cette considération est également illustrée par l'interdiction de fait du syndicat et de la grève.

B. L'interdiction de fait du syndicat et de la grève

L'interdiction de constitution ou de représentation d'un syndicat dans la zone franche ainsi que celle d'engager un mouvement de grève n'ont pas été explicitement formulées dans les textes. Le silence total des textes de zone franche a conduit à l'idée généralement admise de l'impossibilité de se syndicaliser (1) et aux difficultés de mener toute action collective (2).

1. L'impossibilité de se syndicaliser en zone franche

L'accord collectif, en contradiction avec les textes qui ont influencé sa rédaction, voire même avec le décret de 1990 d'application de la loi de 1989 sur la zone franche, ne comprend aucune disposition abordant directement ou indirectement la présence syndicale dans l'entreprise alors que la liberté syndicale et les modalités de son respect sont des thèmes prioritaires du droit commun du travail. Les codes du travail de 1974 et 2006, la CCIT et les conventions sectorielles font en effet précéder les dispositions sur le contrat de travail par celles relatives à la liberté syndicale. Les négociateurs de l'accord collectif de 1996 n'ont pas adopté cette structuration et ne se sont pas non plus réappropriés ce pan du droit collectif du travail. En outre, ils n'ont pas souhaité, comme pour d'autres dispositions de l'accord, effectuer sur ce point un renvoi explicite aux dispositions du droit commun. Les dispositions de l'accord sur la

---

1282 « Quand on convoque une entreprise de la zone franche, on signale ça à la SAZOF, et ils viennent ensemble. Bon ils ont quand même des structures pour dire qu'il faut tenter une conciliation préalable. Je les renvoie à la conciliation préalable et quand ça ne marche pas, je fais enrôler le dossier en contentieux. Depuis que j'ai commencé j'ai constaté que la SAZOF fait l'effort de convaincre les employeurs de payer les droits et il n'y a pas de problème » (Cf. Entretien avec le président du Tribunal du travail, Lomé, 16 décembre 2008).

1283 « Si ça vient au contentieux, on appliquera le code du travail. Non pas le décret. Le problème est que les textes de la zone franche sont en contradiction avec le code du travail et la constitution et les conventions ratifiées » (Cf. Entretien avec le président du Tribunal du travail, Lomé, 16 décembre 2008).

1284 « Nous tenons compte des textes de zone franche et du code du travail pour trancher » (Cf. Entretien avec le deuxième magistrat du Tribunal du travail, Lomé, 3 février 2009).

représentation collective des travailleurs dans l'entreprise ne contiennent aucune mention de l'acteur syndical. Les modalités d'élaboration des listes électorales et la provenance des candidats aux fonctions de délégué du personnel ne sont pas précisées et aucune autre disposition de l'accord, sur l'assistance des travailleurs, les œuvres sociales d'entreprise ou la composition du CIC, ne fait intervenir de loin ou de près l'acteur syndical.

L'accord réitère donc le silence règlementaire sur l'exercice de la liberté syndicale dans les entreprises de zone franche. Pour certains, ce silence s'inscrirait en fait dans le respect de l'article 34 du décret de 1990 en vertu duquel « les conditions de travail se négocient librement entre employeur et employé sous réserve des droits des travailleurs internationalement reconnus » qui ouvrirait « la porte à une convention collective, certes limitée aux conditions de travail », justifiant par là « l'intitulé « accord » au lieu et place de la convention collective[1285] ». Nous pensons, pour notre part, que l'article 34 du décret affirme l'entière liberté contractuelle de détermination des conditions de travail qui, certes, peut se matérialiser dans un accord collectif, mais poursuit le but premier d'affirmer l'inapplicabilité du droit commun. Notons d'ailleurs que l'accord corrobore cette interprétation en énonçant en son article 1er alinéa 3 qu'il « rend nul et de nul effet toute mesure de nature à créer dans une entreprise des relations de travail en-dessous de celles fixées ci-après sous prétexte de la prise en considération de l'article 34 du décret 90/40 du 4 avril 1990 ». Nous pouvons en outre ajouter que l'accord est en relative contradiction avec cet article qui évoque les « droits internationalement reconnus » dont l'expression est absente des dispositions conventionnelles. Le respect de cet article du décret de 1990 ne supposait-il pas de préciser ces droits internationalement reconnus, notamment celui fondamental de la liberté syndicale[1286] ? Enfin, l'ampleur des thèmes abordés par l'accord de 1996 qui déborde largement le seul cadre des « conditions de travail » permet difficilement de justifier ce silence sur le droit syndical à l'aune de l'intitulé « accord ».

Si, en effet, le silence ne permet pas d'affirmer l'interdiction théorique des syndicats en zone franche, il a permis vingt ans de silence syndical à l'intérieur des frontières de la zone franche. La force normative attribuée à ce support quasi-exclusif de droit du travail et la véhiculation de son interprétation restrictive ont conduit à une véritable démission des organisations syndicales sur le plan de la représentation des travailleurs de la zone franche. La création de trois syndicats de la zone franche en 2009 et 2010[1287] a d'ailleurs pu s'appuyer

---

[1285] R. Kangueu Ekeuh, *op. cit.*, p. 70.

[1286] Convention n° 87 de l'OIT sur la liberté syndicale et la protection du droit syndical de 1948 ratifiée par le Togo qui fait partie des principes et droits fondamentaux issus de la Déclaration de 1998.

[1287] Il s'agit de l'Union syndicale des travailleurs de la zone franche d'exportation (USYNTRAZOF), du Syndicat national des travailleurs de la zone franche du Togo (SYNATRAZOF) et du Syndicat libre des travailleurs de la zone franche du Togo (SYLITRAZOF).

sur l'affirmation étatique explicite de l'absence d'interdiction du syndicat en zone franche, notamment au moment des journées portes ouvertes (JPO) de la Zone Franche Togolaise en décembre 2008[1288]. La création de ces syndicats a, en outre, conduit le Gouvernement à donner enfin une réponse aux multiples observations formulées sur ce sujet par la Commission d'experts de l'OIT pour l'application des conventions et recommandations (CEACR) et par la confédération syndicale internationale[1289]. Les représentants de plusieurs centrales syndicales ont assisté aux diverses conférences-débats organisées à l'occasion de ces journées portes ouvertes. Au cours de l'une d'elle, le directeur général de la SAZOF, en réponse à l'intervention d'un représentant de la CNTT au sujet du droit de constituer un syndicat en zone franche a affirmé « il faudra qu'on s'asseye[1290] ». L'absence d'affirmation explicite contraire de l'État aurait donc permis de pérenniser la représentation d'interdiction de pénétration en zone franche puisque c'est la prise de parole étatique et publique sur cette problématique qui a permis la sortie du silence des organisations syndicales en zone franche.

La non-pénétration syndicale de la zone franche est, à l'instar de celle de l'inspection du travail, diversement justifiée par les organisations syndicales du Togo. Les représentants syndicaux évoquent vaguement le dispositif juridique de la zone franche comme une source interdisant leur implication dans la régulation des relations de travail des entreprises concernées[1291]. L'interdiction de la syndicalisation paraît plus résulter du risque, et donc du sentiment de

---

1288 Un représentant du CNP pense que ces JPO qui se sont tenues du 2 au 6 décembre 2008 ont « reconnu implicitement la possibilité du syndicat » (Cf. Entretien avec un conseiller du groupement togolais des PME membre du CNP, 13 février 2009). Il est intéressant de noter que ces JPO qui ont donné lieu à l'organisation de conférences et de visites d'industries ont été marquées par le débat sur les conditions de travail en zone franche. Cette thématique a en effet été récurrente et a été en particulier soulevée par des étudiants venus de diverses disciplines (Cf. Participation aux JPO de la zone franche. Le 4 décembre 2008 : conférence sur le thème de l'emploi en ZFIE et visite d'une industrie de fabrication de sachets en plastique. Le 5 décembre 2008 : conférence sur la nécessité de réformer la loi de 1989. Le 6 décembre 2008 : conférence sur l'initiative privée et les opportunités de financement et visite d'une industrie du secteur des cosmétiques.

1289 Voir les observations de la commission d'experts sur l'application de la Convention n° 87. Ces observations contiennent la question au gouvernement de savoir si le droit syndical est bien garanti dans la zone franche togolaise, la demande « de préciser si les organisations syndicales ont libre accès dans les zones franches » (CEACR, 1995 à 2010 : http://www.ilo.org/ilolex/cgi-lex/commentplusf.pl?Togo@ref).

1290 JPO de la Zone Franche Togolaise, conférence du 6 décembre 2008, « Initiative privée et opportunités de financement ».

1291 « Les travailleurs qui viennent nous exposent leurs problèmes mais je dis « je suis désolé, on n'a pas accès à la zone franche » (Cf. Entretiens avec le Secrétaire général -adjoint et le conseiller juridique de la centrale CSTT, Lomé, 25 et 28 novembre 2008). « Là c'est un grand dossier. Parce que la zone franche a toujours refusé la syndicalisation là-bas. Lorsque nous étions au BIT la dernière fois, on a eu un rapport disant que le Togo n'a jamais refusé qu'on mette des syndicats. Donc nous sommes en train de faire un travail aujourd'hui pour que les syndicats puissent entrer dans la zone mais ce n'est pas encore fait » (Cf. Entretien avec le secrétaire général de la centrale UGSL, Lomé, 29 décembre 2008).

peur, que favorise le silence de l'accord. Ce silence a été parfaitement relayé par les agents de la SAZOF, l'administration du travail, les représentants des ministères togolais ainsi que par les juges face au constat connu d'absence de syndicalisme dans les entreprises de zone franche. Si un représentant de la centrale syndicale UNSIT informe d'un dépôt régulier de plaintes contre le gouvernement togolais au comité de la liberté syndicale de l'OIT[1292], ces plaintes n'ont jamais concerné le cas particulier de la zone franche[1293]. L'impossibilité pratique de constituer ou d'adhérer à un syndicat est le résultat du risque inhérent à la force des pouvoirs qui contrôlent la zone franche. La SAZOF représente pour beaucoup une émanation des pouvoirs publics dont on a peur[1294]. La Secrétaire générale adjointe de la CNTT dit, par exemple, attendre en vain qu'un groupe de travailleurs souhaitant créer un syndicat, auquel elle a promis son soutien, revienne vers elle[1295]. Une étude réalisée par des organisations de la société civile togolaise en 2008 présente des résultats d'une enquête réalisée auprès de travailleurs de la zone franche. Selon cette étude, 6,9 % des travailleurs estiment que l'autorisation de créer un syndicat existe tandis que 93,1 % pensent cette autorisation non accordée[1296]. Par ailleurs, 96,6 % de ces travailleurs « estiment qu'ils ne sont pas autorisés à adhérer à un syndicat et 3,4 % ne se prononcent pas[1297].

Les divers entretiens que nous avons menés entre décembre 2008 et mars 2009 confirment et étayent l'impossibilité d'aller vers une syndicalisation du personnel embauché en zone franche. Des travailleurs d'entreprises de la zone franche présentent les délégués du personnel comme l'unique entité de représentation du personnel[1298] ainsi que le problème qu'ils ont rencontré du refus des organisations syndicales togolaises de les accueillir[1299]. Quelques travailleurs, sous l'initiative d'une association, et avec le concours d'une confédération syndicale et d'un inspecteur du travail, se sont néanmoins mobilisés en vue de la création de trois syndicats en zone franche. La discrétion avec laquelle ces actions se sont mises en œuvre et les pressions qu'elles ont pu générer démontrent l'impact décisif de la déclaration étatique publique de l'autorisation du syndicat en zone franche. Des campagnes d'information des travailleurs ont permis de tenir certaines réunions et tables de discussions[1300]

1292 Cf. Entretien avec le Secrétaire général de la centrale UNSIT, Lomé, 23 décembre 2008.

1293 http://www.ilo.org/ilolex/cgi-lex/cfaf.pl?pays=Togo@ref

1294 Son directeur général n'est autre que le fils du président Faure Gnassingbé en 2008.

1295 Cf. Entretien informel avec la secrétaire générale adjointe de la CNTT, Lomé, 12 décembre 2008.

1296 En effet, un travailleur de la zone franche dit que « le problème est que dans notre accord, on a banni les syndicats de la zone franche. On attend les nouveaux textes » (Cf. Entretien collectif avec des salariés de la zone franche, 12 janvier 2009).

1297 A. Aglamey-Pap, SADD-WSM, 2008, *op. cit.*, p. 13.

1298 « Il n'y a pas de syndicats là-bas. Il y a des délégués, ils sont nombreux » (Cf. Entretien avec une ancienne ouvrière d'une industrie de cosmétiques de la zone franche, 12 janvier 2009).

1299 Cf. Entretien collectif avec des salariés de la zone franche, Lomé, 12 janvier 2009.

1300 « Donc on a organisé une séance de travail avec ces jeunes travailleurs de la zone franche qu'on a piqué un peu partout. On a mis en place une équipe comme point focal, qui s'est mise en relation malgré l'exercice de pressions patronales et la peur des travailleurs[1301]. La sollicitation des délégués du personnel de la zone franche pour la participation au projet et à des formations sur « l'action syndicale » et le droit du travail[1302], dispensées par un inspecteur du travail, a en effet posé quelques difficultés[1303]. La tentative de mobiliser le « chef des délégués » s'est soldée par un refus[1304].

Le silence du règlement sur le droit syndical en zone franche, « repris » dans l'accord collectif de 1996, a favorisé la pérennisation d'une norme tacite d'interdiction de la présence directe ou indirecte de l'acteur syndical dans la régulation des relations de travail de la zone franche. Cette interprétation du cadre juridique propre à la zone franche, non contredite par les autorités ou agents de l'État, a conduit à la démission des organisations syndicales. La confirmation en pratique de cette impossibilité, au travers de pressions et décisions patronales, a permis la généralisation d'un sentiment de peur justifiant l'absence de revendication de cette liberté fondamentale. L'efficacité du silence juridique de l'accord collectif résulte ainsi de sa combinaison avec les jeux et les représentations des pouvoirs au Togo[1305]. C'est aussi au regard de ce contexte sociopolitique, où « il est un principe général qui affirme : un droit tu, est un droit réprimé[1306] », qu'a pu se réaliser le silence de l'accord sur le droit de grève.

2. L' « enrayement » des mouvements collectifs

Les résultats de l'enquête menée par l'association SADD de Lomé montrent que 82,8 % des travailleurs interrogés estiment que le droit de grève existe tandis que 17,2 % pensent que ce droit n'existe pas. Le silence de l'accord sur la grève n'aurait donc pas produit une interdiction de fait ou un silence collectif des travailleurs de zone franche. Ce silence et le constat de la multiplicité de mouvements collectifs en zone franche permettrait de penser une liberté

---

avec ces jeunes dans leur milieu de travail et a pu les ramener à nous… Ce week-end même nous allons travailler avec des jeunes de la zone franche-France, sur la protection sociale » (Cf. Entretien avec le président de l'association SADD, Lomé, 29 décembre 2008).

1301 Le président de l'association SADD, à l'initiative du projet, explique que des photos et vidéos prises lors de l'une de leurs réunions ont conduit au licenciement de certains participants : « tout le monde a peur. On cherche à te renvoyer. Tout le monde a peur de perdre son emploi » (*ibid.*). « On leur a dit que ce qu'on faisait devaient rester entre nous donc pour le moment il n'y a pas eu de problème » (Cf. Entretien collectif avec des salariés de la zone franche, Lomé, 12 janvier 2009).

1302 « On leur avait dit qu'une organisation voulait leur enseigner leurs droits, la protection sociale. On leur avait dit qu'on avait prévu une somme pour payer leur déplacement donc ils sont venus. Ils ont vu que cette somme serait plus importante que celle du travail donc ils ont délaissé le boulot pour venir suivre la formation. (…) On a appris beaucoup de choses » (Cf. Entretien collectif avec des salariés de la zone franche, Lomé, 12 janvier 2009).

1303 « Non il n'y a pas de DP. Avant on en avait un avec nous mais arrivé dans la société il a raconté et ça a causé des problèmes » (*ibid.*).

1304 *Ibid.*

1305 Le pouvoir syndical est perçu au Togo comme émanation du pouvoir politique, qu'il soit de l'opposition ou du Gouvernement.

1306 J. E. Amegnignon, *op. cit.*, p. 22.

effective d'exercice du droit de grève, et ce *a fortiori* au regard des ambigüités révélées par l'analyse de l'encadrement de la grève par le droit commun du travail togolais issu de la réforme législative de 2006[1307]. Si le déclenchement d'une grève est une pratique récurrente en zone franche, la réalité du droit de grève peut néanmoins être doublement relativisée. L'appréhension négative par les chefs d'entreprise, la SAZOF et/ou les pouvoirs publics de l'utilisation de la grève conduit à des conséquences le plus souvent étrangères aux revendications des travailleurs. La question peut alors se poser de savoir si le droit de grève existe bel et bien dans les entreprises de la zone franche togolaise. En outre et *a fortiori*, l'existence de la grève elle-même, en tant qu' « action collective pour la défense (des) intérêts[1308] » des travailleurs peut être interrogée[1309]. L'impact de l'importante utilisation de l'outil de l'arrêt de travail en zone franche tient généralement à la médiatisation que peut susciter ce type d'action collective. Cette mobilisation des médias privés du Togo et de plus en plus internationaux est d'ailleurs généralement suscitée par le traitement de ces actions collectives par les chefs d'entreprise, la SAZOF et/ou les pouvoirs publics.

Si le droit d'arrêter d'exécuter son contrat peut suffire à affirmer l'existence et la tolérance de la grève, nous pensons que l'exercice d'un contre-pouvoir est inhérent à la notion de grève[1310] : « la grève est un phénomène dualiste et paradoxal. Comment un phénomène de force peut-il être saisi dans les mailles du droit ?[1311] ». La grève, prise dans son sens non pas juridique mais sociologique, c'est-à-dire qu'elle comporte l'idée d'exercice d'un contre-pouvoir[1312], existe-t-elle en zone franche ? Cette interrogation se justifie par les termes mêmes du droit commun togolais qui, à la différence de la jurisprudence française qui s'est construite autour d'une démarche de qualification/disqualification sous-entendant une équivalence entre la grève et

---

1307 V. infra Partie II, Titre 1, Chapitre 2, Section 1, §2, A, 1.

1308 La Charte des droits fondamentaux de l'Union européenne entrée en vigueur le 1er décembre 2009 contient un article 28 intitulé « Droit de négociation et d'actions collectives » en vertu duquel les travailleurs et employeurs ou leurs organisations ont le droit « de recourir, en cas de conflits d'intérêts, à des actions collectives pour la défense de leurs intérêts, y compris la grève ». Elle ne parle pas de droit de grève mais de grève comme exemple d'action collective en cas de conflits.

1309 V. par exemple A. Supiot, « Revisiter les droits d'action collective », *Rev. Dr. Soc.*, 2001, p. 688.

1310 La grève est l'héritière des « cabales » du Moyen-âge et de la coalition dans le but d'obtenir des améliorations.

1311 H. Sinay, *Encyclopédie Universalis*, p. 834.

1312 Jean-Daniel Reynaud pense que la grève a nécessairement un caractère imprévu dans le sens où, si le conflit éclate, aucune des deux parties ne connaît à l'avance l'issue du conflit. « La grève reste bien l'arme la plus importante. (…) Elle attaque l'employeur dans l'objet même de son entreprise. (…) Mais peut-être aussi parce qu'elle est observable, contrôlable, codifiable » (J-D Reynaud, *Sociologie des conflits du travail*, PUF, 1982, p. 12 et s.). Julien Freund définit le conflit comme « un affrontement, ou un heurt intentionnel entre deux personnes ou entre deux groupes (…) qui essaient de briser la résistance de l'autre » (J. Freund, *Sociologie du conflit*, 1981). C'est « un blocage des mécanismes normaux de prise de décisions » selon Herbert Simon et James March (*Les organisations*, Wiley, 1958). « Il me semble que faire grève c'est prendre le parti de forcer ?... Conclusion… que tout essai de liberté, en quelque genre que ce soit, est un essai de force et une sorte de combat… » (Alain, cité par H. Sinay, *Encyclopédie Universalis*, p. 834).

le droit de grève[1313], contient les expressions d'« exercice anormal du droit de grève », d'actions « étrangères à l'exercice licite du droit de grève » ou de « grève illicite ». À la différence de l'évolution jurisprudentielle française[1314], du projet d'acte uniforme OHADA de 2010 ou de certains droits nationaux de la sous-région, la définition juridique togolaise de la grève contient la dimension de contrepouvoir inhérente au fait de grève. En effet, la grève est définie comme caractérisant la poursuite d'un but et non pas seulement comme une modalité d'expression d'un mécontentement[1315]. Toutefois, l'encadrement procédural de la grève par le droit commun du travail est d'une complexité telle que la perspective de « l'exercice normal du droit de grève » qui doit permettre d'attacher l'attribut de droit au fait de grève, c'est-à-dire d'affirmer que la grève suspend le contrat de travail, semble tenir de l'impossibilité sur le plan juridique. Malgré le souci affiché de la négociation et du consensus[1316], l'énonciation légale de la procédure de grève rend incertains les critères de licéité de la grève[1317]. Le droit commun togolais du travail restreint donc considérablement la jouissance d'un droit de grève[1318], ce qui pourrait permettre d'affirmer que le droit de grève en zone franche, parce que non prévu, est davantage permis.

[1313] Sur la critique de cette appréhension juridique, V. par exemple, H. Sinay, « La neutralisation du droit de grève ? », *Rev. Dr. Soc.*, 1980, p. 250. G. Lyon-Caen, « Essai sur la singularité du droit français des luttes du travail », in *Etudes de droit du travail offertes à André Brun*, Librairie sociale et économique, 1974, p. 337. Un arrêt d'assemblée plénière de la Cour de Cassation française du 4 juillet 1986 avait considéré que le caractère déraisonnable des revendications constituait un trouble manifestement illicite. La chambre sociale de la Cour de Cassation remédie à ce positionnement dans son arrêt du 2 juin 1992.

[1314] La définition de la grève a pu être une « modalité de défense des intérêts professionnels », puis un « arrêt de travail concerté (…) dans le but d'obtenir une amélioration des conditions de travail » (Cass. Soc. 28 juin 1951 et Cass. Soc. 3 octobre 1963). Elle a été définie par « une cessation concertée du travail en vue d'appuyer des revendications professionnelles déjà déterminées auxquelles l'employeur refuse de donner satisfaction » (Cass. Soc. 21 mars 1973). Cette définition restrictive rappelle l'ancien projet d'acte uniforme de l'OHADA de 2006. La qualification de grève est désormais donnée à une « cessation collective et concertée du travail en vue d'appuyer des revendications professionnelles » (Cass. Soc. 18 juin 1996 ; 29 mars 1995 ou 18 janvier 1995).

[1315] Il existe une disparité dans les définitions de la grève entre les différents États de l'espace de l'OHADA. Le législateur togolais précise le « but d'obtenir la satisfaction (…) » (article 268 du code du travail de 2006). C'est ce qui ressort aussi du droit tchadien, ivoirien et camerounais. Les droits malien, congolais, comorien et sénégalais ne contiennent pas de définition de ce type. Le projet d'acte OHADA de 2010 contient la formule « appuyer des revendications professionnelles ».

[1316] Jacques Le Goff parle de la « rationalisation à l'allemande » (J. Le Goff, *Droit du travail et société, 2. Les relations collectives de travail*, PU Rennes, 2002).

[1317] L'article 267 du code togolais dispose que « la grève déclenchée après formation de l'opposition à la sentence arbitrale n'entraîne pas rupture du contrat de travail ». Cette précision sous-entend une longue procédure obligatoire préalablement à l'arrêt de travail.

[1318] Si les droits nationaux européens de la grève, à l'instar de la charte européenne des droits sociaux fondamentaux attachent généralement la conditionnalité de la négociation et de son blocage pour le déclenchement d'un mouvement de grève (Voir par exemple, J.-M. Belorgey, « Gestion des conflits du travail en Europe : le choc des cultures », *Rev. Dr. soc.*, 2002, p. 1125), la procédure togolaise est précisée de telle sorte qu'elle rend presque impossible la détermination du moment autorisé pour faire grève. Voir infra Partie 2, Titre 1, Chapitre 2, Section 1, §2.

Selon une ancienne ouvrière d'une industrie de cosmétiques, « il y a beaucoup de grèves là-bas[1319] ». Un ancien ouvrier temporaire d'une industrie agroalimentaire a connu un mouvement de grève dès son arrivée dans l'entreprise[1320]. Le directeur de l'emploi de la SAZOF pense en effet que « la zone franche, (...) c'est là où les ouvriers sont pratiquement tout le temps en grève. Pour beaucoup de choses, ils bloquent la porte et ne travaillent pas[1321] ». Les motifs de déclenchement des mouvements de grève en zone franche sont variés. Ils concernent tout aussi bien la pénibilité des conditions de travail, les contrats de travail ou la solidarité envers d'autres travailleurs. Une ancienne ouvrière évoque ainsi une grève déclenchée pour soutenir un candidat délégué du personnel licencié avant la tenue des élections professionnelles[1322]. Un ouvrier d'une industrie alimentaire relate également un mouvement de grève spontané d'une équipe de travail en solidarité avec l'un de ses membres[1323].

Dans le silence de l'accord collectif de 1996, les pratiques de régulation ou de gestion en matière de grève mettent davantage en exergue l'absence de jouissance effective de ce droit. S'il y a en apparence grève, il n'y a pas pour autant droit de grève[1324]. Les critères de licéité de la grève déclenchée dans une entreprise de zone franche rappellent l'importance de celui du respect de la procédure prévue par le code du travail togolais. Au sein de la zone franche, ces critères de licéité sont établis *de facto*. Si le directeur de l'emploi de la SAZOF pense que « tout est dans l'accord », force est de constater que ce texte ne prédétermine aucunement les modalités d'exercice du droit de grève. La logique juridique voudrait donc que le droit commun ait force juridique en zone franche. Or, nous avons noté que le droit de la résolution des conflits collectifs, qui conditionne en partie l'exercice du droit de grève dans le code du travail, est remplacé en zone franche. En outre, le chapitre sur la grève issu de la réforme du code du travail de 2006 n'est pas mobilisé en zone franche. Le conseiller juridique et le directeur de l'emploi de la SAZOF évoquent en effet une

---

1319 « Le matin on vient on ne travaille plus » (Cf. Entretien avec une ancienne ouvrière d'une industrie de cosmétiques de la zone franche, 12 janvier 2009. Une plus ancienne ouvrière de la même société dit qu'à l'époque où elle y travaillait, treize ans auparavant, il n'y avait pas de grève possible. Elle compare avec une autre industrie où les grèves étaient nombreuses et plutôt violentes (Cf. Entretien avec une coiffeuse, ancienne domestique et ouvrière de la zone franche, Lomé, 10 décembre 2008).

1320 « On réclamait tous notre contrat écrit, un papier quoi » (Cf. Entretien avec un ancien ouvrier d'une industrie agroalimentaire de la zone franche, Lomé, 12 janvier 2009).

1321 Cf. Entretien avec le directeur de l'emploi de la SAZOF, Lomé, 11 février 2009.

1322 Cf. Entretien avec une ancienne ouvrière d'une industrie de cosmétiques de la zone franche, 12 janvier 2009.

1323 « Il fallait rentrer à 22h moins 10 et il était moins 5. Les libanais ont refusé de le faire entrer. Les camarades ont dit que s'ils ne rentraient pas eux non plus. Donc ils sont partis et ont laissé les machines » Cf. Entretien collectif avec des salariés de la zone franche, Lomé, 6 février 2009).

1324 Un débat existait en France au début du XXe sur le point de savoir s'il existait un droit de grève ou si la grève n'était qu'une situation de fait. Pour certains, comme G. Jèze en 1909 ou M. Leroy, il ne fallait pas parler de droit de grève, la grève étant un fait. Pour d'autres, il y avait un droit de grève qui se confondait avec le droit de rompre le contrat de travail.

procédure obligatoire qui s'en écarte sensiblement. Le premier mentionne un préavis obligatoire de 15 jours qui est en principe, selon le second, envoyé à la SAZOF[1325] par les soins des délégués du personnel[1326]. Il ressort des propos du conseiller juridique que les travailleurs doivent, préalablement à tout arrêt de travail, avoir soumis une demande à laquelle l'employeur n'a pas satisfait[1327]. Des travailleurs de la zone franche présentent eux-mêmes ces aspects procéduraux comme obligatoires[1328]. La réclamation préalable auprès de la direction de l'entreprise et l'intervention d'un délégué du personnel sont précisées mais se révèlent peu mobilisées en pratique dans la mesure où les arrêts de travail en zone franche sont souvent spontanés[1329].

Le constat d'absence de droit de grève en zone franche tient donc à l'instauration de normes procédurales incertaines qui conduisent à l'illicéité quasi-systématique des arrêts collectifs de travail, donc à l'inefficacité de tout mouvement collectif[1330]. Cette focalisation normative sur la procédure obligatoire de grève sert les conséquences négatives toujours possibles d'un arrêt collectif de travail. La menace de ces conséquences enraye généralement assez efficacement l'action enclenchée par les travailleurs. En cas d'arrêt collectif de travail, un représentant de la SAZOF se déplace le plus souvent sur les lieux pour demander aux travailleurs de reprendre le travail. Ils sont poussés à le faire puisqu'ils ne respectent pas la « norme » procédurale communément attachée à la grève[1331]. Les effets négatifs de l'illicéité

[1325] « Normalement il faut donner un préavis à l'employeur et envoyer une copie à la SAZOF ». Cf Entretien avec le conseiller juridique et le directeur de l'emploi de la société d'administration de la zone franche (SAZOF), Lomé, 9 janvier 2009.

[1326] « Normalement ce sont les DP qui doivent écrire le préavis, mais d'abord porter les doléances au chef du personnel. Si la direction ne réagit pas, on peut commencer la procédure. On peut intervenir dans le traitement de ces doléances. Le préavis c'est 72 heures » (Cf. Entretien avec le directeur de l'emploi de la SAZOF, Lomé, 11 février 2009).

[1327] « Ils peuvent se mettre en grève parce qu'ils ont fait une réclamation, mais qui n'est pas justifiée, sans discuter réellement avec l'employeur. Ils se disent qu'en bloquant la porte de l'usine le matin » (Cf. Entretien avec le conseiller juridique et le directeur de l'emploi de la SAZOF, Lomé, 9 janvier 2009).

[1328] « Normalement la procédure c'est si on a un problème de ventilo, de chaleur ou de salaire, on les avertit que si on n'a pas satisfaction dans tant de jours, on se met en grève. On donne le préavis. Ça peut être par écrit, par les délégués » (Cf. Entretien collectif avec des salariés de la zone franche, Lomé, 6 février 2009).

[1329] Cf. Entretien informel avec une employée du service de l'emploi et des relations sociales de la SAZOF, Lomé, 26 décembre 2008.

[1330] « Encore faut-il que l'action collective puisse peser effectivement et efficacement. Pour qu'elle pèse effectivement, il ne suffit pas que les travailleurs puissent négocier par l'intermédiaire de leurs représentants ; il faut aussi qu'ils puissent faire pression sur les employeurs » (A. Supiot, « Revisiter les droits d'action collective », *Rev. Dr. Soc.*, 2001, p. 687).

[1331] « Ils nous disent de cesser et qu'ils vont travailler là-dessus et résoudre les problèmes d'argent. Après on appelle les délégués, c'est eux qui résolvent le problème. Ils vont à SAZOF, ils négocient avec eux » (Cf. Entretien avec une ancienne ouvrière d'une industrie de cosmétiques de la zone franche, 12 janvier 2009). « La SAZOF n'intervient que quand il y a des problèmes, par exemple la grève, des ouvriers qui veulent manifester. C'est là qu'ils se pointent. (…) Un jour, on voulait changer de délégués. On n'avait plus de support. On venait de faire une grève. On n'a pas travaillé, systématique de l'exercice de la grève sont aléatoires et imprévisibles, le risque le plus grand étant le licenciement d'un ou de plusieurs travailleurs des suites d'un mouvement de grève. La corrélation systématique entre irrégularité du déclenchement de la grève et faute professionnelle favorise les décisions discrétionnaires patronales non contrôlées par la SAZOF[1332]. L'employeur peut en outre invoquer la faute pour obtenir l'autorisation par la SAZOF de licencier un délégué du personnel.

Cette « normativité » en œuvre dans la zone franche qui consiste en l'invocation d'un critère procédural incertain[1333] pour qualifier systématiquement le mouvement illicite alimente donc le questionnement, non seulement de l'existence d'un « exercice normal de la grève », mais aussi de l'existence même de la grève au sens où le droit commun du travail togolais sous-entend un rapport de forces. Peut-il y avoir exercice réel d'un contre-pouvoir, donc d'une pression sur l'employeur, si celui-ci est assuré de l'irrégularité d'un mouvement collectif[1334] ? L'argument systématique de l'illicéité utilisé par les acteurs intervenants dans la gestion des actions collectives est impossible à contredire dans le contexte sociopolitique et juridique de la zone franche. Les mobilisations collectives bénéficient toutefois de relais médiatiques qui peuvent jouer un rôle considérable dans l'issue de ces mouvements sociaux par le biais de l'impact sur l'opinion générale.

« Tout a commencé le 02 novembre 2010. Ce jour-là, les employés de la société susmentionnée, après des mois de réclamation de meilleures conditions de travail sans succès, ont adressé un préavis de grève à leur employeur par l'entreprise du chef du personnel. Ils réclamaient entre autres : le droit à élire des délégués du personnel et celui à la jouissance des congés annuels ; le paiement des heures supplémentaires conformément aux textes en vigueur

---

on a appelé SAZOF. Le directeur est venu, il nous a dit de reprendre, on a refusé. Il s'est promené dans tout le centre. On a repris le travail » (Cf. Entretien collectif avec des salariés de la zone franche, Lomé, 6 février 2009).

1332 « On avait décidé de marcher jusqu'au directeur de l'emploi. On n'a rien compris jusqu'alors (...). Quand il y a des manifestations, toi on te prend, c'est à la tête. Une fois on a renvoyé toute une équipe. Deux de leur camarade étaient un peu en retard, de cinq minutes. Les camarades ont dit que s'ils ne rentraient pas eux non plus. Donc ils sont partis et ont laissé les machines. Le lendemain, ils étaient renvoyés. On a appris qu'on leur a payé quelque chose, on ne sait pas comment. (...) Même chez nous ça a été un peu violent une fois quand on empêchait l'entrée. Ils ont appelé les forces de l'ordre. Quand on fait une grève, les employeurs n'aiment pas qu'on reste devant la société, ils nous demandent de partir, on refuse » (*ibid.*).

1333 « Ils ne respectent jamais la procédure, chez nous, ce sont des grèves sauvages. (...) On essaie plutôt de les sensibiliser, de les ramener à la raison » (Cf. Entretien avec le conseiller juridique et le directeur de l'emploi de la SAZOF, Lomé, 9 janvier 2009). « Il n'y a pas vraiment de grève justifiée et dans les règles. (...) On est obligé de discuter avec eux et la direction, de trouver un compromis et de faire un règlement » (Cf. Entretien avec le directeur de l'emploi de la SAZOF, Lomé, 11 février 2009).

1334 « Les employeurs ont envie de les renvoyer mais on essaie de demander à l'employeur de ne pas le faire. On suit ça de près » (Cf. Entretien avec le directeur de l'emploi de la SAZOF, Lomé, 11 février 2009).

dans leur secteur d'activité ; la déclaration de l'ensemble du personnel à la caisse nationale de sécurité sociale, etc. Et comme c'est souvent le cas dans la plupart des entreprises de la zone franche togolaise, il leur sera opposé une fin de non recevoir. Mais déterminés à obtenir satisfaction, les employés (...) d'une société spécialisée dans la fabrication de produits pharmaceutiques sont passés à l'étape ultime en adressant à leur employeur un préavis de grève (...) qui va déboucher quelques jours plus tard sur leur licenciement pour faute lourde ».

« Comment les grévistes auraient-ils pu dégrader les machines de l'usine alors qu'ils n'y avaient plus accès depuis le début de la grève ? », s'indigne M. Yves Dossou, coordinateur SADD ». Il est à noter que, les tractations ont été engagées pour pouvoir aboutir à une solution idoine à la situation, mais cela a été un fiasco. « Malgré l'échec des négociations, les grévistes ont décidé de reprendre le travail. Mais la direction (...) s'y oppose et des gendarmes sont envoyés en renfort pour les empêcher de pénétrer dans l'établissement. (...) Ils en appellent donc à la solidarité nationale et internationale pour interpeller les autorités de ce secteur d'activité afin qu'elles interviennent pour s'assurer de la réintégration des 120 employés[1335] ».

Le 20 février 2011, « des avancées ont été enregistrées dans les discussions dans le cadre du dossier des licenciés de la société (...) installée dans la zone franche, a indiqué à l'Agence Savoir News Yves Komlan Dossou, le coordonnateur de l'ONG Solidarité et Action pour le Développement Durable (SADD). (...) Le premier ministre Gilbert Fossoun Houngbo a mis sur pied une commission interministérielle, présidée par le ministre du travail et des lois sociales, Octave Nicoué Bhroom, qui a pour mission d'écouter les deux parties. Le responsable [de la société] sera entendu par le ministre du travail et des lois sociales, afin de voir quelles sont les dispositions qui vont être prises pour que ces jeunes puissent reprendre le travail, a-t-il souligné[1336] ».

Ces extraits mettent en relief les problématiques de pouvoirs qui sous-tendent les modalités ambivalentes de l'invocation du droit au Togo[1337]. Le conflit collectif dont il est question ci-dessus est parti du refus par les représentants des travailleurs de signer le procès-verbal de réunion proposé par l'employeur qui comportait une clause selon laquelle « la procédure prévue pour faire la grève dans les entreprises par les textes en vigueur n'a pas été respectée (...). La grève a engendré des préjudices à la société d'autant que les travailleurs ont saisi la période où devait se tenir un audit de la société en vue de la conclusion d'un

---

1335 B. Akame, http://www.togoenvogue.com/articles/lire.php?nurl=licenciement-massif-a-sprukfield-120-travailleurs-togolais-exigent-leur-reintegration.html

1336 http://www.lomecite.com/article/Societe/2758/

1337 L'action économique porte en elle tous les germes de la conception totalitaire du droit. Selon A. Arendt, ceci se reconnaît à ce que, « prétendant remonter à la source de l'autorité, d'où les lois positives ont reçu leur plus haute légitimité, elle entend se défaire de leur légalité mesquine et est prête à sacrifier les intérêts vitaux de quiconque à l'accomplissement des lois surhumaines qui s'imposent au genre humain » (*The origins of totalitarism*, 1972, p. 205, cité par A. Supiot, *Rev. Dr. Soc.*, p. 687, *op. cit.*).

contrat de partenariat... ». Ni le directeur de l'emploi de la SAZOF, ni le directeur général du Travail ne sont parvenus à faire retirer cette clause du procès-verbal de réunion[1338]. La grève en question programmée le 9 novembre 2010 a été suivie malgré plusieurs mises en garde du syndicat SYNATRAZOF et de la SAZOF étant donné le refus des collaborateurs de l'employeur de réceptionner le courrier de préavis, équivalent selon eux à une absence de préavis. Les travailleurs soutiennent qu'ils avaient envoyé une lettre de préavis le 2 novembre 2010 « avec ampliation à la SAZOF, à l'inspection du travail du Togo, au secrétaire général du SYNATRAZOF et au comité des délégués de la zone franche ». Ils ont sollicité l'aide de la SAZOF pour notifier le préavis à l'employeur. La SAZOF a refusé au motif de sa non-habilitation à le faire. Le 8 novembre 2010, une délégation de la SAZOF et le secrétaire général du SYNATRAZOF ont tenté de faire reculer les travailleurs. Un « procès-verbal de non conciliation » du CIC du 1er décembre 2010 mentionne notamment un désaccord sur le caractère illicite de la grève, les représentants des travailleurs arguant du fait qu' « aucun texte ne règlemente la grève en zone franche qui a toujours connu des mouvements de ce genre » et les membres employeurs répondant qu' « il y a lieu de se référer aux dispositions du code du travail en la matière[1339] ».

L'absence d'impact de l'intervention du directeur général du Travail dans ce conflit collectif et l'implication syndicale aux côtés de la SAZOF pour dissuader les travailleurs illustrent le jeu complexe des pouvoirs propre à la zone franche. Le résultat de ce jeu d'interaction est à la fois l'effectivité de l'accord collectif de 1996 dans sa dimension dérogatoire au droit du travail de la zone douanière, mais aussi son ineffectivité en substance, du fait en partie de ses incohérences, incertitudes ou silences[1340]. C'est ainsi un rôle quasi symbolique ou instrumental que l'accord collectif a joué pendant près de vingt ans, contribuant à l'impression d'une zone franche juridiquement autonome et administrativement, judiciairement et syndicalement impénétrable, peu importants la supériorité théorique de la Constitution togolaise. Si des réformes se sont engagées[1341] pour remédier à la discrimination sociale subie par les travailleurs de la zone franche, l'ambiguïté du « statut » de la zone franche dans

---

[1338] A.Numanyala, http://www.libertetg.com/contenus.php?id_art=2&content=report&tabloo=reportages

[1339] En septembre 2011, le conflit collectif n'avait pas encore trouvé solution. Une procédure de réintégration est en cours mais l'employeur considère qu'il a subi un préjudice (Cf Entretien avec le directeur de l'emploi de la SAZOF, Lomé, 15 septembre 2011).

[1340] Le droit du travail togolais, en théorie non mou, n'a-t-il en fait, pour ses auteurs, qu'une valeur instrumentale ? Catherine Thibierge parle de sources instrumentales pour désigner les déclarations, préambules, recommandations, lettres d'intention, codes de conduite « formellement mous » (C. Thibierge, « Le droit souple », *RTD Civ.*, 2003, p. 599).

[1341] http://africabusiness.com/2010/10/22/processus-de-revision-des-textes-de-la-zone-franche-les-syndicats-de-la-zone-franche-exigent-leurs-implications/ ; http://www.mo5-togo.com/actualites/2228-le-gouvernement-sengage-a-evaluer-les-elections-passees-et-apporter-des-ameliorations-necessaires.html le territoire togolais a été maintenue[1342]. Jusqu'à la signature le 16 octobre 2012 de la nouvelle convention sectorielle applicable en zone franche, le droit du travail applicable est demeuré incertain. Par exemple, le SMIG adopté par la nouvelle CCIT de 2011 a été officiellement déclaré applicable à la zone franche. Qu'en était-il du reste des dispositions de cette convention collective de champ d'application en principe « total » ? Quel est l'impact de la nomination d'un inspecteur du travail au poste de la direction de l'emploi de la SAZOF qui dit être désormais rémunéré par cette société d'économie mixte ? Grâce aux mobilisations des acteurs syndicaux et associatifs, avec le soutien d'organisations de solidarité internationale telles que Peuples Solidaires[1343] ou WSM, le régime juridique des relations de travail en zone franche comporte aujourd'hui le code du travail et la CCIT de 2011, textes sur lesquels s'appuie expressément la convention collective sectorielle signée entre l'ASOZOF et les trois syndicats de la zone franche et entrée en vigueur au début de l'année 2013. Les modalités de mobilisation de ce nouvel outil mériteront la plus grande attention[1344].

[1342] « Mais, devant la liste des cas, souvent impunis, de violations de ces droits, ces efforts et cette « volonté manifeste » ressemblent plutôt à des trompes l'œil. (…) Tout porte à croire que certains employeurs auraient attribué de fausses cartes d'immatriculation à leurs travailleurs pour faire croire à ceux-ci qu'ils étaient déclarés. (Il y a de plus) impossibilité pour les quelques syndiqués d'organiser des réunions syndicales sur les lieux de travail » (Rapport des organisations de la société civile et syndicales du Togo, 2012, *op. cit.*, p. 38-39).

[1343] Voir l'appel urgent lancé par l'organisation : « 344 – Togo : Zone franche, zone de non droit », http://www.peuples-solidaires.org/appel-urgent-344_togo-sprukfiel/.

[1344] En effet, après la signature de cette convention collective, le conflit collectif que nous avons mentionné concernant une société pharmaceutique de zone franche n'a pas trouvé solution. L'employeur qui s'était engagé par accord signé en mai 2011 à réintégrer les 120 salariés grévistes licenciés n'a pour l'instant honoré son engagement que pour 12 d'entre eux (voir http://independantexpress.com/?p=1966).

CONCLUSION DE LA PARTIE I

L'analyse de la production du droit du travail togolais a permis d'envisager la singularité des modalités de création du droit formel au Togo. La « validité » du droit togolais est en quelque sorte indépendante du droit lui-même. La hiérarchie des sources et la validité procédurale qui la sous-tend sont en partie ignorées dans les processus d'adoption d'une loi, d'une règlementation ou d'une convention collective. Pareille « ignorance » est ambivalente ; elle favorise la multiplication des canaux de concertation des partenaires sociaux mais contribue aussi aux croyances négatives sur la production du droit officiel. En ce qui concerne le résultat des processus de production du droit officiel, on relève également une certaine absence de prise en compte du contenu intrinsèque du droit préexistant.

Nous avons ainsi relevé les contradictions des justifications, appréhensions et présentations du processus de réforme du code du travail, la relative insaisissabilité des modalités politiques et pratiques de rédaction des textes règlementaires, l'omniprésence de l'État dans la négociation collective et l'impulsion étatique d'un droit « anticonstitutionnel » en zone franche. Le déficit de transparence des procédures de production du droit officiel du travail paraît corréler avec le résultat de ces procédures, caractérisé par un ordonnancement et une articulation difficile des règles composant le droit du travail togolais. Cette difficulté est en outre illustrée par les références faites aux textes en vigueur. En effet, les considérations sur le code du travail, l'utilité relative de la règlementation d'application, les erreurs et les manifestations d'indifférence envers le droit conventionnel et les « croyances » sur le droit particulier de la zone franche mettent en exergue un paradoxe entre des demandes de droits et les méconnaissances du droit existant.

L'analyse des dispositions de droit du travail fait par ailleurs relativiser l'idée courante selon laquelle les droits formels d'anciens États administrés par la France constituent une sorte de reproduction mimétique du droit français. En effet, on découvre à l'analyse des textes en vigueur une singularité historique et contemporaine de la production du droit du travail togolais au regard des autres droits nationaux de la sous-région et du droit français. De plus, l'enjeu de l'aide des partenaires au développement dans les processus de réforme ressort assez étranger à l'idée d'une main mise exogène sur la production du droit officiel. Le manque de recherche de cohérence et d'adaptation au contexte socio-économique qui ressort du maintien de textes déphasés ou du recopiage parfois « raté » d'anciennes dispositions interroge en effet sur les marges d'action des « coopérants » dans le domaine du droit social. Le projet d'acte uniforme de l'OHADA témoigne lui-même d'une certaine ambivalence entre un droit singulier et un droit parfois calqué « vite fait » sur de vieilles dispositions. Il n'en demeure pas moins que c'est une « légitimité » originale qui est portée par le droit du travail en vigueur au Togo. Le droit du travail est vu valide et applicable dès lors qu'il est affirmé comme tel par les hautes autorités de l'État, indépendamment des prévisions sur l'articulation entre ses sources. Il en résulte particulièrement intéressant de rechercher les modalités et effets des mobilisations de ce droit par les acteurs institutionnels et sociaux de la régulation des relations de travail au Togo.

Des divergences d'interprétation et de besoins d'explicitation des dispositions juridiques par les différents acteurs « praticiens » de droit du travail, qu'ils soient issus de l'administration centrale du travail, de celle de la justice, des organisations syndicales et patronales ou des cabinets de conseils ont en effet été mises en avant dans l'analyse de la production du droit du travail. Cette référence « plurielle » aux sources du droit du travail doit être complétée par l'analyse de sa pratique par les acteurs institutionnels et sociaux.

L'emploi du terme de « mobilisation » du droit du travail permet d'élargir le champ de l'analyse des effets du droit du travail. La mobilisation signifie en effet « rassemblement et mise en action[1345] » tandis que la notion d'appropriation implique une « action de rendre propre à un usage, à une destination[1346] ». L'appropriation sous-entend donc une démarche explicite d'adaptation[1347]. Les mobilisations du droit du travail englobent quant à elles tous les cas dans lesquels un rattachement avec ses énoncés est perceptible, qu'il y ait ou non conscience de ce rattachement par les acteurs car, comme le résume très bien le Professeur Antoine Jeammaud, « l'empire du droit n'est pas remis en cause par l'absence de sa considération dans ses choix d'action[1348] ». Dès lors, vouloir analyser les mobilisations du droit signifie vouloir dresser les caractéristiques de ces mobilisations. Quelles sont les règles *convoquées* ou *invoquées*[1349] ? Quels sont les vecteurs de marginalisation d'autres règles ? Comment les contextes influencent les résultats des mobilisations ? Quelles sont les torsions et accommodations subies par le droit dans ses mobilisations ?

Dans la perspective de montrer notamment le difficile rattachement de la distinction entre le secteur dit formel et celui dit informel avec les différentes dualités que composent l'effectivité et l'ineffectivité, l'adaptabilité et l'inadaptabilité ou le contrôle et le non-contrôle, l'analyse des mobilisations du droit du travail sera fondée aussi bien sur l'activité administrative et judiciaire que sur les pratiques des acteurs sociaux. Comme le souligne encore le Professeur Antoine Jeammaud, « là où on relève une corrélation entre action et normes, leur connaissance syncrétique démontre que c'est moins les normes que leur réputation qui exerce influence[1350] ». Cette activité et ces pratiques

---

1345 *Petit Larousse*, 2011.

1346 *Ibid.*

1347 Le *Petit Larousse* propose la notion d' « adaptation » comme synonyme de l'appropriation (*ibid.*).

1348 A. Jeammaud, « Les règles juridiques et l'action », *Recueil Dalloz*, 1993, p. 207.

1349 *Ibid.*

1350 La mesure de la contrainte exercée par la règle de droit tient à celle de la « pression diffuse » émanant de l'ordre juridique : représentation, « sentiment juridique ». L'analyse des pratiques des acteurs sociaux peut-elle, même si elle est éloignée de la mobilisation au sens où le professeur Antoine Jeammaud l'entend en tant qu'elle suppose « nécessairement sa connaissance puis mise en contact », être appréhendée au travers de cette idée de représentation ou sentiment juridique dans le contexte togolais ? (*Ibid.*). Nous intégrons donc à la notion de « mobilisation » son pendant de mettent en évidence une sélection des références au droit du travail (Titre I) dont la présentation sera complétée par l'étude de la diversité des réceptions du droit du travail (Titre II).

« non-mobilisation » au sens où les croyances sur le système juridique du Togo sont nécessairement déterminantes. Erhard Blankenburg pense qu'une théorie de la mobilisation doit être constituée d'une analyse de cinq phases ou moments : situer juridiquement le problème (éloignement social des parties), l'engagement du processus juridique, les besoins juridiques, le procès et la mise en œuvre). Cette théorie suppose donc la réflexion sur l'absence totale ou en partie de réalisation de ces phases (E. Blankenburg, « Les mobilisations du droit, les conditions du recours et du non-recours à la justice », *Droit et Société*, 1994, n° 28, p. 691).

TITRE 1 – LA SÉLECTION DES RÉFÉRENCES AU DROIT DU TRAVAIL

L'analyse de la sélection permet de mettre en avant les problématiques de droit du travail au Togo et de voir comment ces problématiques donnent lieu à l'invocation ou non du droit formel. La sélection des références au droit du travail met en exergue une forme de hiérarchisation des priorités normatives en droit du travail. Elle peut ressortir à la fois de considérations générales sur le droit du travail en tant qu'ordre juridique national, et des activités et pratiques des partenaires sociaux au sein desquelles certains énoncés de droit sont plus sollicités que d'autres. Il s'agit donc, par-delà le constat d'ineffectivité[1351] que peut inspirer l'analyse de cette sélection, de présenter une mesure des problématiques de droit du travail au Togo et les modalités selon lesquelles ces problématiques conduisent à mobiliser ou non les règles de droit du travail togolais. Nous présenterons les questions récurrentes qui se dégagent (chapitre 1) et les dispositifs qui sont marginalisés (chapitre 2) dans la régulation des relations de travail au Togo.

[1351] « Lorsqu'elle se rapporte à une discipline aussi délicate que le droit du travail notamment le droit international du travail, la question de l'effectivité et de l'efficacité est naturellement fort complexe et difficile à aborder. Il en est ainsi car le droit du travail qu'il soit national ou international, est une discipline qui devrait être reliée aux autres disciplines scientifiques, notamment : le droit, l'économie, la gestion des finances, la gestion des ressources humaines, la sociologie, la psychologie, les relations internationales, la médecine, la démographie » (C. A. Kenoukon, *Effectivité et efficacité des normes fondamentales et prioritaires de l'OIT: le cas du Bénin et du Togo*, OIT-IIES, 2007, p. xii).

Chapitre 1 – LE DÉGAGEMENT DE QUESTIONS RÉCURRENTES

Les questions récurrentes en matière de droit du travail ressortent des mobilisations du droit du travail pris en tant qu'ordre juridique à part entière, et de sa mise en œuvre par les différents acteurs dans diverses situations. Ces questions seront présentées en distinguant les priorités des contrôles administratifs et judiciaires (section 1) et les options prises par les acteurs sociaux (section 2).

Section 1 – Les priorités des contrôles administratif et judiciaire

Les parts du droit du travail prioritairement mobilisées au sein des institutions administratives et judiciaires seront recherchées dans la politique et la pratique administrative (§1) et le contentieux judiciaire du travail (§2).

§1 – La politique et la pratique administrative

L'administration centrale du travail est rattachée au « ministère de l'emploi, du travail et de la sécurité sociale » et s'organise hiérarchiquement et géographiquement sur le territoire national togolais. L'approche du droit du travail togolais au sein de cette administration prend donc une dimension à la fois nationale avec l'affichage d'orientations générales (A) et « locale » au travers des réponses administratives qui sont faites ou non aux demandes sociales (B).

A. L'affichage d'orientations nationales

Les orientations nationales en matière de politique et de pratique administrative ressortent des priorités exprimées dans la politique officielle du travail et de l'emploi (1) et du constat, de fait, d'un souci général de la vulgarisation du droit du travail (2).

1. La politique du travail et de l'emploi

Malgré des différences de libellés dans les différents textes officiels qui organisent le département ministériel en charge du travail, les axes de l'emploi et du travail font partie des attributions de ce département. Le « nouveau libellé » du ministère en charge du travail prend en compte, selon le ministre du travail en février 2009[1352], la difficulté de détacher la politique du travail affichée par les pouvoirs publics togolais de la problématique de l'emploi. Plusieurs remaniements ministériels en 2008 ont conduit à des modifications

[1352] Cf. Entretien avec le ministre du Travail, Lomé, 16 février 2009.

d'appellation de certains ministères[1353], dont celui en charge du travail[1354]. Il est devenu le « ministère du travail, de l'emploi et de la sécurité sociale[1355] ». Les départements ministériels sont en même temps demeurés organisés par un décret de 2008 en vertu duquel le « ministère du travail et de la sécurité sociale » comprend deux services centraux que sont la direction générale du travail et des lois sociales et la « direction de l'emploi[1356] ». La nouvelle ANPE instituée par le code du travail de 2006 constitue un organisme rattaché à ce ministère. Ainsi, l'emploi est indéniablement rattaché au thème du travail malgré quelques formulations ambigües et la création en 2010 d'un département ministériel spécifique concernant l' « emploi des jeunes »[1357].

Si le ministère en charge du travail en est le principal représentant, la politique nationale du travail et de l'emploi est souvent – voire principalement – affichée dans le cadre de différents programmes supranationaux de de réduction de la pauvreté au sein desquels l'emploi et le travail prennent différentes places. La politique nationale du travail et de l'emploi s'affiche donc majoritairement dans des documents impulsés et/ou soutenus par les partenaires au développement dont une tendance est de rendre l'emploi prioritaire par rapport aux questions juridiques relatives aux relations de travail. Nous nous baserons principalement[1358] sur les documents stratégiques nationaux que sont, par ordre décroissant de date, la « Carte de potentialités d'emploi des jeunes et des femmes dans les préfectures et sous-préfectures du

---

[1353] Un remaniement de 2008 faisait passer le nombre de membres du Gouvernement de 34 à 21. Par exemple, il existait le ministère des petites et moyennes entreprises et de la promotion de la zone franche avec en son sein un ministre délégué chargé du secteur informel. Une fusion probable a fait émerger le ministère du commerce, de l'industrie, de l'artisanat et des petites et moyennes entreprises en remplacement. La formation professionnelle relève désormais du « ministère des enseignements primaire et secondaire, de l'enseignement technique et de la formation professionnelle et de l'alphabétisation » (Décrets n° 2008-050/PR du 7 mai 2008 relatifs aux attributions des ministres d'État, n° 2008-090/PR du 29 juillet 2008 portant organisation des départements ministériels et n° 2008-122/PR du 15 septembre 2008 portant composition du gouvernement).

[1354] La réforme des départements ministériels issue d'un décret n° 2008-090/PR du 29 juillet 2008 (JOT 30 juillet 2008) institue le ministère du travail et de la sécurité sociale en remplacement du ministère du travail, de l'emploi et de la fonction publique d'avant 2007. Le décret n° 2005-058/PR du 20 juin 2005 (JOT 20 juin 2005) portant composition du gouvernement insérait l'emploi parmi les attributions du ministère en charge du travail tandis que le décret n° 2007-132 du 13 décembre 2007 portant composition du gouvernement contenait l'appellation du ministère « du travail et de la sécurité sociale ».

[1355] Décret n° 2010-36 du 28 mai 2010 de nomination du ministre du travail.

[1356] Décret n° 2008-090/PR du 29 juillet 2008.

[1357] Il s'agit du ministère « du développement à la base, de l'artisanat, de la jeunesse et de l'emploi des jeunes ».

[1358] Le projet de « rapport final – phase 1 » sur « l'emploi et le secteur informel » de 2001 dans le cadre du programme PARSAT initié par l'UEMOA et financé par l'Union Européenne sera évoqué. Seule la première des trois phases du projet a été menée. Les études et rapports réalisés dans le cadre du programme ADMITRA du BIT débuté en 2010 tiennent davantage à la politique administrative et seront donc abordés dans le paragraphe relatif à l'administration du travail.

Togo » réalisée en 2010 avec le PNUD[1359], le Programme Pays de Promotion du Travail Décent (PPTD) au Togo (2010-2015)[1360] établi dans le cadre de L'Agenda du Travail Décent, le projet de politique nationale du travail (PNT) au Togo de 2010 « élaboré avec l'appui technique et financier du Bureau sous-régional de l'OIT pour l'Afrique Occidentale »[1361], le rapport définitif de l'étude sur la situation de l'emploi des jeunes au Togo pour le ministère du travail et de la sécurité sociale et la direction de la politique nationale de l'emploi de septembre 2008[1362] et le Document cadre de politique de l'emploi et de lutte contre la pauvreté de septembre 2004[1363]. La politique de l'emploi est abordée en priorité dans ces différents supports officiels à travers la problématique de la visibilité du marché du travail dont la résolution constitue le préalable nécessaire à la réflexion sur son cadre juridique. L'importance de prédispositions institutionnelles et structurelles pour l'efficacité des ambitions affichées en matière d'emploi et de travail est particulièrement mise en avant. Il est en effet regretté en introduction du projet de PNT de 2010 que l'« élargissement du monde du travail qui a permis d'absorber une frange non négligeable de demandeurs d'emplois, n'est malheureusement pas accompagné par le renforcement des moyens de contrôle des structures en charge de la règlementation du travail[1364] ».

La construction d'une politique solide et sectorisée d' « employabilité » est au centre des ambitions en matière d'emploi[1365]. L'insuffisante connaissance du marché du travail togolais est un vecteur considérable des difficultés de mise en œuvre de politiques en matière d'emploi[1366]. La problématique de l'

[1359] Ce document dresse l'état des lieux de l'emploi par secteur géographique, soumet des recommandations et présente les organismes pertinents en matière d'emploi au Togo. Il a été distribué dans différents services tels que la chambre de commerce et d'industrie du Togo, la DPNE, l'ANPE, les départements ministériels.

[1360] Ce programme s'inscrirait comme « contribution spécifique de l'OIT aux cadres nationaux de développement tels que le Document Stratégique de Réduction de la Pauvreté (DSRP), le Plan cadre des Nations Unies pour l'Aide au Développement (PNUAD) et à l'atteinte des Objectifs du Millénaire pour le Développement » (PPTD Togo, 2010, p. 1).

[1361] *Projet de politique nationale du travail (PNT) au Togo*, Togo-OIT, novembre 2010.

[1362] E. A. Amouzou, *Étude sur la situation de l'emploi des jeunes au Togo*, Rapport définitif, 2008.

[1363] *Document cadre de politique de l'emploi et de lutte contre la pauvreté, ministères de la fonction publique, du travail et de l'emploi, de l'économie des finances et des privatisations*, 2004.

[1364] Projet de PNT, 2010, *op. cit.*, p. 9.

[1365] « Nous sommes en pleine phase d'opérationnalisation de l'ANPE pour la visibilité du marché de l'emploi (...). Parallèlement nous avons défini toute une politique d'employabilité, politique globale de l'emploi. Mais pour que ça soit effectif, il faudrait que la relance même de l'économie soit effective. Mais ce n'est pas encore tout à fait le cas » (Cf. Entretien avec le ministre du Travail, Lomé, 16 février 2009).

[1366] « La recherche de solutions à tout fait-problème passe par la réalisation d'un diagnostic systématique et complet en vue de choisir les meilleures options possibles » (E. A. Amouzou, 2008, *op. cit.*, p. 10). L'introduction au PPTD de 2010 met en avant le préalable de diagnostic que nécessite le programme (PPTD Togo, *op. cit.*, p. 1). « Dans un sens plus large, le gouvernement doit tout mettre en œuvre pour permettre la collecte, la compilation et la publication des statistiques de base du travail sur les neuf (9) domaines visés par la Convention 160 de l'OIT» (Projet PNT, *op. cit.*, p. 12). « Le

« employabilité » de la population active du Togo est mise en exergue dans certains documents tels que l'étude de 2008 sur la situation des jeunes au Togo en vertu de laquelle la « durée relativement longue du chômage au Togo serait en partie liée à la faible création de nouveaux emplois depuis les différentes crises que le pays a connues ; la conséquence en est la déqualification des jeunes et à la longue, leur « inemployabilité »[1367] ». Elle est en outre illustrée par la politique de formation menée en 2011 au sein de la jeune Agence Nationale pour l'Emploi (ANPE) au travers du programme AIDE (Appui à l'Insertion et au Développement de l'Embauche)[1368]. L'inadéquation entre les qualifications des jeunes et les besoins du marché du travail togolais est l'explication première de cette problématique d'employabilité[1369]. La récurrence du problème de visibilité du marché de l'emploi togolais justifie donc les priorités accordées aux nécessités structurelles et organisationnelles[1370]. La nouvelle ANPE a été rendue opérationnelle dans cette perspective. L'élaboration, avec l'appui technique du PNUD, d'un document complet établissant une photographie de l'emploi et de ses caractéristiques pour chaque région et préfecture du Togo en est une illustration concrète. Cette « Carte des potentialités » n'a toutefois pas été rééditée et n'est pas disponible en ligne.

Le droit du travail est immergé au sein de divers axes d'intervention publique où la question de l'emploi et celle plus générale de la gouvernance publique

---

Gouvernement a adopté un document de politique de l'emploi et de lutte contre la pauvreté, créé une Direction de la Politique nationale de l'Emploi (DPNE) et une Agence Nationale pour l'Emploi, devenue opérationnelle en août 2010. Des foires sur le marché de l'emploi sont également initiées pour permettre aux différents acteurs intéressés, de bénéficier d'informations additionnelles en ce qui concerne les déclinaisons en cours de la politique de l'emploi, du plan d'action opérationnel et de la cartographie des opportunités d'emploi » (Projet PNT, *op. cit.*, p. 14).

1367 E. A. Amouzou, *op. cit.*, p. 40. Le projet de PNT de 2010 se cantonne, sur la question de l'emploi, au problème de l'apprentissage togolais (Projet PNT, *op. cit.*, p. 14).

1368 Loi n° 2011-004 du 16 février 2011 portant mise en place du programme d'appui à l'insertion et au développement de l'embauche (AIDE) et décret n° 2011-031 de mars 2011 portant modalités d'application.

1369 Les « handicaps à l'insertion professionnelles » sont : le « manque d'expérience professionnelle (dans 34,2% des cas), le manque d'information (19 %) qui révèle les carences des services publics et privées de l'emploi, les discriminations de diverses formes (17%), le type de formation (15,4%) » (E. A. Amouzou, 2008, *op. cit.*, p. 51).

1370 « Les moyens de fonctionnement font cruellement défaut dans les administrations économiques et sociales togolaises. Il est ainsi impossible d'assurer les travaux de gestion efficace et de produire des informations de base susceptibles d'éclairer et de suggérer de bonnes décisions » (*Document cadre de politique de l'emploi et de lutte contre la pauvreté*, *op. cit.*, p. 3). Le PPTD de 2010 (*op. cit.*) mentionne les priorités stratégiques : offrir une possibilité aux jeunes d'accéder autant à l'emploi qu'à l'auto-emploi, l'appui des stratégies politiques togolaises sur la centralité de l'emploi, des « synergies avec le Projet National d'Actions Décentralisées de Gestion de l'Environnement, le Projet d'assainissement urbain au Togo (PAUT), le projet d'assainissement et de pavage de voies à Lomé (phase 2), le Projet environnement urbain de Lomé et avec le programme pilote d'emplois des Jeunes (PPEJ) », l'amélioration du système national de statistique du travail, dont celle du système d'information sur le marché du travail (SIMT) pour la promotion du travail décent, le développement et le renforcement du mouvement coopératif, la poursuite de la modernisation de l'administration du travail.

occupent une place toujours prioritaire. Il est intéressant de relever que c'est principalement l'administration de l'emploi, et non la Direction général e du Travail et des Lois Sociales (DGTLS), qui est visée dans les axes stratégiques officiels[1371]. Les axes impératifs continuent par ailleurs d'être l'amélioration des équipements et des infrastructures nationales[1372] ainsi que le renforcement des capacités des institutions étatiques en charge du contrôle et de l'évaluation des politiques publiques : « l'étude du cadre institutionnel révèle que le Ministère de la Fonction Publique, du Travail et de l'Emploi, en charge de stimuler la promotion d'emplois productifs en vue de réduire la pauvreté, n'a pas été à la hauteur des attentes, à cause des problèmes organisationnels, financiers, matériels nécessaires et suffisants pour atteindre les objectifs qui lui sont assignés[1373] ». Le PPTD de 2010 élargit le champ du renforcement des capacités aux membres du Conseil National du Patronat (CNP) et des organisations syndicales. La concertation entre les différents acteurs de l'économie du Togo est mentionnée comme une nécessité pour l'amélioration des conditions d'emploi des togolais. On en revient néanmoins toujours à la condition première de la volonté politique[1374]. Le projet de PNT de 2010 conclut par exemple qu'« en cas d'absence de mobilisation pour la promotion du travail décent de la part des plus hautes autorités du pays, la présente PNT sera tout simplement vidée de sa force exécutoire[1375] ». Le projet de politique nationale insiste aussi sur le fait que « les contraintes budgétaires peuvent affecter le volume des ressources que l'État souhaite consacrer à la réalisation du Plan d'Action Triennal de la PNT[1376] ». On note en effet que le financement public de ces programmes est peu pris en compte dans les programmes stratégiques, sauf à faire le constat de finances publiques insuffisantes, d'absence d'aides extérieures ou de la nécessité de rechercher des partenaires.

[1371] « La Direction Nationale pour l'Emploi se trouve de plus en plus confrontée à de nouveaux défis dus à l'évolution constante de l'économie, des nouvelles technologies de l'information et de la communication, ainsi que de la dynamique générale du marché du travail et de l'emploi, due à la mondialisation » (*Document cadre, op. cit.*, p. 12). Créer l'agence nationale de l'emploi et « doter ses structures des ressources humaines, techniques et financières nécessaires » sont préconisés dans le rapport sur les jeunes (E.A. Amouzou, *op. cit.*, p. 93).

[1372] Il s'agit principalement des infrastructures de santé, des infrastructures routières ou encore agricole, de l'accès à l'énergie et à l'eau (par exemple, E.A. Amouzou, *ibid.*, p. 93 et *Document cadre, op. cit.*, p. 8).

[1373] *Document Cadre, op. cit.*, p. 18.

[1374] « Pour sortir de cette situation, le Gouvernement n'a pas réussi jusqu'à présent à élaborer une politique cohérente de promotion de l'emploi et de lutte contre le chômage et la pauvreté ». Pour ce faire, il devra : « ratifier dans les meilleurs délais la convention n° 122 de l'OIT; rendre opérationnel le Conseil Economique et Social ; traduire dans les actes les conclusions et recommandations issues des séminaires et études sur la promotion de l'emploi et la lutte contre la pauvreté ; rendre opérationnel le Fonds d'Appui aux Initiatives Economiques des Jeunes (FAIEJ) ; accélérer l'adoption de textes de convergence et d'harmonisation des investissements des États membres de l'UEMOA ; allouer des ressources budgétaires conséquentes pour la réalisation de toutes activités envisagées » (*ibid.*, p. 14-15).

[1375] Projet PNT, *op. cit.*, p. 34.

[1376] *Ibid.*

Le droit du travail est le plus souvent abordé de façon générale en tant que cadre juridique à moderniser et à promouvoir[1377]. L'évocation de certaines thématiques spécifiques peut toutefois permettre de relever quelques priorités en matière de droit du travail. L'encouragement de l'expression syndicale « à tous les niveaux » mentionné en 2004 n'apparaît pas particulièrement dans les documents de 2010 qui préconisent plutôt « un renforcement de leurs capacités ». Parmi les résultats attendus des objectifs fixés par le PPTD de 2010 figurent l'élaboration de « projets de textes nationaux mis en conformité avec les NIT (...), l'adoption d'un plan d'action de lutte contre les discriminations en matière d'emploi et de profession (...), la formulation d'un code national de l'apprentissage et de la formation professionnelle (...), la vulgarisation des textes de lois et conventions sur le travail des enfants[1378] ». Un accent est particulièrement mis sur la protection sociale « pour tous ». La santé et la sécurité au travail doivent être l'objet de l'élaboration d'une politique nationale, d'une collecte de statistiques et de formations des inspecteurs du travail[1379]. Le projet de PNT de 2010 met davantage l'accent sur le droit du travail mais les problématiques générales de collecte de données et des capacités d'acteurs demeurent récurrentes. Aux termes de ces deux documents stratégiques de 2010, et à l'instar du document cadre de 2004 et du rapport de 2008 sur l'emploi des jeunes, des accents sont mis sur la zone franche[1380] , la couverture sociale, la précarité notamment dans le secteur « informel », sur le travail des femmes, des enfants et des personnes handicapées ainsi que sur le VIH/SIDA.

Au fil des formulations de politiques nationales du travail et de l'emploi, la réitération des conditionnalités politiques et impasses économiques, la permanence des priorités accordées aux besoins institutionnels et structurels illustrent les difficultés de mise en œuvre coordonnée et cohérente des cadres stratégiques politiques. La densité due à la généralité des thématiques abordées

---

[1377] Aux termes du rapport de 2004, avant la réforme du code du travail en 2006, « la rigidité des dispositions protectionnistes » du code du travail et « l'insuffisance des mesures incitatives » du code des investissements en faveur de la création d'emplois étaient pointées. « Pour promouvoir davantage les droits fondamentaux des travailleurs en zone franche togolaise, il faudra procéder à l'organisation des campagnes de sensibilisation, d'information et de formation sur les principes et les droits fondamentaux au travail » (*Document cadre, op. cit.*, p. 1 et 21). En 2008, les stratégies d'actualisation des textes et de promotion des droits des travailleurs sont proposées en vue d'améliorer le cadre juridique du travail et de l'emploi (E.A. Amouzou, *op. cit.*, p. 86).

[1378] PPTD, *op. cit.*, p. 11.

[1379] Des « états généraux » sur cette thématique ont été tenus, sur l'initiative du ministère du travail, à la fin de l'année 2007. Ils ont abouti à la formulation, dans un rapport final de 2008, de projets dont la création de services de santé et de sécurité au sein de l'administration, l'élaboration d'un code de sécurité et santé au travail, la promotion de l'éducation ouvrière, la mise en place d'une démarche de connaissance de l'environnement du travail et de la santé du travail, la prise en compte du secteur « informel » et la formation de spécialistes.

[1380] PNT, *op. cit.*, p. 14. « Le ministère du Travail a pris la décision de relancer le dialogue social au niveau des secteurs d'activités, et surtout au niveau de la Zone franche, en vue de négocier des nouveaux accords collectifs et de préparer les prochaines élections sociales » (PPTD Togo, *op. cit.*, p. 4).

dans ces programmes en est certainement une explication. Un exemple peut être pris dans la formulation en 2010 d'objectifs en matière de santé et de sécurité au travail moins ambitieux que ceux issus d'une réunion nationale de concertation sur le sujet en 2008[1381]. La permanence de l'accusation d'un droit du travail inadapté au contexte togolais, malgré l'intervention de la réforme de 2006, est aussi illustrative[1382]. La mention en 2010 de projets de textes nationaux en conformité avec les normes internationales du travail semble montrer l'insuffisance de la réforme de 2006 sur ce point tandis qu'une justification officielle de cette réforme a été le souci de mise en conformité du droit togolais avec le droit international du travail.

Malgré la mise en exergue nette de quelques thèmes en 2010, tels que l'apprentissage, la discrimination et la personne handicapée, il est à constater au fil des stratégies annuelles ou pluriannuelles une permanence des problématiques liées à la zone franche, à la formation professionnelle, aux risques professionnels et à la protection sociale[1383]. En outre, la rhétorique utilisée fait douter d'une réelle perspective d'action attachée à ces programmes. Il s'agit en effet de promouvoir, encourager, formuler, adopter un plan d'action, élaborer ou collecter des données. La thématique récurrente de la « promotion » des droits en général, de la « sensibilisation » aux droits des travailleurs et de leur « vulgarisation » participe de cette impression d'objectifs politiques « mous ».

2. Le souci de vulgarisation du droit du travail

La « vulgarisation » du droit du travail constitue une orientation nationale car la méconnaissance de la substance du droit du travail par les acteurs sociaux est un point systématiquement évoqué à propos de la question de son effectivité. La notion de « vulgarisation » illustre toutefois l'insuffisance de la seule question de la connaissance des dispositions de droit du travail ; il y a également nécessité d'aller vers sa compréhension par la sensibilisation des

---

[1381] Le Projet de PNT met l'accent sur la construction d'une politique générale de prévention, il est mentionné la dotation des moyens pour assurer le « contrôle d'ambiance dans les milieux de travail » (PNT, *op. cit.*, p. 23 et 32). Le rapport final des « états généraux sur la santé et sécurité au travail » de 2008 fait la synthèse d'une réflexion multidimensionnelle sur la santé et la sécurité : en termes de prévention et de capacité d'action, au plan étatique et de la société civile, au niveau national, régional et international, au plan juridique et pratique etc.

[1382] « En ce qui concerne la liberté syndicale et la négociation collective, les commentaires des organes de contrôle portent sur la nécessité d'amender le code du travail de 2006 pour rendre ses dispositions conformes à la convention no. 87 sur la liberté syndicale et la protection du droit syndical, 1948, et la convention no. 98 sur le droit d'organisation et de négociation collective, 1949 » (PPTD Togo, *op. cit.*, p. 3).

[1383] La campagne de contrôle/sensibilisation sur la déclaration à la Caisse nationale de sécurité sociale en 2008, l'existence d'un projet de code de l'apprentissage en 2009, l'implantation syndicale en zone franche en 2010, la mise en place effective d'un service de santé et sécurité au travail au sein de la direction générale du travail depuis 2010 ou l'augmentation des effectifs d'inspecteurs du travail sont autant d'actions inscrites dans ces axes stratégiques. La permanence de leur énonciation révèle la lenteur des processus.

acteurs sociaux. Si la notion de « vulgarisation » peut être interprétée dans un sens péjoratif, son expression peut être aussi analysée comme l'illustration d'une volonté de prise en compte générale du problème de l'accès au droit. Elle permet en effet de regrouper les problématiques de connaissance, de compréhension, de disponibilité, d'adaptation et d'application du droit. Il est donc intéressant ici d'analyser les formulations diverses du souci de « vulgarisation », selon qu'elle ressort de directives officielles et nationales ou de démarches sectorielles. Il s'agira de rechercher une éventuelle sélection des sources ou thématiques de droit du travail dans ces approches étant donné que l'idée de sensibilisation ou de compréhension fait supposer l'impossibilité d'un balayage exhaustif du droit du travail.

L'affichage d'une orientation nationale axée sur la sensibilisation au droit du travail ressort notamment du protocole d'accord issu du dialogue social togolais tenu en 2006. Les propos et pratiques des représentants de l'administration du travail confirment cette tendance officielle en matière d'application du droit du travail. L'obligation générale du gouvernement de « contribuer à la formation des acteurs sur les techniques de négociation » et la stratégie de la « sensibilisation » figurent en introduction des 125 engagements issus de la réunion tripartite de 2006. L'engagement n° 2 vise à « élaborer et exécuter un programme de formation civique en lien avec les partenaires sociaux » et l'engagement n° 10 à « mener des activités de sensibilisation pour restaurer l'autorité de l'État ». La nécessité d'une politique de sensibilisation en vue de la connaissance du droit du travail est aussi mise en avant par les représentants de l'administration du travail. Pour le directeur général du Travail, le point central de la problématique du respect et de l'application du droit du travail réside dans la méconnaissance de ce droit : « le droit n'est pas bien connu et par conséquent pas bien appliqué[1384] ». Le directeur général Adjoint du Travail évoque aussi une « politique de sensibilisation[1385] ». Le directeur du dialogue social au sein de la DGTLS exprime cette nécessité de formation des acteurs sociaux par l'idée d' « éducation ouvrière », de la « sensibilisation et la formation des travailleurs d'une manière générale[1386] ». Le directeur régional du travail de Kara évoque la nécessité d'une « politique de vulgarisation »[1387] auprès de l'employeur et le directeur du travail de Dapaong, au nord du pays, celle de « sensibiliser[1388] » les employeurs. Le directeur régional du travail de Sokodé, dans la région centrale du Togo, pense de son

[1384] Cf. Entretien avec le directeur général du Travail, Lomé, 14 novembre 2008.

[1385] Cf. Entretien avec le directeur général adjoint du Travail, Lomé, 26 novembre 2008.

[1386] Cf. Entretien avec un inspecteur du travail, directeur du dialogue social, Lomé, 23 décembre 2008.

[1387] Cf. Entretien avec le directeur régional du travail de Kara, région de la Kara, 6 décembre 2008.

[1388] Cf. Entretien avec le directeur régional du travail de Dapaong, région des Savanes, 22 janvier 2009.

côté que les « travailleurs veulent connaître le droit social[1389] ». L'inspecteur du travail en poste à Sokodé évoque aussi la nécessaire « vulgarisation[1390] » auprès des entreprises.

Les représentants de l'administration du travail mentionnent différemment le public prioritaire mais indistinctement les types d'entreprises ciblées. Ils s'accordent pour affirmer l'importance du rôle que l'administration du travail doit jouer dans cet objectif de connaissance du droit du travail en vue d'une prise de conscience et d'une application dans les entreprises. L'idée d'*éducation ouvrière* tend à ne souligner un problème que du côté des travailleurs tandis que d'autres pensent prioritaire la responsabilisation des employeurs[1391]. Les représentants de la SAZOF pour la zone franche insistent de leur côté plus volontiers sur la méconnaissance des règles par les travailleurs[1392]. Pour déterminer les nécessités de sensibilisation, les agents de l'administration excluent toute approche par la distinction entre le secteur « formel » et « informel »[1393]. La taille et la rentabilité de l'entreprise, sa structure organisationnelle et la provenance de ses dirigeants sont des critères plus pertinents pour l'évaluation des besoins et des modalités de formation[1394]. Les rapports d'activités de différents services d'inspection du travail mettent en avant à la fois une ineffectivité particulièrement importante du droit du travail dans les sociétés d'État fortement syndicalisées[1395], le problème des établissements scolaires privés qui se situent entre le secteur « formel » et « informel »[1396] et celui des succursales d'entreprises dont le siège est à Lomé[1397].

[1389] Cf. Entretien avec le directeur régional du travail de Sokodé (non enregistré), région centrale, 20 janvier 2009.

[1390] Cf. Entretien avec un inspecteur du travail de Sokodé, région centrale, 20 janvier 2009.

[1391] « Je crois que l'employeur normalement c'est quelqu'un qui est tout à fait organisé, qui doit savoir qu'il doit être ne rapport avec les institutions de l'État et les services de ressources humaines doivent être en contact avec le service d'inspection pour fournir les documents autorisés par la loi » (Cf. Entretien avec le directeur régional du travail de Kara, région de la Kara, 6 décembre 2008).

[1392] « Par exemple il est malade et il n'avertit pas le chef d'équipe et après une semaine et dit qu'il était malade » (Cf. Entretien avec le conseiller juridique et le directeur de l'emploi de la SAZOF, Lomé, 9 janvier 2009). « Il faut lui expliquer les règles car si un chef d'entreprise arrive, ça arrive qu'il licencie » (Cf. Entretien avec le directeur de l'emploi de la SAZOF, Lomé, 11 février 2009).

[1393] « Il suffit qu'on trouve un employeur, un travailleur ou bien un lieu de travail, on avise. Nous pouvons agir » (Cf. Entretien avec le directeur général du Travail, Lomé, 14 novembre 2008). Cf. aussi les entretiens avec un inspecteur du travail (zone Lomé nord, 15 novembre 2008), avec le directeur régional du travail de Dapaong (Savanes, 22 janvier 2009) et avec le directeur général adjoint du Travail (Lomé, 26 novembre 2008).

[1394] Cf. Entretiens avec un inspecteur du travail (zone Lomé nord, 15 novembre 2008), avec des jeunes inspecteurs du travail (Lomé, 16 décembre 2008), à la Direction du secteur informel (Lomé, 30 décembre 2008) et avec le directeur régional du travail de Dapaong (région des Savanes, 22 janvier 2009).

[1395] « Elles refusent de s'y conformer lorsqu'elles sont interpellées » (Rapport d'activités pour 2009 de l'inspection du travail de Lomé-ouest).

[1396] Des comportements d'arrogance d'employeurs sont relatés dans le rapport pour 2010 de la direction de Kara.

[1397] « Une fois les discussions terminées, nous ne sommes plus informés de la suite, nonobstant nos multiples injonctions » (Rapport d'activité pour 2010 de la direction régionale d'Atakpamé).

La directrice de la santé et de la sécurité à la Direction général e du Travail pense pour sa part que l'application des normes d'hygiène, de santé et de sécurité tient en partie à la nationalité de certains dirigeants d'entreprise mais aussi et surtout à l'absence de structures favorisant l'accès au matériel de protection individuelle ou le traitement des déchets[1398].

Si les agents de l'administration du travail, ainsi que ceux de la SAZOF, estiment avoir un rôle à jouer en matière de vulgarisation du droit du travail au Togo, l'insuffisance de l'action étatique sur ce point est regrettée par des représentants syndicaux[1399] et certains représentants d'employeurs[1400]. Certains agents eux-mêmes de l'administration du travail pensent que leur action n'est pas assez développée dans ce domaine[1401]. L'action administrative paraît en effet finalement peu déterminante et coordonnée sur ce point[1402]. Rares sont les acteurs qui mentionnent leur participation à des séminaires de formation au droit du travail organisés par l'administration du travail. En outre, les activités de sensibilisation des agents de l'administration du travail concernent le plus souvent certains contextes particuliers et certains thèmes de droit du travail. Le directeur du travail de Kara évoque par exemple son souci d' « appliquer le minimum de dispositions qui sont là », à l'instar du directeur du dialogue social à Lomé sur le « b.a.-ba du droit du travail, les droits des salariés, les devoirs ». La directrice régionale du travail d'Atakpamé avoue ne pas avoir participé à un séminaire général de formation mais s'être entretenue une fois avec « les délégués du personnel et les représentants des syndicats de la (société cotonnière du Togo) sur les droits en cas de licenciement collectif ». Le directeur régional de Dapaong envisage d'aller vers les entreprises pour qu'elles viennent s'inscrire dans son service et le directeur régional de Kara indique l'envoi de lettres aux employeurs pour les inciter à la mise en place des délégués du personnel. Un employeur de Lomé évoque dans ce sens l'envoi de « contrats types » par l'administration du travail. Au niveau de la SAZOF, le directeur de l'emploi met l'accent sur la formation des chefs du personnel et des délégués du

---

1398 Les anciennes entreprises européennes « font des efforts », certains « se plaignent même du manque de règlementation ». Les « sanctions sont rares » (Cf. Entretien du 21 septembre 2011).

1399 Cf. Entretien avec le secrétaire des industries de l'agro-alimentation de la fédération de l'alimentation et de l'agriculture de la centrale CSTT, Lomé, 19 décembre 2008.

1400 « Je n'écoute pas la TVT, la radio tout ça là. Je regarde peut-être le net mais il n'y a pas d'information qui sort. Au moins une lettre circulaire, quelque chose à l'entreprise » (Cf. Entretien avec un chef d'entreprise de nationalité européenne, Kara, 3 décembre 2008). Cf. aussi entretiens avec le DRH d'une société industrielle du secteur métallurgique (Lomé, 12 janvier 2009) et, sur les conventions collectives, le comptable d'une entreprise de forage et sondage (Lomé, 10 décembre 2008).

1401 Cf. Entretiens avec un inspecteur du travail, directeur du dialogue social (Lomé, 23 décembre 2008) et avec l'inspecteur du travail de Kara (2 décembre 2008).

1402 « Nous faisons avec nos moyens du bord puisque nous n'avons pas de budget de fonctionnement. Si je vais dans une préfecture il est de bon ton d'aller signaler ma présence au préfet et au chef du canton. Ce sera des séminaires, surtout avec les syndicats qui sont nombreux ici. (…) » (Cf. Entretien avec le directeur régional du travail de Dapaong, région des Savanes, 22 janvier 2009).

personnel sur l'« opportunité de leur rôle » et les règles à respecter en matière de réclamation.

Malgré une problématique nationalement affichée, l'intervention de l'administration du travail semble en définitive assez irrégulière et peu coordonnée[1403]. Si l'on relève le recours régulier à l'outil radiophonique pour sensibiliser les acteurs sociaux sur le droit du travail, qui rappelle l'objectif n° 30 du protocole d'accord de 2006 préconisant l'institution d'« horaires de formation civique sur tous les médias » concernant le « travail clandestin », sa mise en pratique tient à la volonté des chefs de services d'inspection du travail à Lomé et à l'intérieur du pays[1404]. Ainsi, l'évocation unanime et l'énonciation officielle du souci de vulgarisation du droit du travail cache des pratiques diversifiées et tributaires de démarches localisées. Une caractéristique fréquente de ces démarches est la sollicitation préalable des inspecteurs par les acteurs sociaux, en particulier par les employeurs à l'occasion d'élections professionnelles.

B. La réponse à la demande sociale

La priorité accordée aux difficultés générales d'ordre économique, politique et structurel dans la politique nationale du travail et de l'emploi cache la mise en avant de quelques thématiques particulièrement importantes comme la liberté syndicale, l'apprentissage, le salaire, le travail des enfants, la discrimination ou la santé et sécurité au travail. Les questions récurrentes qui se posent en matière de droit du travail sont autrement illustrées par la réponse administrative à la

---

[1403] On note que le protocole d'accord issu du dialogue social de 2006 met l'accent sur l'implication du gouvernement dans des actions de vulgarisation de la gouvernance d'entreprise (engagement n° 17), de sensibilisation sur la discrimination (engagement n° 53) et dans le soutien à la formation ouvrière par les organisations syndicales. La structuration stratégique du Programme National de Promotion et de Protection des Droits de l'Homme démarré au Togo avec la mise en place d'une unité de gestion et l'organisation des ateliers régionaux d'information et de sensibilisation sur les questions des droits de l'homme n'existe pas en matière de droit du travail.

[1404] « De temps en temps on passe à la radio, pour sensibiliser la population de l'existence de l'inspection du travail et de son devoir. Avant ce n'était pas le cas mais nous avons entrepris ces démarches pour sensibiliser » (Cf. Entretien avec un inspecteur du travail, zone Lomé nord, Lomé, 15 novembre 2008). « On projette de faire des émissions radio d'information » (Cf. Entretien avec la directrice régionale du travail à Atakpamé, région des Plateaux, 15 janvier 2009). « Notre formateur par exemple fait des émissions sur le monde du travail tous les mercredi à 21h30 sur radio Kara. Il y a l'inspecteur, le directeur régional, qui fait les émissions » (Cf. Entretien avec le secrétaire préfectoral de la CSTT à Kara, région de la Kara, 3 décembre 2008). « Mon collègue passait des émissions à Kara tous les mercredi soir à 21h. Nous avons fait deux émissions ici sur l'apprentissage avec la chambre des métiers et le Plan Togo » (Cf. Entretien avec le directeur régional du travail de Sokodé (non enregistré), Sokodé, région centrale, 20 janvier 2009). « J'ai déjà discuté avec radio communautaire, je vois le directeur la semaine prochaine. (…) Non je n'ai rien demandé à la DG, c'est moi-même qui prends cette initiative » (Cf. Entretien avec le directeur régional du travail de Dapaong, région des Savanes, 22 janvier 2009). Le rapport d'activités pour 2010 de la direction régionale des plateaux mentionne des émissions radiophoniques diffusées par la radio locale « La paix » les premiers et derniers mercredis de chaque mois.

demande sociale. L'intervention de l'administration du travail en matière de contrôle des entreprises (1) et de résolution des litiges (2) répond le plus souvent à des sollicitations qui révèlent le pourtour des droits du travail les plus discutés.

1. Le contrôle des entreprises

L'activité de contrôle des entreprises en vue du respect du droit du travail est en principe la première attribution de l'inspection du travail. L'article 183 du code du travail précise en effet que sa mission est de « veiller à l'application des dispositions édictées en matière de travail, de rapports professionnels individuels et collectifs, et informer l'autorité compétente des insuffisances constatées ». Le contrôle des entreprises par l'inspecteur du travail s'exerce doublement au Togo. Les agents de l'administration du travail sont compétents pour constater les infractions pénales énumérées au titre X du code du travail (a). Ils exercent en outre un contrôle plus indirect, *via* les différentes obligations procédurales incombant à l'employeur (b).

a. Le contrôle dans le cadre de l'infraction

Pour diverses raisons abordées plus après dans l'analyse des accommodations[1405], les inspecteurs du travail se déplacent rarement sur les lieux de travail en vue de constater des infractions au droit du travail. Bien que la loi leur attribue le pouvoir de pénétrer librement sans avertissement préalable dans un établissement, en requérant ou non l'avis d'experts, en se faisant accompagner ou non de représentants des travailleurs, et d'y interroger l'employeur ou le personnel ainsi que d'y effectuer des prélèvements[1406], les inspecteurs du travail agissent peu spontanément à cette fin et dressent difficilement des procès-verbaux[1407]. Un contrôle généralement dépendant d'une sollicitation en amont puis d'une acceptation est aussi illustré par la préférence donnée à la « transaction » en cas d'infraction. Les objets, pourtours et issues des contrôles de l'inspection du travail peuvent en outre être limités par les dispositions pénales contenues dans le code du travail.

Les visites d'entreprises et la mobilisation de la procédure pénale propre au droit du travail sont des activités secondaires de l'inspection du travail. Il ressort de la présentation de l'activité quotidienne des différents services de l'inspection que les visites d'entreprises font le plus souvent suite à des demandes extérieures. Il peut s'agir de travailleurs qui « vous sollicitent ou bien vous avez des informations des travailleurs et vous vous déplacez à tout

---

1405 Voir infra Partie II, Titre 2, Chapitre 1, Section 1, §1.

1406 Article 188 du code du travail.

1407 « C'est mieux de prévenir, ça facilite l'entrée et s'ils cachent des choses, vous avez déjà été prévenus par les délégués, les travailleurs » (Cf. Entretien avec un inspecteur du travail, chef de la zone est de Lomé, Lomé, 9 janvier 2009). La directrice de la santé et sécurité précise que les visites spontanées ont généralement lieu sur plainte et qu'elles aboutissent rarement à l'établissement d'un procès-verbal d'infraction (Cf. Entretien du 21 septembre 2011).

moment[1408] ». Des employeurs contactent le service d'inspection du travail « pour des formations » dans l'entreprise ou « pour discuter[1409] ». La sollicitation peut également venir d'autres services étatiques, comme ça a été le cas pour la campagne nationale de la Caisse Nationale de Sécurité Sociale (CNSS) qui a consisté à visiter les entreprises de Lomé en vue de sensibiliser et d'amener les employeurs à affilier les salariés[1410].

Lorsqu'une infraction est constatée, la mise en demeure, qui est le préalable légal à l'engagement éventuel de poursuites, semble utilisée de façon exclusive par les inspecteurs du travail[1411]. Celle-ci implique normalement un écrit sur le registre d'employeur ou l'envoi d'une lettre avec accusé de réception précisant un délai de mise en conformité[1412]. De fait, cette procédure apparaît le plus souvent substituée ou précédée par des procédures non formalisées : le « rappel à l'ordre », l'invitation à se rendre à l'inspection, la mise en garde ou l' « observation verbale[1413] ». Un inspecteur du travail présente ces procédures orales comme des préalables à la mise en demeure légale[1414]. L'issue du contrôle exercé par un inspecteur du travail lors d'un déplacement dans une entreprise est relativement dépendante de la volonté de l'employeur « d'approcher » le service ou de se conformer aux remarques ou à la mise en demeure de

---

[1408] Cf. Entretien avec un inspecteur du travail, chef de la zone est de Lomé, Lomé, 9 janvier 2009. « Je n'ai pas encore fait de visites depuis que je suis là. (…) Des agents d'entretien sont venus se plaindre de ne pas avoir de matériel de protection, ils lavent les WC comme ça. Ils sont venus me demander ce matin de faire une visite inopinée, je vais y aller » (Cf. Entretien avec le directeur régional du travail de Dapaong, région des Savanes, 22 janvier 2009).

[1409] Cf. Entretien avec un inspecteur du travail à Atakpamé, région des Plateaux, 15 janvier 2009.

[1410] De nombreux agents de l'inspection du travail ont mentionné leur participation (Cf. Entretiens avec des jeunes inspecteurs du travail, Lomé, 16 décembre 2008). Des agents de l'intérieur du pays ont aussi pris part à la campagne (Cf. Entretien avec le directeur régional du travail de Kara, région de la Kara, 6 décembre 2008).

[1411] « Il a donc refusé pendant des années, plus de dix ans, de mettre sur pied les DP. On a été mis au courant, j'ai fait un contrôle, j'ai fait une mise en demeure, j'ai appelé même le syndicat qui était représenté pour lui dire d'agir dans ce sens en écrivant également. Ils vont donc l'approcher pour trouver une date d'élection. Ils ne l'ont pas fait ! » (Cf. Entretien avec un inspecteur du travail, chef de la zone est de Lomé, Lomé, 9 janvier 2009).

[1412] Article 187 du code du travail.

[1413] « La plupart n'ont pas ce registre, on leur a spécifié que c'est dans la loi par observation verbale. La prochaine fois on va vérifier… » (Cf. Entretien avec un inspecteur du travail à Atakpamé, région des Plateaux, 15 janvier 2009). Le rapport annuel pour 2009 de l'inspection du travail de Lomé-est mentionne par exemple que les « irrégularités ont été sanctionnées par des observations verbales et écrites ».

[1414] « Maintenant s'il persiste à refuser, on sera obligé d'engager des procédures : la mise en demeure… » (Cf. Entretien avec le directeur régional du travail de Kara, région de la Kara, 6 décembre 2008). « La prochaine fois, on leur a signifié qu'on dressera des PV, des mises en demeure etc. » (Cf. Entretien avec un inspecteur du travail à Atakpamé, région des Plateaux, 15 janvier 2009). Il faut « faire ces visites pour relever que normalement « vous devez tenir tel document, vous deviez vous conformer à la législation » et de plus en plus ça devrait marcher » (Cf. Entretien avec le directeur régional du travail de Kara, 6 décembre 2008).

l'inspecteur[1415] : « les poursuites pénales c'est difficile. Tout cela est devenu rare, on ne poursuit plus tellement les employeurs, nous recourons d'abord au règlement à l'amiable, à la bonne foi de l'employeur. C'est vraiment s'il s'entête. C'est la verbalisation, l'inspecteur dresse procès-verbal et envoie au procureur de la République[1416] ».

La rareté de la mise en œuvre de la procédure pénale peut être en partie expliquée par les prévisions juridiques sur le droit pénal du travail. Si les inspecteurs ont le pouvoir de constater une infraction en dressant un procès-verbal, il ne leur appartient pas de décider de l'opportunité de poursuites pénales sur le plan judiciaire. C'est le procureur de la République qui est compétent pour engager les poursuites sur le fondement du constat dressé par un inspecteur du travail[1417]. Le détail de la procédure pénale en matière de droit du travail n'a, de plus, pas été repris au sein du code du travail de 2006[1418]. Il apparaît qu'un « bon nombre de procès-verbaux dressés à l'encontre des employeurs sont souvent restés sans suite bien que la loi fait obligation au juge d'informer l'inspecteur du travail[1419] ». En outre, les dispositions pénales du code du travail de 2006 peuvent parfois générer quelques difficultés. Elles ne concernent que cinquante-sept articles sur deux cent quatre-vingt cinq au total. À titre indicatif, les dispositions sur le CDD ne sont pas assorties de sanctions pénales. Il en va de même de l'obligation d'adopter un règlement intérieur, de la mise en place des délégués du personnel, de l'apprentissage, de la durée légale de travail ou de l'égalité salariale. En revanche, certains articles du code du travail sont incriminés par plusieurs dispositions pénales ; c'est par exemple le cas de l'article 169 sur les conditions et mesures générales d'hygiène, de

---

1415 Le rapport pour 2009 de l'inspection du travail de Lomé-est précise que « pour remédier à ces situations regrettables dues à l'ignorance ou à la négligence des employeurs, nous leur avons demandé de se rapprocher de nos services pour obtenir des conseils et l'accompagnement nécessaire ».

1416 Cf. Entretiens avec un inspecteur du travail, directeur des normes et des relations de travail, Lomé, 26 novembre 2008 et 12 février 2009.

1417 Nous ne disposons pas de données sur des condamnations pénales d'employeurs au Togo. La faiblesse de l'application du droit pénal du travail est une donnée également relevée en France (V. par exemple P. Auvergnon, « Contrôle étatique, effectivité et ineffectivité du droit du travail », *Rev. Dr. Soc.*, 1996, p. 598 ou N. Dodier, « Le travail d'accommodation des inspecteurs du travail en matière de sécurité », in L. Boltanski (dir.), *Justesse et justice dans le travail*, PUF, 1989, p. 281).

1418 L'ancien article 150 (modifié par la loi n° 82-7 du 16 juin 1982) disposait que « tout procès-verbal doit être dressé en quatre exemplaires dont l'un est remis à la partie intéressée ou à son représentant, le deuxième est adressé au procureur de la République, le troisième expédié à la direction générale du travail (…), le quatrième est classé dans les archives. (…) L'inspecteur du travail est tenu informé par le Parquet de la suite des procès-verbaux par lui adressés ». Un agent pense que c'est au Tribunal du travail que le PV doit être adressé : « le tribunal donne quitus au ministère des finances qui ont des gens pour poursuivre ces employeurs » (Cf. Entretien avec un inspecteur du travail, chef de la zone est de Lomé, Lomé, 9 janvier 2009).

1419 L-W K. Kpandja, *L'action de l'inspection du travail et des lois sociales en milieu professionnel au Togo*, Mémoire ENA, AT CIII, 2008, p. 13.

sécurité et de santé[1420] et de l'article 207 sur le registre d'employeur[1421]. À cette dissymétrie entre les règles applicables à la relation de travail et le champ du droit pénal du travail s'ajoute les difficultés tirées de l'incertitude de certaines dispositions. Par exemple, l'article 55 qui énumère les périodes de suspension du contrat de travail est visé par les dispositions pénales mais pas l'article 56 qui encadre le chômage technique. S'agissant de la période d'essai, l'article 53 en vertu duquel les parties sont définitivement liées par un contrat en cas de continuation du travail est mentionné plutôt que les articles 51 et 52 qui encadrent son déroulement[1422]. Parmi les infractions ou illégalités mises en avant par les agents ou par quelques comptes-rendus d'inspection figurent notamment les élections professionnelles, l'égalité salariale ou l'absence, voire l'illégalité, des règlements intérieurs qui sont pourtant exclus du champ du droit pénal[1423]. Il ressort néanmoins que l'hygiène et la sécurité et le respect du salaire minimum pénalement sanctionnés sont les principaux problèmes conduisant à des visites d'inspection suite à une plainte salariale.

Au titre des explications non juridiques de la rareté de l'établissement de procès-verbaux d'infraction[1424], on avance la méconnaissance des règles de droit du travail par les employeurs ; ceci permet de justifier l'attitude non répressive des inspecteurs[1425]. Les contrôles d'entreprises se « (transforment) en des

---

1420 L'employeur qui contrevient pour la première fois à ces textes règlementaires encoure une amende de 20 000 à 30 000 FCFA en vertu de l'article 289 ou de 50 000 à 100 000 FCFA en vertu de l'article 294.

1421 La violation de l'article 207 sur le registre d'employeur fait l'objet de trois sanctions pénales : l'une concerne ses alinéas 2 et 3 (article 289), l'autre est générale (article 290) et la dernière concerne encore son alinéa 3 (article 294).

1422 Il convient d'ajouter ici l'absence de responsabilité pénale des employeurs de zone franche qui ressort de l'absence de toutes prévisions juridiques en ce sens dans l'accord collectif de 1996. « On y va quand il y a des accidents du travail, pour vérifier... Si on voit quelque chose on adresse des recommandations aux entreprises et on passe vérifier. Ce sont les conditions de travail en général » (Cf. Entretien avec le directeur de l'emploi de la SAZOF, Lomé, 11 février 2009). « Parfois on fait des visites inopinées, on envoie les observations. Dans ce cas, souvent les employeurs cherchent qui a parlé, c'est difficile » (Cf. Entretien informel avec une employée du service de l'emploi et des relations sociales de la SAZOF, Lomé, 26 décembre 2008).

1423 Le rapport d'activités pour 2009 de l'inspection de Lomé-est informe par exemple qu'« au cours des contrôles, des infractions à la législation ont été constatées. Il s'agit entre autres de l'inexistence des délégués du personnel, des heures supplémentaires non autorisées et parfois non payées ».

1424 Quatre comptes-rendus d'activité d'inspection du travail (Lomé-est pour 1991 et 1996, Aneho (région maritime) pour 1996 et 2001), ne relatent aucun procès-verbal d'infraction. L'un mentionne 22 visites d'entreprises et des « observations écrites ». Un autre mentionne des « contrôles au bureau » et des « observations verbales et écrites ». Pour 2001 à Aneho, des contrôles au bureau ont généré des observations verbales et « mises en demeure ». Les rapports d'activité de la zone Lomé-est pour 2009, de la zone Lomé-ouest pour 2009 et 2010, les rapports d'activité de la direction de Kara, de la région des Savanes et de la région des Plateaux pour 2010, ne mentionnent également aucun procès-verbal d'infraction et aucune mise en demeure mais des « observations » et « sensibilisations ».

1425 Le rapport pour 2010 de la direction de la santé et de la sécurité mentionne l'élaboration d'une étude sur les risques professionnels dans le secteur dit informel. Deux visites d'entreprises du secteur structuré sont relatées, l'une ayant donné lieu à la « remise d'un certificat de conformité », séances de sensibilisation pour permettre aux employeurs de renouer avec la présence de l'inspecteur du travail dans l'entreprise »[1426]. Certains mentionnent en outre la difficulté de sanctionner certaines pratiques eu égard au contexte structurel togolais ; tel est le cas, par exemple, de l'atteinte à l'environnement ou de l'insuffisance des équipements de protection individuelle (EPI)[1427]. Enfin, les agents pensent unanimement que le mécanisme de la négociation, éventuellement suivi de la « transaction », est préférable dans le contexte sociopolitique et institutionnel togolais[1428]. Si le mécanisme juridique de la « transaction », codifié en 2006, bénéficie de la faveur des inspecteurs en matière pénale, il ressort des différents rapports d'activités disponibles qu'il est aussi peu mis en œuvre dans la pratique.

La procédure de « transaction pénale »[1429] est juridiquement encadrée depuis la loi n° 82-7 du 16 juin 1982 qui aurait pris acte d'une pratique spécifique de négociation entre l'agent de l'inspection du travail et l'employeur contrevenant au droit du travail. Le code du travail de 2006 a intégré la transaction pénale dans les alinéas 6 à 8 de l'article 187. Il prévoit qu'un arrêté conjoint en fixe les modalités de règlement. Dans l'attente, il apparaît que la loi de 1982 et la pratique permettent la mise en œuvre de cette procédure[1430]. Liée au constat d'une infraction pénale, la procédure de transaction débouche sur un accord pour le paiement d'une amende qui a le caractère d'amende civile puisque la somme que l'employeur est amené à payer est directement versée au Trésor Public[1431]. Si l'employeur accepte le principe et le montant négocié puis signe le formulaire officiel de transaction[1432], il a trois mois pour verser le montant convenu au Trésor qui en informe l'inspection du travail. L'action publique est alors éteinte. En cas de non-paiement dans le délai, « un procès-verbal est adressé au procureur aux fins de poursuites ». Bien que cette disposition

---

l'autre à un « rapport de visite ». La plupart des visites d'inspection relatées dans les rapports d'activité donne lieu à des « observations ».

1426 Rapport d'activité de l'inspection du travail de la zone Lomé-est pour 2009, p. 2.

1427 Cf. Entretien avec la directrice de la santé et sécurité du 21 septembre 2011.

1428 Ce contexte est notamment caractérisé par certains problèmes de discrédit des agents étatiques (V. L-W K. Kpandja, *op. cit.*, p. 44 ; M. Katassoli, *L'inspection du travail et des lois sociales face au défi du travail décent*, Mémoire de 3e cycle, ENA/AT, Togo, 2008, p. 37 ; L. Nassimongue, *La problématique des activités de contrôle par les services d'inspection du travail et des lois sociales au Togo*, Mémoire de 3e cycle, ENA/AT, Togo, 2007, p. 27 et T. Basowa, *Le pouvoir discrétionnaire de l'inspecteur du travail en matière de contrôle, réalités togolaises*, Mémoire de 3e cycle, ENA/AT, Togo, 1999).

1429 La transaction en droit togolais est distincte de la transaction telle qu'appréhendée dans le projet d'acte uniforme de l'OHADA, dans le droit français, sénégalais ou burkinabé (V. par exemple « La transaction », *T.P.O.M.*, Études et recherches, 2009, n° 993/994, p. 4 et le commentaire du jugement du Tribunal du travail de Dakar, 7 février 2007, *ibid.*, p. 34).

1430 Cf. Entretien avec un inspecteur du travail, chef de la zone est de Lomé, Lomé, 9 janvier 2009 et le « Guide méthodologique de l'inspection du travail » de 2010.

1431 En droit du travail malien, l'inspecteur du travail a le pouvoir de perception directe des amendes de simple police, énumérées dans l'article A.296.1 de l'arrêté n° 1566/MEFPT-SG du 7 octobre 1996.

1432 Ce formulaire contient une clause en vertu de laquelle « l'employeur s'engage à se mettre en règle et à corriger les faits qui lui sont reprochés ».

signifie que la transaction peut être un moyen d'aller efficacement vers la condamnation pénale, elle constitue plutôt en pratique une alternative, ou une « voie dérivée[1433] », à cette condamnation. Son rattachement à la fois au domaine d'action administrative et aux dispositions pénales du code du travail rend sa qualification juridique difficile. S'agit-il d'une sanction administrative dans le cadre d'une « accusation en matière pénale[1434] », d'une sanction pénale ou d'une sanction *sui generis* ? Ce dispositif togolais rappelle le mécanisme existant en France en matière de discrimination, en cas de saisine de la Haute Autorité de Lutte contre les Discriminations (HALDE) remplacée par le Défenseur des droits, qualifié de « transaction pénale[1435] ». Malgré cette qualification en droit français, peut-on néanmoins parler de sanction et de décision administrative[1436] dès lors qu'elle est subordonnée à l'acceptation du contrevenant ? L'idée de sanction est néanmoins présente chez les inspecteurs du travail qui s'accordent pour affirmer l'obligation pour l'employeur d'accepter de « transiger[1437] ». Ce mécanisme de sanction serait particulièrement utilisé par les inspecteurs du travail en matière d'hygiène, de santé et de sécurité[1438]. Les inspecteurs du travail qualifient d'efficace l'outil de la transaction bien que l'on constate la relative absence de mention de son utilisation dans les rapports annuels d'inspection du travail[1439]. Un inspecteur du travail pense qu'une « ristourne[1440] » accordée au service favoriserait l'utilisation de cet outil, à

[1433] J. Chevallier qualifie ainsi la transaction pénale qui illustre la relativisation de la ligne de démarcation tranchée qui était tracée avec la sphère juridictionnelle (J. Chevallier, « Le statut des autorités administratives indépendantes : harmonisation ou diversification ? », *RFDA*, 2010, p. 896).

[1434] Cf. L'article 6 §1 de la Convention européenne des droits de l'homme et les arrêts Bendenoun c/ France (24 février 1994) et Gradinger c/ Autriche (23 oct. 1995) de la CEDH.

[1435] L'article 6 alinéa 3 du code français de procédure pénale dispose en effet que la transaction « peut, en outre, s'éteindre par transaction lorsque la loi en dispose expressément ». Dans le cadre de la lutte contre les discriminations, « la proposition de transaction doit préciser d'une part la nature des faits reprochés ainsi que leur qualification juridique, d'autre part, la nature et le *quantum* des mesures proposées » (Jacqueline Bouton, « La Halde et la transaction pénale », *RDT*, 2006, p. 320). Voir aussi Mattias Guyomar, « Les conditions de la transaction pénale (conclusions sur Conseil d'État, Assemblée, 7 juillet 2006, *France Nature Environnement*) », *RFDA*, 2006, p. 1261 et J. Chevallier, *RFDA*, *op. cit.*

[1436] Le Conseil d'État français a établi qu'une sanction administrative doit avoir les caractères d'une décision (V. not. 15 janv. 1997). V. par exemple F. Moderne, « Le pouvoir de sanction administrative au confluent du droit interne et des droits européens », *RFDA*, 1997, p. 1, M. Delmas-Marty et C. Teitgen-Colly, « Punir sans juger : de la répression administrative au droit administratif pénal », *Economica*, 1992 et Études du Conseil d'État, *Les pouvoirs de l'administration dans le domaine des sanctions*, La Documentation Française, 1995.

[1437] Cf. Entretien avec un inspecteur du travail, chef de la zone est de Lomé (9 janvier 2009) et entretiens avec un inspecteur du travail, directeur des normes et des relations de travail (26 novembre 2008 et 12 février 2009).

[1438] Cf. Entretien avec un inspecteur du travail à Atakpamé, région des Plateaux, 15 janvier 2009.

[1439] Seul le rapport d'activité de l'inspection de Lomé Est de 1991 mentionne quinze transactions d'un montant total de 994 000 FCFA.

[1440] « Mais pour les impôts ou les douanes, ils rentrent en possession de quelques ristournes. C'est une motivation pour eux de faire leur travail ». (Cf. Entretien avec un inspecteur du travail, chef de l'instar de ce qui se pratique en matière de formalités administratives accomplies auprès de l'inspection.

b. Le contrôle dans le cadre des formalités administratives

La Direction générale du Travail et des Lois Sociales (DGTLS) est compétente pour vérifier la légalité de certains documents dont la validité est en principe subordonnée à leur présentation par l'employeur au directeur général ou à l'inspecteur du travail. Il s'agit des règlements intérieurs d'entreprise[1441], des CDD de plus d'un mois[1442] et des contrats d'apprentissage ; ils nécessitent un visa de l'administration, donc son contrôle. Par ailleurs, l'inspecteur doit se prononcer sur le bien-fondé de toute mesure de chômage technique[1443]. Les notifications obligatoires peuvent aussi inciter l'inspecteur à l'exercice d'un contrôle. C'est le cas des lettres de licenciements ou de sanction. En cas de licenciement pour motif économique, l'inspecteur du travail ne se prononce sur son bien-fondé qu'en cas de désaccord entre l'employeur et les représentants du personnel. Enfin, il apparaît que les moments où des entreprises sollicitent une attestation « de non retard dans le paiement des salaires » en vue de candidater à un appel d'offre peuvent être l'occasion d'un contrôle de l'entreprise[1444].

L'étude de la pratique administrative dans le cadre de ces diverses formalités révèle que le contrôle concerne généralement les règlements intérieurs et les contrats de travail. Le caractère néanmoins relatif de l'exercice et des effets du contrôle de ces actes peut tenir à la méconnaissance de la règle, à l'absence de bon-vouloir de l'employeur, au caractère payant du visa de l'administration ou encore à l'absence de contrôle judiciaire de validité sur le fondement de ce visa obligatoire. Les employeurs seraient davantage scrupuleux lorsqu'un intérêt spécifique est directement lié à l'obtention du visa. Un tel intérêt ressort par exemple l'obligation pour le parent de l'apprenti de produire un contrat d'apprentissage visé par l'inspection du travail pour pouvoir bénéficier des allocations familiales. Il en est également ainsi de l'obligation de présentation, pour les tâcherons et entreprises de bâtiment et travaux publics, d'un certificat de l'inspection du travail en vue de participer à des appels d'offre[1445].

---

la zone est de Lomé, Lomé, 9 janvier 2009). Un mémoire mentionne un montant « versé au Trésor Public dans le compte hors budget de l'inspection du travail » (L-W K. Kpandja, 2008, *op. cit.*, p. 14).

[1441] Article 88 alinéa 2 du code du travail en vertu duquel c'est l'inspecteur qui est compétent pour délivrer le visa.

[1442] Article 44 alinéa 2 du code du travail en vertu duquel c'est le directeur général du travail qui vise les contrats.

[1443] Article 56 alinéa 3 du code du travail.

[1444] Cette formalité obligatoire pour l'obtention de marchés pousse les entreprises du bâtiment et des travaux publics ainsi que les « tâcherons » à se déclarer au service de l'inspection. Le compte-rendu d'activité de l'inspection de Lomé Est de 1996 et celui d'Aneho de 2001 mentionnent le contrôle des entreprises à cette occasion.

[1445] Ainsi par exemple, il ressort du rapport d'activités 2009 de l'inspection Lomé-est que le nombre de demandes d'attestations de non retard dans le paiement des salaires ou d'« attestations d'inspection » en vue d'un appel d'offre dépasse largement les autres types de saisines pour

La saisine de la DGTLS ou du service régional d'inspection dépasse parfois l'exigence légale de visa des CDD de plus d'un mois puisque tout type de contrat peut donner lieu à des demandes de conseils de la part des employeurs. La pratique révèle en outre que la saisine des agents au sujet d'un contrat de travail n'aboutit pas toujours à l'apposition du visa. Le visa est accordé par les directeurs régionaux à l'intérieur du pays et par le directeur général à Lomé, parfois après étude d'un inspecteur du travail. Ce contrôle n'étant pas effectué à l'occasion des visites d'entreprises, il s'exerce le plus souvent par l'agent que l'employeur saisit à cette fin[1446]. Ce sont le plus souvent des entreprises « structurées » qui sollicitent le visa conformément à la loi[1447]. Seule la formalité du visa du contrat de travail d'un ressortissant étranger est en principe soumise au paiement d'une taxe ; toutefois, la pratique administrative révèle qu'une telle taxe est peut-être systématiquement perçue dès lors qu'un contrat de travail est présenté dans les services régionaux de l'administration du travail[1448]. Cette obligation de paiement d'une taxe peut être une des explications de contrôles rares et aux effets limités. Car si la sollicitation de l'inspection du travail peut être directement fondée sur une demande d'octroi du visa administratif, elle tient parfois seulement à une demande de conseils pour la rédaction d'un contrat de travail. Il ne semble pas rare que le contrat ne revienne pas à l'issue de ces conseils ou suite aux demandes de correction[1449]. La majorité des inspecteurs du travail indique pourtant la présence de clauses illégales[1450],

---

formalités : trois règlements intérieurs contre cent-neuf attestations. Quarante-trois attestations ont été délivrées entre avril et décembre 2009 pour la zone Lomé-ouest. Les différents rapports ne mentionnent pas tous les différentes formalités, ce qui rend la comparaison chiffrée difficile.

1446 « Quand les contrats viennent ici on les étudie » (Cf. Entretien avec le directeur général du Travail, Lomé, 14 novembre 2008). « Une dame est venue la fois passée, une italienne, est venue avec un contrat » (Cf. Entretien avec le directeur régional du travail de Kara, région de la Kara, 6 décembre 2008). « Certains apportent leurs contrats, c'est ceux qui savent » (Cf. Entretien avec le directeur régional du travail de Sokodé (non enregistré), Sokodé, région centrale). « On vise les CDD . Bon c'est en règle en générale » (Cf. Entretien avec le directeur régional du travail de Dapaong, région des Savanes, 22 janvier 2009). « Si ça arrive, mais ce n'est pas souvent, mais c'est le directeur qui vérifie » (Cf. Entretien avec un inspecteur du travail de Sokodé, région centrale, 20 janvier 2009).

1447 Cf. Entretien avec un inspecteur du travail, zone Lomé ouest, 23 décembre 2008. « Les nouveaux contrats non on n'envoie pas au chef de zone est, on en discute c'est tout » (Cf. Entretien avec le DRH d'une société industrielle du secteur métallurgique, Lomé, 12 janvier 2009).

1448 « Quand vous créez une entreprise, vous devez vous faire déclarer à la direction régionale du travail. Là c'est à 2000. Il y a aussi les contrats à viser à 1000 F et ainsi de suite » (Cf. Entretien avec le directeur régional du travail de Kara, région de la Kara, 6 décembre 2008). « Le visa c'est pour les RI et pour les contrats aussi. Je crois que c'est payant mais je ne sais pas exactement » (Cf. Entretien avec un inspecteur du travail de Sokodé, région centrale, 20 janvier 2009).

1449 Cf. Entretiens avec le directeur général adjoint du Travail (Lomé, 26 novembre 2008) et avec l'inspecteur du travail de Kara (région de la Kara, 2 décembre 2008).

1450 « Je crois qu'il y avait des dispositions de préavis et il y avait aussi une erreur. Des dispositions pour que le travailleur se conforme à l'éthique » (Cf. Entretien avec le directeur régional du travail de Kara, région de la Kara, 6 décembre 2008). « Par exemple un CDD qui est de 10 ans. Vous verrez l'essai qui va au-delà de la durée maximale » (Cf. Entretien avec le directeur régional du travail de Dapaong, région des Savanes, 22 janvier 2009). « Mais on trouve parfois des clauses d'heures supplémentaires non payées. Par exemple une ONG française prévoyait qu'après un mois, elle portant le plus souvent sur la durée du contrat, le préavis ou sa rupture. Seul le directeur général du Travail évoque des clauses parfois plus favorables[1451].

L'exercice d'un contrôle sur demande patronale ressort également de la mise en œuvre des dispositions sur le règlement intérieur d'entreprise dont la validité est en principe subordonnée au visa de l'inspecteur du travail. Ainsi, si le contrôle de règlements intérieurs est une activité réellement exercée par les agents de l'inspection du travail, il est irrégulier car aussi dépendant des sollicitations et acceptations des employeurs[1452]. Les agents en poste à l'intérieur du pays s'accordent pour affirmer la rareté de ces sollicitations dans leurs services en comparaison de la situation prévalant à Lomé[1453]. Comme pour le contrat de travail, l'issue du contrôle exercé semble aléatoire car dépendante de l'objet pour lequel l'administration est saisie. L'inspection du travail peut être saisie en vue d'une simple aide rédactionnelle à la suite de laquelle le document ne revient pas dans le service pour l'apposition du visa payant[1454]. Le président du Tribunal du travail mentionne à cet égard la fréquence de l'invocation de règlements intérieurs illégaux en contentieux. L'exercice du « contrôle administratif » sur les règlements intérieur met particulièrement en évidence la problématique des clauses abusives en matière de discipline et de sanctions[1455].

Les formalités obligatoires autres que celles relatives aux CDD et aux règlements intérieurs sont plus rarement mises en œuvre. Le contrôle des contrats d'apprentissage est beaucoup moins fréquent malgré l'obligation similaire du visa administratif. Il l'est d'autant moins depuis la suspension du versement des allocations familiales par la Caisse Nationale de Sécurité Sociale. En effet, le droit de la sécurité sociale conditionne ce versement, pour le parent d'un apprenti, à la présentation d'un contrat d'apprentissage écrit et valide.

---

donnait les congés mois par mois » (Cf. Entretien avec le directeur régional du travail de Sokodé (non enregistré), région centrale, 20 janvier 2009). « Un CDD mais sans déterminer la durée ; un contrat où on ne dit rien de l'essai mais dans la pratique le travailleur fait l'essai » (Cf. Entretien avec le directeur général adjoint du Travail, Lomé, 26 novembre 2008).

[1451] « Par exemple, quand vous prenez le congé par exemple, c'est 30 jours calendaires ! Vous allez voir des contrats dans lesquels y a 30 jours ouvrables. On accepte. Vous allez voir des contrats où il y a 40 ou 45 jours ».

[1452] « J'en ai lu quand même. Organisation technique du travail, la discipline surtout... j'ai contrôlé une seule fois » (Cf. Entretien avec un inspecteur du travail, zone Lomé ouest, 23 décembre 2008).

[1453] Cf. Entretiens avec l'inspecteur du travail de Kara (2 décembre 2008), avec le directeur régional du travail de Kara (6 décembre 2008), avec le directeur régional du travail de Dapaong (région des Savanes, 22 janvier 2009), avec la directrice régionale du travail à Atakpamé (région des Plateaux, 15 janvier 2009) et avec un inspecteur du travail de Sokodé (région centrale, 20 janvier 2009).

[1454] « Pour l'instant ils ne reviennent pas mais je me dis que peut-être que c'est un problème de temps, le temps de venir. Mais souvent ils reviennent parce que déjà la personne a senti le besoin de le faire » (Cf. Entretien avec l'inspecteur du travail de Kara, région de la Kara, 2 décembre 2008).

[1455] « Vous verrez par exemple une mise à pied au-delà de 8 jours. (...) La plupart du temps ils peuvent fixer une liste des fautes que l'employeur considère comme lourdes. (...) » (Cf. Entretien avec l'inspecteur du travail de Kara, région de la Kara, 2 décembre 2008). « Il y en a qui prévoient deux mois de mise à pieds avec présence effective » (Cf. Entretien collectif avec des jeunes inspecteurs du travail, Lomé, 16 décembre 2008).

Cette règle de droit de la sécurité sociale était en effet une source importante de quelques contrôles de ces contrats[1456]. La demande d'autorisation de licenciement d'un représentant du personnel est également parfois mais rarement mise en œuvre[1457].

L'exercice d'un contrôle des agents de l'inspection du travail est encore plus aléatoire dans le cadre des formalités qui ne sont pas subordonnées à leur validation. Ainsi, les notifications de licenciement ou de sanction sont rares[1458] et ne mènent pas forcément à un contrôle[1459]. L'intervention de l'inspecteur du travail en matière de licenciement pour motif économique est évoquée mais ses modalités semblent en pratique aléatoires[1460]. L'apprentissage, le licenciement ou la discipline font davantage l'objet de contrôles *a posteriori* car, de fait, les agents de l'administration du travail passent une majeure partie de leur temps à la résolution des différends entre employeurs et travailleurs.

2. L'activité de résolution des litiges individuels

Le déclenchement des contrôles administratifs est le plus souvent dépendant de volontés patronales. Parallèlement, les contrôles « inopinés » suivent globalement des plaintes salariales[1461]. La récurrence de certains problèmes en matière de droit du travail ressort donc particulièrement de l'activité de résolution des différends du travail. De tels constats ne sont pas spécifiquement togolais[1462] ; mais leurs manifestations sont singulières dans le contexte

[1456] Cf. Entretiens avec le directeur régional du travail de Sokodé (région centrale, 20 janvier 2009), avec l'inspecteur du travail de Kara (2 décembre 2008) et avec le directeur régional du travail de Dapaong (région des Savanes, 22 janvier 2009).

[1457] Cf. Entretiens avec un inspecteur du travail à Atakpamé (région des Plateaux, 15 janvier 2009) et un inspecteur du travail, chef de la zone est de Lomé (9 janvier 2009).

[1458] Cf. Entretien avec l'inspecteur du travail de Kara, région de la Kara, 2 décembre 2008.

[1459] « Il y a une procédure dans la convention collective. L'employeur doit nous prévenir par écrit et on vérifie. On regarde quand même si c'est valable » (Cf. Entretien avec le conseiller juridique et le directeur de l'emploi de la société d'administration de la zone franche (SAZOF), Lomé, 9 janvier 2009). Selon le directeur des relations professionnelles de la DGTLS, c'est seulement si une plainte fait suite à la notification douteuse qu'un contrôle est exercé (Cf. Entretien avec le directeur des relations professionnelles, Lomé, 14 septembre 2011).

[1460] « L'inspection autorise le licenciement après 21 jours. (...) S'il le fait et que les travailleurs ne se plaignent pas il n'y a pas de problème » (Cf. Entretien avec l'inspecteur du travail de Kara, région de la Kara, 2 décembre 2008). « La seule chose que j'ai faite c'est entretenir les délégués du personnel et les représentants des syndicats sur les droits en cas de licenciement collectif » (Cf. Entretien avec la directrice régionale du travail à Atakpamé, région des Plateaux, 15 janvier 2009). « L'employeur prévient l'inspecteur du travail. Des fois c'est faux, quand on fait des enquêtes on voit que c'est des têtes qu'ils veulent voir partir. On essaie d'aller en conciliation pour régler ça » (Cf. Entretien avec un inspecteur du travail, chef de la zone est de Lomé, Lomé, 9 janvier 2009).

[1461] « J'attendais que le travailleur vienne se plaindre mais malheureusement il n'est pas venu. Selon quelques sources d'information, il parait que quand le monsieur est venu et qu'il a vu sa mise à pied, il était dépassé » (Cf. Entretien avec l'inspecteur du travail de Kara, région de la Kara, 2 décembre 2008).

[1462] V. par exemple, P. Auvergnon, « Contrôle étatique, effectivité et ineffectivité du droit du travail », *Rev. Dr. Soc.*, 1996, p. 598 ; L. Israël, « Les mises en scène d'une justice quotidienne », *Droit* juridique, institutionnel et socio-économique du Togo[1463]. Les agents de l'inspection du travail regrettent unanimement que leurs missions dans la résolution des litiges tendent à substituer une activité simplement palliative des maux sociaux[1464] à une activité administrative de prévention, malgré le caractère facultatif en droit togolais de la conciliation devant l'inspecteur du travail[1465]. Pour certains d'ailleurs, la permanence quotidienne des agents au sein des bureaux de l'inspection serait à la fois une cause et un effet de leur attribution légale en matière de résolution des différends[1466].

Si la procédure de conciliation devant l'inspecteur du travail en cas de litige individuel est juridiquement facultative, elle est fréquemment mobilisée en pratique. Les modalités de sa mise en œuvre correspondent toutefois plus ou moins avec les dispositions juridiques qui l'encadrent. Les inspecteurs du travail saisis d'un litige individuel convoquent le plus souvent l'employeur conformément à l'article 226 du code du travail. La sanction du défaut de comparution de l'article 227 du code du travail ne trouve pas à s'appliquer en pratique. C'est le plus souvent un motif pour dresser un procès-verbal de non-conciliation ou de « non-comparution[1467] », que certains disent envoyer directement au tribunal[1468]. Un inspecteur précise quant à lui qu'il « traduit le dossier au Tribunal » en cas de non comparution d'une des parties[1469]. Or, l'article 229 prévoit qu' « en l'absence ou en cas d'échec de règlement amiable, l'action est introduite par déclaration orale ou par requête écrite déposée auprès du tribunal du travail ». Ce même article ne précise pas de possibilité pour l'inspecteur d'en appeler directement au juge du travail ; il est simplement prévu qu'il peut, « à la demande de l'une des parties, transmettre à toutes fins utiles le dossier complet qui a pu être constitué sur le litige » et que « cette transmission est obligatoire lorsque le tribunal du travail saisi de l'affaire le

---

et Société, 1999, n° 42-43, p. 393 ; R. Fontier, « Droit et pratique du reclassement pour maladie ou handicap », *Actualités juridiques fonctions publiques*, 2008, n° 5, p. 246.

1463 Le champ des contrôles exercés par différentes inspections du travail nationales est variable et en partie lié aux spécificités historiques, économiques, politiques et géographiques (V. P. Auvergnon, S. Laviolette, M. Oumarou, « Des fonctions et limites des inspections du travail en Afrique subsaharienne : actualité de la convention n° 150 de l'OIT », *RIT*, 2011, n° 1-2, p. 89). Par exemple, les inspecteurs ivoiriens et maliens exerceraient un contrôle sur les conditions d'exercice de leur mandat par les représentants du personnel (*ibid.*), ce qui n'est pas une donnée relevée au Togo où le contrôle tend à se cantonner au déroulement des élections professionnelles.

1464 Voir par exemple le compte-rendu d'activité de l'inspection d'Aného pour l'année 2001. Les différents mémoires d'élèves inspecteurs du travail mettent ce point en exergue. Cf. aussi l'entretien avec le directeur régional du travail de Dapaong, région des Savanes, 22 janvier 2009.

1465 La conciliation est obligatoire dans les droits nationaux du Bénin, du Gabon, du Rwanda et du Tchad. (P. Auvergnon, S. Laviolette, M. Oumarou, 2011, *op.cit*). Le projet OHADA prévoit ce caractère obligatoire.

1466 L. Nassimongue, 2007, *op. cit.*, p. 32.

1467 Le rapport d'activités de l'inspection du travail de la zone Lomé-ouest pour 2010 mentionne 7 « procès-verbaux de non comparution ».

1468 Cf. Entretien avec le directeur régional du travail de Kara, région de la Kara, 6 décembre 2008.

1469 Cf. Entretien avec un inspecteur du travail, zone Lomé nord, Lomé, 15 novembre 2008.

requiert ». On remarque en pratique que la coopération entre l'inspection du travail et la juridiction compétente est assez relative et qu'une tendance existe même chez le juge à accorder peu de crédit aux termes des conciliations conclues devant l'inspecteur. De plus, la formule exécutoire qui doit être apposée, « en vertu d'une ordonnance du président du Tribunal du travail prise à la requête de la partie la plus diligente, sur le procès-verbal de conciliation établi par l'inspecteur du travail[1470] », est rarement sollicitée à l'issue d'un règlement amiable, ce qui n'est pas sans poser certaines difficultés. En effet, si les agents de l'inspection s'accordent sur l'établissement de trois exemplaires du procès-verbal de conciliation, non prévu par le code, ils n'évoquent aucunement la formule exécutoire.

Les trois problèmes les plus importants qui ressortent de l'activité de conciliation des inspecteurs du travail à l'occasion d'un litige sont le licenciement sans respect de la procédure, le non-paiement des salaires et la « non-jouissance » des congés payés[1471]. Ces problèmes sont le plus souvent soulevés à l'occasion d'un licenciement pour motif personnel et disciplinaire[1472]. Si une variation des objets des litiges se dessine au fil du temps, les litiges à l'occasion de l'exécution de la relation de travail demeurent rares. Un inspecteur du travail mentionne des sollicitations notamment sur le paiement d'heures supplémentaires[1473] et l'augmentation du salaire minimum en 2008 a suscité de nombreuses plaintes salariales. Deux inspecteurs du travail évoquent des affaires où se posait la question de la qualification du contrat de travail face à la contestation de son existence par l'employeur[1474]. Seul le directeur régional de Dapaong, de la région des Savanes du Togo, mentionne plusieurs conflits liés à l'apprentissage. Des inspecteurs du travail évoquent en outre des sollicitations ponctuelles d'employeurs en vue d'infliger une sanction disciplinaire, voire de se plaindre contre un travailleur[1475]. Ce type de

[1470] Article 228 du code du travail.

[1471] Cf. Entretien avec le directeur régional du travail de Kara, région de la Kara, 6 décembre 2008. « Sur les salaires, le préavis, des fois y a pas de préavis, on se lève le matin on licencie les gens comme ça. Les congés non jouis. Par exemple certains font plus de 5 ans 10 ans sans aller en congés donc il faut gérer ça aussi » (Cf. Entretien avec un inspecteur du travail, zone Lomé nord, Lomé, 15 novembre 2008).

[1472] Cf. Entretien avec le directeur régional du travail de Kara, 6 décembre 2008. « Chez nous les licenciements c'est souvent pour faute » (Cf. Entretien avec l'inspecteur du travail de Kara, 2 décembre 2008).

[1473] Cf. Entretien avec un inspecteur du travail, chef de la zone est de Lomé, Lomé, 9 janvier 2009.

[1474] « Il y a eu un cas la fois dernière, l'employeur dit que le gars n'a pas été recruté. Donc il dit qu'il n'est pas travailleur et quand on a suivi les deux parties, on s'est rendu compte que c'est un travailleur et qu'il faut lui payer les droits. Il a refusé donc on est allé le trouver. On lui a dit bon comme vous êtes des amis, que vous jouez ensemble tout ça, il faut au moins lui payer les congés et il a refusé aussi. On l'a envoyé au Tribunal » (Cf. Entretien avec le directeur régional du travail de Kara, 6 décembre 2008).

[1475] « À Lomé, des employeurs viennent se plaindre et nous demandent de convoquer l'employé pour lui donner les conseils, lui dire ce qu'il risque » (Cf. Entretien avec le directeur régional du travail de Dapaong, région des Savanes, 22 janvier 2009). « Il y en a qui viennent pour des conseils.

sollicitation est lié à la connaissance croissante du service de l'inspection dans son rôle de conciliation. Ainsi, des problèmes de démission ou de chômage technique sont de plus en plus portés devant les inspecteurs du travail[1476].

En matière de licenciement, le contrôle exercé dans le cadre de la résolution des litiges devant l'inspection du travail paraît globalement cantonné à la vérification de la procédure. L'aboutissement des conciliations devant l'inspection du travail se traduit majoritairement par le paiement des « droits légaux » attachés au licenciement[1477]. Les sommes attachées au licenciement sont parfois augmentées d'arriérés de salaire lorsqu'ils sont avérés et d'une indemnité pour les congés payés dont le travailleur n'a pas bénéficié. Aussi, peu de vérifications sur la relation de travail passée ou sur les motifs de la rupture du contrat sont relatées : « puisque les relations de travail étaient rompues, il nous paraissait inutile d'aller sur les lieux. Donc on a calculé les droits règlementaires puis pour la discrimination, c'est le tribunal, mais on n'est pas allé jusque là[1478] ».

Le principe est que l'inspecteur du travail concilie les parties au regard du droit[1479] mais certains agents évoquent un souci d'équité[1480]. La mission de conciliation des inspecteurs du travail paraît en effet poser quelques difficultés de positionnement de cette autorité administrative sur le plan de l'appréciation et de la qualification des faits. De façon unanime, les inspecteurs du travail disent ne pas détenir la compétence pour qualifier la faute du travailleur[1481], ni pour constater l'abus du licenciement donc pour établir une indemnisation à ce

---

Ils se plaignent d'un comportement du salarié. Des salariés viennent aussi parfois quand ils sont victimes de certaines sanctions » (Cf. Entretien collectif avec des jeunes inspecteurs du travail, Lomé, 16 décembre 2008).

1476 Cf. Entretien avec le directeur général adjoint du Travail, Lomé, 26 novembre 2008. Un employeur du secteur des BTP évoque sa convocation par l'inspecteur du travail suite à une plainte salariale. L'employeur, contraint de fermer un temps son entreprise, s'est contenté de demander au travailleur d'attendre. Ce dernier a donc saisi l'inspection du travail dont le représentant a relevé l'irrespect de la procédure légale de mise en chômage technique. (Cf. Entretien (informel) du mardi 20 septembre 2011).

1477 Cela correspond à l'indemnité de préavis, l'indemnité de congés payés et l'indemnité de licenciement selon ses modalités de calcul précisées dans la CCIT.

1478 Cf. Entretien collectif avec des jeunes inspecteurs du travail, Lomé, 16 décembre 2008.

1479 L'article 226 du code du travail précise que « les parties sont tenues de se présenter à l'inspecteur qui vérifie si elles sont disposées à se concilier immédiatement sur la base des dispositions fixées par la loi, la règlementation, les conventions collectives ou le contrat individuel de travail ». Ceci est repris dans le « Guide méthodologique de l'inspection du travail » (2010, *op. cit.*, p. 29) : « l'inspecteur ou le contrôleur du travail fait connaître les droits et obligations de chacune des parties. Il doit refuser d'entériner un accord portant atteinte aux droits incontestables du travailleur ».

1480 Cf. Entretiens avec le directeur général adjoint du Travail (Lomé, 26 novembre 2008) et avec un inspecteur du travail, zone Lomé nord (Lomé, 15 novembre 2008).

1481 Cf. Entretiens avec le directeur régional du travail de Dapaong (région des Savanes, 22 janvier 2009), avec la directrice régionale du travail à Atakpamé (région des Plateaux, 15 janvier 2009) et avec un inspecteur du travail de Sokodé (région centrale, le 20 janvier 2009).

titre[1482]. Il en découle parfois l'établissement de « procès-verbaux de conciliation partielle[1483] », non prévus par le code du travail. Il ressort de la pratique que des « procès-verbaux de non-conciliation » comme des « procès-verbaux de conciliation » peuvent conduire à porter l'affaire devant le tribunal en vue de régler les questions de fond et, en particulier, d'obtenir des dommages et intérêts. Le rôle de filtre que la conciliation devant l'inspecteur devrait jouer en matière de conflits individuels de travail n'est en pratique pas assuré. Le nombre de « procès-verbaux de conciliation » mentionnés dans les rapports annuels d'inspection[1484] ne doit pas être regardé comme celui des conflits terminés dans les bureaux de l'inspection du travail. En effet, la plupart des travailleurs que l'inspecteur du travail informe sur la possibilité d'obtenir des dommages et intérêts en justice après l'établissement d'un « procès-verbal de conciliation », ou qui ont eu vent de quelques condamnations en ce sens, saisissent le Tribunal du travail de Lomé, seule juridiction sociale de première instance au Togo.

§2 – Le contenu du contentieux judiciaire

Le Tribunal du travail de Lomé est compétent pour connaître de pratiquement tous les contentieux de droit du travail. Les magistrats professionnels de cette juridiction et de l'unique Chambre sociale de la Cour d'appel de Lomé témoignent d'une compétence large assumée (A). Cette compétence et les difficultés de coordination entre l'inspection du travail et la juridiction sociale conduisent néanmoins de fait à une intervention thématiquement restreinte (B).

[1482] Cf. Entretiens avec le directeur régional du travail à Sokodé (région centrale, 20 janvier 2009), la directrice régionale du travail à Atakpamé (région des Plateaux, 22 janvier 2009) et un avocat (Lomé, 16 février 2009).

[1483] Ces types de procès-verbaux sont mentionnés par les agents mais non dans les rapports annuels d'inspection. Seul le rapport de la direction régionale du travail de Kara comptabilise neuf « règlements partiels » sur 110 conflits individuels en 2010. Le « Guide méthodologique de l'inspection du travail » (2010, *op. cit.*, p. 29) fait pourtant mention de la possibilité « d'échec, total ou partiel de la tentative de conciliation ».

[1484] Les différents rapports annuels mentionnent généralement uniquement ces deux types de procès-verbaux. Par exemple, sur les 166 conflits individuels enregistrés par l'inspection de la zone Lomé-est en 2009, 122 ont donné lieu à des PV de conciliation, 22 à des PV de non conciliation et 10 sont en instance. Pour la zone Lomé-ouest, les 32 demandes de règlement amiable pour la même période sont réparties entre PV de conciliation (23) et PV de non conciliation (1) avec toutefois 8 « plaintes sans suite ». Pour 2010 pour la même zone Lomé-ouest : 186 demandes de règlement amiable dont 135 PV de conciliation, 27 PV de non conciliation, 7 « procès-verbaux de non comparution », et 14 « cas restés sans suites » et 10 en instance. Le rapport annuel pour 2010 de la direction régionale du travail des Savanes fait état de 53 conflits individuels dont 42 PV de conciliation et 11 PV de non conciliation.

A. Une compétence large assumée

Si le juge en Afrique « se trouve quotidiennement et violemment pris à partie et soupçonné de partialité, de corruption, de négligence et même très souvent d'incompétence » et si des verdicts, parfois « décalés », soulèvent quelques interrogations, on doit, en tous cas au Togo, constater le volontarisme des juges[1485]. Les magistrats compétents en matière sociale témoignent depuis quelques années d'une volonté d'efficacité, d'une application efficiente du droit du travail, dès lors qu'un conflit du travail est porté en justice. Ceci est confirmé par une tendance certaine à la condamnation des employeurs au titre des dommages et intérêts. La médiatisation de ces décisions juridictionnelles pousse les travailleurs à saisir de plus en plus le Tribunal du travail[1486]. La volonté des magistrats de Lomé d'accueillir toutes les demandes portées en justice est mise en exergue par leur appréhension de leur compétence territoriale et matérielle, leur tendance à relativiser les effets de la conciliation intervenue devant l'inspecteur du travail et leur conception large de la relation subordonnée de travail.

Seul le domaine des conflits collectifs et de la fonction publique semble échapper à la juridiction sociale. Le président du Tribunal du travail précise ainsi ses compétences : « litiges entre employeurs et employés, litiges relevant de l'interprétation des conventions collectives, du code de la sécurité sociale, litiges relatifs aux accidents maladies professionnelles (...) litiges relatifs au contrat d'apprentissage aussi[1487] ». Cela renvoie à la délimitation juridique de la compétence matérielle du tribunal du travail de l'article 230 du code du travail[1488]. Conformément à l'article 213 du code du travail, le président du Tribunal évoque la possibilité de statuer en urgence en matière d'élections professionnelles[1489]. On relève qu'un autre magistrat du Tribunal du travail de Lomé se pense également compétent en matière de grève après la tentative de conciliation devant l'inspecteur du travail[1490]. Ainsi, la compétence matérielle prévue par le code du travail est reprise voire élargie par les juges[1491]. En outre,

---

1485 A. B. Fall, « Le juge, le justiciable et les pouvoirs publics, pour une appréciation concrète de la place du juge dans les systèmes politiques en Afrique », *Revue Afrilex*, 2003, n° 3, p. 4.

1486 Cf. Entretien avec le président de la chambre sociale de la Cour d'Appel, Lomé, 3 février 2009.

1487 Cf. Entretien avec le président du Tribunal du travail (Lomé, 16 décembre 2008) et avec le deuxième magistrat du Tribunal du travail (Lomé, 3 février 2009).

1488 Il s'agit de « tous litiges individuels relatifs aux conventions collectives ou aux arrêtés en tenant lieu (...), litiges nés entre travailleurs à l'occasion du travail, aux litiges relatifs aux contrats d'apprentissage, litiges ayant pour origine l'application de la législation en matière de sécurité sociale (...) ». Cette compétence plus large que le seul litige individuel entre employeur et travailleur est reprise dans le projet d'acte uniforme de l'OHADA de 2010, conformément aux des droits nationaux du travail de cet espace.

1489 Article 213 du code du travail.

1490 Cf. Entretien avec le deuxième magistrat du Tribunal du travail, Lomé, 3 février 2009.

1491 Le président du Tribunal du travail place en délibéré une affaire appelée à l'audience du 10 février 2011 malgré les problèmes politiques qui la sous-tendent. Cent retraités ayant créé un collectif agissent contre la caisse nationale de sécurité sociale suite à une lettre les informant en 2006 ils s'accordent sur leur compétence géographique nationale de fait. Seul le conseiller de la Chambre sociale de la Cour d'appel de Lomé mentionne une limitation qui est celle de l'article 252 selon laquelle les jugements sont susceptibles d'appel si le montant de la demande dépasse dix fois le SMIG[1492].

La spécificité de la juridiction et de la matière sociales, où il est fréquent que ce soit le travailleur qui intente l'action, fonderait quelques souplesses relatées par les magistrats togolais sur le plan de la procédure judiciaire malgré les « règles de forme et de procédure (...) que le juge se doit de faire respecter obligatoirement[1493] ». Le contexte dans lequel ces règles formelles sont instituées peuvent en effet conduire au rejet de certaines prétentions portées devant les juridictions en méconnaissance de la procédure[1494]. Le président du Tribunal du travail pense qu'en principe la requête est écrite mais que « ça peut être oral. Le salarié explique, le greffier prend note et ça devient une requête[1495] » ; cela renvoie en réalité à l'article 229 du code du travail en vertu duquel « l'action est introduite par déclaration orale ou par requête écrite déposée auprès du tribunal du travail ». Le conseiller de la Chambre sociale de la Cour d'appel de Lomé évoque de son côté quelques règles alternatives initiées par le président du Tribunal du travail face aux prévisions légales qui enferment le justiciable dans des délais difficiles[1496]. Les problèmes juridiques de délais sont en effet fréquemment posés devant la Cour Suprême du Togo en matière sociale[1497]. Ces deux magistrats pensent toutefois nécessaire d'instaurer des conditions procédurales pertinentes[1498] et d'amener les justiciables à les connaître pour éviter une justice aléatoire.

Le monde judiciaire peut se montrer assez critique sur le cadre juridique et le fonctionnement de la procédure de conciliation devant l'inspecteur du travail. Ceci peut expliquer que le Tribunal du travail s'attache en pratique à relativiser la force impérative et extinctive des procès-verbaux issus de cette conciliation.

---

d'un arrêt de versement la retraite complémentaire des cadres, gérée jusqu'alors par la caisse nationale, au motif d'une mise en capitalisation du système. Le magistrat envoie l'affaire en délibéré malgré que le gouvernement se soit saisi du conflit après avoir dessaisi la commission de recours gracieux de la Caisse Nationale de Sécurité Sociale.

1492 Cf. Entretien avec le président de la Chambre sociale de la Cour d'Appel, Lomé, 3 février 2009.

1493 A. B. Fall, *op. cit.*

1494 Ce problème concernerait principalement le droit administratif (*ibid.*).

1495 Cf. Entretien avec le président du Tribunal du travail, Lomé, 16 décembre 2008.

1496 « Parce qu'on dit que c'est dans le délai de 15 jours après le jugement que les mémoires peuvent être déposés. Mais dans la pratique on n'observe pas ça, dans le temps on le faisait. Le président actuel du Tribunal fait avancer un peu les choses, il a créé l'acte d'appel » (Cf. Entretien avec le président de la Chambre sociale de la Cour d'Appel, Lomé, 3 février 2009).

1497 Ces affaires concernent surtout le délai d'appel de 15 jours (CS Togo, ch. jud., n° 02/10 du 21 janvier 2010, n° 50 du 20 décembre 2007, n° 18 du 19 mai 2005 et n° 42 du 15 décembre 2005) et parfois le point de départ du délai de pourvoi en cassation de deux mois (CS Togo, ch. jud., n° 38 du 18 décembre 2008).

1498 Le président de la Chambre sociale de la Cour d'appel pense par exemple qu'il serait bien que l'alinéa 2 de l'article 254 soit formulé de sorte à obliger les parties à la remise du mémoire (Cf. Entretien du 3 février 2009).

Ainsi, non sans contradiction, le président du Tribunal du travail affirme être souple avec les termes des conciliations, tout en pensant pertinent de rendre obligatoire la procédure devant l'inspecteur et d'y attacher des modalités précises pour éviter le recours ultérieur à sa juridiction. Le tribunal du travail est compétent pour apposer une formule exécutoire sur les procès-verbaux de conciliation « à la requête de la partie la plus diligente » et non sur l'initiative de l'inspecteur[1499]. La méconnaissance de cette procédure conduit à l'accueil de la majeure partie des requêtes qui remettent en cause la teneur de l'accord de conciliation. Il arrive en outre que les employeurs ne sollicite l'apposition de la formule exécutoire qu'au moment où ils sont informés de la requête en justice du travailleur. Dans ce cas, le président du Tribunal du travail affirme accueillir tout de même le litige par souci de crédibilité de la justice[1500]. Il estime par ailleurs que dès lors que persisterait un litige au fond, le Tribunal devrait refuser d'apposer toute formule exécutoire. Parallèlement à l'affirmation d'un accueil de tous les litiges, le président du Tribunal du travail en critique les effets en termes de durée des procédures et d'utilité de la procédure devant l'inspecteur du travail. Le droit togolais devrait, selon lui, doter l'inspecteur du travail de compétences précises[1501], à l'instar du droit béninois ou burkinabé[1502], en vue d'une suite logique et concrète entre inspection et Tribunal[1503]. L'approche des inspecteurs du travail qui consiste à se penser incompétents sur des problèmes juridiques de fond, conduisant à des résolutions partielles de litiges, est animée, selon le président du Tribunal, par leur mauvaise définition de la notion de conciliation[1504]. Le second magistrat pense pour sa part que la règle est établie : « ceux qui ont eu un procès-verbal devant l'inspection du travail peuvent venir pour les dommages et intérêts parce que l'inspecteur ne peut pas se prononcer[1505] ». Le conseiller de la Chambre sociale de la Cour d'appel considère que la conciliation devant l'inspecteur joue dans tous les cas

---

1499 L'article 228 du code du travail sur les effets du PV de conciliation mentionne en effet la « requête de la partie la plus diligente » malgré que son énoncé sous-entende une systématicité de principe à cette procédure : « en cas de conciliation, la formule exécutoire est apposée » et « le procès-verbal de conciliation a force exécutoire comme un jugement du tribunal ».

1500 Cf. Entretien avec le président du Tribunal du travail, Lomé, 16 décembre 2008.

1501 « Mais j'aurais aimé qu'on donne une certaine compétence aux inspecteurs du travail au moins lorsque le montant du litige ne dépasse pas un certain montant ».

1502 Le code du Burkina Faso précise la procédure de conciliation, les mentions des différents PV qui en découlent ainsi que leurs effets. Une conciliation partielle doit donner lieu à deux PV : l'un de conciliation et l'autre de non-conciliation. L'inspecteur du travail peut dresser un procès-verbal exécutoire lorsque les éléments du litige ne sont pas contestés et sont relatifs aux salaires légaux, conventionnels ou contractuels, aux congés payés et aux primes d'ancienneté, nonobstant les cas de conciliation ci-dessus cités. Les procès-verbaux de conciliation totale et de conciliation partielle et le procès-verbal exécutoire valent titres exécutoires.

1503 « Au Bénin et Burkina, (...) le dossier est déjà créé au niveau de l'inspection, c'est à dire qu'on ne vient pas saisir le Tribunal comme ça, comme au Togo. Quand l'inspecteur a fini c'est lui qui envoie maintenant tout le dossier au tribunal, c'est une suite quoi » (Cf. Entretien avec le président du Tribunal du travail, Lomé, 16 décembre 2008).

1504 *Ibid.*

1505 Cf. Entretien avec le deuxième magistrat du Tribunal du travail, Lomé, 3 février 2009.

un rôle de « filtre » important[1506]. Un problème fondamental d'autorité et d'utilité de l'inspection du travail est directement soulevé et c'est le magistrat qui se retrouve être en pratique le décideur de l'impact de la phase de conciliation devant l'inspecteur[1507]. La relativisation de l'aspect procédural de la résolution des différends met donc en exergue une compétence presque systématique du Tribunal du travail de Lomé, malgré l'idée d'un filtre nécessaire de l'inspection du travail.

Les juges assument également une compétence large en matière de litige s'élevant à propos de la relation subordonnée de travail. Certains magistrats insistent y compris sur leur compétence face au développement de l'économie « informelle ». En effet, dès lors que la preuve du contrat de travail est rapportée « par tous moyens », le magistrat doit accueillir le différend[1508]. Le président du Tribunal du travail affirme qu'il y a « un peu de tout » au niveau des employeurs et qu'il note une augmentation des conflits dans le secteur de l'agriculture[1509]. Le deuxième magistrat du Tribunal du travail confirme cette approche en insistant sur le critère du « lien de subordination entre un employé et un employeur » et en relevant « beaucoup d'affaires surtout dans le cas des domestiques » ou des « cuisinières dans les restaurants et les jeunes qui vendent au grand marché chez les grandes dames[1510] ». Le président de la Chambre sociale de la Cour d'appel de Lomé a une approche similaire malgré une moins forte récurrence de ces affaires en appel[1511]. En effet, aucun des arrêts de Cour d'appel de 2011 ne concerne cette problématique et une seule décision de la Cour Suprême en matière sociale parmi ceux rendus entre 2006 et 2011 applique les critères du contrat de travail. Elle confirme l'arrêt de la Cour d'appel qui a qualifié de contrat de travail une « mission d'apostolat »[1512]. Il peut toutefois arriver que la qualification de contrat de travail soit rejetée en première

---

1506 « Parce qu'un mauvais accord vaut mieux qu'un bon jugement qui sera peut-être difficile à exécuter ou qui deviendra définitif après des années » (Cf. Entretien du 3 février 2009).

1507 « Ce n'est pas parce qu'il n'y a pas la formule exécutoire qu'on doit d'emblée daigner au PV toute sa force » (Cf. Entretien avec le président du Tribunal du travail, Lomé, 16 décembre 2008).

1508 « Le droit est adapté, il n'y a pas grand problème quand même. Le problème ne se pose pas au niveau de l'informel. (...) C'est le juge qui va apprécier, vous dites ça ou ça, il y a un contrat de travail et puis c'est fini. Informel ou pas » (Cf. Entretien avec le président du Tribunal du travail, Lomé, 16 décembre 2008).

1509 « Des sociétés, des entreprises unipersonnelles, des gens de maison. Par exemple un fonctionnaire qui recrute un chauffeur, quelqu'un qui recrute un jardinier... c'est pas dans le cadre de l'entreprise en tant que telle mais personnes physiques. Dans le domaine de l'agriculture c'est un peu rare, ce sont ces derniers temps qu'on a constaté qu'on commence par avoir dans nos dossiers certaines affaires relatives à des personnes qui sont employées dans des fermes » (Cf. Entretien avec le président du Tribunal du travail, Lomé, 16 décembre 2008).

1510 Cf entretien avec le deuxième magistrat du Tribunal du travail, Lomé, 3 février 2009.

1511 On relève par ailleurs un jugement du Tribunal du travail qui rejette la prétention de la défenderesse de l'absence de contrat de travail conclu avec un planton (Tribunal du travail de Lomé, n° 017/07 du 13 février 2007, inédit).

1512 La décision mentionne les deux critères du contrat en vertu de l'article 2 du code du travail que sont le lien de subordination et le salaire en échange d'une prestation de travail (CS Togo, ch. jud., n° 40, 18 octobre 2007, disponible sur legitogo.gouv.tg)

instance[1513]. Un magistrat du Tribunal du travail mentionne dans ce sens avoir été restrictif dans une affaire au sein d'une entreprise « assez structurée ». Il soulève la problématique de la détermination de l'employeur qui lui a été posée et qui l'a conduit à rejeter la qualification de contrat de travail entre deux parties au motif que la rupture n'était pas imputable à la personne qui avait engagé le travailleur[1514]. L'analyse ici du lien de subordination illustre plus une limitation qu'une ouverture de l'intervention judiciaire en matière de litiges du travail.

B. Une intervention thématiquement restreinte

Parallèlement à la compétence large des magistrats du travail, leurs propos et surtout l'analyse de leurs décisions, révèlent une intervention thématiquement restreinte. Ce sont majoritairement des questions relatives à la procédure et au motif de licenciement, en particulier disciplinaire, qui se posent aux juges (1). De la récurrence de ce type de contentieux découle une investigation limitée du juge dans la relation passée (2).

1. Le motif disciplinaire et la procédure de licenciement

Sur le fondement des décisions judiciaires consultées[1515], il apparaît que le contentieux récurrent au Togo en matière de droit du travail concerne globalement la rupture individuelle du contrat, particulièrement dans le domaine de la discipline. Selon notre grille d'analyse[1516], neuf jugements de 2007-2008 concernent des mesures disciplinaires ayant conduit à la rupture du contrat, neuf autres sont des licenciements individuels, dont des

---

[1513] Le président du Tribunal du travail a déclaré une action irrecevable sous ce motif lors d'une audience du 6 janvier 2009. Il est intéressant de relever de plus que les jugements du Tribunal ne comportent plus de mentions de « section professionnelle » telle qu'elles apparaissaient dans les jugements rendus en 2000. La section « gens de maison » regroupaient le personnel domestique, de gardiennage ainsi que les salariés de l'hôtellerie (recueil des décisions du Tribunal du travail de Lomé, 2000).

[1514] Cf. Entretien avec le deuxième magistrat du Tribunal du travail, Lomé, 3 février 2009.

[1515] Pour 2007-2008, nous disposons de vingt-huit jugements du Tribunal (dont cinq extraits) et de dix-sept arrêts de la Chambre sociale de la Cour d'appel (dont un extrait). Pour 2010-2011, nous disposons de vingt-quatre jugements de 2010 (dont deux extraits) et de quatorze arrêts de 2011 de la Cour d'appel. Nous disposons des décisions rendues depuis 1982 jusqu'en 2011 par la Chambre judiciaire de la Cour Suprême du Togo en matière sociale, soit un ensemble de quarante-et-une décisions dont deux en 2011, trois en 2010, cinq en 2009, cinq en 2008 et deux en 2007. Nous avons consulté sur place les deux recueils des jugements du Tribunal du travail de Lomé pour les années 1999 et 2000. Nous avons en outre consulté la totalité des jugements rendus en 2010.

[1516] Nous distinguons les questions de droit accessoires à l'affaire ou non traitées bien que révélées par les décisions de justice, de celles sur la base desquelles la solution juridique est donnée. Par exemple, la question relative à l'évaluation du préjudice est, même si elle fait l'objet d'une prétention des parties, subséquente à l'objet de base du litige tel que le licenciement ou la non-affiliation à la caisse de sécurité sociale (CNSS). Ainsi, nous distinguons le licenciement (motif économique, disciplinaire, autre personnel), les affaires relatives à la CNSS (affiliation, accident du travail et autres) et les autres problématiques (contrat, détermination de l'employeur, démission-licenciement déguisé etc.).

requalifications de démission en licenciement disciplinaire. Pour la même période, sur neuf arrêts de la Chambre sociale de la Cour d'appel de Lomé, cinq ont trait à une rupture disciplinaire du contrat et deux portent sur la requalification de démissions[1517]. Sur les cinq décisions de la Cour Suprême rendues en 2008, deux portent sur le licenciement disciplinaire et une sur le licenciement abusif. Cette tendance est relativement confirmée en 2010-2011 puisque, sur un total de cinquante-quatre jugements consultés sur place, trente-huit affaires ont trait au licenciement dont vingt-trois pour motif disciplinaire. Quatre arrêts de la Chambre Sociale de la Cour d'appel de Lomé rendus en 2011 concernent le licenciement disciplinaire parmi onze affaires de licenciement[1518] sur quatorze arrêts rendus au total[1519]. La première phase des audiences publiques du Tribunal durant laquelle le président « vide les délibérés » corrobore le constat de la récurrence de ces thématiques ; le plus souvent, le magistrat qualifie le licenciement d'abusif, indique les conséquences pécuniaires et prononce l'éventuelle exécution provisoire.

L'analyse du fond des litiges permet de mettre en évidence quelques raisonnements juridiques fréquents, et notamment une tendance, à l'instar de ce qui se passe au niveau de l'inspecteur du travail, à la centralité du contrôle sur les règles procédurales de licenciement. Il arrive fréquemment qu'un employeur prononce une mise à pied disciplinaire d'une durée telle que le magistrat la requalifie en licenciement abusif du fait du non-respect de la procédure de licenciement sur le fondement du code du travail[1520]. Pour ce faire, l'argumentation judiciaire se fonde tout d'abord sur l'article 56 de la Convention Collective Interprofessionnelle du Togo (CCIT)[1521] ou sur l'article 43 du code du travail[1522] pour vérifier la nature et la légalité de la mesure avant

[1517] Un arrêt n° 01/07 du 4 janvier 2007 concerne la discrimination. Il confirme le jugement attaqué qui, sur le fondement de l'article 1er de la convention 111 de l'OIT sur la discrimination en matière d'emploi, ratifiée par le Togo en 1983, article 140 de la Constitution du 14 octobre 1992, déclare discriminatoire d'accorder aux travailleurs expatriés un taux de remboursement des dépenses de santé de 100% et un taux de seulement 80% aux nationaux.

[1518] Trois arrêts ont trait au licenciement pour motif économique, un arrêt concerne la signature d'un accord de fin « collectif » de contrat, un touche à la modification du contrat de travail, une affaire a trait à la valeur d'une conciliation en cours de procédure contentieuse et une autre concerne le licenciement verbal.

[1519] Les thématiques des arrêts de la Cour d'appel se situent donc un peu à distance du constat du thème majeur de la discipline. Il demeure toutefois que la discipline est presque systématiquement invoquée par l'employeur.

[1520] Cf. par exemple Cour d'appel de Lomé, ch. soc., n° 23/08 (inédit).

[1521] « Attendu que la sanction infligée au requérant est une sanction disciplinaire en raison d'une faute professionnelle ; qu'ainsi la question juridique qui se pose est celle de savoir si une sanction disciplinaire peut être une suspension de l'employé de plus de 40 jours » (Extraits d'un arrêt du 16 juin 2008).

[1522] L'arrêt n° 23/08 de la Chambre sociale de la Cour d'appel de Lomé se réfère à l'article 43 de l'ancien code : « c'est à bon droit que le premier juge a déclaré abusive cette décision car les 19 mois de suspension ne répondaient ni à un préavis, ni à une sanction, ni à un cas de suspension de contrat prévu par l'article 43 de l'ancien code du travail ». Or, l'article 43 de l'ancien code dispose en réalité que parmi les cas possibles de suspension du contrat figure la mise à pied.

d'estimer abusif le licenciement sur le fondement de l'article 34 du code du travail[1523]. Un jugement de 2010 se fonde sur les règles en matière de suspension pour prononcer la nullité d'une mise à pied disciplinaire justifiée par l'appartenance syndicale du travailleur[1524].

La qualification systématique du licenciement irrégulier en licenciement abusif, au visa de l'article 34 de l'ancien code du travail généralement applicable au litige, rend le contrôle de l'existence de la faute et le lien entre sa gravité et la sanction du licenciement peu important, ou plutôt indirect. C'est-à-dire que ce contrôle est généralement sous-jacent dans ces affaires à l'octroi ou non de dommages et intérêts ainsi qu'à leur montant puisque le code du travail ne fait pas obligation au juge de prononcer une réparation en cas de licenciement abusif[1525]. La réforme de 2006 distingue désormais le licenciement irrégulier et le licenciement abusif mais maintient le libre choix du juge d'octroyer ou non des dommages et intérêts dans l'un ou l'autre cas[1526]. Selon un magistrat, « ça veut dire qu'on offre quand même une occasion aux employeurs de démontrer par des preuves qu'il y a réellement licenciement, auquel cas on pourra aboutir à un licenciement légitime mais irrégulier en la forme[1527] ». Bien qu'il permette au juge d'aller plus fréquemment sur le terrain de la légitimité du motif de licenciement[1528], il maintient la possibilité pour le juge, qui remet difficilement en cause l'existence même d'une faute professionnelle, de décider l'absence totale d'indemnisation, quand bien même le droit du travail n'a pas été respecté. L'impact de ce nouveau texte peut donc être relativisé.

S'agissant des contentieux relatifs au licenciement pour motif économique et à l' « abandon de poste », une relative priorité accordée aux questions

---

[1523] Cet article pose le principe de la faculté de rompre unilatéralement le CDI sous réserve du respect du préavis et de la notification du licenciement au travailleur (article 65 du code du travail de 2006).

[1524] Les juges citent la définition de la suspension du contrat de travail de l'article 54 du code du travail pour ajouter « que mieux, aux termes de l'article 5 de la CCNI, l'employeur s'engage à ne pas tenir compte des opinions politiques ou philosophiques pour arrêter ses décisions qui concerne la conduite, les mesures de disciplines (…) » (Trib. Trav. Lomé, n° 169/10, 29 juin 2010, inédit).

[1525] Dans un arrêt de la cour d'appel de Lomé, le juge considérant que « ces fautes n'en demeurent pas moins des fautes professionnelles qui légitiment le licenciement », rejette en conséquence la demande d'attribution de dommages et intérêts (Cour d'appel de Lomé, ch. soc., n° 05/07, 1er février 2007, inédit).

[1526] Selon l'article 60 du code du travail, l'inobservation de la formalité de notification écrite, la non-indication du motif, la non-conformité aux règles de procédures disciplinaires définies dans les conventions collectives et les règlements intérieurs en vigueur, rendent le licenciement individuel irrégulier en la forme. Le juge « peut » accorder au travailleur une indemnité sans que son montant excède six mois de salaire.

[1527] Cf. Entretien avec le président du Tribunal du travail, Lomé, 16 décembre 2008.

[1528] « Attendu qu'il est de jurisprudence constante que la faute grave ou lourde résulte d'un fait ou d'un ensemble de faits imputable au salarié qui constitue une violation des obligations découlant du contrat de travail d'une importance telle qu'elle rend impossible le maintien du salarié dans l'entreprise pendant la durée du préavis » (Trib. Trav. Lomé, n° 103/2010, 20 avril 2010, inédit).

procédurales peut être aussi notée. Il arrive assez fréquemment que la question de la qualification de l'abandon de poste en démission soit posée au juge. La décision de justice qualifie le plus souvent la rupture contractuelle en licenciement abusif toujours au regard du non respect de la procédure. Ces décisions de justice relèvent généralement le caractère équivoque de l'abandon de poste en l'absence d'écrit[1529]. En matière de licenciement pour motif économique, quelques décisions de justice de 2011 permettent d'entrevoir une orientation, quoique timide, des juges vers une recherche sur les motifs économiques invoqués[1530]. Cela peut s'expliquer par la réforme de 2006 ayant redéfini de façon restrictive le licenciement pour motif économique. La précision de l'article 60 du code du travail selon laquelle ne peut être qualifié d'irrégulier le licenciement collectif pour motif économique limite toutefois les cas dans lesquels est opérée cette recherche sur le motif[1531] ; il s'agira des licenciements individuels ou des licenciements collectifs pour lesquels la procédure a été respectée.

Par systématisme, par difficultés probatoires, par manque de temps et de moyens, ou par absence de prétentions explicites sur d'autres points, il apparaît que les juges togolais se contentent le plus souvent de traiter de la rupture du contrat de travail. L'immixtion du juge dans la relation passée entre les parties au contrat de travail ou dans l'organisation patronale de la relation de travail apparaît limitée.

[1529] Le jugement n° 021/2010 du 26 janvier 2010 (inédit) précise ainsi, sous la forme d'un attendu de principe, « qu'une démission est un écrit émanant du salarié exprimant sa volonté expresse de mettre fin à l'exécution des obligations contractuelles souscrites ».

[1530] La seule mention dans la lettre de difficultés économiques ne satisfait pas à l'exigence de motifs précis. L'employeur doit prouver des difficultés économiques ou des mutations technologiques. Le fait d'avoir procédé à des recrutements « aussitôt après la suppression de poste » appuie l'absence de cause réelle et sérieuse du licenciement (Cour d'appel de Lomé, ch. soc., n° 07/2011, 3 février 2011, inédit). Voir aussi Cour d'appel de Lomé, n° 019/2011, 7 avril 2011 (inédit). En 2007, l'absence de mise en œuvre de la procédure conduisait à la qualification du licenciement abusif (Cour d'appel de Lomé, ch. soc., n° 03/07, 4 janvier 2007, inédit).

[1531] Les demandeurs licenciés pour motif économique suite à la dissolution d'un institut régional qui comprenait une antenne à Lomé, dont le financement est passé à l'État togolais, sont déboutés de toutes leurs demandes au motif que cette antenne n'était pas leur employeur mais que c'est la commission de liquidation qui est devenue leur créancier éventuel, peu importante que l'antenne togolaise ait par la suite procédé à des recrutements (Cour d'appel de Lomé, ch. soc., n° 004/2011, 6 janvier 2011). Dans une autre affaire, le licenciement collectif pour motif économique est déclaré irrégulier donc abusif au motif que, si la procédure de consultation et de notification a été « on ne peut plus régulière », l'employeur n'a pas respecté la règle de confirmation par écrit au travailleur dans les huit jours, de l'envoi d'une copie à l'inspecteur et de l'établissement de la liste des salariés licenciés (Trib. Trav. Lomé, n° 0105/2010, 8 juin 2010, inédit).

2. Des investigations limitées dans la relation passée

Le traitement des problèmes juridiques qui sont posés devant le juge au moment de l'indemnisation du travailleur dont le contrat est abusivement rompu révèle que les magistrats limitent leur investigation sur le pouvoir organisationnel et gestionnaire de l'employeur pendant l'exécution du contrat de travail. Ceci ressort notamment de rejets de prétention fondés sur l'accueil de tous documents formels fournis par l'employeur[1532], de quelques règles de preuve exigeantes ou de l'application de délais de forclusion. Les fréquentes prétentions tenant à des arriérés de salaire, à l'absence de bénéfice des congés, aux heures supplémentaires, à des prélèvements de cotisations sociales non reversées ou encore à l'indemnisation de prestations en nature sont variablement accueillies et traitées[1533]. On note par exemple que les prétentions concernant des arriérés de salaire et la « non-jouissance » de congés paraissent plus facilement accueillies[1534] que celles ayant trait aux heures de travail ou à des primes diverses[1535]. Il apparaît en outre que le juge justifie parfois les limites de son investigation par la prescription en matière de réclamation salariale[1536] et se fonde généralement sur le salaire effectivement perçu, peu important qu'il soit manifestement contraire aux barèmes conventionnels[1537]. En outre, le caractère abusif ou irrégulier du licenciement peut conduire à mettre de côté l'appréhension de certaines problématiques posées par le requérant, telles que

1532 Le juge fait par exemple prévaloir un accord entre le travailleur et l'employeur (Trib. Trav. Lomé, n° 027/2001, 6 mars 2001, inédit). Un arrêt rejette une demande d'arriérés au titre de la prime de transport car sa mention dans un bulletin de paye de 2004 prouve son versement (Cour d'appel de Lomé, ch. soc. n° 04/07, 1er février 2007, inédit). V. aussi Trib. Trav. Lomé, n° 048/2006, 25 avril 2006, inédit.

1533 Voir infra Partie II, Titre 1, Chapitre 2, Section 2, §1, B, 1 et Partie II, Titre 2, Chapitre 1, Section 2, §1, B.

1534 Par exemple, un jugement n° 017/07 du 13 février 2007 (inédit) accueille l'arriéré d'un mois de salaire. Cf. aussi un jugement n° 173/07 du 30 octobre 2007 (inédit).

1535 Par exemple, dans un jugement n° 084/2010 du 23 mars 2010 (inédit), le juge ne se prononce pas sur la prétention de la requérante relative aux heures supplémentaires.

1536 Un jugement (n° 075/2004, 1er juin 2004, inédit) qui invoque cette limitation pour les arriérés de salaire ne l'applique cependant pas pour les congés payés à la différence d'un autre jugement (n° 048/2006, 25 avril 2006, inédit). Un jugement (n° 015/2010, 26 janvier 2010, inédit) accueille la demande de quatre mois de salaire au titre des congés payés tandis qu'un autre jugement (n° 149/2010, 8 juin 2010, inédit) applique le délai de prescription dans ce cas. L'arrêt n° 03 du 17 janvier 2008 (inédit) de la Chambre judiciaire de la Cour Suprême du Togo affirme que l'article 102 du code du travail en vertu duquel l'action en paiement des salaires se prescrit par deux ans est applicable aux heures supplémentaires qui sont assimilables à un salaire.

1537 Un jugement de 2006 est assez explicite (Trib.Trav. Lomé, n° 048/2006, 25 avril 2006, inédit). Le juge rejette la prétention fondée sur la convention collective de la restauration et de l'hôtellerie en se fondant sur les bulletins de salaire mentionnant une rémunération à 14 000 FCFA. La demande de calcul des indemnités au titre du licenciement abusif et de versement d'arriérés de salaires au regard de la grille conventionnelle est rejetée.

le harcèlement[1538], la faute de l'employeur[1539], la légitimité des motifs économiques et d'une modification du contrat ou la nullité du licenciement d'un délégué du personnel[1540].

Des positionnements divergents sont aussi à relever s'agissant de la valeur normative de clauses contractuelles ainsi que de la détermination du préjudice pour la fixation des dommages et intérêts. Le Tribunal du travail peut par exemple se déclarer incompétent au regard d'une clause de règlement des litiges au motif que « les parties au contrat de travail peuvent prévoir des clauses attributives de compétence pour le règlement de leurs différends[1541] » tandis qu'il déclare le licenciement abusif au regard de l'article 21 de la CCIT, peu important la clause contractuelle de rupture du contrat[1542]. S'agissant du préjudice indemnisé, les jugements détaillent plus ou moins la fixation de leur quantum et accueillent différemment les prétentions des parties[1543]. Les magistrats l'affirment, et l'analyse des décisions de justice le confirme, cette question de la fixation du montant des dommages et intérêts est importante en pratique. Il apparaît que la plupart des jugements conduisent à des appels sur ce fondement. En outre, une part importante des arrêts de la Cour Suprême rendus en matière sociale concerne cette question de la détermination du préjudice et des dommages et intérêts[1544].

1538 Un jugement n° 131/06 du 3 octobre 2006 (inédit) se contente de qualifier un licenciement d'abusif au motif de l'absence d'une faute suffisamment grave dans une affaire où la requérante invoque des actes de harcèlement.

1539 L'arrêt n° 05/07 du 1er février 2007 (inédit) de la Cour d'appel confirme que même si l'employeur « a contribué à créer en son sein le dysfonctionnement dont elle se plaint ; (...) ces fautes (...) n'en demeurent pas moins des fautes professionnelles qui légitiment le licenciement ». Les indemnités de licenciement sont versées mais la demande de dommages et intérêts est rejetée.

1540 Un arrêt de la Cour d'appel (n° 04/07, 1er février 2007, inédit) analyse par exemple la démission d'un délégué du personnel en un licenciement abusif et rejette sa demande de dommages et intérêts.

1541 Trib. Trav. Lomé, n° 050/06, 25 avril 2006 (inédit).

1542 Trib. Trav. Lomé, n° 087/06, 26 juillet 2006 (inédit).

1543 Par exemple, le préjudice pour les difficultés de trouver un emploi est clairement identifié aux termes du jugement n° 007/2008 du 5 février 2008 (inédit) tandis que sa prise en considération n'est pas explicitée dans le jugement n° 087/06 du 26 juillet 2006 (inédit). L'arrêt de la cour d'appel de Lomé n° 04/07 du 1er février 2007 (inédit) rejette cette prétention.

1544 Par exemple, l'arrêt n° 01 du 18 janvier 2001 (en ligne sur legitogo) de la chambre judiciaire de la Cour Suprême fait suite à un recours pour défaut de réponses de la Cour d'appel sur tous les chefs de préjudice. L'arrêt n° 08 de la même chambre judiciaire du 17 janvier 2008 (en ligne sur legitogo), confirme que la détermination du préjudice et des dommages et intérêts relève en principe du pouvoir souverain des juges du fond. Notons toutefois un possible revirement par arrêt n° 01/10 du 21 janvier 2010 (inédit) aux termes duquel le pouvoir souverain des juges du fond est rappelé en matière d'évaluation du préjudice mais il est précisé que « l'obligation de motiver a pour corollaire, l'obligation pour les juges du fond de répondre à chaque chef de conclusions et surtout, dans la matière soumise à l'examen de la Cour, distinguer les éléments du préjudice et particulièrement les bases sur lesquelles sont fondées leurs évaluation ». V. aussi l'arrêt n° 08/11 du 17 février 2011 (inédit) et l'arrêt n° 46 du 17 août 2006 (inédit) de la Chambre judiciaire de la Cour Suprême du Togo qui confirme l'arrêt de la Cour d'appel qui a condamné l'employeur à payer au requérant les pensions auxquelles il aurait pu prétendre au titre de la retraite, soit la somme de 14 099 147 FCFA.

En matière disciplinaire, l'invocation d'une faute par l'employeur justifie le plus souvent un cantonnement du juge sur ce problème juridique, peu important que d'autres circonstances, comme la modification du contrat ou l'imputation de la rupture à la faute de l'employeur, soient soulevées. En effet, l'existence même de la faute professionnelle n'est jamais l'objet de discussions. Il s'agit le plus souvent simplement de rechercher, au regard notamment de la liste des sanctions et des fautes lourdes de l'article 56 de la CCIT, le caractère de gravité de la faute reprochée et d'en tirer des conclusions quant au caractère adapté ou non de la sanction prise. Par exemple, un arrêt de la Cour d'appel de Lomé rendu sur le fondement d'une « déclaration de principes » de l'entreprise, reconnaît la réalité de la faute professionnelle mais refuse sa qualification en faute lourde[1545]. Un autre arrêt, sur la non-exécution d'une nouvelle tâche, exigée oralement du travailleur, conclut que l'employeur « pouvait lui notifier un avertissement au lieu de lui infliger la sanction extrême[1546] ».

L'immixtion des magistrats dans le pouvoir disciplinaire de l'employeur est donc limitée. Si les juges s'avèrent formellement exigeants en cas de licenciement pour motif personnel, ils ne se permettent que très rarement de rechercher le caractère fautif d'un comportement, dès lors que l'employeur le perçoit comme tel. Une décision de la Cour Suprême du Togo suggère même qu'une mise à pied « jusqu'à nouvel ordre », illégale, puisse être requalifiée par le juge en licenciement légitime sans préavis ni indemnités pour faute lourde si ce type de faute est constitué[1547]. Les définitions de la faute lourde sont néanmoins diversement établies par les juridictions[1548], ce qui peut ajouter aux incertitudes des acteurs sociaux sur les contours de leurs options en pratique.

Section 2 – Les options des acteurs sociaux

La mise en avant de priorités d'intervention au sein des institutions étatiques compétentes pour connaître du respect des dispositions de droit du travail et, particulièrement, le relevé d'une action des agents de l'inspection du travail le plus souvent subordonnée à la sollicitation et/ou l'acceptation des employeurs, fait nécessairement supposer une place importante laissée aux options des acteurs sociaux[1549]. Quelles sont les sélections qui ressortent de la mobilisation

---

[1545] Cour d'appel de Lomé, ch. soc., n° 21/08, 5 juin 2008 (inédit).

[1546] Cour d'appel de Lomé, ch. soc., n° 22/08, 5 juin 2008 . Il s'agit d'une modification substantielle du contrat de travail selon les juges de 1e instance.

[1547] Les juges du fond qualifient cette sanction d'illégale et l'analysent donc en un licenciement abusif. Saisis d'un pourvoi en cassation contre cet arrêt, les haut-magistrats adoptent un autre raisonnement mais confirment l'arrêt. Si les juges du fond avaient relevé l'existence d'une faute lourde, la sanction illégale aurait pu être requalifiée, puisque produisant les mêmes effets, en licenciement légitime sans préavis (CS Togo, ch jud., n ° 31, 16 juillet 1992, en ligne sur legitogo).

[1548] Voir infra Partie II, Titre 2, Chapitre 2, Section 2, §1, B.

[1549] Les acteurs sociaux sont les destinataires directs des dispositions de droit du travail que sont les employeurs et travailleurs ainsi que les organisations syndicales ou patronales qui les représentent, mais également les organisations associatives de la société civile.

du droit du travail par les acteurs sociaux eux-mêmes ? Témoignent des priorités données par les acteurs sociaux le management et les réclamations salariales (§1) ainsi que les actions de formation et de sensibilisation menées indépendamment d'une quelconque initiative des représentants de l'État (§2).

§1 – Le management et les réclamations sociales

Les préférences en matière de gestion patronale ou les réclamations en matière salariale sont des indices des sélections en œuvre en matière de droit du travail. L'organisation patronale de la relation de travail (A) et les récriminations et demandes des employés (B) mettent en exergue des points ou questions de droit du travail particulièrement mobilisés.

A. L'organisation patronale de la relation

L'organisation patronale de la relation de travail, dans ses aspects tant individuels que collectifs, fait notamment apparaître une tendance des employeurs à se référer à l'idée de « statut de travail » plutôt qu'à celle de « contrat » (1). L'organisation patronale de la relation de travail varie parallèlement en fonction des supports du pouvoir « normateur » de l'employeur (2).

1. La préférence pour l'idée de « statut de travail »

Le terme de « statut » est de fait le plus utilisé dans le management patronal au Togo. Ailleurs et de façon générale, on sait que le statut du salarié est inhérent à son niveau de protection par le droit du travail. Des analyses de l'évolution du droit du travail sont par ailleurs fondées sur la question de la tension entre statut et contractualisation du droit du travail. Dans des champs plus restreints, le statut désigne juridiquement le cas du fonctionnaire ou celui des personnes concernées par les régimes spéciaux de sécurité sociale. Le « statut collectif » des travailleurs est composé des conventions et accords collectifs de travail ou des actes unilatéraux et des usages d'entreprise[1550]. La question se pose également en droit comparé de savoir si le travail temporaire correspond à un statut à part entière[1551]. Quelle définition générale du statut

---

[1550] V. par exemple P. Waquet, « Contrat de travail et statut collectif », *RJS*, 1994, p. 399 ; P-H. Antonmattéi, « Le statut collectif des salariés : jurisprudence récente », *Rev. Dr. Soc.*, 1997, p. 35. G. Borenfreund, « L'articulation du contrat de travail et des normes collectives », *Dr. Ouv.*, 1997, p. 514.

[1551] « Rares sont ici les États à avoir élaboré un statut du salarié temporaire. Quand un tel statut existe, on constate qu'il est alors souvent proche de celui du salarié permanent. (...) Les lois allemande, anglaise mais aussi irlandaise reconnaissent que le montant de la rémunération est le résultat d'une libre négociation entre partenaires. Ainsi, la rémunération ne sera pas nécessairement identique à celle perçue par le salarié permanent remplacé. On relève en effet en Irlande et au Royaume-Uni que les salariés temporaires sont nettement moins bien rémunérés que les salariés permanents de l'entreprise » (I. Laurent-Merle, « Le travail temporaire en Europe : un environnement juridique en évolution », *Rec. Dalloz*, 2006, p. 1643).

peut ressortir de ces différentes approches ? Deux composantes sont mises en exergue. D'une part, le statut se situe au-delà du contrat, il est un cadre normatif dont l'applicabilité à une certaine catégorie de personnes tient seulement du critère distinctif pour désigner cette catégorie, indépendamment de la diversité des individus qui la composent. D'autre part, le statut désigne un ensemble de droits et d'obligations subséquents, donc spécifiques, à la délimitation de cette catégorie, peu important qu'elle soit d'origine étatique, conventionnelle, ou unilatérale. Ramenée à ce que nous désignerons par le « statut temporel » du travailleur, il s'agit de montrer en quoi les droits et obligations des travailleurs dans l'entreprise découlent majoritairement en pratique de leur appartenance à telle ou telle catégorie distinctement désignée par un critère temporel, et non pas du contrat de travail, ou plutôt, du « statut » général de salarié qui a son origine dans le contrat de travail au sens du droit du travail. Le « statut-loi applicable » est subsumé en pratique dans le « statut-ensemble de prérogatives[1552] ».

Nous avons pu mettre en relief, lors de l'analyse des sources de droit du travail togolais, une juxtaposition de l'utilisation de la distinction CDD/CDI et des catégories statutaires que sont les permanents, occasionnels ou temporaires, saisonniers et journaliers. Il apparaît, au vue de l'enquête menée au Togo, que les entreprises de grande comme de petite taille, de nationalité étrangère ou togolaise, implantées en zone franche ou non, organisent pour la plupart le management social en vertu de ces divers statuts. Le résultat de cette modalité d'organisation de la relation de travail depuis son commencement jusqu'à sa rupture a pour effet de rendre obsolète la distinction juridique entre le CDD et le CDI. Elle a aussi pour conséquence d'attacher une condition d'emploi à chaque « statut temporel » en méconnaissance de la logique en principe égalitaire du droit du travail. L'utilisation en pratique des différentes notions statutaires distinguées par un critère temporel sert en effet à conditionner une majeure partie des aspects individuels et collectifs de droit du travail qui, s'il contient ces notions n'en tire pas pour autant des distinctions substantielles en termes de droits et d'obligations du travailleur.

Les représentants patronaux et les salariés interrogés adoptent, en référence plus ou moins explicite à la dichotomie CDD/CDI, une approche de la relation subordonnée de travail par les différents statuts que sont les permanents, les temporaires, les occasionnels, les saisonniers et les journaliers. Parmi les entreprises d'assez grande taille et bien structurées, on relève par exemple que le directeur des ressources humaines d'une société métallurgique de Lomé mentionne que le personnel se décompose entre 297 permanents et 234 saisonniers et temporaires. Le chef du personnel de l'Hôtel Kara dit travailler avec « 19 titulaires et 44 temporaires » et avoue n'avoir jamais conclu de CDD ; le comptable d'une entreprise togolaise de forage préfère opter pour le CDI

[1552] A. Lyon-Caen (à propos de A. Gogos-Gintrand, Les statuts de la personne. Etude de la différenciation des personnes en droit, IRJS, 2011), *RDT*, 2011, p. 604.

matérialisé par « une lettre de titularisation » mais a toutefois parfois recours à des temporaires ; un employeur d'origine européenne dans le secteur commercial opte pour des « CDD de deux ans renouvelables » et embauche des journaliers pour la manutention. Le chef du personnel d'une entreprise agroindustrielle d'origine asiatique implantée dans la région centrale du pays distingue les temporaires, saisonniers et permanents tout comme le secrétaire général d'une centrale syndicale togolaise qui participe à la mise en place de coopératives dans le secteur de l'agriculture, en recrutant des « temporaires ou personnes payées au mois ». Cette approche par le statut temporel est aussi récurrente dans les entreprises de la zone franche. Le conseiller juridique présente les contrats de travail en zone franche en distinguant les « CDD, CDI des journaliers et des temporaires ». Les travailleurs de la zone franche emploient exclusivement ces notions statutaires pour présenter leur contrat. Ils ajoutent par ailleurs la notion de « contractuel » parmi les distinctions[1553]. Les représentants syndicaux issus d'autres entreprises agroindustrielles, industrielles ou du secteur de l'enseignement privé font tous la distinction entre le permanent et le temporaire. Les entreprises de gardiennage paraissent aussi fonctionner dans ce sens tandis que ces notions sont globalement absentes des explications sur le travail dans le secteur de l'économie dite « informelle ». Auprès des gérants d'ateliers de menuiserie ou de mécanique et de différents commerces, seules les notions juridiques d'apprentissage et de tâcheronnat sont facilement mentionnées. Certains préfèrent en outre l'usage de la notion d' « aide » à celle de « salariat » à proprement parlé pour définir les rapports subordonnés de travail dans ce secteur[1554].

La distinction entre le permanent et le temporaire renvoie à quelques politiques du travail des époques coloniales allemande et française[1555]. La

---

[1553] Sur le « déroulement statutaire de carrière en zone franche », v. infra Partie II, Titre 2, Chapitre 2, Section 1, §1.

[1554] Cf. Entretiens à la Direction du secteur informel (Lomé, 30 décembre 2008), avec un inspecteur du travail, chef de la zone est de Lomé (Lomé, 9 janvier 2009), avec des jeunes inspecteurs du travail (Lomé, 16 décembre 2008), avec le chef d'un atelier de menuiserie (Lomé, 29 janvier 2009) et avec le patron d'une boutique de vente de matériaux de construction, Lomé, 8 janvier 2009.

[1555] « Parce que, à l'époque les Allemands avaient un certain nombre de droits dans l'administration. Ils avaient besoin de blanchisseurs, de cuisiniers etc. (…) Comme ils étaient là tout le temps, on les a appelé agents permanents » (Cf. Entretiens avec le secrétaire général de la fédération de l'enseignement de l'UNSIT, Lomé, 30 décembre 2008 et 6 janvier 2009). « Selon les standards de la société coloniale, les magistrats débutants, par exemple, devaient avoir un cuisinier (qu'il fallait souvent partager avec un collègue), deux valets personnels, un blanchisseur et un garçon d'écurie, si l'on s'était risqué à posséder des chevaux. À cela s'ajoutait un "boy", mis généralement par le gouvernement à la disposition de deux appartements » (T. Von Trotha, « Sociologie politique d'une capitale coloniale », in N. Gayibor, Y. Marguerat et K. Nyassogbo (dir.), *1998 : Le centenaire de Lomé, capitale du Togo (1897-1997)*, Actes du colloque de Lomé (3-6 mars 1997), Presses de l'UB, 1998, p. 79-94). Le décret colonial du 19 décembre 1922 qui règlemente le « recours au travail des indigènes » ne s'applique pas aux travailleurs occasionnels et domestiques ainsi qu'à ceux engagés pour une durée inférieure à quinze jours par mois ou à trois mois ainsi qu'aux contrats de plus de deux ans. Après l'adoption du code de 1952, les règlementations territoriales se sont maintenues dans une acception distinction entre ces statuts a été mentionnée dans les conventions collectives. La réforme du code du travail de 2006, à l'instar de toutes les conventions collectives, excepté celle applicable dans le secteur de l'hôtellerie et de la restauration, a légèrement pris acte de ce type de management dans les entreprises. Alors que ni le CTOM de 1952, ni le code du travail de 1974 ne contenaient de telles notions, le code du travail de 2006 mentionne expressément l'exemple du travail « saisonnier » et le cas des « travailleurs occasionnels engagés à l'heure ou à la journée » pour expliciter la notion de CDD. La mention de ces différents types de statuts dans la loi ou dans les conventions collectives n'a toutefois pas pour corollaire l'institution de « statuts-ensemble de prérogatives ». La principale différenciation en termes de droit tient au calcul de l'effectif et à la détermination des électeurs et candidats pour les élections professionnelles tandis que l'enjeu social de leur mention paraît être d'affirmer l'applicabilité du droit du travail. Il en est en pratique tout autrement.

Les organisations managériales des entreprises révèlent une non-considération de la restriction légale du recours aux contrats de courte durée ainsi qu'une certaine indifférence envers les règles encadrant la distinction entre le CDD et le CDI[1556]. On note par exemple que le choix du contrat écrit ressort davantage d'une norme générale dans l'entreprise que d'une considération de la législation sociale[1557]. Ainsi est-il fréquent que les praticiens emploient l'expression de « contrat tacite » pour désigner les formes majoritaires de relation de travail au Togo, quand bien même ils désignent des temporaires, occasionnels ou permanents. Certains salariés désignent même par « contractuel » le travailleur « temporaire » engagé initialement verbalement à qui l'on fait signer un contrat d'une durée limitée. Les règles relatives à l'objet des contrats de travail à durée déterminée sont partiellement évincées étant donné que le recours à des travailleurs temporaires a plus trait au type de travail qu'au besoin exceptionnel de ce travail. Ainsi en est-il des manutentionnaires, saisonniers ou gardiens qui travaillent parfois toute l'année

---

statutaire du travailleur (V. supra Partie I, Titre 1, Chapitre 2, Section 1, S1, B, 2, b). Voir aussi, J.-M. Ela, *op. cit.*, p. 267.

[1556] Un jugement n° 080/10 du 9 mars 2010 (inédit) se prononce explicitement sur le travailleur dit « journalier ». L'employeur selon qui ce type de statut justifiait, pour des travailleurs d'une ancienneté allant de 6 à 8 ans, la notification de l'arrêt de leurs relations de travail par note de service, la non déclaration à la CNSS et l'absence de congés payés, est condamné pour licenciement abusif et à des sommes considérables au titre des dommages et intérêts au motif notamment « qu'en ayant agi ainsi, l'employeur a méconnu les dispositions du code du travail qui interdisent la discrimination sur le lieu de travail ».

[1557] Cf. Entretien avec le chef du personnel d'un hôtel de statut parapublic (Kara, 2 décembre 2008), avec le DRH d'une société industrielle du secteur métallurgique (Lomé, 12 janvier 2009), avec un délégué du personnel CNTT et responsable de la coopérative de la société cotonnière du Togo à Atakpamé (région des Plateaux, 16 janvier 2009) et avec le chef du personnel d'une entreprise agro-industrielle en présence de deux inspecteurs du travail d'Atakpamé et deux délégués du personnel (région des plateaux, 16 janvier 2009).

dans l'entreprise[1558]. La période d'essai paraît être systématique quel que soit le type d'engagement en territoire douanier. Ses durées et qualifications sont diverses[1559]. Les représentants de la SAZOF et travailleurs des entreprises de la zone franche sont quant à eux muets sur la période d'essai[1560]. Enfin, le droit à la représentation collective des « temporaires » et « saisonniers » est plus ou moins garanti en pratique. Des représentants syndicaux du secteur agroindustriel évoquent par exemple l'institution de systèmes spécifiques de représentation des temporaires, tels que des « porte-paroles[1561] ». La prise en compte de ces travailleurs dans le calcul des effectifs du cadre de l'élection professionnelle et leur participation aux élections professionnelles sont en outre aléatoires[1562].

Malgré une frontière relativement perméable entre le droit et la pratique, la stratification des travailleurs selon leurs statuts « temporels » révèle une diversité des modes d'organisation et de gestion des contrats de travail dans les entreprises[1563]. De ces options ressort donc un « morcellement » du droit du travail puisque l'octroi ou non de certaines garanties procédurales ou substantielles est lié aux différents statuts. Un tel « libre choix » ressort de l'utilisation en pratique du règlement intérieur pour déterminer l'organisation

---

1558 Une « externalisation interne » du travail par le biais des statuts temporels est récurrente dans ces domaines. Ainsi, il est surprenant qu'une société d'import-export qui organise des élections professionnelles ne propose qu'une liste électorale de trente-cinq salariés (Cf. Participation à des élections professionnelles, septembre 2011).

1559 Le chef du personnel de l'hôtel de Kara se réfère à la règle contenue dans la convention collective sectorielle applicable selon laquelle l'essai est obligatoire. L'employeur allemand de Kara mentionne la règle de l'essai stipulée au contrat, de même que le représentant d'une entreprise de forage à Lomé fait référence la remise « d'une lettre d'engagement à l'essai » et de la « mention au contrat ». Ce dernier fait référence à la remise d'une « *lettre de confirmation* » qui « *tient lieu de contrat* » en cas de réussite de l'essai. Il évoque en outre la possibilité de « *titularisation automatique* » en cas d'absence de ce type de lettre. Les durées varient entre une ou deux semaines dans des ateliers du secteur dit informel (en vue de fixer le montant du salaire selon un chef d'un atelier de menuiserie, Lomé, 29 janvier 2009) ou formel (une semaine à un mois pour les ouvriers d'une entreprise agroindustrielle, région des plateaux, 16 janvier 2009) et deux mois (Cf. Entretien avec le cuisinier d'un restaurant chinois, Lomé, 23 décembre 2008). Le chef d'un groupement agricole (région centrale, 26 janvier 2009) parle de quatre semaines d'essai « *possible* ». Chez certains, la période d'essai peut ne pas être rémunérée, ou être rémunérée à un moindre coût. (V. par exemple sur la qualification juridique de la période d'essai, M. Kirsch, *Le droit du travail africain*, Tome 1, Travail et profession d'outre-mer, 1975, p. 40).

1560 Le conseiller juridique de la SAZOF évoque des contrats de formation de six mois et un ouvrier d'une industrie mentionne le passage d'un test préalablement à son embauche (Cf. Entretien avec le conseiller juridique et le directeur de l'emploi de la SAZOF, Lomé, 9 janvier 2009).

1561 Cf. Entretien avec un délégué du personnel CNTT et responsable de la coopérative de la société cotonnière du Togo à Atakpamé, région des Plateaux, 16 janvier 2009.

1562 « Dans les clauses, les journaliers n'ont pas à traiter avec les syndicats » (Cf. Entretien avec le secrétaire des industries de l'agro-alimentation au sein de la CSTT, Lomé, 19 décembre 2008).

1563 « Les temporaires qu'on a, ce sont des un an renouvelable. Pour les ouvriers on préfère prendre les agences intérim. On a des périodes de pointe. Pendant deux mois on doit bourrer les stocks et on prend des saisonniers. Mais on prend de plus en plus des temporaires des agences intérim. On prend des temporaires pour augmenter la production et avoir une certaine marge de manœuvre en cas de pépins » (Cf. Entretien avec le DRH d'une société industrielle du secteur métallurgique, Lomé, 12 janvier 2009).

du travail dans l'entreprise. En parallèle ou en substitution du règlement intérieur encadré par le droit légal existe en outre une diversité des supports du « pouvoir normateur[1564] » de l'employeur.

2. La diversité des supports du pouvoir normateur de l'employeur

L'obligation légale d'adopter un règlement intérieur pour tout établissement d'au moins onze salariés, en collaboration avec les représentants du personnel et sous contrôle de l'inspection du travail, est relativement ignorée en pratique. Le règlement intérieur fixe en principe les règles relatives à l'organisation technique du travail, à la discipline et aux prescriptions concernant l'hygiène, la sécurité et la santé[1565]. Des employeurs mettent en place ce type de normes formalisées ou bien se réfèrent à elles pour établir l'organisation des conditions de travail. D'autres types de supports des règles en principe contenues dans le règlement intérieur se substituent ou s'ajoutent à ce document dans certaines organisations économiques. En présence ou en l'absence d'une formalisation des règles en principe contenues dans le règlement intérieur, la liberté patronale de gestion est clairement favorisée.

La majorité des praticiens de droit du travail pensent que l'obligation légale du règlement intérieur est globalement non respectée. Il existe toutefois dans les entreprises d'une certaine taille. Son « contrôle », lorsqu'il est sollicité par l'employeur ou à l'occasion d'un contentieux, met en évidence une priorité accordée dans ces textes à l'encadrement de la discipline. L'existence du règlement intérieur est évoquée autant par des employeurs[1566] que par des salariés[1567]. Le conseiller juridique de la zone franche affirme que chaque entreprise a son règlement intérieur[1568]. La rédaction de règlements intérieurs par des cabinets de conseil est une pratique mentionnée par un inspecteur du

---

[1564] Le pouvoir normateur de l'employeur renvoie à la possibilité de prendre d'autres actes « dont la teneur signifie un corps de règles juridiques ou de décisions produisant à l'égard de la collectivité des salariés des effets analogues à ceux de règles » (A. Jeammaud, M. Le Friant, A. Lyon-Caen, « L'ordonnancement des relations du travail », *Rec. Dalloz*, 1998, chronique, p. 359).

[1565] Article 87 du code du travail de 2006. La CCIT de 1978 précise en ses articles 36 et 56 la fixation des jours et horaires de travail par le règlement intérieur. L'article 56 de l'accord collectif sur les relations de travail en zone franche précise que le règlement intérieur fixe notamment les règles générales et permanentes relatives à la discipline, la nature, l'échelle des sanctions et les droits de défense des travailleurs. Le règlement est établi par accord entre le chef d'entreprise et les délégués du personnel conformément au code du travail. En l'absence d'accord c'est la SAZOF qui l'adopte après propositions. L'article 76 de l'accord dispose de plus que l'horaire de travail doit être mentionné dans le règlement intérieur ainsi que dans le contrat de travail. C'est aussi le cas des modalités d'accomplissment des heures supplémentaires.

[1566] Cf Entretiens avec le chef du personnel d'un hôtel de statut parapublic (Kara, 2 décembre 2008), avec le DRH d'une société industrielle du secteur métallurgique (Lomé, 12 janvier 2009) et avec le chef du personnel d'une entreprise agro-industrielle en présence de deux inspecteurs du travail d'Atakpamé et deux délégués du personnel (région des plateaux, 16 janvier 2009).

[1567] Cf. Entretien collectif avec des salariés de la zone franche (Lomé, 12 janvier 2009) et entretiens avec le secrétaire général adjoint et le conseiller juridique de la centrale CSTT (Lomé, 25 et 28 novembre 2008).

[1568] Cf. Entretien avec le directeur de l'emploi de la SAZOF, Lomé, 11 février 2009.

travail[1569]. Le président du Tribunal du travail évoque en outre l'invocation de ce type de document à l'occasion de conflits relatifs à la discipline. La discipline est en effet la thématique principale des clauses des règlements intérieurs et des clauses abusives repérées par les praticiens[1570]. Il apparaît globalement que l'employeur a le choix d'être peu ou très exhaustif sur la précision des comportements fautifs rattachables aux différentes sanctions disciplinaires. On relève dans ce sens qu'un inspecteur affirme refuser des listes d'agissements entrant dans les diverses catégories de fautes et sanctions tandis que le directeur général du Travail et le Président du Tribunal du travail mentionnent, sans y voir de problème, ce type de nomenclature[1571]. L'organisation du temps de travail et la précision des règles d'hygiène, de sécurité et de santé au travail, sont des thèmes peu associés au support du règlement intérieur[1572].

Parallèlement au règlement intérieur, on remarque une variété des sources formelles de détermination des règles qui sont en principe contenues dans ce support. Certains travailleurs ou employeurs évoquent des contrats de travail qui contiennent des clauses relatives à la discipline[1573]. Un membre du Conseil National du Patronat mentionne la pratique des « statuts d'entreprise » ou « statuts du personnel » adoptés par le conseil d'administration de la société. Il rapproche ces documents de l'accord collectif et du règlement intérieur en termes de contenu, mais les différencie par le fait qu'il s'agit d'une « décision souveraine » de l'employeur qui ne concerne que les sociétés dites d'État[1574]. Des inspecteurs mentionnent quant à eux que les « statuts (…) fixent les conditions générales de travail, comme une sorte d'accord[1575] ». Des décisions

---

[1569] Cf. Entretien avec un inspecteur du travail, chef de la zone est de Lomé, Lomé, 9 janvier 2009.

[1570] Cf. Entretien avec le président du Tribunal du travail, Lomé, 16 décembre 2008.

[1571] Cf. Entretiens avec l'inspecteur du travail de Kara (2 décembre 2008), avec le directeur général du Travail (Lomé, 14 novembre 2008) et avec le Président du Tribunal du travail (Lomé, 16 décembre 2008).

[1572] Le directeur de l'emploi de la SAZOF mentionne le support du règlement intérieur en matière de services de santé (Cf. Entretien avec le directeur de l'emploi de la SAZOF, Lomé, 11 février 2009). Le directeur régional de Dapaong évoque des clauses abusives de règlements intérieurs en matière de santé et de sécurité : « par exemple si vous êtes malade vous vous prenez en charge » (Cf. Entretien avec le directeur régional du travail de Dapaong, région des Savanes, 22 janvier 2009). Quant aux temps de travail, seul le directeur général adjoint déplore des clauses sur les heures supplémentaires dans certains règlements intérieurs (Cf. Entretien avec le directeur général adjoint du Travail, Lomé, 26 novembre 2008).

[1573] « Il est écrit des choses comme que tu ne dois pas manger sur le lieu de travail, parler à ton prochain, des choses » (Cf. Entretien avec une ancienne ouvrière d'une industrie de cosmétiques de la zone franche, 12 janvier 2009). « Sur un contrat de travail vous avez (…) ce que vous devez faire et ne pas faire et tout ce qui suit. Le règlement intérieur de la maison est indiqué dans le contrat » (Cf. Entretien avec le chef du personnel d'un hôtel de statut parapublic, Kara, 2 décembre 2008).

[1574] « C'est seulement que ce n'est pas négocié ! Vous ne trouverez jamais ça dans le privé, c'est que dans les sociétés d'État. C'est différent du règlement intérieur aussi, car là c'est discuté avec les délégués et c'est seulement les règles du jeu » (Cf. Entretien avec un membre personne ressource du CNP et conseiller du groupement togolais des PME/PMI (GTPME/PMI), 13 février 2009).

[1575] « Quand les délégués du personnel ont été mis au courant et qu'ils ont donné leur point de vue. général ement l'objet est plus étendu que les accords d'établissement. C'est plus les statuts de de justice font état d'autres types de normes internes à l'entreprise, telles que des chartes ou déclarations de principes. Les propos de différents acteurs togolais permettent donc difficilement de rendre visible les modalités de fixation des conditions de travail dans les entreprises bien que le règlement intérieur soit une donnée de certaines d'entre elles, que la notion de faute lourde en matière disciplinaire soit récurrente, ainsi que les problématiques d'hygiène, de santé et de sécurité[1576].

La diversité des supports de détermination des « règles du jeu[1577] » dans l'entreprise et un règlement intérieur dont la validité est incertaine au regard de son encadrement légal révèlent donc la liberté de gestion accordée en pratique aux employeurs dans le cadre de leur entreprise. L'ancienneté des règlements intérieurs existants[1578], l'absence du visa de l'inspecteur du travail, l'absence de leur enregistrement au Tribunal du travail ou l'irrespect de la consultation des délégués du personnel en amont de leur adoption, sont en effet des paramètres globalement ignorés lorsqu'un employeur invoque ce type de normes[1579]. Le président du Tribunal du travail pense par ailleurs qu'en cas de litige disciplinaire, le juge n'a « pas à (se) prononcer sur le règlement intérieur[1580] ». Ainsi, le cadre de l'entreprise ou de l'établissement constitue en pratique un lieu de détermination unilatérale des conditions de travail, qu'elles soient ou non matérialisées dans un règlement intérieur adopté en référence au code du travail. Un déficit de sécurité juridique découle de ces différents constats ; il est confirmé par l'analyse de l'objet des récriminations et demandes des employés en matière de droit du travail.

B. Les récriminations et demandes des employés

Du côté des travailleurs ou des représentants de travailleurs, il existe une revendication générale de recours à l'écrit afin d'assurer la sécurisation juridique des conditions individuelles de travail (1). Sur le plan collectif des conditions de travail, la règlementation de la santé, de l'hygiène et de la sécurité fait l'objet d'interrogations fréquentes des travailleurs (2).

---

l'entreprise » (Cf. Entretien collectif avec des jeunes inspecteurs du travail, Lomé, 16 décembre 2008).

[1576] « J'ai pu constater qu'il y a souvent confusion avec le statut. Il y a certains articles de statuts qui apparaissent dans le règlement » (Cf. Entretien avec la directrice régionale du travail à Atakpamé, région des Plateaux, 15 janvier 2009).

[1577] Cf. Entretien avec un membre personne ressource du CNP et conseiller du groupement togolais des PME/PMI (GTPME/PMI), 13 février 2009.

[1578] Le code du travail de 2006 ne formule aucune obligation de révision des règlements intérieurs.

[1579] « Je ne sais pas où ils les copient, il y en a, ils s'arrêtent, ils prennent des choses qui n'ont aucun sens. (…) Ils classent les fautes par catégorie, il y a la liste des fautes. Quand le salarié commet une faute qui devait être classée dans la première catégorie, lui il va appliquer la sanction de la quatrième catégorie, ce n'est pas normal. (…)» (Cf. Entretien avec le président du Tribunal du travail, Lomé, 16 décembre 2008).

[1580] *Ibid.*

1. La revendication générale d'un contrat écrit

La forme écrite du contrat de travail n'est pas obligatoire en vertu du code du travail de 2006 pour les contrats de travail à durée indéterminée ainsi qu'en cas d'embauche de « travailleurs occasionnels engagés à l'heure ou à la journée pour une occupation de courte durée et payés à la fin de la journée, de la semaine ou de la quinzaine[1581] ». Nous avons toutefois noté une forme de généralisation de l'obligation d'un écrit aux termes des dispositions conventionnelles sur la lettre d'engagement et des anciennes dispositions règlementaires y afférant[1582]. Cette formalisation systématique de l'engagement contractuel constitue par ailleurs une revendication des travailleurs du Togo. Elle est rattachable à un besoin de sécurité juridique du travailleur.

Au niveau des entreprises de la zone franche, du secteur de l'enseignement privé, du secteur agro-industriel, du secteur du gardiennage ou des employés de maison[1583], qu'il s'agisse de travailleurs permanents, saisonniers ou temporaires, nous relevons l'expression d'un besoin d'une forme écrite du contrat de travail pour connaître ses droits et ses obligations. Des travailleurs temporaires d'une société implantée en zone franche togolaise ont ainsi engagé un mouvement collectif pour l'obtention de cet écrit[1584]. Un représentant syndical de l'enseignement privé évoque la pratique des directeurs d'établissements privés consistant à refuser la délivrance d'une copie du contrat de travail[1585]. Le chef du personnel d'une société agroindustrielle mentionne une réflexion en cours sur la formalisation des contrats de travail des saisonniers qui sont recrutés massivement chaque année[1586]. Le problème de l'écrit du contrat de travail est mis en avant dans des études réalisées par des élèves en formation d'inspecteurs du travail[1587] ou par l'association SADD[1588] de

---

1581 Article 49 alinéa 2 du code du travail de 2006.

1582 Arrêté 275-54/ITLS du 19 mars 1954 fixant les formes et modalités d'établissement du contrat de travail et de l'engagement à l'essai.

1583 « Les contrats de travail chez les domestiques c'est rare. Je sais que certaines associations œuvrent pour ce type de contrat. Mais la faisabilité ne sera pas facile (...). Il faut beaucoup de bonne volonté des patrons » (Cf. Entretien avec un inspecteur du travail, directeur du dialogue social, Lomé, 23 décembre 2008).

1584 « On réclamait tous notre contrat écrit, un papier quoi. (...) C'est un contrat qui va fixer le salaire tout ça. Le déplacement etc. Mais les gens n'étaient pas d'accord sur le contenu » (Cf. Entretien avec un ancien ouvrier d'une industrie agroalimentaire de la zone franche, Lomé, 12 janvier 2009).

1585 Cf. Entretiens avec le secrétaire général de la fédération de l'enseignement de l'UNSIT, Lomé, 30 décembre 2008 et 6 janvier 2009.

1586 Au cours de cet entretien, le représentant de l'entreprise affirme avoir cessé de faire signer des contrats écrits aux saisonniers recrutés avec le concours des agents inspecteurs (Cf. Entretien avec le chef du personnel d'une entreprise agro-industrielle en présence de deux inspecteurs du travail d'Atakpamé et deux délégués du personnel, région des plateaux, 16 janvier 2009).

1587 Il apparaît par exemple qu'au Port de Lomé où la gestion des relations de travail s'organise selon un système très singulier, seuls les dockers appelés « professionnels » bénéficient d'un contrat de travail écrit auquel sont rattachées diverses garanties : repos hebdomadaire, horaires de travail, prime du 13e mois, périodes de chômage technique et congé annuel de 30 jours tandis que les dockers « occasionnels » sont simplement enregistrés et immatriculés (B. Y. Fantowou, *La gestion des*

Lomé. Si la sécurisation recherchée au travers de la forme écrite du contrat de travail est aussi révélée par certaines entreprises qui adoptent une politique d'écriture des contrats de travail, elle est davantage sous-tendue chez les travailleurs par un souci d'égalisation de l'application de la législation en vigueur au Togo. La demande de contrat écrit comme garantie est à rapprocher des modalités d'organisation des statuts temporels de travail dans certaines entreprises où obtenir un contrat écrit signifie que la situation du travailleur s'améliore. Elle est en outre utilitaire dans la mesure où magistrats et inspecteurs tendent à faire application de la règle de preuve civiliste selon laquelle c'est à celui qui se prévaut d'une réalité de la prouver. En effet, si l'article 37 du code du travail de 2006 dispose que « la preuve du contrat de travail peut être rapportée par tous moyens », la charge de la preuve des prétentions pèse parfois sur le travailleur[1589].

La revendication d'un contrat de travail écrit est également sous-tendue par un souci de connaissance des règles applicables dans certaines situations individuelles concrètes. Lors d'un séminaire de formation des délégués du personnel d'une société minière du Togo, plusieurs questions posées renvoient à ce souci des droits individuels. Certains délégués posent la question du « *droit de concurrence* » du salarié, de la pratique de l' « intérim » consistant à faire changer temporairement de poste un travailleur, de la liberté individuelle pendant les congés annuels ou encore de l'acquisition d'un droit à gratification lorsque l'employeur l'a accordé une première fois. Le souci de la progression professionnelle est aussi sous-jacent à la question sur les incidences des sanctions disciplinaires sur l'évolution du travailleur dans l'entreprise. Des délégués exposent le problème des « mutations pour raisons de service » pratiquées par l'employeur[1590]. Il ressort de l'analyse des questions posées à l'occasion de ces journées de formation que le déroulement de carrière et son encadrement est un thème important pour lequel les formateurs se contentent toutefois de renvoyer au « système d'appréciation » mis en place par l'employeur[1591]. À l'instar de ce qui a été relevé avec l'analyse des contentieux

---

risques professionnels dans la manutention au Port Autonome de Lomé. Le cas des dockers, Mémoire de 3e cycle, ENA/AT, Togo, 2008, p. 15 à 17). E. Kakomkaté pose la nécessité d'un encadrement précisé de l'emploi précaire au Togo et notamment de la pratique de l' « emploi intérimaire » (E. Kakomkaté, *L'emploi précaire au Togo*, Mémoire de 3e cycle, ENA/AT, 2008, p. 58).

1588 V. par exemple l'étude de cette association sur la situation des enseignants du primaire confessionnel et laïque du Togo qui aborde notamment le fonctionnement des Ecoles d'Initiative Locale (EDIL) dans le cadre d'une réforme de 1975, le système des enseignants volontaires dans le public et des suppléants dans le confessionnel (SADD, Situation *des enseignants du primaire confessionnel et laïc du Togo*, Togo, 2007).

1589 Voir infra Partie II, Titre 1, Chapitre 2, Section 2, §1, B, 1.

1590 Les formateurs répondent à cette question en formulant qu'il s'agit là du domaine du pouvoir de direction de l'employeur (Cf. Séminaire de formation des délégués du personnel et personnel de l'encadrement d'une société minière, « Responsabilités du travailleur dans son environnement professionnel », Agbodrafo (région maritime), 19-21 novembre 2008).

1591 *Ibid.* Un délégué du personnel dit dans ce sens accepter des compromis sur la question de l'« avancement » (Cf. Entretien avec le chef du personnel d'une entreprise agro-industrielle en du travail, la règlementation de la sanction disciplinaire est beaucoup interrogée par les travailleurs : double sanction, mise à pied, pouvoir de l'employeur de mettre fin au mandat du délégué du personnel etc. La connaissance de la rémunération des heures supplémentaires est, en outre, revendiquée par les travailleurs. Sur le plan du salaire, les primes soulèvent quelques critiques des travailleurs ; ils manquent de visibilité sur leurs droits à l'obtention de la « prime de 13e mois », de la « prime d'arrestation » dans les sociétés de gardiennage, des indemnités de déplacement[1592], de la prime de transport[1593] ou encore de la prime dite « d'encouragement[1594] ».

Ce manque de visibilité est regardé par un représentant syndical de Lomé comme la marque d'une individualisation du contrat de travail dans le contexte libéral[1595]. La variété des pratiques de rémunération mises en œuvre par les employeurs est en effet un indice d'une gestion individualisée des relations de travail qui tend à placer les travailleurs en compétition. Des discriminations sont relevées quant au montant des salaires, aux modes et aux fondements des rémunérations, et aux critères d'octroi des primes. La liberté de gestion des employeurs et la pluralité des statuts des travailleurs contribuent en effet à une individualisation « informelle » ou « désinformée » des conditions des travailleurs. Le contrat écrit peut donc être plutôt perçu comme un moyen de vérification des conditions d'application des règles relatives au salaire. Aussi est-il difficile de rattacher les demandes salariales de formalisation des contrats de travail et de visibilité des droits individuels y afférant à une individualisation des prétentions salariales[1596]. N'y a-t-il pas là au contraire une

---

présence de deux inspecteurs du travail d'Atakpamé et deux délégués du personnel CNTT, région des plateaux, 16 janvier 2009).

1592 Cf. Entretien avec le secrétaire des industries de l'agro-alimentation de la fédération de l'alimentation et de l'agriculture de la centrale CSTT, Lomé, 19 décembre 2008.

1593 « Avant la prime de transport était à 17000 par mois » (Cf. Entretien avec représentant syndical de la centrale CSTT (fédération de l'agroalimentaire), salarié d'une société industrielle du secteur agroalimentaire, Lomé, 19 décembre 2008).

1594 Cf. Entretien avec le chef du personnel d'une entreprise agro-industrielle en présence de deux inspecteurs du travail d'Atakpamé et deux délégués du personnel CNTT, région des plateaux, 16 janvier 2009.

1595 « On tend vers une individualisation du contrat ! Le patron dans une entreprise plus ou moins informelle ne peut pas payer 28000. Et dans la situation actuelle, qu'est-ce qu'il fait le gars ? On renégocie individuellement. Et c'est la mondialisation qui a gagné parce qu'elle veut quoi la mondialisation ? Une individualisation des choses. Les règles les normes ça l'emmerde et son objectif est qu'il y ait des normes nulle part ! C'est ça l'ultralibéralisme » (Cf. Entretien avec le secrétaire général de la centrale UNSIT, Lomé, 23 décembre 2008).

1596 « Même si le principe du consensualisme conserve toujours une large part, le fait est que, sous la pression des circonstances, le législateur a fini par concéder que, outre qu'elle est le domaine idéal de l'anarchie, l'absence de forme peut dans une certaine mesure fausser les prévisions qui conditionnent la réussite des politiques de l'emploi » (P. M. Ndiaye, « La sauvegarde de la liberté du travail et le droit sénégalais », *EDJA*, 1999, p. 45). F. V. Adegbidi, sur le temps et l'espace et la considération au travail, met en avant les frustrations que peuvent engendrer l'absence d'un contrat « moral » dont la violation équivaut à un manque de considération, vecteur de nombreuses réaction revendicative contre l'individualisation générée par les méthodes de gestion des conditions des travailleurs utilisées en pratique ? La forte pression statutaire et disciplinaire dans certaines entreprises[1597], le plus souvent structurées, pousse à vouloir l'éclaircissement des liens entre le droit et la pratique pour une égalisation des travailleurs. Une demande de précisions des règles est similaire en matière de santé, d'hygiène et de sécurité face au caractère aléatoire des prises en charge de travailleurs victimes d'accidents du travail et aux nombreux soupçons sur la dangerosité des conditions de travail.

2. La santé, l'hygiène et la sécurité

Parmi les récriminations ou demandes des employés, l'hygiène, la santé et la sécurité au travail sont aussi des thématiques récurrentes[1598]. L'imperceptibilité des règles qui encadrent la protection du travailleur et l'absence d'informations sur des techniques ou produits utilisés dans certaines industries conduit à une démultiplication des suspicions générales d'atteinte à la santé. La crainte de la maladie professionnelle est particulièrement présente dans les sociétés de la zone franche. Il ressort d'ailleurs des propos d'anciens travailleurs de la zone franche que la motivation de leur départ a moins trait au salaire qu'aux conditions de travail. La garantie de lieux de travail sains et conformes est donc une revendication des travailleurs[1599]. Cela ressort en effet des propos d'inspecteurs du travail qui affirment organiser des visites le plus souvent après une plainte salariale ayant trait aux conditions de travail. Une relative contradiction peut être toutefois relevée entre cette demande salariale révélée et les propos de quelques chefs d'entreprise ou représentants syndicaux qui relèvent que les travailleurs refusent de porter les instruments de protection personnelle, soit en raison d'un manque d'éducation[1600], soit en raison d'une

---

frustrations. La considération doit, selon l'enquête de cet auteur, passer par l'information et la transparence (F. V. Adegbidi, *Susciter l'engagement au travail en Afrique*, L'Harmattan, 1998, p. 137).

[1597] J.-M. Ela, 2003, *op. cit.*, p. 257 et s.

[1598] Un mémoire de 3e cycle de formation en inspection du travail à l'ENA du Togo apporte de nombreuses informations sur le système en place pour les dockers du port autonome de Lomé. Selon le statut temporel du docker (permanent, contractuel ou occasionnel), le régime de prévention, de protection et de réparation diffère. Aucune formation à la manutention n'est dispensée préalablement à l'exercice du travail : mauvais gestes, beaucoup de lombalgies et banalisation des risques. Il existe un comité de santé et de sécurité qui ne se réunit qu'en cas d'extrême gravité. Il n'y a pas de vestiaires ni lieu de repos, les toilettes ne sont pas entretenues et le Port n'a aucun médecin permanent alors que les permanents sont couverts par une assurance maladie et bénéficient de trois médecins permanents. C'est l'UAT (Union des Assurances du Togo) qui gère l'indemnisation forfaitaire des accidents des occasionnels qui représentent, pour l'année 2007, 329 accidents (50 000 FCFA par victime pour les frais médicaux et pharmaceutiques, indemnité quotidienne de 700 FCFA à partir du 16e jour pour maximum 300 jours) sur un total de 377 accidents survenus (B. Yawovi Fantowou, *op. cit.*).

[1599] Cf. Entretien avec le secrétaire des industries de l'agro-alimentation de la fédération de l'alimentation et de l'agriculture de la centrale CSTT, Lomé, 19 décembre 2008.

[1600] « Les employés ne sont pas éduqués pour le port du masque de sécurité, certains refusent. Cela se passe dans une entreprise française (…) et une entreprise hollandaise (…), au Grand moulin inadaptation de ces instruments[1601]. Ces considérations doivent être prises avec précaution bien que l'on note en effet que la peur de la maladie professionnelle attachée aux produits chimiques et la demande d'hygiène est globalement plus importante que celle de l'accident[1602]. Enfin, la question générale du rôle de l'employeur dans la prise en charge médicale du travailleur est très importante.

La récurrence des questions sur l'hygiène et la maladie par rapport à celles sur le risque d'accidents du travail est mise en exergue par les questions posées par les délégués du personnel lors d'une formation sur le droit du travail. Le thème des accidents du travail et maladies professionnelles est abordé par les formateurs dans un chapitre général sur la protection sociale, au sein duquel sont particulièrement précisés l'accident de trajet et la règlementation togolaise qui établit vingt-neuf maladies professionnelles[1603]. Si les délégués du personnel sont particulièrement soucieux des problèmes de droits à la retraite et de non versement des cotisations de sécurité sociale, ce sont des questions relatives à l'hygiène qui sont majoritairement posées sur le thème de la santé et de la sécurité. La question de savoir comment identifier une maladie professionnelle au regard de la règlementation datée est aussi soulevée. Un processus d'actualisation de l'ancienne liste est relaté et il est précisé qu'en attendant, il est toujours possible de prouver auprès de la Caisse Nationale de Sécurité Sociale (CNSS) ou en justice, qu'une maladie est professionnelle au regard de la nature du travail et du risque[1604]. Un inspecteur du travail de l'intérieur du pays affirme quant à lui la compétence de son service pour déterminer le lien de causalité entre une maladie professionnelle et le travail[1605].

Le problème de la transparence sur les informations relatives aux produits utilisés par les travailleurs dans les sociétés industrielles est très important. Des représentants syndicaux affirment que les entreprises de la zone franche utilisent des produits chimiques interdits par l'État qui provoquent de

---

aussi, des norvégiens » (Cf. Entretien avec le secrétaire des industries de l'agro-alimentation de la fédération de l'alimentation et de l'agriculture de la centrale CSTT, Lomé, 19 décembre 2008).

1601 Cf. Entretien avec le comptable d'une entreprise de forage et sondage, Lomé, 10 décembre 2008.

1602 Le directeur régional du travail de Dapaong relate par exemple que « des agents d'entretien sont venus se plaindre de ne pas avoir de matériel de protection, ils lavent les WC comme ça » (région des Savanes, 22 janvier 2009). « Il y a aussi la sucrerie, eux c'est surtout le système hygiène sécurité qui n'est pas respecté. Les employés se plaignent, surtout les saisonniers » (Cf. Entretien avec la directrice régionale du travail à Atakpamé, région des Plateaux, 15 janvier 2009). Contradictoirement, le directeur régional du travail de Dapaong (région des Savanes, 22 janvier 2009) pense que « généralement les gens ne lient pas leur maladie à leur travail, même ils ignorent qu'il y a des maladies professionnelles ».

1603 Le directeur régional du travail de Dapaong (région des Savanes, 22 janvier 2009) évoque pour sa part une liste de neuf maladies professionnelles.

1604 Les délégués peu satisfaits de la réponse pensent ironiquement qu'il faille en définitive corrompre pour qu'une maladie soit reconnue professionnelle. Remarque à laquelle un magistrat mentionne la possibilité de demander une expertise (Séminaire de formation des délégués du personnel d'une société minière, Agbodrafo (région maritime), 19 20 et 21 novembre 2008).

1605 Cf. Entretien avec le directeur régional du travail de Dapaong, région des Savanes, 22 janvier 2009.

nombreux problèmes de santé, en particulier chez les femmes[1606]. Beaucoup de travailleurs de ces entreprises mentionnent les croyances qui circulent autour de ces produits, notamment les dangers sur la maternité des femmes[1607]. Un représentant syndical dans la société cotonnière du Togo pense qu'il reviendrait à la société de mettre en place une assurance maladie pour les travailleurs, particulièrement pour « les magasiniers qui sont tout le temps avec les produits toxiques ». On peut faire le parallèle entre ce problème et les effets du désengagement de l'État dans l'aide à la fourniture d'intrants aux agriculteurs togolais ayant conduit à une privatisation incontrôlée des réseaux de fourniture d'engrais souvent inadapté[1608].

Les risques sur la santé liés au travail paraissent donc constituer une interrogation importante chez les travailleurs subordonnés. Ces interrogations sont aggravées par la relative mobilisation des employeurs sur les questions de la santé qui sont aléatoirement gérées selon les travailleurs et les entreprises et au regard des défaillances du système étatique de réparation. Le rôle de l'employeur dans la prise en charge de la santé du travailleur est globalement dépendant d'une norme discriminatoire mise en place dans le cadre de l'entreprise ou de l'établissement. Une différence de prise en charge selon le « statut temporel » du travailleur est parfois pratiquée[1609]. Certains employeurs octroient des avances ou prêts pour le paiement de certains médicaments. D'autres font bénéficier d'une mutuelle de santé sous certaines conditions. En outre, l'affiliation à la caisse de sécurité sociale et la déclaration des accidents du travail ne concernent pas toujours une totalité des salariés d'une entreprise pourtant immatriculée. Les anecdotes relatées au sujet d'accidents du travail

---

[1606] « De temps en temps pour la société de mèches, les coréens et chinois utilisent des produits toxiques qui sont interdits mais à cause des bénéfices ils préfèrent utiliser ces produits qui coûtent moins cher et les femmes sont exposées. Certaines femmes passent leurs règles deux fois même quatre fois ! » (Cf. Entretien avec le secrétaire général adjoint et le conseiller juridique de la centrale CSTT, Lomé, 25 et 28 novembre 2008).

[1607] « Mes nerfs du coup enflaient à force de faire le même geste tous les jours. Je suis allée à l'hôpital au Ghana, on m'a donné des antibiotiques et ça s'est fini. Mais quand j'ai repris, j'ai recommencé à sentir les douleurs. Moi j'entendais dire que si tu fais ce travail tu ne peux pas tomber enceinte, les gens disent tout le temps ça. Et il y en a qui sont malades et qui meurent. On apprend que quelqu'un est à l'hôpital, puis qu'il est mort. Mais on ne sait pas si c'est à cause de ça » (Cf. Entretien avec une coiffeuse, ancienne domestique et ouvrière de la zone franche, Lomé, 10 décembre 2008). « Des fois les gens tombent par terre parce qu'il fait trop chaud, ou bien des machines qui piquent la main des gens. On leur dit de retourner à la maison » (Cf. Entretien avec une ancienne ouvrière d'une industrie de cosmétiques de la zone franche, 12 janvier 2009).

[1608] « Même cette année pour avoir de l'engrais, ça a été difficile. Les paysans sont même restés démunis à regarder leurs champs faner. Il y a donc un exode rural important, les paysans partent vers le Nigeria. (…) À un moment donné le gouvernement ne pouvait plus assumer la livraison d'assez d'engrais pour tous les paysans. Des commerçants ont saisi ce marché, ont créé une pénurie pour le vendre plus cher. (…) Ça a entraîné aussi des importations d'engrais non adapté au milieu, l'engrais liquide. (…) Moi j'en ai acheté aux paysans de Cambodge là-bas, j'en ai un stock qui ne me sert à rien » (Cf. Entretien collectif avec des représentants syndicaux de l'UNSIT à Sokodé, région des Savanes, 19 janvier 2009).

[1609] B. Yawovi Fantowou, *op. cit.*

révèlent que la prise en charge de la réalisation du risque s'arrête le plus souvent à la réparation au titre des dommages directement causés par l'accident[1610]. La prise en charge de l'impossibilité d'accomplir le travail est aléatoire[1611]. L'absence pour maladie ou accident non professionnels est en outre parfois déduite du salaire[1612]. Si des employeurs souscrivent à des systèmes complémentaires de celui de la CNSS, cela ne relève pas en toute hypothèse d'un droit acquis du travailleur[1613].

La majorité des inspecteurs du travail et représentants syndicaux posent le problème général de l'absence de déclaration à la CNSS, que ce soit dans certaines entreprises structurées du fait d'une gestion discriminatoire des travailleurs[1614], dans des entités du secteur dit informel ou du fait de négociations entre travailleurs et employeurs pour le versement de la cotisation au salarié temporaire en échange de sa non-déclaration. La défaillance de l'institution de sécurité sociale togolaise explique en partie ce type de négociations : problème de versement des droits à la retraite, longueur de la prise en charge d'accidents du travail, suspension des prestations familiales. Il n'en demeure pas moins une certaine récurrence de l'interrogation sur la prise

---

1610 Cf. par exemple, entretien avec une coiffeuse, ancienne domestique et ouvrière de la zone franche, Lomé, 10 décembre 2008.

1611 « C'est la société qui va te supporter. Si tu reviens matin, tu as l'accident, c'est la société qui va te supporter. Non, ce n'est pas la Caisse » (Cf. Entretien avec un gardien d'une entreprise de sécurité togolaise, Lomé, 23 février 2009). « C'était un accident du travail, et la société a payé les produits quand même. Ce n'est qu'après qu'on m'a donné un carnet comme quoi j'étais à la caisse. Avant je ne savais même pas. (...)C'est la société qui a réglé l'hôpital, j'ai touché mon salaire aussi. À mon retour, on m'a changé de poste et je suis devenue sous-chef » (Cf. Entretien collectif avec des salariés de la zone franche, Lomé, 12 janvier 2009). « Il y a eu un cas d'accident mais ce n'est pas venu à l'inspection. (...) On est donc allé et ils nous ont dit qu'il y avait eu un accident du travail et qu'ils avaient du emmener les accidentés à l'hôpital. Mais on n'a pas reçu de copie » (Cf. Entretien avec la directrice régionale du travail à Atakpamé, région des Plateaux, 15 janvier 2009).

1612 « Non quand j'étais malade, on ne me donnait rien. Je n'ai pas travaillé, pourquoi on va me payer ? J'ai dit à mon chef que j'étais malade, ma place était réservée » (Cf. Entretien avec une coiffeuse, ancienne domestique et ouvrière de la zone franche, Lomé, 10 décembre 2008).

1613 « Il y avait la caisse mais ils ont signé un contrat avec une maison d'assurance pour qu'en cas de maladie, l'ouvrier aille voir le docteur qui s'occupe de nous, on l'envoie à l'assurance qui supporte 70 à 80 % des frais et la société le reste. Ils ont résilié » (Cf. Entretien avec représentant syndical de la centrale CSTT (fédération de l'agroalimentaire), salarié d'une société industrielle du secteur agroalimentaire, Lomé, 19 décembre 2008). « Tout le monde n'est pas couvert par l'assurance maladie, ils ont choisi de ne couvrir que les directeurs de département alors qu'en principe il fallait couvrir tout le monde. (...) » (Cf. Entretien avec un délégué du personnel CNTT et responsable de la coopérative de la société cotonnière du Togo à Atakpamé, région des Plateaux, 16 janvier 2009). « On a une mutuelle qui assiste aussi. 95 % sont affiliés, certains ne veulent pas car ce n'est pas obligatoire » (Cf. Entretien avec le DRH d'une société industrielle du secteur métallurgique, Lomé, 12 janvier 2009).

1614 Secteur de l'enseignement, ONG implantées à l'intérieur du pays, manutention, secteur commercial, certaines industries etc. Tous les secteurs d'activité paraissent confrontés à cette problématique de la déclaration à la caisse de sécurité sociale.

en charge des risques de maladies et d'accidents liés ou non au travail dans l'entreprise et sur une protection sociale générale nécessaire[1615].

La tension existant entre les sentiments de risques et les systèmes aléatoires de leur prise en charge est donc vectrice d'une thématique de l'hygiène, de la santé et de la sécurité fortement mobilisée, non pas spécialement selon les dispositions du droit formel applicable mais plutôt en rapport avec l'idée d'un droit applicable non suffisamment renseigné. C'est pour cela qu'une association loméenne a pris l'initiative d'une formation sur le thème spécifique de la protection sociale pour les salariés des industries de la zone franche[1616].

§2 – Les actions de formation et de sensibilisation

Les options ou priorités thématiques des acteurs sociaux sont illustrées par les initiatives privées d'actions de formation et de sensibilisation des travailleurs et des employeurs. Il paraît exister au Togo un souci patronal permanent de formation et de sensibilisation au droit, en particulier des salariés mais aussi des employeurs (A). Certaines initiatives syndicales et associatives sont aussi tournées vers les acteurs du monde du travail, travailleurs subordonnés ou acteurs de l'économie dite informelle (B).

A. Un souci patronal permanent

Le souci patronal de formation et de sensibilisation en matière de droit du travail ressort premièrement du constat que les séminaires de formation destinés aux travailleurs, le plus souvent aux délégués du personnel, de certaines entreprises sont souvent organisés par les employeurs. Le séminaire de formation des délégués du personnel d'une société minière du Togo, mentionné à plusieurs reprises dans nos développements, a ainsi été voulu par la direction de la société, à la suite d'un mouvement social collectif. Un employeur affilié au Conseil National du Patronat mentionne en outre des actions de cette organisation pour la formation et la sensibilisation des membres. Les employeurs manifestent enfin ce souci par le biais des demandes d'informations auprès des services de l'inspection du travail sur certains sujets.

Certains employeurs organisent des journées de formation et sensibilisation au droit du travail pour les délégués du personnel. Dans ce cas, ils déterminent les participants, les thématiques, les lieux et jours de la formation.

[1615] Une évolution se dessine avec l'adoption du nouveau code de sécurité sociale qui prévoit explicitement la prise en charge des travailleurs de l'économie informelle (loi n° 2011-006 portant code de sécurité sociale du 21 février 2011, JOT 21 février 2011, p. 11). La création d'une institution de prévoyance santé est en cours pour les fonctionnaires.

[1616] « Ce week-end même nous allons travailler avec des jeunes de la zone franche-France, sur la protection sociale. C'est un séminaire de formation pour que les jeunes connaissent leurs droits en matière de protection sociale puisque le Togo a un code de sécurité sociale » (Cf. Entretien avec le président de l'association SADD, Lomé, 29 décembre 2008).

L'administration du travail est généralement sollicitée pour présenter les thèmes de la formation, ainsi que les organisations syndicales pour y détacher des « personnes ressources ». Il apparaît que ces initiatives appartiennent également aux employeurs de la zone franche bien que les représentants de la SAZOF soient ambigus sur leur participation éventuelle. Ces derniers mentionnent en outre que ces formations s'adressent généralement aux délégués du personnel mais aussi aux chefs de service.

La question des « droits et devoirs » des travailleurs est importante en matière de sensibilisation au droit du travail. Un directeur des ressources humaines d'une société métallurgique dit également avoir organisé une formation à destination des délégués du personnel de l'entreprise à l'occasion des élections professionnelles. C'est pour cet acteur une « formation de formateur » qui doit aboutir à une vulgarisation auprès des salariés « qui se trompent beaucoup[1617] ». Le chef du personnel d'une société agroindustrielle implantée à l'intérieur du pays dit organiser des tests écrits qui « concernent le règlement de l'entreprise et la convention collective des industries du Togo (...), comme ça ils peuvent savoir quand ils peuvent ou non venir réclamer[1618] ». Le thème des « droits et devoirs » a été omniprésent lors de la formation des délégués du personnel de la société des phosphates du Togo intitulée « responsabilités du travailleur dans son environnement professionnel » et dont le programme de la partie « contrat de travail et ses implications » contenait la thématique de la « conscience professionnelle »[1619]. Le séminaire a, en réalité, débuté par le thème « devoirs et obligations du travailleur et de l'employeur » qui a été suivi en quatrième point par les « droits et devoirs des travailleurs ». Le conseiller juridique et le directeur de l'emploi de la SAZOF mentionnent également le souci du respect par le travailleur des règles de revendication : « c'est pour faire en sorte que les relations de travail soient plus empreintes de convivialité parce que pour revendiquer, il faut savoir comment revendiquer. Chez vous il y a le préavis. C'est une question de sensibilisation, des sessions sont organisées comme ça. On les rassemble pour les informer sur leur rôle et l'opportunité de leur rôle. C'est important pour le climat social[1620] ». Le directeur de l'emploi recourt plutôt à la notion de « réclamation » et parle de l'envoi annuel de questionnaires aux délégués du personnel et chefs du personnel sur les conflits qui ont eu lieu pendant l'année. Il dit solliciter l'inspecteur du travail pour les

---

1617 Cf. Entretien avec le DRH d'une société industrielle du secteur métallurgique, Lomé, 12 janvier 2009.

1618 Un ancien rapport de l'inspection du travail d'Aneho mentionne un séminaire de formation à l'attention des salariés de la société Sicot dont les thèmes abordés ont été les délégués du personnel, l'utilisation du matériel de protection et les textes applicables dans l'industrie (Cité par L. Nassimongue, 2007, *op. cit.*).

1619 Cf. Séminaire de formation des délégués du personnel et personnel de l'encadrement de la Société Nouvelle des Phosphates du Togo, « Responsabilités du travailleur dans son environnement professionnel », Agbodrafo (région maritime), 19-21 novembre 2008.

1620 Cf. Entretien avec deux représentants, conseillers juridiques, du Conseil National du Patronat (CNP), Lomé, 14 janvier 2009.

« séminaires de formation » sur le thème de « comment réclamer » tandis que l'entreprise se charge parfois de « formations de recyclage » portant sur les machines industrielles.

La notion de « recyclage » est utilisée par un représentant de l'employeur d'une entreprise de forage affiliée au Conseil National du Patronat (CNP) du Togo. Il mentionne des séminaires organisés par le CNP et financés par le Bureau international du travail (BIT) dont les thématiques semblent davantage tournées vers la gestion du risque professionnel dans les entreprises : protection des chantiers et hygiène notamment. Le directeur de l'emploi de la SAZOF parle dans ce sens de réunions avec les chefs d'entreprises agréées au statut de la zone franche sur le sujet de l'« environnement général ». Deux employés, conseillers juridiques, du CNP pensent en effet que l'activité de formation, parfois avec l'appui du BIT, est la principale activité de l'organisation[1621] : « la dernière formation concernait l'élaboration d'un plan de formation dans l'entreprise ». Il s'agissait d'une demande de l'État liée au constat que le « fonds national d'apprentissage et de perfectionnement professionnel » n'est pas sollicité par le secteur formel alors que des acteurs de l'économie informelle formulent beaucoup de demandes. Quatre formations sur ce thème ont été dispensées aux chefs d'entreprise et directeurs de ressources humaines. Le CNP a en outre organisé, avec l'appui financier et technique du BIT, le séminaire de formation sur « les enjeux du nouveau code du travail et de l'Acte uniforme de l'OHADA portant droit du travail » du 24 au 26 avril 2007 auquel les inspecteurs du travail et les centrales syndicales ont été invitées[1622]. Un membre du CNP mentionne enfin un séminaire « sur les conflits collectifs et les négociations en juillet 2008 pour les membres du patronat qui ont envoyé leurs chefs du personnel ou comptables[1623] ».

Si les représentants du CNP disent ne pas être sollicités par les employeurs membres des associations adhérentes pour des problématiques juridiques, sauf en cas de demande de soutien au Tribunal du travail, les saisines pour conseils relatées dans des rapports d'inspection du travail et par les agents de l'administration du travail montrent un souci patronal de la connaissance du droit du travail. Un rapport d'activité de l'inspection du travail sis à Aneho relate des « consultations au bureau » sollicitées par les dirigeants de l'office togolais des phosphates, d'un hôpital, d'un hôtel et d'un collège[1624]. Les questions sur les délégués du personnel et la rupture du contrat de travail ont

---

[1621] On retrouve la formulation de ces actions dans l'éditorial du site internet du CNP : « assurer la justice sociale à travers des conceptions de productivité, l'organisation de colloques et séminaires sur des sujets d'intérêts divers, la formation des chefs d'entreprise (...) ». V. en ligne : http://www.cnp-togo.tg/article.php3?id_article=4

[1622] Voir en particulier supra notre Chapitre 1 du Titre 1 de notre première partie.

[1623] Cf. Entretien avec un membre conseiller du groupement togolais des PME/PMI (GTPME/PMI) affilié au CNP, 13 février 2009.

[1624] Cité par L. Nassimongue, *op. cit.*

été les plus fréquentes[1625]. Les rapports d'activités les plus récents, sous l'effet probable du modèle de rapport annexé au « Guide méthodologique de l'inspection du travail » de 2010[1626], mentionnent le rôle de conseils de l'inspection et leur saisine en vue d'informations mais ne précisent pas les questions soulevées. Ces « collaborations » paraissent en outre plus fréquentes à l'intérieur du pays qu'à Lomé[1627].

Un certain paradoxe ressort de ce souci patronal de formation et de sensibilisation au droit du travail ; sur de nombreux points, les représentants du CNP du Togo affirment que l'organisation patronale n'a aucun rôle à jouer dans la mise en œuvre effective du droit du travail, en particulier s'agissant du respect des obligations en matière d'élections professionnelles[1628], d'adoption d'un règlement intérieur ou du lancement des renégociations des conventions sectorielles en vue du respect du nouveau SMIG[1629]. Il appartient, selon eux, principalement aux organisations syndicales et inspecteurs du travail d'amener les employeurs à cette conformité juridique.

B. Des initiatives syndicales et associatives

Les deux composantes de la société civile que sont les organisations syndicales et les associations doivent être différenciées ; il est intéressant de relever que le souci syndical pour la formation des travailleurs peut être moins

---

1625 *Ibid.*

1626 Dans la partie sur les « conseils, informations et conciliations » sont simplement énumérés les nombres de conflits intervenus et les nombres de conciliations effectuées (Guide méthodologique, 2010, *op. cit.*, p. 67). Seul le rapport d'activité 2010 de la zone Est de Lomé précise que les consultations se sont faites « soit par téléphone, soit par courrier ou par des visites effectuées dans (leurs) bureaux ».

1627 Cf. Entretien avec un inspecteur du travail, chef de la zone est de Lomé (Lomé, 9 janvier 2009) qui a travaillé dans tous les services régionaux d'inspection, avec la directrice régionale du travail à Atakpamé (région des Plateaux, 15 janvier 2009), avec le président de la FODES (fédération des organisations de développement des Savanes) à Dapaong (région des Savanes, 23 janvier 2009) qui pense que « les gens cherchent de plus en plus à toucher l'inspecteur du travail parce que sinon les conséquences ne sont pas bonnes » et avec le directeur régional du travail de Sokodé (région centrale, 20 janvier 2009).

1628 « Comme la loi le prévoit sur les délégués syndicaux, c'est aux syndicats de faire le forcing. Il faut arracher son droit. Dans les discussions avec les syndicats, les employeurs ne sont plus si sceptiques. (…) Toutes les entreprises n'ont pas encore leurs délégués du personnel. C'est aux inspecteurs du travail de les amener. De même pour les comités de santé et sécurité. C'est le problème qui est traité à la direction du travail : le respect de la législation dans son ensemble » (Cf. Entretien avec deux représentants, conseillers juridiques, du CNP, Lomé, 14 janvier 2009).

1629 « Les organisations syndicales ne sont pas conscientes de la procédure. Ils doivent déposer sur notre bureau avec le ministre qui intervient sur requête de la partie la plus diligente » (Cf. Entretien avec un membre conseiller du groupement togolais des PME/PMI (GTPME/PMI) affilié au CNP, 13 février 2009). « Vous savez ce n'est pas à l'employeur de déclencher, c'est aux travailleurs. Les salariés ne le font pas assez. Tout le monde peut lancer les négociations, mais c'est qui que ça intéresse au premier chef, les salariés donc c'est à eux » (Cf. Entretien avec l'ancien conseiller spécial du président du CNP, membre du GTPME/PMI et chef d'entreprise de services en ressources humaines, Lomé, 9 février 2009).

exclusivement tourné vers le droit du travail togolais que dans le cadre de certaines associations. Le fait que le syndicalisme togolais soit « pluriel » fait que les actions syndicales de formation et de sensibilisation concernent principalement l'organisation des acteurs de l'économie dite « informelle » (1). Les initiatives de l'association SADD de Lomé sont plus directement tournées vers la connaissance substantielle du droit applicable aux travailleurs subordonnés (2).

1. Des initiatives syndicales variées

Les actions syndicales pour la formation et la sensibilisation s'organisent à différentes échelles de l'implantation syndicale au Togo : géographiques et sectorielles. Il n'y a pas de corrélation entre les différents niveaux d'actions syndicales en matière de sensibilisation ou de formation et leurs objets. Il convient donc d'apporter des exemples d'actions syndicales en distinguant celles qui se rapportent directement au droit du travail togolais de celles portant sur des questions plus larges[1630], telles que l'économie, la vie chère ou la santé en général, ou encore de celles qui ont un objet de formation technique ou professionnelle[1631].

Certaines actions de sensibilisation et de formation des membres d'organisations syndicales du Togo sont tournées vers les problématiques générales rencontrées par les acteurs de l'économie informelle qui composent une partie du syndicalisme togolais. Ainsi, le Secrétaire général de l'Union général e des Syndicats Libres (UGSL) dit que la centrale syndicale dispense des formations auprès des syndicats de base sur l'organisation et la gestion administrative. Nous avons pu assister à une cérémonie d'ouverture d'une journée de formation à Kara, au nord du pays, organisée le 2 décembre 2008 par l'antenne régionale de la Centrale Syndicale des Travailleurs du Togo (CSTT). Elle avait pour objet « le renforcement des capacités des militantes et militants de la CSTT en technique rédactionnelle ». Par ailleurs, la « vie chère » est un thème récurrent des rassemblements syndicaux au sein desquels sont

---

[1630] « Il y avait le SG de la préfecture, des universitaires, des associations estudiantines, on a discuté de long en large. De la vie de l'étudiant, de la vie chère, de l'organisation des institutions (de la forme de la politique). Par exemple le maire ne peut pas être une émanation parce que plus tard nous serons amenés à organiser des élections locales. Ça n'a pas encore eu lieu, le gouvernement a prévu cela » (Cf. Entretien avec le secrétaire préfectoral de la CSTT à Kara, région de la Kara, 3 décembre 2008).

[1631] Voir par exemple, F. Parry, « Informal economy. The Challenge for Trade unions », *Communication à la Conférence régionale sur l'économie informelle en Afrique*, Lomé, 1er et 2 décembre 2008 dans laquelle sont mises en exergue les « strategies for organising informal economy workers ». Des communications présentent les exemples de confédérations syndicales du Mali et de RDC où la formation des acteurs de l'économie informelle est une action syndicale importante mais singulièrement mise en œuvre. L'exemple de la CSC/RDC révèle que ces formations ont globalement trait aux questions d'organisation des corporations (gestion, cotisations etc.) et de difficultés juridiques (taxes, protection sociale, accès au crédit etc.).

représentés des acteurs de l'économie dite informelle[1632]. Cela a par exemple constitué le thème central du congrès d'une fédération de la centrale syndicale de la CSTT regroupant des travailleurs salariés et des travailleurs de l'économie « informelle »[1633] ; les prix, en particulier l'augmentation des prix du carburant, l'accès à l'eau et à l'électricité, les politiques agricoles publiques sont autant de problèmes qui ont été à cette occasion soulevés. Un commerçant membre d'un syndicat de commerçants regroupant plusieurs associations de vendeurs de la région des Savanes, « par exemple les revendeurs de cola, les revendeuses de légumes, d'ignames, de tubercules, de sel[1634] », affilié à la Centrale Nationale des Travailleurs du Togo (CNTT), évoque des réunions au sujet des taxes communales et impôts que paient les opérateurs de l'économie « informelle » mais mentionne l'absence de formations organisées par la centrale, à la différence de la CSTT[1635]. La question de la santé, et particulièrement le VIH-SIDA, est l'objet de sensibilisations syndicales[1636]. Les femmes sont parfois particulièrement visées par ces types d'action[1637].

Les organisations syndicales s'attachent en outre, pour un public ciblé ou non, à initier des formations professionnelles pour leurs membres. Des représentants syndicaux de l'Union Nationale des Syndicats Indépendants du Togo (UNSIT) à Sokodé, région centrale, disent avoir tenté de mettre en place une activité parallèle génératrice de revenus pour les femmes enseignantes des écoles primaires privées ; ainsi, des ateliers de fabrication de savons en vue de

---

1632 « Les agriculteurs parlent surtout du problème d'engrais et d'amélioration du travail, c'est-à-dire qu'ils n'ont pas d'argent pour des tracteurs etc. Ils n'arrivent pas avoir suffisamment les moyens pour produire et vendre. Ce sont des problèmes de commerce qui se posent » (Cf. Entretien avec le secrétaire préfectoral de la CSTT à Kara, région de la Kara, 3 décembre 2008).

1633 La fédération de l'alimentation et de l'agriculture de la CSTT qui regroupe les salariés des industries agroalimentaires, les travailleurs de l'encadrement rural, les revendeuses de céréales, les producteurs agricoles et les tenanciers de débits de boissons et petits restaurants, a intitulé son congrès du 29 novembre 2008 « Les travailleurs de l'agriculture et de l'alimentation face à la vie chère au Togo ». Les arriérés de salaires, arriérés d'allocations familiales, prix des intrants agricoles etc. ont été discutés.

1634 Cf. Entretien avec le représentant syndical CNTT des commerçants de Dapaong, région des savanes, 24 janvier 2009.

1635 « Dans le domaine des taxis motos, la CSTT organise les choses. On nous appelle on va à Lomé pour des formations et on revient, on dit tout ça à nos sections préfectorales qui disent tout ça aux syndicats » (Cf. entretien avec un représentant syndical des taxis motos de la CSTT à Atakpamé, 17 janvier 2009).

1636 « Il y a des séances d'animation au niveau du centre de santé, on leur parle de santé, du VIH sida. Nous sommes en train de préparer une opération caravane dans la ville de Lomé au niveau des taxis motos » (Cf. Entretien avec le secrétaire général adjoint et le conseiller juridique de la centrale CSTT, 25-28 novembre 2008).

1637 « Nous les amenons parfois à connaître leurs droits, nous avons déjà fait au moins dix séminaires. On a fait cela à Kara et aussi à Lomé. Par exemple il y a le programme allemand de développement (DED), la dernière fois nous étions là pour parler de la société civile » (Cf. Entretien avec le secrétaire préfectoral de la CSTT à Kara, région de la Kara, 3 décembre 2008). Des groupements de femmes syndicalistes sont aussi mentionnés pour l'UGSL, la CGCT et la CNTT.

commercialiser la production et de partager les bénéfices ont été initiés[1638]. La Confédération général e des Cadres du Togo (CGCT) s'implique activement dans la formation en milieu rural en vue de la mise en place de groupements agricoles pour lesquels les jeunes sont particulièrement visés[1639]. La CSTT est à l'initiative d'un « centre de recyclage et de perfectionnement des acteurs de l'économie informelle pour permettre à ceux qui ont déjà appris un métier de pouvoir bénéficier d'un soutien[1640] ». Cette centrale syndicale est particulièrement investie dans la formation des conducteurs de *zemidjans* (taxis-motos), sur le plan des contrats passés avec les propriétaires de motos et sur le plan de la sécurité dans le travail. En revanche, l'UNSIT et le Groupe des Syndicats Autonomes (GSA) sont peu engagés dans ce type de formations professionnelles au niveau central bien que leurs antennes locales puissent développer ce type d'initiatives.

Le droit du travail n'est pas totalement mis à l'écart des initiatives syndicales de formation et sensibilisation. Les modalités de ces actions de formation ou sensibilisation sont variées : sollicitation de l'employeur par le syndicat, émissions radiophoniques, formations dans les locaux syndicaux etc. Elles sont généralement dispensées aux seuls membres de l'organisation syndicale qui initie le projet. La globalité du droit du travail est parfois abordée en tant que telle mais ces actions portent le plus souvent sur des questions particulières. Un thème récurrent des formations destinées aux travailleurs subordonnés affiliés aux organisations syndicales est l'action syndicale elle-même. Le travail des enfants et l'apprentissage sont aussi des questions mobilisatrices dans ce domaine, ainsi que le conflit collectif et le VIH-SIDA.

Le conseiller juridique de la CSTT mentionne l'initiative de la centrale pour dispenser des formations sur le nouveau code du travail au moment de son

---

1638 « Ça a marché un peu et on a partagé. Nous voulions maintenant cotiser un peu plus pour fabriquer plus mais on a été bloqué, on n'a pu continuer. Ça existe aussi dans d'autres secteurs. Les revendeuses de céréales, il faut aussi les aider à se constituer un petit stock pour vendre pendant la période pluvieuse. À la centrale, ils n'ont pas vraiment répondu » (Cf. Entretien collectif avec des représentants syndicaux de l'UNSIT à Sokodé, région des Savanes, 19 janvier 2009).

1639 « Nous avons pu former 353 groupements. (...) Nous en avons formé 194 en agriculture traditionnelle améliorée, 180 en maraichage, 104 en production de plantes, 8 en culture attelée, 20 en élevage de petits ruminants, 11 en production de « semençaux » d'ignames. (...) Ils subissent une formation de trois à six semaines, de courte durée donc, après cette formation, nous les amenons sur le terrain, nous les suivons s'ils font bien ce que nous leur avons appris » (Cf. Entretiens avec le secrétaire général de la centrale CGCT, Lomé, 19 décembre 2008 et 7 janvier 2009).

1640 « Des coiffeuses, des couturières, des bijoutiers, des électriciens, des mécaniciens, des sculpteurs,... ça dépend de la demande. La demande provient des syndicats de base, tous les syndicats de base sont informés et quand il y a des gens, des apprentis ou autres, qui ont terminé, qui veulent se perfectionner, ils vont là-bas et font la remise à niveau quoi. (...) Nous avons des moniteurs, des professeurs en (...) mais que nous faisons venir d'autres pays ! Par exemple du Mali, du Sénégal, puisque nous avons des relations syndicales » (Cf. Entretien avec le secrétaire général adjoint et le conseiller juridique de la centrale CSTT, Lomé, 25 et 28 novembre 2008).

entrée en vigueur[1641]. Face à l'hostilité de certains employeurs, ces formations ont parfois été suivies au siège de la centrale et l'information a été véhiculée par le « bouche à oreill[1642]e ». Il évoque en outre des émissions télévisées sur la chaîne nationale TVT. Un délégué du personnel affilié à la CNTT évoque une activité identique au niveau local ainsi qu'une formation plus spécifique sur « la convention collective[1643] ». Un délégué du personnel du secteur agroindustriel, de la CNTT aussi, mentionne un projet au sein de son entreprise à l'initiative de son syndicat de base « sur le thème employeur/employés, sur ce qui ne va pas ; des deux côtés les droits du travailleur et ses devoirs, les droits de l'employeur et ses devoirs[1644] ». Le secrétaire général de la CGCT évoque un projet de création d'un « centre de formation syndicale », en collaboration avec l'organisation française de la CFE-CGC. Le projet devait « mener à former les délégués du personnel d'abord de la CGCT puis des autres centrales, puis créer par la suite dans une deuxième phase un centre de formation relai du centre de formation de l'OIT de Turin dans la sous-région ». Les formations sont en réalité, en l'absence d'assise physique du centre de formation, dispensées au sein des entreprises[1645]. Les actions de formation et de sensibilisation des membres des organisations syndicales togolaises ont parfois trait à la notion même de syndicalisme, ce qu'elle recouvre et ce qu'elle implique. Un délégué du personnel d'une société agroindustrielle, affilié à la CNTT, mentionne d'ailleurs son souhait d'une formation de ce type, pour la compréhension du syndicalisme : « on a fini par comprendre ce qu'on appelle syndicat[1646] ». Ainsi, des « formations syndicales » sont dispensées tant au niveau local qu'au niveau central. Elles peuvent porter sur la définition du syndicat, son histoire et évolution et sur son rôle. Le rôle du syndicat au plan politique national est aussi

---

1641 « On a fait une grande tournée, on a visité au moins une trentaine d'entreprises, surtout Lomé, et à l'intérieur aussi » (Cf. Entretien avec le secrétaire général adjoint et le conseiller juridique de la centrale CSTT, Lomé, 25 et 28 novembre 2008).

1642 « Ceux qui sont venus sont venus après les heures de service, on faisait ça le soir. (…) C'était dans le secteur industriel, commerce, banque, assurance… » (Cf. Entretien avec le secrétaire général adjoint et le conseiller juridique de la centrale CSTT, Lomé, 25 et 28 novembre 2008).

1643 Cf. Entretien avec un délégué du personnel CNTT et responsable de la coopérative de la société cotonnière du Togo à Atakpamé, région des Plateaux, 16 janvier 2009.

1644 « Cinq à six titulaires vont y aller et feront le compte rendu » et les inspecteurs sont associés » (Cf. Entretien avec le chef du personnel d'une entreprise agro-industrielle en présence de deux inspecteurs du travail d'Atakpamé et deux délégués du personnel CNTT, région des plateaux, 16 janvier 2009).

1645 « Ce sont des modules que je dispense dans les sociétés, très souvent avec l'industrie touristique et tout récemment avec le ministère de l'Agriculture pour les délégués du personnel de l' ICAT » (Cf. Entretiens avec le secrétaire général de la centrale CGCT, Lomé, 19 décembre 2008 et 7 janvier 2009).

1646 « Certaines choses qu'on voulait que notre syndicat nous apprenne, comment négocier » (Cf. Entretien avec le chef du personnel d'une entreprise agro-industrielle en présence de deux inspecteurs du travail d'Atakpamé et deux délégués du personnel CNTT, région des plateaux, 16 janvier 2009).

l'objet de certains forums[1647]. Des techniques de négociation sont enseignées aux adhérents[1648] et le conflit collectif est parfois présenté[1649].

Des activités de formation thématique notamment sur le travail des enfants et le VIH-SIDA sont également relatées par divers représentants syndicaux. La CSTT de Kara parle d' « ateliers d'information dans les écoles »[1650], l'UGSL de cette même ville mentionne des actions auprès des apprentis et de leurs maîtres[1651]. Un délégué du personnel affilié à la CNTT dit s'occuper « du programme sur le VIH-SIDA en milieu de travail » et être « l'interlocuteur national par rapport à l'ONG PSI-Togo (Population Service International) » sur cette question[1652].

La diversité des initiatives syndicales illustre un souci certain de ces acteurs pour la formation et la sensibilisation des travailleurs mais quelques paradoxes sont ici aussi à pointer. Certains syndicalistes locaux reprochent à leur centrale de ne pas contribuer à la connaissance du droit du travail[1653] et des représentants de l'administration du travail relèvent une lacune des syndicats dans leur rôle de contribution à la connaissance du droit par les travailleurs[1654]. De plus, il est intéressant de faire le parallèle entre les activités syndicales tournées vers l'économie « informelle » et l'engagement n° 26 du protocole issu du dialogue social de 2006 préconisant des actions syndicales de sensibilisation sur le « travail clandestin ». Il apparaît en outre que peuvent se juxtaposer des

---

1647 La Fédération des travailleurs du bois et de la construction du Togo (FTBC) affiliée à la centrale CSTT a organisé un forum syndical les 6 et 7 octobre 2005 sur le thème du « respect des droits humains et les principes fondamentaux d'un État de droit au Togo » au cours duquel des communications sur l'action syndicale comme instrument fondamental pour le respect des droits humains, le rôle de la société civile dans le processus d'édification d'un État de droit et des réflexions sur les « synergies d'actions » ont été proposées.

1648 Cf. Entretien collectif avec des représentants syndicaux de l'UNSIT à Sokodé (région des Savanes, 19 janvier 2009), avec le secrétaire préfectoral de la CSTT à Kara (3 décembre 2008) et avec le secrétaire général de la centrale UGSL (Lomé, 29 décembre 2008).

1649 « Montrer quelles sont les étapes à respecter : les négociations, le préavis… Si on ne respecte pas, nous devons payer à l'employeur, lui peut aussi passer par le lockout pour préserver son bien » (Cf. Entretien avec le secrétaire préfectoral de la CSTT à Kara, région de la Kara, 3 décembre 2008).

1650 *Ibid*.

1651 « Des formations aux formateurs et aux apprenants aussi, nous avons vulgarisé tous ces textes. Nous voyons le problème en amont et en aval : pourquoi cet enfant est venu en apprentissage, et est-ce qu'on peut le sortir pour qu'il aille à l'école » (Cf. Entretien avec le secrétaire préfectoral de l'UGSL à Kara, région de la Kara, 3 décembre 2008).

1652 Cf. Entretien avec un délégué du personnel CNTT et responsable de la coopérative de la société cotonnière du Togo à Atakpamé, région des Plateaux, 16 janvier 2009.

1653 « Et nous-mêmes, est-ce que dans nos formations syndicales, sur nos lieux de travail, est-ce qu'on a ce document pour nous former ? Aucun effort n'est fait, non seulement au niveau de la structure syndicale mais aussi de l'administration du travail, pour enseigner ces droits et devoirs » (Cf. Entretien collectif avec des représentants syndicaux de l'UNSIT à Sokodé, région des Savanes, 19 janvier 2009).

1654 « Le rôle des syndicats ne doit pas être seulement de revendiquer » (Cf. Entretien avec un inspecteur du travail, directeur du dialogue social, Lomé, 23 décembre 2008).

initiatives individuelles et conjointes[1655] sur certains thèmes tels que le travail des enfants, le code du travail ou le VIH-SIDA qui pourraient être mutualisées.

2. Des initiatives associatives tournées vers le salariat

Nous prendrons ici l'exemple d'une association loméenne qui travaille pleinement à la connaissance du droit par les travailleurs subordonnés, à la différence d'autres initiatives associatives sur le droit du travail aux objectifs incertains. Il est en effet possible de trouver dans les rues de Lomé des personnes qui vendent des imprimés qui relatent le contenu du code du travail ou offrent des exemples de correspondances relatives à la relation de travail : « demande de droit à la retraite », lettre de « rupture de l'engagement à l'essai », lettres de motivation, lettres de démission, etc[1656]. Aussi, l'association Solidarité Action pour le Développement Durable (SADD) constituée en 2001 suite à une scission au sein des « jeunesses ouvrières chrétiennes » en vue « de créer une association autonome mais d'inspiration chrétienne pour agir » et constituer un « bon pont entre l'église et la société[1657] », représente l'organisation de la société civile togolaise qui travaille activement et exclusivement sur le droit des travailleurs subordonnés. D'autres associations sur les droits de l'homme sont implantées au Togo mais ne visent pas exclusivement le public des travailleurs ; par exemple, l'association togolaise des droits de l'homme (ATDH) créée en 2008, émanation de la Ligue togolaise des droits de l'homme, s'associe à l'association SADD sur le thème de l'apprentissage.

L'association SADD a pour objet de militer pour les « couches les plus vulnérables » en élaborant des programmes d'information et de sensibilisation. Le président de cette association pense que les syndicats n'ont pas la marge suffisante de liberté pour agir. Il dit venir en soutien, en appui, à ces organisations pour l'efficacité de leur mission de défense des travailleurs[1658]. L'apprentissage togolais a constitué une thématique particulièrement importante des activités de l'association qui participe au projet étatique

---

[1655] Nous avons en effet mentionné quelques bailleurs de fonds et financeurs qui participent aux projets de sensibilisation : ONG nationale ou internationale, le BIT, l'entreprise etc. Se juxtaposent par exemple diverses initiatives en matière de lutte contre le travail des enfants.

[1656] Ainsi, peut-on lire dans un modèle de lettre de « demande de renouvellement du contrat de travail et augmentation de salaire » : « j'effectue en moyenne 100 heures de travail par semaine pour un salaire de 95 000 F CFA (...) » (Document « ma lettre de correspondance » élaboré par l'association Ajevop (association des jeunes volontaires au progrès), vendu 500 F CFA). Un inspecteur du travail connaît bien cette association et confie avoir brûlé un lot de documents qu'il avait saisis (Cf. Entretiens avec un inspecteur du travail, directeur des normes et des relations de travail, Lomé, 26 novembre 2008 et 12 février 2009).

[1657] Cf. Entretien avec le président de l'association SADD, Lomé, 29 décembre 2008.

[1658] « Les syndicats ne s'entendent pas, on dit que ceux-là sont proches du pouvoir, eux sont proche de l'opposition mais au forum social, on a essayé de leur faire comprendre que l'intérêt du travailleur n'est pas politique » (Cf. Entretien avec le président de l'association SADD, Lomé, 29 décembre 2008).

d'élaboration d'un code de l'apprentissage. L'association mène en outre des actions de sensibilisation sur le droit du travail propre à la zone franche, sur certaines catégories de travailleurs et sur le droit du travail en général pris dans son contexte juridique global. Plusieurs partenariats ont été mis en place : partenariat international et particulièrement avec la Belgique et la France[1659], avec les organisations syndicales togolaises, avec les inspecteurs du travail et autres organisations de la société civile[1660].

L'apprentissage au Togo est la question sur laquelle l'association est la plus active. Un document d'information sur la réalité des conditions d'apprentissage en lien avec le droit togolais de l'apprentissage a été élaboré et diffusé. L'association mène une campagne de sensibilisation dans tout le territoire togolais. Cette campagne allie l'organisation de séminaires de sensibilisation, la mise en place de permanences pour les apprentis et leurs parents[1661], la diffusion d'émissions radiophoniques sur les antennes nationales et locales ainsi que la mise à disposition d'affiches, « qui illustrent un peu un certain nombre de situations inacceptables », aux services territoriaux comme l'inspection du travail ou les chambres des métiers[1662]. L'association dépose en outre régulièrement des plaintes en vue d'obtenir des ordonnances d'interdiction des examens organisés en violation des règles régissant les diplômes des apprentis[1663].

Parallèlement, l'association SADD initie des études sur d'autres catégories particulières de travailleurs subordonnés : les travailleurs et travailleuses de maison[1664], les enseignants du primaire confessionnel et laïc du Togo[1665] et les travailleurs de la zone franche[1666]. Dans chaque document d'étude, l'approche est globalement la même. Elle s'attache à présenter la situation sociologique et

---

1659 Le « comité catholique contre le faim et pour le développement » du mouvement des Eglises de France et le secours catholique qui envoie des fonds (*ibid.*).

1660 « Nous appuyons également un collectif des associations de la société civile et des organisations syndicales du Togo avec beaucoup de difficultés parce qu'il y a une quarantaine d'associations. (…) C'est tout un problème. Et dans ces associations vous allez voir des gens qui se disent associations mais en réalité ils sont une ou deux personnes, ils n'ont pas de siège mais disent qu'ils le sont et revendiquent aussi des choses » (*ibid.*).

1661 « Nous avons quatre permanences aujourd'hui, une à Lomé, une à Kpalimé, une à Atakpamé, une à Kara. Une pour Sokodé est attendue. Ces permanences constituent donc des relais pour cette action pour la promotion des droits de l'apprenti sur l'étendue du territoire » (*ibid.*).

1662 « Dans les six régions, où on a pu rassembler tous les acteurs, parents, apprentis, patrons, chambres régionales de métiers, syndicats pour leur expliquer les choses. On leur a distribué des manuels sur les textes sur l'apprentissage au Togo, on leur a distribué des affiches qui illustrent un peu un certain nombre de situations inacceptables et on a saisi l'occasion pour informer sur les médias » (*ibid.*).

1663 Sur l'apprentissage dit « traditionnel » au Togo, v. infra Partie II, Titre 2, Chapitre 2, Section 1, §2, B, 2.

1664 Étude sur la situation des travailleurs/euses de maison au Togo, rédigé par un instructeur syndical de la CSTT, Mai 2008, en partenariat avec Solidarité mondiale de Belgique.

1665 SADD, Situation des enseignants du primaire confessionnel et laïc du Togo, Togo, 2007.

1666 SADD, La situation des travailleurs de la zone franche au Togo, juin 2008, rédigé par M. Aglamey-Pap (consultant secrétaire général du GSA).

vécue des travailleurs concernés, à analyser cette situation en rapport avec le droit du travail dans sa relative totalité et, plus généralement, avec les droits constitutionnellement reconnus ou internationalement proclamés, pour dégager en conclusion des perspectives, au sein desquelles se retrouve souvent le problème de prise de conscience et d'appropriation du droit par les travailleurs. On note que le droit du travail est globalement abordé dans ces documents d'information : contrat, conditions de travail, syndicalisation, représentation collective, discipline. La protection sociale est un problème récurrent dans toutes ces études et la problématique du harcèlement est particulièrement pointée pour les travailleurs de la zone franche et travailleurs de maison.

L'étude sur les enseignants du secteur privé confessionnel et laïc est guidée par les recommandations de l'UNESCO du 5 octobre 1966 concernant la situation du personnel enseignant. Sont cités les paragraphes relatifs aux traitements des enseignants et à la protection sociale. L'étude sur les travailleurs/euses de maison s'appuie sur les conventions internationales n° 29 et n° 105 sur le travail forcé, n° 138 et n° 182 sur l'âge minimum et les pires formes du travail des enfants. La convention n° 177 sur le travail à domicile est citée mais critiquée sur le plan de son insuffisance en matière de « conditions de vie »[1667]. Les recommandations qui concluent cette étude contiennent notamment la syndicalisation, « la vulgarisation d'un prototype de contrat de travail des domestiques », la formation et le renforcement des capacités, l'assurance et la mise en place d'un réseau des structures de protection des enfants contre la traite et l'exploitation[1668].

L'étude sur la zone franche met en relief l'anti-constitutionnalité du droit du travail propre à la zone franche. Il met particulièrement en avant le texte de l'accord collectif de 1996 en rapport avec diverses sources de droit : la Constitution, le droit syndical, les normes de l'OIT sur la liberté syndicale, la protection du salaire et le droit d'organisation et de négociation collective, le code du travail, la CCIT et la règlementation togolaise. Il insiste en outre sur l'inapplication de l'accord au regard du Pacte international sur les droits économiques, sociaux et culturels (PIDESC) ; est par exemple cité l'article 10 du PIDESC sur le droit au congé de maternité ainsi que ses articles 6 et suivants « axés sur les conditions de recrutement, d'emploi et sur l'environnement du travailleur[1669] ». En parallèle de cette étude sur la zone franche s'est constitué un

---

1667 Son article 7 relatif à la « législation nationale en matière de sécurité sociale et de santé au travail » est toutefois rappelé.

1668 La convention internationale des travailleurs et travailleuses domestiques et sa recommandation ont été adoptées au cours de la 100e session de la Conférence Internationale du Travail à Genève en juin 2011 : des dispositions précises sur les conditions de travail ainsi que sur la protection sociale sont établies (mentions dans le contrat de travail, droit syndical, modalités de rémunération et logement, égalité salariale etc.), voir en annexe.

1669 Sont explicitement cités l'article 6 « sur les droits à la formation professionnelle et à la réadaptation professionnelle » et l'article 7 « qui demande que le salaire du travailleur lui permette de vivre dignement avec sa famille ».

groupe de travail auquel participe un représentant d'une centrale syndicale et un inspecteur du travail, et qui s'attache à organiser des séminaires d'information auprès des travailleurs[1670].

L'association SADD est impliquée dans le suivi du « dialogue social » de 2006. Elle a dans cette perspective organisé un « séminaire atelier » pour faire le bilan des engagements qui ont été formulés et mettre en place un comité de suivi en vue d'une « renégociation du dialogue social » pour que les termes qui en sont issus soient clarifiés : précision de certains objectifs et adaptation d'autres au contexte socio-économique. Le comité de suivi comprend des syndicalistes de quatre centrales syndicales : CSTT, CNTT, UNSIT et CGCT. Cette thématique du dialogue social au Togo a, en outre, été mise en avant lors de deux forums sociaux organisés par l'association SADD. La première édition du « Forum des solidarités sociales des travailleurs (euses) du Togo (FSSTT) » a eu lieu en 2005 et la seconde en janvier 2008, rassemblant 109 délégués issus des différentes organisations syndicales, des droits de l'homme, et autres telles que l'Eglise. Ces forums placent la question des travailleurs togolais au cœur du contexte politique national. Les axes généraux du forum de 2008 sont la démocratie et la bonne gouvernance, la promotion des droits économiques, sociaux et culturels ainsi que la réconciliation nationale. Des interventions de différentes personnalités ont eu trait aux réformes institutionnelles et constitutionnelles, au rôle et pouvoir de la Cour des comptes dans un État de droit, à la nécessité urgente d'un Conseil économique et social au Togo, et au rôle et pouvoir de la Haute Cour de Justice. Les communications sur le « dialogue social : mythe ou réalité ; bilan des acquis, les ratés, les difficultés » et « les travailleurs à la conquête de leurs droits économiques, sociaux et culturels, exigibilité et applicabilité » ont directement touché au droit du travail.

Enfin, sur le plan du droit du travail en général et spécifiquement togolais, l'association SADD a édité, avec le soutien de l'organisation belge Solidarité Mondiale, un « Guide juridique du travailleur togolais »[1671] qui répertorie les textes applicables à la relation subordonnée de travail. Tous les textes constitutionnels, législatifs, règlementaires et conventionnels concernant le travail subordonné sont énumérés[1672]. Ce répertoire est accompagné de commentaires de la Constitution du Togo, du code du travail et de textes règlementaires. Chaque titre du code du travail de 2006 est commenté tandis

---

[1670] Cf. Entretien avec le président de l'association SADD (Lomé, 29 décembre 2008) et avec des salariés de la zone franche (Lomé, 12 janvier 2009). Sur les impact de cette mobilisation sur la zone franche, voir supra Partie I, Titre 2, Chapitre 2, Section 2.

[1671] SADD, Guide juridique du travailleur togolais, par un consultant indépendant, juin 2008.

[1672] Au niveau légal, le guide mentionne par exemple la loi du 13 août 1980 qui institue un code pénal, la loi du 4 décembre 1990 portant « réforme du code juridique et institutionnel des entreprises publiques » ou la loi du 10 septembre 1997 portant « statut des universités du Togo ». Un commentaire général des « lois portant statut particulier, applicable à certains corps de fonctionnaires » les compare « aux conventions collectives sectorielles (…) qui offrent des avantages compte-tenu des spécificités du secteur » (*ibid.*, p. 8).

qu'un commentaire global est apporté pour l'ensemble des textes règlementaires. Les conventions collectives sont seulement citées au sein du commentaire des dispositions légales sur la négociation collective. Le guide mentionne pour chaque titre du code du travail les nouveautés de 2006, les règles importantes ainsi que quelques critiques. Par exemple, le commentaire sur le salaire pointe le risque de confusion généré par les définitions de salaire et de rémunération et précise les règles sur les retenues sur salaires. Sur la durée du travail, est mentionné le problème de la méconnaissance des multiples dérogations règlementaires et des règles sur les heures supplémentaires. Le commentaire est toutefois bref sur le thème des différends du travail en ce qu'il mentionne une innovation positive du code du travail de 2006 en matière de grève mais n'explicite par la procédure désormais en vigueur.

Ces exemples d'activités associatives spécifiquement tournées vers le salariat togolais permettent de mettre en exergue quelques problématiques récurrentes en matière de droit social. Si l'ampleur de la diffusion des documents d'étude est incertaine, il n'en demeure pas moins une démarche informative louable dans une perspective d'application et d'évolution du droit du travail. Comme au niveau syndical, on note à la fois des initiatives individuelles et des initiatives en réseau, des approches générales du droit du travail et des approches particulières. Quel que soit le type d'action de sensibilisation, des thématiques sont particulièrement soulevées et abordées : la représentation collective, le contrat et sa formalisation, le salaire et la durée du travail, la protection sociale, le harcèlement ou l'exploitation du travailleur qui englobent, paradoxalement ou logiquement, certains dispositifs de droit du travail qui sont en pratique marginalisés.

Chapitre 2 – LA MARGINALISATION DE CERTAINS DISPOSITIFS

L'analyse de la sélection des références au sein du droit du travail nécessite de s'interroger sur les dispositifs de droit du travail apparaissant, en pratique, marginalisés[1673]. Il s'agit de dispositions concernant des droits individuels ou collectifs n'entrant pas, de fait, dans les priorités d'action et références[1674] des partenaires sociaux. Nous tenterons de voir en quoi et pourquoi il est possible de relever un appel aléatoire à certains droits collectifs (section 1) et une relativisation de certains droits individuels (section 2).

Section 1 - L'appel aléatoire à certains droits collectifs

Les règles formelles qui régissent les relations collectives dans les entreprises sont aléatoirement mobilisées par les différents acteurs que sont les agents de l'administration du travail, les syndicats, les employeurs, les travailleurs et les représentants du personnel. L'aléa signifie qu'il n'y a pas à proprement parlé une dichotomie claire entre les règles appliquées et les règles ignorées en matière de relations collectives mais des mobilisations ambivalentes du droit applicable, caractérisant un intérêt relatif pour la représentation du personnel (§1) et un évitement partiel du droit de grève (§2).

§1 – L'intérêt relatif pour la représentation du personnel

Dans le contexte spécifiquement togolais, le désintérêt pour la représentation du personnel dans l'entreprise prend deux dimensions. L' « attraction » ou la « répulsion » que peut susciter la représentation du personnel conduisent chacune à des détournements singuliers. L'intérêt relatif pour la représentation du personnel est illustré par la difficulté de sanctionner les carences de représentation collective (A) et les déficits et/ou détournements des fonctions de représentation dans l'entreprise (B).

A. Les carences de représentation collective difficilement sanctionnées

Le droit togolais de la représentation collective a longtemps institué un monopole des délégués du personnel. Nous avons eu l'occasion de mentionner une circulaire ministérielle de 1996 créant des comités d'hygiène et de sécurité

[1673] La marginalisation est définie comme le fait d' « être marginalisé » ou de « devenir marginalisé » (*Petit Larousse*, 2004).

[1674] La normativité se situe dans la vocation à servir de référence. Le caractère « impératif » est mis à mal par la généralité d'un « toujours possible » contre la règle qui est alors mobilisée. La mesure de la contrainte exercée par la règle de droit tient en partie de celle de la « pression diffuse » émanant de l'ordre juridique (V. A. Jeammaud, « Les règles juridiques et l'action », *Rec. Dalloz*, 1993, chronique, p. 207).

méconnue en pratique[1675]. Depuis 2006, le code du travail prévoit l'élection de délégués du personnel, la nomination de délégués syndicaux et la mise en place de comités de santé et de sécurité. Or, le monopole des délégués du personnel perdure en pratique (1), en même temps que leur implantation est ambivalente (2).

1. Le monopole de représentation des délégués du personnel

La réforme du code du travail de 2006 a eu un impact limité puisque ses innovations sur le plan de la représentation collective n'ont pas ou peu produit d'effet[1676]. En effet, les nouveaux délégués syndicaux et les comités de santé et de sécurité n'ont globalement pas vu le jour. Ce n'est que le 26 mai 2011 qu'un arrêté n° 009/MTESS « fixant les modalités d'organisation et de fonctionnement du comité de sécurité et santé au travail, pris conformément à l'article 174 du code du travail » a été adopté. Des initiatives de sensibilisation des acteurs sociaux sur ces institutions représentatives ont lieu. Une certaine tolérance ou démission administrative et syndicale demeure néanmoins face aux carences des employeurs dans l'application des nouvelles dispositions légales et règlementaires[1677].

L'impact limité de la réforme de 2006 tient également à la difficulté d'interpréter la différenciation légale entre délégués syndicaux et délégués du personnel. Le droit règlementaire togolais prévoit la provenance syndicale des représentants élus, donc la dualité possible de représentants, mais il apparaît en pratique que la provenance syndicale des délégués du personnel dépend davantage du type d'entreprise où ils sont élus[1678]. En effet, selon le type d'entreprise, les délégués du personnel sont affiliés en totalité ou non à une organisation syndicale, d'où l'amalgame fréquent entre le délégué du personnel

---

[1675] Voir supra Partie I, Titre 1, Chapitre 2, Section 2, §1, A, 1.

[1676] « C'est depuis l'année dernière que nous avons des DS. Ce sont les centrales syndicales qui les envoient. Ici c'est que la CSTT » (Cf. Entretien avec le DRH d'une société industrielle du secteur métallurgique, Lomé, 12 janvier 2009).

[1677] Le nouvel arrêté de mai 2011 précise désormais que les comités de sécurité et de santé sont obligatoires dans les entreprises « occupant habituellement au moins vingt-cinq salariés, temporaires et occasionnels compris ».

[1678] L'arrêté n° 021/MTESS/DGTLS du 10 décembre 2009 « portant institution des délégués du personnel dans les entreprises du secteur privé et parapublic » prévoit que « les délégués sont élus sur les listes établies par les organisations syndicales présentes ou représentées au sein de chaque établissement pour chaque catégorie de personnel ». La carence doit être constatée par l'inspecteur du travail. En pratique, son constat est informellement établi et tient à la seule affirmation de l'absence de syndicats. L'assistance à des élections professionnelles dans un grand établissement hôtelier nous a permis de relever que l'absence d'organisations syndicales ne fait pas l'objet d'inquisitions de la part des inspecteurs du travail, malgré la mention de la présence de problèmes syndicaux aux précédentes élections, et alors que la campagne d'élections professionnelles de 2011 a pour but de mesurer la représentativité syndicale et que l'effectif impliquait la présence de délégués syndicaux (Cf. Elections professionnelles dans un hôtel de Lomé, 27 septembre 2011).

et le délégué syndical[1679]. Dans les sociétés mixtes ou d'État, les délégués du personnel sont généralement issus de la centrale syndicale implantée, ce qui conduit à interroger l'intérêt de la nouvelle dualité légale.

Les services de santé et de sécurité dans les entreprises sont rarement mis en place. Lorsqu'ils existent, ont davantage trait au mécanisme du service plutôt que de représentation collective. Les inspecteurs du travail s'accordent pour dire que « la plupart des entreprises n'ont pas de services de santé, même des grandes entreprises ». Des représentants de la SAZOF[1680] et les travailleurs[1681] ne mentionnent pas ce type d'institution représentative en zone franche où seuls les délégués du personnel sont en place[1682]. Un représentant syndical du secteur agroalimentaire indique qu'un « comité d'hygiène et de sécurité » a été créé dans deux entreprises agroindustrielles du « territoire douanier »[1683] : « il est composé par l'employeur et les travailleurs, c'est différent des délégués du personnel. Ceux-là n'y participent pas. Il s'occupe de l'environnement, la « saineté » de l'environnement, par exemple est-ce que nous avons des extincteurs, des douches, des sanitaires, les travailleurs portent-ils leur tenue, est-ce que pour certaines machines il faut porter des masques, lunettes, casques tout cela ». La directrice de la santé et sécurité au travail au sein de la DGTLS mentionne une vingtaine de créations en 2010 et huit créations en 2011 en précisant que « rares sont les chefs d'entreprises qui acceptent[1684] ». Les représentants patronaux et les travailleurs subordonnés de tous secteurs se contentent généralement de mentionner la présence d'infirmeries ou de systèmes de prise en charge au niveau entreprise ou inter-entreprises ; ces procédés relèvent plus du service que de la représentation collective[1685]. Ces

---

1679 Cet amalgame est illustré par des dispositions conventionnelles. Par exemple, on relève que la convention sectorielle de l'industrie hôtelière et de la restauration contient un article 7 consacré au « délégué syndical ». Il offre la possibilité aux organisations syndicales signataires de la convention de nommer un délégué syndical dans tous les établissements qui occupent au moins cinquante salariés : il est aussi élu « par la section syndicale de l'établissement » parmi les travailleurs (voir supra, Partie I, Titre 2, Chapitre 1, Section 2, §2, B, 2, a).

1680 Cf. Entretien avec le conseiller juridique et le directeur de l'emploi de la société d'administration de la zone franche (SAZOF), Lomé, 9 janvier 2009.

1681 Un ouvrier précise que « s'il y a un problème de sécurité, on peut choisir trois [délégués] pour aller expliquer [à la SAZOF] » (Cf. Entretien collectif avec des salariés de la zone franche, Lomé, 12 janvier 2009).

1682 Le nouveau directeur de l'emploi de la SAZOF parle en septembre 2011 de la mise en place de sept « comités de santé et sécurité » (Cf. Entretien du 15 septembre 2011). Le rapport d'activité pour 2010 de la Direction de la sécurité et santé de la DGTLS mentionne en effet la formation des « membres des CSST de 8 entreprises de la zone franche). La zone franche compte en 2011 soixante entreprises en activité dont environ la moitié compte plus de cinquante emplois nationaux.

1683 Cf. Entretien avec le secrétaire des industries de l'agro-alimentation de la fédération de l'alimentation et de l'agriculture de la centrale CSTT, Lomé, 19 décembre 2008.

1684 Cf. Entretien avec la directrice de la santé et de la sécurité à la DGTLS, Lomé, 21 septembre 2011.

1685 « C'est une infirmerie qu'on a ici. Il y a un médecin d'Atakpamé qui vient pour nous donner des consignes, il vient voir l'hygiène, les toilette. Ils viennent pour visiter voir si les endroits sont bons ou pas » (Cf. Entretien avec le chef du personnel d'une entreprise agro-industrielle, région des plateaux, 16 janvier 2009). « Général ement il y a toujours une infirmière ou un médecin, ça dépend mécanismes sont très variés[1686], parfois discriminatoires selon les « statuts temporels » de travail, parfois illégaux au regard du droit de suspendre son contrat en cas de maladie non professionnelle ou des limites légales aux retenues sur salaire.

Il ressort que, relativement conformément au code du travail togolais en vigueur jusqu'en 2006, le délégué du personnel est la figure représentative la plus implantée donc la plus acceptée par les employeurs. De ce constat doit donc être tirée l'absence d'un contrôle et d'une sensibilisation efficace de la part des inspecteurs et des organisations syndicales en vue de la mise en place des nouvelles institutions représentatives. Les explications de cette forme de tolérance des carences de représentation sont multiples : imprécision du droit[1687], priorité à la sensibilisation plutôt qu'à la sanction en matière de contrôle, absence d'actions syndicales en ce sens, amalgame entre délégué du personnel et représentant syndical, absence de réseaux organisés d'appui et de suivi de l'application des textes, pressions politiques, environnements socio-économiques divers etc. Cette préférence patronale pour l'élection du délégué du personnel ne signifie pas pour autant qu'il existe une effectivité du droit de cette représentation collective parallèlement à l'ineffectivité des autres représentations obligatoires. Les modalités concrètes de mise en place des représentants élus des travailleurs dans les différentes entreprises et l'analyse de l'implantation de ces représentants, en lien avec l'action des agents de l'État ou représentants syndicaux, mettent en exergue des problématiques similaires à celles tirées de l'impact relatif des autres représentations collectives. Si le quasi-monopole de cette représentation élue dans les entreprises caractérise une relative « attraction » des employeurs envers ce type d'interlocuteur collectif, l'ambivalence de l'implantation des délégués montre une considération en réalité plus instrumentale de cet acteur.

---

de la taille de l'entreprise, les premiers soins sont pris en charge. Pour les médicaments, ils ne prêtent pas mais ils achètent, quelqu'un se déplace avec l'ordonnance pour acheter. Ça dépend des entreprises et des travailleurs » (Cf. Entretien avec le directeur de l'emploi de la SAZOF, Lomé, 11 février 2009).

1686 Des représentants du secteur dit informel comme formel relatent ce type de mécanisme de prise en charge : le chef d'un groupement agricole, un représentant syndical du secteur des taxis motos, le DRH d'une société de métallurgie, un délégué du personnel et syndicaliste de la société cotonnière du Togo et des salariés en zone franche. Un gardien d'une société « structurée » mentionne des retenues sur salaire.

1687 Selon le rapport annuel 2010 de la Direction de la santé et sécurité au travail, « des courriers sollicitant des informations sur l'organisation des services de sécurité et santé au travail ont été adressés à la direction de la sécurité et santé au travail. Les textes d'application du code du travail en la matière, élaborés depuis 2009 n'ont toujours pas été signés. Ce manque décourage les employeurs dont certains commencent à manifester un réel désir de conformité aux normes en matière de SST ».

2. L'implantation ambivalente de la délégation du personnel

Au-delà de certains cas d'absence totale de représentation collective à laquelle syndicats comme inspecteurs du travail parviennent difficilement à remédier, des pans du cadre juridique applicable aux délégués du personnel sont ignorés ou « réappropriés » ; ces pans comprennent les règles relatives au nombre de représentants, à la mise en œuvre du processus électoral et d'autres règles procédurales ou substantielles.

Peu importe le degré de structuration de l'entreprise, le nombre de ses travailleurs ou le lieu de son implantation, le choix d'organiser les élections professionnelles appartient à l'employeur. Les représentants de certaines entreprises structurées et de taille relativement importante ont tous évoqué la présence de délégués du personnel[1688], de même que les inspecteurs du travail s'accordent globalement pour mentionner leur présence dans les entreprises les plus « organisées ». Des représentants du Conseil National du Patronat (CNP) confient toutefois que tous les membres de l'organisation patronale ne respectent pas cette obligation et des inspecteurs du travail mentionnent leurs difficultés face à des situations de carence. Le constat de carence et la mise en demeure sont évoqués mais leur utilisation paraît limitée. La méthode de la persuasion est privilégiée[1689]. Un exemple révélateur est celui d'un employeur d'origine européenne qui est en contact fréquent avec les inspecteurs du travail mais affirme ne pas désirer organiser des élections professionnelles[1690]. Des problèmes d'immobilisme ou de mauvaise action au niveau syndical sont mis en avant par certains agents de l'inspection du travail tandis que des représentants syndicaux disent ne pas compter sur l'action administrative sur cette question. Dans le cadre des élections professionnelles en vue de mesurer la représentativité syndicale au Togo, les inspecteurs du travail, compétents pour superviser ces élections[1691], sont en effet dans l'attente de leur saisine par les

---

[1688] Cf. Entretien avec le comptable d'une entreprise de forage et sondage (Lomé, 10 décembre 2008), avec le DRH d'une société industrielle du secteur métallurgique (Lomé, 12 janvier 2009), avec le chef du personnel d'une entreprise agro-industrielle en présence de deux inspecteurs du travail d'Atakpamé et deux délégués du personnel CNTT (Plateaux, 16 janvier 2009) et avec le chef du personnel d'un hôtel de statut parapublic (Kara, 2 décembre 2008).

[1689] « C'est surtout les petites structures qui n'en ont pas, il y en a des grandes aussi qui n'en ont pas. (...) Le cas que je vous soumettais, ils sont 320 et ils n'avaient même pas de délégués. C'est un établissement de jeux, machines à sous. D'abord il faut régulariser leur situation, c'est l'employeur qui nous a contacté pour cela. (...) La plupart du temps ils tardent mais ils finissent par le faire » (Cf. Entretien collectif avec des jeunes inspecteurs du travail, Lomé, 16 décembre 2008). « L'inspection elle intervient par des petites pressions » (Cf. Entretien avec le secrétaire général adjoint et le conseiller juridique de la centrale CSTT, Lomé, 25 et 28 novembre 2008). Le directeur régional du travail de Sokodé mentionne son initiative d'envoi de lettres aux employeurs pour les inciter à mettre en place les délégués du personnel (Cf. Entretien, région centrale, 20 janvier 2009).

[1690] « Pas de DP, pas de RI » (Cf. Entretien avec un chef d'entreprise de nationalité européenne (dépôt de boissons, vente en gros, supermarché, deux restaurant, garage), Kara, 3 décembre 2008).

[1691] Arrêté n° 020/MTESS/DGTLS portant création de la cellule de la représentativité et arrêté n° 021/MTESS/DGTLS portant institution des délégués du personnel dans les entreprises du secteur privé et parapublic du 10 décembre 2009.

employeurs concernés[1692]. Les résultats de cette campagne sont parlants : deux centrales syndicales ont été reconnues les plus représentatives sur le fondement de 238 élections réalisées, représentant 23 561 travailleurs[1693]. Or, la CNSS avait établi en 2009 une « liste des employeurs de plus de dix salariés » énumérant 719 entreprises[1694].

Assez paradoxalement, la sollicitation patronale des inspecteurs du travail et des organisations syndicales est systématique dès lors que des élections professionnelles sont programmées[1695]. L'inspecteur du travail est le plus souvent « invité » par l'employeur à assister aux élections professionnelles[1696]. Cette norme d'usage, règlementaire depuis 2010, est réitérée par tous ceux interrogés sur le processus électoral dans le cadre de l'entreprise ; elle est parfois perçue comme résultant des dispositions légales du code du travail[1697]. S'agissant des entreprises de la zone franche, les représentants de la SAZOF n'évoquent pas leur participation directe au processus électoral[1698] tandis que certains travailleurs mentionnent des pratiques de collaboration entre les employeurs et la société mixte[1699]. Certains inspecteurs du travail précisent l'objet de leur présence lors d'élections professionnelles : observer et vérifier la composition des collèges, veiller au bon déroulement des élections jusqu'aux résultats. Il faut selon eux « une autorité publique pour garantir la régularité de l'élection[1700] ». D'autres se positionnent comme simples observateurs puisqu'il revient à l'employeur d'organiser « de bout en bout » le processus[1701]. L'autorité afférent à la présence de l'inspecteur du travail lors des élections professionnelles est donc ambivalente, au regard du contexte sociopolitique

---

[1692] Les élections ont repris en juin 2011 après une suspension décidée par « note circulaire du ministre ». L'information a été diffusée par les médias télévisés, radiophoniques et la presse : « l'employeur saisit l'inspecteur de la zone dont il dépend et l'inspecteur informe la cellule de la représentativité » (Cf. Entretien avec le directeur du dialogue social et des relations professionnelles, septembre 2011).

[1693] L'arrêté n° 08/2012/MTESS/CAB/DGTLS du 11 mai 2012 détermine sur ce fondement la représentativité dans les secteurs privé et parapublic au titre de la période 2011-2015.

[1694] La CNSS avait par ailleurs comptabilisé pour 2007 un total de 65 767 salariés immatriculés (sources : DGTLS et CNSS, 2009).

[1695] « Par exemple à la mairie, à la brasserie. Ces élections se font en présence de l'inspecteur du travail, des syndicats auxquels ils sont affiliés » (Cf. Entretien avec le secrétaire préfectoral de l'UGSL à Kara, région de la Kara, 3 décembre 2008). « général ement ça se passe bien puisque souvent nous sommes invités pour superviser, y a les inspecteurs du travail » (Cf. Entretien avec le secrétaire général adjoint et le conseiller juridique de la centrale CSTT, Lomé, 25 et 28 novembre 2008).

[1696] Cf. Entretien avec le DRH d'une société industrielle du secteur métallurgique (Lomé, 12 janvier 2009) et entretien collectif avec de jeunes inspecteurs du travail (Lomé, 16 décembre 2008).

[1697] Cf. Entretien avec l'inspecteur du travail de Kara, région de la Kara, 2 décembre 2008.

[1698] « Il y a les candidatures qui sont validées et on passe aux élections devant tous les ouvriers » (Cf. Entretien avec le conseiller juridique et le directeur de l'emploi de la SAZOF, Lomé, 9 janvier 2009).

[1699] Cf. Entretien collectif avec des salariés de la zone franche, 12 janvier 2009.

[1700] Cf. Entretien collectif avec des jeunes inspecteurs du travail, Lomé, 16 décembre 2008.

[1701] Cf. Entretien avec l'inspecteur du travail de Kara, région de la Kara, 2 décembre 2008.

togolais[1702] et de la règle de fait selon laquelle c'est l'employeur qui doit solliciter les inspecteurs. Un inspecteur du travail du nord du Togo évoque même le fait qu'en pratique une règle serait : « vous écrivez à l'employeur pour faire la demande et s'il accepte vous êtes candidat[1703] ». L'idée d'instrumentalisation des administrations est sous-jacente à ce « partenariat », ou « assistance », dans le contexte togolais[1704]. La recherche de légitimation inhérente à l'initiative de l'employeur de solliciter la présence d'observateurs étatiques aux élections professionnelles est difficile à caractériser tant le discrédit à l'égard des agents de l'inspection du travail est une représentation ancrée chez les travailleurs. L'affichage de l'inspecteur du travail auprès de l'employeur à ces occasions constitue un élément probable de perduration de cette représentation, tant le degré d'autorité de l'inspecteur varie selon le contexte de son intervention.

La connaissance des dispositions conventionnelles et règlementaires qui précisent par tranches d'effectif les nombres de délégués du personnel devant être élus est en pratique relative, autant chez l'employeur que chez l'inspecteur du travail chargé de superviser. Les nombres de délégués donnés par certains représentants d'employeurs ou de travailleurs révèlent en effet une prise de distance certaine avec ces dispositions. À propos de sa participation à des élections professionnelles, un inspecteur du travail du nord du Togo tire le bilan selon lequel « les élections se sont bien déroulées et conformément aux dispositions légales et règlementaires » en précisant qu'il a « constaté » qu'un seul délégué a été élu[1705]. Le chef de cette entreprise dit en effet que « comme nous sommes moins de 50, ils sont deux, un titulaire et un suppléant[1706] ». La tranche d'effectif de vingt-cinq travailleurs est donc oubliée, à l'instar d'un

---

1702 À l'occasion des élections professionnelles au sein d'un établissement hôtelier de Lomé, les candidats ont demandé le report des élections au vue notamment de certaines fraudes procédurales qui auraient été commises par le représentant de l'employeur. Les inspecteurs du travail pensent ces accusations infondées et maintiennent l'élection (Cf. Elections professionnelles à Lomé, le 27 septembre 2011). Lors d'une précédente élection professionnelle supervisée par ces mêmes inspecteurs, le représentant de l'employeur remet en cause le crédit de ces agents qui constatent certaines irrégularités (Cf. Elections professionnelles à Lomé, 23 septembre 2011).

1703 Cf. Entretien avec l'inspecteur du travail de Kara, région de la Kara, 2 décembre 2008.

1704 Si « le pavillon étatique en est venu à recouvrir au XXe siècle des réalités hétérogènes, (...) partout se sont constitués de puissants appareils d'État », dont la place est à présent *réévaluée*. Dans le contexte togolais, cette instrumentalisation reflèterait une certaine continuité sociohistorique d'un échec de l'État représentant l'unité de la Nation, combinée à la logique contemporaine de nouveau partenariat public-privé issue de l'idéologie libérale et du contexte de la mondialisation. Dans une logique « postmoderne » d'un État occidental, ce type d' « instrumentalisation » s'inscrirait dans le processus en œuvre de « démythification » de l'État dont le rôle se complexifie (J. Chevallier, *L'État postmoderne*, LGDJ, 2008, *op. cit.*, p. 23 et s).

1705 Cf. Entretien avec l'inspecteur du travail de Kara, région de la Kara, 2 décembre 2008.

1706 « Actuellement nous sommes 63. Nous travaillons avec 19 titulaires et 44 temporaires » (Cf. Entretien avec le chef du personnel d'un hôtel de statut parapublic, Kara, 2 décembre 2008).

employeur adhérent du CNP[1707]. Un inspecteur du travail en poste à Lomé cite pour sa part cette tranche mais pense que le calcul de l'effectif se fait par collège électoral[1708].

Certaines données illustrent des cas dans lesquels il existe une « surpopulation » de délégués du personnel. Un représentant syndical de la société cotonnière du Togo mentionne, par exemple, que la société compte environ 55 délégués ce qui signifierait juridiquement un effectif de plus de 10 000 travailleurs. Un représentant syndical d'une agro-industrie à Lomé explique que celle-ci compte « 5 délégués parce qu'ils sont moins de 50[1709] ». Le directeur des ressources humaines d'une société métallurgique de Lomé précise que sa société embauchant « 297 permanents et au niveau des saisonniers et des temporaires 234 » compte en son sein dix délégués syndicaux et douze délégués du personnel. À supposer qu'il englobe dans le nombre de douze les délégués titulaires et suppléants, cela signifierait que l'effectif de l'entreprise se situe entre 101 et 250 salariés. À supposer que les permanents et temporaires soient pris en compte dans le calcul des effectifs, le nombre règlementaire de délégués du personnel titulaires devrait être de neuf. Le chef du personnel d'une entreprise agro-industrielle implantée dans la région des Plateaux précise qu' « il y a vingt délégués, dix titulaires et dix suppléants » pour un effectif d' « à peu près 1800 ouvriers et hors saison, à peu près 800[1710] ». On est ici face à une sur ou sous représentation selon que les travailleurs saisonniers sont ou non pris en compte pour le calcul de l'effectif.

Deux délégués du personnel d'une entreprise agro-industrielle de la région des Plateaux et adhérents de la centrale syndicale CNTT disent avoir toujours été élus depuis 1987, date de création de l'entreprise selon le chef du personnel[1711]. Ces délégués parlent de nouvelles élections tous les trois ou deux ans. La durée du mandat est en effet parfois supérieure à la durée légale qui est passée de un an à deux ans en 2006. Il en est particulièrement ainsi dans les entreprises de la zone franche où cette durée est en principe ramenée à un an[1712]. Ainsi, des

---

[1707] « Nous par exemple avec une vingtaine d'employés doit avoir un titulaire et un suppléant. (...) Si vous dépassez 60 salariés, c'est deux titulaires et deux suppléants » (Cf. Entretien avec le comptable d'une entreprise de forage et sondage, Lomé, 10 décembre 2008).

[1708] Cf. Entretien avec un inspecteur du travail, zone Lomé ouest, 23 décembre 2008.

[1709] Cf. Entretien avec représentant syndical de la centrale CSTT (fédération de l'agroalimentaire), salarié d'une société industrielle du secteur agroalimentaire, Lomé, 19 décembre 2008.

[1710] Cf. Entretien avec le chef du personnel d'une entreprise agro-industrielle en présence de deux inspecteurs du travail d'Atakpamé et deux délégués du personnel CNTT, région des plateaux, 16 janvier 2009.

[1711] Cf. Entretien avec le chef du personnel d'une entreprise agro-industrielle en présence de deux inspecteurs du travail d'Atakpamé et deux délégués du personnel CNTT, région des plateaux, 16 janvier 2009.

[1712] « *Mais depuis que je suis là-bas on a fait une seule élection mais leur mandat est déjà fini. Mais ils ne veulent pas* » (Cf. Entretien collectif avec des salariés de la zone franche, Lomé, 12 janvier 2009). Une ancienne ouvrière dit avoir voté une fois en cinq ans de présence (Cf. Entretien avec une ancienne ouvrière d'une industrie de cosmétiques de la zone franche, 12 janvier 2009).

employeurs qui sont en lien certain avec les services d'inspection du travail ou en collaboration étroite avec les services de la SAZOF, et dont les représentants semblent soucieux de l'implantation réelle des délégués du personnel, sont peu scrupuleux du renouvellement régulier de leurs mandats. Cette « longévité » de certains délégués du personnel devrait être en partie résorbée à l'issue de la « campagne » d'élections professionnelles sous la supervision de l'inspection du travail commencée en 2011. Notre observation d'élections professionnelles en présence des inspecteurs du travail a toutefois révélé le maintien de quelques difficultés d'appréhension des règles numériques[1713] et d'exercice de l'autorité des agents étatiques. On relève en effet une tendance à la préférence pour des scrutins uninominaux[1714].

Tout le paradoxe de *l'omniprésence-absence*[1715] des inspecteurs du travail en matière de droit de la représentation collective réside dans l'ambiguïté de l'objet et de l'effet de leur intervention sur le strict plan du droit. Si l'institution représentative élue existe au sein de la plupart des entreprises structurées du Togo, l'appropriation des règles les plus objectivement observables cache un possible détournement de cette institution. La surpopulation singulière des délégués dans certaines entreprises et la « longévité » de certains mandats doivent être mises en relation avec la perception du rôle de ces délégués dans les entreprises.

B. Les déficits ou détournements des fonctions de représentation

Certains exemples d'appropriation du droit de la représentation collective illustrent l'ambivalence du penchant des employeurs pour l'idée de représentation collective. Les « statuts temporels » de travail sont un vecteur de

[1713] L'arrêté de 2009 qui pose les modalités d'organisation des élections professionnelles ne contient pas de règles très précises sur l'attribution des sièges à l'issue des élections. Des élections professionnelles du secteur hôtelier ont eu lieu selon des modalités vectrices de mises en concurrence des candidats et abouti à une répartition critiquable des sièges. Le scrutin fut uninominal à un tour sans distinction entre titulaires et suppléants. La répartition des sièges par collège en considération de la règle règlementaire qui fixe le nombre de représentants selon l'effectif global de l'établissement fut biaisée. Les élections par le collège des cadres et assimilés et celui des ouvriers et employés comptant respectivement 44 et 134 votants se sont soldées par l'élection de quatre délégués pour le collège des cadres (deux titulaires et deux suppléants) et six pour le collège des employés et ouvriers (trois titulaires et trois suppléants). Soit, pour 178 travailleurs, cinq titulaires et cinq suppléants répartis en tenant compte uniquement du nombre d'électeurs dans le collège des cadres. Selon un calcul proportionnel, les employés et ouvriers représentant 75 % du personnel, la répartition aurait du être de quatre titulaires et quatre suppléants employés/ouvriers et un titulaire et un suppléant cadre élus sur des listes (Cf. Participation aux élections professionnelles dans le secteur de l'hôtellerie (177 salariés), Lomé, 27 septembre 2011).

[1714] *Ibid.* et participation aux élections professionnelles dans le secteur de l'import-export (36 salariés votants), Lomé, 23 septembre 2011.

[1715] D. Darbon, « L'État prédateur », Politique africaine, 1990, *op. cit.*, p. 37.

déficits de représentation dans les entreprises (1), tandis que les fonctions de représentation sont sujettes à de multiples détournements[1716](2).

1. Des déficits liés aux « statuts temporels » de travail

Le management social en place dans une majeure partie des entreprises organisées du Togo vise à réduire le champ de la représentation collective des délégués du personnel. Une norme d'usage en vigueur, et pratiquement formalisée dans certaines dispositions conventionnelles[1717], est celle selon laquelle le représentant du personnel n'est redevable qu'envers ceux qui l'ont élu ou nommé : le collège électoral, l'établissement d'une entreprise, le syndicat s'il est délégué syndical. Cette appréhension de l'enjeu de la représentation conduit à une division des travailleurs sur le plan du droit à la représentation collective. Le bénéfice de ce droit pour les travailleurs dits « temporaires » paraît en outre aléatoire, fonction des règles de fait en vigueur dans les entreprises.

Bien que la règlementation applicable aux élections des délégués du personnel définisse assez précisément la notion d'effectif de l'établissement, beaucoup d'employeurs appliquent la règle selon laquelle seuls les « permanents » participent aux élections professionnelles. Si l'arrêté du 30 juillet 2010 sur le règlement intérieur d'entreprise dispose que « l'effectif (...) n'inclut ni les travailleurs journaliers, ni les travailleurs à temps partiel, ni les travailleurs temporaires », le texte règlementaire applicable en matière d'élections professionnelles est plus « ouvert ». L'article 7 de l'arrêté du 10 décembre 2009 précise en effet que « les travailleurs saisonniers revenant régulièrement dans l'établissement et y effectuant des périodes de travail atteignant six mois au cours d'une année » et « les travailleurs engagés ou rémunérés à l'heure ou à la journée, mais de façon assez régulière pour totaliser, au cours d'une année l'équivalent de six mois au service de l'établissement »[1718] sont en principe comptabilisés dans l'effectif et amenés à participer au vote. Or, les travailleurs dits « *temporaires* » semblent souvent exclus du processus électoral bien qu'ils composent généralement la proportion la plus importante du personnel. L'interprétation des présentations chiffrées de quelques représentants d'employeur permet en effet de constater l'éviction des

---

1716 Tandis que le contournement signifie une recherche d'éviction des règles formelles par des procédés normatifs alternatifs ou imprévus, la notion de détournement renvoie davantage à la mise en pratique de ces règles juridiques. Le cadre juridique de la délégation du personnel se compose de dispositions procédurales et substantielle garantissant la réalité de la « représentation » et de dispositions substantielles mais aussi procédurales garantissant l'exercice concret de la représentation. Ces dernières se décomposent entre la définition des attributions de ces acteurs, des droits d'action de ces acteurs et l'institution d'une protection contre le licenciement.

1717 L'arrêté de 2009 sur les délégués du personnel venant remplacer celui de 1954 a repris quelques dispositions conventionnelles dont celle selon laquelle il est interdit de procéder à l'affectation d'un délégué du personnel « loin du collège qui l'a élu ».

1718 S'y ajoutent « les gérants ou représentants liés par un contrat de travail », les apprentis et « les travailleurs engagés à l'essai ».

travailleurs temporaires du champ des élections professionnelles[1719]. Les propos de certains travailleurs sous statut « temporaire » qui affirment ne pas avoir participé à des élections professionnelles vont aussi dans ce sens. Cette éviction du calcul de l'effectif est parfois expressément formulée. Un délégué du personnel issu de la centrale CNTT et élu dans une entreprise agroindustrielle affirme en effet que « ce ne sont que les permanents qui participent à l'élection ». Un représentant délégué du personnel de la société cotonnière du Togo précise qu'un système spécifique de représentation collective est en place pour les saisonniers : « nous avons instauré des porte-paroles au niveau de chaque unité, ils se choisissent entre eux[1720] ». Selon un représentant syndical salarié dans une industrie agroalimentaire, « les journaliers n'ont pas à traiter avec les syndicats[1721] ». La participation du travailleur aux élections professionnelles est donc parfois tributaire de son statut de travail, indépendamment de la durée pendant laquelle il a travaillé pour le compte de l'employeur.

Une grande partie des travailleurs ne participent donc pas au choix des délégués du personnel, ce qui ne peut qu'amplifier les doutes sur leur crédibilité au plan social. Cette impression d'un manque de crédibilité est en outre fréquemment accompagnée par l'idée d'une instrumentalisation[1722], voire d'un fort soupçon de clientélisme chez ces acteurs. Dans les entreprises où les délégués du personnel sont issus de plusieurs centrales syndicales, de sérieux conflits sociaux peuvent naître des positions concurrentielles et des interrelations variables entre syndicats, ainsi qu'entre représentants, employeurs et pouvoirs publics[1723]. En outre, dans les entreprises à « syndicat unique », l'image d'un délégué « couvert » par telle ou telle centrale syndicale

---

[1719] C'est le cas par exemple du chef du personnel d'un hôtel à Kara, du directeur des ressources humaines d'une société métallurgique ou du chef du personnel d'une société agroindustrielle.

[1720] Cf. Entretien avec un représentant syndical CNTT de la société cotonnière du Togo à Dapaong, région des Savanes, 23 janvier 2009.

[1721] Cf. Entretien avec le secrétaire des industries de l'agro-alimentation de la fédération de l'alimentation et de l'agriculture de la centrale CSTT, Lomé, 19 décembre 2008.

[1722] « Si vous prenez les grandes entreprises du Togo, la SNPT, la CEV, la Poste, nous avons des délégués du personnel et ils sont impliqués dans la gestion, ils participent à tout, aux réunions…. Donc ils ont des conventions spécifiques à leur niveau » (Cf. Entretien avec le secrétaire général de la centrale UGSL, Lomé, 29 décembre 2008).

[1723] Un conflit collectif au sein d'une société minière du Togo où plusieurs centrales syndicales sont représentées est révélateur des problèmes de concurrence entre délégués. Plusieurs mouvements fondés sur différents mots d'ordre ont conduit au licenciement « pour grève sauvage » de plusieurs représentants d'une centrale syndicale. D'autres représentants ont obtenu en même temps certains avantages. Ceci a conduit à des sentiments diffus de manipulation de certains représentants pour contrecarrer l'initiative d'autres qui tentaient de comprendre la procédure de réorganisation de l'entreprise. Les soupçons sont alimentés par la nomination au Gouvernement de la liquidatrice de la société concernée qui a prononcé les licenciements. D'autres interprètent ce mouvement comme la manifestation de l'incompétence de certains représentants du personnel (Cf. Entretiens avec la directrice régionale du travail à Atakpamé (région des Plateaux, 15 janvier 2009), avec le secrétaire général de la centrale UNSIT, en présence de deux délégués licenciés issus de la CGCT (Lomé, 23 décembre 2008) et avec un représentant de la CNTT à Lomé (Lomé, 2 février 2009).

ajoute aux perplexités de ceux qu'ils doivent représenter. Aussi, la légitimité de ces acteurs est-elle interrogée, non seulement à l'aune du déficit de représentation illustré par la dissymétrie entre travailleurs électeurs et non électeurs, mais aussi au regard du rôle réellement joué par les délégués du personnel.

2. Des détournements du rôle du délégué

Les dispositions juridiques donnent une définition du rôle du délégué du personnel, énumèrent ses attributions et droits d'action et instituent une protection de ce travailleur contre les atteintes à l'exécution de son mandat. Dans chacun de ces trois aspects, de nombreux détournements mettent en exergue, d'une part, des capacités d'actions en pratique limités, d'autre part et surtout, l'instrumentalisation de cet acteur dans l'entreprise. Ces détournements ne sont pas seulement le fait d'employeurs, ils sont aussi induits par des comportements syndicaux, des raisonnements judiciaires et/ou administratifs et les délégués eux-mêmes.

En vertu de l'article 212 du code du travail de 2006, les délégués du personnel « sont chargés de la défense des intérêts des travailleurs au sein de l'entreprise ». En pratique, le souci des intérêts des travailleurs est souvent supplanté par la priorité donnée à la relation interpersonnelle entre le délégué et l'employeur. La mission de défense du délégué du personnel est globalement mentionnée par différents interlocuteurs[1724] mais les exemples concrets de sa mise en œuvre sont rares. Seuls des travailleurs de la zone franche évoquent leur saisine en cas de problèmes de sécurité dans l'entreprise, l'organisation de réunions ou encore la distribution de tracts[1725]. Cette mission est plutôt absorbée par une considération générale selon laquelle le délégué est l'interlocuteur de l'employeur, voire « une courroie de transmission » de ce dernier[1726]. Des inspecteurs du travail confirment cette approche qu'ils pensent problématique[1727].

La représentation d'un délégué du personnel tributaire de l'employeur doit être rapprochée de l'absence de positionnement antagoniste de l'employeur

---

[1724] Cf. Entretien avec le chef du personnel d'une entreprise agro-industrielle en présence de deux inspecteurs du travail d'Atakpamé et deux délégués du personnel CNTT (région des plateaux, 16 janvier 2009) et avec le chef du personnel d'un hôtel de statut parapublic (Kara, 2 décembre 2008).

[1725] Cf. Entretien collectif avec des salariés de la zone franche (12 janvier 2009) et avec une ancienne ouvrière d'une industrie de cosmétiques de la zone franche (12 janvier 2009).

[1726] Cf. Entretien avec le chef du personnel d'une entreprise agro-industrielle en présence de deux inspecteurs du travail d'Atakpamé et deux délégués du personnel CNTT, région des plateaux, 16 janvier 2009). « Le délégué du personnel est une personne qui sert d'intermédiaire entre les ouvriers et le patron » (Cf. Entretien avec le comptable d'une entreprise de forage et sondage, Lomé, 10 décembre 2008). « Tu ne peux pas aller dire quelque chose au délégué sinon il sera contre toi » (Cf. Entretien avec une ancienne ouvrière d'une industrie de cosmétiques de la zone franche, 12 janvier 2009).

[1727] Cf. Entretien avec l'inspecteur du travail de Kara (2 décembre 2008) et avec la directrice régionale du travail à Atakpamé (région des Plateaux, 15 janvier 2009).

face à cet élu, voire face au syndicat duquel est issu le délégué du personnel[1728]. Si des délégués du personnel s'inscrivent effectivement dans une position de « porte-paroles » des travailleurs, en tant qu'ils sont chargés de saisir l'employeur lorsqu'un problème se pose[1729], le pan collectif de leur mission de défense des intérêts est évincé par l'absence de contre-pouvoir[1730]. L'existence de cas de délégué du personnel malhonnête ressort en outre des modalités de déroulement de sa carrière dans certaines entreprises[1731]. Elle est amplifiée par son absence presque totale devant les instances de résolution des différends. Dans certaines entreprises où une seule centrale syndicale est représentée, il existe un rapport de collaboration entre l'employeur et le syndicat ; le syndicat lui-même devient le « transmetteur » légitimant les décisions de la direction. Dans les entreprises où plusieurs centrales syndicales sont représentées, l'approche politisée du mouvement syndical national conduit à des rapports conflictuels qui contribuent aussi à l'effritement de l'idée de représentation collective.

L'exercice des attributions des délégués du personnel et le respect de certaines obligations patronales définies par le code[1732] et les dispositions conventionnelles[1733] et règlementaires[1734] sont aussi caractérisés par

---

[1728] Cf. Entretien avec un représentant de la CNTT à Lomé, Lomé, 2 février 2009.

[1729] Cf. not. Entretiens avec le secrétaire général adjoint et le conseiller juridique de la centrale CSTT (Lomé, 25 et 28 novembre 2008) et le comptable d'une entreprise de forage et sondage (Lomé, 10 décembre 2008).

[1730] « Les délégués n'arrivent pas à exercer leurs tâches, ils sont influencés par l'employeur et la peur (...). Des fois au moment des élections, c'est souvent l'employeur qui impose » (Cf. Entretien avec la directrice régionale du travail à Atakpamé, région des Plateaux, 15 janvier 2009). « Le délégué va voir le directeur. Il n'obtient pas grand-chose » (Cf. Entretien avec une ancienne employée du secteur hôtelier, Lomé, 7 février 2009).

[1731] « Ils sont nombreux. Certains sont devenus des chefs » (Cf. Entretien avec une ancienne ouvrière d'une industrie de cosmétiques de la zone franche, 12 janvier 2009). « Ça dépend, on sait vers qui aller en cas de problème » (Cf. Entretien collectif avec des salariés de la zone franche, 12 janvier 2009). « Il y en avait au niveau de la direction. Je ne sais pas combien, j'en connais trois » (Cf. Entretien avec une ancienne employée du secteur hôtelier, Lomé, 7 février 2009). « On voit la même chose dans les entreprises, ce sont les cadres ou les décideurs » Cf. Entretien avec un représentant de la CNTT à Lomé, 2 février 2009).

[1732] Les délégués présentent des réclamations individuelles ou collectives aux employeurs, ont la possibilité de saisir l'inspecteur du travail de toute plainte ou réclamation concernant les dispositions légales, règlementaires ou conventionnelles et de communiquer à l'employeur toute suggestion utile tendant à l'amélioration de l'organisation et du rendement de l'entreprise. Les délégués doivent être obligatoirement consultés au moins un mois avant – sauf force majeure – pour toute prise de décision ayant un impact sur l'effectif de l'entreprise.

[1733] La CCIT précise que dans l'exercice de sa mission, le délégué bénéficie de 30 minutes par jour, soit 15 heures par mois, et qu'il peut, à sa demande, se faire assister d'un représentant de son organisation syndicale. Un local est mis à la disposition des délégués. La convention de l'hôtellerie ajoute une compétence en matière d'hygiène et de sécurité en termes de contrôle du respect des dispositions et de propositions en cas d'accident ou maladie professionnels. La convention fixe une obligation de réunion une fois par mois. La convention des industries en son article 71 dernier alinéa dispose que toute demande d'audience écrite ou verbale adressée par un délégué du personnel à l'employeur doit être acceptée. En zone franche, l'accord collectif prévoit qu'un crédit de 15 heures par mois est attribué aux seuls délégués titulaires qui en jouissent sous réserve de l'ambivalence. Une tendance à l'éviction du pan collectif du rôle du délégué au profit de démarches d'ordre individuel est révélée en pratique, particulièrement s'agissant de sa compétence en matière d'œuvres sociales. Le crédit d'heures octroyé aux délégués du personnel est accordé de façon variable par les entreprises. Il apparaît par exemple que certaines périodes saisonnières de travail empêchent une prise du temps de délégation sur l'horaire de travail. Soit ce temps n'est pas clairement accordé, soit il doit obligatoirement être pris en dehors de l'horaire de travail, soit il doit faire l'objet d'une demande préalable[1735].

Les obligations de communications à l'occasion de la réunion mensuelle, de l'adoption d'un règlement intérieur ou de mesures économiques ne sont presque pas mentionnées et sont relativisées par l'absence de contrôle[1736]. L'activité principale du délégué du personnel consiste en des demandes au sujet de problèmes le plus souvent individuels ou salariaux[1737]. En matière d'« œuvres sociales[1738] », les délégués semblent agir non préventivement et collectivement, mais plutôt ponctuellement et sur sollicitation individuelle. Les délégués du personnel interviennent le plus souvent auprès de l'employeur pour l'octroi d'une aide individuelle ayant trait à des problèmes d'ordre familial, de santé ou autres. À titre d'exemple, les délégués du personnel d'un hôtel présentent à la direction des demandes d'assistance individuelle diverses ou font des propositions de gestes patronaux à l'occasion de la période des fêtes de fin d'année[1739]. Là où les délégués du personnel participent à la mise en œuvre d'une politique sociale d'entreprise, dans les entreprises d'une certaine taille et souvent dans les sociétés dites d'État, leur rôle tient plus de la gestion du personnel que de la défense des salariés. Dans la société cotonnière du Togo,

---

l'utilisation de « bons de délégation ». Les délégués titulaires et suppléants présentent leurs demandes par écrit 48 heures avant une réunion mensuelle. Ils peuvent demander à être reçus individuellement ou collectivement et ont le droit de se déplacer librement dans l'entreprise, d'afficher des communications et de disposer d'un local.

1734 L'arrêté du 10 décembre 2009 reprend les règles de l'ancienne règlementation coloniale selon lesquelles « les délégués sont reçus collectivement par le chef d'établissement ou son représentant au moins une fois par mois » et « sont, en outre reçus en cas d'urgence sur leur demande ». Il est précisé que s'il s'agit d'une société anonyme, « les délégués du personnel doivent être reçus par le Conseil d'Administration s'ils ont à présenter des réclamations ou suggestions auxquelles il ne peut être donné suite qu'après délibération de celui-ci ».

1735 Cf. Entretien avec le secrétaire général adjoint et le conseiller juridique de la centrale CSTT (Lomé, 25 et 28 novembre 2008), avec le DRH d'une société industrielle du secteur métallurgique (Lomé, 12 janvier 2009) et avec le chef du personnel d'une entreprise agro-industrielle en présence de deux inspecteurs du travail d'Atakpamé et deux délégués du personnel CNTT (région des plateaux, 16 janvier 2009).

1736 Un arrêt contient par exemple le récit de l'absence d'effet de la consultation des délégués du personnel dans le cadre d'une réorganisation (CA n° 011/08, 26 février 2008, inédit).

1737 Cf. Entretien avec la directrice régionale du travail à Atakpamé, région des Plateaux, 15 janvier 2009.

1738 En vertu de l'article 216 du code du travail, ils participent à la création et à la gestion de toute œuvre sociale d'entreprise.

1739 Cf. Entretien avec le chef du personnel d'un hôtel de statut parapublic, Kara, 2 décembre 2008.

par exemple, des délégués du personnel gèrent quelques services sociaux tels qu'une coopérative d'épargne et de crédit et un comité pour l'octroi d'aides en cas de décès d'un travailleur ou d'un membre de sa famille. Dans ce système, ils sont en réalité affectés à une activité de gestion de ressources humaines. Ils se situent de fait « hiérarchiquement » entre les autres délégués et la direction du personnel[1740], tout en n'ayant pas plus de capacités de négociations[1741]. Dans les entreprises de la zone franche, la gestion et l'octroi de certaines prestations ou aides sociales sont de la compétence exclusive des employeurs. Cela semble être aussi le cas dans la plupart des entreprises de territoire douanier[1742].

L'application de la protection légale contre le licenciement devant garantir contre certaines atteintes portées au mandat du délégué du personnel connaît quelques difficultés en pratique. Le licenciement d'un représentant du personnel, d'un candidat ou ancien délégué du personnel[1743], est soumis à une procédure spécifique. L'autorisation administrative[1744] préalable est obligatoire pour l'employeur qui souhaite se séparer d'un représentant du personnel. Cette obligation juridique est mentionnée par les divers acteurs du monde du travail[1745]. Mais elle est en pratique l'objet de multiples détournements ou contournements. Les relations de pouvoir qui peuvent exister entre certains employeurs, certaines organisations syndicales et les autorités étatiques ainsi que l'image générale d'une administration corrompue en sont des vecteurs importants. L'inspecteur du travail sollicité pour l'autorisation de licenciement d'un délégué du personnel est souvent pris dans une situation complexe lui imposant de choisir entre le risque d'accusation syndicale de dessous-de-table et celui d'un recours patronal à des personnalités gouvernementales. Un conflit

---

1740 « Les conflits individuels, nous laissons ça aux délégués du personnel qui essaient de gérer, il nous l'envoie quand ça ne marche pas. Si le délégué n'arrive pas à résoudre, il envoie à son secrétaire de section qui à son tour nous l'envoie s'il n'y arrive pas » (Cf. Entretien avec un délégué du personnel CNTT et responsable de la coopérative de la société cotonnière du Togo à Atakpamé, région des Plateaux, 16 janvier 2009).

1741 « Par exemple quand on parle du 13e mois, ce n'est pas appliqué. Par exemple, les primes d'ancienneté ne sont pas appliquées (…) Ça fait très longtemps ça, nous avons même envoyé une demande d'ouverture de négociations et avons envoyé une copie à l'inspection. Jusqu'ici nous n'avons pas de réponse donc nous prévoyons d'aller voir l'inspection » (*ibid.*).

1742 Deux représentants de la Fédération de l'agro-alimentation affiliée à la centrale CSTT évoquent la présence d'une cantine dans une société qu'ils considèrent « la mieux structurée sur tous les plans » (Cf. Entretien avec représentant syndical de la centrale CSTT (fédération de l'agroalimentaire), salarié d'une société industrielle du secteur agroalimentaire, Lomé, 19 décembre 2008 et avec le secrétaire des industries de l'agro-alimentation de la fédération de l'alimentation et de l'agriculture de la centrale CSTT, Lomé, 19 décembre 2008). Le DRH d'une société industrielle du secteur métallurgique (Lomé, 12 janvier 2009) mentionne l'existence d'une mutuelle de santé dans l'entreprise et avoue vouloir supprimer quelques initiatives telles que la cantine ou les fêtes de fin d'année mais craint une réaction des travailleurs pour qui « une action est prise pour un droit ».

1743 Les dispositions conventionnelles étendent la protection, extension en partie reprise par le code de 2006.

1744 Cette autorisation est délivrée par l'inspecteur du travail en zone « douanière » et par l'agent de la SAZOF en zone franche.

1745 Cf. Entretien collectif avec des jeunes inspecteurs du travail, Lomé, 16 décembre 2008.

collectif au sein de la société minière du Togo a, par exemple, abouti au licenciement de plusieurs représentants syndicaux avec l'autorisation de l'inspecteur du travail. Ce dernier a été accusé par certains syndicalistes d'être corrompu, eu égard à l'appartenance des travailleurs licenciés à une seule et même centrale syndicale et à l'importance de la société en cause. Le chef inspecteur de la zone est de Lomé relate une histoire similaire au sujet d'un délégué du personnel ayant commis une faute professionnelle[1746]. Parallèlement à cette problématique fondamentale du rapport à l'État et des représentations qu'il suscite, se situe celle de l'absence pure et simple d'autorité de l'inspecteur, soit qu'il ferme les yeux, soit qu'il soit évincé par une intervention syndicale ou ministérielle.

Les conséquences à tirer du non-respect du régime protecteur du représentant du personnel ne sont de plus pas clairement établies en jurisprudence. Depuis 2006, le code du travail établit la nullité et ses effets en cas de licenciement prononcé « sans que l'autorisation de l'inspecteur du travail et des lois sociales ait été demandée ou malgré le refus opposé par celui-ci ». Le représentant licencié « est réintégré d'office avec paiement d'une indemnité égale aux salaires qu'il aurait perçu s'il avait travaillé[1747] ». Avant la réforme de 2006, la CCIT comportait le principe de la nullité du licenciement prononcé en méconnaissance de l'obligation d'autorisation administrative. Néanmoins, avant comme après la réforme du code du travail, cette conséquence est ignorée dans les décisions judiciaires relatives au licenciement d'un délégué du personnel. À l'instar de décisions rendues par les tribunaux de certains pays de la sous-région, l'absence de demande ou d'octroi d'autorisation administrative n'emporte pas la nullité du licenciement mais son caractère abusif ou irrégulier[1748]. La conséquence en est que le juge togolais peut toujours rechercher si la cause du licenciement est justifiée au travers de son pouvoir

---

[1746] « C'était un délégué du personnel. On demande l'autorisation à l'inspecteur du travail pour licencier ce délégué. Je suis allé aux investigations, c'est clair que c'est lui. J'ai donné mon autorisation. Le jour où il a reçu la lettre de licenciement c'est fini ! Les syndicats ! (...) Ils sont allés chez mon directeur. Mon directeur m'appelle, j'ai donné tout le dossier à mon directeur. Au début il m'a dit, fait ce que tu peux faire, et en toute équité. Parce que quand j'avais pris le dossier en mains, c'était des coups de téléphone de partout pour vous intimider. Il a été licencié et après le directeur, ils sont allés voir le ministre, ils ont écrit pour demander de m'enlever de mon poste » (Cf. Entretien avec un inspecteur du travail, chef de la zone est de Lomé, Lomé, 9 janvier 2009).

[1747] Article 215 code du travail. Le principe général de nullité du licenciement est seulement affirmé à l'alinéa 3 de cet article concernant le licenciement prononcé « malgré le refus opposé par l'inspecteur du travail ». Mais les conséquences précisées à l'alinéa 6 élargissent le champ de la nullité. Toutefois, l'indemnité prévue à l'alinéa 7 en cas de non réintégration du salarié dans un délai de quinze jours est limité au cas du refus d'autorisation, ce qui crée un léger vide juridique. Il serait pertinent de revoir la rédaction de cette disposition.

[1748] Une tendance des législateurs va vers l'affirmation de la nullité mais des jurisprudences affirment indifféremment abus et irrégularité (V. M. Kirsch, « Note : le contentieux de l'autorisation de licenciement du délégué du personnel », *TPOM*, n° 885, 2000, p. 13).

d'accueillir ou non la demande de dommages et intérêts[1749]. La protection juridique du délégué du personnel contre le licenciement est donc en pratique peu dissuasive puisque les conséquences judiciaires de son irrespect sont jusqu'à présent identiques à celles de l'irrespect des règles de licenciement de n'importe quel travailleur.

Les attributions du délégué du personnel sont donc en pratique largement éloignées des prévisions juridiques. Son rôle dans l'entreprise concerne plus les demandes individuelles et ponctuelles que la réclamation collective et la défense des intérêts collectifs des travailleurs. Le rôle de décideur exclusif de l'employeur est ainsi conforté par une action dispersée du représentant du personnel. Toute démarche fondée sur le respect des règles de droit du travail est en partie mise en cause par une réactivité limitée des agents de l'inspection du travail, des centrales syndicales et des juges. L'instrumentalisation et le clientélisme que suggèrent les relations de pouvoirs en vigueur dans certains contextes d'entreprise contribuent à une impression généralisée de représentations collectives en réalité fictives. Les problèmes entourant l'octroi de l'autorisation de licenciement sont en outre particulièrement vifs en cas de mouvements de grève initiés par des représentants du personnel et regardés systématiquement par l'employeur comme illicites. De nombreux salariés peuvent être licenciés sous ce motif et sans contrôle tandis que l'inspecteur du travail saisi par l'employeur d'une demande d'autorisation de licenciement est face à la difficulté que pose le droit togolais de la grève qui neutralise juridiquement toute perspective de mouvement collectif licite.

[1749] Dans un arrêt (CA, ch. soc., Lomé, n °04/07, 1er février 2007, inédit) les conseillers de la Cour d'appel confirment le caractère équivoque de la démission qui s'analyse en un « licenciement déguisé » et se prononce sur le « caractère réel de la rupture querellée ». Ils se fondent sur l'article 178 du code du travail relatif au délégué du personnel pour affirmer que ses dispositions « sont d'ordre public, qu'elles doivent être observées par tout employeur qui prend l'initiative de la rupture du contrat de travail d'un délégué du personnel » pour décider que le licenciement s'analyse en un licenciement abusif ouvrant droit aux indemnités de préavis et licenciement. La demande de dommages et intérêts est rejetée sur le fondement de l'article 36 du code du travail et des « circonstances des faits de la cause ». Les juges rejettent la demande de versement des salaires jusqu'au jugement.

§2 – L'évitement partiel du droit de la grève

Le droit togolais de la grève est depuis 2006 composé de deux dispositifs dont nous avons pu relever la difficulté d'articulation sur un plan théorique[1750]. L'analyse des conflits collectifs au cours desquels un mouvement de grève est déclenché révèle que le droit togolais de la grève fait l'objet de diverses appropriations. Si le constat d'un droit de grève inatteignable *de facto* ou *de jure* peut être fait (A), il existe une appropriation des dispositions juridiques sur la résolution des conflits collectifs qui se situe entre respect et irrespect (B).

A. Un droit de grève inatteignable *de facto* ou *de jure*

Le droit de grève est un droit fondamental reconnu par la Constitution du Togo de 1992 mais son encadrement juridique, gardant la marque du droit colonial de 1952, témoigne d'une volonté de neutralisation. Si le cadre juridique de la grève en vigueur depuis 2006 fait l'objet d'une pluralité d'interprétations (1), il permet en réalité toujours de déclarer la grève illicite (2).

1. La pluralité d'interprétations du cadre juridique de la grève

Depuis la réforme du code du travail de 2006, la grève est l'objet de deux dispositifs juridiques dont l'articulation est difficile à établir. Les interprétations divergent selon qu'elles établissent une complémentarité ou une imperméabilité[1751].

Sous l'égide du code de 1974, le droit de grève pouvait paraître inatteignable *de facto* du fait de la longueur du processus devant précéder sa mise en œuvre. Certains pensent que la réforme du code du travail en 2006 consacre une libéralisation du droit de grève en ce que les nouvelles dispositions composant le deuxième dispositif relatif à la grève seraient autonomes de celles relatives à la résolution des conflits collectifs. Or, la reconduite presque entière de ces anciennes dispositions conduit à l'impression d'un droit de grève désormais inatteignable *de facto* et *de jure*[1752]. Les reformulations des anciennes dispositions

---

[1750] Voir supra Partie I, Titre 1, Chapitre 1, Section 2, §1, B, 1, a et §2, B, 1.

[1751] La réforme de 2006 est analysée comme génératrice d'une « fausse impression » et une autre réforme est préconisée : suppression notamment des articles 266 et 267 du code du travail qui subordonnent la légalité de la grève au respect de la procédure de règlement des conflits collectifs et des éclaircissements juridiques sur l'éventuel monopole syndical de l'exercice du droit de grève (K. Wolou, *Étude sur la conformité de la législation nationale du Togo avec les normes fondamentales du travail*, Rapport de mission, BIT, 2011).

[1752] Le projet OHADA de 2010 prend en compte ces interrogations sur le droit de grève. Sans instituer un droit de grève libéralisé, le projet spécifie l'articulation entre le règlement des conflits collectifs et la grève en instituant une période de suspension du préavis de trois jours. Dès lors qu'un conflit est notifié (en imaginant que cette notification est constituée par le dépôt du préavis de grève) débute « une période de vingt (20) jours pendant laquelle les parties s'engagent à déclencher les procédures de règlement de leurs choix tels que la négociation, la conciliation, la médiation et l'arbitrage ». Pendant ce délai de 20 jours, toute grève est illicite. « Est également illicite la grève déclenchée en violation des stipulations d'un accord de conciliation ou d'une sentence arbitrale devenue définitive sur le règlement des conflits collectifs ne paraissent pas en effet devoir produire d'effet substantiel étant donné le maintien du principe selon lequel « la grève déclenchée après formation de l'opposition à la sentence arbitrale n'entraîne pas la rupture du contrat de travail[1753] ». Ceci semble vouloir dire que la procédure du règlement des conflits collectifs, prévoyant une tentative de conciliation devant l'inspecteur du travail puis, en cas d'échec, la saisine du directeur général du Travail puis, si l'échec persiste, la saisine du ministre du travail qui désigne les membres du conseil d'arbitrage chargé de rendre une sentence arbitrale, doit obligatoirement précéder tout mouvement de grève[1754], au risque que celui-ci soit « qualifié d'illicite par décision du Tribunal de première instance à la requête du ministre chargé du travail ». Or, comment articuler ce dispositif avec les nouveaux articles 268 et suivants relatifs au déclenchement de la grève : préavis de cinq jours ouvrables, obligation de négociations pendant la durée du préavis, constat d'échec des négociations par l'inspecteur qui transmet le dossier au directeur général du Travail et poursuite des négociations pendant le déroulement de la grève « sous l'autorité d'une personnalité désignée par le ministre du travail » ou, au choix des parties, d'un médiateur. L'article 279 du code du travail précise en outre que « toute contestation relative à l'exercice du droit de grève est tranchée par le Tribunal du travail qui statue en référé ». Si la réforme de 2006 a permis l'introduction de précisions utiles, la nouvelle dualité de dispositifs sur la grève entraîne quelques obscurcissements.

À côté d'une conviction générale sur le bienfait de l'intervention conciliatrice de l'inspecteur du travail, les propos d'agents font ressortir deux écoles d'interprétation de la réforme de 2006. Certains agents voient dans les nouvelles dispositions la manifestation d'une volonté politique de desserrer l'étau

---

pendant les négociations ». Si aucune solution n'est arrêtée, un nouveau préavis de trois jours doit être notifié en vue d'effectuer un mouvement de grève. L'ancien projet instituait un préavis de 20 jours dont les modalités de déroulement en lien avec les dispositions sur le règlement des conflits collectifs demeuraient incertaines (V. P. Auvergnon, « Des esprits présents dans le projet d'acte uniforme OHADA portant droit du travail », in *L'esprit du droit africain*, Mélanges en l'honneur de P.-G. Pougoué, LGDJ, à paraître).

[1753] Article 267 du code du travail de 2006.

[1754] Ce n'est qu'en cas d'opposition à la sentence arbitrale formée dans les deux jours de sa notification que la grève est juridiquement admise. Le droit formel togolais est celui qui institue la procédure la plus longue de règlement des différends collectifs. Les phases obligatoires y sont les plus nombreuses car entre l'inspecteur et la saisine du ministre se trouve l'intervention du directeur général du Travail. Si la plupart des États d'Afrique subsaharienne instituent le principe de l'épuisement des procédures de conciliation avant le déclenchement de la grève, un seul mécanisme de conciliation est envisagé soit uniquement devant l'inspecteur (Cameroun, Guinée, Centrafrique), soit avec le ministre, soit l'inspecteur convoque les parties qui désignent les arbitres (Congo, procédure de recommandation). En Côte d'Ivoire, il appartient aux parties de décider de recourir ou non à l'arbitrage ce qui induit que la grève peut être déclenchée sans ce préalable. En Mauritanie, une médiation doit être entamée devant une commission mais la grève et le lock-out sont possibles avant sa première réunion.

juridique qui empêchait l'exercice de la grève[1755]. Ils pensent que le dépôt du préavis suffit désormais pour procéder à un arrêt de travail, sous réserve de négociations concomitantes avec le ou les employeur(s). D'autres agents sont plus réservés sur les perspectives de changement offertes par les nouvelles dispositions. Ils estiment maintenue l'obligation de passer par les étapes du règlement des conflits collectifs préalablement ou concomitamment[1756] au dépôt du préavis. Il est intéressant de voir que dans ce courant prennent part les agents en position hiérarchique supérieure : le directeur régional du travail de Dapaong, le directeur général-adjoint du travail de Lomé, le chef inspecteur du travail de Lomé-est, le président du Tribunal du travail de Lomé, le président de la Chambre sociale de la Cour d'appel de Lomé. Cette complexification du droit et les doutes qui en résultent sont peut-être à l'origine de certaines erreurs de présentation des règles, caractérisées par des ajouts[1757], des oublis[1758] ou de mauvaises données[1759].

Une dualité similaire dans l'interprétation du droit de grève ressort des propos des acteurs sociaux. Le secrétaire général adjoint de la CSTT croit à un assouplissement de l'encadrement législatif de l'exercice de ce droit[1760] tandis que les membres du bureau de l'UNSIT pensent que le préavis est suspendu par l'enchaînement des divers paliers de conciliation[1761]. Un spécialiste en ressources humaines, directeur du cabinet du ministre de la justice, donne

---

1755 Cf. Entretien collectif avec des jeunes inspecteurs du travail (Lomé, 16 décembre 2008), avec le directeur régional du travail de Kara (6 décembre 2008), avec un inspecteur du travail à Atakpamé (région des Plateaux, 15 janvier 2009) et avec le directeur régional du travail de Sokodé (région centrale, 20 janvier 2009).

1756 Le directeur régional du travail de Kara considère que si les procédures de grève et de règlement des conflits doivent être concomitantes, leur succession est inversée. Selon lui, il convient de déposer le préavis puis d'enclencher le processus de conciliation : « ça suspend le préavis ». L'auteur du manuel de droit du travail procède à une confusion des deux dispositifs. Il fait ainsi figurer la médiation parmi les modes de règlement des différends collectifs. L'auteur imbrique l'avant et le pendant la grève (D. Yabre, 2008, *op. cit.*, p. 118 s.).

1757 Un inspecteur du travail de Lomé et le directeur régional du travail de Kara mentionnent l'existence d'une pré-étape obligatoire puisqu'ils pensent que le dépôt du préavis de grève est subordonné au refus de l'employeur d'apporter une réponse aux revendications qu'il concerne. Le directeur régional de Sokodé évoque vaguement des négociations infructueuses préalables. Si cette exigence est présente dans le projet de droit du travail OHADA, elle est nullement précisée dans le droit national togolais.

1758 Seul un inspecteur du travail de Lomé fait explicitement référence à la notification obligatoire du préavis à l'inspection. L'obligation légale selon laquelle seul un syndicat est compétent pour la rédaction du préavis est absente des explicitations des ces agents.

1759 Le directeur du travail de Kara donne l'exemple d'un dépôt de préavis de trois jours et un inspecteur du travail d'Atakpamé fixe cette durée à vingt jours. La directrice régionale d'Atakpamé mentionne qu'un accord et un préavis de 48 heures permettent d'enclencher une grève.

1760 « Il suffit de préaviser l'employeur au moins 5 jours ouvrables, dans la lettre de préavis il faut préciser ce que vous revendiquez. Pendant les cinq jours les portes ne sont pas fermées vous pouvez toujours continuer par négocier. C'est lorsqu'il y aura échec de la négociation que vous êtes autorisé à aller en grève » (Cf. Entretien avec le secrétaire général adjoint et le conseiller juridique de la centrale CSTT, Lomé, 25 et 28 novembre 2008).

1761 Cf. Entretien avec le secrétaire général de la centrale UNSIT, Lomé, 23 décembre 2008.

l'interprétation libérale selon laquelle les dispositions offrent deux options de procédure au choix des initiateurs du conflit : soit la procédure de règlement des conflits collectifs, soit la « procédure de préavis »[1762]. Selon lui, le verbe « saisir » sous-entendrait une démarche volontaire plutôt que l'expression d'une obligation juridique. Parmi les représentants du personnel, très peu mentionnent une procédure spécifique à suivre en matière de grève. Un délégué du personnel d'une entreprise agroindustrielle évoque simplement l'obligation de préaviser l'employeur et « s'il fait encore la sourde oreille, on peut y aller[1763] ». Les représentants syndicaux de l'intérieur du pays évoquent unanimement l'obligation de négociation sans pour autant étayer les modalités de sa mise en œuvre.

L'impossibilité d'interpréter les dispositions relatives à l'exercice du droit de grève conduit à l'invocation systématique de l'illicéité de tout mouvement envisagé ou engagé. En effet, l'encadrement juridique « neutralisateur » de l'exercice du droit de grève n'empêche pas de constater un recours effectif à la grève au Togo ; mais il permet de qualifier cette action systématiquement de mouvement illicite avec des conséquences considérables et aléatoires. Aussi, une ineffectivité du cadre juridique de la grève dans la détermination des conséquences de l'illégalité cohabite avec une certaine efficacité de ce cadre qui empêche la légalité de tout mouvement de grève.

2. L'illégalité systématique de la grève

La grève doit être selon les agents de l'administration du travail l'ultime recours contre l'immobilisme patronal étant donné les difficultés économiques qu'elle engendre pour l'employeur comme pour le travailleur, les conflits internes qu'elle alimente et le risque de licenciement qu'elle implique[1764]. Il est néanmoins fait état d'une certaine fréquence des mouvements de grève, en particulier à l'intérieur du pays et en référence aux mouvements sociaux des années 1990. Le caractère illicite systématique des mouvements de grève tient, selon des représentants de l'administration ou de centrales syndicales, à un problème de méconnaissance des règles[1765]. Il permet en outre une variabilité

1762 « Vous faites le préavis, vous négociez, vous discutez et puis vous déclenchez la grève. Votre obligation est de donner le préavis de cinq jours. Maintenant, si vous-même vous vous engagez dans la procédure de règlement, vous passez par la conciliation, jusqu'à l'arbitrage vous ne pouvez plus sortir de cette procédure pour aller faire grève » (Cf. Entretien avec le directeur de cabinet du ministère de la justice, ancien directeur des ressources humaines et enseignant de droit privé à l'université, droit du travail dans les écoles de BTS, Lomé, 15 décembre 2008).

1763 Cf. Entretien avec représentant syndical de la centrale CSTT (fédération de l'agroalimentaire), salarié d'une société industrielle du secteur agroalimentaire, Lomé, 19 décembre 2008.

1764 « Nous sommes un pays en développement, si on applique le système des grèves, nous irons au carreau » (Cf. Entretien avec un inspecteur du travail, chef de la zone est de Lomé, 9 janvier 2009).

1765 « C'est pour cela que les gens ne grèvent pas, ou bien s'ils le font c'est illégal » (Cf. Entretien avec le directeur régional du travail de Dapaong, Savanes, 22 janvier 2009). « Une grève a été déclenchée. L'employeur menace de licencier tous ceux qui sont allés à la grève car elle était illégale des choix des modalités de leur résolution. Certains employeurs n'hésitent pas à procéder à des licenciements alors que d'autres recourent aux forces de l'ordre ou à la menace de licenciement[1766] pour faire cesser les mouvements collectifs.

La prévalence de la négociation est présentée à la fois comme un principe de « paix sociale » et comme la résultante d'un droit de grève inatteignable. Un représentant de la centrale syndicale CSTT pense que la meilleure arme pour la résolution d'un différend est la négociation[1767]. La grève doit être utilisée comme une menace, en tant qu'outil de « pression morale[1768] ». Chez d'autres interlocuteurs, l'illégalité ou l'illicéité de la grève constitue la problématique majeure. La directrice régionale du travail d'Atakpamé pose cette problématique en termes de méconnaissance des « procédures de demande et de réclamations[1769] » tandis que le directeur général-adjoint du travail à Lomé pense que le privilège de la négociation tient de la complexité de la procédure légale de grève[1770]. Un représentant syndical d'une fédération de l'agro-alimentation justifie la rareté des mouvements de grève dans les industries agroalimentaires par le fait que la grève « n'est pas aussi permise[1771] ». Le secrétaire général de l'UNSIT parle d'une « caducité » de la procédure officielle de grève empêchant l'écoute des revendications salariales[1772]. Selon le directeur régional du travail de Dapaong, la rareté de l'enclenchement de procédures d'arbitrage est due au fait qu'elles peuvent « prendre des années ». Selon lui, la

---

et considérait que c'était une faute lourde » (Cf. Entretien avec un inspecteur du travail, chef de la zone est de Lomé, 9 janvier 2009).

1766 Dès sa deuxième réunion, en 1952, le Comité de la liberté syndicale reconnaît le droit de grève et en définit le principe fondamental, dont dérivent plus ou moins tous les autres : le droit de grève est un des moyens essentiels dont disposent les travailleurs et leurs organisations, un moyen légitime, pour promouvoir et défendre leurs intérêts économiques et sociaux. Ces principes sont repris dans les paragraphes 520 à 523 du recueil de décisions du Comité de la liberté syndicale, OIT, édition 2006. Le paragraphe 538 de ce recueil précise que « les procédures légales régissant le droit de grève ne devraient pas être compliquées au point que, dans la pratique, il soit impossible de se mettre légalement en grève ». La référence et l'autorité des normes de l'OIT en matière de grève est l'objet de controverses et a conduit les représentants des employeurs à bloquer le processus de contrôle lors de la 101e conférence de l'OIT (voir l'article de Rémi Barroux, Les travaux de l'OIT bloqués par les divergences sur le « droit de grève » du 18 juin 2012, en ligne sur lemonde.fr).

1767 « On peut rire avec l'employeur ou le gouvernement mais je campe sur ma position ; je suis poli » (Cf. Entretiens avec le secrétaire général adjoint et le conseiller juridique de la CSTT, 25 et 28 novembre 2008).

1768 Un chef du personnel du secteur hôtelier mentionne également l'absence de grève. Il évoque une menace il y a quelques années lorsque les avancements des travailleurs étaient bloqués mais la négociation (difficile et progressive) aurait empêché la grève de se concrétiser (Cf. Entretien avec un inspecteur du travail à Atakpamé, région des Plateaux, 15 janvier 2009).

1769 Cf. Entretien avec la directrice régionale du travail à Atakpamé, région des Plateaux, 15 janvier 2009.

1770 Cf. Entretien avec le directeur général adjoint du Travail (Lomé, 26 novembre 2008) qui attribue la cause de la rareté des mouvements de grève à la procédure légale, à l'instar du directeur régional du travail de Sokodé (région centrale, 20 janvier 2009).

1771 Cf. Entretien avec le secrétaire des industries de l'agro-alimentation de la fédération de l'alimentation et de l'agriculture de la centrale CSTT, Lomé, 19 décembre 2008.

1772 Cf. Entretien avec le secrétaire général de la centrale UNSIT, Lomé, 23 décembre 2008.

notion de grève ne peut qualifier les arrêts de travail illégaux pratiqués sans mise en œuvre de la procédure de résolution des conflits collectifs[1773]. Le directeur régional du travail de Kara pense que la rareté des mouvements de grève est liée à la pression exercée sur les « meneurs[1774] ». Un représentant syndical relate en ce sens les licenciements pour faute lourde suite à un mouvement de grève revendiquant l'organisation d'élections professionnelles[1775].

Des spécificités procédurales et contextuelles avancées par certains acteurs démontrent la pluralité des modalités de gestion des conflits collectifs. Malgré la pratique courante des « grèves responsables » qui consiste à l'organisation par les travailleurs d'une surveillance des locaux et machines de l'entreprise[1776], un conflit collectif puis une grève dans une industrie minière du Togo ont été suivis de licenciements fondés sur le motif de vol et de sabotages[1777]. Un délégué du personnel concerné par une mesure de licenciement à cette occasion dénonce la violation par l'employeur d'un « format » en place dans l'entreprise depuis vingt ans[1778]. C'est la qualification d'entrave à la liberté du travail qui a par ailleurs fondé l'inspecteur du travail compétent à autoriser le licenciement d'une dizaine de représentants du personnel[1779] alors que l'arrêt total des machines aurait été rendu nécessaire pour des motifs de sécurité. Certains travailleurs évoquent en outre un droit de grève rendu impossible dans certaines entreprises par les modes de gestion managériale du travail. Une ancienne travailleuse du secteur hôtelier dit que le statut de temporaire ne

---

[1773] Cf. Entretien avec le directeur régional du travail de Dapaong, région des Savanes, 22 janvier 2009.

[1774] Cf. Entretien avec le directeur régional du travail de Kara, région de la Kara, 6 décembre 2008.

[1775] Il mentionne la prise de photos à l'entrée de l'entreprise pour déterminer les responsables du blocage de l'entreprise (Cf. Entretien avec le secrétaire général adjoint et le conseiller juridique de la centrale CSTT, Lomé, 25 et 28 novembre 2008).

[1776] L'exemple d'un mouvement collectif pour l'application de la règle conventionnelle sur les avancements après deux ans est donné dans le secteur agro-industriel ; négociations, pas de licenciement, surveillance des machines pendant la grève pour éviter les vols (Cf. Entretien avec le chef du personnel d'une entreprise agro-industrielle en présence de deux inspecteurs du travail d'Atakpamé et deux délégués du personnel CNTT, région des plateaux, 16 janvier 2009). Cette pratique est aussi relatée à l'occasion d'une journée de formation de délégués du personnel. (Séminaire de formation des délégués du personnel et personnel de l'encadrement de la société des phosphates, Agbodrafo (région maritime), 19-21 novembre 2008).

[1777] Les motifs avancés de ces licenciements sont la non-prévenance du liquidateur considéré comme l'employeur, le caractère sauvage de la grève, le sabotage des installations et l'entrave au travail des autres du fait de l'arrêt total de l'usine.

[1778] Cf. discussion avec des délégués du personnel issus de la centrale syndicale CGCT présents lors de l'entretien avec le secrétaire général de la centrale UNSIT (Lomé, 23 décembre 2008).

[1779] La notification de ces licenciements ait eu lieu par voie d'affichage mais les centrales syndicales concernées, notamment la CGCT, dénoncent une manœuvre de corruption et des collègues de l'inspecteur en cause attribuent la responsabilité aux grévistes à qui le conseil de l'administration de ne pas déclencher de mouvement de grève Le conflit généré par ces licenciements est donc de l'ordre plus politique que juridique.

permet pas de prendre part à ces mouvements[1780]. Un travailleur d'une société de gardiennage pense quant à lui que les différences de traitement empêchent toute association collective des travailleurs[1781]. Un employeur d'origine européenne du nord du pays, à l'instar d'autres représentants d'employeurs[1782], fait état de l'absence de conflits collectifs dans son entreprise. Ils préfèrent parler de « problèmes » qui se posent et sont réglés en interne sans recours à une quelconque autorité publique, d'autant plus qu'il arrive que l'inspecteur du travail soit accusé d'être à la source de conflits collectifs[1783].

Le rôle des autorités étatiques dans la résolution de conflits collectifs avec menaces ou mouvements de grève est variablement perçu. Un manque de communication et de réactivité est dénoncé par certains représentants syndicaux au sujet de licenciements ; des plaintes ou des dépôts de préavis resteraient sans suites. Des représentants de l'UNSIT donnent l'exemple de travailleurs d'une ancienne usine textile collectivement licenciés qui ont tenté d'en appeler au Gouvernement[1784]. Un membre de cette même centrale syndicale évoque le dépôt d'un préavis de grève depuis deux ans dans le secteur public de l'enseignement et l'abandon du mouvement par peur des représailles. Au sujet d'un mouvement collectif dans le secteur de la santé, engagé en 2008 et repris en 2011, un représentant syndical de la CNTT dit qu'il ne s'agit pas de grèves mais de marches de protestation[1785]. Il salue, à l'instar d'un représentant de l'UGSL[1786], les syndicats de base ayant négocié avec certaines autorités gouvernementales tandis que d'autres représentants syndicaux déplorent ces négociations[1787].

Les magistrats togolais disent ne pas connaître de jurisprudence établie sur des questions de fond telles que la définition d'une grève, son caractère illicite

[1780] Cf. Entretien avec une ancienne employée du secteur hôtelier, Lomé, 7 février 2009.

[1781] Cf. Entretien avec un gardien d'une entreprise de sécurité togolaise, Lomé, 23 février 2009.

[1782] Cf. Entretien avec un chef d'entreprise de nationalité européenne (Kara, 3 décembre 2008), avec le DRH d'une société industrielle du secteur métallurgique (Lomé, 12 janvier 2009), avec le comptable d'une entreprise de forage et sondage (Lomé, 10 décembre 2008) et avec le chef du personnel d'un hôtel de statut parapublic (Kara, 2 décembre 2008).

[1783] Cf. Entretien avec un chef d'entreprise de nationalité européenne (dépôt de boissons, vente en gros, supermarché, deux restaurant, garage), Kara, 3 décembre 2008.

[1784] Après des années de réclamation et estimant pouvoir prétendre à « plus 140 mois d'arriérés de salaire », ces anciens salariés continuent de manifester leur mécontentement (V. « Le sit-in des employés de l'ex Togotex annulé in extremis par l'intervention du préfet de l'Ogou », article du 31 mars 2012 en ligne sur http://www.mo5-togo.com).

[1785] Cf. Entretien avec un représentant de la CNTT, Lomé, 2 février 2009.

[1786] Cf. Entretien avec le secrétaire préfectoral de l'UGSL à Kara, région de la Kara, 3 décembre 2008.

[1787] Ces négociations ont abouti à une augmentation de la prime de garde de 5000 à 7000 FCFA tandis qu'un représentant syndical CSTT mentionne le cas béninois où cette prime atteint 50000 FCFA. La tournée présidentielle dans le pays en décembre 2008 dans la perspective des élections de 2010 a été notamment tournée vers ce secteur dans lequel des dons d'argent ont été faits. Une grève est encore programmée dans ce secteur en août 2012 (Voir l'article du 7 août 2012 « Santé : grève de 48 heures dans le secteur hospitalier togolais se confirme davantage pour le 16 août », en ligne sur www.mo5-togo.com).

ou ses conséquences[1788]. Un jugement du 9 mars 2010[1789], concernant un licenciement pour fait de grève, apporte néanmoins quelques indices sur l'approche prétorienne du droit de grève. La position des magistrats rappelle le caractère neutralisateur du droit applicable en matière de résolution des conflits collectifs. Une exigence de légitimité individuelle de la participation à un mouvement de grève est créée dans ce jugement. Les effets de l'illicéité de l'exercice individuel du droit de grève sont par ailleurs considérables. On note ainsi une approche individualisée du motif de grève pour l'appréciation de la bonne foi de ses initiateurs. Il est question en l'espèce du licenciement pour faute lourde d'un ouvrier du secteur portuaire suite à un mouvement de grève d'une journée intervenu après formulation d'une demande de révision des salaires en application du SMIG. Il est notamment reproché à ce salarié le non respect du préavis et l'absence d'intérêt légitime à ce mouvement étant donné son salaire déjà supérieur au SMIG. Le salarié invoque, entre autres arguments, l'article 281 du code du travail qui prévoit la reprise du travail dans les quarante-huit heures en cas de grève illicite et la possibilité de sanctions disciplinaires en cas de non-reprise du travail. Le Tribunal du travail de Lomé déboute le demandeur de ses prétentions sur le fondement des articles « 270, 272-2 et 67 alinéa 2 du code du travail[1790] ». Parmi les motifs du rejet de la demande figure le fait que même si le salarié « était animé par un souci de solidarité en participant à la grève, il ne pouvait en aucune manière comme il l'a fait en être l'instigateur puisque n'ayant aucun intérêt légitime à cet effet »[1791]. Les magistrats du Tribunal du travail créent donc une condition particulière de légitimité pour les instigateurs d'un mouvement collectif en l'absence de définition légale des revendications d'ordre professionnel de l'article 268 et de la défense des « intérêts professionnels » de l'article 269 du code du travail. Le terrain individuel suggéré ici de la recherche des intérêts professionnels est néanmoins en contradiction avec l'aspect collectif inhérent au droit de grève et le droit international du travail[1792]. Les juges semblent en outre oublier la

---

[1788] Cf. Entretien avec le président du Tribunal du travail, Lomé, 16 décembre 2008.

[1789] Trib. Trav. Lomé, n° 076/2010, inédit.

[1790] Le premier concerne l'obligation de préavis, l'article 272-2 qui est en réalité l'article 272 alinéa 1er 2. précise qu'« à l'expiration du préavis et en cas d'échec de la négociation, les travailleurs peuvent cesser le travail sous réserve (…) 2. de respecter la liberté de travail des non grévistes ». L'article 67 alinéa 2 concerne la faute lourde, « sous réserve de l'appréciation par la juridiction compétente de la gravité de la faute ».

[1791] « L'insoumission au supérieur hiérarchique » est constitutive d'une faute lourde. Cette approche disciplinaire de la grève peut être rapprochée d'un autre jugement qui concernait le licenciement pour faute lourde d'une salariée pour instigation à la rébellion, matérialisée par le refus collectif d'encaisser un salaire suite à des tentatives infructueuses de négociations. Les juges ne se placent pas sous le visa du droit des conflits collectifs. Ils caractérisent l'imputabilité des faits reprochés à la salariée mais relèvent l'absence de caractère suffisamment grave de ces faits pour justifier la faute lourde (Trib. Trav. Lomé, n° 015/10, 26 janvier 2010).

[1792] « L'interdiction des grèves non liées à un conflit collectif auquel les travailleurs ou le syndicat seraient parties est contraire aux principes de la liberté syndicale » (Recueil de décisions et de principes du Comité de la liberté syndicale du Conseil d'administration du BIT, Genève, 2006, §538).

jurisprudence sur la faute et sa gravité. Les éléments déclencheurs du mécontentement sont oubliés (le non-respect du SMIG et les réclamations salariales)[1793] alors qu'il y aurait eu matière à s'engager sur le terrain de la proportionnalité de la sanction avec les faits qui ont précédé[1794].

Le droit de grève doit en définitive s'exercer avec une telle précaution au Togo qu'il est possible, à l'instar de certains acteurs, de s'interroger sur son existence[1795]. La neutralisation *de jure* de l'exercice du droit de grève est donc effective *de facto,* quand bien même les modalités de résolution des conflits collectifs révèlent en pratique un détournement seulement partiel des articles 257 à 265 du code du travail.

B. Les modalités de résolution des conflits : entre respect et irrespect

La majorité des acteurs du monde du travail togolais pensent que la procédure à trois paliers de résolution des conflits collectifs doit toujours être enclenchée. En pratique, les étapes de cette procédure sont variablement respectées. Les différents acteurs que le dispositif préconise sont souvent impliqués, mais selon des modalités différentes de celles prévues par le droit positif[1796]. On relève ainsi qu'à côté de l'informalité des interventions étatiques

---

Le cas d'espèce n'entre pas dans les circonstances connues des grèves de solidarité se définissant comme « des actions se greffant sur une grève déjà engagée par d'autres travailleurs » mais peut y être rattaché dans la mesure où « le problème est ici de savoir si les travailleurs peuvent faire grève pour des raisons d'ordre professionnel, socio-économique ou syndical qui ne les touchent pas eux-mêmes de façon directe et immédiate ». Dès lors que le comité de la liberté syndicale condamne les restrictions apportées aux grèves de solidarité au sens précité, il apparaît pour le moins douteux qu'une grève de solidarité interne à une entreprise puisse être taxée d'illicéité (B. Gernigon, A. Odero et H. Guido, « Les principes de l'OIT sur le droit de grève », *RIT*, 1998, vol. 137, n° 4).

[1793] Le travailleur licencié était engagé depuis 2002 et percevait un salaire de 35000 FCFA, soit seulement supérieur de 7000 FCFA au nouveau SMIG de 28000 FCFA.

[1794] « Le recours à des mesures extrêmement graves comme le licenciement de travailleurs du fait de leur participation à une grève et le refus de les réembaucher implique de graves risques d'abus et constitue une violation de la liberté syndicale. (...) L'exercice abusif du droit de grève peut prendre des formes diverses : grève suivie par des travailleurs à qui ce droit n'est pas reconnu (dans le respect des principes de la liberté syndicale), non observation des conditions mises à la grève (quand ces conditions sont raisonnables) (...) » (B. Gernigon, A. Odero et H. Guido, *op. cit.*, p. 42). « Nul ne devrait faire l'objet de sanctions pour avoir déclenché ou tenté de déclencher une grève légitime » (Recueil, BIT, *op. cit.*, § 660).

[1795]Cf. Entretien avec le secrétaire des industries de l'agro-alimentation de la fédération de l'alimentation et de l'agriculture de la centrale CSTT (Lomé, 19 décembre 2008) et le secrétaire général de l'UNSIT (Lomé, 23 décembre 2008).

[1796] On pourrait parler de « surdétermination » du droit des conflits collectifs au Togo, au sens de l'approche « systémale » de Gérard Timsit. On note une imbrication variable des relations interpersonnelles au sein des rapports public/privé tels qu'envisagés dans le droit formel togolais. La démarche « systémale » de Gérard Timsit tend à donner une lecture du droit dans sa dynamique et selon une perspective sémiologique, dans l'objectif « d'être traité de manière plus cohérente, à partir d'un concept qui, destiné à dire l'unité des ensembles qu'il désigne, permettrait, d'un même mouvement, d'en mesurer, dans leurs différentes dimensions, l'exacte portée » : les trois dimensions de définition du droit sont l'énonciation (prédétermination), l'interprétation et son interaction avec préconisées (1), c'est une diversité d'intervenants qui peuvent être impliqués dans la résolution des conflits collectifs (2).

1. L'informalité des interventions étatiques préconisées

La sollicitation des représentants de l'État en cas de conflit collectif de travail est quasi-systématique. Si l'on retrouve globalement en pratique les acteurs préconisés en droit, leur sollicitation se manifeste selon des réseaux aussi éloignés des prescriptions procédurales que multiples. La saisine de l'autorité administrative peut être le fait d'un employeur ou d'un travailleur, au titre ou non de son mandat de représentant du personnel ou de syndicaliste. Il arrive en outre que l'inspecteur du travail soit directement saisi par sa hiérarchie, c'est-à-dire par son chef de service ou par le directeur général du Travail. Il peut également arriver que l'inspecteur du travail ne soit pas saisi du conflit qui est directement porté, par saisine de l'employeur, d'un représentant syndical ou autre, devant le directeur général du Travail ou le ministre du travail. C'est parfois le chef de l'État qui est appelé à intervenir sur un conflit social tandis que le stade de l'arbitrage qui consiste en la réunion d'une instance collégiale tripartite semble tenir de l'exception[1797] : « le ministre intervient et généralement ça suffit[1798] ». La direction du dialogue social de la DGTLS, a pour attribution notamment de gérer les « conflits majeurs du monde du travail ». Même si cette direction « comprend donc deux divisions, la division gestion des conflits et la division des accords et conventions collectives[1799] », il apparaît que sa création n'a pas mis fin à une gestion des conflits collectifs répartie entre les services, agents et acteurs sociaux selon des paramètres variés.

Des inspecteurs du travail mentionnent le principe de leur saisine en cas de conflit collectif. Un inspecteur de la zone nord de Lomé dit intervenir « *avant le conflit* » et convoquer l'employeur pour discuter des problèmes qui portent le plus souvent sur un projet de restructuration ou l'absence d'augmentation des salaires depuis plusieurs années. De jeunes inspecteurs du travail en poste à Lomé mentionnent une compétence des chefs de service ou du directeur général du Travail « selon l'entreprise ». Lors du mouvement collectif des personnels de la santé en 2008, le directeur régional du travail de Kara explique que le directeur général du Travail lui a téléphoné de Lomé pour lui demander d'aller sur le terrain recueillir les propos des grévistes des établissements et de

---

d'autres éléments qui caractérise la « surdétermination » (G. Timsit, « Sept propositions (plus une) pour une définition systémale du droit », *Droits*, 1989, n° 10, p. 93-96).

[1797] Les jeunes inspecteurs en poste à Lomé disent ne jamais avoir entendu parler de la mise en place du conseil d'arbitrage. Le directeur général adjoint du travail précise quant à lui certaines règles de délibération en œuvre entre les membres du conseil. Selon lui, c'est le consensus qui est recherché et en cas d'impossibilité, les membres votent et la voix du président l'emporte. Il avoue ensuite n'avoir jamais consulté de sentence arbitrale et ne pas connaître le lieu de leur archivage (Lomé, 26 novembre 2008).

[1798] Cf. Entretien avec le directeur général du Travail, Lomé, 14 novembre 2008.

[1799] Cf. Entretien avec un inspecteur du travail, directeur du dialogue social, Lomé, 23 décembre 2008.

lui faire un rapport. Le directeur régional du travail de Dapaong, mentionnant aussi l'intervention de l'inspecteur dans la résolution des conflits collectifs accompagnés de mouvements de grève, précise qu'il est fréquent que l'employeur envoie un véhicule pour que l'inspecteur intervienne. Cette pratique est aussi relatée par la directrice régionale d'Atakpamé au sujet de menaces de grève dans une société agroindustrielle. Cette dernière précise que l'inspecteur intervient sur « interpellation » de l'employeur, des travailleurs, ou du préfet.

Le nombre d'étapes prévu par le code du travail est plus ou moins respecté. Un représentant du Conseil National du Patronat (CNP) dit que les conflits collectifs passent le plus souvent « directement de l'inspecteur au ministre[1800] ». Il apparaît aussi que dans certains secteurs d'activité ou certaines entreprises, le passage par l'inspecteur du travail soit évincé par l'intervention de ses supérieurs. Soit ces autorités sont saisies directement par l'une des parties au conflit, soit elles s'autosaisissent de certains dossiers. En outre, le directeur général du Travail mentionne un palier supplémentaire devant le ministre permettant d'éviter d'en arriver au conseil d'arbitrage. Un inspecteur du travail de Kara relate un conflit collectif dans une antenne locale de la société cotonnière du Togo pour lequel des représentants de travailleurs l'ont sollicité mais au sein duquel il n'a pu intervenir du fait de l'immixtion immédiate des « instances diligentes » dans le conflit, « comme si on nous avait relayé le travail : le ministre du travail, le ministre chargé du secteur, on a aussi fait cas au directeur de cabinet qui a promis de tout faire pour que toute chose entre dans la légalité[1801] ». Un mouvement social au sein de cette société devenue société d'économie mixte en 2009 est aussi évoqué par le directeur régional de Dapaong qui mentionne son règlement « à Lomé ».

Les effets des sollicitations des autorités hiérarchiques supérieures dans les conflits collectifs sont dépendants du secteur concerné. Le contexte sociopolitique sous-jacent au secteur économique dans lequel ce type d'intervention est sollicité met néanmoins en cause l'idéologie de « paix sociale » qui sous-tendrait le nécessaire « arbitrage » étatique dans les mouvements collectifs[1802]. Selon le secteur concerné, il apparaît en effet que l'autorité étatique peut autant se comporter avec immobilisme qu'avec influence. Le directeur général du Travail dit prendre une part active dans la « gestion » des conflits et dans la recherche de « solutions », sans pour autant expliciter l'issue de ses interventions : « un dans un collège privé, et l'autre une

---

[1800] Cf. Entretien avec l'ancien conseiller spécial du président du CNP, membre du GTPME/PMI et chef d'entreprise de services en ressources humaines, Lomé, 9 février 2009.

[1801] Cf. Entretien avec l'inspecteur du travail de Kara, région de la Kara, 2 décembre 2008.

[1802] Au sujet de l'intervention étatique en matière de conflits collectifs marocains, A. Souhair pense que l'État intervient non en constituant un arbitrage pour départager les partenaires sociaux mais s'impose en neutralisant, au nom d'une certaine conception de la croissance économique et de la paix sociale, sans tenir compte de la réalité des situations ni de la légitimité (A. Souhair, *op. cit.*, p. 350).

entreprise de commerce général. Pour le premier cas ça touchait à un problème de sécurité sociale parce que l'employeur ne voulait pas déclarer les gens. Et pour le second cas, ça touchait un plan social parce qu'il était en train de faire une restructuration. On a réussi à renouer le dialogue, ils sont en train de continuer[1803] ». Un chef inspecteur du travail de Lomé évoque de multiples interventions téléphoniques du directeur général du Travail et du ministre du travail à l'occasion d'un mouvement de grève dans une société privée agroindustrielle[1804] tandis que le secrétaire général de l'UNSIT regrette l'absence de réponse à un préavis de grève dans le secteur de l'enseignement au niveau national, notifié directement au ministre chargé de l'éducation et au directeur général du Travail[1805].

Un important conflit collectif dans le secteur minier peut être pris en exemple d'une combinaison d'immobilisme et d'influence. L'intervention des autorités ministérielles, du chef de l'État, de l'inspecteur du travail et du directeur général du Travail a été déterminante pour la cessation du mouvement mais n'a eu aucun impact en termes de négociation ou de recherche de consensus. Face à la succession de décisions patronales contradictoires dans le cadre du processus de privatisation d'une société d'État entamé en 2007[1806], certains représentants syndicaux de deux syndicats de base de l'entreprise ont notifié un préavis de grève « à tous les responsables de l'État concernés » c'est-à-dire « le conseil de surveillance avec quatre ministres : des finances, de tutelle c'est-à-dire des mines, du développement et de l'aménagement du territoire et du commerce ». Concomitamment, deux autres syndicats de base affiliés à la CNTT ont lancé un préavis de grève à l'appui de revendications de classification. Ces revendications ont été directement négociées à la « Présidence de la République » tandis que la grève liée à la liquidation de la société a donné lieu au licenciement de dix représentants du personnel, dont les secrétaires généraux des syndicats de base, au motif notamment de la non-prévenance de l'employeur. Le directeur général du Travail a pour cela été saisi de la question de la détermination de l'employeur et a désigné comme tel le liquidateur de la société qui n'a pas été directement avisé par les syndicats. Suite à ce licenciement autorisé par un inspecteur du travail, le plan de licenciement de six-cent travailleurs a été mis en œuvre[1807].

[1803] Cf. Entretien avec le directeur général du Travail, Lomé, 14 novembre 2008.

[1804] Cf. Entretien avec un inspecteur du travail, chef de la zone est de Lomé, Lomé, 9 janvier 2009.

[1805] Cf. Entretien avec le secrétaire général de la centrale UNSIT, Lomé, 23 décembre 2008.

[1806] Il y a eu décision d'arrêter le travail puis de reprise du travail, adoption d'un plan social prévoyant 600 licenciements et le paiement des « droits » par l'État « si les moyens lui permettent ». Les représentants du personnel ont contesté le plan social projeté qui a été retiré suite à la dissolution de la société et à la création d'une nouvelle société par décrets.

[1807] Un représentant syndical de l'UNSIT évoque l'affaire d'un licenciement de 400 enseignants suite à un conflit collectif concernant des arriérés de salaire. Une plainte au BIT et des rencontres avec le Gouvernement ont conduit les autorités à s'engager à réintégrer ces travailleurs.

L'intervention des agents de l'État compétents dans le cadre de la procédure légale de règlement des conflits collectifs est donc caractérisée par l'informalité. Il en résulte une pluralité des schémas de résolution des conflits collectifs de travail[1808]. La mise en œuvre de l'un ou l'autre de ces schémas tient surtout à l'appropriation du contexte du conflit collectif. L'éloignement avec les dispositions procédurales légales est plus ou moins important selon le type de schéma. Cette variabilité tient aux rapports entre acteurs privés et acteurs publics ; l'acteur étatique constitue plus un instrument de légitimation qu'une autorité de contrôle pour les acteurs sociaux. Par ailleurs, lorsque ces autorités ne s'avèrent pas suffisamment efficaces, d'autres intervenants peuvent être sollicités par les acteurs sociaux.

2. La diversité d'intervenants possibles

D'autres personnalités sont parfois appelées à intervenir pour la résolution ou « neutralisation » de conflits collectifs. Au niveau public, on relève le concours d'autorités judiciaires et des forces de l'ordre (a). Des personnes privées peuvent en outre être sollicitées (b).

a. Le concours d'autorités judiciaires et des forces de l'ordre

Au plan judiciaire, la saisine du tribunal de grande instance compétent pour décider des effets de l'illégalité d'un mouvement de grève n'est pas évoquée[1809], à la différence de celle en référé du Tribunal du travail de Lomé pour toute contestation « relative à la fixation d'un service minimum » ainsi qu' « à l'exercice du droit de grève[1810] ». L'intervention des tribunaux civils de l'intérieur du pays et d'autres acteurs étatiques tels que le préfet et plus généralement les forces de l'ordre, non prévue par le code du travail, est aussi mentionnée.

Les magistrats et avocats togolais abordent diversement la compétence du juge en matière de conflits collectifs : compétence juridictionnelle de principe ou en référés et selon une attribution *intuitu personae* ou « *institutionae* ». Le président du Tribunal du travail de Lomé mentionne sa compétence en tant

---

1808 Selon M. Kamto, « la justice parallèle, c'est aussi le recours à des procédures informelles de règlement des litiges. La procédure préférée entre toutes est la saisine directe du président de la République pour trancher les litiges qui relèvent strictement de la compétence des tribunaux » (Cité par P. Nkou Mvondo, « La justice parallèle au Cameroun : la réponse des populations camerounaises à la crise de la Justice de l'État », *Droit et Société*, 2002, p. 369). L'auteur présente la distinction entre une justice parallèle traditionnelle présentée comme circonscrite aux affinités ethniques ou villageoises et une justice parallèle « des hommes d'État ». Est-ce qu'on peut parler de recherche de « justice » dans le cas où « les citoyens en litige, dès lors qu'ils ne peuvent pas s'adresser à la justice officielle ou à toute autre instance informelle, transforment les bureaux des préfectures et sous-préfectures, les postes de police et de gendarmerie, en véritables « palais de justice » que les parties en conflits décident ensemble de créer » (*ibid.*) ?

1809 Article 266 du code du travail de 2006.

1810 Articles 271 et 279 du code du travail 2006. Avant la réforme de 2006, le chapitre sur le règlement des conflits collectifs se contentait de mentionner le recours possible devant la chambre judiciaire de la Cour Suprême contre une sentence arbitrale.

que membre du conseil d'arbitrage en principe compétent pour résoudre les problèmes liés à des mouvements de grève, et donc l'incompétence de sa juridiction en tant que telle en matière de conflits collectifs[1811]. Il dit toutefois pouvoir statuer en référés notamment si « les ouvriers ont initié une grève (car) ça risque de faire bloquer le fonctionnement de l'entreprise » et précise qu' « en cas de grève le plus souvent c'est l'employeur qui vient nous voir. Il n'y a pas de décision standard, ça dépend des arguments des deux parties. On peut dire bon, pour le moment il faut arrêter le mouvement de grève, pour le moment il faut surseoir, pour le moment il faut faire ci il faut faire ça[1812] ». Le deuxième magistrat en poste au Tribunal du travail s'en réfère directement au code du travail pour affirmer sa compétence en matière de grève. Il présente une procédure qui rappelle plutôt celle relative aux conflits individuels de travail : « il ne faut pas oublier le rôle de l'inspecteur du travail. Il va, il négocie et après quand ça ne va pas, il peut les envoyer à notre niveau. Il établit un PV et les envoie. En tout état de cause les parties doivent souvent passer par l'inspection du travail pour tenter une conciliation[1813] ». Un avocat de Lomé confirme cette compétence du Tribunal du travail de Lomé pour des affaires de grève en précisant qu'elles ne sont pas fréquentes.

La saisine des magistrats de l'intérieur du pays est évoquée de sorte qu'il apparaît que ce soit plus la personne du magistrat que sa juridiction qui est appelée pour résoudre certains conflits. Le président du Tribunal de Kara évoque un dossier d'arriérés de salaires pour lequel les parties ont décidé de le saisir « par voie d'huissier » et pour lequel une décision écrite a été rendue[1814]. Le président du Tribunal de Sokodé confirme cette possibilité et sa fréquence en matière d'arriérés de salaires[1815]. Ces deux magistrats s'accordent néanmoins pour affirmer la compétence première en principe de l'inspecteur du travail, l'absence d'avocat dans ces affaires et la faible présence syndicale dans leur circonscription.

L'intervention de l'autorité préfectorale et des forces de l'ordre dans les processus de résolution des conflits collectifs est plusieurs fois relatée. La teneur répressive de ce type d'intervention est variable, notamment selon que le conflit a lieu à l'intérieur du pays ou à proximité de la capitale. L'autorité déconcentrée qu'est le préfet est amenée à intervenir dans les conflits sociaux, soit en

---

1811 « On n'est pas compétent, la procédure est bien déterminée. (…) C'est une procédure bien définie par le Code. Je fais partie du conseil d'arbitrage. Non je n'ai jamais siégé. Mais j'ai vu une décision quand même, mon prédécesseur je crois avait déjà participé au règlement d'un conflit dans une société de gardiennage de la place » (Cf. Entretien avec le président du Tribunal du travail, Lomé, 16 décembre 2008).

1812 Cf. Entretien avec le président du Tribunal du travail, Lomé, 16 décembre 2008.

1813 Cf. Entretien avec le deuxième magistrat du Tribunal du travail, Lomé, 3 février 2009.

1814 Cf. Entretien avec le président du Tribunal de Kara, région de la Kara, 3 décembre 2008.

1815 Cf. Entretien avec le président du Tribunal de Sokodé, région des Savanes, 19 janvier 2009. Des représentants syndicaux mentionnent cette possibilité de saisine et précisent qu'il peut arriver que le juge interpelle directement l'employeur sans renvoyer vers l'inspection du travail (Cf. Entretien collectif avec des représentants syndicaux de l'UNSIT à Sokodé, région des Savanes, 19 janvier 2009).

collaboration avec le service local de l'inspection du travail, soit directement sur sollicitation patronale[1816]. Cet état de fait est particulièrement mis en avant pour la région des plateaux qui compte une industrie asiatique de taille importante. Le chef du personnel de cette industrie et la directrice régionale du travail font état de la pratique de l'intervention du préfet sur sollicitation des travailleurs « lorsqu'ils ont des réclamations à soumettre[1817] » ou directement pour « calmer les gens, leur dire d'arrêter[1818] ». Des représentants syndicaux de l'UNSIT à Sokodé, région centrale, mettent en garde contre les pratiques de certains préfets s'octroyant la liberté d'autoriser ou d'interdire les mouvements collectifs dans leur circonscription régionale ou préfectorale. Ils ajoutent qu'il arrive que ces derniers exigent la remise d'une liste des travailleurs grévistes[1819]. Cette teneur répressive de l'intervention préfectorale est corroborée par des représentants syndicaux pour un cas survenu dans la région maritime, à Tabligbo dans la préfecture de Yoto, proche de la capitale du Togo. L'employeur d'une industrie cimentière a appelé le préfet, puis la gendarmerie est intervenue : « les gendarmes ont occupé les lieux pour empêcher d'autres de rentrer. Et puis l'employeur a fait venir d'autres ouvriers d'ailleurs. Il y en a même du Burkina qui sont venus les remplacer[1820] ». L'intervention des forces de l'ordre dans les conflits collectifs peut être préventive, axée sur la surveillance[1821], mais aussi répressive « selon la connotation politique qui sous-tend la grève, notamment dans le secteur public[1822] ». L'intervention par intimidation des forces de l'ordre pour la reprise du travail semble aussi récurrente en zone franche, à côté de celle systématique de la société mixte qu'est la SAZOF.

b. L'intervention de personnes privées

Avant d'aborder la question de la participation des organisations syndicales de travailleurs qui concerne à la fois le secteur « formel » et le secteur dit « informel », il convient de mentionner la sollicitation possible du Conseil

---

1816 L'intervention du préfet de l'Ogou, accompagné des forces de l'ordre, dans un récent conflit social s'est soldée par la promesse de ce dernier d'intervenir auprès du Premier ministre pour qu'une audience soit accordée aux travailleurs (V. http://mo5-togo.com, actualités du 31 mars 2012).

1817 Cf. Entretien avec la directrice régionale du travail à Atakpamé, région des Plateaux, 15 janvier 2009.

1818 Cf. Entretien avec le chef du personnel d'une entreprise agro-industrielle en présence de deux inspecteurs du travail d'Atakpamé et deux délégués du personnel CNTT, région des plateaux, 16 janvier 2009.

1819 Cf. Entretien collectif avec des représentants syndicaux de l'UNSIT à Sokodé, Savanes, 19 janvier 2009.

1820 Cf. Entretien avec le secrétaire général adjoint et le conseiller juridique de la centrale CSTT, Lomé, 25 et 28 novembre 2008.

1821 Le directeur régional de Kara pense que l'exercice du droit de grève est plus libre qu'avant. Dès lors qu'un sit-in est organisé, la dispersion n'est pas forcément opérée. Il donne l'exemple des mouvements sociaux de 2008 dans le secteur de la santé (Cf. Entretien avec le directeur régional du travail de Kara, région de la Kara, 6 décembre 2008).

1822 « On pense que vous êtes manipulés par l'opposition » (Cf. Entretien avec le directeur régional du travail de Kara, 6 décembre 2008).

National du Patronat (CNP) ainsi que le cas d'un secteur dans lequel un « cabinet privé de consultants et de placement » a été appelé à gérer une importante restructuration.

Des employés du CNP mentionnent diverses possibilités de saisine de l'organisation patronale, autant par des travailleurs que par des employeurs, pour intervenir en cas de conflit. Il arrive que des travailleurs s'adressent au CNP et « décrivent tout le processus de conflit jusqu'au déclenchement de la grève », que d'autres « informent par courrier » de conflits individuels ou collectifs ou encore le « saisissent à titre d'information, peut-être pour convaincre l'employeur d'avoir une autre démarche ». Les dossiers sont généralement transférés au président du CNP qui décide de la suite à donner[1823]. Le CNP peut aussi être saisi par les employeurs pour bénéficier de « l'appui du patronat lorsqu'ils sont envoyés au Tribunal ou au conseil d'arbitrage[1824] ».

Un des membres du CNP, directeur d'une « entreprise de service en gestion de ressources humaines », pense néanmoins que son entreprise en tant que telle ne peut jouer de rôle en matière de résolution de conflits collectifs, sauf pour donner des conseils sur des problèmes[1825]. La directrice régionale du travail d'Atakpamé, région des Plateaux, mentionne toutefois l'intervention d'un cabinet privé de ce type pour la gestion sociale du processus de restructuration de la société cotonnière du Togo : « pour la restructuration, ils n'ont pas fait appel à nous, ils ont confié cela à un cabinet de consultants, de placement aussi (ils font des tests psychotechniques pour les entreprises)[1826] ». Cela renvoie aux propos d'un représentant du CNP qui dit être l'un des « consultants » composant une équipe chargée, dans ce secteur, « de mener une étude sur les ressources humaines qui comprend plusieurs volets : le climat social, voir l'organigramme pour les deux ans qui viennent (...) et aussi, des mesures de réduction des effectifs avec un plan social et des mesures d'accompagnement[1827] ». Ces deux présentations traduisent non seulement l'absence d'une association des autorités en principe appelées à intervenir au

---

1823 « Pour un cas ils ne savaient pas qu'ils devaient s'adresser à l'inspection du travail, on l'a dirigé dans ce sens. Pour le deuxième, je ne sais plus ce qu'avait dit le président. Ce sont des discussions informelles avec l'employeur, mais on ne sait pas ce qu'il a décidé » (Cf. Entretien avec deux représentants, conseillers juridiques, du Conseil National du Patronat (CNP), Lomé, 14 janvier 2009).

1824 Il est néanmoins assez paradoxal de relever que l'organisation n'a pas désigné d'assesseur depuis plusieurs années pour la composition du Tribunal du travail (Cf. Entretien avec deux représentants, conseillers juridiques, du Conseil National du Patronat (CNP), Lomé, 14 janvier 2009).

1825 Cf. Entretien avec l'ancien conseiller spécial du président du CNP, membre du GTPME/PMI et chef d'entreprise de services en ressources humaines, Lomé, 9 février 2009.

1826 Cf. Entretien avec la directrice régionale du travail à Atakpamé, région des Plateaux, 15 janvier 2009.

1827 « Nous sommes les consultants nationaux sous l'autorité du consultant européen (...) On s'est arrangé pour consulter les représentants des travailleurs, le syndicat. Parce qu'on doit organiser les évaluations personnelles... On était avec eux, on a fait une tournée pour expliquer » (Cf. Entretien avec un membre « personne ressource » du CNP et conseiller du groupement togolais des PME/PMI, 13 février 2009).

regard des articles 72 et 74 du code du travail[1828], mais aussi un déficit de communication et de transmission d'informations entre les différents acteurs[1829].

S'agissant de l'intervention syndicale dans un conflit collectif, elle peut tenir d'un soutien direct aux travailleurs ou d'un rôle de médiation entre les parties en conflit, en prévention ou non d'un arrêt de travail. Selon le type d'implantation syndicale dans l'entreprise ou le secteur concerné, l'organisation jouera un rôle de contre-pouvoir ou de conciliateur. Certains inspecteurs de Lomé mentionnent l'intervention possible des syndicats auprès de l'employeur sur saisine des travailleurs[1830]. Le directeur du dialogue social de la DGTLS évoque la présence possible des syndicats selon l' « importance du dossier ». Le chef du personnel d'une industrie agroalimentaire relate en effet le règlement d'un conflit avec la CNTT. Dans le même sens, le Secrétaire général de l'UGSL dit être directement intervenu pour pousser les travailleurs à négocier dans le secteur de la santé.

Il arrive aussi que les syndicats soient parties prenantes de certains mouvements de grève. Un inspecteur du travail de Lomé pense dans ce cas que les organisations syndicales devraient, en formant leurs syndicats de base, veiller à la licéité des mouvements de grève qu'elles soutiennent ; il relate sur ce point une affaire liée à une revendication collective d'élections professionnelles ayant conduit à des licenciements pour faute lourde confirmés en justice. Le cas d'un mouvement important dans le secteur de l'enseignement, particulièrement suivi par l'UNSIT, ayant conduit au licenciement de plusieurs centaines d'enseignants est intéressant ; il démontre la relative cohérence et prise au sérieux par les travailleurs de l'action syndicale au Togo. La centrale concernée a déposé une plainte suite aux licenciements et sollicité plusieurs fois des audiences auprès des autorités ministérielles. En même temps, certaines des personnes licenciées se sont organisées pour rencontrer le chef de l'État et demander leur réintégration. Informée de cette initiative par les autorités ministérielles, l'organisation syndicale a tenté de la poursuivre. Un accord s'en est suivi pour l'organisation d'« un concours de recrutement d'enseignants auxiliaires à l'issue duquel ils en profiteraient pour reprendre les camarades, mais on ne leur restitue pas leurs salaires[1831] ».

Un représentant syndical regrette que les articles 256 et 269 du code du travail issus de la réforme de 2006 contiennent le terme de « salariés » ou l'expression

---

[1828] Il s'agit des dispositions sur le licenciement pour motif économique.

[1829] La stratégie de réforme de la filière cotonnière du Togo prévoit la mise en œuvre d'un plan social pour remédier au sureffectif estimé à 50 % dans la société.

[1830] « Je sais que parfois quand les travailleurs ont des petits problèmes, ils courent vers les syndicats qui vont approcher directement le chef d'entreprise pour voir s'il va trouver une solution, négocier… Je sais qu'ils font ça aussi. (…) Avec la libéralisation il y a beaucoup de syndicats et il est difficile de dire qu'ils sont politisés » (Cf. Entretien collectif avec des jeunes inspecteurs du travail, Lomé, 16 décembre 2008).

[1831] Cf. Entretiens avec le secrétaire général de la fédération de l'enseignement de l'UNSIT, Lomé, 30 décembre 2008 et 6 janvier 2009.

« travailleurs salariés » alors que le reste du code du travail est fondé sur celle selon lui plus ouverte de « travailleurs ». « Est-ce que les travailleurs non salariés n'ont pas le droit de grève ? Il y a des gens qui sont installés à leur compte, par exemple les taxis motos, ce sont des travailleurs ! N'ont-ils pas le droit de déclencher un mouvement ?[1832] ». Des conflits collectifs dans le secteur de l'économie informelle sont en effet évoqués par certains représentants syndicaux et agents de la DGTLS. Ces conflits s'inscrivent le plus souvent dans une critique de la politique économique menée par l'État, particulièrement en matière de fiscalité[1833]. Le directeur général du Travail mentionne sa saisine possible. Il donne l'exemple du secteur des transporteurs au sein duquel les syndicats de base regroupent un conglomérat d'acteurs concernés par la profession : conducteurs, propriétaires de véhicule et employeurs. L'organisation des acteurs de l'économie dite « informelle » en syndicats professionnels affiliés aux centrales syndicales nationales justifie en outre l'intervention de ces organisations dans ce type de conflit. Des réunions entre les syndicats concernés et les autorités étatiques ont lieu dans les bureaux de la DGTLS. Par exemple, le retrait d'un article de texte règlementaire qui fondait une répression policière disproportionnée des conducteurs de *zemidjans* (taxis-motos) a pu être obtenu suite à ce type de concertation[1834]. Les syndicats professionnels regroupant les femmes revendeuses sur les marchés les soutiennent dans leurs revendications de meilleures infrastructures ou lorsqu'elles « se rebellent contre les percepteurs de taxes[1835] ». Le représentant d'un syndicat des commerçants du nord du Togo regroupant diverses associations de vendeurs, relate son intervention fréquente dans des confrontations avec les services des douanes installés à la frontière nord du Togo[1836]. Il ajoute qu'il est plus dans une relation de collaboration avec cette

---

[1832] *Ibid.*

[1833] « Les intérêts professionnels et économiques que les travailleurs défendent par le droit de grève se rapportent non seulement à l'obtention de meilleures conditions de travail ou aux revendications collectives d'ordre professionnel, mais englobent également la recherche de solutions aux questions de politique économique et sociale et aux problèmes qui se posent à l'entreprise, et qui intéressent directement les travailleurs » (Recueil BIT, 2006, *op. cit.*, §526).

[1834] Cf. Entretien avec le secrétaire général adjoint et le conseiller juridique de la centrale CSTT, Lomé, 25 et 28 novembre 2008.

[1835] Les acteurs de l'économie informelle sont soumis à plusieurs types d'imposition. La taxe professionnelle unique est un impôt géré par l'administration centrale et les services municipaux instituent diverses taxes communales (Cf. Entretien à la Direction du secteur informel, Lomé, 30 décembre 2008). « Je crois que nous avions mis le paquet l'année dernière, il y a eu des émissions sur les radios privées, nous avons fustigé les comportement des agents des impôts même de la direction générale des impôts…et cette année, ils ont initié déjà des séquences de sensibilisation… même le samedi dernier, il devait y avoir une réunion sur tous les impôts, notamment l'impôt domanial mais ça a été reporté » (Cf. Entretiens avec le secrétaire général adjoint et le conseiller juridique de la centrale CSTT, Lomé, 25 et 28 novembre 2008).

[1836] Ces confrontations sont dues au statut particulier de la ville frontière de Cinkasse, du fait du dédouanement que l'on exige des commerçants de l'économie dite informelle qui viennent s'y approvisionner, au motif que le passage de Cinkassé à Dapaong équivaudrait à une deuxième entrée des produits sur le territoire togolais.

administration auprès de laquelle il bénéficie de quelques « indulgences[1837] ». Le représentant de ce syndicat de commerçants peut en outre être appelé à intervenir en cas de conflits avec les gardiens employés par ses membres. Il sollicite alors l'inspection du travail pour résoudre ces problèmes qui concernent plutôt les droits individuels des travailleurs.

Section 2 – La référence relativisée à des droits individuels

Les droits individuels englobent tout ce qui concourt à la garantie des dispositions qui ne concernent pas directement la négociation collective, le conflit collectif et la représentation collective du personnel[1838]. Le terme de droits individuels renvoie donc à la fois aux normes substantielles qui en garantissent l'existence et aux normes procédurales qui en protègent l'exercice, qu'elles impliquent ou non l'intervention des travailleurs, de leurs représentants ou de l'administration[1839]. La relativisation de certains droits individuels ressort à la fois la négation de normes substantielles (§1) et du contournement de normes procédurales (§2).

§1 – La négation de normes substantielles

Des normes substantielles instituant des contenus minimums, des limites à ne pas dépasser ou des motifs à invoquer dans l'exercice du pouvoir de l'employeur ou dans l'exécution de sa tâche par le travailleur sont de fait niées. Ceci intervient en raison, d'une part, de la primauté accordée à la liberté d'organisation et de gestion de l'employeur (A) et, d'autre part, de l'instauration de règles et procédures internes (B).

1837 « Nous n'avons pas d'avantages spécifiques à la douane, nous avons seulement des indulgences » (Cf. Entretien avec le représentant syndical CNTT des commerçants de Dapaong, Savanes, 24 janvier 2009).

1838 C'est donc le critère de l'impact collectif ou individuel qui sera notre critère de distinction ici : il est en effet courant de parler de droit individuel d'exercice collectif au sujet de la grève, comme on pourrait parler au sujet du temps de travail d'un droit de la collectivité individuellement mis en œuvre. Nous ne distinguerons donc pas particulièrement dans ce paragraphe entre la relation d'emploi et la relation de travail qui tend à supplanter la distinction délicate entre droits individuels et collectifs. La relation d'emploi entoure les dispositions qui encadrent le contrat de travail : sa formation, sa modification, sa fin, voir son après-fin. La relation d'emploi, à l'instar de la relation de travail, renvoie à une combinaison de l'individuel et du collectif.

1839 Sur la difficile distinction entre droits individuels et collectifs, voir notamment F. Favennec-Héry et J. Pélissier (entretien croisé), « L'interaction entre l'individuel et le collectif », *SSL*, sup. n° 1508 (Les 13 paradoxes du droit du travail), 2011. P. Adam, « Faut-il avoir peur de l'individu(alisation) ? » (*ibid.*). Sur une approche au travers des droits de l'homme, G. Koubi, « Distinguer entre droits individuels et collectifs », *Droit-cri-tic*, 3 février 2008 (revue en ligne : http://koubi.fr/spip.php?article13).

A. La primauté de la liberté de l'employeur

Il n'y a pas de corrélation stricte entre démission – ou abstention – administrative et syndicale, c'est-à-dire entre absence de contrôle, et liberté d'organisation et de gestion de l'employeur. Un rapport particulier à l'autorité ou au pouvoir de décision de l'employeur contribue à la difficile censure des normes privées d'organisation du travail (1) ainsi qu'à la remise en cause difficile des choix gestionnaires de l'employeur (2).

1. La difficile censure des normes privées d'organisation du travail

L'enquête réalisée auprès des différents acteurs du monde du travail togolais nous a permis de constater que la valeur normative des normes organisationnelles d'origine patronale ou des clauses du contrat de travail est perçue parfois supérieure à celle des dispositions légales, règlementaires ou conventionnelles appelées à conditionner leur teneur. Nous aborderons le règlement intérieur de l'entreprise, la liberté de choix de l'employeur des types de contrat de travail qu'il conclut, ainsi que l'organisation du temps de travail dans l'entreprise au regard des limitations juridiques en vigueur.

Le règlement intérieur d'entreprise est un document assez rare en pratique. Il est néanmoins intéressant de se pencher sur les cas où il existe et d'analyser les présentations qui en sont faites et les contrôles éventuels qui s'exercent sur son adoption. Le contrôle de l'obligation d'adopter un règlement intérieur qui détermine « les règles relatives à l'organisation technique de l'entreprise, à la discipline et aux prescriptions concernant l'hygiène, la sécurité et santé au travail[1840] » et du respect de son encadrement juridique répond en pratique partiellement à l'idée de protéger le travailleur contre le risque d'arbitraire en matière de détermination patronale de l'organisation du travail. L'objet disciplinaire du règlement intérieur semble l'emporter sur la sécurité juridique que sous-entend son encadrement. Peu de travailleurs rencontrés au Togo font état de la communication par l'employeur du règlement intérieur de l'entreprise[1841]. Les délégués du personnel d'une société minière soulèvent ce problème ainsi que celui de l'absence d'actualisation de cette norme

[1840] Article 87 du code du travail de 2006.

[1841] Un travailleur d'une industrie de zone franche évoque la fixation des durées et conditions des permissions d'absence dans « notre règlement » (Cf. Entretien collectif avec des salariés de la zone franche, 12 janvier 2009). Un autre travailleur de la zone franche dit n'avoir jamais vu le règlement intérieur mais en avoir été informé lors de son embauche (Cf. Entretien avec une ancienne ouvrière d'une industrie de cosmétiques de la zone franche, 12 janvier 2009). Le DRH d'une société du secteur métallurgique mentionne l'existence d'un « vieux » règlement intérieur : « ça a été introduit aux délégués du personnel il y a deux ans pour qu'ils se mettent d'accord entre eux, nous avons rendez-vous avec eux dans une semaine pour la dernière mouture » (Cf. Entretien avec le DRH d'une société industrielle du secteur métallurgique, Lomé, 12 janvier 2009). Le chef du personnel d'un hôtel qui affirme que « les délégués du personnel ont été associés » précise que le règlement intérieur « a plus de trente ans et c'est pour presque tous les hôtels » (Cf. Entretien avec le chef du personnel d'un hôtel de statut parapublic, Kara, 2 décembre 2008).

d'entreprise[1842]. En outre, les agents de l'administration du travail s'accordent pour affirmer la relative fréquence de leur saisine à propos des règlements intérieurs en principe obligatoires dans les entreprises de plus de onze travailleurs et soumis au visa payant de l'administration du travail et à l'obligation de consultation des représentants du personnel. Il apparaît en pratique que le contrôle du règlement, lorsqu'il a lieu, est assez partiel. Une certaine focalisation sur la discipline est à noter et peu de recherche sur la concertation collective obligatoire n'est révélée[1843], d'où la confusion avec d'autres types de normes comme les « statuts » ou les « codes de bonne conduite »[1844]. Ce contrôle partiel en amont peut conduire à l'application de règlements intérieurs « invalides »[1845] par le juge[1846]. Le président du Tribunal du travail pense qu'il n'a pas à vérifier le caractère valide de ce document dès lors que la question n'est pas directement soulevée par une partie au litige[1847], ce qui est rare en pratique.

Des exemples de règlements intérieurs validés en 2010 et 2011 par l'inspecteur du travail illustrent ce risque. S'ils contiennent une clause informant de la consultation des délégués du personnel, on remarque un dépassement du champ en principe couvert par le règlement intérieur, des dispositions moins favorables que le droit conventionnel applicable, le traitement lacunaire de la santé, de l'hygiène et de la sécurité en parallèle de dispositions disciplinaires très précises[1848]. On trouve donc, par exemple, des dispositions sur le mode de

---

[1842] Cf. Séminaire de formation des délégués du personnel et personnel de l'encadrement, « responsabilités du travailleur dans son environnement professionnel », Agbodrafo (région maritime), 19-21 novembre 2008.

[1843] Cf. Entretien collectif avec des jeunes inspecteurs du travail, Lomé, 16 décembre 2008. « Je vérifie si toutes les dispositions sont légales, c'est ça que je vérifie et non s'il y a eu un consensus avec les représentants des travailleurs » (Cf. Entretien avec l'inspecteur du travail de Kara, région de la Kara, 2 décembre 2008). « Il y a des règlements intérieurs mais qui sont conçus sans demander l'avis des représentants des travailleurs. Nous travaillons donc avec l'inspection du travail pour qu'il y ait cette collaboration franche » (Cf. Entretien avec le secrétaire des industries de l'agro-alimentation de la centrale CSTT, Lomé, 19 décembre 2008).

[1844] V. supra, Partie I, Titre 2, Chapitre 1, Section 1, §2, B, 2.

[1845] L'article 87 fixe les thèmes exclusifs du règlement intérieur et prévoit la nullité de plein droit de toute clause qui n'entre pas dans les thèmes obligatoires. Or, le règlement intérieur d'une ONG internationale de développement implantée au Togo contient par exemple un article qui sanctionne l'employé qui ne signale pas un accident de travail ou lié au travail, des précisions sur les délégués du personnel et une procédure obligatoire de réclamation avant la saisine de l'inspection du travail. Des règlements intérieurs contiennent souvent des règles de demande de permission d'absence pour des évènements personnels ainsi que pour les congés annuels.

[1846] Cf. Entretien avec le président du Tribunal du travail, Lomé, 16 décembre 2008. « On fait souvent référence au règlement intérieur de l'entreprise qui qualifie les fautes » (Cf. Entretien avec le deuxième magistrat du Tribunal du travail et avec le président de la Chambre sociale de la Cour d'appel, Lomé, 3 février 2009).

[1847] Cf. Entretien avec le président du Tribunal du travail, Lomé, 16 décembre 2008. Seul un inspecteur du travail de Lomé évoque l'idée qu' « en cas de litige, les clauses sont réputées non écrites » (Cf. Entretien avec un inspecteur du travail, zone Lomé ouest, 23 décembre 2008).

[1848] On relève des listes importantes d'interdictions, des listes « non exhaustives » de comportements pour chaque sanction possible, des listes de comportements plus ou moins précis constitutifs de versement du salaire, sur la période d'essai[1849] ou sur les obligations des délégués du personnel. Certaines clauses élargissent l'équivalence règlementaire de 56 heures ou se contentent de mentionner l'affichage des consignes en matière de santé et de sécurité et le risque de licenciement pour faute lourde en cas de non respect. Un règlement intérieur d'un établissement scolaire contient des procédures précises de demande de permission d'absence et de réclamation. Une clause interdit ainsi, par exemple, au salarié de saisir d'une réclamation le « comité de gestion de l'école » avant de l'avoir transmise « par voie hiérarchique ». Le règlement impose aussi que le certificat médical justifiant de l'absence pour maladie du salarié émane d'un médecin agréé par l'employeur[1850]. Le juge saisi d'un licenciement pour faute sur le fondement de telles clauses risque de qualifier ainsi le comportement reproché en s'appuyant sur le document[1851].

La tendance à privilégier les normes internes à l'entreprise rejoint une tendance chez les juges à faire prévaloir les clauses des contrats de travail sur le droit applicable. Sous couvert du principe de liberté contractuelle, il arrive que le juge donne en effet priorité à des clauses en amont desquelles ni consensualisme, ni respect de l'ordre public attaché au droit du travail ne sont décelables. Des clauses contractuelles contraires au droit du travail sont donc rendues applicables au nom du principe de liberté contractuelle. Une sanction disciplinaire va être approuvée au nom de ce même principe sans recherche du consentement préalable à la modification du contrat de travail qui a conduit à la réalisation du comportement fautif. Par exemple, le Tribunal du travail se déclare incompétent sur le fondement d'une clause d'arbitrage insérée dans un contrat de travail au moment de la transformation, notifiée par lettre aux travailleurs, des contrats à durée indéterminée en contrats à durée déterminée[1852]. Dans deux affaires portées devant la Chambre sociale de la Cour d'appel de Lomé, les magistrats s'accordent pour rattacher au refus d'un changement de conditions d'emploi la notion de faute professionnelle et se

---

fautes lourdes, tels que l'« insubordination caractérisée », les « commérages » ou l'« absence non autorisée de plusieurs jours par exemple ». Un règlement contient l'aggravation de la sanction lorsque des sanctions ont été répétées pour les mêmes fautes « datant de moins de six mois » en violation de l'article 90 du code du travail.

[1849] Un règlement intérieur du secteur hôtelier fixe par exemple des durées différentes de celles conventionnelles.

[1850] Il contient la possibilité de remettre des certificats médicaux par des médecins « non agréés par elle (l'école) » sous réserve de la possibilité pour l'employeur « d'instruire une visite contrôle ».

[1851] Un arrêt de la Cour d'appel de Lomé (Ch. soc., n° 21/08 du 5 juin 2008) se fonde sur la « déclaration de principes » d'une organisation pour relever le caractère fautif du comportement d'une salariée qui cherchait en l'espèce à aider d'une jeune pensionnaire d'un foyer d'accueil.

[1852] Le magistrat se fonde sur l'ordonnance n° 78 du 7 septembre 1978 portant organisation judiciaire qui « n'a pas vocation d'empêcher les parties à un contrat de travail de soumettre leur différend à une juridiction arbitrale » et sur l'article 275 du code de procédure civile en vertu duquel « toutes personnes peuvent compromettre sur les droits dont elles ont la libre disposition », pour conclure que les parties au contrat de travail peuvent y prévoir des clauses attributives de compétence » qui leur sont opposables (Trib. Trav. Lomé, n° 050/06, 25 avril 2006, inédit).

limitent au contrôle de la justification de la sanction infligée[1853]. La Cour Suprême du Togo a un raisonnement similaire qui consiste à faire prévaloir le contrat en l'absence de toute recherche sur la bonne foi et le consentement des contractants. La Chambre judiciaire[1854] censure, sur le fondement de l'article 1134 du code civil, l'arrêt de la Cour d'appel de Lomé ayant requalifié en CDI les CDD d'un an renouvelables que l'employeur avait fait signer à des travailleurs d'une ancienneté de plusieurs années et qui avaient été rompus dès la fin de la première année. Les magistrats de la Cour Suprême considèrent que les juges du fond ont dénaturé les termes du contrat litigieux librement consenti qui « ne comporte aucune stipulation de renouvellement, ni la volonté des parties de transformer ce CDD en CDI ». Les magistrats passent donc à côté de multiples questions juridiques : légalité de la transformation des CDI en CDD, le consentement des parties, la modification de la prestation de travail ou la rupture abusive du contrat[1855]. On peut également citer ici une affaire relative à la rupture d'une période d'essai dont la clause prévoyait une durée de trois mois renouvelable « tacitement ». Le CDI d'un comptable est rompu au bout de plus de cinq mois au motif de « performances non concluantes ». Il invoque l'argument de la non-notification du renouvellement qui est rejeté par le Tribunal du travail au motif du caractère « non définitif » de son contrat[1856].

Ces décisions judiciaires soulèvent la question des contrôles exercés en amont sur les contrats de travail par les inspecteurs du travail, mais également par les juges, les entreprises privées de placement ou de conseils en ressources humaines et les syndicats. La recherche du respect des dispositions juridiques sur le contrat de travail porte le plus souvent sur sa forme, sa durée et ses clauses. Si l'obligation de motif du CDD tend à être de plus en plus examinée à l'occasion de la demande de visa[1857], les agents habilités à contrôler les contrats

---

[1853] Il s'agit d'un travailleur engagé en tant qu'agent d'entretien et à qui l'employeur demande de modifier son emploi du temps et sa tâche en vue d'assurer, alternativement, le travail de gardien. Le travailleur ne se rend pas au poste de gardien de nuit en prétextant sa maladie. Il est licencié « pour désertion ». Le conseiller de la chambre sociale considère que cette absence au poste « ne peut constituer une insubordination justifiant son licenciement séance tenante (...), celui-ci pouvait lui notifier un avertissement » (CA Lomé, ch. soc., n° 22/08, 5 juin 2008, inédit). Dans l'autre affaire, un travailleur refuse de se conformer à la décision de l'employeur d'être placé sous l'autorité d'un collègue avec lequel il est en conflit. Les magistrats rejettent le qualificatif de faute lourde en précisant « que ces fautes n'en demeurent pas moins des fautes professionnelles qui légitiment le licenciement » (CA Lomé, ch. soc., n° 05/07, inédit).

[1854] CS Togo, ch. jud., n° 17, 16 avril 2009, inédit.

[1855] Le nouveau contrat contenait des clauses abusives et notamment celle selon laquelle outre la fonction de chargeur de ciment dans la société, la prestation de travail comportait également la participation dans l'équipe de football de la société, les « deux prestations (professionnelle et sportives) sont donc complémentaires ». Il est aussi question de discrimination puisque les contrats de ces personnes travaillant dans le ciment sont rompus du fait de leur impossibilité de continuer d'évoluer dans l'équipe de football de l'entreprise.

[1856] Trib. Trav., Lomé, n°082/10 du 23 mars 2010, inédit.

[1857] L'inspecteur du travail détaché à la SAZOF confie avoir envoyé « *une lettre circulaire* » aux employeurs sur le « *CDD de deux ans et ses motifs* » Cf. Entretien avec le directeur de l'emploi de la SAZOF, Lomé, 15 septembre 2011). Le directeur des relations professionnelles au sein de la direction de travail continuent, particulièrement à l'occasion d'un litige, à s'en référer principalement aux critères de distinction qui touchent à la forme oral/écrit et à la durée maximale de quatre ans du CDD. L'assistance à une tentative de conciliation devant un inspecteur[1858] et les explications d'autres agents de l'administration permettent de penser le seul souci des règles formelles propres au type de contrat invoqué[1859]. Le directeur d'une entreprise de travail temporaire explique qu'il a « cinquante personnes [dans une banque], des caissiers, trieuses[1860] » et le représentant d'une entreprise de conseils en ressources humaines dit rédiger des CDD ou des CDI, en précisant qu' « un employeur ne fera jamais un CDD de quatre ans, il fera des un an renouvelable ou des six mois renouvelable[1861] ». La vérification de la durée et parfois les questions relatives aux clauses du contrat de travail supplantent parfois toute recherche sur la justification. De plus, parmi les clauses considérées abusives, qui concernent majoritairement les durées[1862], on remarque que certaines pourraient être perçues comme plus favorables, telles que des « clauses de préavis dans un CDD[1863] » ou l'institution de préavis de rupture de la période d'essai[1864]. À l'inverse, la clause de non-concurrence de l'article 91 du code du travail est présentée par certains acteurs comme un devoir général « de fidélité et de loyauté[1865] » alors que la loi pose le principe de sa nullité sauf imputabilité

---

générale du travail dit contrôler, lorsqu'il reçoit des CDD , qu'il ne s'agit pas en réalité d'un « *permanent* » (Cf. Entretien du 14 septembre 2011).

1858 L'inspecteur du travail, sans exiger la consultation de l'écrit du contrat de travail, explique au travailleur la distinction entre le CDD et le CDI : « *si vous démissionnez avant la fin du contrat, vous allez payer le reste. Si vous avez fait sept mois sur douze, il vous reste cinq mois à faire, vous devez le payer à la société* ». Il calcule le montant du salaire que le travailleur aurait perçu jusqu'à la date de fin du contrat, en déduit le salaire que l'employeur lui devait encore pour conclure l'obligation de paiement de 5000 FCFA à l'employeur.

1859 « Pour ceux qui disent que c'est un CDD et ce n'est pas écrit, nous refusons, on dit que c'est un CDI » (Cf. Entretien avec un inspecteur du travail, chef de la zone est de Lomé, Lomé, 9 janvier 2009). « Je n'ai pas prêté attention pour vérifier l'objet du contrat » (Cf. Entretien avec l'inspecteur du travail de Kara, région de la Kara, 2 décembre 2008). « On reçoit les CDD pour viser. Surtout pour les enseignants des écoles privées, les établissements de santé, les établissements de micro finances (...) » (Cf. Entretien avec le directeur régional du travail de Sokodé, région centrale, 20 janvier 2009). Cf. aussi entretiens avec le directeur régional du travail de Dapaong (22 janvier 2009), avec un inspecteur du travail (Lomé-ouest, 23 décembre 2008) et avec le conseiller juridique et le directeur de l'emploi de la SAZOF (Lomé, 9 janvier 2009). V. aussi E. Kakomate, op. cit., p. 58.

1860 Cf. Entretien avec un membre du CNP et conseiller du GTPME/PMI, 13 février 2009.

1861 Cf. Entretien avec l'ancien conseiller spécial du président du CNP, membre du GTPME/PMI et chef d'entreprise de services en ressources humaines, Lomé, 9 février 2009.

1862 Cf. Entretien avec l'inspecteur du travail de Kara (région de la Kara, 2 décembre 2008), avec le directeur régional du travail de Dapaong (région des Savanes, 22 janvier 2009) et avec le directeur régional du travail de Sokodé (région centrale, 20 janvier 2009).

1863 Cf. Entretien avec le directeur régional du travail de Kara, région de la Kara, 6 décembre 2008.

1864 Cf. Entretien avec l'inspecteur du travail de Kara, région de la Kara, 2 décembre 2008.

1865 Cf. Entretien avec l'ancien conseiller spécial du président du CNP, membre du GTPME/PMI et chef d'entreprise de services en ressources humaines, Lomé, 9 février 2009. Les formateurs de délégués du personnel d'une société minière présentent les conséquences du contrat de travail : « l'obligation de non-concurrence (il faut l'accord de l'employeur), l'obligation de fidélité et de loyauté (respecter les ordres, instructions, hiérarchie, toutes les règles) ». Il est donné l'exemple du « mécanicien qui a de la rupture du contrat au travailleur. Comme le suggèrent les dispositions conventionnelles qui l'encadrent[1866] mais paraît l'exclure l'article 51 du code du travail[1867], la période d'essai est perçue par la plupart des praticiens comme un passage obligé avant consolidation du contrat. Ce caractère de la clause d'essai tend à exclure tout contrôle de son objet et de sa rupture[1868] au profit d'un contrôle cantonné à sa durée. En l'absence de contrat écrit, un magistrat va par exemple considérer qu' « on sait que la période d'essai c'est à peu près trois mois, donc s'il a dépassé les trois mois et il est avec lui, c'est un contrat tacite[1869] ».

Parmi les normes d'origine privée difficilement remises en cause figurent enfin l'organisation du temps de travail. L'analyse des propos et données collectés sur cette question met en avant un temps de travail globalement incontrôlé au Togo, peu importe l'entité économique concernée. Bien que la durée légale de quarante heures, le repos hebdomadaire de vingt-quatre heures et le principe de majoration des heures supplémentaires[1870] soient mentionnés par la majorité des acteurs, il existe une certaine liberté de l'employeur dans ses choix d'organisation. Cela peut s'expliquer en partie par un droit de la durée du travail complexe et diversifié non assorti de dispositions pénales. La durée légale est mise en cause dans un certain nombre de secteurs par les dispositifs sur les heures d'équivalence et les prolongations permanentes[1871]. Des dérogations au repos dominical sont en vigueur[1872] et ce sont les conventions collectives qui instituent les taux de majoration pour heures

une activité parallèle ça dépend du périmètre » (Cf. Séminaire de formation des délégués du personnel et personnel de l'encadrement de la société des phosphates du Togo, Agbodrafo (région maritime), 19-21 novembre 2008).

1866 La formulation l'article 9 selon laquelle « tout travailleur recruté est soumis à une période d'essai » reste inchangée aux termes des négociations de 2011.

1867 Il précise bien qu' « il y a engagement à l'essai lorsque l'employeur et le travailleur, en vue de conclure un contrat définitif, décident au préalable d'apprécier (…) » et qu'il « doit être expressément stipulé au contrat ».

1868 « La séparation est totalement libre. Elle sert à l'employeur à apprécier la prestation de travail et au travailleur les conditions de travail. Mais il n'y a pas d'histoire d'abus. C'est difficile en plus d'apprécier » (Cf. Entretien avec le directeur régional du travail de Dapaong, région des Savanes, 22 janvier 2009).

1869 Cf. Entretien avec le président du Tribunal de Kara, région de la Kara, 3 décembre 2008.

1870 Article 142 du code du travail.

1871 L'arrêté n°018/MTESS/CAB/DGTLS du 30 juillet 2010 déterminant le régime de dérogation prévu à l'article 142 du code du travail établit les heures d'équivalence, les prolongations permanentes du travail journalier et le régime des heures supplémentaires qui « peuvent être autorisées en cas de travaux urgents et exceptionnels ou saisonniers ou justifiés soit par un surcroît extraordinaire de travail soit par pénurie de la main d'œuvre ». Voir aussi l'arrêté n°019/MTESS/DGTLS portant dérogation à l'article 145 du code du travail relatif au travail de nuit des jeunes de moins de 18 ans.

1872 Arrêté du 30 juillet 2010 portant dérogation à l'article 156 sur le repos hebdomadaire.

supplémentaires[1873], qui en principe doivent être justifiées et autorisées, implicitement ou explicitement selon leur nombre, par l'inspection du travail[1874]. Les documents-types de visites d'entreprise[1875], quelques rapports d'activité[1876] et certaines considérations des praticiens montrent que le temps de travail est une problématique placée relativement en marge des priorités des inspecteurs du travail. Sur le temps de travail, un seul inspecteur du travail du nord du pays évoque la règle de l'autorisation des heures supplémentaires et du travail de nuit mais admet la difficulté de son contrôle[1877]. Le directeur régional du travail à Kara, au nord du Togo, explique sur les heures supplémentaires qu'il peut intervenir en cas de plainte de travailleurs pour « *demander* » à l'employeur de les payer. En outre, s'agissant de certains travailleurs, notamment les saisonniers, certains pensent « difficile de parler en termes d'horaires pour eux, ils arrivent le matin, et ils ont une certaine longueur à couper ou un nombre de kilos à ramasser. (...) De même pour le repos hebdomadaire, ils travaillent pratiquement sept jours sur sept. Pour travailler

---

[1873] La CCIT et les conventions collectives sectorielles fixent les taux de majoration des heures supplémentaires accomplies de jour ou de nuit. Il existe des primes de quart conventionnelles pour le cas des entreprises fonctionnant en continu.

[1874] L'arrêté n°018/MTESS/CAB/DGTLS du 30 juillet 2010 établit, à l'instar de l'ancienne règlementation de 1953, la limite générale de 20 heures supplémentaires par semaine. Un avis doit être adressé à l'inspecteur du travail jusqu'à huit heures supplémentaires par semaine. L'inspecteur a cinq jours pour s'y opposer. Au-delà de huit heures, l'autorisation expresse de l'inspecteur du travail « qui demandera l'avis des organisations syndicales intéressées » est requise. Elle vaut pendant une durée de six mois et l'employeur ne peut licencier « pour manque de travail ou compression d'effectif » dans le mois qui suit le dernier jour d'exécution sauf pour les « travailleurs embauchés temporairement pour faire face au surcroît extraordinaire de travail ». V. aussi l'arrêté 013/MTESS/CAB/DGTLS sur les heures complémentaires en cas de travail à temps partiel.

[1875] Un document-type « rapport de visite d'inspection » montre que la question du temps du travail est posée lors des visites de contrôle mais le paragraphe « objet de la visite » démembre la question de la durée du travail en diverses catégories au sein d'autres problématiques comme le salaire et les litiges. La nouvelle fiche de visite d'inspection en annexe du « guide méthodologique de l'inspection du travail » (2010, *op. cit.*, p. 70) ne contient plus l' « objet » mais le « type » de visite : générale, ciblée, sollicitée, urgence ou première visite. La deuxième partie sur les conditions de travail comporte le thème des heures supplémentaires et l'organisation de la durée du travail figure dans la troisième partie sur les relations de travail.

[1876] Aucune référence au temps de travail n'est faite dans un rapport de visite d'une entreprise rédigé par la direction de la santé et sécurité au travail, dans le rapport d'enquête de la direction régionale de Dapaong sur les établissements scolaires privés (novembre 2009), dans le rapport d'activités pour 2009 de la zone Lomé-ouest, dans le rapport d'activités 2010 de la direction régionale des Savanes et dans le rapport d'activités 2010 de la direction régionale des plateaux. Seul le bilan de 127 visites d'entreprises intervenues en 2010 dans la région de la Kara comporte le « non-respect de l'horaire légal de travail et du repos hebdomadaire ».

[1877] Cf. Entretien avec l'inspecteur du travail de Kara, région de la Kara, 2 décembre 2008. Ceci est illustré dans un règlement intérieur du secteur hôtelier validé par l'inspection du travail qui élargit l'équivalence de 56 heures à tout le personnel de l'hôtel en violation de l'arrêté applicable du 30 juillet 2010. Seuls trois rapports abordent ces questions. Le rapport d'activités 2010 de Lomé-ouest cite le non-paiement des heures supplémentaires et des jours fériés travaillés. Le rapport d'activités 2009 de Lomé-est cite le problème des « heures supplémentaires non autorisées et parfois non payées ». Le « rapport de visites d'inspection » (2009) de 74 établissements scolaires privés de la région de la Kara contient le problème du non-paiement des heures supplémentaires.

les jours fériés, tout ça, vous trouvez un terrain d'entente en attendant la fin de la saison[1878] ».

La liberté d'organisation du temps de travail que détient l'employeur au Togo ressort en outre des présentations de quelques employeurs, qu'ils soient ou non en lien étroit avec les services de l'inspection du travail. La distinction qui peut se faire entre les entreprises du secteur « structuré » et celles du secteur « non structuré » tient à la référence ou non aux notions de durée légale de travail, de repos hebdomadaire et d'heures supplémentaires. L'absence de référence à ces notions ne cache pas pour autant un temps de travail beaucoup moins favorable et, à l'inverse, la référence à ces normes formelles ne signifie pas toujours leur connaissance précise et leur application[1879]. Les équivalences pratiquées pour le personnel de l'hôtellerie et restauration sont parfois plus avantageuses que celles instituées par les textes[1880]. À l'inverse, des employeurs en contact fréquent avec l'inspection du travail pratiquent des horaires collectifs aboutissant au dépassement des limites d'équivalence pour certaines professions[1881]. Les entreprises qui recrutent des saisonniers au moment des campagnes annuelles pratiquent généralement des temps de travail largement supérieurs aux limitations applicables[1882]. Pour ce qui concerne les ateliers ou boutiques du secteur de l'économie dite informelle qui comptent quelques employés, l'organisation du temps de travail et le respect du repos dominical

---

[1878] Cf. Entretien avec un inspecteur du travail à Atakpamé, région des Plateaux, 15 janvier 2009.

[1879] « *On travaille plus pour gagner plus !* » (Cf. Entretien avec le DRH d'une société industrielle du secteur métallurgique, Lomé, 12 janvier 2009). « *Globalement le temps de travail est respecté. (...) Le travail le dimanche dépend de la production* » (Cf. Entretien avec le secrétaire des industries de l'agro-alimentation de la fédération de l'alimentation et de l'agriculture de la centrale CSTT, Lomé, 19 décembre 2008). L'équivalence pour les gardiens est établie à 56 heures. Or, un gardien explique qu'il commence chaque jour à 17h45 pour finir le lendemain à 5h45 et dispose d'un jour de repos hebdomadaire, ce qui équivaut à une durée de 72 heures. Une autre répartition consiste en une présence de 24 heures consécutives suivie de deux jours de repos, ce qui équivaut au résultat de 72 heures par semaine (Cf. Entretiens avec un gardien, Lomé, 18 et 28 novembre 2008). Les travailleurs de la zone franche font état d'un horaire normal de travail de huit ou dix heures, tout en relatant des dépassements fréquents.

[1880] Le chef du personnel de l'hôtel Kara explique le roulement mis en place au niveau de la réception : ils travaillent de « 6 h à 14h, de 14h à 21h et la nuit certains font de 22h à 6h du matin », soit une durée hebdomadaire de 46 heures de travail plus avantageuse que la convention collective de l'hôtellerie restauration et la règlementation. Un cuisinier embauché dans un restaurant chinois précise que les horaires normaux sont compris entre 11h et 14h puis 18h et 22h30 ce qui équivaut à 45 heures hebdomadaires.

[1881] Un employeur dit que « *le temps de travail c'est neuf heures par jour sur six jours (...)* », soit 54 heures par semaine (Cf. Entretien avec un chef d'entreprise de nationalité européenne, Kara, 3 décembre 2008).

[1882] « Vous faites des rotations de 6h a 22h et de 22h à 6h » (Cf. Entretien avec un délégué du personnel CNTT et responsable de la coopérative de la société cotonnière du Togo à Atakpamé, région des Plateaux, 16 janvier 2009). « Il n'y a pas de jours de repos car quand la campagne démarre, on ne s'arrête pas » (Cf. Entretien avec le chef du personnel d'une entreprise agro-industrielle en présence de deux inspecteurs du travail d'Atakpamé et deux délégués du personnel CNTT, région des plateaux, 16 janvier 2009).

sont variables[1883]. Les temps pendant lesquels l'absence de clientèle place l'employé en situation d'attente sont parfois assimilés à du repos[1884]. Enfin, il arrive que les notions de durée légale ou d'heures supplémentaires majorées soient associées à des précisions très éloignées des prévisions du droit positif. Il en est ainsi, par exemple, du taux de majoration pour heures supplémentaires parfois contraire aux dispositions conventionnelles[1885]. Ces erreurs tiennent certainement en partie d'un déficit de contrôle sur ces aspects. En effet, le directeur régional et l'inspecteur du travail de Kara affirment tous deux « fermer les yeux » sur ces questions[1886]. Les difficultés de contrôle des durées du travail sont par ailleurs liées aux problèmes de preuve face aux affirmations des employeurs. La remise en cause des choix gestionnaires de l'employeur est en effet limitée en pratique.

2. La remise en cause difficile des choix de l'employeur

Certaines circonstances particulières conduisent l'employeur à faire des choix, définitifs ou temporaires, qui modifient plus ou moins les conditions du déroulement de la relation de travail. Nous aborderons donc ici les mesures de « chômage technique » ou de licenciement pour motif économique (a) et les mesures disciplinaires (b).

a. Les décisions de nature économique

Le directeur général adjoint du travail pense une évolution des caractères des licenciements pour motif économique entre les années 1980 et les années 2000. Conséquences des difficultés économiques engendrées par les PAS et la crise

---

1883 Dans une menuiserie à Lomé, le personnel arrive à 7h pour commencer à 8h après la prière. Une pause a lieu entre 12h30 et 14h et la journée s'achève normalement à 17h30, ce qui équivaut à une durée de 48 heures par semaine (Cf. Entretien du 29 janvier 2009). Le patron d'une boutique de vente de matériaux de construction ne mentionne que les horaires d'ouverture du commerce entre 7h et 18h au sein desquels chacun peut prendre une pause pour se restaurer (Cf. Entretien du 29 janvier 2009). « Les gardiens font 19h à 5h du matin. (…) Presque tous les commerçants ici, n'ont pas de dimanche, n'ont pas de jour de repos » (Cf. Entretien avec le représentant syndical CNTT des commerçants de Dapaong, région des savanes, 24 janvier 2009). « Les dimanches on ne vient pas. (…) Les autres jours, on ouvre l'atelier à 6 heures et puis vers 18h-19h on ferme. Certains vont se reposer et manger puis ils reviennent » (Cf. Entretien avec un chef d'atelier de réparation de vélos, Lomé, 28 novembre 2008). « Le samedi ils (apprentis) ne viennent pas. Sauf s'il y a du travail. (…) Nous sommes ouverts de 7h à midi et de 14h30 à 18h ». (Cf. Entretien avec un chef d'atelier de couture, Lomé, décembre 2008).

1884 Cf. Entretien avec le patron d'une boutique de vente de matériaux de construction, Lomé, 8 janvier 2009.

1885 « Ceux qui travaillent de nuit ça doit être peut-être à 2 ou 3% du taux horaire. Le pourcentage des heures supplémentaires n'est pas considéré, 3%, 15%... » (Cf. Entretien avec représentant syndical de la centrale CSTT, salarié d'une société industrielle du secteur agroalimentaire, Lomé, 19 décembre 2008). « Selon la législation en vigueur au Togo c'est 40 heures par semaine. Quand vous dépassez, ça devient heures supplémentaires aux alentours de 15% » (Cf. Entretien avec le comptable d'une entreprise de forage et sondage, Lomé, 10 décembre 2008). « Dimanche et jours fériés c'est 60% et en semaine c'est 15%. (…) C'est 4 heures supplémentaires par semaine » (Cf. Entretien avec le DRH d'une société du secteur métallurgique, Lomé, 12 janvier 2009).

1886 Cf. Entretiens avec le directeur régional et l'inspecteur du travail de Kara (2 et 6 décembre 2008).

politique des années 1990, ils concernent à partir des années 2000 des « réorganisations, restructurations » plutôt liées à « la mondialisation des techniques[1887] ». Or, la réforme du code du travail de 2006 a assez paradoxalement restreint la définition du licenciement pour motif économique et « durci » ses conditions de mise en œuvre. Jusqu'en 2006, le droit du licenciement pour motif économique était seulement contenu dans l'article 21 de la CCIT, intitulé « licenciement collectif », qui définissait très largement le motif économique. Désormais, les articles 72 et suivants du code du travail mentionnent l'existence de difficultés économiques et posent le principe de l' « inévitabilité » du licenciement. Aucune disposition sur les alternatives au licenciement et sur une éventuelle obligation de formation ne s'est toutefois jointe au dispositif[1888]. À l'instar des dispositions de 2006 sur le chômage technique, celles sur le licenciement pour motif économique prévoient une intervention de l'inspecteur du travail et une communication avec les représentants du personnel. L'inspecteur du travail se prononce en principe toujours sur « le bien-fondé » d'une mesure de chômage technique et seulement en cas de désaccord entre l'employeur et les représentants du personnel sur le motif économique de licenciement[1889]. Il apparaît en pratique que l'immixtion de l'inspecteur du travail, des représentants du personnel et syndicaux, voire des juges dans l'adoption de ces mesures est relative.

Le recours au « chômage technique » ou « congé technique », prévu par la loi depuis 2006, est pratiqué par certains employeurs[1890]. Un représentant syndical, ouvrier d'une entreprise agroindustrielle cédée à plusieurs reprises, informe de sa mise en chômage technique « depuis six mois » et de l' « aide » de l'inspecteur du travail « pour certaines choses ». Or, l'article 57 du code du travail dispose que « la durée du chômage technique ne peut, renouvellement compris, excéder deux mois ». Le représentant syndical indique toutefois avoir obtenu une « compensation salariale[1891] » d'un montant important[1892]. Cette mesure dénommée « chômage technique » pourrait plutôt s'apparenter à un licenciement[1893] ou à une modification du contrat de travail des salariés

---

[1887] Cf. Entretien avec le directeur général adjoint du Travail, Lomé, 26 novembre 2008.

[1888] La plupart des droits nationaux du travail des États de l'espace OHADA contiennent des dispositions sur la formation professionnelle ; formation professionnelle continue dans l'entreprise (Tchad, Mali, Gabon, Niger), clauses obligatoires des conventions collectives (Bénin, Niger, Comores), contrats spéciaux (« contrat de qualification » au Mali, Sénégal), interdiction de la discrimination (Côte d'Ivoire, Niger, Comores).

[1889] Articles 56 alinéa 3 et 74 alinéa 2 du code du travail.

[1890] Le rapport d'activité de 2009 de Lomé-est mentionne le recours « au congé technique » par une entreprise.

[1891] Article 57 du code du travail.

[1892] La compensation est fixée à 650 000 FCFA pour un salaire mensuel, indemnités et primes inclues, de 91700 FCFA et une ancienneté de dix-huit ans.

[1893] En effet, si l'on fait le calcul de l'indemnité de licenciement à laquelle aurait droit ce travailleur en vertu des dispositions de la convention collective des industries, en se basant sur le « salaire global mensuel », on obtient le résultat de 591 465 FCFA, soit un montant inférieur à celui de la somme qu'il affirme avoir touché.

concernés[1894]. Les pratiques de chômage technique consistent en effet souvent en la demande patronale d'attendre quelque temps qu'on rappelle le travailleur. Il arrive que ce rappel n'ait jamais lieu[1895].

Les possibilités d'intervention des inspecteurs du travail saisis[1896] en matière de licenciement pour motif économique sont limitées. Leur action est de ce fait très relative et parfois vécue comme particulièrement ambigüe[1897]. Les inspecteurs du travail peuvent être appelés à intervenir aussi bien en amont qu'en aval. Dans les deux cas, il est fréquent que l'inspecteur soit dans une démarche de négociation plutôt que de contrôle[1898]. Un rapport d'activités d'inspection[1899] relate une procédure de licenciement pour motif économique au cours de laquelle l'intervention de l'inspecteur aurait permis de substituer le licenciement pur et simple avec possibilité de travail « à titre humanitaire », par le maintien de tous les travailleurs avec paiement de la moitié des salaires. Le même rapport mentionne toutefois l'absence de réponse de l'employeur aux questions de l'inspection sur l'absence de prise d'effet de la décision[1900]. S'agissant du rôle des syndicats et représentants du personnel, des circonstances de licenciements collectifs entrepris dans des entreprises où ils sont implantés font douter de leur implication en amont et d'un contrôle de cette implication par les inspecteurs[1901]. Enfin, les appréhensions des

---

1894 « Le PDG a dit que puisque nous produisons, ils nous donnent ça mais qu'il n'a pas les moyens. Que ce qu'il est en train de faire c'est purement à caractère social parce qu'il sait que nous avons nos familles, qu'il ne peut pas nous laisser comme ça » (Cf. Entretien avec représentant syndical de la centrale CSTT (fédération de l'agroalimentaire), salarié d'une société industrielle du secteur agroalimentaire, Lomé, 19 décembre 2008).

1895 Cf. Entretien avec une ancienne employée du secteur hôtelier, Lomé, 7 février 2009. Un représentant d'employeur a justifié le caractère inoccupé de nombreux postes, lors d'une visite en décembre 2008 d'une industrie de la zone franche, par l'absence de travail à fournir. Lors d'un entretien informel en septembre 2011, un employeur informe de la mise en œuvre de cette pratique, due à l'absence de « commandes ».

1896 Un représentant syndical, licencié pour motif économique et dont l'affaire est en instance d'appel dit que « *la procédure a échappé à l'inspection. Ce n'est qu'après que l'inspecteur s'est rendu compte* » (Cf. Entretiens avec le secrétaire général adjoint et le conseiller juridique de la CSTT, 25 et 28 novembre 2008).

1897 « J'ai dirigé un licenciement collectif et les travailleurs se sont plaints, ils disent que je n'ai pas bien dirigé, que j'ai pris une somme importante chez l'employeur. (...) J'étais fatigué de ces travailleurs. J'ai demandé à ce qu'ils prennent attache avec leur syndicat de base. (...) À un certain moment l'employeur était même fâché contre moi » (Cf. Entretien avec un inspecteur du travail, chef de Lomé-est, 9 janvier 2009).

1898 Cf. Entretien avec un inspecteur du travail, chef de la zone est de Lomé, Lomé, 9 janvier 2009.

1899 Inspection du travail, Lomé ouest, rapport d'activités 2010.

1900 Le rapport d'activités 2009 de la zone Lomé-est mentionne un total de neuf conflits collectifs « consécutifs à des licenciements pour motif économique ». Ils sont répartis selon qu'il s'agit d'une « compression », « fermeture d'antenne », « fermeture » ou « fin de chantier ». Sur neuf entreprises concernées, six ont procédé à une compression. L'issue de ces conflits n'est pas précisée. Le rapport d'activités 2010 de la zone Lomé-ouest relate également l'intervention du service d'inspection suite à un licenciement pour motif économique.

1901 En 2008, une société minière importante procède par voie d'affichage pour notifier le licenciement de plusieurs centaines de salariés : « je ne crois pas que les couloirs de la négociation compétences des différents acteurs sont divergentes. Un débat entre les juges sur la question du contrôle de la réalité des difficultés économiques est évoqué par le conseiller de la Chambre sociale de la Cour d'appel de Lomé[1902]. Par ailleurs, certains inspecteurs se pensent compétents pour autoriser ces mesures mais non compétents pour obliger l'employeur à respecter la procédure[1903]. Ces incertitudes sont illustrées par un arrêt de la Cour Suprême du Togo qui, tout en prenant soin d'être intransigeante sur l'information des délégués du personnel en cas de licenciement pour motif économique, tire en partie l'abus de l'absence d'autorisation de l'inspecteur du travail[1904]. Or, le licenciement pour motif économique n'a pas à être autorisé par l'inspecteur.

Le code du travail togolais n'offre pas d'outils répressifs à l'inspecteur du travail en matière de licenciement[1905], donc « l'employeur qui commence ce dossier prévient l'inspecteur du travail. Parfois l'employeur avance des arguments s'il veut fermer ou procéder à un licenciement pour cause économique. Des fois c'est faux, quand on fait des enquêtes on voit que c'est des têtes qu'ils veulent voir partir. On essaie d'aller en conciliation pour régler ça. (…) Quand nous refusons le licenciement économique, l'employeur peut le faire. Dans ce cas c'est le Tribunal qui tranche[1906] ». Une décision de la Cour Suprême du Togo du 17 juin 2010 corrobore la limitation du contrôle sur le motif économique. La chambre judiciaire confirme le raisonnement des juges du fond qui ont vérifié la procédure de consultation des représentants du

---

collective pour le licenciement collectif aient été respectés » (Cf. Entretien avec deux représentants du Conseil National du Patronat, 14 janvier 2009). Le secrétaire général d'un syndicat implanté dans une industrie agroindustrielle licencié pour motif économique est en procès : « parce que quand tu licencies pour motif économique, il faut au moins deux ans avant de recruter des gens. (…) J'ai tenté de sensibiliser les camarades, de mobiliser ».

1902 « En principe le juge judiciaire ne devrait pas vérifier les réalités des difficultés parce que notre convention dit qu'en principe l'employeur doit saisir l'inspection du travail en cas de difficultés. Il y a deux thèses, certains disent que c'est un élément de fait du dossier que le juge peut vérifier. D'autres disent que c'est une décision administrative susceptible de recours hiérarchique sur le terrain administratif ». Or, l'article 21 de la CCIT et les articles 72 et suivants du code ne requièrent pas l'autorisation de l'inspecteur du travail.

1903 Cf. Entretien avec l'inspecteur du travail de Kara (2 décembre 2008), avec la directrice régionale du travail à Atakpamé (région des Plateaux, 15 janvier 2009) et avec un délégué du personnel CNTT et responsable de la coopérative de la société cotonnière du Togo à Atakpamé (région des Plateaux, 16 janvier 2009).

1904 Dès lors que le département dont l'employeur a invoqué la fermeture pour procéder au licenciement n'a pas été abordé lors de la réunion avec les délégués du personnel, il y a absence de consultation donc irrespect de la procédure. Par ailleurs, les juges d'appel ont fait une saine application de l'article 21 de la CCIT en déclarant abusifs les licenciements prononcés « avant l'autorisation requise de l'inspecteur du travail » (CS Togo, ch. jud. n° 35/10 du 17 juin 2010, inédit).

1905 L'article 297 sanctionne « quiconque porte ou tente de porter atteinte soit à la libre désignation des délégués du personnel, soit à l'exercice régulier de leurs fonctions » et l'article 299 « toute personne qui s'oppose ou tente de s'opposer à l'exécution des obligations ou à l'exercice des pouvoirs qui incombent aux inspecteurs et contrôleurs du travail ». Ces dispositions sont difficilement invocables eu égard, notamment, à l'absence, au plan juridique, d'autorisation obligatoire du licenciement pour motif économique.

1906 Cf. Entretien avec un inspecteur du travail, chef de la zone est de Lomé, Lomé, 9 janvier 2009.

personnel mais ignoré l'invocation par les travailleurs de leur remplacement peu après leur licenciement, donc l'absence de motif économique[1907]. À l'instar des juges de la Cour Suprême du Togo, les juges de première instance paraissent moins s'engager sur le motif que sur la procédure pour rechercher l'abus[1908]. Seuls les magistrats de la Cour d'appel de Lomé semblent prendre la direction d'un contrôle du motif économique de licenciement en affirmant que « la seule mention dans la lettre de difficultés économiques ne satisfait pas à l'exigence de motif précis » ou que le licenciement pour motif économique « entraîne suppression d'emploi et non création »[1909].

Les effets d'un contrôle exercé plus sur la procédure[1910] que sur la substance de la mesure font relativiser la mobilisation du dispositif applicable au licenciement pour motif économique. Pour certains, le cumul des trois critères devant servir à établir l'ordre des licenciements conduit au résultat d'une liberté d'appréciation, donc de choix, de l'employeur puisqu'il est perçu comme le seul à pouvoir déterminer l'aptitude professionnelle du travailleur[1911]. Quant aux effets de l'irrespect de la procédure, l'inspecteur du travail s'en tient, s'il est saisi, au calcul des « droits » attachés au licenciement[1912]. La jurisprudence sur le licenciement pour motif économique corrobore l'absence de possibilité de réintégration, c'est-à-dire du prononcé de la nullité d'un licenciement pour motif économique[1913]. La recherche sur le motif économique étant limitée, toute recherche sur les alternatives au licenciement l'est aussi par conséquent. Aucune précision n'est en effet apportée au principe général du code du travail selon lequel le licenciement doit être « inévitable » et « les parties doivent tenter d'éviter, par des mesures négociées, le licenciement collectif[1914] ». Ce relatif refus des inspecteurs et des juges d'aller sur le terrain du bien-fondé des choix

---

[1907] CS Togo, ch. jud. n° 35/10 du 17 juin 2010, inédit.

[1908] L'employeur est condamné pour licenciement « irrégulier et abusif » au motif de l'absence de production de la liste et des critères justifiant l'ordre des licenciements et de non confirmation du licenciement dans les 8 jours de l'article 65 alinéa 3 (Trib. Trav. Lomé, n° 0105/10, 8 juin 2010).

[1909] Voir les arrêts de la Cour d'appel de Lomé, n° 07/2011 du 3 février 2011 et n° 019/2011 du 7 avril 2011 et infra Partie II, Titre 2, Chapitre 2, Section 2, §1, B, 2.

[1910] « Pour le licenciement économique, on vérifie la procédure et l'ordre des licenciements » (Cf. Entretien avec le directeur régional du travail de Sokodé (non enregistré), région centrale, 20 janvier 2009).

[1911] « Sur une centaine d'ouvriers, il voulait enlever une trentaine, il faut choisir. On a fait ça en tenant compte des critères fixés par le code du travail. (…) Si l'employeur dit que celui qui a moins de dix ans est plus apte, compétent, on le garde. Finalement c'est l'employeur qui décide » (Cf. Entretien avec un inspecteur du travail, chef de la zone est de Lomé, 9 janvier 2009).

[1912] « Donc nous prenons en charge ces dossiers pour essayer de récupérer certains droits, des indemnités en attendant qu'il trouve un autre boulot » (Cf. Entretien avec un inspecteur du travail, zone Lomé nord, Lomé, 15 novembre 2008). « On vérifie si les critères sont bien respectés, si les droits des travailleurs sont bien payés, si les calculs conventionnels sont bien faits » (Cf. Entretien avec un inspecteur du travail, chef de la zone est de Lomé, Lomé, 9 janvier 2009).

[1913] Cf. Trib. Trav. Lomé, n° 087/06 du 26 juillet 2006 (inédit), CA Lomé, ch. soc., n° 03/07 du 4 janvier 2007 (inédit), CS Togo, ch. jud. n° 36 du 16 décembre 2004. (en ligne) et CS Togo, Ch. Jud., n° 03 du 17 janvier 2008 (inédit).

[1914] Articles 72 alinéa 3 et 73 du code du travail de 2006.

économiques de l'employeur au regard de leurs effets sur l'emploi est similaire à l'investigation limitée que l'on relève en matière disciplinaire.

b. La gestion disciplinaire des travailleurs

Les litiges relatifs à la discipline, les plus nombreux en pratique, révèlent aussi une limitation des immixtions des inspecteurs et juges dans les choix gestionnaires de l'employeur. Cette limitation tient chez l'inspecteur du travail à la conviction de son incompétence en matière de qualification de la faute et chez le magistrat à une absence de prise de position claire sur la définition de la faute professionnelle, le degré des fautes et l'échelle des sanctions.

Il peut arriver que l'inspecteur soit saisi en amont pour des conseils sur un projet de sanction disciplinaire ; mais il intervient le plus souvent après la rupture du contrat de travail. La limitation du contrôle de l'inspecteur du travail sur la discipline tient, d'une part, d'un contrôle dépendant de sa saisine, peu importe qu'il ait connaissance d'un abus de pouvoir disciplinaire, et d'autre part, d'une considération générale d'incompétence en matière d'appréciation de la faute reprochée. La notification à l'inspecteur du travail de la décision disciplinaire, lorsqu'elle est respectée, n'a en pratique d'autre effet que d'informer. L'inspecteur ne se saisit pas lui-même d'une irrégularité constatée : « j'attendais que le travailleur vienne se plaindre mais malheureusement il n'est pas venu[1915] ». Les agents de l'inspection du travail sont en outre unanimes[1916] sur leur incompétence pour qualifier une faute disciplinaire lorsqu'ils sont saisis d'une rupture de contrat de travail sous ce motif : « l'inspecteur n'est pas habilité à évaluer les dommages, (...) seulement les droits (préavis, indemnité, congés) » et « il appartient à l'employeur de qualifier » ou « ça relève du Tribunal du travail »[1917]. Dans la majorité des cas[1918], l'irrespect de la procédure de licenciement et la durée trop longue d'une mise à pied disciplinaire suffisent pour le versement des « droits légaux » et pour dresser un procès-verbal de conciliation.

Qu'il y ait ou non procès-verbal de conciliation, la plupart de ces conflits sont portés devant le juge dans la perspective d'obtenir des dommages et intérêts

---

[1915] Cf. Entretien avec l'inspecteur du travail de Kara, région de la Kara, 2 décembre 2008. « On peut jeter un œil aux lettres puis on classe. Normalement on n'intervient que lorsque le travailleur se plaint, s'il ne conteste pas je ne vois pas quel intérêt de contrôler » (Cf. Entretien avec un inspecteur du travail de Sokodé, région centrale, 20 janvier 2009).

[1916] Les considérations de l'inspecteur du travail de Kara font exception : « on requalifie très souvent. Normalement c'est le juge mais comme nous sommes dans le domaine social, et il y a beaucoup d'employeurs qui ne comprennent pas vraiment... ».

[1917] Cf. Entretien avec la directrice régionale du travail à Atakpamé (région des Plateaux, 15 janvier 2009), avec le directeur régional du travail de Kara (6 décembre 2008), avec des jeunes inspecteurs du travail (Lomé, 16 décembre 2008), avec le directeur régional du travail de Dapaong (région des Savanes, 22 janvier 2009), avec un inspecteur du travail de Sokodé (région centrale, 20 janvier 2009) et avec un avocat (Lomé, 16 février 2009).

[1918] Sur les accommodations institutionnelles qui traduisent une prise de position indirecte sur la faute, voir infra Partie II, Titre 2, Section 2.

pour licenciement abusif. Il ressort des décisions judiciaires sur cette question que le juge ne se prononce pratiquement jamais sur l'existence de la faute disciplinaire. Il utilise toutefois son pouvoir souverain d'appréciation en matière d'indemnisation pour se positionner sur le caractère de gravité de la faute et sur la proportionnalité de la sanction. Ainsi l'irrespect de la procédure justifie de qualifier l'abus du droit de licencier mais la légitimité du motif disciplinaire et la justification de la sanction peuvent fonder le magistrat à rejeter tout octroi de dommages et intérêts. Un changement de jurisprudence est peu envisageable au regard du code du travail de 2006 qui distingue désormais en son article 60 le licenciement abusif et le licenciement irrégulier puisqu'aucun minima d'indemnisation n'est prévu[1919]. Si ces dispositions avaient été appliquées au cas d'espèce traité dans un arrêt de 2007 de la Chambre sociale de la Cour d'appel de Lomé, il n'est pas certain en effet que les conséquences auraient été différentes[1920].

S'agissant de l'investigation sur la qualification de la faute, il ressort des décisions de justice et entretiens avec les magistrats togolais une représentation assez large de la faute disciplinaire dans le cadre d'une relation subordonnée de travail. Ceci ressort premièrement des choix de fondements à l'appui des raisonnements en matière disciplinaire et d'une tendance à ne se prononcer que sur la gravité de la faute sans en rechercher l'existence même. En présence de mises à pied disciplinaire d'une durée supérieure à la limite conventionnelle, les magistrats cherchent en premier lieu à qualifier la mesure en licenciement, généralement sur le fondement de la durée de ces suspensions. Leur invalidité conduit à la requalification en licenciement et l'irrespect des règles sur le licenciement conduit à son caractère abusif, ouvrant droit aux indemnités de préavis, de licenciement et éventuellement à des dommages et intérêts. Or, la caractérisation de l'abus par l'employeur de l'utilisation de son pouvoir disciplinaire, sur le seul fondement des règles conventionnelles, devrait permettre au juge d'ordonner le paiement des salaires impayés pendant la durée de la suspension et de proposer la réintégration du travailleur[1921].

1919 Un licenciement intervenu sans conformité avec les règles des procédures disciplinaires est irrégulier en la forme. « S'il est néanmoins fondé sur un motif légitime, il ne peut être considéré comme abusif. La juridiction du travail peut cependant accorder au travailleur une indemnité pour sanctionner l'inobservation des règles de forme sans que le montant de cette indemnité excède six mois de salaire ».

1920 Dans cette affaire, le magistrat déclare une démission équivoque et analyse le départ du travailleur en un licenciement intervenu suite à une faute professionnelle. Puisqu'il s'agit d'un délégué du personnel, le licenciement est déclaré irrégulier donc abusif. Les droits attachés au licenciement, préavis et indemnité de licenciement notamment, doivent être versés au travailleur mais le juge rejette la demande de dommages et intérêts. Il y a donc à la fois abus et légitimité de la rupture comme il pourra y avoir irrégularité et légitimité (CA Lomé, ch. soc., n° 04/07).

1921 L'arrêt n° 23/08 de la Chambre sociale de la Cour d'appel de Lomé se réfère à l'article 43 de l'ancien code : « c'est à bon droit que le premier juge a déclaré abusive cette décision car les 19 mois de suspension ne répondaient ni à un préavis, ni à une sanction, ni à un cas de suspension de contrat prévu par l'article 43 de l'ancien code du travail. Que la jurisprudence a été abondante sur la question ». Ce licenciement est donc « irrégulier et partant abusif ». L'intimé, par appel incident,

L'existence de la faute n'est en outre jamais remise en question tandis que les qualificatifs de faute sont diversement utilisés. Les magistrats ordonnent fréquemment le paiement des droits attachés au licenciement sur le fondement de l'absence d'une faute lourde mais n'en considèrent pas moins la commission d'une faute professionnelle. Sur le refus d'un salarié de se conformer à une décision de l'employeur par exemple, les conseillers de la Chambre sociale de la Cour d'appel décident que ces faits « ne sauraient recevoir la qualification de la faute lourde (...) ; que cette situation laisse subsister le paiement des droits règlementaires liés à son licenciement (...) ; par ailleurs que ces fautes n'en demeurent pas moins des fautes professionnelles qui légitiment le licenciement[1922] ». S'agissant du licenciement « sur le champ » d'un agent d'entretien pour « insubordination », le conseiller considère que son agissement « ne peut constituer une insubordination justifiant son licenciement séance tenante (...), celui-ci pouvait lui notifier un avertissement au lieu de lui infliger la sanction extrême[1923] ».

L'approche administrative et judiciaire du droit disciplinaire révèle également la mise au second plan de l'irrespect du droit de défense du travailleur tel qu'il résulte des dispositions conventionnelles[1924]. On relève en effet en matière disciplinaire, à la différence de ce que l'on a pu remarquer sur le licenciement pour motif économique, une relative indifférence au respect de la procédure disciplinaire prévue par les dispositions conventionnelles au profit de la seule vérification de la procédure de licenciement et de la gravité de la faute. Il arrive même que la « demande d'explications » émane plutôt d'une initiative du salarié[1925]. En effet, l'immixtion difficile des juges et inspecteurs dans la considération patronale de l'existence d'une faute fait qu'il devient peu important pour l'issue du litige que la possibilité ait été donnée au salarié de s'expliquer car « le fondement du contrat de travail c'est la subordination, le respect de la hiérarchie, de l'autorité de l'employeur[1926] ».

---

demande le paiement des salaires et accessoires qu'il aurait du percevoir pendant la période de suspension. Le conseiller de la chambre sociale rejette cette demande au motif de l'absence de sa formulation en première instance.

1922 CA Lomé, ch. soc., n° 05/07, 1er février 2007 (inédit).

1923 CA Lomé, ch. soc., n° 22/08 5 juin 2008 (inédit). « L'intimée a incontestablement commis une faute. (...) Cette faute aurait pu être qualifiée de légère mais ne justifiait pas une mesure de licenciement. Ainsi cette mesure est abusive et ouvre droit à des dommages et intérêts » (CA Lomé, ch. soc, n° 21/08, inédit).

1924 Sur la totalité des jugements et arrêts disponibles rendus par les juges du fond, un seul jugement contient explicitement la mention d'une demande d'explication qui se solde toutefois par un licenciement pour faute lourde. Sur quatorze arrêts de Cour d'appel dont le problème principal est le licenciement pour motif disciplinaire, seul 4 arrêts s'en réfèrent à une lettre de notification. Sur trente-deux jugements relatifs à la sanction disciplinaire, six font mention de lettres de l'employeur dont deux relatives à une demande d'explications.

1925 Trib. Trav. Lomé, n° 068/2008 et n° 076/10, inédits.

1926 « Au cours des débats on s'est aperçu qu'il a vraiment porté la main sur l'employeur et suite à cela il lui a dit qu'il ne voulait plus le voir. Il n'a pas nié avoir giflé son employeur, c'est le licenciement pour faute lourde mais non matérialisé, c'est un licenciement irrégulier mais justifié au

B. L'instauration de règles et procédures internes

La mise en cause de certains droits des travailleurs découle de l'instauration de normes procédurales. S'ils sont substantiellement énoncés, ces droits sont en pratique conditionnés par certaines démarches obligatoires à charge du travailleur qui rendent soit difficile soit aléatoire leur bénéfice réel. La règle de la preuve à la charge du travailleur (1) et la procédure de demande de permission d'absence (2) seront successivement abordées.

1. La preuve mise à la charge du travailleur

Une originalité du droit du travail togolais est de ne contenir aucune règle spécifique de preuve. Cette « lacune » du droit du travail[1927] est génératrice de nombreuses difficultés dans le contexte juridique togolais, caractérisé par un fort taux d'analphabétisme et une méconnaissance importante du droit. Pour autant, il est constant pour différents acteurs, et particulièrement pour les magistrats et inspecteurs, qu'il appartient en principe au travailleur d'étayer par des preuves les prétentions sur le fondement desquelles il soumet un litige. Ainsi, il doit en principe apporter la preuve du contrat de travail qui le lie à l'employeur et celle des faits à l'appui de ses prétentions et/ou contestations. Cette acception de la preuve pose de nombreux problèmes dans des domaines où le non-respect des dispositions de droit du travail est récurrent : notification de l'embauche, versement régulier des salaires et bénéfice du droit au repos. Ces problèmes concernent donc particulièrement l'existence et le contenu du contrat de travail, la date de début du contrat de travail, le bénéfice des congés annuels, le paiement des heures supplémentaires et le paiement de l'intégralité des salaires. Les difficultés du travailleur à rassembler suffisamment d'éléments sont probablement à la source de quelques relativisations juridictionnelles de ce principe affirmé par les acteurs.

---

fond. (...) On disait à l'employé de garder la lumière éteinte dans un bureau, et à la fin on l'a licencié. On a considéré que c'est une répétition de fautes légères. Ça donne une faute lourde. (...) Le fait de s'endormir, là ça reste une question de débat. Est-ce que ça peut être une faute lourde ? Ça dépend du travail aussi ! Si vous êtes veilleur de nuit, à la fin vous ne faites plus votre travail donc on peut considérer que c'est une faute lourde parce que vous faites totalement le contraire de ce que vous devez faire. Si vous êtes comptable encore, on peut comprendre un comptable qui dort c'est qu'il est fatigué » (Cf. Entretien avec le président du Tribunal du travail, Lomé, 16 décembre 2008).

[1927] La majorité des droits nationaux du travail des États de l'espace OHADA contiennent une ou plusieurs dispositions favorables au travailleur en matière de preuve. La charge de la preuve du motif économique de licenciement appartient à l'employeur (Cameroun, Mali, Niger, Sénégal), plus généralement de la légitimité de tout motif de licenciement (Sénégal, Burkina Faso, Cameroun, Tchad, Côte d'Ivoire, Mali). En cas de démission, le droit nigérien dispose qu'il appartient à l'employeur d'apporter la preuve de l'abus. Le droit gabonais dispose que le refus de l'employeur d'affirmer sous serment qu'il a payé le travailleur « équivaut à la preuve du non-paiement » et qu'en cas de discrimination, dès lors que le travailleur apporte des indices sérieux, il appartient à l'employeur d'apporter la preuve contraire. L'avant-projet d'acte uniforme OHADA, dans sa version de 2006 comme dans celle de 2010, contient une disposition générale en vertu de laquelle « en cas de contestation, la preuve de l'existence du motif légitime de licenciement incombe à l'employeur », et une disposition spécifique au cas du motif économique.

Les propos d'inspecteurs du travail et de magistrats révèlent un positionnement en faveur de l'application de la règle civiliste de l'article 1315 alinéa 1er du code civil togolais, selon laquelle « celui qui réclame l'exécution d'une obligation doit la prouver[1928] ». Leurs différentes présentations ne mettent toutefois pas en avant une prise en compte de son deuxième alinéa en vertu duquel « réciproquement, celui qui se prétend libéré doit justifier le paiement ou le fait qui a produit l'extinction de son obligation ». Lorsque cette considération de la preuve trouve difficilement à s'appliquer, les praticiens tentent de concilier ou utilisent les règles de prescriptions pour établir un équilibre entre les prétentions du travailleur qui paraissent fondées et l'invocation par l'employeur de l'absence de preuves. En ce qui concerne la preuve du contrat de travail, dont celle de la date de début du contrat, elle pèserait en principe sur le travailleur qui saisit l'inspecteur du travail ou le juge[1929]. En l'absence d'écrits ou lorsque les écrits existent mais sont confisqués ou falsifiés par l'employeur[1930], il devient difficile de prouver la relation de travail et sa date de début. C'est pourquoi des inspecteurs affirment privilégier la conciliation pour amener les parties « à s'entendre sur la date[1931] ».

Ce problème d'écrit se pose aussi s'agissant du temps de travail et des heures supplémentaires non payées par l'employeur. L'application dans ces cas de la règle légale de prescription salariale de cinq ans réduit les possibilités de prétention. En outre, l'exigence de preuve de ces heures conduit parfois à fixer « une somme forfaitaire pour calmer le conflit[1932] » et le plus souvent à « fermer les yeux[1933] ». Il faudrait selon certains que le travailleur arrive à prouver qu'il a

---

[1928] L'article 1315 du code civil togolais du 1er mai 1956 est identique à l'article 1315 du code civil français. Le code civil togolais n'a pas connu de réforme concernant la preuve littérale, à la différence du code civil français avec la loi n°2000-230 du 13 mars 2000 portant adaptation du droit de la preuve aux technologies de l'information et relative à la signature électronique (JORF 14 mars 2000). L'article 43 du code de procédure civile togolais (Décret n°82/050 du 15 mars 1982) reprend la règle de l'article 1315 du code civil. Cet article est visé dans un jugement n° 145/10 du 8 juin 2010, s'agissant de la preuve du montant du salaire. L'employeur invoquant un salaire inférieur doit en apporter la preuve.

[1929] « Quand il vient au Tribunal, la première arme est la preuve du contrat de travail avec cette personne que je fais convoquer » (Cf. Entretien avec le président du Tribunal du travail, Lomé, 16 décembre 2008).

[1930] « Chez les rares qui ont un contrat de travail, l'employeur refuse de leur donner une copie du contrat. Ils n'ont pas de preuve » (Cf. Entretiens avec le secrétaire général de la fédération de l'enseignement de l'UNSIT, Lomé, 30 décembre 2008 et 6 janvier 2009). Ce représentant syndical de l'UNSIT relate la pratique dans le secteur de l'enseignement de contrats postdatés en vue d'éviter un rappel des cotisations sociales non versées.

[1931] Cf. Entretien avec un inspecteur du travail, zone Lomé ouest, 23 décembre 2008. Cf. aussi Entretien avec le président du tribunal de Kara, région de la Kara, 3 décembre 2008.

[1932] Cf. Entretien avec un inspecteur du travail, zone Lomé ouest, 23 décembre 2008.

[1933] Cf. Entretien avec l'inspecteur du travail de Kara, région de la Kara, 2 décembre 2008. « On laisse carrément tomber on s'occupe des droits vraiment légaux » (Cf. Entretien avec le directeur régional du travail de Kara, région de la Kara, 6 décembre 2008). « Nous ne pouvons pas faire des calculs comme ça sans preuve » (Cf. Entretien collectif avec des jeunes inspecteurs du travail, Lomé, 16 décembre 2008).

réclamé en vain auprès de l'employeur[1934]. Certains inspecteurs et juges adoptent un raisonnement similaire en matière de réclamation au titre des congés payés. Par interprétation de la disposition légale permettant le report d'un an de la jouissance des congés et en l'absence de preuve de la réclamation du travailleur suivie du refus de l'employeur, l'inspecteur du travail peut négocier une indemnité de deux mois de salaire au titre des congés[1935] même si le travailleur affirme une durée plus longue d'absence de congés[1936]. Ce problème de la preuve en matière de litige de droit du travail peut aussi concerner le préjudice causé par un licenciement abusif puisqu'aucun minima d'indemnisation n'est prévu par le code[1937]. Le harcèlement ainsi que l'abus dans la rupture de la période d'essai sont aussi des domaines dans lesquels la preuve est un problème central[1938].

Une place importante est de plus en plus accordée à la preuve testimoniale malgré un droit civil togolais timide sur ce point[1939]. De façon un peu ambigüe cependant, on note un certain élargissement à d'autres domaines, tels que la faute ou le montant des salaires, de la règle légale de preuve « par tous moyens » du contrat de travail[1940] en même temps qu'une permanence de l'affirmation d'une preuve en principe à charge du demandeur[1941]. De plus, certaines contradictions existent en justice sur la charge de la preuve. Un jugement du Tribunal du travail de 2010 contient le reproche au travailleur requérant de ne pas avoir demandé que le Tribunal mène des investigations, même « s'il appartenait au requis de rapporter les preuves des faits allégués ».

1934 Cf. Entretien avec le président du Tribunal du travail, Lomé, 16 décembre 2008.

1935 Cf. Entretien avec le directeur général adjoint du Travail, Lomé, 26 novembre 2008.

1936 « La loi dit que si le travailleur n'a pas réclamé il n'aura droit qu'à deux mois, nous on peut demander que l'employeur paye trois ou quatre mois, s'il accepte c'est tant mieux » (Cf. Entretien avec le directeur général adjoint du Travail, Lomé, 26 novembre 2008). « Par exemple certains font plus de 5 ans 10 ans sans aller en congés donc il faut gérer ça ». (Cf. Entretien avec un inspecteur du travail, Lomé nord, 15 novembre 2008).

1937 Cf. Entretien avec le président du Tribunal du travail, Lomé, 16 décembre 2008).

1938 Le directeur régional du travail de Dapaong mentionne que certains litiges sur des ruptures de période d'essai sont parfois entendus mais que la difficulté sur ces types de litiges tient à la preuve de l'abus dans un contexte où seul l'employeur est compétent pour mesurer la compatibilité du travailleur avec le poste de travail.

1939 Des dispositions de droit civil togolais ne sont pas tout à fait identiques à celles du code civil français encore en vigueur dans leur rédaction de 1804. La définition du commencement de preuve par écrit est par exemple plus étroite en droit civil togolais puisqu'elle ne contient pas la disposition française de l'article 1347 du code civil selon laquelle « peuvent être considérées par le juge comme équivalant à un commencement de preuve par écrit les déclarations faites par une partie lors de sa comparution personnelle, son refus de répondre ou son absence à la comparution ». L'article 1348 du code civil togolais, similairement à l'article 1348 du code civil français, dispose toutefois que les règles sur la preuve testimoniale « reçoivent encore exception toutes les fois qu'il n'a pas été possible au créancier de se procurer une preuve littérale de l'obligation qui a été contractée envers lui. Cette seconde exception s'applique [notamment] aux obligations qui naissent des quasi-contrats et des délits ou quasi-délits ».

1940 Article 37 du code du travail.

1941 Cf. Entretien avec le président du Tribunal du travail, Lomé, 16 décembre 2008.

Dans un arrêt de 2011 de la Cour d'appel de Lomé[1942], le juge sursoit à statuer et ordonne en avant-dire droit, sur le fondement de l'article 67 alinéa 3 du code du travail[1943], une enquête à la barre « aux fins d'entendre toutes les parties ainsi que tout sachant utile[1944] ».

Quelques décisions de justice s'engagent par ailleurs sur la voie d'un partage plus équilibré, voire d'un renversement, de la charge de la preuve, tandis que d'autres continuent de privilégier l'approche civiliste de la preuve en matière sociale, parfois même pour ce qui concerne la preuve du contrat de travail. En effet, peuvent être répertoriés deux jugements de 2007 et un jugement de 2010 aux termes desquels les demandes d'indemnisation sont accueillies au motif de l'absence de preuve contraire par l'employeur[1945]. Il arrive même que la force probante des témoignages ou pièces produites par l'employeur soit remise en cause[1946]. Or, on trouve une argumentation toute autre dans un jugement de 2008 : « s'il est vrai au sens de la loi que le contrat de travail peut être verbal et que la preuve peut être rapportée par tous moyens, dès lors qu'il s'agit de preuve testimoniale uniquement, il doit y avoir un commencement de preuve par écrit, que c'est ce qui ressort de l'article 1347 du code civil, dont les dispositions s'appliquent au contrat de travail (...). Ce n'est pas parce que l'on est le représentant ou l'interprète d'une société ou mieux recruteur de personnel d'une société, présent à longueur de journée que d'emblée, on peut prétendre à la qualité d'employé[1947] ». Un arrêt de 2007 charge le travailleur de prouver les heures supplémentaires et l'absence de bénéfice des congés payés[1948].

La règle de preuve applicable dans les litiges du travail au Togo est donc incertaine en pratique. S'il apparaît que les magistrats et inspecteurs appellent parfois à un partage ou renversement de la preuve ou ordonnent des enquêtes

---

1942 CA Lomé, ch. soc., n° 003/2011, 6 janvier 2011.

1943 « La juridiction compétente constate l'abus, par une enquête, sur les causes et les circonstances de la rupture du contrat ». Cette disposition correspond à l'article 42 du CTOM de 1952 dont l'utilité avait suscité le débat.

1944 Les juges de 1e instance avaient déclaré abusif le licenciement et prononcé de nombreuses indemnisations, notamment au titre de la non-déclaration à la CNSS.

1945 Sur une demande d'un rappel de salaire d'un mois : « attendu que l'employeur ne justifie pas avoir versé le salaire de février 2006 au salarié, qu'il échait de faire droit à sa demande » (Trib. Trav. Lomé, n° 017/07, 13 février 2007, inédit). Sur des arriérés de salaire et des congés payés : « l'employeur n'étant pas arrivé à justifier du paiement desdits arriérés et de la jouissance desdits congés » (Trib. Trav. Lomé, n° 173/07, 30 octobre 2007, inédit). Sur l'indemnité de congés payés pendant quatre ans : « la défenderesse ne rapporte aucune preuve contraire qu'elle a eu à lui payer ses quatre mois de congés » (Trib. Trav., n° 015/2010 du 26 janvier 2010).

1946 « Les témoignages des ex-collègues n'ont aucune force probante car ne justifient en rien le licenciement » (Jugement du Tribunal du travail de Lomé, 2008, extraits). Selon un jugement du 20 février 2007 (inédit), « la pièce désignée n° 1 qui constate seulement une mise à pied (...) n'a aucune valeur juridique car dénuée de toute force probante (...) ; la pièce portant « autorisation de reprise de travail » est un néant juridique vis-à-vis du salarié ».

1947 Trib. Trav., Lomé, n° 030/2008, 4 mars 2008, inédit.

1948 CA Lomé, ch. soc., n° 04/2007, 1er février 2007, inédit.

par témoins, il demeure un risque, une insécurité pour le travailleur face à cette malléabilité des normes. Il aurait été intéressant que le législateur de 2006 se saisisse du problème et s'inspire de ce qui se fait dans d'autres États de la sous-région[1949], en droit français[1950] ou de ce qui est prévu dans le cadre du projet d'acte uniforme de l'OHADA. Une remarque similaire peut être formulée au sujet de l'expression légale de « permissions exceptionnelles d'absences » qui favorise la mise en œuvre de normes procédurales remettant en cause le droit individuel à l'absence du travailleur.

2. La demande de permission d'absence

Si un problème d'illégitimité des prétentions des travailleurs peut découler du manque d'informations de ces derniers sur les obligations qui leur incombent, il apparaît que ces obligations telles qu'établies dans les dispositions d'origine étatique et précisées par les normes conventionnelles et/ou privées sont difficilement intelligibles. S'il est courant qu'à la reconnaissance d'un droit soient attachées certaines conditions juridiques pour son plein bénéfice ou sa non-remise en cause – on pensera, par exemple, au droit de faire grève ou au droit au congé de maladie dépendant de la déclaration de la maladie – nous relevons que les conditionnalités d'origine conventionnelle ou patronale concernant le droit d'être absent de son travail sont gênantes en ce qu'elles attachent à tout droit d'absence la condition de son acceptation par l'employeur.

L'idée d'autorisation préalable est sous-entendue par les dispositions légales dans l'expression même de « permissions exceptionnelles » pour évènements syndicaux et familiaux qui sont encadrées par les dispositions conventionnelles. En effet, l'article 55 du code du travail qui énumère les cas de suspension du contrat de travail contient l'expression « absence autorisée par l'employeur en vertu de dispositions conventionnelles ou d'accords individuels »[1951]. L'article 158 précise que « dans la limite de dix jours par an et en l'absence de

---

[1949] La chambre sociale du Tribunal de première instance de Cotonou, n° 007 du 23 Février 2007, rappelle l'article 226 alinéa 2 du code du Travail, selon lequel « lorsqu'il s'élève une contestation entre le salarié et l'employeur sur le paiement du salaire, des primes et des indemnités de toute nature, le non-paiement est présumée de façon irréfragable, sauf cas de force majeure, si l'employeur n'est pas en mesure de produire le registre de paiement dûment émargé par le travailleur, ou des témoins sur les mentions contestées, ou le double du bulletin de paie afférent au paiement contesté émargé dans les mêmes conditions ». En droit béninois, le droit au congé « est également prescrit par trois ans pour le travailleur en activité lorsqu'il est démontré que l'employeur avait offert la possibilité au salarié de jouir de son congé » (www.jurisprudencebenin.org)

[1950] Voir par exemple l'article L. 3171-4 du code du travail français : « en cas de litige relatif à l'existence ou au nombre d'heures de travail accomplies, l'employeur fournit au juge les éléments de nature à justifier les horaires effectivement réalisés par le salarié. Au vu de ces éléments et de ceux fournis par le salarié à l'appui de sa demande, le juge forme sa conviction après avoir ordonné, en cas de besoin, toutes les mesures d'instruction qu'il estime utiles ».

[1951] Le code du travail français mentionne par exemple les règles relatives aux « congés pour évènements familiaux » (L. 3142-1).

dispositions conventionnelles plus favorables, ne peuvent être déduites du congé acquis, les permissions exceptionnelles qui auront été accordées au travailleur à l'occasion d'évènements familiaux touchant directement son foyer ». Certaines dispositions conventionnelles contiennent cette idée à travers l'obligation d'autorisation écrite en cas d'évènements familiaux, sauf cas de force majeure[1952]. Il est parfois ajouté la condition d'une demande écrite du travailleur. Au-delà de l'interrogation de la validité juridique des dispositions conventionnelles qui multiplient les obligations procédurales du travailleur, se pose celle de la valeur de droit des permissions d'absence pour évènements familiaux. Le choix d'autoriser ou non ces absences appartenant au final à l'employeur, peut-on parler de droit d'absence ? Quelle est alors l'utilité de déterminer le contenu et les effets de ce droit d'absence, c'est-à-dire sa durée et sa non-imputation sur les congés ?

Il apparaît en pratique que l'obligation de demander une permission d'absence est systématique, voire élargie à d'autres circonstances telles que le départ en congé ou l'absence pour maladie. Le droit à la suspension de son contrat de travail au titre des congés payés, d'une maladie ou d'évènements familiaux est couramment appelé « permission d'absence ». Il n'est en effet pas rare que le travailleur doive respecter une procédure de « demande de permission » avant de pouvoir s'absenter de son travail. Il arrive même que le retour du travailleur nécessite une « procédure de reprise » du travail. Différents acteurs s'accordent pour poser le problème du non respect de ces procédures conduisant à des sanctions ou à des retenues sur les salaires des travailleurs absents[1953]. L'extension de cette procédure de demande de permission peut conduire en outre à l'absence de bénéfice du droit aux congés annuels alors que les dispositions conventionnelles précisent que la date de

---

[1952] Article 45 de la CCIT de 2011 (ancien article 41). L'accord collectif applicable en zone franche contient l'expression « congé pour convenance personnelle » dans l'énumération des cas de suspension du contrat de travail mais son article 30 concernant les « permissions d'absences exceptionnelles » comporte la règle de l'autorisation écrite. La convention collective des banques, établissements financiers et assurances (à l'instar de la convention collective de l'industrie pétrolière) ajoute que toute permission doit l'objet d'une demande écrite sauf en cas de force majeure et les documents attestant de l'évènement doivent être présentés dans les quinze jours. Son article 51 institue le « congé pour maladie des enfants, ascendants ou conjoints (…) sous réserve de vérifications d'usage, des congés avec demi-solde d'une durée n'excédant pas un mois, avec possibilité de renouvellement, pour soigner leurs enfants, ascendants ou conjoints malades ». La convention de l'hôtellerie et de la restauration ne précise pas cette formalité : seule une obligation d'information 48 heures à l'avance sauf force majeure est prévue. La convention des industries inclut dans le chapitre sur la suspension du contrat de travail un article 20 précisant que « les absences exceptionnelles de courte durée justifiées par un évènement grave et fortuit dûment constaté intéressant le foyer du travailleur (…) n'entraînent pas la rupture du contrat de travail mais seulement sa suspension dès lors que l'employeur en a été avisé 48h en avance.

[1953] Le directeur de l'emploi à la SAZOF évoque qu'il est « fréquent que des travailleurs viennent et s'absentent trois jours sans arriver à se justifier. Il faut leur expliquer la procédure, c'est très important. Il faut lui expliquer les règles car si un chef d'entreprise arrive, ça arrive qu'il licencie ». Une « contractuelle » de la zone franche explique que « si tu n'as pas bien demandé la permission, on peut toutefois refuser, il faut donner un argument ».

départ en congés est fixée « d'accord-parties » et que l'employeur informe au moins quinze jours avant de l'ordre des départs[1954]. S'agissant de la suspension du contrat de travail pour maladie, il ressort de l'enquête menée au Togo que la conditionnalité de demande d'absence y est parfois associée[1955].

Les règlements intérieurs d'entreprise fixent parfois scrupuleusement les modalités procédurales obligatoires de la demande de permission d'absence[1956]. Par exemple, un règlement intérieur d'une ONG de dimension internationale implantée au Togo depuis 1988, qui contient le visa de l'administration du travail, encadre les absences, les congés, la maladie et l'accident du travail. L'article 4 reprend la règle conventionnelle de l'autorisation des absences mais précise qu'elles « peuvent être accordées par la direction et les responsables des sous-bureaux expressément ou tacitement ». L'agent qui désire obtenir une permission d'absence fait la demande à son « chef immédiat » au moins 48 heures à l'avance. Le chef immédiat, après avis, renvoie cette demande à la Direction. L'agent ne pourra partir que s'il est muni d'une autorisation d'absence délivrée par la Direction, sauf en cas « d'extrême urgence laissée à l'appréciation de la Direction ». Un alinéa précise en outre que l'irrespect de ces dispositions constitue une faute passible de sanction disciplinaire, voire d'un licenciement. Est de plus stipulé que « le fait de prolonger sans autorisation la durée d'une permission régulière, d'un repos médical ou d'un congé » est considéré comme une absence irrégulière. Le règlement intérieur précise, par ailleurs, que passé le délai de six jours pour confirmer la maladie[1957], « le contrat peut être rompu pour absence ». S'agissant des congés annuels, la règle conventionnelle posant le principe d'un « accord-partie » est rendue caduque par la disposition selon laquelle « le personnel est tenu de solliciter la jouissance

---

[1954] Il est fixé par l'employeur en tenant compte si possible du désir du travailleur, sauf congé général pour fermeture de l'entreprise. L'accord-parties n'est pas prévue par la convention collective des banques. L'article 62 de la convention collective des industries prévoit cet accord-parties mais précise contradictoirement, à l'instar de l'accord de la zone franche, que « lorsque le travailleur a présenté sa demande en temps opportun, il doit être avisé de sa date de départ en congés un mois ou quinze jours en avance ».

[1955] Le président du Tribunal du travail mentionne au sujet d'une faute l'exemple du travailleur qui étant malade s'est absenté sans demander la permission. « Si tu es malade, tu vas à la direction demander la permission » (Cf. Entretiens avec un gardien, Lomé, 18 et 28 novembre 2008). « *Ils* doivent rédiger une lettre à la direction du personnel qui étudie » (Cf. Entretien avec le chef du personnel d'un hôtel de statut parapublic, Kara, 2 décembre 2008). « Si c'est pour un enterrement, si les parents veulent envoyer l'enfant quelque part, s'ils sont malades… » (Cf. Entretien avec le patron d'une boutique de vente de matériaux de construction, Lomé, 8 janvier 2009).

[1956] Cf. Entretien avec un chef d'entreprise de nationalité européenne (dépôt de boissons, vente en gros, supermarché, deux restaurant, garage), Kara, 3 décembre 2008. « C'est dans le règlement intérieur, quand un ouvrier s'absente trois jours sans demander la permission, on suppose que c'est volontaire, qu'il a abandonné son poste, on le renvoie » (Cf. Entretien avec le chef du personnel d'une entreprise agro-industrielle en présence de deux inspecteurs du travail d'Atakpamé et deux délégués du personnel CNTT, région des plateaux, 16 janvier 2009).

[1957] Article 13 de la CCIT.

de ses congés à l'arrivée du terme pour ne pas se voir pénaliser par la prescription de deux ans »[1958].

L'importance accordée à la demande préalable peut aller jusqu'à permettre un oubli des contenus substantiels du droit de suspendre son contrat de travail dans certaines circonstances : maintien du salaire, durée de la suspension, absence de sanction et protection de son emploi, non imputation sur la durée des congés ou sur le calcul du droit au bénéfice des congés. La méconnaissance de ces procédures de demande, qu'elles ne se fassent pas dans les formes et délais exigés ou qu'elles soient méconnues, peut dans les faits conduire à priver le travailleur du salaire ou de l'indemnité à laquelle il peut prétendre dans certains cas[1959]. Un autre effet de cette règle de demande de permission peut être la généralisation en pratique de la négociation de l'autorisation d'absence quel que soit le motif et donc la mise en cause, au moins partiellement, de droits dont est indiscutablement détenteur le salarié. Il est vrai que, à l'opposé et a priori paradoxalement, le salarié peut négocier ou bénéficier sans négocier de temps d'absence ou de congés pour un motif non prévu ou une durée dépassant la durée légale ou conventionnelle[1960]. Si certaines pratiques peuvent être interprétées comme adaptées aux réalités socio-économiques et socioculturelles du Togo, il faudrait peut-être revoir les dispositions qui les encadrent[1961], instaurées par le droit togolais postcolonial et précisées dans les droits conventionnels, pour en faire des dispositions claires, sur le plan substantiel comme procédural[1962].

[1958] Un règlement intérieur d'un établissement scolaire visé et enregistré en août 2011 contient des règles similaires. Il instaure l'obligation d'une demande préalable de permission d'absence et contient la possibilité pour la direction d'« instruire une visite de contrôle pour toute absence motivée par un certificat ou des certificats (…) délivrés par des médecins non agréés par elle ».

[1959] Le prélèvement sur les salaires semble se pratiquer dans quelques entreprises de la zone franche. Un employeur d'origine européenne du nord du Togo affirme calculer les salaires à chaque fin de mois en tenant compte des demandes de permission.

[1960] « Dans les codes africains, le salarié peut demander congé pour aller s'occuper d'un intérêt particulier, il négocie la suspension, l'employeur en tient compte et décide » (Séminaire de formation des délégués du personnel et personnel de l'encadrement d'une société minière, Agbodrafo (région maritime), 19-21 novembre 2008). Le chef du personnel d'un hôtel parapublic, le représentant d'une entreprise de forage, un syndicaliste d'une entreprise agroindustrielle, le chef du personnel d'une agroindustrie mentionnent d'autres exemples de permissions pouvant être discutées avec l'employeur ; « par exemple, s'ils doivent se présenter pour un examen car il, ou bien pour aller à la rencontre d'un parent qui arrive », s' « il a une affaire personnelle à faire à Lomé pour une semaine » ou « pour n'importe quelle préoccupation ».

[1961] O. O. Sidibe, « Réalités africaines et enjeux pour le droit du travail », *Bulletin du Comptrasec*, 1999, p. 130.

[1962] Les dispositions conventionnelles contiennent des précisions variées sur la notion de famille. Les règles relatives au déplacement, au logement ou à la caution en cas d'hospitalisation soit renvoient au droit de la sécurité sociale, soit en précisent le contenu. Le plus souvent le régime de la polygamie au sens des articles 50 et s. du code des personnes et de la famille adopté par ordonnance n° 80-016 du 31 janvier 1980 est ignoré. Remarquons que la CCIT de 2011 a innové sur ce point mais renvoie toujours au droit de la sécurité sociale. Ce droit de la sécurité sociale ne définit pas la famille mais en donne un contenu selon les risques. Par interprétation des dispositions sur les

§2 – Le contournement de normes procédurales

Un autre aspect de la relativisation de la référence aux droits individuels des travailleurs tient à l'irrespect des normes procédurales devant servir à garantir ces droits. Le contournement des règles procédurales ressort de l'inapplication de formalités administratives (A) et du recours à des autorités alternatives à celles juridiquement compétentes (B).

A. L'inapplication de formalités administratives

L'inapplication de formalités administratives ressort tout d'abord des référentiels variables concernant les formalités obligatoires de l'employeur (1). Elle ressort par ailleurs de l'effet limité de l'accomplissement de ces formalités en termes de contrôle du droit du travail (2).

1. Des référentiels variables

Les références aux obligations des employeurs au plan administratif sont aléatoires, notamment chez les acteurs chargés eux-mêmes de recueillir ces formalités. Les obligations administratives des employeurs sont en outre nombreuses et contenues dans diverses sources de droit, ce qui peut expliquer cette variété des références faites à ces obligations. Enfin, l'absence d'opposabilité de ces obligations, en pratique, contribue à la difficulté d'entrevoir leur moment, objet et enjeu.

La référence la plus courante à l'obligation administrative de l'employeur est celle du visa du contrat de travail et du règlement intérieur. Toutefois, l'autorité compétente et l'objet du contrôle peuvent être différents. D'autres obligations administratives sont plus ou moins évincées des référentiels des agents habilités tandis qu'il peut arriver qu'un agent mentionne une compétence qui n'est instituée par aucun texte. S'agissant du visa obligatoire du directeur général du Travail pour tout CDD de plus d'un mois, la majorité des inspecteurs du travail mentionnent cette compétence. Elle est en pratique exercée par les directeurs régionaux lorsqu'il s'agit de contrats signés en dehors de la capitale togolaise[1963]. Il n'apparaît toutefois pas que le directeur général du Travail soit effectivement l'autorité qui vise ces contrats à Lomé. Tandis que certains inspecteurs du travail de Lomé précisent que « ça va au secrétariat mais il y a une direction qui se charge de ça[1964] », un inspecteur du travail de Lomé-ouest dit au sujet d'une société de placement qu'« ils sont réguliers puisqu'ils

---

risques professionnels, la famille du travailleur masculin au sens du droit de la sécurité sociale comprendrait une seule femme mariée légalement et vivant dans le foyer du travailleur, tous les enfants à charge et vivant au foyer du travailleur ainsi que ses parents à charge.

1963 Cf. Entretien avec le directeur régional du travail de Dapaong, région des Savanes, 22 janvier 2009. Cf. Entretien avec la directrice régionale du travail à Atakpamé, région des Plateaux, 15 janvier 2009. Cf. Entretien avec un inspecteur du travail de Sokodé, région centrale, 20 janvier 2009.

1964 Cf. Entretien collectif avec des jeunes inspecteurs du travail, Lomé, 16 décembre 2008.

collaborent avec nous mais si quelque chose ne va pas on leur demande de rectifier[1965] ». Seul un inspecteur du travail, directeur d'un service de la Direction générale du Travail et des Lois Sociales (DGTLS), mentionne l'attribution du directeur général du Travail. Il affirme toutefois être chargé de viser les contrats de travail pour les entreprises de la zone franche[1966]. Le directeur général du Travail explique que tous les contrats de travail à durée déterminée « supérieurs à trois mois » doivent passer par lui[1967]. Ainsi, le circuit administratif du contrôle des CDD d'une durée supérieure à un mois n'est pas clairement visible.

Les dispositions légales, règlementaires, voire aussi conventionnelles, instituent d'autres obligations administratives qui sont bien moins mises en vigueur et connues en pratique. Le droit du travail soumet l'employeur à une multitude de notifications et de communications à l'inspecteur du travail ou au directeur général du Travail. L'employeur doit déclarer toute embauche et tout accident du travail et maladie professionnelle. Il doit envoyer les lettres de notification de licenciement[1968] et de sanctions[1969], ainsi que les procès-verbaux de consultation des représentants du personnel en cas de licenciement pour motif économique. L'inspecteur du travail autorise les heures supplémentaires et la dérogation à la remise de bulletins individuels de paye. L'employeur doit signaler toute mesure de chômage technique et communiquer la liste des tâcherons travaillant avec l'entreprise. Les informations sur les retenues sur salaire pour remboursement des avances d'argent consenties par l'employeur sont en principe transmises à l'inspection. Le directeur général du Travail autorise la mise en place d'un économat et le remplacement des deux premiers fascicules du registre d'employeur par un listing informatisé. Enfin, le directeur général vise en principe tout contrat d'apprentissage et tout projet d'ouverture d'une entreprise ou d'un établissement est déclaré à l'inspection du travail[1970]. L'employeur est par ailleurs tenu de faire des déclarations auprès des services administratifs de l'emploi : déclaration de toute embauche et fin de contrat à la nouvelle agence nationale pour l'emploi (ANPE) et « déclaration périodique de la situation de son personnel au moins une fois par semestre ».

La globale ineffectivité de ce dispositif composite peut tenir en partie d'une connaissance relative de ses composantes par les agents de l'inspection du

---

[1965] Cf. Entretien avec un inspecteur du travail, zone Lomé ouest, 23 décembre 2008.

[1966] Cf. Entretiens avec un inspecteur du travail, directeur des normes et des relations de travail, Lomé, 26 novembre 2008 et 12 février 2009.

[1967] Cf. Entretien avec le directeur général du Travail, Lomé, 14 novembre 2008.

[1968] Article 65 du code du travail.

[1969] Les dispositions conventionnelles, CCIT et conventions sectorielles, prévoient qu'ampliation de la décision est adressée à l'inspecteur du travail. La convention collective de l'industrie de l'hôtellerie et restauration restreint cette obligation qu'au cas du licenciement pour motif disciplinaire. En zone franche, la copie de la notification d'une sanction disciplinaire adressée à la SAZOF n'est prévue que pour la procédure « normale ».

[1970] Article 206 du code du travail.

travail. Certaines pratiques de déclaration continuent en outre d'être exercées alors qu'elles ont été réformées par le code du travail de 2006. S'agissant des notifications obligatoires de l'employeur, seul un inspecteur du nord du pays mentionne le cas des sanctions disciplinaires[1971] en plus des lettres de licenciement[1972]. Le directeur général du Travail constate la rareté de la pratique d'économat dans les entreprises sans préciser qu'il doit être saisi et donner son accord. Le visa du contrat d'apprentissage n'est pas mentionné à Lomé tandis qu'il est une donnée relevée dans les inspections de l'intérieur du pays[1973]. S'agissant des accidents du travail, les inspecteurs du travail n'évoquent pas tous un rôle de leur service concomitamment à la saisine de la Caisse Nationale de Sécurité Sociale (CNSS)[1974]. Enfin, s'agissant de l'embauche des travailleurs, il a été remarqué que certains services régionaux d'inspection du travail continuent de délivrer les « cartes de main d'œuvre » en principe supprimées par la libéralisation du placement au Togo[1975]. Les formalités obligatoires des employeurs sont en définitive partiellement évoquées et variablement connues. On note par ailleurs que l'accomplissement d'une formalité, telle que la déclaration de tout projet d'établissement répond en pratique moins à une perspective de contrôle ou à un souci d'être en règle, qu'à l'obtention de certificats nécessaires pour la souscription à des appels d'offre. L'exercice d'une

---

[1971] Cf. Entretien avec l'inspecteur du travail de Kara, région de la Kara, 2 décembre 2008.

[1972] « On fait ce qui est règlementaire, quand il y a un licenciement, on doit envoyer une copie du dossier à l'inspection. Les choses classiques, période d'essai renouvelée etc. Ce n'est pas courant qu'on paye quelque chose à l'inspection » (Cf. Entretien avec le DRH d'une société industrielle du secteur métallurgique, Lomé, 12 janvier 2009).

[1973] Cf. Entretiens avec le directeur régional du travail de Kara (6 décembre 2008), avec le directeur régional du travail de Sokodé (région centrale, 20 janvier 2009). Le rapport d'activité rédigé pour l'année 2001 pour l'inspection du travail d'Aneho dans la Région maritime mentionne que l'inspection a visé 7 contrats d'apprentissage et précise que « cette faible demande de visa ne signifie pas que l'apprentissage est à faible taux dans la région maritime ; la tendance est plutôt à l'inverse, aujourd'hui de nombreux jeunes sont beaucoup plus attirés par le secteur informel ».

[1974] « Les employeurs envoient généralement les déclarations d'accident au niveau de la Caisse nationale de sécurité sociale. (...) Il faut vérifier si vraiment l'accident est lié au travail » (Cf. Entretien avec le directeur général adjoint du Travail, Lomé, 26 novembre 2008). « Je n'ai pour l'instant connaissance d'aucun accident. Je n'ai pas pris l'initiative de me pencher là-dessus » (Cf. Entretien avec l'inspecteur du travail de Kara, région de la Kara, 2 décembre 2008). « Pour les accidents, ça va souvent d'abord à la caisse avant que ça ne vienne ici. Mais ça devrait être d'abord à l'inspection » (Cf. Entretien avec le directeur régional du travail de Dapaong, région des Savanes, 22 janvier 2009). « Il y a eu un cas d'accident mais ce n'est pas venu à l'inspection » (Cf. Entretien avec la directrice régionale du travail à Atakpamé, région des Plateaux, 15 janvier 2009). « Nous sommes associés aux enquêtes de la caisse. Le directeur y est allé une ou deux fois » (Cf. Entretien avec un inspecteur du travail, zone Lomé ouest, 23 décembre 2008).

[1975] « On fait les cartes de demandeurs d'emploi, ça permet à l'employeur de connaître ceux qui sont en train de demander (...)». (Cf. Entretien avec l'inspecteur du travail de Kara, région de la Kara, 2 décembre 2008). « Le problème est qu'en principe les deux directions, du travail et de l'emploi devraient être séparées. Mais il y a le problème des cartes de main d'œuvre » (Cf. Entretien avec le directeur régional du travail de Sokodé, région centrale, 20 janvier 2009). « Ce qui est bizarre aussi c'est que pour être embauché dans une institution privée, dans le secteur informel quoi, on demande la carte de main d'œuvre et c'est eux qui établissent ça » (Cf. Entretien collectif avec des représentants syndicaux de l'UNSIT à Sokodé, région des Savanes, 19 janvier 2009).

formalité dépend donc principalement de l'initiative patronale et de sa volonté de suivre les conseils formulés par l'inspecteur du travail qui est généralement premièrement, voire exclusivement, sollicité pour donner ce type de conseils.

2. Des effets limités

La diversité des formalités obligatoires des employeurs doit en principe servir à rendre ces acteurs visibles auprès des institutions étatiques, c'est-à-dire à susciter chez eux un certain souci de la conformité aux règles auxquelles ces institutions doivent veiller. Le problème de la visibilité des établissements implantés est premièrement lié à celui de l'irrespect ou du manque de suivi de la déclaration d'ouverture d'établissements auprès de l'inspection du travail[1976]. La mise à jour des données, leur conservation et leurs cohérences en résultent très aléatoires[1977]. Selon les services ou les modalités de collecte de certaines données, les résultats diffèrent ou manquent de comparabilité dans le temps[1978]. L'enjeu protecteur de ces déclarations pour les travailleurs est donc rendu relatif du fait de l'absence d'un contrôle subséquent à l'accomplissement de cette formalité. Cette relativité tient en outre à des détournements des motivations de leur accomplissement. Nous aborderons ici les exemples de la campagne de sensibilisation de la Caisse Nationale de Sécurité Sociale (CNSS) qui a pu conduire à des affiliations frauduleuses et de la déclaration de tâcherons et entrepreneurs en vue de candidater à des appels d'offre.

En 2008, une campagne de sensibilisation pour la déclaration des travailleurs à la CNSS a été menée conjointement par les services de la CNSS et les services de

---

[1976] Cf. Entretien avec le directeur régional du travail de Dapaong (région des Savanes, 22 janvier 2009) et avec un inspecteur du travail à Atakpamé (région des Plateaux, 15 janvier 2009). « Nous sommes en train de monter notre appareil statistique (...) » (Cf. Entretien avec le directeur général du Travail, Lomé, 14 novembre 2008).

[1977] « Nous avons trouvé 107 entreprises déclarées. Mais il y en a dedans qui n'existent plus. Je ne sais pas dans quels secteurs. On n'est pas sur que les dossiers sont à jour. Il y a quelques dossiers qui sont perdus » (Cf. Entretien avec l'inspecteur du travail de Kara, région de la Kara, 2 décembre 2008).

[1978] En 1996-97, la direction générale des impôts comptabilisaient 11572 entreprises informelles pour le territoire du Togo dont 9576 à Lomé tandis qu'était estimé le nombre de « firmes formelles », selon les chiffres de la caisse nationale de sécurité sociale (CNSS), à 3961 dont 313 de plus de 20 employés. 220 établissements de plus de 20 employés se situent à Lomé. En 2007, la CNSS établit un nombre total de 6572 employeurs, tous secteurs confondus, pour l'ensemble du Togo. Soit une augmentation de près de 50 % du nombre d'employeurs tandis que le nombre de salariés de l'emploi formel passerait de 72800 en 1996 à 65767 en 2007 (sources : J-M Marchat, *Le marché du travail au Togo,* CERDI, 1999 et CNSS Togo, 2009). La répartition des employeurs par région économique et par secteur pour 2007 établit à 232 (206 du secteur privé et 26 du secteur public et parapublic) le nombre d'employeurs dans la région de la Kara soit plus du double du nombre de 107 recensé par le service régional d'inspection du travail (Source : CNSS Togo, 2009). S'agissant de la Chambre du Commerce et de l'Industrie : « malgré l'existence du CFE, il faut noter que les employeurs immatriculés dans le cadre de cette institution restent introuvables sur le terrain » (Rapport provisoire sur l'opération de contrôle des travailleurs assurés et non assurés par les employeurs déjà immatriculés à la CNSS, CNSS, mars-avril 2009).

la DGTLS[1979]. Inspecteurs de la CNSS, inspecteurs du travail et étudiants se sont rendus sur le terrain pour mener une enquête sur le respect de cette formalité obligatoire[1980]. Relayée par les médias, cette campagne a suscité de nombreuses réticences, voire des peurs[1981]. Des établissements ont fermé leurs portes[1982] et des travailleurs ont voulu saisir les enquêteurs sur certaines pratiques patronales. Des agents évoquent des cas de licenciement issus de ces saisines, ainsi que de fausses déclarations[1983].

Les retombées de la campagne de sensibilisation sont difficilement analysables du fait du nombre d'employeurs non retrouvés sur le terrain. L'effet économique et social de la campagne est en définitive relatif. L'enquête se basait sur des données économiques de la CNSS ou de la Chambre du Commerce et de l'Industrie non actualisées[1984]. L'enjeu officiel de sensibilisation attaché cette campagne nationale a eu un impact limité puisque le suivi des personnes enquêtées est rendu difficile par les dysfonctionnements des administrations centrales et le manque de coordinations entre les acteurs impliqués[1985]. Un rapport précise, par exemple, que quatre-vingt-un employeurs

---

1979 « La sensibilisation est accompagnée d'invitations. (…) On leur a donc demandé d'approcher la direction de santé au travail pour qu'elle les appuie en vue de régulariser la situation puisque c'est une exigence du nouveau code. Ce n'était pas une visite de contrôle mais de sensibilisation » (Cf. Entretien collectif avec des jeunes inspecteurs du travail, Lomé, 16 décembre 2008).

1980 Cf. Entretien avec un inspecteur du travail, chef de la zone est de Lomé, Lomé, 9 janvier 2009.

1981 Voir par exemple l'article : http://www.syfia.info/index.php5?view=articles&action=voir&idArticle=4970

1982 « Beaucoup d'entreprises ont enlevé leurs enseignes par peur, pour se cacher, même des entreprises de plus de cent salariés » (Cf. Entretien avec un inspecteur du travail, chef de la zone est de Lomé, 9 janvier 2009). « Des personnes ont fait le mort quand ils ont appris l'enquête » (Cf. Entretiens avec un inspecteur du travail, directeur des normes et des relations de travail, Lomé, 26 novembre 2008 et 12 février 2009).

1983 Cf. Entretien avec le directeur régional du travail de Kara (6 décembre 2008) avec le secrétaire général de la fédération de l'enseignement de l'UNSIT (Lomé, 30 décembre 2008 et 6 janvier 2009) et avec un inspecteur du travail, chef de la zone est de Lomé (9 janvier 2009). Le rapport provisoire de l'opération déplore les pratiques de pression sur les travailleurs en vue de falsifier la date de leur embauche.

1984 « 922 employeurs restent non retrouvés au terme de cette deuxième phase de l'opération de contrôle, soit 39,32%. Ce sont des employeurs dont les recherches sur le terrain ont été vaines et les contacts téléphoniques n'ont pas permis de les joindre » (Rapport provisoire sur l'opération de contrôle des travailleurs assurés et non assurés par les employeurs déjà immatriculés à la CNSS, CNSS, mars-avril 2009).

1985 « Ils ont recruté des étudiants et chômeurs mais on a constaté lors de nos visites que ça n'a pas été suivi. Ils ont pour projet de reprendre les contrôles et de nous y associer » (Cf. Entretien avec un inspecteur du travail à Atakpamé, Plateaux, 15 janvier 2009). « Bon il y a certains employés même qui viennent à notre niveau pour nous informer de la situation. Donc nous, on leur demande d'aller à la caisse. (…) Voilà c'est elle qui gère les obligations » (Cf. Entretien avec un inspecteur du travail, Lomé nord, 15 novembre 2008). « Une affaire d'accident du travail, j'avais voulu le régler à l'amiable tout naturellement, j'ai écrit au directeur général de la caisse. Mais contre toute attente ils ont convoqué mon client et ils ont réglé ça derrière mon dos ! » (Cf. Entretien avec un avocat, Lomé, 16 février 2009). « S'il n'est pas déclaré, en général on demande à l'employeur de prendre tout en charge pour les employés. C'est une négociation » (Cf. Entretien avec le directeur régional du travail de Dapaong, Savanes, 22 janvier 2009).

non déclarés à la CNSS ont été « prospectés par hasard » et que leurs arriérés de cotisations « se chiffrent à 388 151 083 FCFA et les encours, à partir du mois d'avril 2008 jusqu'au premier trimestre 2009, s'élèvent à 247 249 382 FCFA » mais que certains de ces employeurs « hésitent encore à signer les déclarations des salaires[1986] ».

Des employeurs saisissent régulièrement l'inspection du travail pour l'obtention d'attestations de non retard dans le paiement des salaires, obligatoires pour tout employeur souhaitant remporter un appel d'offre. L'accomplissement de la déclaration de l'établissement dans les services d'inspection du travail est souvent justifié par cette nécessité. S'il est intéressant qu'à la déclaration de l'entreprise soit accrochée une condition de l'obtention de contrats commerciaux, on remarque qu'elle ne déclenche pas nécessairement une démarche inquisitoire des agents compétents. Un rapport d'activité de l'inspection du travail de la zone Lomé-est mentionne que les « demandes d'attestation de non retard de paiement par les employeurs » peuvent être l'occasion de constater « certaines infractions, notamment, défaut de déclaration d'établissement, non-respect du barème des salaires, classification irrégulière » sanctionnées par « des observations verbales et écrites[1987] ». Le refus de délivrance de l'attestation est très rarement une conséquence du constat de ces irrégularités, ce qui garantit l'exercice de l'activité économique dans un sens, mais favorise la pérennité de certaines pratiques dans un autre. Un représentant d'une entreprise du secteur du BTP dit être soucieux d'appliquer le droit du travail, en particulier au vue de ces attestations nécessaires pour candidater aux appels d'offre, mais l'analyse des relations de travail dans cette entité ne révèle pas tout à fait le souci de respecter le droit du travail[1988]. Dans ce sens, le directeur régional du travail nommé à Kara évoque quatre employeurs mécontents de sa demande de consultation des documents relatifs aux travailleurs au motif que l'ancien directeur n'avait jamais exigé cela lorsqu'ils sollicitaient une attestation[1989]. Le caractère payant de cette formalité contribue certainement aussi à son effet relatif en termes de contrôle[1990] ; l'enjeu

[1986] Rapport provisoire, CNSS, 2009, *op. cit.*

[1987] Rapport d'inspection de la zone Lomé-est pour l'année 2009.

[1988] Le représentant de l'entreprise dit n'avoir jamais été confronté à des litiges auprès de l'administration du travail tandis que les pratiques de temps de travail, de paiement des salaires par enveloppe, de retards dans ces paiements, d'absence de congés montrent un souci très relatif de respect du droit du travail : « notre ingénieur est un étranger, il est tchadien. Il a d'abord été recruté à titre de stage. Pour le moment il est là à titre d'ingénieur. (...) Il y a un contrat entre lui et la société, pas de formalités spéciales. (...). Sur les heures supplémentaires, il précise que « jusqu'ici nous ne le faisons pas car nous n'avons pas une fiche de pointage appropriée » (Cf. Entretien avec le comptable d'une entreprise de forage et sondage, Lomé, 10 décembre 2008).

[1989] « Moi je leur rappelle à chaque fois que « je vous signe ça mais prochainement si vous venez je ne vous le signe plus » parce que je ne peux pas mettre quand même mon honneur en jeu en signant le papier alors que la situation est pourrie à leur niveau » (Cf. Entretien avec le directeur régional du travail de Kara, région de la Kara, 6 décembre 2008).

[1990] En vertu de l'arrêté interministériel n°009/MEF/MTESS du 6 décembre 2010, il apparaît que les employeurs sollicitant ce document doivent s'acquitter d'une somme de 10 000 FCFA au titre des économique de cette formalité est un paramètre qui à la fois pousse les employeurs à l'accomplir et conduit les inspecteurs à rarement la rejeter[1991]. Si cette obligation procédurale a des effets relatifs en termes de contrôle du respect du droit du travail, elle oblige à un contact avec l'inspection qui est dans tous les cas tributaire de l'appréciation par l'employeur de l'opportunité de recourir à cette autorité.

B. Le recours à des autorités alternatives

Dans certaines circonstances ou dans certains domaines particuliers, le recours aux services compétents est évincé, consciemment ou non, par celui à d'autres autorités, étatiques ou privées. Ainsi, certaines circonstances devant en principe donner lieu à l'intervention de l'inspecteur du travail sont traitées par l'intermédiaire d'autres autorités publiques (1). Certains domaines de travail subordonné échappent en outre globalement aux services d'inspection du travail du fait de l'existence d'un monopole syndical (2).

1. L'appel à d'autres autorités publiques

Ces autorités publiques saisies en remplacement de l'inspection du travail sont soit les autorités ministérielles, soit les forces de l'ordre. Ces saisines peuvent concerner tout type de litige, notamment des litiges individuels liés à la discipline. Un chef du personnel d'un hôtel du secteur parapublic évoque, par exemple, la possibilité de demander, en adressant un courrier directement au ministre chargé du tourisme, une dérogation à la limite de huit jours de la durée de la sanction de la mise à pied. Lorsqu'un litige oppose un employeur et un travailleur, il arrive que le concours des services de police, de gendarmerie, voire des douanes, soit sollicité. Cette saisine est soit liée à la représentation d'un service d'inspection peu crédible et peu compétent pour exercer le type de pression recherché, soit à la méconnaissance de ce service par les employeurs ou travailleurs.

L'appel direct aux autorités ministérielles a particulièrement lieu dans certains secteurs. Il est associé, dans le secteur parapublic, à la représentation de certains travailleurs et employeurs selon laquelle le ministre de tutelle du secteur économique concerné est à même de résoudre certains problèmes de relations de travail. Il est fréquent aussi que des travailleurs de la zone franche

---

« frais d'attestation de payement de créance de salaire ». D'après l'inspecteur du travail de Kara, « ce sont ces choses-là qui forment le peu de recettes qu'on a » (Cf. Entretien du 2 décembre 2008).

[1991] Le rapport d'activités du service d'inspection Lomé-ouest pour 2009 mentionne que « 43 attestations ont été délivrées », à l'instar du rapport pour 2010 de la direction régionale des Plateaux (18 attestations). Le rapport d'activités du service d'inspection Lomé-est ne donne pas d'indications chiffrées mais précise que les demandes d'attestation ont donné lieu à des « observations verbales et écrites (...) en attirant leur attention sur les sanctions qu'ils encourent ». Les rapports d'activités des directions régionales du travail de la Kara et des Savanes pour 2010 ne contiennent pas la mention de cette activité. Seul le rapport d'activités de l'inspection Lomé-ouest pour 2010 mentionne un refus de délivrance, sur 112 demandes.

tentent de saisir les hautes autorités politiques du pays plutôt que d'en appeler aux services de la SAZOF, soupçonnés de partialité[1992]. Si ce type de saisine est récurrent en matière de conflits collectifs, cela arrive également dans des circonstances liées aux relations individuelles de travail : en cas de licenciement, de contestation d'une mesure disciplinaire ou de revendication du droit à la sécurité sociale lorsque l'employeur n'a pas versé les cotisations. Les issues de ce type de recours sont différentes selon que c'est le travailleur ou l'employeur qui en est à l'origine. Elles sont par ailleurs en contradiction avec une décision de justice rendue dans le domaine social par la Cour Suprême du Togo qui rejette explicitement l'argument de ce type de saisine avancé par l'employeur[1993].

Le recours aux forces de l'ordre du Togo, notamment à la gendarmerie ou au commissariat de police, dans l'objectif de résoudre un litige individuel est assez fréquent. Ce recours peut être le fait de l'employeur ou du travailleur. La directrice régionale du travail d'Atakpamé, région des Plateaux, dit en effet au sujet d'une société agroindustrielle de son secteur : « eux, quand ils ont des problèmes, ils voient directement avec la sécurité, la gendarmerie et après c'est l'ambassade et l'ambassade maintenant appelle la direction générale du travail[1994] ». Certains travailleurs pensent en outre qu'il est possible de s'adresser aux forces de l'ordre, en allant directement au commissariat ou à la gendarmerie, pour voir s'exercer une contrainte sur l'employeur qui abuse de son pouvoir[1995]. Des inspecteurs du travail évoquent ce type d'erreur chez les travailleurs et certains cas où l'autorité saisie renvoie l'affaire vers eux[1996]. Il

---

[1992] « Quand vous avez un problème, vous allez à la SAZOF, mais c'est la société. Donc quand on avait eu un problème on a préféré aller au ministère. Le ministre avait dit qu'il faut aller vers la SAZOF qu'il ne peut pas le résoudre, parce que lui-même il est en-dessous ». Une ancienne travailleuse temporaire mentionne le cas d'un travailleur licencié ayant tenté de recourir à l'autorité du président de la République : « il a même demandé l'audience pour aller voir le président Eyadema qui était là-bas. Voilà il n'a pas trouvé » (Cf. Entretiens du 12 janvier 2009 avec plusieurs salariés de la zone franche et du 12 janvier 2009 avec une coiffeuse, ancienne domestique et ouvrière de la zone franche).

[1993] CS Togo, ch. jud., n° 36, 16 décembre 2004 (en ligne sur legitogo.gouv.tg), v. aussi infra Partie II, Titre 2, Chapitre 2, Section 2, §1, B, 2. C'est aussi la position de la Cour Suprême du Cameroun (n° 6/S, 13 octobre 1994) : « le licenciement d'un délégué du personnel sur autorisation du ministre du travail est nul, seul l'inspecteur du travail est compétent (…) » (TPOM, 2008, n° 983/984, p. 59).

[1994] Cf. Entretien avec la directrice régionale du travail à Atakpamé, Plateaux, 15 janvier 2009.

[1995] Cf. Entretien avec le cuisinier d'un restaurant chinois (Lomé, 23 décembre 2008) et avec un inspecteur du travail (zone Lomé ouest, 23 décembre 2008). « J'ai rencontré quelqu'un qui travaille aussi à la zone franche, il est parti sans demander la permission. Il me dit qu'il va aller prendre la convocation à la gendarmerie ». (Cf. Entretien collectif avec des salariés de la zone franche, 12 janvier 2009).

[1996] « Des fois les gens vont au commissariat ou la gendarmerie même. Il n'y a pas de jugements ici, que des conciliations » (Cf. Entretien avec le directeur régional du travail de Sokodé (non enregistré), Sokodé, région centrale, 20 janvier 2009). Au sujet du tâcheronnat, « parfois ils débattent au commissariat et le commissariat nous les envoie. général ement quand quelqu'un va à la justice ou au commissariat, surtout à l'intérieur du pays, pour une affaire de sous-traitance, comme ils peut arriver par ailleurs que le problème avancé par un travailleur auprès de ces autorités soit traité dans ces services[1997] ou, au contraire, ne soit l'objet d'aucune prise en compte sérieuse[1998]. Des représentants d'une centrale syndicale évoquent en outre leur recours aux autorités chargées de l'immigration pour intervenir auprès d'un employeur d'origine étrangère qui refusait de prendre en compte une demande d'organisation d'élections professionnelles ; ne disposant pas des documents de séjour exigés, il a du quitter le Togo[1999].

2. L'existence de monopoles syndicaux

Les possibilités d'appel à des personnes ou organisations privées dans la régulation des relations de travail sont multiples[2000]. Les domaines où un monopole syndical existe de fait sont les plus révélateurs des contournements de l'autorité de l'inspection du travail dans le contrôle du droit du travail. C'est dans le domaine du contrat d'apprentissage que ce monopole est le plus ancré. Il est aussi une donnée de certaines sociétés où il existe un syndicat d'entreprise totalement intégré au système de gestion mis en place par l'employeur.

L'apprentissage constitue au Togo l'issue la plus courante de la déscolarisation des jeunes. Le monopole syndical dans la régulation des relations d'apprentissage se traduit par l'évincement du contrôle de l'administration du travail, en particulier en matière de formalisation des contrats et de résolution des litiges individuels. Selon les propos du représentant d'une association de Lomé sur cette question, il apparaît que dans les réalités « chaque syndicat ou chaque patron fait son contrat à sa guise ». La patronne d'un atelier de couture qui « emploie » environ douze apprentis

---

voient « travail », on nous envoie l'affaire » (Cf. Entretien avec le directeur général adjoint du Travail, Lomé, 26 novembre 2008).

[1997] Un inspecteur du travail de Lomé explique « Elle a aussi déposé une plainte à la gendarmerie et elle a eu des dommages et intérêts, ça s'est arrangé à la gendarmerie » (Cf. Entretien avec un inspecteur du travail, zone Lomé ouest, 23 décembre 2008).

[1998] « Mon supérieur a convoqué le boss (...), au commissariat central je crois. On l'a convoqué sur une heure, et le boss était parti bien avant pour donner l'argent au commissaire, alors que le commissaire était très fâché, il a dit que quand le boss venait, il va voir de quel bois il se chauffe ! Mais lorsque le boss est allé là-bas donner l'argent, quand mon supérieur est parti, c'était à huit heure le rendez-vous. Ils l'ont laissé là-bas jusqu'à au-delà de midi et ils lui ont dit, toi viens ici « c'est toi qui a des problèmes avec le chinois ? » Il a dit oui. Le commissaire a dit « le chinois a quitté la Chine jusqu'ici pour venir t'aider, pour t'apprendre... Et tu veux lui faire quoi ? » (Cf. Entretien avec le cuisinier d'un restaurant chinois, Lomé, 23 décembre 2008).

[1999] « Il fait seulement le gros dos. Donc on a envoyé le service de l'immigration pour lui demander ses pièces, et il a fui ! Maintenant il est dans le maquis » (Cf. Entretien avec le secrétaire général adjoint et le conseiller juridique de la centrale CSTT, Lomé, 25 et 28 novembre 2008).

[2000] Des sociétés de conseils sont sollicitées pour la rédaction des contrats de travail ou la gestion de certains conflits. Une personne de l'entourage de l'employeur est parfois le conciliateur dans des conflits individuels. Des huissiers ou notaires sont parfois saisis dans le cadre de la conclusion de contrats de travail (Cf. Entretien avec le directeur régional du travail de Sokodé, région centrale, 20 janvier 2009). Sur le recours à une association de défense des droits de femmes, cf. Entretien avec un inspecteur du travail, zone Lomé-ouest, 23 décembre 2008.

précise que les contrats d'apprentissage sont élaborés dans les locaux du syndicat affilié à la CNTT en présence des parties. La mise en cause de la longue période de « sous-traitance » par l'État de ces questions d'apprentissage se fait lentement[2001]. Magistrats et inspecteurs du travail recouvrent petit à petit certaines de leurs compétences dans ce domaine[2002], ainsi que les chambres des métiers en matière de diplôme et d'examens. La saisine des inspecteurs du travail en matière d'apprentissage est plus fréquente dans les inspections régionales de l'intérieur du pays qu'à Lomé, notamment en matière disciplinaire[2003]. Si la mobilisation d'associations sur le problème de l'apprentissage a conduit à la mise en place d'une concertation avec les organisations syndicales concernées[2004], des normes d'origine syndicale demeurent en matière de contrats, d'examens illégaux, de diplômes et de gestion des litiges[2005].

Le rôle de la centrale syndicale dans les entreprises où seul un syndicat affilié à cette centrale est implanté, voire où le syndicat de base porte le nom de l'entreprise, est considérable. La centrale syndicale est appelée à intervenir lorsque des problèmes d'ordre individuel se posent. Ils se règlent en collaboration ou non avec l'inspection du travail et en conformité ou pas avec le droit applicable à la situation litigieuse. Par exemple, tout un circuit de résolution des conflits individuels est en place dans la société cotonnière du Togo. Les délégués du personnel sont tenus de gérer les problèmes et si ça ne marche pas, envoient le dossier à leur secrétaire de section qui peut ensuite saisir les représentants syndicaux du service du personnel, puis le directeur général de l'entreprise et enfin l'inspection du travail. Ainsi, les représentants syndicaux sont investis d'une mission de conciliation et non pas seulement d'assistance ou de représentation des travailleurs auprès de l'employeur, ce qui leur confère une assise singulière dans l'entreprise[2006]. Dans une entreprise du

---

[2001] En 1958, le BIT relevait déjà qu' « à l'égard de l'apprentissage sur le tas, l'Administration fait preuve, dans la plupart des pays africains, d'un esprit de large tolérance. Cela se conçoit aisément : la capacité d'absorption des établissements scolaires d'enseignement professionnel est encore, dans tous les pays africains, des plus réduites par rapport aux besoins réels de main d'œuvre qualifiée » (*Les problèmes du travail en Afrique*, BIT Genève, 1958, op. cit., p. 216).

[2002] Cf. Entretien avec le président du Tribunal du travail (Lomé, 16 décembre 2008), avec le directeur régional du travail de Dapaong (région des Savanes, 22 janvier 2009) et avec un inspecteur du travail, chef de la zone est de Lomé (9 janvier 2009).

[2003] « Il y a des problèmes de paiement des frais ou d'absence entre les patrons et apprentis. Parfois ils tentent de régler ça au syndicat mais certains parents sont réticents. Nous on est plus neutre » (Cf. Entretien avec le directeur régional du travail de Sokodé, région centrale, 20 janvier 2009). « À Lomé il y a beaucoup de boulot, très souvent les problèmes d'apprentissage se règlent dans l'atelier » (Cf. Entretien avec un inspecteur du travail de Sokodé, région centrale, 20 janvier 2009). « Nous travaillons aussi avec la chambre régionale des métiers, et les syndicats » (Cf. Entretien avec un inspecteur du travail à Atakpamé, région des Plateaux, 15 janvier 2009).

[2004] Cf. Entretien avec le secrétaire préfectoral de l'UGSL à Kara, région de la Kara, 3 décembre 2008.

[2005] Voir infra Partie II, Titre 2, Chapitre 2, Section 1, §2, B.

[2006] Cf. Entretien avec un délégué du personnel CNTT et responsable de la coopérative de la société cotonnière du Togo à Atakpamé, région des Plateaux, 16 janvier 2009.

secteur agroindustriel où une seule centrale syndicale est représentée, le chef du personnel évoque la récurrence de l'appel à cette centrale pour des « conseils » ou pour aider à « régler les problèmes ». Selon l'objet des problèmes, le secrétaire général de la centrale syndicale se déplace en personne[2007]. Ainsi en a-t-il été au sujet d'un vol qui aurait été commis par un délégué du personnel, lequel délégué a été mis à pied « à durée indéterminée » dans l'attente de l'intervention de la centrale syndicale. Les inspecteurs du travail compétents dans la région, au courant de la situation et de la violation du droit conventionnel qui limite à huit jours la durée d'une mise à pied, se sont maintenus en retrait malgré leurs attributions de contrôle. Le contexte socio-économique et sociopolitique singulier dans cette entreprise justifie l'acceptation par les inspecteurs du travail de la marginalisation de leur compétence de droit pour sanctionner la réception du droit du travail qui s'y pratique.

[2007] Cf. Entretien avec le chef du personnel d'une entreprise agro-industrielle en présence de deux inspecteurs du travail d'Atakpamé et deux délégués du personnel CNTT, région des plateaux, 16 janvier 2009.

TITRE 2 – LA DIVERSITÉ DES RÉCEPTIONS DU DROIT DU TRAVAIL

Nos développements sur la sélection tendaient à mettre en exergue les domaines du droit formel du travail les plus mobilisés et ceux mis à l'écart en pratique. La présentation de la diversité des réceptions a pour ambition d'aller plus au fond du constat, somme toute assez banal, de l'ambivalence des effets des règles édictées. Il s'agit ici, au travers de l'idée de réception, de repérer les pluralités de mécanismes normatifs et de tenter d'en comprendre les ressorts, en rapport avec le « droit moderne », la « loi extranéenne[2008] » ou « importée » du Togo. Le terme de « réception » permet d'aborder tout autant les hypothèses d'appropriation de la règle de droit positif que celles dans lesquelles la dite règle est supplantée, en partie ou totalement, par d'autres références. Gérard Lyon-Caen proposait ainsi qu'une « théorie de la réception » constitue un paradigme de l'étude du droit au travers d'une « dialectique » de la tension entre ce que l'auteur a voulu dire, ce qui se dit dans le texte et ce que le destinataire veut y trouver[2009].

L'étude de la réception du droit permet donc, en partant des évènements potentiellement ou en principe soumis aux dispositions du droit positif du travail, de rechercher où, quand et comment ces dispositions sont reléguées à un second temps de la régulation, réinterprétées ou reformulées, évincées ou remplacées. Peut-on aller jusqu'à parler de « tactiques ou stratégies »[2010] dans certains cas ? S'agit-il plutôt, comme Jean Deprez le suggérait sur l'Afrique dans les années 1960 au sujet de « la manière dont [les règles] sont appliquées et reçues par le milieu auquel elles sont destinées », de formes de « résistance du milieu[2011] » ? « Dans cette perspective, la conception du droit gagne peut-être en complexité[2012] » mais certainement aussi en intelligibilité puisqu'il ne s'agit pas

---

[2008] R. Degni Ségui, « De l'amour de la loi extranéenne ou la loi en Afrique », in J. Boulad-Ayoub, B. Melkevik, P. Robert (dir.), *L'amour des lois : la crise de la loi moderne dans les sociétés démocratiques*, L'Harmattan, 1996, p. 453.

[2009] G. Lyon-Caen, « Le langage en droit du travail », in N. Molfessis (dir.), *Les mots de la loi*, Economica, 1999, p. 1.

[2010] Selon Michel de Certeau, la stratégie est le « calcul (ou la manipulation) des rapports de force » tandis que la tactique doit « jouer avec le terrain qui lui est imposé tel que l'organise la loi d'une force étrangère », elle « fait du coup par coup » (J-F. Bayart, A. Mbembe et C. Toulabor, *Le politique par le bas en Afrique noire*, Karthala, nouv. éd. 2008, p. 59).

[2011] J. Deprez, « Évolution et particularisme du droit du travail africain en Afrique Occidentale », *Annales Africaines*, Université de Dakar, 1960, p. 7. Georges Ripert, qui rejetait l'idée de dynamisme intrinsèque au droit, parlait de la réception du droit « par assentiment ou crainte » (G. Ripert, *Les forces créatrices du droit*, LGDJ, 1955, *op. cit.* p. 396 et s.).

[2012] C. Groulier, « La distinction de la force contraignante et de la force obligatoire des normes juridiques. Pour une approche duale de la force normative », in C. Thibierge (dir.), *La force normative, naissance d'un concept*, LGDJ, 2009, p. 199. C. Groulier fait même une distinction entre une « force référentielle obligatoire » et une « force référentielle facultative ». Il précise que « la norme elle-même, en ce qu'elle est sens, pourra aussi voir sa précision fluctuer, induisant plus ou moins de force contraignante, non pas dans l'encadrement de la conduite de ses destinataires mais dans la de rechercher ce qui lui est étranger ou contraire mais bien d'analyser le rôle normatif, ou référentiel, qu'il joue dans les régulations sociales[2013]. La diversité des réceptions du droit ressort donc autant de ses accommodations institutionnelles et normatives (chapitre 1) que des inventions de règles (chapitre 2).

détermination même du modèle qu'elle constitue (…). La force obligatoire de la norme juridique se trouve donc bien liée à la fonction de référence que lui assigne son auteur pour toute situation entrant dans le champ de validité de l'ensemble normatif auquel elle appartient ».

[2013] C'est en quelque sorte considérer que la norme juridique est initialement étrangère aux phénomènes sociaux au sens où Georges Ripert pensait que « la règle édictée n'a pas de force créatrice par elle-même. Elle est destinée à apaiser et non à agiter. Elle survit à l'autorité qui l'a établie, et dure alors même que la cause qui l'a fait établir a perdu de sa valeur » (G. Ripert, *op. cit.*, p. 133). Notre perspective s'appuie en outre sur la conception du pluralisme de Daniel Mockle, qui « ne doit pas être revendiqué que comme une extériorité à l'État mais doit intégrer le phénomène dans les productions même de normes par l'État » (D. Mockle, « Deux variations sur le thème des normes », *Les cahiers du droit*, Montréal, 1997, p. 437).

Chapitre 1 – LES ACCOMMODATIONS INSTITUTIONNELLES ET NORMATIVES

L'accommodation signifie en langage courant l'action d'accommoder, c'est-à-dire de mettre en accord, adapter quelque chose à un usage, à une fin. Le fait de « s'accommoder de » signifie accepter ce qui se présente, se contenter. Abordée selon ces divers sens, l'accommodation en matière de droit du travail peut regrouper les démarches d'adaptation du droit et d'adaptation au droit, au vue du contexte institutionnel ou de considérations tout autant socio-économiques, sociopolitiques, voire socioculturelles. Cette démarche d'adaptation se manifeste aussi bien par l'interprétation du droit, la considération de problèmes ou d'éléments étrangers au droit lui-même, la combinaison entre la lettre du droit et les faits ou la priorité d'autres règles ou normes sur le droit. Les accommodations institutionnelles relèvent de l'action des praticiens au regard du cadre institutionnel dans lequel ils agissent tandis que les accommodations normatives se rapportent à l'application proprement dite du droit à ses destinataires que sont les acteurs sociaux[2014]. Au travers de ces deux attributs de l'accommodation, il s'agit de voir les modalités de création et les composantes de « l'espace entre le droit et les cas rencontrés[2015] ». Nous aborderons les accommodations institutionnelles et normatives en distinguant les démarches visant l'atténuation des dysfonctionnements institutionnels (section 1) et les adaptations du droit liées au contexte socio-économique (section 2).

Section 1 – L'atténuation des dysfonctionnements institutionnels

L'État du Togo est caractérisé par la défaillance et l'insuffisante visibilité des politiques publiques qui y sont menées. Ces caractéristiques sont nécessairement liées à un problème de structuration des organes de l'État, de coordination des services et de manques de moyens humains, matériels et de formations. Cette dotation insuffisante des organes publics de l'État induit une action singulière de l'administration du travail (§1) et diverses modalités d'accès à la justice (§2).

[2014] La dualité accommodations institutionnelles/accommodations normatives peut être rapprochée des deux plans possibles et complémentaires d'approche du politique au Cameroun que J-F. Bayart distingue : « le plan de la structure politique » et « le plan du vécu politique » (J-F. Bayart, A. Mbembe et C. Toulabor, 2008, *op. cit.*, p. 44).

[2015] Cet espace se façonne au gré des « exigences supplémentaires de légitimation » (N. Dodier, « Le travail d'accommodation des inspecteurs du travail en matière de sécurité », in L. Boltanski (dir.), *Justesse et justice dans le travail*, PUF, 1989, p. 281).

§1 – L'action de l'administration du travail

Nous aborderons l'administration du travail principalement dans sa composante qu'est le service de l'inspection du travail tout en sachant que l'administration du travail regroupe en principe des champs d'intervention plus divers. L'emploi, qui doit s'insérer dans le système d'administration du travail en vertu de la recommandation n° 158 de l'OIT (1978), dont la politique et les organes institutionnels tendent à être mieux délimités au Togo[2016], ne sera abordé qu'en filigrane. La faiblesse des moyens de l'administration du travail au Togo (A) suscite une action administrative caractérisée par des interventions très localisées (B).

A. Un service étatique aux faibles moyens

Le caractère peu doté de l'administration du travail tient, d'une part, à l'insuffisance de son implantation sur le territoire du Togo (1) et, d'autre part, au manque de moyens pour sa coordination sur ce territoire (2).

1. L'implantation de l'administration du travail

L'insuffisance de l'implantation de l'administration du travail regroupe la question des moyens humains déployés sur le territoire togolais et celle des structures d'accueil et d'exercice de leur mission par les agents. S'il est indéniable que des efforts de recrutement ont été réalisés par les pouvoirs publics à partir de 2008, ces recrutements n'ont pas toujours été précédés de la création des structures matérielles et organisationnelles nécessaires. Ils n'ont en outre pas tenu compte des besoins exprimés par les services en vertu des réalités économiques de leurs champs géographiques d'intervention.

La reprise en 2007 de la coopération internationale au Togo a permis la formulation de plusieurs programmes d'appui, notamment en matière d'administration du travail et d'inspection du travail. Ces programmes ont certainement favorisé l'augmentation des effectifs de l'administration du travail. Le programme ADMITRA du BIT[2017] est, par exemple, complété par le

---

[2016] La politique de l'emploi est principalement menée au travers de la Direction Nationale de la Politique de l'Emploi (DPNE) et de l'Agence Nationale Pour l'Emploi (ANPE). Avant la création légale et pratique de l'ANPE, les services d'inspection du travail avaient à gérer également les questions de placement. Malgré la libéralisation du placement certaines directions régionales du travail ont continué à superviser des campagnes de recrutement dans le secteur public ou agricole et à délivrer des cartes aux demandeurs d'emploi. Si ces pratiques se sont atténuées, elles perdurent probablement du fait de l'inexistence d'assise physique des services déconcentrés de l'emploi (*Diagnostic institutionnel et organisationnel du ministère du travail, de l'emploi et de la sécurité sociale*, Mémorandum technique, BIT, Novembre 2010).

[2017] Programme de modernisation et de renforcement de l'administration et de l'inspection du travail soutenu par la France et concernant cinq pays d'Afrique : Togo, Burkina Faso, Sénégal, Maroc et Tunisie. Les quatre objectifs de ce programme sont le renforcement de la capacité projet de coopération bilatérale France/Togo pour l'administration du travail et de l'emploi[2018]. Le programme ADMITRA dont un objectif est l'« application effective » de la Convention n° 150 de l'OIT sur l'administration du travail a certainement contribué à la ratification de cette convention en 2012, en même temps que celle de la Convention n° 81 sur l'inspection du travail.

Si les deux normes internationales distinguent système d'administration du travail et inspection du travail, l'inspection du travail togolaise tend en pratique à se confondre avec l'administration du travail[2019]. Le « système d'administration du travail » désigne de façon générale « les activités de l'administration publique dans le domaine de la politique nationale du travail », le terme de système visant « tous les organes de l'administration publique responsables ou chargés de l'administration du travail (...), ainsi que toute structure institutionnelle établie en vue de coordonner les activités de ces organes et d'assurer la consultation et la participation des employeurs, des travailleurs et de leurs organisations[2020] ». L'inspection du travail, comprise dans le système d'administration du travail, est en charge « d'assurer l'application des dispositions légales relatives aux conditions de travail et à la protection des travailleurs dans l'exercice de leur profession[2021] ». Il ressort en pratique que l'administration du travail au Togo, incarnée par la Direction Générale du Travail et des Lois Sociales (DGTLS) est majoritairement composée d'inspecteurs du travail qui se répartissent ou cumulent les divers axes d'action en matière de politique du travail, de sorte que la visibilité de l'inspection du travail en tant que telle est difficile, tant pour l'observateur extérieur que pour les agents eux-mêmes, et *a fortiori* à l'intérieur du pays. Les organes de dialogue social que sont le Conseil National du Dialogue Social (CNDS) et le Conseil National du Travail et des Lois Sociales (CNTLS), qui est sa composante en matière de relations de travail de droit privé, sont administrativement gérés par des inspecteurs du travail. Les différents services centraux de l'administration

---

d'intervention de l'administration du travail et de l'inspection du travail dans l'économie informelle, l'organisation et le fonctionnement efficace des organes de l'administration et de l'inspection du travail, le renforcement des capacités par la formation, l'actualisation et la modernisation des méthodes et outils, le renforcement des capacités des fonctionnaires chargés du management en lien avec les politiques de développement. La deuxième phase de ce programme a débuté en août 2011.

[2018] Programme de coopération entre le ministère togolais du Travail, de l'Emploi et de la Sécurité sociale et le GIP international et ministère français du Travail, de l'Emploi et de la Santé débuté en 2009. Trois axes stratégiques sont définis : modernisation de l'Administration du travail et de l'Inspection du travail, renforcement des capacités de l'Administration et du Service public de l'emploi, développement de l'emploi.

[2019] La frontière entre système d'administration du travail et inspection du travail est, dans les pays appliquant une conception généraliste de l'inspection du travail, difficile à établir (v. not. P. Auvergnon, S. Laviolette et M. Oumarou, « Des fonctions et limites des administrations du travail en Afrique subsaharienne : actualité de la convention n° 150 de l'OIT », *RIT*, vol. 150, 2011, p. 89).

[2020] Articles 1 a) et 1 b) de la Convention n° 150.

[2021] Article 3 (1) a) de la Convention n° 81. Il faut comprendre « dispositions légales » comme « dispositions juridiques » étant donné la pluralité des sources de droit du travail.

du travail sont également dirigés par des inspecteurs du travail. Ainsi, ces agents cumulent parfois en pratique une mission de conseil et/ou de conciliation avec celle de la réalisation d'études et de propositions de plans d'action.

Les différents services centraux et territoriaux ont été réorganisés en vertu de plusieurs réformes institutionnelles[2022], en vue de rendre plus lisible l'action de l'administration du travail et de remédier à la très faible dotation des directions régionales du travail à l'intérieur du pays[2023]. Au niveau central, les différentes directions thématiques instituées par ces réformes ont été difficilement rendues opérationnelles. La direction du dialogue social et des relations professionnelles, celle des études, de la recherche et des statistiques, la direction de la santé et de la sécurité au travail, la direction des normes et des relations internationales et enfin de celle de la prévoyance sociale sont pour la plupart composées d'un seul agent et partagent les locaux des services d'inspection du travail de Lomé[2024]. En 2010, dix inspections préfectorales ont été créées pour renforcer les capacités des directions régionales du travail en place dans les cinq régions du Togo[2025]. En effet, les effectifs de la DGTLS ont été considérablement augmentés à la fin des années 2000[2026].

Les rapports d'activité des différents services d'inspection mentionnent l'aspect positif de ces réformes institutionnelles mais continuent de relever certains manques et incohérences, à l'instar des *diagnostics* dressés par les

---

2022 Décret n° 2008-122/PR du 15 septembre 2008 portant formation du Gouvernement de la République togolaise, Décret n° 2008-090/PR du 29 juillet 2008 portant organisation des départements ministériels et Décret n° 2008/050/PR du 7 mai 2008 relatif aux attributions des ministres d'État et ministres.

2023 En dehors du personnel de secrétariat et d'entretien, la direction régionale des plateaux comprenait une directrice régionale et deux inspecteurs du travail, de même que la direction régionale de la région centrale, un directeur régional et un inspecteur composait la direction régionale de Kara et seulement un directeur régional assurait le service dans la région des savanes.

2024 Bien qu'un troisième bâtiment ait été affecté au siège de la Direction général e du Travail et des Lois Sociales (DGTLS) à Lomé, on remarque que la répartition des bureaux n'a pas été revue. Des directions centrales sont logées dans deux bâtiments et plus ou moins mélangées avec les bureaux des inspecteurs du travail.

2025 Il s'agit des préfectures des Lacs et de Yoto pour la région maritime, de Kloto et de Haho pour la région des plateaux, de Sotouboua et de Tchamba pour la région centrale, de Bassar, Doufelgou et de la Kéran pour la région de la Kara et de l'Oti pour la région des savanes. Cela représente entre une et trois inspections préfectorales par région pour un total de 30 préfectures au Togo, 25 sans celles qui comptent les chefs-lieux.

2026 Les effectifs ont plus que doublé entre 2009 et 2011. En 2002, une requête de la DGTLS avait été formulée pour une dotation en personnel inspecteur et contrôleur du travail au niveau central. En 2003, l'ENA ne formait plus d'inspecteurs depuis déjà quelques années du fait d'un gel des recrutements. La direction générale comptait 27 personnes dépendant du budget général et disposait d'un véhicule. La division des études et de la recherche, la division de la médecine du travail, la division des normes internationales du travail n'étaient pas opérationnelles (K. Sangbana et N. Lécuyer, *Mémorandum technique au gouvernement du Togo sur le renforcement de l'administration du travail*, BIT, 2003).

partenaires au développement[2027]. Ces difficultés ressortent particulièrement du nombre et de la répartition du personnel de la DGTLS[2028]. L'augmentation de plus de 100 % des effectifs de la DGTLS[2029] ne corrèle pas avec l'évolution de la proportion d'inspecteurs du travail. En effet, seulement trente-neuf agents sont des inspecteurs du travail, deux sont contrôleurs du travail, sept sont des « chefs de service »[2030]. Sur l'effectif général de 129, 68 personnes (en comptant le directeur général) sont ainsi impliquées dans les activités liées à la politique et à la règlementation du travail. Presque autant de personnes (61) occupent donc des postes de comptabilité, de bureau ou d'entretien. Malgré que ce nombre soit peu élevé à l'échelle du territoire togolais, cette proportion paraît considérable eu égard au nombre d'inspecteurs[2031]. En outre, seulement sept « chefs de service » sont répertoriés alors qu'il existe cinq directions centrales, trois zones d'inspection à Lomé, cinq directions régionales et dix inspections préfectorales. Les « chefs de service » répertoriés comme tels sont aussi bien des chefs de zone d'inspection que des directeurs de services centraux. Quel est donc le statut des autres directeurs de service[2032] ? Enfin, la nouvelle répartition des effectifs révèle un gonflement du personnel en poste auprès du cabinet du ministère en charge du travail qui passe à près d'un tiers de tout le personnel affecté à ce département ministériel.

Le flou organisationnel de la DGTLS ressort explicitement des rapports annuels d'inspection, et particulièrement des recommandations qu'ils contiennent. La permanence des difficultés malgré un effort politique réalisé peut être rattachée à une certaine indifférence des pouvoirs publics envers les expressions des agents sur leurs besoins. La comparaison entre les vœux de la DGTLS et le recrutement effectivement réalisé, ou entre les budgets programmés et alloués, l'illustre très bien[2033]. En termes d'effectif, certains rapports annuels des services

---

[2027] Cf. *Diagnostic institutionnel et organisationnel du ministère du travail, de l'emploi et de la sécurité sociale*, Mémorandum technique, BIT, 2010. A. K. Atti, *Étude sur le système de coordination interne et externe de l'administration et de l'inspection du travail*, étude dans le cadre d'ADMITRA, BIT, 2009.

[2028] A. K. Atti, *ibid.*, p. 17.

[2029] Au début de l'année 2009, avant la campagne de recrutement d'agents, la DGTLS « comptait soixante-deux agents (62) dont trente-cinq (35) inspecteurs et un (1) contrôleur diplômés de l'Ecole Nationale d'Administration ». Six juristes et deux sociologues ont été recrutés après « cinq années probatoires pour leur prestation de serment ». Depuis 2010, le ministère du travail, de l'emploi et de la sécurité sociale compte 186 agents dont 129 à la DGTLS (*Diagnostic*, BIT, 2010, *op. cit.*, p. 18 et sources DGTLS, septembre 2011).

[2030] Nous nous basons ici sur le tableau des effectifs de la DGTLS qui nous a été communiqué en septembre 2011. Six agents sont des psychologues du travail, trois sont médecins, deux sont « chargés d'étude » et un est sociologue. Six agents sont répertoriés comme « fonct. corresp. à spécial », ce qui est difficile d'interpréter.

[2031] Vingt-cinq personnes travaillent, par exemple, en tant que secrétaire, employé de bureau ou dactylographe.

[2032] Il est difficile de voir où sont répertoriés les directeurs régionaux de Kara et d'Atakpamé qui, de formation en psychologie, avaient été recrutés sans passer par l'ENA.

[2033] Par exemple, alors que la DGTLS demandait le recrutement d'un médecin du travail, de deux généralistes et d'un juriste qui n'ont pas été mis à disposition. Ont été nommés huit employés de bureau et un sociologue non demandés (*Diagnostic*, BIT, 2010, *op. cit.*, p. 23).

déconcentrés font état d'un manque d'inspecteurs du travail, de personnel administratif et d'entretien[2034], ainsi que de moyens matériels[2035]. Le problème de la formation des agents est parfois mentionné[2036].

Les difficultés tirées de l'organisation de la DGTLS sont en outre illustrées par l'absence de prise en compte des attributions réelles des services selon leurs ressorts géographiques. L'effectif du personnel de l'inspection de la zone-est de Lomé est, par exemple, insuffisant pour contrôler la zone la plus dense en activités économiques au Togo. La création d'inspections préfectorales a consisté en l'affectation d'un inspecteur du travail dans quelques préfectures, sans prise en compte de l'ampleur de l'activité économique recensée dans chacune d'elle. Par exemple, la direction régionale des Plateaux a répertorié soixante-seize entreprises et établissements opérant dans la préfecture de Kloto, contre vingt comptabilisés dans la préfecture de Haho. Chacune de ces préfectures compte un inspecteur du travail, ceci en sachant que l'ensemble de la région abrite 289 établissements, dont 21 se situent en dehors des préfectures dotées d'un service d'inspection[2037].

Ainsi, au regard des statistiques disponibles sur l'administration du travail et sur les activités économiques par région et par secteur à Lomé[2038], il est certain

---

[2034] L'inspection du travail compte « cinq agents, dont trois inspecteurs du travail, un contrôleur du travail et une secrétaire qui gère le secrétariat pour le compte des trois inspections. Cet effectif est insuffisant. (...) En outre, le manque de vaguemestre rend difficile la distribution des courriers » (Rapport d'activité pour 2009, Lomé-est). La direction de Kara se compose d'un directeur régional, de cinq inspecteurs dont trois occupent les trois inspections préfectorales, deux agents d'entretien, deux employés de bureau, une dactylographe, un gardien, une secrétaire et trois agents de la DPNE dont un à Bassar. « Ce personnel est très insuffisant surtout en ce qui concerne les inspections préfectorales où le chef d'inspection qui est souvent le seul agent fait tout : de l'entretien au gardiennage, en passant par le rôle de secrétaire et de vaguemestre » (Rapport annuel pour 2010, direction régionale de Kara).

[2035] « Le local n'est ni climatisé, ni ventilé » et besoin de deux bureaux complets (Rapport annuel pour 2010, direction régionale des Plateaux). Le manque d'équipements concerne surtout les inspections préfectorales (Rapport annuel pour 2010, direction régionale de Kara). L'absence d'enseigne est regrettée à côté du manque d'équipement des bureaux en chaises, tables, fauteuils, placards et armoires, ordinateurs et imprimantes, combinés téléphoniques et connexion internet (rapport annuel pour 2010, direction régionale des Savanes).

[2036] Le « manque de renforcement des capacités » est signalé dans le rapport des Savanes pour 2010 qui informe qu'un seul séminaire a eu lieu en 2010 et que les employés de bureau sont « recrutés sans spécialités ».

[2037] « Il faut préciser que la liste annexée n'est pas complète » (Rapport de la direction régionale des plateaux appuyé sur les fichiers CNSS et déclarations d'entreprises auprès de la direction du travail, octobre 2009).

[2038] Les statistiques de la CNSS révèlent que sur 6059 entreprises dénombrées en 2006, près de 5299 sont implantées dans la région maritime. Un répertoire des sociétés inscrites au registre du commerce et des sociétés du Togo entre 2006 et 2009 dénombre 2801 sociétés immatriculées. Ce nombre ne prend pas en considération l'activité agricole majoritaire au Togo. En 2006, la branche « Agriculture, élevage, pêche » emploie 57,7% de la population active et la branche Commerce, Réparation, 21,8% (Rapport enquête QUIBB, Togo, 2006). « 69,5% des personnes sous-employées travaillent à leur propre compte, 19,4% le font comme apprentis ou aides familiales, 6,1% ont le statut d'employé régulier et enfin 5,1% sont des employés à la tâche. Dans l'ensemble, on note que les effectifs, les moyens matériels et les locaux devraient être attribués selon un souci de proportionnalité plutôt que ponctuellement et discrétionnairement. Par ailleurs, une réflexion pourrait être engagée sur la complémentarité entre les moyens humains et les moyens de communication disponibles, eu égard aux difficultés de coordination de l'action de l'administration du travail.

2. Les difficultés de coordination

Les difficultés de coordinations au sein même de la DGTLS et entre la DGTLS et divers acteurs publics ou privés sont liées aux insuffisances d'outils de communication disponibles et efficaces. Ces difficultés sont en outre générées par l'organisation même de la DGTLS qui ne compte aucun organe centralisé chargé de cette coordination, c'est-à-dire chargé de recueillir certaines données ou problèmes pour organiser la concertation ou définir les lignes à suivre. De cette organisation découle en outre des chevauchements de compétence sur le terrain qui peuvent conduire à des incohérences au sein de la DGTLS. À ce problème est lié celui d'un manque de formations régulières et de mise à disposition des différents agents de la DGTLS des textes juridiques utiles.

Sur le plan de l'équipement des services de la DGTLS en vue de la communication entre les diverses composantes de l'administration du travail, et entre les services et les administrés, se pose principalement le problème du manque d'outils de communication. Il s'agit aussi bien du problème de l'absence de ligne téléphonique et de connexion internet[2039] que de celui de la confection et de la distribution des documents nécessaires à cette communication[2040]. Le manque de véhicules ou de dotation en carburant est en outre le problème le plus récurrent à l'intérieur du pays, en particulier pour la coordination de l'activité entre les directions régionales et les inspections préfectorales[2041].

---

que la population sous- employée togolaise travaille principalement pour des entreprises privées (90,3%). Une très faible proportion (6,3%) d'entre elles travaille pour des particuliers ou des ménages » (E. A. Amouzou, *op. cit.*, p. 44).

2039 Les bureaux de Lomé ont bénéficié d'une dotation en outils informatiques et en connexions internet mais les rapports d'activité des inspections de Lomé mentionnent encore l'insuffisance de matériels informatiques. Les services déconcentrés de l'administration du travail continuent de manquer cruellement d'outils de communication. La plupart des bureaux ne disposent pas d'une ligne téléphonique ou de crédits pour l'utilisation de la ligne existante. Selon le rapport de la direction régionale de Kara pour 2010, une ligne téléphonique est ouverte mais le crédit est insuffisant. Le fait qu'il faille s'adresser à Lomé « pour toute chose » pose des difficultés. Selon le rapport de la direction régionale des Plateaux, aucune ligne téléphonique n'est ouverte.

2040 À côté de l'absence d'internet, les directions régionales demandent des outils informatiques, notamment imprimantes et photocopieuses. Le rapport pour 2010 des Savanes mentionne le fait que les agents doivent se rendre dans les boutiques informatiques ou cyber café. Le problème de la distribution du courrier est signalé : la direction des Savanes (2010) mentionne que la boîte postale est « fermée depuis longtemps pour le non paiement des redevances » et l'inspection de Lomé-est demande un vaguemestre.

2041 Le problème de dotations de carburant insuffisantes est signalé par la direction régionale de Kara (2010). L'absence de moyens de déplacement est mentionnée dans le rapport de la direction

L'absence de structures spécifiquement habilitées pour le suivi et la concertation entre les différents organes du Ministère du travail, de l'emploi et de la sécurité sociale (MTESS) ou entre les différents services de la DGTLS, contribue aux lacunes de coordination. Le MTESS est l'un des rares départements ministériels à ne pas disposer d'un secrétariat général et aucun service ou agent n'est chargé de collecter des données sur l'action de la DGTLS. En effet, on peut relever que ce sont différentes directions thématiques qui tentent de rassembler ces données[2042]. De plus, on remarque que plusieurs directions sectorielles sont appelées à participer aux réunions avec les partenaires sociaux togolais, peu importe leur domaine de compétence. Par exemple, différents directeurs de services ont participé aux réunions dans le cadre de la renégociation de la convention collective interprofessionnelle : le directeur des relations professionnelles et du dialogue social, le directeur des normes et des relations internationales et le directeur de la recherche et des statistiques[2043].

Les liens entre les services de la DGTLS et les services compétents en matière d'emploi que sont la Direction de la Politique Nationale de l'Emploi (DPNE) et l'Agence Nationale Pour l'Emploi (ANPE) sont presque inexistants à Lomé. Ces liens sont incertains à l'intérieur du pays où les locaux des directions régionales du travail accueillent les agents détachés par la DPNE[2044]. Aucune collaboration précise et pérenne n'est perceptible avec les centres d'éducation ouvrière[2045], les centres d'enseignement technique et de formation professionnelle, les centres d'information et de paiement de la CNSS, les agences de la Caisse de Retraites du Togo, les chambres régionales des métiers et les chambres d'agriculture[2046]. Si l'enquête nationale de la CNSS a bénéficié de la collaboration de la DGTLS, la collecte des données et le suivi de son impact n'ont aucunement été conjointement déterminés. En matière d'emploi, la « dispersion de la fonction de support logistique n'est pas compensée par des mécanismes de

---

des Savanes (2010) tandis que le rapport d'activité de Lomé-ouest constate l'indisponibilité systématique des véhicules à Lomé. « Le département ne dispose que de dix (10) véhicules et de huit (8) motos. Les services d'inspection qui sont essentiellement des services de terrain ne disposent que de trois véhicules, qui sont d'ailleurs assez souvent empruntés par les directions centrales » (*Diagnostic*, BIT, 2010, *op. cit.*, p. 39).

2042 La collecte des différents rapports d'activité ou thématiques d'inspections a été menée auprès de différentes directions centrales.

2043 Le directeur de la recherche et des statistiques dit en outre qu'il est chargé des conciliations pour « les employés des instances diplomatiques » (Cf. Entretien septembre 2011).

2044 « Les deux centres opérationnels que sont la Direction général e du Travail et des Lois Sociales et la Direction de la Politique Nationale de l'Emploi fonctionnent pratiquement en vase clos et comme des entités autonomes, alors qu'en raison des missions qui lui sont confiées, le département est appelé à intervenir sur des actions diverses dont la nature transversale impose une forte coordination » (*Diagnostic*, BIT, 2010, *op. cit.* p. 20).

2045 « Des trois centres d'éducation ouvrière créés pour assurer la formation des travailleurs sur leurs droits et devoirs de manière à contribuer efficacement à la pacification des relations professionnelles entre employeurs et salariés, seuls les centres de Kara et Dapaong sont encore en activité » (A. K. Atti, *op. cit.*, p. 15).

2046 *Ibid.*, p. 12-13.

coordination »[2047]. Les actions communes se font le plus souvent ponctuellement et localement[2048].

Au problème de formation des agents de l'administration du travail, s'ajoute celui de la mise à disposition des outils juridiques nécessaires à l'exercice des missions de l'inspection du travail, en particulier à l'intérieur du pays[2049]. « La plupart des actions de formation et de renforcement des capacités sollicités par le département sont financées par les partenaires au développement dans le cadre de l'assistance technique. Ces actions de formation, lorsqu'elles prennent fin, sont, à quelques exceptions près, sans relais et sans une stratégie de capitalisation des acquis et de pérennisation »[2050]. Certains inspecteurs du travail peuvent participer à une session de formation au Centre Régional Africain d'Administration du Travail (CRADAT, Yaoundé) mais ces formations sont ponctuelles et ne portent pas spécifiquement sur les difficultés singulières des agents de chaque État partie. S'agissant des outils juridiques d'exercice de la mission d'inspection du travail, il appartient généralement à chaque agent ou service de se doter d'un recueil des différents textes en vigueur au Togo[2051]. Si

---

[2047] Différents départements ministériels se partagent les questions de l'emploi. Le Secrétariat d'État institué en 2008 auprès du Premier ministre, chargé de la Jeunesse et de l'Emploi des Jeunes a pour attribution d' « élaborer avec les ministres concernés, le plan de formation des jeunes » et de « participer à la formulation et à la mise en œuvre d'une politique de l'emploi des jeunes, dans le cadre de la politique nationale de l'emploi ». Le ministère de l'Enseignement Technique et de la Formation Professionnelle a notamment en charge les questions relatives à la formation professionnelle et à l'apprentissage. Le Fonds National d'Apprentissage, de Formation et de Perfectionnement professionnels (FNAFPP) est sous tutelle de ce département. Le Service National de Médecine du Travail (SNMT) créé par arrêté n° 11/91/MSP du 27 mars 1991 est sous la supervision du directeur général de la Santé (DGS). Le ministère de l'action sociale doit lutter contre le travail des enfants et le ministère de l'économie et des finances abrite l'Unité de coordination du DSRP. La SAZOF est rattachée au ministère du Commerce, de l'Industrie, de l'Artisanat et des Petites et Moyennes Entreprises de l'industrie.

[2048] L'étude d'Anani Komi Atti (*op. cit.*, p. 25) mentionne le cas du thème du travail des enfants : « au niveau régional et préfectoral, les directions et services de l'action sociale collaborent avec les directions régionales et les inspections préfectorales du travail et des lois sociales pour mener des actions de sensibilisation en vue de soutenir les comités régionaux et locaux de vigilance contre le trafic des enfants ».

[2049] La base de données de la justice togolaise, lancée en 2009, pourrait être un outil pertinent pour les praticiens de droit du travail, à condition d'avoir un accès régulier à internet. Cette base de donnée comportant une rubrique « droit du travail » se composant des textes législatifs et règlementaires en la matière et de quelques décisions de Cour Suprême nécessiterait une mise à jour exhaustive des textes de droit. On remarque par exemple que les arrêtés d'application de juillet 2010 n'ont pas tous été mis en ligne. Par ailleurs, le site ne fonctionne pas toujours.

[2050] *Diagnostic*, BIT, 2010, *op. cit.*, p. 32.

[2051] « J'ai tout collecté à Lomé pour Kara. C'est moi-même qui ai payé, j'ai photocopié un certain nombre de choses. (...) Bon nous n'avons pas de jurisprudence sous la main, donc comment nous procédons ? Il y a des documents du CRADAT, centre régional africain d'administration du travail au Cameroun, où des cas ont déjà été réglés dans d'autres pays. (...) » (Cf. Entretien avec le directeur régional du travail de Kara, région de la Kara, 6 décembre 2008). « J'avoue que nous n'avons pas tous les textes mais il y en a quelques uns quand même. On se débrouille nous-mêmes » (Cf. Entretien avec l'inspecteur du travail de Kara, région de la Kara, 2 décembre 2008). « On nous a tous les services ont à disposition les conventions collectives sectorielles, les inspecteurs du travail se contentent souvent de détenir individuellement la CCIT et le code du travail[2052].

Par-delà une communication particulièrement limitée entre la DGTLS à Lomé et les services régionaux d'inspection du travail, la coordination au sein même de chacun des services est relativement irrégulière et ponctuelle[2053], en particulier à Lomé[2054]. Le fonctionnement isolé qui caractérise les différentes composantes de l'administration du travail tend ainsi à se révéler entre les agents d'un même service, en relative contradiction avec les différents rapports d'activités qui en appellent à une coordination des services de la DGTLS entre eux et avec d'autres services d'État, rattachés ou non au MTESS. Néanmoins, cet appel à la coordination, donc à la collaboration avec d'autres services que ceux rattachés au MTESS, rappelle les diverses relations établies en pratique entre certains services d'inspection du travail et d'autres acteurs publics ou privés, en dehors du cadre du dialogue social[2055]. Ces initiatives s'inscrivent généralement dans un souci d'accommodation aux difficultés institutionnelles propres à chaque service d'inspection.

B. Des démarches localisées

Les lacunes en dotation des services rattachés à la DGTLS, et particulièrement des services centraux et déconcentrés d'inspection du travail[2056], conduisent les agents en poste à initier des stratégies en vue de l'accomplissement effectif de

---

donné le code du travail mais les autres conventions, nous avons pris soin de les faire copier » (Cf. Entretien avec un inspecteur du travail à Atakpamé, région des Plateaux, 15 janvier 2009).

[2052] « Les conventions je crois qu'elles sont dans le bureau du directeur » (Cf. Entretien avec un inspecteur du travail de Sokodé, région centrale, 20 janvier 2009).

[2053] Anani Komi Atti (2009, *op. cit.*, p. 31-34) relève que des pratiques de réunions hebdomadaires tendent à se mettre en place dans certaines administrations ou services intégrés dans le système d'administration du travail mais, « entre les Directions générales et les Directions régionales, les contacts se limitent aux entretiens téléphoniques par faute de moyens. Il n'y a donc pas de réunion régulière avec ces dernières ».

[2054] L'observation du déroulement d'élections professionnelles sous la supervision de tous les agents et du chef d'un service d'inspection de Lomé a révélé que le chef avait conclu certains accords avec le représentant de l'employeur sur les modalités du scrutin sans en informer les agents. Cette situation a suscité de nombreux malentendus (Cf. Participation aux élections professionnelles, septembre 2011).

[2055] « Une dynamique de coopération et de collaboration très active et très fructueuse avec les partenaires sociaux » fait partie des « atouts du MTESS » (Diagnostic, BIT, *op. cit.*, p. 35). Toutefois, parmi les points faibles de la coordination externe sont soulevés celui de la représentativité (« le retard accusé dans le dénouement de ce problème est pour certains une preuve de la politisation des syndicats, dans la mesure où on souhaite voir perdurer le statu quo pour ''continuer à pêcher en eau trouble'' ») et « les retards enregistrés dans la réalisation des engagements pris dans le cadre du dialogue social » (A. K. Atti, *op. cit.*, p. 34 – 36).

[2056] « Les services centraux en charge de l'administration du travail, tout autant que les directions régionales et les inspections du travail, sont caractérisés depuis toujours par la faiblesse des moyens humains, logistiques et financiers, qui ne leur permettent pas d'accomplir suivant les règles de l'art, les missions qui leur sont assignées » (A. K. Atti, *ibid.*, p. 12).

leurs attributions de contrôle. Une grande partie de ces initiatives visent à remédier aux déficits de moyens de déplacement (1). Les autres démarches localisées ont globalement trait au souci de la communication (2).

1. Des initiatives face aux déficits de moyens de déplacement

Le déficit des services de la DGTLS en moyens de transport est un problème récurrent, pratiquement le problème majeur qui se pose aux inspecteurs du travail à l'intérieur du pays. Malgré des efforts consentis en termes d'équipement et de budget entre 2010 et 2011, les moyens des services restent insuffisants. Les agents sont parfois contraints de faire appel aux véhicules des employeurs pour se rendre sur le lieu de travail. Lorsqu'il s'agit pour les agents d'effectuer des visites inopinées ou d'intervenir suite à une plainte de travailleurs, d'autres possibilités sont recherchées : soit l'utilisation des moyens disponibles dans les services d'autres départements ministériels, soit l'utilisation de moyens personnels.

À la fin de l'année 2009, seulement deux véhicules couvraient la totalité des besoins de la DGTLS, à Lomé et à l'intérieur du pays[2057]. À la fin de l'année 2010, la DGTLS dispose à Lomé, pour toutes les directions centrales et les trois services d'inspection, de six voitures et d'une moto. Les directions régionales des Plateaux, de la Kara et de la région centrale ont chacune à disposition une moto. Les autres directions régionales, Maritime et Savanes, ne disposent d'aucun moyen de déplacement[2058] mis à leur disposition malgré une enveloppe budgétaire du MTESS qui, pour la première fois en 2010[2059], inclut des dépenses d'investissements. Les écarts entre les budgets votés et effectivement alloués à la DGTLS sont considérables et c'est donc le poste de dépenses d'investissements qui est affecté[2060]. En outre, les dotations en motos des directions régionales ont été extrêmement relatives. Le directeur de la Région des Savanes mentionnait en 2009 une moto de service « foutue[2061] », à l'instar du directeur régional de Kara au sujet d'« une moto déjà vieille qui n'est plus vraiment adaptée[2062] ». La directrice régionale des Plateaux précisait la disponibilité d'une moto mais un

---

[2057] *Ibid.*, p. 17. En 2008, le directeur général du Travail mentionnait qu' « il y en a toujours un qui va sur le terrain parce que on a qu'un seul véhicule pour faire le travail donc, il y en a un qui va sur le terrain, les autres restent au bureau » (Cf. Entretien du 14 novembre 2008). Un inspecteur du travail précisait que « ce sont les chefs de zone qui planifient les visites. J'avais fait une demande mais il n'y a pas eu de suites. Ça concernait les conditions de travail » (Cf. Entretien avec un inspecteur du travail, zone Lomé ouest, 23 décembre 2008).

[2058] Diagnostic, BIT, 2010, *op. cit.*, p. 30.

[2059] *Ibid.*

[2060] La part du budget de l'État attribué au MTESS est passée de 0,09 % en 2009 à 0,13 % en 2010. Chaque année, un quart du budget n'est pas exécuté. Par exemple, le budget voté pour la DGTLS en 2009 s'élevait à 192 055 000 FCFA mais celui effectivement alloué a été de 144 041 250. En 2010, le budget voté s'élève à 148 130 000 FCFA contre 111 097 500 FCFA effectivement alloués. (*Ibid.*, p. 32).

[2061] Cf. Entretien avec le directeur régional du travail de Dapaong, 22 janvier 2009.

[2062] Cf. Entretien avec le directeur régional du travail de Kara, région de la Kara, 6 décembre 2008.

problème de carburant[2063]. Ainsi, entre 2009 et 2010, il semblerait que peu de choses aient évolué en dehors de Lomé et de la mise à disposition d'une moto pour la région centrale[2064]. En l'absence de moyens de déplacement disponibles et sûrs, les agents des services d'inspection du travail cherchent des solutions alternatives pour aller sur le terrain.

Si beaucoup d'agents de l'inspection du travail disent essayer d'éviter autant que possible d'utiliser les véhicules des employeurs[2065], il apparaît que cette pratique est quasi systématique dès lors que c'est l'employeur qui fait appel à leurs services. Il s'agit généralement de la supervision par l'inspecteur du travail d'élections professionnelles, de son intervention en cas de conflit collectif ou de l'enquête qu'il mène en vue de l'autorisation du licenciement d'un délégué du personnel. Il est intéressant de noter un paradoxe qui peut ressortir des pratiques de différents services d'inspection. Une direction régionale qui ne dispose d'aucun véhicule tente par exemple d'appliquer scrupuleusement une politique de refus de cette alternative tandis que des services de Lomé n'hésitent pas à accepter cette proposition de l'employeur alors que des véhicules sont disponibles[2066]. L'ancienneté des agents qui composent ces services peut expliquer certaines différences d'approche des rapports entre les agents et les administrés[2067]. L'envoi par l'employeur d'un véhicule avec chauffeur pour amener et ramener les agents n'est toutefois pas sans poser de nombreuses difficultés en matière de rapports d'autorité et de légitimité[2068], d'où le choix fait par certains de renoncer à cette possibilité.

[2063] Cf. Entretiens avec la directrice régionale du travail à Atakpamé (région des Plateaux, 15 janvier 2009) et avec un inspecteur du travail à Atakpamé (15 janvier 2009).

[2064] En 2009, un inspecteur du travail de Sokodé précisait qu'aucun moyen de transport n'était disponible à la direction régionale, d'où certains problème pour se déplacer en l'absence de l'employeur (Cf. Entretien avec un inspecteur du travail de Sokodé, région centrale, 20 janvier 2009). Comme le diagnostic de fin 2010 mentionne une moto disponible pour chaque direction régionale, il apparaît qu'une seule moto a été mise à disposition de la direction régionale de Sokodé (*Diagnostic*, BIT, 2010, *op. cit.*, p. 39).

[2065] « Il y a le problème du transport, je prends mon courage à deux mains, si l'employeur m'amène ou bien je peux aller en taxi et je descends un peu loin de l'entreprise. Mais c'est problématique quand c'est l'employeur qui vient nous chercher » (Cf. Entretien avec le directeur régional du travail de Sokodé, région centrale, 20 janvier 2009). « Quand c'est un peu trop loin, je suis obligé de demander que l'employeur vienne ici me chercher et j'y vais. On remplit la note de convocation, et le plaignant même emmène ça à l'employeur » (Cf. Entretien avec l'inspecteur du travail de Kara, région de la Kara, 2 décembre 2008).

[2066] En septembre 2011, les deux supervisions d'élections professionnelles assurées par un service d'inspection du travail de Lomé ont donné lieu à la mise à disposition par les employeurs concernés d'une voiture avec chauffeur.

[2067] Tous les agents du service régional en question sont en fonction depuis moins de trois ans alors que le service de Lomé en question est dirigé par un inspecteur du travail proche de la retraite.

[2068] De nombreux problèmes se sont posés lors d'élections professionnelles (Lomé, septembre 2011) dans une entreprise du secteur de l'import-export. Les jeunes inspecteurs du travail ont relevé des irrégularités alors que le chef inspecteur s'était préalablement arrangé avec le responsable du service des ressources humaines sur les modalités de déroulement du scrutin. Dans un climat tendu, l'employeur a accusé le manque de compétences des agents.

Particulièrement à l'intérieur du pays, chaque service développe sa stratégie en matière de déplacement. Il arrive que le directeur de service cherche à développer certains réseaux utiles tant avec d'autres services déconcentrés ou décentralisés qu'avec des organisations privées implantées dans le même secteur géographique. Il peut s'agir aussi pour le directeur de service ou les inspecteurs du travail d'utiliser les sommes tirées de certaines prestations du service d'inspection du travail et/ou leurs moyens matériels et financiers personnels, en vue d'emprunter les modes de transports payants ou d'acheter du carburant. Les services étatiques locaux mieux dotés, tels que l'antenne locale de la Caisse Nationale de Sécurité Sociale[2069], le préfet, voire le service des impôts[2070], peuvent mettre à disposition leurs moyens de déplacement, soit en prêtant un véhicule[2071], soit en acceptant de faire profiter les inspecteurs du travail d'un déplacement prévu[2072]. Un inspecteur du travail de Lomé, pendant longtemps affecté à l'intérieur du pays, dit s'être essentiellement appuyé sur « les services de développement rural, ceux qui relèvent du ministère de l'agriculture, de la pêche[2073] ». Un directeur régional parle en outre de l'appel fait à une ONG internationale[2074].

Malgré ces possibles sollicitations d'autres services administratifs ou d'acteurs locaux, le problème financier reste souvent entier : soit il est difficile de financer le carburant nécessaire au véhicule qui est prêté, soit les services d'inspection qui préfèrent s'organiser totalement en interne ont des difficultés pour regrouper les fonds nécessaires[2075]. Les formalités payantes accomplies par les employeurs auprès de l'inspection du travail, telles que la demande de visa d'un règlement intérieur, d'un contrat de travail ou l'obtention d'une attestation de non retard dans le paiement des salaires, sont les principales sources de

---

2069 Cf. Entretien avec le directeur régional du travail de Dapaong, région des Savanes, 22 janvier 2009.

2070 « Les autres services c'est mieux : les impôts, même les affaires sociales ! La douane, le tribunal même si ce n'est pas encore ça c'est mieux. Le comble c'est ici » (Cf. Entretien avec un inspecteur du travail de Sokodé, région centrale, 20 janvier 2009).

2071 « On peut demander au préfet de réquisitionner le véhicule mais même eux ont des problèmes de déplacement, il faut réfléchir car on a peur des pannes » (Cf. Entretien avec le directeur régional du travail de Sokodé, région centrale, 20 janvier 2009).

2072 « Si c'est un service qui a l'habitude de se déplacer dans la région, il suffit de voir ce programme là avec le chef service » (Cf. Entretien avec un inspecteur du travail, chef de la zone est de Lomé et anciennement affecté à l'intérieur du pays, 9 janvier 2009).

2073 « Donc c'est ce service qui nous fournissait les moyens, ils ont assez de véhicules et nous les mettaient à disposition. Parce que l'État privilégie ce ministère car on dit que l'agriculture c'est la base du développement » (Cf. Entretien avec un inspecteur du travail, chef de la zone est de Lomé, Lomé, 9 janvier 2009).

2074 « Parfois le Plan-Togo vient nous chercher » (Cf. Entretien avec le directeur régional du travail de Sokodé, région centrale, 20 janvier 2009).

2075 « Quelque fois on a le crédit pour le carburant, c'est maintenant qu'on n'a plus ça, avant on avait, dans les années 80 jusqu'à 90, le crédit par région est ente 250000 et 300000 pour le carburant » (Cf. Entretien avec un inspecteur du travail, chef de la zone-est de Lomé, Lomé, 9 janvier 2009).

financement du service[2076]. Les agents complètent parfois ces ressources par une part de leur revenu personnel[2077]. Des inspecteurs du travail disent en outre pouvoir « gagner des bons » dans des stations services qu'ils peuvent ensuite rembourser par la délivrance gratuite de certaines pièces administratives[2078], ce qui vide la formalité obligatoire du contrôle juridique qui la sous-tend. On relève dans ce sens que l'utilisation des formalités payantes pour l'activité de terrain des inspecteurs du travail peut conduire à une accommodation des dispositions applicables à ces formalités[2079]. Un directeur régional de service dresse par exemple une liste des formalités et des montants y afférents éloignée des prévisions règlementaires[2080]. Certains services peuvent facturer l'octroi du visa pour les contrats à durée déterminée alors que c'est en principe gratuit[2081]. Un inspecteur du travail affirme que les recettes de ces prestations payantes sont reversées à la DGTLS après « satisfaction des besoins de la direction régionale[2082] » tandis que le texte règlementaire applicable prévoit que 80 % de ces recettes sont affectées au budget de l'État et 20 % au fonds d'équipement de la DGTLS.

La pluralité des accommodations réalisées par les agents de l'inspection du travail au regard du problème récurrent et prioritaire du manque de dotation en moyens de déplacement concerne également d'autres difficultés de fonctionnement de l'inspection du travail, en particulier en matière de communication.

[2076] « Avec le peu d'argent qu'on fait ici on arrive à payer un peu de carburant » (Cf. Entretien avec la directrice régionale du travail à Atakpamé, région des Plateaux, 15 janvier 2009). « Nous avons utilisé la moto de l'inspection. Ce sont les pièces administratives que nous délivrons, les attestations, le visa pour les CDD , ce sont ces choses-là qui forment le peu de recettes qu'on a. On a donc pris cela pour lancer notre inspection » (Cf. Entretien avec un inspecteur du travail à Atakpamé, région des Plateaux, 15 janvier 2009).

[2077] Cf. Entretiens avec la directrice régionale du travail à Atakpamé (région des Plateaux, 15 janvier 2009) et avec l'inspecteur du travail de Kara (Kara, 2 décembre 2008).

[2078] Cf. Entretien avec un inspecteur du travail à Atakpamé, région des Plateaux, 15 janvier 2009.

[2079] L'arrêté n° 09/MEF/MTESS du 6 décembre 2010 prévoit des taxes à l'embauche d'un étranger (taxe d'autorisation et taxe de visa, 25 % et 20 % du salaire soumis à cotisations), les frais d'étude et de visa des règlements intérieurs (10 000 FCFA), des frais d'attestation de paiement de créance de salaire (« attestation d'inspection », 10 000 FCFA), des « frais de certification es qualité de documents » (10 000 FCFA) et des taxes de visa des contrats d'apprentissage (2000 FCFA).

[2080] « Nous signons une attestation d'inspection à 5000F, il y a d'autres prestations à 2000, à 1000. Ce sont les employeurs qui payent. (…) Donc c'est ce que nous produisons. Il y a aussi les attestations de déclaration. Quand vous créez une entreprise, vous devez vous faire déclarer à la direction régionale du travail. Là c'est à 2000. Il y a aussi les contrats à viser à 1000 F et ainsi de suite » (Cf. Entretien avec le directeur régional du travail de Kara, région de la Kara, 6 décembre 2008).

[2081] Cf. Entretiens avec un inspecteur du travail de Sokodé (région centrale, 20 janvier 2009) et un inspecteur du travail à Atakpamé (région des Plateaux, 15 janvier 2009).

[2082] Cf. Entretien avec un inspecteur du travail de Sokodé, région centrale, 20 janvier 2009.

2. Des tactiques en matière de communication

Diverses démarches individuelles des inspecteurs du travail sont justifiées par l'impératif de communication inhérent à la mission de contrôle de l'application du droit du travail. L'efficacité de cette communication nécessite en outre une certaine légitimité et crédibilité de l'inspecteur. Diverses démarches de collaboration ou de médiatisation visent donc à remédier au manque de matériel ou d'outils juridiques nécessaires au travail avec les acteurs sociaux et au manque de confiance des acteurs sociaux envers les inspecteurs du travail.

Sur le plan matériel, les différents services se chargent généralement d'améliorer l'équipement des locaux. Ils peuvent bénéficier pour cela de l'appui d'autres services ou de dotations liées à des programmes installés dans la région. De plus, ce sont les directions régionales qui se sont chargées de fournir certains équipements aux nouvelles inspections préfectorales[2083]. La venue d'observateurs dans le cadre de programmes de coopération ou la mise en place de comités locaux d'action dans des domaines qui intéressent l'inspection du travail peuvent permettre aux directeurs régionaux d'utiliser ou de bénéficier de quelques matériels. Le directeur régional de la région de la Kara vise tout particulièrement la lutte contre le travail des enfants : « on travaille avec certaines associations pour la lutte contre le travail des enfants. On vient de mettre sur pieds le comité directeur national de lutte contre le travail des enfants, avant c'était le comité de réinsertion des enfants victimes du trafic, eux ils avaient un peu plus de matériel puisqu'ils sont financés par des ONG, des organisations internationales. L'ordinateur même que j'ai au bureau c'est au comité, ainsi que l'imprimante. (...) On avait fait un séminaire il y a trois semaines à Kara, le directeur de l'IPEC-BIT a utilisé l'imprimante et quand l'encre était finie, il en a remis. Si l'encre là finissait il serait difficile d'en racheter[2084] ».

D'autres accommodations locales ont trait à la répartition des compétences des agents dans chaque service régional, au regard de leur effectif limité et du fait que les fonctionnaires affectés à l'intérieur du pays au titre de la politique nationale de l'emploi partagent les locaux de l'inspection du travail. Dans la mesure où un seul représentant de l'Agence Nationale de l'Emploi (ANPE) est affecté dans chaque région, la délivrance de « cartes de main d'œuvre », la

---

2083 Cf. Rapport d'activité pour 2010 de la direction régionale du travail des Plateaux, à propos de l'inspection préfectorale de Notsé.

2084 Cf. Entretien avec le directeur régional du travail de Kara, région de la Kara, 6 décembre 2008. « Le directeur régional ici est donc le président de la commission ici à Kara. Donc ils ont enfin compris qu'il fallait associer l'inspection du travail » (Cf. Entretien avec l'inspecteur du travail de Kara, région de la Kara, 2 décembre 2008). « Par exemple il y a le comité directeur de lutte contre le trafic des enfants. Nous travaillons avec le préfet, la préfecture, dans le cadre du nouveau projet de lutte contre le travail des enfants » (Cf. Entretien avec la directrice régionale du travail à Atakpamé, région des Plateaux, 15 janvier 2009).

collecte des candidatures pour les concours de recrutement de la fonction publique ou la formation sur l'emploi peuvent être assurés par les inspecteurs du travail[2085]. L'un d'entre eux évoque de plus la possibilité d'accueillir une demande d'aide à la rédaction d'un curriculum-vitae[2086]. Selon les régions, les activités des directeurs d'inspection régionale diffèrent plus ou moins des activités des inspecteurs du travail placés sous leur autorité. Un inspecteur du travail de Kara explique par exemple que « le directeur fait le même travail, la direction et l'inspection c'est la même chose. (...) On se concerte. On va aussi sur le terrain ensemble[2087] » alors que la directrice régionale des Plateaux explique pour sa part qu'elle s' « occupe plus des tâches administratives, d'aller aux réunions, séminaires etc.[2088] ».

Les difficultés de déplacement, le manque de matériel pour d'éventuelles campagnes d'information et les difficultés de communication avec la DGTLS conduisent une grande partie des chefs de services régionaux à utiliser la radio locale en négociant la programmation d'émissions régulières. Certains agents de Lomé ont également initié ce type d'émission sur la télévision nationale au moment de la réforme du code du travail. L'utilisation de ces médias peut aussi être un moyen de lancer des communiqués pour l'accomplissement de certaines formalités obligatoires ou l'annonce de campagnes de contrôle[2089]. Selon les stratégies propres à chaque service ou inspecteur du travail, l'utilisation des médias se couplent de démarches de diffusion de courriers[2090] ou de la

---

2085 Par exemple, le directeur régional des Savanes mentionne qu'« il faut aussi former les demandeurs d'emploi, un club avec un bureau a été installé par le directeur de l'emploi, j'ai déjà fait une séance de travail avec eux » (Cf. Entretien avec le directeur régional du travail de Dapaong, région des Savanes, 22 janvier 2009). Un inspecteur du travail dit aider une entreprise agroindustrielle au recrutement des saisonniers (Cf. Entretien avec un inspecteur du travail à Atakpamé, région des Plateaux, 15 janvier 2009). Un inspecteur du travail de Sokodé explique que « comme la direction de l'emploi n'a pas d'antennes à l'intérieur, certaine de ses attributions nous reviennent comme l'établissement de la carte de demandeur d'emploi. En principe, il est dit qu'avant de recruter, il faut s'assurer que le candidat est bien inscrit comme demandeur d'emploi auprès de service de l'emploi ou dans une société privée de placement ». Il mentionne sa participation à l'organisation, « par la direction de l'emploi », d'une formation des demandeurs d'emploi (Cf. Entretien avec un inspecteur du travail de Sokodé, région centrale, 20 janvier 2009). L'inspecteur du travail de Kara (Kara, 2 décembre 2008) soulève la question de l'adéquation de ces actions alors qu'« avec le nouveau code l'employeur peut recruter ».

2086 « Souvent je les adresse au directeur régional. Mais je ne l'ai pas vu faire concrètement. Mais je pense que c'est bien si on peut aider cette personne. C'est qu'il est toujours sollicité pour les problèmes de rédaction » (Cf. Entretien avec l'inspecteur du travail de Kara, région de la Kara, 2 décembre 2008).

2087 Cf. Entretien avec l'inspecteur du travail de Kara, région de la Kara, 2 décembre 2008. En septembre 2011, une supervision d'élections professionnelles dans une entreprise de 35 salariés a conduit au déplacement du chef de service avec tous les agents rattachés à ce service.

2088 « *Moi en tant que directrice, je ne fais plus les conciliations* » (Cf. Entretien avec la directrice régionale du travail à Atakpamé, région des Plateaux, 15 janvier 2009).

2089 Cf. Entretien avec le directeur régional du travail de Dapaong, Savanes, 22 janvier 2009.

2090 *Ibid*.

confection de calendriers de déplacement[2091]. Parallèlement à ces organisations relativement autonomes, la communication entre Lomé et les agents de l'intérieur du pays a généralement trait à des dossiers spécifiques et se fait par téléphone. Il est à noter toutefois une multiplication des transmissions de rapports annuels ou de rapports d'enquête sur demande spécifique de la DGTLS. Ces documents sont néanmoins transmis dans diverses directions centrales ce qui rend leur collecte difficile. Aucun modèle commun n'est établi pour ce qui concerne les rapports d'activité, ce qui rend leur analyse difficile.

Les démarches individuelles d'accommodation qui sont particulièrement en œuvre dans les services locaux les moins dotés font apparaître certains paradoxes. En effet, beaucoup d'agents s'accordent sur le fait que leurs attributions sont plus facilement exercées à l'intérieur du pays grâce à une certaine facilité à se rendre visible et à développer des réseaux locaux, bien que ces services soient très faiblement dotés en comparaison de ceux de Lomé[2092]. Un autre paradoxe réside dans la considération des inspecteurs selon laquelle leur activité de contrôle de l'application du droit du travail est facilitée à l'intérieur du pays par l'existence des coopérations locales que nous avons présentées. Ils pensent par là que leur crédibilité est améliorée alors que leur indépendance en est nécessairement mise en cause. On pense ici à la négociation auprès de stations services ou d'ONG, à l'utilisation des véhicules des employeurs ou des services préfectoraux. L'atteinte portée à l'indépendance de l'inspecteur du travail n'est toutefois pas révélée s'agissant des relations établies entre les inspecteurs et les magistrats de l'intérieur du pays. Paradoxalement encore, l'unique Tribunal du travail compétent en matière sociale à Lomé fonctionne pratiquement sans jamais rencontrer la DGTLS.

§2 – Les modalités d'accès à la Justice

« Le tribunal du travail est compétent pour se prononcer sur les litiges individuels pouvant s'élever à l'occasion de l'exécution du contrat de travail entre les travailleurs et leurs employeurs, sur tous litiges individuels relatifs aux conventions collectives ou aux arrêtés en tenant lieu, sur les litiges nés entre travailleurs à l'occasion du travail, aux litiges relatifs aux contrats d'apprentissage, aux litiges ayant pour origine l'application de la législation en matière de sécurité sociale, accidents du travail, maladies professionnelles,

---

2091 « Je vais faire préfecture par préfecture. Je vais aller pour sensibiliser sur les lois en matière de travail, devoirs et droits de l'employeur et du travailleur. Puis leur dire de venir ici s'enregistrer parce que j'aimerais avoir un fichier qui recense toutes les entreprises » (Cf. Entretien avec le directeur régional du travail de Dapaong, région des Savanes, 22 janvier 2009).

2092 Un inspecteur du travail anciennement en poste à l'intérieur du pays dit qu' « à l'intérieur, les visites inopinées sont plus fréquentes, on vous connaît, tout le monde vous connait, c'est un avantage. À Lomé, quand vous n'êtes pas à bord d'un véhicule étatique, vous n'avez peut-être pas de carte professionnelle, l'employeur peut refuser » (Cf. Entretien avec un inspecteur du travail, chef de la zone-est de Lomé, 9 janvier 2009).

prestations familiales, pensions de retraite[2093] ». Or, les difficultés de saisine de ce tribunal, et plus largement du juge du travail, sont nombreuses (A) et donnent lieu à diverses facilitations individuelles (B).

A. Les difficultés de saisine du juge

Les difficultés de saisine du juge en matière de droit du travail sont tout d'abord inhérentes à la juridiction spécialisée compétente en première instance qu'est le Tribunal du travail de Lomé (1). Elles concernent aussi plus généralement le procès de droit du travail et les voies de recours (2).

1. Le Tribunal du travail de Lomé

La règlementation coloniale[2094] qui fixait le ressort du Tribunal du travail de Lomé à tout le territoire du Togo a été abrogée. L'emploi du pluriel et la précision selon laquelle « le tribunal territorialement compétent est celui du lieu de travail[2095] » dans les dispositions légales en vigueur[2096] n'ont néanmoins pas conduit à la création d'une juridiction sociale en dehors de la capitale[2097]. Un seul Tribunal du travail, composé en audience d'un magistrat, d'un assesseur travailleur, d'un assesseur employeur et d'un secrétaire greffier, siège au Togo. Ceci participe à limiter l'accès au procès de droit du travail et peut expliquer certaines difficultés internes de fonctionnement.

L'accès au Tribunal du travail est pratiquement impossible pour les travailleurs qui résident hors de la capitale. S'il arrive que le Tribunal soit saisi pour des affaires venues d'autres régions, cela relève de l'exception car cela n'est possible que pour quelques travailleurs subordonnés. Sur la totalité des dossiers de contentieux de droit du travail traités par le Tribunal du travail, peu de dossiers concernent des litiges entre travailleurs et employeurs installés à l'intérieur du pays[2098]. Ce type d'affaire est donc extrêmement rare, et ce malgré la considération selon laquelle les litiges concernant les personnes employées dans des succursales de sociétés dont le siège est à Lomé doivent être réglés dans le ressort des inspections du travail de Lomé. Porter ce type d'affaires devant le Tribunal de Lomé suppose que l'employé soit suffisamment rémunéré pour effectuer le (ou les) trajet(s) qu'implique un procès et/ou dispose du temps et du logement pour rester sur place. La durée du procès de droit du travail est en effet telle qu'il est d'autant plus difficile pour la personne qui ne

---

[2093] Article 230 du code du travail.

[2094] Arrêté n° 897-53/IT du 17 décembre 1953 instituant un Tribunal du travail au Togo.

[2095] Article 231 du code du travail.

[2096] Articles 230, 232, 233 et 239 du code du travail.

[2097] Selon l'article 232 du code du travail, « les tribunaux du travail sont créés par la loi ». L'analyse offerte par M. Kirsch (« La compétence territoriale des juridictions du travail », *TPOM*, n° 995/996, 2009, p. 44) est donc, pour le Togo, remise en cause par l'unicité du Tribunal du travail.

[2098] Sur un échantillon de cinquante jugements, seuls trois concernent un salarié non domicilié à Lomé : deux salariés de Kara et un salarié d'Aflao (proche de Lomé, frontière du Ghana).

vit pas à Lomé, en l'absence de tout mécanisme public d'aide juridictionnelle, d'y avoir accès.

La composition du Tribunal du travail de Lomé engendre en outre certaines difficultés. Elle est caractérisée par un effectif insuffisant, des magistrats soumis à un fréquent *turn over* et des assesseurs très anciennement nommés. En 2009, deux magistrats sont en poste au Tribunal du travail : le président de la juridiction depuis deux ans et un magistrat. Un greffier se charge du secrétariat, de l'enregistrement des requêtes, de la formalisation et de la notification des jugements rendus. En 2011, le président du Tribunal du travail a été affecté à la Chambre civile et commerciale de la Cour d'appel de Lomé[2099]. Il ressort en effet des jugements rendus en 2010 que trois magistrats siègent désormais au Tribunal du travail de Lomé. Il est néanmoins assez surprenant que le nouveau président du Tribunal du travail ne soit pas le magistrat qui a l'ancienneté la plus élevée en cette matière qui ne constitue pas une spécialisation dans l'enseignement du droit[2100]. En outre, on remarque que le président du Tribunal du travail se charge en pratique comme les deux autres magistrats de traiter une partie considérable des dossiers et d'en assurer les audiences. Si les magistrats sont passés du nombre de deux à celui de trois, les jugements rendus en 2010 renseignent de la permanence d'un seul greffier et de l'absence de variation des assesseurs employeurs et travailleurs.

Si des assesseurs sont en pratique bien présents lors des audiences du Tribunal du travail, la réalité de leur légitimité et de leur participation aux décisions judiciaires est mise en cause par quelques données. La liste règlementaire des assesseurs employeurs et travailleurs n'a pas été révisée depuis plusieurs années alors que les « fonctions des assesseurs titulaires ou des assesseurs suppléants ont une durée d'un an renouvelable » selon le code du travail[2101]. La liste des assesseurs travailleurs n'a pas été modifiée pour prendre acte du « pluralisme syndical » amorcé en 1992, ce qui conduit à des assesseurs travailleurs exclusivement issus de la centrale syndicale CNTT[2102]. Un assesseur

---

[2099] Cf. Entretien informel avec l'ancien président du Tribunal du travail, Lomé, 16 septembre 2011.

[2100] « Parce que des juges il y en a, il y a plein de juges qui veulent faire quelque chose mais ils se posent des questions. Comment par exemple on affecte des juges assis ? Parce que c'est comme ça que ça s'appelle. On affecte des juges assis, sans leur consentement, c'est grave ! Ce sont les juges qui étaient les présidents de tribunaux, ils président. Il y a la magistrature assise et la magistrature debout. Les juges debout, on peut les affecter à tout moment, ils viennent directement du parquet, nommés par le ministre de la justice. (...) Le juge assis écoute à la radio à midi trente son affectation comme le préfet ! Voilà le problème » (Cf. Entretien avec le secrétaire général adjoint et le conseiller juridique de la centrale CSTT, Lomé, 25 et 28 novembre 2008).

[2101] Article 235 alinéa 2 du code du travail.

[2102] Le secrétaire général adjoint de la centrale syndicale CSTT dit qu'« on n'a pas d'assesseurs. Je sais qu'avant, il y avait des assesseurs. Je ne sais pas s'ils viennent encore à l'audience ». Il mentionne uniquement son rôle dans les procès relatifs à des litiges entre propriétaires et conducteurs de taxi-motos : « nous assistons en tant que témoins. Comme quand vous êtes assesseur, on va là-bas avec le procureur de la république...c'est le juge d'instruction ou d'appel » (Cf. Entretien avec deux représentants, conseillers juridiques, du Conseil National du Patronat (CNP), Lomé, 14 janvier 2009).

affilié à la CNTT précise en effet occuper cette fonction « *depuis vingt ans*[2103] ». Quant aux assesseurs employeurs, il semblerait selon des représentants du Conseil National du Patronat (CNP) qu'ils ne soient plus opérationnels[2104]. Or, le président du Tribunal du travail informe de la disponibilité de trois assesseurs employeurs : « il y en a un qui vient du secteur de la boisson (brasserie), un commercial, l'autre c'est industriel ». Cette contradiction est illustrée par le flou qui ressort des mentions portées en introduction des jugements rendus par le Tribunal du travail en 2010. Des noms identiques sont portés tantôt pour désigner l'assesseur employeur, tantôt pour désigner l'assesseur travailleur[2105]. Le nombre d'assesseurs disponibles et le déroulement des audiences impliquent en outre que la désignation des assesseurs par le président du Tribunal du travail « pour chaque affaire » s'appuie davantage sur une répartition des temps d'audience que sur le critère légal de la catégorie professionnelle d'appartenance des parties[2106]. En effet, seuls deux assesseurs assistent à toute la matinée d'audience pendant laquelle un nombre conséquent de dossiers est traité[2107]. De plus, s'agissant de leur participation à la détermination de la solution judiciaire, les modalités pratiques de déroulement des procès de droit du travail font que les assesseurs sont en fait variablement assidus aux différentes étapes du procès que sont la conciliation, l'instruction, l'audience, le délibéré et le rendu de la décision.

2. Le déroulement du procès et les voies de recours

Le code du travail togolais contient le principe de la rapidité du procès de droit du travail qui est en pratique remis en cause par l'organisation réelle du Tribunal du travail. Le déroulement du procès se compose de trois phases, séparées ou non par des délais légaux. Ces délais entre les trois phases sont *de facto* augmentés, voire créés lorsqu'ils ne sont pas juridiquement prévus. Les difficultés d'accès à la justice tiennent en outre de l'exercice des voies de recours en pratique.

2103 Cf. Entretien informel à la bourse du travail, Lomé, décembre 2008.

2104 « Depuis un moment on n'a plus d'assesseurs employeurs au Tribunal, ça date depuis très longtemps. C'était le rôle de l'assesseur de prendre la défense de l'employeur s'il y en avait un. Les entreprises ont leurs conseils, avocats » (Cf. Entretien avec deux représentants, conseillers juridiques, du Conseil National du Patronat (CNP), Lomé, 14 janvier 2009).

2105 Par exemple, l'assesseur « employeur » des jugements n° 145/10 du 8 juin 2010 et n° 076/10 du 9 mars 2010 est l'assesseur « employé » des jugements 080/10 du 9 mars 2010 et 015/10 du 26 janvier 2010. Cela se reproduit avec un autre nom d'assesseur qui est tantôt « employeur » (084/10 du 23 mars 2010 et 161/10 du 29 juin 2010 par exemple) et tantôt « employé » (145/10 du 8 juin 2010 par exemple).

2106 « Le président du Tribunal désigne pour chaque affaire l'assesseur employeur et l'assesseur travailleur appartenant à la catégorie intéressée » (Article 234 alinéa 2 du code du travail).

2107 « On dresse un calendrier des audiences, c'est affiché. On leur donne le calendrier des audiences avec les noms. Comme ils ne sont pas tellement nombreux, on choisit comme ça. Normalement c'est en fonction des dossiers traités, normalement il y a des dossiers gens de maison, dossiers industriel, dossiers commercial, dossiers banque, dossiers restauration » (Cf. Entretien avec le président du Tribunal du travail, Lomé, 16 décembre 2008).

L'action devant le Tribunal du travail est introduite par requête écrite ou orale[2108]. Puis, les trois phases que sont la conciliation, l'audience et le jugement se succèdent en principe dans un même intervalle de temps, excepté en cas de renvoi ou de mise en délibéré de l'affaire. Dans les deux jours à compter de la réception de la demande, dimanche et jours fériés non compris, le président du Tribunal cite les parties à comparaître dans un délai qui ne peut excéder quinze jours. Les parties sont tenues de comparaître. Il est procédé à une tentative de conciliation[2109]. « En cas de non-conciliation totale ou partielle de la demande, le Tribunal doit retenir l'affaire ; il procède immédiatement à son examen. Le renvoi ne peut être prononcé qu'une seule fois sauf accord des parties[2110] ». Après clôture des débats, le Tribunal délibère en principe immédiatement en secret : « sauf mise en délibéré dont le délai ne peut excéder deux semaines, le jugement est rédigé sur l'heure et l'audience reprise pour sa lecture[2111] ». Le jugement peut être immédiatement exécutoire nonobstant opposition ou appel. Le code du travail ouvre la possibilité d'un renvoi de l'affaire, voire de plusieurs si les parties en litige le sollicitent en commun. La prévision légale de la succession immédiate de l'audience de conciliation et de l'audience de jugement ne connaît pas de tempérament dans le code du travail. Or, il est ignoré en pratique, voire juridiquement impossible étant donné les précisions apportées par l'article 243 du code du travail selon lesquelles l'audience est publique sauf au stade de la conciliation et le Tribunal peut convoquer toute personne dont il estime la déposition utile.

Le temps qui s'écoule entre la requête et le prononcé du jugement du Tribunal du travail est en pratique considérablement plus long que ce que prévoit la loi[2112]. Les phases légales du procès sont en outre différemment organisées. La conciliation des parties se fait à un moment différent du jour prévu pour l'audience publique du Tribunal. Ceci répond à une certaine logique processuelle puisque l'on imagine difficilement comment les parties, leurs conseillers et le magistrat seront en mesure de passer immédiatement d'une dynamique de conciliation à une phase contentieuse. Il serait de plus délicat pour l'unique greffier de gérer instantanément l'enrôlement de chaque affaire et pour les quelques assesseurs d'être disponibles dans la continuité qu'imposerait cette procédure. Le délibéré immédiat n'est en outre jamais pratiqué. C'est l'exception légale de la « mise en délibérée » qui est exclusivement utilisée, bien qu'un délibéré immédiat permettrait une présence des assesseurs à l'intégralité

[2108] Article 229 du code du travail.

[2109] Article 246 du code du travail.

[2110] Article 247 du code du travail.

[2111] Article 248 du code du travail.

[2112] La durée entre la première audience de jugement et l'audience de délibéré est de 20 mois en moyenne (calcul fait sur la base de trente-six jugements pour lesquels on dispose de ces informations). Cette durée est considérablement variable ; elle peut aller de trois mois (dans un seul cas : n° 080/10 du 9 mars 2010, inédit) à plus de quatre ans (dans trois cas : n° 075/10 du 9 mars 2010, n° 162/10 29 juin 2010, n° 107/2007 du 19 juin 2007 ; inédits).

des phases du procès. La présence des assesseurs n'est en effet pas systématique pendant la phase de conciliation et celle du délibéré alors qu'elle est automatique au moment de l'audience qui a lieu une à deux fois par mois[2113]. Enfin, les différentes phases du procès font elles-mêmes l'objet d'une division en plusieurs étapes. La conciliation peut être précédée de discussions informelles[2114], reportée, voire retentée plusieurs fois selon les demandes des parties. En phase d'audience, le procédé du renvoi « pour diverses raisons » est récurrent ; il n'arrive jamais qu'un seul renvoi soit prononcé dans une affaire malgré que la loi le préconise. La « prorogation du délibéré », imprévue par la loi, est une pratique fréquente[2115].

L'exercice des voies de recours pose en outre certaines difficultés. On note en effet une certaine récurrence des contentieux sur la question du point de départ des délais de recours. Ces contentieux sont en partie dus aux problèmes d'articulation des dispositions du code du travail avec celles du code de procédure civile[2116]. Selon le code du travail, les parties disposent de quinze jours à compter du prononcé du jugement pour interjeter appel, délai pendant lequel elles « peuvent » déposer un mémoire au greffe de la cour d'appel. À défaut de mémoire, « l'appel sera jugé aux pièces » dans un délai de trois mois à compter de la transmission du dossier[2117]. Le point de départ du délai d'appel qui donne lieu à du contentieux[2118]. Il concerne plus spécifiquement les cas dans lesquels une des parties n'a pas comparu devant le Tribunal du travail dont le jugement rendu l'a été « par défaut réputé contradictoire ». Le code du travail togolais est muet sur cette circonstance[2119] tandis qu'il contient quelques précisions sur l'opposition en cas de jugement rendu « par défaut »[2120]. La

---

2113 Aucune audience ne paraît s'être tenue aux mois de février et mai 2010 tandis qu'une audience a eu lieu aux mois de janvier et d'avril et deux aux mois de mars et de juin.

2114 Cf. Entretien avec le président du Tribunal du travail, Lomé, 16 décembre 2008.

2115 Le délibéré est prorogé dans 82 % des cas (31 jugements sur 38).

2116 « Le législateur dans le domaine social a voulu régler ce problème. Ici l'appel c'est à compter de la décision, du prononcé du jugement alors que dans les autres juridictions c'est à compter de la signification de la décision. Ça veut dire que quand on prononce une décision aujourd'hui, les effets commencent à courir aujourd'hui. Et quinze jours après la date du prononcé, si vous ne réagissez pas c'est fini. Donc si vous êtes avocat, vous avez des dossiers vous devez suivre au jour le jour. Moi je trouve que quinze jours c'est bon en matière sociale » (Cf. Entretien avec le président du Tribunal du travail, Lomé, 16 décembre 2008).

2117 Article 254 du code du travail.

2118 Sur treize arrêts rendus en matière sociale par la Cour d'appel de Lomé entre janvier et juin 2011, un arrêt traite du délai d'appel en cas de jugement rendu « par défaut réputé contradictoire » (CA Lomé, ch. soc., n° 010/2011, 3 février 2011, inédit). Sur vingt-six arrêts rendus en matière sociale par la chambre judiciaire de la Cour Suprême du Togo entre 1999 et 2010, quatre décisions concernent les délais de recours (CS Togo, ch. jud., n° 02/10, 21 janvier 2010 ; n° 38, 18 décembre 2008 ; n° 50, 20 décembre 2007 et n° 42 15 décembre 2005).

2119 Le droit béninois encadre les cas dans lesquels il y a contradictoire, défaut ou jugement réputé contradictoire.

2120 Selon l'article 251, la partie défaillante à l'instance dispose de dix jours pour faire opposition en vue que le président du tribunal du travail convoque à nouveau les parties et rende un nouveau jurisprudence est constante pour décider que le délai d'appel court à compter du prononcé du jugement, qu'il soit contradictoire ou « par défaut réputé contradictoire ». Cette jurisprudence est étendue au cas du délai de pourvoi en cassation sur le fondement du code de procédure civile et du code du travail[2121]. L'absence de jugements rendus par défaut fait qu'aucune jurisprudence ne répond explicitement au moyen fréquent de la partie qui forme un pourvoi en cassation qui est, contrairement aux prévisions du code du travail, qu'en cas de jugement rendu par défaut, le délai court à compter de la signification du jugement[2122]. L'absence de jugements rendus par défaut s'explique toutefois par la disposition du code de procédure civile selon laquelle ce type de jugement ne peut être rendu que si le juge statue en dernier ressort ou si l'assignation n'a pas été délivrée à personne[2123]. En effet, le taux de dernier ressort et les moyens de délivrance des assignations[2124] font que les jugements sont en pratique tous susceptibles d'appel.

La disposition de l'article 252 du code du travail conduit à l'ouverture la plus large possible de l'appel en matière de droit du travail. Il est en effet rarissime que la demande du requérant soit inférieure à dix fois le salaire minimum de 28 000 FCFA qui est le taux de dernier ressort du Tribunal du travail. Si cela peut gager d'une ouverture de l'accès au juge, ce plancher d'appel alimente le recours quasiment systématique des employeurs condamnés en première instance. Le Conseiller de la Chambre sociale de la Cour d'appel de Lomé, à l'instar des magistrats du Tribunal du travail, constate que les employeurs forment presque automatiquement un recours lorsqu'ils sont condamnés[2125]. Ces pratiques sont en partie qualifiées de dilatoires et sont expliquées par l'acceptation difficile des employeurs du fait de perdre en Justice. Un des effets de la fréquence de l'exercice des voies de recours est la conclusion d'accords entre les parties alors qu'elles se trouvent en procédure contentieuse au niveau

---

jugement. Rien n'est toutefois précisé, à l'instar du droit béninois, sur les suites d'un jugement rendu après opposition.

2121 L'article 222 du code de procédure civile précise que le délai de pourvoi court dans les mêmes conditions que le délai d'appel. La Cour Suprême en déduit que l'article 254 du code du travail (ancien article 209) s'applique au délai de pourvoi.

2122 Le demandeur se fonde sur les articles 143 et 146 du code de procédure civile. Le premier texte dispose que « lorsque le jugement a été prononcé en présence des parties il n'a pas à leur être signifié. (…) Dans les autres cas, le jugement doit être notifié à la requête de la partie la plus diligente (…) ».

2123 L'article 146 du code de procédure civile précise bien que si le défendeur ne comparaît pas, le jugement sera réputé contradictoire si la décision est susceptible d'appel ou si l'assignation a été délivrée à personne.

2124 Le code de procédure civile prévoit que la signification se fait par recommandé avec accusé de réception ou par « remise par un messager ordinaire contre récépissé, daté et signé par la personne ayant reçu la copie ».

2125 « Plus de 90% font appel. Ils font ça car ils n'ont pas de juristes dans les entreprises. Les choses sont faites sans professionnalisme » (Cf. Entretien avec le président de la Chambre sociale de la Cour d'appel, Lomé, 3 février 2009). « Oh l'appel c'est systématique maintenant, on ferme les yeux et c'est l'appel » (Cf. Entretien avec le président du Tribunal du travail, Lomé, 16 décembre 2008).

de la Cour d'appel ou de la Cour Suprême[2126]. Cette pratique des accords en cours de procédure illustre un aspect de l'inefficience du procès de droit du travail au Togo[2127] mais constitue néanmoins une voie efficace à la résolution de litiges et à l'obtention d'une réparation par le travailleur[2128]. Par-delà le coût engendré par le procès à partir de la phase de conciliation devant le Tribunal du travail, le règlement amiable résulte bien souvent de l'introduction de la requête[2129].

Dans l'attente de l'aboutissement d'un recours, si une exécution provisoire a été prononcée en première instance, le travailleur peut bénéficier d'un commencement d'exécution du jugement. Or, les mécanismes procéduraux font que cette exécution est en pratique difficile[2130]. La plupart des employeurs saisissent le président de la Cour d'appel d'une demande de sursis à exécution dès lors qu'ils forment un recours contre le jugement qui les condamne[2131]. Malgré la contradiction avec le code de procédure civile togolais[2132], le président de la Chambre sociale de la Cour d'appel justifie cela par les garanties financières insuffisantes du travailleur dans l'éventualité de l'infirmation du jugement de première instance[2133]. L'obtention du sursis à exécution empêche

---

[2126] Un arrêt de Cour d'appel (Ch. soc., n° 011/2011, 3 mars 2011, inédit) et trois décisions de la Cour Suprême relatent un accord (ch. jud., n° 37 du 4 août 2007, n° 25 du 8 mai 2006 et n° 03 du 20 mai 1999, inédits).

[2127] Ne peut-on pas avancer que le rapport entre l'efficacité du procès en tant que tel et son coût est négatif (nombre d'années de procédure, déplacements, avocats) ? Voir par exemple, V. Champeil-Desplats, « Effectivité et droits de l'homme : une approche théorique », in V. Champeil-Desplats et D. Lochak (dir.), *À la recherche de l'effectivité des droits de l'homme*, Presses Universitaires de Paris 10, 2008, p. 11. Selon François Rangeon, l'efficience se définit également par la mesure du coût de l'atteinte des objectifs assignés à la règle (F. Rangeon, « Réflexions sur l'effectivité du droit », in D. Lochack (Dir.), *Les usages sociaux du droit*, PUF, 1989, p. 126).

[2128] Cette efficacité se rapporte ici à l'idée kelsénienne qu'« une norme juridique (…) est efficace si elle est suivie, c'est-à-dire si les sujets de l'ordre juridique manifestent un comportement qui évite la sanction ; ou si, dans le cas d'un comportement conditionnant la sanction, la norme juridique est appliquée, c'est-à-dire si la sanction prescrite par la norme juridique est effectivement ordonnée et exécutée par les organes compétents » (H. Kelsen, « Une théorie réaliste et la Théorie pure du droit (Remarques sur *On law and Justice* d'Alf Ross) », in O. Jouanjan (dir.), *Théories réalistes du droit*, Annales de la faculté de droit de Strasbourg, 2000, n° 4, p. 15).

[2129] Les différents actes de procédure que sont le désistement d'instance, le procès-verbal de conciliation, la transaction, l'homologation d'un accord participent de l'idée selon Evelyne Serverin que « le temps du procès est aussi un temps de négociation pour les parties » (E. Serverin, « Le traitement des litiges du travail en droit français et britannique : deux modèles d'intégration des procédés amiables », dans le dossier « Mises en œuvre du droit du travail et cultures nationales (suite et fin) », *RDT*, 2007, p. 195).

[2130] Cf. Entretien avec le président du Tribunal du travail, Lomé, 16 décembre 2008.

[2131] Cf. Entretiens avec le président du Tribunal du travail (Lomé, 16 décembre 2008) et avec le président de la Chambre sociale de la Cour d'appel (Lomé, 3 février 2009).

[2132] L'Article 141 du code de procédure civile dispose que « sauf les cas où il s'agit d'une dette de caractère alimentaire ou de réparation d'un dommage causé à la personne, la partie condamnée peut éviter que l'exécution provisoire soit poursuivie en obtenant du juge l'autorisation de consigner les espèces ou les valeurs suffisantes pour garantir, en principal, intérêts et frais, le montant de la condamnation ».

[2133] Cf. Entretien avec le président de la Chambre sociale de la Cour d'appel, Lomé, 3 février 2009.

donc l'huissier saisi d'intervenir. En cas d'« exécution volontaire », il n'est en outre pas rare que les parties négocient sur le montant des dommages et intérêts prononcés : « le Tribunal nous a condamné à 20 millions bon si vous acceptez 10 millions, on vous paye ça[2134] ». Si un filtrage sur le fondement du dernier alinéa de l'article 254 du code du travail[2135] permet de rejeter quelques recours, la difficulté de justifier objectivement le soupçon de dilatoire justifie la consignation presque systématique de tout ou partie des dommages et intérêts prononcés en première instance[2136]. Cela se justifie également par la tendance des juges d'appel à réformer par le bas le montant des dommages et intérêts établi par le juge de première instance[2137].

Enfin, l'inefficience du procès de droit du travail est favorisée par le manque de coordination au sein de l'organisation judiciaire eu égard à l'insuffisance d'avocats au Togo[2138]. Il n'est pas rare que plusieurs audiences au civil, pénal et social soient programmées concomitamment alors que les mêmes avocats ont des dossiers dans les différentes affaires. Il arrive donc que l'absence de l'avocat du demandeur à l'audience du Tribunal du travail, conduisant au prononcé du report de l'affaire, soit due à sa présence à une autre audience[2139]. Les avocats du barreau qui acceptent de défendre les travailleurs considèrent en effet que les affaires de droit social sont « des petits dossiers[2140] ». Il s'agit plus selon eux de se former à cette matière juridique que de nourrir une spécialisation professionnelle lucrative. Si ces approches révèlent une mise au second plan du contentieux en matière sociale, elles justifient un usage constant dans la profession consistant à accepter de défendre les travailleurs sans exiger d'honoraires en amont.

[2134] Cf. Entretien avec le président du Tribunal du travail, Lomé, 16 décembre 2008.

[2135] « Lorsqu'elle constate le caractère dilatoire de l'appel, la cour prononce une amende civile de 10 000 à 100 000 francs contre l'appelant ». L'effet procédural n'est pas précisé et le code de procédure civile togolais ne le précise pas dans ses articles 7 à 28 sur les exceptions de procédure, dont « l'exception dilatoire ». L'appel « abusif ou dilatoire » est seulement mentionné à l'article 205 qui prévoit une amende civile moins élevée.

[2136] Cf. Entretien avec le président de la Chambre sociale de la Cour d'appel, Lomé, 3 février 2009.

[2137] « Il y a une jurisprudence chez nous des présidents de Cour d'appel, selon laquelle, lorsqu'il y a appel, il y a suspension pour les dommages et intérêts lorsque vous en faites la demande car le montant peut se revoir en appel » (Cf. Entretien avec un avocat, Lomé, 9 janvier 2009).

[2138] L'ordre des avocats du Togo compte 114 avocats et 14 stagiaires, soit une densité d'un avocat pour 54 308 habitants, soit moins de deux avocats pour 100 000 habitants. Selon les résultats du 4e RGPH (recensement général de la population et de l'habitat) de 2011, le Togo compte 6 191 155 habitants. En France, avec un total recensé de 51 758 avocats, la densité s'élève à 81,7 avocats pour 100 000 habitants. Observatoire du conseil national des barreaux, avril 2011.

[2139] Audience publique du Tribunal du travail, Lomé, 10 février 2009.

[2140] Cf. Entretien avec un avocat, Lomé, 9 janvier 2009.

B. Les facilitations individuelles

Des modalités singulières d'accueil et d'accompagnement des parties au Tribunal du travail sont mises en œuvre dans le souci d'améliorer le fonctionnement de la justice du travail. Certains mécanismes sont imaginés pour faciliter l'accès au juge en tant qu'autorité de jugement mais également en tant qu'autorité légitime de médiation ou de conciliation dans les litiges. Ces facilitations sont à la fois procédurales (1) et substantielles (2).

1. Des recherches d'aménagements de la procédure

Les facilitations procédurales mises en place par les magistrats professionnels de Lomé sont de plusieurs ordres. Soit elles touchent directement, en la déformant, à la procédure applicable, selon l'objet des litiges, les situations particulières des parties et les éléments disponibles à l'appui des prétentions. Soit ces facilitations visent à assurer l'effectivité du droit processuel applicable. Ainsi, des pratiques procédurales originales sont mises en œuvre selon les singularités des dossiers et des démarches individuelles tentent de garantir une effectivité du procès de droit du travail.

Le traitement par les juges des différentes phases de conciliation, devant l'inspecteur du travail et au Tribunal du travail, est variable. Les juges du travail peuvent chercher à éviter tout enregistrement d'un litige en procédant à des « audiences de pré-conciliation[2141] » ou, lorsque l'affaire est « officiellement » en conciliation, à éviter qu'elle aille jusqu'à la phase de jugement. Ils peuvent, à l'inverse, chercher à renvoyer l'affaire à l'audience publique. L'appréhension de la conciliation intervenue devant l'inspecteur du travail peut aussi varier selon le contexte particulier qui est présenté au juge[2142]. Quand bien même les parties n'ont pas fait apposer la formule exécutoire sur un procès-verbal de conciliation, le magistrat va parfois décider de faire jouer « la force de l'accord[2143] ». En sens inverse, quand bien même un employeur aura fait apposer cette formule, le magistrat pourra considérer que l'affaire doit être portée en audience de conciliation puis de jugement pour ce qui concerne les dommages et intérêts[2144]. S'agissant de l'organisation d'une « pré-

---

2141 Cf. Entretien avec le président du Tribunal du travail, Lomé, 16 décembre 2008.

2142 « Bon ne connaissant pas la loi, ne connaissant rien, il a signé puis s'est rendu compte que sur beaucoup de points il a été floué » (*ibid.*).

2143 Cf. Entretien avec le président du Tribunal du travail, Lomé, 16 décembre 2008. La Cour Suprême du Cameroun a ainsi considéré, dans un arrêt du 24 février 2005, « que si la mise à exécution d'un tel procès-verbal est conditionnée par l'apposition de la formule exécutoire, il n'en demeure pas moins que ce document *sui generis* a valeur transactionnelle même en l'absence de la formule exécutoire » (TPOM 987/988 juillet août 2008 p. 156). Dans un arrêt du 20 février 2007 (inédit), les juges de la Cour d'appel de Lomé décident de façon un peu moins libérale qu'en l'absence d'un procès-verbal de conciliation en bonne et due forme, la mention « reprise des relations de travail » figurant sur la demande de règlement amiable ne saurait constituer l'accord.

2144 Sur l'effet de la formule exécutoire, voir supra Partie II, Titre 1, Chapitre 1, Section 1, §1, B, 2.

conciliation », cela tient généralement à l'ampleur de ce qui se joue, à la fois pour le travailleur et pour l'employeur. Ainsi, dans le secteur dit informel[2145], le fait que les sommes en jeu soient peu importantes et que l'employeur soit dans une situation économique précaire peut pousser le magistrat à vouloir trouver un accord. La « pré-conciliation » a lieu de façon informelle, c'est-à-dire avant qu'une requête soit effectivement déposée. En effet, le magistrat est souvent saisi directement par une personne qui lui expose son problème. Le magistrat peut lui remettre, en dehors de toute procédure règlementaire, une convocation de la partie avec laquelle il est en conflit afin de tenter une première conciliation. Ce n'est qu'en cas d'échec de cette première tentative qu'une requête sera déposée au greffe du Tribunal et que la conciliation légale sera menée. La double, voire la triple, tentative de conciliation est fréquente[2146]. Il est en outre possible, lorsque la conciliation initiale a échoué et que l'affaire est au contentieux, de retourner à la phase de conciliation « dans le bureau » du juge[2147]. Enfin, l'octroi de délais aux parties qui le demandent en amont de la séance de conciliation est fréquent à ce stade de la procédure.

L'allongement des délais est d'usage dans le déroulement des audiences, après échec de la conciliation, du fait d'une procédure majoritairement écrite. Le principe du contradictoire nécessite que le juge vérifie que les deux parties aient été informées de chaque élément à l'appui de la demande ou de la défense. Il n'est pas rare qu'un renvoi soit sollicité par ce motif[2148]. Ainsi, au moment de l'audience, plusieurs types de renvoi sont possibles : le « renvoi pour mise en état » signifie que l'avocat n'est pas prêt pour conclure, le « renvoi pour pièces » peut être prononcé lorsque le juge n'a pas reçu la réponse du défendeur ou lorsqu'une partie dit n'avoir pas été informée d'un élément. Le « renvoi pour retenir » est le dernier renvoi possible avant le « renvoi ferme » qui signifie que le magistrat prononcera la « mise en délibéré » à la prochaine audience. L'objet de l'audience du Tribunal du travail est proprement de décider du type de renvoi ou de la mise en délibéré des affaires. Il peut, par

---

2145 « Nous donnons quand même des convocations. Là-bas c'est le fond qui est essentiel, pas la forme » (Cf. Entretien avec le deuxième magistrat du Tribunal du travail, Lomé, 3 février 2009). « Dans nos dossiers, certaines affaires relatives à des personnes qui sont employées dans des fermes, on constate que quand ils viennent en conciliation en général on n'a pas besoin de requête (…). Il y a les bonnes dames qui emploient des jeunes au grand marché comme les boutiquiers, comme les gérants vous voyez... Il y a un peu de tout ! Ce n'est pas forcément les entreprises organisées, les gens de l'informel, il y en a plein qui viennent » (Cf. Entretien avec le président du Tribunal du travail, Lomé, 16 décembre 2008).

2146 Sur trente-huit jugements comprenant cette précision, vingt-et-un ont été précédés de plusieurs tentatives de conciliation (55 %). Deux jugements du Tribunal du travail n° 027/2001 du 6 mars 2001 et n° 08 du 16 octobre 2007 (inédits) contiennent la mention de trois séances de conciliation.

2147 « Ça revient dans le bureau, on établit le procès-verbal de conciliation qui est mis au dossier et le juge constate. Si on concilie on ne juge plus » (Cf. Entretien avec le deuxième magistrat du Tribunal du travail, Lomé, 3 février 2009).

2148 « Vous allez constater que celui qui va perdre veut vous faire perdre du temps, il n'a plus d'arguments, il répète la même chose. Donc vous le dites au juge, « je ne réplique plus » » (Cf. Entretien avec un avocat, Lomé, 9 janvier 2009).

exemple, être prononcé plus de quarante-cinq renvois contre deux mises en délibéré à l'occasion d'une audience[2149]. Le « report de délibéré » est en outre fréquent[2150]. Lorsqu'une affaire est mise en délibéré, le magistrat, le greffier et les assesseurs doivent en principe se retrouver pour décider. Les délibérés seront en principe « *vidés* » à l'audience suivante. Le report de délibéré est donc du à l'absence de tenue de cette réunion à temps. Les durées qui s'écoulent entre la première audience et l'audience de l'annonce du délibéré sont donc en moyenne importantes et très aléatoires. Si elles semblent dépendre des difficultés procédurales de mise en œuvre du contradictoire, elles sont aussi tributaires du degré de tolérance du juge envers les pratiques de surenchères ou de laxisme des parties, en particulier des avocats.

Parallèlement à la recherche de mécanismes en matière de procédure écrite, des procédés oraux sont mis en œuvre en vue de remédier aux lacunes structurelles de l'organisation judiciaire. Dans le procès de droit du travail togolais, l'instruction et l'audience sont concomitantes. Les parties peuvent solliciter des « auditions en cabinet » en vue de faire témoigner des personnes[2151] et l'avocat peut demander à plaider oralement sur une affaire lors de l'audience qui a lieu après un « renvoi ferme »[2152]. Par jugement « avant-dire droit », le juge peut ordonner une « enquête à la barre » qui consiste concrètement en une confrontation des parties et/ou témoins lors d'une « audition en cabinet »[2153]. Au-delà de la volonté de remédier aux difficultés de preuve liées à la procédure écrite, particulièrement dans les cas où le travailleur n'est pas assisté d'un avocat, la concomitance de l'enquête et de l'audience permet de s'accommoder d'un effectif insuffisant de magistrats[2154]. La multiplication des « audiences en cabinet » ou « enquêtes à la barre » est aussi justifiée par la nouvelle distinction légale entre le licenciement irrégulier et le

---

[2149] Cf. audiences du Tribunal du travail des 6 janvier et 10 février 2009.

[2150] Lors de l'audience du Tribunal du travail du 6 janvier 2009, dix-sept reports de délibérés au 27 janvier 2009 ou au 3 février ont été prononcés.

[2151] « Le juge va dire qu'il renvoie le dossier pour audition en cabinet » (Cf. Entretien avec un avocat, Lomé, 9 janvier 2009).

[2152] « Ces derniers temps les gens plaident de plus en plus » (*ibid.*).

[2153] Les dispositions du code du travail semblent admettre ce type de jugement : l'article 247 dispose que « le tribunal peut toujours, par jugement motivé, prescrire toutes enquêtes, descentes sur les lieux et toutes mesures d'information ». Toutefois, l'article 243 dans la section sur la procédure de règlement devant les tribunaux peut faire sous-entendre que l'enquête débute dès la tentative de conciliation : « l'audience est publique sauf au stade de la conciliation. Le président du tribunal dirige les débats, interroge et confronte les parties, fait comparaître les témoins convoqués à la diligence des parties (...) ».

[2154] L'article 75 du code de procédure civile togolais semble faire la distinction entre la phase d'enquête et la phase d'audience : « (...) Après exécution des mesures d'instruction dans les délais fixés par le président du tribunal ou son délégué, le greffier notifie les procès verbaux ou rapports de ces mesures à chacune des parties et les convoque pour l'audience de jugement selon la date fixée par le président du tribunal ». L'article 76 précise que « (...) l'enquête est diligentée soit en cabinet, soit à l'audience, soit sur les lieux litigieux ».

licenciement abusif[2155]. Ces phases du procès qui consistent à établir, au travers du témoignage[2156], le bien-fondé et la substance des faits invoqués se déroulent néanmoins sans les assesseurs, c'est-à-dire que ce n'est pas le Tribunal en tant que tel qui est convoqué à cette occasion[2157], nonobstant les prévisions du code du travail[2158] et les mesures substantielles existantes pour faciliter leur présence.

2. Des mesures de correction substantielle

Les facilitations substantielles en vue de rendre le juge accessible aux acteurs sociaux consistent principalement en des démarches de nature financière pour amoindrir les déficits de prise en charge de certains aspects du procès de droit du travail et en la saisine des magistrats de l'intérieur du pays, normalement incompétents pour trancher les litiges de droit du travail.

La nécessité de répartir dans le temps les différentes phases du procès pose le problème de la présence des assesseurs employeurs et travailleurs[2159]. Les magistrats affirment que la collégialité doit être respectée depuis la conciliation jusqu'à la délibération, en passant par les audiences en cabinet[2160]. Le principe est corroboré par un avocat et un assesseur. Ils mentionnent toutefois ses possibles tempéraments en pratique[2161]. Un seul litige nécessite donc au minimum quatre rencontres entre le magistrat et les assesseurs, en présence du

---

2155 Cf. Entretiens avec le président du Tribunal du travail (Lomé, 16 décembre 2008) et avec le deuxième magistrat du Tribunal du travail (Lomé, 3 février 2009).

2156 Deux procès-verbaux d'audiences de cabinet du 5 avril 2007 et du 6 juin 2007 permettent d'établir le caractère simplement testimonial de ces séances. Ils se contentent de relater les propos des personnes présentes.

2157 Il ressort en effet des deux procès-verbaux précités que seuls le magistrat et le greffier sont présents.

2158 Selon le code du travail, c'est « le Tribunal » qui peut d'office convoquer des témoins, qui condamne à une amende le témoin non comparant, qui retient l'affaire en cas d'échec de la conciliation, qui peut prescrire toutes enquêtes et qui délibère. C'est en outre sur « le registre des délibération du Tribunal » qu'est dressé tout procès-verbal de conciliation. Quelques attributions appartiennent toutefois au président du tribunal du travail qui correspond en pratique au magistrat qui dirige l'audience. Aucune disposition ne précise les modalités de délibération et le rôle du président du tribunal selon la répartition des avis des deux assesseurs.

2159 Cf. Entretien avec le deuxième magistrat du Tribunal du travail (Lomé, 3 février 2009) et entretien informel avec un assesseur travailleur du Tribunal du travail (Lomé, décembre 2008).

2160 « Le Tribunal statue en référés. (...) Et le juge avec les assesseurs, c'est le Tribunal, l'audience n'est pas publique. (...) Quand je mets délibéré à telle date, on se retrouve avec les assesseurs, on discute des cas, tel dossier il y a tel qui a dit ci qui a dit ça. (...) On discute, on arrête une solution » (Cf. Entretien avec le président du Tribunal du travail, Lomé, 16 décembre 2008). « Les assesseurs doivent être présents, à chaque fois qu'il y a une audience de conciliation en cabinet ils sont là. S'il n'y a pas d'assesseurs, les jugements sont nuls » (Cf. Entretien avec le deuxième magistrat du Tribunal du travail, Lomé, 3 février 2009).

2161 « Il peut arriver que pour certaines affaires, le juge souhaite le traiter seul en cabinet » (Cf. Entretien avec un avocat, Lomé, 9 janvier 2009). « Bon des fois on fait des réunions pour le délibéré, on dit ce qu'on pense. Bon quand ce sont des petites affaires il le fait seul » (Cf. Entretien informel avec un assesseur travailleur du Tribunal du travail, Lomé, décembre 2008).

greffier. Jusqu'à l'adoption de l'arrêté du 30 juillet 2010[2162] fixant les indemnités de déplacement et de séjour des assesseurs du Tribunal du travail en application de l'article 238 du code du travail[2163], les assesseurs devaient prendre individuellement en charge leurs attributions judiciaires. Dans la mesure où aucun mécanisme d'indemnisation de leur participation à la procédure et à la détermination des solutions judiciaires n'était institué, les assesseurs étaient relativement mobilisés dans cette tâche. Face au déficit de reconnaissance lié à la gratuité de la mission judiciaire des représentants désignés, il n'était pas rare que le président du Tribunal du travail se charge de l'octroi d'une contrepartie à leur venue : offre de boissons, voire indemnisation financière des représentants des travailleurs et employeurs[2164].

Sur le plan des facilitations individuelles d'ordre financier, les avocats togolais pratiquent une règle favorable et singulière en matière d'honoraires. Ils considèrent les dossiers de droit du travail comme « peu compliqués ». Ils permettent plus la « formation » en droit social que la constitution d'une activité et d'une clientèle lucratives. Ainsi, la règle sur les honoraires est la gratuité pour les requérants travailleurs jusqu'à l'issue du procès et l'éventuelle allocation de dommages et intérêts. En cas de rejet des prétentions du travailleur, les avocats n'exigent aucune rétribution de leur assistance. Le caractère favorable de cette pratique peut être tiré du constat d'une majorité de travailleurs représentés par un avocat aux audiences, donc d'une facilitation de leur accès au juge et au droit du travail[2165]. Néanmoins, cette alternative à l'absence de mécanisme public d'aide juridictionnelle a l'effet pervers, que nous avons déjà évoqué, de reléguer les affaires de droit du travail au rang d'affaires de seconde zone. Cette pratique favorise en outre les cas d'absence des avocats le jour de l'audience, la longueur dans les procédures écrites et les difficultés

[2162] En vertu de ce texte règlementaire, une indemnité forfaitaire de 50 000 FCFA est allouée « par trimestre aux assesseurs du Tribunal du travail, par jour d'audience et de délibéré ». L'interprétation de cette disposition est ambigüe puisqu'il semblerait que l'indemnisation doive se faire par trimestre au cours duquel environ six audiences et autant de séances de délibérés sont programmées. Les séances de conciliation ne sont pas prises en compte dans le texte et l'indemnisation des frais de déplacement engagés par l'assesseur se fait sur justificatif.

[2163] L'article 238 du code du travail de 2006 reprend le principe de l'article 191 du code de 1974 selon lequel « les fonctions d'assesseurs des tribunaux du travail sont gratuites ». Son alinéa 2 substitue toutefois la possibilité d'indemnisation de l'ancienne disposition par son caractère systématique.

[2164] Cf. Entretien informel avec un assesseur travailleur (Lomé, décembre 2008) et avec le président du Tribunal du travail, Lomé (16 décembre 2008).

[2165] « Lorsque vous êtes du côté de l'employé, vous ne lui prenez rien du tout. Il est écrit que la procédure est gratuite mais déjà auprès du greffe, il prend une petite somme de 2000 FCFA pour faire enrôler le dossier. Souvent nous déboursons même cette somme de notre poche pour l'aider. C'est lorsque le dossier aboutit, encore faut-il que votre client ait raison... sinon vous avez carrément perdu votre temps. Donc c'est lorsque vous gagnez que vous prélevez les honoraires, les frais de dossier. Si vous perdez c'est fini. Si c'est un monsieur qui gagnait 30000 FCFA depuis 10 ans et peut-être un jour le patron de mauvaise humeur le licencie parce qu'il ne lui a pas dit bonjour. J'ai eu des cas quand même où le licenciement a été déclaré légitime ou bien on a condamné le client » (Cf. Entretien avec un avocat de Lomé, 9 janvier 2009, et également avec un autre avocat le 16 février 2009 et notre assistance à deux audiences du Tribunal du travail).

d'interprétation du droit du travail. Elle est en outre un vecteur possible des soupçons de partialité et de corruption envers les juges togolais qui prononcent des montants extrêmement variables de dommages et intérêts. Il n'en demeure pas moins que les avocats adoptent une démarche socialement et économiquement pertinente pour la défense individuelle des travailleurs, à la différence des acteurs syndicaux globalement invisibles en la matière[2166].

Enfin, les démarches individuelles des juges des tribunaux civils de l'intérieur du pays permettent que les problèmes des justiciables qui sont dans l'impossibilité d'effectuer un déplacement à Lomé soient entendus et résolus par l'intermédiaire d'un représentant de l'ordre judiciaire. Les modalités et les effets de l'intervention des juges diffèrent selon les régions et les collaborations ou non avec les services de l'inspection du travail. Pour certains, cette intervention judiciaire devrait s'analyser comme étant de droit au regard du caractère de droit commun des contrats de travail et, pour le cas particulier de la région de la Kara, de la présence d'une Cour d'appel[2167]. Néanmoins, en l'absence d'échevinage, le procès de droit du travail initié à l'intérieur du pays ne peut être qu'une pratique alternative à la compétence exclusive du Tribunal du travail de Lomé. Les magistrats en poste à l'intérieur du pays se contentent en effet généralement de tenter une conciliation entre travailleurs et employeurs en conflit puis, en cas d'échec, de les diriger vers la juridiction spécialisée de Lomé. Les modalités de ces conciliations sont plus ou moins formalisées. À Sokodé, le président de la juridiction civile de la région centrale « fait parfois des règlements à l'amiable dans son bureau[2168] ». Le président du Tribunal de première instance de la région de la Kara « règle les problèmes de droit social en cabinet » et considère qu'en cas de non-conciliation il est « obligé de les envoyer au Tribunal ». Il évoque toutefois un cas dans lequel les parties ont décidé « de saisir elles-mêmes le Tribunal de Kara » qui a alors tranché de façon contradictoire et a rendu une décision écrite[2169]. À Atakpamé, région des Plateaux, le président du Tribunal « fait des conciliations mais il n'y a pas de comptes-rendus écrits » : « le plus souvent ils ne s'entendent pas donc ça va au contentieux à Lomé[2170] ». Le président du Tribunal de première instance de Sokodé, région centrale, précise pour sa part que si les parties viennent vers lui pour un litige de droit du travail, il les envoie vers l'inspecteur du travail. Les parties généralement « reviennent au Tribunal juste pour désintéresser l'employé. (…) Il y a des documents de conciliation dans certains cas mais c'est

---

[2166] « Ce sont des avocats. C'est rare qu'un syndicat les défende, la loi l'a prévu mais c'est rare. Il y en a qui se défendent seuls » (Cf. Entretien avec le président du Tribunal du travail, Lomé, 16 décembre 2008). « Le plus souvent ce sont des avocats » (Cf. Entretien avec le deuxième magistrat du Tribunal du travail, Lomé, 3 février 2009).

[2167] Cf. Entretien avec le président du Tribunal du travail, Lomé, 16 décembre 2008.

[2168] Cf. Entretien avec le président du Tribunal de Sokodé, région centrale, 19 janvier 2009.

[2169] « Le Tribunal a été saisi par voie d'huissier et ils ont produit des mémoires » (Cf. Entretien avec le président du Tribunal de Kara, région de la Kara, 3 décembre 2008).

[2170] Cf. Entretien avec le président du Tribunal d'Atakpamé, région des Plateaux, 16 janvier 2009.

dans le lot de tous les jugements donc il sera difficile de les trouver[2171] ». Cela rejoint en partie le directeur régional du travail des Savanes qui dit envoyer des litiges au Tribunal de Dapaong[2172].

Les conciliations menées par les magistrats de l'intérieur peuvent permettre en outre d'aller au-delà du résultat courant des conciliations devant l'inspecteur du travail qui, nous l'avons vu, ne pense pas être compétent en matière d'évaluation du préjudice. Par exemple, un procès-verbal de conciliation du Tribunal de première instance de Sokodé, concernant la rupture disciplinaire du contrat de travail d'une cuisinière et surveillante dans un pensionnat de jeunes filles pour un salaire mensuel de 14 000 FCFA, fait état du consentement de la requérante « à un licenciement négocié avec son employeur » dont les termes comportent le versement des droits du licenciement « calculés par l'inspecteur du travail » et celui d'une somme de 200 000 FCFA « à titre de réparation des préjudices réels et supposés[2173] ». Une facilitation d'accès à la justice est indéniablement constituée dès lors que le magistrat n'hésite pas, à l'opposé des inspecteurs du travail, à aller sur le terrain de l'indemnisation du préjudice qui permet de prendre en compte le contexte socio-économique prévalant au litige.

Section 2 – Les adaptations du droit liées au contexte socio-économique

L'adaptation peut tout aussi bien tenir à l'interprétation d'une disposition de droit du travail eu égard au contexte socio-économique général ou à un environnement socio-économique particulier, qu'à l'existence de pratiques ou d'usages conformes ou contraires au droit du travail eu égard aux priorités des acteurs sociaux. Ainsi, les adaptations du droit liées au contexte socio-économique peuvent résulter d'un pragmatisme administratif et judiciaire (§1) mais aussi des effets des méconnaissances des acteurs sociaux (§2)[2174].

§1 – Le résultat du pragmatisme administratif et judiciaire

Les inspecteurs du travail et magistrats paraissent faire preuve d'un certain pragmatisme lorsqu'ils appréhendent la diversité des relations de travail et des litiges qui se présente à eux[2175]. De ces appréhensions peuvent être tirées les

---

2171 « Quand je les envoie vers l'inspecteur du travail, je lui explique le cas puis il entend les parties et il fait sa procédure, ses calculs. Puis il les renvoie vers moi » (Cf. Entretien avec le président du Tribunal de Sokodé, région centrale, 19 janvier 2009).

2172 Cf. Entretien avec le directeur régional du travail de Dapaong, région des Savanes, 22 janvier 2009.

2173 Procès-verbal du 20 février 2008.

2174 L'adaptation désigne autant l'action d'adapter que « l'état qui en résulte » (*Petit Larousse*, 2004).

2175 « De tous les hommes intégrés dans le système de règlement des litiges en Afrique noire, le rôle du juge apparaît comme l'un des plus difficile, sinon le plus difficile » (P. N. Mvondo, « La crise de la Justice de l'État en Afrique Noire, étude des causes du « divorce » entre la justice et les justiciables », *Recueil Penant*, 1997, p. 208). Nous ne partageons néanmoins pas totalement la frontière que l'auteur établit entre le juge formé à la rationalité juridique de type occidental qui ne deux tendances suivantes : une conception large du contrat de travail (A) et un traitement variable des illégalités (B).

A. La conception large du contrat de travail

Les inspecteurs du travail et les magistrats pensent que leur compétence est conditionnée par l'existence du contrat de travail[2176]. Ils s'accordent sur une approche large des critères de ce contrat de travail, c'est-à-dire que la mise en œuvre des critères tels que le lien de subordination ou la rémunération sera parfois supplantée par le souci d'accueillir chaque litige économique qui se présente. La conception large du contrat de travail peut être aussi illustrée par l'élargissement du domaine de la conciliation et certaines modalités de détermination des éléments temporels de la relation de travail face aux difficultés probatoires.

Le terme de « contrat tacite » est doublement utilisé par les praticiens togolais pour illustrer leur appréhension des relations subordonnées de travail. Ce concept renvoie globalement aux cas où la relation de travail existe sans formalisation écrite. L'expression « contrat tacite » renvoie généralement à l'engagement « verbal », en particulier dans le secteur dit « informel », auquel on applique la définition du contrat de travail. L'expression est également utilisée pour qualifier des relations de travail de type particulier fondées à la fois sur l'accord entre le travailleur et l'employeur et sur celui de la famille avec l'employeur. Le président du Tribunal du travail emploie en effet l'expression de « convention tacite » pour désigner ces pratiques ou « usages » dans le secteur des employés de maison. Similairement, un autre magistrat désigne par

---

prospère que dans l'ordre conflictuel des choses et le justiciable confronté à un langage et un système abstraits et inadaptés, car « la loi se dépouille avec le temps du caractère accidentel qu'elle a eu au jour de sa naissance » (G. Ripert, *Les forces créatrices du droit*, LGDJ, 1955, p. 12) : « il faut partir de ce qui existe, ce qui est officiel et ne fonctionne pas toujours comme prévu, et ce qui est officieux, informel ou clandestin mais qui rend tel ou tel service compatible avec les exigences de l'État de droit. Ceci doit conduire à faire un bilan des coûts et des avantages et inconvénients que la communauté peut en tirer » (E. Le Roy, *Les africains et l'institution de la Justice, entre mimétismes et métissages*, Dalloz, 2004, p. 261). V. également A. Souhair, *La réception du droit français du travail au Maroc*, Thèse de doctorat en « droit social », Bordeaux, 1986, p. 222 et s.

[2176] « Traditionnellement, ce qui nous concerne c'est les rapports qui entrent dans la définition de l'article 2 de notre code du travail » (Cf. Entretien avec le directeur général adjoint du Travail, Lomé, 26 novembre 2008). « La relation de travail c'est lorsqu'il y a un lien de subordination entre un employé et un employeur » (Cf. Entretien avec le deuxième magistrat du Tribunal du travail, Lomé, 3 février 2009). « On s'occupe des problèmes entre travailleurs et employeurs, dès lors qu'il y a le salaire, la subordination et la direction. On vérifie ces trois conditions » (Cf. Entretien avec un inspecteur du travail à Atakpamé, région des Plateaux, 15 janvier 2009). « Puisqu'il faut bien enfermer la définition du travailleur. C'est celui qui a un salaire, qui est sous autorité et qui est lié à certains horaires de travail. Certains croient qu'ils peuvent venir pour des problèmes de dettes » (Cf. Entretien avec un inspecteur du travail, chef de la zone est de Lomé, Lomé, 9 janvier 2009).

ce terme le cas des contrats par lesquels, « selon certaines coutumes », un parent confie son enfant qui ne sera rétribué qu'à la fin de la relation[2177].

Le contrat *work and pay* qui lie le propriétaire d'une moto et le conducteur de zemidjans (taxis-motos), qualifié de « location-travail » par certains, est parfois soumis au droit du travail togolais. Si les praticiens s'accordent sur la nature singulière de ce contrat[2178], l'exercice d'une autorité disciplinaire importante dans la relation contractuelle *work and pay* fonde certains à penser que ce contrat ne peut s'assimiler strictement au contrat de « location vente ». De ce fait, des praticiens accueillent les litiges qui peuvent survenir dans le cadre de ce contrat[2179]. Les conflits générés par ce type de contrat sont généralement dus à l'emprise que le propriétaire exerce sur le conducteur : obligation de versement quotidien ou hebdomadaire d'une somme d'argent, rapport coût-bénéfice considérable, sanctions disciplinaires, absence d'assurance en cas d'accident ou de vol etc. Il ressort du traitement de ces litiges qu'il peut être fait référence au SMIG pour évaluer l'indemnisation de la confiscation de la moto par le propriétaire, ce qui n'est pas rare lorsque le conducteur ne parvient pas à honorer les échéances fixées au contrat ou lorsque survient un accident[2180]. Un calcul est opéré par rapport au montant déjà versé par le conducteur et le temps pendant lequel il a travaillé à ce versement.

Il arrive en outre que les litiges entre tâcherons et entrepreneurs soient portés devant les inspecteurs ou juges du travail. Bien que ces litiges touchent généralement à l'exécution du contrat d'entreprise qui lie ces deux parties, les inspecteurs et juges tentent de concilier. En principe, selon le code du travail, les inspecteurs du travail et magistrats du Tribunal du travail ne sont amenés qu'à connaître des litiges entre le tâcheron et ses travailleurs subordonnés à l'issue desquels le donneur d'ordre peut être contraint de rémunérer les travailleurs. La plupart des inspecteurs pense que dès lors que les employés du tâcheron

---

[2177] De nombreux problèmes sont générés par ces « *conventions tacites* ». « Un nombre important d'enfants des régions rurales du Togo sont acheminés vers les centres urbains pour exécuter des travaux domestiques, pour le coltinage dans les grands marchés du Togo, pour servir dans les fufu-bars, les bar-dancing et même pour la prostitution (…) sans aucun contrat de travail pour la plupart du temps et contre leur gré parfois et au profit des parents ou d'un intermédiaire ou de tiers (…), le volume de travail est souvent excessif (4h à 23h sans interruption et 7j/7). Ils subissent quelquefois des tortures, des bastonnades, enchaînements, (…) et sont malades et tristes en permanence. Ils sont soumis à des indignités et désavantages » (C. A. Kenoukon, *Effectivité et efficacité des normes fondamentales et prioritaires de l'OIT: le cas du Bénin et du Togo*, OIT-IIES, 2007, p. 40).

[2178] « Les taxis motos, ils sont libres, il n'y a pas cette subordination, ce contrôle, il n'est pas à la disposition entière de celui qui a acheté la moto. Oui ils ont des syndicats mais fondamentalement quand on analyse, c'est pas un contrat de travail » (Cf. Entretien avec le président du Tribunal du travail, Lomé, 16 décembre 2008).

[2179] « On a tout le temps des affaires. (…) Certains vont au Tribunal du travail mais si c'est un contrat de location travail, on essaie tout juste de l'aider parce que c'est un contrat qui est hybride » (Cf. Entretien avec le deuxième magistrat du Tribunal du travail, Lomé, 3 février 2009).

[2180] « S'il a travaillé pendant six mois on dit "vous lui donnez tant et vous reprenez votre moto" » (Cf. Entretien avec le secrétaire général adjoint et le conseiller juridique de la centrale CSTT, Lomé, 25 et 28 novembre 2008).

déposent une plainte auprès d'eux, cela signifie que le tâcheron n'a pas été rémunéré par l'entrepreneur principal[2181]. La position du tâcheron est en effet perçue comme intermédiaire entre le donneur d'ordre et les employés, il est « sous-entrepreneur[2182] » ou « sous-employeur[2183] ». Si un litige entre un tâcheron et l'entrepreneur principal se présente[2184], certains magistrat et inspecteurs du travail pensent donc utile de les concilier avant qu'un litige avec les travailleurs n'en découle[2185] et eu égard aux difficultés de preuve que pourraient rencontrer ces travailleurs dans un tel litige[2186].

Le code du travail togolais n'institue pas de règle de preuve propre au droit du travail. Il est simplement spécifié que la preuve du contrat de travail se rapporte par tous moyens. Les difficultés de preuve sont importantes dans les litiges entre employeurs et travailleurs, s'agissant non seulement de la preuve du contrat mais aussi de la preuve de sa durée et de sa date de début[2187]. La conception large du contrat de travail peut dans une certaine mesure être tirée des pratiques de conciliation portant sur l'existence même du contrat de travail. En l'absence de tout écrit, de tout bulletin de salaire et d'immatriculation du travailleur à la CNSS, les inspecteurs disent tenter d'amener les parties « à s'entendre sur la date » en faisant en sorte que la durée de la relation de travail soit supérieure à un an pour que le travailleur puisse bénéficier de l'indemnité

[2181] Cf. Entretien avec le directeur régional et un inspecteur du travail de Sokodé (région centrale, 20 janvier 2009), avec un inspecteur du travail, chef de la zone est de Lomé (9 janvier 2009).

[2182] Cf. Entretien avec le directeur général du Travail (Lomé, 14 novembre 2008) et avec des jeunes inspecteurs du travail (Lomé, 16 décembre 2008).

[2183] Cf. Entretien avec un inspecteur du travail de Sokodé, région centrale, 20 janvier 2009. L'article 80 du projet OHADA de 2010 préfère l'emploi du terme de sous-traitance (sur ce « toilettage conceptuel », (…) sur proposition d'experts, plus qu'en réponse à des demandes ou observations des membres des commissions nationales », v. P. Auvergnon, « Des esprits présents dans le projet d'acte uniforme OHADA portant droit du travail », in *L'esprit du droit africain*, Mélanges en l'honneur de P.-G. Pougoué, LGDJ, à paraître). L'entreprise principale se substitue au sous-traitant défaillant pour le paiement des salaires, des congés, des cotisations de sécurité sociale « dans la limite des sommes restant dues à l'entreprise sous-traitante ».. Cette limite est écartée si cette dernière « n'est pas inscrite au Registre du Commerce et du crédit mobilier et ne justifie pas d'une patente ou d'un document équivalent en cours de validité ». L'entrepreneur principal assume donc une responsabilité du caractère « informel » de l'entreprise qu'il a sollicitée.

[2184] « Parfois ils débattent au commissariat et le commissariat nous les envoie » (Cf. Entretien avec un inspecteur du travail, chef de la zone est de Lomé, 9 janvier 2009). Cf. également entretien avec le directeur général adjoint du Travail, Lomé, 26 novembre 2008.

[2185] « Il faut être vigilant, vérifier que l'entrepreneur paie » (Cf. Entretien avec le directeur régional du travail de Sokodé, région centrale, 20 janvier 2009). « Il y a un problème que je suis en train de régler, entre le tâcheron et l'entreprise » (Cf. Entretien avec le deuxième magistrat du Tribunal du travail, Lomé, 3 février 2009). « La loi est claire, quand le tâcheron est défaillant, il est automatiquement substitué par l'entrepreneur principal » (Cf. Entretien avec un inspecteur du travail de Sokodé, région centrale, 20 janvier 2009).

[2186] Le contrat d'entreprise peut être conclu verbalement selon l'article 79 du code du travail.

[2187] La chambre judiciaire de la Cour Suprême, dans un arrêt de rejet du 16 septembre 1999 (n° 05), analyse par exemple la relation de travail sur le fondement des déclarations de l'employé et en l'absence d'indications probantes fournies par l'employeur (non production du registre d'employeur ou de paiement).

de licenciement[2188]. Un magistrat du nord du Togo dit, dans cet état d'esprit, utiliser la durée de trois mois de l'essai pour qualifier le contrat en CDI et appliquer les règles du licenciement[2189].

Les inspecteurs et magistrats, sur le fondement de leurs attributions en matière de conciliation, paraissent donc soucieux d'accueillir la diversité des demandes qui leurs sont présentées. Les dispositions appelées à encadrer le champ de leur compétence, la procédure de conciliation ou la solution des litiges sont en partie écartées au profit d'une recherche de solutions amiables et consensuelles. Il apparaîtrait donc que quelles que soient les circonstances litigieuses présentées aux juges[2190] ou aux inspecteurs, ces derniers tentent de résoudre le problème en se fondant sur l'existence d'un travail pour autrui[2191]. L'approche large du contrat de travail par les praticiens est néanmoins parfois paradoxale. Un magistrat pourra par exemple considérer qu'il est compétent pour les conflits en matière de contrats entre propriétaires et conducteurs de taxi-motos « tout juste pour aider parce que c'est un contrat qui est hybride » mais rejeter la qualification de contrat de travail dans le cadre du « travail à la tâche » ou « journalier » prévu par le code du travail[2192]. Ce caractère paradoxal ressort en outre de certaines décisions judiciaires qui tantôt illustrent le souci d'aller par-delà les difficultés de preuve[2193] et tantôt restreignent le contrôle judiciaire sur des contrats de travail écrits[2194].

[2188] Cf. Entretien collectif avec des jeunes inspecteurs du travail, Lomé, 16 décembre 2008.

[2189] Cf. Entretien avec le président du Tribunal de Kara, région de la Kara, 3 décembre 2008.

[2190] « C'est le juge qui va apprécier (…). Il y a beaucoup d'analphabètes mais n'empêche. Quand ils emploient les gens, ils viennent ici, on traite ça » (Cf. Entretien avec le président du Tribunal du travail, Lomé, 16 décembre 2008).

[2191] « Dans le secteur informel, on regarde les trois conditions mais en général il n'y a pas cette subordination. Ça se fait de façon verbale, quand les problèmes surgissent ils viennent ici et on constate qu'il y a contrat » (Cf. Entretien avec un inspecteur du travail à Atakpamé, région des Plateaux, 15 janvier 2009). « À partir du moment où il y a prestation de service on se débrouille quand même pour tenter de concilier » (Cf. Entretien avec le directeur général adjoint du Travail, Lomé, 26 novembre 2008).

[2192] « Une fois ils étaient à la tâche, ils voulaient que ce soit un contrat de travail mais on ne pouvait pas parler de CDD parce qu'il n'y a jamais eu de salaire fixe (…) » (Cf. Entretien avec le deuxième magistrat du Tribunal du travail, Lomé, 3 février 2009). « Il y a aussi les journaliers, il faudrait règlementer car des fois ils sont carrément permanents. (…) Cette question n'est pas abordée aussi » (Cf. Entretien avec le directeur régional du travail de la région des Savanes, 22 janvier 2009).

[2193] Dans un arrêt n° 05 du 16 septembre 1999, la chambre judiciaire de la Cour Suprême de Lomé décide qu' « il échait de tenir pour établies les déclarations de l'employé et pour permanents les liens de travail qui l'unissaient à la Société, celle-ci ayant sur ce point fourni aucune indication (…) ». L'employé dans cette affaire affirmait travailler de façon permanente pour son employeur qui se défendait en invoquant des engagements occasionnels. Dans un arrêt n° 21 du 18 mai 2006 concernant une personne embauchée depuis 1981 sous « contrat dit d'assistance technique », les juges qualifient le licenciement abusif de la personne peu importe qu'il soit justifié par la mise en conformité avec une circulaire du 20 mars 1985 interdisant l'emploi des personnes remplissant les conditions pour être admises à la retraite.

[2194] L'exemple le plus révélateur est l'arrêt n° 17 du 16 avril 2009 aux termes duquel le juge applique les clauses illégales de deux CDD d'un an issus d'une transformation de deux CDI. Voir infra Partie II, Titre 2, Chapitre 1, Section 2, §1, B, 2.

B. L'appréhension variable des illégalités

En ce qui concerne l'appréciation de la conformité de situations avec les prévisions du droit du travail, deux formes de manifestation du pragmatisme des inspecteurs et magistrats en matière d'illégalités peuvent être relevées. L'une consiste à relativiser l'illégalité et l'autre à ignorer ou oublier cette illégalité ; la première est justifiée par le contexte socio-économique propre aux parties tandis que la seconde semble davantage influencée par l'environnement socio-économique et sociopolitique des agents eux-mêmes. Certaines « relativisations » sont clairement référées au contexte socio-économique des parties (1). En revanche, d'autres « compréhensions » d'illégalités trouvent leurs explications en dehors de l'analyse du contexte de la relation de travail (2).

1. Des relativisations liées à la situation socio-économique des parties

Les illégalités auxquelles inspecteurs et magistrats sont confrontés sont diverses. Elles sont procédurales ou substantielles ; elles touchent aux aspects tant individuels que collectifs du droit du travail et concernent l'engagement des travailleurs, le déroulement de la relation de travail jusqu'à la rupture du contrat. La variabilité des ressorts socio-économiques des violations du droit du travail conduit les agents chargés de son contrôle à vouloir parfois les relativiser. Lorsque l'illégalité est d'origine patronale, il s'agit de considérer le contexte économique, parfois socioculturel de l'employeur[2195], en relativisant les sanctions de cette illégalité et en favorisant la sensibilisation du contrevenant. Lorsque l'illégalité est le fait du travailleur, ses capacités économiques et sa connaissance des règles seront des critères utilisés.

Du côté des violations patronales du droit du travail, inspecteurs du travail et magistrats vont regarder les capacités économiques de l'employeur, les fondements de sa méconnaissance du droit du travail et la conscience de l'abus. Ces infractions sont principalement constituées par la violation des règles de nature pécuniaire telle que le non respect du SMIG ou le non respect du droit à indemnisation en cas d'absence pour maladie. Les règles sur les durées sont également fréquemment violées : dépassement de la limitation à huit jours de la mise à pied, méconnaissance des règles applicables au chômage technique et non respect des règles relatives à la durée du travail et au repos. En matière de droit collectif, l'absence de mise en place de délégués du personnel est courante, tout comme celle d'un service de santé.

2195 « Il y a aussi les étrangers, les libanais, les chinois, quand ils prennent quelqu'un dans l'entreprise ou bien chez eux…il y a des problèmes » (Cf. Entretien avec un inspecteur du travail à Atakpamé, région des Plateaux, 15 janvier 2009). « Par exemple, tous les problèmes qu'on rencontre avec les libanais et les chinois, vous avez beau expliquer, ils ne comprennent rien. Ils disent que chez eux ce n'est pas comme ça, qu'ils ne connaissent pas le droit social, ils refusent. On est obligé de dire qu'on va envoyer l'affaire au Tribunal avant qu'ils ne cèdent » (Cf. Entretien avec le directeur régional du travail de Kara, région de la Kara, 6 décembre 2008).

La prise en compte des réalités économiques qui entourent l'activité de l'employeur en cause s'exprime aussi dans les délais de mise en conformité octroyés par les inspecteurs du travail. C'est particulièrement le cas en matière d'application du SMIG dont la violation résulte parfois simplement de l'ignorance. La modification considérable du SMIG en 2008 a suscité de nombreuses actions salariales qui se sont soldées par l'instauration d'un temps de tolérance. Les agents contrôleurs ont fixé le début de l'année 2009 comme date jusqu'à laquelle les employeurs devaient s'organiser pour se mettre en conformité avec le nouveau SMIG ; l'idée étant que les employés puissent se rediriger vers les services d'inspection du travail à l'issue de cette échéance si le non respect du SMIG persiste[2196]. La prise en compte des réalités économiques par les inspecteurs du travail implique parfois que le non respect du SMIG soit simplement ignoré. Car, « pour certaines catégories d'entreprises, si elles veulent respecter ça, elles vont fermer leurs portes, surtout au niveau de l'informel ». Un souci de « réalisme »[2197] justifierait donc que le calcul des « droits » attachés au licenciement soit fondé sur des montants de salaire très inférieurs au SMIG[2198].

Des prises en compte de la rentabilité des activités des employeurs qui sont convoqués devant les inspecteurs du travail ressortent aussi des différents types d'indemnisation des préjudices invoqués par les travailleurs. En cas de suspension illégale du contrat de travail, il arrive par exemple qu'un montant inférieur à la somme des salaires dus soit exigé par l'inspecteur du travail[2199]. Lorsqu'il pense qu'un règlement contentieux serait inefficace eu égard à la

---

[2196] « Le plus bas que j'ai pu rencontrer, par exemple certains enseignants sont à 18000, 22000... il suffit de faire des efforts. La prochaine fois, on leur a signifié qu'on reviendra, on dressera des PV, des mises en demeure etc. » (Cf. Entretien avec un inspecteur du travail à Atakpamé, région des Plateaux, 15 janvier 2009). « Lorsque nous sommes venus pour discuter avec l'employeur, il avait déjà pris l'engagement de se mettre au SMIG à la fin du mois de décembre. Ils ne sont pas revenus, donc on suppose que ça va » (Cf. Entretien avec un inspecteur du travail de Sokodé, région centrale, 20 janvier 2009).

[2197] « Les gens dans les bars continuent de gagner 10000, même dans certaines écoles confessionnelles. Je ne sais pas s'il faut les pénaliser, les mettre en demeure. La loi m'autorise à le faire, j'ai ce pouvoir, mais je ne m'autorise pas à l'utiliser (...) » (Cf. Entretien avec un inspecteur du travail à Atakpamé, région des Plateaux, 15 janvier 2009). « La serveuse va vous dire que vous allez gâter son emploi. Donc il vaut mieux ne pas mettre la bouche dedans ! » (Cf. Entretien avec un inspecteur du travail, chef de la zone-est de Lomé, 9 janvier 2009).

[2198] « Bon des fois on ferme les yeux sur le SMIG, on fait les calculs en fonction du salaire qu'il donnait. Si c'est une entreprise bien structurée, on est très exigeants » (Cf. Entretien avec le directeur régional du travail de Dapaong, région des Savanes, 22 janvier 2009). « On fait à présent les calculs en fonction du SMIG à 28000. Ça dépend des inspecteurs je pense. (...) Pour les écoles, ce n'est pas que je ne peux pas les mettre en demeure, c'est que leur source de revenus ce sont les frais de scolarité. Souvent même le salarié nous demande de ne pas aller jusque là » (Cf. Entretien avec un inspecteur du travail à Atakpamé, région des Plateaux, 15 janvier 2009).

[2199] Un chef d'entreprise (entretien en septembre 2011) a par exemple été convoqué au sujet d'un chômage technique de 6 mois. L'inspecteur a informé l'employeur qu'il devrait l'indemniser des salaires non perçus pendant six mois mais deux mois de salaire ont été exigés du fait de la situation économique de l'entrepreneur.

situation socio-économique des parties, l'inspecteur du travail peut tenter la négociation d'une « prime de bonne séparation » ou de « mesures d'accompagnement » quand bien même il se pense incompétent pour déterminer des dommages et intérêts[2200]. Il peut arriver en outre que la réconciliation des parties soit recherchée, c'est-à-dire la réintégration du travailleur, en échange de l'abandon de la réparation pécuniaire exigible en application du droit[2201]. Le droit togolais du travail, à l'instar du projet d'acte OHADA de 2010 et du droit camerounais du travail, ne prévoit la réintégration que pour le cas particulier du délégué du personnel[2202].

Devant le juge, un pragmatisme du même ordre peut être déduit des modalités variables et des bases de calculs diverses pour la détermination du montant des indemnités et des dommages et intérêts. L'évaluation des indemnités dues en cas de licenciement abusif varie selon le type d'entreprise, d'emploi du travailleur et du caractère plus ou moins urgent de la réparation de certaines mesures patronales. La règle de calcul de l'indemnité de licenciement est généralement respectée mais le salaire très bas sur lequel le calcul est parfois fondé n'est jamais remis en cause. L'indemnisation au titre des congés, d'une suspension du contrat, des heures supplémentaires ou de la non-déclaration à la Caisse Nationale de Sécurité Sociale (CNSS) est plus aléatoire. Par exemple, la non-affiliation à la CNSS ne conduit pas toujours aux mêmes conséquences. Le remboursement de certains frais médicaux ou des cotisations « prélevées et non reversées » à la CNSS[2203] ne sont pas toujours exigées. Le paiement de dommages

[2200] « À Lomé, on demande de donner quelque chose en signe de bonne séparation. C'est dans la fourchette en général de 10000 à 40000 » (Cf. Entretien avec le directeur régional du travail de Kara, 6 décembre 2008). « Quand nous voyons que le montant des droits n'est pas élevé, on donne un terme « mesures d'accompagnement » ou « prime de bonne séparation », on a inventé ces mots. Les employeurs voient combien ils peuvent donner » (Cf. Entretien avec l'inspecteur du travail de Kara, région de la Kara, 2 décembre 2008). Cf. aussi entretien avec un inspecteur du travail, chef de la zone-est de Lomé, 9 janvier 2009.

[2201] « Ni le travailleur, ni l'employeur ne s'y connaissait. Donc la meilleure des choses est de demander que le travailleur reprenne et continue à travailler et on considère qu'il n'a pas travaillé donc n'a pas le droit au salaire. (...) Si l'employeur refuse et tient à licencier, on considère que l'ancienneté compte jusque là (...) » (Cf. Entretien avec l'inspecteur du travail de Kara, région de la Kara, 2 décembre 2008). « J'ai pu plusieurs fois convaincre les employeurs de revenir sur leur décision de licenciement car le motif invoqué ne tient pas et l'employeur est sous la menace des indemnités » (Cf. Entretien avec le président du Tribunal de Sokodé, région des Savanes, 19 janvier 2009). Le directeur de l'emploi de la SAZOF (Cf. Entretien avec le directeur de l'emploi de la SAZOF, Lomé, 11 février 2009) mentionne la pratique de la réintégration en cas de sanction injustifiée mais peu d'ouvriers souhaitent y retourner.

[2202] Le délégué du personnel « est réintégré d'office ». À défaut, une indemnité d'un mois de salaire est versée au salarié. Le droit tchadien prévoit la réintégration du délégué du personnel et à défaut une indemnité de dix-huit mois de salaires. Le droit béninois impose, en cas de licenciement abusif du délégué du personnel, le paiement d'une indemnité forfaitaire de 12 mois de salaires en plus des indemnités attachées au licenciement. Les droits du travail burkinabé ou congolais prévoient la possible réintégration en cas de licenciement abusif. Le refus de réintégration d'un travailleur protégé constitue un délit d'entrave en vertu du droit burkinabé.

[2203] Cf. par exemple CS Togo, ch. jud., n° 46, 17 août 2006 (inédit).

et intérêts, le remboursement au salarié et la mise en conformité de l'employeur avec les dispositions du droit de la sécurité sociale[2204] sont diversement prononcés. Par exemple, un jugement de 2010 prononce seulement l'obligation pour l'employeur de rembourser la totalité des frais d'hospitalisation supportés par le travailleur suite à une maladie survenue sur le lieu de travail ayant conduit à son licenciement abusif[2205]. On remarque en outre que les conséquences sur le long terme sont plus ou moins ignorées. Les dommages et intérêts varient considérablement[2206] selon, cumulativement ou non, le type d'entreprise et le type d'emploi, voire les chances de retrouver un emploi[2207]. La règle de calcul de trois mois de salaire par année d'ancienneté mentionnée par certains mais non prévue par le code du travail est peu mise en œuvre[2208].

Une relativisation des violations du droit peut en outre être motivée par les connaissances des acteurs sociaux. Pour ce qui concerne le travailleur, sa position de « partie faible » est avancée pour justifier la tolérance des erreurs qu'il peut commettre en matière disciplinaire. Le plus souvent, il sera mis en garde par l'inspecteur du travail ou condamné à 1 FCFA symbolique de dommages et intérêts[2209]. Un inspecteur du travail dit en outre fermer les yeux sur certaines forclusions en fonction des connaissances des délais par les

---

[2204] Un arrêt de la Cour d'appel (ch. soc., n° 19/2007, 8 novembre 2007) décide par exemple que la somme que les premiers juges avait ordonné de verser au salarié à ce titre doit être reversée à cet organisme.

[2205] Trib. Trav., Lomé, n° 79/2010, 9 mars 2010 (inédit).

[2206] Des dommages et intérêts sont fixés à 36,3 millions dans le cas d'une importante entreprise cimentière du Togo (CS Togo, ch jud., n° 01/10 du 21 janvier 2010) tandis que les ayants-droits d'un mécanicien accidenté du travail en 1974 dans une société minière d'État obtiennent un dédommagement entre 3 et 5 millions (CA Lomé, ch. soc., n° 09/07 du 3 mai 2007, inédit). La salariée d'une association liée à une organisation internationale, cumulant 10 ans d'ancienneté avec un salaire de 400 000 FCFA obtiendra 8,8 millions de dommages et intérêts (CA Lomé, ch. soc., n° 21/2008 du 5 juin 2008, inédit). Des machinistes du port obtiennent chacun 200 000 FCFA pour une ancienneté de cinq ans et un salaire de 45000 FCFA (Trib. Trav. Lomé, n° 162/10 du 29 juin 2010, inédit) tandis qu'un employé du secteur tertiaire obtient 1,5 millions de FCFA (Trib. Trav. Lomé, n° 021/2010, 26 janvier 2010, inédit). Une cuisinière rémunérée à 27 000 FCFA avec une ancienneté de 6 ans obtient 300 000 FCFA (Trib. Trav., Lomé, n° 161/10, inédit) tandis qu'un enseignant avec la même ancienneté et un salaire de 29 000 FCFA sera dédommagé à hauteur de 100 000 FCFA (Trib. Trav., Lomé, n° 084/10, inédit).

[2207] Une décision de la Cour Suprême (ch. jud., n° 08/11, 17 février 2011, en ligne) confirme la condamnation d'une société multinationale au paiement des salaires restant dus jusqu'à la retraite du salarié au titre des dommages et intérêts pour licenciement abusif.

[2208] Seul un jugement mentionne explicitement cette règle. Elle est appliquée au cas d'un pompiste rémunéré à 20 000 FCFA qui obtient 500 000 FCFA de dommages et intérêts (Trib. Trav. Lomé, n° 176/10 du 13 juillet 2010). Une ONG internationale est condamnée à 20 et 10 millions de dommages et intérêts pour licenciement économique injustifié alors que selon la règle de calcul de 3 mois de salaire par année d'ancienneté elle aurait du toucher environ 5 millions de FCFA (CA Lomé n° 011/08 du 26 février 2008).

[2209] Cf. Entretien avec le deuxième magistrat du Tribunal du travail (Lomé, 3 février 2009) et le président du Tribunal du travail (Lomé, 16 décembre 2008). Un jugement n° 034/2010 condamne le salarié à un franc symbolique de dommages et intérêts et aux dépens alors que l'employeur, représentant une filiale d'un groupe international demande 9 millions. Cf . aussi Trib. Trav. Lomé, n° 075/2004, 1er juin 2004.

parties[2210]. S'agissant de l'employeur, sa méconnaissance légitime du droit peut conduire à une tolérance en matière de santé et de sécurité ou à la limitation des indemnisations au titre des congés payés et des suspensions du contrat de travail[2211]. En l'absence d'affiliation à la CNSS et en cas d'accident du travail, l'inspecteur du travail demande par exemple à l'employeur de prendre en charge les frais d'hospitalisation et médicaux[2212]. Ces types de relativisation peuvent néanmoins s'effacer lorsqu'il est considéré que l'employeur invoque illégitimement sa méconnaissance des dispositions juridiques. Pour rejeter comme non fondées les preuves testimoniales fournies par un employeur, les conseillers de la Chambre sociale de la Cour d'appel n'hésitent pas à préciser : « ces arguments sont spécieux et ridicules pour une société de taille de l'appelante en ce XXIe siècle, où le monde est devenu un village planétaire avec les moyens de communication très développés[2213] ».

Par ailleurs, on relève parfois l'influence de considérations socioculturelles. Le juge ne prononcera pas d'arriérés de salaires dans le cas d'une relation « coutumière » de travail qui implique que la famille est partie prenante dans les rapports de travail entre l'employeur et le travailleur. C'est particulièrement le cas des domestiques qui sont placés par leurs parents chez une personne qui se charge le plus souvent d'assurer l'éducation, par l'apprentissage par exemple, la nourriture et l'habillement de la personne[2214]. Les rapports « d'usage » entre maîtres d'apprentissage et apprentis conduisent certains praticiens de droit du travail à considérer délicat d'imposer le respect du droit formel dans ces circonstances[2215]. Les cas dans lesquels des faits de harcèlement sexuel sont dénoncés conduisent également certains praticiens à privilégier la voie de la conciliation au regard des représentations des rapports d'autorité qui conduiraient à la difficulté certaine d'un règlement contentieux[2216]. Ces

---

[2210] Cf. Entretien avec un inspecteur du travail, directeur du dialogue social (Lomé, 23 décembre 2008) et avec le directeur de l'emploi de la SAZOF (Lomé, 11 février 2009).

[2211] Cf. Entretiens avec un inspecteur du travail de Sokodé (région centrale, 20 janvier 2009), avec le directeur régional du travail de Kara (6 décembre 2008) et avec un inspecteur du travail, zone Lomé nord (Lomé, 15 novembre 2008).

[2212] « C'est une négociation, l'inspecteur demande ça à l'employeur. S'il tient tête on conseille au salarié d'aller au Tribunal » (Cf. Entretien avec le directeur régional du travail de Dapaong, Savanes, 22 janvier 2009).

[2213] CA Lomé, Ch. soc., 2008 (extraits). Un pourvoi a été formé contre cet arrêt. L'arrêt n° 08/11 du 17 février 2011 de la Cour Suprême du Togo (en ligne sur legitogo) reprend mot pour mot la formule citée pour rejeter le pourvoi formé par un avocat du barreau de Paris pour une filiale du groupe Vinci.

[2214] Cf. Entretiens avec le président du Tribunal du travail (Lomé, 16 décembre 2008) et avec le président de la Chambre sociale de la Cour d'appel (Lomé, 3 février 2009).

[2215] « Est-ce qu'on va leur demander à chaque fois de délivrer des lettres de licenciement ? C'est là où je dis que l'introduction du licenciement irrégulier c'est bon. On a quand même convoqué l'employeur, le patron a parlé, on a quand même trouvé une solution. Ça ne va pas quand même en contentieux, c'est difficile, ça ne peut pas aller en contentieux » (Cf. Entretien avec le président du Tribunal du travail, Lomé, 16 décembre 2008).

[2216] Cf. Entretiens avec le directeur régional du travail de Dapaong (région des Savanes, 22 janvier 2009), avec un inspecteur du travail, chef de la zone est de Lomé (9 janvier 2009), et avec le approches fondées sur les dimensions culturelles des rapports sociaux sont toutefois contestables dès lors que l'une des parties recourt aux mécanismes juridiques officiels prévus et invoque des atteintes à ses droits[2217].

2. Des compréhensions étrangères à la relation de travail

La charge de la preuve, l'instauration de délais de forclusion, la faute, l'analyse et l'indemnisation du préjudice sont autant de problèmes juridiques qui sont variablement traités par les juges togolais. Si des oublis de normes formelles peuvent trouver justification dans les conditions socio-économiques de l'activité des agents et magistrats, certaines approches originales, parfois paradoxales, des priorités en matière de droit du travail, suggèrent de possibles influences sociopolitiques, voire financières.

Un arrêt de la Cour Suprême du Togo rendu le 16 avril 2009 déboutant des salariés licenciés dans des circonstances pour le moins interrogeables soulève la question d'une influence politique exercée dans cette affaire[2218]. Plusieurs ouvriers d'une société cimentière importante avaient saisi le Tribunal du travail en vue de voir déclarer abusive la rupture de leurs contrats de travail suite à une transformation de leur CDI en CDD écrit, d'un an renouvelable et comportant l'obligation d'assurer deux types de travail : chargeur de ciment et footballeur dans l'équipe de l'entreprise. L'employeur rompt leur contrat en application de la stipulation contractuelle selon laquelle le contrat peut être résilié par l'employeur, sous réserve d'un préavis de huit jours, dès lors que le salarié n'est plus en mesure de fournir la prestation sportive. Les salariés sont déboutés devant le Tribunal du travail ; cette décision est infirmée par la Cour d'appel au motif que la qualification donnée au contrat par les parties ne lie pas le juge et que, dès lors que le contrat prévoit une possibilité de rupture sous réserve de préavis, « c'est qu'il s'agit en réalité d'un CDI ». Par un raisonnement tout aussi discutable juridiquement mais aux effets très contestables, les magistrats de la Cour Suprême cassent et annulent sans renvoi l'arrêt de la Cour d'appel sur le fondement de l'article 1134 du code civil. Ils décident que la

---

président du Tribunal du travail (Lomé, 16 décembre 2008) qui précise que « ça vient en conciliation mais ça ne va pas plus loin. Ce n'est pas encore allé en contentieux, les gens s'entendent et c'est fini ». Selon la directrice régionale du travail à Atakpamé, région des Plateaux, 15 janvier 2009. « il y a du harcèlement au Togo (...) mais c'est difficile de prendre des mesures. Et souvent quand tu en parles à l'employeur, il devient furieux, agressif et t'es obligé d'utiliser ton autorité pour le calmer ».

[2217] « Il y a même deux ou trois que j'ai mis en délibéré. C'est rare » (Cf. Entretien avec le président du Tribunal du travail, Lomé, 16 décembre 2008). « À mon avis s'ils sont sensibilisés, ça doit se faire en langue locale. Il faut ensuite des mesures coercitives aussi. C'est une triste réalité mais c'est ça, par rapport à leur mentalité, il faut les contraindre » (Cf. Entretien avec le directeur régional du travail de Dapaong, région des Savanes, 22 janvier 2009). « Les harcèlements, ce sont des conflits sous-jacents, on les découvre après. Ça se finit souvent en licenciement ici, on fait payer les droits et on renvoie au Tribunal » (Cf. Entretien avec un inspecteur du travail, zone Lomé ouest, 23 décembre 2008).

[2218] CS Togo, ch. jud., n° 17, 16 avril 2009 (inédit), voir en annexe.

loi « qui dit que les juges du fond sont souverains pour interpréter la volonté des contractants ne leur permet point cependant, lorsque les termes des conventions sont clairs et précis, de dénaturer les obligations qui en résultent et de modifier les stipulations qu'ils renferment ». Alors qu'il aurait été, par exemple, pertinent de se fonder sur la légitimité de la transformation du contrat de travail jusqu'alors non écrit, donc assimilable à un CDI, les magistrats s'en réfèrent uniquement au droit civil[2219] pour replacer les travailleurs sous l'empire d'un jugement de première instance rendu treize ans auparavant[2220]. La limitation du pouvoir d'immixtion du juge dans cette affaire est en outre contradictoire avec une autre affaire aux termes de laquelle le rejet par la Cour d'appel de l'argument de l'employeur relatif à la qualification du « contrat d'assistance technique » est confirmé[2221].

Les jugements et arrêts rendus par les juges du fond contiennent tout autant de raisonnements contradictoires et discutables au regard des parties en litiges et du droit applicable. Les calculs fondés sur des salaires dérisoires malgré l'invocation de l'irrespect de la grille salariale conventionnelle[2222], le rejet de prétentions fondé sur l'absence de preuve rapportée par le travailleur alors que l'employeur doit parfois supporter la charge de la preuve selon le juge[2223] et la décision de non-indemnisation faute de preuve du préjudice causé par la non-immatriculation à la CNSS contredite par d'autres décisions sur l'automaticité du préjudice causé par cette infraction sont des exemples de ces contradictions.

S'agissant des cas où l'employeur n'a pas respecté ses obligations en matière de sécurité sociale, on peut relever trois types de position judiciaire inconciliables ; le préjudice automatique et réparable en argent, l'obligation d'invoquer puis de prouver un préjudice sous ce motif et la réparation totale ou partielle en nature selon que l'action est dirigée contre la CNSS ou contre

---

2219 Le droit civil aurait pu être mobilisé relativement au consentement, voire à l'objet de l'engagement contractuel, en parallèle des dispositions du code du travail définissant le contrat de travail, sa qualification, sa forme et les conditions de sa modification.

2220 Les magistrats de la Cour Suprême replacent les salariés sous l'empire du premier jugement rendu le 13 février 1996.

2221 L'arrêt de la Cour d'appel est aussi confirmé sur le caractère abusif de la rupture au motif de l' « irréalité » de sa justification par une circulaire de 1985 interdisant l'emploi des retraités (CS Togo, ch. jud., n° 21, 18 mai 2006).

2222 Le salaire effectivement payé est de 14500 F (référence aux bulletins de salaire) et « seul ledit salaire servira de base de calcul de ses droits. (…) Attendu qu'ayant perçu le salaire convenu durant son séjour dans l'entreprise requise, elle ne saurait réclamer un quelconque complément de salaire » (Trib. Trav., Lomé, n° 048/2006, 25 avril 2006). Un jugement plus récent (Trib. Trav. n° 176/2010 du 13 juillet 2010) fonde les calculs d'indemnités sur un salaire de pompiste de 20 000 FCFA pendant six ans. C'est aussi révélé par le jugement n° 07/2010 du 26 janvier 2010 concernant un agent de sécurité embauché par une société de sécurité, mis à la disposition d'un riche hôtel de Lomé, rémunéré 25 500 FCFA pendant deux ans et six mois.

2223 Dans un jugement (Trib. Trav., n° 015/2010, 26 janvier 2010) les juges accordent quatre mois de salaire au titre de quatre années sans congés en l'absence de preuve contraire de l'employeur alors qu'un jugement rendu le même jour (n° 07/2010) n'octroie que deux mois de salaire à ce titre alors que l'employé compte deux ans et six mois d'ancienneté.

l'employeur. Ainsi, deux jugements de 2010[2224] décident de l'indemnisation du préjudice automatiquement tiré du défaut d'immatriculation à la CNSS alors qu'un arrêt de la Cour Suprême du Togo rejette la demande de réparation de ce préjudice au motif que les juges du fond, bien qu'ayant prononcé le remboursement des cotisations prélevées et non reversées, n'avaient pas eu à se prononcer sur ces prétentions qui sont donc « nouvelles »[2225]. En outre, un jugement de 2010[2226] concernant un accident de trajet d'une personne non affiliée à la CNSS, relève l'absence de preuve par le salarié du préjudice tiré de la non-déclaration à la CNSS. Cette position est éloignée de celle qui établit à 1,5 millions de FCFA le montant des dommages et intérêts dus à ce titre[2227]. Est également intéressant l'arrêt de la Cour d'appel concernant un litige entre un salarié et la CNSS qui, tout en faisant état de l'irrégularité du versement des cotisations depuis la déclaration du salarié en 1976, ne prononce que le paiement d'une somme forfaitaire de 49 300 FCFA au titre de la pension vieillesse[2228]. Le Tribunal du travail, dans un jugement rendu en 2010, offre pour sa part le choix à l'employeur entre payer des dommages et intérêts conséquents et, « à défaut, rectifier la déclaration frauduleuse faite à la CNSS pour faire remonter la date d'effet de l'assurance sociale à la date du 2 septembre 2002[2229] ».

Des décisions judiciaires révèlent en outre que les magistrats ont des positions ambigües s'agissant des accords amiables conclus préalablement à la saisine du juge ou en cours d'instance. Le visa de toutes les décisions rendues sur ce point est l'article 100 du code de procédure civile qui concerne la procédure devant les tribunaux de première instance et dispose que « si les parties déclarent se concilier, il est dressé procès-verbal de l'accord intervenu. Ce procès-verbal signé des parties, du juge et du greffier est revêtu de la formule exécutoire et acquiert l'autorité de la chose jugée ». Sans se prononcer sur la validité de cette procédure après un jugement rendu en première instance, la Cour Suprême du Togo confirme un arrêt de la Cour d'appel qui a rejeté l'invocation d'une convention amiable conclue devant le Procureur après condamnation de l'employeur en première instance. Dès lors que l'employeur n'a pas fait radier son appel auprès du Greffe et que l'objet de l'appel est la réformation du

---

2224 Trib. Trav. Lomé, n° 014/2010, 26 janvier 2010 (inédit) et n° 176/2010, 13 juillet 2010 (inédit).

2225 CS Togo, ch. jud., n° 46, 17 août 2006 (inédit). Cet arrêt traite un pourvoi formé en 1991 et termine un contentieux commencé en 1982.

2226 Trib. Trav., Lomé, n° 035/2010, 26 janvier 2010 (inédit).

2227 Trib. Trav. Lomé, n° 021/10, 26 janvier 2010 (inédit). Le salarié avait en l'espèce été embauché pour un salaire de 25 000 FCFA porté à 75 000 FCFA en 2006. L'employeur en cause est une société togolaise de communication.

2228 Elle se fonde sur le fait que l'appelant n'a accompli que 29 mois d'assurance. CA Lomé, ch. soc., n° 014/11, 3 mars 2011 (inédit).

2229 C'est le seul jugement sur ceux disponibles qui prononce un rétablissement rétroactif des droits à la sécurité sociale. L'employeur en cause est une société de communication qui propose des matériels et prestation de communication, il publie en outre un mensuel au Togo (Trib. Trav., Lomé, n° 021/10, 26 janvier 2010, inédit).

jugement, la Cour d'appel n'avait pas à se prononcer sur la convention[2230]. L'employeur est condamné à une amende civile pour pourvoi abusif. Un jugement du Tribunal du travail décide quant à lui d'homologuer l'accord conclu en cours de procédure qui « a force de chose jugée en dernier ressort[2231] ». Un arrêt de Cour d'appel, quatre ans après le jugement attaqué condamnant l'employeur au paiement d'une somme totale de 776 175 FCFA pour licenciement abusif « constate la transaction » conclue entre temps, homologuée par le président de la Cour d'appel et établissant le paiement de 500 000 FCFA[2232]. Un autre arrêt similaire[2233] précise toutefois le principe selon lequel une convention homologuée par le juge peut toujours être contestée et sa nullité demandée notamment pour « vice de consentement[2234] ». Cet arrêt infirme néanmoins le jugement du Tribunal du travail qui avait requalifié la rupture en licenciement abusif au motif du caractère « vicié » du consentement des travailleurs aux conventions amiables. Les juges d'appel reprochent aux onze travailleurs concernés dans cette affaire de ne pas suffisamment démontrer ce vice, malgré la production d'un document à l'appui de leur prétention. Les travailleurs sont donc déboutés de leurs demandes de dommages et intérêts dont le total avait été évalué en première instance à 240 millions de FCFA à l'encontre d'une importante société pétrolière.

La délimitation des termes du procès par les prétentions des parties serait le fondement de certains aspects contradictoires des solutions judiciaires[2235], malgré que le président du Tribunal du travail de Lomé pense une certaine souplesse des juges togolais sur ce principe[2236]. Ce fondement juridique ne résiste pas à la référence au code de procédure civile togolais qui relativise le principe selon lequel « le juge doit se prononcer sur tout ce qui est demandé et seulement sur ce qui est demandé[2237] ». Il est en effet des aspects qui seraient légitimement soumis à une investigation d'office du juge lorsqu'ils caractérisent

---

[2230] CS Togo, ch. jud., n° 37, 18 octobre 2007 (inédit).

[2231] Trib. Trav. Lomé, n° 027/2001, 6 mars 2001 (inédit).

[2232] Plusieurs renvois d'affaire avaient été prononcés entre le moment de la transaction et l'arrêt de 2011 (CA Lomé, ch. soc., n° 011/2011, 3 mars 2011, inédit).

[2233] CA Lomé, ch. soc., n° 005/2011, 6 janvier 2011 (inédit).

[2234] C'est l'argumentation retenue par P. Boubou, dans ses observations sous un arrêt de la Cour Suprême du Cameroun en vertu duquel « en appliquant l'article 1134 du code civil en l'espèce alors qu'il s'agit d'un différend social qui au demeurant concernait un délégué du personnel, le premier juge n'a pas justifié sa décision » d'approuver le protocole d'accord de rupture (*TPOM*, 2008, n° 983/984, p. 57). Cette décision n'est pas à prendre au sens général selon lui.

[2235] CA Lomé, ch. soc., n° 01/2011 du 6 janvier 2011 (inédit) et jugement n° 014/10 du 26 janvier 2010 (inédit).

[2236] « Et au Bénin et Burkina aussi, les limites du litige, le cadre du litige, les demandes sont déjà enfermées dans les demandes, dans la requête, que l'employé a déjà formées au niveau de l'inspection. Oh, la meilleure formule, je crois que c'est ce que nous faisons ici. Parce qu'il y a une certaine liberté quand même. Vous savez on dit que « nul n'est censé ignorer la loi » mais pour le moment nous ne faisons aucun effort pour que les populations maîtrisent bien nos lois » (Cf. Entretien avec le président du Tribunal du travail, Lomé, 16 décembre 2008).

[2237] Article 39 du code de procédure civile togolais.

des violations manifestes du minimum normatif facilement quantifiable que composent le salaire, le repos et la durée du travail[2238]. Ces éléments peuvent en effet s'analyser en des « prétentions (...) virtuellement comprises dans la demande originaire » ou comme « l'accessoire, la conséquence ou le complément » de cette demande originaire[2239]. En pratique, l'argument de la nouveauté d'une prétention pour en rejeter l'accueil est aléatoirement mobilisé par le juge. Par exemple, une demande sera rejetée sous le motif de la prétention nouvelle dans une affaire concernant un ancien employé des Postes et secrétaire général d'une centrale syndicale[2240] mais accueillie dans une autre affaire alors qu'elle pouvait être rejetée sur un autre fondement juridique[2241]. La première affaire est portée devant la Chambre sociale de la Cour d'appel qui rejette, au motif que cette demande n'avait pas été formulée en première instance, le paiement d'arriérés de salaires du fait d'une suspension disciplinaire illégale du contrat pendant 18 mois[2242]. La deuxième affaire donne lieu à la condamnation de l'employeur par le Tribunal du travail au paiement de six mois d' « arriérés de salaire » malgré la qualification de « licenciement voilé » ou « rupture déguisée » donnée à la suspension illégale de six mois[2243]. Un jugement rejette par ailleurs une demande de dommages et intérêts pour non-déclaration du salarié à la CNSS au motif que la demande n'a pas été soulevée lors de la conciliation obligatoire[2244]. L'utilisation de cet argument juridique est en outre contradictoire avec les cas dans lesquels le juge s'écarte des arguments des parties pour en substituer d'autres. Dans un arrêt de la Cour d'appel, par exemple, où le salarié invoque des faits de harcèlement à l'appui de sa demande de qualification d'un licenciement abusif, les magistrats relèvent qu'aucune faute lourde ne peut être effectivement caractérisée du fait que « l'appelante principale a contribué à créer le dysfonctionnement dont elle se plaint » mais constatent l'existence d'une faute professionnelle justifiant le

---

[2238] L'article 46 alinéa 1er du code de procédure civile togolais dispose, à la différence de l'article 12 du code de procédure civile français, que « le juge est tenu de trancher le litige conformément aux règles de droit qui lui sont applicables. Il doit donner ou restituer leur exacte qualification aux faits et aux actes litigieux, nonobstant la dénomination que les parties en auraient proposées et peut relever d'office les moyens de pur droit ».

[2239] Articles 199 à 201 du code de procédure civile.

[2240] CA Lomé, ch. soc., n° 23/08, 5 juin 2008 (inédit).

[2241] Trib. Trav. Lomé, n° 173/07, 30 octobre 2007 (inédit).

[2242] Or, à l'instar du code de procédure civile français, le code de procédure civile togolais encadre en ses articles 199 à 201 le principe de l'impossibilité de soumettre de nouvelles demandes en appel. La prétention n'est pas nouvelle lorsqu'elle « tend aux mêmes fins que la demande originaire même si son fondement juridique est différent » et les parties « peuvent aussi expliciter les prétentions qui étaient virtuellement comprises dans la demande originaire et ajouter à celles-ci les demandes qui n'en sont que l'accessoire, la conséquence ou le complément » (V. par exemple sur le fondement de l'article 566 du code de procédure civile français, Cass 3e civ., 1er décembre 2010 (inédit), 09-70795. Cass. Soc. 27 février 2003 (inédit), 01-20815 et 31 mai 2001 (inédit), 99-18563).

[2243] Trib. Trav. Lomé, n° 173/07, 30 octobre 2007 (inédit). Il s'agit en l'espèce d'un employé d'un hôtel bon marché de Lomé en qualité de chef réceptionniste pour un salaire de 36 000 FCFA.

[2244] Trib. Trav. Lomé, n° 0121/2010, 20 avril 2010 (inédit).

licenciement du salarié[2245]. Le résultat de ces approches judiciaires variables est, au-delà des sérieux doutes sur l'indépendance des magistrats dans certaines affaires, l'insécurité juridique.

§2 – L'effet des méconnaissances des acteurs sociaux

Le terme de méconnaissance renvoie à la fois au fait « inconscient » de ne pas respecter les dispositions de droit du travail et au fait délibéré de ne pas prendre en considération ces dispositions. Il s'agira ici de tenter de dresser un état des lieux des torsions tolérables (1) et des violations plus condamnables (2) du droit du travail au travers de certaines pratiques des acteurs sociaux.

A. Des torsions tolérables du droit

Les « torsions » du droit sont les pratiques qui sont distantes mais directement rattachables aux thématiques encadrées par le droit positif du travail. Le caractère tolérable des torsions du droit est tiré des effets de ces pratiques, en ce qu'ils ne dénaturent pas les objectifs ou « valeurs »[2246] classiquement associés au droit du travail. Nous aborderons successivement les cas révélés dans lesquels la réception du droit[2247] se traduit par des pratiques plus favorables que le résultat probable des prévisions formelles (1) ou découle d'une influence de l'acteur familial (2). La considération prioritaire de l'argent en matière d'aides sociales (3) ou des pratiques originales de formation professionnelle, particulièrement d'apprentissage (4), peuvent également être rangées au sein des torsions tolérables du droit.

1. Des pratiques plus favorables

Les explications recueillies sur différents points de droit du travail mettent en exergue une application avantageuse des dispositions de droit du travail fondées sur des limites inférieures ou supérieures, des seuils, des taux. Il s'agira ici de présenter les cas dans lesquels sont révélés des nombres importants de délégués du personnel, des durées hebdomadaires de travail inférieures aux équivalences règlementaires, des frais et durées d'apprentissage moins élevés, des stages rémunérés ou encore l'insertion de clauses de préavis en matière de

---

2245 CA Lomé, ch. soc., n° 05/07, 1er février 2007. L'employeur est condamné au paiement de diverses indemnités mais la salariée est déboutée des demandes de dommages et intérêts. La société en cause est une société multinationale de transport et logistique appartenant à un groupe fort présent en Afrique.

2246 F. Rangeon, « Réflexions sur l'effectivité du droit », in D. Lochack (Dir.), *Les usages sociaux du droit*, PUF, 1989, p. 126.

2247 La réception est abordée ici très largement au sens où elle recouvre les actions de réception en tant que telles (là où les acteurs s'en réfèrent, plus ou moins généralement, au droit) et les normativités au sein desquelles le droit formel est inconnu, ignoré ou remplacé. Chrysal Aiguidioli Kenoukou parle de « réception juridique » et de « réception sociale » des normes internationales, cette dernière englobant les cas de non respect des normes (C. A. Kenoukou, *op. cit.*).

rupture de la période d'essai. Si ces pratiques ne sont pas assimilables à des usages généralisés, elles n'en sont pas moins des indications intéressantes pour l'analyse des ambitions attachées à la production du droit du travail eu égard à son contexte d'application.

Le nombre de délégués du personnel avancé par certains représentants d'employeurs ou par des travailleurs est parfois supérieur à ce que l'effectif de l'organisation concernée impliquerait[2248]. Par exemple, un représentant syndical de la société cotonnière du Togo donne le nombre de cinquante-cinq délégués, ce qui devrait signifier que l'entreprise compte un effectif de plus de 10 000 travailleurs. Or, selon les données de la CNSS la société compte un effectif de 2 419 salariés[2249]. Le directeur des ressources humaines d'une importante société de métallurgie précise que pour un effectif de « 297 permanents et au niveau des saisonniers et des temporaires 234 », il y aurait douze délégués du personnel. Si le nombre de douze englobe les titulaires et suppléants, il est inférieur aux prévisions règlementaires. S'il ne les englobe pas, il est supérieur, que les temporaires soient ou non comptabilisés dans l'effectif[2250]. Un représentant d'une entreprise agroindustrielle évoque un effectif d'environ 800 travailleurs « toute l'année » pour un chiffre de dix titulaires et dix suppléants. Enfin, un représentant syndical précise que dans une entreprise industrielle « ils sont cinq délégués parce qu'ils sont moins de cinquante »[2251], soit un de plus, voire davantage si le nombre de cinq ne concerne que les titulaires. Enfin, plusieurs salariés parlent de délégués du personnel « nombreux[2252] ». Si à l'inverse de ces constats, il existe comme nous l'avons déjà vu[2253] des cas où le nombre est inférieur, il n'en demeure pas moins que des organisations structurées de taille assez importante font le choix contraire.

S'agissant du temps de travail hebdomadaire et des équivalences règlementaires, l'existence de pratiques éloignées, voire plus favorables, se perçoit à la fois dans des entreprises du secteur dit structuré et dans celles du secteur dit « informel ». Ces pratiques soulèvent l'interrogation de la pertinence

---

2248 Les dispositions règlementaires prévoient que pour un effectif entre 11 et 25 sont élus un délégué titulaire et un délégué suppléant, entre 26 et 50, deux titulaires et deux suppléants, entre 51 et 100, trois titulaires et trois suppléants, entre 101 et 250, cinq titulaires et cinq suppléants, entre 251 et 500, 7 titulaires et 7 suppléants et entre 501 et 1000, neuf titulaires et neuf suppléants. Un titulaire et un suppléant s'ajoutent par tranche supplémentaire de 500 travailleurs (arrêté n° 021/MTESS/DGTLS du 10 décembre 2009 « portant institution des délégués du personnel dans les entreprises du secteur privé et parapublic » reprenant les chiffres de l'ancien arrêté n° 321-54/ITLS du 2 avril 1954).

2249 Liste des employeurs de plus de 10 salariés, CNSS, 2008.

2250 Les chiffres de la CNSS révèlent que cette société déclare 343 salariés (*ibid.*).

2251 Cette industrie togolaise des corps gras déclare 39 salariés (*ibid.*).

2252 Cf. Entretien collectif du 12 janvier 2009 avec des salariés de la zone franche (ouvrier permanent du secteur des cosmétiques, ouvrier permanent d'une société agroalimentaire, ancienne ouvrière et chef de section d'une industrie de cosmétiques de la zone franche), entretien avec une ancienne ouvrière d'une industrie de cosmétiques de la zone franche (12 janvier 2009) et avec une ancienne employée du secteur hôtelier (Lomé, 7 février 2009).

2253 Voir supra Partie II, Titre 1, Chapitre 2, Section 1, §1.

des équivalences règlementaires de 1954 reprises en 2010[2254]. Le chef du personnel d'un hôtel à Kara explique, par exemple, un roulement mis en place au niveau de la réception. Ces personnes travaillent de « 6 h à 14h, de 14h à 21h et la nuit certains font de 22h à 6h du matin ». Après suppression du jour de repos, ces horaires engendrent une durée hebdomadaire moyenne de 46 heures de travail. Cette pratique est non seulement plus favorable que les dispositions règlementaires mais aussi que celles de la convention collective de l'hôtellerie et restauration qui prévoit une équivalence à hauteur de 48 heures par semaine. Un employeur d'origine européenne qui dirige un bar, un restaurant et d'autres activités précise qu'il pratique la règle de neuf heures de travail par jour, six jours dans la semaine, soit 54 heures de travail hebdomadaires, plus favorable pour les personnes, autres que les cuisiniers, affectées à l'activité de bar et restauration. Dans les entreprises agro-industrielles, des durées de travail différentes sont révélées par la dualité d'organisation du temps de travail des ouvriers : selon une amplitude continue ou sur la journée. Certains travaillent par roulement sur des durées de huit heures continues six jours par semaine[2255] tandis que d'autres sont affectés à des horaires de jour parfois moins longs[2256].

Pour ce qui concerne des entreprises moins structurées qui ignorent le plus souvent le contenu du droit du travail, on retrouve des durées de travail rappelant les équivalences, bien que le domaine d'activité concerné n'entre pas dans le champ d'application de ces équivalences. Le patron d'une menuiserie à Lomé mentionne que le personnel arrive en général à 7h mais que le travail ne commence qu'à partir de 8h après la prière. Une pause est instaurée entre 12h30 et 14h et la journée de travail s'achève normalement à 17h30. Ces règles aboutissent à une durée moyenne de travail équivalente à 48 heures par

---

[2254] En vertu de l'arrêté du 31 juillet 2010, la limite hebdomadaire est fixée à 40 heures sur une semaine de 5 ou 6 jours et selon une durée journalière de 8 heures maximum. Les équivalences sont : 42 heures de travail par semaine pour le personnel affecté à la vente de denrées non alimentaires ; 45 heures de travail par semaine pour le personnel des établissements hospitaliers, le personnel affecté à la vente des denrées alimentaires, le personnel employé dans les pharmacies vendant au détail, les employés des salons de coiffure, les cuisiniers des hôtels et restaurants ; 48 heures de travail par semaine pour les chauffeurs affectés exclusivement au transport du personnel d'une entreprise, le personnel bagagiste, manutentionnaire d'escale, d'accueil dans le transport aérien les chauffeurs de cars de tourisme ; 56 heures de travail par semaine pour le personnel domestique, le personnel des hôtels et restaurants à l'exception des cuisiniers, les gardiens de jour non logés et plus particulièrement le personnel affecté aux opérations de gardiennage et de surveillance, les gardiens de nuit.

[2255] Seules des dispositions conventionnelles abordent le travail en continu. L'article 43 de la CCIT et 42 de la convention des industries disposent que concernant les entreprises qui fonctionnent jour et nuit sans interruption, les heures de travail accomplies par un service de « quart » par roulement de jour et de nuit, y compris les dimanches et jours fériés, sont rétribuées au même tarif que les heures de jour en semaine. En compensation du repos hebdomadaire légal, l'ouvrier qui a accompli exceptionnellement dans la semaine sept « quart » d'au moins six heures de travail, reçoit une rémunération supplémentaire égale à 60% de son salaire normal pour la durée d'un quart de travail. Cette « exception » ne semble pas être mise en œuvre dans la plupart des entreprises.

[2256] Par exemple, s'ils sont sur un horaire de 7h à 12h puis 15h à 17h, la durée hebdomadaire est réduite.

semaine. Le patron d'une boutique de vente de matériaux de construction ne mentionne quant à lui que les horaires d'ouverture du commerce entre 7h et 18h au sein desquels chacun peut prendre une pause pour se restaurer. Les périodes de creux, en termes d'affluence de clientèle, rendent difficile un calcul de la durée de travail dans cette structure. Ceci est aussi vrai s'agissant d'un atelier de réparation de vélos et des boutiques commerciales à l'intérieur du pays à propos desquelles un représentant syndical mentionne l'absence de jours de repos sauf « les jours fériés, ou en cas de voyage du patron pour un évènement heureux ou malheureux. (...) Ça n'existe même pas que le patron laisse les clés à l'employé. Si l'employé le demande, bon on peut lui accorder un jour de repos[2257] ». Une certaine flexibilité peut ainsi aboutir en pratique à des durées de travail bien moins importantes que celles préconisées dans les règlementations applicables[2258].

Des pratiques plus favorables sont aussi révélées en matière d'apprentissage « payant ». En effet, des entretiens avec des patrons d'ateliers ou de boutiques ont mis en évidence que les dispositions qui préconisent des montants et durées d'apprentissage par corps de métier[2259] sont éloignées de ce qui est pratiqué. Le chef du personnel d'un hôtel à Kara pense que « l'apprentissage normalement c'est deux ans de formation. Les apprentis, comme ils ne payent pas, ils ne sont pas payés aussi ». Le patron d'un atelier de réparation de vélo parle d'un montant de 50 000 FCFA et celui d'une menuiserie de 60 000 FCFA « pour trois ou quatre ans ». Une patronne d'un atelier de couture mentionne le montant de 54 000 FCFA pour trois ans et celle d'un atelier de coiffure de 60 000 FCFA pour deux ans[2260]. Le montant des frais d'apprentissage pratiqué dans l'atelier de réparation de vélos et celui de menuiserie est bien inférieur aux prévisions règlementaires de 75 000 FCFA de frais de formation, avec un total de 94 000 FCFA comprenant les frais de signature du contrat, d'inscription, d'assurance et d'examen. La règlementation prévoit en outre des frais de formation entre 60 000 et 70 000 FCFA, avec un total compris entre 78 500 et 88 500 FCFA dans le secteur de la couture et entre 67 500 et 68 000 FCFA dans le secteur de la coiffure.

2257 Cf. Entretien avec le représentant syndical CNTT des commerçants de Dapaong, région des savanes, 24 janvier 2009.

2258 « Par exemple, au Mali, la séparation stricte entre temps de travail, temps de loisir et temps de repos est difficilement acceptée dans l'économie informelle, aussi bien que dans le secteur dit traditionnel » (O. O. Sidibe, « Le sens du travail dans les sociétés sahéliennes », Communication pour l'entretien sur « Le sens du travail », BIT et IEA de Nantes, 2011).

2259 L'arrêté n°2005/100/METFP fixe le montant des frais d'apprentissage pour les différents corps de métier. Ces frais comprennent les frais de signature de contrat de 3000 ou 4000 F, les frais d'inscription, les frais d'assurance, les frais de formation et les frais d'examen. Le total des frais d'apprentissage varie entre 57000 F pour la boulangerie et 100000 F (pour la mécanique auto, l'électricité d'équipement, l'électronique, la carrosserie). L'arrêté n°2005/102 METFP fixe la durée de l'apprentissage selon les différents corps de métier, cette durée varie entre deux et quatre ans.

2260 Cf. Entretien avec un chef d'atelier de réparation de vélos (Lomé, 28 novembre 2008), avec le chef d'un atelier de menuiserie (Lomé, 29 janvier 2009), avec un chef d'atelier de couture (Lomé, décembre 2008) et avec une coiffeuse, ancienne domestique et ouvrière de la zone franche (Lomé, 10 décembre 2008).

Dans ces différents secteurs la durée règlementaire d'apprentissage est de trois ans tandis qu'elle varie entre deux et quatre ans en pratique. De plus, qu'il s'agisse d'un apprentissage dans un corps de métier figurant dans les textes règlementaires ou d'un apprentissage dans d'autres secteurs d'activité, il arrive que l'apprenti soit rémunéré malgré le silence des textes règlementaires en vigueur sur ce point[2261]. Le patron d'une boutique de matériaux de construction pratique par exemple un apprentissage non payant à la fin duquel il « aide pour ouvrir une boutique[2262] ». Le chef d'atelier de réparation de vélos dit qu'il « prend soin de tout, ils sont tous à [sa] charge[2263] », à l'instar d'un atelier de couture où il arrive que le maître d'apprentissage loge certains apprentis et donne quelque chose pour les repas. Un représentant d'une entreprise de forage dit donner « règlementairement ce qu'on doit remettre aux apprentis[2264] ». Le chef du personnel d'un hôtel de Kara évoque la « possibilité » de rémunérer un apprenti[2265].

Il pourrait encore être mentionné des pratiques singulières telles que l'insertion de clauses de préavis pour la rupture de la période d'essai, l'octroi d'un demi mois supplémentaire de congé par jour férié travaillé ou la pratique de stages rémunérés dans le silence des textes en vigueur. Bien qu'elles soient généralement évoquées individuellement, l'existence de ces pratiques permet d'interroger le décalage possible entre le droit en vigueur et les réalités sociales. Ainsi arrive-t-il, par exemple, que l'immixtion d'un acteur familial dans un conflit permette la réintégration d'un travailleur alors que la loi est restée timide sur cette question.

2. Des interventions familiales dans le règlement de litiges

Si le paramètre familial dans l'emploi est le plus souvent source de discriminations entre travailleurs, certaines immixtions des membres de la famille dans les rapports subordonnés de travail permettent parfois une

---

2261 Seule la convention collective des industries prévoit l'indemnisation obligatoire de l'apprenti. L'article 33 prévoit une rémunération évolutive : de 1/6 du SMIG la première année à 1/3 du SMIG la troisième année.

2262 Cf. Entretien avec le patron d'une boutique de vente de matériaux de construction, Lomé, 8 janvier 2009.

2263 Cf. Entretien avec un chef d'atelier de réparation de vélos, Lomé, 28 novembre 2008.

2264 Cf. Entretien avec le comptable d'une entreprise de forage et sondage, Lomé, 10 décembre 2008. Seul l'article 33 de la convention des industries du Togo, non applicable à l'employeur du BTP, concernant les modalités d'apprentissage impose des taux de rémunération des apprentis dans les industries qui passe d'1/6 du SMIG en première année à ½ en troisième. Or il apparaît que l'apprentissage dans les industries est très rare.

2265 Cf. Entretien avec le chef du personnel d'un hôtel de statut parapublic, Kara, 2 décembre 2008. En effet, une loi n°2002-016 du 30 avril 2002 portant orientation de l'enseignement technique et de la formation professionnelle précisait en son article 22 que « lorsque l'apprentissage a lieu dans une entreprise, l'apprenti peut percevoir pendant la durée du contrat un indemnité servie par l'entreprise selon les dispositions contractuelles ». Selon un inspecteur du travail, « il y a certaines sociétés qui paient quand même un taux forfaitaire à ses apprentis » (Cf. Entretien avec un inspecteur du travail, zone Lomé nord, 15 novembre 2008).

préservation de l'emploi qui serait exclue sur le seul fondement des règles en vigueur. Dans certains litiges entre employeur et travailleur, il n'est en effet pas rare qu'un membre de la famille du travailleur intervienne pour solliciter la bienveillance de l'employeur. C'est en effet le plus souvent lorsqu'il s'agit d'une décision disciplinaire qu'un membre de la famille, souvent la mère et parfois le conjoint, s'immisce dans le conflit et parvient à obtenir la réintégration du travailleur[2266]. Il arrive également qu'en cas de litige porté devant la juridiction, un ou plusieurs membres de la famille assiste le travailleur en l'absence de cette possibilité dans le code du travail togolais[2267].

Malgré une transformation discutable du préalable d'explication imposé par le droit applicable en une sorte de « demande de pardon »[2268], le maintien de l'emploi menacé constitue une alternative à la rupture pure et simple de la relation de travail qui serait défavorable dans le contexte socio-économique togolais. Cette réintégration est en outre intéressante au regard de la relative recherche d'alternative que sous-entend l'expression juridique de « demande d'explication » et que révèle sa mise en œuvre. Plusieurs décisions de justice contiennent des précisions sur une demande d'explication : l'une est écrite et reste sans réponse du salarié[2269], une autre est adressée après une mise à pied disciplinaire[2270] et il arrive que ce soit le travailleur qui formule en vain cette demande d'explication après une sanction[2271]. L'intervention de la famille est en outre mentionnée dans un jugement concernant un contrat d'apprentissage[2272]. Le paramètre familial est par ailleurs important dans les politiques patronales d'aides sociales au sein desquelles l'argent est prioritaire.

2266 Cf. Entretien avec une coiffeuse, ancienne domestique et ouvrière de la zone franche (Lomé, 10 décembre 2008), avec le patron d'une boutique de vente de matériaux de construction (Lomé, 8 janvier 2009). « Il vous dit que son parent est venu le voir pour vous supplier mais a refusé, il s'étonne après que le salarié le convoque » (Cf. Entretien avec un inspecteur du travail de Sokodé, région centrale, 20 janvier 2009).

2267 Il est étonnant que le droit togolais n'ait pas inséré cette possibilité d'assistance familiale dans les procédures de règlement des litiges tandis qu'en droit français l'assistance de l'époux continue d'être envisagée (R. 1453-2 du code du travail français). « La plupart du temps l'employé se fait accompagner par sa famille. Vous savez en Afrique lorsqu'une personne a des problèmes, c'est toute la famille qui vient soutenir, la solidarité africaine » (Cf. Entretien avec le président du Tribunal de Sokodé, région des Savanes, 19 janvier 2009). « Les apprentis ne viennent pas à nous. Soit ce sont les parents qui viennent pour nous dire que leur enfant a terminé l'apprentissage depuis longtemps mais le patron le retient » (Cf. Entretien avec un inspecteur du travail, chef de la zone est de Lomé, Lomé, 9 janvier 2009).

2268 Il a été fréquent d'entendre chez les employeurs les tentatives de supplication des employés en cas de faute qui se déroulent parfois en présence d'un membre de la famille de l'intéressé.

2269 Trib. Trav. Lomé, n° 076/10, 9 mars 2010 (inédit).

2270 Trib. Trav. n° 075/2004, 1er juin 2004 (inédit).

2271 Trib. Trav., n° 068/2008, 1er avril 2008 (inédit).

2272 Trib. Trav., n° 073/10 du 9 mars 2010 (inédit).

3. Les œuvres sociales et l'argent prioritaire

Les œuvres sociales d'entreprise ne sont pas définies par le droit du travail togolais. Les textes de droit positif contiennent des exemples mais la pratique révèle une plus grande variété d'aides sociales envers les travailleurs. Un élément déterminant de ces aides est l'argent, au travers notamment de la facilitation de l'accès au crédit et à l'investissement. Entre aides ponctuelles et mécanismes collectifs, l'argent est placé au centre des aides sociales d'entreprise. Les coopératives ou mutuelles de santé arrivent en effet après le prêt ponctuel individuel sans intérêts[2273].

Les pratiques « sociales » existantes dans les entreprises rappellent davantage la définition large des œuvres sociales qui a pu être établie par le BIT à la fin des années 50[2274] que les dispositions juridiques en vigueur au Togo et encore proches de celles du CTOM de 1952. L'article 141 du code du travail de 2006 dispose que « des services sociaux, notamment des mutuelles, des coopératives, des cantines, des crèches, des cafétérias, des terrains de loisirs, sans que cette énumération soit limitative, pourront être créés au niveau des entreprises dans des conditions fixées par arrêté du ministre chargé du travail après avis du Conseil National du Travail ». En l'absence de l'arrêté, le droit étatique n'encadre spécifiquement que l'économat qui n'existe pratiquement pas dans les entreprises. Le droit conventionnel et la pratique vont au-delà des prévisions légales sur l'économat ou sur le logement et de celles sur la nourriture et le déplacement du travailleur lorsqu'il travaille loin de sa résidence habituelle.

Les conventions collectives contiennent des actions sociales obligatoires ou possibles[2275] qu'on retrouve en pratique : prise de repas[2276], organisation de fêtes de Noël[2277] ou primes de Noël[2278], fête du 1er mai[2279], prime de rentrée scolaire

---

2273 « Certains disent qu'ils n'ont pas l'argent pour payer le loyer et on leur prête. Il n'y a pas de cantine non, ce sont les femmes qui préparent à côté » (Cf. Entretien avec le chef du personnel d'une entreprise agro-industrielle en présence de deux inspecteurs du travail et deux délégués du personnel CNTT, région des plateaux, 16 janvier 2009).

2274 Les problèmes du travail en Afrique, OIT, 1958, *op. cit.*, p. 363 et s.

2275 La convention collective du commerce suggère certaines actions destinées à pallier les carences étatiques en matière de santé et de formation professionnelle ; « dans l'attente de la création d'un centre de formation, l'employeur devrait apporter à tout agent désireux de suivre une formation professionnelle entrant dans le cadre des besoins de la direction, sa participation aux frais de perfectionnement » et le conseil est donné de créer des mutuelles dans l'attente de la création de l'assurance maladie.

2276 « À partir d'un effectif qui sera déterminé par les conventions sectorielles, les entreprises prendront les dispositions nécessaires pour faciliter la prise des repas sur place de leur personnel » (article 35 de la CCIT). L'article 117 de l'accord collectif de la zone franche reprend cette disposition relative aux cantines.

2277 L'article 54 de la convention collective des industries dispose que « le chef d'entreprise prendra les dispositions nécessaires pour organiser une fête annuelle afin d'humaniser les liens de travail ». L'article 47 c) de la convention collective des industries hôtelières et de la restauration porte sur la nécessité d'humaniser les liens de travail par l'organisation de réjouissances collectives. L'article 119 de l'accord collectif applicable en zone franche oblige l'employeur à prendre les dispositions nécessaires pour l'organisation d'une fête annuelle.

etc[2280]. On retrouve en pratique la définition large des « services sociaux d'entreprise » donnée par Dago Yabre : des « installations, des aménagements et des services divers créés expressément pour les travailleurs employés dans une entreprise, dans une branche d'activité ou dans une zone industrielle déterminée. (...) Les services sociaux permettent ainsi de donner aux travailleurs et à leur famille, de bonnes chances de mener une vie saine, de jouir de leurs loisirs et de leurs congés[2281] ». Elle rejoint la définition des œuvres sociales d'une étude de l'OIT de 1958 : elles sont des « stimulants de caractère social comportant des avantages pécuniaires » qui peuvent résulter tout autant de la « fourniture de rations suffisantes en quantité et en qualité et l'attribution d'un repas tout préparé et bien composé », du logement « qui est bien souvent tout ce que la loi exige » que de « l'assistance financière octroyée (...) en vue de permettre aux travailleurs de construire ou d'améliorer leur logis (...) » ou de « la possibilité de pratiquer les travaux agricoles sur une petite échelle en dehors de leur emploi salarié, afin qu'ils puissent compléter leurs ressources alimentaires[2282] ».

Les prévisions conventionnelles sont mises en œuvre dans la plupart des entreprises tandis que la notion légale d'« économat » est globalement ignorée[2283]. Un représentant du secteur hôtelier parle seulement de pratiques ponctuelles de ventes à prix d'achat réservées aux catégories supérieures de travailleurs[2284], à l'instar d'un chef du personnel du secteur agroindustriel à

2278 L'article 40 de la convention collective des banques, établissements financiers et d'assurance prévoit « au profit des enfants des travailleurs âgés de 0 à 18 ans dans la limite de 6 enfants par travailleur, une allocation dite arbre de Noël ». Cette prime de Noël est fixée à 20 000 FCFA et évolutive selon le nombre d'enfants à charge.

2279 L'article 6 de la convention collective du transport d'hydrocarbures portant sur diverses primes oblige notamment l'employeur à prendre les dispositions nécessaires par nécessité d'humaniser et de raffermir les liens de travail en vue de marquer les fêtes du 1er mai et de fin d'année.

2280 L'article 39 de la convention collective des banques, établissements financiers et d'assurance institue le droit à une prime de logement et d'ameublement. L'article 43 institue l'obligation de faciliter la création et le fonctionnement d'une bibliothèque. L'article 6 de la convention collective du transport d'hydrocarbures institue le droit pour les conducteurs de se faire accorder un prêt scolaire remboursable dans l'année.

2281 D. Yabre, *op. cit.*, p. 220.

2282 OIT, Les problèmes du travail en Afrique, *op. cit.*, p. 175 et s. Cette définition rejoint les prévisions d'un projet de convention collective dans le secteur de l'enseignement privé laïc qui consacre un chapitre aux « avantages sociaux » parmi lesquels figurent les avances sur salaire, les prêts personnels pour l'achat ou la réparation d'un véhicule ou l'équipement de logement, les aides aux obsèques, les aides en cas de sinistre, la fête et les étrennes de fin d'année.

2283 Seul un chef du personnel en mentionne l'expérience et son échec : « mais ça a cessé parce que les ouvriers s'étaient disputés pour des problèmes d'argent, le bureau qui gérait ne leur plaisait pas etc. Ils sont en train de voir pour le remettre en place. Ce sont les délégués du personnel qui sont la base et qui cherchent les gens pour constituer ça » (Cf. Entretien avec le chef du personnel d'une entreprise agro-industrielle en présence de deux inspecteurs du travail d'Atakpamé et deux délégués du personnel CNTT, région des plateaux, 16 janvier 2009).

2284 La vente de denrées au prix d'achat lorsque la réserve de l'hôtel le permet est réservée aux « chefs de départements » (Cf. Entretien avec le chef du personnel d'un hôtel de statut parapublic, Kara, 2 décembre 2008).

propos du logement des « cadres[2285] ». On retrouve principalement en pratique la mise en place de cantines dans les industries, des prises en compte des fêtes de fin d'année ou du 1er mai[2286] et des aides pour le déplacement quotidien des travailleurs. Le chef du personnel d'un hôtel évoque des primes de déplacement fixées « d'accord parties[2287] » et la prise des repas sur place. La présence de cantines est évoquée par des ouvriers d'industries de la zone douanière et non douanière. Les ouvriers de la zone franche mentionnent des systèmes de cantine à prix réduit consistant en un partage du coût entre l'employeur et les travailleurs, généralement de l'ordre de deux tiers/un tiers[2288]. Certains de ces travailleurs parlent en outre d'une évolution de la prise en compte de la fête du 1er mai, jour férié et chômé au Togo, à l'occasion duquel certaines réjouissances sont parfois organisées. D'une organisation commune de toutes les sociétés de la zone franche de cette fête à l'organisation propre à chaque société, une tendance à l'octroi de dons en argent à cette occasion se dessine[2289]. Cette évolution rappelle les propos d'un directeur des ressources humaines qui justifie l'absence d'organisation de réjouissances à l'occasion des fêtes de fin d'année par le refus général des travailleurs de dépenser une somme d'argent pour se rendre à l'entreprise et y « gagner » à boire et à manger. En effet, là où les employeurs organisent des festivités ou des dons de cadeaux de fin d'année, les travailleurs considèrent qu'il serait souhaitable de leur substituer des primes de fin d'année.

Les nombreuses pratiques « sociales » des employeurs révèlent en effet la priorité accordée à l'argent. L'octroi d'argent prend la forme d'avances, de prêts, de dons en espèce ou d'une aide matérielle à l'investissement. Dans les entreprises du secteur dit formel comme dans les entités du secteur dit informel, la « priorité de l'argent » est certaine. Dans les entreprises bien ou assez structurées, les prestations financières sont diversement liées à la rémunération du travailleur. La pratique de plus en plus fréquente de la

[2285] Cf. Entretien avec le chef du personnel d'une entreprise agro-industrielle en présence de deux inspecteurs du travail d'Atakpamé et deux délégués du personnel CNTT, région des plateaux, 16 janvier 2009.

[2286] Les représentants des entreprises peu ou pas structurées font état de leur implication pour l'organisation de fêtes annuelles ou l'octroi d'aides ponctuelles au gré des difficultés de leurs apprentis ou employés. Par exemple, un jeune dirigeant d'un atelier de réparation de vélos affirme organiser une fête annuelle avec ses apprentis qui sont pour la plupart logés et nourris chez lui.

[2287] Une prime mensuelle est octroyée pour les trajets journaliers dont le montant varie selon la catégorie du travailleur entre 17000 FCFA et 21500 FCFA pour les cadres (Cf. Entretien avec le chef du personnel d'un hôtel de statut parapublic, Kara, 2 décembre 2008).

[2288] Cf. Entretien collectif avec des salariés de la zone franche (Lomé, 12 janvier 2009), avec une ancienne ouvrière d'une industrie de cosmétiques de la zone franche (12 janvier 2009), une coiffeuse, ancienne domestique et ouvrière de la zone franche (Lomé, 10 décembre 2008) et avec un ancien ouvrier d'une industrie agroalimentaire de la zone franche (Lomé, 12 janvier 2009).

[2289] Ces dons atteignent globalement 2500 à 3000 FCFA pour les ouvriers (Cf. Entretien collectif avec des salariés de la zone franche (ouvrier permanent du secteur des cosmétiques, ouvrier permanent d'une société agroalimentaire, ancienne ouvrière et chef de section d'une industrie de cosmétiques de la zone franche, 12 janvier 2009).

« domiciliation » des salaires des travailleurs dans une coopérative financière et de crédit, la FUCEC-Togo (Faîtière des Unités Coopératives d'Épargne et de Crédit du Togo)[2290], permet aux travailleurs de contracter un prêt de 30 000 FCFA dont le remboursement s'effectuera par des retenues sur les salaires à venir[2291] : « La société s'engage à verser les salaires auprès de cette banque là pour qu'ils puissent bénéficier d'un prêt. Ça fait trois ou quatre ans qu'on a négocié un truc avec la FUCEC. C'est plus des prêts immobiliers. La société se porte caution avec la mutuelle. 80% des salariés l'ont fait, il y a eu une consolidation. Pour les remboursements, c'est à la source[2292] ». En l'absence d'inscription du travailleur auprès d'un intermédiaire financier, des mécanismes internes aux entreprises, plus ou moins structurés, permettent ce type de prêt ou d'avance. Des salariés peuvent toujours demander l'octroi d'une assistance financière en vue d'acheter quelque chose ou « en cas de pépin ». Une société de gardiennage accorde, par exemple, au plus 10 000 FCFA dont le remboursement se fait en une fois sur le salaire de la fin du mois[2293]. Un représentant d'une entreprise de forage mentionne une limite de « 10 % » du salaire[2294]. Un employeur d'origine européenne avoue user de son pouvoir discrétionnaire en cas de demandes salariales d'avances ou de prêts avec remboursement par retenues mensuelles sur le salaire. En zone franche[2295], à côté de l'avance systématique sur salaire[2296] qui revient pratiquement à généraliser le paiement du salaire à la quinzaine[2297], chaque entreprise semble pratiquer son propre système de prêts. Par exemple, le prêt scolaire de 20 000 FCFA est mis en place dans une industrie de cosmétiques avec remboursement sur quatre ou cinq mois. L'achat de médicaments prescrits par ordonnance avec remboursement par retenues sont également mentionnés par plusieurs travailleurs d'entreprises de la zone franche.

D'autres mécanismes tiennent davantage de l'idée d' « aide sociale » du fait de l'absence de retenues corrélatives sur les salaires. Ils sont mis en place dans

---

[2290] Le directeur de l'emploi de la SAZOF pense cette pratique de la caution de l'employeur auprès des banques comme problématique : « certaines entreprises ont arrêté ou bien disent à la banque qu'ils ne sont plus garants si l'ouvrier part de l'entreprise. C'est un casse-tête ».

[2291] Cf. Entretiens avec un gardien, Lomé, 18 et 28 novembre 2008. Ce service est réservé aux « permanents » de la société.

[2292] Cf. Entretien avec le DRH d'une société industrielle du secteur métallurgique, Lomé, 12 janvier 2009.

[2293] Cf. Entretiens avec un gardien, Lomé, 18 et 28 novembre 2008.

[2294] « Par exemple on ne doit pas dépasser 10 % » (Cf. Entretien avec le comptable d'une entreprise de forage et sondage, Lomé, 10 décembre 2008).

[2295] Au-delà des cadeaux (« des mèches, des tricots, des petits chouchous » (Cf. Entretien avec une ancienne ouvrière d'une industrie de cosmétiques de la zone franche, 12 janvier 2009).

[2296] L'entreprise Amina, ces avances sur salaire ont lieu à la quinzaine et ne peuvent dépasser 5000 F CFA. Cette somme est de 15000 FCFA dans l'entreprise Unifood selon les mêmes modalités temporelles. Ces avances sont répercutées sur le paiement de la fin du mois concerné.

[2297] Selon l'alinéa 2 de l'article 125 de l'accord collectif de 1996 le paiement à la quinzaine doit faire l'objet d'une autorisation de la SAZOF et ne concerner que « les travailleurs qui accomplissent un travail à la pièce ».

des organisations du secteur de l'économie dite informelle et parfois dans des entreprises structurées. Dans certains établissements de commerce ou ateliers d'artisans qui embauchent quelques employés ou apprentis, il arrive que l'employeur octroie des moyens aux travailleurs afin qu'ils travaillent pour leur propre compte. Il peut ainsi leur offrir une partie des commandes ou de l'argent et des matériaux en vue de l'ouverture d'une boutique personnelle. Le chef d'un groupement agricole de la région centrale du Togo mentionne cette possibilité sur demande des employés « parce qu'ils veulent construire, ils veulent que vous payiez les matériaux. On évalue la période, le nombre de saisons, une ou deux. Il repart avec le matériel, nous pouvons aussi l'encourager avec un peu d'argent ou des vivres[2298] ». Dans un registre plus « formalisé », un délégué du personnel de la société cotonnière du Togo pense que la « coopérative d'épargne et de crédit » en place permet « d'amener les travailleurs à se constituer des réserves au cas où ils aient un souci[2299] ».

Si le caractère central de l'argent dans les pratiques d'aides sociales des entreprises comporte des effets pervers eu égard aux mécanismes de remboursement[2300], il reflète une approche relativement pragmatique des difficultés liées au contexte socio-économique togolais. Malgré le caractère assez irrationnel des aides à l'installation des travailleurs sur un marché saturé, ces pratiques d'aide n'en sont pas moins pertinentes dans un environnement précaire[2301]. Un représentant syndical d'une agro-industrie de Lomé mentionne un projet de mutuelle de santé rédigé par les travailleurs mais rejeté par la direction de l'entreprise. La question des mutuelles de santé, en chantier pour le secteur de l'économie dite informelle[2302] et les fonctionnaires de l'État, reste librement organisée dans les structures privées. Le directeur des ressources humaines d'une industrie du secteur métallurgique parle d'une initiative dans le cadre de l'entreprise et d'une proportion de 95 % des travailleurs adhérents.

[2298] Cf. Entretien avec le chef d'un groupement agricole de Sokodé, région centrale, 26 janvier 2009.

[2299] « L'épargnant peut avoir deux fois son épargne en terme de crédit, il rembourse mais il touche des intérêts aussi » (Cf. Entretien avec un délégué du personnel CNTT et responsable de la coopérative de la société cotonnière à Atakpamé, région des Plateaux, 16 janvier 2009).

[2300] Dans un jugement du Tribunal du travail n° 079/2010 du 9 mars 2010 (inédit), le montant d'un prêt de 68 000 FCFA est déduit du montant de l'indemnisation du licenciement déclaré abusif.

[2301] Sur le rapprochement possible de ces types de pratique au paternalisme, voir nos développements infra Partie II, Titre 2, Chapitre 2, Section 1, §2, A, 1.

[2302] « Il y a un organisme allemand avec lequel on travaille sur cette question dans le secteur informel, de mettre en place des mutuelles de santé. Indépendamment il y a aussi d'autres mutuelles mais comme il n'y a pas de soutien, ces mutuelles ne sont pas bien organisées. Ils apportent, ils font de petites coopérations, ils font des adhésions et puis les malades peuvent bénéficier de la contribution à un taux selon la gravité de la maladie. Par exemple, si ce n'est pas grave ça peut être à 100%. C'est le médecin traitant qui est aussi adhérent à la mutuelle qui les soigne. Il y a des districts sanitaires, par exemple les hôpitaux des quartiers. J'ai participé à la mise en place de choses comme ça. Avec les Allemands il y a tout un système de pilotage qui va être mis en place » (Cf. Entretien à la Direction du secteur informel, Lomé, 30 décembre 2008).

4. Le travailleur maître d'apprentissage

Parmi les mobilisations singulières du droit du travail pouvant être rangées dans les cas de « torsions tolérables », figure la formation professionnelle pratiquée par certains salariés au sein de l'organisation qui les emploie. Cette pratique du « travailleur maître d'apprentissage » révèle une démarche pragmatique des salariés qui développent une stratégie abordant tout à la fois le problème de l'insuffisance des revenus salariaux et celui du chômage chronique au Togo. La tolérance des employeurs cache toutefois certains effets pervers qui ne sont pas encore pris en charge par les inspecteurs du travail.

Trois employeurs de trois secteurs économiques distincts évoquent la présence d'apprentis dans leur organisation ; ils sont recrutés, gérés et pris en charge par les travailleurs salariés qui deviennent maîtres d'apprentissage. Ainsi, une société du secteur agro-industriel compte des apprentis qui travaillent avec des soudeurs salariés de la société sous réserve d'une demande auprès de la direction[2303]. Le chef du personnel d'un hôtel de la région de la Kara évoque la présence d'apprentis auprès de cuisiniers. Un employeur d'origine européenne dit qu'il « n'est pas censé signer les contrats avec les apprentis » et qu'il ne sait pas si ces apprentis payent quelque chose pour leur formation puisque les contrats sont totalement gérés par les cuisiniers[2304]. L'employeur de cette organisation ne s'intéresse à ces travailleurs qu'à la fin de leur formation pour recruter les « meilleurs ».

Il est très probable que le salarié maître d'apprentissage demande à l'apprenti de lui verser une certaine somme au titre des frais d'apprentissage. Nous avons en effet vu qu'ils constituent une condition prévue en droit et établie en pratique du contrat d'apprentissage. Il s'agit donc pour le salarié maitre d'apprentissage d'améliorer son salaire et pour l'apprenti d'être formé à un métier. Le principal bénéficiaire de cette pratique singulière est néanmoins l'employeur qui ne paraît engager aucune responsabilité. En effet, le maître d'apprentissage n'étant pas directement bénéficiaire du travail fourni par l'apprenti et ne possédant pas l'outil de travail qu'il met à sa disposition, la responsabilité qu'il engage en cas de problème paraît disproportionnée. Il est en effet à supposer que tout incident lui soit imputé. La question se pose en outre de la prise en charge de l'accident du travail d'un apprenti placé sous la responsabilité d'un employé. C'est pour cette raison de déresponsabilisation de

---

[2303] « Ils font ça entre eux. Ils font la demande à l'employeur qui doit donner son accord, mais s'il ne l'a pas donné ça ne passe pas. Les apprentis sont sous l'ordre de leur patron, ceux qui les ont pris. Non eux ne sont pas déclarés » (Cf. Entretien avec le chef du personnel d'une entreprise agro-industrielle en présence de deux inspecteurs du travail d'Atakpamé et deux délégués du personnel CNTT, région des plateaux, 16 janvier 2009).

[2304] « Actuellement moi je ne suis pas censé signer les contrats avec les apprentis. C'est eux les chefs cuisiniers qui font ça. Je ne sais pas si les apprentis payent pour venir ici, il faut demander aux cuisiniers. J'ai écouté entre 10 et 15000 quelque chose comme ça » (Cf. Entretien avec un chef d'entreprise de nationalité européenne (dépôt de boissons, vente en gros, supermarché, deux restaurants, garage), Kara, 3 décembre 2008).

l'employeur qu'un directeur régional du travail condamne cette pratique et a entrepris un travail de sensibilisation[2305].

B. Des violations condamnables

Alors que les « torsions tolérables » du droit s'inscrivent, malgré leurs effets pervers, dans des démarches alternatives louables au regard du contexte socio-économique et des dysfonctionnements du système juridique, certaines violations du droit ne peuvent que signifier une méconnaissance condamnable du droit du travail. Elles sont particulièrement condamnables car elles se manifestent dans des entreprises du secteur dit « structuré », de capitaux parfois étrangers et connues des services chargés de contrôler le droit du travail. Elles mettent en exergue une représentation singulière de la légitimité du pouvoir de contrôle, de sanction et de décision de l'employeur. Cette représentation ressort particulièrement de pratiques disciplinaires illicites (1). Elle est en partie sous-jacente aux atteintes graves portées à certains droits des travailleurs (2).

1. Des pratiques disciplinaires illicites

Le pouvoir disciplinaire s'exerce avec violence dans certaines entreprises du Togo, allant de la décision brutale jusqu'à des formes de travail forcé qui ne disent pas leur nom. Des mises à pieds à durée indéterminée, en passant par des licenciements sur le champ, jusqu'à la pratique des « mises à pieds avec présence effective », la discipline est le domaine non seulement de la majorité des litiges, mais aussi celui dans lequel sont révélées les pires formes d'exploitation du travail.

Le non respect de toute procédure disciplinaire est particulièrement visible en zone franche car l'accord collectif de 1996 définit précisément la faute professionnelle et institue des obligations procédurales plus précises que les celles des conventions collectives du territoire douanier. Deux procédures disciplinaires sont prévues en zone franche mais c'est la procédure simplifiée qui est généralisée en pratique, rendant la dualité procédurale, déjà incohérente dans son énoncé[2306], inutile dans les faits. Le prononcé des sanctions disciplinaires se fait le plus souvent dans l'immédiat, tout du moins sans l'exercice d'un quelconque droit de défense. Les propos des représentants de la

---

[2305] Cf. Entretien avec le directeur régional du travail de Kara, région de la Kara, 6 décembre 2008.

[2306] La procédure simplifiée peut être utilisée lorsque l'employeur envisage de prendre une sanction qui a ou non une incidence immédiate sur la présence du travailleur dans l'entreprise, sa fonction, sa carrière ou sa rémunération. Dans ce cas l'employeur est seulement tenu d'informer le travailleur des griefs contre lui au moment où il inflige la sanction. La procédure normale concerne les cas où l'employeur envisage un blâme, une mise à pied, une mutation ou rétrogradation. Dans ce cas le travailleur se fait assister d'un délégué du personnel, il est convoqué à un entretien par lettre durant lequel il fournit des explications. L'employeur prendra sa décision au moins un jour franc et au plus un mois après l'entretien, elle doit être notifiée et motivée par écrit et une copie est transmise à la SAZOF. Voir supra Partie I, Titre 2, Chapitre 2, Section 2, §1, B, 2, b.

SAZOF et des travailleurs de la zone franche sur une éventuelle convocation du travailleur fautif à un entretien révèlent plutôt des procédés d'intimidation ou de mise en garde[2307]. Ces convocations sont en outre rarement mentionnées car dépendantes « de la nature des gens et des entreprises » selon le directeur de l'emploi de la SAZOF. Les sanctions seront plus ou moins brutalement infligées en fonction de l'humeur du supérieur hiérarchique, du caractère temporaire ou permanent de l'emploi du travailleur, de la nature collective ou individuelle de l'agissement fautif, voire d'un recrutement en cours d'un membre de la famille d'un supérieur hiérarchique[2308]. Une étude réalisée par une association de Lomé mentionne que 82,3 % des travailleurs relatant des faits de harcèlement « résument ces harcèlements à des intimidations[2309] ».

Le fait de s'être endormi aux toilettes, d'être en retard ou de n'avoir pas atteint la production exigée chaque jour peut tout autant engendrer le renvoi, la mise à pieds de un ou plusieurs jours, voire plusieurs mois, un avertissement ou le passage à la direction de l'entreprise : « tu peux discuter des fois avec tes collègues, mais si « le blanc » le voit il va te renvoyer en même temps. De même si tu touches ton portable[2310] ». Au sujet d'un mouvement collectif réclamant l'écriture des contrats de travail, un ancien ouvrier temporaire de la zone franche explique que les représentants de l'employeur leur « ont dit de partir et de revenir dans quinze jours, on est revenu, ils nous ont dit de revenir encore dans quinze jours[2311] ». Des ouvriers permanents de zone franche donnent certains exemples : « si tu ne respectes pas un chef, on va te donner une sanction de trois jours. (...) Si tu as fait trois avertissements, après c'est une mise à pied. (…) Si tu es en retard tu es obligé de retourner à la maison. (...) Si tu as deux retards dans un mois, tu vas rester trois jours à la maison. (…) L'ouvrier peut amener du pain et venir manger aux heures de travail, il peut être licencié

2307 « En cas de faute, le petit chef t'emmène chez le chef et le chef chez le grand. On va te gronder quoi mais pas te virer. Ça dépend » (Cf. Entretien avec une ancienne ouvrière d'une industrie de cosmétiques de la zone franche, 12 janvier 2009). « Il faut leur expliquer la procédure, c'est très important. Il faut lui expliquer les règles car si un chef d'entreprise arrive, ça arrive qu'il licencie » (Cf. Entretien avec le directeur de l'emploi de la SAZOF, Lomé, 11 février 2009).

2308 Cette possibilité est évoquée par deux anciens travailleurs de la zone franche (Cf. Entretiens avec un ancien ouvrier d'une industrie agroalimentaire de la zone franche (Lomé, 12 janvier 2009) et une ancienne ouvrière d'une industrie de cosmétiques de la zone franche (12 janvier 2009).

2309 A. Aglamey-Pap, *La situation des travailleurs de la zone franche du Togo*, SADD-WSM, 2008, p. 14.

2310 Cf. Entretien avec une ancienne ouvrière d'une industrie de cosmétiques de la zone franche, 12 janvier 2009.

2311 « On est surveillé. Une fois ils ont mis en place des chronos pour voir le nombre de minutes qu'on mettait, parce que quelqu'un disait qu'on ne travaillait pas assez vite. Certains ont eu des avertissements. Le libanais il ne sait dire que « vite vite ». Tu ne peux pas parler avec les collègues mais des fois on l'insulte car il ne connaît pas notre langue. Il ne fait que se promener et dire "vite vite" » (Cf. Entretien avec un ancien ouvrier d'une industrie agroalimentaire de la zone franche, Lomé, 12 janvier 2009).

en même temps[2312] ». Une ancienne ouvrière temporaire se rappelle que « des gens de sécurité te fouillent le soir, on te met en rang et on te fouille. Si on trouve quelque chose on t'emmène au commissariat central (...). Si tu es en retard on ne va pas t'accepter, il y a un surveillant. (...) Si tu ne travailles pas bien, on peut te virer, (...) il y en a un aussi qui a été viré car il ne mange pas, il prend son ticket à 300 et s'en va le donner à la dame et il prend 250[2313] ».

L'abus de recours à la mise à pied, dont la durée ne pouvait, jusqu'au 20 décembre 2011, excéder huit jours, est aussi récurrent en « territoire douanier ». Cet abus ressort, d'une part, des durées excessives pratiquées par certains employeurs et, d'autre part, de la pratique fréquente de la « mise à pied avec présence effective ». La sanction de la mise à pied consiste en l'arrêt temporaire de l'exécution du contrat de travail ; le salarié ne fournit pas sa prestation de travail donc l'employeur ne verse pas la rémunération. Le dépassement de la durée maximale conventionnelle de huit jours est répandu[2314]. Sa durée peut en outre être ignorée par le travailleur lorsque l'employeur fait dépendre la reprise du travail d'un évènement incertain[2315]. La durée de la mise à pied varie entre deux et six mois, et peut dans des cas extrêmes atteindre une durée de dix-huit mois[2316]. Le directeur général du Travail l'explique par une considération patronale selon laquelle « il y a des fautes qui ne méritent pas le licenciement mais qui méritent des sanctions supérieures à huit jours de mise à pied. Donc c'est pour cela que dans la nouvelle approche de révision de la convention collective, nous allons essayer de voir s'il ne faut pas créer des sanctions intermédiaires pour éviter autant que faire se peut les licenciements »[2317]. La CCIT signée par les partenaires sociaux le 20 décembre 2011 crée effectivement la sanction de « la mise à pied aggravée de un à quinze jours avec privation de

---

[2312] Cf. Entretien collectif avec des salariés de la zone franche (ouvrier permanent du secteur des cosmétiques, ouvrier permanent d'une société agroalimentaire, ancienne ouvrière et chef de section d'une industrie de cosmétiques de la zone franche), Lomé, 12 janvier 2009.

[2313] Cf. Entretien avec une coiffeuse, ancienne domestique et ouvrière de la zone franche, Lomé, 10 décembre 2008.

[2314] Les mises à pied d'une durée excessive sont peu mobilisatrices des inspecteurs du travail. Ainsi, en présence d'une mise à pied de plus de deux mois d'un délégué du personnel accusé de vol, les inspecteurs du travail d'Atakpamé sont restés muets face à l'employeur et à une centrale syndicale omniprésente dans le traitement de cette affaire (Cf. Entretien avec le chef du personnel d'une entreprise agro-industrielle en présence de deux inspecteurs du travail d'Atakpamé et deux délégués du personnel CNTT, région des plateaux, 16 janvier 2009). De même, un inspecteur du travail de Kara, à propos d'une mise à pied de trois mois puis d'une deuxième au motif d'un retard, précise que normalement il devait le payer une fois les huit jours règlementaires de mise à pied dépassés mais précise que s'il demande à l'employeur de payer ces trois mois et de reprendre le travailleur, ce dernier « *ne serait pas libre, il serait surveillé et à la moindre chose il serait viré* » (Cf. Entretien avec l'inspecteur du travail de Kara, région de la Kara, 2 décembre 2008).

[2315] Trib. Trav. Lomé n° 08 du 16 octobre 2007 (notification d'une lettre de mise à pied le temps de trouver un nouveau véhicule) et du 16/06/2008 (lettre de mise à pied d'un pompiste lui demandant « d'aller rester à la maison pour un temps ; le temps de mettre de l'ordre »).

[2316] CA Lomé, ch. soc. n° 23/08 du 5 juin 2008 (18 mois), Trib. Trav. Lomé, n° 173/07 du 30 octobre 2007 (6 mois), n° 176/2010 (2 mois et demi), n° 169/10 du 29 juin 2010 (3 mois)

[2317] Cf. Entretien avec le directeur général du Travail, Lomé, 14 novembre 2008.

salaire[2318] ». Les agents de l'inspection du travail expliquent également la pratique de la « mise à pied avec présence effective » par une représentation patronale de l'absence de tout attribut de sanction dans la mise à pied : « il ne vient pas au travail et ne touche pas son salaire, pour eux ce n'est pas une sanction[2319] ». La mise à pied serait donc pour certains employeurs une suspension de l'exécution du contrat de travail pour motif disciplinaire mais en aucun cas une sanction.

La « mise à pied avec présence effective » est unanimement dénoncée par les inspecteurs du travail. De nombreux employeurs insèrent même de telles prévisions dans les règlements intérieurs qu'ils soumettent à l'autorité administrative pour visa[2320]. Ces pratiques ne sont pas tolérées mais aucun inspecteur ou juge n'affirme qu'il y a là une manifestation claire d'une pratique de travail forcé au sens des normes internationales, particulièrement de la Convention n° 105 de l'OIT qui oblige les États qui l'ont ratifiée[2321] à supprimer toute forme de travail forcé « en tant que mesure de discipline du travail », et de l'article 4 du code du travail[2322]. Les agents de l'administration du travail relient plus volontiers la pratique de « mise à pied avec présence effective » aux sanctions pécuniaires interdites par l'article 90 du code du travail. Un jugement du Tribunal du travail rendu le 26 janvier 2010[2323] concerne cette pratique. Un agent de sécurité plusieurs fois mis à pied avec présence effective est ensuite licencié pour faute lourde aux motifs de son « insubordination » et de ses absences répétées. Une mise à pied avec présence effective est clairement mentionnée dans les faits, à côté d'autres mises à pied avec privation de salaire, pouvant aller jusqu'à l'absence de rémunération pendant trois mois. Il saisit le Tribunal du travail en vue de voir déclarer son licenciement abusif. Les juges du fond se prononcent en ce sens sur le fondement de l'absence de caractère réel et sérieux du motif de rupture. Ils se fondent en particulier sur l'interdiction de double sanction puisque des mises à pieds avaient été prononcées auparavant pour les mêmes faits. Le montant des dommages et intérêts est fixé à 900 000 FCFA eu égard au « frein à la carrière du requérant (…), à son âge presque avancé et l'étroitesse du marché d'emploi[2324] ». Le caractère

2318 Article 58 de la nouvelle CCIT.

2319 Cf. Entretien collectif avec des jeunes inspecteurs du travail, Lomé, 16 décembre 2008.

2320 Cf. Entretien avec un inspecteur du travail, chef de la zone est de Lomé (Lomé, 9 janvier 2009), avec des jeunes inspecteurs du travail, Lomé, 16 décembre 2008 et avec le directeur régional du travail de Dapaong, (région des Savanes, 22 janvier 2009).

2321 Le Togo a ratifié cette convention en 1999.

2322 « On entend par travail forcé ou obligatoire, tout travail exigé d'un individu (…) pour lequel l'individu ne s'est pas offert de son plein gré ».

2323 Trib. Trav. Lomé, n° 007/2010 du 16 janvier 2010, inédit.

2324 Le requérant, agent de sécurité d'une société de gardiennage rémunéré à 25 500 FCFA, réclamait 3 millions de FCFA au titre de son préjudice.

de violation des droits fondamentaux du travailleur est éludé dans cette affaire, ainsi que la violation de l'interdiction des amendes[2325].

La pratique de l'amende disciplinaire est particulièrement développée dans les sociétés de gardiennage. Des inspecteurs du travail évoquent ce type de clauses dans les règlements intérieurs soumis à leur contrôle[2326]. Les employeurs continuent donc de penser légitimes certaines pratiques illicites. Il arrive au sein de sociétés employant parfois plus de quatre cent gardiens – sans qu'il soit pour autant possible d'affirmer qu'elles font partie du secteur dit « structuré » – qu'une véritable échelle pécuniaire des sanctions constitue la norme disciplinaire : « si on te voit en tenue débraillée, sanction. Si tu n'as pas porté les paires de lacets, si on te voit, sanction. On te prélève 2500 dans ton salaire. Ou bien soit tu dors, ou tu somnoles, c'est 2500 dans ton salaire. (...) Des fois ça monte plus que ça, des fois ça diminue. Bon des fois, si tu somnoles, on voit que tu es fatigué, des fois on te pardonne et on te laisse. (...) Si tu n'as pas signé le cahier là, tu es sanctionné, et puis on te prélève 5000. (...) À la fin du mois passé c'est 4000 que moi j'ai eu[2327] ». Refusées par les inspecteurs dans les règlements intérieurs, ces pratiques sont absentes des contentieux judiciaires de droit du travail, à la différence d'autres atteintes graves à certains droits des travailleurs.

2. Des atteintes graves aux droits des travailleurs

Certains droits tant individuels que collectifs des travailleurs font l'objet d'atteintes réitérées. Elles sont en partie sous-tendues par l'idée d'un devoir de respect absolu du pouvoir de l'employeur. Les atteintes en matière de droit collectif concernent principalement les délégués du personnel. S'agissant des droits individuels, il s'agit particulièrement du non-bénéfice des droits aux congés et repos des travailleurs ainsi que des non-déclarations ou fausses informations sur la déclaration à la Caisse Nationale de Sécurité Sociale (CNSS).

Hormis l'absence d'élections professionnelles ou la non-régularité de ces élections dans beaucoup d'entreprises, la problématique se pose des atteintes portées aux libertés et à la protection attachées au droit de la représentation collective. Plusieurs salariés de la zone franche mentionnent des pratiques de contrôle des listes de candidats par l'employeur, avec parfois l'aval de la SAZOF[2328]. Ce problème de la liberté de candidature aux élections

---

[2325] Cette violation est punie selon l'article 294 du code du travail d'une amende de 50 000 à 100 000 FCFA, 100 000 à 200 000 en cas de récidive et/ou d'un emprisonnement de 10 jours à un mois.

[2326] Cf. Entretien collectif avec des jeunes inspecteurs du travail (Lomé, 16 décembre 2008), avec le directeur régional du travail de Dapaong (région des Savanes, 22 janvier 2009) et avec le directeur régional du travail de Sokodé (région centrale, 20 janvier 2009).

[2327] Cf. Entretiens avec un gardien, Lomé, 18 et 28 novembre 2008.

[2328] Une ancienne ouvrière se souvient d'une grève déclenchée par le refus de l'employeur de la candidature d'un ancien DP. Ce mouvement s'étant soldé par le licenciement de ce dernier. Il semblerait que certains patrons modifient les listes électorales avec l'appui de la SAZOF. Cet appui rendant la contestation très difficile[2328].

professionnelles est en outre révélé par la suspicion exprimée par certains candidats aux inspecteurs du travail le jour même d'un scrutin électoral[2329]. L'absence de candidats membres de syndicats lors d'élections professionnelles dans un hôtel important de Lomé et la justification patronale de cette absence syndicale par des « problèmes » survenus lors des élections précédentes met en exergue cette interrogation des libertés attachées à la représentation collective[2330].

S'agissant des droits au repos des travailleurs, une pratique très fréquemment évoquée par des travailleurs et employeurs[2331] est le « rachat des congés » qui consiste en l'octroi au salarié d'un salaire supplémentaire en substitution de son départ en congé annuel. Pourtant, l'article 159 alinéa 3 du code du travail de 2006 dispose qu' « est nulle et de nul effet toute convention prévoyant l'octroi d'une indemnité compensatrice au lieu et place du congé »[2332]. Les travailleurs voient un avantage considérable à percevoir une double rémunération et s'en justifient souvent par le fait qu'ils n'ont rien de particulier à faire pendant un mois de congé[2333]. Selon qu'il s'agit d'une demande du travailleur ou d'une demande de l'employeur, il est d'usage de parler de « vente » ou d' « achat » de congés. Certains présentent la pratique comme une demande de l'employeur au travailleur de ne pas aller en congé en échange d'un salaire supplémentaire[2334] et d'autres comme une demande du travailleur à l'employeur au regard de son environnement socio-économique[2335]. Le rachat des congés se pratique dans les

---

2329 Les candidats réclament un report de l'élection pour désinformation des salariés et suspicion sur les modalités d'édition de la liste de candidats (Cf. Élections professionnelles à Lomé, secteur hôtelier, 27 septembre 2011).

2330 Les inspecteurs déduisent de l'absence de syndicat la nécessité d'un scrutin uninominal. Ce mode d'élection est contraire au droit applicable (*ibid.*).

2331 Seul un représentant d'une industrie métallurgique dit avoir cessé cette pratique (Cf. Entretien avec le DRH d'une société industrielle du secteur métallurgique, Lomé, 12 janvier 2009).

2332 L'auteur du manuel de droit du travail togolais reformule cette disposition : « il est interdit au travailleur de vendre son congé, et à l'employeur, d'accorder une indemnité compensatrice de congé en remplacement du congé. Toute convention contraire est nulle et de nul effet » (D. Yabre, *op. cit.*, p. 152).

2333 « Beaucoup acceptent à cause de l'argent. Moi un ami m'a conseillé de ne pas le faire parce que à la longue, il y a des séquelles » (Cf. Entretien avec représentant syndical de la centrale CSTT (fédération de l'agroalimentaire), salarié d'une société industrielle du secteur agroalimentaire, Lomé, 19 décembre 2008). « Il y a plus de la moitié qui se laisse payer. Ils ont le double de salaire pendant le congé » (Cf. Entretien avec un chef d'entreprise de nationalité européenne (dépôt de boissons, vente en gros, supermarché, deux restaurant, garage), Kara, 3 décembre 2008).

2334 *Ibid.* Cf. aussi Entretien avec le comptable d'une entreprise de forage et sondage, Lomé, 10 décembre 2008. « Comme il y a beaucoup de travail, des fois on ne nous laisse pas aller mais on paie congés payés. Mais les congés payés amènent des problèmes. Des fois ils veulent qu'on leur donne ces congés sans nous payer » (Cf. Entretien avec une ancienne ouvrière d'une industrie de cosmétiques de la zone franche, 12 janvier 2009).

2335 Cf. Entretien avec le DRH d'une société industrielle du secteur métallurgique (Lomé, 12 janvier 2009), avec le chef du personnel d'une entreprise agro-industrielle en présence de deux inspecteurs du travail d'Atakpamé et deux délégués du personnel CNTT (région des plateaux, 16 janvier 2009). « Si tu as un problème et que tu as besoin d'argent, tu vas leur dire que tu fais le mois et on te paye un mois en plus » (Cf. Entretien collectif avec des salariés de la zone franche, Lomé, 12 janvier 2009).

entreprises d'une certaine taille et du secteur dit formel. Il est évoqué par de nombreux représentants d'employeurs et des travailleurs tandis qu'il est quasi absent des propos des inspecteurs et magistrats ; ces derniers, sur le congé, déplorent plutôt l'abus[2336] ou l'absence pure et simple de bénéfice des congés annuels.

D'autres pratiques « regrettables » telles l'absence totale de congés existent au sein du secteur « formel » ou « informel ». Il arrive en outre qu'un congé très en-deçà des prévisions légales soit pratiqué dans certaines entreprises du secteur dit « informel », ainsi que dans les sociétés de gardiennage. Un patron d'un atelier de menuiserie mentionne un congé de deux semaines à la fin de l'année[2337], à l'instar d'un agent de sécurité d'une société de plus de quatre cent salariés[2338]. Dans certaines entreprises du secteur dit « formel », le bénéfice du congé dépend parfois du « statut » de travailleur temporaire ou permanent et de l'ancienneté[2339]. La fréquence des demandes d'indemnisation au titre des « congés non jouis » dans le contentieux de droit du travail montre en effet que l'absence totale de congés n'est pas l'apanage des seuls entrepreneurs du secteur non structuré[2340]. Il existe enfin certaines pratiques de rappel pendant le congé annuel[2341], mais également pendant un congé pour maladie, maternité ou autre. C'est tout le droit au repos qui est globalement non respecté en pratique, quel que soit le type d'organisation : heures supplémentaires obligatoires et sans autorisation administrative préalable, absence de délai de prévenance du travail pendant le week-end, l'absence de repos pour les travailleurs saisonniers, la fixation d'objectifs journaliers de production qui entrave le droit au repos dans la journée ou entre deux journées de travail.

Enfin, on relève la pratique de certains employeurs consistant à faire croire au travailleur qu'il est immatriculé à la CNSS. Le travailleur constate effectivement qu'une cotisation est retenue sur sa rémunération mais, au moment d'un accident, de sa retraite ou de son licenciement, s'aperçoit que les cotisations n'ont pas été versées à la CNSS. Cette atteinte est généralement mise en œuvre

---

[2336] « Par exemple une ONG française prévoyait dans son règlement intérieur qu'après un mois, elle donnait les congés mois par mois » (Cf. Entretien avec le directeur régional de Sokodé, région centrale, 20 janvier 2009).

[2337] Cf. Entretien avec le chef d'un atelier de menuiserie, Lomé, 29 janvier 2009.

[2338] « Si tu as fait à partir de deux ans, tu as deux semaines de congés par an. C'est eux-mêmes la direction qui choisissent » (Cf. Entretiens avec un gardien, Lomé, 18 et 28 novembre 2008).

[2339] Cf. Entretien collectif avec des salariés de la zone franche, Lomé, 12 janvier 2009.

[2340] Dans une affaire, le salarié demande l'indemnisation pour sept ans et la Cour d'appel n'accorde que cinq ans au motif de la prescription (CA Lomé, ch. soc., n° 019/11, inédit). Un jugement prononce une indemnisation pour deux ans pour un gardien (Trib. Trav. Lomé, n° 07/10, 26 janvier 2010, inédit), un autre pour quatre ans pour un secrétaire de notaire (Trib. Trav. Lomé, n° 015/10, 26 janvier 2010, inédit), un autre pour huit ans dans le secteur du ciment (Trib. Trav. Lomé, n° 156/10, 8 juin 2010, inédit), encore un autre pour six ans s'agissant d'un machiniste au port (Trib. Trav., n° 162/10, 29 juin 2010, inédit), cinq ans pour une cuisinière (Trib. Trav. Lomé, n° 161/10, 29 juin 2010, inédit), six à huit ans pour des salariés du bâtiment (Trib. Trav. Lomé, n° 080/10, 9 mars 2010, inédit) et six ans pour un pompiste (Trib. Trav. Lomé, n° 176/10, 13 juillet 2010, inédit).

[2341] La CCIT de 2011 introduit cette possibilité dans le droit du travail du territoire douanier.

dans les petites organisations du secteur « formel »[2342]. Elle équivaut dans ses effets à la non-déclaration pure et simple. Une grande partie de salariés non déclarés travaillent pour le compte d'employeurs pourtant immatriculés. Une enquête réalisée en 2008 a montré sur ce point que parmi les travailleurs contrôlés non déclarés à la CNSS, 82 % sont salariés d'employeurs immatriculés[2343]. La condamnation est moins évidente s'agissant d'un employeur du secteur de l'économie dite « informelle » qui n'est pas du tout connu des services de la CNSS. Ce n'est néanmoins pas le cas de tous les employeurs de ce secteur. Un patron d'une boutique de commerce avoue par exemple pratiquer une norme de déclaration sur demande : « je l'avais déclaré à la caisse. Mais il est parti. J'ai toujours mon numéro là-bas mais je ne déclare plus personne. (...) Je ne faisais pas de bulletin. Je le payais et je versais le reste à la caisse, je ne me souviens pas du pourcentage. J'avais accepté parce qu'il m'avait dit qu'il voulait travailler avec moi définitivement mais il a trouvé mieux ailleurs. C'est lui qui me l'a demandé. (...) Celui qui est avec moi depuis six ans a refusé catégoriquement que je le déclare[2344] ». Les services de contrôle de la CNSS semblent tolérer ce type de démarche, tolérance qui, il faut l'espérer, s'inscrit dans une approche pragmatique de prise en compte de l'environnement propre à l'employeur en cause : « ils sont même passés ici pour demander l'avis des employés, savoir s'ils veulent que je les inscrive là-bas. Mais comme ils ne sont pas fixes, ils partent du jour au lendemain. Je leur ai expliqué et ils n'ont rien dit[2345] ».

[2342] « À Lomé on a fait par exemple des restaurants, des boulangeries, laboratoires de photos... ce n'est pas de grandes entreprises. Il y avait des problèmes au niveau des prélèvements, on prélève des prestations, le taux qui est du à la sécurité sociale, et on ne verse pas par exemple » (Cf. Entretien avec le directeur régional du travail de Kara, 6 décembre 2008). « La dernière fois il a eu un problème, il a cherché à vérifier si ce qu'on lui devait, on a versé à la caisse. Est-ce que ça se fait ? On le fait normalement. Et il s'est rendu compte que rien n'est fait, ils n'ont jamais rien versé là-bas et il commence à se plaindre » (Cf. Entretien avec le cuisinier d'un restaurant chinois, Lomé, 23 décembre 2008). Dans une affaire est soulevé le préjudice tiré des « prélèvements opérés sur le salaire et non reversés à la CNSS », le litige est finalement réglé à l'amiable après quatre tentatives de conciliation et « trois renvois successifs pour règlement amiables » (Trib. Trav. Lomé, n° 027/2001, 6 mars 2001, inédit). Un rapport établit, sur la protection sociale, que « tout porte à croire que certains employeurs auraient attribué de fausses cartes d'immatriculation à leurs travailleurs pour faire croire à ceux-ci qu'ils étaient déclarés » (Rapport des organisations de la société civile et syndicales du Togo, 2012, *op. cit.*, p. 37).

[2343] Un bilan de la campagne réalisée par la CNSS en 2008 montre qu'une grande partie des salariés non déclarés à la CNSS sont embauchés par des employeurs immatriculés à la CNSS. 1959 salariés sur 8251 travailleurs, soit près d'un quart, contrôlés ne sont pas déclarés. 1595 salariés sur ces 1959, soit 82 %, travaillent pour des employeurs immatriculés. Rapport sur l'opération de contrôle des travailleurs assurés et non assurés par les employeurs déjà immatriculés, mars avril 2009, chef de service recouvrement et contrôle.

[2344] Cf. Entretien avec le patron d'une boutique de vente de matériaux de construction, Lomé, 8 janvier 2009.

[2345] *Ibid.*

Chapitre 2 – LES INVENTIONS DE RÈGLES

Les inventions en matière de régulation des relations de travail au Togo seront ici abordées en recourant indifféremment aux termes de « règles » et de « normes », sachant combien ils se distinguent difficilement du droit[2346] ; néanmoins on se doit de rappeler que le droit renvoie à un type de norme ou de règle[2347]. Parler de normes et de règles, au sens où à la règle est attachée une normativité[2348], permet de rendre visible le droit du travail, théoriquement applicable, au sein de l'analyse des créations normatives qui l'accompagnent, l'intègrent ou l'évincent. Nous analyserons donc les normes imaginées en pratique (section 1) pour aborder ensuite les innovations administratives et judiciaires (section 2), et ce toujours en se référant au droit positif[2349].

Section 1 – Les normes imaginées en pratique

Selon leur objet, les normes imaginées en pratique sont l'expression soit d'une forme d'alternative au droit, soit de la part de « fiction[2350] » qui compose le droit. Parler des normes « imaginées » en pratique impose de les confronter

---

[2346] « Si la norme n'est pas extérieure à son champ d'application, ce n'est donc pas seulement (...) parce qu'elle le produit ; mais c'est parce qu'elle s'y produit elle-même ». P. Macherey définit le concept foucaldien de « positivité de la norme » : c'est la norme « qui se donne entièrement, se produit en produisant ses effets, à travers son action, c'est-à-dire dans ses phénomènes et simultanément dans ses énoncés, sans du tout retenir en-deçà de ceux-ci, ou les surplombant, un absolu de pouvoir d'où elle tirerait son efficacité, mais dont elle n'épuiserait jamais toutes les ressources » (P. Macherey, *De Canguilhem à Foucault, la force des normes*, La fabrique, 2009, p. 90 et 96).

[2347] Pour parler du droit positif, les expressions « normes juridiques », « règles juridiques » ou « règle de droit » sont courantes et souvent relativement confondues. En quelque sorte, la norme juridique compose la règle de droit (V. D. de Béchillon, *Qu'est-ce qu'une règle de droit*, Odile Jacob, 1997, en particulier pp. 165-237).

[2348] Il convient ici de préciser que le terme de règle renvoie à une formulation prescriptive, c'est-à-dire à un caractère de fixité, d'ordre et d'antériorité, que le terme de norme ne recouvre pas au sens philosophique ou vient compléter dans les théories du droit. La norme renvoie à une détermination des conduites, c'est-à-dire à une interaction sociale au plan phénoménologique, d'où les expressions de « règle normative », « proposition normative » ou « normes individuelles ».V. A. Jeammaud, « La règle de droit comme modèle », *Rec. Dalloz*, 1990, p. 199.

[2349] G. Jellinek pensait que « le fondement de tout droit réside, en dernière analyse, dans la conviction que l'on a, sans pouvoir la déduire d'un autre principe, de sa valeur, de sa force normative, de son pouvoir de détermination, sur la volonté », sous-entendu un décalage possible entre la croyance dans l'existence de droits et le droit existant formellement (G. Jellinek, *L'État moderne et son droit*, 1900, Tome 2, édité chez LGDJ en 2005, p. 554).

[2350] Selon J. Favre (« La pensée juridique est-elle nécessairement une pensée de l'État ? », in D. Rousseau (dir.), *Le droit dérobé*, Montchrétiens, 2003, p. 97), malgré une tendance à l'analyse du polycentrisme des normes, l'État garde le monopole de l'attribution de la valeur juridique chez les positivistes ; « cette fiction du monopole de la juridicité reste opératoire ». V. également sur les normes fondamentales P. Amselek, « Une fausse idée claire : la hiérarchie des normes juridiques », *Droit prospectif*, 2007, p. 557 et D. De Béchillon sur la « fiction de l'habilitation » et le malaise kelsenien sur la norme fondamentale (*op. cit.*, p. 98 et p. 235).

avec le système juridique officiel qui, dans tout contexte, est nécessairement en partie « ineffectif ». Il s'agit particulièrement de mettre en exergue les contextes dans lesquels l'ordre juridique en vigueur constitue un référentiel certain, secondaire, rejeté, ignoré partiellement ou totalement, au profit d'autres fondements ou en vertu de certaines représentations. Nous aborderons les entreprises de zone franche où sont mises en œuvre des règles imprévues (§1) qui ont un caractère moins contrasté que les usages sociaux révélés en « territoire douanier » (§2).

§1 – Des règles imprévues mises en œuvres en zone franche

L'espace de la zone franche au Togo est le lieu de la plus forte concentration de l'économie dite formelle ou des entreprises dites structurées ; parce qu'industrielles, d'une certaine taille, enregistrées, de capitaux souvent étrangers et bénéficiaires de leur propre interlocuteur administratif. Or, c'est le lieu où la production normative éloignée du droit positif applicable en matière sociale est la plus visible, car finalement la plus tolérée au regard de la supposée modernité de la zone franche. Malgré un droit spécifique assez libéral[2351], il existe en zone franche un système normatif de déroulement « statutaire » de carrière (A) duquel découlent d'importantes différences de traitement (B).

A. Le déroulement statutaire de carrière

On constate en zone franche une substitution presque totale de la dualité CDD/CDI par la différentiation entre « permanent », « temporaire » et « journalier ». Tous les acteurs interrogés mentionnent cette distinction managériale des travailleurs selon la durée et le mode de renouvellement de leur engagement. Le statut[2352] de « temporaire » est en outre parfois subdivisé selon qu'il s'agit d'un temporaire engagé avec ou sans contrat écrit. On parle alors de « contractuel » dans la première hypothèse. Ces différents statuts constituent des étapes successives de l'évolution professionnelle du salarié dans la plupart des entreprises de la zone franche.

Il existe pourtant en zone franche un droit spécial relativement muet sur les notions de permanent, temporaire et journalier par rapport à certaines conventions collectives du territoire douanier qui cherchent à consacrer ces notions d'usage courant au Togo[2353]. Une légère évolution découle toutefois de

---

[2351] Sur le droit de la zone franche, voir supra Partie I, Titre 2, Chapitre 2.

[2352] « Le statut est fiction sans autres fondement que sa propre existence » (M. Maltais, Quelques réflexions sur la notion de statut humain, Les cahiers du droit, n° 1, 1990, p. 125). Voir également, M. Rivet, La vérité et le statut juridique de la personne en droit québécois, RGD, 1987. Sur les « statuts temporels », voir supra Partie II, Titre 1, Chapitre 1, Section 2, §1, A, 1.

[2353] L'article 8 de la CCIT du Togo envisage à la fois la distinction CDD /CDI et les quatre types d'engagement possibles : permanent, saisonnier, temporaire ou occasionnel. La convention collective du transit et transport maritime de 1991 définit le stagiaire, le travailleur temporaire et le la réforme du cadre légal général de la zone franche en juin 2011. L'article 8 de la loi du 24 juin 2011 dispose que l'entreprise qui prétend au statut de zone franche doit « réserver en priorité les emplois permanents aux nationaux »[2354]. Il s'agit sans doute de lutter contre la précarité de l'emploi en zone franche mais il est difficile de voir en quoi cette évolution législative peut inciter à un changement de politique managériale dans les entreprises étant donné le flou de l'obligation qui découle de l'énoncé[2355]. L'accord collectif de 1996 applicable en zone franche ne donne pas de définition de la distinction courante entre les permanents, les temporaires et les journaliers. L'accord de 1996 pose des conditions précises du recours au CDD dont celle de justifier de l'un des motifs suivants : l'entreprise doit faire face à une situation particulière[2356], l'entreprise a une activité cyclique habituelle justifiant le recours à des travailleurs saisonniers ou l'entreprise favorise l'emploi dans le cadre d'un pacte pour l'emploi ou de contrats de type emploi-formation. On retrouve donc les qualificatifs de « saisonnier » ou d'« occasionnel » dans les motifs possibles de recours au CDD en zone franche. Les termes de « permanents, saisonniers et temporaires » apparaissent en outre à l'article 44 de l'accord de 1996 pour préciser que certaines obligations procédurales s'appliquent indifféremment du type d'emploi[2357]. Or, les modalités de gestion des contrats de travail en zone franche montrent une absence de prise en compte des motifs de recours au CDD. Le passage par le contrat précaire est la norme applicable à l'embauche dans la plupart des entreprises de la zone franche en vertu d'une considération « méritoire » des droits des travailleurs subordonnés.

Tous les travailleurs rencontrés et les divers rapports ou analyses sur la zone franche du Togo mettent en exergue « une promotion normale à l'ancienneté[2358] » qui se manifeste en pratique par un déroulement de carrière basé sur la succession des statuts temporels de travail, c'est-à-dire par le

travailleur occasionnel. Le travailleur temporaire est celui qui est lié par contrat d'une durée maximale de six mois et fixée à l'avance qui, « à l'issue de cette période, ne pourra prétendre à une embauche » et « perçoit une rémunération mensuelle sur une base fixée d'accord partie ». Le travailleur occasionnel est sous contrat écrit ou verbal « établi en commun accord avec l'employeur ». La fin de ce contrat peut être subordonnée à la réalisation de la tâche à accomplir. Les contrats de ces travailleurs occasionnels « ne sont pas cumulatifs ».

2354 L'ancienne loi de 1989 se contentait de prévoir la priorité d'emploi en général aux nationaux.

2355 En septembre 2011, le nouveau directeur de l'emploi de la SAZOF a établi une « lettre circulaire » sur le CDD de deux ans et ses motifs mais regrette que les employeurs « résistent » (Cf. Entretien avec le directeur de l'emploi de la SAZOF, Lomé, 15 septembre 2011).

2356 Il s'agit des cas de remplacement, de surcroît exceptionnel d'activité dans la limite de six mois et de tâche occasionnelle dans la limite de six mois.

2357 L'obligation de notifier par écrit le licenciement, d'énoncer son motif et d'envoyer la copie à la SAZOF « s'applique à tous les travailleurs permanents, saisonniers ou temporaires ».

2358 J.-P. Lachaud, *Pauvreté et marché du travail en Afrique subsaharienne, analyse comparative*, IIES Genève, 1994, p. 223.

passage de journalier à temporaire sans contrat, à temporaire « contractuel »[2359], puis à permanent. L'addition des temps de passage dans les différents statuts donne un résultat parfois supérieur[2360] à la durée conventionnelle maximale de deux ans du CDD[2361]. On relève en outre que des représentants de la Société d'Administration de la Zone Franche (SAZOF) ont une approche de la distinction entre CDD et CDI[2362] qui coïncide avec l'idée d'une transformation automatique du statut au bout de deux ans, ou plus selon les entreprises, passés en tant que temporaire ou « contractuel[2363] ». Les durées de passage par les différents statuts sont en définitive discrétionnairement établies. Qu'une durée de principe existe ou non dans l'entreprise, la décision d'un changement de statut est aléatoirement prise. Une ancienne salariée de la zone franche explique par exemple que son accession au statut de permanent, après cinq ans de présence, s'est faite suite à un accident du travail.

D'après les statistiques disponibles, il n'est pas avéré que ces choix d'organisation soient rattachables à des traits structurels, sectoriels ou « culturels »[2364] des entreprises de la zone franche. Les différences de proportion entre l'emploi permanent et l'emploi temporaire sont diverses mais les travailleurs temporaires représentent en général plus de la moitié des emplois des togolais en zone franche[2365]. Il peut par exemple n'y avoir aucun travailleur temporaire dans une entreprise industrielle de plus de cent travailleurs[2366]. Il arrive en outre qu'une entreprise de service de moins de vingt salariés

---

[2359] Un mémoire de troisième cycle en formation d'inspecteur du travail fait coïncider les termes de « temporaires ou contractuels » (E. M. Boyodi, *La règlementation du travail en zone franche industrielle du Togo : bilan et perspective*, Mémoire de 3e cycle, ENA/AT, Togo, 2008, *op. cit.*, p. 23).

[2360] « Tu vas durer cinq ans là-bas et on t'engage. Les gens qui ont travaillé avant, là tout juste ils sont engagés. Avant, on nous prend premièrement journalière, puis temporaire, après on dit permanent » (Cf. Entretien avec une coiffeuse, ancienne ouvrière de la zone franche, Lomé, 10 décembre 2008 et entretien collectif avec des salariés de la zone franche, Lomé, 12 janvier 2009).

[2361] Article 17 de l'accord de 1996.

[2362] « Dans ce contrat déjà on précise la durée du CDD et on ne peut pas aller au-delà, sinon c'est un CDI. (...) Quand une entreprise utilise des gens pendant deux ans, on leur demande de transformer le contrat » (Cf. Entretien avec le conseiller juridique et le directeur de l'emploi de la SAZOF, Lomé, 9 janvier 2009).

[2363] « Contractuel veut dire qu'après deux ans on va t'engager là-bas et tu seras permanent. Je ne suis pas devenue non. J'ai fait cinq ans » (Cf. Entretien avec une ancienne ouvrière d'une industrie de cosmétiques de la zone franche, 12 janvier 2009). « C'est après un certain nombre d'années. Nous on a fait deux ans avant de devenir des permanents. Parce qu'il y a des journaliers, des temporaires » (Cf. Entretien collectif avec des salariés de la zone franche, Lomé, 12 janvier 2009).

[2364] Cf. Dossier « Mise en œuvre du droit du travail et cultures nationales », *RDT*, 2007, p. 195.

[2365] 54,4 % selon les données de la SAZOF, soit 5720 temporaires pour un total de 10516 salariés (*Répartition des emplois par sexe et par catégories professionnelles au 31/12/2010*, SAZOF, Lomé, 2011). La proportion de temporaires a donc augmenté de plus de 12 % entre 2007 et 2011 (E. M. Boyodi, 2008, *op. cit.*, p. 23).

[2366] C'est le cas par exemple d'une entreprise libanaise de fabrication de nattes qui embauche 460 travailleurs togolais.

n'emploie que des « temporaires »[2367]. La provenance des capitaux ne paraît pas déterminante de l'organisation managériale des entreprises. Alors que les entreprises libanaises sont les plus nombreuses en zone franche, elles représentent une part élevée des entreprises qui embauchent moins de « temporaires » que de « permanents »[2368]. On retrouve par ailleurs des entreprises d'origine européenne dans différentes configurations : cinq entreprises européennes dont trois françaises de dix à soixante salariés n'embauchent aucun temporaires, deux d'un effectif de trente-quatre et cent-trente salariés en comptent moins de la moitié, cinq autres comptent une majorité voire quasi-totalité de temporaires. Une entreprise française de l'agro-industrie embauche, par exemple, trois-cent « temporaires » sur trois-cent cinq travailleurs togolais[2369].

Un rapport sur la zone franche mentionne que la création de « statuts hybrides » tient de la « liberté élargie d'embauche et de licenciement dont bénéficient les employeurs de la zone franche ». Le rapport ne précise pas si ce bénéfice de flexibilité tire sa source du droit spécial de la zone franche, de son obscurité ou d'un manque de contrôle de son application. Le « dévoiement » de ce droit doit en effet être en partie tiré du système de droit lui-même. Or, le système de droit de la zone franche ne contient pas formellement la « liberté élargie » que le rapport mentionne[2370]. C'est plutôt la considération de la spécificité de ce droit par ses destinataires et les acteurs de son contrôle qui contribue à la mise en place de ces normes « dérivées ».

La création de règles imprévues peut donc s'analyser comme une réception du droit officiel pris dans son caractère général d' « ordre », puis de « système » : « le dévoiement de la règle consiste donc en son adaptation à une finalité subjective. Il aboutit à la création de systèmes juridiques autonomes au sein du système juridique général mis en place par le pouvoir »[2371]. Le rapport précité ajoute dans ce sens l'existence d'une conditionnalité de ces statuts hybrides pour la détermination des régimes des droits sociaux des travailleurs,

---

[2367] C'est le cas d'une holding belge de gestion de participations financières qui embauche dix togolais. Dans le secteur secondaire, c'est aussi le cas par exemple d'une entreprise sud-coréenne de fabrication de fibre et cheveux synthétiques qui embauche quinze togolais.

[2368] Une seule entreprise libanaise compte une majorité de temporaires.

[2369] *Répartition des emplois par sexe et par catégories professionnelles au 31/12/2010*, SAZOF, Lomé, 2011.

[2370] L'accord de 1996 encadre la formation et la rupture du contrat de travail dans un sens assez équivalent au droit du territoire douanier. Les causes possibles de licenciement pour motif personnel sont énumérées en son article 42 (faute, maladie prolongée, inaptitude physique, insuffisance professionnelle, « attitude du travailleur vis-à-vis de son travail, de ses collègues ou de son supérieur »). En vertu des articles 43 et 44, l'employeur doit convoquer le salarié concerné à un entretien en présence des délégués au cours duquel il notifie le motif de licenciement qui doit être mentionné dans la lettre de licenciement transmise à la SAZOF. Aucun entretien n'est prévu dans le droit de la « zone douanière ». Le préavis et l'indemnité de licenciement sont par ailleurs identiques à ce qui est prévu par le droit du territoire douanier.

[2371] L. Drai et D. Hiez, « La réception du droit : le droit des sujets », *Droits, Revue de la recherche juridique*, 2007, p. 141.

c'est-à-dire que la mise en place de normes imprévues n'est pas entièrement exclusive du droit officiel. En effet, les différences de traitement que génère l'articulation des statuts de travail résultent d'une norme imaginée en amont de la mise en œuvre des droits des travailleurs qui, lorsqu'ils sont respectés, sont mis en pratique selon les règles juridiques qui les encadrent.

B. Les différences de traitement

Le passage obligé par le statut de temporaire avant d'être « permanent » traduit en pratique un glissement progressif de l'« emploi informel »[2372] à l'emploi protégé. Les travailleurs de la zone franche s'accordent pour mentionner que le statut de travailleur temporaire ou contractuel signifie que le droit du travail n'est pas ou est très partiellement appliqué. Le caractère d'« emploi informel » résulte d'une certaine généralisation de la non-inscription des travailleurs temporaires à la Caisse Nationale de Sécurité Sociale (CNSS), au moins jusqu'à leur accession au statut de permanent. Ce passage peut en outre signifier le bénéfice de certains droits individuels.

S'il existe des cas d'entreprises dans lesquelles « temporaires » comme « permanents » semblent être immatriculés à la CNSS, ces cas sont marginaux. Quelques données statistiques recueillies à la fin de l'année 2011 permettent de faire le parallèle entre le statut de temporaire et la non-immatriculation à la CNSS[2373]. Dans l'ensemble toutefois, le nombre de travailleurs déclarés ne correspond pas exactement avec le nombre de permanents. Seulement 57 % des travailleurs permanents sont déclarés à la CNSS. En effet, la déclaration des travailleurs est parfois totalement oubliée ou totalement accomplie. La SAZOF décompterait fin 2011, les chiffres sont à prendre avec précaution eu égard aux difficultés de collecte des données au Togo[2374], 26 entreprises sans travailleurs

[2372] L'emploi informel englobe le travailleur indépendant, l'employeur travaillant pour son propre compte, le membre d'une coopérative informelle, les travailleurs dans le cadre familial et le salarié embauché dans un emploi informel. Ce dernier est celui qui, de droit ou de fait, ne paie pas d'impôt sur le revenu, ne prétend pas à la protection sociale ou à qui tout ou partie des dispositions de législation du travail ne sont pas appliquées (*Directives concernant une définition statistique de l'emploi informel*, approuvées par la 17e CIST, OIT, 2003).

[2373] C'est le cas d'une entreprise togolaise de prothèses dentaires qui embauche un temporaire sur cinq salariés et en déclare quatre. Une entreprise libano-togolaise déclare 63 salariés tandis qu'elle embauche 74 togolais dont 10 temporaires. Une entreprise française de réparation de navires emploie 130 togolais, dont 36 temporaires et 95 assurés sociaux. Une entreprise indienne de production de ciment qui embauche 339 salariés dont 10 temporaires déclare 329 salariés à la CNSS. Une entreprise togolaise de culture et transformation déclare huit travailleurs sur un effectif de 59, dont 48 temporaires. Une industrie plastique libanaise de 712 salariés dont 578 temporaires déclare 160 personnes. Une holding belge qui emploie huit permanents et deux temporaires déclare huit personnes. Une entreprise togolaise de fabrication d'éponges métalliques déclare huit personnes sur un effectif de 58 salariés dont 50 temporaires.

[2374] Les statistiques fournies par la SAZOF mentionnent l'absence de travailleurs déclarés dans des entreprises de plus de 1000 salariés alors que certains ont confié avoir été immatriculés à la CNSS (Cf. Entretien avec une ancienne ouvrière d'une industrie de cosmétiques de la zone franche, 12 janvier 2009 et entretien collectif avec des salariés de la zone franche, Lomé, 12 janvier 2009).

déclarés contre 13 entreprises déclarant la totalité des salariés. Les différences entre les proportions sont en outre très variables lorsqu'une partie seulement des travailleurs est immatriculée. Par exemple, une entreprise agro-industrielle française déclare 123 personnes alors que sur 305 salariés, 300 sont temporaires. Il demeure toutefois que seulement cinq entreprises déclarent plus de travailleurs que le nombre de travailleurs temporaires contre dix qui en déclarent moins. Certains travailleurs mentionnent en effet que le caractère permanent de l'emploi est une des conditions, mais pas toujours la seule, pour bénéficier de la protection sociale : « si tu es permanent tu seras assuré mais tu vas durer un peu avant » ; « chaque année, on contrôle sur le cahier pour voir si tu travailles bien ». Une ancienne salariée précise aussi qu'elle a « fait cinq ans avant de devenir chef. (…) Mais c'était même statut et même salaire[2375] ».

D'autres droits individuels sont en effet présentés comme conditionnés par le statut de permanent. L'expression « si tu es permanent/engagé » est récurrente dans les propos des salariés. De la condition de « temporaire » ou « permanent » peut dépendre le mode de paiement[2376] et le montant du salaire[2377], la possibilité d'obtenir des avances ou des prêts sur salaire[2378], le bénéfice de la prime de déplacement[2379], le bénéfice des congés payés[2380], le paiement du salaire pendant la suspension du contrat pour maladie[2381], la procédure de demande de permission d'absence[2382], le régime disciplinaire ou la procédure de licenciement[2383]. Le droit de participer aux élections professionnelles semble aussi parfois déterminé par la durée de présence du

---

2375 Cf. Entretien avec une ancienne ouvrière d'une industrie de cosmétiques de la zone franche (Lomé, 12 janvier 2009), avec plusieurs salariés de la zone franche (Lomé, 12 janvier 2009) et avec une coiffeuse, ancienne domestique et ouvrière de la zone franche (Lomé, 10 décembre 2008).

2376 L'accession au statut de permanent peut signifier le droit à la « bancarisation » du salaire, c'est-à-dire le versement des salaires sur un compte en banque, ce qui permet généralement un accès au crédit sous caution de l'employeur. « Les anciennes sont devenues permanentes, on leur a ouvert des comptes à FUCEC, elles peuvent faire des prêts là-bas » (Cf. Entretien avec une coiffeuse, ancienne domestique et ouvrière de la zone franche, Lomé, 10 décembre 2008). « Si tu es permanent, tu peux aller t'inscrire dans une banque et on te le vire sur ton compte » (Cf. Entretien collectif avec des salariés de la zone franche, Lomé, 12 janvier 2009).

2377 « Ils sont bien payés. Je sais que c'est vers 55000 » (Cf. Entretien avec une coiffeuse, ancienne domestique et ouvrière de la zone franche, Lomé, 10 décembre 2008). « Ils nous avaient payé 22000. Maintenant on est à 42000 par mois » (Cf. Entretien collectif avec des salariés de la zone franche, Lomé, 12 janvier 2009).

2378 « Si tu es permanent, avant c'était à 20000. C'est pour la rentrée scolaire. Ils te prélèvent ça par mois » (Cf. Entretien avec une ancienne ouvrière de la zone franche, Lomé, 10 décembre 2008).

2379 « Si tu es engagé, on te paye les déplacements, c'est 250 F par jour » (Cf. Entretien collectif avec des salariés de la zone franche, Lomé, 12 janvier 2009).

2380 Cf. Entretien collectif avec des salariés de la zone franche (Lomé, 12 janvier 2009) et avec une ancienne ouvrière d'une industrie de cosmétiques de la zone franche (Lomé, 12 janvier 2009).

2381 « Si c'est une longue maladie, si tu es permanent, engagé, pendant les un mois, on te donne ton salaire » (Cf. Entretien collectif avec des salariés de la zone franche, Lomé, 12 janvier 2009).

2382 « Si tu n'es pas engagé, tu n'as pas de chance. Si tu n'as pas bien demandé la permission, on peut toutefois refuser » (*ibid.*).

2383 « Si tu as fait trois avertissements, après c'est une mise à pieds. (…) Si t'es un nouveau, on te renvoie sans préavis » (*ibid.*).

travailleur. L'enquête réalisée par l'association togolaise SADD mentionne par exemple que 12,5 % des travailleurs enquêtés « sont régis par une situation non clairement définie » et que 17 % de ces personnes sont payées sur des bases « pas clairement définies ». Y figure l'information selon laquelle la quasi-totalité des personnes « ont droit à la jouissance de permission » d'absence tandis que 14 % d'entre elles ne bénéficie pas des congés payés et que seules 32 % des femmes bénéficient du congé de maternité[2384].

Les paramètres de la mesure de la « force normative » du droit spécial de zone franche, que permet d'établir ces normes imprévues, sont variés . Le fait que chaque type de norme ne concerne pas la totalité des entreprises de la zone franche montre que la seule insuffisance du contrôle de l'application du droit ne peut suffire à expliquer l'« ineffectivité » du droit du travail en zone franche. Nous avons en effet pu mettre en évidence une valeur normative singulière du droit spécial anticonstitutionnel de la zone franche au regard des peurs suscitées par ses certains paramètres économiques et politiques[2385]. L'effectivité du droit du travail dépend en zone franche nécessairement aussi de son « acceptation », de la connaissance ou représentation de ce droit[2386], notamment en tant qu'ordre légitime[2387] : l'*opinio juris*. De ce point de vue, la tendance assez générale à la discrimination ou à la mise en compétition des travailleurs qu'illustre le système de distribution de leurs droits permet de douter d'une éventuelle corrélation entre secteur « formel » ou « exogénéité » et application du droit.

§2 – Des usages sociaux contrastés en « territoire douanier »

Le caractère contrasté des usages sociaux en territoire douanier tient de l'ambivalence de leurs effets au regard des prévisions juridiques, et plus généralement de l'« esprit » du droit du travail. Ces usages sociaux peuvent être vus comme complémentaires du droit du travail s'agissant de la protection du travailleur ou comme singuliers au regard du caractère inégalitaire de la

---

[2384] A. Aglamey-Pap, *op. cit.*

[2385] Voir supra, Partie I, Titre 2, Chapitre 2, Section 2, §2.

[2386] « La sociologie du droit (…), doit aussi chercher à comprendre pourquoi et comment ils obéissent au droit (…). Pour évaluer l'effectivité, il paraît nécessaire de réintroduire une conception plus active du sujet » (…) » (F. Rangeon, *op. cit.*, p. 126). On retrouve cette part active du sujet dans la définition que donne le professeur Antoine Jeammaud du droit comme « cadre d'action » et en référence notamment à des écrits sur « droit et morale » ou sur le « dispositif réputationnel de la loi » (A. Jeammaud, « Les règles juridiques et l'action », *Rec. Dalloz*, 1993, chr. n° 29). Voir aussi L. Drai et D. Hiez, *op. cit.*

[2387] « L'effectivité ne se traduit pas nécessairement par un comportement actif d'application d'une règle, mais aussi par la non-violation de la règle par crainte de sanctions ou simplement par reconnaissance de sa légitimité » (F. Rangeon, *ibid*). Selon le professeur Antoine Jeammaud (*ibid.*), le sens et les valeurs juridiques donnés aux situations, le seraient indépendamment de la connaissance et conscience des règles de droit des sujets, « au moins sans que pèse véritablement leur perception ».

relation de travail que sous-entend cette protection. De nombreuses normativités collectives originales seront présentées (A) avant de traiter spécifiquement de l'apprentissage professionnel togolais (B).

A. Les « normativités » collectives originales

Le caractère collectif de ces normativités, c'est-à-dire de ces pratiques à caractère de normes, sera abordé sous son sens commun en tant qu'elles « concerne(nt) un ensemble de personnes, un groupe »[2388]. Les normativités collectives originales traduisent donc des dynamiques qui concernent à la fois les relations individuelles et collectives de travail au sens du droit du travail ; l'individuel et le collectif s'imbriquent ici singulièrement. Ces normativités ressortent à la fois de la diversité d'approche du lien de subordination (1) et de l'organisation collective hors institutions représentatives du personnel (2).

1. Les diversités d'approche du lien de subordination

Le lien de subordination juridique en tant que critère majeur de détermination du contrat de travail détermine l'application du droit du travail. S'il connaît des remises en cause avec la complexification contemporaine des relations d'emploi salarié et d'emploi indépendant[2389], il reste néanmoins la justification de la qualification juridique du contrat individuel de travail dont les critères sont repris par les praticiens togolais. Le contrat de travail est le contrat par lequel le travailleur est placé sous la direction et l'autorité de l'employeur[2390]. Selon une approche économique du lien de subordination juridique, l'inégalité économique justifie à la fois l'exercice et l'encadrement d'un pouvoir inégalitaire. Quelle qu'en soit l'acception privilégiée, c'est l'existence d'un lien de subordination caractérisant un contrat individuel de travail qui justifiera ensuite la mise en œuvre de droits collectifs ou d'exercice collectif. L'idée que l'individuel conditionne – ou prévaut, voire l'emporte[2391] sur – le collectif en droit du travail est quelque peu relativisée par le développement juridique contemporain de la participation des travailleurs ou par des créations alternatives de coopératives ou de systèmes d'échanges locaux

---

[2388] *Petit Larousse*, 2004.

[2389] Voir par exemple le supplément au n° 1494 de *SSL*, 2011 : spécialement B. Géniaut, « Les rapports appréhendés par le droit du travail, branche du droit », p. 28 ; C. Nicod et J.-F. Paulin, « La subordination en cause », p. 17 ; E. Mazuyer, « Les mutations de la figure du « travailleur » dans le droit de l'Union Européenne », p. 52. Voir également R. Castel, *La montée des incertitudes. Travail, protections, statut de l'individu*, Seuil, 2009.

[2390] E. Dockès, « Le pouvoir dans les rapports de travail. Essor juridique d'une nuisance économique », *Rev. Dr. Soc.*, 2004, p. 620.

[2391] Il s'agit de la tendance contemporaine à l'individualisation du droit du travail, en ce sens que la promotion, ou « réhabilitation » du salarié-individu est favorisée notamment par la mise en avant de ses droits individuels et l'adoption de dispositifs juridiques permettant cette individualisation des choix : rupture du contrat, formation professionnelle, contenu du contrat individuel de travail etc. Les prédéterminations juridiques des rapports de travail se modifient en substance là où elles étaient classiquement constitutives d'un socle commun.

(SEL)[2392]. De la même façon au Togo, l'individuel inhérent à l'idéologie du contrat est relativisé par quelques pratiques de « contrats collectifs de travail », distincts des conventions ou accords collectifs[2393]. L'inégalité économique propre à la relation subordonnée de travail est également singulièrement traitée en pratique.

Nous n'analyserons pas ces normativités originales à travers l'idée de paternalisme qu'elles peuvent suggérer. À l'instar de ce qui est interrogé comme possible néo-paternalisme dans le monde occidental[2394], les réalités togolaises des rapports de domination découlent selon nous d'une combinaison de facteurs multiples[2395], et non simplement d'une idée de « culture africaine [constituant] un contexte favorable au paternalisme[2396] ». Pour certains, en Afrique, « une conception moniste d'une harmonie cosmique et sociale induit un ordre moral unique et normatif dominé par la figure de l'ancêtre ou du père. L'Africain accepte donc facilement l'autorité, le pouvoir patronal. II n'est pas porté, a priori, à le contester. L'entreprise africaine constitue donc un terrain favorable à des relations sociales paternalistes[2397] ». Florent Valère Adegbidi propose une lecture plus complexe des relations d'autorité chez les travailleurs béninois : « ce paternalisme » qu'il repère exclusivement dans les ateliers artisanaux où « l'ambiance reste tout à fait « familiale » nonobstant la non-appartenance d'un certain nombre d'apprentis à la famille du chef d'atelier » se caractérise principalement par un chef d'atelier impliqué « dans l'espace privé » du travailleur pour lui apporter un soutien[2398]. La dimension capital-travail du « premier esprit du capitalisme » occidental est quelque peu remise en cause par ce rapport de soutien ou de « fraternalisme » selon Florent Valère

---

[2392] V. not. R. Libchaber, « Actualité du non-droit : les systèmes d'échanges locaux », *RTD Civ.*, 1998, p. 800.

[2393] B. Teyssier parle de contrat collectif de travail pour désigner ces normes professionnelles issues de négociations collectives.

[2394] Aujourd'hui, il y a disparition du paternalisme en tant qu'idéologie mais persistance de traits de « relation salariale paternaliste ». Morice propose le terme de paternalisme « hybride » ou « dénaturé » (A. Lamanthe, *Les métamorphoses du paternalisme. Histoire, dynamiques et actualités*, CNRS, 2011). V. également A. Supiot, *Au-delà de l'emploi, transformation du travail et devenir du travail en Europe*, Flammarion, 1999.

[2395] Florent Valère Adegbidi promeut l'idée d'un « fraternalisme contre paternalisme ». La fraternisation renvoie à la nécessité de rapports participatifs « parce que le poids de la culture ici limite la liberté du patron qui ne peut s'afficher comme le dispensateur à sa guise d'une protection » (F. V. Adegbidi, *Susciter l'engagement au travail en Afrique*, L'harmattan, 1998, p. 155 s.) Voir également Gerd spitler, « L'Anthropologie du travail en Afrique, traditions allemandes et françaises », in H. d'Almeida-Topor, M. Lakroum, G. Spitler (dir.), *Le travail en Afrique Noire, représentations et pratiques à l'époque contemporaine*, Karthala, 2003, p. 17.

[2396] E.-M. Hernandez, « Afrique : l'actualité du modèle paternaliste », *Revue française de gestion*, mars-avril-mai 2000, p. 98-105.

[2397] *Ibid.*

[2398] F. V. Adegbidi, *op. cit.*, p. 130 s.

Adegbidi[2399]. La relation de personne à personne[2400] caractérisant les fondements du paternalisme capitaliste est en outre parfois relativisée par des rapports collectifs prégnants, voire normatifs. Ainsi, nous présenterons deux exemples de « contrats collectifs de travail », dans le secteur de l'agriculture et dans le secteur agro-industriel avant d'analyser un rapport économique de travail original dans certaines entreprises du secteur dit non structuré.

La pratique du contrat collectif de travail peut s'assimiler à un usage dans certains domaines et pour certains types de travailleurs. L'expression « contrat collectif de travail » est utilisée par un chef du personnel d'une entreprise asiatique du secteur agro-industriel relativement à l'embauche de travailleurs saisonniers. Le chef d'un groupement agricole du nord du Togo relate l'embauche par « contrat » de groupes d'élèves en congés scolaires pour l'exécution de certains travaux agricoles. Dans ce cas, la tâche à accomplir est globalement établie et la rémunération est fixée forfaitairement pour tout le groupe qui détermine en son sein l'organisation du travail et la répartition de la contrepartie financière[2401]. Ce type d'embauche peut être également observé en zone urbaine, notamment à Lomé, pour des tâches de transport de matériaux rémunérées selon le volume transporté. La recherche de ce type d'emploi en groupe est généralement justifiée par le paiement de « l'écolage » au sein des écoles privées[2402], c'est-à-dire par le souci d'éviter d'étudier dans les structures publiques d'enseignement caractérisées par une surpopulation, donc par l'échec scolaire[2403]. Des représentants syndicaux du nord du pays pensent que les conditions difficiles d'exploitation agricole conduisent à des effets pervers de cette pratique de « location » d'un groupe de jeunes[2404]. Si les jeunes travailleurs sont tributaires du respect du contrat par l'exploitant, il n'en demeure pas

---

[2399] « Les deux registres ne s'opposent pas, ils sont dans un rapport de fonctionnalité. Le paternalisme peut assurer cette fonction car il se situe en contrepoint d'une conception purement marchande » (*ibid.*, p. 153-158). Cf. aussi A. Lamanthe, *op. cit.*

[2400] « C'est l'autorité paternelle qui fait loi et où les hiérarchies se bâtissent sur le respect de la tradition et sur le respect dû à l'âge. De la même façon que dans la famille, la relation y est personnelle, sans médiation » (*ibid.*).

[2401] « On fait un contrat : par exemple pour la coupe d'un hectare, ça fait 30 000 FCFA et ils se font le partage entre eux » (Cf. Entretien avec le chef d'un groupement agricole de Sokodé, région centrale, 26 janvier 2009). « Mais pendant les vacances, les enfants le font aussi pour se chercher eux-mêmes de l'argent. Juste des travaux, on vous délimite une portion, vous le faites et vous avez votre gain. Les enfants qui peuvent, ils le font » (Cf. Entretiens avec le secrétaire général de la centrale CGCT, Lomé, 19 décembre 2008 et 7 janvier 2009).

[2402] Les frais d'inscription dans une école privée sont couramment dénommés « *écolage* ». Ils représentent une somme entre 40 000 et 50 000 FCFA qui est versée chaque trimestre.

[2403] Cf. Notamment, entretiens avec le secrétaire général de la centrale CGCT, Lomé, 19 décembre 2008 et 7 janvier 2009.

[2404] « Le fait d'être déçu, l'enfant quitte le territoire pour aller au Nigeria et c'est là qu'il y a le problème de trafic des enfants. Le trafic est greffé à une situation de fait. Le paysan va vendre le sac de maïs à 6000 F à la dame qui va le revendre à 20000. Mais le paysan aura besoin de s'acheter du maïs le lendemain » (Cf. Entretien collectif avec des représentants syndicaux de l'UNSIT à Sokodé, région des Savanes, 19 janvier 2009). Sur les droits des enfants au travail, v. not. D. Ba, L'élimination du travail des enfants : un idéal trop élevé pour l'humanité, *TPOM*, 2007, n° 973/974, p. 84.

moins une démarche d'accommodation collective qui mériterait peut-être une enquête et analyse de la part des pouvoirs publics[2405]. Dans le contexte d'une entreprise agro-industrielle qui emploie chaque année un nombre important de travailleurs saisonniers, il est intéressant de mentionner la pratique de la négociation collective des conditions du contrat de travail avant le début de la campagne saisonnière. Avant le commencement du travail, les personnes recrutées dans la région mais aussi dans les régions limitrophes exigent collectivement certaines garanties sur les conditions de travail et sur les critères de rémunération, en présence d'inspecteurs du travail. Le rejet patronal de ces réclamations ou l'irrespect des termes de ces négociations préalables à l'embauche conduisent au départ des travailleurs ou à la reprise des négociations[2406]. Les travailleurs saisonniers s'organisent donc de fait collectivement, sans intermédiaire, pour négocier des bases communes de leur contrat de travail[2407] que le chef du personnel envisage d'ailleurs de formaliser par un écrit commun[2408].

Dans certaines organisations économiques du secteur dit « informel », il est surprenant de relever, dans une logique opposée à celle du capitalisme, des pratiques normatives patronales que nous engloberons dans l'expression de « don capitalistique ». L'employeur paraît alors privilégier la dimension éthique du travail, en tant qu' « activité la plus noble par laquelle l'être humain doit se valoriser et mener une existence digne[2409] », à celle du travail comme facteur de production. Cela se manifeste par l'offre, de la part de l'employeur, des moyens aux travailleurs pour la réalisation de la même entreprise, artisanale ou commerciale, pour leur propre compte. L'employeur subventionne donc sa concurrence malgré la saturation des marchés qu'il contribue alors à favoriser[2410]. Cela se manifeste par un don de l'employeur d'une de ses

---

2405 Plutôt que de location, il serait possible de voir dans ce cas un contrat de prestation de travail entre une association ou coopérative de jeunes et un entrepreneur.

2406 « Mais en cours de campagne, il y a eu certaines difficultés car il y avait eu certains points d'accord qui n'avaient pas été trouvés. Il y a donc encore des négociations sur les salaires, les congés car l'employeur est réticent sur l'octroi de congés, son analyse est que les saisonniers n'ont pas le droit aux congés » (Cf. Entretien avec un inspecteur du travail à Atakpamé, région des Plateaux, 15 janvier 2009).

2407 « Le chef n'est point ici un omniscient détenant une vérité qu'il pourrait imposer le moment venu, mais c'est quelqu'un qui sait prêter une oreille attentive, comprendre et faire émerger des décisions dans lesquelles se reconnaissent les participants aux séances de concertation. (...) D'ailleurs, la réaction contre la privation du besoin de consultation peut parfois prendre une forme tragique » (F. V. Adegbidi, 1998, op. cit., p. 134).

2408 Cf. Entretien avec le chef du personnel d'une entreprise agro-industrielle en présence de deux inspecteurs du travail d'Atakpamé et deux délégués du personnel CNTT, région des plateaux, 16 janvier 2009.

2409 F. V. Adegbidi, *op. cit.*, p. 125. Cf. aussi O. O. Sidibe, « Le sens du travail dans les sociétés sahéliennes », *op. cit.*

2410 Il n'est pas rare par exemple qu'un conducteur de taxi-moto signe lui-même en tant que propriétaire des contrats « work and pay » tandis qu'il mentionne le problème de l'envahissement continu de ce marché du transport.

commandes à un apprenti ou employé[2411]. L'employeur peut également aider l'employé pour l'ouverture d'une entreprise personnelle et similaire en se constituant en caution, en prêtant ou donnant une somme d'argent ou en offrant certains matériaux[2412]. Ainsi donc, par-delà les soutiens de l'employeur à l'occasion d'évènements personnels ou pour l'installation familiale, qui dépassent largement ce qui est prévu dans les dispositions conventionnelles[2413], le rapport de production est des plus original dans certaines relations subordonnées du secteur dit informel caractérisé par des marchés de plus en plus étroits[2414]. Cette pratique de soutien à l'activité économique indépendante des travailleurs illustre une réelle et originale prise en compte du contexte socio-économique, éloignée de l'idée paradoxale dans nos sociétés compétitives de la nécessaire limitation du droit de concurrence du salarié. Dans un sens similaire, on remarque parfois des modalités de consultation collective des travailleurs, éloignées de l'encadrement procédural de celles-ci par le droit du travail. Elles peuvent renvoyer à une idée singulière du collectif ou du « démocratique » dans l'entreprise ou plus généralement dans la société.

2. Les organisations collectives hors institutions représentatives du personnel

La suspicion à l'égard de représentants élus du personnel ou de personnalités syndicales, que nous avons eu l'occasion d'évoquer, mais aussi les carences de représentation dans les entreprises, par absence de volonté patronale ou méconnaissance des obligations légales, fondent à s'interroger sur d'éventuels mécanismes alternatifs de représentation ou de participation collective des

---

2411 Cf. Entretien avec le chef d'un atelier de menuiserie, Lomé, 29 janvier 2009.

2412 « Je l'aide pour ouvrir une boutique. Ou bien je lui ouvre une boutique, on fait le total et il me rembourse un peu un peu. J'ai ouvert deux boutiques » (Cf. Entretien avec le patron d'une boutique de vente de matériaux de construction, Lomé, 8 janvier 2009). « Il repart avec le matériel, nous pouvons aussi l'encourager avec un peu d'argent ou des vivres » (Cf. Entretien avec le chef d'un groupement agricole de Sokodé, région centrale, 26 janvier 2009). « Il n'y a pas de règles sauf quand on voit qu'il a grandi, on l'écarte avec un petit montant pour qu'il crée son entreprise » (Cf. Entretien avec le représentant syndical CNTT des commerçants de Dapaong, région des savanes, 24 janvier 2009).

2413 « Ça dépend des religions, certains patrons vont ou ne vont pas en personne à ces évènements. Si ce n'est pas la même religion certains préfèrent contribuer en argent ou en matériel, par exemple en donnant des sacs de riz, des tomates etc. Ce n'est pas un prêt c'est un cadeau. Si la contribution du patron ne suffit pas à l'employé, il peut demander un prêt en vue de rembourser après. Soit avec l'héritage en cas de décès, vente de bétail etc. Il arrive que certains ne remboursent pas et le patron se tait là-dessus. Car on suppose que c'est un évènement qu'il n'a pas souhaité » (Cf. Entretien avec le représentant syndical CNTT des commerçants de Dapaong, région des savanes, 24 janvier 2009). « S'ils veulent louer une chambre, je les aide à payer l'avance. Parfois ils me remboursent la moitié… mais je ne dis rien » (Cf. Entretien avec le patron d'une boutique de vente de matériaux de construction, Lomé, 8 janvier 2009).

2414 « Cet état de fait est créé par la prolifération de petits métiers et/ou nouveaux emplois tels que les kiosques de vente de téléphones portables, de traitement de textes, de cybercafés, des écoles et instituts de formation privés, des organes de presse écrite, de radio et de télévision, des maquis etc. » (Projet de Politique Nationale du Travail, 3e draft, Togo/OIT, 2010, p. 9). Voir aussi DSRP -C, 2009, *op. cit.*, p. 69.

travailleurs dans les entreprises des secteurs dits formel ou informel. On peut en pratique effectivement observer ou voir rapporter par des représentants patronaux ou des travailleurs, certaines organisations collectives originales. Des modalités normatives de représentation collective sont par exemple relatées par des gardiens du secteur « formel ». Des groupes de travailleurs se constituent en outre dans les entreprises de la zone franche en parallèle des délégués du personnel. On relève au travers de certains exemples que l'idée de représentation dans l'entreprise glisse vers celle de participation collective aux discussions. C'est particulièrement le cas dans certaines entités du secteur dit « informel », parfois dans des entreprises « hybrides »[2415]. Cela ressort relativement de certains modes de discussion qui combinent représentation – ou porte-paroles – et organisation d'assemblées générales. Enfin, des groupes de travailleurs se constituent en dehors de toute perspective de confrontation avec l'employeur dans un objectif de solidarité ou de réjouissance.

Le représentant d'un commerce du secteur dit « informel » qui compte des employés fait état de concertations collectives sans l'intermédiation d'un quelconque représentant. Le comptable d'une entreprise, dont le caractère formel cache un fonctionnement assez informel des relations de travail, parle également de ce type de réunion avec tous les employés, malgré son affirmation de la présence d'un délégué du personnel dans l'entreprise. Ces concertations collectives ou « assemblées générales » ont pour objet non seulement l'organisation et les conditions d'exécution du travail mais aussi les stratégies économiques de l'entreprise. Le patron d'une boutique de matériaux de construction dit en ce sens que des réunions auxquelles participent l'ensemble des parties prenantes du commerce sont organisées sans régularité précise mais au gré des problèmes qui peuvent se poser[2416]. Ces problèmes touchent autant aux mécontentements des personnes sur les conditions de travail qu'à la pérennité économique du commerce. Les problématiques de rentabilité ou de fourniture de marchandises[2417] peuvent être abordées à l'occasion de ces réunions. Le représentant d'une entreprise de forage à Lomé évoque également la provocation de réunions avec tous les salariés pendant lesquelles il peut être question d'arriérés de salaire ou d'autres difficultés économiques de l'entreprise[2418].

Des réunions rassemblant tous les travailleurs peuvent exister aussi dans des entreprises du secteur dit structuré, en plus d'un système de représentation collective. Par exemple, les entreprises de gardiennage ont généralement un

---

[2415] Le terme d'entreprise hybride renvoie aux entreprises pour lesquelles il est clairement difficile d'affirmer qu'elles sont dans l'un ou l'autre secteur économique.

[2416] « Ça arrive qu'ils ne soient pas contents sur des choses. Donc moi-même je les appelle pour qu'on discute de la manière dont les choses se passent. On fait des réunions » (Cf. Entretien avec le patron d'une boutique de vente de matériaux de construction, Lomé, 8 janvier 2009.

[2417] Cf. Entretien avec le patron d'une boutique de vente de matériaux de construction, Lomé, 8 janvier 2009).

[2418] Cf. Entretien avec le comptable d'une entreprise de forage et sondage, Lomé, 10 décembre 2008.

système de représentation collective à côté duquel se tiennent des réunions régulières rassemblant tous les travailleurs de l'entreprise. Dans ces entreprises, le système de représentation collective est généralement éloigné des prévisions légales et s'organise sur la base de l'organisation hiérarchique de l'entreprise. Un gardien d'une entreprise de taille importante fait état du rôle de représentant des travailleurs joué par le « chef de zone » qui va assister à une réunion hebdomadaire chaque mardi avec la direction générale. Avant cette réunion, ces représentants recueillent les rapports des différents « *chefs de poste* » qui représentent les quelques gardiens qui travaillent à la surveillance d'un même établissement. Le « chef de zone » présente un bilan de ces réunions aux « chefs de poste » qui jouent ensuite le rôle de relai auprès des différents gardiens. La nomination de ces représentants est faite collectivement par l'ensemble des agents de sécurité qui peuvent, collectivement également, décider de l'arrêt de leur mandat[2419]. On retrouve ce type d'organisation, ainsi que la pratique des réunions collectives, dans les propos d'un agent de sécurité d'une autre société[2420]. Si l'idée d'un « droit d'expression directe[2421] » est sous-jacente aux réunions rassemblant tous les travailleurs organisées en parallèle des concertations avec les représentants, on note toutefois un effet pervers possible de ces types d'organisation[2422]. La convocation de réunions semblables existe également dans certaines entreprises de la zone franche dans lesquelles sont pourtant mis en place des délégués du personnel. Si les salariés se voient accorder un droit de parole à cette occasion, l'impact de ces concertations collectives semble limité. Elles peuvent en effet servir à légitimer certaines décisions managériales défavorables[2423] ou conduire à des sanctions[2424].

2419 Cf. Entretiens avec un gardien, Lomé, 18 et 28 novembre 2008.

2420 « Quand nous avons quelques problèmes, les chefs de poste aussi nous demandent. Il y a un superviseur, un superviseur général aussi, des contrôleurs et un contrôleur général, tu peux leur dire tes problèmes. (…) Avec les autres on ne se réunit pas, seulement chaque année la directrice nous convoque tous ensemble » (Cf. Entretien avec un gardien d'une entreprise de sécurité togolaise, Lomé, 23 février 2009).

2421 Sur les critiques du droit d'expression directe dans le droit du travail français, cf. not. J.-P. Bonafé-Schmitt, « L'expression des salariés et l'action syndicale », *Rev. Dr. Soc.*, 1982, p. 288 et *Le triangle de l'entreprise : l'expression directe des salariés, la politique sociale des entreprises, l'action syndicale*, GLYSI, Lyon 2, 1985).

2422 « Elle (la directrice générale) demande les problèmes qu'ils rencontrent ; par exemple le patron qui demande de balayer la devanture, la cour etc. Elle leur dit que si un client leur demande ça, ça n'est pas dans le contrat et le gardien n'a qu'à refuser….à moins que le client te supplie ou te paie quelque chose » (Cf. Entretiens avec un gardien, Lomé, 18 et 28 novembre 2008).

2423 « Chaque fin d'année, tu peux poser toutes les questions et ils te répondent » (Cf. Entretien avec une coiffeuse, ancienne domestique et ouvrière de la zone franche, Lomé, 10 décembre 2008). « Des fois on fait des débats, on pose des questions. Ils nous disent que eux ils sont venus avec l'intention de nous payer 2500 par jour mais que notre État n'a pas accepté, que c'est pour cela qu'ils diminuent à 1000 pour nous » (Cf. Entretien avec une ancienne ouvrière d'une industrie de cosmétiques de la zone franche, 12 janvier 2009).

2424 « Donc il y avait eu une réunion où ils posaient des questions pertinentes, on les a licenciés pour cause d'essai » (Cf. Entretien informel avec une employée du service de l'emploi et des relations sociales de la SAZOF, Lomé, 26 décembre 2008).

Des organisations collectives mises en place par les travailleurs, dont l'objet est assez étranger à la recherche d'un dialogue avec la direction, sont mentionnées par des salariés d'entreprises de zone franche et hors zone franche. Ces organisations prennent la forme d'associations d'entraide ou de microfinance, comme des « tontines », voire de loisirs. Par exemple, une ancienne ouvrière de la zone franche du secteur des cosmétiques mentionne une organisation d'ouvriers masculins en « club » en vue d'épargner collectivement[2425]. Elle fait état de l'organisation d'une tontine à laquelle elle participait et au sein de laquelle une certaine solidarité, qu'elle qualifie de « familiale », se mettait en place. Une ancienne salariée d'une autre entreprise du secteur des cosmétiques mentionne également l'existence d'une chorale composée de quelques travailleurs[2426]. Un représentant syndical d'une industrie agroalimentaire extérieure à la zone franche, à l'instar d'un salarié d'une société de gardiennage[2427], parle de « tontines ou coopératives, entre les ouvriers mêmes, mais ce n'est pas porté au niveau de la direction ». Il mentionne un projet de création d'une mutuelle à laquelle les représentants de la direction « qui devaient [les] aider pour que ça aille de l'avant, n'ont pas accordé beaucoup de crédibilité si bien que, jusqu'à [leur] départ, il n'y a pas eu de mutuelle ». Il ajoute en outre l'institution entre les salariés, en parallèle de l'aide financière de l'employeur, d'une cotisation individuelle de 1000 FCFA en cas de funérailles concernant l'un des travailleurs[2428].

Ainsi, l'organisation collective des travailleurs, parallèlement ou non à la présence des IRP, en lien ou non avec la direction[2429], se manifeste diversement mais assez systématiquement dans le cadre de l'entreprise. Elle illustre à la fois un souci d' « implication » ou de participation collective des travailleurs et l'idée de solidarité ou de mutualisation sociale face à des employeurs plus ou moins défaillants. On note que les organisations syndicales sont relativement absentes de ces organisations dans le cadre de l'entreprise alors que certaines d'entre elles instituent quelques services sociaux pour leurs membres tels que des systèmes de retraite complémentaire, des coopératives, des cantines à « coût social », des mutuelles ou des soins de maternité[2430]. Les exemples demeurent

---

[2425] « Il prend son ticket repas à 300 et s'en va le donner à la dame et il prend 250. (...) Ils cotisaient 200 par jour » (Cf. Entretien avec une coiffeuse, ancienne domestique et ouvrière de la zone franche, 10 décembre 2008).

[2426] « À la fin d'année, on chante. Pour la chorale, le directeur nous finançait un peu par mois. On avait une caisse, j'étais la trésorière » (Cf. Entretien collectif avec des salariés de la zone franche, Lomé, 12 janvier 2009).

[2427] Cf. Entretien avec un gardien d'une entreprise de sécurité togolaise, Lomé, 23 février 2009.

[2428] Cf. Entretien avec représentant syndical de la centrale CSTT (fédération de l'agroalimentaire), salarié d'une société industrielle du secteur agroalimentaire, Lomé, 19 décembre 2008.

[2429] « Ça doit venir des travailleurs. Ils gèrent eux-mêmes. Je ne pense pas qu'il y ait des associations, que la tontine » (Cf. Entretien avec le directeur de l'emploi de la SAZOF, Lomé, 11 février 2009).

[2430] « Nous à notre niveau, nous organisons la retraite même. Tous les membres peuvent, c'est volontaire, vous souscrivez, vous cotisez et à une date donnée vous arrêtez » (Cf. Entretien avec le secrétaire général de la centrale UGSL, Lomé, 29 décembre 2008). « Librairie, papeterie, téléphone, toutefois concentrés à Lomé et assez rares[2431]. Par ailleurs, ces systèmes syndicaux n'embrassent pas tous les travailleurs, notamment les travailleurs apprentis du secteur de l'économie dite informelle du fait d'une syndicalisation partielle dans ce secteur. Dans les relations d'apprentissage, la centrale syndicale joue plutôt un rôle de gestionnaire, voire de cocontractant, plutôt que de filet de sécurité juridique et sociale pour les apprentis[2432].

B. L'apprentissage professionnel togolais

Parmi les usages sociaux du territoire douanier figurent les modalités d'organisation et de régulation de l'apprentissage professionnel au Togo. Pratique de formation très répandue au Togo mais très peu structurée à l'initiative des pouvoirs publics, les organisations syndicales s'en sont saisies au point d'« institutionnaliser » pratiquement leurs mécanismes d'intervention. Cette immixtion syndicale favorise la pérennisation de certaines normes illicites au regard de la lutte contre le travail des enfants ou encore de l'existence, en droit positif, d'un contrat de travail d'apprentissage. Cet apprentissage dit « traditionnel » togolais (1) fait l'objet progressivement d'une intervention des pouvoirs publics togolais (2).

1. L'apprentissage « traditionnel » au Togo

L'impression de dualité de l'apprentissage au Togo ressort de la distinction couramment faite entre un apprentissage « traditionnel » et un apprentissage « moderne »[2433]. L'apprentissage « moderne » est celui exercé dans des

---

fax, photocopie. (…) Nous avons une mutuelle de santé qui s'occupe de la santé des adhérents (…). Un centre de soins de santé où nous avons un personnel soignant, (…) une maternité et un laboratoire d'analyses. (…) La prise en charge c'est lui, sa femme et ses quatre enfants, vous cotisez 1600 par mois. (…) Nous avons négocié des conventions avec des centres de santé de référence et nous envoyons nos militants » (Cf. Entretien avec le secrétaire général adjoint et le conseiller juridique de la centrale CSTT, Lomé, 25 et 28 novembre 2008).

2431 « Notre projet c'est une cantine et de faire une caisse de solidarité (…). Le problème est que nous n'avons pas suffisamment d'appuis pour nous supporter. Au niveau de la centrale, en général elle finance quand nous organisons des séminaires » (Cf. Entretien avec le secrétaire préfectoral de la CSTT à Kara, région de la Kara, 3 décembre 2008). « Nous avons des jeunes qui font le maraîchage, ils ont besoin de 200000 pour démarrer, acheter les arrosoirs etc. Mais on ne peut leur donner » (Cf. Entretien collectif avec des représentants syndicaux de l'UNSIT à Sokodé, région des Savanes, 19 janvier 2009).

2432 « La coopérative achète des outils de coiffure et les rétrocèdent aux coiffeurs et coiffeuses qui payent à petits coup. Le deuxième volet c'est les couturiers, on achète également des machines à coudre qu'on rétrocède aux couturiers et ils payent petit à petit jusqu'à devenir propriétaire à terme. Il y a également les taxis motos » (Cf. Entretien avec le secrétaire général adjoint et le conseiller juridique de la centrale CSTT, Lomé, 25 et 28 novembre 2008). « Nous sommes incapables de gérer des activités à caractère social pour venir en aide aux travailleurs. Il y a des projets qui viennent de l'extérieur, du BIT » (Cf. Entretien avec un représentant syndical de la centrale CNTT, Lomé, 29 janvier 2009).

2433 « Néanmoins, plusieurs de nos interlocuteurs (notamment AFD, ANPE) ont insisté sur l'existence de réels besoins en matière de : modernisation / intégration de l'apprentissage informel ou traditionnel. Le sujet est vaste et requiert sans doute une approche inter-services » (Gip entreprises modernes et structurées, fondé sur un contrat, une formation et une rémunération de l'apprenti. L'apprentissage « traditionnel » a lieu dans des ateliers de petite taille et concerne des métiers plus artisanaux. Toutefois, cette dualité n'illustre pas la réalité contemporaine de l'apprentissage togolais. D'une part, la distinction ancien/nouveau ou traditionnel/moderne est difficilement intelligible[2434] et, d'autre part, l'appropriation de la régulation de l'apprentissage « traditionnel » par les acteurs syndicaux togolais sous-entend une nécessaire « modernité » de celui-ci[2435]. De plus, certains aspects du droit officiel de l'apprentissage rappellent uniquement les modalités dites « traditionnelles » d'exécution de l'apprentissage au Togo[2436]. Enfin, nous l'avons vu et l'approfondirons, ces mécanismes de l'apprentissage dans sa forme dite « traditionnelle » ne concernent pas uniquement les entreprises du secteur « informel »[2437]. Il convient donc de voir comment le syndicat est omniprésent dans l'organisation de l'apprentissage. Cette mainmise syndicale s'avère relativement impuissante à lutter contre les formes proches de l'exploitation que revêt la relation contemporaine d'apprentissage au Togo[2438].

International (République Française) - ministère du travail, de l'emploi et de la sécurité sociale (Togo), *Evaluation des actions réalisées en 2010 et préparation d'un programme de coopération pour l'année 2011*, Rapport de la mission réalisée les 23-25 février 2011).

[2434] Des auteurs, comme René Degni Ségui (*op. cit.*), placent le traditionnel en amont de l'expérience coloniale tandis que d'autres ont pu voir deux acceptions du traditionnel. C'est le cas de P. F. Gonidec (1987, *op. cit.*) qui, sur la dialectique de l'ancien et du nouveau, associe le précolonial à la « tradition instrumentalisée » et évoque le « fait colonial comme composante de l'ancien ». Au-delà du territoire africain, il existe autant de traditions que de territoires, mais aussi d'objets et de sciences. G. Ripert (*op. cit.*) parle du mythe de progrès social dont la force sert à « condamner les institutions traditionnelles ». F. Gény, dans le tome 1er de *Méthode d'interprétation et sources en droit privé positif* (1919, *op. cit.*), critiquait par ailleurs la « méthode traditionnelle » de l'analyse juridique positiviste. G. Timsit (« Normativité et régulation », *Cahiers du Conseil constitutionnel*, n° 21, 2007, p. 84) pense deux versions de la « normativité traditionnelle » : la normativité spontanée et la normativité imposée (État) auxquelles vient succéder la normativité « dialoguée » qu'incarne le concept de régulation. Revenons en Afrique, avec la dénonciation par S. Mappa (*op. cit.*) d'une « occultation de l'histoire pour l'idéalisation de la tradition ». Selon Nietzsche, « la passion historiciste se détourne du réel pour se griser d'idéalisation (...) et se trompe lourdement en assimilant culture et tradition » (S. Goyard-Fabre, « Nietzsche, critique de l'État moderne », *Archives de philosophie du droit*, 1976, p. 75).

[2435] Dans sa thèse de doctorat, Abdelaziz Souhair, (*op. cit.*) analyse les interactions entre un ancien et un moderne. Dans ce sens, l'auteur relève non pas l'abandon des dualismes mais « la multiplication des expressions de la dichotomie ». L'interrogation de la teneur du qualificatif traditionnel est pour le moins explicite dans l'expression suivante de Djibril Abarchi : « la tradition juridique africaine détient une part de tradition juridique française » (« Problématique des réformes législatives en Afrique : le mimétisme juridique comme méthode de construction du Droit », *Recueil Penant*, 2003, n° 842, p. 88). V. aussi J.-L. Halperin, « La détermination du champ juridique à la lumière de travaux récent d'histoire du droit », *Droit et Société*, 2012, p. 405.

[2436] V. par exemple, J. Déprez (1960, *op. cit.*, p. 7) qui parle d'« habitudes de pensée traditionnelles » en relevant que la « résistance du milieu » ne concerne pas tout le droit du travail mais quelques règles précises.

[2437] Voir supra Partie II, Titre 2, Chapitre 1, Section 2, §2, A, 4.

[2438] « Je m'oppose à tout idyllisme de l'entreprise familiale, de l'artisanat et de la boutique, car il y a reproduction jusqu'à l'usure des modes de travail les plus contraignants sous couvert de solidarité

Le fait que l'apprentissage se caractérise, en fait et en droit, par l'obligation de l'apprenti et de sa famille de payer des frais au maître d'apprentissage en contrepartie de la formation peut soulever un doute quant à la qualification juridique de contrat de travail. Si la majorité des praticiens togolais l'analysent comme un contrat de travail de type particulier, ils évoquent toutefois la dualité d'apprentissage au Togo. Or, à l'analyse de la règlementation complexe de l'apprentissage, il n'existe pas de dispositifs juridiques distincts selon que l'on se trouve dans tel ou tel type d'entreprise. L'analyse précitée des praticiens et les prévisions règlementaires du contrôle du contrat d'apprentissage par l'inspecteur du travail sont en outre mises en cause en pratique par le constat selon lequel les magistrats et inspecteurs du travail s'immiscent difficilement dans ces types de relation de travail[2439]. De la signature du contrat à la remise du diplôme à l'apprenti, les syndicats de base des corps de métier énumérés par la règlementation officielle et affiliés à l'une des trois centrales syndicales du Togo que sont la CNTT, l'UGSL[2440] et la CSTT, se substituent fréquemment à ces autorités de l'État.

Le rôle joué par ces syndicats de base a été très important face à l'immobilisme des pouvoirs publics pendant de nombreuses années. Le déroulement des formations se fait le plus souvent exclusivement dans les ateliers ou boutiques sans alternance avec un centre de formation ; mais, c'est fréquemment le syndicat qui se charge d'organiser la signature du contrat de travail et de régler les différends qui peuvent s'élever. À l'instar de ce que le droit formel prévoit, le contrat d'apprentissage au Togo est généralement écrit et signé par l'apprenti, un membre de sa famille et le maître d'apprentissage. Néanmoins, les attributions légales et règlementaires de l'inspecteur du travail en matière d'apprentissage sont en pratique transférées au syndicat[2441]. De plus, il n'est pas rare que le syndicat organise les examens de fin d'apprentissage, établisse les diplômes et participe à la préparation des « cérémonies de libération ». Une forme de monopole syndical s'est donc mise en place

---

familiale et de liens collectifs » (R. Galissot, « De la colonisation à l'indépendance, les métamorphoses du couple entreprise privé-État », in *Une introduction aux cultures juridiques non occidentales*, Bruylant, 1998, p. 607).

2439 « J'ai eu un cas concernant une fille qui est tombée enceinte. Le tuteur est venu se plaindre en disant que l'auteur doit rembourser les frais de contrat. Je lui ai demandé d'aller d'abord au niveau du syndicat parce que je sais qu'ils ont leur manière de régler les cas de grossesse là-bas. Il n'est pas revenu donc je pense que c'est réglé » (Cf. Entretien avec le directeur régional du travail de Dapaong, région des Savanes, 22 janvier 2009).

2440 « Il y a une semaine, les couturières sont venues nous voir parce que nous savons que pour un apprentissage, il faut aussi respecter certains textes. (…) Nous convoquons le patron ou la patronne et ils s'étonnent souvent que nous soyons informés dans les détails, ils commencent à être ennuyés. Nous leur avons dit que la prochaine fois ce ne serait plus à l'amiable » (Cf. Entretien avec le secrétaire préfectoral de l'UGSL à Kara, région de la Kara, 3 décembre 2008).

2441 En vertu du décret du 26 septembre 2003 relatif à l'apprentissage, le contrat d'apprentissage doit être visé par l'inspecteur du travail et le directeur de l'enseignement technique, de la formation professionnelle et de l'apprentissage. Sur le droit de l'apprentissage, voir supra Partie I, Titre 1, Chapitre 2, Section 2, §2, A, 2.

parallèlement aux administrations publiques défaillantes : pas assez de chambres de métier ou de centres de formation[2442], relatif laisser-faire pour les examens et pas de contrôle de l'administration du travail[2443]. De plus, des pratiques de vente de contrats-types, de fixation discrétionnaire du montant de la formation, de « cérémonies de pardon » post-apprentissage, consistant en des fêtes frugales aux frais de l'apprenti(e) et de sa famille, se perpétuent, parfois avec l'assistance de certains syndicats.

La patronne d'un atelier de couture qui « emploie » environ douze apprenti(e)s à Lomé précise, par exemple, que les contrats d'apprentissage sont élaborés par le syndicat affilié à la CNTT et signés en présence des parties dans les locaux de la centrale. Le président d'une association togolaise mobilisée sur ces questions parle de l'existence d'un « contrat-type officiel » qui est ignoré par les syndicats[2444]. En effet, dans un « Document de plaidoyer pour un apprentissage à visage humain au Togo[2445] », il est mentionné qu'il existe « plusieurs contrats illégaux d'apprentissage par corps de métiers mis en vente par les syndicats au mépris du contrat type officiel du Ministère de l'Enseignement Technique et de la Formation professionnelle, ces contrats sont très onéreux et imposés aux parents et aux apprentis en nature et en espèce ». Une couturière affirme que le syndicat fixe le montant de la formation à 54 000 FCFA, hors frais de cérémonie. Une coiffeuse faisant état de sa décision de remettre directement le diplôme aux apprenties dès la fin de leur apprentissage, sans passer par la « cérémonie de libération », a du cesser cette pratique sous la pression des membres de son syndicat. Ce type de cérémonie engendrant de multiples dépenses pour l'apprenti(e) et pour le patron, elle avoue attendre que sa nouvelle apprentie ait terminé sa formation afin de regrouper les deux cérémonies en une[2446]. Ainsi, l'apprenti(e) peut rester plusieurs années sans disposer de son diplôme qui, de surcroît, n'est pas reconnu officiellement.

Les conditions de travail des apprenti(e)s dans les ateliers ou boutiques sont caractérisées par une discipline très sévère. Le temps de travail est souvent

---

2442 « Des efforts ont été faits, certes par le ministère de l'Enseignement Technique et de la Formation Professionnelle pour entre autres renforcer les capacités des Centres Régionaux d' Enseignement Technique et de Formation Professionnelle, des Lycées d'Enseignement Technique et Professionnel, du Centre National d'Apprentissage et de Perfectionnement Professionnel, la création des Chambres Régionaux des métiers » (E. A. Amouzou, *Étude sur la situation de l'emploi des jeunes au Togo*, 2008, *op. cit.*, p. 65). « Les difficultés persistent néanmoins » (*Projet de politique nationale du travail au Togo*, 2010, *op. cit.*, p. 22).

2443 En 1958, le BIT relevait déjà qu'« à l'égard de l'apprentissage sur le tas, l'Administration fait preuve, dans la plupart des pays africain, d'un esprit de large tolérance. Cela se conçoit aisément : la capacité d'absorption des établissements scolaires d'enseignement professionnel est encore, dans tous les pays africains, des plus réduites par rapport aux besoins réels de main d'œuvre qualifiée » (*Les problèmes du travail en Afrique*, BIT, 1958, *op. cit.*, p. 216).

2444 Cf. Entretien avec le président de l'association SADD, Lomé, 29 décembre 2008.

2445 Ce document a été élaboré par le Collectif des associations de défense et de promotion des droits de l'homme en juin 2008.

2446 Cf. Entretien avec une coiffeuse, ancienne domestique et ouvrière de la zone franche, Lomé, 10 décembre 2008.

excessif, l'exécution de travaux domestiques sans rapport avec le métier pour lequel l'apprenti(e) est formé(e) est une donnée récurrente et des pratiques de punition corporelle ou hautement vexatoire existent[2447]. Il arrive en outre souvent que les parents de l'apprenti(e) demandent la « *permission* » au maître d'apprentissage pour que le jeune travailleur puisse retourner « au champ » pendant un mois à l'issue duquel le principe d'un rattrapage du temps d'absence sera appliqué[2448]. Enfin, il est courant de parler de cérémonie de « pardon » au sujet des « cérémonies de libération ». En effet, un moment de la cérémonie de libération est consacré aux excuses de l'apprenti(e), ce qui consiste à demander pardon au maître d'apprentissage pour les erreurs commises pendant la formation[2449]. Certains parlent de possibles punitions corporelles à cette occasion[2450]. Le coût de ces cérémonies est très important[2451] puisqu'il s'agit pour l'apprenti(e) de prendre en charge boissons et nourriture pour l'ensemble des invités qui sont très souvent des membres de la profession concernée et/ou du syndicat. Le patron d'une menuiserie estime à 100 000 FCFA ce coût. Certains parlent même d'un « calvaire[2452] » qui se perpétue, non seulement du fait d'une acceptation culturelle liée à une certaine conception de l'éducation[2453], mais aussi du fait du contexte socio-économique et sociopolitique. En l'absence d'un système institutionnel éducatif et juridique fiable et en contexte de crise économique, les individus, voire les syndicats, tendent à avoir des pratiques

---

[2447] « Parfois vous verrez des apprentis à genoux devant l'atelier, des apprentis qui sont punis au vue de tout le monde » (Cf. Entretien avec le président de l'association SADD, Lomé, 29 décembre 2008).

[2448] Cf. Entretien avec le chef d'un atelier de menuiserie, Lomé, 29 janvier 2009.

[2449] « Avant le jour même de la libération, les responsables syndicaux du métier et quelques patrons ont une rencontre au cours de laquelle le/la patron(ne) libérant ses apprentis dévoile les comportements non digérés des apprentis individuellement depuis le début de leur formation. Il peut s'agir du vol de matériels au travail (fil à coudre par exemple), manque de respect à l'égard du patron etc. » (S. Kagnigha, *Les droits fondamentaux dans les relations de travail au Togo*, Mémoire de 3e cycle, ENA/AT, Togo, 2008, p. 44-45). « Si ça n'est pas dedans, on ne peut pas se séparer » (Cf. Entretien avec un chef d'atelier de couture, Lomé, décembre 2008).

[2450] « On parle de cérémonie mais en fait (...) ils sont humiliés devant les parents la famille » (Cf. Entretien avec le président de l'association SADD, Lomé, 29 décembre 2008). « Il est souvent décidé d'infliger une punition corporelle à l'apprenti contrevenant (le nombre de coups à infliger au contrevenant est généralement exorbitant obligeant ainsi les parents de l'apprenti coupable à payer à prix d'argent une partie des coups pour alléger les souffrances de leur enfant) » (S. Kagnigha, *ibid.*).

[2451] La loi du 20 juin 1983 limitait cette pratique de cérémonie de libération aux « régions rurales de droit coutumier où cette pratique est d'usage courant, les frais occasionnés par les cérémonies marquant l'entrée en apprentissage avec passation du contrat et celle de fin d'apprentissage sont à la charge de la famille de l'apprenti. (...) Les droits versés à l'entrée et à la sortie d'apprentissage ne sont autorisés que s'ils n'excèdent pas cinq mille francs par apprenti pour chacune de ces deux cérémonies ». Un arrêté n° 89/015/MTEFP, pris en application d'une loi de 1988 modifiant l'article 16 de la loi précitée, a fait passer la limitation des frais de « cérémonie de début » et de « cérémonie de sortie » respectivement à 2500 et 7500 FCFA. L'arrêté n°2005/100/METFP/MTAL fixant les frais d'apprentissage selon les différents corps de métiers ne contient plus ces postes de frais.

[2452] S. Kagnigha, *op. cit.*, p. 44-45.

[2453] La participation aux travaux est une forme d'éducation (*ibid.*).

abusives[2454]. Nombreux sont par exemple les artisans et commerçants à préciser que ce n'est pas leur activité commerciale ou artisanale qui leur procure des revenus suffisants pour vivre mais le nombre d'apprentis qu'ils « forment[2455] ».

2. L'intervention progressive de l'État

Des associations locales qui se sont saisies du caractère socialement anormal de ces situations à partir des années 2000. Les politiques menées par ces acteurs de la société civile ont permis, d'une part, d'informer et d'accompagner les apprenti(e)s au regard de leurs droits et, d'autre part, qu'acteurs étatiques et syndicaux se mobilisent sur le thème de l'apprentissage : élaboration d'un projet de code de l'apprentissage, décisions de justice contre les examens illégaux de fin d'apprentissage, dotation des chambres des métiers notamment. D'un pouvoir syndical presque entier dans ce domaine, on en arrive doucement à des actions contentieuses possibles devant le Tribunal du travail de Lomé.

La prise en charge syndicale de l'apprentissage dans le secteur de l'économie dite informelle a été mise en cause sous l'effet conjugué d'une mobilisation de la société civile[2456] et de la prise de conscience de certains inspecteurs du travail et magistrats de la nécessité d'intervention dans ce domaine. Ainsi, des actions communes d'information et de sensibilisation, entre acteurs associatifs et acteurs étatiques, ont pu se mettre en place[2457]. La dénonciation des examens organisés par les syndicats, au terme desquels aucun diplôme officiel ne pouvait être délivré, a permis l'adoption d'ordonnances judiciaires

---

2454 On a pu noter au Togo une certaine compréhension générale envers celui qui inflige des « coups de bâton » à l'enfant désobéissant, qui ne travaille pas bien à l'école, qui insulte etc. S'il est assez rare que ces sanctions soient directement infligées par la mère ou le père, ces derniers sont parfois demandeurs de ce type de punition à l'égard des enseignants ou autres personnes. Le Togo ayant adopté un texte réprimant les enseignants infligeant ce type de correction, il a été fréquent d'entendre des parents regretter cette nouvelle politique.

2455 « Mais en principe, l'État doit faire un effort pour mettre un accent là bas parce que tu te retrouves des fois avec trente apprentis et un patron » (Cf. Entretien avec un inspecteur du travail, zone Lomé nord, Lomé, 15 novembre 2008). « Ce n'est pas dans les clients qu'on gagne de l'argent » (Cf. Entretien avec une coiffeuse, ancienne domestique et ouvrière de la zone franche, Lomé, 10 décembre 2008). « Là c'est contradictoire parce que quand vous n'avez pas de client, vous ne pouvez pas apprendre aux apprentis, à coiffer par exemple » (Cf. Entretien avec le président de l'association SADD, Lomé, 29 décembre 2008).

2456 L'association togolaise SADD a créé quatre permanences d'accueil où les apprentis, leur famille ou le patron peuvent venir s'informer. Ces permanences fonctionnent également en relais entre les apprentis qui souhaitent déposer une plainte et les services de l'inspection du travail qui sont compétents. Ainsi la permanence a-t-elle pour rôle de saisir directement les inspecteurs habilités au nom de l'apprenti ou encore le Tribunal du travail.

2457 « Nous avons fait deux émissions ici sur l'apprentissage avec la chambre des métiers et le Plan Togo » (Cf. Entretien avec le directeur régional du travail de Sokodé (non enregistré), Sokodé, région centrale, 20 janvier 2009). « Il y a des ONG qui sont en train de travailler là-dessus » (Cf. Entretien avec l'inspecteur du travail de Kara, région de la Kara, 2 décembre 2008). « Nous travaillons aussi avec la chambre régionale des métiers, et les syndicats » (Cf. Entretien avec un inspecteur du travail à Atakpamé, région des Plateaux, 15 janvier 2009).

d'interdiction de ces examens[2458] et la réouverture du dossier « formation professionnelle et apprentissage » par le Gouvernement. La nécessité de renforcer les capacités des chambres des métiers est affirmée, mais également celle d'une réflexion sur l'emploi des jeunes dans un contexte de crise économique. La « réapparition » de l'État s'exprime notamment dans « les efforts (du) Ministère de l'Enseignement Technique et de la Formation Professionnelle pour entre autres renforcer les capacités des Centres Régionaux d'Enseignement Technique et de Formation Professionnelle, des Lycées d'Enseignement Technique et Professionnel, du Centre National d'Apprentissage et de Perfectionnement Professionnel, la création des Chambres Régionales des métiers »[2459], la mise en place effective de l'Agence Nationale Pour l'Emploi (ANPE) avec la nomination de représentants à l'intérieur du pays[2460] ou le lancement du programme national de stages « AIDE »[2461].

Toutefois, les pratiques illicites persistent[2462] ; des difficultés demeurent au plan conjoncturel, organisationnel et sociopolitique. En effet, les chambres des métiers restent insuffisamment nombreuses. Elles n'embrassent pas tous les corps de métiers où l'apprentissage est important et le contrôle s'exerce difficilement. Les jeunes déscolarisés sont encore majoritairement absorbés par l'apprentissage dit « traditionnel ». On relève, en outre, que la formation professionnelle technique dépend d'un département ministériel distinct de celui en charge du travail et de l'emploi, ce qui rend difficile l'action coordonnée. Certains syndicats résistent toujours à « une prise de contrôle par l'État de l'apprentissage[2463] ». Le code de l'apprentissage est en projet depuis 2008[2464]. Si

---

[2458] L'association SADD s'est lancée dans certaines procédures judiciaires en vue de faire interdire certains examens de fin d'apprentissage organisés par les organisations syndicales. Le bilan est l'obtention d'environ vingt-cinq interdictions d'examens appliquées par les préfets. L'association a obtenu dix-neuf ordonnances d'interdiction avec formule exécutoire. Face à certaines résistances violentes, l'association envisage de formuler une plainte contre certaines organisations syndicales pour « violation massive des droits de l'homme ».

[2459] E. A. Amouzou, *Etude sur la situation de l'emploi des jeunes au Togo*, 2008, *op. cit.*, p. 65.

[2460] *Diagnostic institutionnel et organisationnel*, BIT, 2010, *op. cit.*, p. 17.

[2461] Le programme vise l'insertion de 500 *primo-demandeurs* par an dans des stages de 6 mois renouvelable une fois. 13 415 demandeurs de stage se sont inscrits suite à la mise en œuvre du programme (Cf. Entretien à l'ANPE, Lomé, 14 septembre 2011).

[2462] « Parmi les principales difficultés rencontrées, la persistance de certains abus dans l'apprentissage traditionnel, au détriment des jeunes apprentis (durées d'apprentissage trop longues, multiples frais non écrits, à la charge des familles, détournement de l'apprentissage comme forme de main d'œuvre gratuite, y compris à des fins domestiques...) » (Gip International (République Française) et ministère du travail, de l'emploi et de la sécurité sociale (République du Togo), *Evaluation des actions réalisées en 2010 et préparation d'un programme de coopération pour l'année 2011*, Rapport de la mission réalisée les 23-25 février 2011).

[2463] « L'échange avec la président e et les représentants de la FAINASTRASIT, fédération regroupant 17 organisations représentatives de l'économie informelle (coiffeurs / tresseurs, construction, etc.), a montré la crainte d'une prise de contrôle par l'État de l'apprentissage qui déstabiliserait les organisations (inadéquation entre les diplômes, les programmes de formation et les besoins des une collaboration effective tente de se mettre en place entre les inspecteurs du travail, les représentants des chambres régionales de métiers et les syndicats des différents corps de métier[2465], le processus est lent[2466]. Les recours contentieux et leurs résultats illustrent cependant bien la « réapparition » de l'État dans le domaine de l'apprentissage. La saisine par un apprenti de la juridiction compétente en matière de droit du travail est le signe d'une relative efficacité des actions menées par différents acteurs. Le fait que l'apprenti, conscient de l'abus porté à sa personne, pense cet abus réparable au regard du droit positif de l'État et par le biais de la justice constitue une évolution importante en matière d'apprentissage.

L'idée selon laquelle un apprenti n'amènera jamais son patron devant les tribunaux, étant donné le rapport de domination qui prévaut entre eux[2467], la peur des représailles, le manque de confiance sociale envers la justice d'État ou encore la méconnaissance du droit du travail, est en partie mise en cause par un jugement du Tribunal du travail du 9 mars 2010[2468]. Ce jugement, quoique juridiquement critiquable, est innovant. Le litige concerne en l'espèce un apprenti et deux maîtres d'apprentissage gérants d'un « centre d'électricité et de froid industriel ». Il est difficile de savoir, au regard des faits de l'espèce, si cette structure constitue une entité relevant du secteur dit « informel » ; mais, les conditions d'apprentissage telles que relatées dans le jugement rappellent celles de l'apprentissage dit « traditionnel »[2469]. L'apprenti saisit le Tribunal du travail après le refus de l'un des deux gérants de recevoir ses parents au sujet de son renvoi qui a eu lieu « sans lui faire part d'aucun grief ou motif, après lui

---

entreprises du secteur informel). La FAINASTRASIT est mécontente de ne pas avoir été associée à l'élaboration du code de l'apprentissage » (*ibid.*).

2464 Il n'est pas encore adopté en 2012.

2465 Une séance de travail entre les présidents des chambres régionales de métiers, ceux des syndicats et leurs ministres de tutelle a par exemple eu lieu en 2004 dans le secteur de la coiffure et de la couture. L'arrêté n° 2006/009/METFP/MCIA portant création d'une commission technique interministérielle d'organisation des examens de fin d'apprentissage y intègre de façon provisoire deux représentants des corps de métiers de la couture et de la coiffure. L'arrêté n° 2008/007 portant attribution de l'organisation de l'examen du Certificat de fin d'apprentissage spécifie que le directeur des examens, concours et certifications collabore avec les corps de métiers et toute autre organisation susceptible de contribuer à la réussite de l'organisation de l'examen.

2466 L'État n'a créé que cinq ou six centres de formation professionnelle qui n'absorbent pas le domaine de la coiffure. Les chambres régionales des métiers créées par une loi du 31 décembre 1998 ont été mises en place cinq ou six ans plus tard.

2467 « Ça n'arrivera jamais, parce que c'est d'abord une question de mentalité et de culture, chez nous ici, l'apprenti ne peut pas assigner son patron en justice, ni les parents. Après ils vont se demander comment l'apprenti fera pour continuer ou alors si on l'emmène ailleurs, le patron aura peur » (Cf. Entretien avec le président de l'association SADD, Lomé, 29 décembre 2008).

2468 Trib. Trav., Lomé, n° 073/10, 9 mars 2010, inédit.

2469 L'électricité fait partie des corps de métiers énumérés par les règlementations relatives à l'apprentissage qui sont l'alimentation, le bâtiment et les métiers connexes, le bois et l'ameublement, métaux mécanique et électricité ou électronique, l'hygiène et les soins corporels, l'artisanat d'art et divers. Le décret du 26 septembre 2003 précise que l'établissement ou le centre d'apprentissage peut être une entreprise moderne ou artisanale.

avoir infligé en guise de correction vingt coups de bâton dans les mains ». Au visa de la Convention n° 14 de l'OIT sur le repos hebdomadaire ratifiée par le Togo, du code du travail, de la loi de 1983 portant rénovation de l'apprentissage modifiée par une loi de 1988, du décret de 2003, de l'arrêté du 29 mars 1954 déterminant les conditions de forme et de fond du contrat d'apprentissage, le Tribunal décide que le contrat a été abusivement rompu. Les juges, considérant que « ces dispositions interdisent à bien des égards les traitements inhumains et dégradants et préservent le respect scrupuleux du repos hebdomadaire », concluent à la condamnation des employeurs à verser deux millions de FCFA de dommages et intérêts à l'apprenti. La demande du requérant relative à la remise sous astreinte d'un certificat de travail n'est en revanche pas traitée dans le jugement. Il peut être en effet noté une relative imprécision quant aux règles applicables à la rupture du contrat d'apprentissage alors que le demandeur invoque précisément les règles concernant la notification et le motif en matière de licenciement. Le visa du jugement se compose de multiples textes juridiques, dont nous avons eu l'occasion d'interroger l'articulation[2470] ; ils ne sont pas précisément repris dans les motivations du jugement. Il n'en demeure pas moins que ce jugement est innovant de par son caractère d'unicité dans un panel important de décisions judiciaires et de par la mise au jour de faits jusqu'alors objets de dénonciations discrètes et majoritairement associatives.

Section 2 – Les innovations administratives et judiciaires

Après avoir présenté différents éléments de la mobilisation du droit du travail par les acteurs du Togo, il convient d'évoquer le caractère innovant de la « réception » du droit dès lors que c'est un droit « inapplicable », « invalide »[2471]

[2470] Voir supra Partie I, Titre 1, Chapitre 2, Section 2, §1, A, 2.

[2471] Nous nous basons ici sur des présupposés de validité et d'existence de droits selon une approche « interne » du droit formel togolais. L'invocation de droits selon nous invalides ou inexistants ne signifie pas pour autant dans le contexte togolais absence de validité ou de légitimité de cette invocation. Kelsen pensait au sujet de la norme juridique que soit elle est valide soit elle n'est pas. À l'instar de Ross sur l'utilisation par une autorité juridique, la validité de la norme va dépendre « de sa production en conformité avec les exigences du système concerné » (E. Millard, « Qu'est-ce qu'une norme juridique ? », in *La normativité,* Etudes réunies et présentées par J. Chevallier, *Nouveaux cahiers du conseil constitutionnel,* 2006, n° 21, p. 59). Nous avons eu l'occasion de relever des prétentions singulières à la validité des sources juridiques au Togo, nous en venons ici à l'analyse de singularités interprétatives du droit applicable. La norme devient ici le produit de l'interprétation (Troper) : « si la norme est la signification d'un énoncé juridique, celle-ci n'est pas donnée par l'énoncé mais créée par l'activité interprétative » (J. Favre, « La pensée juridique est-elle nécessairement une pensée de l'État ? », in D. Rousseau (dir.), *Le droit dérobé,* Montchrétiens, 2003, p. 97). Comme Jacques Lenoble le préconise, il s'agit d'articuler les deux dimensions de la justification et de la validité. Un contexte est constitué par une « culture normative », il est toujours relatif. Considérer l'acteur comme un acteur rationnel en rapport au contexte permet de saisir alors un décisionnisme et un réalisme juridique (J. Lenoble, « Idéal de la raison et raison procédurale », in J. Boulad-Ayoub, B. Melkevik, P. Robert (dir.), *op. cit.,* p. 258). Au-delà de l'interprétation proprement dite du droit, il s'agit aussi d'appréhender l'« obligatoriété liée à sa fonction » (C. Groulier, « La distinction de la force contraignante et de la force obligatoire des normes juridiques.

ou formellement inexistant au Togo qui va parfois contribuer à la solution proposée ou retenue ; soit que cela puisse permettre un comblement du « vide juridique » (§1), soit que cela résulte d'une croyance en l'existence de droits (§2).

§1 – Le comblement du « vide juridique »

Le comblement du « vide juridique » par la création de règles qui ne sont pas clairement affirmées dans les sources de droit du travail en vigueur touche particulièrement au travail précaire (A) et ressort diversement d'apports techniques ponctuels (B).

A. Une régulation nécessaire du travail précaire

Le droit du travail togolais est lacunaire sur l'encadrement du travail précaire. La notion de précarité est absente des dispositions en vigueur mais présente au sein des nombreuses interrogations des praticiens et partenaires sociaux sur l'encadrement du travail précaire (1). Les inspecteurs du travail et juges apportent des solutions singulières à quelques unes de ces interrogations (2).

1. Les interrogations sur l'encadrement du travail précaire

Les interrogations sur le travail précaire concernent principalement le CDD. Elles touchent non seulement à l'interprétation de la règle légale de la durée du CDD mais également au régime juridique applicable. Se pose en particulier la question de l'encadrement juridique de la rupture du contrat, du temps de travail des saisonniers et de l'embauche dans le cadre du placement payant ou des entreprises de travail temporaire[2472]. En outre, le « droit commun » du travail apparaît difficilement applicable à d'autres modalités d'engagement de travailleurs, non prévues par le droit du travail, telles que le stage, le travail domestique, et certains cas de travail dans le secteur dit informel.

La question qui se pose majoritairement en matière de CDD concerne la règle du code du travail selon laquelle il ne peut durer plus de quatre ans «

Pour une approche duale de la force normative », in C. Thibierge (dir.), *op. cit.*, p. 199). Paul Amselek pense en ce sens que « la conception même de norme de l'ordre juridique ne saurait être retenue : ce qui donne à une norme sa nature de norme juridique, ce n'est pas sa prétendue appartenance à un ordre dont elle tirerait sa validité, mais la qualité de dirigeant public de son auteur et finalement la fonction même de direction publique des conduites – de gouvernance d'un peuple dirait-on aujourd'hui – à laquelle elle participe » (P. Amselek, « Une fausse idée claire : la hiérarchie des normes juridiques », *Droit prospectif*, 2007, p. 557).

[2472] Le code du travail contient l'expression « activité de placement payant » qui est « le fait, pour une personne physique ou morale de servir d'intermédiaire pour trouver un emploi à un demandeur en tirant de cette opération un profit matériel et/ou financier direct ou indirect » (article 196). Les frais sont entièrement supportés par les employeurs (article 197). Un arrêté du 21 janvier 2010 porte règlementation du travail temporaire dans le cadre des « entreprises de travail temporaire ou d'intérim » qui mettent « à la disposition d'une autre entreprise utilisatrice des travailleurs temporaires ou intérimaires ». L'arrêté crée donc la notion juridique d'ETT.

tout renouvellement compris ». En l'absence de la précision du nombre autorisé de renouvellements, la disposition de l'article 43 alinéa 2 du code du travail de 2006 est majoritairement accusée de n'être « pas claire[2473] ». Le débat qui en résulte tient à la question de savoir si un CDD d'une durée inférieure à deux ans peut être renouvelé autant de fois que possible jusqu'à ce que l'addition des durées de ces contrats atteigne quatre ans ou si, dès lors qu'un CDD a été conclu pour telle durée, un seul renouvellement est possible peu important que le maximum de quatre ans soit atteint[2474].

La question du régime juridique des CDD, des contrats de travail saisonniers et des contrats d'« occasionnels ou journaliers » se pose et reste posée malgré la révision de la CCIT fin 2011 et l'adoption d'une règlementation sur le travail temporaire au sens « moderne ». Il s'agit principalement de la question de savoir si le régime du temps de travail et du repos est applicable aux travailleurs saisonniers ou journaliers. Il est admis que ces travailleurs sont le plus souvent embauchés pour effectuer des travaux dont la charge est déterminée par jour, d'où la difficulté pour certains de « parler en termes d'horaires pour eux[2475] ». Il est en outre évoqué l'idée selon laquelle les « temporaires », au sens large, n'ont pas le droit aux congés[2476]. L'interrogation sur le régime de la rupture des CDD est en outre révélée par les analyses sur l'insertion d'une clause de préavis de rupture dans un CDD qui constitue, selon certains, une « erreur » des employeurs[2477]. Relevons ici que la nouvelle CCIT du Togo conclue en décembre 2011 peut contribuer à alimenter les incertitudes sur la rupture du CDD. Le dernier alinéa de son article 16 précise en effet que les règles procédurales en matière de résiliation unilatérale du contrat s'appliquent « à tous les travailleurs permanents, saisonniers ou temporaires » alors que seuls l'arrivée du terme, la force majeure et l'accord des parties sont des motifs

---

2473 « Parce que ici, la loi n'est pas claire sur le renouvellement du CDD » (Cf. Entretien avec l'inspecteur du travail de Kara, région de la Kara, 2 décembre 2008). « Est-ce que le contrat peut être de six mois renouvelable ? » (Cf. Entretien avec la directrice régionale du travail à Atakpamé, région des Plateaux, 15 janvier 2009). « On est passé à quatre ans. On se perd là-dedans. On a des agences de travail temporaire, de placement de travail temporaire. Les temporaires qu'on a, ce sont des "un an renouvelable " » (Cf. Entretien avec le DRH d'une société industrielle du secteur métallurgique, Lomé, 12 janvier 2009).

2474 Cf. Entretiens avec le président de la Chambre sociale de la Cour d'Appel (Lomé, 3 février 2009), avec le directeur régional du travail de Dapaong (région des Savanes, 22 janvier 2009), avec un inspecteur du travail à Atakpamé (région des Plateaux, 15 janvier 2009) et avec le secrétaire général adjoint et le conseiller juridique de la centrale CSTT (Lomé, 25 et 28 novembre 2008).

2475 « De même pour le repos hebdomadaire, pour travailler les jours fériés, tout ça vous trouvez un terrain d'entente en attendant la fin de la saison » (Cf. Entretiens avec un inspecteur du travail à Atakpamé et le chef du personnel d'une entreprise agro-industrielle, région des Plateaux, 15 et 16 janvier 2009).

2476 « Son analyse est que les saisonniers n'ont pas le droit aux congés, c'est comme des temporaires » (Cf. Entretien avec l'inspecteur du travail de Kara, 2 décembre 2008).

2477 Cf. Entretien avec le directeur régional du travail de Kara, région de la Kara, 6 décembre 2008. « Ce n'est pas normal on leur dit ou bien vous faites un CDD ou carrément un CDI » (Cf. Entretien avec le directeur général adjoint du Travail, Lomé, 26 novembre 2008).

de rupture du CDD en vertu du code du travail[2478]. De plus, on peut regretter que les partenaires sociaux aient repris les anciennes définitions des notions de « travailleur permanent », de « travailleur saisonnier » et de travailleur « temporaire ou occasionnel », sans préciser clairement les conséquences juridiques de ces trois types d'embauche[2479]. Le cas du travailleur qui effectue une tâche déterminée par jour reste incertain. En outre, la CCIT ne comporte toujours pas de précision sur le travail par le biais des agences de travail temporaire. Il est toutefois à penser que le flou découlant du silence légal sur le travail temporaire, au sens « moderne » du terme, puisse être pallié par un arrêté ministériel du 21 janvier 2010[2480]. Ce texte qui fixe une durée maximale de 6 mois pour tout contrat de travail temporaire, risque néanmoins de précariser davantage les travailleurs « placés » par des entreprises intermédiaires dont les représentants affirmaient en 2009 élaborer indistinctement des CDI ou des CDD[2481]. En outre, le texte règlementaire est lacunaire quant aux responsabilités en cas de rupture du contrat de travail temporaire alors que cette question est posée en pratique.

La question du stage professionnel est également soulevée en l'absence de dispositions sur l'encadrement de ce type de relation subordonnée. Les dispositions conventionnelles qui mentionnent le stage se limitent généralement[2482] à l'affirmation selon laquelle il ne peut être confondu avec la période d'essai[2483]. Le stage rémunéré ou non est une pratique de formation qui a cours dans certaines entreprises relativement structurées. Des stages durant entre trois et six mois et rémunérés à 50% du salaire d'un travailleur

---

2478 Article 62 du code du travail.

2479 L'innovation de la part des partenaires sociaux est relative puisqu'aucun lien n'est fait entre les différents statuts précaires et le type de contrat de travail : « Travailleur saisonnier : travailleur embauché de façon temporaire pour faire face à des travaux qui se renouvellent chaque année et aux mêmes périodes compte tenu des variations climatiques ou des cycles de production. Travailleur temporaire ou occasionnel : travailleur recruté de façon précaire pour faire face à un surcroît de travail ou à des travaux urgents et qui cesse le travail une fois les travaux terminés ».

2480 Arrêté n° 002/MTESS/CAB/DGTLS du 21 janvier 2010 « portant règlementation du travail temporaire ».

2481 Cf. Entretien avec un membre personne ressource du CNP et conseiller du groupement togolais des PME/PMI (GTPME/PMI), 13 février 2009. Un inspecteur évoque que certaines entreprises de travail temporaire, mais « *pas toutes* », sollicitent le visa du CDD (Cf. Entretien avec un inspecteur du travail, zone Lomé ouest, 23 décembre 2008). Une étude de 1999 relevait l'existence de « quelques bureaux de consultants en recrutement et de travail temporaire » parmi lesquels « une vingtaine de bureaux d'expertise comptable et financière (qui) se livrent de temps à autre et en tant qu'activité secondaire à des recrutements », « trois cabinets (…) spécialisés en la matière. Deux d'entre eux procèdent, sur demande des entreprises, à des recrutements de personnel très qualifié destiné à devenir cadre. Le dernier est spécialisé dans le recrutement de travailleurs temporaires ». (J.-M. Marchat, *Le marché du travail au Togo, Projet de développement du secteur privé*, Cerdi, 1999, p. 27).

2482 Seule la convention collective du transport maritime et du transit de 1991 définit le stagiaire « en cours de formation professionnelle – soit en cours ou en fin d'étude, soit en recyclage – pour une période limitée à trois mois, renouvelable une seule fois et pouvant éventuellement percevoir une indemnité de stage ».

2483 Article 9 de la nouvelle CCIT par exemple.

« embauché » sont mentionnés dans le secteur de l'agro-industrie[2484]. Les stagiaires peuvent être des ouvriers, des mécaniciens ou des électriciens. Cette pratique des stages de trois à six mois se retrouve chez d'autres employeurs[2485]. Les inspecteurs du travail sont assez évasifs sur cette question. L'un parle, au sujet de travailleurs étrangers, de « contrats de stage en bonne et due forme » et une directrice régionale du travail dit « ne pas maîtriser » les textes sur le « stage de six mois ». Le directeur régional de Kara pense quant à lui que le recrutement par certaines compagnies d'assurance de jeunes sortis de l'université ne constitue pas une relation subordonnée de travail puisqu'il s'agit d'une forme de stage postuniversitaire et que la rémunération se fait par « commissions[2486] ». Cela rejoint les explications d'un chef d'entreprise de services en ressources humaines : « il y a plusieurs types de stage : d'études, de vacances. (...) La plupart du temps ils sont verbaux. Ce n'est pas très bien règlementé. La durée ça dépend. On donne au moins un peu de sous pour les déplacements[2487] ».

Dans le secteur de l'économie dite informelle sont soulevées les questions de l'existence du lien de subordination juridique et de l'adaptabilité du droit du travail à l'embauche des domestiques, particulièrement s'agissant des conditions de travail. Pour certains, il n'existe pas de contrat de travail dans le cadre de relations de travail du secteur de l'économie dite informelle puisqu'il s'agit le plus souvent d'« aides » ponctuelles, ce qui exclut l'idée de subordination dès lors qu'elles peuvent être rompues à tout moment ou ne donnent lieu qu'au versement de « petits montants[2488] ». Il en résulte une approche du travail selon le degré de l'informalité de l'activité ; selon l'assise physique de l'entreprise, selon la tâche que l'« aidant » accomplit, selon le chiffre d'affaire de l'activité concernée. De la même façon, le travail domestique, non abordé dans le code du travail, est différemment appréhendé selon qu'il concerne ou non un ménage et selon que ce ménage est ou non togolais.

[2484] Cf. Entretien avec le secrétaire des industries de l'agro-alimentation de la fédération de l'alimentation et de l'agriculture de la centrale CSTT, Lomé, 19 décembre 2008.

[2485] On trouve la pratique dans des ONG (Cf. Entretien avec le président de la FODES à Dapaong, région des savanes, 23 janvier 2009). Cf. aussi entretiens avec le chef du personnel d'un hôtel parapublic (Kara, 2 décembre 2008), un chef d'entreprise de nationalité européenne (Kara, 3 décembre 2008) et avec le comptable d'une entreprise de forage (Lomé, 10 décembre 2008).

[2486] Cf. Entretien avec le directeur régional du travail de Kara, région de la Kara, 6 décembre 2008.

[2487] Cf. Entretien avec l'ancien conseiller spécial du président du CNP, membre du GTPME/PMI et chef d'entreprise de services en ressources humaines, Lomé, 9 février 2009.

[2488] « Dans le secteur informel, on regarde les trois conditions mais en général il n'y a pas cette subordination » (Cf. Entretien avec un inspecteur du travail de Sokodé, région centrale, 20 janvier 2009). « Maintenant il faut voir pour combien elle va aller vendre et combien elle va lui payer » (Cf. Entretien avec le directeur régional du travail de Kara, région de la Kara, 6 décembre 2008). « Ça arrive souvent qu'on prenne une personne pour travailler avec soi et ne connaissant pas la législation, on se dit que c'est juste pour aider » (Cf. Entretien avec un inspecteur du travail, zone Lomé nord, Lomé, 15 novembre 2008). « Mais si on est dans le cadre du secteur informel, il n'est pas salarié. Ce sont des aides, c'est un accord tacite. Ça peut être 500, 1000 francs par jour mais ce n'est pas un salaire » (Cf. Entretien à la Direction du secteur informel, Lomé, 30 décembre 2008).

Une sorte de débat ressort des différentes approches des acteurs sur le travail subordonné dans le secteur « informel ». Certains considèrent qu'on ne devrait pas recruter dès lors qu'on n'est pas en mesure d'appliquer les dispositions de droit du travail. D'autres voient dans le travail domestique au Togo une pratique courante, voire un « fait naturel » lié notamment à la pesanteur familiale[2489]. En termes juridiques[2490], le débat se traduit par une opposition entre une vision « universelle » du droit du travail qui ne peut, au nom de l'égalité, se décliner en un droit à deux vitesses, et une vision « adaptatrice » du droit qui doit saisir les aspects socioculturels et socio-économiques qui sous-tendent certaines réalités du travail dans le secteur « informel »[2491], en particulier des « gens de maison ». Les deux tendances se rejoignent néanmoins sur les problèmes tenant à la modicité des salaires des domestiques[2492], à des journées de travail très longues pouvant aller de 10 heures à plus de 15 heures, à l'absence d'intimité, de sécurité et d'hygiène pour les travailleuses vivant au domicile de l'employeur et, pour celles vivant au dehors, à l'insuffisance de moyens pour la location d'une chambre ou l'utilisation des transports. Elles sont toutefois opposées quant aux modalités techniques d'application du droit du travail[2493]. Deux magistrats s'accordent par exemple sur l'idée de prendre en considération le « milieu » dans lequel ce travail s'exerce pour l'évaluation d'un degré d'exigence en matière de droit du travail[2494]. Alors que certains estiment que le SMIG est applicable à ces travailleurs, d'autres pensent qu'il est nécessaire d'adapter la norme juridique à la pratique ; il serait par exemple opportun, pour

---

2489 F. Komlavi et G. Agbo, *Etude sur la situation des travailleurs/travailleuses de maison au Togo*, SADD et WSM, Togo, 2008.

2490 Le positionnement des pouvoirs publics n'est pas clairement visible à la lecture du décret togolais du 13 février 2008 portant création d'une « délégation à l'organisation du secteur informel », administration de mission ayant pour fonction notamment de « préparer les mesures et les stratégies d'enrôlement progressif des opérateurs du secteur informel dans le secteur formel ».

2491 « Le risque est grand de créer une administration à deux vitesses ou un système juridique d'apartheid s'opposant aux principes d'universalité du droit » (P. Hugon, 1990, *op. cit.*, p. 81).

2492 Ces salaires varient entre un montant inférieur à 10000 FCFA, le plus souvent il est compris entre 10000 et 18000 FCFA sans déclaration. Les personnes déclarées sont rémunérées entre 20000 et 35000.

2493 Un arrêté n° 747-54/ITLS du 26 juillet 1954 « fixant les conditions d'emploi du personnel domestique en l'absence de convention collective » a pu définir l'employé de maison. Ce vieil arrêté prévoyait une application partielle du droit du travail et des dérogations possibles en matière de repos par exemple. Sur cet arrêté et la Convention n° 189 de l'OIT, voir supra Partie I, Titre 1, Chapitre 2, Section 2, §1, B, 1, b.

2494 Le président de la Chambre sociale de la Cour d'appel de Lomé mentionne des cas de « domestiques, les gens de maison, les gardiens, les bonnes… Souvent quand c'est informel, ils ne sont pas engagés en tant que tel ». La conciliation fondée sur des droits « allégés » est la technique privilégiée dans ces cas (Cf. Entretien à Lomé du 3 février 2009). « Là on ne peut pas considérer cela comme des arriérés impayés. Si une domestique vient nous dire je n'ai jamais été payée... L'employeur peut dire « non monsieur le président, vous connaissez la coutume à Lomé ! » (Cf. Entretien avec le président du Tribunal du travail, Lomé, 16 décembre 2008).

ces derniers, d'adopter une grille de salaire dont le minimum pourrait être inférieur au SMIG dans le cas notamment où la personne est nourrie et logée[2495].

2. Des solutions des inspecteurs et des juges

Face aux vides ou « impressions de vides juridiques »[2496], certaines argumentations sont mises en œuvre par les magistrats ou inspecteurs du travail. Elles présentent un caractère de généralité lorsqu'elles sont issues de documents tels que des manuels, guides méthodologiques ou décisions de justice. Elles sont parfois plus individuelles et ponctuelles. Elles vont donc toucher à l'appréhension de la rupture du CDD, à l'interprétation de la formule légale « tout renouvellement compris », à la définition du travailleur « temporaire » ou au concept de « contrat tacite » dans le secteur de l'économie dite « informelle ».

Seule une décision de la Cour Suprême du Togo[2497], sur un panel de quarante-neuf décisions en matière sociale rendues entre 1980 et 2011, aborde explicitement le CDD. La limitation légale des motifs de recours au CDD est absente de la décision de justice aux termes de laquelle le non renouvellement d'un CDD d'un an renouvelable issu d'une transformation d'un CDI après huit années de travail est déclaré légitime. Sur l'unique fondement de l'article 1134 du code civil[2498], les magistrats de la Cour Suprême cassent et annulent l'arrêt rendu par les juges d'appel qui avaient requalifié les CDD en CDI et déclaré leur rupture abusive sur le fondement du droit du licenciement. Les magistrats de la Cour Suprême considèrent qu'aucune stipulation des CDD en cause ne permettait de déterminer la volonté des parties « de transformer ce contrat à durée déterminée en contrat à durée indéterminée ». Ils se fondent sur les prévisions contractuelles pour déclarer légitime le non renouvellement par l'employeur des CDD d'un an. Ils concluent que le droit ne permet pas aux juges, « lorsque les termes des conventions sont clairs et précis, de dénaturer les obligations qui en résultent et de modifier les stipulations qu'ils renferment ». Face aux interrogations que l'encadrement du CDD soulève, une solution serait donc la prévalence du droit commun des contrats, donc des clauses des contrats sur le droit du travail.

[2495] Le directeur du dialogue social précise qu'il faudrait distinguer selon qu'il s'agit de « gens de maison ou de salariat attaché au service des ménages » car « une bonne chez un togolais ou africain ce n'est pas la même chose que chez un expatrié » (Cf. Entretien à Lomé du 23 décembre 2008).

[2496] Nous parlons aussi d' « impressions de vides juridiques » car nous pensons, à la différence de certains praticiens togolais, que s'il y a effectivement de nombreuses imprécisions, des dispositions seraient possiblement mobilisables (A.-M. Ho Dinh, « Le « vide juridique » et le « besoin de loi ». Pour un recours à l'hypothèse du non-droit », *L'année sociologique*, 2007, n° 2, p. 419).

[2497] CS Togo, ch. jud., n° 17, 16 avril 2009, inédit.

[2498] Aucune disposition de droit du travail ne complète le visa de l'article 1134 du code civil alors qu'il aurait été plus clair que les magistrats se fondent sur l'ancien code du travail assez libéral en matière de CDD . Les droits gabonais et comorien prévoient encore que la rupture du CDD soit encadrée par le contrat de travail.

Cette dernière idée d'un raisonnement fondé sur l'interprétation des clauses des contrats de travail à l'aune du droit du travail ressort en outre de la position des juges d'appel sur cette même affaire. Il est précisé dans la décision de la Cour Suprême que les juges d'appel ont requalifié les CDD en CDI non pas en se fondant sur la transformation abusive des CDI en CDD[2499]. Ils s'appuient sur la règle selon laquelle « la doctrine et la jurisprudence sont unanimes à reconnaître que si le contrat à durée déterminée comporte la faculté d'être rompu sous réserve de préavis, c'est qu'il s'agit en réalité d'un contrat à durée indéterminée ». Cette interprétation rappelle celle des inspecteurs du travail au sujet de la clause de préavis dans le CDD qui serait une « erreur » commise par les employeurs[2500]. Nous pouvons mentionner dans ce sens un jugement du Tribunal du travail[2501] où la priorité est donnée à la clause contractuelle de renouvellement tacite d'une période d'essai de trois mois, dans le silence des textes juridiques sur les modalités de renouvellement de l'essai[2502]. La rupture est déclarée légitime car l'employeur n'était pas tenu, en vertu du contrat litigieux, de notifier le renouvellement, sauf à prouver, pour le salarié, qu'une évaluation positive avait eu lieu après les trois premiers mois. Un inspecteur du travail de Lomé relate une affaire judiciaire de première instance dont la solution serait indifférente aux clauses d'un CDD puisqu'un travailleur aurait pu obtenir des dommages et intérêts pour licenciement abusif à l'issue du terme de son CDD au motif que la société aurait pu le garder. L'inspecteur du travail

2499 En l'espèce, les travailleurs dont le contrat a été rompu sans préavis dès la première année sous le nouveau régime du CDD avec condition d'aptitude à la participation à l'équipe sportive de l'entreprise, comptabilisaient une ancienneté de huit ans dans l'entreprise cimentière.

2500 Le droit congolais du travail prévoit expressément la nullité d'une clause de rupture unilatérale sous réserve d'un préavis en matière de CDD . Il est toutefois à penser dans le cas togolais qu'une telle clause puisse s'apparenter à une clause plus favorable au regard du principe de faveur (articles 94, 101 et 105 du code du travail par exemple).

2501 Trib. Trav. Lomé, n° 082/10, 23 mars 2010 (inédit). Ce jugement est contradictoire avec un ancien jugement du 25 avril 2000 (*TPOM*, 2007, n° 979/980, p. 210) en vertu duquel « il est sans ambage que le renouvellement de l'essai n'est ni automatique ni obligatoire, mais se matérialise expressément comme pour la première phase ».

2502 Sauf à considérer que l'arrêté colonial n° 275-54/ITLS du 19 mars 1954 fixant les formes et modalités d'établissement du contrat de travail et de l'engagement à l'essai et prévoyant le renouvellement de l'essai par accord écrit des parties n'a pas été explicitement abrogé (sur la détermination du bloc règlementaire en vigueur, voir supra Partie I, Titre 1, Chapitre 2, Section 2, §1, A, 1). La disposition de la nouvelle CCIT sur la période d'essai est légèrement différente de l'ancienne. Il est néanmoins dommage de constater qu'elle renvoie explicitement à l'article 51 du code du travail s'agissant des modalités de renouvellement alors que cette disposition légale ne contient que la précision de la durée maximum « renouvellement compris ». En outre, les partenaires sociaux auraient pu s'inspirer de l'article 14 de la CCNI de la Côte d'Ivoire (1977) ou 11 de la CCNI du Sénégal (1983). Le premier prévoit la notification par écrit du renouvellement en cas d'essai de plus de deux mois avec délai de prévenance et indemnité de préavis si la rupture a lieu après le renouvellement. Le second mentionne le renouvellement par accord des parties.

pense ce type de solution « injuste[2503] » bien qu'elle puisse être fondée sur les cas limitatifs légaux de recours au CDD.

Concernant l'expression « tout renouvellement compris » de l'article 43 alinéa 2 du code du travail de 2006, un manuel de droit du travail togolais écrit par un ancien inspecteur du travail et édité en 2008 apporte des précisions. Selon l'auteur, cette disposition signifie qu'« en d'autres termes, un CDD d'un an peut être renouvelé trois fois, celui de six mois peut être renouvelé sept fois, sans changer la nature du contrat[2504] ». Cette interprétation « libérale » du singulier employé dans la disposition en cause tient à l'absence de prévisions sur la succession de plusieurs CDD. Les juges n'ont pas encore apporté de réponse explicite à cette question, voire manifestent une certaine indifférence envers cette limitation légale. En effet, dans une affaire concernant un cumul de CDD entre 1994 et 2001, les juges d'appel ont cherché à qualifier une mesure de chômage technique de force majeure car ce motif fait partie des cas limitatifs de rupture du CDD légalement autorisés[2505]. L'arrêt a été cassé par la Cour Suprême sur le seul fondement de l'illégalité de la mesure de chômage technique[2506].

S'agissant de la définition des travailleurs temporaires ou occasionnels, journaliers et saisonniers, on remarque que si la majorité des praticiens définit ce type de contrat à travers son mode de rémunération et/ou le mode de détermination du travail à accomplir, l'intelligibilité de leur distinction demeure difficile[2507]. On peut relever dans le manuel précité que seuls les contrats des travailleurs journaliers ou occasionnels sont caractérisés par les particularités d'un « engagement à l'heure ou à la journée » et d'un paiement « à la fin de la journée, de la semaine ou de la quinzaine[2508] ». Cette définition rappelle en partie une disposition légale qui, à la différence des dispositions conventionnelles qui précisent un motif de recours à ce type de travailleurs[2509], envisage les « travailleurs occasionnels engagés à l'heure ou à la journée pour une occupation de courte durée et payés à la fin de la journée, de la semaine ou

---

[2503] « L'employeur est venu me demander et je lui ai dit qu'il pouvait faire appel parce que c'est injuste. Il l'a fait » (Cf. Entretien avec un inspecteur du travail, chef de la zone est de Lomé, Lomé, 9 janvier 2009).

[2504] D. Yabre, 2008, *op. cit.*, p. 58-59. Cela rappelle le droit du travail nigérien en vertu duquel le CDD peut être renouvelé autant de fois que nécessaire jusqu'à atteindre la limite légale de deux ans.

[2505] Le CDD peut être aussi rompu par l'accord des parties, en cas de faute lourde et par résolution judiciaire (article 63 du code du travail).

[2506] CS Togo, ch. jud., n° 06, 20 janvier 2011 (en ligne sur www.legitogo.tg).

[2507] « Deux semaines, un mois. Les journaliers sont payés par semaine mais ça dépend comment ils se sont entendus » (Cf. Entretien avec le secrétaire des industries de l'agro-alimentation de la fédération de l'alimentation et de l'agriculture de la CSTT, Lomé, 19 décembre 2008). « *Ce sont des temporaires occasionnels* » (Cf. Entretien avec le directeur régional du travail de Sokodé, région centrale, 20 janvier 2009).

[2508] D. Yabre, 2008, *op. cit.*, p. 57.

[2509] Le travailleur « temporaire ou occasionnel » est le travailleur recruté de façon précaire pour faire face à un surcroît de travail ou à des travaux urgents et qui cesse le travail une fois les travaux terminés.

de la quinzaine[2510] ». Or, en pratique, la liberté du mode de fixation du montant et du moment du versement du salaire affirmée par les dispositions conventionnelles prévaut[2511] en même temps que le recours à des travailleurs temporaires est indifférent aux circonstances économiques. Les journaliers et les saisonniers peuvent ainsi travailler pendant plusieurs mois pour le compte du même employeur qui verse mensuellement le salaire[2512]. Il apparaît en définitive que le moment de la rémunération est davantage dépendant du type de travail pour lequel le travailleur est embauché que de la durée de son engagement. La manutention est par exemple un métier qui justifie le paiement journalier[2513]. S'agissant du statut des « dockers occasionnels » au Port Autonome de Lomé, une caractéristique de ce type de recrutement serait qu'ils ne sont « pas tenus par l'obligation de présence au service ». Une « réserve de dockers » est « organisée en trois pools » constitués « d'un nombre donné de dockers professionnels et des occasionnels de plus de dix ans d'ancienneté[2514] ».

La distinction juridique entre les types d'engagements temporaires est par ailleurs peu précisée par les juges[2515]. Il semble qu'une certaine liberté des formules d'engagement est accordée aux employeurs sous réserve qu'ils prouvent l'existence du type de contrat qu'ils invoquent. Si la preuve du « contrat de travailleur temporaire » n'est pas rapportée, la rupture sera

---

2510 Leurs contrats sont assimilés à des CDD à terme imprécis (article 49 du code du travail).

2511 L'article 24 de la nouvelle CCIT dispose que « le salaire de chaque travailleur est déterminé en fonction de l'emploi qui lui est attribué dans l'entreprise ». Il « est fixé à l'heure, à la journée, ou au mois. Dans le cadre des dispositions légales et règlementaires, l'employeur a toutefois la faculté d'appliquer toute forme de rémunération de travail (aux pièces, à la tâche ou au rendement) qu'il juge utile pour la bonne marche de l'entreprise ».

2512 Cf. Entretiens avec un chef d'entreprise de nationalité européenne (Kara, 3 décembre 2008, avec l'inspecteur du travail de Kara (2 décembre 2008), avec le représentant syndical CNTT des commerçants de Dapaong (région des Savanes, 24 janvier 2009), avec le chef du personnel d'une entreprise agro-industrielle en présence de deux inspecteurs du travail d'Atakpamé et deux délégués du personnel (région des Plateaux, 16 janvier 2009).

2513 Au sujet de son activité de dépôt de boisson un chef d'entreprise précise qu' « ils ont 1500 à 2500 par jour, ça dépend. Ça change tous les jours eux. On fait une grande feuille avec ceux qui ont travaillé la journée, à la fin de la journée, ils vont signer dessus pour dire qu'ils ont pris leur argent et c'est fini » (Cf. Entretien avec un chef d'entreprise de nationalité européenne, Kara, 3 décembre 2008). « Il y a beaucoup de travailleurs journaliers. Les travaux à la tâche c'est souvent dans le bâtiment et les travaux publics » (Cf. Entretien collectif avec des jeunes inspecteurs du travail », Lomé, 16 décembre 2008).

2514 Le recrutement et la mise à disposition des dockers sont assurés par le « SMOP (réserve de main d'œuvre au PAL) », les dockers occasionnels sont recrutés par « contrat journalier » et sont payés « par quinzaine ». Des occasionnels peuvent être affectés à des « postes fixes » à l'instar des « dockers professionnels ». On dénombre « 365 dockers professionnels et 2384 dockers occasionnels » (B. Y. Fantowou, Mémoire ENA 3e Cycle AT, 2008, *op. cit.*, p. 12 à 17).

2515 Un jugement du Tribunal du travail de Bamako du 28 novembre 2005 a rejeté les prétentions d'un gardien qui « à l'instar de tous les gardiens travaillant sur le chantier (de l'employeur), était payé à la journée ». Le « salaire étant la contrepartie du travail fourni, il n'a droit qu'au salaire correspondant à la période durant laquelle il a effectivement travaillé » selon le pointage fourni par l'employeur (*TPOM*, n° 979/980, 2007, p. 232).

analysée en un licenciement[2516]. Dans une affaire relative à un « contrat de formation », le juge requalifie le contrat en CDI au motif de l'absence de preuve de ce contrat « qui aux termes de la Loi doit être écrit » et du fait « qu'il est de surcroît curieux qu'en sa qualité d'employeur, le requis ait pu recruter une stagiaire en lui payant une rémunération de 22000 FCFA par mois durant plus de quatre ans[2517] ». En l'absence de dispositions précises sur le régime juridique applicable aux différents types d'engagement temporaire, il arrive que les juges et inspecteurs « étendent » certaines dispositions du code du travail, voire considèrent que le droit du licenciement doit s'appliquer. Un inspecteur du travail précise, par exemple, qu'en l'absence de disposition légale ou conventionnelle relative à l'indemnité de congés payés pour ces cas précis, son paiement est du au terme de tout CDD[2518]. Cette « règle » est confirmée par un inspecteur du travail à l'occasion d'une conciliation[2519]. Dans un jugement du Tribunal du travail, il est établi que quand bien même il s'agirait de tel ou tel type de contrat, les dispositions légales sur le licenciement et le droit de la sécurité sociale doivent être respectés[2520]. Il ressort de ces difficultés de distinction juridique entre les travailleurs précaires et les travailleurs sous CDI qu'une question peut se poser de savoir s'il serait souhaitable de préciser formellement le régime juridique du CDD applicable à chaque type d'engagement[2521] ou s'il suffirait de reformuler certaines dispositions de sorte à en préciser le champ d'application général.

2516 Trib. Trav. Lomé, 4 mars 2008 (extraits).

2517 Les juges considèrent que le dépassement de la durée de trois ans de la formation démontre sa transformation « en un véritable contrat de travail à durée indéterminée » (Trib. Trav. Lomé, n° 161/10, 29 juin 2010, inédit).

2518 L'article 70 du code du travail nigérien et 141 du code tchadien prévoient par exemple explicitement ce droit à l'indemnité de congé.

2519 Il s'agit d'un salarié en CDD qui a quitté son emploi sans préavis ni lettre de démission. L'inspecteur lui explique la distinction entre CDD et CDI et qu'il n'y a pas besoin de préavis en matière de CDD puisqu'il doit dédommager l'employeur du reste des salaires restant à courir jusqu'au terme. L'employeur dit néanmoins qu'il peut accepter un préavis. Les indemnités de congés payés sont déduites du montant restant du par le travailleur à l'employeur (Cf. Conciliation devant un inspecteur de la zone Lomé Nord, 23 décembre 2008).

2520 « À supposer que les requérants sont de simples manœuvres temporaires (contrat journalier), payés par système de pointage, cela ne peut justifier la rupture unilatérale sans respect des articles 60 et 67 du code du travail, ni la non affiliation à la sécurité sociale » (Trib. Trav., n° 080/10, 9 mars 2010, inédit).

2521 Par exemple, la pratique du « préavis de non renouvellement » est présentée dans un manuel de droit du travail burkinabé (*op. cit.*, p.115). De nombreux droits nationaux de la sous-région prévoient des indemnités de fin de CDD . C'est le cas du Sénégal (7 % d'indemnité de fin de contrat sauf cas particuliers), du Burkina Faso (mêmes bases que l'indemnité de licenciement) et du Tchad (5 %). L'article 26 du code du travail du Gabon définit le « travail journalier ou hebdomadaire ». Ce contrat est conclu pour une durée d'une journée ou d'une semaine, peut être renouvelé dès le lendemain ou la semaine suivante et se transforme en CDI dès lors que l'engagement se poursuit au-delà d'un mois. Les risques professionnels sont à la charge de l'employeur. Le droit congolais prévoit qu'au bout de 22 journées de travail sur deux mois par « engagement au jour le jour », le nouvel engagement est réputé à durée indéterminée. Le droit burkinabé précise les conditions de durée et de renouvellement du contrat de travail saisonnier avec indemnité de fin de contrat.

Certains praticiens de droit du travail adoptent des raisonnements autour de l'expression de « contrat de travail tacite » pour qualifier la relation de travail dans le secteur de l'économie dite informelle. Alors qu'un représentant de la Délégation à l'organisation du secteur informel (DOSI)[2522] utilise l'expression pour justifier que « si on est dans le cadre du secteur informel, il n'est pas salarié[2523] », d'autres l'emploient à l'aune du caractère non obligatoire de l'écrit pour qualifier la relation de travail. Dans ce sens, un magistrat de Lomé dit « appliquer [les faits] au droit positif[2524] ». La prise en compte du travail subordonné dans le secteur de l'économie dite « informelle » reste toutefois assez embryonnaire car dépendante d'approches individuelles et de saisines rares et ponctuelles des inspecteurs et des juges. Le Guide de l'inspection du travail, réalisé avec le soutien de bailleurs de fonds tels que le BIT et GIP International (France) prend en considération la nécessaire implication des inspecteurs du travail dans le secteur dit « informel ». Les termes du Guide demeurent toutefois vagues quant aux destinataires du droit du travail et aux techniques de contrôle dans le secteur dit « informel »[2525].

B. Des apports techniques ponctuels

Les apports techniques des inspecteurs et magistrats togolais sont des raisonnements servant à délimiter l'application de certaines notions de droit. Il s'agit d'apporter des précisions techniques sur les critères de leur détermination, les conditions de leur mise en œuvre, les modalités de leur invocation légitime et les mécanismes de leur sanction. Nous aborderons successivement les apports en matière de relations individuelles de travail (1) avant de s'intéresser à ceux relatifs aux mesures patronales de nature économique (2).

1. Les relations individuelles de travail

Nous avons eu l'occasion de l'aborder, la définition de la faute professionnelle n'est pas donnée par le droit du travail en vigueur qui se contente de dresser une liste de comportements constitutifs d'une faute lourde justifiant le licenciement sans préavis ni indemnités. Nous avons également noté quelques raisonnements juridiques originaux tels que l'incompétence des inspecteurs pour qualifier une faute ou le non-octroi de dommages et intérêts bien que le

---

[2522] La Délégation à l'organisation du secteur informel (DOSI) « visant à recenser toutes les activités relevant du secteur informel, organiser le secteur, proposer les textes législatifs et règlementaires devant régir le secteur et, contrôler et réguler ses activités » (PNT, 2010, *op. cit.*, p. 16) a été créée par décret de 2008. Elle est une administration placée sous la tutelle du Premier ministre.

[2523] Cf. Entretien à la Délégation à l'organisation du secteur informel, Lomé, 30 décembre 2008.

[2524] « Si c'est de l'économie informelle tu ne peux pas refuser. Là-bas c'est le fond qui est essentiel, pas la forme. (...) Ce sont des contrats tacites qui existent » (Cf. Entretien avec le deuxième magistrat du Tribunal du travail, Lomé, 3 février 2009).

[2525] Le Guide se cantonne globalement à des questions de santé et de sécurité ainsi qu'au travail des enfants.

licenciement soit abusif. Plusieurs jugements du Tribunal du travail de 2010 mettent en lumière un raisonnement original sur la faute, à l'aune de l'exigence d'une « cause réelle et sérieuse » de licenciement. En matière de relations individuelles de travail, les juges et inspecteurs tentent également de pallier le silence des textes en matière de démission, ainsi que leur imprécision en matière de reclassement en cas de maladie ou d'accident et de modification du contrat de travail.

La Chambre judiciaire de la Cour Suprême du Togo n'apporte pas d'éclairage important sur la définition de la faute ni sur une éventuelle hiérarchie des fautes et sanctions. Cela relève du « pouvoir souverain » des juges du fond[2526]. C'est le Tribunal du travail de Lomé qui, par trois jugements rendus le 26 janvier 2010[2527], met en exergue un raisonnement juridique propre à la qualification de la faute. Bien que seule la faute lourde soit abordée dans les textes en vigueur[2528], le raisonnement des juges concerne indistinctement la « faute grave ou lourde » ; c'est-à-dire que ces deux dénominations renvoient en justice aux mêmes conséquences. Le raisonnement des juges se fonde en outre sur un souci affirmé d'apprécier « *in concreto* » les faits de l'espèce. L'intention du salarié semble indifférente à la qualification de la faute lourde ou grave malgré quelques brèches d'évocation de cette intention. En effet, des jugements semblent l'appliquer[2529], d'autres l'évoquent explicitement sans la mettre en œuvre[2530] tandis qu'il arrive qu'une des parties l'invoque sans effet sur le

---

[2526] CS Togo, ch. jud., n° 05, 17 janvier 2008. Quelques décisions peuvent toutefois attirer l'attention. Il en est de celle n° 02 du 18 janvier 2001 qui infirme le raisonnement de la Cour d'Appel qui, sur le fondement de l'article 38 de l'ancien code du travail, retient « qu'un salarié ne peut être régulièrement licencié qu'après que l'employeur ait respecté des formalités préalables à savoir mise en demeure, avertissement ou mise à pied et exclusion temporaire » alors qu'aucunes prescriptions en ce sens n'existent dans le droit. V. aussi CS Togo, ch. jud., n° 42, 15 octobre 1992 (disponible en ligne sur legitogo.tg).

[2527] Trib. Trav. Lomé, n° 007/2010, 26 janvier 2010 ; Trib. Trav. Lomé, n° 015/10, 26 janvier 2010 ; Trib. Trav. Lomé, n° 016/10, 26 janvier 2010. Les trois jugements utilisent les mêmes fondements juridiques togolais que sont l'article 67 alinéa 2 (licenciement sans préavis pour faute lourde « sous réserve de l'appréciation par la juridiction compétente de la gravité de la faute »), l'article 17 alinéa 6 de la CCIT (même disposition) et l'article 56 de la CCIT sur la discipline. Le jugement n° 015/10 contient aussi l'article 60 alinéa 1er du code du travail qui concerne le licenciement abusif. En réalité, il s'agit d'une référence au nouveau licenciement irrégulier des alinéas 2 et 3 de ce texte.

[2528] Les articles 62 (rupture du CDD), 67 alinéa 2 (préavis de licenciement), 91 alinéa 3 (clause de non-concurrence), 162 (frais de transport), 215 (mise à pied du délégué du personnel), 271 alinéa 3 (refus d'exécuter une réquisition en cas de grève) mentionnent la « faute lourde ». Aux termes de l'article 58 (ancien 56) de la CCIT, la sanction du licenciement sans préavis concerne la faute lourde et aucun autre type de faute n'est rattaché aux autres sanctions énumérées dans le texte.

[2529] Par exemple, un jugement n° 131/06 du 3 octobre 2006 (inédit) énonce que l'ancienne salariée « aurait pu tout simplement être démise de la présidence de la commission et non être purement et simplement licenciée alors qu'il n'a pas été établi que ces manquements ont été sciemment faits dans l'intention de nuire »

[2530] En effet, le jugement n° 007/2010 mentionne que « la jurisprudence a aussi retenu que la faute lourde s'entend d'une faute commise avec intention de nuire à l'employeur (…). En tout état de cause, la jurisprudence fait une appréciation *in concreto* de la faute reprochée au salarié ». Voir aussi le jugement (n° 148/2010 du 8 juin 2010) qui mentionne cet élément de définition tout en se raisonnement du juge[2531]. « En tout état de cause, la jurisprudence fait une appréciation *in concreto* de la faute reprochée » et les juges retiennent le principe selon lequel « pour être une cause de licenciement, la faute lourde doit être fondée sur des faits objectifs imputables au salarié et présentant une certaine gravité rendant impossible le maintien du lien contractuel[2532] ». Ils recherchent donc la cause réelle puis la cause sérieuse, c'est-à-dire la « relation avec la vie professionnelle », et enfin l'impossibilité de la continuation du contrat de travail. C'est alors que le fondement de l'article 56 de la CCIT est utilisé pour vérifier si les comportements invoqués sont dans la liste des fautes lourdes et, en dernière analyse, si une « proportionnalité » entre ces comportements et la mesure de sanction existe.

Les qualificatifs de faute sont en définitive la faute légère et la faute grave ou lourde. Le terme de faute sérieuse a pu être assimilé à la faute lourde par des juges d'appel[2533]. Certains compléments peuvent être tirés d'autres décisions judiciaires, tels que la preuve des faits reprochés à charge de l'employeur[2534], la prise en compte du comportement fautif de l'employeur[2535], la fixation par la lettre de licenciement des limites du litige[2536], le caractère nécessairement objectif des motifs mentionnés[2537] et la recherche de la proportionnalité en cas d'invocation du « manque de résultat[2538] ». Les magistrats togolais sont en définitive exigeants sur la preuve de la gravité de la faute en cas de licenciement. On relève dans ce sens que, lorsque les éléments de preuve sont insuffisants, le juge prononce un jugement avant-dire-droit qui renvoie les

---

cantonnant à la liste de l'article 56 de la CCIT pour qualifier de faute lourde le comportement reproché au salarié.

2531 Le jugement n° 016/10 concerne un agent de sécurité d'un hôtel qui s'est tenu torse nu à la vue des clients de l'hôtel et de son supérieur hiérarchique, licencié pour faute lourde. Il invoque l'absence d'intention de nuire tandis que les juges relèvent le caractère légitime du licenciement sur le fondement de l'article 56 de la CCIT. Le comportement constitue une « violation caractérisée des prescriptions connues du personnel ». Le salarié obtient néanmoins quatre mois de salaire d'indemnités au titre de l'irrégularité de la mesure.

2532 Trib. Trav. Lomé, n° 007/2010 et 0015/2010, 26 janvier 2010 (inédits).

2533 Deux arrêts de la Cour d'appel de Lomé relèvent l'existence de fautes légères et non « sérieuses » (CA Lomé, ch. soc., n° 21/08 et 22/08, 5 juin 2008).

2534 Le licenciement est sans « motif réel, sérieux ou légitime » en l'absence de preuve des faits fautifs telle qu'une « lettre de rappel à l'ordre par exemple » (Trib. Trav. Lomé, n° 084/10, 23 mars 2010, inédit). Dès lors qu'il invoque le vol, l'employeur doit prouver la soustraction frauduleuse, la seule possession de produits de l'hôtel ne suffit pas (CS Togo, ch. jud., n° 10, 20 avril 1995, inédit). « Il n'incombe nullement aux juges la charge de la preuve de la faute alléguée par l'employeur » (CS Togo, ch. jud., n° 15, 17 novembre 1994, inédit).

2535 Selon un arrêt de la Cour d'appel de Lomé (ch. soc., n° 05/07, 1er février 2007, inédit), le comportement fautif de l'employeur à l'origine de la faute du travailleur empêche la qualification des faits en faute lourde mais il y a faute légère.

2536 CA Lomé, ch. soc., n° 01/11, 6 janvier 2011.

2537 Trib. Trav. Lomé, n° 117/2008, 17 juin 2008.

2538 Trib. Trav. Lomé, n° 117/2008, 17 juin 2008.

parties à une « audience en cabinet » ou « enquête à la barre »[2539], pour « éclairer la religion du tribunal[2540] ». Il n'en demeure pas moins que l'existence même de la faute n'est jamais discutée et que quelques résultats jurisprudentiels sont discutables[2541]. Il est même un cas d'espèce où une faute est qualifiée de « légère » au motif qu'elle résulte d'une « action noble de la salariée[2542] ».

S'agissant du lien entre la faute pénale et la faute civile, la jurisprudence togolaise est assez ambigüe en ce qu'elle affirme que le principe selon lequel « le pénal tient le civil en l'état » n'a pas à recevoir une application en matière de discipline du travail[2543] tout en se fondant parfois sur une relaxe pour déterminer l'imputabilité d'une rupture à l'employeur ou déclarer l'absence de faute[2544]. Elle est toutefois assez logique au regard du raisonnement présenté dans le paragraphe précédant dès lors que l'absence de réalité des faits reprochés ressort d'une relaxe au pénal. Néanmoins, le juge peut rechercher si une plainte a été déposée par l'employeur pour analyser le caractère fondé ou non du motif de licenciement de l'« abus de confiance[2545] ». L'absence d'une telle plainte ou d'un procès au pénal est parfois insérée dans un panel plus large d'éléments probatoires possibles en cas d'infraction : « il n'est pas rapporté la preuve de ces malversations soit par un procès verbal d'enquête préliminaire, soit par une décision judiciaire ayant reconnu la culpabilité du requérant à l'issue d'un procès juste et équitable soit encore par un aveu du requérant matérialisé par un écrit[2546] ».

[2539] Ils se fondent sur l'article 67 alinéa 3 du code du travail de 2006 selon lequel « la juridiction compétente constate l'abus, par une enquête, sur les causes et circonstances de la rupture ».

[2540] « Les allégations et prétentions des parties ne sont pas de nature à éclairer suffisamment la cour sur l'essence même des faits incriminés » (CA Lomé, ch. soc., n° 003/2011, 6 janvier 2011, inédit).

[2541] Un jugement (n° 169/10, 29 juin 2010, inédit) décide par exemple une enquête à la barre alors qu'il s'agit d'une mise à pied abusive de plusieurs mois en l'espèce. Dans un jugement de 2010 (extraits) la mauvaise foi du travailleur est déduite du fait qu'il ne souhaite pas qu'une enquête soit menée sur les lieux de travail. La faute lourde est qualifiée pour des faits de mauvaise exécution du travail et le salarié est condamné aux dépens.

[2542] Il s'agissait en l'espèce d'une salariée d'un « village d'enfants » qui avait fait rencontrer son pasteur à l'une des pensionnaires. « L'objectif principal de l'intimée était de voler au secours d'un enfant en détresse » qui était « une fille, certes mineure, mais âgée de 20 ans et donc dotée de discernement » (CA Lomé, ch. soc., n° 21/08, 25 juin 2008, inédit). Le licenciement est tout de même déclaré abusif, conséquence que les juges camerounais par exemple ne tirent pas nécessairement en présence d'une « faute légère » (CA Yaoundé, 22 mars 2006, *TPOM*, 2008, n° 987/988, p. 153).

[2543] « L'évocation par les juges d'appel de l'absence de faute pénale n'est qu'un motif surabondant » (CS Togo, ch. jud., n° 21, 19 juin 2008, inédit). « Le criminel tient le civil en l'état » ne peut être appliqué dans la mesure où le travailleur ne conteste pas les faits (CA Lomé, ch. soc., n° 04/07, 1er février 2007, inédit).

[2544]Le licenciement pour perte de confiance alors qu'il y a eu relaxe au pénal est illégitime (CS Togo, ch. jud., n° 19, 21 septembre 1995 et CA Lomé, ch. soc., n° 04/07, 1er février 2007, inédits).

[2545] La Cour Suprême confirme un arrêt ayant qualifié le licenciement d'abusif en précisant que « pour parachever son étude », la CA a « relevé que l'employeur n'a pas porté plainte contre (le salarié) pour abus de confiance ou un quelconque détournement » (CS Togo, ch. jud., n° 13, 19 septembre 1991, inédit).

[2546] Trib. Trav. Lomé, n° 021/2010, 26 janvier 2010, inédit.

À côté de l'abondante jurisprudence sur la faute disciplinaire, des apports techniques permettent de combler le vide juridique qui existe en droit du travail togolais en matière de démission du travailleur[2547]. Une définition est donnée à la démission du salarié et les modalités de sa mise en œuvre sont précisées par les inspecteurs et les magistrats. Il n'est pas rare que l'absence d'une lettre de démission suffise à disqualifier la démission et à imputer la rupture du contrat à l'employeur. Ce type d'approche tient notamment de la fréquence de la pratique du « licenciement déguisé » ou de « rupture voilée ». C'est le cas lorsque les employeurs poussent les salariés à partir ou prononcent des mises à pied « qui ne disent pas leur nom[2548] ». La démission est la manifestation d'une volonté claire et non équivoque du salarié. Elle doit être notifiée par écrit à l'employeur et est soumise au respect du délai de préavis prévu par l'article 65 du code du travail de 2006. Cette définition est mentionnée par les praticiens et acteurs sociaux togolais[2549] ainsi que par les juges[2550]. De façon un peu contradictoire, les juges du fond ont pu admettre une forme de prise d'acte de démission en l'absence d'écrit dès lors que l'employeur prouve qu'il a plusieurs fois mis en demeure formellement le salarié de reprendre le travail[2551].

[2547] Le terme de démission est absent du code du travail et des conventions collectives. L'expression « résiliation unilatérale » englobe l'initiative de l'employeur et celle du salarié mais le terme de « licenciement » est employé pour certaines précisions procédurales et l'obligation de motif légitime. Seul l'article 39 de l'accord collectif de zone franche pose une liberté de démissionner sous réserve du respect de l'envoi d'une lettre recommandée. Les droits nationaux de la sous-région encadrent plus précisément la démission. Le droit burkinabé précise les conséquences d'une démission « irrégulière ». Le droit tchadien prévoit un « motif réel et sérieux ». Il aborde la « démission engendrée par l'attitude frauduleuse de l'employeur » et subordonne la sanction du non respect du préavis à « la révélation de la volonté du travailleur de causer un préjudice supérieur à l'employeur ». Les droits gabonais et malien, prévoient le bénéfice de la prime pour services rendus pour le salarié démissionnaire.

[2548] Cf. Entretien avec le président du Tribunal de Sokodé (région centrale, 19 janvier 2009) et avec un avocat (Lomé, 16 février 2009).

[2549] Cf. Entretiens avec le directeur général adjoint du Travail (Lomé, 26 novembre 2008), avec le comptable d'une entreprise de forage et sondage (Lomé, 10 décembre 2008) et avec le DRH d'une société industrielle du secteur métallurgique (Lomé, 12 janvier 2009).

[2550] « Une démission est un écrit émanant du salarié exprimant sa volonté expresse de mettre fin à l'exécution des obligations contractuelles souscrites. (…) » (Trib. Trav. Lomé, n° 021/2010, 26 janvier 2010, inédit). « En droit du travail, la démission ne se présume pas, elle doit être formelle » (Trib. Trav., n° 068/2008, 1er avril 2008, inédit). « La démission s'entend d'une manifestation sérieuse et non équivoque de la volonté du travailleur de mettre un terme à son contrat. (…) Aux termes d'une nombreuse jurisprudence, ne constitue pas une démission une absence de trois jours même non notifiée, un retour tardif de congés payés, le fait par le travailleur de ne pas rejoindre son poste dans le délai imparti » (CS Togo, ch. jud., n° 15, 17 novembre 1994, inédit). Un arrêt de la Cour Suprême (ch. jud. n° 10, 19 mars 2010, inédit) casse et annule l'arrêt de la Cour d'appel de Lomé qui qualifie la démission alors qu'une lettre de licenciement avait été postérieurement notifiée.

[2551] « Ne constitue une démission pour un employé absent de son poste que lorsque ce dernier refuse de reprendre le travail malgré plusieurs invitations de l'employeur » (Trib. Trav., n° 068/2008, 1er avril 2008, inédit). L'employeur peut produire « un exploit d'huissier constatant cette absence ou des lettres de relance adressées au (salarié) le mettant en demeure de reprendre le service » (Trib. Trav. Lomé, n° 021/2010, 26 janvier 2010, inédit).

En matière d'obligations de l'employeur liées à la santé du salarié, plusieurs « innovations » peuvent être relevées en matière de reclassement du travailleur malade. Les obligations juridiques de l'employeur sont précisées par les juges. L'article 14 de la CCIT impose un examen de « la situation du travailleur » à l'expiration du congé de maladie : « s'il est physiquement apte à reprendre son emploi, il est réintégré dans celui-ci ; s'il est diminué physiquement il peut être reclassé dans un autre emploi (...) et bénéficie à ce moment là du salaire et des avantages correspondant à sa nouvelle classification ». Néanmoins, « s'il est reconnu inapte à tout emploi par un médecin inspecteur du travail, il est licencié pour inaptitude ». L'article 15 de la CCIT prévoit une obligation de recherche de reclassement dans les cas d'accidents du travail et de maladies professionnelles[2552] qui a pu être étendue par les juges du fond sur le fondement de l'article 14 qui concerne tous les travailleurs malades. Le Tribunal du travail a ainsi posé « l'obligation de procéder au reclassement du salarié » et ajouté la condition de l'impossibilité de ce reclassement pour procéder au licenciement du travailleur malade[2553]. Il est aussi reproché à l'employeur dans ce jugement de n'avoir « pas recouru à l'inspecteur du travail » en application de la disposition légale qui impose l'« avis du médecin-inspecteur ». Dans un autre jugement concernant un grave accident du travail à la suite duquel l'employeur a demandé au salarié d'accepter une mutation interne à l'entreprise portuaire moyennant une baisse considérable de salaire, l'employeur est condamné pour licenciement abusif au motif qu'il s'agissait d'une « modification substantielle du contrat de travail » et que l'obligation de reclassement de l'article 15 de la CCIT n'a pas été respectée[2554]. Ainsi, les juges établissent un droit équivalent au reclassement en cas de maladie non professionnelle et d'accident du travail ou de maladie professionnelle. Ils précisent en outre la teneur de ce droit au reclassement sur le plan du salaire. Citons dans ce sens une tentative de conciliation évoquée par le président du Tribunal du travail de Lomé en vue de l'aménagement du temps de travail d'un salarié malade[2555]. Au sujet de la maladie du VIH-Sida, un inspecteur mentionne le règlement d'un litige par l'obtention du reclassement du salarié avec son accord et maintien de salaire[2556].

[2552] Aucune disposition légale ne prévoit le reclassement du travailleur.

[2553] Trib. Trav., Lomé, n° 079/10, 9 mars 2010, inédit.

[2554] Trib. Trav., Lomé, n° 162/10, 29 juin 2010, inédit.

[2555] « J'ai comme l'impression que ça ira au contentieux, parce que l'employeur ne veut pas... En fait, l'employé est malade et demande à l'employeur à ce qu'il aménage les horaires pour lui permettre d'être encore fonctionnel mais je crois que l'employeur ne veut pas alors que quand on voit la structure de l'entreprise c'est possible » (Cf. Entretien avec le président du Tribunal du travail, Lomé, 16 décembre 2008).

[2556] « Est-ce que l'employeur a le droit de faire passer des tests à l'insu de l'employé ? Il estime que c'est nécessaire parce que ce sont des cuisiniers qui travaillent chez lui. On nous demande notre avis. On a appelé Lomé. Ils veulent les changer de poste, si la personne refuse, que va-t-il faire ? Il va devenir quoi ? Agent d'entretien, jardinier, planton... S'il accepte tant mieux. Mais ce n'est pas une maladie ordinaire. Il faut que la maladie l'empêche de faire la tâche pour laquelle il est

Il convient enfin d'aborder l'approche des magistrats relativement à la modification du contrat de travail. Les juges vont, par exemple, considérer que le fait pour un travailleur de ne pas venir travailler suite à une modification substantielle de son contrat constitue un refus[2557]. Ils se fondent sur l'article 76 du code du travail en vertu duquel toute modification apportée à l'un des éléments du contrat de travail doit, au préalable, faire l'objet d'une notification écrite à l'autre partie et, lorsque cette modification est substantielle et qu'elle est refusée, la rupture est imputable à la partie qui en a pris l'initiative. Un jugement qui concerne le passage du statut d'enseignant permanent à « vacataire » considère en conséquence que « la mesure de modification devient licenciement[2558] ». Sur le caractère substantiel de la modification, les juges considèrent qu'il est peu important qu'une « modification du volume horaire » faisant des requérants de « simples enseignants vacataires au lieu d'enseignants permanents » n'entraîne aucune diminution de salaire[2559]. En vertu de « la loi, la doctrine et la jurisprudence » qui établissent « un droit de refus » du salarié, le licenciement fondé sur ce seul refus est « sans cause réelle et sérieuse[2560] ». Ainsi est implicitement affirmée la nécessité d'une justification légitime de la modification substantielle du contrat, on pense notamment au motif économique.

2. Les mesures patronales de nature économique

Les mesures patronales justifiées par la sauvegarde économique de l'entreprise font l'objet de précisions techniques au regard des prévisions du droit positif. On remarque par exemple qu'une articulation singulière de la liberté du travail et de la liberté de concurrence est sous-jacente au traitement judiciaire du « débauchage salarial ». Une décision de la Cour Suprême du Togo aborde le cas du chômage technique non prévu par l'ancien code applicable en l'espèce. Sur le plan du licenciement pour motif économique, si le code du travail de 2006 et la nouvelle CCIT signée en décembre 2011 ont mis un terme à la contradiction qui existait entre certains magistrats qui estimaient une extension nécessaire de l'article 21 de la CCIT de 1978 aux cas de licenciements individuels et la Cour Suprême du Togo qui affirmait le contraire[2561], des

employé. On ne peut pas lui imposer un changement de poste » (Cf. Entretien avec un inspecteur du travail, directeur du dialogue social, Lomé, 23 décembre 2008).

[2557] Trib. Trav., Lomé, n° 162/10, 29 juin 2010, inédit.

[2558] Trib. Trav., n° 166/10, 29 juin 2010, inédit.

[2559] Trib. Trav., n° 083/10, 23 mars 2010, inédit.

[2560] *Ibid.* et Trib. Trav., Lomé, n° 162/10, 29 juin 2010, inédit.

[2561] Selon les juges du fond, l'article 21 est le seul texte qui traite des licenciements économiques qui doivent être soumis à l'appréciation d'une autorité administrative, il ne faut pas faire une « lecture restrictive de la pensée du législateur » (Trib. Trav., Lomé, n° 087/06, 26 juillet 2006, inédit). Dans ce jugement, le défendeur cite expressément la décision rendue par la Cour Suprême du Togo le 19 octobre 2001 (n° 11, inédit) qui casse et annule un arrêt de Cour d'appel ayant qualifié d'abusif le licenciement individuel pour motif économique sur le fondement de l'article 21 de la CCIT. La Cour suprême énonce en substance que l'intitulé « licenciements collectifs » de ce texte est « précis, concis problématiques demeurent. Elles concernent l'appréciation du motif économique, les effets de l'intervention de tiers dans les procédures ou encore l'articulation des dispositions sur le licenciement pour motif économique avec celles relatives à la modification dans la situation juridique de l'employeur.

L'article 69 du code du travail relatif au « débauchage » du salarié est appliqué et interprété dans un jugement du 20 avril 2010. Le texte prévoit que « lorsqu'un travailleur, ayant rompu de façon injustifiée un contrat de travail, s'engage par un autre contrat, le nouvel employeur est solidairement responsable du dommage causé à l'employeur précédent s'il est démontré qu'il est intervenu dans le débauchage, s'il a embauché un travailleur qu'il savait déjà lié par un contrat de travail, s'il a continué à occuper un travailleur après avoir appris que le travailleur était encore lié (...) ». Les juges de première instance viennent clarifier la condition de la rupture injustifiée du contrat par le travailleur. Les juges recherchent tout d'abord l'existence d'un lien contractuel entre la société demanderesse et les deux salariés mis en cause en l'espèce. Dès lors que « les agents incriminés ont signé des engagements alors même qu'ils savaient être liés par un autre contrat qui n'a pas pris fin, cette attitude constitue une rupture injustifiée du contrat de travail ». En l'espèce, il est question de deux gardiens de sécurité initialement engagés par une société prestataire de la société mise en cause. Cette dernière a notifié la fin du contrat de prestation et procédé elle-même au recrutement de gardiens parmi lesquels se trouvaient les deux « agents incriminés ». Le Tribunal du travail condamne solidairement pour débauchage les deux salariés et la société mise en cause à quarante millions de FCFA. Selon les juges, le débauchage est constitué puisque, à supposer que la société incriminée n'aie pas eu connaissance du contrat de travail en cours au moment du recrutement, il y a débauchage en vertu de la troisième hypothèse de l'article 69 dès lors qu'elle a continué à les employer[2562]. L'argument selon lequel les salariés ont signé des déclarations sur l'honneur d'être libres de tout engagement professionnel « ne peut prospérer ».

Une décision de la Cour Suprême du Togo traite d'un cas de chômage technique décidé par une note de service de 2001 et ayant atteint une durée de trois ans[2563]. La Cour Suprême casse et annule pour défaut de base légale l'arrêt infirmatif de la Chambre sociale de la Cour d'appel de Lomé qui avait qualifié la mesure de force majeure, donc légitime. Les haut-magistrats considèrent la mesure abusive étant donné que la notion de « chômage technique » est ignorée par le code du travail de 1974 applicable en l'espèce. Les motifs de la décision contiennent toutefois la précision selon laquelle le chômage technique selon les nouvelles dispositions implique de plus une durée limitée à deux mois. Peu de

---

et dénué de toute ambigüité » donc l'information préalable de l'autorité administrative n'est pas requise en cas de licenciement individuel « quel qu'en soit le motif ».

[2562] Trib. Trav., Lomé, n° 123/2010, 20 avril 2010, inédit.

[2563] La mesure a été appliquée en l'espèce à des salariés recrutés sous CDD depuis 1994 (CS Togo, ch. jud., n° 06 du 20 janvier 2011, disponible en ligne).

précisions sont apportées sur les modalités de la mise en œuvre d'une mesure de chômage technique, excepté que l'application du dispositif au CDD semble implicitement admise ici.

S'agissant du motif économique de licenciement, les magistrats apportent quelques éclairages substantiels et procéduraux. La seule mention dans la lettre de difficultés économiques ne satisfait pas à l'exigence de motifs précis. La suppression d'un emploi doit être consécutive à des difficultés économiques ou à des mutations technologiques que l'employeur doit prouver. Le fait d'avoir procédé à des recrutements « aussitôt après la suppression de poste » démontre l'absence de cause réelle et sérieuse du licenciement[2564]. Plusieurs affaires relatives à des licenciements pour motif économique, en particulier au non respect de la procédure spécifique, contiennent un moyen de défense tiré de la régularisation de la procédure par l'intervention d'acteurs imprévus par le dispositif juridique applicable. Les magistrats se montrent intransigeants sur cette question. Ils relèvent le caractère abusif du licenciement en l'absence de respect de l'obligation de consultation des représentants du personnel, peu importe qu'un inspecteur du travail l'ait autorisé[2565], que le ministre ait été directement saisi[2566] ou que la décision de liquidation économique ait été décidée par les actionnaires et mise en œuvre par un liquidateur[2567]. S'agissant de la réparation d'un licenciement pour lequel la procédure légale n'a pas été respectée, un jugement du Tribunal du travail déclare le licenciement à la fois abusif et irrégulier sur le seul fondement de l'irrespect d'une partie des formalités obligatoires[2568].

La Cour Suprême du Togo a eu à connaître d'un recours en cassation de plusieurs agents de sécurité licenciés pour motif économique suite à la décision de leur employeur d'externaliser la « section sécurité » de sa société et au refus du sous-traitant de reprendre les agents initialement affectés à cette section[2569]. Les anciens salariés invoquent les prévisions de l'article 42 de l'ancien code du travail relatif à la poursuite des contrats de travail en cours en cas de

---

[2564] CA Lomé, ch. soc., n° 007/2011, 3 février 2011, inédit.

[2565] Une affaire concerne le licenciement de salariés au motif de la fermeture de la section restaurant d'une entreprise. Les juges prononcent le caractère abusif du licenciement sur le fondement de l'article 21 de la CCIT de 1978 en relevant, d'une part que la lettre adressée aux délégués du personnel par l'employeur ne comporte pas la mention de cette section, et d'autre part, qu'aucune procédure de régularisation n'est prévue en cas de non respect de l'obligation d'information préalable des représentants du personnel (CS Togo, ch. jud., n° 35/10, 17 juin 2010, inédit).

[2566] Le licenciement est déclaré abusif pour non respect de la procédure de l'article 21 de la CCIT, peu importante la lettre que le PDG a envoyé au ministre du travail « qui n'a pu suppléer la procédure définie par l'article 21 de la CCNI » (CS Togo, ch jud., n° 36, 16 décembre 2004, disponible en ligne).

[2567] CA Lomé, ch. soc., n° 03/07, 4 janvier 2007, inédit.

[2568] En l'espèce, la consultation préalable et la communication à l'inspecteur du travail ont été respectées mais pas l'obligation de dresser la liste des salariés licenciés selon certains critères et l'obligation de confirmation par lettre de tout licenciement dans les 8 jours (Trib. Trav., n° 0105/2010, 8 juin 2010).

[2569] CS Togo, ch. jud., n° 03, 17 janvier 2008 (inédit).

modification dans la situation juridique de l'employeur. L'article 71 du code du travail de 2006, identique à cette ancienne disposition, prévoit que la modification dans la situation juridique de l'employeur peut être tirée d'une succession, vente, fusion, transformation de fonds de commerce ou apport en société donnant lieu à l'intervention d'un nouvel entrepreneur qui se substitue en principe à l'ancien employeur pour la poursuite des contrats de travail en cours. À défaut, le salarié licencié pour un motif économique peut prétendre à des dommages et intérêt en vertu de ce principe. L'arrêt de la Cour d'appel de Lomé a déclaré légitime le licenciement des salariés de la section « sécurité » intervenu après le refus de la société sous-traitante de les reprendre. C'est l'article 21 de la CCIT de 1978 sur le licenciement pour motif économique qui est appliqué car l'employeur a « en réalité procédé à la réorganisation de son entreprise et la conséquence fut la suppression des postes de gardiens ». Les juges de la Cour Suprême confirme ce raisonnement et rejette le moyen tiré de la violation de l'article 42 de l'ancien code du travail. Or, la Cour Suprême n'apporte aucune précision sur le champ d'application de cet article et sème le doute sur son applicabilité éventuelle puisque tout transfert d'une entité économique conduit fondamentalement à une réorganisation. Il est regrettable en l'espèce que les magistrats ne se soient pas penchés sur le problème de l'application du principe du transfert des contrats de travail au cas d'une externalisation par une société d'une activité accessoire à son objet principal. Cela aurait permis en outre de préciser les effets de l'irrespect du principe et le caractère du licenciement par l'employeur initial au motif du refus du repreneur de poursuivre les contrats de travail. Il est permis de penser que ces précisions seront apportées si des faits similaires sont présentés au juge puisque l'article 21 de la nouvelle CCIT exige désormais que des difficultés économiques ou mutations technologiques justifient toute mesure de licenciement pour motif économique. L'hypothèse de la simple réorganisation a été supprimée.

Les faits de l'espèce de l'affaire précitée font état d'une « section sécurité » à laquelle plusieurs agents sont affectés depuis plus de dix ans. Le caractère autonome de cette activité économique ne fait pas de doute, ainsi que son organisation propre. Les magistrats de la Cour Suprême n'ont néanmoins pas choisi ici de se référer, comme ils le font fréquemment, au droit français ou à la doctrine et jurisprudence françaises. Il aurait en effet été intéressant ici de se pencher sur ce « droit d'ailleurs » qui, fondé sur une approche assez large du transfert d'entité économique[2570], applique un véritable droit au maintien du

---

[2570] La notion d'entité économique, pour l'application de l'article L.1224-1 du code du travail français, est définie par la jurisprudence de la Cour de cassation française et par celle de la CJUE, en application notamment de la Directive 2001/23/CE du 12 mars 2001 qui a repris la Directive 77/187/CEE du 14 février 1977. L'entité économique est un « ensemble organisé de moyens, en vue de la poursuite d'une activité économique, que celle-ci soit essentielle ou accessoire ». La CJCE a considéré que les travaux de nettoyage exécutés par une seule salariée au sein d'un établissement bancaire et confiés par contrat à une entreprise extérieure relèvent de la directive 77/187/CEE du 14 février 1977 (CJCE 14 avril 1994, *Dr Soc.*, 1994, p. 931, note N. Chauvet) et un rapprochement entre contrat de travail, se traduisant notamment par la possible absence d'effet d'un licenciement préalable au transfert[2571].

§2 – La croyance dans l'existence de droits

Le visa des décisions judiciaires est en principe composé des dispositions de droit positif applicables géographiquement et matériellement aux faits de l'espèce. Ce visa matérialise en quelque sorte la frontière entre les sources de droit positif et les éventuelles sources d'inspiration du juge. Cette formalisation incarne l'idée d'un juge disant, et non créant, le droit applicable. On relève toutefois dans les décisions de justice rendues par les magistrats togolais des références formelles nombreuses aux droits nationaux[2572] d'ailleurs (A). L'utilisation d'un sens du droit éloigné de sa substance formelle révèle en outre des phénomènes d'invocation de droits supposés (B).

A. Les références aux droits d'ailleurs

L'analyse des décisions judiciaires en matière de droit du travail met en exergue une activité « doctrinale » importante des juges togolais. Invisible dans les décisions rendues par la Cour Suprême du Togo[2573], une recherche en droit comparé en vue de l'interprétation ou de l'affirmation du droit en vigueur se fait jour dans les décisions rendues par les juges du fond. La « normativité » du

---

les juges français et européens s'est opéré. Selon la décision de la CJCE du 11 mars 1997, une entité ne saurait être réduite à l'activité dont elle est chargée ; il convient de prendre en compte d'autres éléments tels que le personnel, son encadrement, l'organisation du travail, les méthodes et moyens d'exploitation. Selon la Cour de cassation, « il résulte de l'article L. 1224-1 du code du travail, interprété à la lumière de la directive n° 2001/23/CE du Conseil du 12 mars 2001, que l'entité économique autonome dont le transfert entraîne la poursuite de plein droit avec le cessionnaire des contrats de travail des salariés qui y sont affectés s'entend d'un ensemble organisé de personnes et d'éléments corporels ou incorporels permettant l'exercice d'une activité économique qui poursuit un objectif propre ; qu'il s'en déduit que l'existence d'une entité économique autonome est indépendante des règles d'organisation, de fonctionnement et de gestion du service exerçant une activité économique » (Cass. Soc., 27 mai 2009, n° 08-40393).

[2571] V. par exemple, J. Mouly, « Les licenciements antérieurs au transfert de l'entreprise. Pour dissiper quelques malentendus », *Dr. Soc.*, 2007, p. 534. « L'intention manifestée par le cessionnaire de poursuivre seul l'exploitation ne saurait constituer pour le cédant une cause légitime de rupture du contrat de travail » (Cass. Soc. 17 juillet 1990). Le salarié a le droit d'obtenir la poursuite de son contrat avec le nouvel employeur qui ne l'a jamais rompu (Cass. soc. 15 février 2006).

[2572] Les références au droit international du travail sont assez rares. Sur cette question voir X. Beaudonnet, *Quand et comment les juridictions nationales peuvent-elles utiliser le droit international du travail ?*, CIF-OIT, 2007 et, du même auteur, « L'utilisation des sources universelles du droit international du travail par les juridictions internes », *Bulletin de droit comparé du travail et de la sécurité sociale*, Comptrasec, 2005, p. 43.

[2573] Sur quarante et une décisions rendues par la cour suprême du Togo en matière sociale entre 1991 et 2011, aucune ne comporte à son visa de références au droit français ou à d'autres droits d'ailleurs. Les visas se composent le plus souvent de sources de droit togolais ou d'énonciations vagues telles que la « jurisprudence constante », la « jurisprudence nombreuse », les « principes généraux du droit » ou « principes constants ».

droit comparé est affirmée, en tant qu'outil pour l'apport de précisions techniques telles que celles soulignées au paragraphe précédent. Tel le juge d'un système juridique supranational[2574], le juge togolais s'inscrit dans un contexte normatif régional et supranational. Les ressorts explicatifs possibles de ce constat sont autant historiques, économiques que politiques. On note une majorité de références au droit français (1) à côté de quelques références aux droits de pays de la sous-région (2).

1. Des références nombreuses au droit français

Les références judiciaires au droit français au sens large, c'est-à-dire aux arrêts de la Cour de cassation française mais aussi aux analyses doctrinales françaises, peuvent s'analyser comme l'illustration d'une influence continuelle de l'ancien colonisateur sur les institutions judiciaires togolaises[2575]. Elles peuvent également revêtir la marque d'une « part de tradition juridique française » dans la « tradition » juridique togolaise[2576]. Plus pragmatiquement, elles sont probablement aussi l'effet du contexte institutionnel togolais caractérisé par une difficulté et une rareté des compilations de ressources documentaires togolaises face à une récurrence des dons d'ouvrages et de revues d'origine française. Ainsi, en présence de sources de droit du travail rarement publiées et à propos desquelles nous avons pu formuler de nombreuses interrogations, les magistrats de droit du travail utilisent les outils disponibles pour la « légitimation » juridique de leurs décisions.

Plusieurs critiques peuvent toutefois être formulées sur cette méthodologie judiciaire. La première d'entre elles peut se faire sous l'angle du droit français dont l'actualité est parfois éloignée des références anciennes utilisées dans les décisions de justice. Il sera possible de rétorquer ici que, ancienne ou non, la référence au droit français ne constituant pas une référence au droit applicable et restant de l'ordre de l'appui théorique, elle peut s'avérer pertinente quand bien même elle n'est plus de droit positif français. Invoquée dans un territoire géographique étranger, le caractère de droit positif en France est indifférent pour l'analyse de la pertinence de la référence à ce droit d'ailleurs. L'utilité théorique de cette référence peut toutefois être interrogée lorsque sa mention est peu suivie d'impact dans le raisonnement et la solution juridiques du magistrat. Dans ce cas, pourquoi ne pas faire seulement état de l'interprétation décisionnelle ? Enfin, l'utilité pratique d'une telle mention fait parfois défaut

---

[2574] V. par exemple, K. Leanerts, « Le droit comparé dans le travail du juge communautaire », *Revue trimestrielle de droit européen*, 2001, p. 487.

[2575] On pense ici à la coopération bipartite ou à la formation en France des universitaires et magistrats togolais.

[2576] V. D. Abarchi, Rec. Penant, 2003, *op. cit.* Samba Thiam qui parle de « l'attachement concret du droit à son lieu de naissance légitime », écrit dans l'introduction à son ouvrage qu' « il convient, il nous semble, pour faire une introduction historique du droit en Afrique, de présenter l'histoire du droit français qui a contribué et continue de contribuer à la construction de nos droits » (S. Thiam, *Introduction historique au droit en Afrique*, L'Harmattan, 2011, p. 21 et 25).

lorsque la source de droit togolais semble pouvoir se suffire à elle-même pour trancher le litige.

La jurisprudence française est souvent citée à l'appui du raisonnement judiciaire, ainsi qu'à l'appui des prétentions des parties en litige. À la mention de décisions de la Cour de cassation française s'ajoutent parfois des renvois à des références doctrinales sur le sujet traité[2577]. La jurisprudence française est fréquemment utilisée en matière de faute professionnelle. On relève en outre deux jugements concernant le refus d'une modification du contrat de travail et l'analyse de la rupture qui s'en suit qui contiennent ce type de référence. Un arrêt de Cour d'appel s'en réfère à la Cour de cassation française pour rappeler l'obligation d'énonciation des motifs dans la lettre de licenciement. Un jugement du Tribunal du travail contient diverses références de ce type s'agissant de la mise à pied conservatoire dans l'attente de l'autorisation administrative du licenciement d'un délégué du personnel. L'approche judiciaire du licenciement pour insuffisance professionnelle s'appuie également sur la jurisprudence française. À ces références jurisprudentielles s'ajoutent parfois des renvois à des écrits doctrinaux français. C'est particulièrement le cas dans les moyens des parties en matière de faute disciplinaire, mais également dans la motivation des juges sur la faute et la modification du contrat. On retrouve même une référence à des débats d'Assemblée Nationale française de 2005 concernant le principe « le criminel tient le civil en l'état »[2578].

Plusieurs jugements du Tribunal du travail de Lomé combinent des références à la jurisprudence et à la doctrine française pour appuyer leur raisonnement en matière de faute disciplinaire. Par des étapes successives, les juges relèvent quel est le motif invoqué de licenciement pour ensuite rechercher, sur le fondement de la définition de « la faute grave ou lourde », si le motif répond aux exigences cumulatives de réalité et de sérieux du motif de licenciement. Le raisonnement judiciaire est rendu trouble par le lien qui est fait entre l'utilisation de références françaises et le droit positif togolais pour déterminer la solution en cas de licenciement disciplinaire. Quatre jugements rendus en 2010 contiennent les mêmes références françaises[2579]. Sur le fondement d'un arrêt de la Chambre sociale de la Cour de cassation française du 10 avril 1991, une définition de la « faute grave ou lourde » est donnée. Elle « résulte d'un fait ou d'un ensemble de faits imputables au salarié qui constituent une violation des obligations découlant du contrat de travail (...) d'une importance telle qu'elle rend impossible le maintien du salarié dans

---

2577 La référence à la jurisprudence française est relevée dans environ un quart des décisions judiciaires à notre disposition rendues par le Tribunal du travail et la Cour d'appel de Lomé entre 2007 et 2011.

2578 CA Lomé, ch. soc., n°04/07, 1er février 2007, inédit.

2579 Trib. Trav. Lomé, n° 015/2010, n° 07/10 et n° 016/2010 du 26 janvier 2010. Trib. Trav. Lomé, n° 148/10 du 8 juin 2010, inédits.

l'entreprise pendant la durée du préavis[2580] ». Sur le fondement d'un autre arrêt de la Chambre sociale de la Cour de cassation française et d'un ouvrage de Geneviève Madou[2581] les juges ajoutent que « la jurisprudence a aussi retenu que la faute lourde s'entend d'une faute commise avec l'intention de nuire à l'employeur ». La déduction tirée de ces précisions sera assez ambigüe puisqu'au final la référence à l'intention n'a aucun impact sur la décision : l'appréciation de la faute lourde doit se faire « *in concreto* » c'est-à-dire que la faute lourde doit être « fondée sur des faits objectifs imputables au salarié » et présenter une « certaine gravité rendant impossible le maintien du lien contractuel ». Ces deux aspects de la faute doivent être cumulatifs pour que le licenciement soit justifié : « un grand pas a été franchi dans la protection des salariés lorsque les juges ont décidé de vérifier si la cause de licenciement présentait non seulement un caractère réel mais aussi un caractère sérieux ; ces deux caractères sont désormais en effet nettement distincts et doivent aux termes de la loi, être constatés l'un et l'autre par le juge pour que le licenciement soit déclaré justifié (28 octobre 1981, Droit Ouvrier 1982, p. 195)[2582] ».

Sur l'appréciation du caractère sérieux de la cause, donc de la gravité de la faute, aucune précision n'est apportée par les juges de première instance qui, selon les cas d'espèce, s'en réfèrent à l'article 56 de la CCIT[2583] et/ou à des jurisprudences françaises relatives à certains cas particuliers. Il est décidé sur le fondement d'un arrêt de la Chambre sociale de la Cour de cassation française du 5 janvier 1999 que les absences prolongées ne peuvent constituer une cause sérieuse de licenciement lorsque la décision de licencier est prise alors que le salarié est de retour. Une jurisprudence française du 9 mars 2004 permet d'affirmer que « la mésentente entre un salarié et tout autre du personnel ne peut constituer une cause de licenciement que si elle repose objectivement sur des faits imputables au salarié[2584] ». Un arrêt de la Cour d'appel de Lomé apporte des précisions sur le fondement d'un arrêt de la Chambre sociale de la Cour de cassation du 28 octobre 1981 : « la cause sérieuse se définit comme celle qui revêt une certaine gravité, qui rend impossible sans dommages pour l'entreprise la continuation du travail et qui rend nécessaire le licenciement »[2585].

[2580] Il s'agit en réalité de la définition jurisprudentielle française de la seule faute grave. Depuis 1991, la faute grave est celle qui résulte d'un fait ou d'un ensemble de faits imputables au salarié qui constitue une violation des obligation découlant du contrat de travail ou de la relation de travail d'une importance telle qu'elle rend impossible le maintien du salarié pendant la durée du préavis (Soc. 26 février 1991, RJS 4/91, n° 448). Elle est aussi, en vertu notamment d'une jurisprudence de 2007, « celle qui rend impossible le maintien du salarié dans l'entreprise » (Cass. Soc. 27 septembre 2007, n° 06-43.867).

[2581] Geneviève Madou, *Conflits et litiges du travail, 500 réponses juridiques*, éditions du Puits fleuri (France), 2004. Geneviève Madou est juriste après avoir été écrivain public. Elle n'enseigne pas mais est spécialisée dans le conseil juridique.

[2582] Trib. Trav. Lomé, n° 015/2010, 07/10 et 016/2010, 26 janvier 2010, inédit.

[2583] Trib. Trav. Lomé, n° 015/2010 et 016/2010 du 26 janvier 2010, inédit.

[2584] Trib. Trav. Lomé, n° 07/2010 26 janvier 2010, inédit.

[2585] CA Lomé, ch. soc., n° 21/08, 5 juin 2008, inédit.

Les magistrats togolais qualifient une faute lourde en vertu d'un arrêt de Cour de cassation française selon lequel « peut être licencié le salarié qui malgré les injonctions de l'employeur refuse d'exécuter un travail relevant de ses obligations[2586] ». Au final, en se référant à des décisions rendues par les juges français tout en mentionnant des dispositions de droit togolais, les juges togolais ne mettent pas clairement en lumière leur interprétation des dispositions de la CCIT en matière de sanction disciplinaire[2587]. Si l'appui du droit français a pu servir au juge à considérer une disproportion entre la faute et la sanction, donc à instaurer fort heureusement des degrés de gravité de la faute, il ne lui a pas permis de dépasser la liste conventionnelle « non exhaustive » des comportements constitutifs de faute lourde.

Il est intéressant de mentionner ici un jugement du Tribunal du travail concernant un licenciement pour insuffisance professionnelle[2588]. Alors que le raisonnement judiciaire présenté ci-dessus sur la réalité et le sérieux du motif aurait pu être reconduit pour ce cas d'espèce, les magistrats utilisent des références françaises propres à ce motif précis. Ils assimilent donc la mention d'une « insuffisance notoire dans son rendement professionnel » dans la lettre de licenciement à l'insuffisance professionnelle et à l'insuffisance de résultats. Les juges du fond ont en outre préféré se référer à des jurisprudences françaises autres que celles invoquées par les parties[2589]. Tandis que la requérante cite l'arrêt de la Cour de cassation du 31 janvier 1983 pour dire que l'insuffisance de résultat doit s'appuyer sur des éléments quantifiables puis ajoute que « comme le relève le Professeur Pélissier : « ... le motif invoqué doit se traduire par des manifestations extérieures susceptibles de vérification » (le nouveau droit du licenciement, p. 158) » et que le salarié doit avoir été « suffisamment informé des motifs (Cass. Soc. 21 juin 1984 et Lamy social n°1968-869) », les juges citent l'arrêt de la Chambre sociale de la Cour de cassation du 30 mars 1999 pour avancer que l'insuffisance de résultats « ne peut constituer en soi une cause de licenciement » et qu'il appartient au juge de vérifier si les objectifs définis étaient « raisonnables et compatibles avec le marché ». Ils se réfèrent ensuite à un arrêt du 10 novembre 1981 pour ajouter l'obligation pour l'employeur d'établir des manifestations précises de l'insuffisance.

2586 « Soc., 2 juin 2003 (Pennognon) »

2587 En effet, les juges ne tirent pas les conséquences des références à deux types de faute conduisant, en droit français, à des effets distincts. Le droit togolais ne prévoit pas de conséquences particulières de la faute sur le droit à l'indemnité compensatrice de congé payé, à la différence du droit français. De plus, les juges togolais, à la différence des juges français, n'étayent pas la condition qu'ils mentionnent de l'impossibilité du maintien du salarié dans l'entreprise.

2588 Trib. Trav., Lomé, n° 102/2010, inédit.

2589 L'avocat de la requise s'appuie sur les arrêts du 20 novembre 1996 et du 23 mai 2000 pour dire que « constitue un motif explicite (et donc légitime) la mention de l'insuffisance professionnelle » qui peut être prouvée par le mécontentement des clients selon un arrêt français du 14 mai 1996. Il mentionne de plus que selon l'arrêt français du 5 janvier 1995 constitue un motif légitime la mention de reproches adressés au salarié, le retour tardif de congés payés ou le travail bâclé.

Les juges du fond utilisent donc des fondements « français » pour étayer des solutions dans des cas pour lesquels le caractère précis ou non du droit positif togolais est indifférent. L' « utilité » de la référence au droit français plutôt que l'appui sur le droit togolais positif dans l'argumentation judiciaire peut être mise en question au regard des prévisions du droit applicable sur certains points. Les magistrats togolais posent, par exemple, l'interdiction de la double sanction disciplinaire en mentionnant qu'il « est de jurisprudence concordante et abondante qu'un salarié ne peut être sanctionné deux fois pour la même faute (Soc. 14 mai 1998 DS 98 709 obs. Jeammaud, Soc 13 février 1996, Soc 5 novembre 1987, Soc 13 octobre 1993, Dalloz 1998 sommaire obs. j. pélissier) [2590] ». Or, l'article 90 du code du travail de 2006 affirme bien qu' « il est interdit à l'employeur d'infliger des amendes au travailleur (et qu') il en est de même de la double sanction pour la même faute ». S'agissant de la modification du contrat de travail, deux jugements de 2010 mentionnent un arrêt de la Cour de cassation française et la doctrine française pour préciser, après avoir recherché le caractère substantiel ou non de la modification[2591], que « le licenciement d'un salarié fondé sur le seul refus d'accepter une modification de son contrat de travail est sans cause réelle et sérieuse[2592] ». L'article 76 du code du travail togolais prévoyant qu'en cas de refus d'une modification substantielle, la rupture du contrat est imputable à la partie qui en a pris l'initiative, aurait pu suffire à appuyer le raisonnement judiciaire. Sur un plan procédural, la référence à la jurisprudence française pour justifier l'accueil par les juges des prétentions des parties qui n'ont pas été traitées à l'occasion du règlement amiable avec procès-verbal de conciliation est sans doute peu utile. Il s'agit généralement d'une demande en paiement de dommages et intérêts dont la fixation appartient au juge en vertu du dernier alinéa de l'article 64 du code du travail[2593].

Un cas de mise à pied d'un délégué du personnel préalablement à l'obtention de l'autorisation administrative de son licenciement pour motif disciplinaire témoigne d'une « sur-mobilisation » du droit français. L'employeur défendait en l'espèce que cette mise à pied était « conservatoire » dans l'attente de

---

[2590] CA Lomé, ch. soc. n° 01/2011, 6 janvier 2011, inédit.

[2591] Un cas d'espèce concerne une modification du volume horaire d'enseignants qui « fait d'eux de simple enseignants vacataires » et constitue « sans aucun doute une modification unilatérale et substantielle de leur contrat ». Dans la deuxième affaire, il s'agit d'une mutation de poste de travail avec une réduction de salaire.

[2592] Trib. Trav. Lomé, n° 083/10 du 23 mars 2010 et n° 162/10 du 29 juin 2010 (inédits) : « Soc 13 octobre 1999, Lamy social 2002 p. 476 ».

[2593] Le visa pour appuyer l'irrecevabilité de l'action tirée de l'autorité de la chose jugée et préciser que dès lors que la transaction n'a pas concerné les dommages et intérêts, elle ne peut s'analyser en une renonciation de la salariée, est composé de la jurisprudence française (Civ 1e, 18 octobre 1960 et Soc. 9 avril 1996), de la « jurisprudence constante » et des articles 60 et 228 du code du travail togolais. Or, l'article 64 alinéa 2 dispose que « le montant des dommages et intérêts en cas d'abus est fixé par la juridiction compétente en fonction du préjudice subi » (Trib. Trav. Lomé, n° 117/2008, 17 juin 2008, inédit).

l'autorisation alors qu'elle constituait, selon le salarié, une sanction disciplinaire injustifiée. Les juges citent la jurisprudence française en vertu de laquelle une mise à pied à durée déterminée se transforme en mise à pied disciplinaire[2594]. Ils en appellent ensuite à la doctrine et jurisprudence françaises selon lesquelles le licenciement prononcé pour les mêmes faits que ceux qui ont fondé une mise à pied disciplinaire est sans cause réelle et sérieuse[2595]. Les magistrats invoquent de plus un arrêt d'une cour d'appel française sur le principe de non-discrimination en matière disciplinaire à l'appui du relevé du caractère discriminatoire de la sanction[2596]. Enfin, définissant la faute lourde comme « celle qui traduit la volonté du salarié de nuire à l'employeur » et en s'appuyant sur le règlement intérieur de l'entreprise en cause, les juges considèrent dans le cas d'espèce que les faits reprochés constituent en réalité une « pratique établie au sein de la banque ». C'est en définitive au regard de tous ces aspects que les juges décident du caractère abusif du licenciement et en fixent la réparation. Or, il apparaît, au vue des dispositions légales de droit togolais, que l'un de ces aspects aurait pu suffire à la solution tout en clarifiant l'argumentation. L'article 215 sur l'autorisation administrative de licenciement prévoit en effet la mise à pied possible d'un délégué du personnel en cas de faute lourde dans l'attente de la décision de l'inspecteur du travail et son annulation rétroactive en cas de refus. Or, en l'espèce un inspecteur du travail a émis une décision défavorable que l'employeur a tenté de contourner en saisissant un autre inspecteur alors qu'il aurait du former un recours hiérarchique selon l'article 215 alinéa 4 du code du travail togolais. Les juges de première instance mentionnent bien cette règle dans le jugement mais n'en tirent pas les conséquences. En outre, les juges pouvaient considérer la double sanction disciplinaire interdite par l'article 90 du code du travail, voire même appliquer les conséquences du licenciement sans autorisation administrative ou en cas de refus prévues à l'article 215 alinéas 3, 6 et 7[2597]. Ils pouvaient également aboutir à un résultat similaire sur le fondement de leur interprétation de la définition de la faute lourde. Enfin, l'article 3 du code du travail sur l'interdiction de la discrimination aurait pu constituer un fondement pertinent.

[2594] Soc. 3 juin 1992, Soc. 12 février 2003.

[2595] « Hubert Flichy et Laurent Gamet, Licenciement, procédure indemnités contentieux, Delmas, 10e éd., 2005. Cass. Soc. 27 décembre 1984 : « si la mise à pied qui a précédé le licenciement est une mise à pied disciplinaire, le licenciement prononcé ultérieurement pour sanctionner la même faute est sans cause réelle et sérieuse ».

[2596] « Que même la jurisprudence est assez explicite dans ce domaine quand elle exige que « la sanction disciplinaire ne soit pas discriminatoire (ne frappe pas le représentant seulement à raison d'actes de sa fonction). CA Montpellier 24 juin 1993 ».

[2597] Le licenciement prononcé malgré le refus de l'inspecteur est « nul et de nul effet ». En cas de licenciement prononcé malgré ce refus, en l'absence de demande d'autorisation ou en cas d'annulation de l'autorisation par le ministre, « le délégué du personnel est réintégré d'office avec paiement d'une indemnité égale aux salaires qu'il aurait perçus s'il avait travaillé ». Si le délégué du personnel n'est pas réintégré dans un délai de quinze jours à compter d'un refus de l'inspecteur, il lui verse « une indemnité supplémentaire égale à un mois de salaire brut par année de présence, avec un maximum de six ans ». Ce dernier alinéa n'est pas repris dans le projet d'acte de l'OHADA.

Un arrêt de la Cour d'appel de Lomé[2598] apporte des précisions utiles sur la notification écrite du licenciement en cas de relation triangulaire entre une entreprise de travail temporaire, une entreprise utilisatrice et un travailleur temporaire. Néanmoins, la référence française utilisée dans l'arrêt sera partiellement appliquée au cas d'espèce soumis au juge togolais. Il s'agissait de deux salariés mis à disposition d'un employeur qui décide de mettre fin à leur mission dans son organisation. L'entreprise utilisatrice leur envoie une « lettre de fin de placement » qui mentionne des menaces et injures de leur part lors de « réunions de sensibilisation » du personnel. L'entreprise de travail temporaire notifie à son tour le licenciement des salariés. Ces lettres de licenciement se contentent d'évoquer les lettres de l'entreprise utilisatrice. Les salariés saisissent le Tribunal du travail sur le fondement de l'article 60 alinéa 2 du code du travail pour licenciement irrégulier en raison de non indication du motif dans la lettre. Ils sont déboutés en première instance et interjettent appel. Le jugement du Tribunal est confirmé au visa notamment d'un arrêt de la Chambre sociale de la Cour de cassation française du 10 octobre 2000 : « la cour de cassation a jugé que la lettre de licenciement qui renvoie à une annexe est suffisamment motivée si l'annexe fait état de motifs précis ». Donc en l'espèce, « les lettres de fin de placement adressées aux appelants font corps avec les lettres de licenciement dont elles constituent des annexes ». Or, la formulation précise de l'arrêt précité insinue que l'annexe est nécessairement jointe à la lettre de licenciement : « mais attendu que dès lors que la lettre de licenciement mentionne expressément qu'elle comporte en annexe l'énoncé précis des motifs du licenciement, la cour d'appel a décidé, à juste titre, qu'elle était motivée ». Une certaine « dénaturation » de la décision de justice française est donc opérée dans cet arrêt qui aurait pu s'en tenir à une interprétation de l'obligation légale d'énonciation des motifs.

Enfin, la citation de débats parlementaires français sur l'abrogation du principe du « criminel tient le civil en l'état » est révélatrice du possible malaise des magistrats togolais envers leurs institutions et envers le droit qu'ils sont chargés de faire respecter. Le droit togolais positif ne pouvait-il pas suffire à fonder le raisonnement des juges qui pensent que le principe du « criminel tient le civil en l'état » n'est pas pertinent en matière de discipline professionnelle[2599] ? La mention de débats parlementaires français illustre une

---

[2598] CA Lomé, n° 016/11 du 3 mars 2011, inédit.

[2599] Il « échait d'écarter ce principe qui d'ailleurs fait l'objet de critique et de proposition de loi visant son abrogation en France (enregistré à l'assemblée nationale française le 13 juillet 2005) » (CA Lomé, ch. soc. n° 04/07, 1er février 2007). Nous avons d'ailleurs eu l'occasion de relever que ce principe n'est pas complètement évincé par les juges qui vont pouvoir regarder une relaxe ou l'absence de plainte au pénal comme des indices. Cette position s'inscrit par ailleurs relativement en accord avec le nouvel article 4 du code de procédure civile issu de la loi française n° 2007-291 du 5 mars 2007 : « la mise en mouvement de l'action publique n'impose pas la suspension du jugement des autres actions exercées devant la juridiction civile, de quelque nature qu'elles soient, même si la décision à intervenir au pénal est susceptible d'exercer, directement ou indirectement, une influence sur la solution du procès civil ».

prise de distance des magistrats avec leur système institutionnel national de production du droit togolais. Cette manifestation d'une faible croyance du juge en sa légitimité et en son pouvoir d'interpréter ou de dire le droit togolais en toute indépendance peut contribuer au renforcement du sentiment d'un droit sans prise endogène dans le contexte togolais. L'importante référence au droit français ajoute en outre une dimension « néocoloniale » aux influences exogènes[2600], ce qui contribue certainement au sentiment d'appréhension voire de répulsion qui peut exister à l'égard de la justice et du droit au Togo, quand bien même les magistrats chercheraient, paradoxalement, à légitimer leurs décisions. Le relevé d'une considération grandissante des décisions rendues par des juridictions d'autres États africains permet de penser qu'une évolution se dessine.

2. Une sollicitation occasionnelle des droits d'Afrique

Parallèlement aux nombreuses références au droit français, on remarque qu'avocats surtout et magistrats parfois, tendent à se référer à des décisions de justice de la sous-région auxquelles ils ont accès, *via* particulièrement certains numéros de la revue Travail et Profession d'Outre-Mer (TPOM). Une volonté de dépassement du mimétisme incarné par le droit formel togolais pour aller vers un ancrage plus africain de la pratique du droit peut être tirée de ces références. L'acte uniforme de l'OHADA en projet et les initiatives pour une diffusion améliorée des droits d'Afrique, telles que la création de portails Internet ou la multiplication de revues juridiques locales ou de visée régionale[2601], semblent aller de pair avec une dynamique peut-être en marche, sinon en projet, d'une « re-contextualisation » du droit[2602]. Il demeure néanmoins que ces références

---

2600 « Il n'y existe pratiquement pas de revues juridiques, ce qui incite le juge, comme au Togo ou ailleurs, à fonder sa décision sur une jurisprudence française plutôt que sur celle de ses pairs togolais - qu'il ignore totalement - car elle est rarement écrite » (C. Toulabor, « De la démocratisation au développement institutionnel », dans *L'État de droit,* 1998. http://www.etat.sciencespobordeaux.fr/avppos.html)

2601 Voir par exemple la Revue de droit uniforme africain distribué dans les 16 États de l'OHADA dont le Togo. L'initiative vient du Cabinet CH CONSULTING basé au Togo et la supervision relève d'un comité scientifique de haut niveau composé d'universitaires, de praticiens et d'acteurs institutionnels, cette revue est une contribution à l'offre d'éditions juridiques et un canal de diffusion de l'information spécialisée portant sur le droit uniforme et particulièrement le droit des affaires OHADA. La faculté de droit de Lomé a lancé la publication d'une revue en 2011. Les bases de données internet de droit national sont de plus en plus nombreuses. Voir à propos d'Internet : A. Chéneau-Loquay, « Formes et dynamiques des accès publics à Internet en Afrique de l'Ouest : vers une mondialisation paradoxale ? », in A. Chéneau-Loquay (dir.), *Mondialisation et technologies de l'information en Afrique,* Karthala, 2004, p. 171. A. Tagodoé, « Diffusion du droit et Internet en Afrique de l'ouest », *Lex Electronica,* vol. 11, n° 1, 2006. En 2009, s'est tenue la 10ème conférence internationale Internet pour le droit, organisée par Safli, l'institut d'information juridique des États africains du sud (l'Angola, le Botswana, le Kenya, le Lesotho, Madagascar, le Malawi, Maurice, le Mozambique, la Namibie, les Seychelles, l'Afrique du Sud, le Swaziland, la Tanzanie, l'Ouganda, la Zambie et le Zimbabwe) à Durban en Afrique du Sud.

2602 L'étude réalisée par le professeur Komi Wolou pour le BIT contient, de façon innovante, de nombreuses références à la jurisprudence togolaise non publiée mais obtenue directement auprès explicites aux droits d'ailleurs en Afrique paraissent également peu utiles au regard des précisions qu'elles apportent au droit positif togolais. Elles servent en outre à appuyer des argumentations peut-être discutables sur le plan particulier du pouvoir disciplinaire de l'employeur.

Sur quatre décisions judiciaires rendues en 2010 et 2011 contenant la référence à des jurisprudences d'autres États d'Afrique, deux comportent une solution au litige fondée sur cette référence. Un arrêt de la Chambre sociale de la Cour d'appel d'Abomey du 19 octobre 2006[2603] sert d'appui à l'interdiction de la triple sanction disciplinaire et une décision judiciaire de Tananarive du 11 janvier 1973 à l'affirmation selon laquelle « la conduite en état d'ivresse est un cas de faute lourde évident[2604] ». Sur le premier cas, nul besoin n'était pour le juge togolais de s'en référer à la solution rendue par les juges d'Abomey puisque l'interdiction de la triple sanction disciplinaire est l'application *a fortiori* de l'article 90 du code du travail togolais qui interdit la double sanction. Quant à la faute lourde constituée par la conduite en état d'ivresse, elle est explicitement mentionnée dans les dispositions conventionnelles applicables en matière de discipline, ce qui rendait l'appui de la décision de Tananarive quelque peu inutile. D'autres références auraient en outre pu fonder le juge à relativiser la brutalité de la sanction eu égard aux éléments de fait avancés en l'espèce. Ces éléments révèlent que le salarié d'une ancienneté de quatre ans dans la société agroindustrielle en cause a pu être victime de l'arbitraire policier encore bien présent dans les rues de Lomé.

L'avocat du salarié dans l'espèce ci-dessus se réfère à des jurisprudences de Nouméa et d'Abidjan pour contester le bien fondé de la mesure de licenciement pour faute lourde basée sur un reçu d'amende pour conduite en état d'ivresse car le procès-verbal d'enquête dressé par des agents de police ne contenait pas cette infraction mais simplement « la violation de feux tricolores et le défaut de maîtrise ». Le demandeur n'aurait en outre subi aucun alcootest de la part de ces agents. Il invoque donc une jurisprudence de Nouméa selon laquelle « l'ancienneté conjuguée avec une bonne manière de servir jusqu'à la date des faits reprochés est de nature à atténuer la gravité de la faute[2605] » et celle d'Abidjan en vertu de laquelle « le licenciement pour une faute disproportionnée par rapport à la sanction est un licenciement prononcé avec légèreté blâmable[2606] ». Le juge a préféré reprendre la référence malgache de l'avocat de la défense. Dans un jugement rendu le même jour[2607], le Tribunal du travail de Lomé ne suivra également pas l'argumentation de la défense appuyée

---

des juridictions compétentes en matière sociale (K. Wolou, *Étude sur la conformité de la législation nationale du Togo avec les normes fondamentales du travail*, Rapport de mission, BIT, 2011, *op. cit.*).

[2603] « Voir arrêt n° 2006-003/CS/CA-Ab du 19 octobre 2006, Recueil d'arrêts n° 4, 2008, p. 254 ».

[2604] L'avocat de la défense invoque le premier la jurisprudence de Tananarive que le juge de 1e instance reprendra ainsi que la précision du TPOM n° 377 (Trib. Trav. Lomé, n° 148/10, 8 juin 2010).

[2605] « Nouméa 17 septembre 1980 (TPOM 553) ».

[2606] « CA Abidjan 10 juin 1977 (TPOM 454) ».

[2607] Trib. Trav. Lomé, n° 145/10, 8 juin 2010, inédit.

sur diverses références ouest-africaines. Les juges congolais, sénégalais, gabonais, ivoiriens et camerounais sont mis à contribution par la défense pour soutenir que « les manquements dans la gestion s'analysent en une faute lourde privative de préavis[2608] » et que « le détournement au préjudice d'autres travailleurs de l'entreprise ou de l'entreprise est constitutif de faute lourde[2609] ». Après audition en cabinet, le juge suit l'argumentation du demandeur selon laquelle le salarié étant seulement gérant d'une boulangerie, il ne saurait lui être reproché sa mauvaise gestion puisqu'un service comptable distinct existe dans l'entreprise.

Dans un arrêt de la Cour d'appel de Lomé[2610] qui concerne la portée juridique de « conventions individuelles de départ » conclues entre des employés et une société pétrolière puis homologuées par le président du Tribunal du travail, les magistrats vont reprendre une jurisprudence sénégalaise invoquée par l'avocat des intimés. Ils vont toutefois rejeter leurs prétentions. L'employeur appelant sollicite que le jugement du Tribunal du travail ayant accueilli favorablement la demande des salariés, qui se sont aperçus après l'homologation des conventions individuelles de départ qu'ils auraient pu prétendre à une meilleure indemnisation de leur licenciement pour motif économique, soit infirmé sur le fondement de l'autorité de la chose jugée du jugement d'homologation des accords. La Chambre sociale de la Cour d'appel de Lomé va effectivement réformer le jugement de première instance sans toutefois se fonder sur l'argument de l'appelant. Elle va reprendre un arrêt de la Cour de cassation du Sénégal cité par les défendeurs pour rejeter le moyen tiré de l'irrecevabilité pour cause d'autorité de la chose jugée ; « il parait normal que les parties qui ont conclu un contrat violant l'ordre public ou des intérêts privés ne soient pas prises en otage par l'autorité de la chose jugée qui serait conférée au jugement homologuant leur accord ». Si les conventions homologuées peuvent être attaquées par voie de nullité, « encore faut-il que les demandeurs rapportent la preuve de leurs allégations ». C'est à ce niveau que l'argumentation judiciaire va devenir ambigüe puisqu'elle va seulement se référer à l'absence de preuve qu'un document que les salariés invoquent comme ayant éveillé leur sentiment d'avoir été trompés ait été effectivement émis par l'entreprise. Le principe de protection de l'ordre public et des intérêts privés évoqué par le juge n'aurait-il pu suffire à caractériser un vice du consentement des salariés ?

L'appel aux droits d'ailleurs, s'il peut répondre à un souci de précisions du droit positif togolais et illustrer celui d'une légitimation de l'activité juridique du magistrat, génère des confusions plus qu'il ne sert la construction d'une cohérence d'application du droit du travail. Parfois pertinent et parfois interrogeable, le référentiel très diversifié du droit d'ailleurs pose

---

2608 Brazzaville 9 janvier 1978, Dakar 1980 et Libreville 1980 : TPOM n° 469, 517 et 545.

2609 Abidjan 75, Yaoundé 82, Abidjan 78 : TPOM n° 443, 579 et 475.

2610 CA Lomé, ch. soc., n° 05/2011 du 6 janvier 2011, inédit.

indéniablement le problème de la représentation et des perceptions du rôle du juge dans la société togolaise. Ce référentiel, nous l'avons mentionné, peut faire douter de la légitimité du juge censé être indépendant. Il peut en même temps être interprété comme l'illustration d'un souci contemporain d'atténuer les sentiments négatifs sur la justice au Togo. Toujours est-il que l'utilisation judiciaire du droit comparé est original sur le plan des modalités de mobilisation du droit au Togo et au regard de l'impression de reproduction mimétique souvent associée à ce droit.

B. L'invocation de droits supposés

À côté de ces références d'ailleurs figurent non seulement des références précises de droit togolais mais aussi parfois des références imprécises à l'appui du raisonnement des inspecteurs et juges. Il n'est pas rare en effet de relever des formules générales telles que la « jurisprudence constante », la « loi » ou le « principe constant » pour appuyer des solutions variées (1). L'utilisation de ces supports imprécis contribue au flou du droit du travail[2611] (2).

1. Des références vagues pour des solutions variées

La « jurisprudence constante » ou la « nombreuse jurisprudence » sont citées par les juges pour appuyer des règles concernant diversement le motif de licenciement, la définition de la démission, le désistement au pourvoi ou l'évaluation des dommages et intérêts. D'autres formules, telles que la « loi », les « principes généraux du droit », les « principes constants », le « droit du travail », le « droit international du travail », le « code du travail » et la « convention », sont utilisées pour déterminer les modalités d'appréciation des termes d'un contrat de travail, des motifs de licenciement que sont l'insuffisance professionnelle, le manque de résultats ou la perte de confiance, des éléments de qualification d'une démission ou d'un « contrat de formation ». La « jurisprudence constante » ou « nombreuse » est difficilement perceptible aux termes de l'analyse des décisions judiciaires disponibles et particulièrement des décisions judiciaires rendues par la Cour Suprême du Togo. On constate en outre que certains cas d'espèce similaires peuvent être résolus de la même façon en se référant soit à « la jurisprudence », soit à « la loi », soit encore au « droit du travail ». Inversement, l'articulation de différentes décisions judiciaires peut parfois révéler une référence similaire pour fonder des solutions contradictoires. Enfin, l'invocation du « droit du travail » en général permet d'invoquer des règles en réalité absentes du droit du travail togolais.

[2611] Laurent Ben Kemoun, au sujet du droit de l'OHADA parle du « flou » et de « l'incomplétude » qui prive le système de son attractivité : « défaut de cohérence et parfois de professionnalisme des juridictions nationales compétentes (...) défaut de toilettage des législations nationales... » (L. Benkemoun, « Acculturation du droit européen en Afrique : processus exogène de création du droit dans l'espace Ohada », in *Le droit européen et la création du droit,* dossier de J.-S. Berge et I. Omarjee, *Petites Affiches*, 2008 n° 20, p. 5).

La définition de la démission est, dans un arrêt de la Cour Suprême, tirée de la « nombreuse jurisprudence » alors qu'un jugement du Tribunal du travail se réfère au « droit du travail » pour affirmer que « la démission ne se présume pas »[2612]. Un arrêt de la Cour d'appel qui pose la règle selon laquelle, en vertu de la jurisprudence, « la décision du salarié de rompre le contrat est requalifiée en licenciement si le comportement fautif de l'employeur l'y a contraint » se place relativement en contradiction avec l'unique arrêt de la Cour Suprême disponible sur la démission qui affirme que, selon une « nombreuse jurisprudence », la volonté du travailleur doit être sérieuse et non équivoque[2613]. Dans les deux espèces, le salarié avait quitté son poste suite à un dépôt de plainte infondée de l'employeur à la gendarmerie ; selon la Chambre sociale de la Cour d'appel, « déposer plainte à la gendarmerie ne saurait constituer un comportement fautif » tandis que selon la Chambre judiciaire de la Cour Suprême, « en se référant aux éléments caractéristiques de la démission, l'on peut affirmer que l'employé ne peut être considéré comme ayant démissionné ». Un jugement du Tribunal du travail estime de la même façon qu'il est de « jurisprudence constante » que la perte de confiance ne peut constituer une cause de licenciement[2614] alors qu'un arrêt de Cour Suprême, sur ce même fondement de « jurisprudence constante », contient le principe selon lequel « l'employeur qui ne peut plus placer sa confiance en un travailleur peut légitimement licencier celui-ci[2615] ».

Trois arrêts de la Cour Suprême contiennent une contradiction s'agissant de la détermination du montant des dommages et intérêts en cas de licenciement abusif. Leur succession dans le temps pourrait s'interpréter comme un changement de jurisprudence mais l'approche des juges du fond n'en a pas été affectée. La question qui est traitée concerne l'obligation des juges de fond de préciser ou pas les préjudices et de distinguer ou non entre le préjudice matériel et le préjudice moral. Une décision de la Cour Suprême de 1992 a répondu au moyen tiré de l'absence de distinction entre le préjudice moral et matériel que, selon un « principe constant », (...) les juges déterminent librement les éléments de fait qui leur sont nécessaires pour former leur conviction et apprécient souverainement l'utilité des mesures d'instruction sollicitées par les parties[2616] ». Une décision de 2001 contient dans le même sens l'affirmation de la règle selon laquelle il est « de jurisprudence constante que les dommages et intérêts en la

---

[2612] CS Togo, ch. jud., n° 15, 17 novembre 1994 et Trib. Trav. Lomé, n° 068/08, 1er avril 2008, inédits.

[2613] CS Togo, ch. jud., n° 15, 17 novembre 1994 et CA Lomé, ch. soc., n° 06/2008, 7 février 2008, inédits.

[2614] Trib. Trav. Lomé, n° 117/2008 du 17 juin 2008, inédit.

[2615] Elle ajoute qu'il ne s'agit pas pour autant d'un licenciement pour faute grave donc les indemnités de licenciement sont dues (CS Togo, ch. jud., n° 12, 19 septembre 1991, inédit). V. aussi Trib. Trav. Lomé, n° 117/2008, 17 juin 2008, inédit. Voir M. Kirsch, La perte de confiance, TPOM, 2007, n° 977/978, p. 164.

[2616] CS Togo, ch. jud., n° 7, 20 février 1992, inédit.

matière ne sont pas répartis en préjudice matériel et moral[2617] ». Or, un arrêt de la Cour Suprême de 2011 remet en cause ce principe. L' « exigence jurisprudentielle » impose que « les juges du fond précisent dans leur arrêt les éléments de preuve sur lesquels s'appuie leur appréciation des préjudices et la motivent de manière circonstanciée[2618] ». Les juges du fond restent assez libéraux dans la détermination du montant des dommages et intérêts bien qu'ils en précisent parfois les composantes, voire appliquent une règle de calcul de trois mois par année d'ancienneté[2619].

Toujours sur un plan procédural, on note que deux arrêts de Cour Suprême posent des principes relativement différents quant aux circonstances du désistement de pourvoi en cassation. Les deux arrêts mentionnent l'absence de prévisions dans la loi organique du 6 mars 1997 portant organisation et fonctionnement de la Cour Suprême. Le premier précise qu'« il y a lieu en l'espèce d'appliquer les principes généraux du droit et de donner acte à la demanderesse au pourvoi de son désistement ». Le second se fonde sur la « jurisprudence constante » pour affirmer que « tout désistement doit faire l'objet d'un arrêt qui équivaudra à un arrêt de rejet avec confiscation totale ou partielle de la taxe de pourvoi[2620] ».

Pour les cas où la référence est faite globalement au droit du travail, si les solutions sont indéniablement critiquables sur la forme, elles sont plus ou moins regrettables sur le fond. En ce qui concerne des solutions regrettables, une décision de la Cour Suprême du Togo illustre un oubli du caractère d'ordre public du code du travail et du principe de l'ordre public social pourtant clairement énoncé par le droit en vigueur. Les hauts magistrats invoquent dans cet arrêt la « loi » pour préciser que si elle permet au juge d'apprécier souverainement les termes des conventions entre les parties, elle ne lui permet pas, « lorsque les termes des conventions sont clairs et précis, de dénaturer les obligations qui en résultent et de modifier les stipulations qu'ils renferment[2621] ». Il s'agissait dans cet arrêt, que nous avons déjà eu l'occasion de

---

[2617] CS Togo, ch. jud., n° 01, 18 janvier 2001, inédit.

[2618] Ils doivent en conséquence indiquer les bases de leur calcul et distinguer chaque élément dont la réparation est demandée (CS Togo, ch. jud., n° 08/11, 17 février 2011, disponible en ligne).

[2619] Les types de préjudices qui appuient la détermination des dommages et intérêts sont très variables aux termes des décisions des juges du fond et seul un arrêt mentionne explicitement la règle de calcul selon l'ancienneté (CA Lomé, ch. soc., n° 19/2007, 8 novembre 2007, inédit). Le président de la Chambre sociale de la Cour d'appel évoque en effet qu'« à l'époque, on avait une jurisprudence pour les dommages et intérêts, parce que la loi ne donne aucune règle de calcul, on avait instauré la règle de 3 à 4 mois de salaires par année d'ancienneté. Des fois la personne n'a pas fait un an, bon la on tient compte de la particularité du dossier et de la chance qu'il a de retrouver un emploi » (Cf. Entretien avec le président de la chambre sociale de la Cour d'Appel, Lomé, 3 février 2009).

[2620] Au final les deux solutions se rejoignent et aucun arrêt de rejet n'est explicitement rendu : accueil du pourvoi et décision de « donner acte au demandeur au pourvoi de son désistement » et confiscation totale de la taxe de pourvoi (CS Togo, ch. jud., n° 03, 20 mai 1999 et CS Togo, ch. jud., n° 13, 19 octobre 2001, inédits).

[2621] CS Togo, ch. jud., n° 17, 16 avril 2009, inédit.

citer, d'une transformation de CDI en CDD d'un an renouvelable. Le CDD contient une clause précisant que le salarié est obligé de participer à l'équipe sportive de la société cimentière en cause. Le contrat prévoyait en outre une possibilité de non renouvellement et de rupture unilatérale du contrat si le salarié n'était plus en mesure d'assumer son obligation sportive. Les magistrats cassent l'arrêt de la Cour d'appel qui avait analysé la rupture du contrat en un licenciement abusif, en relative méconnaissance de l'article 50 du code du travail en vertu duquel les contrats de travail qui ne satisfont pas aux dispositions sur le CDD sont réputés à durée indéterminée. Un jugement de 2010 est également regrettable car le « droit international du travail » est curieusement mentionné pour justifier le caractère de faute lourde du comportement d'un agent de sécurité d'un hôtel « même s'il a été fait de façon inconsciente ». Ce comportement « constitue à l'égard des clients de l'hôtel et de la directrice générale qui est une femme ce qui est conventionnellement appelé en droit international du travail une infraction d'environnement hostile de travail »[2622]. Le jugement qui déclare le licenciement abusif d'une salariée embauchée par « contrat de formation de trois ans » est moins regrettable bien que les juges invoquent la loi qui ne prévoit pas ce type de contrat[2623].

Ces supports généraux de justification de solutions variées mettent en évidence une certaine insécurité juridique en droit du travail. Il devient difficile en effet de percevoir clairement les possibilités d'actions contentieuses ouvertes aux justiciables destinataires du droit du travail[2624] tant les contradictions et variations sont perceptibles dans les interprétations et logiques judiciaires. Ces invocations de supports généraux paraissent en outre participer de la production d'un droit flou au Togo.

2. L'effet et le résultat d'un droit flou

Une partie des affirmations de droits supposés tient à une représentation d'équivalence entre droit et « loi » de sorte que le support de la loi est sur-mobilisé pour l'invocation de droits qui peuvent être en réalité contenus dans des règlementations gouvernementales ou des conventions collectives. Certaines présentations sous-entendent en outre un renvoi à des aspects connus de droit français. D'autres sont en revanche davantage rattachables à des usages juridiques. Un résultat de ces représentations variées est la permanence d'un droit flou[2625].

2622 Il était reproché en l'espèce à l'agent de sécurité de s'être montré torse-nu sur une terrasse de l'hôtel après son service (Trib. Trav. Lomé, n° 016/10, inédit).

2623 L'employeur n'était « pas en mesure de prouver l'existence d'un tel contrat qui aux termes de la loi, doit être écrit » (Trib. Trav. Lomé, n° 161/10, 29 juin 2010, inédit).

2624 Le droit vise, selon Samba Thiam, « la faculté d'exprimer des prétentions pour faire valoir ses droits, conformément à la règlementation de base dite droit objectif, régissant les rapports entre les hommes vivant en société » (S. Thiam, 2011, *op. cit.*, p. 20).

2625 C. Thibierge, « Le droit souple », *RTD Civ.*, 2003, p. 599.

L'idée d'une référence implicite, ou « accidentelle », au droit français ressort particulièrement en matière de droit de la représentation collective au Togo. On pouvait par exemple remarquer la mention des délégués syndicaux et comités de santé et de sécurité avant la réforme de 2006 créant légalement ces institutions représentatives du personnel. Cela rejoint la référence dans un manuel de droit du travail togolais aux comités d'entreprise ou par certains acteurs aux « comités d'hygiène et de sécurité[2626] », absents des prévisions légales. L'auteur du manuel précise bien en introduction du chapitre sur le comité d'entreprise que le code du travail togolais, « malheureusement », ne prévoit pas cette institution dans les entreprises. Il en fait une présentation détaillée « en prenant pour référence le code du travail de 1952 et les codes du travail des pays de la sous-région[2627] », alors que cette prévision n'existait pas dans le CTOM et qu'elle est rare dans les codes du travail de la sous-région[2628]. Ce référentiel implicite de droit français ressort aussi très clairement de l'invention de règles de mise en place des nouvelles institutions représentatives légales avant l'adoption du texte règlementaire d'application des articles 218 à 221 du code du travail de 2006. Le manuel de droit du travail togolais publié en 2008 mentionne en effet des modalités de mise en place et leurs attributions dans l'entreprise, en l'absence de toute disposition juridique en vigueur. Ces précisions renvoient indéniablement au droit français de la représentation collective avec toutefois quelques nuances. L'auteur précise que « l'effectif de l'entreprise doit comprendre au moins 50 salariés » et que les délégués syndicaux « ont les mêmes prérogatives et la même protection en cas de licenciement que les membres du comité d'entreprise et les délégués du personnel, auxquels ils apportent leur assistance permanente ». Ils « assurent la liaison entre le syndicat et la section syndicale dans l'entreprise ». L'auteur ajoute toutefois que les délégués syndicaux « transmettent les directives du syndicat aux travailleurs de l'entreprise relevant du syndicat » et qu'ils « sont directement désignés par les syndicats les plus représentatifs et ce choix est entériné par les travailleurs ». Ces précisions non prévues par la loi s'avèrent éloignées des dispositions de droit français. Elles rappellent en partie l'idée assez répandue en pratique, selon laquelle la représentation syndicale se limite à celle des adhérents syndicaux.

[2626] « Ce sont des mécanismes qui étaient en panne ces dernières années, puisque le Togo a connu des années difficiles, nous avons décidé de lancer un dialogue social » (Cf. Entretien avec deux représentants, conseillers juridiques, du Conseil National du Patronat (CNP), Lomé, 14 janvier 2009).
[2627] D. Yabre, *op. cit.*, p. 206-207.
[2628] En effet, l'ouvrage de Martin Kirsch ne mentionne pas de telles réalités en 1975 (M. Kirsch, *Le droit du travail africain*, T. 1, Travail et profession d'outre-mer, 1975). L'Encyclopédie juridique de l'Afrique en son Tome 8 de 1987 (p. 130) mentionne l'existence juridique et textuelle de ce type de représentation en République populaire du Congo, au Gabon et en Mauritanie uniquement. Un ouvrage de 2006 corrobore ceci en affirmant que cette institution se retrouve encore aujourd'hui uniquement dans les législations congolaise, gabonaise et mauritanienne (H.-J. T. Fombeno, *L'action des syndicats professionnels en Afrique noire francophone*, L'Harmattan, 2006, *op. cit.*).

La mention d'une pratique contractuelle qui a un caractère défavorable par rapport au droit positif togolais normalement applicable révèle également une référence implicite au droit français. Ainsi, le dirigeant d'un cabinet de conseils en ressources humaines évoque le contenu des clauses de non-concurrence qu'il peut insérer dans les contrats de travail. Ses précisions sont relativement éloignées du droit togolais qui restreint considérablement la validité et l'applicabilité de ces clauses après la rupture du contrat de travail. Exposant « toute la procédure à suivre pour élaborer le contrat de travail », cet ancien représentant et conseiller juridique du Conseil National du Patronat précise que « bien entendu il y a des clauses de non-concurrence : il est strictement interdit de concurrencer dans un certain périmètre et pour telle durée[2629] ». Le droit togolais limite en réalité fortement les possibilités d'imposer une obligation de non-concurrence au travailleur. D'une part, les réformes successives du droit du travail ont réduit les limitations temporelles et géographiques maximales en passant de deux-cent kilomètres et deux ans en 1952 à un an et trente-cinq kilomètres en 2006[2630]. D'autre part, aux termes de l'article 91, à l'instar des dispositions de 1952 et de 1974, l'application d'une clause de non-concurrence est assimilable à une forme de sanction en ce qu'elle « est valable si la rupture est le fait du travailleur ou résulte d'une faute lourde de celui-ci ». À défaut, elle est « nulle de plein droit et réputée non écrite »[2631].

D'autres acteurs commettent des erreurs dans la formulation de certaines règles. Certains pensent que le code du travail ou la loi contient des règles qui n'existent pas ou mentionnent des normes générales qui ne le sont pas en vertu des différentes sources de droit applicable. Par exemple, la pratique de l'assistance de l'inspecteur du travail aux élections professionnelles des délégués du personnel est selon certains une obligation légale[2632]. Or, cette présence de l'inspecteur du travail n'était, jusqu'à l'adoption de textes règlementaires sur la représentativité syndicale fin 2009, qu'une possibilité en cas de litiges sur les modalités d'organisation des élections. Dans le même sens, peut être cité le propos du président du Tribunal du travail selon lequel une

---

[2629] Cf. Entretien avec l'ancien conseiller spécial du président du CNP, membre du GTPME/PMI et chef d'entreprise de services en ressources humaines, Lomé, 9 février 2009.

[2630] En 1974, la limitation passe à un an et cinquante kilomètres.

[2631] Le droit togolais prévoit en outre que la limitation porte sur une « activité de nature à concurrencer l'employeur ». L'article 14 du projet 2010 d'acte uniforme de l'OHADA ne reprend pas cette exigence mais reprend la condition de l'imputabilité de la rupture du contrat, limite l'effet de la clause à un an et renvoie aux États la détermination de la limitation géographique. Les droits nationaux reprennent pour une grande partie cette condition d'imputabilité. Sur ce point, le droit du travail camerounais prévoit des circonstances plus réduites : la clause s'impose en cas de faute lourde et de rupture du contrat par le salarié alors que l'employeur assurait ses frais de déplacement. Les durées et limites géographiques varient de six mois (Mali, 15 km) et cinq km (Gabon) à un an et cinquante kilomètres (Sénégal). Au Gabon, elle est limitée à un an et cinq kilomètres. Le droit burkinabé ne prévoit pas de limitations temporelle et géographique mais oblige à justifier l'obligation de non-concurrence. Les droits béninois et nigérien posent simplement la nullité de ce type de clause. Le droit tchadien est muet.

[2632] Cf. Entretien avec le directeur régional du travail de Kara, région de la Kara, 6 décembre 2008.

permission d'absence est obligatoire en cas de maladie non-professionnelle et qu'il existe une limitation annuelle du nombre de permissions d'absence[2633]. Le manuel de droit du travail togolais mentionne en outre l'intervention possible du ministre du travail ou d'une autorité locale pour déroger à la règle du repos dominical. Or, l'intervention du ministre est uniquement prévue dans les dispositions relatives à l'apprentissage[2634] et l'arrêté de juillet 2010 portant dérogation au bénéfice normal du repos hebdomadaire le dimanche prévoit une autorisation de l'inspecteur du travail. Enfin, alors que les règles qui précisent le mode de calcul de l'indemnité de licenciement sont diversement contenues dans les conventions collectives et absentes du code du travail, il est fréquent d'entendre parler des « droit légaux » ou « règlementaires ».

Certains pensent enfin que le droit du travail contient des dispositions favorables marquant un certain progrès social alors que ce n'est formellement pas le cas. Ainsi, le conseiller juridique d'une centrale syndicale importante du Togo mentionne qu'un mérite du code du travail de 2006 est d'avoir créé une obligation de rémunérer l'apprenti[2635]. Or, le code du travail ne contient plus de précisions sur le contrat d'apprentissage. De plus, le code du travail de 1974, à l'instar de la loi de 2003 sur la formation professionnelle, s'en remettait aux partenaires sociaux pour mettre en place cette rémunération[2636]. Dans cet ordre d'idée, le directeur général-adjoint du Travail pense que les certificats médicaux délivrés par les tradi-thérapeutes sont désormais admis, sous certaines conditions de validité, à l'appui d'une suspension du contrat pour maladie. Il existe en effet une loi n° 01/017 du 14 décembre 2001 qui touche à l'exercice de la médecine traditionnelle au Togo mais le droit du travail en vigueur continue de ne mentionner que le « certificat délivré par le médecin agréé » qui n'est pas précisé dans cette loi. On pourrait encore citer la mention par le directeur de l'emploi de la SAZOF d'une obligation de notification des heures supplémentaires dans le silence du droit spécial applicable ou encore la précision de règles imprévues sur les heures supplémentaires dans le manuel de droit du travail togolais[2637].

[2633] Cf. Entretien avec le président du Tribunal du travail, Lomé, 16 décembre 2008.

[2634] D. Yabre, 2008, op. cit., p. 147.

[2635] Cf. Entretien avec le secrétaire général adjoint et le conseiller juridique de la centrale CSTT, Lomé, 25 et 28 novembre 2008.

[2636] « En principe si on suit les textes épars qui ont été pris, sur l'apprentissage, je crois que c'est le maître en principe qui doit normalement périodiquement chercher quelque chose à l'apprenti parce qu'il participe aussi, voilà » (Cf. Entretien avec le président du Tribunal du travail, Lomé, 16 décembre 2008).

[2637] Dans le silence de l'arrêté 614-53/IT 24 août 1953 règlementant les heures supplémentaires et les modalités de leur rémunération et avant l'adoption de l'arrêt de 2010 sur les heures supplémentaires, l'auteur du manuel précisait que les heures supplémentaires n'étaient admises qu'en cas de surcroît exceptionnel ou saisonnier de travail, d'impossibilité d'achever des travaux dans les délais impartis ou de pénurie de main d'œuvre. L'employeur doit adresser une demande justifiée à l'inspecteur du travail « qui peut les accorder ou les refuser, parfois en accord avec le syndicat de base de la profession ». Elles ne peuvent excéder vingt-quatre heures par semaine sur

L'affirmation de certaines règles sans précision de la source juridique ou alors sous couvert de la mention générale de la « loi » met en exergue un mélange confus des différentes sources de droit que sont la loi, la règlementation, les conventions collectives et éventuellement la jurisprudence. Un agent de l'administration du travail pose, par exemple, le problème de l'absence de prévisions d'équivalences de temps de travail par le droit pour les travailleurs domestiques alors que le droit règlementaire togolais énonce l'équivalence de 56 heures[2638]. Sur l'échelle des sanctions, certains inspecteurs évoquent la sanction du blâme en bas de l'échelle[2639] qui est en fait seulement prévue par la convention collective du secteur de l'hôtellerie et de la restauration. Selon le président de la Chambre sociale de la Cour d'appel, en l'absence de définition formelle, la faute lourde doit être celle qui est « telle que le maintien du salarié dans l'entreprise n'est pas possible. Elle est telle que la personne est préjudiciable à l'entreprise[2640] ». Or, nous avons relevé que les décisions judiciaires sont ambigües sur cette question.

Parfois, la mention de la « loi » sert l'affirmation de droits négatifs, c'est-à-dire d'impossibilités légales. C'est particulièrement le cas en ce qui concerne le champ des pouvoirs d'appréciation des inspecteurs du travail en matière de conflits. Selon ces acteurs, la loi ne leur permet pas d'aller au-delà de la détermination des indemnités de licenciement, de préavis et de congés payés en cas de licenciement, peu importe qu'il soit manifestement abusif. De la même façon, elle ne leur permettrait pas de qualifier une faute professionnelle. Or, la loi ne précise pas ces impossibilités et la pratique révèle certaines modalités de conciliation relativisant cette supposée « interdiction ». Il serait sur ce point intéressant que ces agents saisissent les pouvoirs publics d'une réflexion sur l'articulation des missions de l'inspecteur du travail, notamment au regard du droit pénal du travail très peu appliqué en pratique. Enfin, selon le président de la Chambre sociale de la Cour d'appel, la loi « n'autorise pas la réintégration du travailleur » alors qu'elle est explicitement prévue pour le délégué du personnel et implicitement pour tout travailleur par les références à la nullité en matière de discrimination. En outre, la loi suscite selon lui des divergences de positions quant à savoir si le juge est compétent pour apprécier la réalité et le bien-fondé d'un motif économique de licenciement lorsque l'inspecteur du travail a autorisé ce licenciement : « il y a deux thèses, certains disent que c'est

---

six mois (D. Yabre, *op. cit.*, p. 141-142). Désormais, l'article 8 de l'arrêté du 30 juillet 2010 d'application de l'article 142 du code du travail précise que « des heures supplémentaires peuvent être autorisées en cas de travaux urgents et exceptionnels ou saisonniers ou justifiés soit par un surcroît extraordinaire de travail, soit par pénurie de la main-d'œuvre, en vue de maintenir ou d'accroître la production ». La limite est de vingt heures par semaine et l'autorisation de l'inspecteur du travail est requise seulement en cas de dépassement de la limite de huit heures supplémentaires hebdomadaires.

[2638] Cf. Entretien avec un inspecteur du travail, directeur du dialogue social, Lomé, 23 décembre 2008.

[2639] Cf. Entretien avec l'inspecteur du travail de Kara, région de la Kara, 2 décembre 2008.

[2640] Cf. Entretien avec le président de la chambre sociale de la Cour d'Appel, Lomé, 3 février 2009.

un élément de fait du dossier que le juge peut vérifier. D'autres disent que c'est une décision administrative susceptible de recours hiérarchique sur le terrain administratif[2641] ». Or, il s'avère en réalité que le droit applicable ne donne pas compétence à l'inspecteur du travail pour autoriser le licenciement pour motif économique. Il est informé et n'est appelé à intervenir qu'en cas de litiges. Il a toutefois la compétence pour autoriser le licenciement d'un salarié protégé.

On retrouve en définitive dans ces différentes approches la marque de la discontinuité socio-historique de la construction des droits d'Afrique noire francophone, et plus particulièrement du droit formel du Togo. Il s'agit tout autant d'un résultat de l'histoire coloniale que des évènements politiques post-indépendance. Le résultat est le constat de la pluralité des modalités de production du droit : entre une continuation plus ou moins diffuse d'une influence extérieure, particulièrement française et de plus en plus inadaptée aux contextes sociopolitique et socio-économique de l'État togolais et des réformes peu innovantes bien qu'appuyées par certains partenaires ou bailleurs de fonds. Les paradoxes qui habitent la production du droit du travail au Togo se retrouvent dans les modalités de sa mobilisation. Le droit du travail positif togolais est à la fois caractérisé par la pluralité de ses sources et une certaine indifférence à leur articulation. Une tension existe entre une forme de résignation au mimétisme et une volonté de prise en compte de certains traits socio-économiques ou socioculturels contemporains. Les différentes formes de mobilisation du droit révèlent enfin l'utilité qu'aurait la consultation des agents de terrain de l'inspection du travail sur tout projet de réforme, en plus de celle existante des chefs de service, des secrétaires généraux des centrales syndicales et des conseillers techniques d'origine étrangère.

[2641] Cf. Entretien avec le président de la chambre sociale de la Cour d'Appel, Lomé, 3 février 2009.

CONCLUSION DE LA PARTIE II

Nos développements sur les « mobilisations » du droit du travail ont eu pour ambition de dresser un portrait « empirique » du droit du travail au Togo. Accorder une telle place aux dynamiques du droit du travail impliquait de s'éloigner du concept d'effectivité au profit des termes de « sélection » et de « réception » qui ont permis de mettre en relief la complexité propre aux enjeux du droit dans la société. La sélection des références au droit du travail a constitué un préalable à l'analyse des diversités de ses réceptions.

Le dégagement de questions récurrentes au sein de la politique officielle du Togo et de la pratique du droit du travail a mis en exergue les contradictions et les différences d'enjeux selon les champs – national ou local, officiels ou non officiels, étatiques ou non étatiques, salariés ou patronaux – d'affirmation de priorités en matière de droit du travail. La recherche des questions récurrentes posées aux juges et inspecteurs du travail a par ailleurs mis en évidence des problèmes importants en matière disciplinaire et de licenciement mais aussi une tendance à l'invocation de nouveaux problèmes, substantiels et/ou procéduraux. La marginalisation de certains dispositifs n'avait pas pour ambition de traiter, en opposition aux questions récurrentes, des thèmes de droit du travail jamais mobilisés. Il s'est agi de voir, en matière de relations collectives ou individuelles, les dispositifs qui sont relativement mis à l'écart dans l'approche d'un problème de droit du travail. Ainsi, le droit de la représentation collective est partiellement mis en œuvre et parfois détourné, le droit de grève est inexistant, non seulement *de jure* mais aussi *de facto*, des normes substantielles sont « oubliées » eu égard à certaines considérations de la liberté de gestion patronale ou représentations du pouvoir de contrôle des inspecteurs et juges.

L'analyse de la diversité des réceptions du droit du travail montre ensuite que les actions des inspecteurs du travail et juges, à l'instar de celles des acteurs sociaux, ne peuvent être pour autant rangées entre respect et irrespect ou connaissance et méconnaissance de tel ou tel dispositif de droit du travail. De nombreuses accommodations institutionnelles et normatives mettent en évidence les défauts et les utilités de ce droit du travail, en tant que système et en tant qu'ordre, selon les contextes et les acteurs auxquels il est censé s'appliquer. Enfin, les inventions de droits, au sens où des droits sont dits et s'appliquent indépendamment de leur « validité » et « réalité » formelle ou substantielle, mettent en exergue le caractère singulier du système juridique togolais, avec ses insuffisances mais également ses potentialités.

CONCLUSION GÉNÉRALE

Dans un contexte où le droit formel semble appliqué à une minorité de travailleurs contre une majorité de travailleurs dépourvus de toute protection juridique[2642], nous avons tenté de découvrir des modalités plus complexes de mobilisation du droit du travail. L'analyse de ces modalités met en relief une singularité des rapports au droit et aux devoirs au Togo qui n'est certainement pas étrangère à l'histoire sociopolitique de ce pays[2643]. En effet, les rapports de et aux pouvoirs sont déterminants de l'ambivalence apparente des activités juridiques en matière de relations de travail au Togo[2644]. La rationalité et la légitimité du droit formel au Togo sont originales en ce sens que c'est de façon relativement éloignée de la logique interne du droit formel que celui-ci est appréhendé et mobilisé. Les « inventions » de droits font penser à l'idée d'un droit « transpositif » au Togo, qui opère comme « médiations entre les exigences de l'éthique pure, l'effectivité de la vie politique et les idées de droit plus concrètes[2645] ».

L'analyse de la production du droit des relations de travail avait pour objet d'étudier le droit formel du travail en vigueur au Togo selon sa logique interne, mais aussi selon sa logique externe. La valeur de droit positif attribuée à ce droit est apparue relativement indépendante des conditions juridiques préétablies de sa validité et de son contenu. L'ordonnancement des sources de droit du travail au Togo apparaît original. La « force référentielle » attribuée au droit formel du travail est particulièrement déterminée par les pouvoirs « tenanciers » de son élaboration et consécration. C'est plus une légitimité organique que procédurale et matérielle qui est attribuée au droit applicable en matière de relations de travail. Cela est particulièrement visible s'agissant du droit du travail de la zone franche. Son caractère particulier et ses silences ont été interprétés pendant plus de vingt ans comme l'affirmation de l'interdiction de tout syndicat et de l'incompétence de l'inspecteur du travail et du juge, jusqu'à ce que l'État le contredise « solennellement ».

[2642] « Il y a comme un effet de glissement imperceptible mais progressif du droit moderne vers le secteur informel (...). Les quelques infiltrations du droit moderne ne peuvent apparaître que comme quelque chose de pathologique » (O. O. Sidibe, « Réalités africaines et enjeux pour le droit du travail », *Bulletin de droit du travail et de la sécurité sociale*, 1999, p. 130).

[2643] F. E. Boulaga milite pour la ré-institution de l'humain, la création d'un espace de reconnaissance mutuelle garantie par des accords et des pactes (la parole donnée, des rites et des interdits), où « il est possible de concevoir et d'entreprendre ensemble et durablement, chacun étant assuré du respect de sa vie, de sa personne et de ses biens contre toute puissance humaine » (*Lignes de résistance*, éd. Clé, Yaoundé, 1999).

[2644] Voir l'article de S. Bilong, « La crise du droit administratif au Cameroun », *Rec. Penant*, 2011, n° 1, p. 45.

[2645] H. Dumont, « Regard sociologique critique sur l'approche interdisciplinaire du droit », *Droit et Société*, 2000, p. 261.

L'État est à la fois omniprésent et absent dans les processus d'adoption des textes règlementaires et des conventions collectives. Le caractère informel de certaines interventions étatiques, l'indifférence à l'égard de certaines prévisions légales, les contradictions substantielles entre sources et les incertitudes sur les textes abrogés dans le temps ne conduisent pas à remettre en cause la validité des textes disponibles. Dès lors qu'il y a « contrôle » étatique, il est peu important que ce soit l'organisme consultatif préconisé par la loi en matière règlementaire qui ait été effectivement consulté ou que la procédure de négociation d'une convention susceptible d'extension ait été respectée. Paradoxalement, l'État est parfois assez « immobile », voire impuissant, si des demandes de négociations collectives sont portées devant lui par certaines organisations syndicales ou lorsqu'un processus est en cours. La « politique » règlementaire du gouvernement togolais illustre par ailleurs le caractère discontinu de la production du droit, conduisant à des textes « déphasés », à des thèmes sur-règlementés ou à l'affirmation de l'application de textes « coloniaux ». La même discontinuité caractérise le droit conventionnel dont il ressort à la fois une tendance au calquage sur la Convention Collective Interprofessionnelle du Togo (CCIT) et une prise en compte aléatoire de l'ordre public de droit du travail. L'« état des lieux » du droit du travail togolais en résulte délicat pour l'observateur ; celui-ci pourra être tenté de parler de droit « illégal » donc « invalide » ou de « non-droit ». Or, les pouvoirs publics et les experts techniques impliqués dans son adoption comme les praticiens considèrent bien qu'il s'agit d'éléments du droit positif du travail togolais. C'est la raison pour laquelle il est possible d'attribuer à ce « droit » la qualification de règle juridique susceptible d'être appliquée à telle ou telle situation individuelle ou collective de travail.

L'analyse des mobilisations du droit du travail au Togo reflète certaines incertitudes révélées par la tentative de compréhension des articulations entre les différents supports de droit positif. Elle illustre également les difficultés matérielles de rassemblement de tous les textes et les dysfonctionnements de l'administration du travail et de la justice du Togo. On a pu noter dans ce sens que des demandes de précisions ou d'ajout au droit d'origine législative ainsi que des demandes de négociations collectives coïncident difficilement avec une certaine indifférence envers les textes d'application et les droits conventionnels à l'occasion des litiges. Le caractère très variable des mobilisations du droit du travail pourrait être vu comme l'illustration d'un « droit fantôme[2646] » ; il nous est davantage apparu comme l'illustration d'une acception singulière du droit en tant qu'ordre légitime, et des pouvoirs dans la relation subordonnée de travail. Les effets de ces mobilisations sont ambivalents au regard de la fonction de protection sociale assignée au droit du travail. Le déséquilibre des pouvoirs dans la relation de subordination qu'est la relation de travail au sens du droit du travail est diversement analysé selon les contextes.

[2646] N. Rouland, *Anthropologie juridique*, PUF, 1995, p. 133.

La « sélection » des références au droit du travail met en avant la prédominance de certaines questions et la marginalisation de certains dispositifs. Les problèmes mis en exergue s'avèrent différents selon qu'ils s'inscrivent dans la politique nationale du travail, principalement contenue dans les documents stratégiques de développement, ou qu'ils ressortent des litiges de droit du travail et actions des partenaires sociaux. Le souci général de « vulgarisation » du droit du travail est justifié aussi bien par la méconnaissance des travailleurs de leurs devoirs et obligations que par l'irrespect des dispositions les protégeant. L'action syndicale en la matière s'avère originale, la vulgarisation concernant moins le droit que la formation professionnelle ou la gestion des activités économiques « informelles ». Les thèmes récurrents ont par ailleurs été recherchés dans les revendications salariales et le management patronal. Leur confrontation a mis en évidence le problème de la connaissance des conditions attachées à une situation d'emploi subordonné. Ce même problème de connaissance ressort des peurs et interrogations en matière de santé et d'hygiène dans l'entreprise.

À l'issue de l'analyse de la marginalisation de certains dispositifs, aucun tableau synthétique des droits appliqués et des droits inappliqués ne peut être tracé. La forme de monopole du délégué du personnel dans les entreprises du Togo ne permet pas, en effet, de tirer le bilan d'un dispositif « effectif » en pratique. L'impossibilité de la grève licite au Togo comporte une mise en œuvre, entre respect et irrespect, du droit applicable en matière de conflits collectifs. Ainsi, les traits généraux que comportent nos développements sur la mise en évidence de questions récurrentes et marginalisées n'ont pas une existence systématique au sein des diversités de réception du droit du travail. La question de la charge de la preuve illustre assez bien la coexistence d'une affirmation générale de preuve à charge du salarié et d'une relativisation, voire parfois d'un renversement selon les litiges.

Par-delà les difficultés structurelles et de coordination de l'administration et de la justice du travail, il a été mis en évidence des accommodations institutionnelles et normatives visant à faciliter l'accès au droit. Ainsi c'est par « éloignement » ou « correction » du droit du travail que son application est parfois, généralement individuellement et localement, recherchée. Par ailleurs, l'étude des adaptations du droit liées au contexte socio-économique a permis de mettre en avant un souci présent chez les praticiens de droit du travail de traiter de tous les litiges qui se présentent à eux, même ceux « accidentellement » portés devant eux. Ce souci ressort d'une appréhension large du lien de subordination qui délimite en principe le champ de leur compétence. L'expression d'un magistrat qui dit « appliquer les faits au droit positif » illustre bien les modalités d'adaptation du droit du travail aux problèmes qui se présentent. Ainsi seront réglés des problèmes de « location gérance » au regard du montant du SMIG, ne sera pas qualifiée d'arriéré de salaires l'absence de rémunération dans le cas de relations « coutumières » de travail et la conciliation au Tribunal du travail sera tentée plusieurs fois pour un litige concernant une activité économique peu lucrative. La date de début du contrat de travail ainsi que le calcul de l'indemnité de congés payés seront négociés devant l'inspecteur du travail. Une filiale d'un groupe multinational pourra, d'un autre côté, être condamnée au versement des salaires jusqu'à la retraite du salarié au titre des dommages et intérêts pour rupture abusive de son contrat de travail. Le contexte socio-économique des parties est néanmoins parfois moins déterminant que celui des inspecteurs et juges eux-mêmes et que l'environnement sociopolitique togolais. En effet, certaines contradictions paraissent moins liées aux réalités sociales des parties au litige qu'à l'exercice possible de pressions politiques, voire à certaines pratiques de corruption.

La relation au droit formel du travail est donc doublement singulière. Elle est d'une part souple au regard du souci de règlement des conflits. Sa légitimité est d'autre part ambivalente, jamais totalement perçue dans le cadre administratif, syndical et judiciaire. Si l'on peut y voir l'idée d'une norme juridique « non impérative », cela pose certaines difficultés, notamment s'agissant des violations condamnables en matière de discipline et de droit au repos. Si certaines « torsions » du droit du travail peuvent être vues comme tolérables voire plus favorables, les inspecteurs et juges paraissent relativement « impuissants » face à certaines pratiques de « mise à pied avec présence effective » ou de « rachat de congés ».

Une grande liberté de gestion patronale semble admise en pratique, surtout en matière disciplinaire, mais aussi en matière d'ordre de licenciement économique ou de rupture de la période d'essai. L'idée est au demeurant que l'appréciation est rendue difficile, la preuve parfois impossible, et que l'inspecteur n'a pas compétence en matière de qualification de la faute ou de légitimité du motif économique de licenciement. L'analyse des modalités et résultats des conciliations a permis de relativiser un peu ces considérations sur les compétences de l'inspecteur du travail. Les inventions de règles en zone franche et les créations normatives en territoire douanier restent toutefois difficilement remises en cause en dehors de toute invocation de ces pratiques à l'occasion d'un litige. Cela est particulièrement regrettable pour la zone franche eu égard à son caractère « moderne » et aux discriminations que le système de « déroulement statutaire de carrière » implique. Les usages en territoire douanier sont plus contrastés. Une part de dimension culturelle a ainsi pu être relevée dans l'analyse des rapports d'éducation sous-jacents à certaines pratiques d'apprentissage, aux modalités d'organisation et de concertation collective, aux demandes de participation collective ou encore aux « dons capitalistiques ». La culture étant une donnée fluctuante, elle englobe nécessairement certaines évolutions socio-économiques et aspects sociopolitiques.

Dans un climat où les soupçons et peurs s'autoalimentent, il est difficile au représentant ou agent de l'État de contrôler inopinément certaines entreprises ou de mener librement certaines enquêtes. L'appel aux plus hautes autorités de l'État par un employeur, un syndicat ou un travailleur est une pratique fréquente et les relations de travail au Togo sont un terrain propice à tous les soupçons de corruption. L'absence d'accueil de plaintes de salariés de la zone franche par les juges pendant de nombreuses années est symptomatique des peurs liées au pouvoir politico-économique bien qu'il existe des affaires de licenciement collectif dans lesquelles le juge n'hésite pas à « ignorer » l'intervention ministérielle. Parallèlement au pouvoir exercé par les « hautes-autorités » de l'État, on relève leur relative « impuissance ». Les moyens de la force étatique sont parfois remis en cause par l'action sociale et celle des médias ; un exemple a été donné avec le processus de réintégration des enseignants ou de salariés de zone franche licenciés en masse. Mais ces aboutissements sont le fruit de longues procédures qui en passent souvent par des actes répressifs injustifiés. L'action syndicale au Togo, à l'image de – ou de connivence avec – l'action de l'État, est aussi caractérisée par une « omniprésence-absence ». Des évolutions se dessinent mais lentement. Nous avons relevé l'appel de plus en plus important à l'inspecteur du travail, le traitement de nouveaux problèmes par celui-ci ou par le juge, l'ouverture progressive de la zone franche au juge du travail ou l'interdiction par la force publique des examens illégaux d'apprentissage. Qu'elle concerne une infraction ou un litige, la tendance de l'inspecteur du travail à l'attente de sa saisine et à la recherche d'acceptation de l'employeur pour toute décision s'inscrit dans un souci général de contexte pacifié. Cette posture contribue aussi particulièrement aux nombreuses difficultés ; l'utilisation des véhicules des employeurs en est un exemple.

Enfin, les innovations administratives et judiciaires sont nombreuses. On pense ici au travail précaire, au stage, au reclassement du travailleur malade, à la démission, ou aux degrés de gravité de la faute. Elles sont par ailleurs des innovations originales lorsqu'elles s'appuient sur des règles juridiques en principe inapplicables ou en substance inexistantes. Nous avons en effet relevé une « formalisation » des références aux droits d'ailleurs dans les décisions de justice au Togo. Ces références aux droits d'ailleurs sont ambivalentes eu égard aux représentations du juge au Togo. Enfin, de nombreuses motivations contiennent des références « vagues » à la loi, des références à la « jurisprudence abondante », à « la convention » ou aux « principes » pour appuyer des solutions judiciaires. Il n'est pas rare que la règle énoncée dans la décision ne soit pas substantiellement contenue dans la source mentionnée ou bien soit écrite ailleurs. Si ces références n'en servent pas moins au règlement du litige et attestent d'une souplesse dans l'application du droit, il en ressort indéniablement aussi une insécurité juridique pour le justiciable.

Les mobilisations du droit du travail par les partenaires sociaux ont mis en lumière divers aspects possiblement utiles en vue d'une « refondation » éventuelle de ce droit au Togo. L'évolution se dessine dans la longue durée, se fait lentement, comme en atteste le cas du droit de la zone franche, la réapparition de l'État dans la question de l'apprentissage, le recrutement de nouveaux agents à l'administration du travail ou la ratification en 2012 de plusieurs Conventions de l'OIT. Ces évolutions se dessinent moins selon une politique publique claire qu'en vertu de coopérations techniques ponctuelles et d'actions sociales locales. Les mobilisations de la société civile togolaise et internationale sont apparues particulièrement déterminantes dans ces évolutions. L'arrivée de jeunes inspecteurs du travail se traduit par le développement de réflexions tactiques et stratégiques relatives à leur mission de contrôle de l'application du droit du travail.

L'ambition de notre recherche a été d'essayer d'exposer le plus fidèlement possible ce qui caractérise le droit dans le contexte particulier du Togo, au regard de son histoire, de quelques réalités culturelles, des jeux politiques internes et internationaux, des réalités sociopolitiques et socio-économiques des acteurs sociaux. Il s'est agi par ailleurs de mener une réflexion méthodologique sur la recherche en droit. Le contexte togolais a favorisé un questionnement des dynamiques du droit qui puisse faire le lien entre ses caractères internes ou logiques « autoréférentielles » et ses ressorts et implications externes et pluriels. Il s'agissait au demeurant de rappeler la place modeste du droit édicté dans les sociétés toutes caractérisées par des pluralismes normatifs. Cette place modeste du droit formel n'en est pas moins une place certaine avec laquelle les acteurs jouent parfois de manière considérablement éloignée des présupposés qui le sous-tendent et des logiques juridiques qu'on y décèle ou tente d'y voir. Le droit en tant que production d'un discours à visée normative qui n'est dans sa substance formelle « ni vrai ni faux[2647] » est un domaine de recherche où la transdisciplinarité a cette particularité de paraître de plus en plus nécessaire mais aussi méthodologiquement difficile alors qu'elle paraît pratiquement « naturelle » dans d'autres sciences sociales.

[2647] A. Jeammaud, « La part de la recherche dans l'enseignement du droit », *Jurisprudence – revue critique*, n° 1, 2010.

BIBLIOGRAPHIE

Ouvrages

ABÉLÈS Marc, *Anthropologie de la globalisation*, Payot, 2008.

ADEGBIDI Florent Valère, *Susciter l'engagement au travail en Afrique*, L'Harmattan, 1998.

ARNAUD André-Jean, *Jean Carbonnier. Un juriste dans la cité*, LGDJ, 2012.

ARNAUD André-Jean, *Critique de la raison juridique. Tome 2. Gouvernants sans frontières, entre mondialisation et post-mondialisation*, LGDJ, 2003.

AUVERGNON Philippe, (dir.), *L'effectivité du droit du travail : à quelles conditions ?*, Presses universitaires de Bordeaux, 2008.

BA KONARÉ Adame, (dir.), *Petit précis de remise à niveau sur l'histoire africaine à l'usage du président Sarkozy*, La Découverte, 2009.

BALANDIER Georges, *L'Afrique ambigüe*, Librairie Plon, 1957.

BALANDIER Georges, *Sens et puissance*, PUF, 1971.

BARBIER Jean-Pierre et VÉRON Jean-Bernard, *Les zones franches industrielles d'exportation, Haïti Maurice Sénégal Tunisie*, Karthala, 1991

BAYART Jean-François, *Les études postcoloniales, un carnaval académique*, Karthala, 2010.

BAYART Jean-François, MBEMBE Achille et TOULABOR Comi, *Le politique par le bas en Afrique noire*, Karthala, nouv. éd., 2008.

BARTHÉLÉMY Jacques et CETTE Georges, *Refondation du droit social : concilier protection des travailleurs et efficacité économique*, Conseil d'Analyse Economique, La documentation française, 2010.

De BÉCHILLON Denys, *Qu'est-ce qu'une règle de droit ?*, Odile Jacob, 1997.

De BÉCHILLON Denys, *Hiérarchie des normes et hiérarchie des fonctions normatives de l'État*, Economica, 1996.

BLANCHARD Olivier et TIROLE Jean, *Protection de l'emploi et procédures de licenciement*, La documentation française, 2003.

BONYI Mukadi, *Droit du travail (Congo ex Zaïre)*, CRDS, 2008.

BOST François, *Les zones franches en Afrique subsaharienne*, CFCE (centre français du commerce extérieur), 2000.

BOST François, (dir.), *Atlas mondial des zones franches*, CNRS-Documentation française, 2010.

CAHUC Pierre et KRAMARZ Francis, *De la précarité à la mobilité : vers une sécurité sociale professionnelle*, La documentation française, 2004.

CANUT Florence, *L'ordre public en droit du travail*, LGDJ, 2007.

CHAULEUR Pierre, *Le régime du travail dans les territoires d'outre-mer*, Encyclopédie d'outre-mer, 1956.

CHEVALLIER Jacques, *L'État postmoderne*, LGDJ, 2008.

CHEVALLIER Jacques, *L'État de droit*, Montchrestiens, 1992.

COOPER Frédérick, *Décolonisation et travail en Afrique, l'Afrique britannique et française*, 1935-1960, Karthala, 2004.

COQUERY-VIDROVITCH Catherine et MONIOT Henri, *L'Afrique noire de 1800 à nos jours*, PUF, 2005.

CORDONNIER Rita, *Femmes africaines et commerce : les revendeuses de tissu de la ville de Lomé*, L'Harmattan, 1987.

CORNEVIN Robert, *Le Togo, des origines à nos jours*, Académie des Sciences d'Outre-mer 1988.

CUBERTAFOND Bernard, *La création du droit*, Ellipses, 1999.

DARBON Dominique et DU BOIS DE GAUDUSSON Jean, (dir.), *La création du droit en Afrique*, Karthala, 1997.

DEAKIN Simon, Social rights in a globalized economy, Oxford university press, 2005.

DELMAS-MARTY Mireille et TEITGEN-COLLY Catherine, *Punir sans juger : de la répression administrative au droit administratif pénal*, Economica, 1992.

DELMAS-MARTY Mireille, *Le pluralisme ordonné : les forces imaginantes du droit*, Tome 2, Seuil, 2006.

DERRIEN Jean-Maurice, *Conditions de travail et sous-développement : les industries alimentaires au Sénégal et au Togo*, CNRS, 1981.

DUGUIT Léon, *L'État, les gouvernants et les agents*, 1903, réédité par Dalloz, 2005.

DU MARAIS Bernard, (dir.), *Des indicateurs pour mesurer le droit ? Les limites méthodologiques des rapports Doing Business*, La documentation française, 2006.

EBERHARD Christophe, *Le Droit au miroir des cultures. Pour une autre mondialisation*, LGDJ, 2010.

EBOUSSI BOULAGA Fabien, *Les conférences nationales en Afrique Noire. Une affaire à suivre*, Karthala, 1993.

EPÉE EKWALA Joseph, *Les syndicats au Cameroun : genèse crises et mutations*, L'Harmattan, 2009.

ELA Jean-Marc, *Travail et entreprise en Afrique : les fondements sociaux de la réussite économique*, Karthala, 2006.

FITZPATRICK Peter, *Le modernisme et les fondements du droit*, LGDJ, 2012.

FONTENEAU Gérard, *Histoire du syndicalisme en Afrique*, Couleur livres/Karthala, 2004.

FRANCOIS Yvonne, *Le Togo*, Karthala, 1993.

FREUND Julien, *Sociologie du conflit*, PUF, 1983.

FRYDMAN Benoît, *Le sens des lois, histoire de l'interprétation et de la raison juridique*, Bruylant, 2011.

GABA Laurent, *L'État de droit, la démocratie et le développement en Afrique subsaharienne*, L'Harmattan, 2000.

GÉNY François, *Méthode d'interprétation et sources en droit privé positif*, Tome 1er, LGDJ, 1919.

GERVAIS-LAMBONY Philippe et NYASSOGBO Gabriel Kwami, (dir.), *Lomé, dynamiques d'une ville africaine*, Karthala, 2007.

GUEYE Babacar et NOUROU TALL Saïdou, OHADA Traités et actes uniformes commentés et annotés, Juriscope, 2008.

GUIBENTIF Pierre, *Foucault, Luhmann, Habermas, Bourdieu. Une génération repense le droit*, LGDJ, 2010.

GONIDEC Pierre François, *Droit d'outre-mer, Tome II : les rapports de la France métropolitaine et des pays d'outre-mer*, Montchrestien, 1960.

GONIDEC Pierre François et KIRSCH Martin, *Droit du travail des territoires d'Outre-Mer*, LGDJ, 1958.

GOYARD-FABRE Simone, *L'État, figure moderne de la politique*, Aramand Colin, 1999.

GOYARD-FABRE Simone, *Re-penser la pensée du droit. Les doctrines occidentales modernes au tribunal de la raison interrogative-critique*, Vrin, 2007.

GROSDIDIER DE MATONS Jean, *Droit du travail africain*, CEDA Abidjan, 1969.

HABERMAS Jürgen, *Droit et démocratie. Entre faits et normes*, Gallimard (trad. française), 1997.

HAMMOUDA Hakim Ben, *L'Afrique, l'OMC et le développement*, Maisonneuve et Larose, 2005.

HUGUET Philippe, *Code du Travail d'Outre-Mer, texte et commentaires*, Librairie du Recueil Sirey, 1953.

ILOKI Auguste, *Le droit du licenciement au Congo*, L'Harmattan, 2000.

ISSA-SAYEGH Joseph, NDIAYE Birame et GONIDEC Pierre François, *Encyclopédie juridique de l'Afrique, Tome 8 : Droit des relations professionnelles : travail, sécurité sociale et fonction publique*, Les Nouvelles éditions africaines, 1982.

JELLINEK Georg, *L'État moderne et son droit*, Tome 2, 1900, rééd. LGDJ, 2005.

KABEYA MUASE Charles, *Syndicalisme et démocratie en Afrique noire, l'expérience du Burkina Faso*, Karthala, 1989.

KIEMDE Paul, *Droit du travail et de la sécurité sociale*, Précis de droit burkinabé, 2006.

KIRSCH Martin, *Le droit du travail africain*, Tome 1, Travail et profession d'outre-mer, 1975

LABARTHE Gilles, *Le Togo, de l'esclavage au libéralisme mafieux*, Agone, 2005

LACHAUD Jean-Pierre, *Pauvreté et marché du travail en Afrique subsaharienne*, analyse comparative, IIES, Genève, 1994.

LAMANTHE Annie, *Les métamorphoses du paternalisme. Histoire, dynamiques et actualités*, CNRS éditions, 2011.

LEBEAU Yann, *État et acteurs émergents en Afrique : démocratie, indocilité, et transnationalisation*, Karthala, 2003.

LE GOFF Jacques, *Droit du travail et société*, Tome 2, Presses Universitaires de Rennes, 2002.

LEMESLE Raymond, *Le Droit du travail en Afrique francophone*, Edicef, 1989.

LE ROY Étienne, *Le jeu des lois*, LGDJ, 1999.

LE ROY Étienne, *Les africains et l'institution de la Justice, entre mimétismes et métissages*, Dalloz, 2004.

MACHEREY Pierre, *De Canguilheim à Foucault, la force des normes*, La fabrique, 2009.

MAPPA Sophie, *Pouvoirs traditionnels et pouvoirs d'État en Afrique : l'illusion universaliste*, Karthala, 1998.

M'BOKOLO Elikia, *L'Afrique au XXe siècle. Le continent convoité*, Seuil, 1985.

MBORANTSUO Marie-Madeleine, *La contribution des Cours constitutionnelles à l'État de droit en Afrique*, Economica, 2007.

De MENTHON Jean, *À la rencontre du Togo*, L'Harmattan, 1993.

MOCKLE Daniel, *La Gouvernance, le droit et l'État*, Bruylant, 2007.

MONGIN Olivier, *L'après 89 : les nouveaux langages du politique*, Hachette Littérature, 1998.

MOULIER BOUSTANG Yann et CHEMILIER-GENDREAU Monique, (dir.), *Le droit dans la mondialisation : une perspective critique*, Congrès Marx International 1998, PUF, 2001.

MOULOUL Alhousseini, *Comprendre l'Organisation pour l'Harmonisation en Afrique du Droit des Affaires (OHADA)*, 2e édition, OHADA, 2008.

MUHIRWA Gassana, *Les syndicalismes et ses incidences socio-politiques en Afrique, le cas de l'UNTZa*, Presses universitaires du Zaïre, 1982.

NDIAYE Papa Makha, *La sauvegarde de la liberté du travail et le droit sénégalais*, EDJA, 1999.

NKOT Pierre Fabien, *Usages politiques du droit en Afrique : le cas du Cameroun*, Bruylant, 2005.

OLIVECRONA Karl, *De la loi et de l'État. Une contribution de l'école scandinave à la théorie réaliste du droit*, Dalloz, 2011.

PAILLE Pierre et MUCHIELLI Alex, *L'analyse qualitative en sciences humaines et sociales*, Armand Colin, 2e éd., 2008.

PÉLISSIER Jean, JEAMMAUD Antoine, SUPIOT Alain, *Droit du travail*, Précis Dalloz, 2002.

PÉLISSIER Jean, AUZERO Gilles, DOCKES Emmanuel, *Droit du travail*, Précis Dalloz, 2010.

PÉLISSIER Jean, AUZERO Gilles, DOCKES Emmanuel, *Droit du travail*, Précis Dalloz, 2011.

REYNAUD Jean-Daniel, *Sociologie des conflits du travail*, PUF, 1982.

RIPERT Georges, *Les forces créatrices du droit*, LGDJ, 1955.

ROSANVALLON André, *La gestion des opérations d'aide au développement. Entre critiques et réalisme*, L'Harmattan, 2011.

ROULAND Norbert, *L'anthropologie juridique*, PUF, 1995.

ROULAND Norbert, *Aux confins du droit, anthropologie juridique de la modernité*, Paris O. Jacob, 1991.

SCHUERKENS Ulrike, *Du Togo allemand aux Togo et Ghana indépendants : changement social sous régime colonial*, L'Harmattan, 2001.

SEVERINO Jean-Michel et RAY Olivier, *Le grand basculement, la question sociale à l'échelle mondiale*, Odile Jacob, 2011.

SIMON Herbert et MARCH James, *Les organisations*, Wiley, 1958.

STIGLITZ Joseph E. et CHARLTON Andrew, *Pour un commerce mondial plus juste*, Oxford University Press, 2005.

SUPIOT Alain, *L'esprit de Philadelphie, la justice sociale face au marché total*, Seuil, 2010.

SURET-CANALE Jean, *Afrique et capitaux : géographie des capitaux et des investissements en Afrique tropicale d'expression française*, Tome 1, Arbre Verdoyant, 1987.

TAGUM FOMBENO Henri-Joël, *L'action des syndicats professionnels en Afrique noire francophone*, L'Harmattan, 2006.

TEYSSIÉ Bernard, *La grève*, Dalloz, 1993.

THIAM Samba, *Introduction historique au droit en Afrique*, L'Harmattan, 2011.

TIGER Philippe, *Le droit des affaires en Afrique : OHADA*, PUF, 1999.

TROPER Michel, *La philosophie du droit*, PUF, 2011.

TROPER Michel, CHAMPEIL-DESPLATS Véronique et GRZEGORCZYK Christophe, *Théorie des contraintes juridiques*, LGDJ, 2005.

VANDERLINDEN Jacques, *Anthropologie juridique*, Dalloz, 1996.

VANDERLINDEN Jacques, *Systèmes juridiques africains*, PUF, 1983.

SIX Jean-François et MUSSAUD Véronique, Médiation, Seuil, 2002.

WEN'SAA OGMA Yagla, *L'édification de la nation togolaise, Naissance d'une conscience nationale dans un pays africain*, L'Harmattan, 1978.

YABRE Dago, *Droit du travail togolais*, Togo, 2008.

YAMB Gervais Désiré, *Droits humains, démocratie, État de droit chez Rawls, Habermas et Ebousi Boulaga*, L'Harmattan, 2009.

Thèses et mémoires

AGBOJI Akoété Ega, *Règlementation du secteur industriel et performances productives : application économétrique à l'industrie manufacturière du Togo*, Thèse de doctorat, Dakar, 2006.

KANKO A., *La règlementation des conflits collectifs au Togo*, Mémoire de 3e cycle de formation en inspection du travail, ENA Togo, 2009.

BASOWA T., *Le pouvoir discrétionnaire de l'inspecteur du travail en matière de contrôle, réalités togolaises*, Mémoire de 3e cycle de formation en inspection du travail, ENA Togo, 1999.

BOUCHAMA Nadia, *La recodification du droit du travail, Thèse pour le doctorat en droit*, Bordeaux 4, 2007.

BOYODI E. M., *La règlementation du travail en zone franche industrielle du Togo : bilan et perspective*, Mémoire de 3e cycle de formation en inspection du travail, ENA Togo, 2008.

FANTOWOU Bruno Yawovi, *Les gestions des risques professionnels dans la manutention au Port Autonome de Lomé. Le cas des dockers, Mémoire de 3e cycle de formation en inspection du travail*, ENA, Togo, 2008.

KAGNIGHA Samarou, *Les droits fondamentaux dans les relations de travail au Togo*, Mémoire de 3e cycle de formation en inspection du travail, ENA, Togo, 2008.

KAKOMKATÉ Essohan, *L'emploi précaire au Togo*, Mémoire de 3e cycle de formation en inspection du travail, ENA Togo, 2008.

KANGUEU EKEUH Robert, *Les aspects institutionnels, juridiques et pratiques des zones franches africaines : les cas du Cameroun, du Togo et de la Tunisie*, Thèse de doctorat en droit, Paris XII, 1997.

KATASSOLI M., *L'inspection du travail et des lois sociales face au défi du travail décent*, Mémoire de 3e cycle de formation en inspection du travail, ENA Togo, 2008.

KATOU-KOUAMI Ako, *Étude critique du droit togolais des conditions de travail*, Thèse pour le doctorat en droit, Bordeaux IV, 1996.

KOMADJRO Amivi, *La situation juridique et sociale du salarié licencié*, Mémoire de 3e cycle de formation en inspection du travail, ENA Togo, 2008.

KONÉ Moussa Mohamed, *L'échec du développement en Afrique, une responsabilité à partager. Le cas du Mali*, Mémoire de recherche en sociologie, UQAM, Québec, 2000.

KONÉ Oumar, *Contribution à l'étude d'un droit du travail adapté à l'Afrique subsaharienne francophone à travers l'exemple des pays d'Afrique de l'Ouest*, Thèse de doctorat en droit, Toulouse, 2010.

KPANDJA L-W K., *L'action de l'inspection du travail et des lois sociales en milieu professionnel au Togo*, Mémoire de 3e cycle de formation en inspection du travail, ENA Togo, 2008.

LARE Yendoubou, *Liberté syndicale et problématique de la représentativité des organisations syndicales au Togo*, Mémoire de 3e cycle de formation en inspection du travail, ENA Togo, 2008.

LEROY Yann, *L'effectivité du droit au travers d'un questionnement en droit du travail*, Thèse de droit privé, Université de Nancy 2, 2008.

NASSIMONGUE L., *La problématique des activités de contrôle par les services d'inspection du travail et des lois sociales au Togo*, Mémoire de 3e cycle de formation en inspection du travail, ENA Togo, 2007.

TRICOIT Jean-Philippe, *La médiation dans les relations de travail*, Thèse de doctorat, LGDJ, 2008.

RAMEAU Angélique, *Le régime du travail indigene dans les colonies françaises d'exploitation (1900-1940)*, Mémoire de Master 2 Recherche en Histoire du droit et des institutions, Bordeaux IV, 2009.

SAINT-ONGE Guy, *Commerce international et zones franches américaines*, Agence d'Arc, 1990.

SAMB Moussa, *Les conventions collectives nationales et interprofessionnelles en Afrique Noire francophone*, Thèse de doctorat en droit, Université Cheikh Anta Diop, Dakar, 1989.

SOUHAIR Abdelaziz, *La réception du droit français du travail au Maroc*, Thèse de doctorat en droit, Université Bordeaux I, 1986.

TCHODIE Mbabiniou K., *Essai sur l'évolution du présidentialisme en Afrique Noire francophone : l'exemple togolais*, Thèse de doctorat en droit, Caen, 1993.

VIAGBO Komi Mawvam, *Contribution à l'analyse du dialogue social au Togo*, Mémoire de 3e cycle de formation en inspection du travail, ENA Togo, 2008.

Rapports et études

AFANTCHO BIAKOU Raymond Yao, *Situation des enseignants du primaire confessionnel et laïc du Togo*, SADD, Lomé, 2006.

AGBAGLA (A. T.), *Guide juridique du travailleur togolais*, SADD/WSM, Togo, 2008.

AGBODJI Améwanou Tomékpé, (dir.), *Politique industrielle de zone franche au Togo et effets sur le revenu des ménages pauvres, une approche basée sur le modèle d'équilibre général calculable*, Réseau Politiques économiques et Pauvreté, 2006.

AGLAMEY-PAP A., *La situation des travailleurs de la zone franche du Togo*, SADD/WSM Togo, 2008.

AMEGNIGNON Joel Ekué, *Études syndicales sur les zones franches : cas de la zone franche du Togo*, Togo/CSI, 2010.

AMOUZOU Essè Aziagbédé, *Étude sur la situation de l'emploi des jeunes au Togo*, Rapport définitif, MTESS/PNUD, 2008.

ATTI Anani Komi, *Projet de politique nationale du travail au Togo*, 3e Draft, Rép. Togo/OIT, novembre 2010.

ATTI Anani Komi, *Rapport d'étude sur le système de coordination interne et externe de l'administration et de l'inspection du travail au Togo*, étude dans le cadre d'ADMITRA, 2009.

AUVERGNON Philippe, LAVIOLETTE Sandrine, OUMAROU Moussa, *Les fonctions assurées par les inspecteurs du travail dans les systèmes d'administration du travail en Afrique francophone subsaharienne*, Rapport, BIT, Genève, 2007.

BANQUE MONDIALE, *Doing Business*, Rapport, 2012.

BANQUE MONDIALE, *Doing Business*, Communiqué de presse sur le rapport 2012, 20 octobre 2011, en ligne : http://francais.doingbusiness.org/press/press-releases/2011/press-release-africa

BANQUE MONDIALE, *Doing Business workers*, analyse de l'indice « *employing workers* », 2012, en ligne : http://francais.doingbusiness.org/data/exploretopics/employing-workers.

BANQUE MONDIALE, *Doing Business*, Communiqué de presse sur le rapport 2010 (Ghanam N.).

BANQUE MONDIALE, *Doing Business*, Rapport, 2009.

BÉRAUD Jean-Marc, *Étude préalable à l'adoption d'un Acte uniforme en Droit du Travail dans le cadre de l'Organisation pour l'Harmonisation en Afrique du Droit des Affaires (OHADA)*, OIT, 2003.

BIT, *Diagnostic institutionnel et organisationnel du Ministère du travail, de l'emploi et de la sécurité sociale*, Mémorandum technique, 2010.

BIT, *Surmonter la crise*, Pacte Mondial pour l'Emploi, 2009.

BIT-Afrique, *L'agenda du travail décent en Afrique : 2007-2015*, Rapport 11e réunion régionale Addis-Abeba, 2007.

BIT, *Le dilemme du secteur non structuré*, Rapport du directeur général, Conférence internationale du Travail, 78e session, Genève, 1991.

CELESTIN Jean-Baptiste, *L'emploi et la formation professionnelle dans un contexte de crise économique : le cas de l'Afrique d'expression française*, Rapport, BIT, 1992.

CHARMES Jacques, *Secteur informel, emploi informel, économie non observée: méthodes de mesure et d'estimation appliquées aux économies en transition. L'exemple de la Moldavie*, Centre d'Economie et d'Ethique pour l'Environnement et le Développement, 2004.

COMITÉ DE LA LIBERTÉ SYNDICALE, *Recueil de décisions et de principes, Conseil d'administration du BIT*, Genève, 2006.

CONSEIL D'ÉTAT, *L'influence internationale du droit français*, étude, La documentation française, 2001.

CONSEIL D'ÉTAT, *Les pouvoirs de l'administration dans le domaine des sanctions*, Études du Conseil d'État, La Documentation Française, 1995.

CONSEIL DE L'EUROPE, *Droit et Inflation*, Strasbourg, 1986.

CSI/BIT Actrav, *Zones franches, droits des travailleurs et stratégies syndicales. Togo*, document de travail, CSI, 2012.

C.S.T.T., par le Comité d'Études et de Recherche pour l'Action Syndicale (CERAS), *La vie syndicale au Togo : des origines à nos jours*, Togo, 1999.

DAZA Jean-Louis, *Economie informelle, travail non déclaré et administration du travail*, Dialogue, *working paper* n° 9, BIT, 2005.

FOUGEYROLLAS Patrick, *Pour une révision de la classification internationale des déficiences, incapacités et handicaps de l'OMS. Mieux définir c'est mieux comprendre pour agir*, Communication présentée à une réunion d'experts, Organisation des Nations Unies - Décennie des personnes handicapées, Helsinki, Finlande, du 7 au 11 mai 1990.

GIP INTERNATIONAL (République Française) et MINISTERE DU TRAVAIL DE L'EMPLOI ET DE LA SÉCURITÉ SOCIALE (République du Togo), *Évaluation des actions réalisées en 2010 et préparation d'un programme de coopération pour l'année 2011*, rapport de la mission réalisée les 23-25 février 2011.

KENOUKON Chrysal Aiguidioli, *Effectivité et efficacité des normes fondamentales et prioritaires de l'OIT: le cas du Bénin et du Togo*, Institut international d'études sociales, OIT, 2007

MARCHAT Jean-Michel, *Le marché du travail au Togo, Projet de développement du secteur privé*, Cerdi, 1999.

MEEDDAT, *Notions de branche et de secteur*, mesure de l'activité par l'APE (activité principale exercée), in Bilan social du TRV, 2008, p. 78.

MILBERG William et ARMENGUAL Matthew, *Développement économique et conditions de travail dans les zones franches d'exportation : un examen des tendances, document de travail*, OIT, Genève, 2008.

N'THEPE Francis et GETTI Jean-Pierre, *Togo : des pratiques totalitaires, Rapport de mission internationale d'enquête*, FIDH, 1999.

OCDE, *L'emploi informel dans les pays en développement, une normalité indépassable ?*, 2009.

OIT, *L'emploi et les Objectifs du millénaire : s'affranchir de la pauvreté par le travail*, Travail, le magazine de l'OIT, n° 55, 2005.

OIT, *S'affranchir de la pauvreté par le travail, rapport du directeur général du BIT*, Conférence internationale du Travail, 91e session, 2003.

OIT, *Directives concernant une définition statistique de l'emploi informel*, approuvées par la 17e CIST, 2003.

OIT, *Statistics of employment in the informal sector*, rapport 15e CIST, 19-28 janvier 1993.

OIT, *Amérique Latine, Timide apparition de dispositions sociales dans les législations sur les zones franches*, Bulletin d'informations sociales, 1992, p. 359

OIT, *Le dilemme du secteur non structuré, Rapport du directeur général*, Conférence internationale du Travail, 78e session, Genève, 1991

OIT, *Les problèmes du travail en Afrique*, OIT, 1958.

OMC, *Rapport sur les politiques commerciales du Togo*, Organe d'examen des politiques commerciales de l'OMC, 2006.

ONU, , *Relever le défi des OMD*, Plan Cadre des Nations Unies pour l'aide au Développement au Togo, UNDAF, 2008-2012.

ONU, *Réaliser les objectifs du Millénaire pour le développement en Afrique*, recommandations du groupe de pilotage pour la réalisation des OMD en Afrique, 2008.

ONU, *Portail du système de l'ONU sur les OMD*, en ligne : http://www.un.org/fr/millenniumgoals/poverty.shtml

ONU, *Rapport de Suivi Mondial sur les OMD*, 2009.

OSC et OS, *Togo : deux ans après le scrutin présidentiel de 2010, Une politique d'apaisement face aux contestations socio-économiques et politiques*, Rapport des organisations de la société civile et syndicales du Togo, 2012.

OSC et OS, *Le Togo, entre la crise et la relance, Rapport des organisations de la société civile et des organisations syndicales*, Togo, 2010.

POISSON Jean-Frédéric, *Rapport sur la négociation collective et les branches professionnelles*, Rapport au premier ministre, La documentation française, 2009.

RÉP. TOGO/OCDE, *Gouvernance, Démocratie et lutte contre la pauvreté au Togo : le point de vue de la population de la capitale*, rapport de l'enquête 1-2-3, Projet Metagora, 2005.

RÉP. TOGO/OIT, *Programme-Pays de promotion du travail décent (PPTD) 2010-2015*, 2010.

RÉP. TOGO/OIT, *Projet de Politique Nationale du Travail*, 3e draft, 2010.

RÉP. TOGO/PNUD, *Carte de potentialités d'emploi des jeunes et des femmes dans les préfectures et sous-préfectures du Togo*, 2010.

RÉP. TOGO/PNUD, *Stratégie Nationale de Développement à long terme, basée sur les OMD*, 2007.

RÉP. TOGO, *Document de stratégie de réduction de la pauvreté complet 2009-2011 (DSRP -C)*, version préliminaire, 2009.

RÉP. TOGO, *Document de stratégie de réduction de la pauvreté complet 2009-2011 (DSRP –C)*, version définitive, avril 2009.

RÉP. TOGO, *Stratégie intérimaire de réduction de la pauvreté*, mars 2008.

SANGBANA Kondé et LÉCUYER Normand, *Mémorandum technique au gouvernement du Togo sur le renforcement de l'administration du travail*, BIT IFP/DIALOGUE, 2003.

SIKPA Atsouvi et SITTI Élana, *Développement de la zone franche et promotion des investissements*, Rapport du Conseil National du Patronat au Ministère de l'industrie, du commerce et du développement de la zone franche, 2000.

STAMBROOK David, *Comparaison des programmes et politiques visant les zones franches (ZF) du Canada et des États-Unis*, Rapport commandé par Transports Canada – Projet de portes d'entrée à valeur ajoutée, 2009.

WOLOU Komi, *Étude sur la conformité de la législation nationale du Togo avec les normes fondamentales du travail*, Rapport de mission, BIT, 1er avril 2011.

Articles (revues, communications et contributions d'ouvrages collectifs)

ABARCHI Djibril, « Problématique des réformes législatives en Afrique : le mimétisme juridique comme méthode de construction du Droit », *Rec. Penant*, 2003, n° 842, p. 88.

ADAM Patrice, « Faut-il avoir peur de l'individu(alisation) ? », *SSL*, 2011, sup. n° 1508 (Les 13 paradoxes du droit du travail), p. 83.

ADJAMAGBO Kafui, « Pluralisme juridique et pratiques successorales loméennes », *Politique Africaine*, 1990, p. 12.

ADUQYON Messan Adimado et KPONTON Ayélé, « Place des revendeuses de tissus dans l'économie togolaise », in Ellis (S.) et Fauré (Y.-A.), (dir.), *Entreprises et entrepreneurs africains*, Karthala, 1985, p. 385.

AFFICHARD Joël, LYON-CAEN Antoine et VERNAC Stéphane, « De l'analyse économique à l'évaluation du droit du travail. Quelques leçons d'un programme de recherche », *RDT*, 2009, p. 631.

AGONDJO-OKAWE Pierre Louis, « Les droits traditionnels », *Encyclopédie juridique de l'Afrique*, 1982, Tome 1, p. 393.

AGRAWAL Arun, « Classification des savoirs autochtones : la dimension politique », *Revue Internationale des Sciences Sociales*, n° 173, 2002, p. 325

ALBAGLI Claude, « L'État, les agents économiques et les règles », *Mondes en développement*, 2005, n° 129, p. 41.

ALIPRANTIS Nikitas, « La nature et les agents de la négociation collective (Évolutions caractéristiques dans les pays européens occidentaux) », *Revue internationale de droit comparé*, n°4, 1979, p. 779.

ALLIOT Michel, « Protection de la personne et structure sociale (Europe et Afrique) », *Bulletin de liaison du LAJP*, n° 4, 1981, p. 103.

AMSELEK Paul, « Autopsie de la contrainte associée aux normes juridiques », in Thibierge (C.), (dir.), *La force normative, naissance d'un concept*, Bruylant, 2009, p. 3.

AMSELEK Paul, « Théorie du droit et politique », *Archives de philosophie du droit*, 1982, p. 411.

ANCEL Pascal, « Le droit *in vivo* ou plaidoyer d'un membre de la « doctrine » pour la recherche juridique empirique », in *Mélanges en l'honneur de Philippe Jestaz*, Dalloz, 2006, p. 1.

ANTONMATTÉI Paul-Henri, « Le statut collectif des salariés : jurisprudence récente », *Dr. Soc.*, 1997, p. 35.

ASSI Eugène Asseto, « La Cour Commune de Justice et d'arbitrage de l'OHADA : un troisième degré de juridiction ? », *RIDC*, 2005, n° 4, p. 943.

ARNAUD André-Jean, « Sociologie du droit : rapports savants, rapports politiques. Notes brèves », in Chazel (F.) et Commaille (J.), (dir.), *Normes juridiques et régulation sociale*, LGDJ, 1991, p. 81.

ARNAUD André-Jean, « Essai d'une définition stipulative du droit », *Droits, Revue française de théorie, de philosophie et de cultures juridiques*, 1989, n° 10, p. 11.

ASSIER-ANDRIEU Louis, « Diversité culturelle, diversité juridique : vues rétrospectives », in Chazel (F.) et Commaille (J.), (dir.), *Normes juridiques et régulation sociale*, LGDJ, 1991, p. 423.

ATIAS Christian, « Le mythe de l'adaptation du droit au fait », *Rec. Dalloz*, 1977, Chronique p. 251.

ATIAS Christian, « L'introuvable question de droit », *RTD Civ.*, 2010, p. 243.

AUBY Jean-Bernard, « Prescription juridique et production juridique », in F. Chazel et J. Commailles (dir.), *Normes et régulation sociale*, LGDJ, 1991, p. 159.

AUROUX Sylvain, « Lois, normes et règles », in *Histoire, épistémologie, langage*, Tome 13, fascicule 1, 1991, p. 77.

AUBERT-MONPEYSSEN Thérèse, « Une précision des frontières du domaine disciplinaire », *RDT*, 2007, p. 527.

AUVERGNON Philippe, « Des esprits présents dans le projet d'acte uniforme OHADA portant droit du travail », in *L'esprit du droit africain, Mélanges en l'honneur de P.-G. Pougoué*, LGDJ, à paraître.

AUVERGNON Philippe, LAVIOLETTE Sandrine, OUMAROU Moussa, « Des fonctions et limites des inspections du travail en Afrique subsaharienne : actualité de la convention n° 150 de l'OIT », *RIT*, 2011, n°1-2, p. 89.

AUVERGNON Philippe, « Modèles et transferts normatifs en droit du travail de pays africains », Bulletin de droit comparé du travail et de la sécurité sociale, Comptrasec, 2005, p. 117.

AUVERGNON Philippe, « Contrôle étatique, effectivité et ineffectivité du droit du travail », *Rev. Dr. Soc.*, 1996, p. 598.

BA Daouba, « L'élimination du travail des enfants : un idéal trop élevé pour l'humanité », *TPOM*, 2007, n° 973/974, p. 84.

BAÏSSUS Jean-Marc et RAYNOUARD Arnaud, (entretien avec), « Le rapport Doing Business in 2010 ravive la concurrence des systèmes juridiques », *Les Petites Affiches*, octobre 2009, n° 197, p. 5.

BALANDIER Georges, « La situation coloniale : approche théorique », *Cahiers internationaux de sociologie*, 1951, p. 44

BARANDAO Kufoma, « Mutations socioprofessionnelles au Togo sous administration française (1922-1958) », in *Entreprises et entrepreneurs en Afrique au XIXe et XXe siècle*, T. 1, l'Harmattan, 1983, p. 227.

BART François et LENOBLE-BART Annie, « L'Afrique subsaharienne entre local et mondial : le grand écart », in Bart (F.) Lenoble-Bart (A.), *Afrique des réseaux et mondialisation*, Karthala, 2003, p. 7.

BATTIFOL Henri, « La méthode sociologique dans les études de droit contemporain, observations », in *Méthode sociologique et droit, Annales de la faculté de droit et des sciences politiques et économiques de Strasbourg*, 1958, p. 185.

BAYART Jean-François, « Les sociétés africaines face à l'État », *Pouvoirs*, 1983, n° 25, p. 23.

BAYART Jean-François, « Fait missionnaire et politique du ventre : une lecture foucaldienne », *Le Fait missionnaire*, n° 6, 1998, p. 9.

BAYART Jean-François, « Foucault au Congo », in Granjon (M.-C.), (dir.), *Penser avec Michel Foucault. Théorie critique et pratiques politiques*, Karthala, 2005, p. 183.

BÉAL Stéphane et FERREIRA Anna, « La comparaison entre deux conventions ou accords collectifs applicables dans l'entreprise », *JCP S*, 2005, n° 26-27, p. 15.

BEAUDONNET Xavier, « Quand et comment les juridictions nationales peuvent-elles utiliser le droit international du travail », *CIF-OIT*, 2007.

BEAUDONNET Xavier, « L'utilisation des sources universelles du droit international du travail par les juridictions internes », *Bulletin de droit comparé du travail et de la sécurité sociale*, Comptrasec, 2005, p. 43.

De BÉCHILLON Denys, « Comment traiter le pouvoir normatif du juge ? », in *Mélanges en l'honneur de Philippe Jestaz*, Dalloz, 2006, p. 29.

BÉKOLO-EBÉ Bruno, « L'intégration régionale en Afrique : caractéristiques, contraintes et perspectives », *Mondes en développement*, 2001, n° 115/116, p. 81.

BELABBAS Nour-Eddine, « Les paradigmes et la pensée juridique », in Rousseau (D.), (dir.), Le droit dérobé, Actes du colloque de Montpellier, Montchrétiens, 2003, p. 47.

BELORGEY Jean-Michel, « Gestion des conflits du travail en Europe : le choc des cultures », *Rev. Dr. Soc.*, 2002, p. 1125.

BENKEMOUN Laurent, « Quelques réflexions sur l'OHADA 10 ans après le Traité de Port-Louis », *Rev. Penant*, 2003, n° 843, p. 133.

BENKEMOUN Laurent, « Acculturation du droit européen en Afrique : processus exogène de création du droit dans l'espace OHADA », in BERGE (J.-S.) et OMARJEE (I.), (dir.), *Le droit européen et la création du droit, Les Petites Affiches*, 2008, n° 20, p. 5.

BERG Janine et CAZES Sandrine, « Comparer les droits du travail nationaux : les limites des indicateurs Doing Business », *RDT*, 2008, p. 265.

BELLEY Jean-Guy, « Une métaphore chimique pour le droit », in Belley (J.-G.), (dir.), *Le droit soluble. Contributions québécoises à l'étude de l'internormativité*, LGDJ, 1996.

BELLEY Jean-Guy, « Pluralisme », in Arnaud (A.J.), *Dictionnaire encyclopédique de sociologie et de théorie du droit*, 1993, p. 446.

BILONG Salomon, « La crise du droit administratif au Cameroun », *Rev. Penant*, 2011, n° 1, p. 45.

BLAGOJEVIC Borislav, « Quelques caractéristiques du droit économique international actuel », *RIDC*, 1966, n° p. 273.

BLANKENBURG Erhard, « Cultures juridiques comparées », *Droit et Société*, 1990, n° 16, p. 321.

BLANKENBURG Erhard, « Les mobilisations du droit, les conditions du recours et du non-recours à la justice », *Droit et Société*, 1994, n° 28, p. 691.

BOLLÉ Stéphane, « La réforme française des institutions : un modèle pour l'Afrique ? », *Revue Politeia*, n° 15, 2009, p. 519.

BONAFÉ-SCHMITT Jean-Pierre, « L'expression des salariés et l'action syndicale », *Dr. Soc.*, 1982, p. 288.

BONAFÉ-SCHMITT Jean-Pierre, « Pour une approche socio-juridique de la production des normes du travail dans les relations de travail », *Droit et Société*, 1994, n° 27, p. 337.

BORENFREUND George et SOURIAC Marie-Armelle, « Droit des relations professionnelles », *RDT*, 2009, p. 114.

BORENFREUND George, « L'articulation du contrat de travail et des normes collectives », *Dr. Ouv.*, 1997, p. 514.

BOST François, « Entre le local et le global : le cas de la zone franche de Lomé », in Gervais-Lambony (P.), (dir.), *Lomé. Dynamiques d'une ville africaine*, Karthala, 2007, p. 121.

BOUBOU Pierre, « Le procès-verbal de conciliation totale est-il définitif et inattaquable ?, observations sous Cour Suprême du Cameroun 24 février 2005 », *TPOM*, 2008, n° 987/988, p. 156.

BOUBOU Pierre, « Observations sous un arrêt de la Cour Suprême du Cameroun relatif à la nullité d'un protocole d'accord de rupture conclu avec un délégué du personnel », *TPOM*, 2008, n° 983/984, p. 57.

BOUMAKANI Benjamin, « Le juge interne et le « droit OHADA » », *Rec. Penant*, 2002, p. 133.

BOURDIEU Pierre, « Les juristes, gardiens de l'hypocrisie collective », in Chazel (F.) et Commaille (J.), (dir.), *Normes juridiques et régulation sociale*, LGDJ, 1991, p. 95.

BOURETZ Pierre, « Entre la puissance de la loi et l'art de l'interprétation : l'énigmatique légitimité du juge », *Pouvoirs*, 1995, n° 74, p. 74.

BOUTON Jacqueline, « La Halde et la transaction pénale », *RDT*, 2006, p. 320.

BOUVIER Michel, « Georges Gurvitch et l'idée du droit social », in *Études en l'honneur de Georges Dupuis*, LGDJ, 1997, p. 19.

BRÄURIGAM Deborah et XIAOYANG Tang, « Shenzen africain : les zones économiques spéciales de la Chine en Afrique », *Outre Terre*, 2011, n° 30, p. 133.

BRIMO Alain, « Structuralisme et rationalisation du droit », *Archives de Philosophie du droit*, 1978, n° 23, p. 189.

BROUILLET Anne-Sophie et LEVY Marc, « Lutte contre la pauvreté et les inégalités. Ce qu'en pensent les intellectuels africains », *Afrique Contemporaine*, 2003, n° 208, p. 7.

BRUNET François, « La force normative de la loi d'après la jurisprudence constitutionnelle », in Thibierge (C.), (dir.), *La force normative, naissance d'un concept*, Bruylant, 2009, p. 403.

BRUNSCHWIG Henri, « Scramble et Course au Clocher », *Journal of African History*, 1971, p. 139.

CAMPBELL Bonnie, « Débats actuels sur la reconceptualisation de l'Etat par les organismes de financement multilatéraux et l'Usaid », in *L'État en Afrique : indigénisations et modernités*, contributions du colloque organisé à Paris les 18 et 19 mai 1995, *Cahiers du GEMDEV*, 1996, n° 24, p. 34.

CAPELLER Wanda, « Droits infligés et « chantiers de survivances », de quel lieu parle-t-on ? », in Capeller (W.) et Kitamura (T.), (dir.), *Une introduction aux cultures juridiques non occidentales*, Bruylant, 1998, p. 13.

CARBONNIER Jean, « La méthode sociologique dans les études de droit contemporain », in *Méthode sociologique et droit*, Annales de la faculté de droit et des sciences politiques et économiques de Strasbourg, 1958, p. 191.

CARTIER-BRESSON Jean, « Les mots du développement : trajectoires et pouvoirs », *Revue Tiers-Monde*, 2009, n° 200, p. 725.

CASAUX-LABRUNÉE Lise, JEAMMAUD Antoine et KIRAT Thierry, « Évaluer le code du travail ? Évaluer le droit du travail ? », *RDT*, 2009, p. 421.

CAYET Thomas, « Le planning comme organisation du travail ? Une interrogation sur les études économiques du BIT dans les années 30 », in Lespinet-Moret (I.) Viet (V.), (Dir.), *Organisation internationale du travail, Origine-Développement-Avenir*, Presses Universitaires de Rennes, 2011, p. 79.

CHAMPEAUX Françoise, « Un nouveau champ d'atteinte au droit de grève ? », *SSL*, 2012, sup. n° 1550, p. 160.

CHAMPEIL-DESPLATS Véronique, « N'est pas normatif qui peut. L'exigence de normativité dans la jurisprudence du Conseil constitutionnel », in *La normativité*, Études réunies et présentées par Jacques Chevallier, *Nouveaux cahiers du conseil constitutionnel*, 2007, n° 21, p. 63.

CHAMPEIL-DESPLATS Véronique, « Effectivité et droits de l'homme : une approche théorique », in Champeil-Desplats (V.) et Lochak (D.), (Dir.), *À la recherche de l'effectivité des droits de l'homme*, Presses Universitaires de Paris, 2008, p. 11.

CHARMES Jacques, « Secteur informel, emploi informel, économie non observée: méthodes de mesure et d'estimation appliquées aux économies en transition. L'exemple de la Moldavie », *Centre d'Economie et d'Ethique pour l'Environnement et le Développement*, en ligne : roses.univ-paris1.fr/evenements/papiers/Charmes.doc

CHÉNEAU-LOQUAY Annie, « Formes et dynamiques des accès publics à Internet en Afrique de l'Ouest : vers une mondialisation paradoxale ? », in Chéneau-Loquay (A.), (dir.), *Mondialisation et technologies de l'information en Afrique*, Karthala, 2004, p. 171.

CHÉNEAU-LOQUAY Annie, « Comment les NTIC sont-elles compatibles avec l'économie informelle en Afrique », *Annuaire Français de Relations Internationales*, 2004, volume V, p 345.

CHEVALLIER Jacques, « La place de l'administration dans la production des normes », *Droit et Société*, 2011, p. 623.

CHEVALLIER Jacques, « Le statut des autorités administratives indépendantes : harmonisation ou diversification ? », *RFDA*, 2010, p. 896.

CHONNIER Jean-Marc, « Internet et le droit d'expression des salariés », *SSL*, 2011, n° 1507, p. 4.

CHOURAQUI Alain, « Quelques difficultés actuelles d'articulation du juridique et du social », in Chazel (F.) et Commaille (J.), (dir.), *Normes juridiques et régulation sociale*, LGDJ, 1991, p. 285.

CLING Jean-Pierre, DE VREYER Philippe, RAZAFINDRAKOTO Mireille et ROUBAUD François, « La croissance ne suffit pas pour réduire la pauvreté », *Revue française d'économie*, 2004, n° 3, p. 137.

COELHO Claude, « Le travail temporaire au Congo d'après la loi du 6 mars 1996 modifiant et complétant le code du travail », *Rec. Penant*, 2000, n° 834, p. 336.

COMMAILLE Jacques et SILBEY Susan, « Quand la sociologie du droit est honorée », *Droit et Société*, 2007, p. 11.

COMMAILLE Jacques, « La sociologie et les sens du droit », *Droits, Revue française de théorie, de philosophie et de culture juridique*, 1989, n° 10, p. 23.

COQUERY-VIDROVITCH Catherine, « Les conditions de la dépendance : histoire du sous-développement », in Coquery-Vidrovitch (C.) et Forest (A.), *Décolonisations et nouvelles dépendances. Modèles et contre-modèles idéologiques et culturels dans le Tiers-Monde*, PU de Lille, 1986, p. 25.

COURRÈGES Anne et MAUGÜÉ Christine, « La méthode et le processus de recodification (1) », *AJDA*, 2008, p. 842.

COUTU Michel, « Le droit du travail comme ordre légitime », in Coutu (M.) et Rocher (G.), (dir.), *La légitimité de l'État et du droit. Autour de Max Weber*, Presses de l'Université de Laval/LGDJ, 2006, p. 333.

DAGUI N'Dago, « Un exemple de difficultés de mise en œuvre et d'éventuelle adaptation des législations modernes en Afrique noire : le congé pour évènements familiaux », *RJPIC*, 1988, p. 98.

DAMON Julien, « Les Nations Unies et la lutte contre la pauvreté : la mise en œuvre problématique des Objectifs du Millénaire pour le Développement », *Revue de droit sanitaire et social*, 2010, n° 5, p. 87.

DARBON Dominique, « Un royaume divisé contre lui-même, la régulation défaillante de la production du droit dans les États d'Afrique Noire », in Alliot (M.) et Le Roy (E.), (dir.), *Juridicités*, Karthala, 2006, p. 101.

DARBON Dominique, « L'État prédateur », *Politique africaine*, 1990, p. 37.

DEGNI SÉGUI René, « De l'amour de la loi extranéenne ou la loi en Afrique », in Boulad-Ayoub (J.), Melkevik (B.) et Robert (P.), (dir.), *L'amour des lois : la crise de la loi moderne dans les sociétés démocratiques*, L'Harmattan, 1996, p. 453.

DELMAS-MARTY Mireille, « Les processus de mondialisation du droit », in Morand (C.-A.), *Le droit saisi par la mondialisation*, Bruylant, 2001, p. 63.

DEMBELE Djibonding, « Réforme législative et pratiques administratives. La tutelle sur les communes rurales Yélékébougou et Sanankoroba », in *Le droit en Afrique : expériences locales et droit étatique au Mali*, Karthala, 2005, p. 153.

DIOP El Hadji Omar, « Autopsie d'une crise de succession constitutionnelle du chef de l'État en Afrique. L'expérience togolaise (5-26 février 2005) », *Revue Politeia*, 2005, n° 7, p. 115.

DIOUF Babacar, « Syndicalisme, vie associative et identités ouvrières : exemple de Dakar-Marine (réparation navale) », in Cabanes (R.), Copans (J.) et Selim (M.), (dir.), *Salariés et entreprises dans les pays du Sud, contribution à une anthropologie politique*, Karthala et Orstom, 1995, p. 185.

DIOUF Mamadou, « Successions légales et transitions politiques en Afrique », in *L'État en Afrique : indigénisations et modernités*, Cahiers du GEMDEV, 1996, p. 80.

DJIKOLOUM Benjamin, « Note sous un arrêt de la Chambre sociale de la Cour d'appel de Ndjamena (Tchad) relatif à la modification du mode de rémunération et à la rupture du contrat de travail suite à un arrêt collectif de travail », *TPOM*, 2006, n° 957/958, p. 22.

DOCKÈS Emmanuel, « Le pouvoir dans les rapports de travail. Essor juridique d'une nuisance économique », *Rev. Dr. Soc.*, 2004, p. 620.

DODIER Nicolas, « Le travail d'accommodation des inspecteurs du travail en matière de sécurité », in Boltanski (L.), (dir.), *Justesse et justice dans le travail*, PUF, 1989, p. 281.

DORE Isaak, « La force normative du pouvoir étatique dans la philosophie de M. Foucault », in Thibierge (C.), (dir.), *La force normative, naissance d'un concept*, Bruylant, 2009, p. 57.

DRAI Laurent et HIEZ David, « La réception du droit : le droit des sujets », *RRJ*, 2007, n° 1, p. 141.

DROUIN Renée-Claude et DUPLESSIS Isabelle, « La régulation internationale du travail de 1998 à 2008 : un Eldorado normatif ou un désert interprétatif ? », *Lex electronica*, 2009, n° 14, p. 2.

DU BLED Sophie et DE QUENAUDON René, « Modes alternatifs de règlement des conflits (collectifs) du travail : généralités », in Rigaux (M.) et Humblet (P.), (dir.), *Conciliation, médiation et arbitrage. Vers une régulation européenne des modes alternatifs de règlement des conflits*, Bruylant, 2011, p. 3.

DUMONT Hugues et BAILLEUX Antoine, « Esquisses d'une théorie des ouvertures interdisciplinaires accessibles au juristes », *Droit et Société*, 2010, n° 75, p. 275.

DUPIRE Philippe, « Liberté et contrainte juridique : la définition kantienne du droit », in Chevallier (J.), (dir.), *Les Usages sociaux du* Droit, PUF, 1989, p. 153.

DUPRET Baudoin, « Droit et sciences sociales. Pour une respécification praxéologique », *Droit et Société*, 2010, n° 75, p. 315.

DUPRET Baudoin, « La recherche anthropologique de la juridicité, à propos de Louis Assier-Andrieu, Le droit dans les sociétés humaines », *Droit et cultures*, 1998, n° 35, p. 185.

DURAND Paul, « Conclusion de M. Paul Durand », *RIDC*, 1954, n° 3, p. 548.

EBERHARD Christoph, « Vers une nouvelle approche du droit à travers ses pratiques. Quelques implications des approches alternatives », *Revue Interdisciplinaire d'Études Juridiques*, 2002, n° 48, p. 205.

EMANE Augustin, « Le droit du travail à la croisée des chemins : l'exemple du Gabon », *Afrilex*, 2000

EISENMANN Charles, « Science du droit et sociologie dans la pensée de Kelsen », in *Méthode sociologique et droit*, Annales de la faculté de droit et des sciences politiques et économiques de Strasbourg, 1958, p. 59.

FAVENNEC-HÉRY Françoise et PÉLISSIER Jean (entretien croisé), « L'interaction entre l'individuel et le collectif », *SSL*, sup. n° 1508 (*Les 13 paradoxes du droit du travail*), 2011.

FAVRE Jérôme, « La pensée juridique est-elle nécessairement une pensée de l'État ? », in Rousseau (D.), (dir.), *Le droit dérobé, Actes du colloque de Montpellier*, Montchrétiens, 2003, p. 97.

FIELDS GARY S., « La modélisation du marché du travail et le secteur informel urbain : la théorique et l'empirique », in Turnham (D.), Salomé (B.) et Schwartz (A.), (dir.) *Nouvelles approches du secteur informel*, OCDE, 1990, p. 53.

FLAMENT Lucien et SACHS Tatiana, « Simplifier le droit du travail ? », *RDT*, 2010, p. 489.

FOKO Athanase, « La négociation collective en droit du travail : contribution à l'analyse prospective des normes applicables à la veille de l'adoption d'un nouvel acte uniforme par l'OHADA », *Revue de la recherche juridique, Droit prospectif*, 2007, p. 1029.

FONTIER Rémy, « Droit et pratique du reclassement pour maladie ou handicap », *Actualités juridiques fonctions publiques*, 2008, n° 5, p. 246.

FRISON-ROCHE Marie-Anne, « L'idée de mesurer l'efficacité économique du droit », in Canivet (G.), Frison-Roche (M.-A.) et Klein (M.), (dir.), *Mesurer l'efficacité économique du droit*, LGDJ, 2005, p. 19.

FRISON-ROCHE Marie-Anne, « L'utilisation de l'outil sociologique dans l'élaboration de la jurisprudence », *Droits, Revue française de théorie, de philosophie et de cultures juridiques*, 1993, p. 1271.

FROSSARD Serge, « Les évolutions du droit disciplinaire », *Rec. Dalloz*, 2004, p. 2450.

GAUDU François, « L'ordre public en droit du travail », in *Études offertes à Jacques Ghestin*, LGDJ-Montchrétien, 2001, p. 363.

GASFIA Nawel, LAMINE Haoua, LIWERANT Sara, « Trois voix sur la juridicité », in Ebherard (C.), Chrétien-Vernicos (G.), *La quête anthropologique du droit, autour de la démarche d'Étienne Le Roy*, Karthala, 2006, p. 547.

GAUD Michel, « À propos du travail en Afrique (quelques notes de lecture) », *Afrique Contemporaine*, 1996, n° 178, p. 165

GBEDEMAH Seti Y. Gableame, « L'échec de la politique française d'intégration au Togo sous tutelle (1946-1960) », in Gayibor (N. L.), (dir.), Les togolais face à la colonisation, Presse de l'UB (Togo), 1994, p. 111.

GÉNIAUT Benoît, « Les rapports appréhendés par le droit du travail, branche du droit », *SSL*, n° 1494 sup., 2011, p. 28 ;

GERNIGON Bernard, ODERO Alberto et GUIDO Horacio, « Les principes de l'OIT sur le droit de grève », *RIT*, 1998, vol. 137, n° 4

GLENN H. Patrick, « La tradition juridique nationale », *RIDC*, n° 2, 2003, p. 263.

GONIDEC Pierre François, « L'État de droit en Afrique, le sens des mots », *RJPIC*, 1998, n° 52, p. 3.

GOYARD-FABRE Simone, « Nietzsche, critique de l'État moderne », *Archives de philosophie du droit*, 1976, p. 75

GUTMANN Daniel, « L'objectif de simplification du langage législatif », in Molfessis (N.), (dir.), *Les mots de la loi*, Economica, 1999, p. 73.

GUYOMAR Mattias, « Les conditions de la transaction pénale, conclusions sur Conseil d'État, Assemblée, 7 juillet 2006, France Nature Environnement », *RFDA*, 2006, p. 1261.

HALPERIN Jean-Louis, « La détermination du champ juridique à la lumière de travaux récent d'histoire du droit », *Droit et Société*, 2012, n° 81, p. 405.

HALPERIN Jean-Louis, « Le droit et ses histoires », *Droit et Société*, 2010, n° 75, p. 295.

HAURIOU Maurice, « Aux sources du droit. Le pouvoir, l'ordre et la liberté », *Cahiers de la Nouvelle Journée*, 1933, n° 23, (réimprimé à Caen, Bibliothèque de philosophie politique et juridique, 1986), p. 43.

HAURIOU Maurice, « La liberté politique et la personnalité morale de l'État », *RTD civ.*, 1923, p. 329.

HERNANDEZ Émile-Michel, « Afrique : l'actualité du modèle paternaliste », *Revue française de gestion*, 2000, p. 98.

HESSELING Gerti et OOMEN Barbara, « La redécouverte du droit. Le trajet parcouru », in Djire (M.), Hesseling (G.) et Oomen (B.), (dir.), *Le droit en Afrique. Expériences locales et droit étatique au Mali*, Karthala, 2005, p. 5.

HO DINH Anne-Marie, « Le « vide juridique » et le « besoin de loi ». Pour un recours à l'hypothèse du non-droit », *L'année sociologique*, 2007, n° 2, p. 419.

HONLONKOU Albert, « Corruption, inflation, croissance et développement humain durable. Y a-t-il un lien ? », *Mondes en développement*, 2003, n° 123, p. 89

HORTON Susan, KANBUR Ravi et MAZUMDAR Dipak, « Le marché du travail en période d'ajustement dans douze pays en développement », *RIT*, 1991, p. 595.

HUGON Philippe, « Approches pour l'étude du secteur informel (dans le contexte africain) », in Turnham (D.), Salomé (B.), Schwartz (A.), (dir.), *Nouvelles approches du secteur informel*, OCDE, p. 81.

HUGON Philippe, « Essai de typologie des entreprises africaines », in *Entreprises et Entrepreneurs en Afrique*, L'Harmattan, 1983, p. 61.

HUGON Philippe, « La problématique : entre indigénités et modernités », in *L'État en Afrique : indigénisations et modernités*, Contributions du colloque organisé à Paris les 18 et 19 mai 1995, *Cahiers du GEMDEV*, n° 24, 1996, p. 17.

ISRAËL Liora, « Question(s) de méthodes. Se saisir du droit en sociologue », *Droit et Société*, 2008, n° 69, p. 381.

ISRAËL Liora, « Les mises en scène d'une justice quotidienne », *Droit et Société*, 1999, n° 42-43, p. 393.

ISSA-SAYEGH Joseph, « Les tendances actuelles du droit des relations de travail dans les États d'Afrique Noire francophone », in Mélanges P. F. Gonidec, *L'État moderne, horizon 2000*, LGDJ, 1985, p. 426.

ISSA-SAYEGH Joseph, « Questions impertinentes sur la création d'un droit social régional dans les États africains de la zone franc », *Revue Afrilex*, 2000.

JAMIN Christophe, « L'oubli et la science. Regard partiel sur l'évolution de la doctrine privatiste à la charnière des XIXe et XXe siècle », *RTD civ.*, 1994, p. 815.

JEAMMAUD Antoine, « Libertés et pouvoir. Un double paradoxe et un paradoxe apparent », *SSL*, 2011, sup. n° 1508, p. 137.

JEAMMAUD Antoine, « La part de la recherche dans l'enseignement du droit », Colloque « L'enseignement du droit », juillet 2009, *Jurisprudence*, 2010.

JEAMMAUD Antoine, « Le concept d'effectivité du droit », in P. Auvergnon (dir.), *L'effectivité du droit du travail, à quelles conditions ?*, PU de Bordeaux, 2008, p. 33.

JEAMMAUD Antoine, LE FRIANT Martine, LYON-CAEN Antoine, « L'ordonnancement des relations du travail », *Rec. Dalloz*, 1998, chronique p. 359.

JEAMMAUD Antoine, « Les règles juridiques et l'action », *Rec. Dalloz*, 1993, chronique, p. 207.

JEAMMAUD Antoine, La règle de droit comme modèle, Rec. Dalloz, 1990, p. 199.

KABINDA NGOY Alex, « Créations salariales et contrats de travail en République Démocratique du Congo », in Ndomelo Kisusa-Kaïmba (R.), *Droits et obligations du travailleur en droit congolais. Apparence ou réalité d'un conflit d'intérêt*, Kazi, 2003, p. 94.

KALINOWSKI Georges, « Logique et méthodologie juridique. Réflexions sur la rationalité formelle et non formelle en droit », in *Formes de rationalité en droit*, Sirey, 1978, p. 59.

KAMTO Maurice, « Les rapports État - société civile en Afrique », *RJPIC*, 1994, p. 285.

KASSÉ Moustapha, « Le Nepad et l'initiative du millénaire pour le développement en Afrique », in Rhazaoui (A.), Grégoire (L.-J.), Mellali (S.), (dir.), *L'Afrique et les objectifs du millénaire pour le développement*, Economica, 2005, p. 429.

KELSEN Hans, « Une théorie réaliste et la Théorie pure du droit (Remarques sur *On law and Justice* d'Alf Ross) », in Jouanjan (O.), (dir.), *Théories réalistes du droit*, Annales de la faculté de droit de Strasbourg, 2000, n° 4, p. 15.

KENFACK DOUAJNI Gaston, « L'abandon de souveraineté dans le Traité de l'Organisation pour l'Harmonisation du droit des affaires en Afrique », *Rec. Penant*, 1999, n° 830, p. 125.

KIRSCH Martin, « La distinction du contrat de travail et des contrats voisins », *TPOM*, 2009, n° 999/1000, p. 124.

KIRSCH Martin, « La transaction », *TPOM*, 2009, n° 993/994, p. 4.

KIRSCH Martin, « La compétence territoriale des juridictions du travail », *TPOM*, 2009, n° 995/996, p. 44.

KIRSCH Martin, « La perte de confiance », *TPOM*, 2007, n° 977/978, p. 164.

KIRSCH Martin, « L'évolution du droit du travail en Afrique francophone et les perspective d'un acte uniforme de l'OHADA dans cette discipline juridique », *TPOM*, 2003, n° 921, p. 3.

KIRSCH Martin, « Un événement capital pour le droit du travail en Afrique : l'examen d'un avant-projet d'acte uniforme pour l'Organisation pour l'Harmonisation du Droit des Affaires en Afrique (OHADA) », *TPOM*, 2003, n° 927-928, p. 121.

KIRSCH Martin, « Le contentieux de l'autorisation de licenciement du délégué du personnel », *TPOM*, 2000, n° 885, p. 13.

KOCHER Marguerite, « Méfiez-vous de vos @mis », *RDT*, 2011, p. 39.

KONAN Line, « Les différentes formes d'État en Afrique », *Politeia*, 2007, n° 12, p. 141.

KONDE Kéfing, KUYU Camille et LE ROY Étienne, « Demandes de justice et accès au droit en Guinée », *Droit et Société*, 2002, n° 51/52, p. 383.

KOUBI Geneviève, « Distinguer entre droits individuels et collectifs », *Droit-critic*, 3 février 2008. Revue en ligne : http://koubi.fr/spip.php?article13

KOUBI Geneviève, « Normes administratives et normes sociales en Afrique – au prisme de la revue juridique et politique indépendance et coopération (1980-1995) », *RJPIC*, 1995, n° 49, p. 213.

LAGER Florent, « Le projet d'acte uniforme OHADA droit du travail du 24 novembre 2006 permettra-t-il de faire rentrer l'économie informelle dans le secteur formel ? », *Rec. Penant*, 2009, n° 866, p. 85.

LAKROUM Monique, « Le travail en Afrique peut-il être un objet d'étude scientifique ? », in Hélène d'Almeida-Topor, Monique Lakroum, Gerd Spittler (dir.), *Le travail en Afrique noire : représentations et pratiques à l'époque contemporaine*, Karthala, 2003, p. 43.

LALLEMENT Michel et ROZENBLATT Patrick, « Quelles perspectives pour le droit du travail ? Regards de sociologues », *RDT*, 2011, n° 10, p. 544.

LASCOUMES Pierre, « Le droit comme science sociale. La place de E. Durkheim dans les débats entre juristes et sociologues à la charnière des deux derniers siècles (1870-1914) », in Chazel (F.) et Commaille (J.), (dir.), *Normes juridiques et régulation sociale*, LGDJ, 1991, p. 39.

LAURENT-MERLE Isabelle, « Le travail temporaire en Europe : un environnement juridique en évolution », *Rec. Dalloz*, 2006, p. 1643.

LE COUR GRANDMAISON Olivier, « Du droit colonial », *Droits, Revue française de théorie, de philosophie et de cultures juridiques*, 2006, n° 43, p. 123.

LE COUR GRANDMAISON Olivier, « Droits de l'homme, loi(s) et colonies », *Droits, Revue française de théorie, de philosophie et de cultures juridiques*, 2006, n° 43, p. 141.

LE GOFF Jacques, « Quand le traditionnalisme sert le progrès », *SSL*, 2011, sup. n° 1508, p. 17.

LE GOFF Jacques, « Le droit du travail, terre d'élection de la complexité », in Doat (M.), Le Goff (J.) et Pédrot (P.), (dir.), *Pour une nouvelle intelligence du droit vivant*, PU de Rennes, 2007, p. 103.

LENOBLE Jacques, « Idéal de la raison et raison procédurale », in J. Boulad-Ayoub (J.), Melkevik (B.) et Robert (P.), (dir.), L'amour des lois : La crise de la loi moderne dans les sociétés démocratiques, L'Harmattan/Presses de l'Université de Laval, 1996, p. 258.

LENOBLE Jacques, L'Efficience de la gouvernance par le droit, pour une procéduralisation contextuelle du droit, *Revue de Droit* (Université de Sherbrooke), 2003, vol. 33, n° 1-2, p. 13.

LENOBLE Jacques, « La question de l'application en droit: au-delà d'une approche herméneutique », in *Mélanges Jacques Van Compernolle*, Bruylant, 2004, p. 323.

LE ROY Étienne, « Autonomie du droit, hétéronomie de la juridicité, généralité du phénomène et spécificité de ses ajustements », *Séminaire international « Le nuove ambizioni del sapere del guirista : l'antropologia giuridica e la traduttorologia giuridica »*, Roma, Accademia Nazionale dei Lincei, 2008.

LE ROY Étienne, « Pluralisme et universalisme juridiques : propos d'étape d'un anthropologue du droit », in Kahn (P.), (dir.), *L'étranger et le droit de la famille. Pluralité ethnique, pluralisme juridique*, La documentation française, 2001, p. 227.

LE ROY Étienne, « Contribution à la refondation de la politique judiciaire en Afrique francophone à partir d'exemples maliens et centrafricains », *Afrika Spectrum*, 1997, n° 32, p. 311.

LE ROY Étienne, « Gouvernance et décentralisation ou le dilemme de la légitimité dans la réforme de l'Etat africain de la fin du XXe siècle », in *L'État en Afrique : indigénisations et modernités*, Contributions du colloque organisé à Paris les 18 et 19 mai 1995, *Cahiers du GEMDEV*, n° 24, 1996, p. 92.

LE ROY Étienne, « Le modèle européen de l'État en Afrique francophone. Logiques et mythologiques du discours juridique », in Coquery-Vidrovitch (C.) et Forest (A.), (dir.), *Décolonisation et nouvelles dépendances : modèles et contre-modèles idéologiques et culturels dans le Tiers-Monde*, PU de Lille, 1986, p. 81.

LE ROY Étienne, « La vie du droit en Afrique : diversité et originalité des expériences juridiques contemporaines », *Rec. Penant*, 1978, p. 316.

LEROY Yann, « Un rapport de plus critiquant l'inefficacité économique du droit du travail… », *JCP S*, 2010, n° 12, p. 5.

LIBCHABER Rémy, « Actualité du non-droit : les systèmes d'échanges locaux », *RTD Civ.*, 1998, p. 800.

LOKIEC Pascal et ROBIN-OLIVIER Sophie, « Regards : Mise en œuvre du droit du travail et cultures nationales », *RDT*, 2007, p. 124.

LOMBARD Jacques, « Diversité culturelle et définition anthropologique de la loi », in Chazel (F.) et Commaille (J.), (dir.), *Normes juridiques et régulation sociale*, LGDJ, 1991, p. 385.

LOROT Pascal et SCHOWB Thierry, « Les zones franches dans le monde, Notes et études documentaires », *La documentation française*, 1987, n° 4829, p. 14.

LYON-CAEN Gérard, « Le langage en droit du travail », in Molfessis (N.), (dir.), *Les mots de la loi*, Economica, 1999, p. 1.

LYON-CAEN Gérard, « Qualis labor, talis qualitas », *Droits, Revue française de théorie, de philosophie et de cultures juridiques*, 1996, p. 67.

LYON-CAEN Gérard, « Essai sur la singularité du droit français des luttes du travail », in *Études de droit du travail offertes à André Brun*, Librairie sociale et économique, 1974, p. 337.

MAGGI-GERMAIN Nicole et CORREIA Mario, « L'évolution de la formation professionnelle continue : regards juridique et sociologique », *Rev. Dr. Soc.*, 2001, p. 830.

MALAURIE Jean, « Droit et logique coloniale », in Doucet (M.), Vanderlinden (J.), (dir.), *La réception des systèmes juridiques : implantation et destin*, Bruylant, 1994, p. 449.

MALDONADO Carlos, « Entre l'illusion de la normalisation et le laissez-faire. Vers la légalisation du secteur informel ? », *RIT*, 1995, n° 6, p. 777.

MALTAIS Marlene, « Quelques réflexions sur la notion de statut humain », *Les cahiers du droit*, n° 1, 1990, p. 125.

MARTENS Georges, « Coopération syndicale en Afrique : mythe ou réalité ? », in Devin (G.), (dir.), *Syndicalisme, dimensions internationales*, ERASME, 1990, p. 185.

MAUREL Chloé, « OIT et responsabilité sociale des sociétés transnationales depuis 1970 », in Lespinet-Moret (I.) et Viet (V.), (dir.), *Organisation internationale du travail, Origine-Développement-Avenir*, PU de Rennes, 2011, p. 179.

MAZEAUD Antoine, « Un nouveau droit de la formation du contrat de travail dans la perspective de la modernisation du marché du travail ? », *Rev. Dr. Soc.*, 2008, p. 626.

MAZUYER Émanuelle, « Les mutations de la figure du « travailleur » dans le droit de l'Union Européenne », *SSL*, 2011, sup. n° 1494, p. 52.

MBAYE Kéba, « Sources et évolution du droit africain », in Mélanges P. F. Gonidec, *L'État moderne, horizon 2000*, LGDJ, 1985, p. 341.

MEBENGA Mathieu, « Itinéraire de l'histoire du droit et des institutions au Cameroun », in Kuyu (C.), (dir.), *À la recherche du droit africain du 21e siècle*, Connaissances et savoirs, 2005, p. 47.

MÉDARD Jean-François, « « L'État patrimonialisé », *Politique africaine*, 1990, p. 25.

MEIER Rolf et RAFFINOT Marc, « S'approprier les politiques de développement : nouvelle mode ou vieille rengaine ? Une analyse à partir des expériences du Burkina Faso et du Rwanda », *Tiers-Monde*, 2005, n°183, p. 625.

MILLARD Éric, « Qu'est-ce qu'une norme juridique ? », in *La normativité*, Études réunies et présentées par Jacques Chevallier, *Nouveaux cahiers du conseil constitutionnel*, 2007, n° 21, p. 59.

MILLARD Éric, « Quelques remarques sur la signification politique de la théorie réaliste de l'interprétation », in De Béchillon (D.), Champeil-Desplats (V.) et Millard (E.), (dir. et éd.), *L'architecture du droit, mélanges en l'honneur de Michel Troper*, 2006, p. 725.

MOCKLE Daniel, « Deux variations sur le thème des normes », *Les cahiers du droit*, Montréal, 1997, p. 437.

MODERNE Franck, « Le pouvoir de sanction administrative au confluent du droit interne et des droits européens », *RFDA*, 1997, p. 1.

MODERNE Franck, « Légitimité des principes généraux et théorie du droit », *RFDA*, 1999, p. 722.

MOORE-DICKERSON Claire, « Le droit de l'OHADA dans les Etats anglophones et ses problématiques linguistiques », *RIDC*, 2008, n° 1, p. 7.

MOREAU Marie-Ange et TRUDEAU Gilles, « Le droit du travail face à la mondialisation de l'économie », *Relations industrielles*, 1998, vol. 53, n° 1, p. 55.

MOULY Jean, « Les licenciements antérieurs au transfert de l'entreprise. Pour dissiper quelques malentendus », *Rev. Dr. Soc.*, 2007, p. 534.

De MUNCK Jean, « Les trois crises du droit du travail », *Rev. Dr. Soc.*, 1999, p. 443.

MWAMADZINGO (M.), « Les DSRP africains – les syndicats dialoguent avec la Banque Mondiale et le FMI », *Éducation ouvrière*, 2004, n° 134-135, p. 21.

NDIAYE Isaac Yankhoba, « Droit du travail sénégalais et transfert de normes », *Bulletin de droit comparé du travail et de la sécurité sociale*, Comptrasec, 2005, p. 165.

NICOD Cécile et PAULIN Jean-François, « La subordination en cause », *SSL*, 2011, sup. n° 1494, p. 17.

NKOU MVONDO Prosper, « La justice parallèle au Cameroun : la réponse des populations camerounaises à la crise de la Justice de l'État », *Droit et Société*, 2002, p. 369.

NKOU MVONDO Prosper, « La crise de la Justice de l'État en Afrique Noire, étude des causes du « divorce » entre la justice et les justiciables », *Rec. Penant*, 1997, p. 208.

NGWANZA Achille, « OHADA et bonne gouvernance : le défi du concret », *RIDC*, 2011, n° 2, p. 313.

NONONSI Aristide, « Les mutations de l'État postcolonial et l'évolution du droit du travail en Afrique francophone : de la protection des travailleurs aux droits de l'homme au travail », *Rec. Penant*, 2010, n° 871, p. 221.

OPPÉTIT Bruno, « Développement économique et développement juridique », in *Études à la mémoire d'Alain Sayag*, Litec, 1997, p.71.

OPPÉTIT Bruno, « Le droit hors de la loi », *Droits, Revue française de théorie, de philosophie et de cultures juridiques*, 1989, n° 10, p. 47.

OUSMANOU Sadjo, « Projet d'acte uniforme portant droit du travail. Pour un droit au service de l'Entreprise, précieux creuset d'intérêts catégoriels », *Le bulletin du Gicam*, 2004, n° 26.

PARRY Fred, « Informal economy. The Challenge for Trade unions », *Communication à la Conférence régionale sur l'économie informelle en Afrique*, Lomé, 1er et 2 décembre 2008.

PAUVERT Jean-Claude, « L'évolution politique des Ewé », *Cahiers d'études africaines*, 1960, n° 2, p. 161.

PAYÉ Olivier, « Regard sociologique critique sur l'approche interdisciplinaire du droit (à propos de Dumont (H.), Le pluralisme idéologique et l'autonomie culturelle en droit public belge, Bruylant, 1996) », *Droit et Société*, 2000, n° 44, p. 261.

PÉLISSIER Jean et FAVENNEC-HERY Françoise, « L'interaction entre l'individuel et le collectif », *SSL*, 2011, sup. n° 1508, p. 73.

PERELMAN Chaïm, « Le problème des lacunes en droit, essai de synthèse », in Perelman (C.), (dir.), *Le problème des lacunes en droit*, Bruxelles, 1968, p. 521.

PLAYOUST Olivier, « Normativité et légitimité du droit », *Revue de la Recherche juridique, Droit prospectif*, 1993, p. 193.

PONTIER Jean-Marie, « Qualité du droit (?) », *AJDA*, 2011, p. 1521.

POUGOUÉ Paul-Gérard, « Nouveaux enjeux du droit du travail en Afrique Noire francophone et dynamique syndicale », in *Droit syndical et droits de l'homme à l'aube du XXIe siècle*, Mélanges en l'honneur du Professeur Jean-Maurice Verdier, Dalloz, 2001, p. 127.

POUGOUÉ Paul-Gérard et TCHAKOUA Jean-Marie, « Le difficile enracinement de la négociation en droit du travail camerounais », *Bulletin de droit comparé du travail et de la sécurité sociale*, Comptrasec, 1999, p. 198.

POUGOUÉ Paul-Gérard, « L'apport du droit comparé à la construction de l'ordre juridique du travail en Afrique Noire d'expression française », *Bulletin de droit comparé du travail et de la sécurité sociale*, Comptrasec, 1994, p. 64.

RHAZAOUI Ahmed, « Les objectifs du millénaire pour le développement : défis et opportunités pour l'Afrique » in Rhazaoui (A.), Grégoire (L.-J.) et Mellali (S.), (dir.), *L'Afrique et les objectifs du millénaire pour le développement*, Economica, 2005, p. 1.

RANGEON François, « Réflexions sur l'effectivité du droit », in D. Lochack (Dir.), *Les usages sociaux du droit*, PUF, 1989, p. 126.

RAVIER Éric, « Enjeux et mutations en matière de santé au travail », *JCP S*, 2010, n° 30, p. 23.

RAY Jean-Emmanuel, « Sept paradoxes à propos de la grève », *SSL*, 2011, sup. n° 1508, p. 201.

RAYNAUD Philippe, « Critique de la légitimité légale-rationnelle », in Rousseau (D.), (dir.), *Le droit dérobé*, Actes du colloque de Montpellier, Montchrétiens, 2003, p. 159.

REYNTJENS Filip, « La réception en Afrique centrale anciennement belge », in Doucet (M.), Vanderlinden (J.), (dir.), *La réception des systèmes juridiques : implantation et destin*, Bruylant, 1994, p. 579.

RIVET Michèle, La vérité et le statut juridique de la personne en droit québécois, *Revue Générale de Droit*, 1987, p. 843.

ROBERTS Simon, « Nature de l'ordre juridique en Afrique », in Capeller (W.) et Kitamura (T.), *Une introduction aux cultures juridiques non occidentales*, 1998, p. 179.

ROSENBLATT Patrick, « Regard d'un sociologue sur les transfigurations du travail », *SSL*, 2011, n° 1494, p. 7.

ROULAND Norbert, « Le pluralisme juridique en anthropologie », *Revue de la recherche juridique, Droit prospectif*, 1993, p. 567.

ROULAND Norbert, « Les utilisations de la notion de droits de l'homme dans le nouvel ordre international », *de la recherche juridique, Droit prospectif*, 1992, n° 1, p. 133.

ROUSSEL Violaine, « Le droit et ses formes. Éléments de discussion de la sociologie du droit de Pierre Bourdieu », *Droit et Société*, 2004, n° 56-57, p. 41.

SAADA Emmanuelle, « La loi, le droit et l'indigène », *Droits, Revue française de théorie, de philosophie et de cultures juridiques*, 2006, n° 43, p. 165.

SALL Babacar, « Anétatisme et modes sociaux de recours », in *L'État en Afrique : indigénisations et modernités*, Contributions du colloque organisé à Paris les 18 et 19 mai 1995, Cahiers du GEMDEV, n° 24, 1996, p. 169.

SAVATIER René, « Les creux du droit positif au rythme des métamorphoses d'une civilisation », in Perelman (C.), *Le problème des lacunes en droit*, Bruxelles, 1968, p. 521.

SAWADOGO Filiga Michel et MEYER Pierre, « Droit, État et sociétés, le cas du Burkina Faso », *Revue de droit international et de droit comparé*, 1987, p. 235.

De SCHUTTER Olivier, « Le protocole facultatif au Pacte international relatif aux droits économiques, sociaux et culturels », *CRIDHO Université catholique de Louvain*, en ligne http://www.fidh.org/IMG/pdf/PIDESC_Protocole.pdf

SCHWARTZ Alfred, « L'entreprise industrielle togolaise en 1980, un contre-plaidoyer pour une industrialisation de l'Afrique à l'échelle nationale », in *Entreprises et Entrepreneurs en Afrique*, Tome II, L'Harmattan, 1983, p. 493.

SERVAIS Jean-Michel, « Normes internationales et cultures nationales », *RDT*, 2007, p. 125.

SÉRIAUX Alain, « Le droit face au pluralisme », *Droit Prospectif, RRJ*, 1993, p. 567.

SERVERIN Évelyne et GRUMBACH Tiennot, « La réforme de la procédure orale en perspective prud'homale », *RDT*, 2011, n° 3, p. 193.

SERVERIN Évelyne, « Le traitement des litiges du travail en droit français et britannique : deux modèles d'intégration des procédés amiables », dossier « Mises en œuvre du droit du travail et cultures nationales (suite et fin) », *RDT*, 2007, p. 195.

SERVERIN Évelyne, « Sens et portée de la distinction entre dogmatique et sociologie du droit chez Weber », in Coutu (M.) et Rocher (G.), (dir.), *La légitimité de l'État et du droit, autour de M. Weber*, LGDJ, 2006, p. 155.

SERVERIN Évelyne, « Quels faits sociaux pour une science empirique du droit ? », *Droit et Société*, 2002, n° 1, p. 59.

SIDIBE Ousmane Oumarou, « Quels modèles d'inspiration pour le droit du travail malien depuis le code de 1952 ? », *Bulletin de droit du travail et de la sécurité sociale*, Comptrasec, Bordeaux, 2005, p. 139.

SIDIBE Ousmane Oumarou, « Réalités africaines et enjeux pour le droit du travail », *Bulletin de droit du travail et de la sécurité sociale*, Comptrasec, Bordeaux, 1999, p. 130.

SIETCHOUA DJUITCHOKO Célestin, « Les sources du droit de l'OHADA », *Rec. Penant*, 2003 n° 843, p. 110.

SPITLER Gerd, « L'anthropologie du travail en Afrique : traditions allemande et française », in d'Almeida-Topor (H.), Lakroum (M.) et Spittler (G.), (dir.), *Le travail en Afrique noire : représentations et pratiques à l'époque contemporaine*, Karthala, 2003, p. 17.

STECK Jean-Fabien, « Activités commerciales, dynamiques urbaines et encadrement de l'informel à Lomé : principales questions », in Gervais-

Lambony (P.) et Nyassogbo (G. K.), (dir.), *Lomé. Dynamiques d'une ville africaine*, Karthala, 2007, p. 97.

STECK Jean-Fabien, « Les activités commerciales informelles face aux mobilités urbaines : questions entrepreneuriales, sociales et politiques dans des villes ouest-africaines », in Desse (R.-P.) et Bocquet (Y.), (dir.), *Commerce et mobilités*, Éditions universitaires de Dijon-CNFG, 2010, p. 89.

SUPIOT Alain, « Travail, droit et technique », *Rev. Dr. Soc.*, 2002, p. 13.

SUPIOT Alain, « Revisiter les droits d'action collective », *Rev. Dr. Soc.*, 2001, p. 688.

SUPIOT Alain, « Dérèglementation des relations de travail et autorèglementation de l'entreprise », *Rev. Dr. Soc.*, 1989, p. 195.

SINAY Hélène, « La neutralisation du droit de grève ? », *Rev. Dr. Soc.*, 1980, p. 250.

TAFANI Pierre, Du clientélisme politique, *Revue du Mauss*, dossier « Malaise dans la démocratie », 2005, n° 25, p. 259.

TAGODOE Amavi, « Diffusion du droit et Internet en Afrique de l'Ouest », Lex Electronica, 2006, vol. 11, n° 1.

TAURAN Thierry, « Efficacité juridique et droit du travail », *RRJ, Droit prospectif*, 2006, p. 2367.

TCHAKOUA Jean-Marie, « Sources d'inspiration du droit camerounais des conflits collectifs de travail », *Bulletin de droit comparé du travail et de la sécurité sociale*, Comptrasec, 2005, p. 178.

TCHANTCHOU Henri, « L'arbitrage en droit africain du travail (rétrospective et perspectives à la veille de l'Acte uniforme OHADA sur le droit du travail », *Rec. Penant*, n° 852, 2005, p. 291.

TERRÉ Dominique, « Le pluralisme et le droit », in *Le pluralisme*, Dalloz, 2006, p. 69.

TEYSSIÉ Bernard, « À propos de la pertinence économique du droit du travail », in Frison-Roche (M.-A.) et Klein (M.), (dir.), *Mesurer l'efficacité économique du droit*, LGDJ, 2005, p. 67.

THIBIERGE Catherine, « Le droit souple », *RTD Civ.*, 2003, p. 599.

THIBIERGE Catherine, « Sources du droit, sources de droit, une cartographie », in *Mélanges en l'honneur de Philippe Jestaz*, Dalloz, 2006, p. 519.

THOENIG Jean-Claude, « Vues rétrospectives sur l'État et le juridique », in Chazel (F.) et Commaille (J.), (dir.), *Normes juridiques et régulation sociale*, LGDJ, 1991, p. 171.

TIMSIT Gérard, « Normativité et régulation » in *La normativité*, Études réunies et présentées par Jacques Chevallier, *Nouveaux cahiers du conseil constitutionnel*, 2006, n° 21, p. 56.

TIMSIT Gérard, « La régulation. La notion et le phénomène », *Revue française d'administration publique*, 2004, n° 109, p. 5.

TIMSIT Gérard, « Sept propositions (plus une) pour une définition systémale du droit », *Droits*, 1989, n° 10, p. 93.

TOULABOR Comi M., « De la démocratisation au développement institutionnel », in *L'État de droit*, 1998. En ligne : http://www.etat.sciencespobordeaux.fr/avppos.html

TOUZET Alexandre, « Droit et développement durable », *Revue du droit public et de la science politique*, 2008, n° 2, p. 453.

TROPER Michel, « Ross, Kelsen et la validité », *Droit et Société*, 2002, n° 50, p. 43.

TROPER Michel, « La doctrine et le positivisme (à propos d'un article de Danièle Lochak) », in *Les usages sociaux du droit*, CURAPP, Paris, PUF, 1989, p. 286.

TROTHA Trutz Von, « Sociologie politique d'une capitale coloniale », in Gayibor (N.), Marguerat (Y.) et Nyassogbo (K.), (dir.), *1998 : le centenaire de Lomé, capitale du Togo (1897-1997), Actes du colloque de Lomé (3-6 mars 1997)*, Presses de l'Université du Bénin (Lomé), 1998, p. 79.

TRUFFIER Jean-Pierre, « Critique de la légitimité axiologique », in Rousseau (D.), (dir.), *Le droit dérobé*, Actes du colloque de Montpellier, Montchrétiens, 2003, p. 169.

TSHIYEMBE Mwayila, « L'État en Afrique : crise du modèle importé et retour aux réalités. Essai sur la théorie de l'État multinational », in *État, société et pouvoir à l'aube du XXIe siècle : mélanges en l'honneur de François Borella*, Presses universitaires de Nancy, 1999, p. 485.

VANDERLINDEN Jacques, « Ex africa semper… », *RIDC*, 2006, p. 1187.

VANDERLINDEN Jacques, « Réseaux, pyramides et pluralisme ou Regards sur la rencontre de deux aspirants-paradigmes de la science juridique », *Revue interdisciplinaire d'études juridiques*, 2002, n° 49, p. 11.

VANDERLINDEN Jacques, « Note bibliographique à propos de Woodman (G.) et Obilade (A. O.), (dir.), African Law and legal theory in Law and legal theory, Legal Cultures (1995) », *RIDC*, 1996, n° 3, p. 749.

VANDERLINDEN Jacques, « Vers une nouvelle conception du pluralisme juridique », *RRJ*, 1993, n° 2, p. 574.

VERDUN Franck, « Les enjeux de l'affrontement du juge et du législateur sur le droit de la durée du travail », *JCP E*, 2012, p. 41.

WAGNER Anne-Catherine, « La coopération syndicale franco-africaine face aux ambiguïtés de « l'internationalisme des travailleurs », in Lebeau (Y.), Niame (B.), Piriou (A.) et de Saint-Martin (M.), (dir.), *État et acteurs émergents en Afrique. Démocratie, incivilité, transnationalisation*, Karthala, 2003, p. 213.

WALINE Jean, « Le grand bazar juridique », *AJDA*, 2010, p. 177.

WAQUET Philippe, « La dialectique exécution-rupture mérite d'être rééquilibrée », *SSL*, 2011, sup. n° 1508 (Les 13 paradoxes du droit du travail), p. 217.

WAQUET Philippe, « Contrat de travail et statut collectif », *RJS*, 1994, p. 399.

WOODMAN Gordon R., « Droit comparé général », in Capeller (W.) et Kitamura (T.), (dir.), *Une introduction aux cultures juridiques non occidentales*, Bruylant, 1998, p. 117.

YOULOU Philippe, « Économies informelles et criminalités, la face cachée de la mondialisation : l'Afrique subsaharienne », *Rec. Penant*, 2007, n° 861, p. 465.

TABLE DES MATIÈRES

Le Togo
aux éditions L'Harmattan

Dernières parutions

LANGUES (LES) DU TOGO – État de la recherche et perspectives
Gblem-Poidi Honorine Massanvi, Kantchoa Laré
Cet ouvrage consiste en une synthèse des recherches menées sur les langues du Togo. L'étude permet de faire l'état des lieux sur la réelle situation linguistique du Togo, et d'orienter les chercheurs vers des pistes non encore suffisamment explorées. Voici donc une vue panoramique sur le paysage linguistique du Togo. Pour chaque langue, des précisions qui touchent à la présentation, aux traits typologiques et à la bibliographie sont données.
(38.50 euros, 392 p.)
ISBN : 978-2-336-00186-9, ISBN EBOOK : 978-2-296-51286-3

HISTOIRE DU TOGO – Le coup de force permanent (2006-2011)
Tété-Adjalogo Têtêvi Godwin
A l'annonce de la disparition du militaire dictateur françafricain Gnassingbé Eyadéma le 5 février 2005, le peuple togolais se mit à rêver d'une vie meilleure... mais, très vite, la haute hiérarchie des «Forces armées togolaises» et certains suppôts internationaux ont aidé son fils, Faure Essozimna, à prendre le pouvoir, grâce à une parodie d'élection arrosée de sang togolais. Et, depuis, la comi-tragédie gnassingbéenne se poursuit au Togo.
(Coll. Etudes africaines, 46.00 euros, 526 p.)
ISBN : 978-2-296-99659-5, ISBN EBOOK : 978-2-296-50170-6

SEMER L'AVENIR
40 ans de formation rurale à Tami (Togo)
Huet Gabrielle
Ce centre de formation rurale de Tami, au nord du Togo, oeuvre depuis 40 ans pour former des familles aux différents aspects du développement : agriculture, maraîchage, alphabétisation, scolarisation, hygiène, nutrition, promotion féminine. Ce livre témoigne de l'action menée par les frères des écoles chrétiennes espagnoles, montre la réalité du développement et pose les bonnes questions sur l'avenir possible de cette action.
(28.00 euros, 266 p.) *ISBN : 978-2-296-99255-9*

TOGO (LE) SOUS LA DYNASTIE DES GNASSINGBÉ
Attisso Fulbert Sassou
Deuxième génération d'une dynastie qui règne sur le Togo depuis 1967, Faure Gnassingbé a pris la succession de son père, Gnassingbé Eyadéma, dans des conditions contraires à la Constitution. Depuis, les réformes dont le Togo a besoin pour connaître la stabilité et la relance sont gelées. Pourquoi et comment un jeune chef d'Etat instruit peut-il s'accommoder d'un système politique aux moeurs décriées ? Pourquoi refuse-t-il de réformer et moderniser le système et la pratique politiques ?
(Coll. Points de vue, 22.00 euros, 224 p.) *ISBN : 978-2-296-96707-6*

L'HARMATTAN ITALIA
Via Degli Artisti 15; 10124 Torino

L'HARMATTAN HONGRIE
Könyvesbolt ; Kossuth L. u. 14-16
1053 Budapest

L'HARMATTAN KINSHASA
185, avenue Nyangwe
Commune de Lingwala
Kinshasa, R.D. Congo
(00243) 998697603 ou (00243) 999229662

L'HARMATTAN CONGO
67, av. E. P. Lumumba
Bât. – Congo Pharmacie (Bib. Nat.)
BP2874 Brazzaville
harmattan.congo@yahoo.fr

L'HARMATTAN GUINÉE
Almamya Rue KA 028, en face du restaurant Le Cèdre
OKB agency BP 3470 Conakry
(00224) 60 20 85 08
harmattanguinee@yahoo.fr

L'HARMATTAN CAMEROUN
BP 11486
Face à la SNI, immeuble Don Bosco
Yaoundé
(00237) 99 76 61 66
harmattancam@yahoo.fr

L'HARMATTAN CÔTE D'IVOIRE
Résidence Karl / cité des arts
Abidjan-Cocody 03 BP 1588 Abidjan 03
(00225) 05 77 87 31
etien_nda@yahoo.fr

L'HARMATTAN MAURITANIE
Espace El Kettab du livre francophone
N° 472 avenue du Palais des Congrès
BP 316 Nouakchott
(00222) 63 25 980

L'HARMATTAN SÉNÉGAL
« Villa Rose », rue de Diourbel X G, Point E
BP 45034 Dakar FANN
(00221) 33 825 98 58 / 77 242 25 08
senharmattan@gmail.com

L'HARMATTAN TOGO
1771, Bd du 13 janvier
BP 414 Lomé
Tél : 00 228 2201792
gerry@taama.net

Achevé d'imprimer par Corlet Numérique - 14110 Condé-sur-Noireau
N° d'Imprimeur : 104821 - Dépôt légal : janvier 2014 - *Imprimé en France*